Psicologia Educacional

TERCEIRA EDIÇÃO

John W. Santrock
Universidade do Texas em Dallas

Tradução
Denise Durante
Mônica Rosemberg
Taís Silva Monteiro Ganeo

Revisão Técnica

Paula Suzana Gioia
Doutora em Psicologia da Educação pela Pontifícia Universidade Católica – PUC-SP. Docente da Pontifícia Universidade Católica – PUC-SP. Leciona disciplinas do curso de graduação e programa de mestrado relacionadas à análise experimental do comportamento (behaviorismo).

Sandro Almeida
Doutor em Psicologia da Educação pela Pontifícia Universidade Católica de São Paulo – PUC-SP. Docente da Universidade Federal dos Vales do Jequitinho e Mucuri – UFVJM. Leciona a disciplina psicologia, nos cursos de gradução em turismo e em psicologia da educação.

McGraw Hill

Bangcoc   Bogotá   Beijing   Caracas   Cidade do México
Cingapura   Lisboa   Londres   Madri   Milão   Montreal   Nova Delhi
Santiago   São Paulo   Seul   Sydney   Taipé   Toronto

The McGraw·Hill Companies

Psicologia educacional
Terceira edição
ISBN: 978-85-7726-037-9

A reprodução total ou parcial deste volume por quaisquer formas ou meios, sem o consentimento escrito da editora, é ilegal e configura apropriação indevida dos direitos intelectuais e patrimoniais dos autores.

© 2009 McGraw-Hill Interamericana do Brasil Ltda.
Todos os direitos reservados.
Av. Brigadeiro Faria Lima, 201, 17º andar
São Paulo – SP – CEP 05426-100

© 2009 McGraw-Hill Interamericana Editores, S.A. de C.V.
Todos os direitos reservados.
Prol. Paseo de la Reforma 1015 Torre A
Piso 17, Col. Desarrollo Santa Fé,
Delegación Alvaro Obregón
C.P. 01376, México, D.F

Tradução da terceira edição em inglês de *Educational Psychology*.
Publicada pela McGraw-Hill, uma unidade de negócios da McGraw-Hill Companies, Inc., 1221 Avenue of the Americas, New York, NY 10020.
© 2008, 2006, 2004, 2001 by The McGraw-Hill Companies, Inc.
ISBN da obra original: 978-0-07-352582-2

Coordenadora Editorial: *Guacira Simonelli*
Editora de Desenvolvimento: *Marileide Gomes*
Produção Editorial: *Nilcéia Esposito e Gisele Moreira – ERJ Composição Editorial*
Supervisora de Pré-impressão: *Natália Toshiyuki*
Preparação de Texto: *Salete Del Guerra*
Design de Capa: ©*Martin Poole/The Image Bank/Getty Images*
Diagramação: *ERJ Composição Editorial*

Equipe de Tradução
Denise Durante (Capítulos 9 a 12, quarta capa, Desvende o caso e Índice)
Mônica Rosemberg (Capítulos 5 a 8 e 13 a 16)
Taís Silva Monteiro Ganeo (Pré-textuais, capítulos 1 a 4)

Dados Internacionais de Catalogação na Publicação
(CIP)(Câmara Brasileira do Livro, SP, Brasil)

Santrock, John W.
 Psicologia educacional / John W. Santrock ; tradução Denise Durante, Mônica Rosemberg, Taís Silva Monteiro Ganeo ; revisão técnica Paula Suzana Gioia. -- 3. ed. -- São Paulo : McGraw-Hill, 2009.

Título original: Educational psychology
ISBN 978-85-7726-037-9

1. Psicologia educacional I. Resemberg, Mônica.
II. Ganeo, Taís Silva Monteiro. III. Gioia, Paula Suzana. IV. Título.

08-11817   CDD-370.15

Índices para catálogo sistemático:
1. Psicologia educacional 370.15

A McGraw-Hill tem forte compromisso com a qualidade e procura manter laços estreitos com seus leitores. Nosso principal objetivo é oferecer obras de qualidade a preços justos, e um dos caminhos para atingir essa meta é ouvir o que os leitores têm a dizer. Portanto, se você tem dúvidas, críticas ou sugestões, entre em contato conosco – preferencialmente por correio eletrônico (mh_brasil@mcgraw-hill.com) – e nos ajude a aprimorar nosso trabalho. Teremos prazer em conversar com você. Em Portugal use o endereço servico_clientes@mcgraw-hill.com.

Psicologia
Educacional

TERCEIRA EDIÇÃO

Sobre o autor

John W. Santrock obteve seu Ph.D. pelo College of Education and Human Development de Minnesota. Lecionou na Universidade de Charleston e na Universidade da Geórgia antes de ingressar na faculdade, na Universidade do Texas, em Dallas. Trabalhou como psicólogo escolar no nível de não-graduados. Em 2006, John recebeu o prêmio de Excelência de Ensino pela Universidade do Texas, em Dallas. Sua avó lecionou para todos os anos em uma escola de uma só classe por muitos anos e seu pai foi superintendente de um amplo distrito escolar. A pesquisa de John incluiu publicações no *Journal of Educational Psychology* que enfocam aspectos contextuais de cognição reforçada afetivamente e comportamento auto-regulatório das crianças, bem como as percepções dos professores quanto a crianças de pais divorciados. Foi membro de quadros editoriais de *Child Development* e *Developmental Psychology*. Suas publicações incluem estes textos principais da McGraw-Hill: *Child Development* (11ª ed.), *Adolescence* (11ª ed.), *Life-Span Development* (11ª ed.) e *Psychology* (7ª ed.).

John Santrock, lecionando em sua turma de psicologia educacional para não-graduados, na qual faz bom uso de discussões em pequenos grupos.

*Para os educadores em minha família:
Minha esposa, Mary Jo, professora; meu pai,
John F. Santrock, Jr., professor,
diretor e superintendente de
escolas; minha mãe, Ruth Smith
e Santrock, assistente
administrativa; minha avó, Della
Karnes Santrock, que lecionou
para todos os anos em uma escola
de uma só sala, e John F. Santrock,
Sr., diretor.*

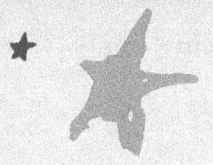

Sumário

Prefácio xxv

Capítulo 1

Psicologia educacional: uma ferramenta para o ensino eficiente 1

Explorando a psicologia educacional 2
Antecedentes históricos 2
Ensinar: arte e ciência 4

Ensino eficiente 6
Conhecimento profissional e habilidades 6
Comprometimento e motivação 12

Auto-avaliação 1.1: As melhores e as piores características dos meus professores 13

Pesquisa em psicologia educacional 15
Por que a pesquisa é importante 15
Métodos de pesquisa 16
Pesquisa de avaliação de programa, pesquisa-ação e o professor-como-pesquisador 19

Desvende o caso: *O caso da escolha de currículo* 22

Atingindo seus objetivos de aprendizagem 23

Termos-chave 24

Pasta de atividades 25

Capítulo 2

Desenvolvimento cognitivo e de linguagem 26

Uma visão geral do desenvolvimento da criança 27
Explorando o que é desenvolvimento 27
Processos e períodos 28
Questões sobre o desenvolvimento 30
Desenvolvimento e educação 32

Desenvolvimento cognitivo 34
O cérebro 34
A teoria de Piaget 37
A teoria de Vygotsky 47

Auto-avaliação 2.1: *Aplicando Piaget e Vygotsky em minha sala de aula* 52

Desenvolvimento da linguagem 54
O que é linguagem? 54
Influências biológicas e ambientais 56
Como a linguagem se desenvolve 59

Desvende o caso: *O caso da resenha do livro* 64

Atingindo seus objetivos de aprendizagem 65
Termos-chave 67
Pasta de atividades 68

Capítulo 3
Contextos sociais e desenvolvimento socioemocional 69

Teorias contemporâneas 70
Teoria ecológica de Bronfenbrenner 71
Teoria do desenvolvimento de duração da vida de Erikson 72

Contextos sociais de desenvolvimento 76
Famílias 76
Pares 85
Escolas 88

Desenvolvimento socioemocional 97
O eu 97

Auto-avaliação 3.1: *Onde você está agora? Explorando sua identidade* 101

Desenvolvimento moral 102

Desvende o caso: *O caso da briga* 109

Atingindo seus objetivos de aprendizagem 110
Termos-chave 112
Pasta de atividades 112

Capítulo 4
Variações individuais 113

Inteligência 114
Testes de inteligência individual 115
Testes individuais versus testes em grupos 116
Teorias de inteligências múltiplas 117

Auto-avaliação 4.1: *Avaliando-me nos oito tipos de inteligência de Gardner* 124

Controvérsias e questões sobre inteligência 125

Estilos de aprendizagem e pensamento 132

Estilos impulsivo/reflexivo 133

Estilos profundo/superficial 133

Personalidade e temperamento 135

Personalidade 135

Temperamento 136

Desvende o caso: *O caso dos workshops* 139

Atingindo seus objetivos de aprendizagem 140

Termos-chave 141

Pasta de atividades 142

Capítulo 5
Diversidade sociocultural 143

Cultura e etnicidade 144

Cultura 145

Status socioeconômico (SSE) 147

Etnicidade 150

Bilingüismo 153

Educação multicultural 157

Habilitando estudantes 157

Ensino culturalmente relevante 158

Educação centrada em análise de problemas 159

Aprimorando as relações entre crianças de diferentes grupos étnicos 159

A questão sobre se devemos ensinar um conjunto de valores "brancos" básicos 162

Gênero 165

Visões sobre o desenvolvimento de gênero 165

Estereótipos de gênero, semelhanças e diferenças 167

Classificação do papel de gênero 171

Auto-avaliação 5.1: *Qual orientação de papel de gênero apresentarei para meus alunos?* 172

Gênero no contexto 173

Eliminando o preconceito contra o gênero 174

Desvende o caso: *O caso desses meninos* 178

Atingindo seus objetivos de aprendizagem 179

Termos-chave 181

Pasta de atividades 182

Capítulo 6
Alunos que têm deficiência   183

Quem são as crianças com deficiências?   184
Dificuldades de aprendizagem   185
Transtorno de déficit de atenção/hiperatividade (TDAH)   188
Deficiência intelectual   192
Deficiências físicas   195
Deficiências sensoriais   196
Transtornos de fala e linguagem   197
Transtorno invasivo do desenvolvimento ou transtorno autista   199
Transtornos emocionais e comportamentais   200

Auto-avaliação 6.1: *Avaliando minha experiência com pessoas que têm variadas deficiências e transtornos   202*

Questões educacionais envolvendo crianças com deficiências   205
Aspectos legais   205
Inclusão, serviços e pais como parceiros educacionais   208
Tecnologia   212

Crianças superdotadas   215
Características   215
Curso de vida dos superdotados   215
Educando crianças superdotadas   216

Desvende o caso: *O caso do "o que foi agora?"   220*

Atingindo seus objetivos de aprendizagem   221

Termos-chave   224

Pasta de atividades   224

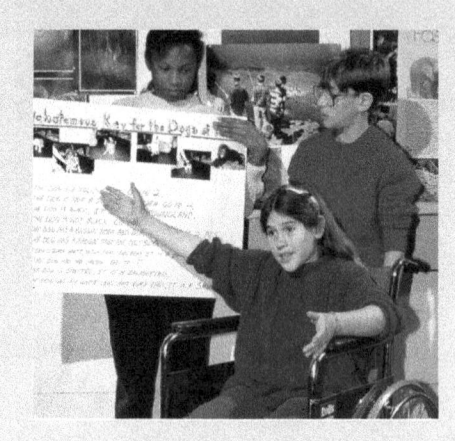

Capítulo 7
Abordagens sociocognitiva e comportamental   225

O que é aprendizagem?   226
O que é aprendizagem e o que não é   226
Abordagens da aprendizagem   227

Abordagens comportamentais da aprendizagem   229
Condicionamento clássico   229
Condicionamento operante   231

Análise do comportamento aplicada à educação   235
O que é análise do comportamento aplicada?   235
Aumentando a ocorrência de comportamentos desejáveis   235
Diminuindo a ocorrência de comportamentos indesejáveis   238
Avaliando o condicionamento operante e a análise do comportamento aplicada   241

Abordagens sociocognitivas da aprendizagem   243
Teoria sociocognitiva de Bandura   243
Aprendizagem por observação   244

Auto-avaliação 7.1: *Modelos e mentores em minha vida e na vida de meus alunos* 246

Abordagens cognitivo-comportamentais e auto-regulação 249

Auto-avaliação 7.2: *Automonitoramento* 252

Avaliando as abordagens sociocognitivas 255

Desvende o caso: *O caso das conseqüências* 257

Atingindo seus objetivos de aprendizagem 258

Termos-chave 261

Pasta de atividades 261

Capítulo 8
A abordagem de processamento da informação 262

A natureza da abordagem do processamento da informação 263
Informação, memória e raciocínio 264
Recursos cognitivos: capacidade e velocidade de processamento das informações 264
Mecanismos de mudança 265

Atenção 266
O que é atenção? 267
Mudanças do desenvolvimento 267

Memória 270
O que é memória? 270
Codificação 270
Armazenamento 273
Resgate e esquecimento 278

Especialidade 283
Especialidade e aprendizado 283

Auto-avaliação 8.1: *Quão eficientes são minhas estratégias de memória e estudo?* 288

Adquirindo especialidade 288
Especialidade e ensino 289

Metacognição 291
Mudanças no desenvolvimento 291
O modelo de processamento de boa informação de Pressley 293
Estratégias e regulação metacognitiva 293

Desvende o caso: *O caso do teste* 296

Atingindo seus objetivos de aprendizagem 297

Termos-chave 299

Pasta de atividades 300

Capítulo 9
Processos cognitivos complexos 301

Compreensão conceitual 302
O que são conceitos? 302
Promovendo a formação de conceitos 303

Pensamento 306
O que é o pensamento? 306
Raciocínio 307
Pensamento crítico 308
Tomada de decisão 309
Pensamento criativo 314

Auto-avaliação 9.1: *Qual é o meu nível de aproveitamento no que diz respeito a pensar criativamente?* 317

Resolução de problemas 319
Passos para a resolução de problemas 319
Obstáculos na resolução de problemas 321
Mudanças desenvolvimentais 321
Aprendizagem baseada em problemas e aprendizagem baseada em projetos 322

Auto-avaliação 9.2: *Qual nível de eficiência têm meu pensamento e minhas estratégias de resolução de problemas?* 325

Transferência 327
O que é transferência? 327
Tipos de transferência 327

Desvende o caso: *O caso do teste de estatística* 331

Atingindo seus objetivos de aprendizagem 332
Termos-chave 334
Pasta de atividades 334

Capítulo 10
Abordagens socioconstrutivistas 335

Abordagens socioconstrutivistas de ensino 336
O socioconstrutivismo no contexto geral do construtivismo 336
Cognição situada 338

Professores e pares como conjunto de colaboradores para o aprendizado dos estudantes 339
Andaime 339
Aprendizado cognitivo 340
Tutoria 340
Aprendizagem cooperativa 345

Estruturando o trabalho em pequenos grupos 349
Compondo o grupo 349
Habilidades para a criação de equipe 350
Estruturando a interação grupal 350

Auto-avaliação 10.1: *Avaliação de minhas experiências socioconstrutivistas* 352

Programas socioconstrutivistas 354
Fostering a Community of Learnears — FCL 354
Schools for Thought 355
A Collaborative School 357

Desvende o caso: *O caso da sala de aula construtivista* 360

Atingindo seus objetivos de aprendizagem 361
Termos-chave 362
Pasta de atividades 363

Capítulo 11
Aprendizagem e cognição nas áreas de conteúdo 364

Conhecimento especializado e conhecimento de conteúdo pedagógico 365

Leitura 367
Um modelo desenvolvimental de leitura 367
Sistemas de regras de linguagem 368
Abordagens de leitura 369
Abordagens cognitivas 370
Abordagens socioconstrutivistas 372

Escrita 375
Mudanças desenvolvimentais 375
Abordagens cognitivas 376
Abordagens socioconstrutivistas 378

Auto-avaliação 11.1: *Avaliando minhas experiências de escrita e leitura* 380

Matemática 383
Mudanças desenvolvimentais 383
Controvérsia no ensino da matemática 384
Processos cognitivos 385
Alguns princípios construtivistas 385
Tecnologia e ensino de matemática 386

Ciências 389
Educação em ciências 389
Estratégias construtivistas de ensino 390

Estudos sociais 394
O que são os estudos sociais? 394
Abordagens construtivistas 397

Desvende o caso: *O caso do currículo construtivista de matemática* 400

Atingindo seus objetivos de aprendizagem 401
Termos-chave 403
Pasta de atividades 404

Capítulo 12

Planejamento, ensino e tecnologia   405

Planejamento   406
Planejamento de ensino   406
Planejamento e períodos de execução   407

Ensino e planejamento de aula centrados no professor   410
Planejamento de aula centrado no professor   410
Ensino direto   414
Estratégias de ensino centradas no professor   416
Avaliação do ensino centrado no professor   421

Ensino e planejamento de aula centrados no aluno   423
Princípios centrados no aluno   423
Algumas estratégias de ensino centradas no aluno   427
Avaliação do ensino centrado no aluno   430

Tecnologia e educação   433
A revolução tecnológica e a Internet   433
Padrões para os estudantes alfabetizados em tecnologia   434
Ensino, aprendizagem e tecnologia   437
Tecnologia e diversidade sociocultural   438
Auto-avaliação 12.1: Avaliação de minhas habilidades tecnológicas e atitudes   439
O futuro da tecnologia nas escolas   440
Desvende o caso: O caso do grande debate   445

Atingindo seus objetivos de aprendizagem   446

Termos-chave   448

Pasta de atividades   448

Capítulo 13

Motivação, ensino e aprendizagem   449

Explorando a motivação   450
O que é motivação?   451
Perspectivas sobre a motivação   451

Processos do rendimento   454
Motivação extrínseca e intrínseca   454
Atribuição   459
Motivação para excelência   461
Auto-eficácia   462
Definição de objetivos, planejamento e automonitoramento   464
Expectativas   465

Motivação, relacionamentos e contextos socioculturais 468
Motivos sociais 468
Relacionamentos sociais 469
Contextos socioculturais 472

Estudantes com problemas de rendimento 475
Estudantes com baixo rendimento e com baixa expectativa de sucesso 475
Estudantes que protegem seu autoconceito evitando fracassos 476
Estudantes que procrastinam 477
Estudantes perfeccionistas 477
Estudantes com alto nível de ansiedade 478
Estudantes desinteressados ou alienados 479
Auto-avaliação 13.1: *Avaliando minha motivação 482*

Desvende o caso: *O caso do programa de incentivo à leitura 483*

Atingindo seus objetivos de aprendizagem 484

Termos-chave 487

Pasta de atividades 487

Capítulo 14
Gerenciando a sala de aula 488

Por que a sala de aula deve ser gerenciada eficientemente 489
Aspectos do gerenciamento nas salas de aula do ensino fundamental e médio 490
A sala de aula lotada, complexa e potencialmente caótica 491
Começando do jeito certo 492
Enfatizando o ensino e o clima positivo em sala de aula 492
Objetivos e estratégias de gerenciamento 494

Planejando o ambiente físico da sala de aula 496
Princípios da organização da sala de aula 496
Estilo de organização 497

Criando um ambiente positivo para a aprendizagem 500
Estratégias gerais 500
Criando, ensinando e mantendo regras e procedimentos 500
Obtendo a cooperação dos estudantes 503

Sendo um bom comunicador 507
Habilidades de falar em público 507
Habilidades de ouvir 510
Comunicação não-verbal 511

Auto-avaliação 14.1: *Avaliando minhas habilidades de comunicação 513*

Lidando com problemas de comportamento 515
Estratégias de gerenciamento 515
Lidando com a agressividade 517
Programas para a sala de aula e a escola 520

Desvende o caso: *O caso do aluno tagarela 525*

Atingindo seus objetivos de aprendizagem 526

Termos-chave 528

Pasta de atividades 529

Capítulo 15
Testes padronizados e ensino 530

A natureza dos testes padronizados 531
Testes padronizados e seus propósitos 531
Critérios para avaliar testes padronizados 533

Testes de aptidão e de rendimento 536
Comparar testes de aptidão e de rendimento 537
Tipos de testes padronizados de rendimento 537
Testes estaduais padronizados baseados em padrões de alto valor 538
Testes distritais e nacionais nos Estados Unidos 540
Testes padronizados para candidatos a professor 544

Os papéis do professor 547
Preparar os estudantes para realizar testes padronizados 547
Aplicar testes padronizados 548
Entender e interpretar os resultados dos testes 549

Auto-avaliação 15.1: Avaliando meu conhecimento e habilidades em cálculo de medidas de tendência central e variabilidade 551

Utilizar os resultados dos testes padronizados para planejar e aprimorar o ensino 555

Controvérsias nos testes padronizados 557
Testes padronizados, avaliações alternativas e testes de alto valor 557
Diversidade e testes padronizados 559

Desvende o caso: *O caso dos testes padronizados 560*

Atingindo seus objetivos de aprendizagem 561

Termos-chave 563

Pasta de atividades 564

Capítulo 16
Avaliação em sala de aula 565

A sala de aula como um contexto de avaliação 566
A avaliação como parte integral do ensino 567
Tornando a avaliação compatível com visões contemporâneas de aprendizagem e motivação 569
Criando metas de aprendizagem claras e apropriadas 570
Estabelecendo avaliações de alta qualidade 571
Tendências atuais 573

Testes tradicionais 576
Questões de seleção de resposta 576
Questões de construção de resposta 581

Avaliações alternativas 583
Tendências da avaliação alternativa 583
Avaliação de desempenho 584
Avaliação de portfólio 588

Auto-avaliação 16.1: Planejando minha filosofia de avaliação de sala de aula 592

Atribuindo notas e relatando o desempenho 593
  Finalidade da atribuição de notas 593
  Componentes de um sistema de atribuição de notas 593
  Relatando o progresso e as notas dos estudantes aos pais 595
  Algumas questões relacionadas à atribuição de notas 596

Computadores e avaliação 598
  Usando computadores para avaliação 598
  Elaborando, imprimindo, aplicando e pontuando testes 599
  Portfólios eletrônicos 599
  Manutenção de registros 600
  Avaliação baseada na Web 601
  Desvende o caso: *O caso do projeto 603*

Atingindo seus objetivos de aprendizagem 604
Termos-chave 606
Pasta de atividades 607

Glossário 611
Referências 621
Créditos 671
Índice de nomes 675
Índice remissivo 685

Consultores Especialistas em Psicologia Educacional, 3ª ed.

A psicologia educacional se tornou um campo tão imenso e complexo que nenhum autor sozinho, nem mesmo vários autores, tem condições de se manter atualizado, por causa da rápida mudança no conteúdo dentro das várias áreas do campo. Para resolver esse problema, o autor John Santrock procurou o conhecimento de especialistas em conteúdo em várias áreas diferentes da psicologia educacional. Os especialistas forneceram avaliações e recomendações detalhadas para um ou mais capítulos ou conteúdo em sua(s) área(s) de especialização. A seguir, são apresentadas as biografias com as respectivas fotografias dos especialistas, os quais representam uma lista de quem é quem no campo da psicologia educacional.

Joyce Epstein

Joyce Epstein é diretora do Centro de Parceria Escola, Família e Comunidade e das Escolas da Sociedade da Rede Nacional, cientista de pesquisas de alto nível e professora de Pesquisa em Sociologia na Universidade Johns Hopkins. Ela possui mais de cem publicações. Seus livros mais recentes incluem *School, family, and community partnerships: your handbook for action*, segunda edição; e *School, family, and community partnerships: preparing educators and improving schools*. A Dra. Epstein é conhecida internacionalmente por sua pesquisa e aplicação sobre família e comunidade. Ela apresenta diversos quadros editoriais e painéis de consulta, e recebeu o prêmio 2005 American Orthopsychiatric Association's Blanche F. Ittleson pelos seus trabalhos ligados a bolsas de estudos e a reforçar as relações entre a escola e a família. Em todo o seu trabalho, ela tem um interesse apaixonado em relacionar pesquisa, política e prática.

> "O texto é inteligível, informativo e atualizado. Os capítulos fornecem muitas informações, aliados a estratégias de ensino úteis e oportunidades de rever e refletir sobre o que foi aprendido."
>
> —JOYCE EPSTEIN

Dale Schunk

Dale Schunk é especialista em aprendizagem e motivação infantil no ambiente educacional. Ele é reitor de educação e professor de Currículo e Ensino na Universidade da Carolina do Norte em Greensboro. Fez seu Ph.D. na Universidade de Stanford. Anteriormente, foi membro de faculdade da Universidade de Houston, Universidade da Carolina do Norte e da Universidade de Purdue (onde foi diretor do Department of Educational Studies). O Dr. Schunk publicou mais de 95 artigos e capítulos, é autor de *Learning theories: an educational perspective*, é co-autor com Paul Pintrich de *Motivation in education: theories, research, and applications*, e editou vários livros sobre educação e auto-regulação. Seus prêmios incluem o Distinguished Service concedido pela Escola de Educação da Universidade de Purdue, o Early Contributions em psicologia educacional, pela American Psychological Association, e o Albert J. Harris Research, pela International Reading Association.

> "Em suma, este é um dos textos de psicologia educacional mais fortes do mercado. O autor compreende bem o material e sabe como exemplificá-lo para professores em potencial. Ao trabalhar com os estudantes, considero este o problema principal – eles entendem os conceitos, mas não conseguem pensar em como aplicar as idéias ao ensino. John Santrock fez um excelente trabalho ao preencher a lacuna entre teoria/pesquisa e prática... Não há nenhum ponto fraco nestes capítulos... Eu definitivamente recomendo a adoção deste texto a meus colegas."
>
> —DALE SCHUNK

James Kauffman

James Kauffman é especialista em crianças que são estudantes excepcionais ou de educação especial. Ele é professor emérito de Educação na Universidade da Virgínia. Atualmente, é diretor de estudo de doutorado em Educação Especial na Universidade da Virgínia e leciona seminário em educação especial. O Dr. Kauffman fez seu Ed.D em educação especial na Universidade do Kansas e foi presidente do Council for Children with Behavioral Disorders (CCBD). Além disso, é ex-professor do ensino fundamental e de educação especial para estudantes com distúrbios comportamentais e emocionais. O Dr. Kauffman é autor ou co-autor de diversas publicações em educação especial, incluindo os seguintes livros: *Characteristics of emotional and behavioral disorders of children and youth*; *Learning disabilities: foundations, characteristics, and effective teaching*; *Special education: what it is and why we need it*; e *Children and youth with emotional and behavioral disorders: a history of their education*.

> "Estou surpreso com a atualidade do texto de John Santrock... Como um autor de livro didático, estou ciente de que tenho de escolher o que abordar e o que dizer. Se eu estivesse lecionando este curso, acho que o livro de Santrock (pelo menos no que se refere ao Capítulo 6) seria a minha escolha."
>
> —JAMES KAUFFMAN

Barbara McCombs

Barbara McCombs é especialista em princípios psicológicos centrados no estudante e reforma da escola. Ela é pesquisadora sênior na Universidade do Instituto de Pesquisa de Denver situada no campus da Universidade de Denver, em Denver, Colorado. Atualmente, a Dra. McCombs dirige um novo centro de motivação, aprendizagem e desenvolvimento humano no Instituto de Pesquisa de Denver, que enfoca a prevenção da violência na escola, a reforma sistêmica educacional, a mudança pessoal e a mudança profissional e organizacional. Sua pesquisa atual enfoca novos modelos de ensino e aprendizagem, incluindo abordagens transformacionais para o desenvolvimento do professor e a utilização de tecnologia como uma ferramenta primordial para habilitar a juventude. A Dra. McCombs é autora líder do altamente aclamado *Learner-centered psychological principles: guidelines for school redesign and reform*, que foi disseminado pela força-tarefa da American Psychological Association sobre Psicologia. A Dra. McCombs também escreveu artigos de periódicos e capítulos em livros editados de sua autoria. Ela descreveu um modelo de desenvolvimento profissional K-20, sem emendas em seu livro, *The learner-centered classroom and school: strategies for enhancing student motivation and achievement*. Ela também é co-editora de uma série para a American Psychological Association, *Psychology in the classroom*, e está trabalhando atualmente na co-autoria do livro *Learner-centered practice and assessments*.

> "Examinei todos os 16 capítulos profundamente, bem como dei uma olhada detalhada no Capítulo 10. Minha avaliação geral é a de que este é um livro muito bem-feito e abrangente no seu conteúdo e na organização... O livro didático de John Santrock faz um bom trabalho ao abordar programas construtivistas e inovadores."
>
> —BARBARA MCCOMBS

Richard Mayer

Richard Mayer é um dos especialistas mais importantes na aplicação de psicologia cognitiva à educação de crianças. O Dr. Mayer é professor de Psicologia na Universidade da Califórnia, Santa Bárbara (UCSB), onde trabalha desde 1975. Obteve seu Ph.D. em psicologia pela Universidade de Michigan em 1973. Sua pesquisa atual envolve a intersecção de cognição, ensino e tecnologia com um enfoque especial na aprendizagem multimídia e na resolução de problemas. É ex-presidente da Divisão de Psicologia Educacional da American Psychological Association, ex-editor de *Educational psychologist* e foi co-editor de *Instructional Science*, ex-diretor do Departamento de Psicologia da UCSB e, no ano 2000, ganhou o prêmio E. L. Thorndike pelas realizações profissionais em psicologia educacional. Ele foi classificado como número um por ser o psicólogo educacional mais produtivo de 1991-2001 (*Contemporary educational psychology*). O Dr. Mayer participa de colunas editoriais de 11 periódicos, principalmente em psicologia educacional, e lançou 18 livros e mais de 250 artigos e capítulos, incluindo *The promise of educational psychology: vols. 1 e 2* (1999, 2002), *Multimedia learning* (2001), *Learning and instruction* (2003), *E-learning and the science of instruction* (com R. Clark, 2003) e o *Cambridge handbook of multimedia learning* (editor, 2005).

> *"Em suma, este é um capítulo primoroso (11) e recomendo John Santrock pelo seu trabalho bem-feito... O capítulo é escrito em um estilo altamente inteligível, em que o autor incorpora o material dentro de contextos de ensino familiares. Muitos estudantes irão apreciar a abordagem amistosa, direta e prática."*
>
> —RICHARD MAYER

Carolyn Evertson

Carolyn Evertson é especialista em gerenciamento de sala de aula e é professora emérita do Peabody College, Universidade Vanderbilt, onde é diretora do *COMP: Creating Conditions for Learning*, um programa difundido nacionalmente para ajudar os professores no gerenciamento de sala de aula, que forneceu apoio para o gerenciamento de sala de aula para mais de 70 mil professores. Ela fez seu Ph.D. na Universidade do Texas, Austin, e publicou mais de cem artigos e capítulos sobre o gerenciamento de sala de aula e o apoio da aprendizagem acadêmica e social dos estudantes em ambientes escolares. É autora e co-autora de dois livros didáticos, *Classroom management for elementary teachers* e *Classroom management for middle and high school teachers*, ambos atualmente em sua sétima edição, e é co-editora (com Carol Weinstein) (2006) do *Handbook of classroom management: research, practice and contemporary issues*.

> *"... O livro de John Santrock é uma excelente ferramenta de ensino, que combina uma variedade de recursos, questões para reflexão, problemas, casos, avaliações e listas para envolver os estudantes. Eu o recomendo a meus colegas."*
>
> —CAROLYN EVERTSON

Carlos Díaz

Carlos Díaz é especialista em diversidade e educação. Ele é professor de Educação na Universidade Florida Atlantic em Boca Raton, onde fez seu doutorado em currículo escolar e ensino. Atualmente, o Dr. Díaz é diretor de projeto para o Mestrado em Educação no Cultural Foundations. Também tem atuado como professor visitante na Universidade de Washington, em Seattle. O Dr. Díaz escreveu uma série de artigos, capítulos e livros, incluindo estes: *Touch the future: teach!* (2006), *Multicultural education in the 21st century* e *Global perspectives for educators*. Recebeu diversos prêmios, tais como *Teaching Incentive Program Award* (Prêmio do Programa de Incentivo ao Ensino), University Award for Excellence in Undergraduate Teaching (Prêmio da Universidade pela Excelência no Ensino de Não-graduados), *Professor of the Year* (Professor do Ano), Notable America (prêmio Homens Notáveis da América) e o reconhecimento pelo *Who's who among hispanic americans, rising young americans* e *American education*.

> "Sinto que o texto de John Santrock faz um trabalho melhor ao representar questões sobre diversidade do que qualquer outro livro didático de psicologia educacional que eu já li."
>
> —Carlos Díaz

Karen Swan

Karen Swan é especialista em tecnologia. Ela é professora do Instructional Techonology e professora do Research Center for Educational Technology – RCET na Universidade do Estado de Kent. A pesquisa da Dra. Swan enfoca principalmente tecnologia e aprendizagem, uma área em que ela publicou amplamente... São de sua autoria vários programas de hipermídia, incluindo *Set on freedom: the american civil rights movement*, é co-editora dos livros *Social learning from broadcast television* e *Ubiquitous computing in education*, e está trabalhando atualmente em um DVD sobre o último tópico. Ela trabalhou como diretora de projeto em várias concessões de verba de larga escala, incluindo o trabalho para o Departamento Norte-americano de Educação, a Fundação de Ciência Nacional e a Comissão de Educação da Cidade de Nova York. A Dra. Swan é editora de práticas efetivas do Sloan Consortium on Asynchronous Learning Networks, editora de assuntos especiais para o *Journal of educational computing research* e editora do jornal multimídia on-line *Journal of the research center for educational technology*.

> "Acredito que a força real do livro didático de John Santrock é a forma com que ele contextualiza a psicologia educacional dentro de um contexto de ensino. Muitas vezes, é difícil fazer com que os professores ou professores em treinamento enxerguem a relevância dos princípios de aprendizagem; eles os consideram muito abstratos. Este livro torna a teoria abstrata mais concreta e mais relevante aos professores. São especialmente úteis as estratégias de aplicação e conexões aos portfólios de ensino e o exame PRAXIS™".
>
> —Karen Swan

James McMillan

James McMillan é especialista em avaliação. É professor e diretor do Departament of Foundations of Education at Virginia Commonwealth University, em Richmond, Virgínia, e diretor do Metropolitan Educational Research Consortium. É autor de *Classroom assessment: principles and practice for effective instruction*, quarta edição, e de *Essential assessment concepts for teachers and administrators*, e também lançou livros de psicologia educacional e pesquisa educacional. Algumas de suas publicações incluem artigos em *Educational measurement, educational horizons, educational and psychological measurement, Journal of educational psychology* e *American educational research journal*. Atualmente, o Dr. McMillan investiga relações entre a avaliação em sala de aula, as práticas de atribuição de notas e a motivação dos estudantes. Nos últimos anos, tem participado do programa de avaliação e responsabilidade. O Dr. McMillan também dirige o Metropolitan Educational Research Consortium, uma parceria entre universidade/escola pública que conduz e difunde pesquisa-ação.

> "O material de John Santrock em NCLB é muito bem-feito e preciso... (e) em suma, estes três capítulos (1, 15 e 16) são muito bem-feitos, precisos, com um estilo de escrita amistoso."
>
> —JAMES MCMILLAN

Gary Bitter

Gary Bitter é especialista em tecnologia educacional. É professor de Tecnologia Educacional e diretor executivo para a Aprendizagem e Pesquisa com Base na Tecnologia na Universidade do Estado do Arizona. Fez seu Ph.D. em matemática e ensino de informática pela Universidade de Denver. A pesquisa e a elaboração dos materiais sobre desenvolvimento profissional e currículo digital do Dr. Bitter são projetados para transformar os ambientes de aprendizagem da educação infantil ao ensino fundamental. O Dr. Bitter publicou mais de 200 artigos e livros nas áreas de tecnologia educacional, educação matemática, desenvolvimento profissional de professores, e apresentou aproximadamente 1.200 palestras para organizações estaduais, nacionais e internacionais. Como membro fundador da comissão e primeiro presidente eleito da Sociedade Internacional para Tecnologia em Educação, ele ajudou a redefinir os limites das salas de aula da educação infantil ao ensino fundamental ao formar uma rede de profissionais dedicados que compartilham soluções comprovadas em sala de aula voltadas ao desafio de introduzir tecnologias através do currículo escolar.

> "Eu definitivamente recomendo a adoção do texto de John Santrock a meus colegas. Gosto da diagramação e da facilidade de utilização. Certamente, seu forte é a abordagem da tecnologia."
>
> —GARY BITTER

Prefácio

É gratificante saber que as primeiras duas edições de *Psicologia educacional* foram tão bem recebidas. A preparação desta edição[1] foi tão recompensadora quanto desafiadora: recompensadora porque continuo a aprender cada vez mais sobre a educação dos estudantes e porque o retorno tanto dos estudantes como dos instrutores foi consistentemente entusiasmado; desafiadora por causa da necessidade de continuar a atender ou exceder as expectativas dos instrutores, além de manter o material moderno e atualizado.

> *Um dos meus objetivos em cada edição de Psicologia educacional foi escrever um livro do qual os estudantes pudessem dizer:*
> *"Eu amo este livro."*
> *"Estou aplicando as idéias do texto de Psicologia educacional em minhas aulas e elas estão dando muito certo!"*
> *"Leciono no interior e meu texto de Psicologia educacional é um recurso de grande valia para mim. O foco em diversidade e tecnologia é extremamente útil. Este livro me enriqueceu."*

Esses comentários são de Jennifer Holliman-McCarthy, Richard Harvell e Greg Hill. Eles utilizaram este livro em seu curso de psicologia educacional e se tornaram professores de escola pública.

Outro objetivo que tenho em cada edição do *Psicologia educacional* é o de escrever um livro de que os instrutores possam fazer os seguintes comentários:

> *"Não esperava gostar deste texto. Em geral, os textos de psicologia educacional são todos muito previsíveis. Embora as pessoas afirmem que são inovadoras, elas acabam não sendo. Em contraste, o texto de John Santrock é uma grande surpresa (UAU!). Seu livro é diferente. É escrito para o professor em potencial e não para o psicólogo educacional do futuro."*
> *"Aqueles que não estão utilizando o Santrock é porque ainda não o viram. Comuniquem, por favor, meu sincero apreço por este texto de qualidade a John Santrock."*

Esses comentários foram feitos pelos instrutores de psicologia educacional Randy Lennon, Universidade do Norte do Colorado, e Robert Brown, Florida Atlantic-Boca Raton.

Para continuar a atender ou mesmo exceder as expectativas dos instrutores e manter o material moderno e atualizado, fiz uma série de mudanças-chave que descrevo a seguir.

Ênfase na preparação do pratique PRAXIS™

Na Atualização de Sala de Aula da segunda edição deste livro, aumentei o número de oportunidades para que os estudantes se preparassem para sua prática como professores e para o teste *Princípios de Aprendizagem e Ensino* (PLT) de PRAXIS II™[2]. Expandi muito essa ênfase nesta terceira edição. Integrei na terceira edição muitos textos de Boas práticas que novos professores podem adotar e numerosas atividades para ajudá-los a ter sucesso nos testes com base em padrões, como os de PRAXIS II™.

Boas Práticas. Os estudantes irão ler uma série de vezes Boas práticas: Estratégias para..., quadros que fornecem recomendações amplas e detalhadas que os estudantes poderão utilizar quando se tornarem professores. O formato desse texto foi alterado a fim de fornecer melhor integração com os comentários de professores importantes. Assim, Visão do professor, que foi incluída na segunda edição como suplemento em quadros separados, é agora integrada aos quadros Boas práticas para fornecer uma apresentação de estratégias relacionadas e exemplos que melhorem a educação dos estudantes. Além disso, uma série de novos quadros Boas práticas foi criada por todo o livro e outras foram expandidas com novas entradas e mais descrições detalhadas de estratégias bem-sucedidas de ensino. Inúmeros novos comentários sobre a seção Visão do professor foram obtidos para a terceira edição do livro e incorporados em Boas práticas.

PRAXIS™ e Testes com base nos padrões públicos. A utilização de testes com base em padrões públicos para avaliar a competência de estudantes e professores é uma das reformas educacionais mais drásticas em décadas. A terceira edição do *Psicologia educacional* se concentra consideravelmente mais nos testes com base em padrões públicos e na legislação Nenhuma Criança Deixada para Trás, começando com uma visão geral no Capítulo 1 e, depois, apresentando uma integração adicional em outros capítulos conforme a necessidade.

Para dar aos professores em potencial uma oportunidade de praticar a resposta aos itens do tipo PRAXIS™, uma seção de Pratique PRAXIS™ foi adicionada à seção Reveja e Reflita da segunda edição e renomeada Reveja, reflita e pratique na ter-

---

[1] N.E.: Primeira edição brasileira, terceira edição norte-americana publicada pela McGraw-Hill Companies, Inc.

[2] N.E.: PRAXIS é um conjunto de exames de certificação desenvolvido e administrado pela Educational Testing Service (ETS), uma organização privada mundial de avaliação e testes educacionais, que atua principalmente nos Estados Unidos. Consulte http://en.wikipedia.org/wiki/Educational_Testing_Service e http://en.wikipedia.org/wiki/PRAXIS_test.

ceira edição. Esse quadro é apresentado ao final de cada título de segundo nível, em cada capítulo, no qual os estudantes respondem a um item do tipo PRAXIS™ para cada um desses tópicos. Os itens do tipo PRAXIS™ também foram adicionados a vários estudos de caso ao final de cada capítulo.

Conteúdo e pesquisa contemporânea

Outro objetivo importante que tenho para cada edição deste texto é o de incluir um conteúdo sólido e pesquisas atualizadas.

Conteúdo e pesquisa atualizados. Esta edição apresenta conteúdo e pesquisa atualizados e inclui mais de 1.800 citações do século 21, sendo que mais de 500 destas são de 2005, 2006 e 2007. Mais adiante, neste Prefácio, serão descritos com mais detalhes os conteúdos principais e as pesquisas adicionais, capítulo por capítulo.

Consultores especialistas em conteúdo e pesquisa. Dez consultores especialistas forneceram a John Santrock um conteúdo detalhado sobre o tema de um capítulo ou de capítulos em sua(s) área(s) de especialização. As fotografias e biografias dos especialistas aparecem no início do livro. Os consultores especialistas para a *Psicologia educacional*, 3ª ed., foram:

- **Joyce Epstein** *The Johns Hopkins University*
- **Dale Schunk** *University of North Carolina-Greensboro*
- **James Kauffman** *Universidade da Virgínia*
- **Barbara McCombs** *Denver Research Institute*
- **Richard Mayer** *Universidade da Califórnia-Santa Bárbara*
- **Carolyn Evertson** *Vanderbilt University*
- **Carlos Díaz** *Florida Atlantic University*
- **Karen Swan** *Universidade do Estado de Kent*
- **James McMillan** *Virginia Commonwealth University*
- **Gary Bitter** *Arizona State University*

Acessibilidade e interesse

A nova edição deste texto deve ser acessível aos estudantes por causa dos sistemas de escrita, organização e aprendizagem.

Escrita e organização. Cada sentença, parágrafo, seção e capítulo deste livro foi cuidadosamente examinado e, quando apropriado, revisto e reescrito. O resultado é uma apresentação mais clara e mais bem organizada do material nesta nova edição.

O sistema de aprendizagem. Eu realmente acredito que os estudantes devem ser desafiados a estudar bastante e a pensar mais profunda e produtivamente sobre a psicologia educacional, e também que devem receber um sistema de aprendizagem eficiente. Os instrutores e estudantes fizeram comentários a respeito de quão amistoso ao estudante este livro se tornou.

Agora, mais do que nunca, os estudantes lutam para encontrar as idéias centrais em seus cursos, especialmente em cursos como de psicologia educacional, que incluem muito material. O sistema de aprendizagem enfoca os objetivos de aprendizagem que, junto com os tópicos de texto principais, proporcionam ao leitor uma rápida visualização das idéias-chave do começo ao fim do capítulo. Cada capítulo tem menos de seis tópicos e objetivos de aprendizagem correspondentes, que são apresentados lado a lado na abertura do capítulo. Ao final de cada seção principal de um capítulo, o objetivo de aprendizagem é repetido em um quadro chamado Reveja, reflita e pratique, que estimula os estudantes a revisar os tópicos-chave na seção e faz uma pergunta para incentivá-los a pensar de maneira crítica sobre o que foi lido. Além disso, conforme indicado anteriormente, a seção Reveja e reflita também inclui itens do tipo PRAXIS™ de múltipla escolha, para dar aos estudantes uma oportunidade de praticar a resposta de tipos de perguntas que estão nos testes com base em padrões públicos. Ao final do capítulo, no tópico Atingindo seus objetivos de aprendizagem, os estudantes são guiados através de uma revisão do capítulo. Além das ferramentas verbais já descritas, os mapas de minicapítulo que se ligam aos objetivos de aprendizagem são apresentados no início de cada seção principal do capítulo. Mais adiante, neste Prefácio, é fornecida uma apresentação visual do sistema de aprendizagem em uma seção intitulada Ao estudante.

Outros recursos de aprendizagem. Por todo o livro aparecem quadros e seções que complementam o aprendizado, ajudando o estudante a se aprofundar no universo da psicologia educacional e fornecendo ferramentas para que possa se tornar um professor eficiente. São eles:

- *Boas práticas.* Esse quadro bastante importante destaca a aplicação da teoria/pesquisa na prática do ensino eficiente em sala de aula. Aparece várias vezes em cada capítulo. A novidade nesta edição é a integração do quadro Visão do professor, o qual fornece descrições das melhores práticas, feitas por professores importantes, aos nas seções Boas práticas em locais apropriados
- *Histórias.* Cada capítulo abre com uma história de grande interesse sobre um ou mais professores relacionados ao conteúdo do capítulo.
- *Auto-avaliação.* Essa parte estimula os estudantes a examinar suas características e habilidades relacionadas com o conteúdo do capítulo.
- *Diversidade e educação.* A diversidade continua a ser um tema importante na terceira edição. O Capítulo 5, especialmente, é inteiramente voltado à diversidade sociocultural, e cada capítulo do livro contém um espaço para Diversidade e educação, que se integra ao conteúdo do texto, que é apresentado imediatamente em seguida ao material relevante a um tópico de diversidade.
- *Tecnologia.* Além de discutir tecnologia no texto de muitos capítulos, cada capítulo contém um quadro Tecnologia e educação relacionado ao conteúdo do capítulo. A maior parte dos quadros de Tecnologia e educação é nova ou foi significativamente atualizada e ampliada através das

contribuições da especialista em tecnologia da educação Karen Swan, da Universidade do Estado de Kent.
- **Estudos de caso.** Essa seção de página inteira intitulada Desvende o caso apresenta descrições de estudos de casos de grande interesse seguidas por uma série de questões, incluindo as questões do tipo PRAXIS™ de múltipla escolha que são novas nesta edição.
- **Pasta de atividades.** Ao final de cada capítulo, são apresentadas pastas de atividades relacionadas ao conteúdo do mesmo. Elas estão organizadas em três categorias para facilitar a utilização pelos instrutores: Reflexão independente, Trabalho colaborativo e Experiência de pesquisa/campo. Cada pasta de atividade é codificada para um padrão INTASC específico[3].
- **Visão do estudante.** Esses suplementos que aparecem na maioria dos capítulos dão aos estudantes a oportunidade de visualizar experiências de aprendizagem, de ensino e de sala de aula a partir do ponto de vista dos estudantes.

Alterações de conteúdo capítulo por capítulo

Capítulo 1: Psicologia educacional: uma ferramenta para o ensino eficiente

- Nova seção para emprego em práticas de ensino apropriadas de modo desenvolvimental (Darling-Hammond e Bransford, 2005; Horowitz e outros, 2005).
- Nova abordagem sobre a importância de se ter elevadas expectativas de rendimento para os estudantes (Wigfield e outros, 2006).
- Discussão ampliada e atualizada de práticas de ensino construtivistas e de instrução direta com ênfase em como muitos professores eficientes utilizam versões competentes de ambos os tipos de práticas (Darling-Hammond e Bransford, 2005).
- Nova seção sobre avaliação de habilidades em um ensino eficiente, incluindo novo material sobre a instrução com base em padrões de educação (McMillan, 2007).

---

[3] N.E.: INTASC – Interstate New Teacher Assessment and Support Consortium – é uma Agência de Ensino, uma organização norte-americana que estabelece objetivos para os professores do século 21. Os alvos profissionais estabelecidos por essas organizações são chamados por uma variedade de nomes, tais como: padrões, princípios, domínio de performance etc., e todos eles têm como meta refletir o conhecimento, habilidade e disposições que definem os professores excelentes. O INTASC estabelece padrões para todos os professores de todas as disciplinas do *preschool* até *grade 12*. Para mais informações, consulte http://cte.jhu.edu/pds/Resources/INTASC_Principles.h™, http://www.ccsso.org/Projects/interstate_new_teacher_assessment_and_support_consortium/#Mission e http://pages.towson.edu/pryan/PortraitofAcademicLife/intascprinciples.h™.

- Nova discussão sobre responsabilidades, legislação Nenhuma Criança Deixada para Trás e o exame PRAXIS™ na nova seção sobre avaliação e a introdução para testes padronizados (Essex, 2006; Phelps, 2005).
- Cobertura ampliada da seção Habilidades de definição de objetivos e de planejamento do ensino (Darling-Hammond e outros, 2005).
- Nova seção, Fazendo mais do que dar falsos elogios a variações individuais, incluindo a discussão sobre o conceito de ensino diferenciado (Hallahan e Kauffman, 2006; Tomlinson, 2001; Winner, 2006).
- Cobertura ampliada e atualizada sobre assuntos e pesquisa sobre gênero e etnicidade em psicologia educacional (Parke e Buriel, 2006; Wigfield e outros, 2006).
- Atualização da porcentagem de estudantes com origem de baixa renda que têm computadores em casa.
- Quadro de Tecnologia e educação ampliado e atualizado sobre tecnologia, escolas e comunidades (IBM, 2006; LISC, 2005; Zucker e McGhee, 2005).
- Novo suplemento de Visão do professor, Paul August, "Buscando individualidade na diversidade".
- A pedido dos que adotaram e redigiram, uma quantidade de seções de pesquisa consideravelmente reduzida para aprimorar a motivação do estudante.

Capítulo 2: Desenvolvimento cognitivo e de linguagem

- Reescrita abrangente do capítulo para um fluxo aprimorado e compreensão do estudante.
- Nova seção Questões de desenvolvimento, que enfoca inato-aprendido, continuidade-descontinuidade e a experiência inicial-final (Gottlieb, Wahlsten e Lickliter, 2006; Kagan e Fox, 2006; Thelen e Smith, 2006).
- Nova seção Desenvolvimento e educação, que descreve práticas de ensino apropriadas em termos de desenvolvimento e o conceito de desenvolvimento irregular (Horowtiz e outros, 2005).
- Discussão atualizada e ampliada sobre a lateralidade cerebral (Jabbour e outros, 2005; Patararia e outros, 2005).
- Cobertura bem ampliada sobre alterações no cérebro, incluindo pesquisas atualizadas e intrigantes sobre o desenvolvimento da amídala e do córtex pré-frontal na adolescência (Dahl, 2004; Nelson, 2005; Nelson, Thomas e de Hahn, 2006).
- Nova seção sobre plasticidade no cérebro (Bransford e outros, 2005; Nelson, Thomas e de Hahn, 2006).
- Cobertura revista e ampliada sobre o conceito de esquemas de Piaget.
- Novo suplemento de Visão do professor, Estimulando o pensamento e as descobertas do aluno.

- Cobertura ampliada e atualizada sobre a zona de desenvolvimento proximal, incluindo um novo e abrangente exemplo desse conceito.
- Discussão ampliada sobre Andaime.
- Material ampliado sobre a descrição do Fala Privada com exemplos.
- Novo suplemento do Visão do estudante, Utilizando os conceitos de diálogo e reconstrução para encontrar a zona de desenvolvimento proximal.
- Críticas adicionais à abordagem de Vygotsky.
- Atualização e reescrita significativa da natureza da linguagem e seus sistemas de regras para a compreensão aprimorada com base no conhecimento do especialista Jean Berko Gleason (2005).
- Nova discussão sobre a consciência metalingüística.
- Descrição de estudo que indica a importância do vocabulário na compreensão de leitura dos estudantes de ensino médio (Berninger e Abbott, 2005).
- Discussão ampliada sobre o desenvolvimento da linguagem na adolescência.
- Novo texto Boas práticas, Estratégias para o desenvolvimento de vocabulário.

Capítulo 3:
Contextos sociais e desenvolvimento socioemocional

- Novo suplemento de Visão do professor, para estimular os estudantes a utilizarem materiais de sala de aula para construir um auto-retrato como um meio de explorar sua identidade.
- Nova seção sobre práticas de gerenciamento em família e comportamento acadêmico e rendimento dos estudantes na escola, incluindo um estudo de pesquisa realizado com famílias afro-americanas (Taylor e Lopez, 2005).
- Abordagem atualizada e ampliada sobre as idéias de Joyce Epstein (2005; Sheldon e Epstein, 2005) a respeito de parcerias escola-família-comunidade, incluindo a discussão sobre suas esferas sobrepostas da teoria de influência e suas amarras para a teoria de Bronfenbrenner.
- Nova discussão sobre variações étnicas nos estilos de criação e estilos adaptativos de famílias ásio-americanas, afro-americanas e latinas (Chao, 2005; Harrison-Hale, McLoyd e Smedley, 2004).
- Nova seção sobre cuidados fora da escola, incluindo estudos de pesquisa sobre a importância do tipo de cuidado (NICHD Early Child Care Research Network, 2004; The Wallace Foundation, 2004).
- Quadro Tecnologia e educação atualizado e ampliado, que inclui idéias atuais sobre o porquê de haver um vínculo entre a quantidade de tempo que a criança dedica à TV e um rendimento diminuído na escola (Comstock & Scharrer, 2006).
- Discussão sobre um estudo de intervenção bem-sucedido atual para aprimorar as habilidades sociais de crianças rejeitadas (DeRosier e Marcus, 2005).
- Nova discussão sobre pesquisa longitudinal quanto aos resultados de não se ter um amigo (Wentzel, Barry e Caldwell, 2004).
- Nova discussão sobre a controvérsia na educação infantil com relação à ênfase acadêmica.
- Discussão sobre a consideração atual do Congresso Norte-americano de introduzir o Projeto Head Start com um foco acadêmico mais forte e comentários de especialistas em crianças pequenas sobre algumas preocupações com essa ênfase acadêmica.
- Abordagem revista e atualizada sobre as recomendações de Momentos decisivos para aprimorar as escolas de ensino médio.
- Inclusão de informações de pesquisa de programas eficientes contra evasão escolar (Lehrer e outros, 2003) e nova discussão sobre as diferenças de gênero nas taxas de evasão escolar e estimativas revistas da taxa de evasão escolar para a juventude indígena norte-americana.
- Abordagem atualizada e ampliada sobre o Programa "Eu Tenho um Sonho" ("I Have a Dream" Foundation, 2005).
- Descrição das descobertas da Pesquisa da Escola de Ensino Médio sobre o Envolvimento dos Estudantes da Universidade de Indiana (2004).
- Cobertura ampliada sobre auto-estima, incluindo a discussão quanto à preocupação com o fato de que muitas crianças crescem recebendo falsos elogios como parte de um esforço para aumentar sua auto-estima, o que pode prejudicar seu rendimento escolar (Graham, 2005; Stipek, 2005), variação na auto-estima em diferentes áreas e aumento da diferenciação da auto-estima na adolescência (Harter, 2006).
- Cobertura revista e atualizada sobre cultura, etnicidade e identidade.
- Nova seção sobre identidade étnica com um enfoque especial sobre a identidade étnica das crianças imigrantes e pesquisa sobre a identidade étnica, envolvimento escolar e sucesso escolar (Fuligni, Witkow e Garcia, 2005; Lee, 2005).
- Nova seção que descreve o aumento repentino do interesse sobre o que constitui uma personalidade moral (Blasi, 2005; Lapsley e Narvaez, 2006).
- Cobertura ampliada da educação do caráter (Lapsley e Narvaez, 2006, Walker, 2002).
- Nova discussão sobre a controvérsia em relação à perspectiva de cuidados de Gilligan.
- Discussão atualizada e ampliada sobre a aprendizagem em serviço (Benson e outros, 2006).

Capítulo 4:
Variações individuais

- Cobertura ampliada sobre a teoria triárquica de inteligência de Sternberg, incluindo a discussão de seu Teste de Habilidades Triárquicas.

- Novo suplemento de Visão do professor, oferecendo aos estudantes a escolha sobre o tipo de inteligência que eles querem aplicar em um projeto.
- Descrição sobre o Teste de Inteligência Emocional desenvolvido por Mayer-Salovey-Caruso.
- Avaliação ampliada e atualizada da controvérsia sobre se a inteligência é mais bem idealizada como inteligência geral ou como múltiplas inteligências (Birney e outros, 2005; Chiappi e MacDonald, 2005).
- Cobertura ampliada e atualizada sobre programas de intervenção para aumentar a inteligência (Ramey, Ramey e Lanzi, 2006).
- Nova discussão sobre a ameaça de estereótipos como um fator potencial no viés cultural em testes de inteligência (Sackett, Hardison e Cullen, 2004; Steele & Aronson, 2004).
- Novo suplemento Visão do professor, Prestando atenção aos detalhes.
- Cobertura ampliada e atualizada das dimensões-chave do temperamento (Kagan, 2006; Rothbart e Bates, 2006).
- Discussão ampliada e atualizada sobre estratégias de ensino que envolvem o temperamento dos estudantes (Keogh, 2003).

Capítulo 5: Diversidade sociocultural

- Nova seção sobre como os adolescentes nos Estados Unidos, na Europa e na Ásia Oriental gastam seu tempo (Larson e Verma, 1999; Larson e Wilson, 2004).
- Atualização do quadro Tecnologia e educação, Conexões de tecnologia com os estudantes ao redor do mundo (Swan e outros, 2006).
- Cobertura bem atualizada e ampliada sobre pobreza e desenvolvimento das crianças, incluindo informações sobre o exame de uma pesquisa sobre o assunto (Evans, 2004).
- Novo suplemento Visão do professor, Clube de leitura extraclasse para os estudantes de uma escola muito pobre.
- Cobertura sobre o estudo das aspirações educacionais dos pais e resultados educacionais dos adolescentes em famílias de baixa renda (Schoon, Parsons e Sacker, 2004).
- Atualização e revisão significativa de material de educação bilíngüe com base em uma revisão de uma nova pesquisa (Snow e Kang, 2006).
- Expansão da seção sobre diferenças e diversidade para que fosse incluída uma pesquisa sobre o reconhecimento de diferenças éticas legítimas e o fato de não ser "daltônico" (Schofield, 2003).
- Discussão sobre dois estudos recentes que mostram que os estudantes em escolas de minorias predominantemente étnicas têm bem menos recursos do que sua contraparte em escolas amplas para não-brancos (Oakes & Saunders, 2002, Shields e outros, 2001).
- Discussão sobre o livro de Jonathan Kozol (2005) *The shame of the nation*, que mostra a segregação educacional contínua e as injustiças sofridas por muitos estudantes de minorias que vivem em situações de baixa renda.
- Expansão da seção Ensino culturalmente relevante para que fossem incluídos os "fundamentos da abordagem do conhecimento" (Moll e Gonzáles, 2004).
- Nova discussão sobre como os estudantes de minorias étnicas e de origens de baixa renda se beneficiam de uma combinação de programas acadêmicos rigorosos com ensino culturalmente relevante e conexões com a comunidade, incluindo um estudo de pesquisa que mostra os benefícios dessa combinação para os estudantes latinos (Gandara, 2002).
- Nova cobertura sobre ênfase de James Banks (2003, 2006) quanto à importância de os futuros professores escreverem um breve ensaio sobre uma situação em que foram marginalizados de um grupo.
- Descrição atualizada e ampliada da opinião de James Comer (2004, 2005) à luz da recente ênfase em altos padrões e obrigações.
- Descrição atualizada e ampliada de questões envolvidas nos valores centrais do ensino (Díaz, 2005).
- Discussão ampliada e atualizada sobre as mudanças de desenvolvimento na estereotipia de gênero (Miller e Ruble, 2005; Ruble, Martin e Berenbaum, 2006; Trautner e outros, 2005)
- Cobertura extensamente revista e atualizada sobre as diferenças de gênero na comunicação, incluindo uma nova metanálise de gênero e conversa e crítica da visão de Tannen (Leaper e Smith, 2004).
- Nova seção sobre gênero e emoção, incluindo descrições das mudanças de desenvolvimento (Ruble, Martin e Berenbaum, 2006).
- Nova seção sobre as diferenças de gênero no comportamento pró-social.
- Nova discussão sobre pesquisa quanto à educação do mesmo sexo (Warrington e Younger, 2003).
- Pesquisa desenvolvida sobre a classificação do papel do gênero e auto-eficácia acadêmica (Choi, 2004).
- Discussão atualizada sobre a controvérsia em relação à extensão das diferenças de gênero, incluindo a nova metanálise de Janet Shibley Hyde (2005).
- Cobertura de pesquisa realizada sobre as diferenças de gênero na socialização de adolescentes latinos nos Estados Unidos (Raffaelli e Ontai, 2004).
- Discussão ampliada e atualizada sobre as diferenças de gênero no cérebro (Lippa, 2005).
- Nova descrição das mudanças do ensino fundamental ao médio no número de meninas em programas para superdotados (Banks e outros, 2005; Ministério da Educação Norte-americano, 1999).

Capítulo 6: Alunos que têm deficiência

- Atualização da porcentagem de estudantes com limitações diferentes que recebem serviços de educação especial nos Estados Unidos, incluindo novas estimativas (National Center for Education Statistics, 2006).
- Reorganização e apresentação substancial de vários distúrbios, incluindo distúrbios de aprendizagem e Transtorno de Déficit de Atenção/Hiperatividade, agora sendo discutidos no início do capítulo por causa de sua prevalência.
- Abordagem atualizada da identificação dos distúrbios de aprendizagem e nova discussão sobre as causas dos distúrbios de aprendizagem (Litt e outros, 2005; McCrory e outros, 2005).
- Nova discussão sobre a opinião de Virginia Berninger (2006) que diz que os estudantes com um distúrbio de aprendizagem de leitura ou de escrita precisam de instruções explícitas em várias frentes, incluindo a consciência fonológica, ortográfica e morfológica, bem como seu ponto de vista sobre as mudanças necessárias na educação especial.
- Nova seção sobre os transtornos autistas, incluindo novas definições de termos-chave para os transtornos autistas, autismo e a síndrome de Asperger, bem como a abordagem sobre os papéis do funcionamento do cérebro e da hereditariedade desses transtornos (Baron-Cohen, 2004).
- Reorganização do material dos distúrbios de aprendizagem para uma melhor compreensão e atualização de pesquisa.
- Nova seção sobre a discalculia.
- Novo suplemento Visão do professor que enfatiza uma abordagem em equipe para trabalhar com os estudantes com distúrbio de aprendizagem.
- Cobertura atualizada e pesquisa realizada sobre o transtorno do déficit de atenção/hiperatividade, incluindo nova descrição de como a Ritalina e o Aderall funcionam (Reeves e Schweitzer, 2004).
- Discussão atualizada e ampliada sobre o vínculo entre a síndrome alcoólica fetal e deficiência intelectual, incluindo a descrição de um estudo longitudinal recente (Bailey e outros, 2004; O'Leary, 2004).
- Nova seção sobre falha de linguagem específica (Ratner, 2005; Simpson e Rice, 2005).
- Nova abordagem da sanção de 2004 da Lei de Educação para Indivíduos com Deficiência e seu alinhamento com a legislação Nenhuma Criança Deixada para Trás (Hallahan e Kauffman, 2006).
- Nova discussão sobre o ponto de vista de James Kauffman e seus colegas (Kauffman e Hallahan, 2005; Kauffman, McGhee e Brigham, 2004) que diz que, em alguns casos, a inclusão total foi longe demais e que muitas vezes as crianças com distúrbios não são desafiadas a atingir todo o seu potencial.
- Abordagem atualizada sobre a porcentagem de colocações de estudantes com distúrbios em ambientes diferentes.
- Atualização e ampliação do quadro Tecnologia e educação, Tecnologia e estudantes com necessidades especiais (Hetzroni e Shrieber, 2004; Swan e outros, 2005).
- Nova seção, O curso de vida dos superdotados, que descreve os papéis da hereditariedade e do ambiente (especialmente a prática deliberada) ao traduzir o status de superdotado em rendimentos bem-sucedidos.
- Discussão ampliada sobre a aceleração da educação de crianças que são superdotadas e um novo espaço Boas práticas, Estratégias para trabalhar com crianças superdotadas (Colangelo, Assouline e Gross, 2004).
- Nova abordagem do Schoolwide Enrichment Model, modelo de enriquecimento total da escola, de Joseph Renzulli, para aprimorar os resultados para as crianças que são superdotadas e as crianças que não são superdotadas.

Capítulo 7: Abordagens sociocognitiva e comportamental

- Novo texto em Histórias de ensino, na abertura do capítulo, sobre as estratégias de educação especial da professora Ruth Sidney Charney para observar os esforços positivos dos estudantes (Charney, 2005).
- Nova descrição da importância não apenas de se conhecer os princípios básicos de aprendizagem e cognição, mas também de ser capaz de utilizá-los criteriosamente para atender os diferentes objetivos de aprendizagem em contextos em que os estudantes precisam se distinguir (Bransford e outros, 2005).
- Discussão atualizada e ampliada sobre a pesquisa e a utilização de castigo físico (Ateah, 2005; Regaldo e outros, 2004; Slade e Wissow, 2004).
- Porcentagem atualizada de estudantes universitários do sexo masculino que dizem ter planos de se tornar um professor de escola de ensino fundamental ou médio (Sax e outros, 2004).
- Estatística atualizada sobre a porcentagem do total de professores em sala de aula em relação à etnicidade e gênero.
- Discussão sobre o estudo que mostra os efeitos positivos de assistir a *Vila Sésamo* (Cole e outros, 2003).
- Novo texto Boas práticas, Estratégias para encorajar os estudantes a serem aprendizes auto-regulados (Alexander, 2006; Gutherie, Wigfield e Perencevich, 2004).

Capítulo 8: A abordagem de processamento da informação

- Nova seção, Recursos cognitivos: capacidade e velocidade de processamento das informações.
- Nova seção separada sobre atenção, incluindo a descrição de três tipos de atenção e como a atenção muda ao longo do desenvolvimento.
- Abordagem ampliada sobre o funcionamento da memória, incluindo pesquisa que compara o funcionamento da memória de crianças e adolescentes.

- Nova seção sobre a teoria do traço difuso (Brainerd & Reyna, 2004; Reyna, 2004).
- Seção atualizada e ampliada sobre a especialidade adaptativa, incluindo numerosos exemplos de como a especialidade adaptativa é uma característica de professores competentes (Bransford e outros, 2006; Hammerness e outros, 2005; Schwartz, Bransford e Sears, 2006).
- Nova discussão sobre a especialidade do estágio de aclimatação de Patricia Alexander.
- Nova seção sobre a teoria da mente das crianças (Wellman, 2004).
- Nova seção sobre o desenvolvimento de metacognição na adolescência (Kuhn e Franklin, 2006).
- Discussão ampliada sobre a importância da automonitoração na metacognição (Pressley e Hilden, 2006).
- Nova abordagem sobre as observações de Pressley e seus colegas de quão extensiva e intensivamente os professores em salas de aula de escolas de ensino fundamental ou médio utilizam a instrução de estratégia (Pressley e outros, 2001, 2003, 2004).
- Novo texto Boas práticas ampliado para ajudar os estudantes a desenvolver estratégias melhores, incluindo a importância de se conectar à instrução de estratégia com o conhecimento dos estudantes (Pressley e Hilden, 2006).

Capítulo 9: Processos cognitivos complexos

- Cobertura bem ampliada e atualizada do raciocínio, incluindo pesquisa sobre mudanças, ao longo do desenvolvimento, no raciocínio indutivo e dedutivo (Kuhn, 2006, em revista; Kuhn e Franklin, 2006).
- Cobertura atualizada sobre o pensamento crítico e a importância de se encorajar os estudantes a discutir tópicos controversos (Winn, 2004).
- Novo quadro de Tecnologia e educação sobre a utilização de "ferramentas mentais" digitais para estimular o pensamento crítico dos estudantes.
- Nova seção sobre o pensamento crítico na adolescência.
- Nova seção sobre as mudanças, ao longo do desenvolvimento, na resolução de problemas (Siegler, 2006; Siegler e Alibali, 2005; Zelazo e outros, 2003).
- Ampliação do texto Boas práticas, Estratégias para aprimorar a resolução de problemas dos estudantes.
- Abordagem atualizada sobre a tomada de decisões e nova subseção sobre a tomada de decisões na adolescência (Klaczynski, 2005; Kuhn e Franklin, 2006).
- Discussão ampliada sobre o pensamento criativo, incluindo pesquisa sobre brainstorming, aspectos de domínio da criatividade e projeto de escola/sala de aula.
- Nova discussão sobre "ensino para transferência" e o que isso pode transmitir (Bransford e outros, 2005; Schwartz, Bransford & Sears, 2006, em revista).

- Novo suplemento em Visão do professor, Chris Laster, Trazendo a ciência viva e conectando os estudantes à sua comunidade.

Capítulo 10: Abordagens socioconstrutivistas

- Informações atualizadas sobre esforços crescentes para conectar tecnologia e aprendizagem colaborativa (Rummel e Spada, 2005; van Drie e outros, 2005).
- Discussão atualizada e ampliada sobre aconselhamento (Karcher e outros, 2005).
- Nova abordagem sobre dois programas de monitoramento por pares: Monitoramento Recíproco por Pares e Monitoramento por Pares por Toda a Classe (Ginsburg-Block, 2005; Struckman, 2005).
- Descrição de pesquisa sobre a utilização de PALS com alunos que falam espanhol aprendizes da língua inglesa (Saenz, Fuchs e Fuchs, 2005).
- Nova seção sobre a avaliação da aprendizagem cooperativa, incluindo esforços e desvantagens potenciais (Blumenfeld, Kompler e Krajcik, 2006).
- Atualização do Programa da Juventude Valorizada (Intercultural Development Research Association, 2004).
- Abordagem atualizada de Estimulando uma Comunidade de Alunos com base em uma avaliação elaborada por Richard Lehrer e Laura Schauble (2006).
- Texto Tecnologia e educação atualizado e ampliado, Ambientes de aprendizagem intencional apoiados pelo computador (Fórum do Conhecimento).
- Novo suplemento de Visão do professor Fraser Randolph, Criando oportunidades que sejam sociais, porém estruturadas.

Capítulo 11: Aprendizagem e cognição nas áreas de conteúdo

- Novo texto em Histórias de ensino sobre Wendy Nelson Kauffman, que leciona estudos sociais.
- Discussão atualizada e ampliada sobre o conhecimento especializado e o conhecimento de conteúdo pedagógico (Grossman, Schoenfeld e Lee, 2005).
- Nova abordagem sobre a visão de Rich Mayer (2004) quanto a três processos cognitivos-chave envolvidos na aprendizagem de leitura.
- Nova seção, Sistemas de Regras da Língua, que descreve a importância da fonologia, sintaxe, morfologia e da semântica na leitura.
- Nova discussão sobre a importância de se ter um bom vocabulário na compreensão de leitura (Berninger e Abbott, 2005; Paris e Paris, 2006; Snow e Kang, 2006).

- Nova seção sobre processos cognitivos em matemática, incluindo uma discussão de entendimento conceitual, fluência procedural, organização eficiente de conhecimento e estratégias metacognitivas (National Research Council, 2005).
- Cobertura sobre a pesquisa que envolveu videoteipes de instrução em matemática em diferentes países e as implicações dessa pesquisa para os professores de matemática norte-americanos (Hiebert e outros, 2003).
- Novo texto em Boas práticas, Estratégias para ensinar matemática.
- Nova seção sobre o ponto de vista de Kathleen Metz que diz que a educação de ciências deveria enfocar a investigação profunda em um número limitado de ricos domínios de conteúdo.
- Nova seção, Investigação e conhecimento de conteúdo de ciências (Lehrer e Schauble, 2006).
- Novo texto em Boas práticas, Estratégias para ensinar ciências.
- Novo comentário feito por um professor de história de escola de ensino médio sobre o que ele aprendeu a respeito de ensinar história eficientemente, bem como sua aplicação em outras áreas de conteúdo (Bain, 2005).
- Novo texto em Tecnologia e educação, Aplicações de tecnologia específicas de áreas de conteúdo, com numerosos sites na Internet para aprimorar a aprendizagem do estudante em várias áreas de conteúdo.

Capítulo 12: Planejamento, ensino e tecnologia

- Abordagem ampliada e atualizada do planejamento com base nas idéias de Linda Darling-Hammond e seus colegas (2005), incluindo comentários sobre o planejamento à luz do aumento dos padrões públicos, mapeamento de trás para a frente, e escopo e seqüência.
- Discussão sobre entrevistas realizadas com professores experientes quanto ao que eles achavam que estava faltando em seu planejamento em seus primeiros anos de ensino (Kunzmann, 2003).
- Abordagem sobre estudo a respeito de como as mães podem motivar os estudantes a fazer a lição de casa (Pomerantz, Yang e Ng, 2005).
- Revisão de pesquisa sobre a aprendizagem de descoberta versus a aprendizagem orientada para a descoberta (Mayer, 2004).
- Conclusões atualizadas e ampliadas sobre a instrução direta centrada no professor e a instrução construtivista centrada no aluno (Bain, 2005; Darling-Hammond e outros, 2005; Donovan & Bransford, 2005).
- Revisão extensiva da discussão de tecnologia e educação feita pela especialista Karen Swan.
- Nova introdução à discussão de tecnologia que descreve três maneiras como a tecnologia afeta o planejamento e a instrução do professor (Darling-Hammond e outros, 2005).
- Estatística atualizada sobre o acesso a computadores e à Internet nas escolas (National Center for Education Statistics, 2005).
- Nova descrição de como os professores podem utilizar a tecnologia para transformar a aprendizagem em sala de aula (Wiske, Franz e Breit, 2005).
- Abordagem sobre estudo a respeito do acesso à Internet em casa pelos estudantes de diferentes grupos étnicos (Rideout, Roberts e Foehr, 2005) e um estudo sobre a relação de vários aspectos do uso do computador com maiores rendimentos acadêmicos em estudantes afro-americanos jovens (Judge, 2005).
- Nova seção, Ensino, aprendizagem e tecnologia, que descreve cinco estratégias para uma utilização mais eficiente da tecnologia para aprimorar a compreensão dos estudantes (Wiske, Franz e Breit, 2005).
- Discussão atualizada e ampliada sobre o futuro da tecnologia nas escolas, incluindo pesquisa sobre os benefícios da informatização para todos (Swan e outros, 2006).
- Novo suplemento em Visão do estudante, Conversa sobre tecnologia futura (Fórum Threshold/ISTE, 2004).
- Auto-avaliação ampliada, Avaliando minhas habilidades e atitudes em tecnologia.
- Descrição atualizada dos melhores sites da Web para a obtenção de informações sobre como aprimorar sua utilização de tecnologia em sala de aula.

Capítulo 13: Motivação, ensino e aprendizagem

- Abordagem sobre o estudo a respeito da motivação intrínseca/extrínseca e resultados acadêmicos com estudantes do terceiro ao oitavo ano (Lepper, Corpus e Iyengar, 2005)
- Novo texto em Tecnologia e educação, Integração de tecnologia, tarefas autênticas, curiosidade e interesse (Zucker e McGhee, 2005).
- Nova seção sobre o interesse na discussão da motivação intrínseca (Wigfield e outros, 2006).
- Nova seção, Envolvimento cognitivo e auto-responsabilidade (Blumenfeld e outros, 2006).
- Nova seção de conclusões sobre motivação intrínseca e extrínseca que enfatiza quão freqüentemente elas foram postas uma contra a outra como pólos opostos quando na realidade ambas estão operando (Wigfield e outros, 2006).
- Nova discussão da NCLB sobre a probabilidade de encorajamento de desempenho em vez de uma orientação de

excelência por parte dos estudantes (Meece, Anderman e Anderman, 2006).
- Nova seção, Expectativas, que traz material sobre as expectativas dos estudantes e as expectativas dos professores (National Research Council, 2004; Wigfield e outros, 2006).
- Discussão sobre pesquisa realizada quanto ao fornecimento de atividades específicas pelos pais em casa e o quanto isto influencia a escolha de cursos pelos estudantes e as atividades extracurriculares consistentes com essas atividades na adolescência (Simpkins e outros, 2004).
- Descrição ampliada e atualizada sobre a importância do significado do trabalho acadêmico para influenciar a motivação dos estudantes (National Research Council, 2004).
- Seção principal bem ampliada e extensivamente revisada, Estudantes com problemas de rendimento.
- Nova seção, Estudantes que procrastinam, incluindo uma série de estratégias que os professores podem utilizar para ajudar os estudantes a reduzir ou eliminar suas tendências de procrastinação (University of Buffalo Counseling Service, 2005).
- Nova seção, Estudantes perfeccionistas, incluindo estratégias que os professores podem utilizar para ajudar os estudantes a superar suas tendências perfeccionistas.

Capítulo 14: Gerenciando a sala de aula

- Novo suplemento em Visão do estudante, Alunos do professor de retórica Tommie Lindsey, no qual os estudantes de origem pobre fazem comentários sobre Lindsey, que recebeu o prêmio McArthur em 2005 por seus esforços em ajudá-los a ser bem-sucedidos em palestras públicas e debates.
- Cobertura atualizada sobre os resultados da Gallup Poll (Gallup Organization, 2004) na visão do público norte-americano quanto aos principais problemas nas escolas públicas norte-americanas.
- Novo texto em Tecnologia e educação, Automatizando o gerenciamento de sala de aula com sistemas de resposta do estudante (Swan, Kratcoski e Miller, 2006; Vahey, Roschell e Tatar, 2006).
- Abordagem ampliada e atualizada sobre pesquisa quanto ao bullying e recomendações de estratégias de ensino para redução do bullying (Evertson e Weinstein, 2006; Fekkes, Pijpers e Verloove-Vanhorick, 2004; Hyman e outros, 2006; Limber, 2004; Milsom e Gallo, 2006).
- Nova discussão sobre o programa de intervenção no bullying, Steps to respect, sobre um recente estudo longitudinal que demonstra sua eficácia (Frey e outros, 2005).
- Nova cobertura sobre o Jogo do bom comportamento, um programa de gerenciamento de comportamento escolar que mostrou bons resultados ao reduzir o comportamento disruptivo (Van Lier e outros, 2004).

Capítulo 15: Testes padronizados e ensino

- Nova abordagem sobre a legislação Nenhuma Criança Deixada para Trás, incluindo suas contribuições potenciais bem como críticas (Goldberg, 2005; Houston, 2005).
- Nova seção, Testes padronizados para candidatos a professor, que inclui informações sobre os três tipos de testes PRAXIS™, testes públicos individuais, críticas aos testes atuais para candidatos a professores e a reivindicação para um teste nacional, nos Estados Unidos para professores (Darling-Hammond e Baratz-Snowden, 2005).
- Novo texto em Tecnologia e educação, Testes padronizados, decisão baseada em dados e computadores de mão (Hupert e Heinze, 2006, em revista).
- Atualização da National Assessment of Educational Progress (NAEP) com relatórios dos resultados de 2005 para leitura, matemática e ciências (NAEP, 2005).
- Nova discussão sobre uma proposta feita pela National Academy of Education (Darling-Hammond e Baratz-Snowden, 2005) para um teste nacional para professores em potencial.
- Abordagem atualizada e ampliada sobre comparações internacionais dos estudantes dos Estados Unidos com outros países em matemática e ciências (Gonzales e outros, 2004).
- Nova descrição de como as pontuações com base em padrões públicos se baseiam em pontuações-padrão que são exclusivas para cada estado.

Capítulo 16: Avaliação em sala de aula

- Cobertura sobre a nova tendência de utilizar mais itens de múltipla escolha a fim de preparar os estudantes para testes com base em padrões de grande interesse (McMillan, 2007).
- Descrição de como a avaliação formativa se tornou uma palavra-chave com sua ênfase na avaliação para a aprendizagem em vez da avaliação de aprendizagem (Stiggins, 2006).
- Nova abordagem sobre a importância do feedback informativo na avaliação formativa, incluindo nova Figura 16.2 sobre o que fazer e não fazer a respeito do elogio ao fornecer um feedback.
- Nova discussão sobre o fato de muitos professores dizerem que escrevem itens de pensamento de ordem superior quando na realidade escrevem itens de lembrança e reconhecimento de nível inferior (McMillan, 2007).
- Nova descrição de estratégias para a escrita de itens de múltipla escolha de nível superior (Center for Instructional Technology, 2006).
- Nova seção sobre avaliação com base na Web, incluindo informações sobre três avaliações com base na Web cada vez mais utilizadas, disponíveis aos professores.

- Nova abordagem sobre se uma tarefa ou trabalho perdido merecem um zero (McMillan, 2007).
- Nova discussão sobre se os professores devem seguir estritamente os números na pontuação (McMillan, 2007).
- Atualização sobre a discussão de inflação de notas (College Board, 2004).

Agradecimentos

Estou em dívida com muitas pessoas da McGraw-Hill, pessoas que forneceram orientação e suporte essenciais para este texto. Agradeço especialmente a David Patterson, editor, que trouxe uma riqueza de conhecimento editorial e visão para a produção desta edição. Também agradeço a Beth Mejia, editora para educação e psicologia, a orientação e apoio excelentes fornecidos. Elaine Silverstein, a editora de desenvolvimento desta edição do livro, foi ótima e fez um excelente trabalho aprimorando o manuscrito. Também sou grato a Emily Pecora, editora de desenvolvimento, por seu trabalho incrível ao coordenar e monitorar várias tarefas e muitas pessoas envolvidas com esta edição. Rick Hecker fez um excelente trabalho ao orquestrar a produção do livro. Também agradeço o trabalho maravilhoso de editoração de texto desempenhado por Beatrice Sussman. A Dra. Nancy DeFrates-Densch, da Universidade do Norte de Illinois, contribuiu grandemente com o livro ao escrever os estudos de caso e os artigos de Pratique PRAXIS™. Quero agradecer a Deb Kalkman e Ronni Rowland o excelente trabalho na escrita do material de apoio do livro.

No início do livro, são traçados os perfis de numerosos consultores especialistas em pesquisa e conteúdo para o livro. Como disse anteriormente, o feedback dessas pessoas foi inestimável para me ajudar a tornar o conteúdo do livro superior àquele que teria realizado sozinho.

Colegas revisores da terceira edição. Ao planejar a terceira edição, perguntamos a instrutores de psicologia educacional quais melhorias no texto e no material de apoio eles gostariam de ver para ajudar seus estudantes a aprender e ajudá-los a ensinar. As sugestões recebidas foram incrivelmente úteis. Agradecimentos especiais a:

Bambi Bailey, *Midwestern State University*
Richard Benedict, *Madonna University*
Ronald Dugan, *The College of St. Rose*
Audrey Edwards, *Eastern Illinois University*
Nancy Knapp, *Universidade da Georgia*
William Lan, *Texas Tech University*
Edward Levinson, *Indiana University*
Julie Matuga, *Bowling Green State University*
Ron Mulson, *Hudson Valley Community College*
David Oxendine, *Universidade da Carolina do Norte–Pembroke*
Barbara Powell, *Eastern Illinois University*
James Rodriquez, *Universidade do Estado de San Diego*
Susan Sawyer, *Southeastern Louisiana University*
Alison Shook, *Albright College*
Jenny Singleton, *Universidade de Illinois–Urban-Champaign*
Michael Steiff, *Universidade da Califórnia–Davis*
David Tarver, *Angelo State University*
Libby Vesilind, *Bucknell University*
Ryan Wilke, *Universidade do Estado da Flórida*

Consultores especialistas da segunda edição. Iniciando com a primeira edição, procurei o conhecimento de especialistas líderes em várias áreas diferentes de psicologia educacional, que forneceram avaliações e recomendações detalhadas em sua área de especialidade. Os consultores especialistas para *Psicologia educacional*, 2ª edição, foram:

Albert Bandura, *Stanford University*
Gary Bitter, *Universidade do Estado do Arizona*
Carlos Díaz, *Florida Atlantic University*
Eva Essa, *Universidade de Nevada, Reno*
Carolyn Evertson, *Vanderbilt University*
Kenji Hakuta, *Stanford University*
Daniel Hallahan, *Universidade da Virginia*
James McMillan, *Virginia Commonwealth University*
Valerie Pang, Universidade do Estado de *San Diego*
Michael Pressley, *Universidade de Notre Dame*
Dale Schunk, *Universidade da Carolina do Norte–Greensboro*
Robert Siegler, *Carnegie Mellon University*

Colegas revisores da segunda edição e da atualização em sala de aula da segunda edição. Um extenso número de instrutores de psicologia educacional forneceu informações bastante detalhadas e úteis sobre o que eles queriam que um livro escolar ideal para seu curso abrangesse. Suas idéias influenciaram significativamente o conteúdo, a organização e a didática da segunda edição e da edição de atualização em sala de aula do livro.

Eric Anderman, *Universidade de Kentucky*
James M. Applefield, *Universidade da Carolina do Norte–Wilmington*
Jeffrey Baker, *Rochester Institute of Technology*
Dorothy A. Battle, *Georgia Southern University*
Douglas Beed, *Universidade de Montana, Missoula*
Richard Benedict, *Madonna University*
John T. Binfet, Universidade do Estado da *Califórnia–San Bernadino*
Joseph Braun, Universidade do Estado da *Califórnia–Dominguez Hills*
Kathy Brown, *University of Central Oklahoma*
Robert G. Brown, *Florida Atlantic University*
Alison Bryant, *Universidade do Missouri–Columbia*
Melva M. Burke, *East Carolina University*
Russell N. Carney, *Southwest Missouri State University*
Chuck Catania, *Miami University of Ohio*
John Newman Clark, *University of South Alabama*
Ellen Contopidis, *Keuka College*
Dorothy Valcarcel Craig, *Middle Tennessee University*
Rhoda Cummings, *Universidade de Nevada–Reno*
Reagan Curtis, *Northwestern State University*

David Dalton, *Universidade do Estado de Kent*
Nancy Defrates-Densch, *Universidade do Norte de Illinois*
Gypsy Denzine, *Universidade do Norte do Arizona*
Jesse Diaz, *Central Washington University*
Ronna Dillon, *Universidade do Sul de Illinois– Carbondale*
Joseph DiMauro, *DeSales University*
Ruth Doyle, *Casper College*
Kenneth Durgans, *Xavier University*
Howard Epstein, *Miami University of Ohio*
Lena Ericksen, *Western Washington University*
Tsile Evers, *Miami University–Oxford*
Sheryl Feinstein, *Augusta College*
Aubrey Fine, *California Polytechnic University*
Diane Finley, *Prince George's Community College*
Ericka Fisher, *College of the Holy Cross*
William R. Fisk, *Clemson University*
M. Arthur Garmon, *Western Michigan University*
Alyssa Gonzalez, *Florida Atlantic University*
Caroline Gould, *Eastern Michigan University*
Charles R. Grah, *Austin Peay State University*
Kim Grilliot, *Bowling Green State University*
Lynne A. Hammann, *University of Akron*
Andrew Hanson, *Universidade do Estado da Califórnia–Chico*
Walter Hapkiewicz, *Universidade do Estado do Michigan*
Gregory Harper, *Universidade do Estado de Nova York–Fredonia*
Diane J. Harris, *Universidade do Estado de São Francisco*
Jan Hayes, *Middle Tennessee State University*
William E. Herman, *Universidade do Estado de Nova York–Potsdam*
David Holliway, *Marshall University*
Sherri Horner, *Universidade de Memphis*
Mara Huber, *Universidade do Estado de Nova York–Fredonia*
John H. Hummel, *Valdosta State University*
Judith Hughey, *Universidade do Estado de Kansas*
Mona Ibrahim, *Concordia College*
Emilie Johnson, *Lindenwood University*
Steven Kaatz, *Bethel College*
Deborah Kalkman, *Universidade do Norte de Illinois*
Susan Kelley, *Lycoming College*
Lee Kem, *Murray State University*
Elizabeth Kirk, *Miami University of Ohio*
Elaine Kisisel, *Calumet College of Saint Joseph*
Robert L. Kohn, *Universidade do Kansas*
Becky Ladd, *Universidade do Estado de Illinois*
Marvin Lee, *Shenandoah University*
Randy Lennon, *Universidade do Norte do Colorado*
Bernie Les, *Wayne State University*
Dov Liberman, *Universidade de Houston*
Kim Loomis, *Kennesaw State University*
Catherine McCartney, *Bemidji State University*
John R. McClure, *Universidade do Norte do Arizona*
Barbara F. Maestas, *Towson University*
P.Y. Mantzicopoulos, *Purdue University*
Julia M. Matuga, *Bowling Green State University*
Lisa Mehlig, *Universidade do Norte de Illinois*
John K. Meis, *Flager College*

Dorothy D. Miles, *Saint Louis University*
Barbara Milligan, *Middle Tennessee State University*
Connie M. Moss, *Duquesne University*
Beverly Moore, *Auburn University*
Ronald Mulson, *Hudson Valley Community College*
Peter Myerson, *Universidade de Wisconsin–Oshkosh*
Ernest Owen, *Western Kentucky University*
Joseph D. Nichols, *Indiana-Purdue University*
Nita A. Paris, *Kennesaw State University*
Jim Persinger, *Emporia State University*
Barbara M. Powell, *Eastern Illinois University*
Barbara L. Radigan, *Community College of Allegheny County*
Sandra Nagel Randall, *Saginaw Valley State University*
Marla Reese-Weber, *Universidade do Estado de Illinois*
Robert Rice, *Western Oregon University*
Lynda Robinson, *University of the Ozarks*
Susan Rogers, *Columbus State Community College*
Lawrence R. Rogien, *Columbus State Community College*
Paul Rosenberg, *Muhlenberg College*
Deborah Salih, *University of Northern Iowa*
Jill Salisbury-Glennon, *Auburn University*
Ala Samarapungavan, *Purdue University*
Charles Jeff Sandoz, *Universidade da Louisiana*
Rolando A. Santos, *Universidade do Estado da Califórnia–Los Angeles*
Gayle Schou, *Grand Canyon University*
Marvin Seperson, *Nova Southeastern University*
Lisa Sethre-Hofstad, *Concordia College*
Patricia Slocum, *College of DuPage*
Brian G. Smith, *Moorhead State University*
Michael Smith, *Weber State University*
Daniel Stuempfig, *Universidade do Estado da Califórnia–Chico*
Gabriele Sweidel, *Kutztown University of Pennsylvania*
David E. Tanner, *Universidade do Estado da Califórnia–Fresno*
Sara Tannert, *Miami University of Ohio*
Karen Thierry, *Rutgers University*
Yuma I. Tomes, *Virginia Commonwealth University*
Donna Townsend, *Southwestern Assemblies of GodUniversity*
Julie Turner, *Universidade de Notre Dame*
Atilano Valencia, *Universidade do Estado da Califórnia–Fresno*
Eva G. Vandergiessen, *Fairmont State College*
David Vawter, *Winthrop University*
Linda Veronie, *Slippery Rock University*
Libby Vesilind, *Bucknell University*
Penny Warner, *Winona State University*
Linda Weeks, *Lamar University*
Earl F. Wellborn, Jr., *Missouri Valley College*
David Wendler, *Martin Luther College*
Glenda Wilkes, *Universidade do Arizona*
Patricia Willems, *Florida Atlantic University*
Victor Willson, *Texas A&M University*
Steven R. Wininger, *Western Kentucky University*
Betsy Wisner, *State University of New York–Cortland*
Patricia Whang, *Universidade do Estado da Califórnia–Monterey Bay*
Jina Yoon, *Wayne State University*
Michael Young, *Universidade de Connecticutt*

Revisores da primeira edição. Também estou em dívida com muitos revisores da primeira edição do texto, que fizeram um importante trabalho ao me ajudar a criar a base para o livro. Os instrutores e consultores especialistas em pesquisa mencionados a seguir forneceram-me esse feedback:

Dr. Frank Adams, *Wayne State College*
Dr. Robert R. Ayres, *Western Oregon University*
Dr. James Applefield, *Universidade da Carolina do Norte–Wilmington*
Dra. Elizabeth C. Arch, *Pacific University*
Professor Roger Briscoe, *Indiana University of Pennsylvania*
Randy Brown, *University of Central Oklahoma*
Professora Kay Bull, *Universidade do Estado de Oklahoma*
Dra. Mary D. Burbank, *Universidade de Utah*
Dra. Sheryl Needle Cohn, *University of Central Florida*
Dr. Rayne Sperling Dennison, *Penn State*
Dr. Carlos F. Diaz, *Florida Atlantic University*
Professora Ronna Dillon, *Universidade do Sul de Illinois*
Dr. Peter Doolittle, *Virginia Polytechnic University*
Dr. David Dungan, *Emporia State University*
Gordon Eisenmann, *Augusta State University*
Vicky Farrow, *Lamar University*
Dr. William L. Franzen, *Universidade do Missouri–St. Louis*
Dra. Susan Goldman, *Vanderbilt University*
Dr. Algea Harrison, *Oakland University*
Dr. Jan Hayes, *Middle Tennessee State University*
Dra. Alice S.Honig, *Syracuse University*
Dra. Kathryn W. Linden, emeritus, *Purdue University*
Dr. Richard E. Mayer, *Universidade da Califórnia–Santa Barbara*
Rita McKenzie, *Universidade do Norte do Arizona*
Dr. James H. McMillan, *Virginia Commonwealth University*
Professora Sharon McNeely, *Northeastern Illinois University*
Ann Pace, *Universidade do Missouri*
Dra. Karen Menke Paciorek, *Eastern Michigan University*
Dra. Peggy Perkins, *Universidade de Nevada–Las Vegas*
Dr. Nan Bernstein Ratner, *Universidade de Maryland–College Park*
Dr. Gilbert Sax, *Universidade de Washington*
Dr. Dale Schunk, *Universidade da Carolina do Norte–Greensboro*
Judith Stechly, *West Liberty State University*
Dr. O. Suthern Sims, Jr., *Mercer University*
Dr. David Wendler, *Martin Luther College*
Dr. Allan Wigfield, *Universidade de Maryland–College Park*
Dr. Tony L. Williams, *Marshall University*
Professora Ann K. Wilson, *Buena Vista University*
Dr. Peter Young, *Southern Oregon University*
Dr. Steven Yussen, *Universidade de Minnesota*

Painel de professores de escolas de ensino infantil, fundamental, médio e superior. Uma grande lista de indivíduos que lecionam em escolas de ensino infantil, fundamental, médio e superior me forneceu material sobre momentos de ensino especiais que eles experienciaram. Esses momentos aparecem nos quadros de Histórias e Boas práticas em todo o livro. Devo a esses professores meus agradecimentos por compartilharem a realidade de suas experiências de ensino:

Karen Abra, *School of the Sacred Heart*, San Francisco, CA
Mrs. Lou Aronson, *Devils Lake High School*, Devils Lake, ND
Daniel Arnoux, *Lauderhill Middle Community School*, Broward, FL
Lynn Ayres, *East Middle School*, Ypsilanti, MI
Fay Bartley, *Bright Horizon Children Center*, Bronx, NY
Barbara M. Berry, *Ypsilanti High School*, Ypsilanti, MI
Kristen Blackenship, *Salem Church Elementary*, Midlothian, VA
Wendy Bucci, *Sugar Creek Elementary School*, Verona, WI
Stella Cohen, *Hackley School*, Tarrytown, NY
Connie Christy, *Aynor Elementary*, Aynor, SC
Julie Curry, *Hubbard Elementary School*, Forsyth, GA
Alina Durso, *PS 59–Beekman Hill International School*, New York, NY
Andrea Fenton, *Cortez High School*, Glendale Union, AZ
Mark Fodness, *Bemidji Middle School*, Bemidji, MN
Kathy Fuchser, *St. Francis High School*, Humphrey, NE
Lawren Giles, *Baechtel Grove Middle School*, Willits, CA
Jerri Hall, *Miller Magnet Middle School*, Bibb County, GA
Jenny Heiter, *Bremen High School*, Bremen, IN
Anita Marie Hitchcock, *Holley Navarre Primary*, Santa Rosa Schools, FL
Laura Johnson-Brickford, *Nordhoff High School*, Ojai, CA
Heidi Kaufman, *Associate Executive Director of Childcare, MetroWest YMCA*, Framingham, MA
Juanita Kerton, *Gramercy School/New York League for Early Learning*, New York, NY
Chaille Lazar, *Hedgcoxe Elementary*, Plano, TX
Margaret Longworth, *St. Lucie West Middle School*, St. Lucie, FL
Adriane Lonzarich, *Heartwood*, San Mateo, CA
RoseMary Moore, *Angelo State University*, Angelo, TX
Therese Olejniczak, *Central Middle School*, East Grand Forks, MN
Dennis Peterson, *Deer River High School*, Bemidji, MN
Chuck Rawls, *Appling Middle School*, Bibb County, GA
Verna Brown Rollins, *West Middle School*, Ypsilanti, MI
Donna L. Shelhorse, *Short Pump Middle School*, Henrico County, VA
Michele Siegal, *Brockton High School*, Brockton, MA
Jason Stanley, *Syracuse Dunbar Avoca*, Syracuse, NE
Vicky Stone, *Cammack Middle School*, Huntington, VA
Sandy Swanson, *Menomonee Falls High School*, Menomonee Falls, WI
Tamela Varney, *Central City Elementary*, Cabell County, WV
Marlene Wendler, *St. Paul's Lutheran School*, New Ulm, MN
William Willford, *Perry Middle School*, Perry, GA
Yvonne Wilson, *North Elementary School*, Deer River, MN
Susan Youngblood, *Weaver Middle School*, Bibb County, GA
Heather Zoldak, *Ridge Wood Elementary*, Northville, MI

Quadros especiais e autores auxiliares. Também me beneficiei enormemente dos esforços deste importante grupo de instrutores de psicologia educacional que escreveu material para os quadros especiais no texto e no material de apoio.

Nancy DeFrates-Densch, Universidade do Norte de Illinois, autora de vários textos no livro, entre eles Desvende o caso, além de outras contribuições para o material de apoio.

Deborah Kalkman, Universidade do Norte de Illinois, também autora de alguns itens do material de apoio, como o manual do instrutor e apresentações em PowerPoint.

Veronica Rowland, Universidade da Califórnia-Irvine, também nos deu grande ajuda com a elaboração de itens para o material de apoio e a revisão do guia para estudo do aluno e do banco de teste.

Karen Swan, Universidade do Estado de Kent, consultora especialista em tecnologia e revisora dos textos de Tecnologia e educação.

Material de apoio

Apoiando e enriquecendo a utilização deste livro

Com o objetivo de intensificar a experiência de aprendizado, este livro conta com vários recursos on-line, disponíveis no site do livro em www.mhhe.com/santedu3e. Há materiais para o estudante e para o professor. Vá até o site e consulte os links *Student Edition* e *Instructor Edition,* no Online Learning Center. Para os estudantes estão disponíveis: guia de estudo com testes de múltipla escolha, verdadeiro/falso, correspondência, resposta curta e testes dissertativos; estudos de caso adicionais para cada capítulo do texto; exercícios de auto-avaliação; guia de estudo PRAXIS II, entre outros. Para o professor o site traz: manual do instrutor, um plano flexível com sugestões de ensino, objetivos de aprendizagem, resumos de capítulo estendidos, sugestões para palestra/discussão, recomendações de filmes e vídeos, dicas e atividades em sala de aula e formulários apostilados; banco de teste, com quase mil questões especificamente relacionadas ao texto principal; slides em PowerPoint para cada capítulo e conceito apresentado no texto; e outros. Todos esses materiais estão disponíveis em inglês e alguns são comerciais. Para adquirir o produto, faça um pedido em uma livraria informando o ISBN. Para ter acesso aos materiais gratuitos, os professores brasileiros necessitam obter uma senha com a McGraw-Hill do Brasil. A senha deve ser solicitada por e-mail (divulgacao_brasil@mcgraw-hill.com). Na Europa, a senha deve ser obtida com a McGraw-Hill de Portugal (servico_clientes@mcgraw-hill.com).

Ao estudante

Este livro fornece ferramentas de estudo importantes que o ajudarão a aprender de modo mais efetivo sobre a psicologia educacional. O sistema de Objetivos de Aprendizagem é especialmente importante, e está integrado no início de cada capítulo. Ao observar as características visuais, preste atenção especial em como o sistema de Objetivos de Aprendizagem funciona.

Incluso no capítulo

O sistema de objetivos de aprendizagem

A utilização do sistema de Objetivos de Aprendizagem irá ajudá-lo a aprender o material com mais facilidade. Os aspectos-chave desse sistema são as seções Objetivos de aprendizagem, Mapas de minicapítulo, Reveja, reflita e pratique, Atingindo seus objetivos de aprendizagem, as quais estão todas interligadas.

No início de cada capítulo, você verá uma página que inclui um resumo do capítulo e de três a seis objetivos de aprendizagem que introduzem os temas principais e ressaltam as idéias mais importantes do capítulo. Em seguida, no início de cada seção principal de um capítulo, você verá um mapa de minicapítulo que fornece uma organização visual dos tópicos-chave que serão apresentados na seção. Ao final de cada seção você encontra o Reveja, reflita e pratique, cujo objetivo de aprendizagem para a seção é reafirmado, uma série de questões de revisão relacionadas ao mapa de minicapítulo são feitas, uma questão que o estimula a pensar criticamente sobre um tópico relacionado à seção aparece e os itens de Pratique PRAXIS™ são apresentados. Ao final do capítulo, você chegará a uma seção intitulada Atingindo seus objetivos de aprendizagem. Esta inclui um mapa geral do capítulo que organiza visualmente todos os títulos principais, uma reafirmação dos objetivos de aprendizagem do capítulo e um resumo do conteúdo do capítulo que está diretamente ligado ao resumo no início do capítulo e às questões feitas na parte Reveja do Reveja, reflita e pratique dentro do capítulo. O resumo do Atingindo seus objetivos de aprendizagem responde essencialmente às questões feitas nas seções de Revisão dentro do capítulo.

O sistema de objetivos de aprendizagem

Resumo de abertura de capítulo e Objetivos de aprendizagem

Essa seção apresenta os principais temas do capítulo e identifica as idéias mais importantes. Cada item dos tópicos do capítulo aparece posteriormente no capítulo como um mapa de minicapítulo.

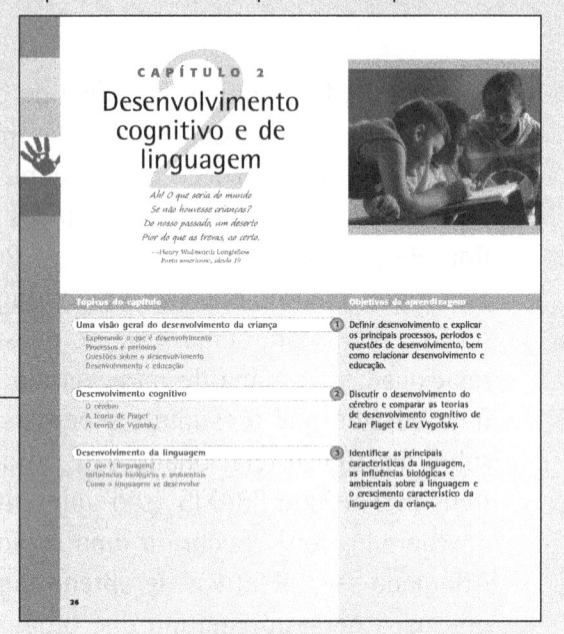

Mapa de minicapítulo

Da mesma forma que os itens dos tópicos dos capítulos na abertura de cada capítulo, esses mapas aparecem no início de cada seção principal no capítulo. Tais mapas chamam a atenção para tópicos-chave específicos que serão discutidos no texto seguinte.

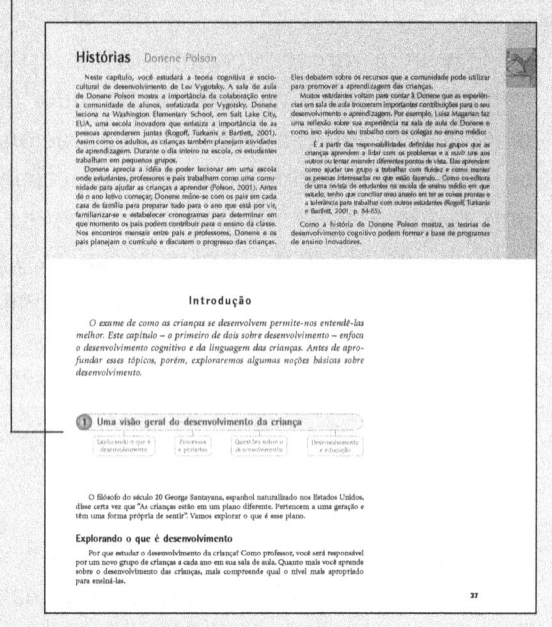

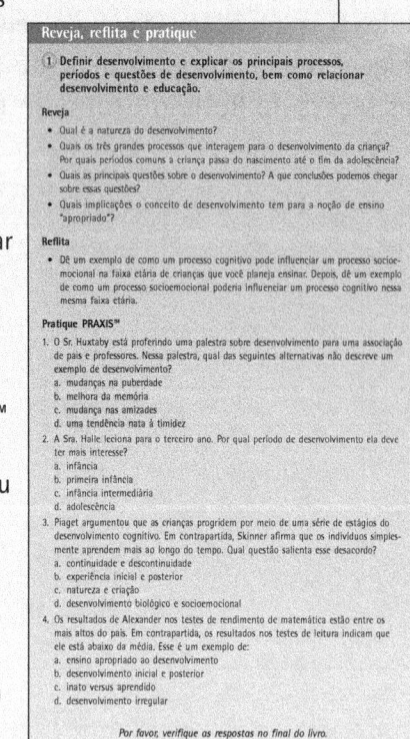

Reveja, reflita e pratique

Essas seções são unidas aos mapas de minicapítulo para resumir os tópicos-chave do texto anterior e ajudar você a pensar criticamente sobre eles. As questões em Pratique Praxis™ permitem que você aplique seu entendimento da leitura para responder às perguntas geralmente encontradas em testes.

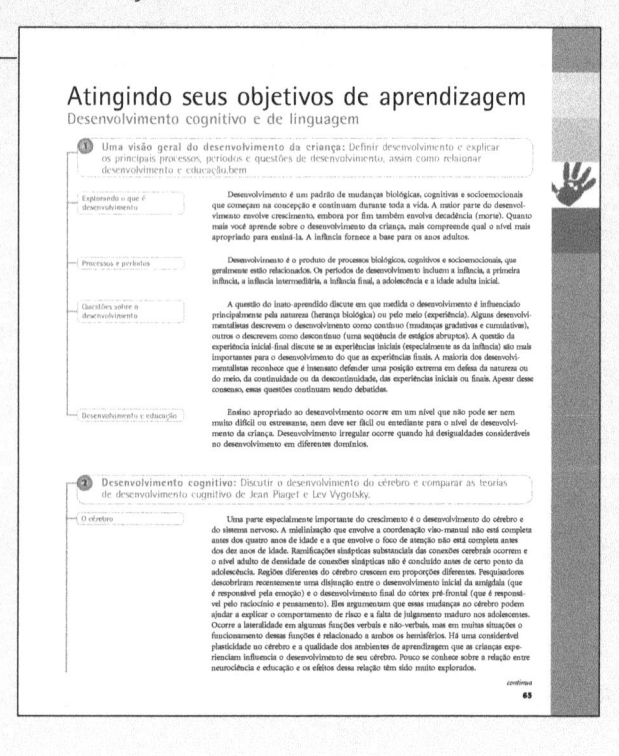

Atingindo seus objetivos de aprendizagem

Ao final de cada capítulo, essa seção apresenta os itens vistos nos tópicos da abertura do capítulo. Você também encontrará os *Objetivos de aprendizagem* novamente discutidos nessa seção, além do resumo do conteúdo do capítulo relacionado a cada objetivo.

Pratique PRAXIS™

Uma série de características de aprendizagem no texto ajudará você a aprender estratégias extensivas para se tornar um professor eficiente e se preparar para testes como o PRAXIS™.

Histórias

Cada capítulo abre com uma história sobre o ensino de grande interesse que está vinculada ao conteúdo do capítulo.

Desvende o caso

Este quadro apresenta um estudo de caso de página inteira relacionado ao conteúdo do capítulo após a última seção de Reveja, reflita e pratique e antes do resumo do capítulo. Esse estudo de caso oferece a oportunidade de aplicar o que foi aprendido no capítulo em uma questão ou problema de ensino no mundo real. Ao final do estudo de caso, uma série de perguntas será feita – em alguns casos, itens de múltipla escolha do tipo PRAXIS™ – para refletir criticamente sobre o caso.

Boas práticas: espaço para "Estratégias para..."

Muitas vezes em cada capítulo, esse importante quadro fornece recomendações sobre maneiras eficazes de se educar os estudantes com relação ao conteúdo já discutido. Além disso, estão incluídos nesse texto os suplementos de Visão do professor, que apresentam as estratégias utilizadas por professores ilustres e, em muitos casos, ganhadores de prêmios.

Pratique PRAXIS™

1. O Sr. Huxtaby está proferindo uma palestra sobre desenvolvimento para uma associação de pais e professores. Nessa palestra, qual das seguintes alternativas não descreve um exemplo de desenvolvimento?
   a. mudanças na puberdade
   b. melhora da memória
   c. mudança nas amizades
   d. uma tendência nata à timidez
2. A Sra. Halle leciona para o terceiro ano. Por qual período de desenvolvimento ela deve ter mais interesse?
   a. infância
   b. primeira infância
   c. infância intermediária
   d. adolescência
3. Piaget argumentou que as crianças progridem por meio de uma série de estágios do desenvolvimento cognitivo. Em contrapartida, Skinner afirma que os indivíduos simplesmente aprendem mais ao longo do tempo. Qual questão salienta esse desacordo?
   a. continuidade e descontinuidade
   b. experiência inicial e posterior
   c. natureza e criação
   d. desenvolvimento biológico e socioemocional
4. Os resultados de Alexander nos testes de rendimento de matemática estão entre os mais altos do país. Em contrapartida, os resultados nos testes de leitura indicam que ele está abaixo da média. Esse é um exemplo de:
   a. ensino apropriado ao desenvolvimento
   b. desenvolvimento inicial e posterior
   c. inato versus aprendido
   d. desenvolvimento irregular

Por favor, verifique as respostas no final do livro.

Questões de múltipla escolha do tipo Praxis™ no Reveja, reflita e pratique

Ao final de cada título de segundo nível em cada capítulo no quadro intitulado Reveja, reflita e pratique, você terá a oportunidade de praticar a resposta de questões de múltipla escolha do tipo PRAXIS™ relacionadas ao material que você acabou de ler.

Pasta de atividades

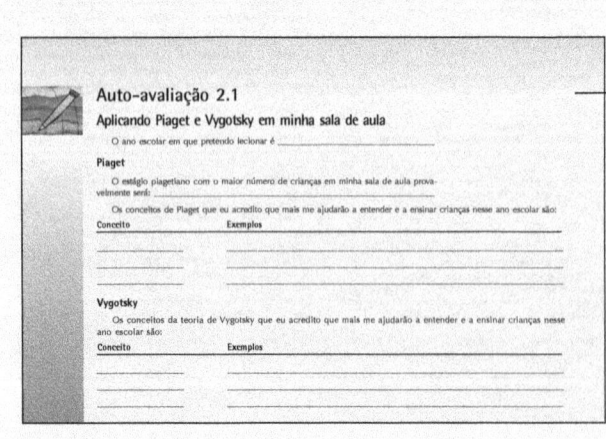

As atividades relacionadas ao conteúdo do capítulo são apresentadas ao final do capítulo. Dependendo daquilo que o professor requisitar, você poderá escrever sobre essas situações educacionais em uma pasta e/ou discuti-las com outros estudantes.

Auto-avaliação

Esse item aparece uma ou mais vezes em cada capítulo e está intimamente relacionado ao conteúdo do capítulo. É uma ferramenta poderosa que o ajuda a avaliar e compreender a si mesmo em seus esforços para se tornar um professor notável.

Outros recursos de aprendizagem

Diversidade e educação

Esses espaços aparecem uma vez em cada capítulo, imediatamente após a discussão sobre diversidade sociocultural. O texto enfoca importantes questões culturais, étnicas e de gênero relacionadas à educação.

Tecnologia e educação

Esses quadros aparecem uma vez em cada capítulo, destacando as questões-chave que envolvem como a tecnologia pode ser utilizada para aprimorar a educação.

Visão do estudante

Esse quadro fornece comentários estimulantes feitos por estudantes sobre suas atitudes e sensações relacionadas ao conteúdo do capítulo.

Termos-chave

Os termos-chave estão em negrito no texto e suas definições são fornecidas na margem próxima ao local onde são mencionados no texto.

Glossário

Todos os termos-chave do capítulo são relacionados na ordem em que aparecem no capítulo, junto com os números das páginas onde apareceram. Os termos-chave também são relacionados e definidos alfabeticamente e referenciados por página em um Glossário ao final do livro.

Termos-chave

- desenvolvimento 28
- questão inato-aprendido 30
- questão continuidade-descontinuidade 30
- questão experiência inicial-posterior 31
- desenvolvimento irregular 32
- lateralidade 36
- esquemas 37
- assimilação 37
- acomodação 37
- organização 38
- equilíbrio 38
- estágio sensório-motor 38
- estágio pré-operacional 39
- subestágio de função simbólica 39
- subestágio de pensamento intuitivo 40
- centração 41
- conservação 41
- estágio operacional concreto 42
- seriação 43
- transitividade 43
- estágio lógico-formal 44
- raciocínio hipotético-dedutivo 44
- neopiagetianos 47
- zona de desenvolvimento proximal (ZDP) 49
- andaimes 49
- abordagem socioconstrutivista 50
- linguagem 54
- fonologia 55
- morfologia 55
- sintaxe 55
- semântica 56
- pragmática 56
- conhecimento metalingüístico 61

Glossário

A

"cinco grandes" (ou mais importantes) fatores da personalidade Estabilidade emocional, extroversão, abertura a novas experiências, disponibilidade ao outro e escrupulosidade. 135

abordagem construtivista Uma abordagem para a aprendizagem centrada no estudante que enfatiza a importância de o indivíduo construir ativamente o conhecimento e a compreensão com a orientação do professor. 6

abordagem de ensino de estratégia transacional Uma abordagem cognitiva para leitura que enfatiza o ensino de estratégias, especialmente estratégias metacognitivas. 371

abordagem de processamento da informação Uma abordagem cognitiva que enfatiza que as crianças manipulam a informação, monitorando-as criando estratégias com ela. O fundamento dessa abordagem são os processos cognitivos da memória e do raciocínio. 264

abordagem fônica Uma abordagem que enfatiza que o ensino de leitura deveria ensinar os fonemas e suas regras básicas para a tradução de símbolos escritos em sons. 369

abordagem socioconstrutivista A abordagem que enfatiza os contextos sociais de aprendizagem e segundo a qual o conhecimento é fundamentado e construído mutuamente. 337

abordagens cognitivo-comportamentais Mudam o comportamento fazendo com que o indivíduo monitore, maneje e regule seu próprio comportamento em vez de deixar que seja controlado por fatores externos. 249

acomodação Conceito piagetiano de ajuste dos esquemas para se adaptar às novas informações e experiências. 37

agrupamento na sala de aula por capacidade Colocação de estudantes em dois ou três grupos na sala de aula, levando em consideração as diferenças entre suas capacidades. 131

agrupamento/segmentação Agrupar, ou "empacotar", informações em unidades de ordem superior que podem ser lembradas como unidades independentes. 320

algoritmos Estratégias que garantem a resolução de um problema. 320

ambiente menos restritivo possível (LRE) Um ambiente o mais similar possível àquele em que crianças sem deficiências são educadas. 206

ameaça ao estereótipo Receio de que o comportamento de um indivíduo possa confirmar um estereótipo negativo sobre um grupo. 128

amplitude A distância entre a maior e a menor nota. 550

amplitude da memória Número de dígitos que um indivíduo consegue reproduzir corretamente após uma única apresentação. 273

análise da tarefa Decompor uma tarefa complexa que os estudantes aprenderão em suas partes componentes. 411

análise de meio-e-fim Uma heurística na qual alguém identifica um objetivo (fim) de um problema, avalia a situação atual e avalia o que é necessário ser feito (meio) para diminuir a diferença entre as duas condições. 320

análise do comportamento aplicada Aplicar os princípios do condicionamento operante para mudar o comportamento humano. 235

analogia Correspondência, em alguns aspectos, entre coisas não semelhantes. 308

andaimes (scaffolding) Uma técnica que envolve mudanças do nível de apoio para a aprendizagem. Um professor ou um par mais avançado ajustam a quantidade de ajuda para se adaptar ao desempenho atual do estudante. 49

androginia Presença de características femininas e masculinas desejáveis na mesma pessoa. 171

aprendizado cognitivo Um relacionamento no qual um especialista amplia e apóia o entendimento de um aprendiz utilizando-se de habilidades culturais. 340

aprendizagem Influência relativamente permanente no comportamento, conhecimento e no raciocínio, adquirida através da experiência. 227

aprendizagem assistencial Uma forma de educação que promove a responsabilidade social e o serviço à comunidade. 106

aprendizagem auto-reguladora Autogeração e automonitoramento dos pensamentos, sentimentos e comportamentos a fim de atingir um objetivo. 251

aprendizagem baseada em problemas Aprendizagem que enfatiza problemas autênticos como aqueles que ocorrem no cotidiano. 322

aprendizagem baseada em projetos Os estudantes trabalham com problemas concretos e significativos para criar produtos reais. 323

aprendizagem com excelência Aprendizagem aprofundada de um conceito ou assunto antes de se partir para outro mais difícil. 417

aprendizagem cooperativa A aprendizagem que ocorre quando os estudantes trabalham em pequenos grupos para ajudar na aprendizagem uns dos outros. 343

aprendizagem por descoberta Aprendizagem na qual os estudantes constroem um entendimento por si mesmos. 429

aprendizagem por descoberta orientada Aprendizagem em que os estudantes também são encorajados a construir seu próprio entendimento, mas com a assistência de perguntas e orientações do professor. 429

aprendizagem por observação Aprendizagem que envolve adquirir habilidades, estratégias e crenças observando os outros. 244

aquisição de identidade O status de identidade em que os indivíduos exploraram alternativas significativas e assumiram um compromisso. 100

assédio sexual em ambiente hostil Submissão dos estudantes a uma conduta sexual indesejada muito grave, persistente ou disseminada que limita a habilidade de se beneficiarem de sua educação. 175

assédio sexual quid pro quo Ameaça feita por um funcionário da escola de tomar uma

611

CAPÍTULO 1

Psicologia educacional: uma ferramenta para o ensino eficiente

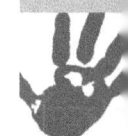

Eu posso tocar o futuro. Eu ensino.
—Christa McAuliffe
Educadora norte-americana e astronauta, século 20

Tópicos do capítulo

Explorando a psicologia educacional
Antecedentes históricos
Ensinar: arte e ciência

Ensino eficiente
Conhecimento profissional e habilidades
Comprometimento e motivação

Pesquisa em psicologia educacional
Por que a pesquisa é importante
Métodos de pesquisa
Pesquisa de avaliação de programa, pesquisa-ação
e o professor-como-pesquisador

Objetivos de aprendizagem

1. Descrever algumas idéias básicas sobre o campo da psicologia educacional.

2. Identificar as atitudes e as habilidades de um professor eficiente.

3. Discutir por que a pesquisa é importante para um ensino eficiente e como os psicólogos educacionais e os professores podem conduzir e avaliar a pesquisa.

Histórias   Margaret Metzger

Os professores eficientes sabem que os princípios da psicologia educacional e da pesquisa educacional irão ajudá-los a guiar a aprendizagem dos estudantes. Margaret Metzger foi professora de inglês na Brookline High School, em Massachusetts, por mais de 25 anos. Aqui estão alguns de seus conselhos a um estudante do magistério que ela supervisionava, que incorporam sua compreensão sobre os princípios básicos da psicologia educacional, tais como ensinar como aprender e a necessidade de aplicar a pesquisa educacional à prática de ensino:

Enfatize *como* aprender, em vez de *o quê* aprender. Os estudantes podem não saber algo em particular, mas sempre precisarão saber como aprender. Ensine os estudantes como ler com uma compreensão genuína, como modelar uma idéia, como dominar um material difícil e como utilizar a escrita para esclarecer o pensamento. Uma ex-aluna, Anastasia Korniaris, escreveu: "Sua turma era como uma loja de ferragens. Todas as ferramentas estavam lá. Anos depois ainda estou utilizando a loja de ferragens que está em minha cabeça..."

Inclua os estudantes no processo de ensino e aprendizagem. Faça perguntas básicas todos os dias, como: "O que vocês acharam dessa lição de casa? Essa tarefa ajudou vocês na aprendizagem da matéria? A tarefa foi muito longa ou muito curta? Como podemos tornar a próxima tarefa mais interessante? Quais devem ser os critérios para a avaliação?" Lembre-se de que queremos que os estudantes se responsabilizem por sua própria aprendizagem...

Pesquisas úteis são conduzidas freqüentemente sobre estilos de aprendizagem e formas de inteligência. Leia essas pesquisas. A idéia básica que você deve ter em mente é que os estudantes devem pensar por si mesmos. Seu trabalho é ensiná-los como pensar e dar a eles as ferramentas necessárias. Seus estudantes ficarão muito surpresos ao perceberem o quão inteligentes são. E você não precisa mostrar a eles o quão inteligente você é...

Nos primeiros anos de ensino você deve esperar e despender horas e horas de trabalho a fio. Do mesmo modo, você despenderia várias horas se fosse residente em uma universidade de medicina ou um associado em uma empresa de advocacia. Como outros profissionais, os professores trabalham muito mais horas do que as pessoas que não são da área imaginam...

Você tem potencial para ser um excelente professor. Minha única preocupação é que você não se sinta cansado antes mesmo de começar. O desejo de querer trabalhar bastante virá assim que você aprender a arte. (Fonte: Metzger, 1996, p. 346-351.)

Introdução

Na citação que abre este capítulo, a professora do século 20 e astronauta Christa McAuliffe comentou que quando ela lecionou, tocou o futuro. Como professor, você irá tocar o futuro porque as crianças são o futuro de uma sociedade. Neste capítulo, exploraremos do que trata o campo da psicologia educacional e como ele pode ajudar você a contribuir positivamente com o futuro das crianças.

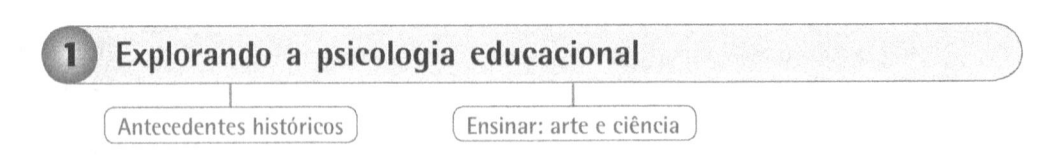

1 Explorando a psicologia educacional

Antecedentes históricos   Ensinar: arte e ciência

A psicologia é o estudo científico do comportamento e de processos mentais. A **psicologia educacional** é o ramo da psicologia dedicado à compreensão do ensino e da aprendizagem em ambientes educacionais. A psicologia educacional é uma área tão abrangente que precisa de um livro inteiro para ser descrita.

Antecedentes históricos

O campo da psicologia educacional foi criado por diversos pioneiros em psicologia no final do século 19, bem antes do início do século 20. Três pioneiros – William James, John Dewey e E. L. Thorndike – destacam-se no início da história da psicologia educacional.

William James   Logo após lançar o primeiro livro-texto de psicologia, *Principles of Psychology* (1890), William James (1842-1910) proferiu uma série de palestras intituladas

---

psicologia educacional Ramo da psicologia dedicado à compreensão do ensino e da aprendizagem em ambientes educacionais.

"Talks to Teacher" (James, 1899/1993), em que discutia as aplicações da psicologia na educação de crianças. James argumentou que os experimentos laboratoriais em psicologia muitas vezes não conseguem nos dizer, eficientemente, como ensinar crianças. Ele enfatizou a importância de observar o ensino e a aprendizagem em sala de aula para aprimorar a educação. Uma de suas recomendações era a de iniciar as aulas em um ponto além do nível de conhecimento e compreensão da criança para expandir a mente dela.

John Dewey Uma segunda figura principal no desenvolvimento do campo da psicologia educacional foi John Dewey (1859-1952), que se tornou uma força-motriz na aplicação prática da psicologia. Dewey estabeleceu o primeiro e mais importante laboratório de psicologia educacional nos Estados Unidos, na Universidade de Chicago, em 1894. Posteriormente, na Universidade de Columbia, continuou seu trabalho inovador. Muitas idéias importantes se devem a John Dewey (Berliner, 2006; Glassman, 2001). Primeiramente, devemos a ele a visão da criança como um aprendiz ativo. Antes de Dewey, acreditava-se que as crianças deveriam permanecer sentadas silenciosamente em suas cadeiras e aprender passivamente de uma maneira mecânica. Em contraste, ele argumentou que as crianças aprendem melhor realizando. Em segundo lugar, devemos a Dewey a idéia de que a educação deve enfocar a criança como um todo e enfatizar a adaptação da criança ao ambiente. Dewey considerou que as crianças não devem ser educadas apenas em tópicos acadêmicos, mas sim, aprender como pensar e se adaptar em um mundo fora da escola. Ele pensou especialmente que as crianças devem aprender uma forma de ser solucionadores de problemas reflexivos (Dewey, 1933). Em terceiro lugar, devemos a ele a crença de que todas as crianças merecem ter uma educação competente. Este ideal democrático não estava em vigor no início da carreira de Dewey, no final do século 19, quando a qualidade da educação era reservada apenas para uma pequena parcela das crianças, especialmente os meninos de famílias abastadas. Dewey lutou por uma educação competente para todas as crianças – meninos e meninas – bem como para as crianças de diferentes grupos socioeconômicos e étnicos.

E. L. Thorndike Um terceiro pioneiro foi E. L. Thorndike (1874-1949), que enfocou a avaliação e a medição e promoveu os princípios básicos científicos da aprendizagem. Thorndike argumentou que uma das tarefas mais importantes da escola é a de afiar as habilidades de raciocínio das crianças, e ele se distinguiu ao fazer estudos científicos precisos de ensino e aprendizagem (Beatty, 1998). Thorndike promoveu especialmente a idéia de que a psicologia educacional deve ter uma base científica e deve enfocar fortemente a medição (O'Donnell e Levin, 2001).

Diversidade e psicologia educacional inicial As figuras mais proeminentes no início da história da psicologia educacional, assim como em outras disciplinas, foram principalmente homens brancos, tais como James, Dewey e Thorndike. Antes das mudanças nas leis de direitos civis e políticas realizadas na década de 1960, nos EUA, apenas alguns indivíduos não-brancos dedicados obtinham a graduação necessária e rompiam as barreiras da exclusão racial para iniciar pesquisas no campo (Banks, 2006; Cushner, 2006).

Dois psicólogos afro-americanos pioneiros, Mamie e Kenneth Clark, conduziram pesquisas sobre o autoconceito e a identidade de crianças afro-americanas (Clark e Clark, 1939). Em 1971, Kenneth Clark tornou-se o primeiro presidente afro-americano da Associação Americana de Psicologia (American Psychological Association – APA). Em 1932, o psicólogo latino George Sanchez conduziu uma pesquisa que mostrava que os testes de inteligência foram culturalmente enviesados, desfavorecendo as crianças de minoria étnica.

Como as minorias étnicas, as mulheres também encaravam barreiras na educação de nível superior e, assim, somente aos poucos tornaram-se contribuintes proeminentes para a pesquisa psicológica. Uma pessoa normalmente negligenciada na história da psicologia educacional é Leta Hollingworth. Ela foi a primeira a utilizar o termo *superdotado* para descrever as crianças que tinham pontuação excepcionalmente alta nos testes de inteligência (Hollingworth, 1916).

A abordagem comportamental A abordagem de Thorndike para o estudo da aprendizagem dirigiu a psicologia educacional ao longo da primeira metade do século 20. Na psicologia americana, a visão de B. F. Skinner (1938), que se desenvolveu a partir das idéias de Thorndike, influenciou fortemente a psicologia educacional na metade do século. A abordagem comportamental de Skinner, descrita em detalhe no Capítulo 7, envolveu tentativas para determinar precisamente as melhores condições para a aprendizagem. Skinner argumentava

William James

John Dewey

E. L. Thorndike
James, Dewey e Thorndike criaram e desenvolveram o campo da psicologia educacional. *Quais eram as idéias deles sobre a psicologia educacional?*

George Sanchez    *Mamie and Kenneth Clark*    *Leta Hollingworth*

Como outras disciplinas, a psicologia educacional teve poucos indivíduos de minoria étnica e mulheres envolvidos no início de sua história. Esses indivíduos estavam entre as poucas pessoas com tais antecedentes históricos que superaram barreiras e contribuíram para o campo.

que os processos mentais propostos por psicólogos como James e Dewey não eram observáveis e, portanto, não poderiam ser objetos de estudo apropriados para estudo científico da psicologia, a qual ele definiu como a ciência do comportamento observável e suas condições controladoras. Na década de 1950, Skinner (1954) desenvolveu o conceito de *aprendizagem programada*, que envolvia o reforço do comportamento do estudante após cada série de etapas até que ele alcançasse um objetivo de aprendizagem. Em um esforço tecnológico anterior, Skinner criou uma máquina de ensino que servia como um educador e reforçava os estudantes por responderem corretamente (Skinner, 1958).

A revolução cognitiva   No entanto, os objetivos apontados pela abordagem comportamental para a aprendizagem não se voltavam a muitos dos objetivos reais e necessidades dos educadores em sala de aula (Hilgard, 1996). Em reação, no início dos anos 1950, Benjamin Bloom criou uma taxonomia de habilidades cognitivas que incluía lembrar, compreender, sintetizar e avaliar, com a qual ele acreditava que os professores deveriam ajudar os estudantes a utilizar e desenvolver (Bloom e Krathwohl, 1956). Em um capítulo de revisão no *Annual Review of Psychology* (Wittrock e Lumsdaine, 1977) afirmou-se que "Uma perspectiva cognitiva implica considerar que uma análise comportamental do ensino é sempre inadequada para explicar os efeitos do ensino na aprendizagem". A revolução cognitiva na psicologia começou a dominar na década de 1980 e levou a um grande entusiasmo para a aplicação dos conceitos da psicologia cognitiva – memória, pensamento, raciocínio e assim por diante – para ajudar os estudantes a aprenderem. Assim, na última parte do século 20, muitos psicólogos educacionais voltaram a enfatizar os aspectos cognitivos da aprendizagem defendidos por James e Dewey no início do século (Pressley e Hilden, 2006).

Ambas as abordagens cognitiva e comportamental continuam a fazer parte da psicologia educacional atual (Bransford, 2006; Pressley e Harris, 2006). Temos muito mais a comentar sobre essas abordagens nos Capítulos 7 a 11.

Mais recentemente, os psicólogos educacionais têm enfocado de modo crescente os aspectos socioemocionais da vida dos estudantes. Por exemplo, eles estão analisando a escola como um contexto social e examinando o papel da cultura na educação (Diaz, Pelletier e Provenzo, 2006; Kress e Elias, 2006; Okagaki, 2006). Os aspectos socioemocionais do ensino e da aprendizagem são explorados em vários capítulos do livro.

Ensinar: arte e ciência

Quão científicos podem ser os professores em sua abordagem de ensino? As ciências e a arte da prática habilidosa e experiente desempenham um importante papel no sucesso do professor (Oakes e Lipton, 2007; Morrison, 2006).

A psicologia educacional extrai muito de seu conhecimento de uma teoria mais ampla e da pesquisa em psicologia. Por exemplo, as teorias de Jean Piaget e Lev Vygotsky não foram criadas com o objetivo de informar os professores sobre as formas de educar as crianças, embora no Capítulo 2, "Desenvolvimento cognitivo e de linguagem", você verá que ambas oferecem muitas aplicações que podem guiar seu ensino. O campo também é traçado a partir da teoria e da pesquisa mais diretamente criada e conduzida por psicólogos educacionais, e das experiências práticas dos professores. Por exemplo, no Capítulo 13, "Motivação, ensino e aprendizagem", você lerá sobre a pesquisa orientada em sala de aula sobre a auto-eficácia de Dale Schunk (2004; Schunk e Meece, 2006) (a crença de que é possível dominar uma situação e produzir resultados positivos). Os psicólogos educacionais também reconhecem que o ensino às vezes deve partir de receitas científicas, que exigem improvisação e espontaneidade (Gage, 1978).

Como uma ciência, a psicologia educacional tem como objetivo fornecer conhecimento de pesquisa que possa ser eficientemente aplicado a situações de ensino. Mas o ensino ainda permanecerá uma arte. Além do que pode aprender com a pesquisa, você também continuamente fará julgamentos importantes em sala de aula com base em suas habilidades pessoais e experiências, bem como com a sabedoria acumulada de outros professores.

Reveja, reflita e pratique

1. Descrever algumas idéias básicas sobre o campo da psicologia educacional.

Reveja

- Como a psicologia educacional é definida? Quem foram alguns pensadores-chave na história da psicologia educacional e quais eram suas idéias?
- Como você descreveria os papéis da arte e da ciência na prática de ensino?

Reflita

- John Dewey argumentou que as crianças não devem se sentar silenciosamente em suas cadeiras e aprender de uma maneira mecânica. Você concorda com Dewey? Por que sim ou por que não?

Pratique PRAXIS™

1. O Sr. Smith acredita que todas as crianças merecem uma educação e que essa educação deve enfocar a criança como um todo. Sua visão é mais consistente com a de:
   a. Benjamin Bloom.
   b. John Dewey.
   c. B. F. Skinner.
   d. E. L. Thorndike.

2. Quatro professores estão discutindo as influências de ser um professor eficiente. Quais das quatro afirmações seguintes feitas por eles têm mais probabilidade de serem precisas?
   a. A aplicação de informações a partir de pesquisa científica é o fator mais importante para que o professor seja eficiente.
   b. Não é possível superar as experiências pessoais de um professor para se tornar um professor eficiente.
   c. Ser um professor eficiente é uma tarefa influenciada pelo conhecimento de pesquisa científica, habilidades de ensino e experiências pessoais.
   d. As habilidades inatas de um professor vencem todos os outros fatores para que ele se torne um professor eficiente.

Por favor, verifique as respostas no final do livro.

2 Ensino eficiente

- Conhecimento profissional e habilidades
- Comprometimento e motivação

Devido à complexidade do ensino e da variação individual entre os estudantes, o ensino eficiente não é de "tamanho único" (Diaz, 1997). Os professores devem dominar diversas perspectivas e estratégias e ser flexíveis em sua aplicação. Isto requer dois ingredientes-chave: (1) conhecimento profissional e habilidades e (2) comprometimento e motivação.

Conhecimento profissional e habilidades

Os professores eficientes têm bom comando de sua matéria e um sólido núcleo de habilidades de ensino. Têm excelentes estratégias de ensino suportadas pelos métodos de definição de objetivos, planejamento de ensino e gerenciamento de sala de aula. Sabem como motivar, comunicar-se e trabalhar eficientemente com os estudantes que têm diferentes níveis de habilidades e vêm de origens culturalmente diversas. Os professores eficientes também compreendem como utilizar níveis apropriados de tecnologia em sala de aula.

Competência na matéria Em sua lista de desejos das características do professor, os estudantes do ensino médio mencionaram cada vez mais o "conhecimento do professor de sua matéria" (NASSP, 1997). Ter uma compreensão atenta, flexível e conceitual da matéria é indispensável para ser um professor eficiente. Naturalmente, o conhecimento da matéria inclui mais do que fatos, termos e conceitos gerais, inclui também o conhecimento sobre a organização de idéias, conexões entre elas, formas de pensamento e argumentação, padrões de mudança dentro de uma disciplina, crenças sobre uma disciplina e a habilidade de transferir idéias de uma disciplina para outra. Certamente, ter uma compreensão profunda da matéria é um aspecto importante para ser um professor competente (Ellis, 2007; Peters e Stout, 2006; Van de Walle, 2007).

Estratégias de ensino Em um nível mais amplo, duas abordagens principais caracterizam a maneira como os professores ensinam: construtivismo e ensino direto. A abordagem construtivista foi o centro das filosofias de educação de William James e John Dewey. A abordagem de ensino direto tem mais em comum com o ponto de vista de E. L. Thorndike.

A **abordagem construtivista** é uma abordagem centrada no estudante que enfatiza a importância de o indivíduo construir ativamente o conhecimento e a compreensão com a orientação do professor. Na visão construtivista, os professores não devem tentar simplesmente despejar informações nas mentes das crianças. Em vez disso, as crianças devem ser encorajadas a explorar seu mundo, descobrir conhecimento, refletir e pensar criticamente com monitoramento cuidadoso e orientação significativa do professor (Eby, Herrell e Jordan, 2006; Halpern, 2006; Kafai, 2006). Os construtivistas defendem que, por muito tempo, as crianças foram solicitadas a permanecer em silêncio, ser aprendizes passivas e memorizar mecanicamente tanto informações relevantes quanto informações irrelevantes (Henson, 2004; Silberman, 2006).

Hoje, o construtivismo pode incluir uma ênfase na *colaboração* – as crianças trabalham umas com as outras tentando conhecer e compreender (Bodrova e Leong, 2007; Hyson, Copple e Jones, 2006). Um professor com uma filosofia instrucional construtivista não deveria fazer com que as crianças memorizassem informações de modo mecânico, mas sim dar a elas oportunidades de construir o conhecimento de modo significativo e compreender o material enquanto orienta sua aprendizagem (Ornstein, Lasley e Mindes, 2005).

Em contraste, a **abordagem de ensino direto** é uma abordagem estruturada e centrada no professor, caracterizada pela orientação e controle do professor, expectativas elevadas do professor para o progresso do estudante, máximo tempo gasto pelos estudantes em tarefas acadêmicas e esforços do professor para manter um mínimo de aspecto negativo. Um objetivo importante na abordagem de ensino direto é maximizar o tempo de aprendizagem do estudante (Stevenson, 2000).

Visão do estudante

Um bom professor

Mike, 2º ano:

Um bom professor é um professor que faz coisas que chamam sua atenção. Às vezes, você começa a aprender e nem percebe. Um bom professor é um professor que faz coisas para fazer você pensar. (Nikola-Lisa e Burnaford, 1994)

---

abordagem construtivista Uma abordagem para a aprendizagem centrada no estudante que enfatiza a importância de o indivíduo construir ativamente o conhecimento e a compreensão com orientação do professor.

abordagem do ensino direto Uma abordagem estruturada e centrada no professor, caracterizada pela orientação e controle do professor, expectativas elevadas do professor para o progresso do estudante, máximo tempo gasto pelos estudantes em tarefas acadêmicas e esforços feitos pelo professor para manter o mínimo de aspecto negativo.

Alguns especialistas em psicologia educacional enfatizam que muitos professores eficientes utilizam tanto a abordagem construtivista quanto a de ensino direto em vez de uma delas exclusivamente (Darling-Hammond e Bransford, 2005; Schwartz e outros, 1999). Além disso, algumas circunstâncias podem exigir uma abordagem construtivista e outras, uma abordagem de ensino direto. Por exemplo, os especialistas recomendam cada vez mais uma abordagem de ensino direto de envolvimento intelectual e explícito ao lecionar para estudantes com um distúrbio de leitura ou de escrita (Berninger, 2006). Quer você lecione mais a partir da abordagem construtivista ou da abordagem de ensino direto, você pode ser um professor eficiente.

Habilidades de definição de objetivos e de planejamento do ensino Quer sejam construtivistas ou mais tradicionais, os professores eficientes definem objetivos elevados para o ensino e organizam planos para atingir esses objetivos (Blumenfeld, Mark e Harry, 2006; Meece, Anderman e Anderman, 2006). Também desenvolvem critérios específicos para o sucesso, gastando um tempo considerável no planejamento de ensino e organizando suas aulas para maximizar a aprendizagem dos alunos (Posner e Rudnitsky, 2006). Conforme planejam, os professores eficientes refletem e pensam sobre como podem tornar a aprendizagem tanto desafiadora quanto interessante. Um bom planejamento

O que caracteriza as abordagens construtivista e de ensino direto na educação dos estudantes?

requer a consideração dos tipos de informação, demonstrações, modelos, oportunidades de investigação, discussão e prática que os estudantes precisam adquirir com o passar do tempo para que compreendam conceitos específicos e desenvolvam habilidades específicas. Embora a pesquisa tenha descoberto que todas estas características podem manter a aprendizagem, o processo do planejamento de ensino exige que os professores descubram aquilo que os estudantes devem fazer, quando, em que ordem e como (Darling-Hammond e outros, 2005, p. 186).

Práticas de ensino apropriadas ao nível de desenvolvimento Professores competentes têm uma boa compreensão do desenvolvimento das crianças e sabem como criar materiais de ensino apropriados para seus níveis de desenvolvimento (Darling-Hammond e Bransford, 2005; Horowitz e outros, 2005). As escolas norte-americanas são organizadas por série e em algum grau por idade, mas estes não são bons preditores do desenvolvimento das crianças.

Em qualquer nível, há normalmente uma amplitude de idades de dois ou três anos com uma amplitude ainda maior de habilidades, capacidades e estágios de desenvolvimento. A compreensão dos percursos e das progressões de desenvolvimento é extremamente importante para que o professor ensine de uma forma mais favorável para cada criança (Horowitz e outros, 2005, p. 93).

Neste texto, chamamos a atenção para os aspectos de desenvolvimento da educação de crianças e fornecemos exemplos de ensino e aprendizagem que levem em consideração um nível de desenvolvimento da criança. O Capítulo 2, "Desenvolvimento cognitivo e de linguagem", e o Capítulo 3, "Contextos sociais e desenvolvimento socioemocional", dedicam-se exclusivamente ao desenvolvimento.

Habilidades de gerenciamento de sala de aula Um aspecto importante do professor eficiente é manter a classe toda trabalhando em conjunto e orientada em direção às tarefas de sala de aula. Os professores eficientes estabelecem e mantêm um ambiente em que a aprendizagem tenha possibilidade de ocorrer. Para criar esse ambiente adequado para a aprendizagem, os professores necessitam de um repertório de estratégias para estabelecimento de regras e procedimentos, devem organizar grupos, monitorar e determinar o ritmo das atividades em sala de aula e saber como lidar com o comportamento-problema (Evertson, Emmer e Worsham, 2006; Kaufmann e outros, 2006).

Habilidades motivacionais Os professores eficientes têm boas estratégias para ajudar os estudantes a se tornarem automotivados e se responsabilizarem por sua aprendizagem (Anderman e Wolters, 2006; Blumenfeld, Krajcik e Kempler, 2006; Wigfield, Byrnes e Eccles, 2006; Wigfield e outros, 2006). Os psicólogos educacionais enfatizam cada vez mais que isto é mais bem realizado se forem fornecidas oportunidades de aprendizagem sobre a vida cotidiana,

"Minha mãe me disse para te dizer que eu sou o desafio educacional que você aprendeu na faculdade."

Reproduzido com a permissão de Heiser Zedonek.

com dificuldades e novidades adequadas para cada estudante (Brophy, 2004). Os estudantes ganham motivação quando têm a oportunidade de fazer escolhas que correspondam aos seus interesses pessoais. Os professores eficientes dão a eles a oportunidade de pensar criativa e profundamente sobre projetos (Blumenfeld, Kempler e Krajcik, 2006; Starko, 2005).

Além de orientar os estudantes para se tornarem aprendizes automotivados, a importância de estabelecer expectativas elevadas para a realização dos alunos está cada vez mais sendo reconhecida (Wigfield e outros, 2006). Essas expectativas precisam partir dos professores e dos pais. Muitas vezes, as crianças são recompensadas por um desempenho inferior ou mediano, desempenho esse que não atinge seu potencial total. Quando se criam expectativas elevadas, um aspecto-chave da educação é fornecer às crianças – especialmente às com baixo rendimento – ensino e apoio eficientes para que elas consigam atender a essas expectativas. O Capítulo 13 aborda a motivação em detalhes.

Habilidades de comunicação Também indispensável para o ensino são as habilidades de falar, ouvir, transpor barreiras à comunicação verbal, estar sintonizado com a comunicação não-verbal dos estudantes e resolver conflitos de uma forma construtiva. As habilidades de comunicação são essenciais não apenas para o ensino como também para a interação com os pais. Os professores eficientes utilizam boas habilidades de comunicação quando "conversam com" em vez de "falar para" os estudantes, pais, administradores e outros; mantêm a crítica a um nível mínimo e têm um estilo de comunicação assertivo em vez de agressivo, manipulador ou passivo (Alberti e Emmons, 2001; Evertson, Emmer e Worsham, 2006). Os professores eficientes também trabalham para aprimorar as habilidades de comunicação dos estudantes (Powell e Caseau, 2004). Isto é especialmente importante já que as habilidades de comunicação foram classificadas como as habilidades mais procuradas pelos empregadores atuais (Collins, 1996).

Fazendo mais do que dar falsos elogios a variações individuais Virtualmente, cada professor sabe que é importante levar em consideração variações individuais ao ensinar, mas isso nem sempre é fácil de fazer. Seus estudantes terão níveis variados de inteligência, utilizarão estilos distintos de pensar e aprender e terão temperamentos e traços de personalidade diferentes. Provavelmente, você terá alguns estudantes superdotados e outros com diferentes tipos de limitações (Hallahan e Kauffman, 2006; Winner, 2006).

Lecionar de um modo eficiente para uma classe de estudantes com tais características diversas requer muita imaginação e esforço. O **ensino diferenciado** envolve o reconhecimento de variações individuais no conhecimento, prontidão, interesses e outras características dos estudantes, e a consideração dessas diferenças ao planejar o currículo e desenvolver o ensino (Tomlinson, 2001). O ensino diferenciado enfatiza atribuições sob medida às necessidades e habilidades dos estudantes. É improvável que um professor possa gerar de 20 a 30 planos de aula diferentes para atender às necessidades de cada estudante em sala de aula. No entanto, o ensino diferenciado defende a descoberta de "zonas" ou "bolsões" nos quais os estudantes se agrupam em sala de aula, e isso fornece três ou quatro tipos/níveis de instrução em vez de 20 a 30. No Capítulo 4, "Variações individuais", e no Capítulo 6, "Aprendizes excepcionais", fornecemos estratégias para ajudar você a orientar os estudantes com diferentes níveis de habilidades e diferentes características, para que eles aprendam de maneira eficiente.

Trabalhando eficientemente com estudantes de origens culturalmente diversas Atualmente, uma em cada cinco crianças nos Estados Unidos é de uma família imigrante e, no ano 2040, uma em cada três crianças norte-americanas fará parte dessa descrição (Suarez-Orozco, 2002). Aproximadamente 80% dos novos imigrantes são pessoas negras da América Latina, Ásia e do Caribe. Aproximadamente 75% dos novos imigrantes são de origem hispânica, que falam espanhol, embora crianças de todo o mundo, que falam variadas línguas (mais de cem diferentes), estejam entrando nas escolas norte-americanas (OBEMLA, 2000).

No mundo de hoje, com um contato intercultural cada vez maior, os professores eficientes são conhecedores de pessoas de diferentes origens culturais e são sensíveis às suas necessidades (Bennett, 2007; Diaz, Pelletier e Provenzo, 2006; Okagaki, 2006; Spring, 2006, 2007). Os professores eficientes encorajam os estudantes a ter um contato pessoal positivo com outros e pensam em formas de criar tais ambientes. Eles orientam os estudantes no sentido de pensarem criticamente sobre questões culturais e étnicas, evitam ou reduzem

---

ensino diferenciado Envolve reconhecer as variações individuais no conhecimento, prontidão, interesses e outras características dos alunos, e considerar essas diferenças ao planejar o currículo e desenvolver o ensino.

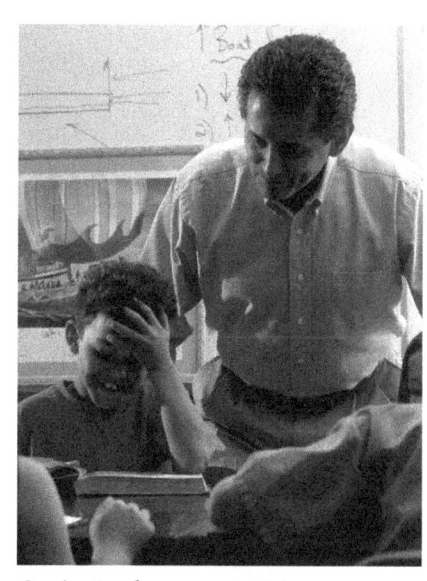

Quais são algumas estratégias que os professores eficientes utilizam para ajudar os estudantes a se motivar?

Quais são algumas estratégias que os professores eficientes utilizam com relação às questões de diversidade?

vieses, cultivam a aceitação e servem como mediadores culturais (Banks, 2001, 2006; Cushner, 2006; Redman, 2007; Spencer, 2006). Um professor eficiente também precisa ser alguém que rompa ou intermedeie ou que haja como um mediador entre a cultura da escola e a cultura de determinados estudantes, especialmente aqueles malsucedidos academicamente (Diaz, 1997; Diaz, Pelletier e Provenzo, 2006).

Aqui estão as questões culturais às quais os professores competentes devem estar sensíveis (Pang, 2005):

- Eu reconheço a força e a complexidade das influências culturais nos estudantes?
- Minhas expectativas com relação aos estudantes são baseadas ou enviesadas culturalmente?
- Estou fazendo um bom trabalho em ver a vida sob a perspectiva dos meus alunos que vêm de culturas diferentes da minha?
- Estou ensinando as habilidades que meus estudantes podem precisar para debater em aula, no caso de sua cultura não oferecer muita oportunidade de praticar o discurso "público"?

Exploramos as questões de diversidade em todo o livro e nos espaços para Diversidade e Educação. O espaço na página 10 explora adicionalmente os aspectos culturais das escolas.

Habilidades de avaliação Os professores competentes também têm boas habilidades de avaliação. Há vários aspectos para utilizar eficientemente a avaliação em sala de aula (Gronlund, 2006; McMillan, 2007; Nitko e Brookhart, 2007; Reynolds, Livingston e Willson, 2006). Você precisará decidir que tipo de avaliação quer utilizar para documentar o desempenho de seus estudantes após o ensino. Você também precisará utilizar de maneira eficiente a avaliação antes e durante seu ensino (McMillan, 2007). Por exemplo, antes de ensinar uma unidade sobre placas tectônicas, você pode decidir avaliar se seus estudantes estão familiarizados com os termos como *continente*, *terremoto* e *vulcão*.

Durante o ensino, convém utilizar a observação e monitoramento contínuo para determinar se seu ensino está em um nível que desafia os estudantes e para detectar quais estudantes precisam de atenção individual (Ercikan, 2006). Você precisará desenvolver um sistema de pontuação que passe informações significativas sobre o desempenho dos estudantes.

Outros aspectos de avaliação com que você se verá envolvido incluem os testes autorizados para avaliar o rendimento dos estudantes e o conhecimento e as habilidades dos professores (Reynolds, Livingston e Willson, 2006). A legislação do governo federal norte-americano Nenhuma Criança Deixada para Trás (No Child Left Behind – NCLB) requer que os estados

> ## Diversidade e educação
> ### A escola cultural
>
> Valerie Pang (2005), especialista em questões culturais em escolas, acredita que muitos professores não levam adequadamente em consideração o contexto cultural da escola e as origens culturais que os estudantes trazem para a sala de aula. Os professores podem não compartilhar suas experiências culturais com os estudantes porque vivem em bairros distantes da escola em que lecionam. Também pode ser que os professores e os estudantes tenham crescido em diferentes culturas. Pang (2005) diz que os professores devem procurar se familiarizar mais com o bairro onde a escola está localizada, no caso de morarem fora deste. Podem fazer compras nas lojas do bairro, conhecer os líderes da comunidade e ler os jornais da comunidade. Desta forma, os professores podem se tornar sintonizados com o ritmo e a cultura dos estudantes. Pang também recomenda que os professores tragam exemplos extraídos da vida das crianças para o ensino.
>
> Um exemplo para dar um significado local e cultural aos estudantes envolve uma turma de estudos sociais do ensino médio de San Diego. O professor convidou a Dra. Dorothy Smith – uma professora de ensino superior afro-americana, líder da comunidade e antiga presidenta da Comissão Escolar de San Diego – para conversar com a classe. A Dra. Smith conversou sobre as questões que os estudantes e os pais estavam enfrentando como cidadãos. Abordou vários assuntos, como: O que significa ser um afro-americano? Qual a importância de cursar uma universidade? Como posso contribuir com meu bairro?
>
> Na preparação, os estudantes desenvolveram perguntas para entrevistar a Dra. Smith. Além disso, um grupo de estudantes gravou sua discussão para que a entrevista pudesse ser mostrada para outras salas. Um outro grupo anotou e escreveu um artigo sobre seu discurso para o jornal dos estudantes.
>
> Quando os estudantes têm a oportunidade de encontrar pessoas como a Dra. Smith, eles obtêm não apenas modelos de papéis culturais importantes como também fazem conexões com a cultura de seu próprio bairro.

testem os estudantes anualmente em matemática, língua inglesa e ciências e mantém os estados responsáveis pelo sucesso ou fracasso de seus estudantes.

Por causa da NCLB, a extensão com que o ensino deve estar ligado aos padrões, ou ao que se chama de *ensino com base em padrões*, tornou-se o problema central em psicologia educacional e nas salas de aula norte-americanas. Esta questão refere-se aos padrões de excelência e o que é preciso fazer para que os estudantes passem em testes externos de ampla escala. Muitos psicólogos educacionais enfatizam que o desafio é ensinar criativamente dentro da estrutura imposta pela NCLB (McMillan, 2007). Muito mais informações sobre a Lei Nenhuma Criança Deixada para Trás serão fornecidas no Capítulo 15, "Teste e ensino padronizados".

Antes de se tornar professor, seu conhecimento da matéria e suas habilidades de ensino provavelmente também serão avaliados (Tittle, 2006). A grande maioria dos estados (nos EUA) utiliza atualmente o teste PRAXIS™ para determinar se os professores em potencial estão qualificados para lecionar. Por causa da utilização crescente do teste PRAXIS™, este texto inclui uma série de recursos que prepara você para este teste.

Habilidades tecnológicas A tecnologia sozinha não melhora necessariamente a capacidade que os estudantes têm de aprender. Outras condições também são necessárias para criar ambientes mantenedores da aprendizagem (Bereiter e Scardamalia, 2006,a,b; Berson e outros, 2007; Bitter e Legacy, 2006). Essas condições incluem a visão e o apoio de líderes educacionais; professores capazes de utilizar a tecnologia na aprendizagem; padrões de conteúdo e recursos para o currículo; avaliação da eficácia da tecnologia para a aprendizagem e ênfase na criança como um aluno ativo e construtivo (International Society for Technology in Education, 2001).

Os professores eficientes desenvolvem suas habilidades tecnológicas e integram os computadores apropriadamente à aprendizagem em sala de aula (Cruz e Duplass, 2007; Sawyer, 2006). Essa integração deve corresponder às necessidades de aprendizagem dos estudantes,

Tecnologia e educação
Escolas e comunidades

A tecnologia não apenas ajuda as crianças a aprender mais eficientemente como também está cada vez mais abrindo as portas das escolas para as comunidades (Dick, Carey e Carey, 2005). Em muitas regiões, os estudantes e os pais podem se comunicar com os professores e os coordenadores através de e-mail. Os professores podem colocar o trabalho dos estudantes nas páginas da Web. Algumas escolas norte-americanas fornecem computadores portáteis aos estudantes, que podem ser levados para casa (Pea e Maldonado, 2006; Silvernail e Lane, 2004; Zucker e McGhee, 2005).

A melhor comunicação entre os pais e os professores era um dos objetivos estabelecidos de um programa, criado pelo estado de Indiana, chamado de Sistema Amigo (Rockman e Mayer, 1994). Nesse programa, os computadores e os modems foram colocados nas casas de sete mil estudantes de ensino fundamental, a maioria deles do quarto e quinto anos, por um ou dois anos. Os pais dos estudantes, muitos dos quais nunca tinham ido à escola em que seus filhos estudavam, foram até lá para pegar o computador e receber treinamento. Muitos dos pais e professores relataram que a conexão com o computador resultou em um aumento da comunicação entre eles.

Uma preocupação especial é capacitar os estudantes de baixa renda a ter acesso adequado aos computadores. O Centro de Aprendizagem Foshay, uma escola pública de educação infantil ao ensino fundamental de Los Angeles, criou oito centros de aprendizagem via satélite em complexos de apartamentos de baixa renda. Sem deixar suas casas, os estudantes dessa escola podem utilizar os computadores para obter ajuda com a lição de casa, aprender sobre tecnologia e participar de experiências de aprendizagem ativas. Tais programas são especialmente importantes porque, de acordo com uma pesquisa, os norte-americanos que ganham menos de 30 mil dólares por ano compreendem apenas 18% dos usuários da Internet, apesar de compreenderem 28% da população. Os jovens de baixa renda são especialmente vulneráveis, tendo oito vezes menos probabilidade de utilizar computador em casa do que as crianças de famílias que ganham 75 mil ou mais (Local Initiatives Support Corp. [LISC], 2005).

A IBM criou recentemente o programa Team Tech Volunteer Program que irá fornecer serviços de tecnologia a mais de 2.500 agências de serviço social e de saúde. O programa da Equipe de Tecnologia dá aos estudantes a oportunidade de se tornar voluntários em sua comunidade e fornecer serviços tecnológicos que possam melhorar a educação e a aprendizagem dos estudantes. Um outro projeto foi criado por Steve Scott, um funcionário da IBM da Carolina do Norte, que recrutou cinco colegas da IBM para dar uma palestra sobre tecnologia a 28 estudantes americanos nativos do oitavo ano na Cherokee Middle School (IBM, 2006). Os empregados da IBM discutiram as oportunidades de carreira e apresentaram informações técnicas de forma interessante e fácil de entender. Um outro projeto envolve equipes de estudantes que trabalham em kits de robótica da LEGO. Faça uma avaliação minuciosa das oportunidades existentes em sua comunidade. Assim como a IBM, algumas empresas podem querer fornecer serviços tecnológicos e experiência à sua sala de aula.

Os estudantes da Cherokee Middle School montam um kit de robótica da LEGO.

incluindo a necessidade de se preparar para o emprego de amanhã, pois muitos deles exigirão especialização em tecnologia e habilidades em informática. Além disso, os professores eficientes são conhecedores de vários dispositivos que apóiam a aprendizagem dos estudantes com limitações (Provenzo, 2005).

Os padrões da National Educational Technology Standards (NETS) foram estabelecidos pela International Society for Technology in Education [ISTE] (2000, 2001) e incluem:

- Os padrões dos fundamentos da tecnologia para os estudantes, que descrevem o que os estudantes devem saber sobre tecnologia e o que devem ser capazes de realizar com a tecnologia;
- Os padrões para a utilização da tecnologia na aprendizagem e no ensino, que descrevem como a tecnologia deve ser utilizada através do currículo para o gerenciamento instrucional, do ensino e da aprendizagem;
- Os padrões de suporte à tecnologia educacional, que descrevem sistemas, acesso, desenvolvimento de pessoal e serviços de apoio necessários para fornecer a utilização eficiente da tecnologia; e
- Os padrões para a avaliação e a verificação da utilização da tecnologia, que descrevem vários meios para verificar o progresso dos estudantes e avaliar o uso da tecnologia na aprendizagem e no ensino.

Quais são alguns aspectos importantes da incorporação da tecnologia em sala de aula?

Visão do estudante

"Você é o máximo!"

Quero agradecer a você pelo tempo extra que dispensou para me ajudar. Você não tinha a obrigação de fazer isso, então, quero lhe agradecer. Obrigada também por ser franco comigo e ir direto ao ponto, e por isso você é o máximo. Desculpe pelos momentos difíceis pelos quais fiz você passar. Você passou por dificuldades, mas manteve a calma e é um ótimo professor.

Jessica, estudante do sétimo ano
Macon, Geórgia
Carta a Chuck Rawls, seu professor, ao final do ano escolar.

Para uma consideração mais abrangente sobre escolas, comunidades e tecnologia, consulte o quadro Tecnologia e educação.

Comprometimento e motivação

Ser um professor eficiente também requer comprometimento e motivação. Isto inclui ter uma boa atitude e preocupação com os estudantes.

Professores iniciantes freqüentemente relatam que o investimento de tempo e esforço necessários para ser um professor eficiente é enorme. Alguns professores norte-americanos, mesmo os experientes, dizem que "não têm vida" de setembro a junho. Mesmo investindo horas à noite e nos finais de semana, além de todas as horas despendidas em sala de aula, isto pode ainda não ser suficiente para fazer tudo o que é necessário.

Em face dessas demandas, é fácil ficar frustrado, cair na rotina e desenvolver uma atitude negativa. O comprometimento e motivação ajudam os professores eficientes a passar pelos momentos difíceis do ensino. Os professores eficientes confiam em sua própria auto-eficácia, não deixam que emoções negativas diminuam sua motivação e trazem uma atitude positiva e entusiasmo para a sala de aula. Essas qualidades são contagiosas e ajudam a tornar a sala de aula um local onde os estudantes desejam estar.

Assim, o que é mais provável que estimule suas atitudes positivas e seu entusiasmo contínuo pelo ensino? Como em todos os campos, o sucesso gera sucesso. É importante estar ciente das vezes em que você fez a diferença como indivíduo na vida do estudante. Considere as palavras de um dos consultores especialistas para este livro, Carlos Diaz (1997), agora professor de educação na Florida Atlantic University, sobre a Sra. Oppel, sua professora de ensino médio:

> Até hoje, sempre que me deparo com certas palavras (*carência, saciedade*), reconheço-as carinhosamente como algumas das palavras do vocabulário da Sra. Oppel. Como professora, ela era muito calma e centrada. Também era apaixonada pela força da língua e pela beleza da literatura. Devo a ela, pelo menos parcialmente, minha determinação em tentar dominar a língua inglesa e me tornar professor e escritor. Gostaria de poder encapsular estas características e implantá-las em todos os meus estudantes.

Quanto melhor professor você se tornar, mais recompensador será seu trabalho. E quanto mais respeito e sucesso você atinge aos olhos de seus estudantes, melhor você se sente com relação ao comprometimento com o ensino.

Com isto em mente, pare por um momento e pense sobre as imagens que tem de seus professores antigos. Alguns provavelmente se destacaram e deixaram uma imagem mais positiva para você. Em uma pesquisa nacional com quase mil estudantes de 13 a 17 anos de idade, ter senso de humor, tornar a aula interessante e ter conhecimento da matéria foram as características que os estudantes listaram como as mais importantes para um professor ter (NASSP, 1997). As características que os estudantes das escolas mais freqüentemente atribuíram a seus piores professores foram dar uma aula monótona, não explicar as coisas com clareza e demonstrar favoritismo. Essas características e outras que refletem as imagens dos estudantes de seus melhores e piores professores são mostradas na Figura 1.1.

Pense sobre os papéis que o senso de humor e o entusiasmo espontâneo podem provavelmente desempenhar em seu comprometimento a longo prazo como professor. Observe, também, outras características de professores que se destacaram relacionadas à natureza de seus cuidados, na Figura 1.1. Os professores eficientes cuidam de seus estudantes, sempre se referindo a eles como "meus alunos". Eles realmente querem estar com os estudantes e se dedicam a ajudá-los a aprender. Ao mesmo tempo, mantêm seu papel como professor distinto dos papéis dos estudantes, os professores eficientes também procuram maneiras de ajudar seus estudantes a considerar o sentimento dos outros e a se preocupar com o próximo, além do seu próprio cuidado.

Para pensar sobre as melhores e as piores características dos professores que teve, complete a Auto-avaliação 1.1. Utilize-a para explorar adicionalmente as atitudes por trás de seu comprometimento em se tornar professor.

© The New Yorker Collection 1989 Lee Lorenz de cartoonbant.com. Todos os direitos reservados.

Auto-avaliação 1.1

As melhores e as piores características dos meus professores

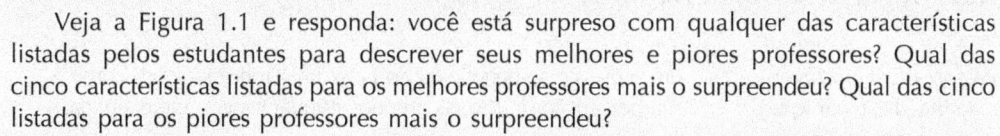

Veja a Figura 1.1 e responda: você está surpreso com qualquer das características listadas pelos estudantes para descrever seus melhores e piores professores? Qual das cinco características listadas para os melhores professores mais o surpreendeu? Qual das cinco listadas para os piores professores mais o surpreendeu?

Agora, pense sobre as cinco melhores características dos professores que você teve e sobre as cinco piores. Ao gerar suas listas, não se limite às características descritas na Figura 1.1. Além disso, após listá-las, escreva um ou mais exemplos de situações que as ilustram.

Cinco características dos melhores professores que tive

Características	Exemplos de situações que refletem a característica
1. _____	_____
2. _____	_____
3. _____	_____
4. _____	_____
5. _____	_____

Cinco características dos piores professores que tive

Características	Exemplos de situações que refletem a característica
1. _____	_____
2. _____	_____
3. _____	_____
4. _____	_____
5. _____	_____

Características dos melhores professores	% Total
1. Têm senso de humor	79,2
2. Tornam a aula interessante	73,7
3. Têm conhecimento da matéria	70,1
4. Explicam a matéria com clareza	66,2
5. Despendem tempo para ajudar os estudantes	65,8
6. São justos com os estudantes	61,8
7. Tratam os estudantes como adultos	54,4
8. Relacionam-se bem com os estudantes	54,2
9. Consideram os sentimentos dos estudantes	51,9
10. Não demonstram favoritismo com relação aos estudantes	46,6

Características dos piores professores	% Total
1. São maçantes/dão uma aula monótona	79,6
2. Não explicam a matéria com clareza	63,2
3. Demonstram favoritismo com relação aos estudantes	52,7
4. Têm uma atitude fraca	49,8
5. Têm altas expectativas em relação aos estudantes	49,1
6. Não se relacionam com os estudantes	46,2
7. Dão muita lição de casa	44,2
8. São muito exigentes	40,6
9. Não dão ajuda/atenção individual	40,5
10. Não têm controle	39,9

FIGURA 1.1 Imagens que o estudante tem de seu melhor e de seu pior professor.

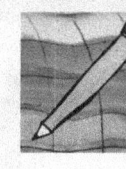

Boas práticas
Estratégias para se tornar um professor eficiente

1. *Um ensino eficiente requer que os professores tenham diversos conhecimentos.* É fácil cair na armadilha de achar que se você tem bom conhecimento da matéria, a conseqüência será automaticamente um ensino excelente. Ser um professor eficiente requer várias habilidades. A seguir, você vai ler sobre como Susan Bradburn, que leciona para o quarto e sexto anos na West Marian Elementary School, na Carolina do Norte, traz várias habilidades diferentes para criar aulas eficazes.

   ### Visão do professor
   A Sra. Tartaruga

   Susan criou um museu em sua escola no qual os estudantes conduzem pesquisa e criam exibições. Ela implantou na escola o conceito de "museu sobre rodas" ao fazer os estudantes levarem carrinhos para outras salas e para a comunidade. Com o dinheiro arrecadado, ela difundiu a utilização de museus móveis em outras escolas da Carolina do Norte. Apelidada de Sra. Tartaruga por causa de seu interesse em tartarugas e outros animais, Susan organiza com os estudantes viagens de campo que duram três dias para a Ilha Edisto, na Carolina do Sul, a fim de procurar fósseis e estudar a ecologia costeira. Seus estudantes vendem calendários que contêm suas poesias e arte originais, e utilizam os lucros para adquirir porções de uma floresta tropical para que ela não seja destruída.

   Susan Bradburn (à esquerda) com alguns estudantes na West Marian Elementary School.

2. *Envolva-se numa visão de perspectiva.* Você quer ser o melhor professor possível. Pense que seus estudantes precisam de você para aprimorar suas habilidades acadêmicas e também para a vida. Dedique-se integralmente a ajudá-los a construir essas habilidades. Pense, também, sobre como você enxerga seus estudantes e como eles o enxergam. Aqui, mostramos de que maneira um professor se beneficiou ao fazer uma reflexão sobre como a sua percepção da diversidade dos estudantes era estereotipada.

   ### Visão do professor
   Buscando individualidade na diversidade

   Paul August lecionou por seis anos em uma escola integrada, mas diz que a experiência não o preparou, um não-latino branco, adequadamente para o ensino em uma escola somente de afro-americanos. Inicialmente, ele enxergou os estudantes afro-americanos como todos iguais. Ao final do ano escolar, no entanto, ele percebeu o quão ridículo era isso, e a individualidade tinha florescido em sua sala de aula tanto de sua parte quanto da dos estudantes. Ele não era mais visto por seus estudantes como um cara branco, mas como professor.

   Posteriormente, quando foi transferido para lecionar em uma escola predominantemente de asiático-americanos, ele diz que regrediu ao estereótipo "eles parecem todos iguais". Mais uma vez, no entanto, a individualidade venceu a nacionalidade com o tempo e ele "pôde enxergar as diferenças nos rostos, nomes e nas culturas de chineses, vietnamitas, cambojanos, laosianos, japoneses e nativos de Mianmar" (August, 2002, p. A29).

3. *Mantenha com você a lista de características dos professores eficientes que discutimos neste capítulo durante sua carreira no ensino.* A verificação da lista e a consideração sobre as diferentes áreas do ensino eficiente podem beneficiá-lo à medida que você passa pelo ensino de seu estudante, pelos seus dias como professor iniciante e até mesmo pelos seus anos como professor experiente. Ao consultá-la de tempos em tempos, você poderá perceber que deixou uma ou duas áreas escaparem e precisa dedicar tempo para se aprimorar.

Reveja, reflita e pratique

2 Identificar as atitudes e as habilidades de um professor eficiente.

Reveja
- Quais habilidades e conhecimentos profissionais são exigidos para que um professor seja eficiente?
- Por que é importante que os professores estejam comprometidos e motivados?

Reflita
- O que é mais provável para tornar o ensino gratificante para você a longo prazo?

Pratique PRAXIS™

1. Suzanne despende um tempo considerável escrevendo planejamentos de aula, desenvolvendo critérios para que os estudantes obtenham êxito e organizando materiais. Qual habilidade profissional ela está demonstrando?
    a. Gerenciamento de sala de aula.
    b. Comunicação.
    c. Práticas de ensino apropriadas ao nível de desenvolvimento.
    d. Definição de objetivos e gerenciamento instrucional.
2. O Sr. Marcinello, que está na metade de seu primeiro ano de ensino, sente-se frustrado com seu trabalho. Ele está desenvolvendo uma atitude negativa, e isto está refletindo em seu ensino. Qual das seguintes áreas o Sr. Marcinello mais precisa trabalhar neste momento para se tornar um professor eficiente?
    a. Gerenciamento de sala de aula e comunicação.
    b. Comprometimento e motivação.
    c. Tecnologia e diversidade.
    d. Competência na matéria e variações individuais.

Por favor, verifique as respostas no final do livro.

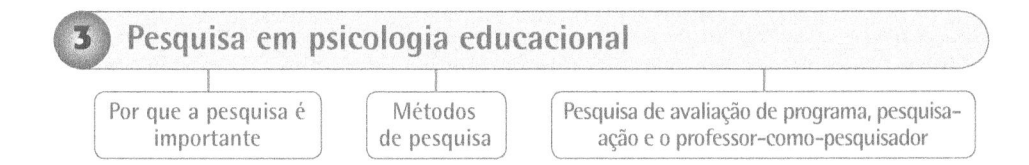

3 Pesquisa em psicologia educacional

- Por que a pesquisa é importante
- Métodos de pesquisa
- Pesquisa de avaliação de programa, pesquisa-ação e o professor-como-pesquisador

A pesquisa pode ser uma fonte valiosa de informações sobre o ensino. Exploraremos por que a pesquisa é importante e como isso é feito, incluindo como você pode ser um professor-pesquisador.

Por que a pesquisa é importante

Diz-se que a experiência é o melhor professor. Suas próprias experiências e as experiências que outros professores, coordenadores e especialistas compartilham com você o tornarão um professor melhor. No entanto, a pesquisa também pode torná-lo um professor melhor ao fornecer-lhe informações úteis sobre as melhores formas de ensinar crianças (Fraenkel e Wallen, 2005; Gall, Gall e Borg, 2007).

Todos nós extraímos grande parte do conhecimento de nossa experiência pessoal. Generalizamos a partir do que observamos e freqüentemente transformamos encontros memoráveis em "verdades" duradouras. Quão úteis são essas conclusões? Às vezes erramos ao fazer estas observações pessoais ou ao interpretar mal o que vemos e ouvimos. É provável que você se lembre de muitas situações em que tinha certeza de que as outras pessoas o compreendiam de forma errada, assim como é provável que elas sentissem que você as compreendia mal. Quando usamos como base apenas as informações obtidas através das experiências pessoais, também não somos sempre totalmente objetivos, já que algumas vezes fazemos julgamentos que protegem nosso ego e auto-estima (McMillan, 2004; McMillan e Schumacher, 2006).

Adquirimos informações não apenas de experiências pessoais, mas também de autoridades ou especialistas. Em sua carreira, na área do ensino, você ouvirá muitas autoridades e especialistas revelarem uma "melhor maneira" de educar os estudantes. As autoridades e os especialistas, no entanto, nem sempre estão de acordo, estão? Você pode ouvir um especialista falar, em uma determinada semana, sobre um método de leitura que é

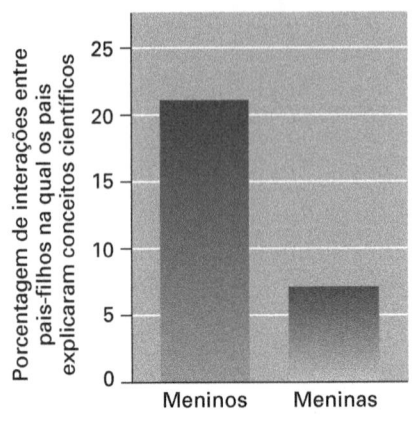

FIGURA 1.2 Explicações dos pais sobre ciências aos filhos e filhas em um museu de ciências.

Em um estudo de observação natural realizado em um museu de ciências para crianças, foi apontado que há três vezes mais probabilidade de que os pais expliquem ciências aos meninos do que às meninas (Crowley e outros, 2001). A diferença de gênero ocorreu independentemente se o pai, a mãe ou ambos acompanhavam a criança, embora a diferença de gênero fosse maior para as explicações sobre ciências dos pais aos filhos e filhas.

laboratório Um ambiente controlado a partir do qual muitos dos fatores complexos do mundo real são removidos.

observação natural Observação fora de um laboratório no mundo real.

observação participante Observação conduzida ao mesmo tempo em que o professor-pesquisador está ativamente envolvido como um participante na atividade ou ambiente.

definitivamente o melhor, e, na outra, pode ouvir um outro especialista especular sobre um método diferente. Um professor experiente pode lhe dizer para trabalhar de uma determinada maneira com seus estudantes, e um outro lhe dirá para fazer exatamente o oposto. Como você pode saber em quem acreditar? Uma forma de esclarecer a situação é observar atentamente a pesquisa sobre o tópico.

Métodos de pesquisa

A coleta de informações (ou dados) é um aspecto importante da pesquisa. Quando os pesquisadores de psicologia educacional querem descobrir, por exemplo, se o ato de jogar videogame regularmente diminui a capacidade de aprendizagem do estudante, se ingerir um café da manhã nutritivo aprimora a atenção em aula ou se ter um período maior de recesso diminui o número de faltas, eles podem escolher a partir de vários métodos de coleta de informações de pesquisa.

Os três métodos básicos utilizados para coletar informações em psicologia educacional são descritivo, correlacional e experimental.

Pesquisa descritiva A pesquisa descritiva tem a finalidade de observar e registrar comportamento. Por exemplo, um psicólogo educacional pode observar até que ponto as crianças são agressivas em sala de aula ou entrevistar os professores sobre suas atitudes com relação a um tipo particular de estratégia de ensino. Por si, a pesquisa descritiva não pode provar o que causa alguns fenômenos, mas pode revelar informações importantes sobre o comportamento e as atitudes das pessoas (Lammers e Badia, 2005; Leary, 2004).

Observação Observamos as coisas o tempo todo. Observar casualmente dois estudantes interagindo, no entanto, não é o mesmo que o tipo de observação utilizado em estudos científicos. A observação científica é altamente sistemática. Requer o conhecimento daquilo que você está observando, a condução de observações de uma maneira não enviesada, o registro preciso, a categorização do que você está vendo e a comunicação eficiente de suas observações (Best e Kahn, 2006; McBurney e White, 2007).

Uma forma comum de registrar observações é anotá-las, normalmente utilizando taquigrafia ou símbolos. Além disso, os gravadores, as câmeras de vídeo, as folhas de codificação especial, os espelhos falsos e os computadores estão cada vez mais sendo utilizados para tornar as observações mais precisas, confiáveis e eficientes.

As observações podem ser feitas em laboratórios ou em ambientes naturais. Um **laboratório** é um ambiente controlado a partir do qual muitos dos fatores complexos do mundo real foram removidos (Gall, Gall e Borg, 2007). Alguns psicólogos educacionais conduzem pesquisa em laboratórios das faculdades ou universidades onde trabalham e lecionam. Embora os laboratórios freqüentemente ajudem os pesquisadores a obter maior controle em seus estudos, eles são criticados por serem artificiais (Beins, 2004).

Na **observação natural**, o comportamento é observado no mundo real. Os psicólogos educacionais conduzem observações naturais de crianças em salas de aula, museus, parques, residências e vizinhanças, e em outros ambientes (Brophy, 2006). A observação natural foi utilizada em um estudo que enfocou conversas das crianças em um museu de ciências (Crowley e outros, 2001). Foi apontado que é três vezes mais provável que os pais envolvessem tanto os meninos quanto as meninas no discurso explanatório com suas crianças conforme visitavam diferentes exibições no museu de ciências (veja a Figura 1.2). Em um outro estudo, os pais mexicano-americanos que haviam completado o ensino médio utilizaram mais explicações com suas crianças conforme observavam o museu de ciências do que os pais mexicano-americanos que não haviam completado o ensino médio (Tennebaum e outros, 2002).

A **observação participante** ocorre quando o pesquisador-observador está ativamente envolvido como um participante na atividade ou ambiente (McMillan, 2004). O observador irá sempre participar em um contexto, observará por algum tempo e, então, registrará o que viu. O pesquisador normalmente faz observações e as registra durante um período de dias, semanas ou meses, procurando por padrões nas observações (Glesne, 2007). Por exemplo, para estudar um aluno que está indo mal nas aulas sem razão aparente, o professor pode desenvolver um plano para observá-lo de tempos em tempos e registrar observações sobre o comportamento do estudante em um determinado momento, e o que está acontecendo na sala de aula nesse momento.

Entrevistas e questionários Às vezes, a maneira melhor e mais rápida de obter informações sobre os estudantes e os professores é perguntando diretamente a eles. Os psicólogos educacionais utilizam entrevistas e questionários (enquetes) para descobrir sobre as experiências, crenças e sentimentos das crianças e dos professores. A maioria das entrevistas é conduzida face a face, embora possam ser feitas de outras maneiras, como por telefone ou pela Internet. Os questionários geralmente são aplicados aos indivíduos na forma escrita. Eles podem ser transmitidos de várias maneiras, diretamente em mãos, por e-mail ou via Internet.

Boas entrevistas e enquetes envolvem questões concretas, específicas e não-ambíguas, e algum dispositivo para que se possa verificar a autenticidade das respostas dos entrevistados (Rosnow e Rosenthal, 2005). As entrevistas e as enquetes, no entanto, não estão livres de problemas. Uma limitação importante é o fato de muitos indivíduos darem respostas socialmente desejáveis, respondendo da maneira que acreditam ser mais socialmente aceitável e desejável em vez de como eles realmente pensam ou sentem (Babbie, 2005). Técnicas e questões de entrevistas rápidas que aumentam as respostas francas são essenciais para a obtenção de informações precisas (Navdi, 2006). Um outro problema com as entrevistas e as pesquisas é que os entrevistados algumas vezes simplesmente mentem.

Testes padronizados Os **testes padronizados** têm procedimentos uniformes para a aplicação e a pontuação. Eles avaliam as aptidões ou habilidades dos estudantes em diferentes domínios. Muitos desses testes permitem que o desempenho do estudante seja comparado ao de outros estudantes da mesma idade ou nível escolar, em muitos casos em uma base nacional (Gregory, 2007). Os estudantes podem fazer uma série de testes padronizados, incluindo os que avaliam sua inteligência, rendimento, personalidade, interesses profissionais e outras habilidades. Esses testes podem fornecer medidas de resultado para estudos de pesquisa, informações que ajudam os psicólogos e educadores a tomar decisões sobre um estudante em particular e comparações quanto ao desempenho de estudantes em escolas, estados e países.

Os testes padronizados também desempenham um importante papel em uma questão crucial da psicologia educacional contemporânea – *responsabilidades*, que envolve manter os professores e estudantes responsáveis pelo desempenho do estudante (McNergney e McNergney, 2007). Conforme indicado anteriormente, tanto os estudantes quanto os professores estão cada vez mais sendo testados através de testes de padronização no empenho pelas responsabilidades. A Lei Nenhuma Criança Deixada para Trás do governo norte-americano é a peça central das responsabilidades; ela obrigava cada estado, em 2005, a fornecer testes padronizados aos estudantes do terceiro ao oitavo anos nas disciplinas de linguagem e matemática, e os testes para o rendimento em ciências foram adicionados em 2007 (Essex, 2006).

Estudos de caso Um **estudo de caso** é um olhar aprofundado à respeito de um indivíduo. Os estudos de caso são sempre utilizados quando circunstâncias únicas na vida de uma pessoa não podem ser duplicadas, tanto por motivos práticos quanto éticos. Por exemplo, considere o estudo de caso de Brandi Binder (Nash, 1997). Ela desenvolveu uma epilepsia tão grave que os cirurgiões tiveram que remover o lado direito de seu córtex cerebral quando tinha seis anos de idade. Brandi perdeu virtualmente todo o controle sobre os músculos do lado esquerdo do corpo, o lado controlado pelo lado direito do cérebro. Com 17 anos, no entanto, após anos de tratamento, desde fisioterapia até prática de matemática e música, Brandi é uma estudante nota A. Ama música e artes, disciplinas normalmente associadas com o lado direito do cérebro. Sua recuperação não foi de 100% – por exemplo, ela não recuperou os movimentos de seu braço esquerdo – mas seu estudo de caso demonstra que se houver uma maneira de compensar, o cérebro humano a encontrará. A recuperação notável de Brandi também fornece evidência contra o estereótipo de que o lado (hemisfério) esquerdo do cérebro é unicamente a fonte do pensamento lógico e o hemisfério direito é exclusivamente a fonte de criatividade. Os cérebros não são exatamente divididos em termos da maior parte do funcionamento, como o caso de Brandi ilustra.

Embora os estudos de caso forneçam retratos dramáticos e aprofundados da vida das pessoas, precisamos ter cautela ao interpretá-los (Bogdon e Biklin, 2007; Leary, 2004). O

Brandi Binder é a evidência da flexibilidade e resiliência hemisférica do cérebro. Apesar de ter o lado direito do córtex removido por causa de um caso de epilepsia severo, Brandi se envolve em várias atividades sempre retratadas como sendo atividades apenas "do lado direito do cérebro". Ela ama música e artes e aparece aqui trabalhando em uma de suas pinturas.

testes padronizados Testes com procedimentos uniformes para a aplicação e a pontuação. Eles avaliam o desempenho dos estudantes em diferentes domínios e permitem que seja comparado ao desempenho de outros estudantes da mesma idade ou nível escolar, em uma base nacional.

estudo de caso Um olhar aprofundado a respeito de um indivíduo.

Correlação observada/constatada

Conforme a criação permissiva aumenta, o autocontrole das crianças diminui.

Explicações possíveis para esta correlação

Educação familiar permissiva —causa→ Falta de autocontrole das crianças

Falta de autocontrole das crianças —causa→ Educação familiar permissiva

Outros fatores, como tendências genéticas, pobreza e circunstâncias sócio-históricas —causam ambas→ Educação familiar permissiva e Falta de autocontrole das crianças

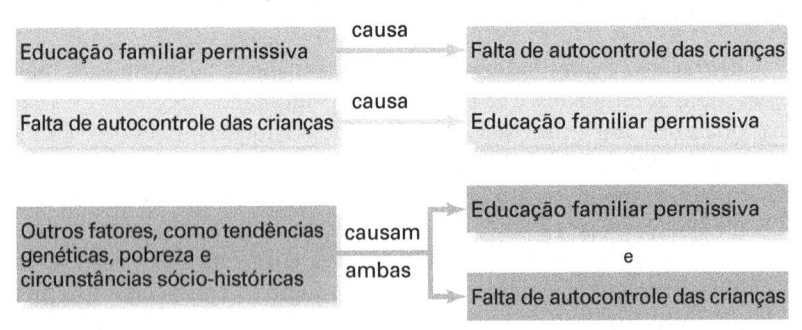

FIGURA 1.3 Explicações possíveis para os dados correlacionais.
Uma correlação observada entre dois eventos não pode ser utilizada para concluir que um evento causou o outro. Algumas possibilidades são que o segundo evento causou o primeiro ou que um terceiro evento desconhecido causou a correlação entre os dois primeiros.

---

tema de um estudo de caso é único, com um arranjo genético e conjunto de experiências que ninguém mais tem. Por essas razões, as descobertas muitas vezes não se prestam à análise estatística e podem não se generalizar a outras pessoas.

Estudos etnográficos Um **estudo etnográfico** consiste em uma descrição e interpretação aprofundada do comportamento em um grupo étnico ou cultural que inclui envolvimento direto com os participantes (Berg, 2007; McMillan e Wergin, 2002). Esse tipo de estudo pode incluir observações em ambientes naturais bem como entrevistas. Muitos estudos etnográficos são projetos de longo prazo.

Em um estudo etnográfico, a finalidade foi examinar a extensão com que as escolas estão promulgando reformas educacionais para os estudantes de minoria lingüística (U.S. Office of Education – Ministério da Educação dos Estados Unidos, 1998). Observações e entrevistas aprofundadas foram conduzidas em uma série de escolas para determinar se elas estavam estabelecendo altos padrões e reestruturando o modo como a educação estava sendo aplicada. Várias escolas foram selecionadas para a avaliação intensiva, incluindo Las Palmas Elementary School em San Clemente, Califórnia. O estudo concluiu que pelo menos essa escola estava fazendo as reformas necessárias para melhorar a educação dos estudantes de minoria lingüística.

Pesquisa correlacional Na **pesquisa correlacional**, o objetivo é descrever a força da relação entre dois ou mais eventos ou características. Ela é útil porque quanto mais fortemente dois eventos estão correlacionados (relacionados ou associados), mais eficientemente se pode prever um a partir do outro (Sprinthall, 2007). Por exemplo, se os pesquisadores verificam que um ensino permissivo e com baixo envolvimento está correlacionado com a falta de autocontrole do estudante, isto sugere que o ensino permissivo e com baixo envolvimento pode ser uma fonte da falta de autocontrole.

A correlação por si, no entanto, não se iguala à causação (Vogt, 2007). A descoberta correlacional mencionada não significa que o ensino permissivo necessariamente cause o baixo autocontrole do estudante. Poderia significar isso, mas também poderia significar que a falta de autocontrole do estudante é que provocou a reação dos professores de erguerem seus braços em desespero e desistirem de tentar controlar a turma fora de controle. Também podem existir outros fatores, tais como a hereditariedade, pobreza ou educação familiar inadequada, que causam a correlação entre o ensino permissivo e o baixo autocontrole do estudante. A Figura 1.3 ilustra essas interpretações dos dados correlacionais.

Pesquisa experimental A **pesquisa experimental** permite que os psicólogos educacionais determinem as causas do comportamento. Eles realizam esta tarefa ao desempenhar um *experimento*, um procedimento cuidadosamente controlado no qual um ou mais dos

---

estudo etnográfico Descrição e interpretação aprofundada do comportamento em um grupo étnico ou cultural que inclui envolvimento direto com os participantes.

pesquisa correlacional Pesquisa que descreve a força da relação entre dois ou mais eventos ou características.

pesquisa experimental Pesquisa que permite a determinação das causas do comportamento; envolve a condução de um experimento, que é um procedimento cuidadosamente controlado, no qual um ou mais fatores que influenciam o comportamento em estudo são manipulados e todos os outros fatores são mantidos constantes.

fatores que influenciam o comportamento em estudo são manipulados e todos os outros são mantidos constantes. Se o comportamento sob estudo muda quando um fator é manipulado, dizemos que o fator manipulado causa a mudança no comportamento. A *causa* é o evento que está sendo manipulado. O *efeito* é o comportamento que muda por causa da manipulação. A pesquisa experimental é o único método realmente confiável para estabelecer causa e efeito. Uma vez que a pesquisa correlacional não envolve a manipulação dos fatores, não é uma forma confiável para isolar a causa (Mitchell e Jolley, 2007).

Os experimentos envolvem pelo menos uma variável independente e uma dependente. A **variável independente** é o fator manipulado e experimental. O rótulo *independente* indica que essa variável pode ser alterada independentemente de quaisquer outros fatores. Por exemplo, suponha que se deseja projetar um experimento para estudar os efeitos da educação de pares no rendimento do estudante. Neste exemplo, a quantidade e o tipo de educação de pares poderiam ser variáveis independentes.

A **variável dependente** é o fator que é medido em um experimento. Ela pode se alterar conforme a variável independente é manipulada. O rótulo *dependente* é utilizado porque os valores dessa variável dependem do que acontece aos participantes na experiência conforme a variável independente é manipulada. No estudo da educação de pares, o rendimento é a variável dependente. Esta pode ser avaliada em uma série de maneiras. Digamos que neste estudo é medida por pontuações em um teste de rendimento padronizado nacionalmente.

Em experimentos, a variável independente consiste em diferentes experiências fornecidas a um ou mais grupos experimentais e a um ou mais grupos-controle. Um **grupo experimental** é um grupo cuja experiência é manipulada. Um **grupo-controle** é um grupo de comparação que é tratado da mesma maneira que o grupo experimental, exceto pelo fator manipulado. O grupo-controle serve como uma linha de base em relação a quais dos efeitos da condição manipulada podem ser comparados. No estudo da educação de pares, precisamos ter um grupo de estudantes com a educação de pares (grupo experimental) e um grupo de estudantes sem (grupo-controle).

Um outro princípio importante da pesquisa experimental é a **distribuição randômica**: os pesquisadores distribuem os participantes aleatoriamente entre os grupos experimental e controle. Essa prática reduz a probabilidade de que os resultados do experimento se dêem devido a quaisquer diferenças preexistentes entre os grupos (Kantowitz, Roediger e Elmes, 2005). Em nosso estudo da educação de pares, a distribuição aleatória reduz em grande parte a probabilidade de os dois grupos diferirem em fatores como idade, status familiar, rendimento inicial, inteligência, personalidade, saúde e agilidade.

Para resumir o estudo experimental da educação de pares e o rendimento do estudante, cada estudante é aleatoriamente atribuído a um ou outro grupo. A um grupo (o grupo experimental) é dada a educação de pares; ao outro (o grupo-controle) não. A variável independente consiste em experiências diferentes (com educação ou sem) que o grupo experimental e o grupo-controle recebem. Após a educação de pares ser completada, os estudantes recebem um teste de rendimento padronizado nacionalmente (variável dependente). A Figura 1.4 ilustra o método de pesquisa experimental aplicado ao gerenciamento de tempo e às notas dos estudantes.

FIGURA 1.4 A estratégia de pesquisa experimental aplicada a um estudo sobre os efeitos do gerenciamento do tempo nas notas dos estudantes.

Pesquisa de avaliação de programa, pesquisa-ação e o professor-como-pesquisador

Ao discutir os métodos de pesquisa até agora, referimo-nos principalmente aos métodos utilizados para aprimorar nosso conhecimento e compreensão das práticas educacionais gerais. Os mesmos métodos também podem ser aplicados à pesquisa cujo objetivo seja mais específico, como determinar o quão bem uma estratégia ou programa educacional particular está funcionando (Best e Kahn, 2006; Gall, Gall e Borg, 2007). Este trabalho mais estreitamente direcionado freqüentemente inclui pesquisa de avaliação de programa, pesquisa-ação e o professor-como-pesquisador.

variável independente O fator manipulado e experimental em um experimento.

variável dependente O fator que é medido em um experimento.

grupo experimental O grupo cuja experiência é manipulada em um experimento.

grupo-controle Em um experimento, um grupo cuja experiência é tratada da mesma maneira que o grupo experimental, exceto pelo fator manipulado.

distribuição randômica Em pesquisa experimental, a distribuição aleatória de participantes entre o grupo experimental e o grupo-controle.

Quais métodos um professor-como-pesquisador pode utilizar para obter informações sobre os estudantes?

Pesquisa de avaliação de programa A **pesquisa de avaliação de programa** é a pesquisa planejada para tomar decisões sobre a eficiência de um programa particular (Felner, 2006; Fitzpatrick, Sanders e Worthen, 2004; McMillan, 2004). Normalmente, focaliza uma localização ou tipo de programa específico. Uma vez que a pesquisa de avaliação de programa é muitas vezes direcionada a responder uma questão sobre uma escola ou sistema escolar específico, seus resultados não pretendem ser generalizados a outros ambientes (Mertler e Charles, 2005). Um pesquisador de avaliação de programa pode fazer perguntas como estas:

- Um programa para superdotados iniciado dois anos atrás teve efeitos positivos no pensamento criativo e no rendimento acadêmico dos estudantes?
- Um programa de tecnologia que funciona há um ano aprimorou as atitudes dos estudantes com relação à escola?
- Qual destes dois programas de leitura utilizados neste sistema escolar mais aprimorou as habilidades de leitura dos estudantes?

Pesquisa-ação A **pesquisa-ação** é utilizada para solucionar um problema específico de uma classe ou escola, aprimorar o ensino e outras estratégias educacionais ou tomar uma decisão em relação a uma estratégia específica (Berg, 2007; Hendricks, 2006). O objetivo da pesquisa-ação é aprimorar as práticas educacionais imediatamente em uma ou duas salas de aula, em uma escola, ou em várias escolas. A pesquisa-ação é conduzida por professores e coordenadores em vez de pesquisadores de psicologia educacional. Os praticantes, no entanto, podem seguir muitas das diretrizes da pesquisa científica descritas anteriormente, tais como tornar a pesquisa e as observações tão sistemáticas quanto possível para evitar vieses e interpretações errôneas. A pesquisa-ação pode ser realizada na escola ou em ambientes mais limitados por um grupo menor de professores e coordenadores; pode ainda ser realizada em uma única sala de aula por um professor individual (Bogdan e Biklin, 2007).

Professor-como-pesquisador O conceito de **professor-como-pesquisador** (também chamado de "professor-pesquisador") é a idéia de que os professores em sala de aula podem conduzir seus próprios estudos para aprimorar suas práticas de ensino (Creswell, 2005). Esta é uma conseqüência natural importante da pesquisa-ação. Alguns especialistas educacionais acreditam que a ênfase crescente no professor-como-pesquisador reinventa o papel do professor, aumenta a renovação da escola e aprimora o ensino e a aprendizagem (Flake e outros, 1995; Gill, 1997). Os professores mais eficientes normalmente fazem perguntas e monitoram problemas a serem resolvidos, então, coletam dados, interpretam-nos e partilham suas conclusões com outros professores (Cochran-Smith, 1995).

Para obter informações, o professor-pesquisador utiliza métodos como a observação participante, entrevistas e estudos de caso (Glesne, 2007). Uma técnica boa e extensamente utilizada é a entrevista clínica, na qual o professor faz o estudante se sentir confortável, compartilha crenças e expectativas e faz perguntas de maneira não ameaçadora. Antes de conduzir uma entrevista clínica com um estudante, o professor normalmente colocará um conjunto objetivado de perguntas a serem feitas. As entrevistas clínicas podem não apenas ajudar você a obter informações sobre uma questão ou problema particular como também fornecer uma noção de como as crianças pensam e sentem.

Além da observação participante, o professor pode conduzir várias entrevistas clínicas com um estudante, discutir a situação dele com os pais e consultar um psicólogo da escola sobre o comportamento do estudante. Com base nesse trabalho como professor-pesquisador, o professor pode criar uma estratégia de intervenção que melhore o comportamento do estudante.

Portanto, aprender sobre os métodos de pesquisa educacional pode não apenas ajudar você a compreender a pesquisa que os psicólogos educacionais conduzem, mas também oferece outro benefício prático. Quanto mais conhecimento você tem sobre pesquisa em psicologia educacional, mais eficiente se tornará no papel de professor-pesquisador cada vez mais aceito (Thomas, 2005b).

---

pesquisa de avaliação de programa Pesquisa elaborada para tomar decisões sobre a eficiência de um programa em particular.

pesquisa-ação Pesquisa utilizada para solucionar um problema específico de uma classe ou escola, aprimorar o ensino e outras estratégias educacionais ou tomar uma decisão em um nível específico.

professor-como-pesquisador Também chamado de professor-pesquisador, este conceito envolve os professores em sala de aula que conduzem seus próprios estudos para aprimorar a prática de ensino.

Boas práticas
Estratégias para se tornar um professor-pesquisador eficiente

1. *Conforme você planeja as aulas da semana, pense sobre seus estudantes e quais deles podem se beneficiar com o seu papel como professor-pesquisador.* Conforme você reflete sobre as aulas da semana anterior, pode notar que o desempenho de um estudante parece ter caído muito e que um outro estudante pareceu estar especialmente deprimido. Enquanto você pensa sobre seus estudantes, pode considerar a utilização de suas habilidades de participação observadora e/ou entrevista clínica na semana seguinte para descobrir por que eles estão tendo esses problemas.

2. *Faça um curso sobre os métodos de pesquisa educacional.* Isto pode melhorar sua compreensão de como a pesquisa é conduzida.

3. *Utilize recursos de biblioteca ou de Internet para aprender mais sobre as habilidades do professor-pesquisador.* Isto pode incluir a localização de informações sobre como ser um entrevistador clínico hábil e um observador sistemático e sem vieses. Um bom livro sobre como melhorar suas habilidades de observação é *A guide to observation and participation in the classroom* (Reed, Bergemann e Olson, 2001).

4. *Peça a alguém (como um outro professor, por exemplo) para observar sua aula e ajudá-lo a desenvolver algumas estratégias para um problema de pesquisa em particular que você deseja solucionar.*

Reveja, reflita e pratique

(3) Discutir por que a pesquisa é importante para um ensino eficiente e como os psicólogos educacionais e os professores podem conduzir e avaliar a pesquisa.

Reveja
- Por que a pesquisa é importante na psicologia educacional?
- Quais são alguns tipos de pesquisa? Qual é a diferença entre pesquisa correlacional e experimental?
- Quais são alguns tipos de pesquisa que se relacionam muito diretamente a práticas eficientes em sala de aula? Quais ferramentas um professor pode utilizar para conduzir pesquisa em sala de aula?

Reflita
- Em sua própria educação do ensino infantil ao fundamental, você consegue se lembrar de quando um de seus professores tenha se beneficiado da condução de pesquisa-ação com relação à eficiência de seus métodos de ensino? Quais questões e métodos de pesquisa-ação foram úteis ao professor?

Pratique PRAXIS™

1. Qual dentre os seguintes é mais científico?
   a. A observação sistemática.
   b. A experiência pessoal.
   c. A opinião de uma pessoa.
   d. Um livro escrito por um jornalista.

2. O Sr. McMahon quer saber quanto tempo seus estudantes ficam sem tarefas por dia. Para determinar isso, ele os observa cuidadosamente em aula e mantém um registro do comportamento sem tarefa. Que abordagem de pesquisa ele utiliza?
   a. Estudo de caso.
   b. Experimento.
   c. Experimento em laboratório.
   d. Observação natural.

(continua)

Reveja, reflita e pratique (continuação)

3. A Srta. Simon foi contratada para determinar o quão eficiente tem sido um programa de educação de saúde na escola para reduzir a gravidez na adolescência. Que tipo de pesquisa ela irá conduzir?
   a. Pesquisa-ação.
   b. Pesquisa experimental.
   c. Avaliação de programa.
   d. Professor-como-pesquisador.

Por favor, verifique as respostas no final do livro.

Desvende o caso
O caso da escolha de currículo

A Sra. Jefferson está frustrada com o currículo de estudos sociais que sua escola tem utilizado nos últimos 8 anos. A maneira com que o material é apresentado a incomoda. Os livros não são muito interessantes e não prendem a atenção dos estudantes. A letra é pequena e há poucas figuras, quadros, mapas e gráficos. O material também a incomoda porque é etnocêntrico e fala pouco sobre as realizações das mulheres. Além disso, o manual do professor não oferece muito além de páginas de trabalho e artigos de testes. A escola da região tem a política de substituir os materiais curriculares a cada dez anos. "Este é o ano para começar a procurar", ela pensa. "Realmente quero algumas idéias para esta decisão".

Ela conversa com o diretor, que diz a ela que um comitê de cinco professores e um coordenador está sendo estabelecido para examinar vários currículos de estudos sociais que abrangem todas as séries da escola. A Sra. Jefferson pediu para fazer parte do comitê. "Isso é ótimo", responde o diretor. "Agora teremos um representante de cada série e de educação especial. Sei que você será parte valiosa do comitê".

Na primeira reunião do comitê, a Sra. Jefferson fica um pouco surpresa com o que os outros professores estão dizendo. Um não vê motivo para desenvolver um novo currículo "porque, afinal, a história não muda, e sempre é possível suplementar com material de eventos atuais". Um outro professor quer um currículo que não tenha livros escolares reais, apenas diretrizes para vários projetos que os estudantes possam executar. Este professor tinha lido um artigo em uma revista popular especulando sobre este tipo de currículo. Ainda uma outra professora quer implementar uma nova versão do currículo que estão utilizando – porque se eles desenvolvessem algo inteiramente diferente, ela teria que planejar novamente suas aulas, algo que ela diz ser uma "tarefa árdua". O coordenador diz ao restante do comitê que eles têm um ano para tomar essa decisão: "Dessa maneira, todos os materiais podem ser encomendados, e cada professor terá algum tempo para se familiarizar com o material antes de sua implementação".

O comitê liga para várias editoras de materiais curriculares de estudos sociais e pede cópias de amostra dos materiais. Em resposta, recebe uma verdadeira pilha de livros escolares e materiais auxiliares incluindo listas de leitura, cadernos de exercícios, manuais do professor, bancos de teste e CD-ROMs. O ato de caminhar no meio de todo aquele material para tomar uma decisão que irá impactar os estudantes por uma década parece uma tarefa momentânea. No entanto, a Sra. Jefferson e seus colegas estão determinados a escolher o currículo correto para seus estudantes. Para fazer isto, decidem se engajar em uma pesquisa considerável. "É bom que tenhamos um ano para fazer isso", diz a Sra. Jefferson.

1. Como você cuidaria do engajamento em uma pesquisa necessária para tomar uma boa decisão com relação a qual currículo implementar?
2. Quais questões necessitam ser consideradas? Por quê?
3. Que tipo de pesquisa seria mais apropriado?
   a. estudo de caso
   b. pesquisa correlacional
   c. pesquisa experimental
   d. observação natural
   Explique sua escolha.
4. Se a Sra. Jefferson e seus colegas decidissem conduzir um estudo experimental no qual comparam a influência de dois currículos diferentes no rendimento do estudante, qual seria a variável independente?
   a. rendimento do estudante
   b. observação
   c. fatores correlacionados
   d. qual currículo é utilizado

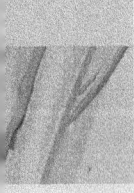

Atingindo seus objetivos de aprendizagem
Psicologia educacional: uma ferramenta para o ensino eficiente

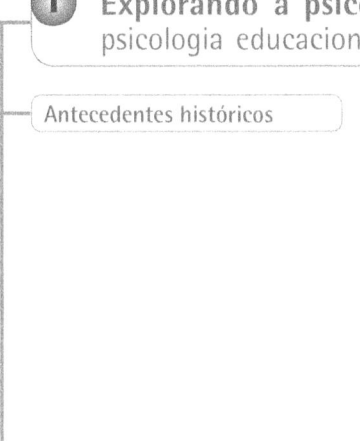

> **1 Explorando a psicologia educacional:** Descrever algumas idéias básicas sobre o campo da psicologia educacional.

Antecedentes históricos

A psicologia educacional é o ramo da psicologia que se especializa na compreensão do ensino e da aprendizagem em ambientes educacionais. William James e John Dewey foram pioneiros de prestígio em psicologia educacional, assim como E. L. Thorndike. Entre as idéias importantes em psicologia educacional que devemos a Dewey estão estas: a criança como um aluno ativo, a educação da criança como um todo, ênfase na adaptação da criança ao ambiente e o ideal democrático de que todas as crianças merecem uma educação competente. Houve poucos indivíduos de grupos de minoria étnica e algumas mulheres no início da história da psicologia educacional por causa das barreiras étnicas e de gênero. Desenvolvimentos históricos adicionais incluem o behaviorismo de Skinner na metade do século 20 e a revolução cognitiva que ocorreu a partir da década de 1980. Também nos últimos anos, houve interesse crescente pelos aspectos socioemocionais da vida das crianças, incluindo os contextos culturais.

Ensinar: arte e ciência

O ensino está ligado à ciência e à arte. No que se refere à arte, a prática hábil e experiente contribui para o ensino eficiente. Em termos de ciências, as informações da pesquisa psicológica podem fornecer idéias valiosas.

> **2 Ensino eficiente:** Identificar as atitudes e as habilidades de um professor eficiente.

Conhecimento profissional e habilidades

Os professores eficientes possuem competência na matéria, utilizam estratégias de ensino eficientes, fornecem mais do que falsos elogios a variações individuais, trabalham com diversos grupos étnicos e culturais e têm habilidades nas seguintes áreas: definição de objetivos e planejamento, práticas de ensino apropriadas ao nível de desenvolvimento, gerenciamento de sala de aula, motivação, comunicação, avaliação e tecnologia.

Comprometimento e motivação

Ser um professor eficiente também requer comprometimento e motivação. Isto inclui ter uma atitude positiva e preocupação com os estudantes. É fácil para os professores cair na rotina e desenvolver uma atitude negativa, mas os estudantes assimilam isso, o que pode prejudicar sua aprendizagem.

> **3 Pesquisa em psicologia educacional:** Discutir por que a pesquisa é importante para um ensino eficiente e como os psicólogos educacionais e os professores podem conduzir e avaliar a pesquisa.

Por que a pesquisa é importante

As experiências pessoais e as informações de especialistas podem ajudar você a se tornar um professor eficiente. As informações obtidas de pesquisas também são extremamente importantes. Elas o ajudarão a escolher várias estratégias e a determinar quais são mais e menos eficientes. A pesquisa ajuda a eliminar erros de julgamento que são baseados apenas em experiências pessoais.

Métodos de pesquisa

Vários métodos podem ser utilizados para a obtenção de informações acerca de vários aspectos da psicologia educacional. Os métodos de coleta de dados para pesquisa podem ser classificados como descritivos, correlacionais e experimentais. Os métodos descritivos incluem a observação, entrevistas, questionários, testes padronizados, estudos etnográficos e estudos

continua

continuação

> Pesquisa de avaliação de programa, pesquisa-ação e o professor-como-pesquisador

de caso. Na pesquisa correlacional, o objetivo é descrever a força da relação entre dois ou mais eventos ou características. Um princípio de pesquisa importante é que a correlação não é igual à causação. A pesquisa experimental é o único tipo de pesquisa que pode descobrir as causas do comportamento. A condução de um experimento envolve o exame da influência de pelo menos uma variável independente (o fator manipulado, experimental) sobre uma ou mais variáveis dependentes (o fator medido). Os experimentos envolvem a distribuição randômica de participantes entre um ou mais grupos experimentais (os grupos cuja experiência está sendo manipulada) e um ou mais grupos-controle (grupos de comparação tratados da mesma maneira que o grupo experimental, exceto pelo fator manipulado).

A pesquisa de avaliação de programa é a pesquisa projetada para tomar decisões sobre a eficiência de um programa particular. A pesquisa-ação é utilizada para resolver um problema social ou específico de uma turma, aprimorar as estratégias de ensino ou tomar uma decisão sobre uma estratégia específica. O professor-como-pesquisador (professor-pesquisador) conduz os estudos em sala de aula para aprimorar suas práticas educacionais.

Termos-chave

psicologia educacional 2
abordagem construtivista 6
abordagem de ensino direto 6
ensino diferenciado 8
laboratório 16
observação natural 16
observação participante 16
testes padronizados 17
estudo de caso 17
estudo etnográfico 18
pesquisa correlacional 18
pesquisa experimental 18
variável independente 19
variável dependente 19
grupo experimental 19
grupo-controle 19
distribuição randômica 19
pesquisa de avaliação de programa 20
pesquisa-ação 20
professor-como-pesquisador 20

Pasta de atividades

Agora que você tem uma boa compreensão deste capítulo, faça os exercícios a seguir para ampliar seu entendimento.

Reflexão independente

1. Após a reflexão, escreva uma frase pessoal sobre o seguinte: Que tipo de professor você quer se tornar? Quais são seus pontos fortes? Que tipo de fraquezas potenciais você teria que superar? Coloque uma frase em sua pasta ou então em um envelope que você possa abrir após o primeiro ou segundo mês lecionando.
2. No início do capítulo, você leu a citação de Christa McAuliffe: "Eu posso tocar o futuro. Eu ensino". Use o seu pensamento criativo e escreva algumas frases curtas que descrevam os aspectos positivos do ensinar.
3. Pense sobre a série que planeja lecionar. Considere pelo menos uma forma em que sua aula para esse nível seja provavelmente desafiadora. Escreva sobre como você lidará com isso.

Experiência de pesquisa/campo

4. As informações sobre psicologia educacional aparecem em periódicos de pesquisa e em revistas e jornais. Encontre um artigo em um periódico de pesquisa ou profissional (tal como o *Contemporary Educational Psychology, Educational Psychologist, Educational Psychology Review, Journal of Educational Psychology*, ou *Phi Delta Kappan*) e um artigo em um jornal ou revista sobre o mesmo tópico. Como o artigo de pesquisa/profissional difere na descrição do jornal ou da revista? O que você consegue aprender a partir dessa comparação? Escreva suas conclusões e guarde cópias dos artigos.

Vá até o Online Learning Center em www.mhhe.com/santedu3e para baixar modelos de pastas de documentos (material disponível em inglês)

CAPÍTULO 2
Desenvolvimento cognitivo e de linguagem

Ah! O que seria do mundo
Se não houvesse crianças?
Do nosso passado, um deserto
Pior do que as trevas, ao certo.

—Henry Wadsworth Longfellow
Poeta americano, século 19

Tópicos do capítulo

Uma visão geral do desenvolvimento da criança
Explorando o que é desenvolvimento
Processos e períodos
Questões sobre o desenvolvimento
Desenvolvimento e educação

Desenvolvimento cognitivo
O cérebro
A teoria de Piaget
A teoria de Vygotsky

Desenvolvimento da linguagem
O que é linguagem?
Influências biológicas e ambientais
Como a linguagem se desenvolve

Objetivos de aprendizagem

1. Definir desenvolvimento e explicar os principais processos, períodos e questões de desenvolvimento, bem como relacionar desenvolvimento e educação.

2. Discutir o desenvolvimento do cérebro e comparar as teorias de desenvolvimento cognitivo de Jean Piaget e Lev Vygotsky.

3. Identificar as principais características da linguagem, as influências biológicas e ambientais sobre a linguagem e o crescimento característico da linguagem da criança.

Histórias Donene Polson

Neste capítulo, você estudará a teoria cognitiva e sociocultural de desenvolvimento de Lev Vygotsky. A sala de aula de Donene Polson mostra a importância da colaboração entre a comunidade de alunos, enfatizada por Vygotsky. Donene leciona na Washington Elementary School, em Salt Lake City, EUA, uma escola inovadora que enfatiza a importância de as pessoas aprenderem juntas (Rogoff, Turkanis e Bartlett, 2001). Assim como os adultos, as crianças também planejam atividades de aprendizagem. Durante o dia inteiro na escola, os estudantes trabalham em pequenos grupos.

Donene aprecia a idéia de poder lecionar em uma escola onde estudantes, professores e pais trabalham como uma comunidade para ajudar as crianças a aprender (Polson, 2001). Antes de o ano letivo começar, Donene reúne-se com os pais em cada casa de família para preparar tudo para o ano que está por vir, familiarizar-se e estabelecer cronogramas para determinar em que momento os pais podem contribuir para o ensino da classe. Nos encontros mensais entre pais e professores, Donene e os pais planejam o currículo e discutem o progresso das crianças. Eles debatem sobre os recursos que a comunidade pode utilizar para promover a aprendizagem das crianças.

Muitos estudantes voltam para contar à Donene que as experiências em sala de aula trouxeram importantes contribuições para o seu desenvolvimento e aprendizagem. Por exemplo, Luisa Magarian faz uma reflexão sobre sua experiência na sala de aula de Donene e como isso ajudou seu trabalho com os colegas no ensino médio:

> É a partir das responsabilidades definidas nos grupos que as crianças aprendem a lidar com os problemas e a ouvir uns aos outros ou tentar entender diferentes pontos de vista. Elas aprendem como ajudar um grupo a trabalhar com fluidez e como manter as pessoas interessadas no que estão fazendo... Como co-editora de uma revista de estudantes na escola de ensino médio em que estudo, tenho que conciliar meu anseio em ter as coisas prontas e a tolerância para trabalhar com outros estudantes (Rogoff, Turkanis e Bartlett, 2001, p. 84-85).

Como a história de Donene Polson mostra, as teorias de desenvolvimento cognitivo podem formar a base de programas de ensino inovadores.

Introdução

O exame de como as crianças se desenvolvem permite-nos entendê-las melhor. Este capítulo – o primeiro de dois sobre desenvolvimento – enfoca o desenvolvimento cognitivo e da linguagem das crianças. Antes de aprofundar esses tópicos, porém, exploraremos algumas noções básicas sobre desenvolvimento.

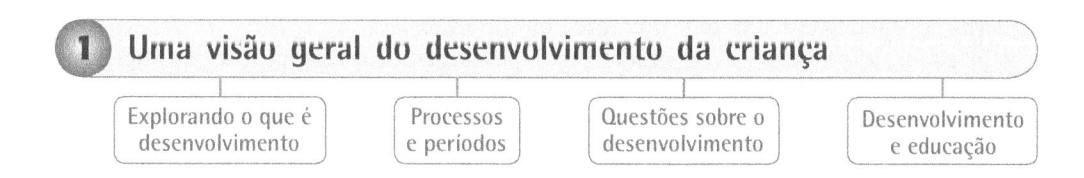

1 Uma visão geral do desenvolvimento da criança

- Explorando o que é desenvolvimento
- Processos e períodos
- Questões sobre o desenvolvimento
- Desenvolvimento e educação

O filósofo do século 20 George Santayana, espanhol naturalizado nos Estados Unidos, disse certa vez que "As crianças estão em um plano diferente. Pertencem a uma geração e têm uma forma própria de sentir". Vamos explorar o que é esse plano.

Explorando o que é desenvolvimento

Por que estudar o desenvolvimento da criança? Como professor, você será responsável por um novo grupo de crianças a cada ano em sua sala de aula. Quanto mais você aprende sobre o desenvolvimento das crianças, mais compreende qual o nível mais apropriado para ensiná-las.

A infância tornou-se uma fase tão distinta do período da vida humana que é difícil imaginar que nem sempre foi assim. Na era medieval, as leis geralmente não distinguiam delitos cometidos por crianças ou por adultos, e as crianças eram freqüentemente tratadas como adultos miniaturas.

Hoje, temos uma visão muito diferente das crianças do que se tinha naquela época. A infância é vista como uma fase única e significativa, que proporciona uma importante formação/base para a idade adulta e é bem diferenciada. Identificamos períodos distintos na infância, durante os quais a criança domina habilidades especiais e se depara com as lições da vida nova. Protegemos nossas crianças dos excessos do trabalho adulto por meio de leis contra o trabalho infantil, tratamos suas mais sérias transgressões com um sistema especial de justiça da infância e da juventude e dispomos de verbas governamentais para auxiliar crianças no caso de a família falhar ou ameaçar seriamente seu bem-estar (Benson e outros, 2006; Ramey, Ramey e Lanzi, 2006). Consideramos a infância uma época especial de crescimento e mudança, e investimos grandes recursos para cuidar de nossas crianças e educá-las.

As crianças desenvolvem-se em parte como todas as outras, em parte como algumas crianças e em parte como nenhuma outra criança. Geralmente, direcionamos nossa atenção para as suas singularidades. Porém, os psicólogos que estudam desenvolvimento costumam analisar suas características comuns, como o caso de professores que precisam orientar e educar crianças de uma mesma faixa etária. Cada pessoa passa por algumas trajetórias comuns – Leonardo da Vinci, Joana D'Arc, Martin Luther King, Madonna e, provavelmente, você –, todos começam a andar quando têm por volta de um ano, envolvem-se em brincadeiras de faz-de-conta quando crianças, desenvolvem um amplo vocabulário no ensino fundamental e tornam-se mais independentes na juventude.

O que os psicólogos querem dizer quando falam sobre o "desenvolvimento" de uma pessoa? **Desenvolvimento** é o padrão de mudanças socioemocionais, cognitivas e biológicas que começam na concepção e continuam durante toda a vida de uma pessoa. A maior parte do desenvolvimento envolve crescimento, embora também envolva a decadência (morte).

Processos e períodos

O padrão de desenvolvimento da criança é complexo, já que é resultado de diversos processos: biológico, cognitivo e socioemocional. O desenvolvimento também pode ser descrito em termos de períodos.

Processos biológicos, cognitivos e socioemocionais *Processos biológicos* produzem mudanças no corpo da criança e têm grande influência sobre o desenvolvimento do cérebro, ganho de peso e altura, habilidades motoras e mudanças hormonais na puberdade. A herança genética também tem um papel importante.

Processos cognitivos envolvem mudanças no pensamento, na inteligência e na linguagem da criança. Os processos de desenvolvimento cognitivo permitem à criança memorizar um poema, raciocinar como resolver um problema de matemática, descobrir uma estratégia criativa ou articular frases com sentido.

Processos socioemocionais envolvem mudanças nas relações da criança com outras pessoas, nas emoções e na personalidade. As atitudes dos pais em relação às crianças, um ataque agressivo de uma criança contra seu colega, o desenvolvimento da confiança em uma garota e as sensações de alegria de um adolescente quando tira boas notas; todos esses itens refletem processos socioemocionais de desenvolvimento.

Períodos de desenvolvimento Para favorecer a organização e a compreensão, geralmente descrevemos o desenvolvimento em termos de períodos. No sistema de classificação mais utilizado, os períodos de desenvolvimento são: a infância, a primeira infância, a infância intermediária, a infância final, a adolescência, a idade adulta inicial, a intermediária e a maturidade.

A *infância* se estende do nascimento até 18 ou 24 meses. É uma época de extrema dependência dos adultos. Muitas atividades estão apenas começando, como o desenvolvimento da linguagem, pensamento simbólico, coordenação sensório-motora e aprendizagem social.

---

desenvolvimento Os processos socioemocionais, cognitivos e biológicos que começam na concepção e continuam durante toda a vida de uma pessoa. A maior parte do desenvolvimento envolve crescimento, embora também envolva a decadência (morte).

A *primeira infância* (também chamada "idade pré-escolar") se estende do fim da infância até por volta dos 5 anos de idade. Durante esse período, as crianças se tornam mais auto-suficientes, desenvolvem habilidades de prontidão escolar (como aprender a seguir instruções e identificar letras) e passam muitas horas com seus colegas. O primeiro ano escolar geralmente marca o fim da primeira infância.

A *infância intermediária e a infância final* (também chamadas de "anos do ensino fundamental I") se estendem dos 6 aos 11 anos de idade. As crianças dominam as habilidades fundamentais de leitura, escrita e matemática, as realizações se tornam o tema central e o autocontrole aumenta. Nesse período, as crianças começam a interagir com o mundo social mais amplo em vez de apenas com sua família.

A *adolescência* envolve a transição entre infância e fase adulta. Começa por volta dos 10 ou 12 anos e termina entre 18 e 21 anos. A adolescência começa com rápidas mudanças físicas, incluindo ganho de peso e altura e desenvolvimento das funções sexuais. Os adolescentes anseiam por independência e buscam sua identidade. Seu raciocínio se torna mais abstrato, lógico e idealista.

A *idade adulta inicial* começa no início dos 20 anos de idade e vai até os 30. É uma época em que trabalho e amor se tornam o tema principal da vida. Os indivíduos tomam decisões importantes sobre suas carreiras e buscam uma relação íntima por meio do casamento ou de uma relação com uma pessoa significativa. Há outros períodos de desenvolvimento descritos para adultos, mas vamos manter nossa discussão entre os períodos mais relevantes para a educação das crianças.

Os diversos períodos do desenvolvimento humano são mostrados na Figura 2.1, bem como os processos de desenvolvimento (biológico, cognitivo e socioemocional). A interação desses processos produz os períodos de desenvolvimento humano.

Períodos de desenvolvimento

- Infância (do nascimento até 18-24 meses)
- Primeira infância (dos 2 aos 5 anos)
- Infância intermediária e infância final (dos 6 aos 11 anos)
- Adolescência (dos 10 ou 12 anos até os 18 ou 21 anos)
- Idade adulta inicial (dos 20 aos 30)

Processos de desenvolvimento

- Processos biológicos
- Processos cognitivos
- Processos socioemocionais

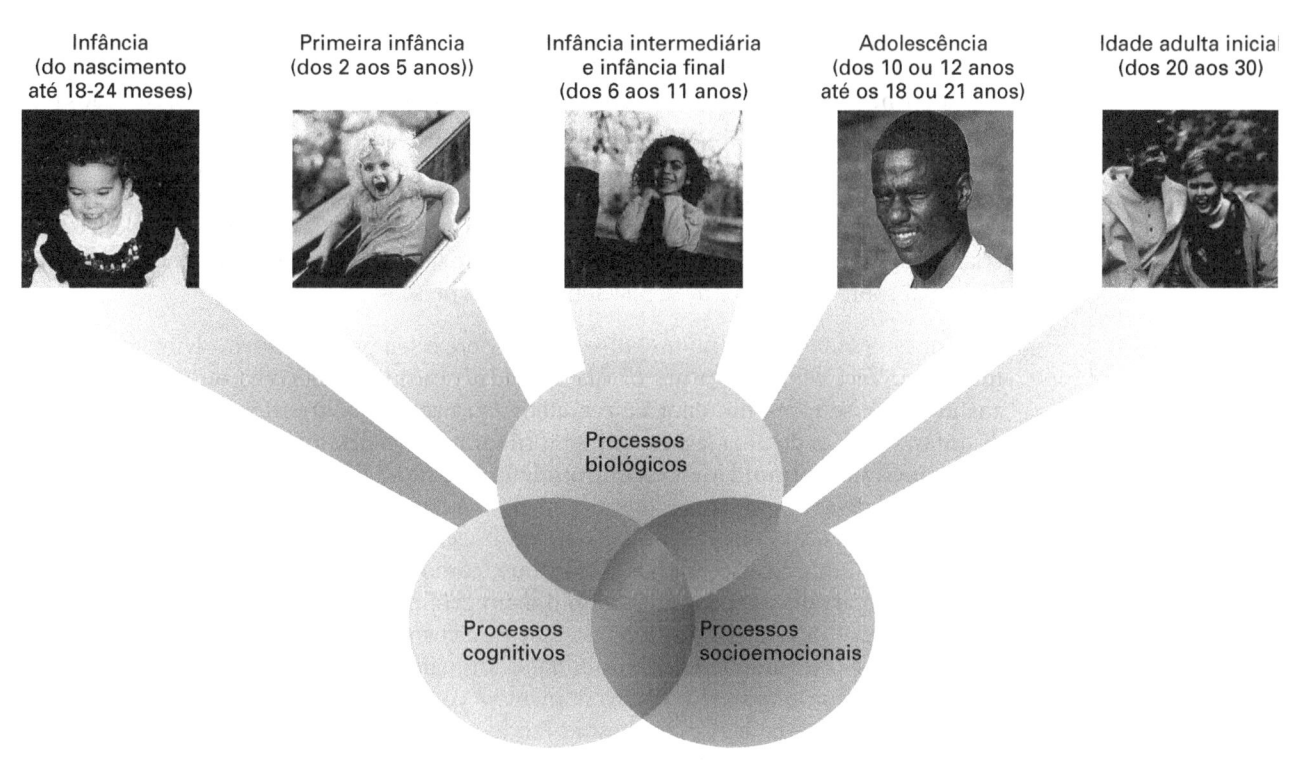

FIGURA 2.1 Períodos e processos de desenvolvimento.

O desenvolvimento ocorre durante a infância, a primeira infância, a infância intermediária e final, a adolescência e a idade adulta inicial. Esses períodos de desenvolvimento são resultado de processos biológicos, cognitivos e socioemocionais.

Questões sobre o desenvolvimento

Muitas questões sobre o desenvolvimento das crianças permanecem sem resposta. Por exemplo, o que direciona os processos de desenvolvimento biológico, cognitivo e socioemocional e de que maneira aquilo que acontece na infância influencia a infância intermediária e a adolescência? Apesar de todo o conhecimento adquirido sobre o desenvolvimento, continua o debate sobre os fatores que influenciam os processos de desenvolvimento e de que maneira os períodos de desenvolvimento se relacionam. As questões mais importantes no estudo do desenvolvimento das crianças incluem o que é inato e aprendido, continuidade e descontinuidade e experiências iniciais e tardias.

Inato e aprendido A **questão inato-aprendido** envolve um debate: o desenvolvimento é essencialmente influenciado pela natureza inata ou pela aquisição através da aprendizagem? (Bjorklund, 2006; Shiraev e Levy, 2007). *Inato* se refere à herança biológica do organismo; *aprendido* se refere às experiências ambientais. Hoje em dia, quase ninguém discute o fato de que o desenvolvimento não pode ser explicado só pela natureza ou pela aprendizagem. Mas alguns inatistas alegam que a influência mais importante sobre o desenvolvimento é a da herança biológica, e outros "defensores da aprendizagem" alegam que as experiências ambientais são as influências mais importantes.

Para os inatistas, defensores da natureza inata, assim como um girassol cresce de certo modo – a menos que seja destruído por um ambiente pouco amigável – da mesma forma a pessoa cresce de certo modo. A variedade de ambientes pode ser vasta, mas uma marca genética produz pontos em comum no crescimento e desenvolvimento. Nós andamos antes de começarmos a falar, falamos uma palavra antes de duas palavras, crescemos rapidamente na infância e um pouco mais devagar na primeira infância e experimentamos uma explosão de hormônios sexuais na puberdade. Ambientes extremos – como aqueles psicologicamente improdutivos ou hostis – podem estancar o desenvolvimento, mas os inatistas enfatizam a influência de tendências que são geneticamente partilhadas entre seres humanos.

Em contrapartida, outros psicólogos enfatizam a importância da educação, das experiências ambientais, para o desenvolvimento (Bronfenbrenner e Morris, 2006; Trask e Hamon, 2007). As experiências seguem a escala do ambiente biológico do indivíduo (nutrição, cuidados médicos, drogas e acidentes físicos) ao ambiente social (família, pares, escolas, comunidade, meio de comunicação e cultura). Por exemplo, a dieta de uma criança pode afetar o quanto ela irá crescer ou até mesmo o quão eficientemente ela pode raciocinar e resolver problemas. Apesar de sua herança genética, uma criança nascida e criada em uma vila pobre em Bangladesh e uma criança no subúrbio de Denver provavelmente terão habilidades diferentes, modos diferentes de pensar sobre o mundo e de se relacionar com as pessoas.

Continuidade e descontinuidade Pense sobre o seu próprio desenvolvimento por um momento. Você se tornou a pessoa que é gradativamente, como uma semente que cresce aos poucos e se torna um enorme carvalho? Ou passou por transformações repentinas e distintas, como as de uma lagarta que se torna uma borboleta (veja a Figura 2.2)?

A **questão continuidade-descontinuidade** discute se o desenvolvimento envolve mudanças gradativas e cumulativas (continuidade) ou estágios distintos (descontinuidade). Os desenvolvimentalistas que defendem a aprendizagem geralmente descrevem o desenvolvimento como um processo gradual e contínuo, como o crescimento de uma semente que se torna um carvalho. Os que enfatizam o inato geralmente descrevem o desenvolvimento como uma série de estágios distintos, como a transformação da lagarta em borboleta.

Considere primeiramente a continuidade. Enquanto o carvalho cresce de uma semente para uma enorme árvore, seu desenvolvimento é contínuo. Torna-se um carvalho, não um tipo diferente de organismo. Do mesmo modo, a primeira palavra de uma criança, ainda que pareça um evento abrupto e descontinuado, na verdade é resultado de semanas e meses de crescimento e prática. A puberdade, outra ocorrência aparentemente abrupta e descontinuada, é, na verdade, um processo gradual que ocorre durante vários anos.

Vista em termos de descontinuidade, cada pessoa passa por uma seqüência de estágios em que as mudanças são diferentes mais em termos qualitativos do que quantitativos. Quando uma lagarta se transforma em borboleta, ela se torna um tipo diferente de organismo,

FIGURA 2.2 Continuidade e descontinuidade no desenvolvimento.

Nosso desenvolvimento é como o de uma semente que cresce gradualmente para se tornar um carvalho? Ou como uma lagarta que se torna repentinamente uma borboleta?

questão inato-aprendido Inato se refere à herança biológica do organismo e aprendido se refere às influências ambientais. Os inatistas alegam que a influência mais importante sobre o desenvolvimento é a da herança biológica, e os "defensores da aprendizagem" alegam que as experiências ambientais são a influência mais importante.

questão continuidade-descontinuidade Discute se o desenvolvimento envolve mudanças cumulativas e graduais (continuidade) ou estágios distintos (descontinuidade).

Até que ponto as experiências iniciais, tais como as relações com os pais, provavelmente estão relacionadas ao desenvolvimento posterior, como, por exemplo, os êxitos na escola?

não é mais uma lagarta, seu desenvolvimento é descontínuo. De um modo parecido, uma criança passa da fase em que não é capaz de pensar o mundo de maneira abstrata para a fase em que é capaz de fazê-lo. Essa é uma mudança no desenvolvimento que é descontínua e qualitativa e não contínua e quantitativa.

Experiência inicial e posterior A **questão da experiência inicial-posterior** enfoca em que grau as experiências iniciais (especialmente na infância) e as experiências posteriores determinam o desenvolvimento da criança. Isto é, se a criança passa por experiências prejudiciais, ela pode superá-las com experiências positivas mais tarde? Ou as experiências iniciais são tão críticas – possivelmente porque são as experiências prototípicas iniciais da criança – que não podem ser superadas por um ambiente melhor mais tarde? Para os que enfatizam as experiências iniciais, a vida é um caminho contínuo no qual uma qualidade psicológica pode ser rastreada até sua origem (Kagan, 1992, 2003; Kagan e Fox, 2006). Em contrapartida, para aqueles que efatizam as experiências posteriores, o desenvolvimento é como um rio, continuamente fluindo.

A questão da experiência inicial posterior tem uma longa história e continua a ser muito debatida entre os desenvolvimentalistas (Gottlieb, Wahlsten e Lickliter, 2006; Thompson, 2006). Platão afirmava que as crianças que eram embaladas com mais freqüência se tornavam atletas melhores. No século 19, pastores da região da Nova Inglaterra, nos EUA, disseram aos pais no sermão de domingo à tarde que a maneira como eles lidavam com seus filhos iria determinar o caráter da criança mais tarde. Alguns desenvolvimentalistas argumentam que, a menos que a criança experimente um ambiente carinhoso e protetor durante o primeiro ano de vida, seu desenvolvimento jamais será ótimo (Carlson, Sroufe e Egeland, 2004; Keller, 2007; Sroufe e outros, 2005a,b).

Em contrapartida, os defensores da experiência posterior argumentam que a criança é maleável durante o desenvolvimento e que cuidado sensível posterior é tão importante quanto cuidado sensível inicial. Vários desenvolvimentalistas que estudam todo o período da vida humana afirmam que pouca atenção é dada às experiências posteriores no desenvolvimento (Baltes, 2003; Baltes, Lindenberger e Staudinger, 2006; Elder e Shanahan, 2006). Eles concordam que as experiências iniciais trazem contribuições importantes para o desenvolvimento, mas não mais importantes do que as experiências posteriores. Jerome Kagan (2003) aponta que crianças que apresentam um temperamento inibido, que esteja ligado à hereditariedade, têm a capacidade de mudar seu comportamento.

questão de experiência inicial-posterior Mostra em que grau as experiências iniciais (especialmente na infância) e as experiências posteriores são aspectos-chave para o desenvolvimento da criança.

Nas culturas ocidentais, as pessoas, principalmente as influenciadas pelas teorias freudianas, tendem a apoiar a idéia de que as experiências iniciais são mais importantes do que as experiências posteriores (Chan, 1963; Lamb e Sternberg, 1992). No restante do mundo, a maioria das pessoas não compartilha dessa crença. Por exemplo, em muitos países asiáticos, as pessoas acreditam que as experiências que ocorrem após os seis ou sete anos de idade são mais importantes para o desenvolvimento do que as experiências iniciais. Essa visão origina-se de uma antiga crença oriental de que as habilidades racionais da criança começam a se desenvolver de maneira importante durante a infância intermediária.

Avaliando as questões sobre desenvolvimento A maioria dos desenvolvimentalistas reconhece que é insensato defender uma posição extrema sobre a questão do inato ou do aprendido, da continuidade ou da descontinuidade, das experiências iniciais ou posteriores. O desenvolvimento não é só inato ou só aprendido, não é só contínuo ou só descontínuo, não é feito só de experiências iniciais ou só de experiências posteriores (Gottlieb, Wahlsten e Lickliter, 2006; Thelen e Smith, 2006). Inato e aprendido, continuidade e descontinuidade, experiências iniciais e posteriores, todas têm sua contribuição para o desenvolvimento durante a vida humana. Mesmo com esse consenso, há ainda um debate acalorado sobre o quanto o desenvolvimento é influenciado por cada um desses fatores (Sroufe e outros, 2005a,b). As meninas têm menos chance de serem bem-sucedidas em matemática por causa das características hereditárias ou por causa de uma série de expectativas sociais e pelas experiências iniciais? Experiências ricas durante a adolescência podem remover deficiências causadas pela pobreza, pela negligência e pela pobre escolarização durante a infância? As respostas também têm influência sobre as políticas de decisão social em relação a crianças e adolescentes, e, conseqüentemente, sobre as nossas vidas.

Desenvolvimento e educação

No Capítulo 1, descrevemos brevemente a importância da dedicação a práticas de ensino apropriadas ao desenvolvimento (Horowitz e outros, 2005; Hyson, Copple e Jones, 2006). Aqui, ampliaremos esse tópico e discutiremos o conceito de desenvolvimento por partes.

Ensino apropriado ao desenvolvimento ocorre em um nível que não é muito difícil ou estressante, assim como não deve ser fácil ou entediante. Um dos desafios do ensino apropriado ao nível de desenvolvimento da criança é que você provavelmente terá crianças de diferentes faixas etárias e diferentes capacidades e habilidades nas salas de aula que leciona (Horowitz e outros, 2005). Professores competentes estão cientes dessas diferenças de desenvolvimento. Eles não classificam os estudantes como "avançado", "mediano" e "atrasado", e sim reconhecem que seu desenvolvimento e habilidade são complexos e que as crianças geralmente não apresentam a mesma competência em diferentes habilidades.

Desenvolvimento irregular refere-se a circunstâncias em que o desenvolvimento é desigual entre diferentes áreas (Horowitz e outros, 2005). Um estudante pode ter muita habilidade em matemática e péssimo desempenho em escrita. Dentro da área da linguagem, outro estudante pode ter excelente habilidade em linguagem verbal oral, mas não apresentar boa leitura e escrita. E outro estudante pode ainda ser bem-sucedido em ciências e não ter habilidades sociais.

Um desafio especial é um estudante cognitivamente avançado, mas com um desenvolvimento socioemocional em um nível esperado para uma criança muito mais nova. Por exemplo, um estudante pode sobressair-se em ciências, matemática e linguagem e ser emocionalmente imaturo. Tal criança pode não ter amigos e ser rejeitada ou negligenciada pelos pares. Esse estudante poderá beneficiar-se consideravelmente se tiver um professor que o ajude a aprender a lidar com suas emoções e a se comportar mais apropriadamente do ponto de vista social.

Conforme vamos discutindo sobre o desenvolvimento neste capítulo e no próximo, observe como as transformações de desenvolvimento que descrevemos podem ajudá-lo a entender o que é um nível ótimo de ensino e aprendizagem. Por exemplo, não é uma boa estratégia tentar forçar as crianças a ler antes que elas estejam desenvolvimentalmente prontas. Quando estiverem prontas, deve-se utilizar materiais apropriados ao nível de desenvolvimento.

desenvolvimento irregular Circunstâncias em que o desenvolvimento é desigual entre diferentes áreas.

Reveja, reflita e pratique

1 Definir desenvolvimento e explicar os principais processos, períodos e questões de desenvolvimento, bem como relacionar desenvolvimento e educação.

Reveja

- Qual é a natureza do desenvolvimento?
- Quais os três grandes processos que interagem para o desenvolvimento da criança? Por quais períodos comuns a criança passa do nascimento até o fim da adolescência?
- Quais as principais questões sobre o desenvolvimento? A que conclusões podemos chegar sobre essas questões?
- Quais implicações o conceito de desenvolvimento tem para a noção de ensino "apropriado"?

Reflita

- Dê um exemplo de como um processo cognitivo pode influenciar um processo socioemocional na faixa etária de crianças que você planeja ensinar. Depois, dê um exemplo de como um processo socioemocional poderia influenciar um processo cognitivo nessa mesma faixa etária.

Pratique PRAXIS™

1. O Sr. Huxtaby está proferindo uma palestra sobre desenvolvimento para uma associação de pais e professores. Nessa palestra, qual das seguintes alternativas não descreve um exemplo de desenvolvimento?
   a. mudanças na puberdade
   b. melhora da memória
   c. mudança nas amizades
   d. uma tendência nata à timidez

2. A Sra. Halle leciona para o terceiro ano. Por qual período de desenvolvimento ela deve ter mais interesse?
   a. infância
   b. primeira infância
   c. infância intermediária
   d. adolescência

3. Piaget argumentou que as crianças progridem por meio de uma série de estágios do desenvolvimento cognitivo. Em contrapartida, Skinner afirma que os indivíduos simplesmente aprendem mais ao longo do tempo. Qual questão salienta esse desacordo?
   a. continuidade e descontinuidade
   b. experiência inicial e posterior
   c. natureza e criação
   d. desenvolvimento biológico e socioemocional

4. Os resultados de Alexander nos testes de rendimento de matemática estão entre os mais altos do país. Em contrapartida, os resultados nos testes de leitura indicam que ele está abaixo da média. Esse é um exemplo de:
   a. ensino apropriado ao desenvolvimento
   b. desenvolvimento inicial e posterior
   c. inato versus aprendido
   d. desenvolvimento irregular

Por favor, verifique as respostas no final do livro.

Agora que discutimos as idéias básicas sobre a natureza do desenvolvimento, examinaremos o desenvolvimento cognitivo mais profundamente. No exame de diferentes processos de desenvolvimento – biológico, cognitivo e socioemocional – mostraremos como esses processos interagem. Continuando nesse tema, em nossa exploração do desenvolvimento cognitivo, vamos descrever o desenvolvimento físico do cérebro.

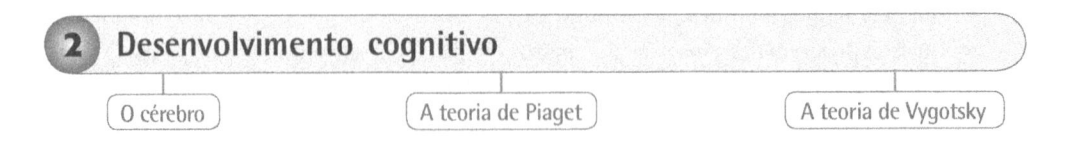

2 Desenvolvimento cognitivo

O cérebro · A teoria de Piaget · A teoria de Vygotsky

A poeta americana do século 20 Marianne Moore disse que a mente é "uma coisa encantadora". Como o desenvolvimento dessa "coisa encantadora" intriga tanto os psicólogos! Primeiro, exploraremos o desenvolvimento do cérebro, depois voltaremos para as duas principais teorias sobre desenvolvimento cognitivo, a de Piaget e a de Vygotsky.

O cérebro

Até pouco tempo atrás, não tínhamos muita certeza sobre as mudanças no cérebro das crianças durante seu desenvolvimento. Não faz muito tempo que os cientistas acreditavam que eram os genes que determinavam como o cérebro da criança estava "conectado" e que, diferentemente de outras células, as células no cérebro responsáveis pelo processamento de informações paravam de se dividir na primeira infância. Independentemente da herança genética, o cérebro da criança estaria limitado a isso. De qualquer maneira, essa visão se mostrou errada. Em seu lugar, o cérebro foi considerado "plástico", ou com habilidade para mudar, e seu desenvolvimento depende da experiência (Nelson, Thomas e de Haan, 2006; Stettler e outros, 2006). O que as crianças fazem pode mudar o desenvolvimento do seu cérebro.

A visão que se tinha do cérebro refletia, em parte, o fato de que os cientistas não possuíam tecnologia para detectar e mapear mudanças sensíveis no cérebro ao longo do seu desenvolvimento. Hoje em dia, técnicas sofisticadas de explorar o cérebro permitem detectar melhor essas mudanças. Progressos consideráveis têm sido feitos no mapeamento das mudanças do desenvolvimento do cérebro, embora muito ainda seja desconhecido, e sua relação com a educação da criança é difícil de ser feita (Nelson, Thomas e de Haan, 2006).

Células e regiões cerebrais A quantidade e o tamanho das terminações nervosas do cérebro continuam a crescer pelo menos até o fim da adolescência. Em parte, o aumento do tamanho do cérebro é devido à *mielinização*, o processo de envolvimento de várias células cerebrais revestidas de mielina. Isso aumenta a velocidade com que as informações viajam através do sistema nervoso. A mielinização em áreas do cérebro relacionadas à coordenação viso-manual não é completa antes dos quatro anos de idade. A mielinização em áreas importantes do cérebro para manter a atenção não é completa antes dos dez anos de idade (Tanner, 1978). O problema, no que diz respeito ao ensino, é que a criança terá dificuldade em prestar atenção e mantê-la por um longo tempo durante a primeira infância, mas irá melhorar durante os anos de ensino fundamental. O crescimento mais extenso da mielinização nos lobos frontais do cérebro, onde ocorrem o pensamento e o raciocínio, ocorre durante a adolescência (Nelson, Thomas e de Haan, 2006).

Outro aspecto importante do desenvolvimento cerebral em nível celular é um drástico crescimento nas conexões entre os neurônios (células nervosas). *Sinapses* são fissuras minúsculas entre os neurônios onde as conexões são feitas. Os pesquisadores descobriram um aspecto interessante da conexão de sinapses. Aproximadamente metade das conexões feitas não será utilizada (Huttenlocher e Dabholkar, 1997; Huttenlocher e outros, 1991). As conexões que são utilizadas se tornam resistentes e sobrevivem, e as inutilizadas serão substituídas por outros trajetos ou desaparecerão. Isto é, na lingua-

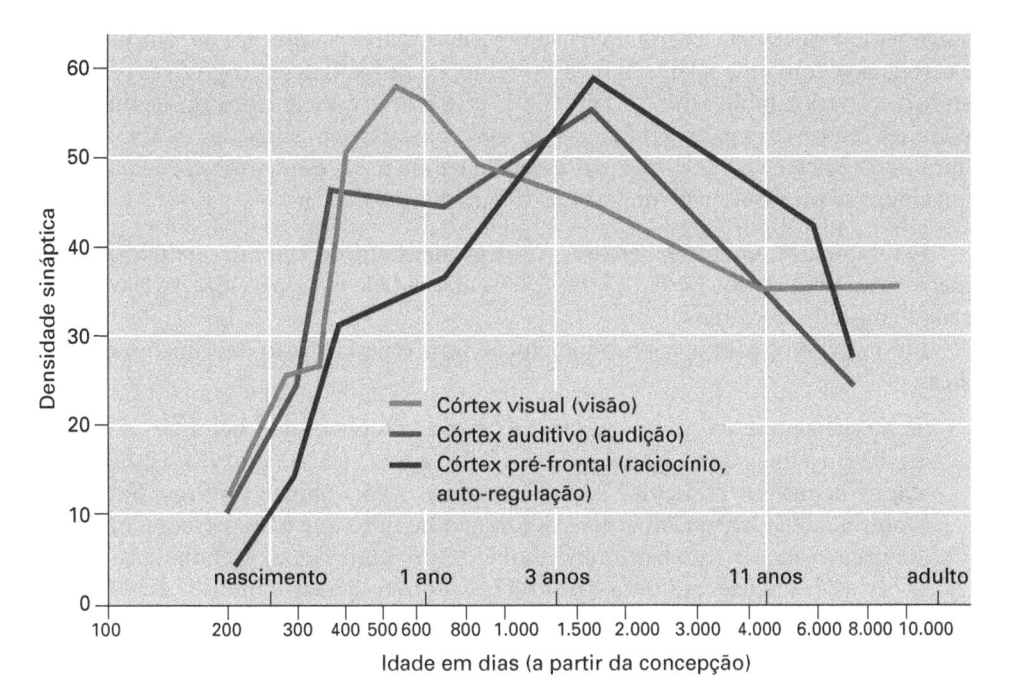

FIGURA 2.3 Densidade de sinapses no cérebro humano da infância à maturidade.

O gráfico mostra o crescimento drástico e depois a diminuição da densidade de sinapses em três regiões cerebrais: o córtex visual, o córtex auditivo e o córtex pré-frontal. Acredita-se que a densidade de sinapses é um importante indicativo da extensão da conexão entre os neurônios.

gem da neurociência, essas conexões serão "podadas". A Figura 2.3 mostra o crescimento drástico e a eliminação das sinapses nas áreas do córtex visual, auditivo e pré-frontal do cérebro. Essas áreas são decisivas para as funções cognitivas de ordem superior, como a aprendizagem, a memória e o raciocínio. Note que no córtex pré-frontal (onde ficam o pensamento de nível superior e a auto-regulação) o pico de superprodução ocorre por volta de um ano de idade. Note também que a densidade de sinapses não é concluída antes da adolescência intermediária ou final.

Em um estudo com técnicas sofisticadas de escaneamento cerebral, o cérebro das crianças mostrou mudanças anatômicas substanciais entre 3 e 15 anos (Thompson e outros, 2000). Através do escaneamento cerebral repetidas vezes das mesmas crianças por mais de quatro anos, os pesquisadores descobriram que o cérebro das crianças experienciam estímulos de crescimento rápidos e distintos. A quantidade de material cerebral em algumas áreas pode quase dobrar no período de um ano, seguida de uma perda drástica de tecido, conforme as células desnecessárias são eliminadas e o cérebro continua a se reorganizar. Nesse estudo, o tamanho do cérebro não mudou entre os 3 e os 15 anos de idade. De qualquer forma, o rápido crescimento no lobo frontal, especialmente nas áreas relacionadas à atenção, ocorreu entre os 3 e os 6 anos de idade. A Figura 2.4 mostra a localização dos quatro lobos cerebrais. O rápido crescimento no lobo temporal (processamento da linguagem) e no lobo parietal (localização espacial) ocorre dos 6 anos de idade até a puberdade.

Até recentemente, eram realizadas poucas pesquisas sobre mudanças no desenvolvimento do cérebro durante a adolescência. Enquanto a pesquisa nessa área ainda está só começando, um número crescente de estudos está em andamento (Dick e outros, 2006; Toga, Thompson e Sowell, 2006). Os cientistas afirmam agora que o cérebro do adolescente é diferente do da criança e do adulto, e que o cérebro do adolescente ainda está em crescimento (Keating, 2004; Nelson, Thomas e de Haan, 2006).

Uma das descobertas mais fascinantes sobre o cérebro do adolescente mostra as mudanças no desenvolvimento de áreas que envolvem a emoção e as funções cognitivas de nível superior (Blakemore e Choudhury, 2006; Keating, 2004; Kuhn e Franklin, 2005; Price, 2005; Steinberg, 2005, 2006). A *amígdala* é uma região do cérebro que lida com o processamento de informações sobre emoções; o córtex pré-frontal é especialmente importante para as funções cognitivas de nível superior. A amígdala desenvolve-se mais rapidamente do que o córtex pré-frontal (veja a Figura 2.5). Isso significa que a região do cérebro responsável por frear comportamentos impulsivos e de risco ainda está em construção durante a adolescência (Giedd, 2004; Giedd e outros, 2006). Considere essa interpretação sobre o desen-

FIGURA 2.4 Os quatro lobos cerebrais.

A figura mostra a localização dos quatro lobos cerebrais: o frontal, o occipital, o temporal e o parietal.

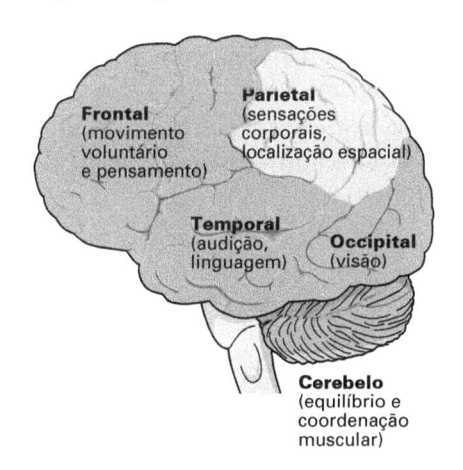

Córtex pré-frontal
Envolve o funcionamento cognitivo de ordem superior, tal como a tomada de decisões.

Amígdala
Envolve o processamento de informações no que diz respeito à emoção.

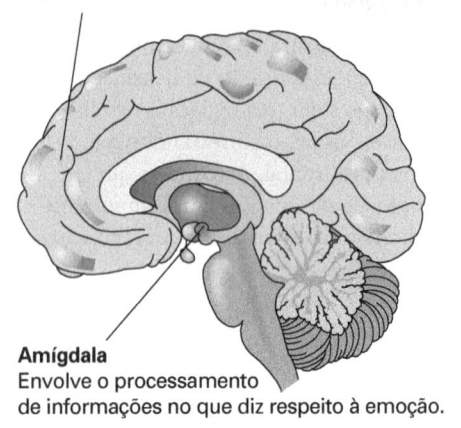

FIGURA 2.5 Mudanças de desenvolvimento no cérebro do adolescente.

A amígdala, que é responsável pelo processamento de informações no que diz respeito à emoção, amadurece antes que o córtex pré-frontal, que é responsável pela tomada de decisões e outras funções cognitivas de ordem superior. *Quais são algumas implicações possíveis destas mudanças de desenvolvimento no cérebro no comportamento de um adolescente?*

FIGURA 2.6 Os hemisférios do cérebro humano.

As duas metades (hemisférios) do cérebro humano são claramente vistas nesta fotografia.

lateralidade A especialização das funções de cada hemisfério do cérebro.

volvimento emocional e cognitivo na adolescência: "ativação precoce de sentimentos fortes e carregados, com uma relativa falta de 'direção' ou de habilidades cognitivas para modular emoções fortes e motivações" (Dahl, 2004, p.18). Essa característica do desenvolvimento pode ser responsável pelos problemas do tipo colocar-se em situações de risco ou outros, durante a adolescência. "Algumas coisas levam tempo para se desenvolver e a maturidade de julgamento é provavelmente uma delas" (Steinberg, 2004, p. 56).

Lateralidade O córtex cerebral (o nível mais alto do cérebro) é dividido em duas metades ou hemisférios (veja a Figura 2.6). Lateralidade é a especialização das funções de cada hemisfério do cérebro.

Em indivíduos com o cérebro intacto, há uma especialização das funções em algumas áreas:

1. *Processamento verbal*. As pesquisas mais extensas sobre os dois hemisférios cerebrais envolvem a linguagem. Na maioria dos indivíduos, a fala e a gramática estão localizadas no hemisfério esquerdo (Jabbour e outros, 2005; Lohman e outros, 2005; Wilke e outros, 2005). De qualquer forma, isto não significa que todo o processamento da linguagem acontece no hemisfério esquerdo. Por exemplo, o entendimento de alguns aspectos da linguagem, como sua utilização apropriada em contextos diferentes, a avaliação da expressividade emocional da linguagem, a metáfora e boa parte do humor envolvem o hemisfério direito (Gegeshidze e Tsaqareli, 2004). Quando a criança perde uma parte do hemisfério esquerdo em um acidente, por cirurgia de epilepsia ou por outras razões, o hemisfério direito, em muitos casos, consegue reconfigurar-se para aumentar o processamento da linguagem (Pataraia e outros, 2005).
2. *Processamento não-verbal*. O hemisfério direito geralmente é mais dominante no processamento de informações não-verbais, como a percepção espacial, o reconhecimento visual e a emoção (Demaree e outros, 2005; Floel e outros, 2004). Por exemplo, para a maioria dos indivíduos, o hemisfério direito está em plena função quando eles processam informações sobre o rosto das pessoas (O'Toole, 2005; Sergerie, Lepage e Armony, 2005). O hemisfério direito também pode estar envolvido na expressão de emoções e no reconhecimento das emoções de outras pessoas.

Em razão da diferença de funcionamento dos dois hemisférios do cérebro, costuma-se dizer que algumas pessoas utilizam mais o hemisfério esquerdo e outras, o hemisfério direito do cérebro. Infelizmente, muito do que se diz é extremamente exagerado. Por exemplo, os leigos e os meios de comunicação em massa acentuam a especialização do cérebro afirmando que o lado esquerdo é lógico e o direito é criativo. De qualquer forma, em pessoas saudáveis, as funções mais complexas, como o pensamento lógico ou criativo, são resultado da comunicação entre os dois hemisférios do cérebro (Smith e Bulman-Fleming, 2005). Cientistas que estudam o cérebro são muito cautelosos ao afirmar que algumas pessoas utilizam ou mais o *hemisfério direito* ou mais o *esquerdo*, pois o cérebro é mais complexo do que sugerem (Knect e outros, 2001).

Plasticidade Conforme mencionado, o cérebro tem plasticidade, e seu desenvolvimento depende do contexto (Giedd e outros, 2006; Nelson, Thomas e de Haan, 2006; Whitford e outros, 2006). O que as crianças fazem pode mudar o desenvolvimento de seus cérebros.

Em um experimento clássico, o pesquisador Mark Rosenzweig (1969) quis saber se as experiências podem produzir mudanças no desenvolvimento do cérebro. Ele conduziu experimentos com ratos e outros animais para investigar essa possibilidade. Os animais foram escolhidos ao acaso para crescer em ambientes diferentes. Alguns deles viveram em um ambiente rico, em gaiolas com características estimulantes, rodas de exercício, degraus para escalar, alavancas para empurrar e brinquedos para manipular. Enquanto os outros animais tiveram a experiência inicial de crescer em gaiolas comuns ou isolados e em condições precárias.

Os resultados foram impressionantes. Os cérebros dos animais que cresceram em ambientes ricos se desenvolveram melhor do que os dos animais criados em condições comuns ou de isolamento. Os cérebros dos animais "enriquecidos" tiveram maior peso, camadas mais grossas e mais conexões neurais e apresentaram níveis mais altos de atividade neuroquímica. Descobertas similares foram feitas em experiências com animais mais velhos vivendo em ambientes extremamente diferentes, embora os resultados não tenham sido tão expressivos quanto os das experiências com os animais mais jovens.

Especialistas em aprendizagem afirmam que, assim como um ambiente rico leva a um desenvolvimento cerebral avançado em ratos e outros animais, um ambiente rico também pode melhorar o funcionamento cerebral e a aprendizagem humanas (Blakemore e Frith, 2005; Bransford e outros, 2005). Ao colocar os estudantes em ambientes positivos de aprendizagem ótimos, você pode estimular o desenvolvimento de seus cérebros (Ansari, 2005; Howard-Jones, 2005).

O cérebro e a educação da criança Que tipos de ambientes são melhores para estimular o cérebro das crianças e quantas transformações podemos esperar? O que as novas descobertas sobre "ciência do cérebro" nos dizem? Infelizmente, as afirmações a respeito das implicações da ciência do cérebro para a educação da criança são, na melhor das hipóteses, especulativas e estão distantes do que os neurocientistas conhecem sobre o cérebro (Blakemore e Frith, 2005; Bransford e outros, 2005; Breur, 1999; Goswami, 2005). Não precisamos analisar muito as informações sobre indivíduos que utilizam mais o hemisfério esquerdo por serem mais lógicos e indivíduos que utilizam mais o hemisfério direito por serem mais criativos para perceber que as ligações entre neurociência e educação baseada no cérebro são feitas de maneira incorreta (Sousa, 1995).

Outra ligação comum feita entre neurociência e educação baseada no cérebro é a de que há um período sensível ou decisivo – uma janela biológica de oportunidade – quando a aprendizagem é simples, eficiente e facilmente obtida. Mesmo assim, não há nenhuma evidência neurocientífica que apóie essa crença (Blakemore e Frith, 2005; Breur, 1999). Um importante neurocientista chegou a dizer a educadores que, apesar de o cérebro da criança adquirir muito conhecimento ao longo dos anos, a maior parte da aprendizagem provavelmente ocorre após a estabilização da formação sináptica, o que acontece por volta dos dez anos de idade (Goldman-Rakic, 1996).

A teoria de Piaget

O poeta Noah Perry uma vez perguntou: "Quem conhece os pensamentos de uma criança?" O famoso psicólogo suíço Jean Piaget (1896-1980) conhecia melhor do que ninguém.

Processos cognitivos Quais processos as crianças utilizam para construir o seu conhecimento sobre o mundo? Piaget acreditava que esses processos eram especialmente importantes diante destes fatores: esquemas, assimilação e acomodação, organização e equilíbrio.

Esquemas Piaget (1954) disse que, enquanto a criança procura construir um entendimento sobre o mundo, o cérebro em desenvolvimento cria **esquemas**. Os esquemas são representações mentais ou ações que organizam o conhecimento. Na teoria de Piaget, os esquemas comportamentais (atividades físicas) caracterizam os primeiros anos de vida e os esquemas mentais (atividades cognitivas) desenvolvem-se na infância (Lamb, Bornstein e Teti, 2002). Os esquemas de um bebê são estruturados por meio de ações simples, como seu desempenho em relação a objetos ao sugar, olhar e agarrar. Os esquemas das crianças mais velhas incluem estratégias e planos para resolver problemas. Por exemplo, uma criança de seis anos pode ter esquemas que envolvem estratégias de classificação de objetos por tamanho, formato ou cor. Quando chegamos à idade adulta, já construímos um número enorme de esquemas diversos, que vão desde dirigir um carro, equilibrar o orçamento até a compreensão do conceito de justiça.

Assimilação e acomodação Para explicar como as crianças utilizam e adaptam seus esquemas, Piaget oferece dois conceitos: assimilação e acomodação. **Assimilação** ocorre quando a criança incorpora uma nova informação aos esquemas existentes. **Acomodação** ocorre quando ela ajusta seus esquemas para se adaptar a novas informações e experiências.

Pense em uma criança jovem que acabou de aprender a palavra *carro* para identificar o carro da família. A criança pode chamar todos os veículos que se movem nas ruas de "carros", inclusive motocicletas e caminhões; ela assimilou esses objetos seus esquemas existentes. Mas a criança aprende cedo que as motocicletas e os caminhões não são carros e faz uma sintonia fina da categoria para excluir as motocicletas e os caminhões, acomodando o esquema.

---

esquemas Na teoria de Piaget, ações ou representações mentais que organizam o conhecimento.

assimilação Conceito piagetiano da incorporação de nova informação aos conhecimentos existentes (esquemas).

acomodação Conceito piagetiano de ajuste dos esquemas para se adaptar às novas informações e experiências.

Considere uma menina de oito anos de idade que recebe um martelo e um prego para pendurar um quadro na parede. Ela nunca utilizou um martelo, mas por observar outros manejando-o ela sabe que o martelo é um objeto para segurar e bater o prego, e que, para pregar o prego na parede, geralmente deve-se repetir o movimento várias vezes. Reconhecendo cada uma dessas etapas, ela ajusta seu comportamento dentro dos esquemas que ela já tem (assimilação). Mas o martelo é pesado, então ela o segura próximo à ponta do cabo. Ela bate muito forte com o martelo e o prego entorta, então ela ajusta a força de seus golpes. Esses ajustes refletem sua habilidade em mudar sua concepção do mundo (acomodação). Assim como são necessárias neste exemplo, a assimilação e a acomodação também são exigidas em muitos desafios de pensamento das crianças (veja a Figura 2.7).

Assimilação acontece quando a pessoa incorpora novas informações aos seus esquemas de conhecimento existentes. *Como essa menina de oito anos pode usar pela primeira vez o martelo e o prego, tendo como base seus esquemas de conhecimentos preexistentes sobre esses objetos?*

Acomodação ocorre quando a pessoa ajusta seus esquemas de conhecimento para novas informações. *Como essa menina pode ajustar seus esquemas a respeito de martelos e pregos durante seu esforço bem-sucedido de pendurar o quadro na parede?*

FIGURA 2.7 Assimilação e acomodação.

Organização Para ter uma noção do mundo, diz Piaget, a criança organiza cognitivamente suas experiências.

Na teoria de Piaget, a **organização** é o agrupamento de comportamentos e pensamentos isolados dentro de um sistema de ordem superior. O refinamento contínuo dessa organização é parte inerente do desenvolvimento. Um garoto com apenas uma vaga idéia de como usar um martelo talvez também tenha uma vaga idéia de como utilizar outras ferramentas. Depois de aprender a maneira de utilizar cada uma das ferramentas, ele saberá dizer como utilizá-las, organizando seu conhecimento.

Equilíbrio e estágios de desenvolvimento **Equilíbrio** é o mecanismo que Piaget propôs para explicar como as crianças mudam de um estágio de pensamento para o próximo. A mudança acontece conforme a criança experiencia conflitos cognitivos, ou desequilíbrios, ao tentar entender o mundo. Eventualmente, resolvem o conflito e alcançam uma estabilidade, ou equilíbrio, de pensamento. Piaget acreditava que há um movimento considerável entre os estágios de equilíbrio e desequilíbrio cognitivos enquanto a assimilação e a acomodação trabalham para produzir mudanças cognitivas. Por exemplo, se uma criança acredita que a quantidade de líquido muda simplesmente porque ele é colocado em recipiente de formato diferente – por exemplo, de um recipiente que é baixo e largo para um alto e estreito –, ela pode ficar confusa ao pensar de onde veio o líquido "extra" e se há mesmo mais líquido para beber. A criança irá resolver esses enigmas conforme seu raciocínio começa a se desenvolver. No cotidiano, ela enfrentará constantemente essas contradições e inconsistências.

Assimilação e acomodação sempre levam a criança a um plano mais alto. Para Piaget, a motivação para mudanças é uma busca interna por equilíbrio. À medida que os esquemas antigos são ajustados e novos esquemas se desenvolvem, a criança organiza e reorganiza os novos e os velhos esquemas. Finalmente, a organização é fundamentalmente diferente da organização antiga, é um novo modo de pensar.

Dessa forma, o resultado desses processos, de acordo com Piaget, é que os indivíduos passam por quatro estágios de desenvolvimento. Um modo diferente de entender o mundo torna um estágio mais avançado do que o outro. A cognição é *qualitativamente* diferente em um estágio, comparada a outro. Em outras palavras, o modo como a criança raciocina em um estágio é diferente do modo como ela raciocina em outro estágio.

Estágios piagetianos Cada estágio de Piaget está relacionado com a idade e consiste em modos diferentes de pensar. Piaget propôs quatro estágios de desenvolvimento cognitivo: sensório-motor, pré-operacional, operacional concreto e lógico-formal (veja a Figura 2.8).

O estágio sensório-motor O **estágio sensório-motor**, que dura do nascimento aos dois anos de idade aproximadamente, é o primeiro estágio piagetiano. Nele, os bebês

---

organização Conceito de Piaget sobre o agrupamento de comportamentos isolados, em um sistema de funcionamento cognitivo de ordem superior; o agrupamento ou arranjo de itens em categorias.

equilíbrio Um mecanismo que Piaget propôs para explicar como as crianças mudam de um estágio de pensamento para o próximo. A mudança ocorre quando as crianças experienciam conflitos cognitivos ou desequilíbrios ao tentar entender o mundo. Finalmente, resolvem o conflito, alcançam uma estabilidade, ou equilíbrio, de pensamento.

estágio sensório-motor O primeiro estágio piagetiano dura do nascimento aos dois anos de idade aproximadamente e é o período em que o bebê constrói um entendimento de mundo coordenando experiências sensoriais com ações motoras.

Estágio sensório-motor	Estágio pré-operacional	Estágio operacional concreto	Estágio lógico-formal
A criança constrói uma compreensão de mundo coordenando suas experiências sensoriais com suas ações motoras. Uma criança passa de ações reflexas instintivas ao nascimento para o começo do pensamento simbólico até o fim deste estágio.	A criança começa a representar o mundo com palavras e imagens. Essas palavras e imagens refletem o aumento do pensamento simbólico e vão além da conexão de informações sensoriais e ações motoras.	A criança consegue agora raciocinar logicamente sobre eventos concretos e classificar objetos em diferentes conjuntos.	O adolescente raciocina de forma mais abstrata, idealista e lógica.
Do nascimento aos 2 anos de idade	Dos 2 aos 7 anos de idade	Dos 7 aos 11 anos de idade	Dos 11 aos 15 anos de idade até a maturidade

FIGURA 2.8 Os quatro estágios de desenvolvimento cognitivo de Piaget.

constroem um entendimento de mundo coordenando suas experiências sensoriais (como a visão e a audição) com suas ações motoras (alcançar, tocar) – daí o termo *sensório-motor*. No começo desse estágio, os bebês mostram pouco mais do que padrões de reflexos para se adaptar ao mundo. No final desse estágio, exibem padrões sensório-motores muito mais complexos.

Piaget argumentou que uma realização cognitiva especialmente importante na infância é a permanência do objeto. Isto envolve a compreensão de que objetos e eventos continuam a existir mesmo quando não podem ser vistos, ouvidos ou tocados. Uma segunda realização é a percepção gradual de que há uma diferença ou um limite entre a pessoa e o ambiente que a cerca. Imagine como seria seu pensamento se você não pudesse distinguir você mesmo de seu mundo. Seu pensamento seria caótico, desorganizado e imprevisível. Essa é a vida mental de um recém-nascido, de acordo com Piaget. O bebê não diferencia a si mesmo do mundo e não tem senso de permanência do objeto. Quando o período sensório-motor chega ao fim, a criança já diferencia a si mesma do mundo e está ciente de que o objeto continua a existir.

O estágio pré-operacional O **estágio pré-operacional** é o segundo estágio de Piaget. Dura dos dois aos sete anos de idade aproximadamente e é mais simbólico do que o pensamento sensório-motor, mas não envolve pensamento operacional. De qualquer forma, é mais egocêntrico e intuitivo do que lógico.

O pensamento pré-operacional pode ser dividido em dois subestágios: função simbólica e pensamento intuitivo. O **subestágio de função simbólica** ocorre estritamente entre os dois e os quatro anos de idade. Nesse subestágio, a criança pequena ganha habilidade de representar mentalmente um objeto que não está presente. Isso amplia o mundo mental da criança para novas dimensões. O uso mais amplo da linguagem e a prática de brincadeiras de faz-de-conta são exemplos de um aumento no pensamento simbólico durante esse subestágio da infância inicial. A criança pequena começa a usar desenhos rabiscados para representar pessoas, casas, carros, nuvens e muitos outros aspectos do mundo. Talvez pelo fato de a criança pequena não estar muito preocupada com a realidade, seus desenhos são fantasiosos e inventivos (Winner, 1986). Sóis são azuis, céus são verdes e carros flutuam sobre as nuvens no mundo imaginativo delas. O simbolismo é simples, mas forte, e não é como as abstrações encontradas em arte moderna. Como observou Pablo Picasso, famoso artista espanhol do século 20: "Eu costumava desenhar como Rafael, mas levei a vida toda para desenhar como uma criança pequena". Uma criança de três anos e meio olhou para um rabisco que ela tinha acabado de desenhar e o descreveu como um pelicano beijando uma foca (veja a Figura 2.9a). No ensino fundamental, os desenhos das crianças se tornam mais realistas, limpos e precisos (veja a Figura 2.9b). Os sóis são amarelos, os céus são azuis e os carros andam nas estradas.

estágio pré-operacional O segundo estágio de Piaget dura aproximadamente dos dois aos sete anos de idade; o pensamento simbólico aumenta, mas o pensamento operacional ainda não está presente.

subestágio de função simbólica O primeiro subestágio de pensamento pré-operacional ocorre entre os dois e os quatro anos de idade; desenvolve-se a habilidade para representar um objeto que não está presente e o pensamento simbólico aumenta; ocorre egocentrismo e animismo.

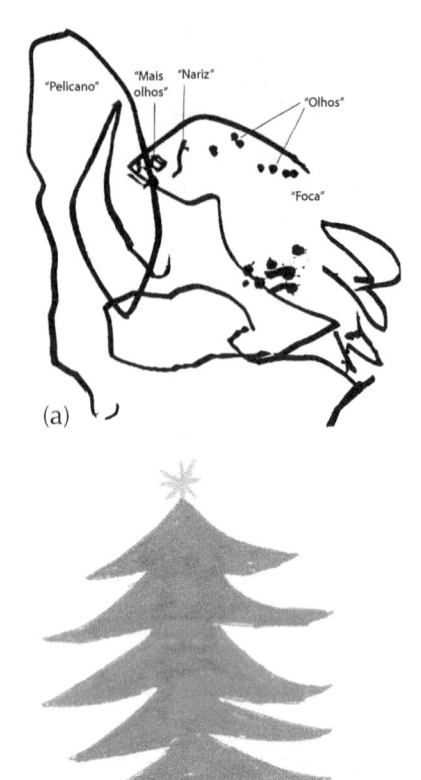

FIGURA 2.9 Mudanças de desenvolvimento nos desenhos das crianças.

(a) Um desenho simbólico de uma criança de três anos e meio. A criança disse que é "um pelicano beijando uma foca". (b) O desenho de uma criança de onze anos é mais caprichado e mais realista, mas menos inventivo.

---

subestágio de pensamento intuitivo O segundo subestágio de pensamento pré-operacional vai aproximadamente dos quatro aos sete anos de idade. As crianças começam a utilizar o raciocínio primitivo e a querer saber as respostas de uma variedade de perguntas. Elas parecem ter muita certeza de seu conhecimento e compreensão nesse subestágio, mas ainda não estão cientes de como elas sabem o que sabem.

Apesar de a criança pequena fazer progressos distintos nesse subestágio, seu pensamento pré-operacional ainda tem duas limitações importantes: egocentrismo e animismo. *Egocentrismo* é a incapacidade de distinguir sua própria perspectiva e a perspectiva de outra pessoa. A seguinte conversa telefônica entre Mary, uma menina de quatro anos que está em casa, e seu pai, que está no trabalho, exemplifica o pensamento egocêntrico:

Pai: Mary, a mamãe está em casa?
Mary: (silenciosamente indica com a cabeça que sim)
Pai: Mary, posso falar com a mamãe?
Mary: (indica com a cabeça novamente)

A resposta de Mary é egocêntrica, já que ela falha em considerar a perspectiva do pai, ela não percebe que ele não pode vê-la acenando.

Piaget e Barbel Inhelder (1969) inicialmente estudaram o egocentrismo da criança pequena por meio da tarefa das três montanhas (veja a Figura 2.10). A criança anda ao redor de um modelo de montanhas e se familiariza com a aparência da montanha em diferentes perspectivas. A criança também pode ver que há objetos diferentes nas montanhas. Ela então se senta em um lado da mesa onde as montanhas estão colocadas. O experimentador move uma boneca para diferentes localizações ao redor da mesa. Em cada local, pede para a criança selecionar, de um grupo de fotos, a foto que mostra mais perfeitamente a visão que ela tem da boneca. As crianças em estágio pré-operacional geralmente escolhem a visão que mostra onde elas estão sentadas e não a visão da boneca.

O *animismo* também caracteriza o pensamento pré-operacional. É a crença de que objetos inanimados têm qualidades "vitais" e são capazes de se mover. Uma criança pequena pode mostrar animismo ao dizer "A árvore empurrou a folha para fora e ela caiu" ou "A calçada me deixou bravo. Ela me fez cair".

Que outras mudanças cognitivas acontecem no estágio pré-operacional? O **subestágio de pensamento intuitivo** é o segundo subestágio de pensamento pré-operacional, que começa por volta dos quatro anos de idade e vai aproximadamente até os sete anos de idade. Nesse subestágio, as crianças começam a usar raciocínios primitivos e a querer saber as respostas de uma variedade de perguntas. Piaget chamou esse subestágio de "intuitivo" porque as crianças parecem ter muita certeza de seu conhecimento e compreensão, ainda que não estejam cientes de como elas sabem o que sabem. Isto é, elas dizem que sabem algo, mas sabem sobre esse 'algo' sem usar o pensamento racional.

Um exemplo de limitação na capacidade de raciocínio de uma criança pequena é a dificuldade que ela tem de colocar as coisas nas categorias corretas. Observe a coleção de objetos da Figura 2.11a. Se fosse pedido para "agrupar as coisas que você acha que devem ficar juntas", provavelmente você agruparia os objetos por tamanho ou formato. Sua escolha poderia parecer com aquela mostrada na Figura 2.11b. Diante de uma coleção de objetos semelhantes que podem ser

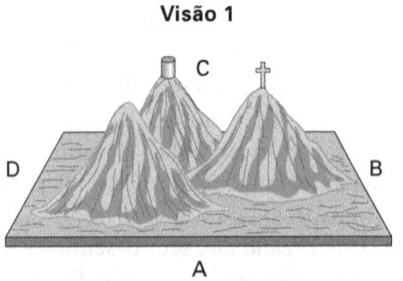

FIGURA 2.10 A tarefa das três montanhas.

A Visão 1 mostra a perspectiva da criança a partir de onde ela está sentada. A Visão 2 é um exemplo de uma fotografia que seria mostrada para a criança, misturada com outras com perspectivas diferentes. Para identificar corretamente essa visão, a criança tem que assumir a perspectiva de uma pessoa que esteja sentada no ponto b. Invariavelmente, uma criança pré-escolar que pensa de maneira pré-operacional não consegue realizar essa tarefa. Quando perguntam como a montanha se parece a partir do ponto b, a criança seleciona a fotografia tirada do ponto a, o que a criança vê no momento.

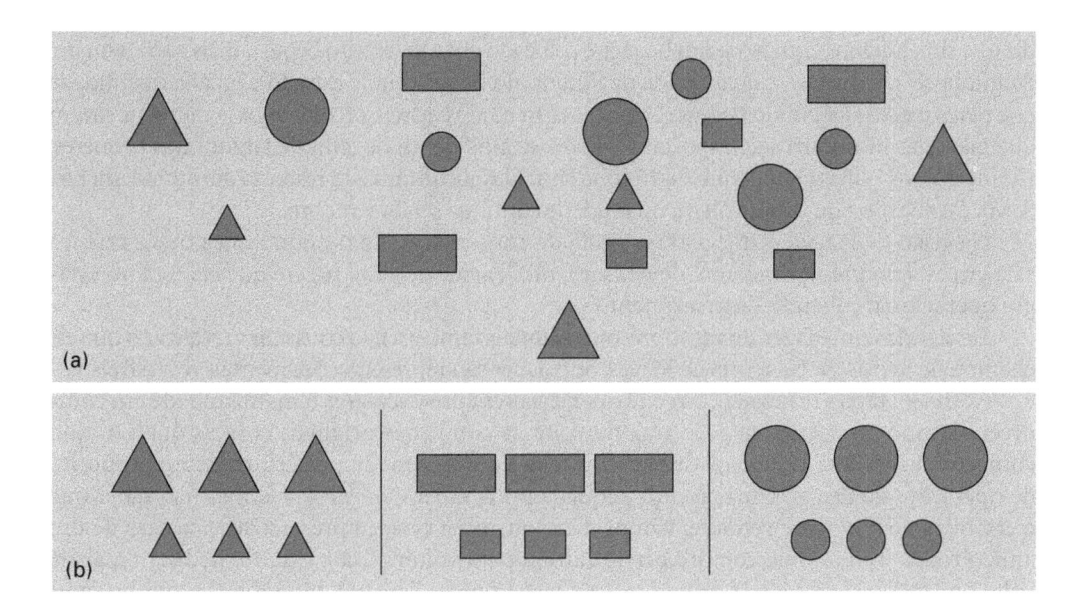

FIGURA 2.11 Arranjos.
(a) Um arranjo aleatório de objetos.
(b) Um arranjo organizado de objetos.

dispostos com base em duas ou mais propriedades, a criança pré-operacional raramente é capaz de usar essas propriedades de maneira consistente para dispor os objetos dentro dos grupos apropriados. No campo social, uma garota de quatro anos que recebe a tarefa de separar seus colegas de acordo com a amizade e com o fato de serem garotas ou garotos, provavelmente não chegará à classificação de garotos amigos, garotos não-amigos, garotas amigas e garotas não-amigas.

Muitos desses exemplos pré-operacionais mostram uma característica do pensamento chamada **centração**, que envolve o foco ou centralização da atenção em uma característica para excluir todas as outras. Centração está claramente presente na falta de **conservação** da criança pré-operacional, a idéia de que algumas características do objeto continuam as mesmas, mesmo que o objeto mude de aparência. Por exemplo, para os adultos, é óbvio que certa quantidade de líquido permanece a mesma independentemente do formato do recipiente. Mas não é nada óbvio para uma criança pequena. Ao contrário, ela fica perplexa com o aumento do líquido no recipiente. Nesse tipo de tarefa de conservação (a mais famosa de Piaget), uma criança ganha dois béqueres idênticos, ambos preenchidos com líquido até o mesmo nível (veja a Figura 2.12). Pergunta-se à criança se os béqueres têm a mesma quantidade de líquido. A criança geralmente

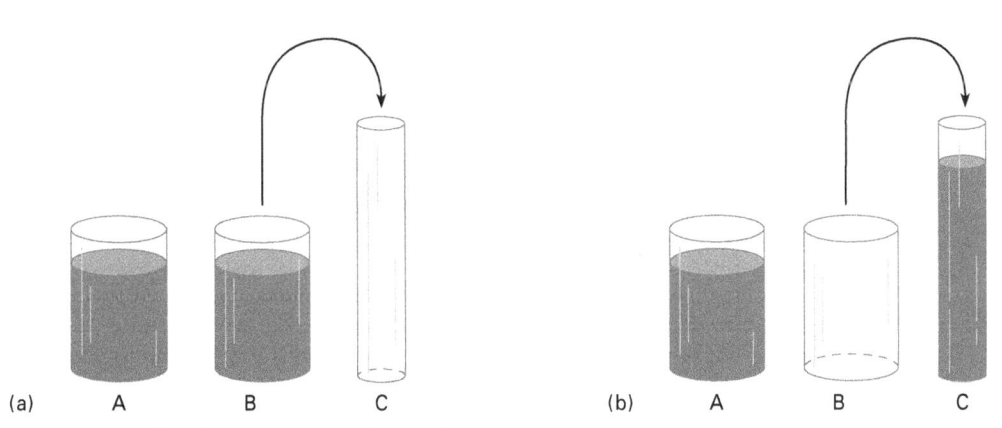

FIGURA 2.12 Tarefa de conservação de Piaget.
O teste do béquer é um conhecido teste de Piaget para determinar se a criança consegue pensar operacionalmente. Isto é, se ela é capaz de reverter ações mentalmente e apresentar conservação da substância. (a) Dois béqueres idênticos são dados à criança. Então, o líquido é passado de B para C, que é mais alto e estreito do que A e B. (b) Pergunta-se à criança se esses béqueres (A e C) têm a mesma quantidade de líquido. A criança pré-operacional diz que não. Quando pedem para a criança dizer qual béquer tem mais líquido, ela aponta o béquer mais alto e estreito.

centração Focalização ou centralização da atenção em uma característica e exclusão de todas as outras; característica do pensamento pré-operacional.

conservação A idéia de que algumas características do objeto continuam as mesmas, mesmo que o objeto mude de aparência; uma capacidade cognitiva que se desenvolve no estágio operacional concreto, de acordo com Piaget.

"Eu ainda não tenho todas as respostas, mas estou começando a fazer as perguntas certas".
© The New Yorker Collection 1989 Lee Lorenz do cartoonbank.com. Todos os direitos reservados.

diz que sim. Então, o líquido de um béquer é colocado em um terceiro béquer, mais alto e estreito. Pergunta-se à criança se a quantidade de líquido no béquer alto e estreito é igual à quantidade que permanece no segundo béquer. Crianças com menos de sete ou oito anos geralmente dizem que não. Elas justificam sua resposta referindo-se à diferença de altura e largura dos béqueres. Crianças mais velhas geralmente dizem que sim. Elas justificam sua resposta apropriadamente: Se você colocar o líquido de volta, a quantidade continua sendo a mesma.

Na visão de Piaget, o fracasso na tarefa de conservação do líquido indica que a criança está em estágio pré-operacional de pensamento. Passar no teste sugere que ela está no estágio operacional concreto de pensamento.

De acordo com Piaget, crianças pré-operacionais também não conseguem realizar o que ele chamou de *operações*. Na teoria de Piaget, operações são representações mentais reversíveis.

Como na tarefa realizada com o béquer, crianças pré-escolares têm dificuldade em compreender que reverter uma ação traz de volta as condições originais com as quais a ação começou. Esses dois exemplos devem ajudá-lo a compreender, posteriormente, o conceito de operações de Piaget. Uma criança pequena pode saber que 2 + 4 = 6, mas não saber que o contrário, 6 – 2 = 4, é verdade. Vamos dizer que uma criança pré-escolar vá a casa de um amigo todos os dias, mas sempre pegue carona para voltar para a casa. Se pedirem que ela volte andando da casa desse amigo, ela provavelmente dirá que não sabe o caminho, pois nunca voltou para casa antes.

Alguns desenvolvimentalistas acreditam que Piaget não estava inteiramente certo em sua estimativa de quando as habilidades de conservação surgem. Por exemplo, Rochel Gelman (1969) treinou crianças pré-escolares para atentar para aspectos relevantes de tarefas de conservação. Isso melhorou suas habilidades de conservação. Gelman também mostrou que treinar a atenção em um tipo de tarefa de conservação, como um número, melhora o desempenho da criança pequena em outro tipo de tarefa de conservação, como grandezas. Ela argumenta que a criança pequena desenvolve habilidades de conservação mais cedo do que Piaget previu e que essas habilidades podem ser melhoradas através do treino da atenção.

Mais tarde, as crianças mostram variações consideráveis na obtenção de habilidades de conservação. Pesquisadores descobriram que 50% das crianças desenvolvem conservação de grandeza dos seis aos nove anos de idade; 50% apresentam conservação de comprimento dos quatro aos nove anos de idade; 50% apresentam conservação de área dos sete aos nove anos de idade e 50% das crianças não apresentam conservação de peso antes dos oito ou dez anos de idade (Horowitz e outros, 2005; Sroufe e outros, 1992).

Outra característica de crianças pré-operacionais é que elas fazem muitas perguntas. O bombardeio de perguntas começa por volta dos três anos. Aos cinco, elas já deixaram os adultos exaustos de tanto "Por quê?". Perguntas de "por quê?" sinalizam a emergência do interesse da criança em descobrir por que as coisas são como são. Estes são exemplos de perguntas de crianças de quatro a seis anos de idade (Elkind, 1976):

"O que faz você crescer?"

"O que faz você parar de crescer?"

"Quem era a mãe quando todo mundo era criança?"

"Por que as folhas caem?"

"Por que o sol brilha?"

O estágio operacional concreto O **estágio operacional concreto**, o terceiro estágio de desenvolvimento cognitivo de Piaget, dura aproximadamente dos sete aos onze anos de idade. O pensamento operacional concreto envolve o uso de operações. O raciocínio lógico substitui o raciocínio intuitivo, mas somente em situações concretas. Habilidades de classificação estão presentes, mas problemas abstratos continuam sem solução.

Uma operação concreta é uma ação mental reversível ligada a objetos reais, concretos. Operações concretas permitem que a criança coordene diversas características em vez de focar sua atenção em uma só característica do objeto. No nível operacional concreto, as crianças conseguem fazer mentalmente o que antes só conseguiam fazer fisicamente e conseguem reverter operações concretas. Por exemplo, para testar a conservação da matéria, a criança recebe duas bolas de argila idênticas. O pesquisador enrola uma bola em um formato longo e estreito. Pergunta-se à criança se há mais argila na bola ou no pedaço de argila longo e

estágio operacional concreto O terceiro estágio de desenvolvimento cognitivo de Piaget ocorre aproximadamente dos sete aos onze anos de idade. Nesse estágio, a criança pensa operacionalmente e o raciocínio lógico substitui o pensamento intuitivo, mas somente em situações concretas; habilidades de classificação estão presentes, mas problemas abstratos apresentam dificuldades.

Boas práticas
Estratégias para trabalhar com pensadores pré-operacionais

1. *Para reduzir o egocentrismo, envolva a criança em interações sociais.*

2. *Peça para a criança fazer comparações.* Isso pode envolver conceitos de maior, mais alto, mais largo, mais pesado ou mais longo.

3. *Dê às crianças experiências com operações de seqüência.* Por exemplo, coloque as crianças em filas do mais alto para o mais baixo e vice-versa. Traga vários exemplos de ciclos de vida animal e vegetal, assim como fotos do desenvolvimento das borboletas ou de feijões e milhos brotando. Exemplos desses estágios naturais ajudam a criar a capacidade de ordenar das crianças.

4. *Faça as crianças desenharem com perspectiva.* Encoraje-as a fazer em seus desenhos os objetos parecerem estar no mesmo local em que estão na cena em que ela está vendo. Por exemplo, se elas vêem um cavalo no fim de um campo, elas devem colocar o cavalo no mesmo local em seu desenho.

5. *Construa uma superfície inclinada ou uma colina.* Deixe as crianças rolarem bolinhas de gude de diferentes tamanhos na superfície. Peça a elas para comparar a velocidade com que as bolinhas de tamanhos diferentes alcançam o solo. Isso pode ajudá-las a compreender o conceito de velocidade.

6. *Peça para a criança justificar suas respostas quando ela fizer conclusões.* Por exemplo, se ela disser que mudar um líquido de um recipiente largo e curto para outro longo e estreito faz o líquido mudar de volume, pergunte: "Por que você acha isso?" ou "Como você pode provar isso para um de seus amigos?".

---

estreito. A maioria das crianças com sete ou oito anos de idade responde que a quantidade de argila é a mesma. Para responder esse problema corretamente, a criança tem que imaginar que a bola de argila pode ser enrolada em formato longo e estreito e depois retornar ao seu formato arredondado. Nesse exemplo, uma criança pré-operacional teria se concentrado ou na altura ou no comprimento. Uma criança operacional concreta coordena informações sobre as duas dimensões.

Uma operação concreta importante é classificar ou dividir as coisas em diferentes categorias ou subcategorias, levando em conta sua inter-relação. Raciocinar sobre quatro gerações de sua árvore genealógica revela habilidades operacionais concretas em uma criança (Furth e Wachs, 1975). A árvore genealógica mostrada na Figura 2.13 sugere que o avô (A) teve três filhos (B, C e D), cada um deles teve dois filhos (do E ao J) e um desses filhos (J) teve três filhos (K, L e M). Pensadores operacionais concretos compreendem a classificação. Por exemplo, eles conseguem entender que a pessoa J pode ser ao mesmo tempo pai, irmão e neto. Um pensador pré-operacional não consegue entender isso.

Algumas tarefas de Piaget exigem que as crianças raciocinem sobre as relações entre as categorias. Uma dessas tarefas é a **seriação**, uma operação concreta que envolve ordenar os estímulos de acordo com dimensões quantitativas (como comprimento). Para saber se o estudante consegue seriar, um professor pode colocar oito varetas de diferentes comprimentos desordenadamente em cima de uma mesa. Então, o professor pede para o estudante organizá-las por comprimento. Muitas crianças pequenas acabam com dois ou três pequenos grupos de varetas "grandes" ou varetas "pequenas", em vez de colocar as oito varetas em ordem corretamente. Outra estratégia incorreta que eles utilizam é enfileirar o topo das varetas e ignorar o outro lado. O pensador operacional concreto compreende simultaneamente que cada vareta deve ser mais longa do que a que a precede e mais curta do que a que vem em seguida.

A **transitividade** envolve a capacidade de raciocinar sobre e combinar as relações de maneira lógica. Se há relação entre um primeiro e um segundo objeto e há uma relação entre esse segundo objeto e um terceiro, também haverá uma relação entre o primeiro objeto e o terceiro. Por exemplo, considere três varetas (A, B e C) de diferentes comprimentos. A é a mais longa, B é intermediária e C é a mais curta. A criança compreende que se A é mais longa do que B e B é mais longa do que C, então A é mais longa do que C?

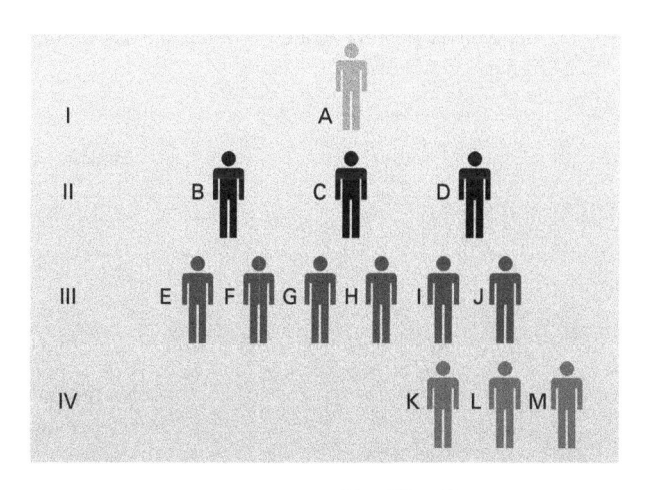

FIGURA 2.13 Classificação.

Classificação é uma capacidade importante do pensamento operacional concreto. Quando é apresentada a uma criança pré-operacional uma árvore genealógica com quatro gerações (I a IV), ela tem dificuldade em classificar os membros das quatro gerações; a criança operacional concreta consegue classificar os membros verticalmente, horizontalmente e obliquamente (para cima, para baixo e ao lado).

seriação Uma operação concreta que envolve ordenar os estímulos de acordo com uma dimensão quantitativa.

transitividade A habilidade de raciocinar e combinar relações de maneira lógica.

Boas práticas
Estratégias para trabalhar com pensadores operacionais concretos

1. *Encoraje os estudantes a descobrir conceitos e princípios.* Faça perguntas relevantes sobre o que está sendo estudado para ajudá-los a focar sua atenção em alguns aspectos de sua aprendizagem. Evite dar as respostas aos estudantes diretamente. Tente fazer com que eles cheguem às respostas por meio do seu próprio pensamento.

2. *Envolva as crianças em tarefas operacionais.* Isso inclui adicionar, subtrair, multiplicar, dividir, ordenar, seriar e reverter. Use materiais concretos para essas tarefas, possivelmente introduzindo símbolos matemáticos mais tarde.

3. *Planeje atividades nas quais os estudantes pratiquem o conceito de classificação hierárquica de ascendência e descendência.* Faça com que os alunos listem as seguintes expressões em ordem de tamanho (do maior para o menor): cidade de Atlanta, estado da Geórgia, Estados Unidos, hemisfério Ocidental e planeta Terra.

4. *Inclua atividades que exijam a conservação de área, peso e substituição de volume.* Observe que há uma variação considerável na percepção de conservação das crianças nos diferentes domínios.

5. *Crie atividades para que as crianças ordenem e revertam as sequências.* Muitos alunos do terceiro ano têm dificuldade em reverter sequências, assim como ir do maior para o menor, em vez de ir do menor para o maior. Eles também têm dificuldade, após fazer uma lista de cidades para visitar durante uma viagem, em reverter essa ordem para voltar para casa.

6. *Continue pedindo que os estudantes justifiquem as respostas dadas quando resolvem problemas.* Ajude-os a verificar a veracidade e a precisão de suas conclusões.

7. *Encoraje as crianças a trabalhar em grupo e a partilhar aquilo que pensam uns com os outros.* Por exemplo, você pode pedir para um grupo de crianças criar uma peça de teatro, para que compartilhem seu ponto de vista com os demais.

8. *Quando tentar ensinar algo complexo, crie propagandas e anúncios visuais.* Por exemplo, ao ensinar uma lição de ciências sociais sobre o que é democracia, mostre um vídeo que ilustre o conceito. Estimule os estudantes a manipular e a experimentar em ciências, utilize materiais concretos em matemática, crie e encene em linguagem, discuta as perspectivas deles e leve-os para viagens de campo em estudos sociais.

---

estágio lógico-formal Quarto estágio de desenvolvimento cognitivo de Piaget, que surge aproximadamente dos 11 aos 15 anos de idade; o pensamento é mais abstrato, idealista e lógico.

raciocínio hipotético-dedutivo O conceito lógico-formal de Piaget de que os adolescentes conseguem desenvolver hipóteses para resolver os problemas e, sistematicamente, chegar (deduzir) à conclusão.

Na teoria de Piaget, pensadores operacionais concretos compreendem que sim e pensadores pré-operacionais compreendem que não.

O estágio lógico-formal O **estágio lógico-formal**, que surge aproximadamente dos 11 aos 15 anos de idade, é o quarto e último estágio cognitivo de Piaget. Nesse estágio, os indivíduos vão além do raciocínio baseado apenas em experiências concretas e pensam de maneira mais abstrata, idealista e lógica.

A qualidade abstrata do pensador lógico-formal é evidente em soluções de problemas verbais. O pensador operacional concreto precisa ver os elementos concretos A, B e C para fazer inferências lógicas de que se A = B e B = C, então A = C. O pensador lógico-formal, ao contrário, consegue resolver esse problema quando ele é apresentado verbalmente.

Acompanham a natureza abstrata do pensamento lógico-formal as habilidades de idealizar e imaginar possibilidades. Nesse estágio, os adolescentes encaram longas especulações sobre as qualidades ideais que eles desejam para si e para os outros. Esses pensamentos idealistas podem se misturar à fantasia. Muitos adolescentes se tornam ansiosos por causa dos ideais recém-descobertos e os problemas de conviver com eles.

Ao mesmo tempo em que os adolescentes pensam de maneira mais abstrata e idealista, eles também começam a pensar de maneira lógica. Como pensadores lógico-formais, eles pensam mais como cientistas. Eles desenvolvem planos para resolver problemas e testar sistematicamente as soluções. O termo de Piaget **raciocínio hipotético-dedutivo** incorpora o conceito de que os adolescentes podem desenvolver hipóteses (ou melhor, palpites) sobre as formas de resolver problemas e, sistematicamente, chegar a uma conclusão.

Um exemplo de raciocínio hipotético-dedutivo envolve uma modificação do jogo familiar "Vinte Questões". Indivíduos vêem uma série de 42 imagens coloridas, dispostas em um conjunto retangular (seis fileiras de sete imagens cada), e devem determinar qual imagem o experimentador tem em mente (ou seja, qual é a "correta"). Os indivíduos só podem fazer perguntas que o experimentador possa responder sim ou não. O objetivo do jogo é selecionar a imagem correta fazendo o menor número de perguntas possível.

Adolescentes que são avaliadores hipotético-dedutivos formulam um plano e testam uma série de hipóteses que diminuem consideravelmente o campo de escolhas. O plano mais eficiente é a estratégia "das metades" (P: A imagem está na metade da direita? R: Não. P: Está na metade de cima? E por aí vai). Uma estratégia correta das metades garante a resposta em sete perguntas ou menos. Por outro lado, o pensador operacional concreto pode persistir com questões que testam algumas das possibilidades que as respostas anteriores já poderiam ter eliminado. Por exemplo, eles podem perguntar se a imagem correta está na fileira 1, e receber como resposta "não". Mais tarde, eles podem perguntar se a imagem é X, que está na fileira 1.

Assim, pensadores lógico-formais avaliam suas hipóteses com questões e testes criteriosamente escolhidos. Pensadores operacionais concretos, por sua vez, geralmente falham em compreender a relação entre hipóteses e um teste de hipóteses bem escolhido, insistindo em manter idéias que já haviam sido descartadas.

Uma outra forma de egocentrismo surge na adolescência (Elkind, 1978). O *egocentrismo adolescente* é uma elevada autoconsciência, que reflete as crenças que os adolescentes têm de que os outros estão, assim como ele próprio, extremamente interessados nele. O egocentrismo adolescente também inclui um senso de singularidade pessoal. Isso envolve o desejo de ser notado, visível e de estar "no palco". Veja o caso de Tracy, uma garota de 12 anos que diz "Oh meu Deus! Não acredito. Socorro! Não posso suportar!". Sua mãe pergunta "Qual é o problema?", e Tracy responde "Todo mundo aqui está olhando para mim", a mãe pergunta "Por quê?", e Tracy responde "Esse fio de cabelo não quer ficar no lugar", enquanto ela corre para o banheiro para colocar mais spray de cabelo. A noção de singularidade também está evidente nos sentimentos de Margareth, de 16 anos, após o namorado terminar o namoro. Ela diz para a mãe "Você não tem idéia de como eu me sinto. Você nunca sentiu essa dor".

O egocentrismo é uma ocorrência normal na adolescência, mais comum na segunda metade do ensino fundamental do que no ensino médio. De qualquer forma, para alguns indivíduos, o egocentrismo adolescente pode contribuir para o comportamento de risco, incluindo pensamentos suicidas, uso de drogas e falha no uso de anticoncepcionais nas relações sexuais. O egocentrismo leva alguns adolescentes a pensar que eles são invulneráveis.

Avaliando a teoria de Piaget Quais são as principais contribuições de Piaget? Será que sua teoria resistiu à passagem do tempo?

Contribuições Piaget é um gigante no campo da psicologia do desenvolvimento. Devemos a ele o campo de desenvolvimento cognitivo da criança que existe hoje. Devemos a ele uma longa lista de conceitos magistrais, incluindo assimilação e acomodação, permanência do objeto, egocentrismo, conservação e raciocínio hipotético-dedutivo. Devemos a ele e a William James e John Dewey a visão atual de que a criança é um pensador ativo e construtivo. Devemos também a ele a crença atual de que os conceitos não surgem de repente e já desenvolvidos, mas sim através de uma série de realizações parciais que levam a um aumento gradual da compreensão (Haith e Benson, 1998).

A capacidade de raciocinar hipoteticamente e comparar o ideal e o real pode levar os adolescentes a organizar manifestaçoes, como esse protesto, para melhorar as relações étnicas? Que outras causas podem ser atrativas para as recém-descobertas capacidades cognitivas de raciocínio hipotético-dedutivo e pensamento idealista dos adolescentes?

Muitas garotas adolescentes passam horas na frente do espelho, gastando latas de spray para cabelo, tubos de batons e potes de cosméticos. *Como esse comportamento pode ser relacionado às mudanças no desenvolvimento cognitivo e físico do adolescente?*

Boas práticas
Estratégias para trabalhar com pensadores lógico-formais

1. *Compreenda que muitos adolescentes não são pensadores lógico-formais totalmente desenvolvidos.* Embora Piaget acreditasse que o pensamento lógico-formal surge entre os onze e os quinze anos de idade, muitos estudantes nessa faixa etária ainda são pensadores operacionais concretos ou estão apenas começando a utilizar o pensamento lógico-formal. Assim, muitas estratégias de ensino discutidas anteriormente a respeito da educação de pensadores operacionais concretos ainda se aplicam a muitos jovens adolescentes. Como veremos a seguir, Jerri Hall, um professor de matemática da Miller Magnet High School, na Geórgia, Estados Unidos, enfatiza que, quando um currículo é muito formal ou muito abstrato, "passa batido" pela cabeça dos estudantes.

Visão do professor
Piaget como um guia

Eu utilizo a teoria do desenvolvimento de Piaget como um guia para ajudar as crianças a aprender matemática. No sexto, sétimo e oitavo anos, as crianças estão passando do estágio concreto para o abstrato em seus processos cognitivos; por isso, quando eu ensino, tento utilizar métodos diferentes para auxiliar meus estudantes a entender o conceito. Por exemplo, utilizo círculos de frações para ajudá-los a entender como adicionar, subtrair, multiplicar e dividir frações e eles têm permissão para utilizá-los até se tornarem proficientes com os algoritmos. Tento incorporar experiências práticas que fazem com que os estudantes descubram as regras por si mesmos, em vez de apenas ensinar métodos e fazê-los praticar com exercícios. É extremamente importante que eles compreendam o porquê das regras matemáticas para que possam entender o conceito.

2. *Proponha um problema e convide os estudantes a criar hipóteses sobre como resolvê-lo.* Por exemplo, um professor pode dizer "Imagine que uma garota não tenha amigos. O que ela deveria fazer?"

3. *Apresente um problema e sugira várias maneiras de abordá-lo.* Em seguida, elabore perguntas que estimulem os estudantes a avaliar as abordagens. Por exemplo, descreva diferentes maneiras para investigar um roubo e peça para os estudantes avaliarem qual é a melhor.

4. *Selecione um problema particular que seja conhecido da turma e faça perguntas relacionadas a ele.* Por exemplo, o professor pergunta "Quais fatores devem ser considerados se quisermos colocar a economia de volta nos eixos?"

5. *Peça para os estudantes discutirem suas principais conclusões.* Por exemplo, pergunte "Quais etapas vocês percorreram para resolver esse problema?"

6. *Desenvolva projetos e investigações para os estudantes completarem.* Periodicamente, pergunte como eles estão coletando e interpretando os dados.

7. *Estimule os estudantes a criar resumos hierárquicos quando você solicitar que eles escrevam redações.* Certifique-se de que eles compreendem como organizar a escrita em termos gerais ou em pontos específicos. A abstração do pensamento lógico-formal também significa que o professor que tem estudantes nesse nível pode incentivá-los a utilizar metáforas.

8. *Reconheça que os adolescentes estão mais propensos a utilizar o pensamento lógico-formal em áreas que eles têm habilidade ou experiência.* Por exemplo, um estudante que adora inglês e lê e escreve bastante pode utilizar o pensamento lógico-formal nessa área. O mesmo estudante, no entanto, pode não gostar de matemática e apresentar pensamento operacional concreto nessa área.

Piaget também era um gênio quando se tratava de observar as crianças. Suas observações cuidadosas mostram-nos maneiras inventivas de desvendar como as crianças agem e se adaptam ao seu mundo (Vidal, 2000). Piaget mostrou algumas coisas importantes para procurar no desenvolvimento cognitivo, como a mudança do pensamento pré-operacional para o operacional concreto. Ele também mostrou como as crianças precisam fazer suas experiências caberem em seus esquemas (estrutura cognitiva) e também adaptar seus esquemas em suas experiências. Piaget também revelou como o crescimento cognitivo tende a ocorrer se o contexto é estruturado para permitir o movimento gradual ao próximo nível mais elevado.

Críticas A teoria de Piaget já foi desafiada. Questões têm sido levantadas nas seguintes áreas:

- *Estimativas da competência da criança.* Algumas capacidades cognitivas surgem mais cedo do que Piaget pensava (Bornstein, Arterberry e Mash, 2005; Cohen e Cashon, 2006). Por exemplo, alguns aspectos da permanência do objeto surgem mais cedo do que ele acreditava. Até mesmo crianças de dois anos de idade são não-egocêntricas em alguns contextos. Quando elas percebem que outra pessoa não verá um determinado objeto, elas investigam se a pessoa está vendada ou está olhando em outra direção. Conservação de número tem sido apresentada até mesmo aos três anos, apesar de Piaget ter pensado que ela não surgia antes dos sete anos. Crianças pequenas não são tão uniformes quanto "pré-"isso e "pré-"aquilo (pré-causal, pré-operacional) como Piaget pensava (Flavell, Miller e Miller, 2002).

- Outras habilidades cognitivas podem surgir mais tarde do que Piaget pensava. Muitos adolescentes ainda pensam de maneira operacional concreta ou estão apenas começando a dominar as operações lógico-formais. Até mesmo muitos adultos não são pensadores lógico-formais. Em resumo, revisões teóricas recentes destacam mais competências cognitivas da criança e da criança pequena e mais falhas cognitivas em adolescentes e adultos (Bauer, 2006; Keating, 2004).
- *Estágios.* Piaget conceituou os estágios como estruturas de pensamento unitárias. Assim, sua teoria assume sincronia de desenvolvimento, isto é, vários aspectos de um estágio deveriam surgir ao mesmo tempo. Alguns conceitos operacionais concretos, no entanto, não surgem em sincronia. Por exemplo, as crianças não aprendem a conservar ao mesmo tempo em que aprendem a classificar. Por isso, a maioria dos desenvolvimentalistas contemporâneos concorda que o desenvolvimento cognitivo da criança não se estrutura em estágios como Piaget pensava (Bjorklund, 2005; Garton, 2004; Horowitz e outros, 2005; Kuhn e Franklin, 2006; Siegler, 2006).
- *Treinar a criança para raciocinar em um nível mais alto.* Algumas crianças que estão em um estágio cognitivo (como o pré-operacional) podem ser treinadas para raciocinar em um estágio cognitivo mais alto (como o operacional concreto). Isso impõe um problema a Piaget. Ele acreditava que esse treinamento era apenas superficial e ineficiente, a menos que a criança estivesse em ponto de transição maturacional entre os estágios (Gelman e Opfer, 2004; Gelman e Williams, 1998).
- *Cultura e educação.* A cultura e a educação exercem influências mais fortes no desenvolvimento da criança do que Piaget pensava (Greenfield, Suzuki e Rothstein-Fisch, 2006). A idade em que as crianças adquirem habilidades de conservação está relacionada com a extensão em que sua cultura fornece práticas relevantes (Cole, 2005, 2006). Por exemplo, um excelente professor pode guiar as experiências de aprendizagem dos estudantes que irão ajudá-los na mudança para um estágio cognitivo mais alto.

Ainda assim, alguns psicólogos desenvolvimentalistas acreditam que não devemos descartar Piaget completamente (Smith, 2004). Esses **neopiagetianos** argumentam que Piaget acertou em alguns pontos, mas sua teoria precisa de uma revisão considerável. Na revisão de Piaget, os neopiagetianos enfatizam como a criança processa informações através da atenção, da memória e de estratégias (Case, 2000). Eles acreditam especialmente que uma visão mais acurada do pensamento da criança exige mais conhecimento das estratégias, com que velocidade e quão automaticamente as crianças processam informações, qual é a tarefa cognitiva envolvida e a divisão de problemas cognitivos em passos menores e mais precisos.

Apesar das críticas, a teoria de Piaget é muito importante e, como já vimos, as informações sobre os estágios de desenvolvimento podem ser aplicadas ao ensino das crianças. Foram apresentadas aqui algumas idéias para aplicar a teoria de Piaget na educação das crianças.

A teoria de Vygotsky

De acordo com Vygotsky, as funções mentais têm conexões externas ou sociais. Vygotsky argumentou que a criança desenvolve conceitos mais sistemáticos, lógicos e racionais como resultado do *diálogo* com um assistente habilidoso. Assim, na teoria de Vygotsky, outras pessoas e línguas têm um importante papel no desenvolvimento cognitivo da criança (Bodrova e Leong, 2007; Fidalgo e Pereira, 2005; Hyson, Copple e Jones, 2006, Stetsenko e Arievitch, 2004).

A zona de desenvolvimento proximal   A crença na importância de influências sociais, de Vygotsky, especialmente na educação, sobre o desenvolvimento cognitivo da

Piaget aparece aqui com sua família. As observações cuidadosas dessas três crianças – Lucienne, Laurent e Jacqueline – contribuíram para que Piaget desenvolvesse sua teoria cognitiva.

Um excelente professor e a educação lógica de ciências e matemática são experiências culturais importantes para promover o desenvolvimento do pensamento operacional. *Será que Piaget subestimou a importância que a cultura e a escolarização têm no desenvolvimento cognitivo da criança?*

neopiagetianos Psicólogos desenvolvimentalistas que acreditam que Piaget acertou em alguns pontos, mas que sua teoria precisa de uma revisão considerável; enfatizam como processar informações através da atenção, da memória e de estratégias.

Boas práticas
Estratégias para aplicar a teoria de Piaget na educação da criança

1. *Tenha uma abordagem construtivista.* Na veia construtivista, Piaget afirmava que as crianças aprendem melhor quando são ativas e quando elas mesmas procuram as soluções. Piaget opunha-se a métodos de ensino que tratam as crianças como receptores passivos. A implicação educacional da visão de Piaget é que, em todas as matérias, a criança aprende melhor fazendo suas próprias descobertas, refletindo e discutindo sobre elas, em vez de decorar cegamente o que o professor ensina ou fazer coisas de maneira mecânica.

2. *Facilite, mas não direcione o ensino.* Professores eficientes criam situações que permitem que os estudantes aprendam fazendo. Essas situações estimulam o estudante no pensamento e nas descobertas. Os professores escutam, observam e questionam os estudantes para ajudá-los a alcançar melhor entendimento. Eles fazem perguntas relevantes para estimular o pensamento dos estudantes e pedem para que eles expliquem suas respostas. Como você verá a seguir, Suzanne Ransleben cria situações imaginárias na sala de aula para facilitar a aprendizagem dos alunos.

Suzanne Ransleben, ensinando inglês.

Visão do professor
Estimulando o pensamento e as descobertas do aluno

Suzanne Ransleben leciona inglês para o nono e o décimo ano[1] em Corpus Christi, Texas, EUA. Ela cria situações na sala de aula que estimulam o pensamento reflexivo e as descobertas dos estudantes. Suzanne criou o Futebol Gramatical, para que a disposição das sentenças ficasse mais interessante para os alunos e para fazê-los decifrar letras de música e aprender como fazer poesia. Quando os estudantes ouvem Shakespeare pela primeira vez, "Eles pintam interpretações de seus versos preferidos de *Romeu e Julieta*". (Fonte: Briggs, 2004, p. 7D).

3. *Considere o conhecimento e o nível de pensamento da criança.* Os estudantes não chegam à sala de aula com a cabeça vazia. Eles têm muitas idéias sobre o mundo natural e físico, incluindo conceitos de espaço, tempo, quantidade e causalidade. Essas idéias são diferentes das idéias dos adultos. Os professores precisam interpretar o que o estudante está dizendo e responder de maneira apropriada ao nível do estudante.

4. *Utilize avaliações contínuas.* Significados construídos individualmente não podem ser medidos por testes-padrão. Atividades de matemática e linguagem (que contenham tanto o trabalho em desenvolvimento quanto os já finalizados), conferências individuais nas quais os estudantes discutam suas estratégias de pensamento e explicações escritas ou verbais sobre seu raciocínio podem ser utilizados para avaliar o progresso.

5. *Promova a saúde intelectual dos estudantes.* Quando Piaget palestrou nos Estados Unidos, perguntaram a ele "O que posso fazer para que meus filhos entrem em um estágio cognitivo mais alto antes do tempo?" Ele ouviu essa mesma pergunta tantas vezes nos EUA, se comparado a outros países, que a denominou questão norte-americana. Para Piaget, a aprendizagem da criança deve acontecer naturalmente. As crianças não devem ser pressionadas a adquirir muito e muito cedo em seu desenvolvimento, antes que estejam maturacionalmente prontas. Alguns pais passam horas todos os dias segurando cartões iluminados com palavras, para melhorar o vocabulário de seus bebês. Na visão de Piaget, essa não é a melhor maneira para eles aprenderem. Essa prática enfatiza muito o desenvolvimento intelectual, envolve aprendizagem passiva e não funciona.

6. *Transforme a sala de aula em um cenário de exploração e descoberta.* Como são as salas de aula em que os professores adotam a visão de Piaget? Muitas salas de matemática do primeiro e segundo anos fornecem alguns bons exemplos (Kamii, 1985, 1989). Os professores incentivam a própria exploração e descoberta do estudante. As salas de aula são menos estruturadas do que pensamos que deveria ser uma sala de aula típica. Livros de exercícios e tarefas predeterminadas não são utilizados. Em vez disso, os professores observam os interesses dos estudantes e a participação natural em atividades para determinar em que série de aprendizagem ele está. Por exemplo, uma lição de matemática pode ser desenvolvida tendo como tarefa contar o dinheiro do almoço diário ou dividir os recursos entre os estudantes. Os jogos também são utilizados na sala de aula freqüentemente para estimular o pensamento matemático. Por exemplo, uma versão do dominó ensina a criança sobre combinações de números pares. Uma variação do jogo-da-velha envolve trocar os Xs e círculos por números. Os professores estimulam a interação entre os colegas durante as lições e jogos, porque os diferentes pontos de vista podem contribuir para avanços no pensamento.

---

[1] N.E.: No original: *ninth and tenth-grade*.

criança, está embutida no seu conceito de zona de desenvolvimento proximal. **Zona de desenvolvimento proximal (ZDP)** é o termo criado por Vygotsky para descrever uma série de tarefas que são muito difíceis para que a criança domine sozinha, mas que podem ser aprendidas com orientação e assistência de adultos ou de crianças mais habilidosas. Assim, o limite mais baixo de ZDP é o nível de habilidade alcançado por crianças trabalhando independentemente. O limite mais alto é o nível de responsabilidade adicional que a criança pode aceitar com a assistência de um instrutor hábil (veja a Figura 2.14). A ZDP captura as habilidades cognitivas da criança que estão em processo de maturação e podem ser concluídas somente com a assistência de uma pessoa mais habilidosa (Gray e Feldman, 2004; Kinginger, 2002; Kulczewski, 2005). Vygotsky (1962) nomeou-as de "botões" ou "flores" do desenvolvimento, para distingui-las das "frutas" do desenvolvimento, em que a criança já consegue realizações independentes.

O ensino na zona de desenvolvimento proximal reflete o conceito de ensino apropriado ao desenvolvimento que descrevemos anteriormente neste capítulo. Envolve estar consciente de "onde os estudantes estão em seu processo de desenvolvimento e tirar vantagem de sua prontidão. Também se trata de ensinar para favorecer a prontidão desenvolvimental e não apenas esperar que os estudantes estejam preparados" (Horowitz e outros, 2005, p. 105).

Vamos considerar um exemplo que ilustra a zona de desenvolvimento proximal (Frede, 1995, p. 125):

> Uma criança de cinco anos está empurrando um pequeno carrinho de mercado pelo pátio em sua pré-escola. A professora nota que ela está colocando as frutas em uma cesta e todo o resto das compras em uma seção maior do carrinho. Ela tem observado a criança classificar os objetos durante as últimas semanas e pensa que ela talvez seja capaz de classificar duas dimensões ao mesmo tempo, com alguma ajuda sua. Ela vai até a caixa registradora para fingir ser o encarregado do caixa e diz "Precisamos ser cuidadosos ao dividir as compras nas sacolas. É melhor utilizar uma sacola para coisas que vão para a geladeira e outra para coisas que vão para o armário. Juntas, elas criaram um sistema de sacolas para cada uma das seguintes categorias: alimentos embalados e frutas e verduras soltas que vão para a geladeira, alimentos embalados e enlatados que vão para o armário. Neste exemplo, o nível de classificação da criança sem ajuda foi um tanto quanto grosseiro: ela classificou apenas como frutas ou não-frutas. Com a ajuda da professora, a criança conseguiu aplicar uma forma de classificação mais sofisticada.

Andaimes (scaffolding) Ligado à idéia de ZDP está o conceito de andaimes. **Andaimes** significa mudar o nível de apoio. Durante uma sessão de ensino, uma pessoa mais habilidosa (um professor ou um colega avançado) ajusta a quantidade de orientação para adequar o desempenho atual da criança (Collins, 2006; de Vries, 2005; John-Steiner e Mahn, 2003; Quintana e outros, 2006; Sawyer, 2006). Quando o estudante está aprendendo uma nova tarefa, uma pessoa habilidosa pode utilizar instruções diretas. Conforme a competência do estudante aumenta, menos ajuda é dada. Andaimes são utilizados geralmente para ajudar os estudantes a atingir limites mais altos em sua zona de desenvolvimento proximal (Horowitz e outros, 2005).

Diálogo é uma ferramenta importante dos andaimes na zona de desenvolvimento proximal (Tappan, 1998). Vygotsky via as crianças como possuidoras de conceitos ricos, mas espontâneos, desorganizados e não-sistemáticos. Em um diálogo, esses conceitos caracterizam o encontro da criança com os conceitos sistemáticos, lógicos e racionais de um assistente habilidoso. Como resultado, os conceitos da criança se tornam mais sistemáticos, lógicos e racionais. Por exemplo, um diálogo pode ser utilizado entre o professor e a criança quando o professor utiliza andaimes para ajudar a criança a compreender o conceito de "meios de transporte".

Fazer perguntas investigativas é uma excelente maneira de utilizar andaimes para ensinar os estudantes e ajudá-los a desenvolver habilidades de pensamento mais sofisticadas. Um professor pode perguntar ao estudante questões como "Qual seria um exemplo disso?", "Por que você pensa assim?", "Qual é a próxima tarefa que você deve fazer?" e "Como você pode fazer a conexão de tudo isso?". Com o tempo, os estudantes devem começar a internalizar esses tipos de sondagens e aperfeiçoar o monitoramento de seu próprio trabalho (Horowitz e outros, 2005).

FIGURA 2.14 Zona de desenvolvimento proximal de Vygotsky.

A zona de desenvolvimento proximal de Vygotsky tem um nível inferior e um nível superior. As tarefas na ZDP são muito difíceis para uma criança realizar sozinha. Elas requerem ajuda de um adulto ou de uma criança habilidosa. Como as crianças recebem instruções verbais ou demonstrações, elas organizam as informações em suas estruturas mentais existentes, assim, poderão finalmente desempenhar a tarefa ou habilidade sozinhas.

zona de desenvolvimento proximal (ZDP) Termo de Vygotsky para uma série de tarefas que são muito difíceis para a criança dominar sozinha, mas que podem ser dominadas com orientação e assistência de adultos ou crianças mais habilidosas.

andaimes (scaffolding) Uma técnica que envolve mudança do nível de apoio para a aprendizagem. Um professor ou um colega mais avançado ajustam a quantidade de ajuda para se adaptar ao desempenho atual do estudante.

Muitos professores foram bem-sucedidos ao utilizar andaimes no ambiente da sala de aula, dando assistência "bem na hora" aos indivíduos ou detectando uma classificação errônea e então conduzindo a uma discussão para resolver o problema. Eles também dão "tempo para as crianças encararem os problemas" e guiam-nas quando observam que elas não estão mais fazendo progresso (Horowitz e outros, 2005, p. 106-107).

Linguagem e pensamento O uso do diálogo como uma ferramenta para andaimes é apenas um exemplo do importante papel que a linguagem exerce no desenvolvimento da criança. De acordo com Vygotsky, as crianças utilizam a fala não só como comunicação social, mas também para ajudá-las a resolver tarefas. Vygotsky (1962) acreditava ainda que a criança pequena utiliza a linguagem para planejar, guiar e monitorar seu comportamento. Esse uso da linguagem para auto-regulação é chamado de *discurso privado*. Por exemplo, uma criança pequena fala consigo mesma em voz alta sobre coisas como seus brinquedos e as tarefas que está tentando concluir. Assim, quando está montando um quebra-cabeça, a criança pode dizer "Esse pedaço não cabe, acho que vou tentar aquele". Alguns minutos depois, ela diz "Isso é difícil". Para Piaget, o discurso privado é egocêntrico e imaturo, mas para Vygotsky é uma ferramenta de pensamento importante durante os anos de infância inicial.

Vygotsky disse que a linguagem e o pensamento desenvolvem-se inicialmente de forma independente um do outro e depois se mesclam. Ele enfatizou que todas as funções mentais têm origens sociais ou externas. As crianças devem utilizar a linguagem para se comunicar com os outros antes que consigam focalizar a si mesmas e seus próprios pensamentos. As crianças também devem se comunicar externamente e utilizar a linguagem por um longo período de tempo antes que consigam fazer a transição entre o discurso externo e o interno. Essa transição ocorre com crianças entre os três e os sete anos de idade e envolve conversar consigo mesmas. Após um tempo, a conversa privada toma um segundo plano e elas conseguem agir sem verbalizar. Quando isso ocorre, a criança internalizou seu discurso egocêntrico na forma de *discurso interno*, que se tornam seus pensamentos.

Vygotsky argumentou que as crianças que usam o discurso privado (autofala) são mais competentes socialmente do que as que não usam (Santiago-Delefosse e Delefosse, 2002). Para ele, o discurso privado representa uma transição prematura para tornar-se mais comunicativo socialmente. Para Vygotsky, quando as crianças pequenas conversam consigo mesmas, elas estão usando a linguagem para governar seu comportamento e guiar a si mesmas.

Piaget sustentou que a autofala é egocêntrica e reflete imaturidade. No entanto, os pesquisadores encontraram suporte para a visão de Vygotsky de que o discurso privado tem um papel importante no desenvolvimento da criança (Winsler, Diaz e Montero, 1997; Winsler, Carlton e Barry, 2000). Pesquisadores descobriram que a criança usa mais o discurso privado quando as tarefas são difíceis, após cometer erros e quando ela não tem certeza de como deve proceder (Berk, 1994). Eles revelaram também que as crianças que usam o discurso privado são mais atentas e melhoram seu desempenho com mais freqüência do que as que não usam o discurso privado (Berk e Spuhl, 1995).

Discutimos diversas idéias sobre as teorias de Piaget e Vygotsky e como elas podem ser aplicadas à educação das crianças. Para ilustrar como você pode aplicar essas teorias em sala de aula, complete a Auto-avaliação 2.1 na página 52.

Avaliando a teoria de Vygotsky Como comparar a teoria de Vygotsky com a de Piaget? Embora ambas sejam construtivistas, a de Vygotsky é uma **abordagem socioconstrutivista**, que enfatiza os contextos sociais de aprendizagem e a construção do conhecimento por meio de interação social.

Ao passar de Piaget para Vygotsky, a mudança de conceito é do individual para a colaboração, a interação social e as atividades socioculturais (Rogoff, 2003). O ponto final do desenvolvimento cognitivo para Piaget é o pensamento lógico-formal. Para Vygotsky, o ponto final pode diferir, dependendo de quais habilidades são consideradas as mais importantes em uma determinada cultura. Para Piaget, as crianças constroem o conhecimento transformando, organizando e reorganizando conhecimentos prévios. Para Vygotsky, as crianças constroem o conhecimento através de interação social (Stetsenko e Arievitch, 2004). A implicação da teoria de Piaget para o ensino é que a criança precisa de apoio para explorar

---

abordagem socioconstrutivista
Enfatiza os contextos sociais de aprendizagem e que o conhecimento é construído mutuamente; a teoria de Vygotsky ilustra essa abordagem.

Boas práticas
Estratégias para aplicar a teoria de Vygotsky na educação das crianças

A teoria de Vygotsky foi adotada por muitos professores e é aplicada na educação com sucesso (Bearison e Dorvall, 2002; Budrova e Leong, 2007; Elkind, 2004; Rowe e Wertsch, 2004; Winsler e outros, 2002). Aqui estão algumas maneiras de incorporar a teoria de Vygotsky na sala de aula:

1. *Avalie a ZDP da criança.* Como Piaget, Vygotsky não acreditava que testes-padrão são a melhor maneira de avaliar a aprendizagem da criança. Vygotsky argumentava que a avaliação deve procurar determinar a zona de desenvolvimento proximal da criança (Camilleri, 2005; Meijer e Elshout, 2001). Os assistentes habilidosos dão às crianças tarefas de diferentes níveis de dificuldades para determinar o melhor nível para iniciar a instrução.

2. *Utilize a zona de desenvolvimento proximal da criança ao ensinar.* O ensino deve começar próximo ao limite superior da zona para que a criança possa alcançar o objetivo com ajuda e mudar para um nível mais alto de habilidade e conhecimento. Ofereça apenas a ajuda necessária. Você pode perguntar "O que posso fazer para ajudar?", ou simplesmente observar as intenções e tentativas da criança e fornecer apoio quando necessário. Quando a criança hesitar, encoraje-a. E encoraje a criança a praticar a habilidade. Você pode assistir e apreciar a prática da criança ou oferecer apoio quando ela se esquecer do que deve fazer. Em seguida, você pode ler sobre as práticas de ensino de John Mahoney, que ilustram a ênfase da zona de desenvolvimento proximal clamada por Vygotsky.

John Mahoney, ensinando matemática.

Visão do professor
Utilizando os conceitos de diálogo e reconstrução para encontrar a zona de desenvolvimento proximal

John Mahoney leciona matemática em uma escola de ensino médio em Washington, EUA. Na visão de Mahoney, guiar o êxito dos estudantes em matemática é tanto colaborativo quanto individual. Ele encoraja o diálogo sobre matemática durante o qual ele reconstrói os conceitos que ajudam os estudantes a resolver os problemas sozinhos. Mahoney também nunca dá a eles a resposta para os problemas de matemática. Nas palavras de um estudante, "Ele vai fazer você pensar". Seus testes sempre incluem um problema que o estudante ainda não viu, mas tem conhecimento suficiente para descobrir a solução. (Fonte: Briggs, 2005.)

3. *Coloque os colegas mais habilidosos como professores.* Lembre-se de que não são apenas os adultos que são importantes para ajudar a criança a aprender. As crianças também se beneficiam do apoio e da orientação de crianças mais habilidosas (John-Steiner e Mahn, 2003). Por exemplo, coloque uma criança que está aprendendo a ler com uma que está mais avançada na leitura.

4. *Monitore e estimule o uso do discurso privado pela criança.* Esteja ciente de que as mudanças de desenvolvimento vão desde conversar consigo mesma externamente enquanto resolvem um problema durante os anos pré-escolares até a conversa privada nos primeiros anos do ensino fundamental. Nos anos de ensino fundamental, incentive a criança a internalizar e auto-regular sua conversa consigo mesma.

5. *Coloque a instrução em um contexto significativo.* Hoje em dia, os educadores estão se distanciando de apresentações abstratas dos objetos e fornecem aos estudantes oportunidades de experimentar o ensino em cenários de mundo real. Por exemplo, em vez de apenas memorizar as fórmulas de matemática, os alunos trabalham nos problemas de matemática do mundo real.

6. *Transforme a sala de aula com as idéias de Vygotsky.* Ferramentas da Mente é um currículo baseado na teoria de Vygotsky e na zona de desenvolvimento proximal, que enfatiza as ferramentas culturais e o desenvolvimento de auto-regulação, andaimes, discurso privado, atividades compartilhadas e brincadeiras como atividades importantes (Hyson, Copple e Jones, 2006). O currículo foi criado por Elena Bodrova e Deborah Leong (2007) e implementado em mais de 200 salas de aula. A maioria das crianças dos programas de Ferramentas da Mente são crianças em situação de risco devido a circunstâncias em que vivem, que em muitos casos envolvem pobreza e outras condições difíceis, como não ter um lar ou ter pais envolvidos com drogas.

Em uma sala de aula de Ferramentas da Mente, a dramatização tem um papel fundamental. Os professores orientam as crianças a criar temas com base em seus interesses, como uma caça ao tesouro, loja, hospital ou restaurante. Professores também incorporam viagens de campo, apresentações de visitantes, vídeos e livros no desenvolvimento das peças com as crianças. Eles também ajudam as crianças a desenvolver um roteiro para a peça, o que aumenta a maturidade da peça. O roteiro descreve o que a criança fará, incluindo o contexto imaginário, os papéis e as propagandas utilizadas. Os roteiros aumentam a qualidade da peça e a auto-regulação.

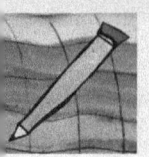

Auto-avaliação 2.1
Aplicando Piaget e Vygotsky em minha sala de aula

O ano escolar em que pretendo lecionar é _____

Piaget

O estágio piagetiano com o maior número de crianças em minha sala de aula provavelmente será: _____

Os conceitos de Piaget que eu acredito que mais me ajudarão a entender e a ensinar crianças nesse ano escolar são:

Conceito	Exemplos

Vygotsky

Os conceitos da teoria de Vygotsky que eu acredito que mais me ajudarão a entender e a ensinar crianças nesse ano escolar são:

Conceito	Exemplos

---

seu mundo e desvendar o conhecimento. A implicação principal da teoria de Vygotsky para o ensino é que os estudantes precisam de muitas oportunidades para aprender com o professor e com colegas mais habilidosos. Em ambas as teorias, os professores são tidos como facilitadores e orientadores, e não como dirigentes ou "moldadores" de aprendizagem. A Figura 2.15 compara as teorias de Vygotsky e Piaget.

Embora suas teorias tenham sido propostas quase na mesma época, a maior parte do mundo conheceu primeiro a teoria de Piaget e mais tarde a de Vygotsky, por isso a teoria de Vygotsky ainda não foi avaliada por completo. A visão de Vygotsky quanto à importância das influências socioculturais no desenvolvimento da criança adapta-se à crença atual de que é importante analisar os fatores contextuais no ensino (Budrova e Leong, 2007; Goos, 2004; Rowe e Wertsch, 2004).

Alguns críticos dizem que Vygotsky deu importância exagerada ao papel da linguagem no pensamento. Além disso, sua ênfase na colaboração e orientação tem algumas armadilhas. Será que os facilitadores são úteis em alguns casos, como quando um pai se torna extremamente dominante e controlador? Além disso, algumas crianças podem se tornar preguiçosas e esperar ajuda quando têm que realizar alguma tarefa sozinhas.

Em nossa apresentação de desenvolvimento cognitivo, focamos as visões de dois gigantes nesse campo: Piaget e Vygotsky. De qualquer forma, o processamento de informações também surgiu como uma perspectiva importante para o entendimento do desenvolvimento cognitivo (Munakata, 2006; Siegler, 2006; Siegler e Alibali, 2005). Esse processamento enfatiza como as informações entram na mente, como são armazenadas e transformadas e como são "trazidas à memória" para desempenhar atividades mentais, como raciocínio e resolução de problemas. Também foca quão automática e rapidamente as crianças processam informações. O processamento de informações será analisado profundamente nos Capítulos 8 e 9, por isso, estão sendo apenas mencionados rapidamente aqui. Pense na importância

Tópico	Vygotsky	Piaget
Contexto sociocultural	Grande ênfase	Pouca ênfase
Construtivismo	Socioconstrutivismo	Cognitivo-construtivista
Estágios	Nenhum estágio de desenvolvimento proposto	Grande ênfase nos estágios (sensório-motor, pré-operacional, operacional concreto e lógico-formal)
Processos-chave	Zona de desenvolvimento proximal, linguagem, diálogo, ferramentas de cultura	Esquemas, assimilação, acomodação, operações, conservação, classificação, raciocínio hipotético-dedutivo
Papel da linguagem	Um papel muito importante; a linguagem exerce um papel poderoso na construção do pensamento	A linguagem exerce um pequeno papel; a linguagem é essencialmente direcionada pela cognição
Visão na educação	Educação exerce o papel central, ajudando a criança a aprender as ferramentas da cultura	Educação meramente aperfeiçoa as habilidades cognitivas que já surgiram nas crianças
Implicações do ensino	O professor é um facilitador e orientador, não um direcionador; estabelece muitas oportunidades para a criança aprender com o professor e com colegas mais habilidosos	Também vê o professor como facilitador e orientador, não um direcionador; apóia a criança para que explore seu mundo e adquira conhecimento

FIGURA 2.15 Comparação das teorias de Vygotsky e Piaget.

Reveja, reflita e pratique

2) Discutir o desenvolvimento do cérebro e comparar as teorias de desenvolvimento cognitivo de Jean Piaget e Lev Vygotsky.

Reveja

- Como o cérebro se desenvolve e que implicações esse desenvolvimento traz para a educação das crianças?
- Quais as quatro idéias principais que Piaget usou para descrever os processos cognitivos? Quais estágios ele identifica no desenvolvimento cognitivo da criança? Quais são as críticas de sua visão?
- Qual a natureza da teoria de Vygotsky? Como a teoria de Vygotsky pode ser aplicada na educação e de que maneira sua teoria pode ser comparada a de Piaget? Qual a crítica sobre a teoria de Vygotsky?

Reflita

- Você se considera um pensador lógico-formal? Algumas vezes você se sente como um pensador operacional concreto? Dê exemplos.

(*continua*)

Reveja, reflita e pratique (continuação)

Pratique PRAXIS™

1. Sander é um garoto de 16 anos que corre muitos riscos, como dirigir em alta velocidade, beber e dirigir, e fazer sexo sem proteção. Pesquisas recentes sobre o cérebro indicam que uma provável razão para condutas arriscadas como a de Sander é:
   a. Dano no hipocampo.
   b. Córtex pré-frontal ainda em desenvolvimento.
   c. Lateralidade do cérebro incompleta.
   d. Mielinização completa.

2. A Sra. Gonzales leciona para o primeiro ano. Qual das estratégias apresentadas a seguir seria mais próxima à abordagem de Piaget?
   a. Demonstrar como desempenhar uma operação matemática e fazer os estudantes imitá-la.
   b. Criar cartões iluminados para ensinar vocabulário.
   c. Usar um teste-padrão para avaliar as habilidades de leitura dos estudantes.
   d. Planejar situações que promovam o pensamento e as descobertas dos estudantes.

3. Os alunos do quarto ano do Sr. Gould estão aprendendo a relação entre porcentagem, decimais e frações. O Sr. Gould distribui um exercício em que pede aos alunos que convertam frações em decimais e depois em porcentagens. Christopher consegue fazer esse exercício sem ajuda do professor ou de colegas de classe. O que diria Vygotsky sobre a tarefa de Christopher?
   a. Essa tarefa é apropriada para Christopher porque está dentro da sua zona de desenvolvimento proximal.
   b. Essa tarefa não é apropriada para Christopher porque está acima da sua zona de desenvolvimento proximal.
   c. Essa tarefa não é apropriada para Christopher porque está abaixo da sua zona de desenvolvimento proximal.
   d. Essa tarefa não é apropriada para Christopher porque está dentro da sua zona de desenvolvimento proximal.

Por favor, verifique as respostas no final do livro.

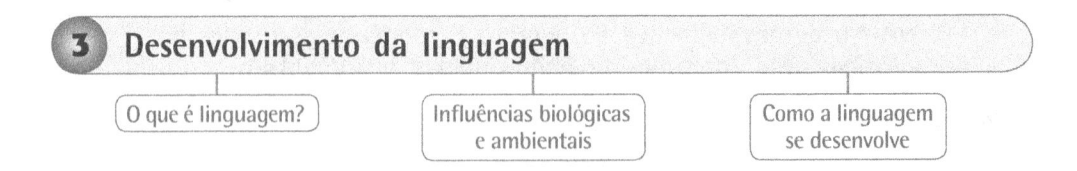

3 Desenvolvimento da linguagem

- O que é linguagem?
- Influências biológicas e ambientais
- Como a linguagem se desenvolve

da linguagem na vida das crianças. Elas precisam da linguagem para falar com os outros, escutá-los, ler e escrever. A linguagem os capacita a descrever eventos passados com detalhes e planejar o futuro. Ela permite passar informações de uma geração para outra e criar uma rica herança cultural. Conforme você aprendeu anteriormente, na visão de Vygotsky, a linguagem exerce um papel-chave no desenvolvimento cognitivo da criança.

O que é linguagem?

Linguagem é uma forma de comunicação – seja falada, escrita ou gesticulada – que é baseada em um sistema de símbolos. A linguagem consiste de palavras utilizadas por uma comunidade (vocabulário) e de regras para as variações e combinações (gramática e sintaxe).

---

linguagem Uma forma de comunicação falada, escrita ou gesticulada que é baseada em um sistema de símbolos.

Todas as linguagens humanas têm algumas características em comum (Waxman e Lidz, 2006). Isso inclui produtividade infinita e regras de organização. *Produtividade infinita* é a capacidade de produzir inúmeras sentenças significativas usando um grupo finito de palavras e regras.

Quando falamos em "regras", queremos dizer que a linguagem é organizada e que as regras descrevem o modo como ela funciona (Berko Gleason, 2004, 2005). A linguagem envolve cinco sistemas de regras: fonologia, morfologia, sintaxe, semântica e pragmática.

Fonologia Toda linguagem é formada por sons básicos. **Fonologia** é o sistema de sons de uma língua, incluindo os sons usados e como eles podem ser combinados (Menn e Stoel-Gammon, 2005). Por exemplo, a língua inglesa tem os sons *sp*, *ba* e *ar*, mas as seqüências de sons de *zx* e *qp* não ocorrem.

Um *fonema* é a unidade básica de som em uma língua; é a menor unidade de som que exprime significado. Um bom exemplo de fonema em inglês é /k/, o som representado pela letra *k* na palavra *ski* e a pela letra *c* na palavra *cat*. O som de /k/ é apenas um pouco diferente nessas duas palavras e em algumas línguas, como no árabe, esses dois sons são fonemas distintos.

Morfologia **Morfologia** refere-se a unidades de significado envolvidas na formação da palavra. Um *morfema* é a unidade mínima de significado; é uma palavra ou parte de uma palavra que não pode ser dividida em partes menores que ainda tenham significado. Toda palavra em inglês é formada por um ou mais morfemas. Algumas palavras consistem em apenas um morfema (por exemplo, *help*), enquanto outras são formadas por mais de um morfema (por exemplo, *helper*, que tem dois morfemas, *help* + *er*, com o morfema *–er* que significa "aquele que", nesse caso "aquele que ajuda"). Assim, nem todos os morfemas compõem palavras por si mesmos; por exemplo, *pre-*, *-tion*, e *-ing* são morfemas na língua inglesa.

Assim como as regras que governam a fonologia descrevem as seqüências de sons que podem ocorrer na linguagem, as regras da morfologia descrevem o modo como as unidades com significado (morfemas) podem ser combinadas nas palavras (Tager-Flusberg, 2005). Os morfemas têm algumas funções na gramática, como demarcar o tempo verbal (por exemplo, *she walks* versus *she walked*) e o número (*she walks* contra *they walk*).

Sintaxe **Sintaxe** envolve o modo como as palavras são combinadas para formar frases e sentenças aceitáveis. Se alguém diz para você que "Bob esmurrou Tom" ou "Bob foi esmurrado por Tom", você sabe quem esmurrou e quem foi esmurrado em cada caso porque você tem um conhecimento sintático das estruturas dessas sentenças. Você também entende que a sentença *"Você não ficou, ficou?"* é uma sentença gramatical, mas *"Você não ficou, não ficou?"* é inaceitável e ambíguo.

Se você aprender outra língua, verá que a sintaxe da língua inglesa não é muito diferente. Por exemplo, em inglês, um adjetivo normalmente precede o substantivo (como em *blue sky*), enquanto no espanhol o adjetivo geralmente vem após o substantivo (*cielo azul*). Ape-

FRANK e ERNEST © Thaves/Dist. por Newspaper Enterprise Association, Inc.

fonologia Sistema de sons de uma língua.

morfologia Refere-se a unidades de significado envolvidas na formação de palavras.

sintaxe As formas como as palavras devem ser combinadas para formar frases e sentenças aceitáveis.

sar das diferenças em suas estruturas sintáticas, as línguas do mundo têm muito em comum. Por exemplo, considere as seguintes sentenças:

O gato matou o rato.
O rato comeu o queijo.
O fazendeiro perseguiu o gato.

Em muitas línguas, é possível combinar essas sentenças em sentenças mais complexas. Por exemplo:

O fazendeiro perseguiu o gato que matou o rato.
O rato que o gato matou comeu o queijo.

Entretanto, nenhuma língua conhecida permite sentenças como a seguinte:

O rato o gato o fazendeiro perseguiu matou comeu o queijo.

Você consegue compreender essa sentença? Em caso afirmativo, você provavelmente só conseguirá após analisá-la por muito tempo. Você não entenderia se alguém dissesse isso durante uma conversa. Parece que os usuários das línguas não conseguem processar assuntos e objetos arranjados de um modo muito complexo em uma sentença. Isso é uma boa notícia para os que estão aprendendo uma língua, pois significa que todos os sistemas sintáticos têm uma base comum. Descobertas assim também são consideradas importantes por pesquisadores interessados nas propriedades universais da sintaxe (Chang, Dell e Bock, 2006; Tager-Flusberg, 2005).

Semântica A **semântica** refere-se ao significado das palavras e sentenças. Cada palavra tem uma série de características semânticas ou atributos necessários para dar significado. *Garota* e *mulher*, por exemplo, dividem muitas características semânticas, mas diferem semanticamente no que diz respeito à idade.

As palavras têm restrições semânticas na maneira como elas podem ser utilizadas nas sentenças (Pan, 2005). A sentença *A bicicleta convenceu o garoto a comprar doces* é sintaticamente correta, mas semanticamente incorreta. A sentença viola nosso conhecimento semântico de que as bicicletas não falam.

Pragmática Um conjunto final de regras de linguagem envolve a **pragmática**, o uso apropriado da linguagem em diferentes contextos. A pragmática cobre um grande território. Quando você reveza a fala em uma discussão ou usa uma questão para transmitir uma ordem ("Por que tem tanto barulho aí? O que é aí, a Grand Central Station?"), você está demonstrando conhecimento de pragmática. Você também pode aplicar a pragmática quando utiliza uma linguagem educada em situações apropriadas (por exemplo, quando você está conversando com um professor) ou conta histórias que são interessantes, piadas que são engraçadas e mentiras que convencem. Em cada um desses casos, você está demonstrando que compreende as regras da sua cultura e que consegue ajustar a linguagem para se adaptar ao contexto.

As regras de pragmática podem ser complexas e diferem de uma cultura para outra (Bryant, 2005). Por exemplo, ao estudar a língua japonesa, você ficará frente a frente com incontáveis regras pragmáticas sobre conversar com indivíduos de diferentes níveis sociais e em vários tipos de relacionamentos. Algumas dessas regras pragmáticas dizem respeito ao modo de dizer *"obrigado"*. Na verdade, a pragmática de dizer *"obrigado"* é complexa até mesmo em sua cultura. A utilização de *obrigado* por crianças pré-escolares varia de acordo com sexo, nível socioeconômico e idade dos indivíduos para quem elas estão se dirigindo.

Até aqui, já discutimos cinco sistemas de regras importantes envolvidos na linguagem. Uma visão geral desses sistemas de regras é apresentada na Figura 2.16.

Influências biológicas e ambientais

O famoso lingüista Noam Chomsky (1957) defendia que os humanos estão predestinados a aprender a linguagem a certo tempo e de um certo modo. Alguns lingüistas vêem similaridades marcantes na forma como as crianças adquirem a linguagem em todo o mundo, apesar de terem recebido muitas variações, o que é uma grande evidência de que esta tem base biológica.

---

semântica O significado das palavras e sentenças.

pragmática O uso apropriado da linguagem em diferentes contextos.

Sistema de regras	Descrição	Exemplos
Fonologia	O sistema de sons de uma linguagem. Um fonema é a menor unidade de som em uma linguagem.	A palavra *chat* tem três fonemas ou sons: /ch/ /a/ /t/. Um exemplo de regra fonológica na língua inglesa é que o fonema /r/ pode seguir os fonemas /t/ ou /d/ em um conjunto de consoantes (como em *track* ou *drab*), mas o fonema /l/ não pode.
Morfologia	O sistema de unidades de significado envolvido na formação da palavra.	A menor unidade de som com significado é chamada morfema ou unidade significativa. A palavra *moça* é um morfema, não pode ser quebrada e continuar com significado. Quando o sufixo *-s* é adicionado, a palavra se torna *moças* e tem dois morfemas, porque o *-s* modifica o significado da palavra, indicando que há mais de uma moça.
Sintaxe	O sistema que envolve o modo como as palavras são combinadas para formar frases e sentenças aceitáveis.	A ordem das palavras é muito importante para determinar o significado na língua. Por exemplo, a sentença "Sebastian empurrou a bicicleta" tem significado diferente de "A bicicleta empurrou Sebastian".
Semântica	O sistema que envolve o significado das palavras e sentenças.	Conhecimento do significado de palavras individuais – isto é, vocabulário. Por exemplo, semântica envolve saber o significado de palavras como *laranja*, *transporte* e *inteligente*.
Pragmática	O sistema de uso apropriado da conversação e conhecimento de como usar efetivamente a linguagem dentro de um contexto.	Um exemplo é o uso correto da linguagem em situações apropriadas, como ser educado ao conversar com o professor. Esperar sua vez para falar durante um diálogo envolve pragmática.

FIGURA 2.16 Os sistemas de regras de linguagem.

As crianças também variam em sua aquisição da linguagem de maneira que não pode ser apenas explicada através de contribuições ambientais. O pesquisador pioneiro sobre linguagem Roger Brown (1973), por exemplo, encontrou evidências de que os pais incentivam seus filhos a falar gramaticalmente. Ele descobriu que às vezes os pais sorriem e elogiam seus filhos quando usam sentenças gramaticais, mas também incentivam sentenças não-gramaticais. A partir dessas observações, Brown concluiu que esses processos que operam dentro da criança são sobrepujados pelas operações de reforçamento.

Como foi dito anteriormente, alguns lingüistas vêem as similaridades na aquisição de linguagem das crianças pelo mundo todo como uma forte evidência de que a linguagem tem bases biológicas. De qualquer forma, outros especialistas em linguagem argumentam que as experiências da criança, a linguagem específica que será aprendida e o contexto no qual a aprendizagem ocorre podem influenciar fortemente a aquisição da linguagem (Goorhuis-Brouwer e outros, 2004; Hoff, 2006; Tomasello, 2006).

As crianças claramente não aprendem a linguagem em um vácuo social (Anderson, Moffatt e Shapiro, 2006; Snow e Kang, 2006; Waxman e Lidz, 2006). Um número suficiente de variações ocorre no desenvolvimento da linguagem, quando as contribuições dos cuidadores diferem substancialmente em seus estilos, para mostrar que o ambiente exerce um papel significativo no desenvolvimento da linguagem, especialmente na aquisição de vocabulário (Nagy, 2005; Tamis-LeMonda, Bornstein e Baumwell, 2001). Por exemplo, em um estudo, crianças aos três anos de idade vivendo em condições de pobreza mostraram deficiência de vocabulário, comparadas a crianças de famílias de classe média; e as deficiências continuaram presentes quando entraram na escola, aos seis anos de idade (Farkas, 2001).

Em suma, as crianças nem são lingüistas exclusivamente biológicos nem exclusivamente arquitetos sociais da linguagem (Berko Gleason, 2005; Dick e outros, 2005). Não importa quanto tempo você converse com um cão, ele não aprenderá a falar, porque ele não tem a capacidade biológica humana para a linguagem. Infelizmente, porém, algumas crianças falham em desenvolver boas habilidades de linguagem, mesmo na presença de interação e modelos muito bons. Uma visão interacionista enfatiza as contribuições biológicas e também a experiência no desenvolvimento da linguagem. Isto é, as crianças são biologicamente preparadas para aprender a linguagem enquanto interagem com seus cuidadores.

Tanto influências biológicas quanto ambientais exercem um papel importante no desenvolvimento da linguagem da criança.

Diversidade e educação
Tradições da linguagem afro-americana e pobreza

Shirley Heath (1989) examinou as tradições lingüísticas de afro-americanos em ambientes de baixa renda. Ela traçou alguns aspectos do inglês afro-americano na época da escravidão. Heath também examinou como esses padrões de fala foram trazidos até o inglês afro-americano de hoje. Ela descobriu que áreas agricultoras no sul dos Estados Unidos têm uma tradição oral especialmente rica.

Especificamente, ela descobriu que os adultos não simplificam ou editam suas conversas com as crianças, desafiando-as a serem ouvintes altamente ativos. E, ainda, que os adultos fazem apenas "*perguntas reais*" às crianças – isto é, perguntas que os adultos ainda não sabem as respostas. Os adultos também fazem um tipo de provocação à crianças, estimulando-as a utilizar sua capacidade de comunicação. Por exemplo, uma avó pode fingir que quer pegar o chapéu de uma criança. Então, ela começa uma troca animada, em que a criança tem que entender muitas sutilezas de argumento, espírito e humor: A vovó quer mesmo meu chapéu? Ela está brava comigo? Ela está fazendo uma brincadeira? Posso convencê-la a devolver o chapéu? Finalmente, há uma apreciação da capacidade e da flexibilidade com que a linguagem é utilizada, assim como o conhecimento das diferenças individuais – uma pessoa pode ser respeitada pelo dom de recontar histórias, outra de negociar e ter capacidade de conciliação.

Heath afirma que a tradição da linguagem descrita por ela possui uma rica variação, é cognitivamente exigente e é aplicável a muitas situações reais da vida. Ela diz que as tradições literárias e orais entre os afro-americanos pobres nas cidades são adequadas a muitas situações de emprego. Há alguns anos, muitos empregos nas cidades exigiam que a pessoa seguisse orientação para desempenhar tarefas repetitivas. Hoje em dia, muitas posições exigem interações contínuas envolvendo uma considerável flexibilidade na linguagem, assim como habilidade de persuadir os colegas ou de expressar sua insatisfação.

Apesar de sua utilidade em muitas situações de emprego, a rica tradição da linguagem que os afro-americanos de baixa renda possuem não satisfaz as prioridades educacionais das escolas da nação norte-americana. Freqüentemente, as escolas dão ênfase à memorização, minimizando a interação do grupo e desencorajando as variações individuais no estilo de comunicação. Além disso, a tradição lingüística da cultura afro-americana está morrendo rapidamente em virtude da vida atual dos afro-americanos, cuja estrutura de baixa renda, geralmente pais solteiros, fornece pouca estimulação verbal para as crianças.

Uma mãe concordou que a pesquisadora Heath gravasse suas interações com seus filhos por mais de dois anos e registrasse suas atividades com eles. Com mais de 500 horas de gravação e mais de mil linhas de anotações, a mãe iniciou uma conversa com seus três filhos pré-escolares em apenas 18 ocasiões (que não fosse uma ordem breve ou uma pergunta rápida). Poucas conversas das mães envolvem planejamento ou execução de ações com ou para seus filhos.

Heath (1989) aponta que a falta do apoio da família e da comunidade é muito comum nas áreas de moradias urbanas, especialmente entre os afro-americanos. A decadência e as condições de pobreza dessas áreas impedem que as crianças pequenas desenvolvam as habilidades de linguagem de que elas precisam para funcionar de maneira competente.

Dentro ou fora da escola, estimular o desenvolvimento da linguagem, e não o exercício e a prática, é a chave (Hiebert e Kamil, 2005; Oates e Grayson, 2004). O desenvolvimento da linguagem não envolve simplesmente ser recompensado por falar corretamente e imitar um falante. As crianças são beneficiadas quando seus pais e professores as envolvem ativamente na conversação, fazem perguntas e enfatizam a linguagem interativa mais do que diretiva. Você pode ler sobre como as condições de pobreza urbana podem restringir o desenvolvimento da linguagem de crianças afro-americanas na seção Diversidade e educação.

Como a linguagem se desenvolve

Quais são os principais marcos no desenvolvimento da linguagem? Vamos examinar esses marcos na infância, na primeira infância, na infância intermediária, na infância final e na adolescência.

Infância   A aquisição da linguagem se processa com um grande número de marcos durante a infância (Edwards, 2004; Waxman e Lidz, 2006). Como nosso foco principal neste texto são os adolescentes e as crianças, e não os bebês, vamos apenas descrever alguns dos muitos marcos da linguagem na infância. O balbuciar começa por volta dos 3 aos 6 meses. Os bebês dizem sua primeira palavra geralmente entre os 10 ou 13 meses. Aos 18 ou 24 meses, eles começam a juntar duas palavras. Nesse estágio em que falam duas palavras, eles entendem rapidamente a importância da linguagem na comunicação, criando frases como "Livro ali", "Meu doce", "Mamãe anda" ou "Dá papai".

Primeira infância   Assim que deixam o estágio das duas palavras, as crianças vão rapidamente para as combinações de três, quatro e cinco palavras. A transição das frases simples que expressam única proposição para sentenças complexas começa entre 2 ou 3 anos de idade e continua até os anos de ensino fundamental (Bloom, 1998).

A compreensão das crianças pequenas às vezes vai além de sua fala. Uma criança de 3 anos, que ri animadamente por causa de uma brisa de verão que bagunçou o seu cabelo e fez cócegas no seu rosto, comentou: "Eu fui brisada". Muitas esquisitices da linguagem das crianças pequenas soam como erros para os ouvintes adultos. Do ponto de vista das crianças, no entanto, elas não cometeram erros; suas frases representam o modo que a criança pequena percebe e compreende seu mundo nessa fase de seu desenvolvimento.

Vamos explorar as mudanças no sistema de cinco regras que descrevemos anteriormente – fonologia, morfologia, sintaxe, semântica e pragmática – durante a primeira infância. Em termos de fonologia, a maioria das crianças pré-escolares torna-se gradualmente mais sensível aos sons de palavras faladas (National Research Council – Conselho de Pesquisa Nacional, 1999). Elas percebem ritmos, gostam de poemas, inventam nomes bobos para as coisas substituindo um som por outro (como *bubblegum, bubblebum, bubbleyum*) e gesticulam com cada sílaba em uma frase.

Conforme as crianças deixam esse estágio de falar duas palavras, fica evidente que elas sabem regras morfológicas. As crianças começam a utilizar as formas de plural e possessivo dos substantivos (*cachorros, do cachorro*); colocar finais apropriados nos verbos (No inglês, -*s* quando é utilizada a terceira pessoa do singular, -*ed* para tempo passado e -*ing* para presente contínuo); utilizar preposições (*em, para*), artigos (*a, um*) e várias formas do verbo *to be* ("I *was going* to the store"). Na verdade, ela *generaliza* em excesso essas regras, aplicando-as em palavras nas quais as regras não se aplicam. Por exemplo, uma criança pré-escolar pode dizer "foots" em vez de "feet" ou "goed" em vez de "went".

A compreensão que as crianças têm das regras morfológicas foi alvo de um experimento clássico do pesquisador de linguagem das crianças Jean Berko (1958). Berko presenteou crianças pré-escolares e do primeiro ano escolar com cartões como o mostrado na Figura 2.17. O pesquisador pediu a elas que olhassem para o cartão, enquanto ele lia em voz alta as palavras escritas ali. Então, ele pediu que as crianças colocassem a palavra que faltava. Isso pode parecer fácil, mas Berko não estava interessado apenas na capacidade das crianças de recolocar a palavra certa, mas também na capacidade de pronunciá-la "corretamente", com a terminação que era ditada pelas regras morfológicas. *Bizus* é a resposta correta para o cartão da Figura 2.17. Apesar de as crianças não terem sido perfeitamente precisas, o resultado foi melhor do que se esperava. Além disso, demonstraram seu conhecimento sobre as regras morfológicas não apenas com a forma plural dos substantivos ("Existem dois bizus"), mas também com as formas possessivas dos substantivos e com a terceira pessoa do singular e o tempo passado dos verbos.

O que torna o estudo de Berko impressionante é que todas as palavras eram *fictícias*, foram criadas especialmente para o experimento. Portanto, as crianças não podiam basear suas respostas em lembranças de palavras que ouviram no passado. Ao contrário, foram forçadas a confiar nas regras. O estudo de Berko demonstrou que as crianças não só contavam com as *regras*, como também as tinham *abstraído* daquilo que já haviam ouvido e podiam aplicá-las em situações simuladas.

FIGURA 2.17 **Estímulos no estudo de Berko sobre a compreensão de regras morfológicas por crianças pequenas.**

No estudo de Jean Berko (1958), crianças pequenas recebiam cartões como esse com o "bizu". Então, pedia-se que elas colocassem a palavra que faltava e a pronunciassem corretamente. "Bizus" é a resposta correta aqui.

Crianças pré-escolares também aprendem e aplicam regras de sintaxe (Marchman e Thal, 2005; Tomasello, 2006). Após passar do estágio das duas palavras, a criança mostra um domínio crescente de regras complexas sobre como as palavras devem ser ordenadas. Considere perguntas feitas com "que" e "onde", como "Onde o papai está indo?" ou "O que aquele garoto está fazendo?". Para fazer essas perguntas corretamente, a criança deve conhecer duas diferenças importantes entre frases interrogativas e frases afirmativas (por exemplo, "Papai está indo para o trabalho" e "O garoto está esperando o ônibus escolar"). Em primeiro lugar, as palavras interrogativas, na língua inglesa, são colocadas no início da sentença. Em segundo, ainda na língua inglesa, o verbo auxiliar deve ser invertido – isto é, deve ser trocado com o sujeito da sentença. Crianças pequenas aprendem bem cedo onde colocar a palavra interrogativa, mas elas levam muito mais tempo para aprender a regra de inversão do auxiliar na língua inglesa. Dessa forma, crianças pré-escolares podem perguntar "Onde indo o papai está ?" ou "O que fazendo aquele garoto está?"

O conhecimento das crianças sobre a semântica ou o significado também avança rapidamente na primeira infância (Hiebert e Kamil, 2005). O vocabulário verbal de uma criança de seis anos de idade varia de 8 mil a 14 mil palavras. Considerando que a aprendizagem das palavras começou quando ela tinha 12 meses, isso traduz uma proporção de 5 a 8 novos significados de palavras por dia, entre um e seis anos de idade. Para ler sobre estratégias de uso da tecnologia para melhorar o vocabulário das crianças, veja o quadro Tecnologia e educação.

Mudanças substanciais em pragmática também ocorrem durante a primeira infância. Uma criança de seis anos é muito mais falante do que uma de dois anos. Quais são algumas das mudanças na pragmática que acontecem nos anos pré-escolares? Por volta dos três anos de idade, as crianças melhoram sua habilidade em conversar sobre coisas que não estão fisicamente presentes. Isto é, elas melhoram seu domínio sobre a característica da linguagem conhecida como *deslocamento*. As crianças tornam-se cada vez mais distantes do "aqui e agora" e são capazes de conversar sobre coisas que não estão fisicamente presentes, assim como sobre coisas que aconteceram no passado ou podem acontecer no futuro. Pré-escolares podem dizer o que querem almoçar amanhã, algo que não seria possível no estágio das duas palavras na infância. Crianças pré-escolares também se tornam cada vez mais capazes de conversar de modos diferentes com pessoas diferentes.

Infância intermediária e infância final Os avanços na linguagem que ocorrem na primeira infância formam a base para o desenvolvimento posterior, nos anos de ensino fundamental. Conforme entram na escola, as crianças ganham novas habilidades que tornam possível para elas aprender a ler e escrever. Isso inclui o uso cada vez mais freqüente de linguagem de forma deslocada, aprendendo o que é uma palavra e como reconhecer e conversar sobre os sons (Berko Gleason, 2004). Elas têm que aprender o princípio do alfabeto, que as letras do alfabeto representam os sons da linguagem. Conforme a criança se desenvolve durante a infância intermediária e a infância final, as mudanças no vocabulário e na gramática ganham lugar.

O desenvolvimento do vocabulário continua em passo acelerado para a maioria das crianças durante os anos de ensino fundamental. Após cinco anos de aprendizagem de vocabulário, uma criança de seis anos não diminui o ritmo. De acordo com algumas estimativas, crianças pré-escolares nos Estados Unidos aprendem uma impressionante proporção de 22 palavras por dia! Uma criança comum de 12 anos nos Estados Unidos desenvolveu um vocabulário verbal de aproximadamente 50 mil palavras.

Mudanças posteriores na semântica ocorrem nos anos de ensino fundamental. Crianças pré-escolares geralmente respondem com uma palavra que segue a palavra-estímulo em uma sentença. Por exemplo, quando pedem para responder à palavra *cão*, a criança pequena pode dizer *latido*; para a palavra *comer*, *almoço*. Mas aos sete anos de idade, uma criança pode começar a responder com uma palavra que faz parte da mesma fala que a palavra-estímulo. Por exemplo, a criança agora pode responder à palavra *cão* com *gato* ou *cavalo*. Para *comer*, uma criança de sete anos pode dizer *beber*. Isso é uma evidência de que as crianças agora começaram a categorizar seu vocabulário por partes do discurso (Berko Gleason, 2004).

Durante os anos de ensino fundamental, as crianças tornam-se cada vez mais capazes de compreender e de utilizar gramática complexa – por exemplo, sentenças afirmativas como *O garoto beijou sua mãe que usava um chapéu*. Elas também aprendem a utilizar a linguagem de forma mais conectada. Agora, elas podem produzir discursos conectados, relacionando sentenças conectadas uma a outra e produzir descrições, definições e narrativas que se compõem e fazem sentido. As crianças devem ser capazes de realizar tudo isso oralmente, antes que se espere que o façam na escrita.

Tecnologia e educação
Tecnologia e desenvolvimento do vocabulário das crianças

Aqui estão três maneiras de apoiar o desenvolvimento do vocabulário das crianças utilizando três tipos de tecnologia (Miller, 2001).

Computadores

CD-ROMs de histórias podem promover o desenvolvimento do vocabulário, especialmente quando há uma opção on-line para os estudantes encontrarem o significado de palavras desconhecidas. A utilização do computador para ouvir e assistir a histórias pode fazer parte das atividades realizadas nos centros de leitura dos estudantes, das lições de leitura ou ser uma opção para o tempo livre. A aprendizagem de novas palavras poderá ser aperfeiçoada se o professor planejar um modo que faça com que os estudantes se mantenham informados sobre novas palavras. Por exemplo, os estudantes podem guardar as palavras novas em um arquivo para referências futuras.

Uma análise dos softwares para desenvolvimento de vocabulário das crianças forneceu o seguinte guia de procedimento (Wood, 2001):

1. *Relacione o novo ao conhecido.* Novas palavras de vocabulário são apresentadas para melhorar o conhecimento de palavras previamente adquiridas; os estudantes são incentivados a mapear os novos significados das palavras dentro de suas próprias experiências.

2. *Promova o processamento profundo e ativo.* Os estudantes são motivados a construir os significados das palavras, em vez de aprender através da memorização rotineira de seu significado. Isso envolve introduzir um sinônimo para a nova palavra ou mostrar como ela se relaciona em um contexto específico; ajudar os estudantes a aplicar sua compreensão da palavra em um contexto específico; e os desafiar a utilizá-la palavra em situações simuladas para ilustrar sua compreensão do significado.

3. *Estimule a leitura.* A leitura promove o desenvolvimento do vocabulário. É importante que o software motive os estudantes a estender sua aprendizagem através da leitura, para promover o vocabulário.

Livros em áudio

Os professores podem criar centros de áudio como apoio para o desenvolvimento do vocabulário. Centros de áudio devem incluir gravadores, fones, livros em áudio e literatura correspondente. Os livros em áudio podem ser utilizados para suplementar os materiais impressos, para ouvir a dramatização das histórias e aumentar o interesse dos estudantes. Os livros em áudio podem beneficiar especialmente estudantes com necessidades especiais (Casbergue e Harris, 1996). Por exemplo, os estudantes cuja língua materna não é o inglês podem utilizar fitas para melhorar o desenvolvimento do vocabulário, leitura e pronúncia. Leitores com menos potencial podem usar fitas para contribuir com as discussões de literatura em sala de aula, mesmo que estejam lendo materiais menos complexos.

Televisão educativa

A televisão educativa pode ser uma ferramenta para ajudar as crianças a aprender o alfabeto, para que elas observem as pessoas utilizando vocabulário em diferentes contextos e para que ouçam histórias que as incentivem a ler essas histórias mais tarde (Comstock e Scharrer, 2006; Lesser, 1989). Um programa com essas características é o *Reading Rainbow,* apresentado na TV norte-americana. Foi descoberto, através de um estudo, que esse programa aumenta o vocabulário e a alfabetização das crianças (Wood e Duke, 1997). O programa ajuda as crianças a expandir seu vocabulário, introduzindo, em cada episódio, muitas palavras potencialmente desconhecidas, relacionando-as por tema, criando contextos ricos para o seu uso, explicando de forma clara e direta o significado das novas palavras e relacionando-as em forma de brincadeira.

O conhecimento metalingüístico também melhora consideravelmente durante os anos de ensino fundamental. **Conhecimento metalingüístico** refere-se ao conhecimento da linguagem, o que permite às crianças "pensar sobre sua linguagem, entender o que são as palavras e até defini-las" (Berko Gleason, 2005, p. 4). *Metacognição*, que discutiremos em profundidade no Capítulo 8, "A abordagem do processamento de informações", é cognição sobre cognição, ou saber sobre saber. Conhecimento metalingüístico é essencialmente a cognição sobre a linguagem.

No ensino fundamental, definir as palavras faz parte regular do curso em sala de aula e as crianças aumentam seu conhecimento de sintaxe ao estudar e conversar sobre os componentes das sentenças, como os sujeitos e os verbos (Ely, 2005). As crianças também fazem progressos na compreensão de como utilizar a linguagem de maneira culturalmente apropriada – pragmática.

conhecimento metalingüístico
Conhecimento da linguagem.

> ## Boas práticas
> ### Estratégias para o desenvolvimento do vocabulário
>
> Na discussão sobre desenvolvimento semântico, descrevemos os ganhos impressionantes de vocabulário obtidos durante a primeira infância, a infância intermediária, a infância final e a adolescência. De qualquer forma, há algumas variações individuais significativas de vocabulário entre as crianças, e um bom vocabulário contribui de maneira importante para o sucesso escolar. Por exemplo, um estudo recente descobriu que o desenvolvimento de vocabulário traz importantes contribuições para a compreensão de leitura dos alunos de segundo ano (Berninger e Abbott, 2005). Outras pesquisas também descobriram que o vocabulário exerce um papel importante na compreensão de leitura e no sucesso escolar (Paris e Paris, 2006; Snow e Kang, 2006). Complementando o que foi descrito no quadro Tecnologia e educação, aqui estão mais algumas estratégias para melhorar o vocabulário dos estudantes:
>
> #### Educação infantil
>
> 1. *Explique o novo vocabulário através dos livros que você lê para crianças pequenas.*
> 2. *Nomeie e descreva todas as coisas em sala de aula.*
> 3. *Na conversa do dia-a-dia com as crianças, introduza e elabore palavras que elas provavelmente desconhecem.* Essa atividade também pode ser adotada com crianças mais velhas.
>
> #### Ensino fundamental e ensino médio
>
> 1. *Se os alunos tiverem deficiências severas em conhecimento de vocabulário, forneça intensa instrução de vocabulário.*
> 2. *Como regra, não introduza mais de 10 palavras por vez.*
> 3. *Dê aos estudantes a oportunidade de utilizar palavras em uma variedade de contextos.* Esses contextos podem incluir leitura em voz alta, preenchimento de lacunas em sentenças, atividades para ler e responder (os estudantes lêem histórias curtas, artigos de informação sobre um tópico que inclui vocabulário-alvo e depois respondem questões sobre esses artigos).
> 4. *Escrever pode ajudar os estudantes a processar ativamente os significados das palavras.* Por exemplo, dê aos estudantes um tópico para escrever sobre a utilização de determinadas palavras do vocabulário (Fontes: Curtis e Longo, 2001; U.S. Departament of Education – Departamento de Educação Norte-americano, 2006).

Quando entram na adolescência, a maioria das crianças conhece regras para a utilização da linguagem nos contextos do dia-a-dia – isto é, o que é apropriado e o que não é para ser dito.

Adolescência O desenvolvimento da linguagem durante a adolescência inclui uma sofisticação da utilização das palavras. Conforme desenvolvem o pensamento abstrato, os adolescentes se tornam muito melhores em analisar a função que a palavra tem em uma sentença do que as crianças.

Os adolescentes também desenvolvem uma habilidade sutil com as palavras. Eles dão um grande passo no entendimento de *metáforas*, que é uma comparação implícita entre coisas distintas. Por exemplo, diz-se que uma campanha política é uma maratona, não uma corrida. Os adolescentes tornam-se mais capazes de compreender e utilizar a *sátira*, que é uma forma de ironia, de menosprezo ou de perspicácia para expor loucuras e perversões. Caricaturas são um exemplo de sátira. O pensamento lógico mais avançado também permite aos adolescentes, dos 15 aos 20 anos, compreender trabalhos literários complexos.

A maioria dos adolescentes também escreve melhor do que as crianças. Eles são melhores em organizar idéias antes de escrever, em distinguir entre pontos gerais e específicos ao escrever, em ordenar as sentenças para fazer sentido e em organizar seu texto em introdução, corpo e conclusão.

Durante a adolescência, a fala muda todos os dias e "uma das condições para o adolescente ser bem-sucedido é ser capaz de conversar como um" (Berko Gleason, 2005, p. 9). Jovens adolescentes normalmente falam um dialeto com seus colegas que é caracterizado por jargões e gírias (Cave, 2002). Um *dialeto* é uma variância da linguagem, distinto por seu vocabulário, gramática ou pronúncia. Apelidos satíricos e zombeteiros ("perna de pau", "esquisitão", "doido") fazem parte do dialeto de muitos jovens adolescentes. Eles podem utilizar esses rótulos para mostrar que pertencem a um grupo e para reduzir a seriedade de uma situação (Cave, 2002).

Reveja, reflita e pratique

3 Identificar as principais características da linguagem, as influências biológicas e ambientais sobre a linguagem e o crescimento característico da linguagem da criança.

Reveja

- O que é linguagem? Descreva estas cinco características da linguagem falada: fonologia, morfologia, sintaxe, semântica e pragmática.
- Qual evidência apóia a idéia de que os humanos são predestinados a aprender a linguagem? Qual evidência apóia a importância dos fatores ambientais?
- Por quais marcos a criança passa durante o curso de aprendizagem da linguagem e quais são as idades típicas desses marcos?

Reflita

- Como os professores têm encorajado ou desencorajado seu próprio domínio da linguagem? Quais experiências contribuem mais para expandir suas habilidades de linguagem?

Pratique PRAXIS™

1. Josh desenvolveu um vasto vocabulário. Qual dos seguintes sistemas de linguagem reflete isso?
   a. Semântica.
   b. Pragmática.
   c. Sintaxe.
   d. Morfologia.
2. Crianças criadas isoladas do contato humano normalmente apresentam deficiências de linguagem extremas e duradouras que dificilmente são superadas pela exposição à linguagem mais tarde. Essa evidência apóia qual aspecto do desenvolvimento da linguagem?
   a. Biológica.
   b. Ambiental.
   c. Interacionista.
   d. Pragmática.
3. Tamara está analisando os pássaros que ela viu voando sobre sua vizinhança. Ela diz: "Nós vimos um bando de gansos". Se o desenvolvimento da linguagem de Tamara é normal para sua idade, quantos anos Tamara têm?
   a. 2 anos.
   b. 4 anos.
   c. 6 anos.
   d. 8 anos.

Por favor, verifique as respostas no final do livro.

Desvende o caso
O caso da resenha do livro

O Sr. Johnson pediu a seus estudantes, do último ano do ensino médio de uma escola pública norte-americana, que lessem dois livros durante o semestre que tivessem "algo relacionado a sistemas políticos ou governo" e escrevessem uma breve resenha sobre cada um dos livros escolhidos.

Cindy, uma estudante da sala, escolheu ler *1984* e *Revolução dos Bichos*, ambos de George Orwell. *1984* é um livro sobre o que poderia acontecer no ano "futuro" de 1984, dadas certas decisões políticas anteriores. Em essência, o mundo torna-se um lugar terrível, em que um "Big Brother" monitora todas as ações dos indivíduos através de telas parecidas com as de televisão. Infringir qualquer regra resulta em severas punições. *Revolução dos Bichos* é um romance breve sobre sistemas políticos nos quais os personagens são retratados como animais da fazenda, como porcos e cachorros. Cindy gostou dos dois livros e terminou a resenha antes do segundo semestre. Suas resenhas foram diferenciadas, refletindo o simbolismo contido nos romances e as implicações sobre o governo atual.

Lucy, uma amiga de Cindy, deixou para ler seu primeiro livro em cima da hora. Ela sabia que Cindy tinha gostado de ler sobre o governo e já tinha terminado sua resenha. Lucy perguntou a Cindy se ela sabia de algum "livro bem pequenininho" que ela pudesse ler para concluir a tarefa. Cindy emprestou de bom grado seu exemplar de *Revolução dos Bichos* para a amiga, mas quando Lucy começou a ler o livro, ela se perguntou por que Cindy tinha dado esse livro para ela. Não parecia se encaixar nos requisitos da tarefa.

No dia anterior ao da entrega dos trabalhos, o Sr. Johnson ouviu as garotas conversando. Lucy reclamou para Cindy "Não entendo. É uma história sobre porcos e cachorros".

Cindy respondeu "Eles não são realmente animais de fazenda. É uma história sobre promessas do comunismo e o que aconteceu na União Soviética quando os comunistas tomaram conta. É uma ótima história! Você não percebe? Os porcos simbolizam o regime comunista que derrotou os czares durante a Revolução Russa. Eles fizeram todo tipo de promessa sobre igualdade para todos. As pessoas uniam-se a eles, pois estavam extremamente cansadas da riqueza e do poder que os cercavam, enquanto elas morriam de fome. Assim que os czares foram eliminados, os comunistas estabeleceram um novo governo, mas não mantiveram suas promessas e controlaram tudo. Lembra, no livro, quando os porcos se mudam para a casa e começam a andar sobre duas pernas? Isso deve ser quando os líderes comunistas começaram a agir exatamente como os czares. Eles até criaram uma força política secreta – os cachorros na história. Lembra como eles intimidavam os outros animais? Igualzinho à política secreta na União Soviética".

Lucy comentou "Eu continuo não entendendo. Como um porco ou um cachorro pode ser um comunista ou um tira? Eles são só animais".

Cindy olhou abismada para a amiga. Como ela podia *não* entender o livro? Era tão óbvio.

1. Valendo-se da teoria de Piaget, explique como Cindy compreendeu o livro.
2. Com base na teoria de Piaget, explique por que Lucy não entendeu o livro.
3. O que o Sr. Johnson poderia fazer para ajudar Lucy a entender o livro?
4. Como o Sr. Johnson poderia ter passado essa tarefa de uma forma diferente, para que Lucy não tivesse que se apressar com o livro?
5. Em qual estágio de desenvolvimento cognitivo de Piaget Cindy está operando?
   a. sensório-motor
   b. pré-operacional
   c. operacional concreto
   d. lógico-formal
   Explique sua escolha.
6. Em qual estágio de desenvolvimento cognitivo de Piaget Lucy está operando?
   a. sensório-motor
   b. pré-operacional
   c. operacional concreto
   d. lógico-formal
   Explique sua escolha.

Atingindo seus objetivos de aprendizagem
Desenvolvimento cognitivo e de linguagem

1 **Uma visão geral do desenvolvimento da criança:** Definir desenvolvimento e explicar os principais processos, períodos e questões de desenvolvimento, assim como relaionar desenvolvimento e educação.bem

Explorando o que é desenvolvimento

Desenvolvimento é um padrão de mudanças biológicas, cognitivas e socioemocionais que começam na concepção e continuam durante toda a vida. A maior parte do desenvolvimento envolve crescimento, embora por fim também envolva decadência (morte). Quanto mais você aprende sobre o desenvolvimento da criança, mais compreende qual o nível mais apropriado para ensiná-la. A infância fornece a base para os anos adultos.

Processos e períodos

Desenvolvimento é o produto de processos biológicos, cognitivos e socioemocionais, que geralmente estão relacionados. Os períodos de desenvolvimento incluem a infância, a primeira infância, a infância intermediária, a infância final, a adolescência e a idade adulta inicial.

Questões sobre o desenvolvimento

A questão do inato-aprendido discute em que medida o desenvolvimento é influenciado principalmente pela natureza (herança biológica) ou pelo meio (experiência). Alguns desenvolvimentalistas descrevem o desenvolvimento como contínuo (mudanças gradativas e cumulativas), outros o descrevem como descontínuo (uma seqüência de estágios abruptos). A questão da experiência inicial-final discute se as experiências iniciais (especialmente as da infância) são mais importantes para o desenvolvimento do que as experiências finais. A maioria dos desenvolvimentalistas reconhece que é insensato defender uma posição extrema em defesa da natureza ou do meio, da continuidade ou da descontinuidade, das experiências iniciais ou finais. Apesar desse consenso, essas questões continuam sendo debatidas.

Desenvolvimento e educação

Ensino apropriado ao desenvolvimento ocorre em um nível que não pode ser nem muito difícil ou estressante, nem deve ser fácil ou entediante para o nível de desenvolvimento da criança. Desenvolvimento irregular ocorre quando há desigualdades consideráveis no desenvolvimento em diferentes domínios.

2 **Desenvolvimento cognitivo:** Discutir o desenvolvimento do cérebro e comparar as teorias de desenvolvimento cognitivo de Jean Piaget e Lev Vygotsky.

O cérebro

Uma parte especialmente importante do crescimento é o desenvolvimento do cérebro e do sistema nervoso. A mielinização que envolve a coordenação viso-manual não está completa antes dos quatro anos de idade e a que envolve o foco de atenção não está completa antes dos dez anos de idade. Ramificações sinápticas substanciais das conexões cerebrais ocorrem e o nível adulto de densidade de conexões sinápticas não é concluído antes de certo ponto da adolescência. Regiões diferentes do cérebro crescem em proporções diferentes. Pesquisadores descobriram recentemente uma disjunção entre o desenvolvimento inicial da amígdala (que é responsável pela emoção) e o desenvolvimento final do córtex pré-frontal (que é responsável pelo raciocínio e pensamento). Eles argumentam que essas mudanças no cérebro podem ajudar a explicar o comportamento de risco e a falta de julgamento maduro nos adolescentes. Ocorre a lateralidade em algumas funções verbais e não-verbais, mas em muitas situações o funcionamento dessas funções é relacionado a ambos os hemisférios. Há uma considerável plasticidade no cérebro e a qualidade dos ambientes de aprendizagem que as crianças experienciam influencia o desenvolvimento de seu cérebro. Pouco se conhece sobre a relação entre neurociência e educação e os efeitos dessa relação têm sido muito explorados.

continua

continuação

A teoria de Piaget

Jean Piaget propôs uma grande teoria sobre o desenvolvimento cognitivo das crianças, que envolve estes importantes processos: esquemas, assimilação e acomodação, organização e equilíbrio. Em sua teoria, o desenvolvimento cognitivo desdobra-se em uma seqüência de quatro estágios: sensório-motor (do nascimento até os dois anos de idade), pré-operacional (por volta dos dois até os sete anos de idade), operacional concreto (por volta dos sete até os onze anos de idade) e lógico-formal (por volta dos onze até os quinze anos de idade). Cada estágio é um avanço qualitativo. No estágio sensório-motor, a criança constrói um entendimento do mundo, coordenando experiências sensoriais com ações motoras e conquistando permanência do objeto. O pensamento é mais simbólico no estágio pré-operacional, embora a criança ainda não tenha dominado algumas operações mentais importantes. O pensamento pré-operacional inclui o subestágio de função simbólica e de pensamento intuitivo. Egocentrismo, animismo e centração são restrições. No estágio operacional concreto, as crianças conseguem realizar operações e o pensamento lógico substitui o pensamento intuitivo quando o raciocínio pode ser aplicado a exemplos específicos ou concretos. Classificação, seriação e transitividade são habilidades operacionais concretas importantes. No estágio lógico-formal, o pensamento é mais abstrato, idealista e lógico. O raciocínio hipotético-dedutivo torna-se importante. O egocentrismo caracteriza muitos jovens adolescentes. Devemos a Piaget uma longa lista de conceitos magistrais, assim como a visão atual de que a criança é um pensador ativo e construtivo. Críticas de sua visão focam a competência da criança, os estágios, o treinamento da criança para raciocinar em um nível cognitivo mais alto, e a crítica dos neopiagetianos é sobre o fato de não haver precisão no que diz respeito a como a criança aprende.

A teoria de Vygotsky

Lev Vygotsky propôs outra grande teoria sobre desenvolvimento cognitivo. A visão de Vygotsky enfatiza que as habilidades cognitivas precisam ser interpretadas desenvolvimentalmente, são mediadas pela linguagem e têm suas origens nas relações sociais e na cultura. Zona de desenvolvimento proximal (ZDP) é o termo de Vygotsky para uma amplitude de tarefas que são muito difíceis para a criança dominar sozinha, mas que podem ser aprendidas com a orientação e a assistência de adultos e de crianças mais habilidosas. Andaimes e diálogo são conceitos importantes na teoria de Vygotsky. Ele acreditava também que a linguagem exerce um papel importante na orientação da cognição. Aplicações das idéias de Vygotsky à educação incluem a utilização da zona de desenvolvimento proximal da criança e andaimes, a utilização de colegas habilidosos como professores, o monitoramento e encorajamento do uso da fala privada e a avaliação precisa da zona de desenvolvimento proximal. Essas práticas podem transformar a sala de aula e estabelecer um contexto significativo para a instrução. Como Piaget, Vygotsky enfatiza que a criança constrói ativamente seu entendimento do mundo. Ao contrário de Piaget, ele não propôs estágios de desenvolvimento cognitivo e enfatiza que a criança constrói o conhecimento através de interação social. Na teoria de Vygotsky, as crianças dependem de ferramentas fornecidas pela cultura, o que determina quais habilidades elas irão desenvolver. Algumas críticas dizem que Vygotsky superestimou o papel da linguagem.

3 Desenvolvimento da linguagem: Identificar as principais características da linguagem, as influências biológicas e ambientais sobre a linguagem e o crescimento característico da linguagem da criança.

O que é linguagem?

Linguagem é uma forma de comunicação, seja falada, escrita ou gesticulada, que é baseada em um sistema de símbolos. As linguagens humanas são infinitamente produtivas. Todas as linguagens humanas também têm regras organizacionais de fonologia, morfologia, sintaxe, semântica e pragmática. Fonologia é o sistema de sons de uma linguagem; morfologia refere-se a unidades de significado envolvendo a formação de palavras; sintaxe envolve as maneiras como as palavras devem ser combinadas para formar frases e sentenças aceitáveis; semântica refere-se aos significados das palavras e sentenças; e pragmática descreve o uso apropriado da linguagem em diferentes contextos.

Influências biológicas e ambientais

As crianças são biologicamente preparadas para aprender a linguagem, conforme elas e seus responsáveis interagem. Alguns estudiosos da linguagem afirmam que uma forte evidência das bases biológicas da linguagem é o fato de que as crianças de todo o mundo alcançam marcos de linguagem aproximadamente na mesma idade, apesar das grandes diferenças em suas experiências ambientais. De qualquer maneira, as crianças não aprendem uma língua em um vácuo social. Elas são beneficiadas quando os pais e professores as envolvem ativamente na conversação, fazem perguntas e falam *com* elas, não apenas *para* elas. Em suma, a biologia e a experiência interagem para produzir o desenvolvimento da linguagem.

> Como a linguagem se desenvolve

A aquisição da linguagem avança por estágios. Balbuciar ocorre por volta dos três ou seis meses, a primeira palavra aos dez ou treze meses e o estágio das duas palavras, aos dezoito ou vinte e quatro meses. Assim que as crianças deixam o estágio das duas palavras, elas conseguem demonstrar que sabem regras morfológicas, como documentado no estudo de Berko Gleason. As crianças também fazem avanços em fonologia, sintaxe, semântica e pragmática. O desenvolvimento do vocabulário aumenta drasticamente durante os anos de ensino fundamental e, até o final desse período, a maioria das crianças consegue aplicar regras gramaticais corretamente. O conhecimento metalingüístico também avança nos anos de ensino fundamental. Na adolescência, as mudanças na linguagem incluem o uso mais eficiente das palavras, a melhora na capacidade de compreensão de metáforas, sátiras, trabalhos literários adultos e na escrita.

Termos-chave

desenvolvimento 28
questão inato-aprendido 30
questão continuidade-descontinuidade 30
questão experiência inicial-posterior 31
desenvolvimento irregular 32
lateralidade 36
esquemas 37
assimilação 37
acomodação 37
organização 38
equilíbrio 38
estágio sensório-motor 38
estágio pré-operacional 39
subestágio de função simbólica 39
subestágio de pensamento intuitivo 40
centração 41
conservação 41

estágio operacional concreto 42
seriação 43
transitividade 43
estágio lógico-formal 44
raciocínio hipotético-dedutivo 44
neopiagetianos 47
zona de desenvolvimento proximal (ZDP) 49
andaimes 49
abordagem socioconstrutivista 50
linguagem 54
fonologia 55
morfologia 55
sintaxe 55
semântica 56
pragmática 56
conhecimento metalingüístico 61

Pasta de atividades

Agora que você tem uma boa compreensão deste capítulo, faça os exercícios a seguir para ampliar seu entendimento.

Reflexão independente

1. Selecione a faixa etária das crianças que você pretende ensinar um dia. Faça uma lista das formas de pensar características dessa faixa etária, de acordo com a teoria de desenvolvimento cognitivo de Piaget. Liste outras características relacionadas às crianças com base em sua própria infância. Então, faça uma segunda lista de sua forma atual de pensar. Compare as listas. Em que pontos cognitivos importantes você e as crianças diferem? Que ajustes no pensamento você precisa fazer quando quer se comunicar com elas? Resuma seus pensamentos em uma breve redação.

2. Como o pensamento do estágio lógico-formal, em vez do operacional concreto, pode ajudar os estudantes a desenvolver melhores habilidades de estudo?

3. Das idéias relacionadas ao desenvolvimento da linguagem das crianças lidas neste capítulo, qual é a mais aplicável? Escreva a idéia em sua pasta e explique como você pode implementá-la em sua sala de aula.

Experiência de pesquisa/campo

4. Encontre um artigo sobre educação em uma revista ou na Internet que promova atividades sobre o domínio do hemisfério direito ou esquerdo do cérebro para a aprendizagem. Em uma breve redação, faça uma crítica a esse artigo com base naquilo que você leu sobre neurociência e educação do cérebro.

Vá até o Online Learning Center em www.mhhe.com/santedu3e para baixar modelos de pastas de documentos (material disponível em inglês).

CAPÍTULO 3
Contextos sociais e desenvolvimento socioemocional

No final, o poder por trás do desenvolvimento é a vida.

—Erik Erikson
Psicoterapeuta norte-americano, nascido na Europa, século 20

Tópicos do capítulo

Teorias contemporâneas
Teoria ecológica de Bronfenbrenner
Teoria do desenvolvimento de duração da vida de Erikson

Contextos sociais de desenvolvimento
Famílias
Pares
Escolas

Desenvolvimento socioemocional
O eu
Desenvolvimento moral

Objetivos de aprendizagem

1. Descrever duas perspectivas contemporâneas sobre o desenvolvimento socioemocional: a teoria ecológica de Bronfenbrenner e a teoria do desenvolvimento de duração da vida de Erikson.

2. Discutir como os contextos sociais de famílias, pares e escolas estão ligados ao desenvolvimento socioemocional.

3. Explicar estes aspectos do desenvolvimento socioemocional das crianças: auto-estima, identidade e desenvolvimento moral.

Histórias   Keren Abra

Os contextos socioemocionais da vida das crianças influenciam sua capacidade de aprender. Keren Abra leciona para o quinto ano em São Francisco, EUA. Uma estudante de sua turma, Julie, estava muito quieta nos últimos tempos, tão quieta que nas discussões em aula ela murmurava suas respostas. Seus pais, que haviam passado por um amargo divórcio, concordaram que Julie necessitava de um bom terapeuta.

Julie estava apresentando um rendimento significativamente baixo, estudando pouco e tirando notas baixas nos testes. Uma seqüência de notas baixas e trabalhos incompletos trouxe sua mãe à escola numa noite e seu pai na manhã seguinte, para falar com Keren. Posteriormente, naquela semana, Keren conversou com Julie, que parecia amedrontada. Seguem os comentários de Keren sobre sua conversa com Julie:

> Eu tinha alguns objetivos em mente. Essa criança precisava saber que ela era uma boa estudante, que era amada, que os adultos poderiam ser coerentes e responsáveis, e que ela não tinha que esconder e guardar segredos... Eu lhe disse que seus pais tinham vindo porque todos nós estávamos aflitos por causa dela e sabíamos que tínhamos que ajudá-la. Disse-lhe que seus pais a amavam muito e perguntei se ela sabia disso (ela e eu concordamos que ninguém é perfeito, muito menos os adultos com seus próprios problemas). Eu expliquei que um educador iria ajudá-la com seu trabalho... Disse a Julie o quanto eu gostava dela e expliquei como ela poderia se adiantar mais em aula.

A mudança não aconteceu da noite para o dia com Julie, mas ela passou a, cada vez mais, fitar-me nos olhos com um sorriso mais confiante. Ela passou a falar mais em aula e melhorou seus esforços na escrita. Seus melhores meses foram quando ela estava passando com um terapeuta e com um educador, embora suas notas permanecessem com altos e baixos. Ao final do ano letivo, Julie comentou que tanto ela como sua mãe perceberam que seu melhor rendimento aconteceu quando ela se sentiu apoiada e confiante. (para uma criança de 11 anos, esse discernimento é valioso.)

Introdução

O divórcio é apenas um dos muitos aspectos dos contextos sociais em que vivem as crianças que podem causar profundos efeitos sobre seu desempenho na escola. Mais adiante no capítulo, examinaremos o tópico do divórcio e forneceremos estratégias de ensino adicionais para ajudar os estudantes a lidar com o divórcio de seus pais. Neste capítulo, exploraremos como os pais acompanham as vidas de seus filhos e como o desenvolvimento das crianças é influenciado por sucessivas ondas de pares, amigos e professores. O pequeno mundo das crianças se amplia conforme elas se tornam estudantes e desenvolvem relacionamentos com muitas pessoas diferentes. Neste segundo capítulo sobre desenvolvimento, estudaremos esses mundos sociais e examinaremos o desenvolvimento socioemocional das crianças.

1 Teorias contemporâneas

- Teoria ecológica de Bronfenbrenner
- Teoria do desenvolvimento de duração da vida de Erikson

Uma série de teorias é relacionada ao desenvolvimento socioemocional das crianças. Neste capítulo, abordaremos duas teorias principais. A teoria ecológica de Bronfenbrenner e a teoria do desenvolvimento de duração da vida de Erikson. Essas duas teorias foram escolhidas pelo modo compreensível com que se relacionam aos contextos sociais nos quais a criança se desenvolve (Bronfenbrenner) e às maiores mudanças no desenvolvimento socioemocional da criança (Erikson). No Capítulo 7, discutiremos outras teorias – comportamental e sociocognitiva – que são relevantes ao desenvolvimento socioemocional.

Teoria ecológica de Bronfenbrenner

A teoria ecológica desenvolvida por Urie Bronfenbrenner (1917-2005) enfoca primariamente os contextos sociais nos quais as crianças vivem e as pessoas que influenciam seu desenvolvimento.

Cinco sistemas ambientais A **teoria ecológica** de Bronfenbrenner (1995, 2000, 2004; Bronfenbrenner e Morris, 1998, 2006) consiste em cinco sistemas ambientais que vão das interações interpessoais mais próximas a influências de cultura com base mais ampla. Os cinco sistemas são o microssistema, mesossistema, exossistema, macrossistema e cronossistema (veja a Figura 3.1).

Um *microssistema* é o ambiente em que o indivíduo gasta tempo considerável, tal como a família, os pares, a escola e a vizinhança do estudante. Dentro desses microssistemas, o indivíduo tem interações diretas com pais, professores, pares e outros. Para Bronfenbrenner, o estudante não é um receptor de experiências passivo, mas um ser que interage reciprocamente com outros e ajuda a construir o microssistema.

O *mesossistema* envolve ligações entre microssistemas. A relação entre experiências familiares e experiências escolares e entre família e pares é exemplo disso. Considere, como exemplo, este importante mesossistema: a relação entre escolas e famílias. Em um estudo com mil estudantes do oitavo ano, o impacto do envolvimento da família com as experiências em sala de aula sobre as atitudes e o rendimento dos estudantes foi examinado conforme os estudantes faziam a transição entre o último ano do ensino fundamental para o primeiro ano do ensino médio (Epstein, 1983). Os estudantes que tiveram maiores oportunidades de comunicação e de tomada de decisões, tanto em casa como em aula, demonstraram mais iniciativa e receberam melhores notas.

Em outro estudo sobre o mesossistema, que focava estudantes latinos e afro-americanos em áreas de baixa renda, os estudantes de ensino fundamental e ensino médio participaram de um programa projetado para estabelecer relacionamento de suas famílias, pares, escolas e trabalho dos pais (Cooper, 1995). Os estudantes comentaram que esse programa de grande alcance os ajudou a fazer uma ponte entre as lacunas de seus diferentes mundos sociais. Muitos dos estudantes viam suas escolas e vizinhos como contextos nos quais as pessoas esperavam que eles falhassem, engravidassem e deixassem a escola ou se comportassem de maneira delinqüente. Esse programa forneceu aos estudantes objetivos e expectativas morais para fazer "alguma coisa boa por seu povo", tal como trabalhar na comunidade e incentivar seus "irmãos" a ir para a faculdade.

O *exossistema* tem lugar quando as experiências em um outro ambiente (no qual o estudante não tem um papel ativo) influenciam a experiência de professores e estudantes no contexto imediato. Por exemplo, considere a escola e as comissões de supervisão de parques em uma comunidade. Elas têm um forte papel na determinação da qualidade das escolas, parques, instalações recreativas e bibliotecas. Suas decisões podem ajudar ou retardar o desenvolvimento de uma criança.

O *macrossistema* envolve a cultura mais ampla. *Cultura* é um termo muito amplo que inclui os papéis da etnicidade e os fatores socioeconômicos no desenvolvimento das crianças. É o contexto mais abrangente no qual estudantes e professores vivem, incluindo os valores sociais e os costumes (Cole, 2006; Greenfield, Suzuki e Rothstein-Finsch, 2006; Shweder e outros, 2006). Por exemplo, algumas culturas (como as dos países islâmicos – por exemplo, Egito ou Irã) enfatizam papéis tradicionais para os gêneros. Outras culturas (como as encontradas nos Estados Unidos) aceitam papéis mais variados para os gêneros. Na maioria dos países islâmicos, os sistemas educacionais promovem a dominância masculina. Nos Estados Unidos, as escolas têm confirmado cada vez mais o valor de oportunidades iguais para mulheres e homens.

O status socioeconômico, um importante aspecto da cultura, pode ter efeitos marcantes sobre o desempenho escolar dos estudantes. Por exemplo, a pobreza pode intimidar o desenvolvimento das crianças e prejudicar sua capacidade de aprender, embora algumas crianças em circunstâncias de empobrecimento sejam notavelmente flexíveis (McLoyd, 2005;

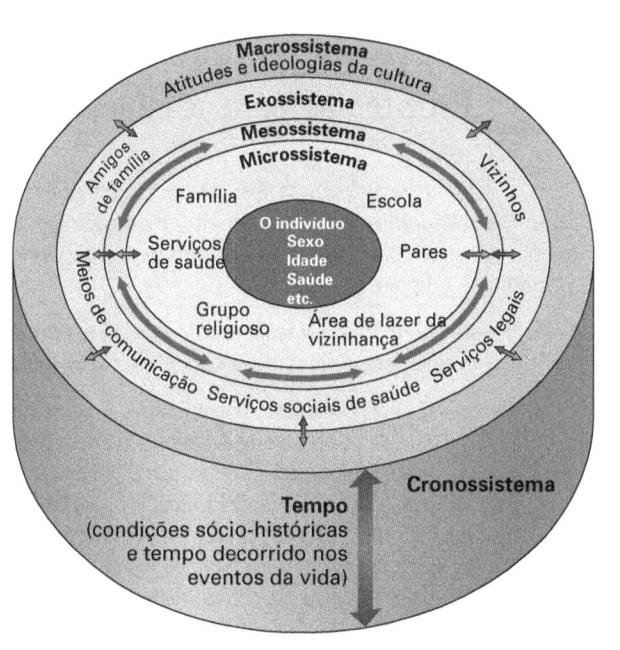

FIGURA 3.1 Teoria ecológica do desenvolvimento de Bronfenbrenner.

A teoria ecológica de Bronfenbrenner consiste em cinco sistemas ambientais: microssistema, mesossistema, exossistema, macrossistema e cronossistema.

Urie Bronfenbrenner desenvolveu a teoria ecológica, uma perspectiva que está recebendo cada vez mais atenção. *Qual é a natureza da teoria ecológica?*

teoria ecológica A teoria de Bronfenbrenner consiste em cinco sistemas ambientais: microssistema, mesossistema, exossistema, macrossistema e cronossistema.

Boas práticas
Estratégias para a educação de crianças com base na teoria de Bronfenbrenner

Imagine uma criança inserida em uma série de sistemas e influências ambientais. Isso inclui escolas e professores, pais e irmãos, a comunidade e a vizinhança, os pares e amigos, a mídia, a religião e a cultura.

1. *Preste atenção à relação entre escolas e famílias.* Construa essas relações através do alcance formal e informal.

2. *Reconheça a importância da comunidade, do status socioeconômico e da cultura no desenvolvimento da criança.* Esses contextos sociais mais amplos podem ter poderosa influência no desenvolvimento da criança (Greenfield, Suzuki e Rothstein-Fisch, 2006; Shweder e outros, 2006; Shriaev e Levy, 2007). A seguir, Juanita Kirton, diretora assistente da Gramercy School na cidade de Nova York, descreve o valor da comunidade para seus alunos.

Visão do professor
A comunidade está repleta de oportunidades de aprendizagem e suporte para os estudantes

A utilização do suporte da comunidade é muito importante e a cidade de Nova York está repleta de oportunidades. Por exemplo, eu tenho trabalhado bastante com a Biblioteca para Deficientes localizada em nossa vizinhança. Ela tem sido de grande valia ao fornecer livros em áudio para as crianças e ao emprestar à escola equipamentos especiais. Além disso, o corpo de bombeiros local tem sido visitado durante inúmeras viagens de campo – os bombeiros têm sido especialmente atenciosos com os alunos devido às suas variadas deficiências. O corpo de bombeiros também veio à escola, o que foi muito excitante para as crianças. Foi incrível observar a paciência que os bombeiros dispensaram aos alunos.

Muitas faculdades e universidades têm contribuído com artigos e têm enviado professores não-formados para visitar a escola. Doações feitas pela companhia norte-americana de brinquedos Hasbro durante as férias fizeram uma grande diferença na maneira como alguns estudantes e famílias passam suas férias. Nossos estudantes são muito visados na comunidade da cidade de Nova York, onde estamos situados. Isso ajuda nossos vizinhos a conhecer a equipe e as crianças, e cria um ambiente mais seguro.

McLoyd, Aikens e Burton, 2006; Ryan, Fauth e Brooks-Gunn, 2006). Falaremos muito mais sobre pobreza e educação no Capítulo 5, "Diversidade Sociocultural".

O *cronossistema* inclui as condições sócio-históricas do desenvolvimento dos estudantes. Por exemplo, a vida das crianças hoje difere em vários aspectos de quando seus pais e avós eram crianças. As crianças de hoje são mais facilmente cuidadas em creches, utilizam computadores, vivem em famílias divorciadas ou recasadas, têm menos contato com parentes fora de sua família imediata e crescem em novos tipos de cidades dispersas e desconcentradas que não são exatamente urbanas, rurais ou suburbanas.

Avaliando a teoria de Bronfenbrenner A teoria de Bronfenbrenner ganhou popularidade nos últimos anos. Ela fornece uma das poucas estruturas teóricas para examinar sistematicamente os contextos sociais nos dois níveis, micro e macro, unindo a lacuna entre as teorias comportamentais, que focam ambientes pequenos, e as teorias antropológicas, que analisam ambientes mais amplos. Sua teoria tem sido instrumento para mostrar como diferentes contextos da vida das crianças estão inter-relacionados. Conforme discutido anteriormente, os professores muitas vezes precisam considerar não apenas o que se passa em sala de aula, mas também aquilo que acontece nas famílias dos alunos, na vizinhança e nos grupos de amigos.

Críticos da teoria de Bronfenbrenner dizem que ela dá muito pouca atenção a fatores biológicos e cognitivos no desenvolvimento das crianças. Eles também apontam que a teoria não se refere às mudanças desenvolvimentais passo a passo, que são o foco de teorias tais como as de Piaget e Erikson.

Teoria do desenvolvimento de duração da vida de Erikson

Complementando a análise de Bronfenbrenner dos contextos sociais nos quais a criança se desenvolve e as pessoas que são importantes em suas vidas, a teoria de Erik Erikson (1902-1994) apresenta uma visão desenvolvimental da vida das pessoas em estágios. Vamos acompanhar a jornada de Erikson através da duração da vida humana.

Oito estágios do desenvolvimento humano   Na teoria de Erikson (1968), oito estágios de desenvolvimento socioemocional se desdobram conforme as pessoas passam pelo tempo de duração da vida humana (veja a Figura 3.2). Cada estágio consiste em uma tarefa desenvolvimental que confronta os indivíduos com uma crise. Para Erikson, cada crise não é uma catástrofe, mas um momento decisivo de crescente vulnerabilidade e potencial intensificado. Quanto mais êxito o indivíduo experimenta ao resolver cada crise que se apresenta, mais psicologicamente saudável ele estará. Cada estágio tem tanto lados positivos como negativos.

Confiança versus *desconfiança* é o primeiro estágio psicossocial de Erikson. Ocorre no primeiro ano de vida. O desenvolvimento da confiança requer uma criação afetuosa e educativa. O resultado positivo é uma sensação de conforto e medo mínimo. A desconfiança se desenvolve quando os bebês são tratados negativamente ou são ignorados.

Autonomia versus *vergonha e dúvida* é o segundo estágio psicossocial de Erikson. Ocorre na infância e com as crianças de um a três anos. Depois de ganhar a confiança em seus cuidadores, os bebês começam a descobrir que o comportamento deles é o seu próprio. Eles afirmam sua independência e compreendem sua vontade. Se os bebês são muito reprimidos ou se são punidos muito severamente, desenvolvem um senso de vergonha e dúvida.

Iniciativa versus *culpa* é o terceiro estágio psicossocial de Erikson. Corresponde à primeira infância, por volta dos três a cinco anos. Como as jovens crianças experimentam um mundo social mais amplo, são mais desafiadas que nós quando éramos crianças. Para enfrentar esses desafios, precisam se empenhar num comportamento ativo e determinado. Nesse estágio, os adultos esperam que as crianças se tornem mais responsáveis e exigem que elas assumam alguma responsabilidade no cuidado de seus corpos e de seus pertences. O desenvolvimento de um senso de responsabilidade aumenta a iniciativa. As crianças desenvolvem desconfortáveis sentimentos de culpa se têm comportamento irresponsável ou são deixadas muito ansiosas.

Diligência versus *inferioridade* é o quarto estágio psicossocial de Erikson. Corresponde aproximadamente aos anos do ensino fundamental, dos seis anos de idade até a puberdade ou o início da adolescência. A iniciativa das crianças faz com que elas tenham contato com uma riqueza de novas experiências. Ao entrarem para o ensino fundamental, direcionam sua energia para dominar o conhecimento e as habilidades intelectuais. Em nenhuma época as crianças são mais entusiasmadas com relação à aprendizagem do que ao final da primeira infância, quando sua imaginação é expansiva. O perigo dos anos do ensino fundamental é desenvolver um senso de inferioridade, improdutividade e incompetência.

Identidade versus *confusão de identidade* é o quinto estágio psicossocial de Erikson. Corresponde aos anos da adolescência. Os adolescentes tentam descobrir quem são, o que são e para onde estão indo na vida. Eles são confrontados com muitos novos papéis e status de adultos (tais como o vocacional e o amoroso). É preciso permitir que os adolescentes explorem diferentes caminhos para alcançar uma identidade saudável. Se os adolescentes não explorarem adequadamente diferentes papéis e não estabelecerem um caminho futuro positivo, poderão permanecer confusos sobre sua identidade.

Intimidade versus *isolamento* é o sexto estágio psicossocial de Erikson. Corresponde aos anos da juventude, dos 20 aos 30 anos. A tarefa desenvolvimental é estabelecer relacionamentos próximos positivos com os outros. Erikson descreve a intimidade como encontrar-se, mas perder-se em outra pessoa. O risco desse estágio é que se pode falhar ao estabelecer uma relação íntima com um companheiro amoroso ou amigo e se tornar socialmente isolado. Para tais indivíduos, a solidão pode se tornar uma nuvem negra sobre suas vidas.

Produtividade versus *estagnação* é o sétimo estágio psicossocial de Erikson. Corresponde aos anos da idade adulta média, dos 40 aos 50 anos. A produtividade significa transmitir algo positivo para a próxima geração. Isso pode envolver papéis como criação e ensino, através dos quais os adultos auxiliam a próxima geração a desenvolver vidas proveitosas. Erikson descreve a estagnação como a sensação de não ter feito nada para ajudar a próxima geração.

Integridade versus *desespero* é o oitavo e último estágio psicossocial de Erikson. Corresponde aos últimos anos da maturidade, dos 60 anos até a morte. Adultos idosos revêem suas vidas, refletindo sobre o que fizeram. Se a avaliação retrospectiva é positiva, desenvolvem um senso de integridade. Isso é, vêem sua vida como positivamente integrada e válida. Do contrário, os idosos ficam desesperados se seu olhar para trás é especialmente negativo.

Estágios de Erikson	Período do desenvolvimento
Integridade versus desespero	Maturidade (dos 60 anos em diante)
Produtividade versus estagnação	Idade adulta média (40, 50 anos)
Intimidade versus isolamento	Idade adulta primária (20, 30 anos)
Identidade versus confusão de identidade	Adolescência (dos 10 aos 20 anos)
Esforço versus inferioridade	Infância média e tardia (anos do ensino fundamental, dos 6 à puberdade)
Iniciativa versus culpa	Primeira infância (anos pré-escolares, dos 3 aos 5 anos)
Autonomia versus vergonha e dúvida	Infância (de 1 aos 3 anos)
Confiança versus desconfiança	Infância (primeiro ano)

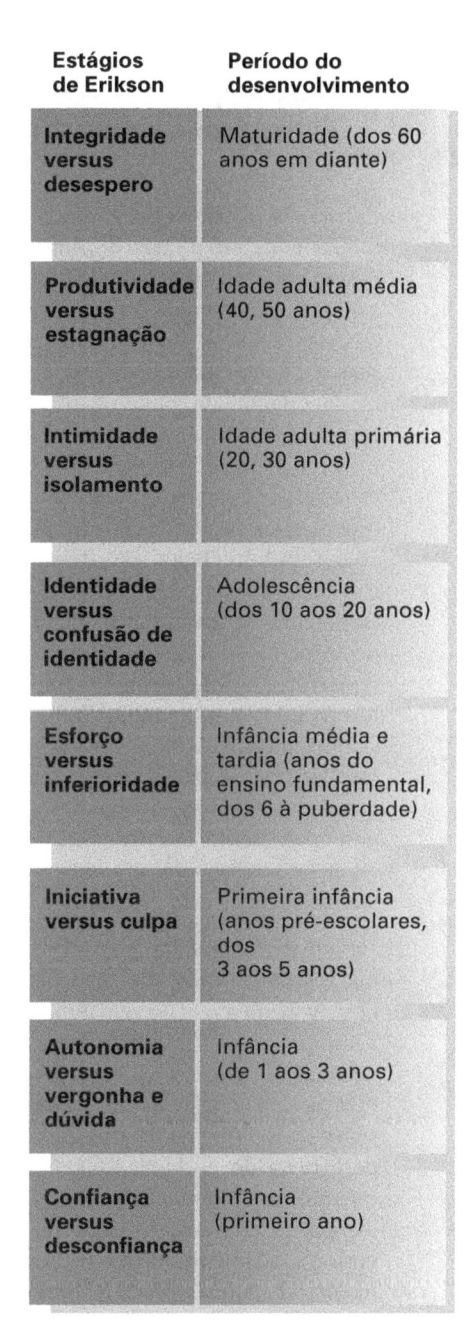

FIGURA 3.2 Os oito estágios de duração da vida de Erikson.

Boas práticas
Estratégias para a educação de crianças com base na teoria de Erikson

1. *Encoraje a iniciativa em crianças jovens.* As crianças na pré-escola e os programas de educação na primeira infância devem receber uma quantidade incrível de liberdade para explorar seu mundo. Devem escolher algumas das atividades nas quais possam se engajar e devem receber materiais excitantes para estimular sua imaginação. As crianças nesse estágio amam brincar. Isso não somente beneficia seu desenvolvimento socioemocional como também é um importante meio para seu crescimento cognitivo. Encoraje especialmente o jogo social com pares e jogos imaginários. Ajude as crianças a assumir responsabilidade em colocar de volta seus brinquedos e materiais no lugar depois de utilizá-los. As crianças podem ganhar uma planta ou uma flor para cuidarem e serem assistidas enquanto cuidam dela. A crítica deve ser mantida a um mínimo para que as crianças não desenvolvam altos níveis de culpa e ansiedade. As crianças jovens irão cometer muitos erros e muitos deslizes. Necessitam muito mais de bons modelos do que de duras críticas. Estruture suas atividades e o ambiente para o sucesso em vez do fracasso, dando-lhes tarefas apropriadas para seu desenvolvimento. Por exemplo, não frustre as jovens crianças mantendo-as sentadas por longos períodos de tempo fazendo tarefas acadêmicas com papel e lápis.

2. *Promova a atividade com crianças de ensino fundamental.* Os professores têm uma responsabilidade especial no desenvolvimento da atividade. A esperança de Erikson era a de que os professores pudessem fornecer uma atmosfera na qual as crianças se tornassem apaixonadas pela aprendizagem. Nas palavras de Erikson, os professores deveriam, suave mas firmemente, forçar as crianças na aventura da descoberta do que elas podem aprender ao realizar coisas que nunca pensaram que pudessem fazer. No ensino fundamental, as crianças têm sede de saber. A maioria chega ao ensino fundamental mergulhada em curiosidade e com uma motivação para dominar as tarefas. Desafie os estudantes, mas não os subjugue. Seja firme ao exigir que os estudantes sejam produtivos, mas não seja excessivamente crítico. Seja especialmente tolerante com os erros verdadeiros e certifique-se de que cada estudante tenha oportunidades para ter muito sucesso.

3. *Estimule a exploração da identidade na adolescência.* Reconheça que a identidade dos estudantes é multidimensional. Os aspectos incluem objetivos vocacionais; rendimento intelectual e interesses em hobbies, esportes, música e outras áreas. Peça aos adolescentes que escrevam redações sobre essas dimensões, explorando quem eles são e o que querem fazer com suas vidas. Encoraje os adolescentes a pensar independentemente e expressar livremente seu modo de ver. Isso estimula a auto-exploração. Além disso, encoraje os adolescentes a ouvir debates sobre valores religiosos, políticos e ideológicos. Isso os estimulará a examinar diferentes perspectivas.

   Encoraje os adolescentes a conversar com um conselheiro escolar sobre opções de carreira bem como sobre outros aspectos de sua identidade. Convide pessoas de diferentes profissões para vir e falar aos seus estudantes sobre seu trabalho, independentemente da série que você leciona. A seguir, Therese Olejniczak, uma professora da Central Middle School em East Grand Forks, Minnesota, EUA, descreve como estimula os estudantes a pensar sobre sua identidade no primeiro dia letivo.

   ### Visão do professor
   Utilizando a arte para explorar a identidade dos adolescentes

   Meus alunos de artes do sétimo ano vêm para a aula no primeiro dia para ler uma lista de regras de sala de aula. Eu os surpreendo entregando folhas de cartolinas, revistas velhas e cola e dando instruções verbais de como me falar sobre eles, ou seja, como construir um auto-retrato utilizando tiras de papel. Os estudantes são inventivos e ficam entusiasmados e excitados para focar suas identidades e não perdem tempo para começar... Após o projeto de abertura, meus estudantes estão relaxados, sabendo que sua expressão criativa é permitida e encorajada, e eu me torno mais capaz de entender suas muitas atitudes inconstantes e a necessidade de expressá-las.

4. *Examine sua vida como professor através das lentes dos oito estágios de Erikson* (Gratz e Bouton, 1996). Por exemplo, você pode estar na idade em que Erikson diz que a questão mais importante é a identidade versus a confusão de identidade ou a intimidade versus o isolamento. Um importante aspecto do desenvolvimento para jovens adultos é ter relacionamentos positivos e próximos com os outros. Sua identidade será beneficiada ao ter relacionamentos positivos com um parceiro e com um ou mais pares. Erikson ressalta que uma das dimensões mais importantes da identidade é a vocacional. Sua carreira bem-sucedida como professor poderia ser a chave de toda a sua identidade. Muitos professores desenvolvem forte camaradagem com outros professores ou seus mentores, o que pode ser muito gratificante.

5. *Beneficie-se das características de alguns outros estágios de Erikson.* Professores competentes confiam, demonstram iniciativa, são engenhosos e modelam um senso de domínio, e são motivados a contribuir de maneira significativa para a próxima geração. Em seu papel como professor, você atenderá ativamente aos critérios do conceito de produtividade de Erikson.

Avaliando a teoria de Erikson   A teoria de Erikson captura algo das tarefas socioemocionais-chave da vida e coloca-as numa estrutura de desenvolvimento. Seu conceito de identidade é especialmente útil para compreender os adolescentes mais velhos e os estudantes universitários (Cote, 2006; Kroger, 2007). Sua teoria completa foi uma importante influência para forjar nossa visão corrente do desenvolvimento humano como durando toda a vida e não apenas restrito à infância.

A teoria de Erikson não passa sem análise. Alguns especialistas acreditam que seus estágios são rígidos demais. Bernice Neugarten (1988) diz que a identidade, a intimidade, a independência e muitos outros aspectos do desenvolvimento socioemocional não são como contas em um colar que aparecem em intervalos etários esmeradamente embalados. Em vez disso, são questões muito importantes que atravessam a maior parte de nossas vidas. Embora muita pesquisa tenha sido feita sobre alguns dos estágios de Erikson, o escopo total de sua teoria (tal como se os oito estágios ocorrem sempre na ordem que ele propôs) não foi cientificamente documentado. Por exemplo, para alguns indivíduos (especialmente as mulheres), as relações de intimidade precedem a identidade ou se desenvolvem simultaneamente.

Erik Erikson com sua esposa, Joan, uma artista. Erikson desenvolveu uma das teorias desenvolvimentais mais importantes do século 20. Em qual estágio da teoria de Erikson você está? Você possui alguma característica desse estágio?

Reveja, reflita e pratique

① **Descrever duas perspectivas contemporâneas sobre o desenvolvimento socioemocional: a teoria ecológica de Bronfenbrenner e a teoria do desenvolvimento de duração da vida de Erikson.**

Reveja
- Quais são os cinco sistemas ambientais de Bronfenbrenner?
- Por quais estágios de Erikson uma pessoa passa entre o nascimento e o final da adolescência?

Reflita
- Na sua opinião, qual a melhor maneira de descrever seu próprio desenvolvimento socioemocional utilizando a teoria de Erikson?

Pratique PRAXIS™

1. Qual exemplo a seguir é o melhor exemplo de mesossistema?
   a. Os pais de Ike monitoram seu comportamento de perto. Sabem onde ele está e com quem durante todo o tempo.
   b. Os pais de Ike expressam interesse sobre suas notas. Comparecem às reuniões de pais e mestres e fazem parte da comissão da Associação de Pais e Mestres (APM), assim como o professor de John. Acompanham viagens de campo.
   c. Ike vai à igreja regularmente, participa das aulas de ensino religioso toda semana e está se preparando para a crisma.
   d. Ike é muito bom em tecnologia. Seus pais freqüentemente lhe pedem para programar seus aparelhos eletrônicos, porque eles não tiveram experiência com essas coisas quando eram crianças.

2. A Sra. Koslowsky leciona no quarto ano. Ela tem consciência de que é importante que seus estudantes tenham êxito nos testes de rendimento organizados pelo estado, e tem altas expectativas para o trabalho diário deles. Muitas vezes, suas lições frustram alguns de seus estudantes porque eles não compreendem o material. Em vez de ajudá-los a compreender, ela segue adiante. Agora, ela está frustrada com o desempenho deles nas tarefas de casa, e freqüentemente faz observações sarcásticas em seus trabalhos. Como o estilo de ensino da Sra. Koslowsky seria descrito a partir da perspectiva de Erikson?
   a. O estilo de ensino da Sra. Koslowsky está intimamente alinhado com a necessidade de promover a atividade com crianças do ensino fundamental. Suas altas expectativas motivarão as crianças para alcançar sucesso.
   b. O estilo de ensino da Sra. Koslowsky está intimamente alinhado com a necessidade das crianças em idade escolar de descobrir quem eles são e estabelecer uma identidade.

(*continua*)

> **Reveja, reflita e pratique** (continuação)
>
> c. É improvável que o estilo de ensino da Sra. Koslowsky promova a dedicação das crianças em idade escolar. Em vez disso, é provável que esse estilo faça com que se sintam inferiores.
> d. É provável que o estilo de ensino da Sra. Koslowsky aumente a iniciativa dos estudantes. Eles corresponderão às suas altas expectativas tomando iniciativa em seu trabalho.
>
> *Por favor, verifique as respostas no final do livro.*

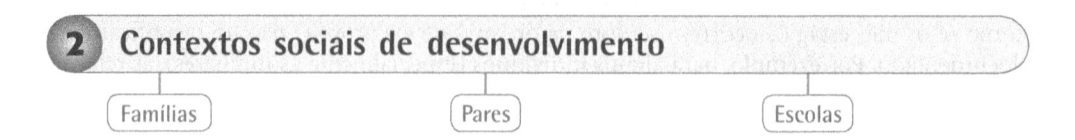

2 Contextos sociais de desenvolvimento

- Famílias
- Pares
- Escolas

Na teoria de Bronfenbrenner, os contextos sociais nos quais as crianças vivem são influências importantes sobre seu desenvolvimento. Vamos explorar três dos contextos nos quais as crianças passam a maior parte de seu tempo: famílias, pares e escolas.

Famílias

As crianças crescem em famílias de configurações diversas. Alguns pais educam e apóiam suas crianças. Outros as tratam duramente ou as ignoram. Algumas crianças têm experimentado o divórcio de seus pais. Outras vivem sua infância inteira numa família não-divorciada. Outras vivem em famílias adotivas. Algumas mães e pais trabalham em tempo integral e colocam suas crianças em programas extraclasse; outras têm pais presentes quando voltam da escola para casa. Algumas crianças crescem numa vizinhança etnicamente uniforme, outras, numa vizinhança que é mais misturada. Algumas famílias vivem na pobreza; outras são economicamente favorecidas. Algumas crianças têm irmãos; outras, não. Essas circunstâncias variadas afetam o desenvolvimento das crianças e influenciam os estudantes dentro e fora de sala de aula (Luster e Okagaki, 2005; Parke e Buriel, 2006; Thompson, 2006).

Estilos de educação parental Há um modo melhor de educação parental? Diana Baumrind (1971, 1996), uma especialista no assunto, pensa que sim. Ela argumenta que os pais não devem ser nem punitivos nem ausentes. Em vez disso, devem desenvolver regras para as crianças, sendo ao mesmo tempo protetores e educadores. Centenas de estudos de pesquisas, incluindo o dela próprio, sustentam essa visão (Collins e Steinberg, 2006). Baumrind diz que os estilos de educação parental se encaixam em quatro formas principais:

- **Educação parental autoritária** é restritiva e punitiva. Pais autoritários estimulam as crianças a seguir suas orientações e a respeitá-las. Impõem limites e controles firmes sobre suas crianças e permitem pequenas trocas verbais. Por exemplo, um pai autoritário pode dizer: "Faça isso do meu jeito e pronto. Sem discussão!" Crianças de pais autoritários quase sempre se comportam de maneiras socialmente incompetentes. Tendem a ser ansiosas com relação à comparação social, falham em iniciar atividades e têm padrões de comunicação fracos.
- **Educação parental autoritativa** encoraja as crianças a serem independentes, mas também impõe limites e controles sobre suas ações. Dar-e-tomar verbal extensivo é permitido e os pais educam e apóiam as crianças. Um pai autoritativo deve pôr seu braço sobre os ombros da criança de modo confortante e dizer: "Você sabe que não deveria ter feito isso. Vamos falar sobre como você pode lidar com a situação de forma diferente da próxima vez". As crianças cujos pais são autoritativos freqüentemente se comportam de modos socialmente competentes. Tendem a ser autoconfiantes, retardam recompensas, se relacionam bem com seus pares e demonstram elevada auto-estima. Por causa desses efeitos positivos, Baumrind defende fortemente a educação parental autoritativa.

educação parental autoritária Um estilo de criação restritivo e punitivo no qual há pouca troca verbal entre pais e crianças; associado com incompetência social das crianças.

educação parental autoritativa Um estilo de criação positivo que encoraja as crianças a serem independentes, mas que também impõe limites e controles sobre suas ações. Dar-e-tomar verbal extensivo é permitido; associado com competência social das crianças.

Como Ruth Chao descreve os estilos de criação de pais ásio-americanos?

- **Educação parental negligente** é um estilo de educação no qual os pais não estão envolvidos nas vidas de seus filhos. Quando seus filhos se tornam adolescentes ou talvez até mesmo enquanto crianças jovens, esses pais não conseguem responder à questão "São dez horas da manhã. Você sabe onde seu filho está?" Crianças com pais negligentes desenvolvem a sensação de que outros aspectos das vidas de seus pais são mais importantes do que elas. Crianças com pais negligentes quase sempre se comportam de maneiras socialmente incompetentes. Tendem a ter um fraco autocontrole, não lidam bem com a independência e não são motivadas a ser bem-sucedidas.
- **Educação parental indulgente** é um estilo de criação no qual os pais estão altamente envolvidos com seus filhos, mas impõem alguns limites ou restrições em seus comportamentos. Esses pais sempre deixam seus filhos fazerem o que quiserem e à maneira deles, porque acreditam que a combinação de suporte educativo e falta de limitações fará com que a criança se torne criativa e confiante. O resultado é que essas crianças geralmente não aprendem a controlar seu próprio comportamento. Esses pais não levam em consideração o desenvolvimento integral da criança.

Os benefícios da educação parental autoritativa transcendem os limites da etnicidade, do status socioeconômico e da composição familiar? Embora algumas exceções tenham sido encontradas, as evidências relacionam a educação parental autoritativa com a competência por parte da criança em pesquisas sobre uma ampla faixa de grupos étnicos, estratos sociais, culturas e estruturas familiares (Collins e Steinberg, 2006; Steinberg, Blatt-Eisengart e Cauffman, 2006).

No entanto, os pesquisadores verificaram que, em alguns grupos étnicos, os aspectos de um estilo autoritário podem estar associados a resultados mais positivos na criança do que Baumrind predisse. Elementos de um estilo autoritário podem ter diferentes significados e diferentes efeitos, dependendo do contexto.

Por exemplo, pais ásio-americanos sempre seguem aspectos de práticas tradicionais asiáticas de educação de crianças descritas como autoritárias. Muitos pais ásio-americanos exercem considerável controle sobre as vidas de seus filhos. No entanto, Ruth Chao (2001, 2005; Chao e Tseng, 2002) argumenta que o estilo de educação parental adotado por muitos pais ásio-americanos é distinto do controle tirano do estilo autoritário. Em vez disso, Chao argumenta que o controle reflete preocupação e envolvimento com a vida das crianças e é mais bem conceitualizado como um tipo de treinamento. O rendimento acadêmico elevado das crianças ásio-americanas pode ser uma consequência do "treinamento" fornecido por seus pais (Stevenson e Zusho, 2002).

educação parental negligente Um estilo de educação de não-envolvimento no qual os pais gastam pouco tempo com seus filhos; associado com incompetência social dos filhos.

educação parental indulgente Um estilo de criação de envolvimento, mas poucos limites ou restrições com relação ao comportamento das crianças; associado à incompetência social das crianças.

FIGURA 3.3 Famílias com pais solteiros em vários países.

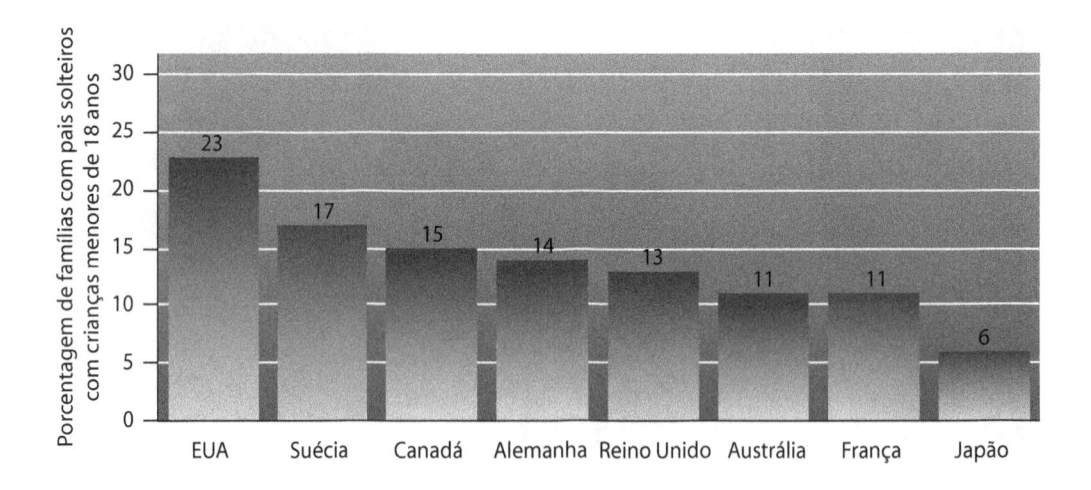

País	Porcentagem
EUA	23
Suécia	17
Canadá	15
Alemanha	14
Reino Unido	13
Austrália	11
França	11
Japão	6

A ênfase em exigir respeito e obediência está também associada com o estilo autoritário. No entanto, em muitas famílias afro-americanas e latinas, especialmente as de baixa renda, com entornos perigosos, esse tipo de educação oferecido à criança pode ter resultados positivos. Nesses contextos, exigir obediência à autoridade dos pais pode ser uma estratégia adaptativa para evitar que as crianças se envolvam em comportamento anti-social que pode provocar sérias conseqüências para a vítima ou para o autor da ação (Harrison-Hale, McLoyd e Smedley, 2004; McLoyd, Aikens e Burton, 2006).

A família inconstante numa sociedade inconstante Um crescente número de crianças vem sendo criado em famílias divorciadas, famílias adotivas e famílias nas quais ambos os pais trabalham fora de casa. À medida que o divórcio se torna epidêmico, um número alarmante de crianças tem crescido em famílias de pais solteiros. Os Estados Unidos têm virtualmente a mais alta porcentagem de famílias com pais solteiros que qualquer outro país industrializado (veja a Figura 3.3). Hoje, cerca de uma em cada quatro crianças nos Estados Unidos vive uma parte de suas vidas numa família adotiva até os 18 anos. Além disso, mais de duas em cada três mães com uma criança de 6 a 17 anos estão no mercado de trabalho.

Filhos do divórcio Os efeitos do divórcio sobre as crianças são complexos, dependendo de fatores como a idade da criança, os pontos fortes e fracos da criança na ocasião do divórcio, o tipo de custódia, o status socioeconômico e o funcionamento da família pós-divórcio (Lansford e outros, 2006). Através de uma rede de apoio (parentes, amigos, empregados), um relacionamento positivo crescente entre os pais de custódia e a ex-esposa, a capacidade de atender às necessidades financeiras e a qualidade escolar ajudam as crianças a se ajustarem às circunstâncias estressantes do divórcio (Huurre, Junkkari e Aro, 2006).

A pesquisa de E. Mavis Hetherington (1995, 2000, 2005; Hetherington e Kelly, 2002; Hetherington e Stanley-Hagan, 2002) documenta a importância das escolas quando as crianças crescem em uma família divorciada. Durante o ensino fundamental, as crianças de famílias divorciadas tiveram o mais alto rendimento e os menores problemas quando o ambiente familiar e o escolar eram autoritativos (de acordo com a categorização de Baumrind). Nas famílias divorciadas, quando somente um pai era autoritativo, uma escola autoritativa melhorava o ajustamento da criança. O ambiente familiar mais negativo ocorria quando nenhum dos pais era autoritativo. O ambiente escolar mais negativo era caótico e negligente.

Em resposta ao alto índice de divórcio na Flórida, foi aprovada uma lei para que estudantes do ensino médio aprendessem sobre habilidades conjugais e de relacionamento (Peterson, 1998). Muitas escolas têm algum tipo de curso direcionado à vida familiar, mas especialistas em casamento e família acreditam que tais cursos precisam de atualização para incluir a mais recente pesquisa sobre habilidades de comunicação, os fatores que mais provavelmente causam divórcio, estratégias para a resolução de conflitos e técnicas de resolução de problemas familiares (Gottman, 1996).

Vamos observar o exemplo de uma criança em meio a uma situação familiar na qual os pais estão em processo de divórcio (Brodkin e Coleman, 1995). Maggie tem 10 anos, está no quinto ano, era uma criança feliz e estava indo bem na escola, mas tudo isso mudou quando seus pais se separaram, há pouco tempo. Seu pai se mudou e a mãe de Maggie ficou deprimida. Maggie passou a não comparecer à escola. Agora, embora ela vá regularmente à escola, tem problemas de concentração em seus trabalhos escolares.

Como você, sendo seu professor, poderia ajudar Maggie? Seguem algumas estratégias:

1. *Procure os pais.* Convide a mãe de Maggie para conversar em vez de esperar as coisas melhorarem por si próprias.
2. *Recomende ajuda profissional.* Diga ao(s) pai(s) que muitas pessoas que passam por um divórcio – inclusive pais e filhos – se beneficiam de aconselhamento profissional. Em alguns distritos escolares, nos EUA, há reuniões regulares para filhos do divórcio ou pais divorciados, conduzidas por um profissional de saúde mental ou um professor com treinamento especial.
3. *Apóie a criança.* O cuidado diário que você dá a crianças como Maggie pode fazer a diferença em sua capacidade de lidar com o divórcio e de se concentrar em seus trabalhos escolares. *Recomende bons livros relacionados a divórcio.*

Variações étnicas e socioeconômicas nas famílias No começo, descrevemos variações nos estilos de educação parental de famílias afro-americanas, latinas e ásio-americanas. As famílias em diferentes grupos étnicos também variam em tamanho, estrutura e composição; em sua confiança em redes de afinidade; e em seus níveis de renda e educação (Parke e Buriel, 2006; Ramsay, 2006; Trask e Hamon, 2007). Famílias grandes e numerosas são mais comuns entre alguns grupos minoritários do que entre a população geral (McAdoo, 2002). Por exemplo, 19% das famílias latinas têm três ou mais crianças, comparado a 14% de afro-americanos e 10% de famílias brancas não-latinas. Crianças afro-americanas e latinas interagem mais com avós, tias, tios, primos e parentes mais distantes do que crianças não-latinas brancas (Gonzales e outros, 2004).

Famílias de pais solteiros são mais comuns entre afro-americanos e latinos do que entre norte-americanos brancos não-latinos. Pais solteiros sempre têm menos tempo, dinheiro e energia do que famílias compostas com o pai e a mãe. Pais de minorias étnicas têm menor nível educacional e maior probabilidade de terem baixa renda do que pais brancos (Harwood e outros, 2002). Além disso, muitas famílias de minorias étnicas empobrecidas conseguem encontrar meios para criar filhos competentes (McLoyd, Aikens e Burton, 2006; Tucker, Subramanian e James, 2004).

Alguns aspectos da vida familiar podem ajudar a proteger crianças de minorias étnicas da injustiça. A comunidade e a família podem filtrar mensagens racistas destrutivas, e os pais podem apresentar formas alternativas de referência para rebater mensagens negativas. A família numerosa também pode servir como um importante protetor contra o estresse.

Nos Estados Unidos e também em outras culturas ocidentais, as práticas de educação parental das crianças diferem entre grupos de diferentes status socioeconômicos (SES, *socioeconomic status*, refere-se a um agrupamento de pessoas com características ocupacionais, educacionais e econômicas similares). Os pais com baixa renda sempre atribuem um alto valor às características externas, tais como a obediência e a higiene. Por outro lado, as famílias com médio SES quase sempre atribuem alto valor às características internas, tais como o autocontrole e o adiamento da satisfação. Os pais com médio SES são melhores para explicar, elogiar, justificar a disciplina e fazer perguntas a seus filhos. Os pais de baixa renda são mais propensos a fazer uso da punição física e a criticar seus filhos.

Há também diferenças socioeconômicas no modo como os pais pensam sobre educação (Hoff, Laursen e Tardif, 2002). Os pais com SES médio têm sempre a noção de que a educação é

Diversidade e educação
As escolas dos EUA estão deixando as latinas para trás?

O índice de jovens latinas graduadas no ensino médio é mais baixo do que das jovens de qualquer outro grupo étnico e é menos provável que elas cursem uma faculdade (National Center for Education Statistics, 2001). Descobertas como essas instigaram um relato feito pela Associação Americana de Mulheres Universitárias, que concluiu que as escolas dos Estados Unidos não estão atendendo às necessidades educacionais das latinas (Ginorio e Huston, 2000). O relato mostrou que embora as latinas tragam muitos pontos fortes e recursos pessoais para a escola, para que sejam bem-sucedidas, as escolas precisam enxergar o bilingüismo e outros valores como benefícios e não como prejuízos.

Apesar da importância da educação para a comunidade latina, as necessidades familiares e as pressões dos pares quase sempre se confrontam com as expectativas escolares das latinas. Por exemplo, muitas latinas enfrentam pressão para que não freqüentem a faculdade, pois seus namorados e noivos esperam que suas namoradas ou futuras esposas não sejam "tão instruídas".

Quais os desafios educacionais que as latinas enfrentam?

Ao contrário dos estereótipos a respeito das comunidades latinas, a maioria dos pais latinos espera que seus filhos se superem na escola. No entanto, muitas famílias latinas enfrentam problemas econômicos e sociais que adiam a realização desses sonhos para seus filhos (Rodriguez-Galindo, 2006).

Moças e rapazes latinos enfrentam desafios educacionais similares e experienciam estereotipia e outros obstáculos que desencorajam seu sucesso na escola. Alguns obstáculos, contudo, são diferentes para latinas e latinos (DeMirjyn, 2006; Lara, 2006). É provável que as latinas sejam três vezes mais receosas quanto à sua segurança pessoal nas escolas do que outras moças, e os latinos quase sempre são suspeitos de serem membros de gangues pelos professores e orientadores simplesmente por falarem espanhol (Ginorio e Huston, 2000).

As recomendações para promover a educação de latinas e latinos incluem as seguintes:

- *Todos os adultos precisam encorajar o sucesso acadêmico*. Latinas e latinos precisam ouvir de todos os adultos que fazem parte de suas vidas que cursar uma faculdade e ter uma carreira profissional são opções compensadoras e que eles podem alcançar.

- *Envolver toda a família no processo de preparação para a faculdade*. Professores e orientadores precisam trabalhar com as famílias latinas para desmistificar exigências da faculdade e benefícios a longo prazo que uma faculdade proporciona.

- *Lidar significativamente com estereótipos e desafios, como gravidez na adolescência, que impactam o desempenho escolar*. Isso inclui oferecer cuidado ao filho e horário alternativo e reconhecer que ser uma jovem mãe e completar sua educação não são incompatíveis.

algo que deveria ser encorajado de forma mútua por pais e professores. É provável que os pais de baixa renda vejam a educação como uma tarefa exclusiva do professor.

No espaço para Diversidade e educação, exploraremos questões educacionais sobre a população minoritária feminina de mais rápido crescimento na América do Norte – as jovens latinas.

Relações escola-família Na teoria de Bronfenbrenner, as relações entre a família e a escola são um importante mesossistema (Fiese, Eckert e Spagnola, 2006). Além disso, no estudo de Hetherington, já discutido, um ambiente escolar autoritativo beneficiou crianças de famílias divorciadas. Dois aspectos da relação família-escola são o gerenciamento familiar e o envolvimento dos pais, os quais discutiremos a seguir.

Gerenciamento familiar Pesquisadores verificaram que práticas de gerenciamento familiar estão positivamente relacionadas às notas e auto-responsabilidade dos estudantes e negativamente relacionadas aos problemas escolares (Taylor, 1996). Uma das mais importantes práticas no que diz respeito a esse assunto é manter um ambiente familiar estruturado e organizado, tal como estabelecer rotinas para lição de casa, para os afazeres domésticos, quanto ao horário de dormir e assim por diante. Criar um ambiente familiar no qual as altas expectativas de aprendizagem estejam presentes também é importante (Jeynes, 2003).

Um estudo focado em famílias afro-americanas examinou as ligações entre relatos de mães que adotam as práticas de gerenciamento familiar, incluindo rotina e expectativas de aprendizagem e comportamento escolar de adolescentes (Taylor e Lopez, 2005). A rotina familiar (bem gerenciada e organizada) estava positivamente relacionada à aprendizagem escolar de adolescentes, à atenção em sala de aula e à freqüência, e negativamente relacionada a problemas escolares. Comparados com estudantes cujas mães tinham baixas expectativas de aprendizagem, os estudantes cujas mães tinham altas expectativas tiveram melhores notas e freqüência escolar mais consistente.

Envolvimento dos pais e relação escola-família-comunidade Professores experientes conhecem a importância de se ter pais envolvidos na educação dos filhos. Em uma pesquisa, os professores listaram o envolvimento dos pais como a prioridade número um na melhoria da educação (Chira, 1993). No entanto, as escolas nem sempre definem objetivos ou implementam programas eficazes para fazer com que esse envolvimento ocorra (Epstein, 2001).

Todos os pais, mesmo aqueles com um nível educacional considerável, precisam de orientação anual dos professores sobre como permanecer produtivamente envolvidos na educação de seus filhos. Desse modo, a especialista em educação Joyce Epstein (2001, 2005; Epstein e Sheldon, 2006) explica que quase todos os pais querem que seus filhos sejam bem-sucedidos na escola, mas precisam de informação clara e útil de seus professores e de outros líderes escolares e distritais de forma a ajudarem seus filhos a desenvolver seu pleno potencial. Por exemplo, às vezes os pais perguntam a seus filhos "Como foi a escola hoje?." Nós sabemos que a resposta pode ser um simples "Bem" ou "Legal" e nada mais. Os pais deveriam ser orientados, em vez disso, a perguntarem a seu filho, "Você poderia ler para mim alguma coisa que escreveu hoje? ou "Você poderia me mostrar o que aprendeu em matemática hoje?". ou questões diretas similares sobre trabalhos e projetos em outras áreas. É provável que conversas ou tarefas de casa que possibilitem aos estudantes partilhar idéias e comemorar o sucesso sejam promotoras de interações positivas entre escola-pais-filhos.

Um baixo nível de envolvimento dos pais preocupa os educadores porque isso está ligado à baixa aquisição/aprendizagem dos estudantes (Anguiano, 2004; Myers-Walls e Frias, 2007). Por outro lado, um estudo feito com mais de 16 mil estudantes apontou que os mais propensos a obter notas máximas e menos propensos a repetir o ano ou ser expulsos foram aqueles cujos pais estavam altamente envolvidos em sua escolarização (National Center for Education Statistic, 1997). Nesse estudo, o alto envolvimento foi definido tendo como base a participação dos pais em três ou quatro dos seguintes: encontros escolares, palestras de professores, reunião de classes ou voluntariado. Outros estudos verificaram que as notas dos estudantes e sua aprendizagem acadêmica estão diretamente relacionadas ao envolvimento dos pais (Carpenter-Aeby e Aeby, 2001; Epstein, 2005; Sheldon e Epstein, 2005; Simon, 2004).

Um problema que pode interferir na construção de parcerias entre escola e família são as percepções negativas das famílias (Workman e Gage, 1997). Algumas crianças vêm para a escola malvestidas, drogadas, portando facas ou armas e com a lição de casa por fazer. Pode ser que elas não estejam motivadas para aprender ou demonstrem pouco respeito pelo professor. Em tais circunstâncias, pode ser difícil culpar os pais pelos problemas que a criança apresenta ao professor. No entanto, para conseguir pais mais positivamente envolvidos na educação de seus filhos, é preciso superar a culpa. Pense nos pais como força potencial que, se instalada, pode ajudá-los a educar a criança mais eficientemente (Hiatt-Michael, 2001).

Considere o seguinte exemplo de uma parceria bem-sucedida entre escolas e famílias. Em Lima, no Estado norte-americano de Ohio, o objetivo é que cada escola estabeleça um relacionamento pessoal com cada um dos pais. Numa reunião inicial entre pais e professores, é oferecida

Tecnologia e educação
Comunicando-se com os pais sobre televisão e desenvolvimento das crianças

Muitas crianças passam mais tempo em frente à televisão do que com seus pais. Crianças norte-americanas de 8 a 14 anos, por exemplo, assistem, em média, mais do que 21 horas por semana à televisão (Comstock e Scharrer, 2006; Roberts, Henriksen e Foehr, 2004). Surpreendentemente, as 20 mil horas que as crianças assistem à televisão, em média, até a sua graduação no ensino médio representarão mais horas do que passam em sala de aula!

Quanto mais as crianças assistem à televisão, menor seu aproveitamento escolar (Comstock e Scharrer, 2006). Por que a televisão poderia estar negativamente relacionada ao rendimento escolar? Existem três possibilidades: interferência, deslocamento e gostos/preferências autoprejudiciais. Em termos de interferência, ter uma televisão ligada pode distrair as crianças enquanto fazem tarefas cognitivas como a lição de casa. Em termos de deslocamento, a televisão pode roubar o tempo para o envolvimento em tarefas relacionadas ao rendimento, tais como lições de casa, leitura, escrita e matemática. Os pesquisadores verificaram que o progresso na leitura das crianças está relacionado negativamente ao total de tempo que assistem à televisão (Comstock e Scharrer, 2006). Em termos de gostos/preferências autoprejudiciais, a televisão atrai as crianças para o entretenimento, esportes, comerciais e outras atividades que conquistam seu interesse mais do que o rendimento escolar. Crianças que assistem demais à televisão tendem a ver livros como tolos e chatos (Comstock e Scharrer, 2006).

Aqui estão algumas recomendações que você pode comunicar aos pais sobre a redução do impacto negativo da televisão e o aumento de seu impacto positivo sobre o desenvolvimento de seus filhos (Singer e Singer, 1987):

- Monitore os hábitos de seus filhos com relação à televisão e planeje o que assistirão, em vez de deixá-los assistir à televisão de acordo com suas vontades. Seja ativo com as crianças pequenas nos intervalos da programação planejada.
- Procure programas para crianças que mostrem crianças da mesma faixa etária.
- Certifique-se de que a televisão não é uma substituta para outras atividades.
- Desenvolva discussões sobre temas relacionados à televisão com as crianças. Dê a elas a oportunidade de fazer perguntas sobre os programas.
- Equilibre atividades de leitura e televisivas. Crianças podem passar a "acompanhar" programas de televisão interessantes ao verificar que há livros na biblioteca que deram origem aos programas e acompanhar outras histórias dos autores desses livros.
- Aponte exemplos positivos de mulheres competentes na profissão e em casa, e exemplos positivos que mostrem como vários grupos étnicos e culturais contribuem para uma sociedade melhor.

---

aos pais a oportunidade de discutirem como podem participar nas atividades de aprendizagem de seu filho em casa. Reuniões, telefonemas regulares e visitas domiciliares estreitam a relação escola-família. Estas tornam outros tipos de comunicação (tais como relatórios, boletins, calendários de atividade ou discussão de problemas que surgem durante o ano) bem-vindos e bem-sucedidos. Para uma comunicação mais eficiente com os pais, consulte o quadro Tecnologia e Educação.

Para conhecer maneiras de desenvolver parcerias e programas eficientes entre escola-família-comunidade, consulte o website em inglês da National Network of Partnership Schools at Johns Hopkins University (NNPS): www.partnershipschool.org. Veja especialmente a seção intitulada "In the Spotlight".

Cuidado fora da escola Os pais, além de participar ativamente na escolaridade de seus filhos, beneficiam as crianças quando coordenam e monitoram cuidado fora da escola (Coley, Morris e Hernandez, 2004). O aumento do número de famílias compostas de pais solteiros e de famílias nas quais ambos os pais trabalham fora de casa tem feito do cuidado fora da escola um importante aspecto para o desenvolvimento das crianças.

Muitas crianças norte-americanas ficam sem supervisão por duas a quatro horas por dia durante cada semana escolar. Durante os meses do verão, elas chegam a ficar sem supervisão o dia inteiro, cinco dias por semana. Essas crianças se envolvem facilmente em problemas, como furtos, vandalismo ou abuso de um irmão. Em um estudo realizado com crianças após o horário escolar, o contato de pares sem supervisão, a falta de segurança do entorno e o baixo monitoramento estavam ligados à externalização de problemas, tais como delitos e delinquência (Pettit e outros, 1999).

Um estudo examinou se o cuidado com a criança fora do horário escolar estava ligado ao seu rendimento acadêmico no final do primeiro ano. Cinco tipos de cuidado fora da escola foram estudados: programas realizados antes e após o horário escolar, atividades

Boas práticas
Estratégias para estabelecer relações escola-família-comunidade

Joan Epstein (2001, 2005; Epstein e Sheldon, 2006) desenvolveu uma teoria integrada de parcerias entre escola, família e comunidade que ajuda a explicar o desenvolvimento e a aprendizagem das crianças. Desenvolvida a partir da teoria de Bronfenbrenner, sua *teoria de influência de esferas sobrepostas* ajuda os educadores a se adaptar a três contextos principais que influenciam o sucesso escolar dos alunos – lar, escola e comunidade. Epstein descreve interações que incluem tanto ações em nível macroescolar (tais como uma Noite de Retorno à Escola para todos os educadores e famílias) quanto ações microindividuais (como uma reunião entre um pai e um professor).

Epstein (1996, 2001, 2005; Epstein e Sanders, 2002; Epstein e Sheldon, 2006; Epstein e outros, 2002) desenvolveu seis tipos de envolvimento que podem ser implementados para desenvolver uma parceria abrangente entre escola, família e comunidade tanto no ensino fundamental, como no ensino médio. Estas atividades guiadas por objetivo e apropriadas à idade incluem o seguinte:

1. *Forneça assistência às famílias.* Auxilie as escolas a compreender origens, culturas e objetivos que as famílias têm para suas crianças. As escolas podem fornecer aos pais informações sobre as habilidades para a educação de filhos, a importância do apoio familiar, o desenvolvimento da criança e do adolescente e contextos domésticos que melhorem a aprendizagem em cada ano escolar. Os professores são um importante ponto de contato entre escolas e famílias e têm condições de saber se a família está atendendo às necessidades físicas e de saúde básicas da criança. A seguir, Juanita Kirton, que anteriormente descreveu a importância do envolvimento da comunidade na educação das crianças, fala sobre a importância de envolver os pais na escolaridade das crianças.

Visão do professor
Relação com os pais

Os pais são o ingrediente principal da equipe de sala de aula na Escola Gramercy. Muitos pais de crianças da pré-escola não têm idéia de que maneira sua criança se desenvolverá ou se isso ocorrerá. É tarefa dos educadores e outros profissionais auxiliar os pais no desenvolvimento de suas crianças. Dessa forma, eles se tornam parceiros. Há grupos de treinamento para pais e grupos de apoio para atendimento, e os pais podem contar com um terapeuta a qualquer hora na escola. A Escola Gramercy tem uma política de portas abertas... Quando a família enfrenta uma situação muito desafiadora, posso me dispor a me encontrar com eles ou pedir um psicólogo para atendê-los em questões específicas. Nessas situações, pedimos que os pais auxiliem ou que se disponibilizem para oferecer apoio aos outros pais. Isso é eficaz e dá uma sensação de amparo às famílias.

2. *Comunique-se eficazmente com as famílias sobre programas escolares e sobre o progresso da criança.* Isso envolve a comunicação tanto da escola com a casa do aluno quanto da casa do aluno com a escola. Incentive os pais a participar de reuniões de pais e mestres e outras atividades propostas pela escola. A presença deles transmite a suas crianças que eles estão interessados em seu desempenho na escola. Marque reuniões de pais e mestres em horários convenientes para que eles possam comparecer. A maioria dos pais não pode comparecer a reuniões que ocorrem durante o dia na escola por causa de outros compromissos. Uma opção é o "trabalho noturno" para que pais e crianças compareçam à escola e trabalhem em vários projetos para aperfeiçoar o espaço físico da escola, realizem trabalhos artísticos e assim por diante. Além disso, trabalhe no desenvolvimento de atividades nas quais os pais possam conhecer outros pais, não somente o professor.

Aqui estão algumas estratégias específicas para aprimorar a comunicação (Rosenthal e Sawyers, 1997):

- Convide os pais para um encontro com você antes do início do ano letivo para ter uma orientação, ou convide-os para um jantar com comida caseira.
- Peça para as crianças levarem os trabalhos para casa toda semana acompanhados por um bilhete ou uma carta escrita numa linguagem simples aos pais. A carta pode rever as atividades da semana e incluir sugestões para que eles possam ajudar as crianças em suas tarefas de casa.
- Em escolas com sistemas de telefonia computadorizada, grave mensagens sobre unidades de estudo e as tarefas de casa pedidas, de forma que os pais possam ligar quando for conveniente. Em McAllen, Texas, o distrito escolar desenvolveu uma parceria da comunidade com as estações de rádio locais. O distrito patrocina as "Discusiones Escolares", um programa semanal em espanhol que encoraja os pais a se tornarem mais envolvidos na educação de seus filhos. Os pais podem ter acesso a cópias da programação ou a uma fita cassete de cada programa produzida pelos coordenadores de suas escolas.
- Utilize eficientemente as reuniões da APM. Algumas vezes, a reunião de pais e mestres é a única forma de contato dos professores com os pais. Programe a primeira reunião nas primeiras duas semanas de aula para que os pais possam levantar dúvidas, fazer perguntas e dar sugestões. Isso pode evitar problemas potenciais de início. Nessa primeira reunião, tente descobrir a estrutura familiar (intacta, divorciada, família adotiva), regras, papéis e estilo de aprendizagem. Pratique habilidades de escuta ativa e diga algo positivo sobre sua criança para que você se estabeleça como alguém de quem eles podem se aproximar.
- Um outro meio de tornar a escola favorável à família é criar uma sala ou centro de pais na escola (Johnson, 1994). Nesse local, os pais têm a possibilidade de ajudar uns aos outros, ajudar a escola e receber informações ou assistência da escola ou da comunidade.

(continua)

Boas práticas (continuação)
Estratégias para estabelecer relações escola-família-comunidade

3. *Incentive os pais para serem voluntários.* Promova treinamento, trabalho e programações para envolver os pais como voluntários na escola e aumentar a freqüência às reuniões escolares. Tente fazer as qualidades de voluntários corresponderem às necessidades de sala de aula. Lembre-se da história de abertura do Capítulo 2, em que os pais, em algumas escolas, são amplamente envolvidos no planejamento educacional e no auxílio aos professores. Pais têm diferentes talentos e habilidades, assim como as crianças, o que é refletido nos seguintes comentários de Heather Zoldak, uma professora da Escola Fundamental Ridge Wood, em Michigan.

Visão do professor
Incentivando o envolvimento dos pais

Compreender que os pais têm diferentes níveis de interesse no que se refere ao ambiente escolar é importante para estimular o apoio deles para a sala de aula. Prepare uma variedade de oportunidades para que os pais se tornem envolvidos com a sala de aula e dêem apoio de outras maneiras. Por causa de seus compromissos, restrições de horário por causa do trabalho ou nível de conforto com base nas suas próprias experiências com escola, alguns pais podem se envolver de forma mais intensa se puderem ajudar fora de sala de aula, em excursões, por exemplo, ou mesmo ao preparar material em casa para um projeto futuro. Dar passos para que os pais se sintam à vontade e se relacionem com a escola é um fator-chave para estimulá-los a se tornar voluntários.

4. *Envolva as famílias com seus filhos em atividades de aprendizagem em casa.* Isso inclui lições de casa e outras atividades e decisões ligadas ao currículo. Pais querem saber como ajudar seus filhos em casa e como orientá-los para se tornarem motivados a obterem um ótimo desempenho. Epstein (1998) cunhou o termo *lição de casa interativa* e designou um programa que incentiva os estudantes a pedirem ajuda a seus pais. Em uma escola de ensino fundamental que utiliza a abordagem de Epstein, uma carta semanal do professor informa aos pais sobre o objetivo de cada tarefa, dá direcionamentos e solicita comentários. Atribuir lição de casa interativa em linguagem estimula estudantes a entrevistarem um pai sobre estilos populares de cabelo usados na época em que ele era estudante. Depois da entrevista, o estudante desenha uma figura desse estilo de cabelo e escreve um parágrafo sobre "Estilos de Cabelos de Antes e de Agora". Você pode ver esse e outros exemplos de lição de casa interativa em linguagem, matemática e ciências no site www.partnershipschool.org, em inglês, na seção Teachers Involve Parents in Schoolwork (TIPS).

5. *Inclua as famílias como participantes em decisões escolares.* Pais podem ser convidados a participar em comissões de APM, vários comitês, conselhos e outras organizações de pais. Na escola de ensino fundamental Antwa, numa área rural de Wisconsin, EUA, a associação de pais e mestres organiza encontros com uma refeição caseira em que os pais são envolvidos em discussões sobre os objetivos da escola e do distrito educacional, aprendizagem adequada à idade, disciplina da criança e desempenho em testes.

6. *Coordene a colaboração da comunidade.* Ajude a interligar os trabalhos e recursos de empresas, agências, faculdades e universidades da comunidade e outros grupos para que fomentem programas escolares, práticas em família e aprendizagem do estudante. As escolas podem informar as famílias sobre programas e serviços da comunidade que irão beneficiá-las.

Incentive estudantes, profissionais que trabalham na escola e famílias a contribuírem com seu serviço para a comunidade. Um exemplo de coordenação de colaboração da comunidade são as Primeiras Quintas-Feiras no Museu de Arte e na Escola de Ensino Fundamental Lockerman-Bundy em Baltimore. Em uma Primeira Quinta-Feira, a escola forneceu cachorros-quentes para 247 estudantes e suas famílias antes de entrar no ônibus para o museu para uma noite que focava "Retratos em Paris".

De acordo com Epstein (2005), as escolas podem escolher entre centenas de práticas para representar os seis tipos de envolvimento. As atividades da família e da comunidade podem ser estabelecidas e implementadas para cada tipo de envolvimento para ajudar os estudantes a alcançar objetivos escolares específicos.

Esta mãe está trabalhando com seu filho em um workshop de matemática em um sábado em Oakland, Califórnia, patrocinado pela Família Math.

extracurriculares, cuidado paterno e cuidado não-adulto – normalmente um irmão mais velho (NICHD Early Child Care Research Network, 2004). "Crianças que participaram consistentemente de atividades extracurriculares durante a educação infantil e a primeira série obtiveram notas mais altas em testes padronizados do que crianças que não participaram dessas atividades de maneira consistente. A participação em outros tipos de cuidado fora da escola não foi relacionada ao funcionamento da criança no primeiro ano" (p. 280). Observe, no entanto, que esses resultados podem refletir a influência de outros fatores. Por exemplo, os pais que inscrevem seus filhos em atividades extracurriculares podem ser mais guiados por rendimento e ter maiores expectativas de rendimento para seus filhos do que pais que não colocam seus filhos em tais atividades.

Programas extraclasse podem fazer a diferença na vida das crianças (Barnett e Gareis, 2006; Morris e Kalil, 2006). Um estudo descobriu que pais de baixa renda estavam especialmente insatisfeitos com a qualidade de opções disponíveis em programas extraclasse (The Wallace Foundation, 2004). Pesquisadores e políticos recomendam que os programas extraclasse contem com uma equipe acolhedora e paciente, um horário flexível e relaxado, atividades múltiplas e oportunidades para interações positivas com equipes e pares (Vandell e Pierce, 2002).

Crianças passam tempo considerável com pares e amigos. Que status como par as crianças podem ter? Como as relações de pares mudam ao longo do desenvolvimento?

Pares

Além das famílias e professores, os pares também desempenham papéis poderosos no desenvolvimento das crianças. O que são pares, exatamente?

No contexto do desenvolvimento da criança, *pares* são crianças com aproximadamente a mesma idade ou nível de maturidade. A interação com um par de mesma idade desempenha um papel único no desenvolvimento socioemocional das crianças. Uma das mais importantes funções do grupo de pares é prover uma fonte de informação e comparação sobre o mundo fora da família.

Boas relações entre pares são necessárias ao desenvolvimento normal (Howes e Tonyan, 2000; Rubin, Bukowski e Parker, 2006). O isolamento social ou a incapacidade de se unir a uma rede social está ligada a vários problemas e distúrbios, variando de delinqüência e problemas com bebida até depressão (Kupersmidt e Coie, 1990). Em um estudo, relações pobres entre pares na infância foram associadas com evasão escolar e comportamento delinqüente na adolescência (Roff, Sells e Golden, 1972). Em outro estudo, relações harmoniosas entre pares na adolescência foram relacionadas à saúde mental positiva quando adulto (Hightower, 1990).

Relações entre pares podem influenciar tanto crianças quanto adolescentes a desenvolver problemas (Bukowski e Adams, 2005; Collins e Steinberg, 2006; Ladd, Herald e Andrews, 2006; Masten, 2005). Em um estudo com mais de três mil alunos do sétimo ano, a pressão dos pares estava fortemente relacionada ao uso de álcool (Borden, Donnermeyer e Scheer, 2001). Em um outro estudo, a associação a certos grupos no sexto ano (*jocks*[1] e "criminosos") estava relacionada ao fato de estarem em um programa de abuso de substâncias na faixa dos 20 anos (Barber, Eccles e Stone, 2001).

Status como par Desenvolvimentalistas indicaram cinco tipos de status de pares: crianças populares, crianças médias, crianças negligenciadas, crianças rejeitadas e crianças controversas (Rubin, Bukowski e Parker, 2006; Wentzel e Battle, 2001).

Muitas crianças se preocupam quanto ao fato de serem ou não populares. *Crianças populares* são freqüentemente classificadas como um melhor amigo e raramente têm desafetos entre seus pares. Crianças populares são reforçadoras, ouvem cuidadosamente, mantêm linhas abertas de comunicação com os pares, são felizes, agem com personalidade, demonstram interesse e se preocupam com os outros e são autoconfiantes sem serem presunçosas (Hartup, 1983).

---

[1] N.E.: Grupo que se caracteriza por incorporar uma cultura de classe média, por participar das redes sociais limitadas à escola, pela baixa expectativa que tem em relação aos amigos e ao subúrbio (dos quais pretende se desligar quando entrar para a faculdade) e por não deixar o subúrbio nem mesmo para diversão, pois considera a área urbana de Detroit um lugar perigoso. Fonte: http://www.scielo.br/scielo.php?pid=S0102-44501999000200010&script=sci_arttext. Acesso em 15/9/2008.

Crianças negligenciadas são raramente classificadas como um melhor amigo, mas não são desgostadas pelos seus pares. *Crianças rejeitadas* não são freqüentemente classificadas como melhores amigas e são quase sempre desgostadas pelos seus pares. *Crianças controversas* são freqüentemente tidas tanto como melhores amigas quanto também são desgostadas.

Crianças rejeitadas têm freqüentemente problemas mais sérios de adaptação do que crianças negligenciadas (Coie, 2004; Ladd, Buhs e Troop, 2004). Um estudo constatou que mais de cem meninos do quinto ano foram avaliados por um período de sete anos até o final do ensino médio (Kupersmidt e Coie, 1990). O fator mais importante para predizer como as crianças rejeitadas se envolveriam em comportamento delinqüente ou abandono da escola no ensino médio foi a agressividade entre pares no ensino fundamental. Agressividade, impulsividade e disruptividade caracterizam a maioria das crianças rejeitadas, embora de 10% a 20% das crianças rejeitadas sejam realmente tímidas. Um recente programa de intervenção em habilidades sociais foi bem-sucedido em aumentar a aceitação social e a auto-estima e diminuir a depressão e a ansiedade em crianças rejeitadas pelos pares (DeRosier e Marcus, 2005). Os estudantes participaram do programa uma vez por semana (de 50 a 60 minutos) por oito semanas. O programa incluía instrução sobre como administrar emoções, como promover habilidades pró-sociais, como se tornar melhores comunicadores e como se comprometer e negociar.

Um problema especial nas relações entre pares envolve o bullying. Discutiremos o bullying no Capítulo 14, "Gerenciando a Sala de Aula", no qual daremos estratégias para lidar com o bullying.

Amizade   A importância da amizade foi enfatizada em um estudo longitudinal de dois anos (Wentzel, Bary e Caldwell, 2004). Estudantes do sexto ano que não tinham um amigo envolveram-se menos em comportamento pró-social (cooperar, partilhar, ajudar os outros), tinham notas mais baixas e eram emocionalmente instáveis (depressão, baixo bem-estar) em comparação com pessoas da mesma idade com um ou mais amigos. Dois anos mais tarde, no oitavo ano, os estudantes que não tinham um amigo no sexto ano estavam ainda mais emocionalmente instáveis. Por que amizades são tão significativas?

Amizades contribuem para status entre pares e trazem outros benefícios (Parker e Asher, 1987):

- *Companheirismo.* A amizade dá às crianças um companheiro familiar, alguém que deseja passar tempo com elas e que se envolve em atividades colaborativas.
- *Apoio físico.* Amizade provê recursos e assistência em tempos de necessidade.
- *Apoio ao ego.* Amizades ajudam crianças a sentirem que são competentes, valorosas. Especialmente importante nesta consideração é a aprovação social dos amigos.
- *Intimidade/afeição.* Amizade proporciona às crianças relacionamento carinhoso, confiante, próximo com outros. Nesse relacionamento, crianças se sentem confortáveis para revelar informações pessoais e íntimas.

Ter amigos pode ser uma vantagem ao longo do desenvolvimento, mas tenha em mente que amizades não são todas iguais (Gest, Graham-Bermann e Hartup, 2001; Rubin, Bukowski e Parker, 2006). Ter amigos que são socialmente talentosos e apoiadores é uma vantagem, no entanto, não é vantajoso em termos de desenvolvimento ter amizades coercitivas e conflitantes. E, algumas vezes, é desvantajoso para uma criança ou um adolescente ser amigo de alguém muitos anos mais velho. Estudantes com amigos mais velhos se envolvem em mais comportamentos desviantes do que pares que têm amigos de mesma idade (Berndt, 1999). Adolescentes com maturidade precoce são especialmente vulneráveis quanto a esse aspecto (Magnusson, 1988).

Visão do estudante

Definimos uns aos outros com adjetivos

Eu era estilosa. Dana era sofisticada. Liz era louca. Nós íamos juntas para a escola, andávamos de bicicleta, cabulávamos aula, usávamos drogas, falávamos ao telefone, fumávamos cigarros, dormíamos, conversávamos sobre meninos e sexo, íamos à igreja juntas, e ficávamos furiosas umas com as outras. Nós nos definíamos com adjetivos e sempre na presença umas das outras. Como colegas de ensino médio, simultaneamente resistíamos e antecipávamos a idade adulta e a feminilidade...

"O que era possível quando eu tinha 15 ou 16 anos? Nós ainda tínhamos que contar aos pais aonde íamos! Queríamos fazer atividades proibidas excitantes como ir dançar em danceterias e beber uísque. Liz, Dana e eu queríamos fazer essas coisas proibidas para viver intensas experiências emocionais e sensuais que nos tirariam desta mesmice suburbana que partilhávamos umas com as outras e com todas as outras pessoas que conhecíamos. Estávamos cansadas de experiências repetitivas que nossa cidade, nossos irmãos, nossos pais e nossa escola nos ofereciam...

"A amizade entre mim, Dana e Liz nasceu de uma outra necessidade emocional: a necessidade de confiança. Nós três havíamos chegado a um ponto em nossas vidas no qual percebíamos quão instáveis as relações podem ser, e todas nós ansiávamos por segurança e aceitação. Amizades ao nosso redor eram sempre incertas. Queríamos e precisávamos ser capazes de gostar e confiar umas nas outras." (Garrod e outros, 1992, p. 199-200)

Boas práticas
Estratégias para aprimorar as habilidades sociais das crianças

Em cada turma que você leciona, é provável que algumas crianças tenham habilidades sociais fracas. Uma ou duas podem ser crianças rejeitadas. Várias outras podem ser crianças negligenciadas. Existe algo que você possa fazer para ajudar essas crianças a desenvolverem suas habilidades sociais? Enquanto você pensa sobre isso, tenha em mente que aprimorar as habilidades sociais é mais fácil quando as crianças têm 10 anos ou menos (Malik e Furman, 1993). Na adolescência, as reputações dos pares se tornam mais estabelecidas à medida que turminhas e grupos de pares ganham maior importância. Aqui estão algumas boas estratégias para aprimorar as habilidades sociais das crianças:

1. *Ajude as crianças rejeitadas a aprender a ouvir os pares e a "ouvir o que eles dizem" em vez de tentar dominá-los.* Em um estudo, jovens adolescentes socialmente rejeitados foram instruídos sobre a importância de demonstrar comportamentos (tais como ter melhor empatia, ouvir atentamente e aprimorar as habilidades de comunicação) que aprimorariam suas chances de serem amados por outros (Murphy e Schneider, 1994). A intervenção ajudou o grupo de alunos rejeitados a desenvolver melhores amizades.

2. *Ajude as crianças rejeitadas a atrair e manter a atenção dos pares de maneiras positivas.* Elas podem fazer isso ao responder a questões, ouvir de modo afetuoso e amigável e dizer coisas sobre elas mesmas que se relacionem aos interesses dos pares. Trabalhe ainda com crianças negligenciadas para que elas se integrem aos grupos mais eficazmente.

3. *Forneça conhecimento sobre como aprimorar as habilidades sociais às crianças fracas nas habilidades sociais.* Em um estudo com crianças de sexto e sétimo anos, o conhecimento de estratégias apropriadas e inapropriadas para fazer amigos foi positivamente relacionado com a aceitação dos pares (Wentzel e Erdley, 1993). O conhecimento de estratégias apropriadas inclui saber:
   - Como iniciar a interação, por exemplo, perguntando à pessoa sobre suas atividades favoritas e convidando-a a fazer coisas juntos
   - Que é importante ser agradável, bondoso e atencioso
   - Que é necessário mostrar respeito pelos outros, sendo gentil e ouvindo o que os outros têm a dizer

   O conhecimento de estratégias inapropriadas inclui:
   - Saber que não é uma boa idéia ser agressivo, mostrar desrespeito, não ter consideração, magoar os outros, fofocar, espalhar boatos, causar embaraço ou criticar os outros
   - Não se apresentar de forma negativa, não ser egoísta, nem cuidar somente de si mesmo ou ser ciumento, rabugento ou irritado o tempo todo
   - Não se envolver em comportamento anti-social, tal como brigar, gritar com os outros, provocar os outros, caçoar dos outros, ser desonesto, burlar as regras escolares ou usar drogas

4. *Leia e discuta livros apropriados com os estudantes sobre as relações dos pares e planeje jogos e atividades de apoio.* Inclua essas atividades como unidades temáticas no seu currículo para crianças jovens. Torne os manuais de relações entre pares e amigos disponíveis para crianças mais velhas e adolescentes.

Mudanças nas relações entre pares ao longo do desenvolvimento Durante os anos do ensino fundamental, grupos de pares de crianças consistem cada vez mais em pares de mesmo sexo (Maccoby, 1998, 2002; Rubin, Bukowski e Parker, 2006). Depois de extensivas observações em situações de recreio de escolas de ensino fundamental I, dois pesquisadores caracterizaram os ambientes como "escola de gênero" (Luria e Herzog, 1985). Eles disseram que meninos ensinam uns aos outros o comportamento masculino requerido e o reforçam; e que meninas sempre aprovam a cultura feminina e se associam fortemente umas às outras.

No início da adolescência, a participação em grupos mistos aumenta. Também na adolescência, muitos estudantes se tornam membros de turmas e se agregam ao grupo que exerce poderosa influência sobre suas vidas (Brown, 2004). A identidade do grupo com as turmas pode anular a identidade pessoal do adolescente. Em qualquer escola de ensino fundamental II, quase sempre há de três a seis grupos bem-formados. Algumas turmas típicas são *jocks*, populares, inteligentes, drogados e violentos. Embora muitos adolescentes queiram pertencer a um grupo, alguns são impetuosamente independentes e não desejam pertencer a nenhum.

A amizade provavelmente desempenha importante papel no desenvolvimento durante o ensino fundamental I e II (Sullivan, 1953). Adolescentes revelam mais informações pessoais a seus amigos do que as crianças mais jovens (Buhrmester e Furman, 1987). E os adolescentes dizem que dependem mais de seus amigos do que de seus pais para satisfazer suas necessidades de companhia, reafirmação de valor e intimidade (Furman e Buhrmester, 1992).

Escolas

Na escola, as crianças passam muitos anos como membros de uma pequena sociedade que exerce uma enorme influência sobre seu desenvolvimento socioemocional. Como esse mundo social muda conforme a criança se desenvolve?

Mudanças nos contextos sociais de desenvolvimento das escolas Contextos sociais variam ao longo do ensino infantil, ensino fundamental e anos da adolescência (Minuchin e Shapiro, 1983). O ambiente da primeira infância é um ambiente protegido cujo limite é a sala de aula. Nesse ambiente social limitado, crianças jovens interagem com um ou dois professores, geralmente mulheres, que são figuras influentes em suas vidas. Crianças jovens também interagem com pares em díades ou pequenos grupos.

A sala de aula ainda é o principal contexto no ensino fundamental I, embora seja mais possível ser experimentada como uma unidade social nesse momento do que o é na primeira infância. O professor simboliza a autoridade que estabelece o clima da sala de aula, as condições de interação social e a natureza do funcionamento do grupo. Grupos de pares são mais importantes nesse momento, e os estudantes demonstram um crescente interesse em amizade.

Conforme as crianças vão para o ensino médio, o ambiente escolar cresce em escopo e complexidade (Wigfield e outros, 2006). O campo social se torna a escola toda em vez de apenas a sala de aula. Adolescentes interagem com professores e pares de uma ampla faixa de origens culturais em uma faixa ainda mais ampla de interesses. Há mais professores homens.

O comportamento social dos adolescentes tende a se fortalecer em direção aos pares, atividades extracurriculares, clubes e comunidade. Os estudantes do ensino fundamental II reconhecem a escola como um sistema social e devem ser motivados a se adaptar a esse sistema ou a desafiá-lo.

Educação na primeira infância Há muitas variações na maneira como as crianças jovens são educadas. No entanto, um crescente número de especialistas em educação defende que esse estágio deve ser apropriado em termos de desenvolvimento (Slentz e Krogh, 2001).

Práticas de ensino apropriadas ao nível de desenvolvimento Nos Capítulos 1 e 2, descrevemos a importância do envolvimento dos estudantes em práticas de ensino apropriadas ao nível de desenvolvimento. Aqui, expandimos este tópico em nossa discussão de práticas de ensino apropriadas ao nível de desenvolvimento para crianças desde o nascimento até os oito anos de idade. **Práticas de ensino apropriadas ao nível de desenvolvimento** são baseadas em conhecimento do desenvolvimento típico de crianças dentro de uma faixa etária (adequação etária) bem como na singularidade da criança (adequação individual). Práticas de ensino apropriadas ao nível de desenvolvimento contrastam com as práticas de ensino inapropriadas ao nível de desenvolvimento, que ignoram métodos de ensino concretos e de práticas no ensino de crianças jovens. Acredita-se que o ensino direto, apresentado extensivamente através de tarefas abstratas com lápis e papel a grandes grupos maiores de crianças jovens, seja inapropriado

---

práticas de ensino apropriadas ao nível de desenvolvimento Educação baseada no conhecimento do desenvolvimento típico de crianças dentro de uma faixa etária (adequação etária) bem como na singularidade da criança (adequação individual).

em termos de desenvolvimento. Embora estejamos discutindo práticas de ensino apropriadas ao nível de desenvolvimento neste capítulo sobre desenvolvimento socioemocional, o conceito também se aplica aos desenvolvimentos físico e cognitivo das crianças.

Aqui estão alguns dos temas sobre as práticas de ensino apropriadas ao nível de desenvolvimento (Bredekamp e Copple, 1997):

- *Domínios do desenvolvimento das crianças – físico, cognitivo e socioemocional – estão intimamente ligados e o desenvolvimento em um domínio pode influenciar e ser influenciado pelo desenvolvimento em outros domínios.* Através do reconhecimento das relações entre domínios pode-se planejar experiências de aprendizagem para as crianças.
- *O desenvolvimento ocorre numa seqüência relativamente ordenada com capacidades, habilidades e conhecimento construídos posteriormente sobre aqueles já adquiridos.* O conhecimento do desenvolvimento típico dentro de uma faixa etária apresentado pelo programa traz uma estrutura geral para guiar professores no preparo do ambiente de aprendizagem.
- *A variação individual caracteriza o desenvolvimento das crianças.* Cada criança é um indivíduo único e todas as crianças têm seus próprios pontos fortes, necessidades e interesses. Reconhecer essas variações individuais é um aspecto-chave para ser um professor competente.
- *O desenvolvimento é influenciado por múltiplos contextos sociais e culturais.* Os professores precisam entender de que maneira contextos sociais – tais como pobreza e etnicidade – afetam o desenvolvimento das crianças na primeira infância. Os professores devem aprender sobre a cultura da maioria das crianças a que lecionam, caso a cultura seja diferente de sua própria.
- *As crianças são aprendizes ativos e devem ser estimuladas a construir um entendimento do mundo ao seu redor.* As crianças contribuem para sua própria aprendizagem à medida que se esforçam para construir significado a partir de suas experiências diárias.
- *O desenvolvimento avança quando as crianças têm oportunidades de praticar habilidades recém-adquiridas bem como quando experienciam um desafio pouco além do seu atual nível de domínio.* Em tarefas que estão um pouco além do alcance independente da criança, o adulto e os pares mais competentes podem fornecer andaimes que permitem à criança aprender.
- *As crianças se desenvolvem melhor no contexto de uma comunidade onde elas se sentem seguras e valorizadas, suas necessidades físicas são atendidas e elas se sentem psicologicamente seguras.* As crianças são beneficiadas quando têm professores preocupados, que querem ajudá-las de verdade a aprender e a se desenvolver de maneira positiva.

A Figura 3.4 contrasta as práticas de ensino apropriadas e as inapropriadas ao nível de desenvolvimento na construção de objetivos curriculares, estratégias de ensino e na criação de uma comunidade de aprendizes bem cuidados (Bredekamp e Copple, 1997).

As práticas de ensino apropriadas ao nível de desenvolvimento melhoram o desenvolvimento das crianças jovens? Sim. É provável que crianças jovens em salas de aula onde são adotadas práticas de ensino apropriadas ao nível de desenvolvimento apresentem menos estresse, sejam mais motivadas, sejam mais habilidosas no aspecto social, tenham melhores hábitos de trabalho, sejam mais criativas, tenham melhores habilidades de linguagem e demonstrem melhores habilidades na matemática do que crianças que estudam em salas de aula que adotam práticas de ensino inapropriadas ao nível de desenvolvimento (Hart e outros, 1996, 2003; Sherman e Mueller, 1996; Stipek e outros, 1995).

Em que proporção os programas que usam práticas de ensino apropriadas ao nível de desenvolvimento são comuns? Aproximadamente de um terço a um quinto dos programas de primeira infância seguem essa estratégia educacional. As escolas de ensino fundamental I o fazem menos ainda. Desenvolver atividades para crianças que estão iniciando e o ensino em pequenos grupos são mais exceção do que regra (Dunn e Kontos, 1997).

Uma abordagem cada vez mais popular na educação de jovens crianças nos Estados Unidos é a adoção de práticas de ensino apropriadas ao nível de desenvolvimento adotadas em Reggio Emilia, uma pequena cidade no norte da Itália (Stegelin, 2003). Lá, as crianças são estimuladas a aprender pela investigação e exploração de tópicos que as interessam. Uma ampla faixa de recursos e materiais estimulantes fica disponível para as crianças utilizarem conforme apren-

Componente	Prática apropriada	Prática inapropriada
Criando uma comunidade de aprendizes bem cuidados	• Ao promover um ambiente propício à aprendizagem, professores ajudam as crianças a aprenderem como desenvolver relacionamentos positivos com outras crianças e adultos. • Professores incentivam grupos coesos e criam atividades que vão ao encontro das necessidades individuais das crianças. • Professores trazem a cultura e a linguagem do ambiente familiar de cada criança para o interior da cultura partilhada na escola. • Professores reconhecem a importância de ter crianças trabalhando e brincando com cooperação.	• Pouco ou nenhum esforço é feito para construir um sentido de comunidade. • O currículo e o ambiente são essencialmente os mesmos para cada grupo de crianças ao longo de todo o programa de ensino sem que sejam considerados os interesses e as identidades das crianças. • Diferenças culturais e outras diferenças individuais são ignoradas. • Professores não ajudam as crianças a desenvolverem sentimentos de cuidado e empatia umas com as outras.
Ensinando a aprimorar o desenvolvimento e a aprendizagem	• Professores planejam e preparam um ambiente de aprendizagem que estimula a iniciativa das crianças, a exploração ativa de materiais e o envolvimento sustentado com outras crianças, adultos e com as atividades. • Ao selecionar materiais, os professores consideram os níveis de desenvolvimento das crianças e suas origens culturais. • Professores mantêm um ambiente seguro e saudável e supervisionam cuidadosamente as crianças. • Professores dão às crianças oportunidades de planejar e selecionar muitas de suas atividades a partir de uma variedade de áreas e projetos de aprendizagem. • Professores estimulam a linguagem das crianças e as habilidades de comunicação. • Estratégias de ensino envolvem observar e interagir com crianças para determinar o que cada criança é capaz de fazer. • Professores apóiam os jogos infantis e as atividades de livre escolha realizadas pelas crianças. Eles também promovem muitas oportunidades para as crianças planejarem, pensarem, refletirem e discutirem suas próprias experiências. • Atividades são interessantes e, no nível certo, desafiam as crianças e estimulam sua motivação intrínseca. • Professores facilitam o desenvolvimento de habilidades sociais e autocontrole ao prover estratégias orientadoras positivas.	• O ambiente está desordenado e com pouca estrutura. • A organização do ambiente limita a interação entre as crianças. • Professores não monitoram adequadamente as crianças. • Materiais de aprendizagem são principalmente exercício e prática, atividades com base no livro de exercícios em vez de atividades interessantes e envolventes. • O programa provê pouca ou nenhuma oportunidade de as crianças fazerem escolhas. • Crianças passam muito tempo sentadas e sem se comunicar. • Crianças fazem muitas lições com lápis e papel. • Professores não disponibilizam um tempo adequado para que as crianças desenvolvam conceitos e habilidades. • A maioria das atividades é tão desinteressante e sem desafios, ou tão difícil, que diminui a motivação intrínseca das crianças para aprender. • Professores perdem muito tempo dando feedback negativo e atribuindo algum tipo de punição.
Construindo um currículo apropriado	• Objetivos curriculares avaliam a aprendizagem em todas as áreas – física, social, emocional, lingüística, estética e intelectual. • O conteúdo curricular de várias disciplinas, tais como matemática, ciências ou estudos sociais, está integrado através de temas, projetos, jogos e outras experiências de aprendizagem. • O planejamento do currículo é realizado para ajudar as crianças na exploração de idéias-chaves em disciplinas apropriadas para sua idade. • Materiais culturalmente diversificados e não sexistas são fornecidos. • Professores utilizam uma variedade de abordagens e oportunidades diárias para desenvolver a linguagem e habilidades literárias das crianças por meio de experiências significativas. • Crianças têm diariamente oportunidades de expressão estética através da arte e da música, bem como oportunidades diárias para desenvolver habilidades motoras fina e grossa.	• Objetivos curriculares são estreitamente focados. • O currículo é muito comum e segue um plano rígido que não leva em conta os interesses das crianças. • Em alguns programas, o currículo não é planejado adequadamente. • Expectativas curriculares não correspondem às capacidades intelectuais e características individuais das crianças. • As origens culturais e lingüísticas das crianças são ignoradas. • O ensino de leitura e escrita é muito rígida. • O ensino enfoca desenvolvimento de habilidades isoladas através de memorização rotineira. • Pouco esforço é feito para dar às crianças oportunidades de se envolverem em atividades estéticas. • Pouco tempo é dedicado a atividades motoras fina e grossa

FIGURA 3.4 Exemplos do guia de práticas apropriada e inapropriada para crianças de três a cinco anos, da NAEYC.

dem. As crianças exploram os tópicos sempre em grupo. Dois professores auxiliares servem como orientadores. Os professores da Reggio Emilia vêem o projeto como uma aventura. O projeto deve começar a partir da sugestão de um professor, uma idéia de uma criança, um evento tal como uma nevasca ou algo inesperado. É dado um período de tempo grande para as crianças pensarem e planejarem o projeto. A cooperação é o tema principal na abordagem Reggio Emilia (Firlik, 1996). Reggio Emilia reflete a abordagem construtivista para educação que foi descrita nos Capítulos 1 e 2 de maneira breve e será explorada em maior profundidade em capítulos posteriores, especialmente no Capítulo 10, "Abordagens Socioconstrutivistas".

Controvérsia na educação infantil Atualmente, há uma controvérsia sobre como o currículo dos Estados Unidos de educação infantil deveria ser apresentado (Cress, 2004). Por um lado, há aqueles que defendem uma abordagem construtivista centrada na criança tal como a que era enfatizada pela National Association for the Education of Young Children (NAEYC) baseada em práticas de ensino apropriadas ao nível de desenvolvimento. Do outro lado, estão os que defendem uma abordagem acadêmica e de instrução direta.

Qual é a controvérsia do currículo na educação infantil?

Na realidade, muitos programas de alta qualidade na educação infantil incluem tanto abordagens acadêmicas quanto construtivistas. Muitos especialistas em educação como Lilian Katz (1999) se preocupam com abordagens acadêmicas que exercem forte pressão sobre o que as crianças devem realizar, mas que não fornecem quaisquer oportunidades de construírem ativamente o conhecimento. Programas competentes para a educação infantil também deveriam enfocar o desenvolvimento cognitivo *e* o desenvolvimento socioemocional e não exclusivamente o desenvolvimento cognitivo (Anderson e outros 2003; Jacobson, 2004; Kagan e Scott-Little, 2004; NAEYC, 2002). A educação infantil deveria encorajar a preparação adequada para a aprendizagem, variadas atividades de aprendizagem, relacionamentos de confiança entre adultos e crianças e aumento do envolvimento dos pais (Hildebrand, Phenice e Hines, 2000). Muitas crianças vão para programas subpadronizados de educação infantil. De acordo com um relatório da Carnegie Corporation (1996), quatro entre cinco programas de educação infantil não atenderam aos padrões de qualidade.

Educação infantil para crianças de famílias de baixa renda Por vários anos, muitas crianças de famílias de baixa renda não receberam qualquer educação antes de entrarem no primeiro ano. Nos anos 1960, foi feito um esforço para quebrar o ciclo de pobreza e de educação inadequada das jovens crianças dos Estados Unidos. O *Project Head Start* foi estabelecido para oferecer oportunidades a crianças de famílias de baixa renda de adquirir as habilidades e experiências que são importantes para o sucesso escolar. Fundado pelo governo federal norte-americano, o Project Head Start começou em 1965 e até hoje continua atendendo crianças desamparadas.

Nos programas Head Start de alta qualidade, pais e comunidades estão envolvidos de maneiras positivas (Thurgood, 2001). Os professores têm conhecimento sobre desenvolvimento infantil e utilizam práticas de ensino apropriadas ao nível de desenvolvimento. Pesquisadores descobriram que quando crianças de famílias de baixa renda experienciam um programa Head Start de qualidade, elas se beneficiam de maneira substancial a longo prazo. Os benefícios incluem ser menos provável que abandonem a escola, estar em sala de educação especial ou receber ajuda governamental, benefícios que seus companheiros de baixa renda que não seguiram um programa Head Start não compartilham (Lazar e outros, 1982; Schweinhart, 1999). No entanto, os programas Head Start não são criados todos iguais (McCarty, Abbott-Shim e Lambert, 2001). Uma estimativa é de que 40% dos 1.400 programas Head Start sejam inadequados (Zigler e Finn-Stevenson, 1999). Deve-se dar mais atenção ao desenvolvimento de programas Head Start de alta qualidade (Raver e Zigler, 1997; Zigler e Styco, 2004).

O Congresso dos Estados Unidos está considerando mudanças que introduzirão programas Head Start com um foco acadêmico mais forte. Embora os especialistas em educação infantil claramente desejem que a qualidade total dos programas Head Start melhore, alguns preocupam-se com o fato de que a ênfase em habilidades acadêmicas virá à custa de redução de serviços de saúde e diminuição da ênfase nas habilidades socioemocionais.

A transição para o ensino fundamental   Conforme as crianças fazem a transição para o ensino fundamental, elas interagem e desenvolvem relacionamentos com outras crianças novas e significativas. A escola fornece uma rica fonte de idéias para as crianças formarem seu sentido de eu.

Uma preocupação especial em relação às classes do ensino fundamental é a de que elas não se desenvolvem quando são primordialmente baseadas em feedback negativo. Eu (seu autor) vividamente me lembro de minha primeira professora. Infelizmente, ela nunca sorria; era uma ditadora em sala de aula e a aprendizagem (ou falta de aprendizagem) progredia mais na base do medo do que no prazer e na paixão. Felizmente, posteriormente tive alguns professores mais afetuosos, amigos dos estudantes.

A auto-estima das crianças é mais alta quando elas começam o ensino fundamental do que quando o completam (Blumenfeld e outros, 1981). Será porque elas experimentaram muitos feedbacks negativos e foram extremamente criticadas durante o processo? Falaremos mais sobre os papéis do reforço e da punição na aprendizagem das crianças no Capítulo 7 e sobre gerenciamento de sala de aula no Capítulo 14.

Por enquanto, considere as duas seguintes salas de aula de ensino fundamental e qual efeito elas podem ter na aprendizagem e na auto-estima das crianças (Katz e Chard, 1989). Em uma delas, os estudantes passam a manhã toda desenhando figuras de semáforos, enquanto ficam grudados em suas cadeiras. A professora parece desinteressada em seus trabalhos, exceto quando ocasionalmente se aproxima do aluno para informar sobre seus erros. A professora não faz nenhum esforço no sentido de relacionar as figuras a algo que os estudantes estejam aprendendo no momento.

Em outra classe, os estudantes estão pesquisando sobre um ônibus escolar. Eles escrevem para o superintendente escolar da região e perguntam se podem ter um ônibus estacionado em sua escola por alguns dias. Eles estudam o ônibus, descobrem como ele funciona e discutem regras de trânsito. Então, em sala, constroem seu próprio ônibus de papelão. Os estudantes estão se divertindo, mas também estão praticando escrita, leitura e até mesmo alguma aritmética. Na reunião de pais, a professora tem condições de relatar como cada criança está se saindo. Mas o que os pais mais querem fazer é ver o ônibus, porque suas crianças têm falado sobre o ônibus ao chegar em casa por semanas. Que classe, para você, reflete um ensino apropriado ao nível de desenvolvimento?

A escolaridade dos adolescentes   As três preocupações específicas quanto à escolaridade do adolescente são: (1) a transição para o ensino médio, (2) escolaridade efetiva para jovens adolescentes e (3) a qualidade das escolas de ensino médio. Até que ponto a transição para o ensino médio pode se tornar difícil para muitos estudantes?

A transição para o ensino médio   Essa transição pode ser estressante porque coincide com muitas outras mudanças desenvolvimentais (Conti, 2001; Eccles, 2004; Wigfield, Byrenes e Eccles, 2006; Wigfield e outros, 2006). Os estudantes estão no início da puberdade e o interesse por sua imagem corporal aumenta. As mudanças hormonais estimulam um interesse crescente nos assuntos sexuais. Os estudantes se tornam mais independentes de seus pais e querem passar mais tempo com seus pares. Eles têm de mudar de uma classe menor, mais personalizada, para uma escola maior e mais impessoal. O rendimento se torna um assunto mais sério e conseguir boas notas se torna algo mais competitivo.

Conforme os estudantes passam do ensino fundamental para o ensino médio, eles experienciam o *fenômeno do mais capaz*. Isso tem a ver com a mudança da posição superior (na escola fundamental, ele é o mais velho, o maior e o mais poderoso estudante da escola) para a posição inferior (no ensino médio, ele é o mais jovem, o menor e o menos poderoso estudante da escola). As escolas que dão mais apoio, menos anonimato, mais estabilidade e menos complexidade propiciam o ajustamento do estudante durante essa transição (Fenzel, Blyth e Simmons, 1991). Além disso, um estudo verificou que quando os pais estavam sintonizados com as necessidades desenvolvimentais de seus jovens adolescentes e apoiavam sua autonomia em tomar decisões, os estudantes eram mais ajustados durante a fase de transição escolar (Eccles, Lord e Buchanan, 1996).

Escolas eficientes para jovens adolescentes Alguns críticos argumentam que os últimos anos do ensino fundamental II de hoje se tornaram versões atenuadas de ensino médio. Em vez de oferecer atividades curriculares e extracurriculares de acordo com o desenvolvimento biológico e psicológico dos jovens adolescentes, dizem os críticos, a escola de ensino fundamental II imita esquemas curriculares e extracurriculares do ensino médio.

Em um relatório de 1989, "Turning Points: Preparing American Youth for the 21st Century", a Carnegie Foundation concluiu que a maioria dos jovens adolescentes nos Estados Unidos freqüenta escolas massantes e impessoais; aprende a partir de currículos aparentemente irrelevantes; confia em poucos adultos na escola e não têm acesso aos cuidados com saúde e aconselhamento. O relatório da Carnegie Foundation (1989) recomendou o seguinte:

- Desenvolver pequenas "comunidades" ou "casas" para minimizar a natureza impessoal das grandes escolas de ensino médio.
- Diminuir a proporção estudante/orientador, de 100/1 para 10/1.
- Envolver os pais e os líderes comunitários nas escolas.
- Desenvolver currículos que resultem em estudantes alfabetizados, que compreendem ciências e têm senso de saúde, ética e cidadania.
- Ter uma equipe de professores que ensine em blocos curriculares mais flexíveis que integrem várias disciplinas, em vez de apresentar aos estudantes segmentos de 50 minutos desconectados e rigidamente separados.
- Elevar os padrões de saúde e aptidão física dos estudantes através da criação de programas dentro da escola e ajudar os estudantes a obterem tratamentos de serviços públicos quando necessitarem.

No relatório *Turning Points 2000*, demonstrou-se contínua ênfase sobre as recomendações já apresentadas (Jackson e Davis, 2000). Algumas das novas ênfases nas recomendações de 2000 focaram o ensino de um currículo fundamentado em padrões acadêmicos rigorosos, utilizando métodos instrucionais designados a preparar todos os estudantes a atingir padrões mais elevados, promover um ambiente escolar seguro e saudável e envolver pais e comunidades na aprendizagem do estudante e no seu desenvolvimento saudável. Em suma, os últimos anos de ensino fundamental II precisam de um redesenho se desejam ser efetivos na educação de adolescentes a fim de torná-los adultos competentes no século 21.

Aperfeiçoamento das escolas de ensino médio norte-americanas Assim como há preocupações quanto ao ensino fundamental II norte-americano, também há preocupações quanto às escolas de ensino médio (Kaufman, 2001). Muitos estudantes se formam no ensino médio, mas a leitura, a escrita e as habilidades matemáticas são inadequadas. Aliás, muitos deles ingressam na faculdade, mas precisam se inscrever em turmas de reforço. Outros estudantes abandonam o ensino médio e não têm habilidades que permitam a eles avançar no mercado de trabalho (Christensen e Thurlow, 2004; Lehr e outros, 2003).

Na última metade do século 20, os índices de evasão escolar declinaram em geral (*Child Trends*, 2006). Por exemplo, nos anos 1940, mais da metade dos norte-americanos com idade entre 16 e 24 anos tinha deixado a escola; em 2003, somente 10% tinham abandonado os estudos. A Figura 3.5 mostra as tendências nos índices de evasão escolar de 1972 até 2004. Note que o índice de evasão dos adolescentes latinos permanece alto (24% dos adolescentes latinos com idade entre 16 e 24 anos abandonaram a escola em 2004). Embora as estatísticas sobre jovens norte-americanos de origem indígena não tenha sido obtida de maneira adequada, algumas indicam que eles provavelmente têm o mais alto índice de evasão nos Estados Unidos, com apenas cerca de 50% a 70% completando sua educação no ensino médio.

Diferenças entre os gêneros indicam que os índices norte-americanos de evasão entre os meninos são maiores do que entre as meninas (12% contra 9%) (*Child Trends*, 2006).

FIGURA 3.5 Tendências das taxas de evasão escolar no ensino médio.

De 1972 até 2004, a taxa de evasão escolar para latinos permaneceu muito alta (24% dos latinos entre 16 e 24 anos em 2004). A taxa de evasão para afro-americanos foi até mais alta (12%) do que a taxa para brancos não-latinos (7%) em 2004. A taxa de evasão total declinou consideravelmente dos anos 1940 até os 1960, mas declinou só ligeiramente desde 1972.

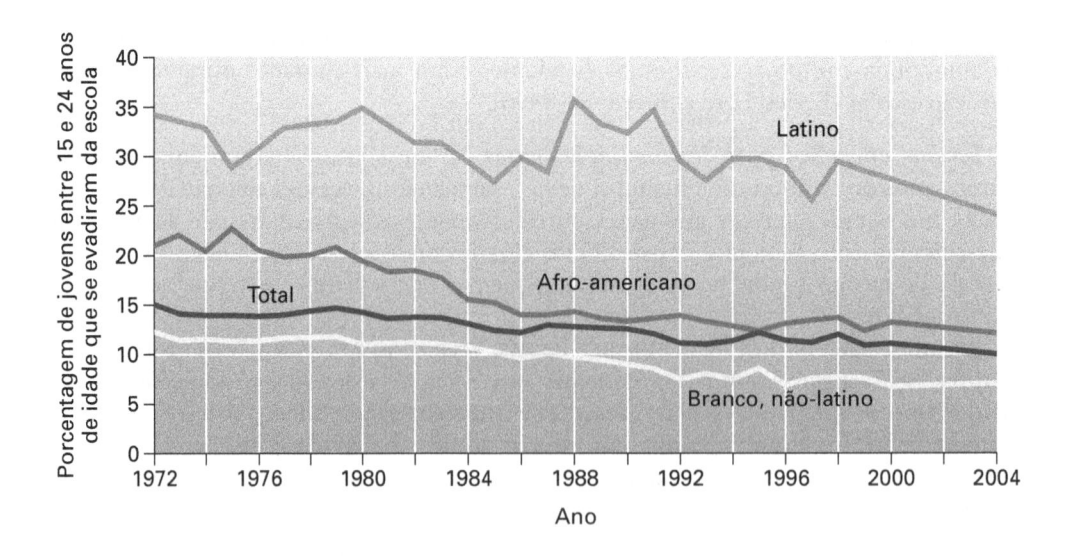

A diferença entre os gêneros nos índices de evasão é maior para adolescentes latinos (27% contra 20%) e adolescentes afro-americanos (12,5% contra 9,5%) (dados de 2003).

Os estudantes abandonam a escola por muitas razões (Christensen e Thurlow, 2004). Um estudo demonstrou que quase 50% dos jovens citaram motivos relacionados à escola para a evasão escolar, como não gostar dela ou ter sido expulso ou suspenso (Rumberger, 1995). Vinte por cento dos que abandonaram a escola (mas 40% dos estudantes latinos) citaram razões econômicas para saírem. Um terço das mulheres estudantes abandonaram os estudos por razões pessoais tais como gravidez ou casamento.

Foi feita uma revisão dos programas de evasão que demonstrou que os mais eficientes forneceram programas iniciais de leitura, monitoramento, aconselhamento e orientação constantes (Lehrer e outros, 2003). Eles também enfatizaram a importância de criar ambientes e relacionamentos acolhedores e oferecer oportunidades de serviços à comunidade.

"I Have a Dream" – IHAD é um programa de prevenção da evasão escolar de longo prazo inovador e abrangente administrado pela National IHAD Foundation em Nova York. Desde que a National IHAD Foundation foi criada, em 1986, ela tem crescido em número maior do que 180 projetos em 64 cidades e 27 estados, atendendo a mais de 12 mil crianças ("I Have a Dream" Foundation, 2005). Projetos locais IHAD por todos os EUA "adotam" anos inteiros (geralmente o terceiro ou quarto) de escolas públicas fundamentais, ou grupos etários correspondentes que habitam as chamadas "moradias públicas". Estas crianças – "Sonhadoras" – são então atendidas com um programa de atividades acadêmicas, sociais, culturais e recreacionais ao longo dos anos do ensino fundamental I, II e ensino médio. Uma das características importantes desse programa é que ele é mais pessoal do que institucional: os responsáveis pelo IHAD desenvolvem relacionamentos próximos e de longo prazo com as crianças. Quando os participantes completam o ensino médio, o IHAD fornece a assistência de ensino necessária para que tenham chances de ingressar em uma faculdade estadual ou local ou em um curso vocacional.

O Programa IHAD foi criado em 1981, quando o filantropista Eugene Lang fez uma oferta inesperada de ensino acadêmico para a classe de graduação de sexto-anistas na P.S. 121, em East Harlem. Estatisticamente, 75% dos estudantes deveriam ter se evadido da escola; em vez disso, 90% se formaram e 60% ingressaram em uma faculdade. Outras avaliações dos programas IHAD verificaram melhorias surpreendentes nas notas, nos resultados de testes e na freqüência escolar, bem como a redução de problemas comportamentais dos "Sonhadores". Por exemplo, em Portland, Oregon, duas vezes mais Sonhadores do que estudantes de um grupo-controle tinham alcançado o padrão em matemática, além disso, os Sonhadores estão menos propensos a se envolverem com problemas no sistema de justiça da infância e juventude (Davis, Hyatt e Arrasmith, 1998).

Outro fato importante é que quando os estudantes se formam no ensino médio, muitos deles, além de não estarem preparados para a faculdade, também não estão preparados para as

Estes adolescentes participam do Programa "I Have a Dream", um programa de prevenção à evasão escolar abrangente a longo prazo, que tem sido muito bem-sucedido nos EUA.

demandas de altas competências do mercado de trabalho. Uma revisão das práticas de contratação de grandes empresas indicou que várias delas têm agora conjuntos de habilidades básicas requeridas para os novos contratados. Estas incluem a capacidade de ler em níveis relativamente altos, saber pelo menos álgebra elementar, utilizar computadores pessoais para realizar tarefas objetivas, tais como processar textos, resolver problemas semi-estruturados nos quais hipóteses devem ser formuladas e testadas, comunicar-se eficientemente (oralmente e por escrito) e trabalhar eficazmente em grupos com pessoas de origens diferentes (Murnane e Levy, 1996).

Um número crescente de educadores discute que escolas de ensino médio da nação precisam de uma nova missão para o século 21, uma que se volte para estes problemas (National Commission on the High School Senior Year, 2001):

1. É preciso maior apoio para capacitar todos os estudantes para que se formem no ensino médio com conhecimento e habilidades para serem bem-sucedidos na educação superior e na carreira. Muitos pais e estudantes, especialmente aqueles de baixa renda e de comunidades minoritárias, não estão cientes do conhecimento e do nível de habilidades requeridos para o sucesso na educação superior.

2. As escolas de ensino médio precisam ter maiores expectativas de aprendizagem para o estudante. Uma preocupação especial é o último ano do ensino médio, que se tornou muito mais um tempo de festa do que um tempo para se preparar para uma das mais importantes transições da vida. Alguns estudantes que ingressaram na faculdade comumente ignoram as demandas acadêmicas de seu último ano. Em uma pesquisa realizada com 90 mil estudantes de ensino médio em 26 estados foi constatado que quase 20% dos últimoanistas que seguirão a faculdade não tiveram um curso de matemática no seu ano final do ensino médio (Indiana University High School Survey of Student Engagement, 2004). Nessa pesquisa, 55% dos estudantes estudaram menos que três horas por semana, ainda que aproximadamente dois terços desses estudantes dissessem ter obtido principalmente notas "A" e "B". Por conseguinte, muitos estudantes estão obtendo notas altas sem estudar muito.

3. Os estudantes do ensino médio norte-americano passam mais tempo trabalhando em subempregos. Pesquisadores verificaram que quando estudantes segundo anistas do ensino médio trabalham mais que 14 horas por semana, suas notas caem, e quando estudantes do terceiro ano trabalham 20 ou mais horas por semana, suas notas declinam (Greenberger e Steinberg, 1986). Ao mesmo tempo, experiências de trabalho mais curtas e de alta qualidade, incluindo serviços comunitários e estágios, têm demonstrado beneficiar os estudantes do ensino médio.

Reveja, reflita e pratique

2) Discutir como os contextos sociais de famílias, pares e escolas estão ligados ao desenvolvimento socioemocional.

Reveja

- Quais são os quatro estilos parentais propostos por Baumrind e qual é o mais eficiente? Como os aspectos de famílias, como divórcio e etnicidade/status socioeconômico, afetam o desenvolvimento e a educação das crianças? As relações escola-família podem ser encorajadas de que maneira?
- O que são pares e quais são os cinco status de pares? Que diferenças positivas ou negativas as relações entre pares podem causar no desenvolvimento e na educação de uma criança ou adolescente? Que riscos estão ligados a determinados status de pares? Como as amizades são importantes?
- O que significam práticas de ensino apropriado ao nível de desenvolvimento? Quais são os problemas transicionais que os estudantes enfrentam quando fazem a transição para diferentes níveis de escolaridade?

(continua)

Reveja, reflita e pratique (continuação)

Reflita

- Qual(ais) estilo(s) de educação parental você testemunhou ou experienciou? Que efeitos eles provocaram?

Pratique PRAXIS™

1. Qual dos seguintes professores tem condições de estimular de maneira mais intensa o envolvimento apropriado dos pais na educação de seus filhos?
   a. O Sr. Bastian envia semanalmente para casa anotações sobre o progresso da criança para os pais que as requisitam. Ele convida cada pai para uma reunião ao final do primeiro bimestre e entra em contato com os pais caso uma criança esteja com sérios problemas na escola.
   b. A Sra. Washington entra em contato com os pais antes de o ano letivo começar. Ela promove um encontro com os pais a fim de discutirem as expectativas dela tanto em relação aos alunos como em relação aos pais, e para responder a questões. Ela requisita voluntários para ajudar na sala de aula e acompanhar excursões de estudo de campo. Ela envia para casa anotações sobre o progresso da criança semanalmente, e estas incluem informações acadêmicas e sociais.
   c. A Sra. Jefferson fala aos pais que suas crianças precisam desenvolver independência, e que isso não acontecerá se eles ficarem rodeando a escola e interferindo no processo educacional.
   d. A Sra. Hernandez organiza duas reuniões de pais e mestres por ano e envia e-mails aos pais caso as crianças não apresentem progresso em seus trabalhos ou apresentem quaisquer problemas em classe. Ela ocasionalmente envia e-mail a um pai no caso de uma criança ter tido um progesso marcante ou ter realizado algo especial.

2. Samuel está no quarto ano. Ele é grande para sua idade, mas não é muito maduro. Ele é extremamente sensível a qualquer espécie de crítica – construtiva ou não. Ele chora quando alguém o provoca, o que acontece com freqüência. Samuel quase sempre evoca provocações de seus pares porque dá atenção a elas. Qual é o status de pares mais provável para Samuel?
   a. Controverso.
   b. Negligenciado.
   c. Popular.
   d. Rejeitado.

3. Qual dos seguintes é o melhor exemplo de uma unidade que adota práticas de ensino apropriadas ao nível de desenvolvimento para alunos de quarto ano sobre a vida dos pioneiros norte-americanos?
   a. A classe do Sr. Johnson lê diariamente sobre as vidas dos pioneiros e os alunos estão agora construindo cabanas de madeira que demonstram sua compreensão da moradia típica desse período. O Sr. Johnson anda pela sala, oferecendo ajuda quando necessário, perguntando aos estudantes por que eles estão incluindo determinadas características e se assegurando de que todos estejam se concentrando na tarefa.
   b. Na aula da Sra. Lincoln, cada estudante lê um livro diferente sobre a vida dos pioneiros e depois escreve um relatório. Os estudantes trabalham em silêncio em suas carteiras fazendo seus relatórios. Ela às vezes aplica punição aos estudantes por falarem ou por ficarem divagando.
   c. A classe do Sr. Roosevelt está se revezando na leitura em voz alta de um livro sobre a vida dos pioneiros. Cada estudante lê um parágrafo do livro. Quando eles terminarem o livro, farão um teste sobre seu conteúdo.
   d. A Sra. Silver está dando uma palestra para seus estudantes sobre a vida dos pioneiros. Ela está apontando motivos para a migração para o Oeste, meios de transporte, como limpar a terra e construir uma cabana. Ela aplicará um teste sobre a vida dos pioneiros na sexta-feira.

Por favor, verifique as respostas no final do livro.

3 Desenvolvimento socioemocional

- O eu
- Desenvolvimento moral

Até agora discutimos três importantes contextos sociais que influenciam o desenvolvimento socioemocional dos estudantes: famílias, pares e escolas. Nesta seção, focaremos mais os estudantes como indivíduos, do mesmo modo que exploraremos o desenvolvimento do eu e da moralidade.

O eu

De acordo com o dramaturgo italiano Ugo Betti, do século 20, quando as crianças dizem "Eu", elas querem se referir a algo singular, que não deve ser confundido com qualquer outra coisa. Os psicólogos freqüentemente se referem ao "eu" como o self. Dois aspectos importantes do self são auto-estima e identidade.

Auto-estima A **auto-estima** se refere à visão global do indivíduo sobre si mesmo. Auto-estima também se refere à *autovalia* ou *auto-imagem*. Por exemplo, uma criança com auto-estima elevada deve perceber que ela não é somente uma pessoa, mas uma pessoa *boa*.

O interesse com relação à auto-estima surgiu do trabalho do psicoterapeuta Carl Rogers (1961). Rogers disse que a razão principal de os indivíduos terem baixa auto-estima é o fato de não terem tido um apoio emocional adequado e aprovação social. Ele acreditava sobretudo que conforme as crianças cresciam, ouviam: "Você não fez o certo", "Não faça isso", "Você deveria agir melhor" ou "Como você pode ser tão idiota?".

Para muitos estudantes, os períodos de baixa auto-estima vêm e vão. Mas, para alguns estudantes, a baixa auto-estima persistente se traduz em outros problemas mais sérios. A baixa auto-estima persistente está relacionada a baixo rendimento, depressão, distúrbios alimentares e delinqüência (Harter, 1999, 2006). A gravidade do problema está relacionada não apenas à natureza da baixa auto-estima do estudante, mas também a outras condições. Quando a baixa auto-estima acontece em momentos de transições escolares difíceis (como a transição para o ensino médio) ou problemas familiares (como o divórcio dos pais), os problemas do estudante podem se intensificar.

Os pesquisadores descobriram que a auto-estima muda conforme a criança se desenvolve (Galambos, Barker e Krahn, 2006). Um estudo constatou que tanto meninos quanto meninas tiveram elevada auto-estima na infância, mas sua auto-estima caiu consideravelmente no início da adolescência (Robins e outros, 2002). A auto-estima das meninas caiu cerca de duas vezes mais do que a dos meninos durante a adolescência (veja a Figura 3.6). Outros pesquisadores verificaram que a auto-estima das meninas cai mais do que a dos meninos durante a adolescência (Kling e outros, 1999; Major e outros, 1999). Entre as razões dadas para o declínio da auto-estima de ambos, meninos e meninas, estão a reviravolta das alterações físicas da puberdade, acrescida das demandas e expectativas de rendimento e apoio inadequado das escolas e dos pais. Entre as razões dadas para a discrepância entre os gêneros no declínio da auto-estima estão as altas expectativas de atrativos físicos nas meninas, que se tornam mais pronunciados por causa das alterações da puberdade, e a motivação para relacionamentos sociais que não é recompensada pela sociedade (Crawford e Unger, 2004). No entanto, observe na Figura 3.6 que, a despeito do declínio da auto-estima entre meninas adolescentes, o nível médio de auto-estima (3.3) era, ainda assim, mais alto que o ponto neutro na escala (3.0).

As variações de auto-estima foram relacionadas a vários aspectos do desenvolvimento (Harter, 2006). Por exemplo, em um estudo, descobriu-se que os adolescentes que tinham baixa auto-estima tiveram níveis mais baixos de saúde mental, de saúde física e de perspectivas econômicas quando adultos do que os adolescentes que tinham elevada auto-estima (Trzesniewski e outros, 2006). No entanto, muito das pesquisas sobre auto-estima é *correlacional* em vez de *experimental*. Como mencionado no Capítulo 1, correlação não se iguala

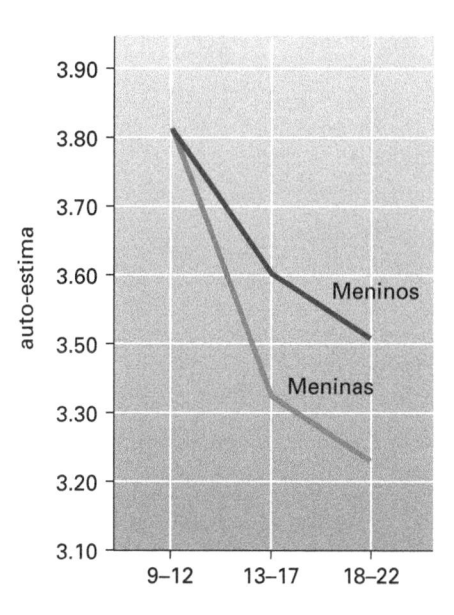

FIGURA 3.6 O declínio da auto-estima nos adolescentes.

Em um estudo, a auto-estima de meninos e meninas declinava durante a adolescência, mas este declínio foi consideravelmente maior em meninas do que em meninos (Robins e outros, 2002). A pontuação representa a média na pontuação de auto-estima em uma escala de 5 pontos na qual a pontuação mais alta reflete auto-estima alta.

auto-estima Também chamada de auto-imagem e autovalia, a concepção global do indivíduo sobre si mesmo.

à causação. Desse modo, se um estudo correlacional encontra uma relação entre a baixa auto-estima de crianças e baixo rendimento acadêmico, um baixo rendimento acadêmico poderia causar uma baixa auto-estima tanto quanto uma baixa auto-estima poderia causar baixo rendimento acadêmico (Bowles, 1999).

De fato, há somente correlações moderadas entre desempenho escolar e auto-estima, e essas correlações não sugerem que auto-estima elevada produz melhor desempenho escolar (Baumeister e outros, 2003). Os esforços para aumentar a auto-estima dos estudantes nem sempre têm levado a uma melhora do desempenho escolar (Davies e Brember, 1999; Hansford e Hattie, 1982).

Crianças com elevada auto-estima mostram maior iniciativa, mas isso pode produzir tanto resultados positivos como negativos (Baumeister e outros, 2003). Crianças com auto-estima elevada são propensas tanto a ações pró-sociais quanto anti-sociais. Por exemplo, é mais provável que elas defendam vítimas de bullying do que as crianças com baixa auto-estima, mas também é mais provável que elas sejam autoras de bullying.

Pesquisadores também encontraram fortes relações entre auto-estima e felicidade (Baumeister e outros, 2003). Por exemplo, em um estudo internacional realizado com 13 mil estudantes universitários de 49 universidades em 31 países (Diener e Diener, 1995), descobriu-se que as duas estão fortemente relacionadas. Ao que parece, a auto-estima elevada aumenta a felicidade (Baumeister e outros, 2003).

Muitos estudos verificaram que indivíduos com baixa auto-estima relatam sentirem-se mais deprimidos do que indivíduos com auto-estima elevada (Arndt e Greenberg, 2002; Baumeister e outros, 2003; Fox e outros, 2004). A baixa auto-estima tem sido relacionada com tentativas de suicídio e com anorexia nervosa (Fenzel, 1994; Osvath, Voros e Fekete, 2004).

A auto-estima dos estudantes varia comumente em diferentes aspectos, tais como o acadêmico, atlético, aparência física, habilidades sociais e assim por diante (Harter, 1999, 2006). Por conseguinte, um estudante pode ter auto-estima elevada com relação a seu trabalho escolar, mas ter baixa auto-estima nas áreas de habilidades atléticas, aparência física e habilidades sociais. Mesmo no aspecto acadêmico, um estudante pode ter auto-estima elevada em algumas matérias (matemática, por exemplo) e baixa em outras (inglês, por exemplo).

Além disso, conforme o estudante se desenvolve, sua auto-estima se torna mais diferenciada (Harter, 2006; Horowitz e outros, 2005). Por exemplo, Susan Harter (1989) adicionou três novos domínios de autopercepção em sua avaliação de autopercepções dos adolescentes (amizade próxima, apelo romântico e competência no trabalho) além das cinco que ela avalia em crianças (competência acadêmica, competência atlética, aceitação social, aparência física e comportamento).

Desenvolvimento da identidade Um outro importante aspecto do self é a identidade. Anteriormente no capítulo, mencionamos que Erik Erikson (1968) defendeu a idéia de que a questão mais importante na adolescência envolve o desenvolvimento da identidade – a procura por respostas a questões como estas: Quem sou eu? O que eu sou afinal de contas? O que farei com minha vida? Questões que não são freqüentemente feitas durante a infância tornam-se preocupações quase universais durante o ensino médio e superior (Kroger, 2007; Pals, 2006).

Status da identidade O pesquisador canadense James Marcia (1980, 1998) analisou o conceito de identidade de Erikson e concluiu que é importante distinguir entre exploração e compromisso. *Exploração* envolve examinar identidades alternativas significativas. *Compromisso* significa mostrar um investimento pessoal em uma identidade e permanecer com aquilo que tal identidade implica.

A extensão da exploração e do compromisso de um indivíduo é utilizada para classificá-lo de acordo com um dos quatro status da identidade (veja a Figura 3.7).

	A pessoa assumiu um compromisso?	
	Sim	**Não**
A pessoa tem explorado alternativas significativas com relação a algumas questões de identidade? **Sim**	Identidade adquirida	Identidade em moratória
Não	Identidade impedida	Difusão de identidade

FIGURA 3.7 Os quatro status da identidade de Marcia.

Boas práticas
Estratégias para melhorar a auto-estima das crianças

Uma preocupação atual é que muitas das crianças e adolescentes de hoje crescem recebendo falsos elogios e, como conseqüência, têm a auto-estima inflada (Graham, 2005; Stipek, 2005). Freqüentemente são elogiados por realizações sofríveis ou fracas. Podem ter dificuldade em lidar com competição e crítica. O título de um livro, *Dumbing down our kids: why american children feel good about themselves but can't read, write, or add* (Sykes, 1995), capta vividamente o tema de que muitos problemas acadêmicos de crianças, adolescentes e universitários dos Estados Unidos advêm de elogio não-merecido como parte de um esforço de elevar sua auto-estima. Pelo contrário, é possível aumentar a auto-estima de crianças através de quatro estratégias (Bednar, Wells e Peterson, 1995; Harter, 1999, 2006):

1. *Identificar as causas da baixa auto-estima e as áreas de competência importantes para o eu.* Isso é essencial. A criança apresenta baixa auto-estima devido a um rendimento escolar fraco? Conflito familiar? Habilidades sociais fracas? Os estudantes têm uma auto-estima mais elevada quando se comportam de maneira competente em áreas que eles próprios acreditam ser importantes. Portanto, descubra com os estudantes com baixa auto-estima que áreas de competência eles valorizam.

2. *Fornecer apoio emocional e aprovação social.* Virtualmente, cada classe tem crianças que receberam muitas avaliações negativas. Essas crianças devem vir de famílias abusivas e depreciadoras, que constantemente as põem para baixo, ou elas podem ter recebido muito feedback negativo em suas classes anteriores. Seu apoio emocional e aprovação social podem fazer uma grande diferença ao ajudá-las a se valorizar mais. Um orientador educacional, da mesma forma, traria benefícios a essas crianças. Os seguintes comentários de Judy Logan, uma professora de ensino médio de São Francisco, ressaltam a importância de prover apoio emocional.

Visão do professor
Ouvindo, explicando e apoiando

Acredito que uma boa professora deveria ter paixão quando está ao lado de seus estudantes. Isso não significa que eu os apóio em tudo o que eles fazem. Significa que eu exijo o melhor deles e espero ajudá-los a dar o melhor de si mesmos. Ou seja, eu ouço, explico, apóio e permito sem julgamento, sarcasmo ou a necessidade de impor a verdade do mundo lá fora. A passagem da infância para a vida adulta que chamamos adolescência é uma jornada muito vulnerável. É sempre um momento difícil para estudantes e suas famílias. É "função" do adolescente rebelar-se às vezes e questionar o ambiente familiar que era como um confortável casulo durante a infância. Não importa se os pais são maravilhosos ou se a família é amável, cada adolescente precisa ter outros adultos nos quais confiar...

---

3. *Ajudar as crianças a ter bom rendimento.* Bom rendimento pode favorecer a auto-estima das crianças. Ensino direto de habilidades acadêmicas reais sempre melhora o rendimento das crianças e subseqüentemente também sua auto-estima. Normalmente, não é suficiente dizer às crianças que elas podem obter sucesso em algo; você também tem de ajudá-las a desenvolver suas habilidades acadêmicas.

4. *Desenvolver habilidades de enfrentamento nas crianças.* Quando crianças enfrentam um problema e lidam com ele em vez de evitá-lo, sua auto-estima quase sempre melhora. Estudantes que enfrentam em vez de evitar encaram problemas de maneira mais realística, honesta e não-defensiva. Isso produz neles pensamentos favoráveis sobre si mesmos que aumentam sua auto-estima. Por outro lado, para estudantes com baixa auto-estima, suas próprias avaliações desfavoráveis despertam recusa, frustração e fuga. Esse tipo de desaprovação autogerada faz o estudante sentir-se inadequado como pessoa.

- **Difusão de identidade** ocorre quando os indivíduos ainda não experienciaram uma crise (isto é, eles ainda não exploraram alternativas significativas) nem assumiram um compromisso. Eles estão não somente indecisos quanto a escolhas ocupacionais e ideológicas, mas também demonstram pouco interesse em tais assuntos.
- **Exclusão de identidade** ocorre quando indivíduos assumem um compromisso, mas ainda não experienciaram uma crise. Isso ocorre mais freqüentemente quando os pais entregam compromissos a seus adolescentes, muitas vezes de modo autoritário. Nessas circunstâncias, os adolescentes não têm oportunidades adequadas de explorar diferentes abordagens, ideologias e vocações por si mesmos.
- **Moratória de identidade** ocorre quando os indivíduos estão no meio de uma crise, mas seus compromissos estão ausentes ou ainda vagamente definidos.

difusão de identidade O status de identidade em que os indivíduos nem exploraram alternativas significativas nem assumiram um compromisso.

exclusão de identidade O status de identidade em que os indivíduos assumiram um compromisso, mas não exploraram alternativas significativas.

moratória de identidade O status de identidade em que os indivíduos estão no meio de uma crise de exploração de alternativas, mas ainda não assumiram um compromisso.

- **Aquisição de identidade** ocorre quando os indivíduos passaram por uma crise e assumiram um compromisso.

Vamos explorar alguns exemplos dos status de identidade de Marcia. Uma adolescente de 13 anos que não começou a explorar sua identidade de um modo significativo nem assumiu um compromisso de identidade está, então, com a *identidade difusa*. Os pais de um menino de 18 anos querem que ele seja médico, então ele está planejando se especializar em pré-medicina na faculdade e ainda não explorou adequadamente outras opções; ele está com a *identidade impedida*. Sasha, 19 anos, não está bem certa de quais caminhos ela quer seguir na vida, mas, recentemente, ela foi ao centro de aconselhamento de sua faculdade para se informar sobre várias carreiras; assim, ela se encontra num status de *identidade moratória*. Marcelo, 21 anos, explorou amplamente uma série de diferentes opções de carreira na faculdade, conseguiu finalmente sua formação em educação científica, e está aguardando ansiosamente seu primeiro ano de magistério para estudantes do ensino médio, portanto, ele tem *identidade adquirida*. Nossos exemplos de status de identidade focaram a dimensão da carreira, mas lembre-se de que outras dimensões também são importantes. Os adolescentes podem explorar identidades alternativas em numerosas áreas, tais como vocacional, religiosa, intelectual, política, sexual, de gênero, étnica e de interesses. Um adolescente pode se encontrar mais distante do caminho da identidade em algumas dessas áreas do que em outras. Embora a maioria dos estudantes do ensino médio esteja explorando diferentes áreas de sua identidade, alguns estarão com identidade difusa e outros estarão com identidade impedida devido às atitudes autoritárias de seus pais.

Para considerações adicionais a respeito da identidade, complete a Auto-avaliação 3.1. Lá você será capaz de aplicar os status de identidade de Marcia a uma série de diferentes áreas de identidade em sua própria vida.

Identidade étnica *Identidade étnica* é um aspecto permanente do eu que inclui um sentido de pertencer a um grupo étnico, junto com as atitudes e sentimentos relacionados a esse grupo (Phinney, 1996). Os indicadores de identidade sempre diferem para cada geração que se sucede de imigrantes (Phinney, 2003, 2006; Phinney e outros, 2006). A primeira geração dos imigrantes que chegaram aos EUA é provavelmente mais segura de sua identidade e está menos propensa a mudá-la; eles podem ou não desenvolver uma nova identidade. O grau em que eles começam a se sentir "norte-americanos" parece estar relacionado ao fato de aprenderem ou não inglês, desenvolver grupos sociais também fora de seu grupo étnico e tornar-se culturalmente competentes em seu novo país. É mais provável que a segunda geração de imigrantes se considere "norte-americana" possivelmente porque a cidadania é concedida quando nascem. Para a segunda geração de imigrantes, é provável que a identidade étnica esteja ligada à conservação de sua linguagem étnica e grupos sociais. Na terceira geração e gerações posteriores, as questões se tornam mais complexas. Diversos fatores sociais podem afetar o grau pelo qual os membros dessa geração conservam suas identidades étnicas. Por exemplo, imagens da mídia podem tanto desencorajar como encorajar membros de um grupo étnico a se identificar com seu grupo ou conservar características de sua cultura. A discriminação pode forçar pessoas a se verem como afastadas do grupo majoritário e encorajá-las a procurar o apoio de sua própria cultura étnica.

Os contextos imediatos nos quais a minoria étnica jovem vive também influenciam o desenvolvimento de sua identidade (Spencer, 2006; Spencer e outros, 2001). Nos Estados Unidos, jovens de minoria étnica vivem em aglomerados de pobreza, estão expostos a drogas, gangues e crimes e interagem com jovens e adultos que abandonaram a escola ou estão desempregados. O apoio para que desenvolvam uma identidade positiva é escasso. Em tais ambientes, programas para a juventude podem trazer uma importante contribuição ao desenvolvimento da identidade.

Visão do estudante

Explorando a identidade

Os pais não entendem que os adolescentes precisam descobrir quem são, o que significa experienciar muito, mudar muito de humor, emocionar-se, além de parecer desajeitados. Como qualquer adolescente, estou enfrentando uma crise de identidade. E ainda estou tentando descobrir se sou uma chinesa norte-americana ou uma norte-americana com olhos de asiática.

Michelle Chin, 16 anos

---

aquisição de identidade O status de identidade em que os indivíduos exploraram alternativas significativas e assumiram um compromisso.

Auto-avaliação 3.1

Onde você está agora? Explorando sua identidade

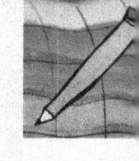

Sua identidade é composta por várias partes diferentes e, da mesma forma, a identidade de seus estudantes também é composta por muitas dimensões diferentes. Após completar a lista a seguir, você conhecerá um sentido melhor de sua própria identidade e dos diferentes aspectos das identidades de seus futuros estudantes. Para cada componente, classifique seu status de identidade como difusa, impedida, em moratória ou adquirida.

Componente da identidade	Status de identidade			
	Difusa	Impedida	em Moratória	Adquirida
Identidade vocacional				
Identidade religiosa				
Identidade intelectual/de realização				
Identidade política				
Identidade sexual				
Identidade de gênero				
Identidade de relacionamento				
Identidade de estilo de vida				
Identidade étnica e cultural				
Características de personalidade				
Interesses				

Se você marcou "Difusa" ou "Impedida" para quaisquer áreas, pense um pouco sobre o que você precisa fazer para passar a um status de identidade "em Moratória" nessas áreas e escreva sobre isso em sua pasta de trabalho.

Os pesquisadores também estão constatando cada vez mais que uma identidade étnica positiva está relacionada a resultados positivos para adolescentes de minorias étnicas (Lee, 2005; Riekmann, Wadsworth e Deyhle, 2004; Umana-Taylor, 2004, 2006). Por exemplo, um estudo revelou que a identidade étnica estava ligada ao envolvimento escolar maior e menor agressividade (Van Buren e Graham, 2003). Um outro estudo com estudantes do primeiro ano do ensino médio verificou que o ponto forte da identidade étnica dos adolescentes era um preditor melhor de seu sucesso acadêmico do que rótulos étnicos específicos que eles utilizavam para descrever a si próprios (Fuligni, Witkow e Garcia, 2005).

Shirley Heath e Milbrey McLaughlin (1993) estudaram 60 associações jovens que envolveram 24 mil adolescentes durante um período de cinco anos. Elas descobriram que essas associações eram especialmente boas em construir um senso de orgulho étnico nos jovens do interior. Heath e McLaughlin ressaltam que muitos jovens do interior têm muito tempo disponível, pouco a fazer e poucos lugares para ir. As associações que percebem os jovens como temerosos, vulneráveis e solitários, mas também capazes, valiosos e ávidos em ter uma vida saudável e produtiva, contribuem de maneiras positivas para o desenvolvimento da identidade dos jovens de minorias étnicas.

Desenvolvimento moral

Conforme as crianças desenvolvem um senso de eu e uma identidade, também desenvolvem um senso de moralidade. O desenvolvimento moral tem implicações importantes na sala de aula. Por exemplo, um forte senso moral pode aumentar a probabilidade de os estudantes considerarem o sentimento dos outros ou não colar em uma prova. Em uma enquete realizada com 8.600 estudantes norte-americanos de ensino médio, 70% admitiram que colaram em pelo menos um exame da escola naquele ano, enquanto que, em 1990, esse número foi de 60% (*Upfront*, 2000). Nessa enquete, quase 80% disseram que tinham mentido para um professor pelo menos uma vez.

Domínios do desenvolvimento moral **Desenvolvimento moral** se refere às regras e convenções sobre interações justas entre pessoas. Essas regras podem ser estudadas em três domínios: cognitivo, comportamental e emocional.

No domínio cognitivo, a questão-chave é como os estudantes raciocinam ou pensam sobre regras para a conduta ética. No domínio comportamental, o foco é como os estudantes realmente se comportam e não a moralidade de seu pensamento. No domínio emocional, a ênfase está em como os estudantes se sentem em nível moral. Por exemplo, eles conseguem associar sentimentos de culpa suficientes ao realizar uma ação imoral para resistir em executar aquela ação? Mostram empatia em relação aos outros?

Teoria de Piaget Piaget (1932) desenvolveu um interesse em saber como os estudantes pensam sobre questões morais. Ele observou e entrevistou amplamente crianças de 4 a 12 anos. Observou-as jogando bolinhas de gude, e procurou aprender como utilizavam e raciocinavam sobre as regras do jogo. Ele também indagou as crianças sobre regras éticas, testando-as sobre furto, mentiras, punições e justiça. A partir disso, ele derivou uma teoria sobre os estágios do desenvolvimento moral.

Moralidade heterônoma é o primeiro estágio do desenvolvimento moral de Piaget. Ele dura aproximadamente dos 4 aos 7 anos de idade. Nesse estágio, a justiça e as regras são concebidas como propriedades imutáveis do mundo, e que as pessoas não podem controlar. A **moralidade autônoma** é o segundo estágio do desenvolvimento moral de Piaget, que se atinge com aproximadamente 10 anos de idade ou mais. Nesse ponto, a criança se torna ciente de que as regras e as leis são criadas pelas pessoas e que, ao julgar uma ação, tanto a intenção do autor como as conseqüências devem ser consideradas. As crianças de 7 a 10 anos de idade estão em transição entre os dois estágios e apresentam algumas características de ambos.

O pensador heterônomo também acredita na justiça imanente, o conceito que diz que se uma regra é violada, a punição é imposta imediatamente. As crianças jovens acreditam que a violação da regra está de alguma forma automaticamente associada à punição. Elas sempre olham à sua volta de uma maneira preocupada após cometer uma transgressão, esperando o castigo inevitável. As crianças mais velhas, sendo autônomas moralmente, reconhecem que o castigo é socialmente mediado e ocorre apenas se uma pessoa relevante testemunha o delito e que, mesmo assim, o castigo não é inevitável.

Piaget disse que o desenvolvimento moral progride principalmente através do dar-e-tomar mútuo nas relações de pares. No grupo de pares, em que todos os membros têm força e status similares, as crianças negociam as regras e discutem e estabelecem desacordos. Do ponto de vista de Piaget, os pais desempenham um papel menos importante no desenvolvimento moral das crianças porque têm muito mais força do que elas e estipulam regras de um modo autoritário.

Teoria de Kohlberg Lawrence Kohlberg (1976, 1986), assim como Piaget, ressaltou que o desenvolvimento moral envolve primordialmente o raciocínio moral e ocorre em estágios. Kohlberg chegou à sua teoria após entrevistar crianças, adolescentes e adultos

---

desenvolvimento moral Desenvolvimento que diz respeito às regras e convenções de interações justas entre as pessoas.

moralidade heterônoma Na teoria de Piaget, o primeiro estágio do desenvolvimento moral (aproximadamente de 4 a 7 anos de idade), em que a justiça e as regras são concebidas como propriedades imutáveis do mundo, e que as pessoas não podem controlar.

moralidade autônoma Na teoria de Piaget, o segundo estágio do desenvolvimento moral (atingido com aproximadamente 10 anos de idade), em que as crianças se tornam cientes de que as regras e as leis são criadas por pessoas e que, ao julgar uma ação, tanto as intenções do autor como as conseqüências precisam ser consideradas.

(principalmente meninos) sobre seu ponto de vista com relação a uma série de dilemas morais. Veja um exemplo do tipo de dilema apresentado:

> Uma mulher está prestes a morrer, ela sofre de um tipo especial de câncer. Há apenas uma droga que os médicos acreditam que possa salvá-la. Foi recentemente descoberta por um farmacêutico que morava na mesma cidade em que a mulher mora. A droga custa caro, mas o farmacêutico cobra dez vezes o valor que a droga custa para sua elaboração. O marido da mulher doente, Heinz, tenta conseguir o dinheiro emprestado de todos os lugares possíveis para comprar a droga, mas não consegue arrecadar uma quantia suficiente. Ele diz ao farmacêutico que sua esposa está morrendo e pede a ele que venda mais barato ou que permita que ele pague depois. Mas o farmacêutico diz: "Não, eu descobri e mereço fazer dinheiro com isso". Heinz se desespera, então, arromba a loja do farmacêutico e rouba a droga para sua esposa.

Após ler a história (ou, no caso de crianças, ouvir a leitura da história), os indivíduos são questionados com relação a uma série de espectos, como: Heinz estava correto ao roubar a droga? É dever do marido roubar a droga? Um bom marido a roubaria? O farmacêutico tinha o direito de cobrar tão caro pela droga? Por que sim ou por que não?

Níveis e estágios do desenvolvimento moral de Kohlberg Com base nas razões que os indivíduos deram em resposta ao dilema discutido e a dez outros como esse, Kohlberg construiu uma teoria de desenvolvimento moral que apresenta três níveis principais, com dois estágios em cada um dos níveis. Um conceito-chave para a compreensão da teoria de Kohlberg é a *internalização*, que se refere à mudança desenvolvimental do comportamento externamente controlado ao comportamento internamente controlado.

Raciocínio pré-convencional é o nível inferior do desenvolvimento moral na teoria de Kohlberg. Nesse nível, a criança não mostra internalização de valores morais. O raciocínio moral é controlado por punições e recompensas externas.

Raciocínio convencional é o nível secundário ou intermediário da teoria de Kohlberg. Nesse nível, a internalização da criança é intermediária. A criança obedece internamente a certos padrões, mas estes são essencialmente os padrões impostos pelas outras pessoas, como os pais, ou pelas leis da sociedade.

Raciocínio pós-convencional é o nível superior na teoria de Kohlberg. Nesse nível, a moralidade é completamente internalizada e não é baseada em padrões externos. O estudante reconhece caminhos morais alternativos, explora opções e então decide sobre o código moral que ele acredita ser melhor para ele. Um resumo dos três níveis e dos seis estágios de Kohlberg, além de exemplos de cada um dos estágios, é apresentado na Figura 3.8.

Nos estudos da teoria de Kohlberg, dados longitudinais mostram uma relação dos estágios com a idade, embora algumas pessoas jamais atinjam os dois estágios mais altos, especialmente o estágio 6 (Colby e outros, 1983). Antes dos nove anos de idade, a maioria das crianças raciocina sobre os dilemas morais em um nível pré-convencional. No início da adolescência, elas estão mais propensas a raciocinar no nível convencional.

Kohlberg enfatizou que as mudanças fundamentais no desenvolvimento cognitivo promovem um pensamento moral mais avançado. Ele também disse que as crianças constroem seus pensamentos morais conforme passam pelos estágios – que não aceitam de maneira passiva uma norma cultural por moralidade. Kohlberg argumentou que o pensamento moral de uma criança pode avançar através de discussões com outros que raciocinam no estágio superior seguinte. Como Piaget, Kohlberg acreditava que o dar-e-tomar mútuo das relações entre pares promovia um maior avanço no pensamento moral por causa das oportunidades de desempenho de papéis que fornece às crianças.

Crítica de Kohlberg A teoria provocativa de Kohlberg não deixou de ser desafiada (Gibbs, 2003; Lapsley, 2006; Lapsley e Narvaez, 2006; Nucci, 2004; Shweder e outros, 2006; Turiel, 2006). Uma crítica muito forte está centrada na idéia de que os pensamentos morais nem sempre predizem um comportamento moral. A crítica é de que a teoria de Kohlberg dá muita ênfase ao pensamento moral e ênfase insuficiente ao comportamento moral. As razões morais às vezes podem ser um abrigo para o comportamento imoral. Os desfalcadores de bancos e presidentes norte-americanos defendem a mais sublime das virtudes morais, mas seu próprio comportamento pode se mostrar imoral. Ninguém quer uma nação de pensadores do estágio 6 de Kohlberg, que sabem o que é certo, embora façam o que é errado.

Lawrence Kohlberg, arquiteto de uma teoria cognitiva de desenvolvimento moral provocativa.

raciocínio pré-convencional Na teoria de Kohlberg, o nível inferior do desenvolvimento moral; nesse nível, a criança não mostra internalização de valores morais e o raciocínio moral é controlado por punições e recompensas externas.

raciocínio convencional Na teoria de Kohlberg, o nível secundário ou intermediário do desenvolvimento moral; nesse nível, a internalização é intermediária no sentido de que os indivíduos obedecem a certos padrões (internos), mas estes são essencialmente os padrões dos outros (externos).

raciocínio pós-convencional Na teoria de Kohlberg, o nível superior do desenvolvimento moral; nesse nível, o desenvolvimento moral é internalizado e o raciocínio moral é autogerado.

NÍVEL 1 Nível pré-convencional Sem internalização	**NÍVEL 2** Nível convencional Internalização intermediária	**NÍVEL 3** Nível pós-convencional Internalização completa
Estágio 1 Moralidade heterônoma *As crianças obedecem porque os adultos dizem-lhes para obedecer. As pessoas baseiam suas decisões morais no medo da punição.* **Estágio 2** Individualismo, propósito e troca *Os indivíduos perseguem seus próprios interesses, mas permitem que os outros façam o mesmo. O que é certo envolve troca igual.*	**Estágio 3** Expectativas interpessoais mútuas, relacionamentos e conformidade interpessoal *Os indivíduos valorizam a confiança, o cuidado e a lealdade com os outros como a base para julgamentos morais.* **Estágio 4** Moralidade de sistemas sociais *Os julgamentos morais são baseados na compreensão da ordem, lei, justiça e dever sociais.*	**Estágio 5** Contrato social ou utilidade e direitos individuais *Os indivíduos raciocinam que os valores, direitos e princípios fortalecem ou transcendem a lei.* **Estágio 6** Princípios éticos universais *A pessoa desenvolve julgamentos morais que são baseados nos direitos humanos universais. Quando se confronta com um dilema entre lei e consciência, segue-se uma consciência pessoal e individualizada.*

FIGURA 3.8 Três níveis e seis estágios do desenvolvimento moral de Kohlberg.

Carol Gilligan diz que as meninas experienciam a vida de um modo diferente dos meninos; nas palavras de Gilligan, as meninas têm uma "voz diferente". Ela argumenta que os relacionamentos são essenciais em todos os aspectos da vida de uma mulher.

perspectiva de justiça Uma perspectiva moral que foca os direitos do indivíduo; a teoria de Kohlberg é uma perspectiva de justiça.

perspectiva de cuidado Uma perspectiva moral que foca a conectividade e os relacionamentos entre as pessoas; a abordagem de Gilligan reflete uma perspectiva de cuidado.

Uma outra linha de crítica é que a teoria de Kohlberg é muito individualista. Carol Gilligan (1982, 1998) distingue entre a perspectiva de justiça e a perspectiva de cuidado. A teoria de Kohlberg é uma **perspectiva de justiça** que foca os direitos do indivíduo, que está só e toma decisões morais. A **perspectiva de cuidado** foca as pessoas em termos de sua conectividade. A ênfase é dada aos relacionamentos e à preocupação com os outros. De acordo com Gilligan, Kohlberg não deu muita ênfase à perspectiva de cuidado – possivelmente porque era do sexo masculino, a maior parte de sua pesquisa era sobre homens e ele viveu em uma sociedade masculina.

Em entrevistas extensas com garotas de 6 a 18 anos de idade, Gilligan descobriu que elas interpretavam consistentemente os dilemas morais em termos de relações humanas, não em termos de direitos individuais. Gilligan (1996) também argumentou que as garotas atingem uma articulação crítica em seu desenvolvimento no início da adolescência. Com cerca de 11 ou 12 anos de idade, tornam-se cientes do quanto prezam relacionamentos, mesmo que percebam mais tarde que seu interesse não é partilhado pela sociedade masculina. A solução, diz Gilligan, é dar aos relacionamentos e às preocupações com os outros uma prioridade maior em nossa sociedade. Gilligan não recomenda que se descarte totalmente a teoria de Kohlberg. Ela argumenta que o mais alto nível do desenvolvimento moral ocorre quando os indivíduos combinam as perspectivas de cuidado e de justiça de maneiras positivas.

Há controvérsias sobre se a diferença de gênero no julgamento moral é tão forte quanto Gilligan diz (Hyde, 2005, 2007; Walker, 2005). Por exemplo, uma *meta-análise* (uma análise estatística que combina os resultados de vários estudos diferentes) lança dúvidas sobre a afirmação de Gilligan quanto às diferenças de gênero substanciais no julgamento moral (Jaffee e Hyde, 2000). Em suma, essa análise encontrou somente uma pequena diferença entre gêneros sobre o raciocínio da perspectiva de cuidado, contudo, alguns pesquisadores encontraram diferenças em como os garotos e as garotas interpretam situações morais, sendo que as garotas deram respostas mais pró-sociais e de auxílio (Eisenberg, Fabes e Spinrad, 2006; Eisenberg e Morris, 2004).

Personalidade moral Recentemente, houve um aumento de interesse por aquilo que pode constituir uma *personalidade moral*. O interesse focou três áreas: identidade moral, caráter moral e modelos morais:

- *Identidade moral.* Os indivíduos têm uma identidade moral quando as noções e os compromissos morais são essenciais em suas vidas (Blasi, 2005). A partir deste ponto de vista, se os estudantes se comportam de uma maneira que viola seu compromisso moral, a integridade de seu eu é colocada em risco (Lapsley e Narvaez, 2006).

- *Caráter moral.* Uma ênfase no caráter moral sugere que se os estudantes não têm um caráter moral, vão esmorecer sob pressão ou cansaço, não conseguirão prosseguir, tornando-se distraídos e desencorajados, e não se comportarão moralmente. A abordagem do caráter moral enfatiza a importância de se ter determinadas virtudes morais, como "honestidade, sinceridade e confiabilidade, bem como cuidado, compaixão, ponderação e consideração. Outros traços importantes giram em torno das virtudes de confiança, lealdade e escrúpulo" (Walker, 2002, p. 74).
- *Modelos morais.* Os modelos morais são pessoas que viveram vidas morais exemplares. Assim sendo, têm personalidade, identidade, caráter moral e um conjunto de virtudes que refletem a excelência moral e o compromisso. Os estudantes podem se beneficiar quando os professores convidam modelos morais para conversar com eles sobre suas vidas e experiências.

Educação moral Há uma melhor maneira de educar os estudantes para que desenvolvam melhores valores morais? A educação moral é debatida acaloradamente em círculos educacionais. Estudaremos uma das primeiras análises da educação moral, então focaremos algumas visões contemporâneas.

O currículo oculto No Capítulo 1 foi mencionado que John Dewey foi um dos pioneiros da psicologia educacional. Dewey (1933) reconheceu que, mesmo quando as escolas não têm programas específicos em educação moral, fornecem educação moral através de um currículo oculto. O **currículo oculto** – conduzido pela atmosfera moral que é característica de cada escola – é criado pelas regras da escola e da sala de aula, pela orientação moral dos professores e coordenadores escolares e pelo material didático. Os professores servem como modelos de comportamento ético e não-ético. As regras de sala de aula e as relações entre pares na escola transmitem atitudes sobre colar, mentir, roubar e ter consideração pelos outros. Através dessas regras e regulamentos, a administração escolar introduz um sistema de valores à escola.

Educação de caráter **Educação de caráter** é uma abordagem direta à educação moral que envolve ensinar aos estudantes o conhecimento moral básico para evitar que eles se envolvam em comportamento imoral e prejudiquem a si ou aos outros. O argumento é que comportamentos tais como mentir, roubar e colar são errados e que os estudantes devem aprender isso durante todo o período de sua educação (Lapsley e Narvaez, 2006; Nucci, 2004). De acordo com a abordagem de educação de caráter, cada escola deve ter um código moral explícito que seja claramente comunicado aos estudantes. Qualquer violação do código deve ser restringida (Bennett, 1993). O ensino de conceitos morais no que diz respeito a comportamentos específicos, como colar, pode ser dado na forma de exemplos e definição, discussões em aula e dramatizações, ou recompensas aos estudantes por comportamento apropriado.

Alguns movimentos da educação de caráter são a Parceria de Educação de Caráter, a Rede de Educação de Caráter, a Declaração de Aspen sobre a Educação de Caráter e a campanha publicitária "O Caráter Conta". Dentre os livros que promovem a educação de caráter estão *O livro das virtudes* (*The Book of Virtues*) de William Bennett (1993), e *Greater expectations,* de William Damon (1995). Os críticos argumentam que alguns programas de educação de caráter estimulam os estudantes a serem muito passivos e não-críticos.

Esclarecimento de valores **Esclarecimento de valores** significa ajudar as pessoas a esclarecer os propósitos de suas vidas e no que vale a pena trabalhar. Nessa abordagem, os estudantes são estimulados a definir seus próprios valores e compreender os valores dos outros. O esclarecimento de valores difere da educação de caráter por não dizer aos estudantes quais devem ser seus valores.

Nos exercícios de esclarecimento de valores, não há respostas certas e erradas. O esclarecimento de valores é responsabilidade de cada aluno. Os defensores do esclarecimento

---

currículo oculto Conceito de Dewey de que cada escola tem uma atmosfera moral persuasiva mesmo se não tem um programa de educação moral.

educação de caráter Uma abordagem direta à educação moral que envolve ensinar aos estudantes o conhecimento moral básico para evitar que eles se envolvam em comportamento imoral e prejudiquem a si ou aos outros.

esclarecimento de valores Uma abordagem à educação moral que enfatiza ajudar as pessoas a esclarecer os propósitos de suas vidas e no que vale a pena trabalhar; os estudantes são estimulados a definir seus próprios valores e a compreender os valores dos outros.

Esta adolescente foi voluntária para trabalhar na National Helpers Network, que oferece aos estudantes uma oportunidade de participar na aprendizagem assistencial. Dentre os serviços fornecidos estão a ajuda para questões ambientais, melhorias dos bairros e reforço escolar. Os estudantes também participam de seminários semanais que os estimulam a refletir sobre seu envolvimento ativo na comunidade.

de valores dizem que ele não estipula valores. Os críticos, no entanto, argumentam que seu conteúdo controverso ofende os padrões da comunidade. Também dizem que por causa de sua natureza relativista, o esclarecimento de valores solapa valores aceitos e falha em reforçar o comportamento correto.

A educação de caráter deve envolver mais do que uma listagem de virtudes morais em um mural de sala de aula (Walker, 2002). Em vez disso, as crianças e os adolescentes precisam participar de discussões críticas de valores – para discutir e refletir sobre como incorporar as virtudes em suas vidas diárias. A exposição das crianças a modelos morais dignos de serem imitados e sua participação no serviço para a comunidade também são estratégias importantes na educação de caráter.

Educação moral cognitiva A **educação moral cognitiva** é uma abordagem com base na crença de que os estudantes devem aprender a valorizar ideais como a democracia e a justiça conforme seu raciocínio moral se desenvolve. A teoria de Kohlberg foi a base para uma série de programas de educação moral cognitiva. Em um programa típico, os estudantes de ensino médio se encontram em um curso com duração de um semestre para discutir uma série de questões morais. O instrutor age como um facilitador em vez de um diretor de classe. A esperança é a de que os estudantes desenvolvam noções mais avançadas de conceitos tais como cooperação, confiança, responsabilidade e comunidade. No fim de sua carreira, Kohlberg (1986) reconheceu que a atmosfera moral da escola é mais importante do que ele inicialmente previu. Por exemplo, em um estudo, uma classe de educação moral de um semestre com base na teoria de Kohlberg foi bem-sucedida ao promover o pensamento moral em três escolas democráticas, mas não em três escolas autoritárias (Higgins, Power e Kohlberg, 1983).

Aprendizagem assistencial Uma outra abordagem à educação moral – aprendizagem assistencial – leva a educação para a comunidade (Benson e outros, 2006; Hart, 2006; Metz e Youniss, 2005; Reinders e Youniss, 2006; Youniss, 2006). A **aprendizagem assistencial** é uma forma de educação que promove a responsabilidade social e serviços para a comunidade. Na aprendizagem assistencial, os estudantes se envolvem em atividades como reforço escolar, auxílio de adultos mais velhos, trabalho em um hospital, ajuda em um centro de atendimento ao

educação moral cognitiva Uma abordagem à educação moral com base na crença de que os estudantes devem valorizar ideais como a democracia e a justiça conforme seu raciocínio moral se desenvolve; a teoria de Kohlberg serviu como base para vários esforços em educação moral cognitiva.

aprendizagem assistencial Uma forma de educação que promove a responsabilidade social e o serviço à comunidade.

Boas práticas
Estratégias para melhorar o comportamento pró-social das crianças

O comportamento pró-social envolve o lado positivo do desenvolvimento moral (em contraste ao comportamento anti-social, como colar, mentir e furtar). O comportamento pró-social é um comportamento visto como sendo altruísta, justo, cooperativo ou geralmente empático (Eisenberg, Fabes e Spinrad, 2006). Aqui estão algumas estratégias que os professores podem adotar para melhorar o comportamento pró-social dos estudantes (Wittmer e Honig, 1994, p. 5-10):

1. *"Valorize e enfatize a consideração pelas necessidades dos outros"*. Isto encoraja os estudantes a se envolver em mais atividades de auxílio. Nel Noddings (2001) explica a moralidade do cuidado, como o de ensinar os estudantes a se colocar no lugar dos outros, o que leva à empatia e à preocupação.

2. *"Modele comportamentos pró-sociais"*. Os estudantes imitam o que os professores fazem. Por exemplo, um professor que conforta um estudante em tempos de pressão está propenso a observar os estudantes imitando seu comportamento de oferecer apoio.

3. *"Rotule e identifique comportamentos pró-sociais e anti-sociais"*. Sempre vá além de dizer apenas "Isso está bom" ou "Isso é legal" para um estudante. Seja específico ao identificar comportamentos pró-sociais. Diga "Você está sendo cooperativo" ou "Você ofereceu a ele um lenço; ele realmente precisava assoar o nariz". Em relação ao comportamento anti-social, a uma jovem criança você pode dizer algo como "Isso não é legal. Como você se sentiria se ele bagunçasse suas folhas desse jeito?"

4. *"Atribua comportamentos sociais positivos a cada criança"*. Atribua intenções positivas a uma ação positiva, como "Você dividiu porque gosta de ajudar os outros".

5. *"Observe e estimule positivamente comportamentos pró-sociais, mas não exagere em recompensas externas"*. Comentar sobre comportamentos positivos e atribuir características positivas aos estudantes em vez de utilizar recompensas externas ajuda os estudantes a internalizar atitudes pró-sociais.

6. *"Facilite o perceber e entender os sentimentos dos outros"*. Ajudando os estudantes a observar e a interagir com os sentimentos dos outros pode aumentar o seu grau de consideração em relação ao outro.

7. *"Utilize estratégias de disciplina positivas"*. Pondere com os estudantes quando eles fazem algo errado. Se um estudante é muito agressivo e prejudica outro estudante, aponte as conseqüências do comportamento do estudante para a vítima. Evite comportamento severo e punitivo com os estudantes.

8. *"Desenvolva projetos de aula e para a escola que incentivem o altruísmo"*. Deixe que as crianças tragam exemplos de projetos que podem iniciar para ajudar os outros. Estes projetos podem incluir a limpeza do pátio, corresponder-se com crianças de países em guerra, coletar brinquedos e alimentos para os indivíduos que necessitam e fazer amizade com adultos mais velhos durante visitas a uma instituição assistencial.

menor ou limpeza de um terreno vago para criar uma área de lazer. Assim, a aprendizagem assistencial leva a educação para a comunidade (Reinders e Youniss, 2006; Youniss, 2006).

Um objetivo da aprendizagem assistencial é ajudar os estudantes a se tornarem menos autocentrados e mais fortemente motivados a ajudar os outros (Pritchard e Whitehead, 2004). Uma estudante do segundo ano do ensino médio trabalhou como instrutora de leitura para estudantes de baixa renda com habilidades de leitura bem abaixo da média. Ela comentou que, antes de lecionar, não tinha idéia de quantos estudantes não haviam tido as mesmas oportunidades que ela teve quando criança. Um momento especialmente recompensador foi quando uma garota lhe disse: "Quero aprender a ler como você para que possa ir para a faculdade quando crescer". Uma característica-chave da aprendizagem assistencial é que beneficia tanto os estudantes voluntários quanto aquele que recebe a ajuda (Hamilton e Hamilton, 2004).

Os estudantes que se envolvem na aprendizagem assistencial tendem a partilhar determinadas características, tais como ser extrovertidos, ter um nível elevado de autoconhecimento e mostrar compromisso com os outros (Eisenberg e Morris, 2004). Além disso, as mulheres estão mais propensas a se voluntariar para prestar serviços à comunidade do que os homens (Eisenberg e Morris, 2004).

Os pesquisadores verificaram que a aprendizagem assistencial beneficia os estudantes de diversas maneiras:

- Suas notas melhoram, eles se tornam mais motivados e estabelecem mais objetivos (Johnson e outros, 1998; Search Institute, 1995).
- Sua auto-estima melhora (Hamburg, 1997; Johnson e outros, 1998).
- Eles têm um senso aprimorado que os torna capazes de fazer a diferença para os outros (Search Institute, 1995).

- Eles se tornam menos alienados (Calabrase e Schumer, 1986).
- Eles refletem cada vez mais sobre a organização política da sociedade e a ordem moral (Yates, 1995; Youniss, 2006).

Estatísticas recentes indicam que 26% das escolas públicas de ensino médio norte-americanas exigem que os estudantes participem da aprendizagem assistencial (Metz e Youniss, 2005). Um estudo verificou que a participação nas 40 horas exigidas de serviços à comunidade melhorou as atitudes e os comportamentos cívicos dos estudantes do último ano do ensino médio que nunca haviam participado de um programa de aprendizagem assistencial (Metz e Youniss, 2005). Os benefícios da aprendizagem assistencial, tanto para o voluntário quanto para aquele que recebe a ajuda, sugerem que mais estudantes deveriam ser escalados para participar de programas de aprendizagem assistencial (Benson e outros, 2006).

Reveja, reflita e pratique

3 Explicar estes aspectos do desenvolvimento socioemocional das crianças: auto-estima, identidade e desenvolvimento moral.

Reveja

- O que é auto-estima e quais são algumas formas de aumentar a auto-estima dos estudantes?
- Qual é a natureza do desenvolvimento da identidade e quais são os quatro status da identidade?
- O que é desenvolvimento moral e quais estágios do desenvolvimento moral foram descritos por Piaget? Que niveis foram identificados por Kohlberg e quais são as duas críticas de sua teoria? Contraste as perspectivas de justiça e de cuidado. Quais são algumas formas de educação moral?

Reflita

- Qual é o nível de desenvolvimento moral em que as crianças que você pretende lecionar provavelmente se encontram? Como isso pode afetar sua abordagem de como gerenciar as relações dos estudantes com os outros em aula?

Pratique PRAXIS™

1. Os professores podem ter um impacto mais positivo na auto-estima e rendimento dos estudantes ao:
   a. Tornar as tarefas acadêmicas fáceis.
   b. Fazer com que as crianças que quase sempre recebem um feedback negativo dos pares trabalhem em grupos com esses pares para incentivar a aprovação social.
   c. Ajudar as crianças a terem êxito ensinando-lhes estratégias de aprendizagem apropriadas.
   d. Interferir nos problemas das crianças para que elas não se frustrem.
2. Maria vê Jamal pegar o lanche de Yosuke. Pouco depois, ela vê Yosuke revidar ao pegar a caneta preferida de Jamal. Maria não relata esses incidentes ao professor, pois envolve trocas iguais. De acordo com Kohlberg, que estágio do desenvolvimento moral Maria atingiu?
   a. Estágio 1.
   b. Estágio 2.
   c. Estágio 3.
   d. Estágio 4.

Por favor, verifique as respostas no final do livro.

Nos Capítulos 2 e 3, examinamos como os estudantes se desenvolvem, focando principalmente padrões gerais. No Capítulo 4, exploraremos como os estudantes individuais se diferenciam no que diz respeito à inteligência e outras características pessoais.

Desvende o caso
O caso da briga

Muitas escolas, incluindo aquela em que a Srta. Mahoney leciona, enfatizam a educação de caráter como uma estratégia para prevenir a violência. A idéia básica é promover empatia entre os estudantes e reprovar comportamentos como provocar, xingar e ameaçar de qualquer maneira. A Srta. Mahoney incluiu a educação de caráter no currículo de sua turma do quinto ano. No entanto, muitos de seus estudantes, especialmente os meninos, continuam a demonstrar os mesmos comportamentos que ela está tentando eliminar.

Dois estudantes da turma da Srta. Mahoney, Santana e Luke, estão no mesmo time de futebol e sempre entram em conflitos verbais um com o outro, embora gostem do talento um do outro em campo. Terça-feira à noite, no treino, violando as regras do time, Santana disse a Luke que ele "é um saco". Luke decide ignorar. Ele não quer que Santana seja suspenso por causa de um jogo, reconhecendo o valor de Santana ao time que está prestes a enfrentar um oponente difícil no fim de semana.

Quinta-feira, durante a aula, Luke acusa Santana de roubar as fichas que ele estava utilizando para organizar um projeto. Luke está muito bravo. Santana também, e argumenta que não as roubou. Ele então as encontra no chão e as entrega a Luke. "Aqui estão suas fichas idiotas, Luke", ele diz, "Viu, eu não as roubei".

Com raiva, Luke diz: "Tudo bem. Então como é que elas estão todas amassadas? Você sabe que eu poderia muito bem socar você, e talvez eu faça isso".

"Certo. Você e quem mais?", pergunta Santana com um olhar de desdém.

Dois garotos que estão fazendo suas tarefas próximo ouvem a discussão e começam a instigar ainda mais.

"É isso aí, Santana, o Luke vai socar você", diz Grant.

"Acho que o Santana ganha", complementa Peter.

"Me encontre no parque amanhã depois da aula e veremos!", diz Santana.

"Sem problemas", responde Luke.

Quinta-feira à noite, eles estão no treino de futebol. Nada é dito sobre a briga que deve ocorrer no dia seguinte depois da aula.

Sexta-feira pela manhã, a mãe de Santana liga para a Srta. Mahoney para dizer-lhe que Santana está com medo de ir à escola porque Luke ameaçou dar-lhe uma surra. Obviamente, a Srta. Mahoney fica preocupada e percebe que precisa intervir na situação. A mãe de Luke também conversa com o diretor sobre a situação. No entanto, tudo o que a mãe de Santana diz a ambos é que Luke tinha ameaçado dar uma surra em seu filho. Ela não sabia o porquê e, de qualquer maneira, não achou que o motivo importasse. Ela queria que seu filho fosse protegido e o outro garoto fosse punido.

Naquela manhã, a mãe de Luke estava na escola com outro propósito. O diretor a interrompeu para conversar sobre a situação, dizendo-lhe que Santana tinha dito à sua mãe que ele estava com medo de ir à escola porque Luke ia bater nele. A mãe de Luke pediu mais informações. Ao ouvir a versão da história de Santana, que era simplesmente que Luke o tinha ameaçado, ela disse ao diretor que isso soava estranho – que Luke era impulsivo demais e que se ele quisesse mesmo bater em Santana, ele provavelmente já o teria feito, não planejaria uma briga para depois. Ela queria conversar com Luke antes de chegar a quaisquer conclusões e pediu que a Srta. Mahoney e o diretor conversassem com os meninos e todas as crianças envolvidas.

A Srta. Mahoney e o diretor assim fizeram. A história que veio à tona é essa que você leu. Eles decidiram que Luke deveria ser suspenso por um dia e que não teria recreio a semana toda "pois este já era o terceiro 'incidente' envolvendo-o neste ano". Santana não recebeu punição e saiu da reunião sorrindo.

- Quais são as questões nesse caso?
- Em que estágio do desenvolvimento moral você acha que esses garotos estão, com base nas informações que possui? Quais previsões você pode fazer com relação ao senso de eu e desenvolvimento emocional de cada garoto?
- O que se pode dizer sobre as mães dos garotos?
- O que você acha sobre a punição que Luke recebeu? Como você teria lidado com a situação?
- Que impacto você acha que isso terá nos relacionamentos futuros dos garotos? Que impacto terá nas atitudes relacionadas à escola?

Atingindo seus objetivos de aprendizagem
Contextos sociais e desenvolvimento socioemocional

> **1 Teorias contemporâneas:** Descrever duas perspectivas contemporâneas sobre o desenvolvimento socioemocional: a teoria ecológica de Bronfenbrenner e a teoria do desenvolvimento de duração da vida de Erikson.

Teoria ecológica de Bronfenbrenner

A teoria ecológica de Bronfenbrenner procura explicar como os sistemas ambientais influenciam o desenvolvimento da criança. Bronfenbrenner descreveu cinco sistemas ambientais que incluem os âmbitos macro e micro: microssistema, mesossistema, exossistema, macrossistema e cronossistema. A teoria de Bronfenbrenner é uma das poucas análises sistemáticas que inclui os ambientes micro e macro. Os críticos dizem que a teoria não atenta para fatores biológicos e cognitivos. Também apontam que ela não se volta às mudanças desenvolvimentais passo a passo.

Teoria do desenvolvimento de duração da vida de Erikson

A teoria do desenvolvimento ao longo da vida de Erikson propõe oito estágios, cada um deles focando um tipo particular de desafio ou dilema: confiança versus desconfiança, autonomia versus vergonha e dúvida, iniciativa versus culpa, esforço versus inferioridade, identidade versus confusão de identidade, intimidade versus isolamento, produtividade versus estagnação e integridade versus desespero. A teoria de Erikson forneceu contribuições importantes para a compreensão do desenvolvimento socioemocional, embora alguns críticos digam que os estágios são muito rígidos e que sua seqüência não está apoiada em pesquisas.

> **2 Contextos sociais de desenvolvimento:** Discutir como os contextos sociais de famílias, pares e escolas estão ligados ao desenvolvimento socioemocional.

Famílias

Baumrind propôs quatro estilos de educação parental: autoritário, autoritativo, negligente e indulgente. Autoritativo está associado à competência social dos filhos. Neste momento, mais do que em qualquer outro da história, um número cada vez maior de crianças está crescendo em estruturas familiares diversas. Uma preocupação especial é o número de crianças do divórcio. Quando o ambiente familiar e o escolar são autoritativos, as crianças em famílias divorciadas se beneficiam. Outras preocupações especiais são as variações étnicas e socioeconômicas nas famílias. As famílias de classe média são mais propensas a utilizar uma disciplina que estimule a internalização; as famílias de baixa renda são mais propensas a utilizar uma disciplina que foca as características externas. Dois aspectos importantes das relações escola-família são o gerenciamento familiar e o envolvimento dos pais. O incentivo de parcerias entre escola-família envolve o fornecimento de assistência às famílias, comunicação eficiente entre as famílias sobre programas escolares e progresso do aluno, incentivo aos pais para se tornarem voluntários, envolvimento das famílias com as crianças em atividades de aprendizagem em casa, inclusão da família nas decisões escolares e coordenação de colaboração da comunidade. Um outro aspecto relevante da educação parental envolve a estruturação e o monitoramento do atendimento fora da escola.

Pares

Os pares são crianças com aproximadamente a mesma idade ou nível de maturidade. O isolamento social ou a incapacidade de se unir a uma rede social está ligada a vários problemas. As crianças podem ter um de cinco status de pares: crianças populares, médias, rejeitadas, negligenciadas ou controversas. Crianças rejeitadas freqüentemente têm problemas de ajustamento mais sérios do que as crianças negligenciadas. A amizade é um aspecto importante das relações sociais dos estudantes. As relações entre pares começam a consumir mais tempo das crianças em escolas de ensino fundamental e médio. Grupos de pares do mesmo sexo predominam no ensino fundamental. No início da adolescência, a participação em grupos mistos aumenta e o fato de ser membro de um grupo se torna mais importante.

Escolas

As escolas envolvem a mudança de contextos desenvolvimentais sociais da pré-escola até o ensino médio. O ambiente da educação infantil é um ambiente protegido por um ou dois professores, normalmente mulheres. Os grupos de pares são mais importantes no ensino fundamental. No ensino médio, o campo social se amplia para incluir a escola toda, e o sistema social se torna mais complexo.

A controvérsia caracteriza os currículos educacionais na educação infantil. De um lado estão os defensores de uma abordagem construtivista centrada na criança, apropriada ao nível de desenvolvimento, do outro estão os defensores de uma abordagem acadêmica centrada no ensino. O *Head Start* forneceu, nos EUA, educação infantil para crianças de famílias de baixa renda. Os programas *Head Start* de alta qualidade são intervenções educacionais eficientes, mas até 40% desses programas podem ser ineficientes. Uma preocupação especial é que várias classes de ensino fundamental I apóiam-se principalmente em feedback negativo. A transição para o ensino médio é estressante para muitos estudantes porque coincide com várias alterações físicas, cognitivas e socioemocionais. Envolve sair de uma posição mais alta na antiga escola para entrar em uma posição mais baixa da hierarquia escolar. Escolas eficientes para pré-adolescentes se adaptam a variações individuais dos estudantes, levam a sério o que se sabe a respeito do desenvolvimento de pré-adolescentes e dão mais ênfase ao desenvolvimento socioemocional e cognitivo. Um número crescente de especialistas educacionais também acredita que alterações substanciais precisam ser feitas na educação de ensino médio norte-americana.

3 Desenvolvimento socioemocional: Explicar estes aspectos do desenvolvimento socioemocional das crianças: auto-estima, identidade e desenvolvimento moral.

O eu

A auto-estima, também denominada valor próprio ou auto-imagem, é a concepção global do indivíduo sobre si mesmo. A auto-estima varia através dos domínios e se torna mais diferenciada na adolescência. Quatro fatores para aumentar a auto-estima dos estudantes são (1) identificar as causas da baixa auto-estima e os domínios de competência importantes do estudante, (2) fornecer suporte emocional e aprovação social, (3) ajudar os estudantes a produzir, e (4) desenvolver as habilidades de superação dos estudantes. Marcia propôs que os adolescentes tivessem um dos quatro status de identidade (com base na extensão em que exploraram ou que estão explorando caminhos alternativos e se têm compromisso): difusão de identidade, impedimento de identidade, moratória de identidade e aquisição de identidade.

Desenvolvimento moral

O desenvolvimento moral envolve regras e convenções sobre interações justas entre pessoas. Essas regras podem ser estudadas em três domínios: cognitivo, comportamental e emocional. Piaget propôs dois estágios de pensamento moral: moralidade heterônoma (de 4 a 7 anos) e moralidade autônoma (10 anos em diante). Piaget argumentou que o dar-e-tomar mútuo das relações entre pares promove o desenvolvimento moral. Kohlberg, assim como Piaget, enfatizou que a chave para a compreensão do desenvolvimento moral é o raciocínio moral e que este se desdobra em estágios. Kohlberg identificou três níveis de desenvolvimento moral (pré-convencional, convencional e pós-convencional), com dois estágios em cada nível. Conforme os indivíduos passam pelos três níveis, seu pensamento moral se torna mais internalizado. Duas críticas principais da teoria de Kohlberg são (1) Kohlberg não deu atenção ao comportamento moral e (2) a teoria de Kohlberg deu muito poder ao indivíduo e não deu poder suficiente aos relacionamentos com os outros. A esse respeito, Gilligan argumentou que a teoria de Kohlberg é uma perspectiva masculina de justiça. Ela acredita que o que é necessário no desenvolvimento moral é a perspectiva feminina de cuidado. Recentemente, houve um aumento de interesse sobre o que constitui uma personalidade moral. Três aspectos da personalidade moral são identidade, caráter e modelos. O currículo oculto é a atmosfera moral que cada escola tem. Três tipos de educação moral são a educação de caráter, o esclarecimento de valores e a educação moral cognitiva. A aprendizagem assistencial está se tornando cada vez mais importante nas escolas.

Termos-chave

teoria ecológica 71
educação parental
  autoritária 76
educação parental
  autoritativa 76
educação parental
  negligente 77
educação parental
  indulgente 77
práticas de ensino
  apropriadas ao nível de
  desenvolvimento 88
auto-estima 97
difusão de identidade 99
exclusão de identidade 99
moratória de identidade 99
aquisição de identidade 100

desenvolvimento moral 102
moralidade heterônoma 102
moralidade autônoma 102
raciocínio pré-
  convencional 103
raciocínio convencional 103
raciocínio pós-
  convencional 103
perspectiva de justiça 104
perspectiva de cuidado 104
currículo oculto 105
educação de caráter 105
esclarecimento de
  valores 105
educação moral
  cognitiva 106
aprendizagem
  assistencial 106

Pasta de atividades

Agora que você compreendeu bem este capítulo, faça os exercícios a seguir para ampliar seu entendimento.

Reflexão independente

Atendendo às necessidades socioemocionais dos estudantes. Reflita sobre a idade dos estudantes que você pretende lecionar. Qual dos estágios de Erikson será provavelmente essencial para eles? O que a teoria de Bronfenbrenner sugere, se é que assim o faz, sobre recursos importantes para os estudantes nessa idade? Seu sistema sugere desafios particulares aos estudantes ou maneiras com que um professor pode facilitar seu sucesso? Escreva suas idéias no seu portfólio em sua pasta de documentos.

Trabalho colaborativo

O papel da educação moral nas escolas. De qual abordagem à educação moral (educação de caráter, esclarecimento de valores ou educação moral cognitiva) você mais gosta? Por quê? As escolas deveriam ter programas de educação moral específicos? Reúna-se com outros estudantes nesta aula e discuta suas perspectivas. Em seguida, escreva um breve relato que reflita sua própria perspectiva sobre a educação moral.

Experiência de pesquisa/campo

Incentivo às relações família-escola. Entreviste vários professores de escolas locais sobre como eles incentivam as relações família-escola. Tente conversar com um professor de educação infantil, um de ensino fundamental, um de ensino médio. Resuma suas descobertas.

Vá até o Online Learning Center em www.mhhe.com/ santedu3e para baixar modelos de pastas de documentos (material disponível em inglês).

CAPÍTULO 4
Variações individuais

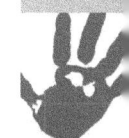

Os indivíduos atuam em suas vidas de diferentes maneiras.

—Thomas Huxley
Biólogo inglês, século 19

Tópicos do capítulo

Inteligência
- Testes de inteligência individual
- Testes individuais versus testes em grupos
- Teorias de inteligências múltiplas
- Controvérsias e questões sobre inteligência

Estilos de aprendizagem e pensamento
- Estilos impulsivo/reflexivo
- Estilos profundo/superficial

Personalidade e temperamento
- Personalidade
- Temperamento

Objetivos de aprendizagem

1 Discutir o conceito de inteligência, como ela é medida e algumas controvérsias a respeito de sua utilização pelos educadores.

2 Descrever os estilos de aprendizagem e pensamento.

3 Definir a personalidade, identificar os "cinco grandes" (ou mais importantes) fatores da personalidade e discutir a interação pessoa-situação. Além disso, definir temperamento, identificar três tipos de temperamento infantil e avaliar as estratégias de ensino ligadas ao temperamento das crianças.

Histórias   Shiffy Landa

Shiffy Landa, professora do primeiro ano na H. F. Epstein Hebrew Academy em St. Louis, Missouri, utiliza a abordagem de inteligências múltiplas de Howard Gardner (1983, 1993) em aula. Gardner argumenta que não há apenas um tipo geral de inteligência, mas pelo menos oito tipos específicos.

Landa (2000, p. 6-8) acredita que a abordagem de inteligências múltiplas é a melhor maneira de atingir as crianças porque elas têm muitos tipos diferentes de capacidades. Nas palavras de Landa, "Meu papel como professora é bem diferente de como era alguns anos atrás. Não fico mais à frente da sala dando uma espécie de palestra aos meus estudantes. Considero meu papel como sendo o de facilitadora em vez de uma professora que ministra aulas expositivas (palestras). As carteiras na sala não são ordenadamente alinhadas em fileiras... os estudantes trabalham em centros de aprendizagem em grupo de maneira colaborativa, o que lhes dá a oportunidade de desenvolver suas inteligências interpessoais".

"Os estudantes utilizam sua inteligência sinestésico-corporal para compor o formato das letras ao aprenderem a escrever... Eles também utilizam sua inteligência para pronunciar o som das vogais que estão aprendendo, misturando-as com as letras, quando começam a ler."

Landa diz que a "inteligência intrapessoal é uma inteligência que quase sempre é negligenciada na sala de aula tradicional". Em sua turma, os estudantes "preenchem suas próprias folhas de avaliação após concluírem seu trabalho nos centros de aprendizagem. Eles avaliam seu trabalho e criam seus próprios portfólios", onde guardam seus trabalhos para que possam acompanhar seu progresso.

Conforme ela implementava a abordagem de inteligências múltiplas em sua turma, Landa sentiu que precisava instruir os pais sobre isso. Ela criou uma "aula de educação para os pais chamada de Conexão Pai-Professor". Eles se encontram periodicamente para assistir a vídeos, falar sobre as inteligências múltiplas e discutir como elas estão sendo introduzidas nas aulas. Ela também envia um folheto semanal aos pais, informando-os sobre as atividades de inteligências múltiplas realizadas na semana e o progresso dos estudantes.

Introdução

As técnicas de aula de Shiffy Landa fundamentam-se na teoria de inteligências múltiplas de Howard Gardner, uma das teorias de inteligência que exploraremos neste capítulo. Você verá que existe uma intensa discussão sobre se as pessoas têm uma inteligência geral ou uma série de inteligências específicas. Também examinaremos os estilos de aprendizagem e pensamento, bem como a personalidade e o temperamento. Para cada um desses tópicos, um tema importante a observar são as variações individuais e as melhores estratégias para os professores utilizarem tendo em vista essas variações.

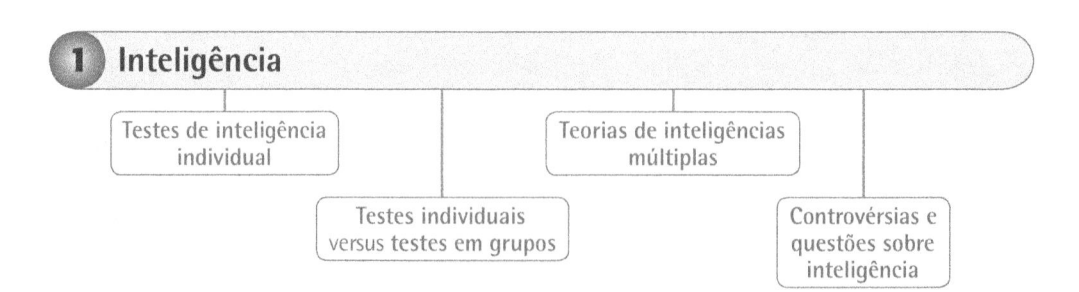

1 Inteligência

- Testes de inteligência individual
  - Testes individuais versus testes em grupos
- Teorias de inteligências múltiplas
  - Controvérsias e questões sobre inteligência

O conceito de inteligência gera controvérsia e debate acalorado (Birney e outros, 2005; Sternberg, 2006). Cada pessoa tem uma capacidade mental geral que pode ser medida e quantificada? Os testes de inteligência são úteis e justos? Esses testes deveriam ser utilizados para classificar os estudantes em classes ou turmas especiais? Os indivíduos têm uma capacidade mental geral ou uma série de capacidades mentais específicas? Se as pessoas têm várias capacidades mentais, quais são elas? Quantas são?

O escritor inglês do século 20 Aldous Huxley disse que as crianças são notáveis por sua capacidade e inteligência. O que Huxley quis dizer quando utilizou a palavra *inteligência*? A inteligência é um dos bens mais estimados, ainda que até a pessoa mais inteligente não seja capaz de concordar com o que significa inteligência. Diferentemente de aspectos como altura, peso e idade, a inteligência não pode ser diretamente mensurada. Não é possível investigar a cabeça de um estudante e observar a inteligência lá dentro. Apenas é possível avaliar a inteligência de um estudante indiretamente ao estudar os atos inteligentes do estudante. A maioria tem confiado em testes de inteligência escritos para fornecer uma estimativa da inteligência de um estudante.

Alguns especialistas descrevem a inteligência como as habilidades para a resolução de problemas. Outros a descrevem como a capacidade de se adaptar e aprender a partir das experiências de vida diárias. Combinando essas duas idéias, podemos chegar a uma definição bem tradicional de **inteligência**: habilidades para resolver problemas e a capacidade de se adaptar e aprender a partir das experiências de vida diárias. Mas mesmo essa definição ampla não satisfaz a todos. Como será visto resumidamente, alguns teóricos propõem que habilidades musicais deveriam ser consideradas parte da inteligência. Além disso, a definição de inteligência com base em uma teoria como a de Vygotsky teria que incluir a capacidade de utilizar as ferramentas da cultura com a ajuda de indivíduos mais hábeis. Como a inteligência é um conceito muito abstrato e amplo, não surpreende o fato de haver tantas formas diferentes de defini-la.

Não há apenas várias formas de definir a inteligência, há também muitas maneiras de medi-la. Nas próximas duas seções, descreveremos os principais testes individuais e grupais de inteligência. Então, examinaremos as duas maiores teorias de inteligências múltiplas, as de Robert J. Sternberg e Howard Gardner.

Testes de inteligência individual

O psicólogo Robert J. Sternberg se lembra de que ficava apavorado ao fazer testes de QI quando criança. Ele diz que ficava literalmente paralisado quando chegava a hora de fazer tais testes. Mesmo adulto, Sternberg se lembra da humilhação de estar no sexto ano e fazer um teste de QI com alunos do quinto ano. Sternberg finalmente superou sua ansiedade sobre os testes de QI. Ele não apenas começou a se sair melhor nos testes, como aos 13 anos de idade ele desenvolveu seu próprio teste de QI e começou a utilizá-lo para avaliar os colegas de classe – até que o diretor da escola descobriu e brigou com ele. Sternberg ficou tão fascinado com a inteligência que fez de seu estudo uma busca por toda a sua vida. Posteriormente no capítulo, discutiremos sua teoria de inteligência. Para começar, no entanto, vamos voltar no tempo para examinar o primeiro teste válido de inteligência.

Os testes de Binet Em 1904, o Ministro de Educação francês pediu ao psicólogo Alfred Binet que desenvolvesse um método de identificação de crianças que não eram capazes de aprender na escola. Os funcionários públicos escolares queriam reduzir a superlotação colocando em escolas especiais os estudantes que não se beneficiavam do ensino em salas de aula regulares. Binet e seu estudante Theophile Simon desenvolveram um teste de inteligência para atender a esse pedido. O teste é chamado de Escala 1905. Consistia em 30 questões, variando da capacidade de tocar a orelha até desenhar projetos usando a memória e definir conceitos abstratos.

Binet desenvolveu o conceito de **idade mental (IM)**, um nível de desenvolvimento mental de um indivíduo em relação a outros. Em 1912, William Stern criou o conceito de **quociente de inteligência (QI)**, que se refere à idade mental de uma pessoa dividida pela idade cronológica (IC), multiplicada por 100. Isto é, QI = IM/IC × 100.

Se a idade mental é a mesma que a idade cronológica, então o QI da pessoa é 100. Se a idade mental está acima da idade cronológica, então o QI é maior que 100. Por exemplo, um indivíduo de seis anos com idade mental de oito teria um QI de 133. Se a idade mental estiver abaixo da idade cronológica, então o QI será menor que 100. Por exemplo, um indivíduo de seis anos com idade mental de cinco teria um QI de 83.

O teste de Binet foi revisado várias vezes para incorporar os avanços na compreensão da inteligência e da testagem de inteligência. Essas revisões são chamadas de *testes de Stanford-Binet* (pois as revisões foram feitas na Universidade de Stanford). Ao aplicar o teste a grandes grupos de pessoas de diferentes idades de diferentes origens, os pesquisadores verificaram que as pontuações em um teste de Stanford-Binet se aproximam de uma distribuição normal (veja a Figura 4.1). Conforme será descrito mais detalhadamente no Capítulo 15, "Testes padronizados e ensino", uma **distribuição normal** é simétrica, com a maioria das

inteligência Habilidades para resolver problemas e a capacidade de se adaptar e aprender a partir das experiências de vida diárias.

idade mental (IM) Nível de desenvolvimento mental de um indivíduo em relação a outros.

quociente de inteligência (QI) Idade mental de uma pessoa dividida pela idade cronológica (IC), multiplicada por 100.

distribuição normal Uma distribuição simétrica, com a maioria das pontuações caindo no meio da faixa possível de pontuações e algumas pontuações aparecendo em direção aos extremos da faixa.

FIGURA 4.1 A curva normal e as pontuações de QI de Stanford-Binet.
A distribuição das pontuações de QI se aproxima de uma curva normal. A maior parte da população cai na faixa central de pontuações. Note que as pontuações extremamente altas e baixas são bastante raras. Pouco mais de dois terços das pontuações cai entre 84 e 116. Apenas um em cada 50 indivíduos tem um QI de mais de 132, e apenas cerca de um em cada 50 indivíduos tem um QI menor do que 68.

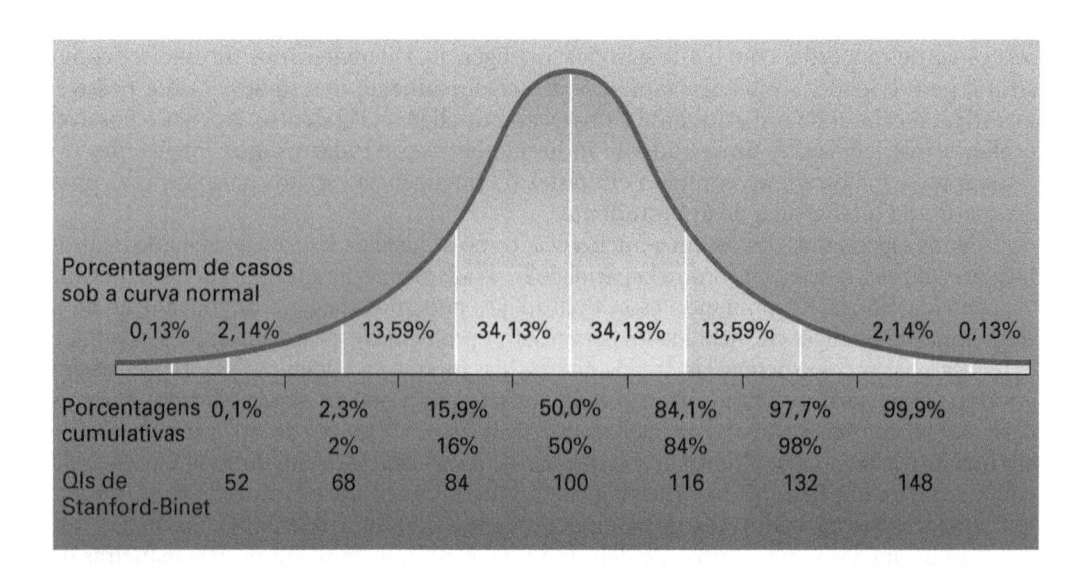

Porcentagem de casos sob a curva normal							
0,13%	2,14%	13,59%	34,13%	34,13%	13,59%	2,14%	0,13%

Porcentagens cumulativas	0,1%	2,3%	15,9%	50,0%	84,1%	97,7%	99,9%
		2%	16%	50%	84%	98%	
QIs de Stanford-Binet	52	68	84	100	116	132	148

pontuações caindo no meio da faixa possível de pontuações e algumas pontuações aparecendo em direção aos extremos da faixa.

O teste de Stanford-Binet atual é aplicado individualmente a pessoas de dois anos até a idade adulta. Inclui uma variedade de itens, alguns dos quais requerem respostas verbais, outros, respostas não-verbais. Por exemplo, os itens no teste que refletem um nível de desempenho típico de um indivíduo com seis anos incluem a capacidade verbal de definir, pelo menos, seis palavras, como por exemplo *laranja* e *envelope*, assim como capacidades não-verbais, como encontrar um caminho em um labirinto. Os itens que refletem um nível médio de desempenho adulto incluem a definição de palavras como *desproporcional* e *consideração*, a explicação de um provérbio e a comparação de ociosidade com preguiça.

A quarta edição do teste de Stanford-Binet foi publicada em 1985. Um acréscimo importante a essa versão foi a análise das respostas de um indivíduo em termos de quatro funções: raciocínio verbal, raciocínio quantitativo, raciocínio visual abstrato e memória de curta duração. Uma pontuação composta geral ainda é obtida para refletir a inteligência total. O teste de Stanford-Binet continua sendo um dos testes mais amplamente utilizados para avaliar a inteligência dos estudantes (Aiken, 2006).

Escalas de Wechsler Um outro conjunto de testes amplamente utilizado para avaliar a inteligência dos estudantes é chamado de *escalas de Wechsler*, desenvolvido pelo psicólogo David Wechsler. Inclui a Escala de Inteligência-III de Pré-escola e Primário (WPPSI-III) para testar crianças de 4 a 6 anos e meio de idade; a Escala de Inteligência Wechsler para Crianças-IV Integrada (WISC-IV Integrada), para crianças e adolescentes de 6 a 16 anos de idade; e a Escala de Inteligência Wechsler para Adultos (WAIS-III).

Além do QI total, as escalas de Wechsler também produzem um QI verbal e um QI de desempenho (com base nos itens que não requerem respostas verbais). O QI verbal é baseado em seis subescalas verbais, o QI de desempenho, em cinco subescalas de desempenho. Isso permite que o examinador veja rapidamente os padrões de pontos fortes e fracos em diferentes áreas da inteligência do estudante (Woolger, 2001). Exemplos de itens utilizados em duas subescalas diferentes de Wechsler são mostrados na Figura 4.2.

Testes individuais versus testes em grupos

Os testes de inteligência tais como o de Stanford-Binet e de Wechsler são fornecidos em uma base individual. Um psicólogo aborda a avaliação de inteligência de um indivíduo como uma interação estruturada entre o examinador e o estudante. Isso fornece ao psicólogo uma oportunidade de tirar uma amostra do comportamento do estudante. Durante o teste, o examinador observa a facilidade com que a compreensão é estabelecida, o entusiasmo e o interesse do estudante, se a ansiedade interfere no desempenho do estudante e o grau de tolerância do estudante à frustração.

Subescalas verbais

Similaridades
Uma criança deve pensar lógica e abstratamente para responder a uma série de questões sobre como as coisas podem ser similares.

Exemplo: "Qual a semelhança entre um leão e um tigre?"

Compreensão
Esta subescala é projetada para medir o julgamento e o bom senso de um indivíduo.

Exemplo: "Qual é a vantagem de guardar dinheiro no banco?"

Subescalas não-verbais

Desenho de bloco
Uma criança deve montar um conjunto de blocos multicoloridos para combinar desenhos que o examinador mostra. A coordenação visomotora, a organização da percepção e a capacidade de visualizar espacialmente são avaliadas.

Exemplo: "Utilize os quatro blocos à esquerda para montar o padrão à direita".

FIGURA 4.2 Amostra de subescalas da escala de inteligência de Wechsler para crianças (WISC-IV).

A escala Wechsler inclui 11 subescalas, 6 verbais e 5 não-verbais. Três das subescalas são mostradas aqui.

Itens simulados similares aos encontrados na *Escala de inteligência de Wechsler para crianças – Quarta edição*. Copyright © 2003 by Harcourt Assessment, Inc. Reproduzidos com permissão. Todos os direitos reservados.

Os estudantes também podem receber um teste de inteligência em um grupo (Drummond, 2000). Os testes de inteligência em grupo incluem os Testes de Inteligência de Lorge-Thorndike, Testes de Inteligência de Kuhlman-Anderson e os Testes de Capacidades Mentais da Escola Otis-Lennon. Os testes de inteligência em grupo são mais convenientes e econômicos do que os testes individuais, mas têm seus inconvenientes. Quando um teste é aplicado a um grupo grande, o examinador não consegue estabelecer a compreensão, determinar o nível de ansiedade do estudante e assim por diante. Em uma situação de teste de um grupo grande, os estudantes podem não compreender as instruções ou podem se distrair com os outros estudantes.

Por causa de tais limitações, quando decisões importantes são tomadas pelos estudantes, um teste de inteligência em grupo deve sempre ser suplementado com outras informações sobre as capacidades do estudante. Com esse propósito, a mesma estratégia se mantém para um teste de inteligência individual, embora seja melhor confiar menos na precisão das pontuações de testes de inteligência em grupo. Muitos estudantes fazem testes em grandes grupos na escola, mas a decisão de colocar um estudante em uma turma que têm retardo mental, uma turma de educação especial ou uma turma para estudantes que são superdotados não deve ser tomada apenas com base em um teste de grupo. Em tais casos, uma extensa quantidade de informações relevantes sobre as capacidades do estudante deve ser obtida fora da situação de teste (Domino, 2000).

Teorias de inteligências múltiplas

É mais apropriado pensar na inteligência de um estudante como uma capacidade geral ou como um número de capacidades específicas? Os psicólogos têm pensado sobre essa questão desde o início do século 20.

Visões anteriores Binet e Stern focaram um conceito de inteligência geral, que Stern chamou de QI. Wechsler acreditava que é possível e importante descrever a inteligência geral de uma pessoa e inteligências de desempenho e verbais mais específicas. Ele se fundamentou nas idéias de Charles Spearman (1927), que disse que as pessoas têm uma inteligência geral, que ele chamou de *g*, e tipos de inteligência específicos, que ele chamou de *s*. Se algo como *g* realmente existe é uma controvérsia crescente que exploraremos com mais profundidade posteriormente no capítulo.

> **Boas práticas**
> **Estratégias para a interpretação das pontuações do teste de inteligência**
>
> Os testes psicológicos são ferramentas (Anastasi e Urbino, 1997). Como todas as ferramentas, sua eficácia depende do conhecimento, da habilidade e da integridade do usuário. Um martelo pode ser utilizado para construir um belo armário de cozinha ou para quebrar uma porta. De modo similar, os testes psicológicos podem ser bem ou mal utilizados. Apresentamos aqui algumas precauções em relação ao QI que podem ajudar os professores a evitar a utilização de informações sobre a inteligência de um estudante de um modo negativo:
>
> 1. *Evite estereótipos sem garantias e expectativas negativas sobre os estudantes com base nas pontuações de QI.* Quase sempre, generalizações abrangentes são feitas na base de uma pontuação de QI. Imagine que você esteja na sala dos professores no segundo dia de aula no outono. Você faz menção a um de seus estudantes, e uma outra professora comenta que lecionou para ele no ano anterior. Ela diz que ele era muito ignorante e que tirou 83 em um teste de QI. É difícil ignorar essa informação ao lecionar para sua turma? Provavelmente. Mas é importante que você não crie a expectativa de que pelo fato de Johnny ter tido uma pontuação baixa no teste de QI, é inútil gastar seu tempo tentando ensiná-lo. Um teste de QI deve sempre ser considerado como uma medição do desempenho atual. Não é uma medida de potencial fixo. As alterações da maturidade e as experiências ambientais enriquecidas podem promover a inteligência de um estudante.
>
> 2. *Não utilize testes de QI como uma característica principal ou única de competência.* Um QI alto não é o valor humano mais moderno. Os professores precisam considerar não apenas a competência intelectual dos estudantes em áreas tais como habilidades verbais, mas também suas habilidades criativas e práticas.
>
> 3. *Seja especialmente cauteloso ao interpretar a significação de uma pontuação de QI total.* É melhor pensar na inteligência como consistindo em uma série de domínios. Muitos psicólogos educacionais enfatizam que é importante considerar os pontos fortes e fracos do estudante em diferentes áreas de inteligência. Os testes de inteligência, como as escalas de Wechsler, podem fornecer informações sobre esses pontos fortes e fracos.

Robert J. Sternberg, que desenvolveu a teoria de inteligência triárquica.

teoria de inteligência triárquica
A visão de Sternberg de que a inteligência se apresenta de três formas principais: analítica, criativa e prática.

No início de 1930, L. L. Thurstone (1938) disse que as pessoas têm sete capacidades intelectuais específicas, que ele chamou de capacidades primárias: compreensão verbal, capacidade numérica, fluência verbal, visualização espacial, memória associativa, raciocínio e rapidez de percepção. Mais recentemente, a busca por tipos específicos de inteligência tem se tornado mais intensa (Gregory, R. J. [2007]. *Psychological testing* [5ª ed.]. Boston: Allyn e Bacon).

Teoria triárquica de Sternberg De acordo com a **teoria de inteligência triárquica** de Robert J. Sternberg (1986, 2004, 2006), a inteligência se apresenta de três formas: analítica, criativa e prática. A inteligência analítica envolve a capacidade de analisar, julgar, avaliar, comparar e contrastar. A inteligência criativa consiste na capacidade de criar, desenhar, inventar, originar e imaginar. A inteligência prática foca a capacidade de utilizar, aplicar, implementar e colocar em prática.

Para entender o que as inteligências analítica, criativa e prática significam, observemos os exemplos de pessoas que refletem esses três tipos de inteligência:

- Considere Latisha, que obtém alta pontuação em testes de inteligência tradicionais como o Stanford-Binet e é uma pensadora analítica brilhante. A *inteligência analítica* de Latisha se aproxima do que se chama tradicionalmente de inteligência e o que é comumente avaliado por testes de inteligência. Na visão de Sternberg, a inteligência analítica consiste em diversos componentes: a capacidade de adquirir ou armazenar informações; reter ou guardar informações para sua transferência; planejar, tomar decisões e resolver problemas e traduzir pensamentos em desempenho.

- Todd não tem as melhores pontuações em testes, mas tem uma mente perspicaz e criativa. Sternberg chama o tipo de pensamento que Todd domina de *inteligência criativa*. De acordo com Sternberg, as pessoas criativas têm a capacidade de resolver problemas novos rapidamente, mas elas também resolvem problemas familiares de um modo automático, então suas mentes são livres para lidar com outros problemas que requerem insight e criatividade.

- Finalmente, considere Emanuel, uma pessoa cujas pontuações em testes de QI tradicionais são baixas, mas que capta rapidamente problemas da vida real. Ele entende facilmente como o mundo funciona. A "malícia das ruas" de Emanuel e o know-how prático são o que Sternberg chama de *inteligência prática*. A inteligência prática inclui a capacidade de se livrar de problemas e um talento natural para se relacionar bem com as pessoas. Sternberg descreve a inteligência prática como todas as informações importantes sobre como se relacionar bem no mundo que você não aprende na escola.

"Você é esperto, mas não tem a malícia das árvores".
© The New Yorker Collection, 1988, Donald Reilly de cartoonbank.com. Todos os direitos reservados.

Sternberg (2002) diz que os estudantes com padrões triárquicos diferentes parecem diferentes na escola. Os estudantes com elevada capacidade analítica tendem a ser favorecidos nas escolas convencionais. Sempre vão bem nas aulas em que o professor fala e aplica testes objetivos. Esses estudantes tipicamente tiram boas notas, vão bem nos testes de QI tradicionais e no SAT, e posteriormente são admitidos em faculdades competitivas.

Estudantes com elevada inteligência criativa muitas vezes não são destaques da classe. Estudantes criativamente inteligentes podem não corresponder às expectativas do professor em relação a como devem ser realizadas as atividades acadêmicas. Eles dão respostas únicas, pelas quais podem ser repreendidos ou subestimados.

Como os estudantes com elevada inteligência criativa, os estudantes que têm a inteligência prática quase sempre não são bem-sucedidos com as demandas escolares. Entretanto, esses estudantes normalmente são bem-sucedidos fora das paredes da sala de aula. Suas habilidades sociais e senso comum podem permitir que se tornem gerentes ou empresários bem-sucedidos, a despeito dos registros escolares irrelevantes.

Sternberg (2004) enfatiza que poucas tarefas são puramente analíticas, criativas ou práticas. A maioria delas requer alguma combinação dessas habilidades. Por exemplo, quando os estudantes escrevem um relatório sobre um livro, podem analisar os temas principais do livro, gerar novas idéias sobre como o livro poderia ter sido mais bem escrito e pensar sobre como os temas do livro podem ser aplicados à vida das pessoas. Sternberg argumenta que é importante para o ensino em sala oferecer aos estudantes oportunidades de aprender através de todos os três tipos de inteligência.

Sternberg (1993; Sternberg e outros, 2001) desenvolveu o Teste de Capacidades Triárquicas de Sternberg (Sternberg Triarchic Abilities Test – STAT) para avaliar a inteligência analítica, criativa e prática. Os três tipos de capacidades são examinados através de itens verbais e redações, itens quantitativos e desenhos com itens de múltipla escolha. O objetivo é obter uma avaliação mais completa da inteligência do que seria possível através de um teste convencional.

A seção analítica do STAT é bem parecida com um teste convencional, sendo que os indivíduos são solicitados a fornecer o significado das palavras, séries de números completas e matrizes completas. As seções criativa e prática são diferentes dos testes convencionais. Por exemplo, na seção criativa, os indivíduos escrevem uma redação sobre o projeto de uma escola ideal. A seção prática solicita que os indivíduos resolvam problemas práticos diários, tais como o planejamento de rotas e a compra de ingressos para um evento.

Um número crescente de estudos investiga a eficácia do STAT em predizer aspectos tão importantes da vida como o sucesso escolar. Por exemplo, em um estudo com 800 estudantes universitários, as pontuações no STAT foram eficazes em predizer a média de pontos na faculdade (Sternberg e outros, 2001). No entanto, são necessárias mais pesquisas para determinar a validade e a confiabilidade do STAT.

Howard Gardner, que aparece aqui trabalhando com uma criança pequena, desenvolveu a visão de que a inteligência se apresenta nas formas destes oito tipos de habilidades: verbal, matemática, espacial, sinestésico-corporal, musical, intrapessoal, interpessoal e naturalista.

As oito estruturas da mente, de Gardner   Conforme indicado no quadro Histórias de Ensino na introdução deste capítulo, Howard Gardner (1983, 1993, 2002) diz que há muitos tipos específicos de inteligência, ou estruturas da mente. Eles são descritos aqui junto com exemplos das ocupações nas quais esses tipos são refletidos como pontos fortes (Campbell, Campbell e Dickinson, 2004):

- *Habilidades verbais*: a capacidade de pensar com palavras e de utilizar a linguagem para expressar significado (escritores, jornalistas, locutores)
- *Habilidades matemáticas*: a capacidade de executar operações matemáticas (cientistas, engenheiros, contadores)
- *Habilidades espaciais*: a capacidade de pensar tridimensionalmente (arquitetos, artistas, navegadores)
- *Habilidades sinestésico-corporais*: a capacidade de manipular objetos e ser fisicamente versado (cirurgiões, artesãos, dançarinos, atletas)
- *Habilidades musicais*: uma sensibilidade à altura do som, melodia, ritmo e tom (compositores, músicos e terapeutas musicais)
- *Habilidades intrapessoais*: a capacidade de compreender a si e direcionar sua vida eficazmente (teólogos, psicólogos)
- *Habilidades interpessoais*: a capacidade de compreender e interagir eficazmente com outros (professores bem-sucedidos, profissionais da saúde mental)
- *Habilidades naturalistas*: a capacidade de observar padrões na natureza e compreender os sistemas naturais e criados pelo homem (fazendeiros, botânicos, ecologistas, paisagistas)

Gardner argumenta que cada forma de inteligência pode ser destruída por um padrão diferente de danos cerebrais, que cada uma envolve habilidades cognitivas exclusivas e que cada uma se mostra de maneira única em sábios superdotados e deficientes mentais (indivíduos que têm retardo mental, mas que possuem um talento excepcional em um domínio particular, tal como desenho, música ou computação numérica).

Embora Gardner tenha confirmado a aplicação de seu modelo em educação, ele também testemunhou alguns abusos da abordagem. Aqui estão algumas precauções que ele considera sobre a sua utilização (Gardner, 1998):

- Não se pode supor que cada indivíduo possa ser eficazmente ensinado em oito maneiras diferentes para corresponder às oito inteligências, e tentar fazer isso é uma perda de tempo.
- Não pense que é suficiente apenas aplicar certo tipo de inteligência. Por exemplo, em termos de habilidades sinestésico-corporais, movimentos musculares aleatórios não têm nada a ver com o desenvolvimento de habilidades cognitivas.
- Não se pode acreditar que seja útil a utilização de um tipo de inteligência como atividade de base enquanto as crianças estão trabalhando em uma atividade relacionada a um tipo de inteligência diferente. Por exemplo, Gardner acredita que manter uma música de fundo enquanto os estudantes resolvem problemas matemáticos é uma má aplicação de sua teoria.

Project Spectrum   O Project Spectrum é uma tentativa inovadora feita por Gardner (1993; Gardner, Feldman e Krechevsky, 1998) para examinar as oito inteligências propostas em crianças jovens. O Project Spectrum começa com a idéia básica de que cada estudante tem o potencial de desenvolver pontos fortes em uma ou mais áreas. Isso fornece um contexto em que se pode enxergar mais claramente os pontos fortes e fracos das crianças individualmente.

Como é uma sala de aula Spectrum? A sala tem materiais ricos e envolventes que podem estimular a faixa das inteligências. No entanto, os professores não tentam evocar (ou provocar) uma inteligência diretamente ao agrupar materiais de atividades homogeneamente que sejam rotulados como "espaciais", "verbais" e assim por diante. Em vez disso, utilizam materiais que se relacionam a uma combinação de domínios da inteligência. Por exemplo, um cantinho naturalista abriga espécimes biológicos que os estudantes podem explorar e comparar, o que incita não apenas as capacidades sensoriais dos estudantes como também suas habilidades lógico-analíticas. Em uma área para contar histórias, os estudantes criam contos imaginários com propostas estimulantes e desenham seus próprios quadrinhos, utilizando assim suas habilidades lingüísticas, dramáticas e imaginativas. Em um cantinho de criação, os estudantes podem construir um modelo de sala de aula e dispor fotografias em escalas pequenas dos estudantes e professores em sala. Essa área estimula a utilização das habilidades espaciais e pessoais. Em suma, a sala de aula Spectrum apresenta doze áreas que são projetadas para extrair e aprimorar as inteligências múltiplas dos estudantes.

A sala de aula Spectrum pode identificar as habilidades que são normalmente perdidas em uma sala de aula regular. Em uma aula Spectrum para o primeiro ano, havia um garoto que era produto de uma casa que apresentava forte conflito e ele corria o risco de perder o ano. Quando o Project Spectrum foi introduzido, o garoto foi identificado como sendo o melhor estudante da turma a separar e juntar objetos comuns, tais como um processador de alimentos ou uma maçaneta. Sua professora se sentiu encorajada quando descobriu que ele tinha essa habilidade e seu desempenho escolar geral começou a melhorar.

Além de identificar pontos fortes inesperados nos estudantes, o Project Spectrum também pode localizar pontos fracos não-detectados. Gregory estava indo bem no primeiro ano, especialmente em habilidades como computação matemática e conhecimento conceitual. No entanto, ele não se saiu bem em uma série de outras áreas Spectrum. Ele foi bem apenas nas áreas em que ele precisava dar a resposta certa e a pessoa responsável deu isso a ele. Em decorrência do programa Spectrum, o professor de Gregory começou a procurar maneiras de encorajá-lo a se arriscar mais em tarefas abertas, a tentar formas inovadoras de realizar as tarefas e a perceber que é normal cometer erros.

A Key School A Key School, uma escola de educação infantil até seis anos em Indianápolis, EUA, envolve os estudantes em atividades que abrangem uma gama de habilidades que se correlacionam estreitamente com as oito inteligências de Gardner (Goleman, Kaufman e Ray, 1993). Todos os dias, cada estudante é exposto a materiais projetados para estimular uma gama de capacidades humanas, incluindo artes, música, habilidades lingüísticas, habilidades matemáticas e jogos físicos. Além disso, os estudantes se atêm à compreensão de si próprios e dos outros.

O objetivo da Key School é permitir que os estudantes descubram sua curiosidade e talento naturais, e então explorem esses domínios. Gardner ressalta que se os professores dão aos estudantes oportunidades para utilizar seus corpos, imaginação e diferentes sentidos, quase todos os estudantes descobrem que são bons em algo. Até mesmo os estudantes que não sobressaem em nenhuma área exclusiva descobrem que têm pontos fortes relativos.

Em períodos de nove semanas, a escola enfatiza diferentes temas, tais como a Renascença da Itália do século 16 e a "Renascença Agora" em Indianápolis. Os estudantes desenvolvem projetos com seus colegas, expõem esses projetos e respondem a perguntas. A colaboração e o trabalho em equipe são enfatizados nos projetos temas e em todas as áreas de aprendizagem.

O quadro Tecnologia e educação, na página 122, descreve como a tecnologia pode ser utilizada nos oito tipos de inteligência de Gardner.

Discutimos uma série de idéias sobre os oito tipos de inteligência de Gardner. Para avaliar seus pontos fortes e fracos nessas áreas, complete a Auto-avaliação 4.1.

Inteligência emocional As teorias de Gardner e Sternberg incluem uma ou mais categorias relacionadas com a capacidade de compreender a si e aos outros e conseguir êxito no mundo. Na teoria de Gardner, as categorias são a inteligência interpessoal e a inteligência intrapessoal; na teoria de Sternberg, a inteligência prática. Outros teóricos que enfatizam os aspectos da inteligência interpessoal, intrapessoal e prática focam o que é chamado de *inteligência emocional*, que foi popularizada por Daniel Goleman (1995) em seu livro *Inteligência emocional*.

O conceito de inteligência emocional foi inicialmente desenvolvido por Peter Salovey e John Mayer (1990). Eles conceitualizam a **inteligência emocional** como a capacidade de perceber e expressar emoção precisa e adaptativamente (como pela perspectiva dos outros),

Estas crianças freqüentam a escola Key School, que possui "atrações" que oferecem a oportunidade para que elas desenvolvam atividades de interesse especial. Todo dia, cada criança pode escolher a partir das atividades extraídas das oito inteligências de Gardner. As atrações da escola incluem jardinagem, arquitetura, patinação e dança.

inteligência emocional A capacidade de monitorar as emoções e sentimentos de si e dos outros, para distingui-los e utilizar essas informações para guiar seu pensamento e ação.

Tecnologia e educação
Tecnologia e inteligências múltiplas

A tecnologia pode ser utilizada para facilitar a aprendizagem em cada área da inteligência:

Habilidades verbais. Os computadores proporcionam estímulos para rever e reescrever redações, o que ajuda os alunos a produzir trabalhos mais competentes. "Aprender a digitar é tão importante hoje em dia quanto aprender a escrever a lápis, e aprender a utilizar um processador de texto é tão importante quanto aprender a digitar."

Habilidades lógicas/matemáticas. "Os estudantes com qualquer tipo de capacidade podem aprender eficazmente através de programas de software interessantes que fornecem um feedback imediato e vão além de desafiar os estudantes a utilizar suas habilidades de raciocínio para resolver problemas matemáticos."

Habilidades espaciais. Os computadores permitem que os estudantes vejam e manipulem materiais, e permitem que consigam criar várias formas diferentes antes de tirar cópias finais de um projeto escrito. A tecnologia virtual-realidade pode oferecer aos estudantes oportunidades de exercitar suas habilidades visual-espaciais.

Habilidades sinestésico-corporais. "Os computadores contam essencialmente com a coordenação visomotora para sua operação – digitação e a utilização de um mouse ou tela de toque. Essa atividade sinestésica torna o estudante um participante ativo da aprendizagem."

Habilidades musicais. "O desenvolvimento da inteligência musical pode ser intensificado pela tecnologia da mesma maneira que a fluência verbal é intensificada pelos processadores de texto... A Interface Digital para Instrumentos Musicais (MIDI) torna possível compor e orquestrar vários instrumentos diferentes através do computador."

Habilidades interpessoais. "Quando os estudantes utilizam o computador em pares ou grupos pequenos, sua compreensão e aprendizagem são facilitadas e aceleradas. Experiências de aprendizagem positivas podem dar resultado quando os estudantes compartilham descobertas, apóiam uns aos outros na resolução de problemas e trabalham de modo colaborativo em projetos."

Habilidades intrapessoais. "A tecnologia oferece um dispositivo para explorar uma linha de pensamento em grande profundidade" e para ter um acesso extensivo a uma gama de interesses pessoais. "A oportunidade para os estudantes fazerem tais escolhas é o que há de mais importante quando se dá a eles controle sobre sua própria aprendizagem e desenvolvimento intelectual."

Habilidades naturalistas. As tecnologias eletrônicas podem "facilitar a investigação científica, exploração e outras atividades naturalistas. As tecnologias de telecomunicações ajudam os estudantes a compreender o mundo além de seu próprio ambiente". Por exemplo, a *National Geographic Online* permite que os estudantes participem de expedições com exploradores e fotógrafos famosos. (Fonte: Dickinson, 1998, 1-3).

---

para compreender a emoção e o conhecimento emocional (tal como a compreensão do papel que as emoções desempenham na amizade e no casamento), para utilizar os sentimentos a fim de facilitar o pensamento (tal como estar de bom humor, que está ligado ao pensamento criativo) e para gerenciar as emoções de si e dos outros (tal como ser capaz de controlar a raiva).

O Teste de Inteligência Emocional de Mayer-Salovey-Caruso (MSCEIT) mede os quatro aspectos da inteligência emocional já descritos: a percepção das emoções, a compreensão das emoções, a facilitação do pensamento e o gerenciamento das emoções (Mayer, Salovey e Caruso, 2002, 2004, 2006). O teste consiste em 141 itens, pode ser aplicado a indivíduos com 17 anos ou mais e leva de 30 a 45 minutos para ser administrado. Uma vez que o MSCEIT se tornou disponível apenas a partir de 2001, poucos estudos foram conduzidos para examinar sua capacidade de predizer os resultados (Salovey e Pizarro, 2003). Um estudo que utilizou o MSCEIT revelou que os jovens com uma inteligência emocional maior eram menos propensos ao tabagismo e ao alcoolismo (Trinidad e Johnson, 2002).

A criança tem uma inteligência ou várias inteligências? A Figura 4.3 mostra uma comparação entre as visões de Gardner, Sternberg e Salovey/Mayer. Note que Gardner inclui uma série de tipos de inteligência não citados pelas outras visões, e que Sternberg foi o único a enfatizar a inteligência criativa. Essas teorias de inteligências múltiplas têm muito a oferecer. Elas nos fazem pensar mais amplamente sobre o que constitui a inteligência e a competência das pessoas (Kornhaber, Fierros e Veeneba, 2005; Moran e Gardner, 2006; Weber, 2005). E têm motivado os educadores a desenvolver programas que instruam os estudantes em diferentes domínios (Winner, 2006).

FIGURA 4.3 Comparação das inteligências de Gardner, Sternberg e Salovey/Mayer.

Gardner	Sternberg	Salovey/Mayer
Verbal Matemática	Analítica	
Espacial Movimento Musical	Criativa	
Interpessoal Intrapessoal	Prática	Emocional
Naturalista		

Boas práticas
Estratégias para implementar cada uma das inteligências múltiplas de Gardner

As aplicações da teoria de inteligências múltiplas de Gardner na educação das crianças continuam a ser feitas (Hirch, 2004; Kornhaber, Fierros e Veenema, 2004; Weber, 2005). A seguir, são apresentadas algumas estratégias que os professores podem utilizar e que dizem respeito aos oito tipos de inteligência de Gardner (Campbell, Campbell e Dickinson, 2004):

1. *Habilidades verbais*
   - Leia para as crianças e deixe que elas leiam para você.
   - Acompanhe-as a bibliotecas e livrarias.
   - Permita que as crianças resumam e recontem a história que leram.

2. *Habilidades matemáticas*
   - Utilize jogos de lógica com as crianças.
   - Procure situações que possam inspirar as crianças a pensar e a construir uma compreensão de números.
   - Nos passeios de campo, leve-as a laboratórios de informática, museus de ciências e exibições eletrônicas.

3. *Habilidades espaciais*
   - Ofereça uma variedade de materiais criativos para elas utilizarem.
   - Leve-as a museus de arte e a museus infantis.
   - Caminhe com elas. Ao voltar do passeio, peça para que visualizem onde estiveram e, então, que desenhem um mapa das experiências.

4. *Habilidades sinestésico-corporais*
   - Ofereça às crianças oportunidades de atividade física e encoraje-as a participar.
   - Ofereça espaços onde elas possam brincar em sala e ao ar livre. Se isso não for possível, leve-as a um parque.
   - Encoraje-as a participar de atividades de dança.

5. *Habilidades musicais*
   - Ofereça às crianças a oportunidade de tocar instrumentos.
   - Crie oportunidades para fazerem músicas e ritmos juntos utilizando vozes e instrumentos.
   - Leve-as a concertos.

6. *Habilidades intrapessoais*
   - Encoraje-as a ter hobbies e a desenvolver interesses.
   - Ouça sobre os sentimentos delas e dê a elas conselhos adequados.
   - Estimule-as a manter um diário ou livro de recortes de suas idéias e experiências.

7. *Habilidades interpessoais*
   - Encoraje-as a trabalhar em grupos.
   - Ajude-as a desenvolver habilidades de comunicação.
   - Forneça jogos em grupos para as crianças brincarem.

8. *Habilidades naturalistas*
   - Crie um centro de aprendizagem naturalista na sala de aula.
   - Envolva as crianças em atividades naturalistas fora da sala de aula, por exemplo, fazendo uma caminhada ou adotando uma árvore.
   - Faça com que as crianças coletem itens da flora e fauna e as classifiquem.

A seguir, Joanna Smith, professora de inglês do ensino médio, descreve como ela aplica as inteligências múltiplas de Gardner em sala.

Visão do professor
Dando aos estudantes a oportunidade de escolher qual tipo de inteligência eles querem utilizar para um projeto

Eu tento aplicar as oito inteligências de Gardner durante o ano ao oferecer uma variedade de escolhas. Meus estudantes algumas vezes têm de escolher que "tipo de inteligência" utilizar dependendo do tipo de projeto. Por exemplo, ao final do primeiro semestre, os estudantes elaboram um projeto de leitura fora da sala com base num livro escolhido por eles mesmos. Eles criam um projeto com base no tema do livro e nos personagens. Por exemplo, os estudantes podem apresentar um monólogo a partir da perspectiva de um personagem, criar uma árvore genealógica, fazer um CD de músicas temáticas ou apresentar uma visão geral do livro ao vivo ou em vídeo. Esse tipo de projeto é sempre bem-sucedido porque permite aos estudantes escolher de que modo, em qual estrutura da mente, eles irão apresentar seu conhecimento.

As teorias de inteligências múltiplas também recebem muitas críticas. Elas concluem que a base de pesquisa para dar apoio a essas teorias ainda não foi desenvolvida. Em particular, alguns discutem que a classificação de Gardner parece arbitrária. Por exemplo, se as habilidades musicais representam um tipo de inteligência, por que não nos referimos também à inteligência do xadrez, inteligência de um lutador de boxe e assim por diante?

Auto-avaliação 4.1

Avaliando-me nos oito tipos de inteligência de Gardner

Leia estes itens e aplique a autopontuação numa escala de 4 pontos. Cada ponto corresponde a quão bem uma afirmação descreve você: 1 = não tem nada a ver comigo, 2 = tem bem pouco a ver comigo, 3 = tem algo a ver comigo e 4 = tem tudo a ver comigo.

	1	2	3	4

Pensamento verbal
1. Eu me saio bem em testes verbais, como, por exemplo, a parte verbal do SAT.
2. Sou um leitor hábil e leio constantemente.
3. Amo o desafio de resolver problemas verbais.

Pensamento lógico/matemático
4. Sou uma pessoa de pensamento muito lógico.
5. Gosto de pensar como um cientista.
6. Matemática é uma das minhas matérias favoritas.

Habilidades espaciais
7. Sou bom em visualizar objetos e formatos de diferentes ângulos.
8. Tenho a habilidade de criar mapas de espaços e localizações na minha mente.
9. Se quisesse, acho que poderia ter feito arquitetura.

Habilidades sinestésico-corporais
10. Tenho grande coordenação visomotora.
11. Sou muito bom em esportes.
12. Sou bom em usar meu corpo quando tenho que me expressar, como na dança.

Habilidades musicais
13. Toco um ou mais instrumentos.
14. Tenho um bom "ouvido" para música.
15. Sou bom em compor músicas.

Habilidades criteriosas para o autoconhecimento
16. Eu me conheço bem e tenho uma visão positiva de mim mesmo.
17. Estou em sintonia com meus pensamentos e sentimentos.
18. Tenho boas habilidades de superação.

Habilidades criteriosas para analisar os outros
19. Sou muito bom em "ler" as pessoas.
20. Sou bom em colaborar com as outras pessoas.
21. Sou um bom ouvinte.

Habilidades naturalistas
22. Sou bom em observar os padrões da natureza.
23. Sou ótimo em identificar e classificar objetos no ambiente natural.
24. Entendo os sistemas naturais e os sistemas feitos pelo homem.

Pontuação e interpretação

Some seus pontos para cada um dos oito tipos de inteligência e coloque os totais nos espaços que seguem a identificação para cada tipo. Em quais áreas de inteligência você se saiu melhor? Em quais você teve pior desempenho? É bem improvável que você tenha se saído bem em todas as oito áreas ou tenha se saído mal em todas elas. Se estiver consciente de suas habilidades e de suas deficiências nas diferentes áreas de inteligência, você poderá ter uma idéia de qual área será mais fácil e mais difícil para você. Se eu (seu autor) tivesse que lecionar música, estaria numa enrascada porque não tenho talento para isso. Entretanto, tenho muito boa habilidade de movimento e passei parte da minha juventude jogando e dando aulas de tênis. Se você não tem habilidade em algumas áreas de Gardner e tem que lecionar nessas áreas, pense em selecionar voluntários na comunidade para ajudá-lo. Por exemplo, Gardner diz que as escolas precisam trabalhar melhor no sentido de pedir ajuda aos mais velhos, que na maioria das vezes se sentem felizes em ajudar os estudantes a melhorar suas habilidades no domínio ou nos domínios nos quais eles são competentes. Essa estratégia também ajuda a manter uma ligação entre as comunidades e as escolas com uma espécie de "cola intergeracional".

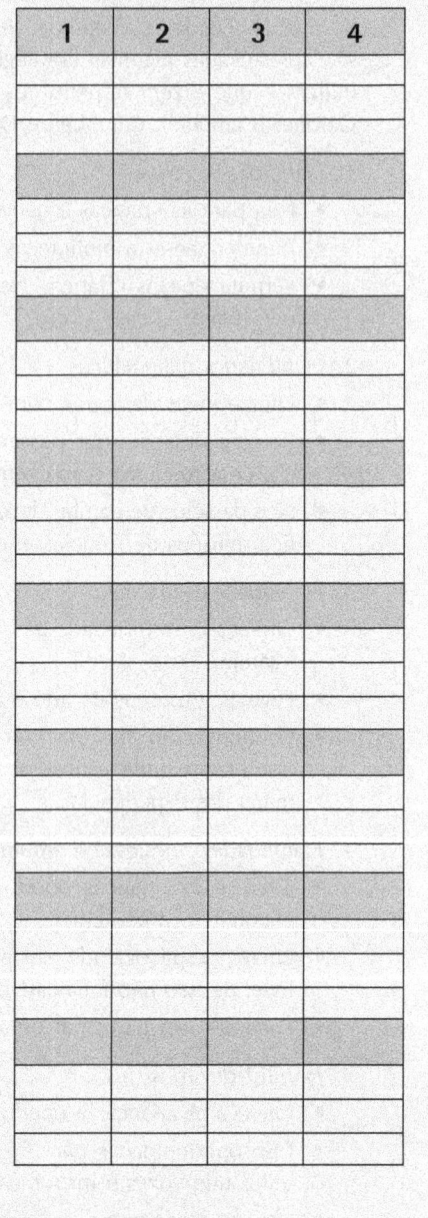

Gardner (1998) criticou os defensores da inteligência emocional por irem longe demais ao incluir as emoções no conceito de inteligência. Ele também ressalta que a criatividade não deve ser incluída no conceito de inteligência. Embora ele afirme que entender as emoções e ser criativo são importantes aspectos da competência e funcionamento humanos, Gardner diz que a compreensão emocional e a criatividade são diferentes da inteligência.

Uma série de psicólogos apóia ainda o conceito de Spearman de *g* (inteligência geral) (Bouchard, 2004; Johnson e outros, 2004). Por exemplo, um especialista em inteligência, Nathan Brody (2000, 2006), argumenta que as pessoas que são muito bem-sucedidas em um tipo de trabalho intelectual são propensas também a ser bem-sucedidas em outros. Assim sendo, indivíduos que se dão bem em memorizar listas de números são propensos a resolver problemas verbais e espaciais. Essa inteligência geral inclui o raciocínio ou pensamento abstrato, a capacidade de adquirir conhecimento e a capacidade de resolver problemas (Brody, 2000; Carroll, 1993).

Defensores do conceito de inteligência geral apontam para seu sucesso em prever o desempenho acadêmico e profissional. Por exemplo, as pontuações que dizem respeito a testes de inteligência geral se relacionam substancialmente com o rendimento acadêmico e moderadamente com o desempenho profissional (Lubinski, 2000). Indivíduos com pontuações mais altas em testes projetados para avaliar a inteligência geral tendem a conseguir salários mais altos, posições de mais prestígio (Wagner, 1997). Porém, os testes de QI gerais predizem apenas cerca de um quarto da variação de sucesso no trabalho, sendo que a maior parte da variação é atribuível a outros fatores como motivação e educação (Wagner e Sternberg, 1986). Além disso, as correlações entre QI e rendimento diminuem quanto mais tempo a pessoa trabalha num determinado emprego, presumivelmente porque quanto mais ela ganha experiência de trabalho, melhor o executa (Hunt, 1995).

Alguns especialistas que discutem sobre a existência da inteligência geral acreditam que os indivíduos também possuem capacidades intelectuais específicas (Brody, 2000; Chiappe e MacDonald, 2005). Em um estudo, John Carroll (1993) conduziu uma extensa avaliação das capacidades intelectuais. Ele concluiu que todas as capacidades intelectuais estão relacionadas umas com as outras, o que sustenta o conceito de inteligência geral, porém, há também várias capacidades especializadas. Algumas dessas capacidades especializadas, tais como capacidades espaciais e mecânicas, não são adequadamente avaliadas na maioria dos currículos escolares. Em suma, a controvérsia ainda caracteriza se é mais adequado conceitualizar a inteligência como sendo uma capacidade geral, específica ou ambas (Birney e outros, 2005; Horn, 2006).

Controvérsias e questões sobre inteligência

O tópico "inteligência" é rodeado de controvérsia. Será que é a natureza ou o meio o mais importante na determinação da inteligência? Será que os testes de inteligência são culturalmente influenciados? Será que os testes de QI devem ser utilizados para que as crianças sejam acomodadas em salas adequadas ao seu perfil?

Natureza e meio refere-se à **questão inato-aprendido** e envolve o debate sobre se o desenvolvimento é primariamente influenciado pela natureza ou pelo meio. *Natureza* refere-se à herança biológica da criança, à hereditariedade, *meio* refere-se às experiências ambientais.

Os defensores da "natureza" acreditam que a inteligência é primariamente herdada e que as experiências ambientais desempenham um papel mínimo na sua manifestação (Detterman, 2000; Herrnstein e Murray, 1994; Jensen, 1969). A visão emergente inato-aprendido é de que muitas qualidades complexas, como a inteligência, carregam provavelmente uma carga genética que lhes confere uma trajetória desenvolvimental particular, como: baixa, média e alta inteligência. O desenvolvimento real da inteligência, entretanto, requer mais do que apenas hereditariedade.

A maioria dos especialistas hoje concorda que o ambiente também desempenha um importante papel na inteligência (Campbell, 2006; Comer, 2006; Sternberg e Grigorenko, 2004; Sternberg, Grigorenko e Kidd, 2005). Isso significa que melhorar os ambientes onde a criança vive pode proporcionar um aumento em sua inteligência (Ramey, Ramey e Lanzi, 2006). Também significa que o enriquecimento dos ambientes da criança pode melhorar

> **Questão inato-aprendido ou natureza** refere-se a uma herança biológica de um organismo, *meio ou aprendido* refere-se às influências ambientais. Os defensores da natureza/ inato afirmam que uma herança biológica é a influência mais importante no desenvolvimento; os defensores do meio/ aprendido afirmam que as experiências ambientais são as mais importantes.

FIGURA 4.4 O aumento nas pontuações de QI de 1932 a 1997.

Conforme medido pelo teste de inteligência de Stanford-Binet, parece que as crianças norte-americanas estão ficando mais inteligentes. Pontuações de um grupo avaliado em 1932 ficaram ao longo de uma curva em forma de sino com metade abaixo de 100 e metade acima. Estudos mostram que se as crianças fizessem o mesmo teste hoje, metade pontuaria acima de 120 na escala de 1932. Muito poucas pontuariam no grupo dos "intelectualmente deficientes", à esquerda, e aproximadamente um quarto ficaria na faixa dos "muito superiores".

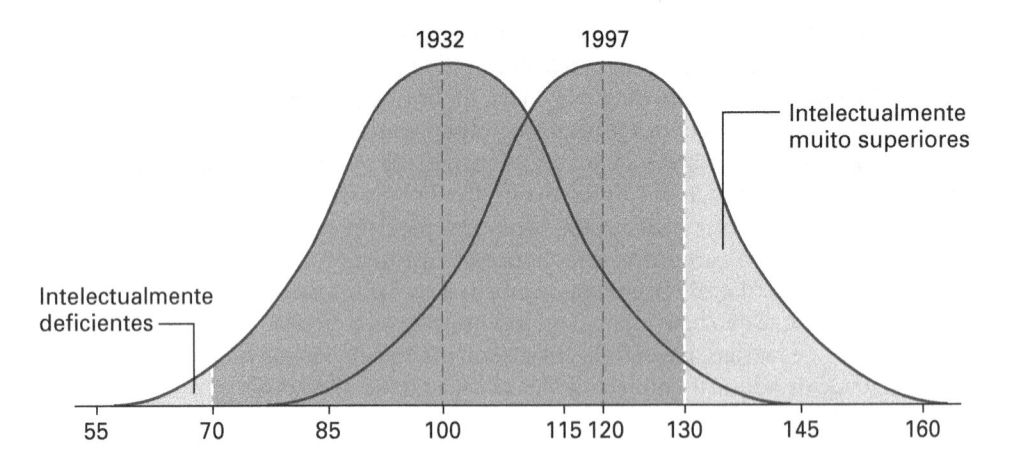

seu rendimento escolar e a aquisição das habilidades necessárias para um emprego. Craig Ramey e seus associados (1988) verificaram que um cuidado de alta qualidade na educação de uma criança pequena (até cinco anos de idade) aumentava significativamente os pontos nos testes de inteligência de uma criança de família pobre. Os efeitos positivos dessa primeira intervenção ainda eram evidentes na inteligência e no rendimento desses estudantes quando completavam 13 e 21 anos de idade (Campbell, 2006; Campbell e Ramey, 1994; Campbell e outros, 2001; Ramey, Ramey e Lanzi, 2001, 2006).

Um outro argumento sobre a importância do ambiente na inteligência envolve as pontuações crescentes nos testes de QI ao redor do mundo. As pontuações nesses testes têm aumentado tão rapidamente que um grande número de pessoas consideradas como tendo uma inteligência média no começo de 1900 foram tidas como abaixo da média de inteligência de hoje (Flynn, 1999, 2006) (veja a Figura 4.4). Se um número representativo de crianças de hoje fizesse o teste Stanford-Binet utilizado em 1932, aproximadamente um quarto seria definido como muito superior, uma classificação dada usualmente a menos do que 3% da população. Por causa do aumento ocorrido em tão pouco tempo, isso não pode estar relacionado à hereditariedade, mas, sim, pode ser fruto de fatores ambientais, como, por exemplo, o bombardeio de informações a que as pessoas estão expostas e uma porcentagem maior da população que recebe educação. Esse aumento mundial na pontuação nos testes de inteligência em um período de tempo tão curto é chamado de *efeito Flynn*, em homenagem ao pesquisador que descobriu o efeito – James Flynn (1999, 2006).

Estudos relacionados à educação também mostram os efeitos provocados na inteligência (Ceci e Gilstrap, 2000; Christian, Bachnan e Morrison, 2001). Os maiores efeitos se deram quando as crianças ficaram privadas de educação formal por um longo período de tempo, resultando em decréscimo da inteligência. Em um estudo, o funcionamento intelectual de crianças de etnia indígena na África do Sul que tiveram quatro anos de atraso na escola por causa da falta de professores foi investigado (Ramphal, 1962). Comparadas com crianças de vilas vizinhas que tiveram professores, as crianças indígenas que tiveram um atraso de quatro anos até que pudessem ingressar na escola experimentaram uma queda de 5 pontos no QI para cada ano de atraso.

Uma análise de estudos sobre educação e inteligência concluiu que educação e inteligência são mutuamente influenciadas (Ceci e Williams, 1997). Por exemplo, indivíduos que terminaram o ensino médio são mais inteligentes do que aqueles que não completaram os estudos. Isso pode estar relacionado com o fato de que os indivíduos mais inteligentes permanecem mais tempo na escola ou com o fato de a influência ambiental escolar contribuir para a inteligência.

Além disso, as pontuações dos testes de inteligência tendem a aumentar durante o período escolar e a diminuir durante o período de férias (Ceci e Gilstrap, 2000). Além disso, as crianças que entraram na idade em conformidade com seu respectivo ano escolar tendem a ser mais inteligentes temporariamente do que as outras que entraram um pouco atrasadas ou que estão um ano atrasadas na escola (Ceci e Gilstrap, 2000).

Os pesquisadores estão cada vez mais interessados em reverter o quadro logo cedo no que diz respeito ao ambiente das crianças que estão em risco de empobrecimento de sua inteligência (Campbell, 2006; Ramey, Ramey e Lanzi, 2006; Sternberg e Grigorenko, 2004).

Enfatizamos aqui o ditado que diz que prevenir é melhor do que remediar. Muitos pais de baixa renda têm dificuldade em fornecer um ambiente que estimule intelectualmente seus filhos. Os programas que ensinam os pais a serem mais cuidadosos e melhores educadores, bem como os serviços de apoio como os programas de qualidade assistencial ao menor podem fazer a diferença no desenvolvimento intelectual da criança.

Uma revisão da pesquisa sobre intervenções precoces concluiu que (Brooks-Gunn e outros, 2003):

- Intervenções com base no centro de alta qualidade são associadas ao aumento da inteligência das crianças e do rendimento escolar.
- As intervenções são mais produtivas com crianças pobres, cujos pais têm pouca instrução escolar.
- Os efeitos positivos são estendidos à adolescência, mas não são tão fortes quanto os efeitos na primeira infância ou no início do ensino fundamental. Os programas que continuam até a infância média e a infância tardia têm os resultados mais duradouros.

É extremamente difícil calcular os efeitos biológicos e ambientais, tanto que o psicólogo William Greenough (1997, 2000) diz que perguntar qual é mais importante seria como perguntar o que é mais importante em um retângulo, seu comprimento ou sua largura. Ainda não sabemos quais genes específicos, se é que existem, realmente promovem ou restringem um nível geral de inteligência. Se tais genes existem, eles certamente estão presentes em crianças cujas famílias e ambientes promovem o desenvolvimento das capacidades da criança e em crianças cujas famílias e ambientes não promovem tal desenvolvimento. Independentemente da herança genética de um indivíduo, o crescimento "com todas as vantagens" não garante inteligência ou sucesso elevado, especialmente se essas vantagens tidas como certas não forem levadas a sério. Tampouco a ausência de tais vantagens garante baixa inteligência ou insucesso, especialmente se a família da criança aproveita ao máximo as oportunidades que têm disponíveis.

Etnicidade e cultura Há diferenças étnicas na inteligência? Os testes convencionais de inteligência são preconceituosos? Em caso afirmativo, poderemos desenvolver testes culturalmente imparciais?

Comparações étnicas Nos Estados Unidos, crianças de famílias afro-americanas e latinas têm pontuações menores do que crianças de famílias brancas em testes de inteligência padronizados. Em média, as crianças afro-americanas atingem de 10 a 15 pontos a menos nos testes de inteligência padronizados do que as crianças brancas em período escolar (Brody, 2000; Lynn, 1996). Essas são *pontuações médias*, entretanto. Cerca de 15% a 25% das crianças afro-americanas em período escolar atingem uma pontuação mais alta do que a metade das crianças brancas, e muitas crianças brancas atingem menos pontos do que a maioria das crianças afro-americanas. A explicação está no fato de que a distribuição de pontuação para as afro-americanas e brancas é sobreposta.

Como as crianças afro-americanas ganharam oportunidades sociais, econômicas e educacionais, a diferença entre as afro-americanas e as brancas nos testes de inteligência padronizados começou a diminuir (Ogbu e Stern, 2001; Onwuegbuzi e Daley, 2001). Essa diferença, especialmente, diminui no ensino superior, em que estudantes afro-americanos e brancos freqüentemente experimentam ambientes mais similares do que na época do ensino fundamental e médio (Myerson e outros, 1998). Além disso, quando as crianças afro-americanas de famílias pobres são adotadas por famílias de classe alta ou de classe média, seus resultados nos testes de inteligência assemelham-se mais às médias nacionais das crianças de classe média do que das crianças de famílias de baixa renda (Scarr e Weinberg, 1983).

Viés cultural e testes culturalmente imparciais Muitos dos testes de inteligência anteriores eram culturalmente influenciados, favorecendo mais as crianças que viviam em cidades do que as que moravam na zona rural e favorecendo mais as que vinham de famílias de classe média do que as de famílias de baixa renda, e mais as crianças brancas

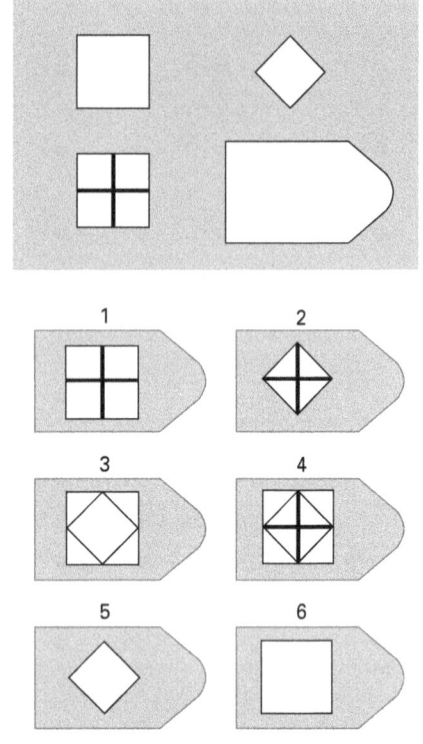

FIGURA 4.5 Amostra do teste de matrizes progressivas de Raven.

Uma matriz com um conjunto de símbolos é apresentada aos indivíduos, tal como no exemplo da figura acima, e estes devem completá-la selecionando o símbolo apropriado que está faltando no grupo de símbolos, tal como nas figuras numeradas logo abaixo.

Itens simulados semelhantes aos encontrados em *Raven's Progressive Matrices*. Copyright © 1976, 1958, 1938 by Harcourt Assessment, Inc. Reproduzidos com permissão. Todos os direitos reservados.

ameaça do estereótipo Receio de que o comportamento de um indivíduo possa confirmar um estereótipo negativo sobre um grupo.

testes culturalmente imparciais Testes de inteligência que pretendem ser livres de vieses culturais.

do que as crianças de minorias (Miller-Jones, 1989). Os padrões para os testes anteriores eram quase que exclusivamente baseados nas crianças brancas e de nível socioeconômico médio. Além disso, alguns dos itens eram obviamente culturalmente influenciados. Por exemplo, um item de um teste anterior perguntava o que você deveria fazer se encontrasse uma criança de três anos de idade na rua. A resposta "correta" seria "Chamar a polícia". Entretanto, as crianças de famílias pobres da periferia não poderiam escolher essa resposta se já tivessem passado por uma experiência traumática com a polícia, e as crianças que viviam na zona rural poderiam nem ter a polícia por perto. Os testes de inteligência contemporâneos tentam reduzir tal viés cultural (Merenda, 2004).

Uma influência potencial ao teste de inteligência é a **ameaça do estereótipo,** o receio de que o comportamento de um indivíduo possa confirmar um estereótipo negativo sobre um grupo (Max e Stapel, 2006; Steele e Aronson, 2004). Por exemplo, quando os afro-americanos fazem um teste de inteligência, podem sentir-se ansiosos e receosos em confirmar o antigo estereótipo de que os negros são "intelectualmente inferiores". Em um estudo, a parte verbal do Graduate Record Examination foi aplicada individualmente a estudantes afro-americanos e brancos na Universidade de Stanford (Steele e Aronson, 1995). Metade dos estudantes de cada grupo étnico foi avisada de que os pesquisadores estavam interessados em medir sua capacidade intelectual. A outra metade foi avisada de que os pesquisadores estavam desenvolvendo um novo teste e que o teste que eles estavam fazendo poderia não ser válido nem seguro (portanto, não tinha nenhuma relação com a sua habilidade intelectual). Os estudantes brancos tiveram um desempenho igual em ambas as situações. Entretanto, os estudantes afro-americanos tiveram um desempenho pior quando acreditaram que o teste estava avaliando sua capacidade intelectual; quando acreditaram que o teste estava somente em desenvolvimento e não seria válido nem seguro, tiveram um desempenho tão bom quanto os estudantes brancos.

Outros estudos confirmaram a existência da ameaça ao estereótipo (Brown e Day, 2006; Cohen e Sherman, 2005; Helms 2005; Rosenthal e Crisp, 2006; Steele e Aronson, 2004). Estudantes afro-americanos têm um desempenho pior em testes padronizados quando sabem que estão sendo avaliados. Se fazem o teste pensando que ele não é válido, têm um desempenho tão bom quanto os alunos brancos (Aronson, 2002). No entanto, alguns críticos acreditam que foi exagerada a importância que se deu à ameaça ao estereótipo para explicar a lacuna dos testes (Cullen, Hardison e Sackett, 2004; Sackett, Hardison e Cullen, 2004, 2005).

O espaço para Diversidade e educação explora possíveis vieses nos testes de QI.

Testes culturalmente imparciais são testes de inteligência que pretendem ser livres de vieses culturais. Dois tipos de testes culturalmente imparciais foram desenvolvidos. O primeiro inclui questões familiares para pessoas de todas as classes socioeconômicas e étnicas. Por exemplo, pode se perguntar a uma criança em que um pássaro e um cachorro são diferentes, contanto que todas as crianças estejam familiarizadas com pássaros e cachorros. O segundo tipo de teste culturalmente imparcial não contém questões verbais. A Figura 4.5 mostra um exemplo de questão do Teste de Matrizes Progressivas de Raven. Embora testes como o das Matrizes Progressivas de Raven sejam projetados para serem livres de qualquer influência cultural, pessoas com mais instrução ainda conseguem se sair melhor do que as que têm menos instrução (Shiraev e Levy, 2007).

Por que é tão difícil criar testes culturalmente imparciais? A maioria dos testes tende a refletir o que a cultura dominante pensa que é importante (Gregory, 2007; Merenda, 2004). Se os testes têm limites de tempo, isso irá influenciar os grupos que não dão importância ao tempo. Se o idioma difere, as mesmas palavras podem ter outros significados para diferentes grupos de línguas. Até mesmo figuras podem produzir influências já que algumas culturas podem ter menos experiência com desenhos e fotografias (Anastasi e Urbina, 1997). Dentro da mesma cultura, grupos diferentes podem ter atitudes, valores e motivação distintos e isso poderia afetar seu desempenho nos testes de inteligência. Questões sobre por que uma construção deve ser feita de tijolos demonstram preconceito com relação às crianças que têm pouca ou nenhuma experiência com casas de tijolos. Questões a respeito de vias férreas, fornalhas, estações do ano, distâncias entre cidades e assim por diante demonstram preconceito com relação a grupos que têm menos experiência do que outros que estão inseridos nesses contextos.

Agrupamento e identificação de capacidades Uma outra questão controversa diz respeito ao fato de ser ou não benéfico utilizar as pontuações dos estudantes em um teste de inteligência para separá-los por grupos de capacidades. Dois tipos de agrupamentos de capacidades foram utilizados na educação: entre classes e na classe.

Diversidade e educação
A controvérsia sobre a influência cultural nos testes de QI

Larry P. é afro-americano e pobre. Quando tinha seis anos, foi colocado em uma turma para "educação especial", que supõe que Larry aprende muito mais lentamente que a média dos outros estudantes. A primeira razão pela qual ele foi colocado na turma de educação especial foi por ele ter obtido 64 pontos num teste de inteligência.

Há a possibilidade de que o teste de inteligência que Larry fez tenha sido culturalmente influenciado? Essa questão continua a ser discutida. A controvérsia foi alvo de vários processos na justiça desafiando o uso de testes de inteligência padronizados para colocar estudantes afro-americanos em turmas de educação especial. O processo inicial, arquivado em defesa de Larry na Califórnia, reivindicava que o teste de QI subestimava a verdadeira capacidade de aprendizagem do menino. Seus advogados argumentaram que os testes de QI enfatizavam demasiadamente as habilidades verbais e falhavam ao levar em consideração os contextos dos estudantes afro-americanos de famílias de baixa renda e que Larry foi incorretamente avaliado como deficiente mental, o que poderia estigmatizá-lo para sempre.

Como parte do longo processo envolvendo Larry P., seis estudantes afro-americanos de educação especial foram independentemente testados novamente por psicólogos. Os psicólogos estabeleceram uma boa relação com os estudantes e fizeram esforços especiais para superar o pessimismo e a distração deles. Por exemplo, os itens foram reformulados em termos mais consistentes para se ajustarem aos contextos de vida dos estudantes e foi dada importância a respostas não-padronizadas que se mostravam lógicas e inteligentes para a resolução dos problemas. Essa abordagem de teste modificada produziu resultados de 79 a 104 – 17 a 38 pontos acima do que os estudantes tinham conseguido nos testes inicialmente. Em todos os casos, os pontos ultrapassaram o máximo para que fosse considerado colocá-los numa turma de educação especial.

No caso de Larry, o juiz definiu que os testes de QI são influenciados culturalmente e não devem ser utilizados em decisões sobre encaminhar estudantes a turmas de educação especial. Entretanto, em julgamentos posteriores, como no caso de *Pase* versus *Hannon* em Illinois, os juízes definiram que os testes de QI não são influenciados culturalmente. Além disso, uma decisão estabelecida pela Associação Americana de Psicologia concluiu que os testes de QI não são influenciados culturalmente (Neisser e outros, 1996). A controvérsia continua.

Agrupamento de turmas por capacidade (direcionamento) O agrupamento de **turmas por capacidade (direcionamento)** consiste em agrupar os estudantes com base em sua capacidade e rendimento. O direcionamento tem sido utilizado há muito tempo nas escolas com o intuito de organizar os estudantes, especialmente no nível secundário (Gustafson, 2006; Slavin, 1990, 1995). O lado positivo do direcionamento é que estreita a faixa de habilidade em um grupo de estudantes, facilitando o ensino. O direcionamento é capaz de evitar que os estudantes menos habilidosos atrasem os mais talentosos.

Um típico agrupamento de turmas consiste em dividir os estudantes em: preparatório para universidade e direcionamento geral. Entre as duas opções, outros agrupamentos de capacidades podem ser constituídos, como, por exemplo, dois níveis de ensino de matemática para os estudantes do preparatório. Uma outra forma de agrupamento se dá quando as capacidades de um estudante em diferentes matérias são levadas em consideração, por exemplo, o mesmo estudante pode estar em um nível alto em matemática e em um nível médio em inglês.

Os críticos dizem que isso estigmatiza o estudante que é mandado para turmas com baixa capacidade (Banks e outros 2005; Smith-Maddox e Wheelock, 1995). Por exemplo, estudantes são rotulados como de "baixa capacidade" ou "do grupo dos burros". Os críticos também dizem que as turmas com baixa capacidade têm, na maioria das vezes, professores menos experientes, menos recursos e expectativas mais baixas (Wheelock, 1992). Além disso, ressaltam que o direcionamento é utilizado para segregar os estudantes de acordo com sua etnicidade e status

agrupamento de turmas por capacidade (direcionamento) Agrupamento de estudantes com base em sua capacidade ou rendimento.

Boas práticas
Estratégias para a utilização do direcionamento

1. *Utilize outras medidas para colocar os estudantes em grupos de capacidade com base no conhecimento e potencial deles em áreas específicas em vez de se basear num teste de QI administrado em grupo.*

2. *Evite rotular os grupos como "baixo", "médio" e "alto".* Evite também comparações entre grupos.

3. *Não forme mais de dois ou três grupos de capacidade.* Você não conseguirá dar atenção e ensino adequados a um grande número de grupos.

4. *Considere as avaliações de nível dos estudantes em vários grupos de capacidade como sujeitas à revisão e alteração.* Monitore cuidadosamente o desempenho dos estudantes; se um estudante de nível baixo progride adequadamente, transfira-o para um grupo mais capacitado. Se um estudante de nível alto está com um desempenho baixo, avalie se o nível é o certo para ele e decida o que é possível fazer para melhorar seu desempenho.

5. *Considere especialmente alternativas para acompanhar os estudantes com baixo rendimento.* Ao longo deste livro, descreveremos estratégias de ensino e serviços de apoio para estudantes com baixo rendimento, tais como os que foram utilizados no programa AVID, do qual falaremos mais à frente.

econômico, já que turmas superiores têm menos estudantes vindos de minorias étnicas e empobrecidas (Banks, 2006; Banks e outros, 2005). Desse modo, o direcionamento pode realmente causar uma segregação entre escolas. Os difamadores também argumentam que os estudantes medianos e acima da média não se beneficiam substancialmente do agrupamento.

As pesquisas apóiam os pontos de vista dos críticos no que diz respeito ao direcionamento ser prejudicial aos estudantes? Os pesquisadores concluíram que o direcionamento prejudica o rendimento de estudantes com baixa produtividade (Brewer, Rees e Argys, 1995; Hallinan, 2003; Slavin, 1990). Entretanto, o direcionamento parece beneficiar estudantes com alta produtividade (como aqueles que estão em um programa para superdotados). Além disso, os pesquisadores concluíram que "os estudantes que são 'direcionados para cima' ou os que são expostos a currículos mais rigorosos aprendem mais do que os estudantes que são 'direcionados para baixo' ou matriculados em um curso com estudo menos desafiador (Gamoran, 1990; Hallinan, 2003)..." (Banks e outros, 2005, p. 239).

Uma variação de agrupamento de turmas é o **Nongraded program (entre idades),** no qual os estudantes são agrupados por suas capacidades, sem que sejam levadas em consideração sua idade ou série escolar (Fogarty, 1993). Esse tipo de programa é utilizado muito mais em escolas de ensino fundamental do que de ensino médio, especialmente nos três primeiros anos escolares. Por exemplo, uma turma de matemática pode ser composta por alunos vindos do primeiro, segundo e terceiro anos, agrupados na mesma sala, pois têm a mesma capacidade em matemática. O **Joplin plan** é um programa padrão não-seriado para ensino de leitura. No plano Joplin, estudantes do segundo, terceiro e quarto anos podem ser agrupados em uma mesma sala pelo nível equivalente de capacidade de leitura.

Mencionamos que o direcionamento produz efeitos negativos em estudantes com baixa produtividade. Quando o direcionamento está presente, é importante dar aos estudantes com baixo rendimento uma oportunidade de melhorar seu desempenho acadêmico e então progredir de nível. Nas escolas públicas do condado de San Diego, o programa Achieving Via Individual Determination – AVID fornece apoio aos estudantes com baixo rendimento. Em vez de serem colocados num nível mais baixo, são colocados em cursos mais rigorosos; entretanto, não são encorajados a ter um bom desempenho sozinhos. Um sistema abrangente de serviços de apoio auxilia os estudantes a progredir. Por exemplo, um aspecto essencial do projeto é uma série de workshops que ensinam aos estudantes habilidades de escrita, perguntas e respostas, pensamento e comunicação. Os estudantes também são reunidos em grupos de estudo e são encorajados a ajudar uns aos outros tirando dúvidas sobre as lições. Estudantes universitários, muitos graduados no AVID, servem de modelos, instrutores e

Nongraded program (entre idades) Uma variação do agrupamento de turmas, na qual os estudantes são agrupados por suas capacidades, sem que sejam levadas em consideração sua idade ou série escolar.

Joplin plan Um programa padrão não-seriado para ensino de leitura.

motivadores para os estudantes. Em cada escola AVID, um professor líder coordena um grupo de conselheiros e professores de cada uma das disciplinas acadêmicas. O índice de evasão escolar diminuiu para menos de um terço e 99% dos graduados pelo AVID entraram em universidades.

Em suma, o direcionamento é uma questão controversa, especialmente por causa das restrições que ele impõe aos estudantes com baixa produtividade. Muitas vezes, as pontuações dos testes de QI de um único grupo não são bons parâmetros do desempenho dos estudantes em uma determinada área (Garmon e outros, 1995).

Agrupamento na sala de aula por capacidade O **agrupamento na sala de aula por capacidade** envolve dois ou três grupos da mesma sala, e leva em consideração as diferenças entre as capacidades dos estudantes. Uma típica capacidade na sala de aula ocorre quando professores de ensino fundamental colocam estudantes em vários grupos de leitura com base em suas habilidades de leitura. Um professor de segundo ano pode ter um grupo que utiliza um programa de leitura para o primeiro semestre do terceiro ano, um outro que utiliza o programa do primeiro semestre do segundo ano e um terceiro grupo que utiliza o programa do segundo semestre do primeiro ano. Tal agrupamento na sala de aula é bem mais comum em escolas de ensino fundamental do que em escolas de ensino médio. As matérias mais utilizadas são leitura e matemática. Embora muitos professores de ensino fundamental utilizem alguma forma de agrupamento na sala de aula, não há uma pesquisa de apoio claro para essa estratégia.

Reveja, reflita e pratique

1 Discutir o conceito de inteligência, como ela é medida e algumas controvérsias a respeito de sua utilização pelos educadores.

Reveja

- O que os conceitos de inteligência e QI significam precisamente? Como Binet e Wechsler contribuíram para o campo da inteligência?
- Quais são os prós e contras dos testes de inteligência individuais versus grupais?
- Qual é a teoria triárquica de inteligência de Sternberg? Qual é o sistema de "tipos de inteligência" de Gardner? Qual é o conceito de inteligência emocional segundo Mayer, Salovey e Goleman? De que maneira cada teoria é relevante para a educação? Quais são alguns aspectos da controvérsia se a inteligência é mais bem conceitualizada como inteligência geral ou como inteligências múltiplas?
- Quais são as três controvérsias relacionadas à inteligência?

Reflita

- Suponha que você esteja prestes a lecionar para um grupo específico de estudantes pela primeira vez e recebe as pontuações de testes de inteligência de cada uma das crianças. Você hesitaria em ver os resultados? Por que sim ou por que não?

Pratique PRAXIS™

1. Se Alex tem um QI de 135, o que se pode dizer a seu respeito?
    a. Sua pontuação indica que ele está bem abaixo da média de inteligência e que ele provavelmente precisará de mais ajuda até mesmo nas tarefas mais fáceis.
    b. Sua pontuação sugere que ele está abaixo da média de inteligência e ele provavelmente terá dificuldades na escola.
    c. Sua pontuação indica que ele está um pouco acima da média para sua idade mental e cronológica.
    d. Sua pontuação indica que ele está muito acima da média para sua idade mental e consideravelmente acima de sua idade cronológica.

(continua)

---

agrupamento na sala de aula por capacidade Colocação de estudantes em dois ou três grupos na sala de aula, levando em consideração as diferenças entre suas capacidades.

Reveja, reflita e pratique (continuação)

2. Susan fez o Teste de Capacidade Mental da Escola Otis-Lennon para determinar se estava qualificada para o programa para superdotados de sua escola. Susan atingiu apenas 125 pontos e não foi qualificada para o programa. Qual das afirmações a seguir é válida para justificar o procedimento escolhido?
   a. Já que este foi um teste individual, o psicólogo foi capaz de afirmar que um contato inicial positivo havia sido estabelecido e que a ansiedade não interferiu em seu desempenho. Assim, a decisão deve permanecer.
   b. Já que este foi um teste em grupo, o psicólogo foi incapaz de afirmar que um contato inicial positivo havia sido estabelecido e que a ansiedade não interferiu em seu desempenho. Assim, a decisão não deve permanecer. É preciso obter mais informações.
   c. Já que sua pontuação foi bem acima da média, ela deveria ser incluída no programa para superdotados.
   d. Já que sua pontuação estava de acordo com a média geral, ela não deveria ser incluída no programa para superdotados.

3. Quais destes estudantes melhor exemplificam a inteligência prática de Sternberg?
   a. Jamal, que escreve histórias maravilhosas de ficção científica.
   b. Chandra, que é capaz de entender o simbolismo de *O grande Gatsby* num nível complexo.
   c. Mark, que é o atleta mais talentoso da escola.
   d. Susan, que se relaciona bem com todos e sabe como "ler" as emoções dos outros.

4. Qual das afirmações é a mais consistente para a questão inteligência de acordo com a atual pesquisa sobre inato-aprendido?
   a. Já que a inteligência é principalmente herdada, há uma pequena chance de se aprimorar a inteligência dos estudantes.
   b. Já que a inteligência é influenciada tanto pela hereditariedade quanto pelo meio, constituir uma sala de aula com um ambiente motivador poderá exercer uma influência positiva sobre a inteligência dos estudantes.
   c. Estudantes que se atrasam nos anos escolares tendem a atingir pontuações mais altas nos testes de inteligência do que aqueles que entram na idade certa, o que sugere que o meio é mais importante para a inteligência do que a hereditariedade.
   d. Aumentos expressivos na inteligência indicam que ela é principalmente determinada pela hereditariedade.

Por favor, verifique as respostas no final do livro.

(2) Estilos de aprendizagem e pensamento

- Estilos impulsivo/reflexivo
- Estilos profundo/superficial

Inteligência refere-se à capacidade. **Estilos de aprendizagem e pensamento** não são capacidades, mas sim maneiras preferidas de utilização das capacidades (Sternberg, 1997). De fato, os professores dirão a você que as crianças conseguem aprender e pensar através de inúmeras maneiras. Até mesmo os professores diferem quanto ao modo de aprender e pensar. Nenhum de nós tem o mesmo estilo de aprender e pensar; cada um de nós tem um perfil com estilos diferentes. Os indivíduos variam tanto que literalmente centenas de estilos de aprendizagem e pensamento foram propostos por educadores e psicólogos. Nossa intenção não é especificar cada estilo, mas sim apresentar dois grupos de estilos que são bastante discutidos: impulsivo/reflexivo e profundo/superficial.

---

estilos de aprendizagem e pensamento Preferências dos indivíduos em relação à maneira como eles utilizam suas capacidades.

> ### Boas práticas
> ### Estratégias para lidar com crianças impulsivas
>
> 1. Verifique quais dos estudantes em sala são impulsivos.
> 2. Fale para eles que é preciso pensar um pouco na resposta antes de dizê-la.
> 3. Encoraje-os a classificar novas informações conforme trabalham com elas.
> 4. Sendo o mestre, modele-os para o estilo reflexivo.
> 5. Faça com que eles almejem altos níveis de desempenho.
> 6. Reconheça quando os estudantes impulsivos começam a dispensar mais tempo para refletir. Elogie-os pela sua melhora.
> 7. Guie-os na criação de seu próprio plano para diminuir a impulsividade.

Estilos impulsivo/reflexivo

Estilos impulsivo/reflexivo, também denominados como ritmo conceptual, envolvem a tendência de o estudante agir rápida e impulsivamente ou levar mais tempo para responder e refletir no ponto central da questão (Kagan, 1965). Estudantes impulsivos geralmente cometem mais erros do que os estudantes reflexivos.

Pesquisas sobre impulsividade/reflexão mostram que os estudantes reflexivos tendem a ser mais bem-sucedidos do que os impulsivos (Jonassen e Grabowski, 1993) nestas tarefas:

- Lembrar-se de informações estruturadas
- Compreender leitura e interpretação de texto
- Resolver problemas e tomar decisões

Estudantes reflexivos também têm mais tendência a estabelecer suas próprias metas de aprendizagem e se concentram nas informações mais relevantes do que estudantes impulsivos. Os reflexivos geralmente têm padrões mais altos de desempenho. Há forte evidência de que os reflexivos aprendem mais efetivamente e são mais bem-sucedidos do que os impulsivos na escola.

Ao pensar sobre estilos impulsivo e reflexivo, tenha em mente que embora a maioria das crianças aprendam melhor quando são do tipo reflexivo do que quando são do tipo impulsivo, algumas crianças são simplesmente rápidas, precisas e tomam decisões com muita facilidade. Reagir rapidamente só é uma estratégia ruim quando se escolhe as respostas erradas. Além disso, algumas crianças do tipo reflexivo ficam pensando por horas e horas sobre o problema e têm dificuldade para terminar tarefas. Os professores podem encorajar esses estudantes a permanecer com esse estilo reflexivo, mas orientá-los a chegar a conclusões mais rapidamente. No Capítulo 7, "Abordagens cognitivas comportamentais e sociais", discutiremos uma série de estratégias para ajudar os estudantes a autocontrolar seu comportamento.

Estilos profundo/superficial

Estilos profundo/superficial envolvem como os estudantes lidam com os materiais de aprendizagem. Será que eles fazem isso de modo a ajudá-los a compreender o significado dos materiais (estilo profundo) ou simplesmente o que é preciso aprender (estilo superficial) (Marton, Hounsell e Entwistle, 1984)? Estudantes que aprendem através do estilo superficial não conseguem relacionar o que estão aprendendo em um conceito maior. Aprendem de um modo passivo, freqüentemente decorando as informações. Os alunos de estilo profundo são mais propensos a construir ativamente o que aprendem e dar sentido àquilo de que precisam se lembrar. Entretanto, os alunos com esse estilo utilizam uma abordagem construtivista para aprender. Também são mais automotivados a aprender, considerando que os alunos com estilo superficial tendem a se motivar a aprender por causa de recompensas externas, como notas e avaliação positiva dadas pelo professor (Snow, Corno e Jackson, 1996).

---

estilos impulsivo/reflexivo Também denominados como ritmo conceptual, envolvem a tendência de o estudante agir rápida e impulsivamente ou levar mais tempo para responder e refletir no ponto central da questão.

estilos profundo/superficial Envolvem a extensão com que os estudantes abordam os materiais de aprendizagem, de uma maneira que os ajude a compreender o significado dos materiais (estilo profundo) ou simplesmente aprendem o que é preciso aprender (estilo superficial).

Boas práticas
Estratégias para auxiliar os alunos superficiais a pensar mais profundamente

1. *Verifique quais dos estudantes são do tipo superficial.*

2. *Discuta com os estudantes a importância de se entender a matéria e não somente decorá-la.* Encoraje-os a relacionar o que eles estão aprendendo agora com o que aprenderam anteriormente.

3. *Pergunte e dê tarefas que requeiram que os estudantes encaixem as informações numa estrutura mais abrangente.* Por exemplo, em vez de somente perguntar a eles o nome da capital de um estado, pergunte se já visitaram essa capital e quais foram suas experiências, quais outras cidades estão localizadas perto daquela capital ou qual é o tamanho da cidade.

4. *Seja um modelo para a sala, processando as informações profundamente e não sendo apenas superficial.* Explore os tópicos em profundidade e comente como as informações que estão sendo discutidas se relacionam a uma enorme variedade de idéias.

5. *Evite perguntar coisas óbvias.* Em vez disso, pergunte coisas que requeiram um raciocínio profundo dos estudantes. Una as lições com os interesses das crianças mais efetivamente.

A seguir, a professora da escola de ensino médio Therese Olejniczak, em East Grand Forks, Minnesota, descreve como ela faz para que os estudantes "desacelerem" e não passem por cima de pontos importantes da matéria.

Visão do professor
Prestando atenção nos detalhes

Estudantes do sétimo ano têm pressa, não importa qual tipo de inteligência tenham ou utilizem. Eu sempre ensino habilidades de estudo que os ajudam a trabalhar mais devagar para que captem detalhes que podem se perder na pressa de finalizar as tarefas.

Um método que utilizo é fazer com que todos da sala leiam silenciosamente um artigo a respeito de um tópico selecionado com o foco em seus interesses. Então, peço que façam uma lista de detalhes extraídos do artigo e a escrevam na lousa. Eles levantam as mãos com entusiamo e eu chamo um por um para que todos participem – pois todos os adolescentes têm essa necessidade – colocando os detalhes que selecionaram na lousa.

Depois disso, os estudantes e eu revisamos os detalhes e nos surpreendemos com a riqueza de informações que foram encontradas. Uns começam a ajudar os outros, pois descobrem que aquilo que alguns encontraram passou despercebido para outros, e isso demonstra que é necessário que eles façam as tarefas com mais calma. Então, pequenos grupos elaboram relatórios finais que incluem um resumo escrito e ilustrações.

Reveja, reflita e pratique

② Descrever os estilos de aprendizagem e pensamento.

Reveja
- O que significa estilos de aprendizagem e pensamento? Descreva os estilos impulsivo/reflexivo.
- Como os estilos profundo/superficial podem ser caracterizados?

Reflita
- Descreva você mesmo ou alguém que você conheça bem em termos de estilo de aprendizagem e pensamento apresentados nesta seção.

Pratique PRAXIS™

1. A Sra. Garcia solicitou a seus estudantes que lessem algumas passagens de um romance em trinta minutos para descrever a idéia geral do que tinham lido. Quais estudantes se saíram bem nessa tarefa?
    a. Estudantes com estilo impulsivo de pensamento.
    b. Estudantes com estilo reflexivo de pensamento.
    c. Estudantes com inteligência prática.
    d. Estudantes com inteligência razoável.

2. Qual pergunta encoraja um estilo profundo de pensamento?
   a. Qual é o inverso de meio?
   b. Qual é o menor número primo?
   c. Quanto de farinha você utilizaria para fazer meia receita de *cookie*?
   d. O que significa dizer que a adição é o oposto da subtração?

   Por favor, verifique as respostas no final do livro.

3 Personalidade e temperamento

- Personalidade
- Temperamento

Vimos que é importante estar atento às variações individuais na cognição das crianças. Também é importante entender as variações individuais de personalidade e temperamento.

Personalidade

Fazemos comentários a respeito de personalidade o tempo todo e preferimos estar perto de pessoas com determinados tipos de personalidade. Vejamos então exatamente o que o termo *personalidade* significa.

Personalidade refere-se aos pensamentos, emoções e comportamentos distintos que caracterizam o modo como o indivíduo se adapta ao mundo. Pense em si mesmo por um momento. Como é sua personalidade? Você é extrovertido ou tímido? Atencioso ou cuidadoso? Amigável ou hostil? Essas são algumas características que estão envolvidas na personalidade. Segundo o que veremos a seguir, um ponto de vista ressalta que cinco fatores compõem a personalidade.

Os "cinco grandes" (ou mais importantes) fatores da personalidade Assim como com a inteligência, os psicólogos estão interessados em identificar as principais dimensões da personalidade (Feist e Feist, 2006; Maddi, 2005; Robins, 2005). Alguns pesquisadores da personalidade acreditam que identificaram os **"cinco grandes" fatores da personalidade**, os "supertraços" que descrevem as principais dimensões da personalidade: abertura, escrupulosidade, extroversão, disponibilidade ao outro e neuroticismo (estabilidade emocional) (veja a Figura 4.6). Uma série de pesquisas aponta para esses fatores como importantes dimensões da personalidade (De Raad, 2005; Lee, Ashton e Shin, 2005; McRae e Costa, 2003, 2006).

Os "cinco grandes" fatores podem fornecer um parâmetro para analisar a personalidade de seus estudantes. Eles poderão se diferenciar pela estabilidade emocional, extroversão ou introversão, franqueza, socialização e escrupulosidade que possuem. No entanto, especialistas discutem que na gama da personalidade também deveria ser incluído quão positivos (alegres, joviais) ou negativos (bravos, tristes) os estudantes são, bem como quão auto assertivos eles são.

Interação pessoa-situação Ao discutir estilos de aprendizagem e pensamento, indicamos que um estilo de estudantes pode variar de acordo com a matéria que está sendo estudada ou pensada. O mesmo se aplica às características da personalidade. De acordo com o conceito **interação pessoa-situação**, o melhor meio de se caracterizar a personalidade de um indivíduo não é em termos de traços ou características pessoais, mas sim em termos da situação envolvida. Os pesquisadores concluíram que os estudantes preferem determinadas situações e evitam outras (Ickes, Snyder e Garcia, 1997).

Suponha que você tenha um aluno extrovertido e um aluno introvertido em sua classe. De acordo com a teoria de interação pessoa-situação, você não pode prever qual deles irá se adaptar melhor, a menos que considere a situação em que estão. A teoria de interação pessoa-situação

---

personalidade Pensamentos, emoções e comportamentos distintos que caracterizam o modo com que o indivíduo se adapta ao mundo.

"cinco grandes" (ou mais importantes) fatores da personalidade Estabilidade emocional, extroversão, abertura, disponibilidade ao outro (agradabilidade) e escrupulosidade.

interação pessoa-situação O ponto de vista de que o melhor meio de se caracterizar a personalidade não é em termos de traços ou características pessoais somente, mas sim em termos da situação envolvida.

Abertura	**E**scrupulosidade	**E**xtroversão	**D**isponibilidade ao outro (agradabilidade)	**N**euroticismo (estabilidade emocional)
• Imaginativo ou prático • Interessado em variedade ou rotina • Independente ou conformado	• Organizado ou desorganizado • Cuidadoso ou descuidado • Disciplinado ou impulsivo	• Sociável ou retraído • Amante da diversão ou melancólico • Afetuoso ou reservado	• Simpático ou rude • Confiável ou suspeitoso • Colaborador ou não-colaborador	• Calmo ou ansioso • Seguro ou inseguro • Satisfeito consigo mesmo ou insatisfeito

FIGURA 4.6 Os "cinco grandes" fatores (ou mais importantes) da personalidade.

Cada coluna representa o leque de cada um dos "supertraços" e mostra detalhadamente suas características.

prevê que o extrovertido se sairá melhor quando for solicitado que ele colabore com os outros e o introvertido se sairá melhor quando for solicitado que ele faça as tarefas sozinho. Similarmente, o extrovertido ficará mais contente quando estiver no convívio com muitas pessoas numa festa, o introvertido quando estiver numa situação mais privada ou com um amigo.

Em suma, não pense que os traços da personalidade estão ali como que atrapalhando o comportamento do estudante em todas as situações. O que importa é o contexto ou as situações (Kamrath, Mendoza-Denton e Mischel, 2005; Mathews, Zeidner e Roberts, 2006; Mroczek e Little, 2006). Preste atenção às situações nas quais os estudantes com sua personalidade característica se sentem mais à vontade e ofereça a eles a oportunidade de descobrir como lidar com essas situações. Se um traço da personalidade for prejudicial para o desempenho escolar do estudante (talvez ele seja tão introvertido que tenha medo de fazer um trabalho em grupo), pense em como pode ajudá-lo a superar a situação.

Temperamento

O temperamento está altamente relacionado com a personalidade e com os estilos de aprendizagem e pensamento. **Temperamento** é o estilo comportamental de uma pessoa e seus modos característicos de reação. Alguns estudantes são ativos; outros são calmos. Alguns reagem calmamente; outros com nervosismo e ansiedade. Tais descrições envolvem as variações temperamentais.

Cientistas que estudam o temperamento anseiam por descobrir o melhor meio de classificar os temperamentos (Saucier e Simonds, 2006; Shiner, 2006). A classificação mais conhecida foi proposta por Alexander Chess e Stella Thomas (Chess e Thomas, 1977; Thomas e Chess, 1991). Eles acreditam que existem três estilos ou grupos básicos de temperamento:

- Uma **criança de temperamento fácil** geralmente está de bom humor, rapidamente estabelece rotinas na infância e adapta-se com facilidade a novas experiências.
- Uma **criança de temperamento difícil** reage negativamente e chora com freqüência, não estabelece rotinas diárias e tem dificuldade em adaptar-se a mudanças.
- Uma **criança de aquecimento lento** tem um baixo nível de atividade, de certa forma é negativa e apresenta baixa intensidade de humor.

Em uma investigação longitudinal, Chess e Thomas concluíram que 40% das crianças que eles estudaram poderiam ser classificadas como fáceis, 10% como difíceis e 15% como de aquecimento lento. Observe que 35% das crianças não se encaixaram em nenhum dos três grupos. Os pesquisadores acreditam que esses três grupos básicos de temperamento se tornam mais ou menos estáveis com o passar dos anos da infância.

Um temperamento difícil ou um temperamento que reflete falta de controle pode colocar o estudante em risco no que se refere a problemas. Em um estudo, em adolescentes com temperamento difícil muito raramente se constatou um caso de uso de drogas ou de envolvimento em situações estressantes (Tubman e Windle, 1995). Em outro estudo, um fator temperamental classificado como "fora de controle" (pessoa irritável e nervosa) diagnosticado quando as crianças tinham de 3 a 5 anos foi relacionado a problemas comportamentais dos 13 aos 15 anos de idade (Caspi e outros, 1995). Na mesma faixa etária, um fator temperamental classificado como "aproximação" (pessoa amigável, ávida por explorar novas situações) foi associado com um baixo índice de ansiedade e depressão.

Um outro modo de classificar o temperamento é focar as diferenças entre uma criança tímida, retraída e uma criança sociável, extrovertida e comunicativa. Jerome Kagan (2002,

---

temperamento Estilo comportamental e característico de uma pessoa.

criança de temperamento fácil Estilo de temperamento no qual a criança tem um humor positivo, ajusta-se facilmente às novas rotinas e se adapta facilmente a novas experiências.

criança de temperamento difícil Estilo de temperamento no qual a criança tende a reagir negativamente, tem tendências agressivas, falta de autocontrole e tem dificuldade em aceitar novas experiências.

criança de aquecimento lento Estilo de temperamento no qual a criança tem um baixo nível de atividade, é de certa forma negativa, mostra pouca adaptabilidade e apresenta baixa intensidade de humor.

Boas práticas
Estratégias para ensinar crianças com diferentes temperamentos

Seguem algumas estratégias relacionadas com os temperamentos dos estudantes (Keogh, 2003; Sanson e Rothbart, 1995):

1. *Demonstre atenção e respeito à individualidade* (Sanson e Rothbart, 1995). Os professores devem ser sensíveis às necessidades e sinais dos estudantes. A meta de se ensinar bem poderá se realizar de um determinado modo com um estudante e de outro modo com outro estudante, dependendo de seu temperamento.

2. *Leve em consideração a estrutura ambiental do estudante* (Sanson e Rothbart, 1995). Salas muito cheias e barulhentas freqüentemente causam mais problemas para uma criança "difícil" do que para uma criança "fácil". O medo impede o estudante de se beneficiar de novas experiências.

3. *Fique atento aos problemas que podem surgir pelo fato de se "rotular" uma criança de "difícil" e programas para crianças "difíceis"* (Sanson e Rothbart, 1995). Alguns livros e programas para pais e professores focam especificamente o temperamento da criança (Cameron, Hansen e Rosen, 1989). A maioria deles refere-se ao tipo de criança "difícil". É sempre útil estar consciente de que algumas crianças são mais difíceis de ensinar do que outras. Aconselhamento sobre como se deve lidar com um certo tipo de temperamento também é muito útil. Entretanto, se uma característica é realmente "difícil", isso está relacionado com o ambiente, portanto, o problema não está necessariamente na criança. Há um risco de se nomear uma criança como "difícil", pois pode se tornar uma profecia auto-realizadora. Tenha também em mente que o temperamento pode ser modificado em algum grau (Sanson e Rothbart, 2002).

Seguem algumas estratégias eficazes para lidar com as crianças difíceis em sala de aula (Keogh, 2003):
- Tente evitar confrontos e brigas de poder ao prever os problemas para o estudante; se o estudante começa a se comportar mal, intervenha no primeiro sinal de comportamento disruptivo.
- Avalie o contexto físico da sala, como, por exemplo, onde a criança de temperamento difícil se senta, quem se senta perto dela e assim por diante, para identificar maneiras de reduzir o comportamento disruptivo.
- Diminua o tempo entre as atividades e a espera na fila, o que proporciona menos tempo para a criança de temperamento difícil ter comportamento disruptivo.

4. *Utilize estratégias efetivas com os estudantes tímidos e de aquecimento lento.* Tenha em mente que é fácil negligenciá-los, pois esses tipos de crianças raramente causam problemas em sala. Seguem algumas estratégias para ajudar esses tipos de criança (Keogh, 2003):
- Não coloque esse tipo de estudante logo de primeira em grupos e deixe que a criança se enturme por si só e no seu próprio ritmo. Se com o passar do tempo os estudantes tímidos continuarem relutantes para participar nas atividades em grupo, encoraje-os, mas não os force.
- Agrupe os estudantes com base no tipo de temperamento; por exemplo, não coloque uma criança muito difícil junto a uma tímida ou de aquecimento lento.
- Ajude os tímidos, de aquecimento lento, a começarem as atividades nas quais parecem hesitar no início e esteja pronto para ajudá-los durante essas atividades.

6. *Ajude as crianças que têm dificuldade em controlar suas emoções a controlar seu comportamento.* Desse modo você pode:
- Controlar suas emoções ao interagir com os estudantes. Ao observarem como resolve as situações difíceis, os estudantes tomam você como modelo de comportamento.
- Tenha em mente que você é uma pessoa importante para guiar as crianças no controle de suas emoções. Instrua as crianças a conversar entre si de modo a diminuir sua frustração ou excitação. Por exemplo, se as crianças têm dificuldade em controlar sua raiva, elas podem aprender a se distrair para se acalmar ou parar um pouco e respirar fundo.

2006; Kagan e Snidman, 1991) considera a timidez com estranhos (crianças ou adultos) como uma característica de uma categoria ampla do temperamento chamada de *inibição ao desconhecido*.

Mary Rothbart e John Bates (1998, 2006) enfatizam que três grandes dimensões melhor representam o que os pesquisadores concluíram como caracterizadora da estrutura do temperamento. Aqui estão algumas descrições das três dimensões de temperamento (Rothbart, 2004, p. 495):

- *Extroversão/surgência*, que inclui "expectativa positiva, impulsividade, nível de atividade e sensação de procura". Segundo Kagan, crianças desinibidas se encaixam nesta categoria.
- *Afetividade negativa*, que inclui "medo, frustração, tristeza e desconforto". Esse tipo de criança é facilmente afligido; preocupa-se e chora com freqüência. Segundo Kagan, crianças inibidas se encaixam nesta categoria.

- *Controle da vontade* (*autocontrole*), que inclui "foco de atenção e deslocamento, controle inibitório, sensibilidade perceptiva e prazer de baixa intensidade". As crianças que através do controle de sua vontade conseguem se dominar mostram uma capacidade para conter a excitação e sabem se acalmar. Em contraste, as crianças que têm baixo controle da vontade são, na maioria das vezes, incapazes de conter a excitação; elas se tornam facilmente agitadas e intensamente emotivas.

Na visão de Rothbart, "Os modelos temperamentais anteriores deixaram bem claro que somos movidos pelas nossas emoções positivas e negativas ou pelo nível de excitação, sendo que nossas ações são governadas por essas tendências" (2004, p. 497). O mais novo estudo sobre o controle da vontade, entretanto, defende a idéia de que os indivíduos podem se envolver em uma abordagem mais cognitiva e flexível em circunstâncias estressantes.

Este capítulo aborda as variações individuais. As variações individuais são extremamente importantes para o ensino infantil, portanto, iremos citá-las ao longo deste livro. Por exemplo, no Capítulo 6 focaremos o ensino para crianças com necessidades especiais, incluindo aquelas que têm uma limitação de aprendizagem e aquelas que são superdotadas. Além disso, no Capítulo 5 exploraremos variações individuais na cultura, etnicidade, status econômico e gênero dos estudantes.

Reveja, reflita e pratique

(3) Definir a personalidade, identificar os "cinco grandes" (ou mais importantes) fatores da personalidade e discutir a interação pessoa-situação. Além disso, definir temperamento, identificar três tipos de temperamento infantil e avaliar estratégias de ensino ligadas ao temperamento das crianças.

Reveja
- O que quer dizer o conceito da personalidade? Quais são os "cinco grandes" (ou mais importantes) fatores da personalidade? O que a idéia da interação pessoa-situação nos sugere a respeito da personalidade?
- Em que sentido temperamento é diferente de personalidade? Descreva uma criança de temperamento fácil, difícil e de aquecimento lento. Quais são as outras classificações de temperamento? Quais são algumas das estratégias de ensino relacionadas com o temperamento infantil?

Reflita
- Descreva você mesmo baseando-se nos "cinco grandes" (ou mais importantes) fatores da personalidade. Na sua educação da educação infantil ao ensino fundamental, que nível de consciência você acredita que seus professores tinham a respeito dos pontos fortes e fracos da personalidade? As coisas poderiam ter sido diferentes se eles o conhecessem melhor?

Pratique PRAXIS™
1. Maria é uma criança expansiva, agradável e alegre. De acordo com a interação conceito pessoa-situação, qual afirmação a seguir mais caracteriza Maria?
   a. Maria gosta de trabalhar sozinha em situações que envolvem detalhes.
   b. Maria gosta de trabalhar em situações que envolvem interação com outros estudantes.
   c. Maria prefere ler sozinha num canto.
   d. Maria precisa aprender a controlar seus impulsos.
2. Stanton é um estudante desafiador. Ele não tolera frustração, e quando acontece de ser contrariado, agita a sala inteira com seus ataques de raiva. Sua professora tem dificuldade para lidar com ele. Qual dos conselhos é o mais apropriado para ajudar a professora de Stanton?
   a. Ela deveria demonstrar sua frustração quando ele reage dessa maneira, pois quando o menino perceber o impacto de seu comportamento nos outros, aprenderá a se controlar.
   b. Ela deveria demonstrar calma com relação a Stanton, assim ele poderia observar uma outra resposta à frustração.
   c. Ela deveria mandá-lo para fora da sala todas as vezes que ele ficasse com raiva.
   d. Ela deveria separá-lo dos outros colegas e pedir a ele que fizesse sua tarefa sozinho para que os outros não imitassem seu comportamento.

Por favor, verifique as respostas no final do livro.

Desvende o caso
O caso dos workshops

O Sr. Washington e sua colega, Sra. Rosário, acabaram de participar de um workshop a respeito de como se adaptar aos estilos de aprendizagem das crianças. A Sra. Jacobson e seu colega, o Sr. Hassan, também acabaram de participar de um workshop que abordava o tema das inteligências múltiplas. Os quatro se conheceram na sala dos professores e discutiram sobre o que haviam aprendido.

"Bem", disse o Sr. Washington, "isso certamente explica por que alguns estudantes gostam de se sentar e me escutar, enquanto outros preferem se envolver mais ativamente. Joe é obviamente do tipo executivo. Ele gosta muito de palestrar. Martha, por outro lado, deve ser legisladora. Ela simplesmente ama trabalhar em projetos e não admite que eu a mande fazer as coisas".

"Não, eu não acho", replica a Sra. Jacobson. "Eu acho que o Joe possui uma grande inteligência lingüística. Isso explica por que ele entende suas palestras. Ele também escreve muito bem. Martha gosta de realizar tarefas que usam as mãos. Ela se sai muito bem na inteligência espacial e sinestésico-corporal".

O Sr. Washington responde: "Não, não, não. Os estilos de aprendizagem explicam suas diferenças muito melhor. Olhe só para isto aqui".

Nesse momento, o Sr. Washington mostra à Sra. Jacobson as apostilas do workshop do qual ele e a Sra. Rosário participaram. O Sr. Hassan também pegou as apostilas do workshop do qual ele e a Sra. Jacobson fizeram parte. Eles começaram a comparar as anotações. Todos reconhecem os estudantes em cada um dos esquemas nas apostilas. De fato, eles podem reconhecer o mesmo estudante em ambas as apostilas.

Nesse momento, duas outras professoras – Sra. Peterson e Sra. Darby – entram na sala. Elas estão muito contentes, pois uma turma de graduandos conseguiu ser aprovada em uma universidade local.

A Sra. Peterson diz: "Sabe, eu nunca tinha pensado a respeito de personalidade quando lidava com métodos de ensino. Não importa que Martha não se comporte muito bem na minha aula. Ela é impulsiva demais para o tipo de estrutura que tenho".

A Sra. Jacobson se desespera. "Você quer dizer que agora nós também teremos que adaptar nossas aulas às personalidades dos estudantes?" ela pergunta.

O Sr. Hassan também fica nervoso. "Nossa!" ele diz, "agora que eu pensava que estava tudo resolvido. Nós só tínhamos que levar em consideração o QI. Agora vem tudo isso. Temos 25 crianças em sala. Como poderemos nos adaptar a todas essas diferenças? Isso sugere que façamos 25 tipos de planejamento de aula? Talvez devêssemos fazer algum tipo de avaliação que nos mostrasse como agrupar as crianças pela semelhança entre elas. O que vocês acham, pessoal?"

1. Quais são os problemas neste caso?
2. Até que ponto os professores devem se adaptar aos pontos fortes, estilos de aprendizagem e personalidades de seus estudantes? Por quê?
3. O que você faria na sua sala de aula para superar as diferenças individuais tais como os estilos de aprendizagem, os pontos fortes e as personalidades dos estudantes?
4. Quais outras diferenças individuais você acredita que iria enfrentar? Como você faria isso?
5. Em qual teoria você acredita que a Sra. Jacobson baseou seus comentários a respeito de Martha e Joe?
    a. As oito inteligências de Gardner.
    b. Inteligência geral.
    c. A teoria de inteligência triárquica de Sternberg.
    d. A teoria sociocultural de Vygotsky.
6. Qual tipo de agrupamento a Sra. Adams está provavelmente discutindo?
    a. Agrupamento de turmas por capacidade.
    b. Joplin Plan.
    c. Nongraded Program.
    d. Agrupamento na sala de aula por capacidade.

Atingindo seus objetivos de aprendizagem
Variações individuais

① Inteligência: Discutir o conceito de inteligência, como ela é medida e algumas controvérsias a respeito de sua utilização pelos educadores.

- Testes de inteligência individual

A inteligência consiste nas habilidades de resolução de problemas e na capacidade de se adaptar e aprender pelas experiências da vida cotidiana. O ponto principal da inteligência enfoca as diferenças individuais e a avaliação. Binet e Simon desenvolveram o primeiro teste de inteligência. Binet desenvolveu o conceito de idade mental e Stern criou o conceito de QI como sendo IM/IC × 100. A distribuição de pontuação Stanford-Binet aproxima-se de uma curva normal. As escalas Wechsler também são muito utilizadas para avaliar a inteligência. Elas mostram um rendimento geral do QI bem como os QIs de rendimento verbal e de desempenho.

- Testes individuais versus testes em grupos

Os testes em grupo são mais convenientes e econômicos, mas possuem uma série de desvantagens (falta de oportunidades para estabelecer um contato inicial positivo, distração pelos outros estudantes). Um teste de inteligência em grupo deve sempre ser suplementado por informações relevantes quando as decisões envolvem estudantes. Isso também é válido para testes de inteligência individuais.

- Teorias de inteligências múltiplas

De acordo com a teoria de inteligência triárquica de Sternberg, a inteligência aparece em três formas: analítica, criativa e prática. Gardner afirma que há oito tipos de inteligência ou estruturas mentais: verbal, matemática, espacial, sinestésico-corporal, musical, intrapessoal, interpessoal e naturalista. O Project Spectrum e a Key School utilizam as aplicações educacionais da teoria de Gardner de múltiplas inteligências. Mayer, Salovey e Goleman salientam que a inteligência emocional é um importante aspecto para que uma pessoa seja competente. Essas abordagens têm muito a oferecer, estimulando os professores a pensar melhor a respeito do que constitui a competência dos estudantes. Entretanto, elas foram criticadas por terem incluído algumas habilidades que não deveriam ser classificadas como inteligência e pela falta de pesquisa para provar as teorias. Além disso, os defensores do conceito geral de inteligência afirmam que a inteligência é um fator que implica o bom desempenho escolar e profissional.

- Controvérsias e questões sobre inteligência

Três controvérsias e questões relacionadas à inteligência são (1) inato-aprendido, quanto à maneira como a hereditariedade e o ambiente interagem para produzir inteligência, (2) até que ponto os testes de inteligência são confiáveis com relação aos grupos culturais e étnicos e (3) se os estudantes devem ser separados por grupos de capacidade (direcionamento). É muito importante ter em mente que os testes de inteligência são indicadores de um desenvolvimento atual, não um resultado fixo de potencial.

② Estilos de aprendizagem e pensamento: Descrever os estilos de aprendizagem e pensamento.

- Estilos impulsivo/reflexivo

Os estilos não são capacidades, mas, sim, formas de uso das capacidades. Cada indivíduo tem uma série de estilos de aprendizagem e pensamento. Os estilos impulsivo/reflexivo também são denominados como ritmo conceptual. Essa dicotomia envolve a tendência de o estudante agir rápida e impulsivamente ou levar mais tempo para responder e refletir sobre a precisão da resposta. Os estudantes impulsivos normalmente cometem mais erros do que os reflexivos.

- Estilos profundo/superficial

Os estilos profundo/superficial envolvem em que proporção os estudantes abordam a aprendizagem de forma que os ajude a compreender o significado dos materiais (estilo profundo) ou simplesmente o que é preciso entender (estilo superficial).

③ Personalidade e temperamento: Definir a personalidade, identificar os "cinco grandes" (ou mais importantes) fatores da personalidade e discutir a interação pessoa-situação. Além disso, definir temperamento, identificar três tipos de temperamento infantil e avaliar as estratégias de ensino ligadas ao temperamento das crianças.

- Personalidade

Personalidade refere-se aos pensamentos, emoções e comportamentos distintos que caracterizam o modo com que o indivíduo se adapta ao mundo. Os psicólogos identificaram os "cinco grandes" fatores da personalidade: estabilidade emocional, extroversão, abertura às experiências, disponibilidade aos outros e escrupulosidade. Os "cinco grandes" (ou mais importantes) fatores dão aos professores uma base para avaliar as características da personalidade do estudante. O conceito de interação pessoa-situação afirma que o melhor meio de se caracterizar a personalidade de um indivíduo não é em termos de traços pessoais, mas sim em termos dos traços pessoais mais as situações envolvidas.

- Temperamento

Temperamento refere-se ao estilo de comportamento de uma pessoa e seus modos característicos de reação. Chess e Thomas acreditam que há três tipos básicos de estilos temperamentais ou grupos: fácil (geralmente está de bom humor), difícil (reage negativamente e chora com facilidade) e de aquecimento lento (tem um baixo nível de atividade, de certa forma é negativo). A criança com temperamento difícil está mais propensa a ter problemas. Outras categorias de temperamento foram propostas por Kagan (inibição ao desconhecido), Rothbart e Bates (extroversão/surgência, afetividade negativa e controle da vontade [autocontrole]). Quando a educação envolve o temperamento dos estudantes, os professores devem dar atenção e respeitar a individualidade; considerar o contexto de vida do estudante; estar atento aos problemas que acontecem quando se rotula um estudante como sendo "difícil" e utilizar estratégias efetivas em sala com as crianças difíceis, tímidas, de aquecimento lento e com as crianças que têm dificuldade em controlar suas emoções.

Termos-chave

inteligência 115
idade mental (IM) 115
quociente de inteligência (QI) 115
distribuição normal 115
teoria de inteligência triárquica 118
inteligência emocional 121
inato-aprendido 125
ameaça do estereótipo 128
testes culturalmente imparciais 128
agrupamento de turmas por capacidade (direcionamento) 129
Nongraded Program (entre idades) 130
Joplin Plan 130
agrupamento na sala de aula por capacidade 131

estilos de aprendizagem e pensamento 132
estilos impulsivo/reflexivo 133
estilos profundo/superficial 133
personalidade 135
"cinco grandes" (ou mais importantes) fatores da personalidade 135
interação pessoa-situação 135
temperamento 136
criança de temperamento fácil 136
criança de temperamento difícil 136
criança de aquecimento lento 136

Pasta de atividades

Agora que você tem uma boa compreensão deste capítulo, faça os exercícios a seguir para ampliar seu entendimento.

Reflexão independente

Suas inteligências múltiplas. Avalie seu próprio perfil de inteligência de acordo com Gardner. Em quais estruturas mentais você se sai melhor? Em qual das três áreas de Sternberg você se sente mais confiante? Escreva a respeito de sua auto-avaliação. (INTASC: Princípios 2, 3)

Trabalho colaborativo

Perfis de personalidade. Forme um grupo com cinco ou seis estudantes da sua sala e faça com que uma pessoa identifique sua própria personalidade e traços de temperamento. Peça aos outros integrantes que façam o mesmo. Depois que todos tiverem feito a avaliação, discuta em que os indivíduos de seu grupo são semelhantes ou diferentes. Como as suas personalidades e temperamentos irão refletir em seus estilos de ensino? Escreva sobre esta experiência. (INTASC: Princípios 2, 3)

Experiência de pesquisa/campo

Estilos de aprendizagem em sala de aula. Entreviste vários professores a respeito dos vários estilos de aprendizagem e pensamento dos estudantes. Pergunte-lhes quais as estratégias que eles utilizam para se adaptar às diferenças dos estudantes. Escreva uma sinopse de sua entrevista. (INTASC: Princípios 2, 3, 4, 9)

Vá até o Online Learning Center em www.mhhe.com/santedu3e para baixar modelos de pastas de documentos (material disponível em inglês)

CAPÍTULO 5

Diversidade sociocultural

Precisamos de todos os talentos humanos e não podemos nos dar ao luxo de negligenciar um que seja por causa de barreiras artificiais de sexo, raça, classe ou nacionalidade.

— Margaret Mead
Antropóloga norte-americana, século 20

Tópicos do capítulo

Cultura e etnicidade
Cultura
Status socioeconômico (SSE)
Etnicidade
Bilingüismo

Educação multicultural
Habilitando estudantes
Ensino culturalmente relevante
Educação centrada em análise de problemas
Aprimorando as relações entre crianças de diferentes grupos étnicos
A questão sobre se devemos ensinar um conjunto de valores "brancos" básicos

Gênero
Visões sobre o desenvolvimento de gênero
Estereótipos de gênero, semelhanças e diferenças
Classificação do papel de gênero
Gênero no contexto
Eliminando o preconceito contra o gênero

Objetivos de aprendizagem

1. Discutir como as variações na cultura, status socioeconômico e origem étnica podem gerar necessidades especiais em sala de aula.

2. Descrever algumas maneiras de promover uma educação multicultural.

3. Explicar as várias facetas de gênero, incluindo semelhanças e diferenças entre meninos e meninas; discutir questões relacionadas ao gênero no ensino.

Histórias   Margareth Longworth

Margareth Longworth lecionou no ensino médio por muitos anos e já foi aclamada Professora do Ano. Ela passou a lecionar no ciclo II do ensino fundamental e atualmente é professora de linguagem na West Middle School em St. Lucie, na Flórida. No que diz respeito à diversidade sociocultural, ela acredita que é importante os professores tornarem a escola "amigável ao usuário" para os pais. Nas palavras dela:

> Muitos pais – especialmente os de minorias étnicas – sentem-se muito intimidados pelas escolas. Eles pensam que os professores sabem tudo. Os diretores sabem tudo. E Deus os livre de jamais precisar se aproximar da coordenação da escola. Para combater essa intimidação, tornei-me "amigável ao usuário". Em minha comunidade, a vida de muitos estudantes e pais gira em torno de sua igreja. Então, para romper as barreiras entre escola e casa, meu assistente haitiano começou a marcar reuniões para mim nas igrejas haitianas. As igrejas me ofereceram o sermão do domingo à noite. Após concluírem suas atividades preliminares, eles passavam a palavra para mim. Com o auxílio de um intérprete, apresentei oportunidades para ajudar os pais a desenvolverem habilidades acadêmicas e de vida através da educação. Falei sobre classes de educação especial, classes para superdotados, programas de linguagem e bolsas de estudo e os estimulei a manterem seus filhos na escola. Eles, por sua vez, sentiram-se confiantes o bastante para me perguntar sobre diferentes acontecimentos na escola. Por causa dessa relação pai-escola-igreja que consegui construir, raramente tive problemas de disciplina. Quando precisei de fato chamar os pais, eles deixaram o trabalho ou aquilo que estavam fazendo para vir até minha classe. Muitos desses pais desenvolveram um relacionamento com o diretor e o orientador pedagógico e sentiram-se à vontade para falar com as autoridades da escola.

Margareth Longworth acredita que a chave para melhorar as relações interéticas em sala de aula é a compreensão. Ela comenta:

> Entender o ponto de vista dos outros exige despender tempo com eles e conhecê-los – saber como pensam e como se sentem. À medida que os alunos começam a conversar entre eles e se conhecem melhor, em pouco tempo descobrem que sob muitos aspectos não são tão diferentes como pensavam.

Introdução

Nosso mundo é um mundo multicultural, formado por origens, costumes e valores diversos. A história de Margareth Longworth mostra como os professores podem melhorar a vida e a orientação educacional dos estudantes criando pontes de interação com suas comunidades. Neste capítulo, exploramos as muitas maneiras que os professores encontraram para educar crianças de diferentes origens culturais, socioeconômicas e étnicas, incluindo maneiras de tornar a aula importante para essas crianças. Também examinamos a questão de gênero na escola, incluindo as maneiras diferentes como os professores interagem com meninos e meninas.

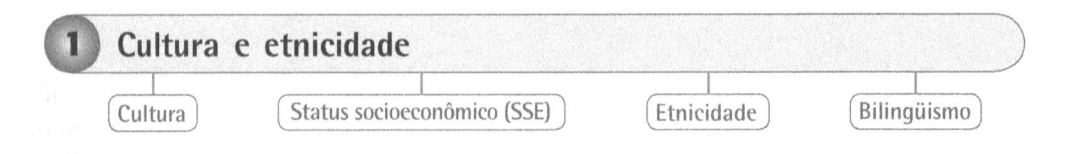

1 Cultura e etnicidade

(Cultura)   (Status socioeconômico (SSE))   (Etnicidade)   (Bilingüismo)

Os estudantes das escolas do Condado de Fairfax, no Estado da Virgínia, próximo a Washington D.C., vêm de 182 países e falam mais de cem idiomas. Embora as escolas do Condado de Fairfax sejam um exemplo um tanto extremo, são precursoras do que está por acontecer nas escolas americanas. Estima-se que até 2025, 50% de todos os alunos de todas as escolas públicas sejam de origens classificadas atualmente como "minorias". Isso desafia as definições atuais do termo. Também aponta para um objetivo educacional importante de ajudar os estudantes a desenvolver respeito por pessoas de diferentes origens culturais e étnicas (Banks, 2006; Nieto, 2004; Okagki, 2006; Sheets, 2005).

Nesta seção, exploraremos a diversidade em termos de culturas, status socioeconômico e etnicidade. Também examinaremos questões de linguagem, incluindo uma discussão sobre educação bilíngüe.

Cultura

Cultura refere-se a padrões de comportamento, crenças e outras manifestações de um grupo de pessoas em particular passados de geração em geração. Essas manifestações resultam de interações entre grupos de pessoas e seus ambientes ao longo de muitos anos (Chun, Organista e Marin, 2002; Shiraev e Levy, 2007). Um grupo cultural pode ser tão grande quanto os Estados Unidos ou tão pequeno e isolado quanto uma tribo indígena da Amazônia. Independentemente do tamanho do grupo, sua cultura influencia o comportamento de seus membros (Berry e outros, 2006; Matsumoto, 2004; Sam e Berry, 2006).

O psicólogo Donald Campbell e seus colegas (Brewer e Campbell, 1976; Campbell e LeVine, 1968) constataram que pessoas de todas as culturas tendem a:

- Acreditar que o que acontece em suas culturas é "natural" e "correto" e o que acontece nas outras é "estranho" e "incorreto".
- Ver seus costumes culturais como universalmente válidos.
- Comportar-se de maneira que favoreça seu grupo cultural.
- Sentir orgulho de seu grupo cultural.
- Ser hostis em relação a outros grupos culturais.

Psicólogos e educadores que estudam esse tema normalmente se interessam em comparar o que acontece em uma cultura com o que acontece em outra ou mais culturas (Roopnarine e Metindogan, 2006). **Estudos interculturais** envolvem tais comparações, proporcionando informações sobre o grau de semelhança entre as pessoas e até que ponto determinados comportamentos são específicos a determinadas culturas.

Culturas individualistas e coletivas A comparação de estudantes norte-americanos com estudantes chineses, japoneses e taiwaneses revelou que os norte-americanos tendem a realizar seus trabalhos de maneira mais independente, enquanto os estudantes asiáticos costumam trabalhar em grupos (Stevenson e Hofer, 1999). Essas diferenças culturais foram descritas com dois termos: *individualismo* e *coletivismo* (Shiraev e Levy, 2007; Triandis, 2001). **Individualismo** refere-se a um conjunto de valores que priorizam objetivos pessoais em vez de objetivos de grupo. Valores individualistas incluem sentir-se bem, ter preferências pessoais e independência. **Coletivismo** consiste em um conjunto de valores que dão suporte ao grupo. Objetivos pessoais estão subordinados à preservação da integridade do grupo, à interdependência e a relacionamentos harmoniosos. Muitas culturas ocidentais como as dos Estados Unidos, Canadá, Grã-Bretanha e Holanda são descritas como individualistas. Muitas culturas orientais como as da China, Japão, Índia e Tailândia são rotuladas de coletivistas. A cultura mexicana também tem uma característica coletivista mais forte do que a cultura norte-americana. No entanto, os Estados Unidos possuem muitas subculturas coletivistas, tais como a ásio-americana e mexicana-americana.

Os humanos sempre viveram em grupos, sejam pequenos ou grandes. Sempre precisaram uns dos outros para sobreviver. Críticos argumentam que a ênfase ocidental no individualismo enfraquece a necessidade da espécie humana de relacionamento (Kagiticibasi, 1996). Alguns cientistas sociais acreditam que muitos problemas nas culturas ocidentais se intensificaram por causa dessa ênfase no individualismo. Comparada a outras culturas coletivistas, as culturas individualistas costumam apresentar taxas maiores de suicídio, consumo de drogas, criminalidade, gravidez precoce, divórcios, abuso infantil e problemas mentais (Triandis, 2001). No entanto, independentemente da origem cultural, as pessoas precisam de um senso positivo do *self* e de conectividade com os outros para se desenvolverem plenamente como seres humanos (Brown e Kysilka, 2002; Shiraev e Levy, 2007).

Quais são algumas diferenças entre as culturas individualistas e coletivistas? Quais são algumas estratégias de ensino para trabalhar com estudantes dessas culturas?

cultura Padrões de comportamento, crenças e outras manifestações de um grupo de pessoas em particular passados de geração em geração.

estudos interculturais Estudos que comparam o que acontece em uma cultura com o que acontece em outra ou mais culturas, proporcionando informações sobre o grau de semelhança entre as pessoas e até que ponto determinados comportamentos são específicos a certas culturas.

individualismo Conjunto de valores que priorizam objetivos pessoais em vez de objetivos de grupo.

coletivismo Conjunto de valores que dão suporte ao grupo.

Boas práticas
Estratégias para estudantes de origens individualistas e coletivistas

Sua origem cultural é individualista ou coletivista, ou, em alguns casos, as duas. Como professor, você precisará interagir de maneira eficiente com alunos, pais e equipe escolar com origens individualistas ou coletivistas.

Se você for individualista, as estratégias a seguir o ajudarão a interagir mais eficientemente com alunos, pais e equipe escolar de culturas coletivistas (Triandis, Brislin e Hui, 1988):

1. *Dê mais ênfase à cooperação do que à competição.*

2. *Se precisar criticar, faça isso com cuidado e somente em particular.* Criticar pessoas de uma cultura coletivista em público faz com que elas se sintam inferiores.

3. *Cultive relacionamentos duradouros.* Seja paciente. As pessoas de culturas coletivistas gostam de lidar com "velhos amigos".

Se você for um coletivista, as estratégias a seguir o ajudarão a interagir mais eficientemente com alunos, pais e equipe escolar de culturas individualistas (Triandis, Brislin e Hui, 1988):

1. *Elogie a pessoa mais do que você está acostumado a fazer em sua cultura.*

2. *Procure não se sentir ameaçado se o individualista agir de maneira competitiva.*

3. *Não há problema em falar sobre suas realizações e ser menos modesto do que está acostumado, mas não esnobe.*

Comparações interculturais sobre como os adolescentes despendem seu tempo Além de examinar se as culturas são individualistas ou coletivistas, outra comparação intercultural importante envolve como as crianças e os adolescentes despendem seu tempo. Reed Larson e Suman Verma (Larson, 2001; Larson e Verma, 1999) examinaram como os adolescentes nos Estados Unidos, Europa e Ásia Oriental/Extremo Oriente dividem seu tempo entre trabalho, diversão e atividades de desenvolvimento como a escola (veja a Figura 5.1). Os adolescentes norte-americanos despenderam cerca de 60% de seu tempo com tarefas escolares tanto quanto os adolescentes do Extremo Oriente, isso principalmente porque os norte-americanos fizeram menos lição de casa. Os adolescentes norte-americanos também despendem mais de seu tempo em trabalhos remunerados do que sua contraparte na maioria dos países desenvolvidos. O que os adolescentes norte-americanos tiveram mais do que os adolescentes de outros países industrializados foi tempo livre. Cerca de 40% a 50% do dia do adolescente norte-americano (descontando as férias de verão) é despendido com atividades facultativas, comparados aos 25% a 35% no Extremo Oriente e aos 35% a 45% na Europa. Se esse tempo livre adicional representa um prejuízo ou lucro para os adolescentes depende, é claro, de como eles o utilizam.

FIGURA 5.1 Tempo médio diário despendido por adolescentes nas diferentes regiões do mundo.

Atividade	Populações em idade escolar em países industrializados		
	Estados Unidos	Europa	Extremo Oriente
Tarefas domésticas	20 a 40 minutos	20 a 40 minutos	10 a 20 minutos
Trabalho remunerado	40 a 60 minutos	10 a 20 minutos	0 a 10 minutos
Tarefas escolares	3 a 4,5 horas	4 a 5,5 horas	5,5 a 7,5 horas
Tempo total de trabalho	4 a 6 horas	4,5 a 6,5 horas	6 a 8 horas
Assistindo à TV	1,5 a 2,5 horas	1,5 a 2,5 horas	1,5 a 2,5 horas
Conversando	2 a 3 horas	dados insuficientes	45 a 60 minutos
Esportes	30 a 60 minutos	20 a 80 minutos	0 a 20 minutos
Atividades voluntárias estruturadas	10 a 20 minutos	10 a 20 minutos	0 a 10 minutos
Tempo livre total	6,5 a 8,0 horas	5,5 a 7,5 horas	4 a 5,5 horas

Grande parte do tempo livre dos adolescentes norte-americanos foi despendida com a mídia e o envolvimento em atividades de lazer não-estruturadas freqüentemente com amigos. Exploraremos o uso da mídia pelos adolescentes mais adiante no capítulo. Os adolescentes norte-americanos despenderam mais tempo em atividades voluntárias estruturadas – como esportes e hobbies – do que os adolescentes do Extremo Oriente.

Segundo Reed Larson (2001; Larson e Wilson, 2004), os adolescentes dos Estados Unidos talvez tenham tempo não-estruturado em excesso para atingirem um ótimo desenvolvimento. Quando se deixa os adolescentes escolherem o que fazer com seu tempo livre, eles normalmente se envolvem em atividades pouco desafiadoras, como ficar na rua ou assistir à televisão. Embora diversão e interação social sejam aspectos importantes da adolescência, parece pouco provável que passar muitas horas por semana em atividades pouco desafiadoras estimule o desenvolvimento. Atividades voluntárias estruturadas talvez sejam mais promissoras para o desenvolvimento dos adolescentes do que um tempo não-estruturado, especialmente se os adultos impõem responsabilidades aos adolescentes, os desafiam e proporcionam uma orientação competente nessas atividades (Larson e Wilson, 2004).

Status socioeconômico (SSE)

A maioria dos países tem subculturas. Uma das maneiras mais comuns de categorizar subculturas envolve o status socioeconômico. **Status socioeconômico (SSE)** refere-se à categorização de pessoas segundo suas características econômicas, educacionais e ocupacionais. Nos Estados Unidos, o SSE tem implicações importantes para a educação. Indivíduos com SSE baixo geralmente têm menos instrução, menos poder de influenciar as instituições de uma comunidade (como escolas) e menos recursos econômicos.

Extensão da pobreza nos Estados Unidos Em um relatório sobre a situação das crianças nos Estados Unidos, o Children's Defense Fund (1992) descreveu o que representa a vida para um grande número delas. Quando pediram a crianças do sexto ano residentes de uma área pobre de St. Louis que descrevessem um dia perfeito, um menino disse que passaria uma borracha no mundo e depois sentaria e pensaria. Perguntado se ele não preferia sair e brincar, o menino respondeu: "Tá falando sério, lá fora?".

Em 2004, 17,8% das crianças viviam em famílias abaixo da linha de pobreza, um ligeiro aumento desde 2001 (16,2%), mas inferior ao pico de 22,7% em 1993 (U.S. Census Bureau, 2005). O último número dos Estados Unidos, 17,8%, ainda está muito acima daqueles das nações industrializadas. Por exemplo, o Canadá tem uma taxa de pobreza infantil de 9% e a Suécia de 2%.

A taxa de pobreza infantil norte-americana é especialmente alta para crianças que vivem em famílias chefiadas por mulheres – quase 50%. Mais de 40% das crianças afro-americanas e 40% das crianças latinas vivem, atualmente, abaixo da linha de pobreza. Comparadas com as crianças brancas não-latinas, todas as crianças de cor têm mais probabilidade de experienciar pobreza persistente ao longo de muitos anos (McLoyd, Aikens e Burton, 2006). Não obstante, em termos de números reais, existem mais crianças brancas não-latinas (cerca de 9 milhões) vivendo abaixo da linha de pobreza do que crianças afro-americanas (cerca de 4 milhões) ou crianças latinas (também cerca de 4 milhões) vivendo em situação de pobreza, porque no geral há muito mais crianças brancas não-latinas nos Estados Unidos.

Educando estudantes provenientes de SSE baixo Crianças em situação de pobreza enfrentam freqüentemente problemas em casa e na escola que comprometem seu aprendizado (Blumenfeld e outros, 2005; McLoyd, Aikens e Burton, 2006; Ryan, Fauth e Brooks-Gunn, 2006). Um estudo realizado sobre o ambiente de pobreza infantil concluiu que comparadas às suas contrapartes com situação econômica mais privilegiada, as crianças pobres experienciam as seguintes adversidades (Evans, 2004, p.77):

- Exposição a "mais desordem familiar, violência, separação de suas famílias, instabilidade e lares caóticos" (Emery e Laumann-Billings, 1998).
- "Menos apoio social e pais menos responsivos e mais autoritários" (Bo, 1994, Cochran e outros, 1990).

status socioeconômico (SSE) Refere-se à categorização de pessoas segundo suas características econômicas, educacionais e ocupacionais.

- "Leitura relativamente não freqüente, mais tempo assistindo à televisão e menor acesso a livros e computadores" (Bradley e outros, 2001; Hart e Risley, 1995).
- Escolas e creches são de qualidade inferior e pais são "menos envolvidos nas atividades escolares dos filhos" (Benveniste, Carnoy e Rothstein, 2003; U.S. Department of Health and Human Services, 1999).
- Ar e água mais poluídos e lares "mais aglomerados, barulhentos e de qualidade inferior" (Myers, Baer e Choi, 1996).
- Vizinhanças mais perigosas e fisicamente deterioradas com menos serviços de utilidade pública (Brody e outros, 2001; Sampson, Raudenbush e Earls, 1997).

Os dois estudos a seguir ilustram como a pobreza pode afetar negativamente a aprendizagem e o desenvolvimento:

- Um estudo realizado nos EUA comparou o ambiente lingüístico no lar de crianças de três anos de idade de famílias compostas de pais com atividade profissional e famílias dependentes da Assistência Social compostas de pais desempregados (Hart e Risley, 1995). Todas as crianças se desenvolveram normalmente em termos de aprendizagem da fala e do uso correto da estrutura do idioma inglês e do vocabulário básico. No entanto, observou-se uma enorme diferença entre a quantidade total de linguagem a que as crianças eram expostas e o nível de desenvolvimento de linguagem que as crianças alcançavam. Como a Figura 5.2 mostra, pais com atividade profissional conversavam muito mais com seus filhos pequenos do que pais assistidos, e essa diferença foi associada ao desenvolvimento do vocabulário da criança.
- Outro estudo conduzido com mais de 1.200 adolescentes entre 12 e 14 anos de idade examinou o papel da pobreza no rendimento escolar em matemática e leitura (Eamon, 2002). A pobreza foi relacionada às notas obtidas em matemática e leitura por causa de sua associação a lares com menor estímulo cognitivo e ambiente pouco incentivador. O estudo também constatou que a pobreza estava relacionada a problemas de comportamento na escola.

As escolas freqüentadas por crianças carentes geralmente têm menos recursos do que as escolas em áreas com maior nível de renda (Banks e outros, 2005; McLoyd, Aikens e Burton, 2006; Ryan, Fauth e Brooks-Gunn, 2006). Nas áreas de nível de renda menor, as notas nos exames de avaliação de aprendizagem, o número de estudantes que concluem o ensino médio e que ingressam no ensino superior costumam ser menores. Os prédios e as salas de aula geralmente são velhos, precários e malconservados. Também é mais provável que tenham um corpo docente formado por professores jovens e com pouca experiência do que escolas em áreas com maior nível de renda. Escolas em áreas de baixa renda tendem a estimular uma aprendizagem mecânica através da memorização, enquanto escolas em áreas de maior renda tendem a trabalhar com as crianças no sentido de aprimorar suas habilidades de pensamento (Spring, 2006). Em suma, um grande número de escolas em áreas com nível de renda baixa oferecem aos estudantes ambientes que não conduzem a uma aprendizagem eficiente.

Em seu livro *Savage inequalities*, Jonathan Kozol (1991) descreveu alguns dos problemas enfrentados por crianças carentes em seus bairros e escolas. Estas são algumas observações de Kozol sobre uma área composta de residências do tipo cortiço. East St. Louis, em Illinois, cuja população é formada de 98% de afro-americanos, não tem serviço obstétrico, nem coleta de lixo regular, e são poucas as oportunidades de emprego. Quarteirões e quarteirões são formados por construções deterioradas ou em ruínas. Os moradores respiram ar poluído com produtos químicos da Monsanto Chemical Company situada nas proximidades. O esgoto das fossas freqüentemente reflui para as casas. A subnutrição é comum nas crianças. O medo da violência é real. Os problemas nas ruas permeiam a escola, onde o esgoto também reflui de tempos em tempos. As salas de aula e os corredores são velhos e desestimulantes, as instalações esportivas são inadequadas. Os professores não têm giz e papel e os laboratórios de ciências estão de 30 a 50 anos defasados. Kozol diz que qualquer um que visita um lugar como East St. Louis, mesmo que rapidamente, sai profundamente abalado.

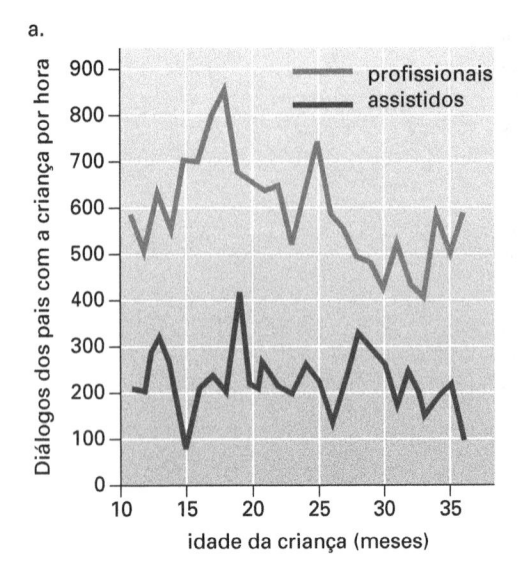

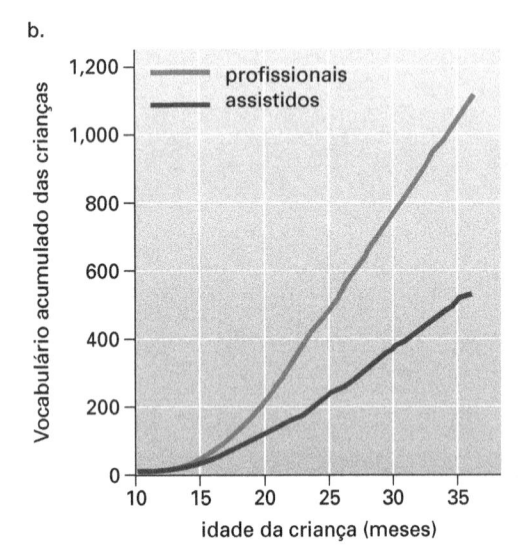

FIGURA 5.2 Aquisição de linguagem em famílias com pais com atividades profissionais e famílias assistidas e desenvolvimento do vocabulário de crianças pequenas.

(*a*) Pais com atividades profissionais conversam muito mais com seus filhos pequenos do que pais assistidos.

(*b*) Crianças de famílias compostas de pais com atividades profissionais desenvolvem o dobro de vocabulário do que crianças de famílias dependentes da assistência social. Portanto, ao ingressar na pré-escola, já experimentaram diferenças consideráveis na aquisição de linguagem em suas famílias e desenvolveram diferentes níveis de vocabulário dependendo do contexto socioeconômico em que vivem.

Diversidade e educação
Quantum Opportunities Program

Uma trajetória descendente não é inevitável na pobreza. Um caminho potencial para esses estudantes é ter o acompanhamento de um mentor acadêmico. O programa Quantum Opportunities, criado pela Fundação Ford, nos EUA, era um programa de quatro anos em que as crianças tinham acompanhamento de mentores ao longo do ano letivo (Carnegie Council on Adolescent Development, 1995). Os alunos do nono ano que participavam do programa vinham de famílias de minorias de baixa renda. Todos os dias, durante quatro anos, os mentores proporcionavam apoio contínuo, orientação e auxílio concreto aos estudantes.

O programa Quantum exigia que os estudantes participassem dos seguintes tipos de atividades:

- Atividades acadêmicas fora do período escolar, incluindo leitura, redação, matemática, ciências, estudos sociais, monitoria a colegas e informática.
- Projetos de serviços comunitários, incluindo monitoria de alunos de primeiro a quarto anos, limpeza das redondezas e trabalho voluntário em hospitais, casas de repouso e bibliotecas.
- Atividades de enriquecimento cultural e desenvolvimento pessoal, incluindo treinamento de habilidades para a vida e planejamento para ingresso no curso superior ou no mercado de trabalho.

Em troca por seu comprometimento com o programa, foram oferecidos aos estudantes incentivos financeiros que estimulavam a participação, a conclusão do programa e o planejamento de longo prazo. Os estudantes receberam uma remuneração de US$ 1,33 por hora pela participação nessas atividades. Para cada 100 horas de estudo, serviço ou atividades de desenvolvimento, um estudante recebia um bônus de US$ 100. O custo médio por participante era de US$ 10.600 para os quatro anos, que representava metade do custo de um ano na prisão, se fosse o caso.

Uma avaliação do projeto Quantum comparou os estudantes que tinham o acompanhamento de mentores com um grupo-controle sem mentores. O acompanhamento dos estudos constatou que 63% dos alunos que contavam com mentores concluíram o ensino médio, mas apenas 42% do grupo-controle o fizeram; 42% dos estudantes que contavam com mentores estavam matriculados num curso superior, contra apenas 16% do grupo-controle; os estudantes do grupo-controle dependiam duas vezes mais da assistência social do que o grupo acompanhado de mentores e o índice de detenções também era maior no grupo-controle.

Outra mensagem resultante das observações de Kozol é que embora as crianças de regiões de baixa renda tenham que conviver com muitas injustiças, essas crianças e seus pais também possuem muitas qualidades, como a coragem, por exemplo. Os pais nessas condições de pobreza podem buscar intensamente maneiras de conseguir professores mais eficientes e melhores oportunidades para seus filhos.

Uma tendência nos programas de combate à pobreza é a intervenção de duas gerações (McLoyd, 1998, 2000; McLoyd, Aikens e Burton, 2006). Isso envolve proporcionar serviços tanto para os filhos (como creches e educação pré-escolar) como para os pais (como educação para adultos, alfabetização e cursos profissionalizantes). Avaliações realizadas sobre esses programas sugerem que eles produzem mais efeitos positivos nos pais do que nas crianças (St. Pierre, Layser e Barnes, 1996). Algo que também desestimula a educação dessas crianças é que quando esses programas de duas gerações demonstram ter proporcionado benefícios, estes costumam ser obtidos mais na área da saúde do que em ganhos cognitivos. Para conhecer um programa eficiente de intervenção nas vidas de crianças em situação de pobreza, leia o espaço Diversidade e educação.

Em seu livro *Savage inequalities*, Jonathan Kozol retratou vividamente os problemas que crianças em condições de pobreza enfrentam em seus bairros e na escola. *Quais são alguns desses problemas?*

Boas práticas
Estratégias para trabalhar com crianças carentes

1. *Aprimore habilidades de pensamento e linguagem.* Se você leciona em uma escola localizada em uma região de baixa renda, adote a meta de ajudar as crianças a aprimorar suas habilidades de pensamento e de linguagem. Conforme descrito a seguir, trata-se de uma meta importante a ser estabelecida na sala de aula de Jill Nakamura, uma professora de primeiro ano de Fresno, Califórnia.

Visão do professor
Clube de leitura diária extraclasse para estudantes de uma escola localizada em área de extrema pobreza

Jill Nakamura leciona em uma escola localizada numa área de extrema pobreza. Ela visita a casa dos estudantes no início do ano letivo num esforço de estabelecer um contato mais próximo com eles e desenvolver uma parceria com os pais. "Ela mantém um clube de leitura diário para estudantes com rendimento de leitura abaixo da média para o ano; aqueles que não querem participar devem ligar para os pais e comunicá-los. No ano letivo de 2004, ela elevou o porcentual de estudantes com rendimento de leitura na média ou acima da média de 29% para 76%" (Wong, 2004, p. 6D).

Jill Nakamura lecionando em sua classe da primeira série.

2. *Não exagere na disciplina.* Nos locais onde a pobreza e outros fatores tornam difícil manter a segurança e a disciplina, identifique uma troca apropriada e praticável entre disciplina e liberdade das crianças. Falaremos mais sobre disciplina em sala de aula no Capítulo 14, "Gerenciamento de sala de aula".

3. *Torne a motivação do estudante uma questão de alta prioridade.* Pelo fato de as crianças carentes chegarem à sala de aula sem ter experienciado padrões de aquisição parental altos e, portanto, não ter motivação para aprender, você deve dar uma atenção especial para motivar essas crianças a aprender. Abordaremos esse tópico mais adiante no Capítulo 13, "Motivação, ensino e aprendizagem".

4. *Pense a respeito de maneiras de ajudar os pais.* Tenha em mente que muitos pais que habitam áreas carentes não são capazes de oferecer muito auxílio ou de acompanhar os estudos de seus filhos. Busque maneiras de dar suporte aos pais, pois eles podem obter treinamento ou ajuda para fazer isso. Um estudo constatou que quando pais com nível de renda baixo tinham grandes aspirações educacionais, isso estava relacionado a resultados educacionais positivos na juventude (Shoon, Parsons e Sacker, 2004).

5. *Busque maneiras de envolver pessoas talentosas de comunidades carentes.* Tenha em mente que pais que moram em áreas carentes podem ser pessoas bastante talentosas, preocupadas e responsáveis, de tal maneira que podem surpreender os professores. Na maioria das comunidades carentes há pessoas cuja sabedoria e experiência desafiam estereótipos. Encontre essas pessoas e peça para elas atuarem como voluntárias ajudando as crianças de sua classe na aprendizagem, acompanhando as crianças em viagens de estudo e para tornar a escola mais atraente.

6. *Observe os pontos fortes das crianças carentes.* Muitas dessas crianças chegam à escola com um considerável conhecimento não revelado e os professores podem tentar descobrir essa riqueza (Pang, 2005). Por exemplo, essas crianças podem ter conhecimento substancial sobre transporte de massa, enquanto crianças com nível econômico alto são transportadas em carros.

Etnicidade

A palavra *étnico* vem do termo grego que significa "nação". **Etnicidade** refere-se a um padrão de características compartilhadas tais como herança cultural, nacionalidade, raça, religião e língua. Todo mundo faz parte de um ou mais grupos étnicos, e as relações entre pessoas de diferentes etnias, não apenas nos Estados Unidos, mas praticamente em cada canto do mundo, normalmente estão carregadas de preconceito e conflitos.

Qual é a diferença entre etnicidade e raça? O termo *raça*, agora desacreditado como conceito biológico, refere-se à classificação de pessoas ou outros seres vivos segundo características fisiológicas específicas.

---

etnicidade Padrão de características compartilhadas tais como herança cultural, nacionalidade, raça, religião e língua.

O termo nunca funcionou bem na descrição de pessoas em qualquer sentido científico porque os seres humanos são tão distintos que não se enquadram em praticamente nenhum pacote de categoria racial. Portanto, raça não é mais reconhecida como um conceito científico autêntico. Popularmente, a palavra *raça* tem sido usada vagamente para se referir a tudo, de maneirismos de uma pessoa à religião e cor da pele. O psicólogo social James Jones (1994, 1997) ressalta que pensar em termos raciais está incutido na maioria das culturas. Ele afirma que muitas vezes as pessoas estereotipam os outros por causa de sua suposta raça e os classificam inapropriadamente como sendo mais ou menos inteligentes, competentes, responsáveis ou socialmente aceitáveis com base nisso. Embora o termo *raça* ainda faça parte do vocabulário, usaremos o termo *etnicidade* neste livro.

Em nenhum aspecto a mudança no mosaico cultural dos Estados Unidos está mais evidente do que na mudança do equilíbrio étnico entre os cidadãos americanos (Banks, 2006; Spring, 2006; Wiese e Garcia, 2006). Neste início do século 21, um terço de todas as crianças nos Estados Unidos em idade escolar eram classificadas na categoria agora referida vagamente como "crianças de cor" (principalmente afro-americanos, latinos, ásio-americanos e os indígenas norte-americanos). Em 2025, essa porção chegará a 50%. Essa mudança demográfica promete não apenas a própria riqueza que a diversidade produz, mas também desafios difíceis em estender o sonho americano para os indivíduos de todos os grupos étnicos (Okagki, 2006). Historicamente, as pessoas de cor foram relegadas ao nível mais inferior da ordem econômica e social norte-americana. Estiveram desproporcionalmente representadas entre os pobres e os sem instrução (McLoyd, Aikens e Burton, 2006).

Um detalhe importante sobre qualquer grupo étnico é a diferença (Pang, 2005). Existem muitos exemplos disponíveis: as pessoas de origem mexicana e cubana são latinas, mas tiveram diferentes razões para imigrar para os Estados Unidos, vêm de diferentes níveis socioeconômicos e experienciam diferentes níveis e tipos de emprego nos Estados Unidos. Indivíduos nascidos em Porto Rico são diferentes dos latinos que imigraram para os Estados Unidos porque são cidadãos norte-americanos e, portanto, não são imigrantes, independentemente de onde morem nos Estados Unidos. O governo norte-americano atualmente reconhece 511 tribos indígenas, cada qual com uma ascendência particular com diferentes valores e características. O grupo dos ásio-americanos inclue indivíduos de origem chinesa, japonesa, filipina, coreana e do Sudeste Asiático, cada qual com ascendência e idioma distintos. A diversidade dos ásio-americanos está refletida em seu nível educacional. Alguns alcançam um alto nível de educação; muitos outros têm pouca instrução. Por exemplo, 90% dos homens de origem coreana concluem o ensino médio, mas apenas 71% dos homens de origem vietnamita o fazem.

Etnicidade e escolas A segregação educacional ainda é uma realidade para as crianças de cor nos Estados Unidos (Buck, 2002). Cerca de um terço dos estudantes afro-americanos e latinos freqüentam escolas em que 90% ou mais dos estudantes são de um grupo de minoria, geralmente de seu próprio grupo. As experiências escolares de diferentes grupos étnicos também diferem de outras maneiras (Okagki, 2006; Yeakey e Henderson, 2002). Por exemplo, estudantes afro-americanos e latinos têm uma probabilidade muito menor do que estudantes brancos não-latinos e asiáticos de se matricular em cursos preparatórios para a universidade e uma probabilidade muito maior de se matricular em programas de recuperação e de educação especial. Os estudantes asiáticos têm uma probabilidade muito maior do que estudantes de outras minorias étnicas de fazer cursos de matemática e ciências avançados no ensino médio. A suspensão de estudantes afro-americanos costuma ser duas vezes maior, tanto quanto a de estudantes latinos, indígenas norte-americanos e brancos. As minorias étnicas constituem a maioria em 23 dos 25 maiores distritos escolares nos Estados Unidos, uma tendência crescente (Banks, 1995). No entanto, 90% dos professores nas escolas norte-americanas são brancos não-latinos e estima-se que a porcentagem de professores de minorias será ainda menor nos próximos anos.

Além disso, assim como escolas de estudantes de baixa renda possuem menos recursos do que aquelas de estudantes de nível socioeconômico mais alto, as escolas de estudantes de minorias étnicas possuem menos recursos do que escolas de suas contrapartes de origem

Qual é a natureza do livro de Jonathan Kozol (2005), The Shame of the Nation (A vergnha da nação)?

primordialmente branca não-latina (Banks e outros, 2005; McLoyd, Aikens e Burton, 2006; Oakes e Lipton, 2007).

Por exemplo, foram realizados estudos que constataram que estudantes de escolas predominantemente de minorias na Califórnia tinham menos acesso a todos os recursos educacionais pesquisados, incluindo livros didáticos, materiais e computadores, e tinham cinco vezes mais probabilidade de ter professores não certificados do que estudantes de escolas com predominância de brancos não-latinos (Oakes e Saunders, 2002).

No livro *The shame of the nation*, Jonathan Kozol (2005) descreveu sua visita a 60 escolas em áreas de baixa renda em cidades de 11 estados norte-americanos. Ele viu muitas escolas em que as minorias da população representavam de 80% a 90% dos estudantes, concluindo que a segregação escolar continua presente para muitos estudantes de minorias pobres. Kozol observou muitas das injustiças mencionadas – salas de aula, corredores e banheiros depredados; livros didáticos e materiais inadequados e falta de recursos. Ele também percebeu professores ensinando os alunos principalmente a memorizar, especialmente ao prepará-los para as avaliações obrigatórias, em vez de estimular o raciocínio. Kozol constatou muitas vezes professores usando práticas disciplinares ameaçadoras para controlar a classe.

Preconceito, discriminação e vieses **Preconceito** é uma atitude negativa injustificada em relação a um indivíduo por este pertencer a um determinado grupo. O grupo contra o qual existe preconceito pode ser definido por etnicidade, sexo, idade ou praticamente qualquer outra diferença detectável (Monteith, 2000). Nosso foco aqui é preconceito contra grupos étnicos de cor.

As pessoas que se opõem ao preconceito e à discriminação muitas vezes têm visões contrastantes. Algumas valorizam e elogiam os avanços obtidos em relação aos direitos humanos. Outras criticam as escolas e outras, as instituições norte-americanas, porque acreditam que há ainda muitas formas de discriminação e preconceito ali (Jackson, 1997; Murrell, 2000).

O antropólogo norte-americano John Ogbu (1989; Ogbu e Stern, 2001) afirma que estudantes de minorias étnicas são colocados em uma posição de subordinação e exploração no sistema educacional norte-americano. Ele argumenta que estudantes de cor, especialmente afro-americanos e latinos, têm oportunidades educacionais inferiores, estão expostos a professores e coordenadores escolares com expectativas acadêmicas baixas em relação a eles e enfrentam estereótipos negativos de minorias étnicas.

Assim como Ogbu, a psicóloga educacional Margaret Beale Spencer (Spencer, 2006) argumenta que o racismo institucional permeia muitas escolas norte-americanas. Isto é, professores bem-intencionados, agindo com base em um liberalismo desorientado, deixam de desafiar crianças de cor a obter resultados superiores. Tais professores aceitam de maneira precipitada um baixo nível de rendimento dessas crianças, substituindo altos padrões de sucesso acadêmico por carinho e afeição.

Diversidade e diferenças Experiências históricas, econômicas e sociais produzem diferenças prejudiciais e legítimas entre os vários grupos étnicos. Indivíduos que vivem num grupo étnico ou cultural em particular adaptam-se a esses valores, atitudes e estresses. Seu comportamento pode ser diferente do comportamento dos outros, mas pode ser funcional para eles. Reconhecer e respeitar essas diferenças é um aspecto importante de convivência num mundo multicultural diverso (Spencer, 2000, 2006). Um estudo revelou que quando os professores eram "insensíveis à cor" (isto é, não reconheciam diferenças étnicas nos estudantes), suspendiam os alunos homens afro-americanos numa taxa desproporcionalmente alta e não integravam a educação multicultural em suas classes (Schofield, 2003). Uma declaração bem-intencionada tal como "não faço distinção de cor" falha em legitimar "diferenças étnicas que muitas vezes definem a experiência de pessoas de cor" (Banks e outros, 2005, p. 267).

Infelizmente, quando diferenças entre grupos de minorias étnicas e maioria branca eram enfatizadas, isso prejudicava indivíduos de minorias étnicas. Por muito tempo, praticamente todas as diferenças foram consideradas como déficits ou características de inferioridade do grupo étnico de minoria (Meece e Kurtz-Costes, 2001).

Outra dimensão importante de todo grupo étnico é sua diversidade (Banks, 2006;

preconceito Uma atitude negativa injustificada em relação a um indivíduo por este pertencer a um dado grupo.

Spring, 2006). Não só a cultura dos Estados Unidos é diversificada, como também a de cada grupo étnico dentro da cultura norte-americana.

Bilingüismo

No mundo inteiro, muitas crianças falam mais de um idioma (Anderson, Moffatt e Shapiro, 2006). O *bilingüismo* – a habilidade de falar dois idiomas – tem um efeito positivo sobre o desenvolvimento cognitivo das crianças. Crianças fluentes em dois idiomas têm melhor desempenho do que seus colegas monoglotas nos testes de controle de atenção, formação de conceito, raciocínio analítico, flexibilidade cognitiva e complexidade cognitiva (Bialystok, 1999, 2001). Elas também têm mais consciência sobre a estrutura da língua falada e escrita e têm melhor percepção dos erros de gramática e de significado, competências que beneficiam sua habilidade de leitura (Bialystok, 1997).

Aprendendo um segundo idioma Os estudantes norte-americanos estão muito atrás de seus colegas em muitos países desenvolvidos no aprendizado de um segundo idioma. Por exemplo, na Rússia, o ensino fundamental em média dura 10 anos, chamados de *forms*, que correspondem basicamente aos 12 anos do ensino norte-americano. Na Rússia, as crianças entram na escola aos sete anos e começam a aprender inglês no terceiro *form*. Por causa dessa ênfase dada ao ensino do inglês, a maioria dos cidadãos russos com menos de 40 anos hoje consegue falar ao menos um pouco de inglês.

Aprender um segundo idioma é mais fácil para crianças do que para adolescentes ou adultos. Os adultos fazem um progresso inicial mais rápido, mas seu sucesso final numa segunda língua não é tão grande quanto o das crianças. Por exemplo, em um determinado estudo, foi aplicada uma prova de conhecimento gramatical a adultos chineses e coreanos que imigraram para os Estados Unidos em diferentes faixas etárias (Johnston e Newport, 1991). Aqueles que começaram a estudar inglês quando tinham de três a sete anos tiveram notas tão boas quanto aqueles cuja língua nativa era o inglês, mas os que chegaram nos Estados Unidos e começaram a aprender inglês na pré-adolescência ou na adolescência tiveram desempenho pior (veja a Figura 5.3). A habilidade das crianças de falar um segundo idioma com a pronúncia correta também diminui com a idade, com uma diminuição acentuada ocorrendo após os 10 a 12 anos (Asher e Garcia, 1969). Em suma, os pesquisadores constataram que a exposição precoce a dois idiomas é melhor (Petitto, Kovelman e Harasymowycz, 2003).

FIGURA 5.3 Proficiência em gramática e chegada aos Estados Unidos.

Em um estudo, dez anos após terem chegado aos Estados Unidos, os indivíduos chineses e coreanos fizeram uma prova de gramática (Johnson e Newport, 1991). Pessoas que chegaram antes de completar oito anos de idade tiveram um resultado melhor em gramática do que os que chegaram depois.

Educação bilíngüe Uma controvérsia atual relacionada ao bilingüismo envolve os milhões de crianças norte-americanas em cujos lares o inglês não é a primeira língua (Buyd-Batstone, 2006; Echevarria e Graves, 2007). Qual é a melhor maneira de ensinar essas crianças?

A **educação bilíngüe** ministra as disciplinas acadêmicas para crianças imigrantes em seu idioma de origem e ensina o idioma inglês de maneira mais lenta (Gonzales, Yawkey e Minaya-Rowe, 2006; Padilla, 2006). Defensores da educação bilíngüe argumentam que se as crianças que não sabem inglês tiverem aulas somente em inglês ficarão defasadas nas disciplinas acadêmicas. Eles questionam sobre como as crianças de sete anos podem aprender aritmética ou história ensinados apenas em inglês quando elas não falam o idioma. Críticos dos programas bilíngües usam dois argumentos: que os programas são contraproducentes ou que os programas existentes são muito concisos.

Aqueles que se opõem à educação bilíngüe argumentam que os programas não obtêm sucesso no ensino do inglês aos filhos de imigrantes. Os estados norte-americanos da Califórnia, Arizona e de Massachusetts reduziram significativamente o acesso a programas bilíngües. Alguns estados norte-americanos continuam a defender a educação bilíngüe, mas a exigência de que as notas das provas sejam registradas separadamente para estudantes que

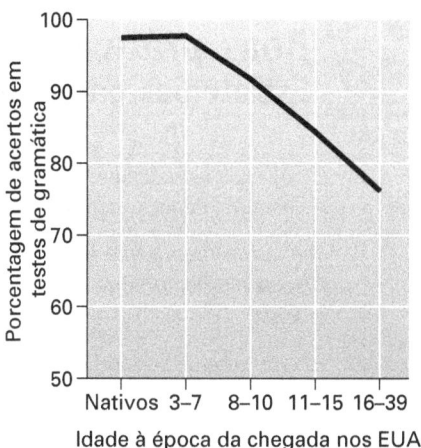

Professora de uma classe bilíngüe cantonês-inglês de primeiro e segundo anos em Oakland, Califórnia, instruindo os alunos em chinês. *Qual é a natureza da educação bilíngüe?*

educação bilíngüe Ministra as disciplinas acadêmicas para crianças imigrantes em seu idioma de origem e ensina simultaneamente o idioma inglês de maneira mais lenta.

Boas práticas
Estratégias para trabalhar com crianças com diversidade cultural e lingüística

A seguir estão algumas recomendações para trabalhar em sala de aula com crianças com diversidade cultural e lingüística:

1. *"Tenha em mente que todas as crianças estão cognitiva, lingüística e emocionalmente ligadas a sua cultura e idioma de origem."*

2. *"Aceite que as crianças podem demonstrar seu conhecimento e capacidade de diversas maneiras.* Não importa qual idioma as crianças falem, elas devem ser capazes de mostrar suas habilidades e sentir-se queridas e valorizadas." A seguir, Verna Rollins, professora de linguagem no ensino fundamental em Ypsilanti, Michigan, descreve sua experiência com uma estudante romena.

Visão do professor
Ajudando uma estudante romena de 12 anos a tornar-se proficiente em inglês

Christina, uma estudante romena de 12 anos, vive nos Estados Unidos há cerca de 15 meses e está desenvolvendo seu domínio do idioma inglês. Sabendo que ela precisa aprender a falar, ler e escrever em inglês para se enquadrar como um membro da sociedade norte-americana a fim de ser capaz de oferecer uma contribuição positiva, busquei identificar os pontos fortes que ela trouxe para nossa comunidade. Christina freqüentou a escola na Romênia e seu nível de leitura e escrita no idioma de origem é apropriado para a idade. Para levar em consideração o contexto do aprendizado da língua, alterei muitas das tarefas que dei a Christina e usei gestos e meu conhecimento de outras línguas romanas para ajudá-la a entender as tarefas escritas. Também estimulei Christina a incluir desenhos em suas tarefas escritas, já que não têm a ver com suas deficiências de linguagem.

3. *"Entenda que sem uma informação compreensível, o aprendizado de um segundo idioma pode ser difícil.* Ganhar competência lingüística em qualquer idioma requer tempo."

4. *"Modele o uso apropriado do inglês e dê ao aluno oportunidades de usar o vocabulário recém-adquirido."* Aprenda ao menos algumas palavras no idioma de origem do aluno para demonstrar respeito pela cultura dele.

5. *"Envolva os pais e os familiares ativamente no programa de aprendizagem."* Estimule e auxilie os pais a entender o valor de seus filhos saberem mais de um idioma. Ofereça aos pais estratégias para manter o aprendizado da língua de origem.

6. *"Tenha em mente que as crianças adquirem o uso do inglês mesmo quando seu idioma de origem é usado e respeitado."* A seguir, Daniel Arnoux, professor de inglês do ensino fundamental em Broward, Flórida, descreve de que maneira ele tenta fazer a diferença nas vidas dos estudantes cujo idioma de origem não é o inglês.

Visão do professor
Proporcionando aos alunos um senso de orgulho

Nos últimos sete anos venho lecionando inglês para estrangeiros (English for speakers of other languages – ESOL) além de outras matérias do ensino fundamental. Acredito que fiz diferença na vida de meus alunos proporcionando a eles um senso de orgulho por sua herança cultural e um ambiente de aprendizagem no qual eles podem crescer.

Para alcançar a igualdade, o sistema educacional deve levar em conta a origem étnica e o sexo do estudante. A cultura de origem do estudante não pode ser relegada, mas sim usada como uma ferramenta de ensino. O que funciona melhor na solução de problemas étnicos da criança é enfrentá-los diretamente. Eu desenvolvo lições que ensinam empatia e tolerância com os outros. Uso meu tempo livre para falar com as classes sobre direitos humanos e preconceito em relação a alunos de diferentes nacionalidades e culturas – em particular, estudantes haitianos, que sofrem assédio constantemente e, às vezes, apanham na escola.

Tente sempre conhecer seus alunos e eles certamente estarão abertos para aprender. Diga que você acredita neles. Se você acredita que eles conseguem, eles conseguirão.

7. *"Colabore com outros professores para aprender mais sobre trabalhar com crianças com diversidade cultural e lingüística"* (fonte: National Association for the Education of Young Children, 1996, p. 7-11).

---

aprendem inglês (estudantes cuja língua principal não é o inglês) nas avaliações do programa No Child Left Behind exigidas pelo governo federal norte-americano voltou a enfatizar a alfabetização em inglês (Snow e Kang, 2006).

Tirar conclusões generalizadas sobre a eficácia da educação bilíngüe é difícil – os programas variam consideravelmente dependendo do número de anos em que são aplicados, tipo de instrução, qualidade do ensino à parte da educação bilíngüe, professores, população da escola e outros fatores. Além disso, não foram realizados experimentos conduzidos com eficiência comparando a educação bilíngüe com educação apenas em inglês nos Estados Unidos (Snow e Kang, 2006). Alguns especialistas argumentam que a qualidade da instrução é mais importante na determinação dos resultados do que o idioma em que é ministrada (Lesaux e Siegel, 2003).

Alguns pesquisadores relataram apoiar a educação bilíngüe no caso das crianças que têm dificuldade de aprender um assunto ensinado num idioma que não entendem, pois quando ambas as línguas são integradas em sala de aula, as crianças aprendem a segunda língua mais rapidamente e participam mais ativamente (Hakuta, 2000, 2001, 2005; Pérez, 2004, Pérez e outros, 2004, Soltero, 2004). Muitos dos resultados das pesquisas, no entanto, relatam apenas um apoio modesto e não muito intensivo à educação bilíngüe, e alguns defensores da educação bilíngüe agora reconhecem que uma instrução competente somente em inglês pode produzir resultados positivos para estudantes do idioma inglês (Lesaux e Siegel, 2003).

Alguns críticos de programas atuais argumentam que muitas vezes as crianças imigrantes recebem apenas um ano de educação bilíngüe, embora necessitem de aproximadamente de três a cinco anos para desenvolver proficiência em conversação e sete anos para desenvolver proficiência em leitura no idioma inglês (Hakuta, Butler e Witt, 2000). A habilidade de aprender o inglês varia nas crianças imigrantes (Ariza, 2006; Herrera e Murray, 2005; Lessow-Hurley, 2005). Aquelas oriundas de níveis socioeconômicos baixos apresentam maior dificuldade do que aquelas de níveis socioeconômicos mais altos (Hakuta, 2001; Rueda e Yaden, 2006). Portanto, especialmente para as crianças imigrantes de baixo SSE, são necessários mais anos de educação bilíngüe do que os oferecidos atualmente.

Reveja, reflita e pratique

(1) Discutir como as variações na cultura, status socioeconômico e origem étnica podem gerar necessidades especiais em sala de aula.

Reveja

- O que é cultura? Como culturas individualistas e coletivistas diferem?
- O que é status socioeconômico? Que dificuldades crianças carentes podem ter na escola?
- Como a etnicidade está envolvida na escolaridade das crianças?
- Qual é a natureza do aprendizado de um segundo idioma? O que caracteriza a educação bilíngüe?

Reflita

- No contexto da educação, todas as diferenças étnicas são negativas? Cite algumas diferenças que possam ser positivas em sala de aula nos Estados Unidos.

Pratique PRAXIS™

1. O Sr. Austin, que cresceu no Meio-Oeste dos Estados Unidos, leciona matemática em uma escola de ensino médio com alunos imigrantes vindos do México, Coréia, Vietnã, Índia, Paquistão, Polônia e República Tcheca. Ele usa com freqüência jogos competitivos como atividades de classe, muitas das quais envolvem disputas de contagem de tempo individuais para resolver problemas na lousa diante da classe. Alguns de seus alunos parecem gostar muito dos jogos, mas alguns ficam aborrecidos porque não conseguem solucionar o problema. Ficam ainda mais aborrecidos quando o Sr. Austin os critica construtivamente durante o jogo. A explicação mais plausível é que os estudantes que *não* gostam dos jogos:
   a. Não sabem perder.
   b. Têm baixa auto-estima.
   c. Cresceram numa cultura coletivista.
   d. Cresceram numa cultura individualista.

(continua)

Reveja, reflita e pratique (continuação)

2. Sally é uma aluna do terceiro ano de uma escola socioeconomicamente diversificada. Ela é pobre, assim como um quarto do total de crianças de sua turma. Um outro quarto da turma é de crianças de famílias de classe média alta e a metade restante da turma é de crianças de classe média. A professora de Sally, a Sra. Roberts, pediu para as crianças montarem um diorama (uma representação cênica com objetos e personagens em miniatura) como tarefa, em vez do tradicional resumo do livro *Charlotte's web (A teia de Charlotte)*.

    Kanesha, uma das crianças mais abastadas da turma, criou um diorama elaborado numa caixa de sapatos grande. Ela colocou animais de plástico e bonequinhos. Forrou o interior da caixa com palitinhos para simular um celeiro e usou fio de seda para fazer a teia.

    Embora Sally tenha lido, entendido e gostado do livro, seu diorama não se compara de modo favorável ao de Kanesha. Primeiro, ela não tinha uma caixa de sapatos, então usou uma caixa velha que encontrou numa mercearia. Fez seus animais de papel porque não podia comprar animais de plástico. Sua teia era de cadarço de sapato.

    Quando Sally comparou seu diorama com o de Kanesha, ela quase chorou. Ela realmente chorou quando a Sra. Roberts falou efusivamente sobre como o diorama de Kanesha era bonito. De que maneira a Sra. Roberts deveria ter agido?
    a. Deveria ter explicado aos alunos as diferenças de poder aquisitivo antes de começarem sua tarefa.
    b. Deveria ter pedido para os alunos fazerem o resumo tradicional do livro.
    c. Deveria ter fornecido o material para os alunos criarem o diorama.
    d. Deveria ter elogiado mais o diorama de Sally do que o de Kanesha.

3. Robert leciona em uma escola de ensino fundamental com diversidade étnica. Desde que decidiu ser professor, seu objetivo era lecionar numa escola como essa porque tem desejo de ajudar crianças de minorias étnicas. Em sua classe, ele se empenha muito para garantir que todos os seus alunos obtenham sucesso e se sintam integrantes do grupo como um todo. Ele é amável e atencioso com os alunos, às vezes até oferecendo o lanche para aqueles que se esqueceram de trazer o seu ou que não têm dinheiro para comprar na cantina da escola. Ele elogia freqüentemente os alunos oriundos de minorias por trabalhos que consideraria medianos se fossem realizados por alunos de maiorias. O que Robert está fazendo de errado?
    a. Está substituindo afeto por padrões acadêmicos.
    b. Deveria proporcionar um ambiente mais afetuoso para todos os alunos.
    c. Deveria oferecer lanche para todos os alunos ou não oferecer para nenhum.
    d. Ele está definindo padrões muito altos para alunos de minorias.

4. O Sr. Williams é professor do primeiro ano e acredita que seus alunos serão beneficiados se aprenderem um segundo idioma, então, ele rotula os objetos de sua sala de aula tanto em inglês como em espanhol. Ele escolheu o espanhol porque é o segundo idioma mais comum na região onde leciona. Que pesquisa respalda a abordagem do Sr. Williams?
    a. Alunos do primeiro ano estão na idade ideal para ler em um segundo idioma mas não estão velhos demais para aprender a falar um segundo idioma.
    b. Como os estudantes na maioria dos países não aprendem a ler em um segundo idioma, o Sr. Williams está proporcionando a seus alunos uma vantagem importante.
    c. As crianças aprendem um segundo idioma melhor e com mais facilidade nessa idade do que quando mais velhas.
    d. O Sr. Williams deve escolher um segundo idioma que não seja familiar para a maioria dos alunos.

Por favor, verifique as respostas no final do livro.

2 Educação multicultural

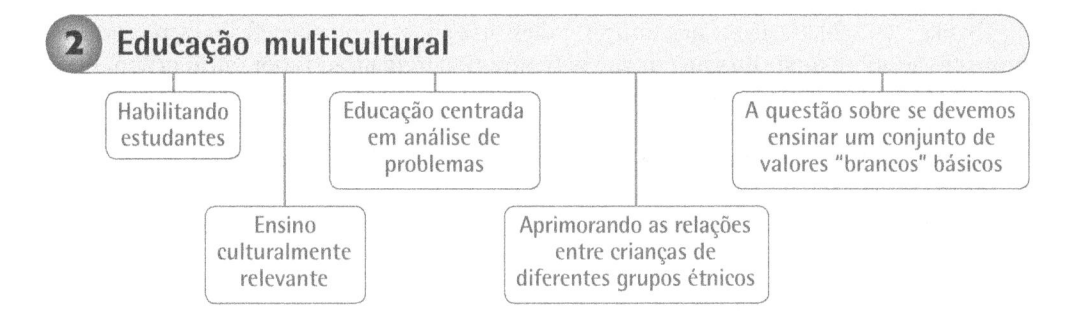

- Habilitando estudantes
- Educação centrada em análise de problemas
- A questão sobre se devemos ensinar um conjunto de valores "brancos" básicos
- Ensino culturalmente relevante
- Aprimorando as relações entre crianças de diferentes grupos étnicos

Em 1963, o presidente John Kennedy disse: "A paz é um processo diário, semanal, mensal de mudança gradual de opiniões, erodindo barreiras lentamente, construindo novas estruturas silenciosamente". Tensões culturais e étnicas ameaçam constantemente essa paz frágil. A esperança é de que a educação multicultural possa contribuir para tornar a nação norte-americana mais parecida com aquilo que o líder dos direitos civis Martin Luther King Jr. sonhava: uma nação onde as crianças serão julgadas não pela cor de sua pele, mas pela qualidade de seu caráter.

Educação multicultural é a educação que valoriza a diversidade e inclui regularmente as perspectivas de diversos grupos culturais. Seus entusiastas acreditam que crianças de cor devem ser habilitadas e que a educação multicultural beneficia todos os estudantes. Um objetivo importante da educação multicultural é a busca de oportunidade educacional igual para todos os estudantes. Isso inclui eliminar a lacuna de rendimento escolar entre estudantes de maiorias e de grupos sub-representados (Bennett, 2007; Pang, 2005; Redman, 2007; Spring, 2006, 2007).

A educação multicultural surgiu a partir do movimento por direitos civis na década de 1960 e do apelo por igualdade e justiça social para mulheres e pessoas de cor (Spring, 2007). A educação multicultural, como disciplina, inclui questões relacionadas ao status socioeconômico, etnicidade e gênero. Como a justiça social é um dos valores básicos dessa disciplina, a redução do preconceito e a pedagogia da eqüidade são componentes centrais (Aldridge e Goldman, 2007; Banks, 2006). *Redução do preconceito* refere-se a atividades que os professores podem implementar na sala de aula para eliminar visões estereotipadas e negativas dos outros. *Pedagogia da eqüidade* refere-se à modificação do processo de ensino para incorporar materiais e estratégias de aprendizagem apropriadas tanto para meninos quanto para meninas e para vários grupos étnicos.

Tanto você como seus alunos podem obter benefícios se você fizer um curso ou tiver algum tipo de preparo envolvendo educação multicultural. Por exemplo, um estudo realizado com professores de matemática e ciências revelou que o rendimento dos alunos aumentou quando seus "professores tinham formação na disciplina que lecionavam e tiveram uma preparação em educação multicultural, educação especial e desenvolvimento do idioma inglês (Wenglinksy, 2002)" (Banks e outros, 2005, p. 233).

Habilitando estudantes

O termo **habilitar** refere-se a proporcionar às pessoas capacitação intelectual e de competição para que sejam bem-sucedidas e tornem este mundo um pouco mais justo. Entre a década de 1960 e a de 1980 a educação multicultural tinha como preocupação a habilitação de estudantes e a melhor representação de grupos minoritários e culturais no currículo e nos livros didáticos. A habilitação continua sendo um tema importante da educação multicultural hoje (McLaren, 2007; Schmidt, 2001). Por esse ângulo, as escolas deveriam dar aos estudantes a oportunidade de aprender sobre as experiências, dificuldades e visões de muitos grupos étnicos e culturais diferentes (Banks, 2003, 2006; Bennett, 2007). A esperança é de que isso aumente a auto-estima, reduza o preconceito e proporcione mais oportunidades educacionais aos estudantes de minorias. A esperança também é de que isso ajudará os estudantes brancos a se tornarem mais tolerantes com grupos de minorias e que tanto estudantes brancos quanto os de cor desenvolvam múltiplas perspectivas em seus currículos.

educação multicultural Educação que valoriza a diversidade e inclui regularmente as perspectivas de diversos grupos culturais.

habilitar Refere-se a proporcionar às pessoas habilidades intelectuais e de competição para serem bem-sucedidas e tornem este mundo mais justo.

Banks (2003, 2006) sugere que futuros professores podem obter benefícios escrevendo um breve ensaio sobre uma situação em que se sentiram marginalizados por outro grupo. Praticamente todos nós, sejamos de um grupo de minoria ou de maioria, já experimentamos esse tipo de situação em algum momento da vida. Banks enfatiza que você estaria em uma posição melhor para entender as questões de diversidade sociocultural após escrever tal ensaio.

Sonia Nieto (1992, 2003, 2005), uma porto-riquenha criada em Nova York, acredita que sua educação fez com que ela sentisse que sua cultura de origem era de certa forma deficiente. Ela oferece as seguintes recomendações:

- O currículo da escola deve ser abertamente anti-racista e antidiscriminatório. Os estudantes devem se sentir livres para discutir questões de etnicidade e discriminação.
- A educação multicultural deve fazer parte da educação de todo estudante. Isso inclui fazer com que todos sejam bilíngües e estudem diferentes perspectivas culturais. A educação multicultural deve estar refletida em toda a escola, inclusive nos quadros de avisos, nos refeitórios e nas assembléias (reuniões regulares formais de todos os alunos de uma escola para um programa especial).
- Os estudantes devem ter treinamento em relação à conscientização da cultura. Isso envolve torná-los mais capacitados para analisar cultura e mais atentos aos fatores históricos, políticos e sociais que moldam sua visão sobre cultura e etnicidade. A esperança é de que tal exame crítico motive os estudantes a trabalhar por justiça econômica e política.

Ensino culturalmente relevante

Ensino culturalmente relevante é um aspecto importante da educação multicultural (Farr, 2005; Spring, 2006). Ele busca criar conexões com a cultura de origem do aluno.

Especialistas em educação multicultural acreditam que bons professores estão cientes disso e integram o ensino culturalmente relevante ao currículo porque o torna mais eficiente (Diaz, 2001; Diaz, Pelletier e Provenzo, 2006). Alguns pesquisadores constataram que estudantes de alguns grupos étnicos comportam-se de maneiras que podem tornar algumas tarefas educacionais mais difíceis do que outras. Por exemplo, Jackie Irvine (1990) e Janice Hale-Benson (1982) observaram que estudantes afro-americanos geralmente são expressivos e agitados. Eles recomendaram que, quando os estudantes se comportam dessa maneira, uma boa estratégia pode ser permitir que façam apresentações em vez de fazerem sempre provas escritas. Outros pesquisadores constataram que muitos estudantes norte-americanos de origem asiática preferem o aprendizado visual mais do que seus colegas norte-americanos de origem européia (Litton, 1999; Park, 1997). Portanto, com esses estudantes é possível que os professores prefiram usar mais modelos tridimensionais, organogramas, fotografias, gráficos e escrever na lousa.

Conhecer a comunidade onde seus alunos moram e onde os pais trabalham pode melhorar seu entendimento da bagagem étnica e cultural deles (Banks e outros). A *abordagem recursos de conhecimento* enfatiza que professores devem visitar a casa dos alunos para desenvolver relacionamentos sociais com seus familiares para aprender mais sobre a origem cultural e étnica do estudante e incorporar esse conhecimento em suas aulas (Moll e Gonzáles, 2004). Através dessa abordagem, os professores podem aprender mais sobre as ocupações, interesses e características da comunidade das famílias de seus alunos. Exemplos da abordagem recursos de conhecimento incluem orientar os estudantes para que compreendam como a habilidade de carpintaria de seus pais está relacionada à geometria e como o tipo de linguagem que os estudantes encontram fora da sala de aula pode ajudar os professores a ensiná-los nas aulas em inglês na escola. Pesquisadores constataram que quando a abordagem recursos de conhecimento é usada, o desempenho acadêmico dos estudantes latinos melhora (Gonzáles, Moll e Amanti, 2005). Essa abordagem funciona como uma ponte entre a escola e a comunidade do estudante.

Os professores devem ter uma expectativa alta de rendimento para os estudantes de minorias étnicas e de baixa renda e envolvê-los em programas acadêmicos rigorosos. Quando expectativa alta de rendimento e programas acadêmicos rigorosos são combinados com um ensino culturalmente relevante e conexões com a comunidade, os estudantes de minorias étnicas e de baixa renda beneficiam-se enormemente. Em um estudo conduzido com estudantes da Califórnia, uma avaliação de quatro anos concluiu que estudantes que participaram de um programa acadêmico rigoroso que incluía estudo e redação baseadas na comunidade, aconselhamento acadêmico e tempo junto com os líderes da comunidade tinham o dobro de probabilidade de se inscrever e freqüentar uma universidade do que seus colegas que não participaram do programa (Gandara, 2002).

Educação centrada em análise de problemas

A educação centrada em análise de problemas também é um aspecto importante da educação multicultural. Nesta abordagem, os estudantes aprendem a examinar sistematicamente questões que envolvem eqüidade e justiça social. Eles não só esclarecem seus valores como também examinam alternativas e as conseqüências de quando tomam uma determinada atitude em relação a um determinado problema. A educação centrada em análise de problemas está intimamente relacionada à educação moral que discutimos no Capítulo 3, "Contextos sociais e desenvolvimento socioemocional".

Considere uma situação em que alguns estudantes estavam preocupados com a política de almoço na escola (Pang, 2005). Os estudantes que estavam em programas de subsídio do governo federal norte-americano eram forçados a ficar numa fila especial na cantina, que os "rotulava" de pobres. Muitos desses estudantes carentes sentiam-se humilhados e constrangidos a ponto de ficarem sem almoçar. Os estudantes alertaram os professores sobre o que estava acontecendo com eles e juntos, professores e alunos, desenvolveram um plano de ação. Eles apresentaram o plano ao distrito escolar, que revisou sua política de fila para o almoço nas dez escolas de ensino médio envolvidas no programa.

Aprimorando as relações entre crianças de diferentes grupos étnicos

Algumas estratégias e programas estão disponíveis para melhorar os relacionamentos entre crianças de diferentes grupos étnicos. Para começar, discutiremos uma das estratégias mais importantes.

Sala de aula quebra-cabeça Quando o psicólogo social Eliot Aronson era professor na Universidade do Texas, em Austin, o sistema escolar o consultou sobre idéias para reduzir a crescente tensão racial nas salas de aula. Aronson (1986) desenvolveu o conceito de **sala de aula quebra-cabeça**, que envolve ter estudantes de diversas origens culturais realizando, em sistema de cooperação, diferentes partes de um projeto para alcançar um objetivo comum. Aronson usou o termo *quebra-cabeça* porque a técnica era como um grupo de estudantes cooperando para combinar as peças e completar um quebra-cabeça.

Como isso funciona? Considere uma classe em que alguns alunos são brancos, alguns afro-americanos, alguns latinos, alguns indígenas norte-americanos e alguns asiáticos. A lição apresentada é sobre a vida de Joseph Pulitzer. A classe pode ser dividida em grupos de seis alunos, escolhidos de maneira que os grupos sejam o mais semelhantes possível em termos de composição étnica e nível de rendimento. A lição sobre a vida de Pulitzer é dividida em seis partes, e cada parte é atribuída a um membro de cada grupo. As partes podem ser passagens da biografia de Pulitzer, por exemplo, como sua família veio para os Estados Unidos, sua infância, seus primeiros trabalhos e assim por diante. É estabelecido um tempo para que os estudantes de cada grupo estudem sua parte. Então os grupos se reúnem e cada membro ensina sua parte para os outros componentes. O aprendizado depende da interdependência e cooperação dos estudantes para alcançar o objetivo comum.

Às vezes, a estratégia sala de aula quebra-cabeça é descrita como a criação de uma tarefa ou objetivo superlativo para os estudantes. Times de esportes, produções teatrais e apresentações musicais são exemplos adicionais de contextos em que os estudantes participam cooperativamente e em geral com extremo entusiasmo para alcançar um objetivo.

Contato pessoal positivo com outros de diferentes origens culturais O contato em si nem sempre melhora relacionamentos. Por exemplo, transferir e oferecer transporte a estudantes de minorias étnicas para escolas predominantemente de brancos, ou vice-versa, não reduziu o preconceito nem melhorou as relações interétnicas (Minuchin e

sala de aula quebra-cabeça Uma sala de aula em que estudantes de diversas origens culturais cooperam realizando diferentes partes de um projeto para alcançar um objetivo comum.

O contato pessoal positivo que envolve compartilhar dúvidas, esperanças, ambições e muito mais é uma maneira de melhorar as relações interétnicas.

Shapiro, 1983). O mais importante é o que acontece depois que os estudantes chegam na escola. Em um estudo abrangente envolvendo mais de cinco mil alunos do quinto ano e quatro mil do final do ensino médio, projetos curriculares multiétnicos que tinham como foco questões étnicas, grupos de trabalho mistos e professores e diretores incentivadores combinados ajudaram a melhorar as relações interétnicas (Forehand, Ragosta e Rock, 1976).

As relações melhoram quando os estudantes conversam sobre suas preocupações pessoais, sucessos, fracassos, estratégias de competitividade, interesses e assim por diante. Revelar informações pessoais, aumenta a probabilidade de serem vistos como indivíduos em vez de simplesmente como integrantes de um grupo. Compartilhar informações pessoais muitas vezes produz esta descoberta: pessoas de diferentes origens compartilham muitas das mesmas esperanças, preocupações e sentimentos. Compartilhar informações pessoais pode ajudar a romper barreiras dentro/fora do grupo e nós/eles.

Adquirir perspectiva Exercícios e atividades que ajudam os estudantes a ver a perspectiva dos outros podem melhorar as relações interétnicas. Em um exercício, os estudantes aprendem comportamentos apropriados de dois grupos culturais distintos (Shirts, 1997). Subseqüentemente, os dois grupos interagem segundo tais comportamentos. Como resultado, experimentam ansiedade e apreensão. O exercício destina-se a ajudar os estudantes a entender o choque cultural resultante de estar em um ambiente onde as pessoas se comportam de maneira muito diferente da que estão acostumados. Os estudantes também podem ser estimulados a escrever histórias ou representar peças que envolvam preconceito e discriminação. Assim, os estudantes "colocam-se na pele" de estudantes de culturas diferentes e sentem os efeitos de não ser tratado como igual (Cushner, 2006).

Estudar pessoas de várias partes do mundo também estimula os estudantes a entender diferentes perspectivas (Mazurek, Winzer e Majorek, 2000). Em estudos sociais podemos perguntar aos alunos por que pessoas em determinadas culturas possuem costumes diferentes dos deles. Os professores também podem incentivar os estudantes a ler livros sobre diferentes culturas. Para ler mais sobre como levar a aldeia global para as salas de aula dos estudantes norte-americanos, veja o quadro Tecnologia e educação.

Pensamento crítico e inteligência emocional Estudantes que aprendem a pensar de maneira profunda e crítica sobre relações interétnicas costumam reduzir seu preconceito e a estereotipia dos outros. Estudantes que pensam de formas estreitas são freqüentemente preconceituosos. No entanto, quando os estudantes aprendem a fazer perguntas, pensar primeiro sobre questões críticas em vez de responder automaticamente e postergar um julgamento até que informações mais completas estejam disponíveis, tornam-se menos preconceituosos.

A inteligência emocional beneficia as relações interétnicas. No Capítulo 4 mostramos que ser emocionalmente inteligente significa ter um autoconhecimento emocional, gerenciar suas emoções, interpretar emoções e lidar com relacionamentos. Considere como as seguintes habilidades de inteligência emocional podem ajudar os estudantes a melhorar suas relações com os outros: entender as causas dos sentimentos de alguém, saber gerenciar sua própria raiva, saber ouvir o que os outros estão dizendo e estar motivado para compartilhar e cooperar.

Reduzir o preconceito Louise Derman-Sparks e a Anti-Bias Curriculum Task Force (Força-tarefa de Currículo Antipreconceito) (1989) criaram algumas ferramentas para ajudar crianças a reduzir, lidar com ou até eliminar seu preconceito. O currículo antipreconceito argumenta que embora a existência de diferenças seja algo bom, discriminar alguém não o é. Estimula os professores a enfrentar questões problemáticas de preconceito em vez de mascará-las.

A seguir estão apresentadas algumas estratégias antipreconceito recomendadas para professores:

- Mostre imagens de crianças de diversos grupos culturais e étnicos. Selecione livros para os estudantes que também reflitam essa diversidade.
- Escolha materiais e atividades lúdicas que incentivem o entendimento cultural e étnico. Use dramatização para ilustrar papéis e famílias não estereotipados de diversas origens.

Tecnologia e educação
Conexões tecnológicas entre estudantes do mundo inteiro

Tradicionalmente, os estudantes aprendiam dentro dos limites da sala de aula e interagiam com seu professor e outros estudantes da classe. Com o avanço das telecomunicações, os estudantes podem aprender com professores e estudantes do mundo inteiro.

Por exemplo, no Global Laboratory Project, um projeto internacional baseado em telecomunicações, os estudantes examinam ambientes locais e globais (Schrum e Berenfeld, 1997). Após compartilhar suas descobertas, eles identificaram de forma colaborativa vários aspectos dos ambientes, discutiram planos de pesquisa e conduziram estudos usando os mesmos métodos e procedimentos. Estudantes de locais muito diversos como Moscou, Rússia; Varsóvia, Polônia; San Antonio, Texas; Pueblo, Colorado e Aiken, Carolina do Sul participaram. À medida que a coleta de dados e avaliação evoluíam, continuaram a se comunicar com seus pares ao redor do mundo e a aprender mais, não apenas sobre ciências, mas também sobre a comunidade global.

Novos avanços nas telecomunicações possibilitaram que estudantes ao redor do mundo se comunicassem através de videoconferências na Internet. Por exemplo, no Centro de Pesquisas para Tecnologia Educacional (Research Center for Educational Technology – RCET) da Universidade Estadual de Kent, estudantes do ensino fundamental de Ohio e seus professores estão colaborando com seus colegas do Instituto Thomas Jefferson da Cidade do México em diversos projetos, incluindo estudos de biologia vegetal, clima e biografia, usando videoconferência e e-mails através da Internet (Swan e outros, 2006). Pesquisadores do RCET concluíram que projetos que compartilham entendimentos comuns mas destacam diferenças locais são especialmente produtivos.

Um número crescente de escolas também está usando videoconferência para o ensino de línguas estrangeiras. Em vez de simular um café francês numa aula tradicional de francês, os estudantes norte-americanos podem conversar com estudantes franceses num café de verdade na França.

Estudantes na sala de aula da AT&T do Centro de Pesquisas para Tecnologia Educacional da Universidade Estadual de Kent estudando biologia vegetal com estudantes do Instituto Thomas Jefferson da Cidade do México.

Tais projetos globais de tecnologia podem ter bons resultados na redução das crenças etnocêntricas dos estudantes norte-americanos. A construção ativa de conexões ao redor do mundo através das telecomunicações proporciona aos estudantes a oportunidade de vivenciar perspectivas dos outros, entender melhor outras culturas e reduzir o preconceito.

- Converse com os estudantes sobre estereotipar e discriminar os outros. Crie uma regra rígida segundo a qual nenhuma criança pode ser provocada ou excluída por causa da sua etnicidade ou raça.
- Envolva os pais em debates sobre como as crianças desenvolvem preconceitos e informe a eles sobre seus esforços em reduzir o preconceito étnico em sala de aula.

Aumentar a tolerância O "Teaching Tolerance Project" fornece às escolas recursos e materiais para melhorar o entendimento intercultural e os relacionamentos entre as crianças brancas e as de cor (Heller e Hawkins, 1994). A revista bianual *Teaching tolerance* é distribuída para todas as escolas públicas e particulares dos Estados Unidos. A finalidade da revista é compartilhar visões e proporcionar recursos para ensinar tolerância. Para professores do ensino fundamental, os vídeos "Different and same" (Diferente e Igual) e materiais (disponíveis no site norte-americano www.fci.org) podem ajudar as crianças a se tornarem mais tolerantes.

James Comer (*esquerda*) aparece com alguns estudantes afro-americanos de periferia que freqüentam uma escola em que Comer implementou sua abordagem de comunidade como equipe.

Escola e comunidade como uma equipe O psiquiatra de Yale James Comer (1988, 2004, 2005, 2006; Comer e outros, 1996) enfatiza que a abordagem comunidade como uma equipe é a melhor maneira de educar crianças. Três aspectos importantes do Comer Project for Change são (1) uma equipe de direção e administração que desenvolve um plano escolar abrangente, uma estratégia de avaliação e um programa de desenvolvimento de pessoal; (2) uma equipe de saúde mental e suporte escolar e (3) um programa para os pais. O programa Comer enfatiza *sem culpar* (o foco deve ser resolver problemas e não culpar), *sem decidir* (exceto por conceito) e *sem paralisar* (isto é, ninguém do contra pode impedir a decisão de uma forte maioria). O programa defende que toda a comunidade da escola deve ter uma atitude cooperativa e não contestadora. O programa está implementado atualmente em mais de 600 escolas de 82 distritos escolares em 26 estados dos Estados Unidos.

Uma das primeiras escolas a implementar esse programa foi a escola de ensino fundamental Martin Luther King, Jr. em New Haven, Connecticut. Quando o programa foi iniciado, os estudantes estavam em média 19 meses abaixo do nível da série em linguagem e 18 meses abaixo do nível da série em matemática. Dez anos após a implementação do programa, as notas da avaliação de rendimento dos estudantes no país estavam no nível da série, e depois de 15 anos estavam 12 meses acima do nível da série. Embora não tenha ocorrido nenhuma mudança socioeconômica nessa área de periferia de população predominantemente afro-americana de baixa renda durante esse período, o absenteísmo caiu drasticamente, problemas sérios de comportamento diminuíram, a participação dos pais aumentou substancialmente e a rotatividade do pessoal foi praticamente nula.

Em seu livro mais recente, *Leave no child behind,* Comer (2004) concorda com a crescente ênfase em padrões mais elevados e responsabilização nas escolas dos Estados Unidos, mas argumenta que a ênfase unicamente em notas de avaliações e currículo é inadequada. Comer afirma que o desenvolvimento socioemocional e o relacionamento das crianças com os cuidadores também devem ser melhorados para a reforma educacional ser bem-sucedida.

A questão sobre se devemos ensinar um conjunto de valores "brancos" básicos

Alguns educadores se opuseram à ênfase em incluir informações sobre diversos grupos étnicos no currículo. Também se opuseram à educação etnocêntrica que qualifica qualquer grupo não-branco como minoria. Em uma das propostas, Arthur Schlesinger (1991) argumentou que deve-se ensinar a todos os estudantes valores básicos que, segundo ele, derivam da tradição anglo-protestante. Esses valores básicos incluem respeito mútuo, direitos individuais e tolerância a diferenças. Críticos da visão de Schlesinger ressaltam que esses não são valores peculiarmente dos anglo-protestantes brancos, mas valores que a maioria dos grupos étnicos e religiosos norte-americanos endossam. De fato, a educação multicultural inclui a tradição ocidental.

Em outra proposta, E. D. Hirsch (1987) enfatizou que deveria ser ensinado a todos os estudantes um conjunto comum de conhecimentos culturais para assegurar que eles se tornem "culturalmente alfabetizados". Ele listou uma série de nomes, frases, datas e conceitos os quais acredita que estudantes dos diferentes níveis escolares devem saber. Hirsch alega que um programa de educação cultural baseado em seus termos e conceitos ajudará os estudantes carentes e imigrantes a se adaptar à cultura norte-americana predominante. Embora ao apresentar inicialmente suas idéias Hirsch não tenha abordado diferenças culturais ou injustiça social, recentemente ele atualizou seu trabalho para torná-lo mais multicultural.

Portanto, a educação multicultural tem seus críticos, que argumentam que deve-se ensinar a todas as crianças um conjunto de valores culturais comuns, especialmente valores dos anglo-protestantes brancos. No entanto, defensores da educação multicultural não se opõem ao ensino de um conjunto desses valores, contanto que não sejam exclusivos no currículo. Eles argumentam que os valores básicos norte-americanos devem incluir elementos de todos os segmentos da população do país e que os estudantes de maioria branca podem beneficiar-se aprendendo sobre "valores básicos" oriundos de outros grupos. Segundo a visão de diversidade do especialista Carlos Diaz (2005), a questão não diz respeito aos "valores básicos" em si, mas a quem define esses "valores básicos" numa sociedade heterogênea. Historicamente, pessoas/estudiosos de cor não estão incluídos nesse processo.

Boas práticas
Estratégias para educação multicultural

Já discutimos muitas idéias que beneficiarão o relacionamento das crianças com pessoas de diferentes origens étnicas e culturais. Diretrizes adicionais para o ensino multicultural incluem as seguintes recomendações do especialista em educação multicultural James Banks (2001):

1. *Seja sensível ao conteúdo racista em materiais e interações em sala de aula.* Uma boa fonte para aprender mais sobre racismo é o livro de Paul Kivel (1995) *Uprooting racism*.

2. *Aprenda mais sobre diferentes grupos étnicos.* Segundo o especialista em diversidade Carlos Diaz (2005), somente quando você se considerar "multiculturalmente alfabetizado" é que poderá estimular os estudantes a pensar de maneira profunda e crítica sobre diversidade. Caso contrário, explica Dias, os professores tendem a ver diversidade como "um vespeiro" em que não querem mexer, porque não têm bagagem para explicá-la. Para aumentar seu conhecimento multicultural, leia ao menos um livro sobre a história e a cultura dos grupos étnicos. Dois livros de Banks que incluem descrições históricas desses grupos são *Cultural diversity and education* (2006) e *Teaching strategies for ethnic studies* (2003).

3. *Esteja atento às atitudes étnicas dos estudantes.* Responda às visões culturais dos estudantes com sensibilidade. Kathy Fucher, professora do ensino médio de Humphrey, Nebrasca, lida com os sentimentos dos estudantes da seguinte maneira.

Visão do professor
Buscando reduzir o preconceito contra estudantes latinos no Estado de Nebrasca

O setor frigorífico no Estado de Nebrasca trouxe muitos latinos para nossa região. Observo que meus alunos definitivamente têm uma atitude negativa em relação a eles, normalmente como resultado da influência dos pais. Para ajudá-los a perceber seu preconceito eu uso o livro de David Gutterson, *Snow falling on Cedars*, para os alunos do último ano. Embora o romance ficcional se passe no Estreito de Puget e trate sobre os imigrantes japoneses durante a Segunda Guerra Mundial, levo os estudantes a discutir questões que proporcionam semelhanças contundentes com o preconceito que têm contra os latinos. Não tenho como avaliar o grau de preconceito, mas acredito que a educação e a consciência são passos-chave para diminuir o problema.

4. *Use livros, filmes, vídeos e gravações para retratar perspectivas étnicas.* O livro de Banks (2003), *Teaching strategies for ethnic studies*, descreve várias delas. A seguir, Marlene Wendler, professora de quarto ano em New Ulm, Minnesota, descreve suas estratégias de ensino a esse respeito.

Visão do professor
Usando a literatura para mostrar como minorias são tratadas

Uso a literatura para ajudar os alunos a entender outras pessoas e mostrar como às vezes são injustamente tratadas. Durante o mês de janeiro eu foco a região sudeste dos Estados Unidos nas aulas de estudos sociais e integro a disciplina de linguagem pedindo que toda a classe leia *Meet addy* e *Mississippi Bridge*. No Dia de Martin Luther King lemos sua biografia. Temos uma idéia de como os judeus foram tratados na Segunda Guerra através do livro *Number the stars*. Também nos interessamos em saber mais sobre Anne Frank. Quando as crianças lêem sobre como essas minorias eram tratadas, entendem melhor que todas as pessoas têm mais semelhanças do que diferenças em relação a elas.

5. *Leve em consideração o nível de desenvolvimento de seus alunos ao selecionar os vários materiais culturais.* Na pré-escola e nos primeiros anos do ensino fundamental, torne a experiência de aprendizado específica e concreta. Banks enfatiza que ficção e biografias são especialmente boas escolhas para introduzir conceitos culturais para esses estudantes. Banks recomenda que os estudantes nesses níveis podem estudar conceitos como semelhanças, diferenças, preconceito e discriminação, mas ainda não estão prontos do ponto de vista do desenvolvimento para estudar conceitos como racismo.

6. *Veja todos os alunos de maneiras positivas e crie altas expectativas para eles independentemente de sua etnicidade.* Todos os estudantes aprendem melhor quando seus professores têm altas expectativas de rendimento em relação a eles e apóiam seus esforços de aprendizado.

7. *Reconheça que a maioria dos pais, independentemente da etnicidade, estão interessados na educação dos filhos e querem que sejam bem-sucedidos na escola.* No entanto, entenda que muitos pais de cor têm sentimentos conflitantes sobre a escola por causa da sua própria experiência com a discriminação. Pense em maneiras positivas de envolver pais de cor na educação dos filhos e veja-os como parceiros no aprendizado dos filhos.

Reveja, reflita e pratique

(2) Descrever algumas maneiras de promover uma educação multicultural.

Reveja

- O que é educação multicultural? Qual é o objetivo de "habilitar" estudantes?
- O que é ensino culturalmente relevante?
- O que é educação centrada em análise de problemas? Dê um exemplo.
- Como os professores podem melhorar o relacionamento entre crianças de diferentes grupos étnicos?
- Por que alguns professores pensam que ainda devemos ensinar "valores básicos dos brancos anglo-protestantes?"

Reflita

- Em termos de educação multicultural, como professor, o que você espera fazer diferente daquilo que seus professores fizeram?

Pratique PRAXIS™

1. De acordo com Sonia Nieto, qual das seguintes práticas educacionais é a melhor para habilitar estudantes?
    a. Evitar a discussão sobre preconceito e discriminação.
    b. Ensinar um segundo idioma para todos os estudantes brancos.
    c. Ter aulas semanais separadas sobre temas multiculturais.
    d. Estimular todos os alunos a estudar a cultura de uma maneira crítica.
2. A prática de qual professor exemplifica melhor o conceito de educação multicultural?
    a. Do Sr. Lincoln, que não permite qualquer discussão sobre raça ou etnicidade em sua aula, considerando isso irrelevante para a educação dos estudantes.
    b. Do Sr. Peters, que tem expectativas diferentes para seus alunos com base em gênero, etnicidade e SSE.
    c. Do Sr. Welch, que demonstra favoritismo em relação aos membros de grupos de minoria étnica.
    d. Do Sr. Pattterson, que integra questões relacionadas a gênero, etnicidade e SSE no currículo e tem altas expectativas de rendimento para todos os alunos.
3. A Escola de Ensino Médio de Middlesborough é uma instituição com diversidade étnica com considerável tensão e conflito. Quando é possível, os estudantes se compõem em grupos de etnicidade única. Quando forçados a trabalhar em grupos etnicamente diversos, os estudantes freqüentemente protestam e não cooperam. Diversos episódios de violência por motivos raciais ocorreram durante este ano escolar. Com base em informação do texto, quais das seguintes práticas devem melhorar o relacionamento entre estudantes de diferentes grupos étnicos?
    a. Designar a leitura de livros que abordem a história e as contribuições de vários grupos étnicos e discutir sobre eles em classe em grupos étnicos mistos.
    b. Continuar colocando juntos alunos de diferentes etnicidades na sala de aula e em grupos de trabalho para que eles tenham a oportunidade de se conhecer e diminuir os conflitos.
    c. Permitir que os estudantes façam parte de grupos de etnicidade única, porque já têm idade suficiente para fazerem essa escolha sozinhos.
    d. Ignorar totalmente a etnicidade para que os alunos gradualmente se tornem menos conscientes sobre as diferenças étnicas.
4. E. D. Hirsch defende o ensino de um conjunto de conhecimentos fundamentais, incluindo a alfabetização cultural, para que:
    a. Tópicos multiculturais absorvam menos do currículo.
    b. Todos os alunos aprendam a se adaptar à cultura predominante.
    c. Todos os estudantes percebam a superioridade da cultura anglo-saxã.
    d. Os estudantes se tornem mais sensíveis ao conteúdo racista.

Por favor, verifique as respostas no final do livro.

3 Gênero

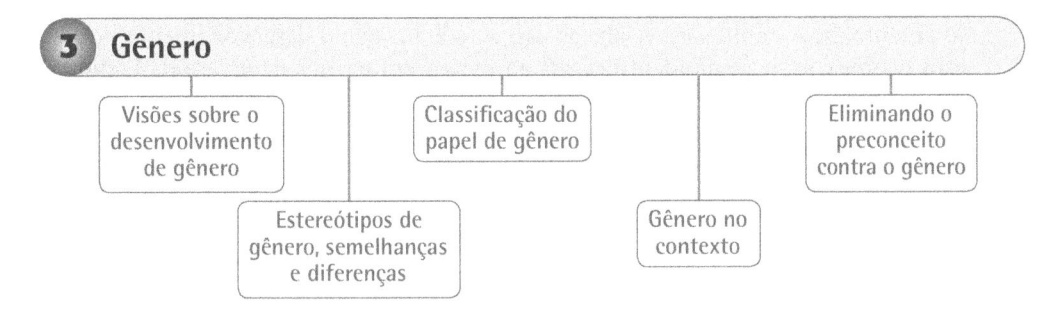

- Visões sobre o desenvolvimento de gênero
- Classificação do papel de gênero
- Eliminando o preconceito contra o gênero
- Estereótipos de gênero, semelhanças e diferenças
- Gênero no contexto

Gênero refere-se às dimensões sociocultural e psicológica de ser feminino ou masculino. Gênero é diferente de *sexo*, que envolve as dimensões biológicas de ser mulher ou homem. **Papéis dos gêneros** são as expectativas sociais que determinam como homem e mulher devem pensar, agir e sentir.

Visões sobre o desenvolvimento de gênero

Existem várias maneiras de ver o desenvolvimento de gênero. Alguns enfatizam fatores biológicos no comportamento de homens e mulheres; outros enfatizam fatores sociais ou cognitivos (Lippa, 2005).

Visões biológicas Nos seres humanos, o 23º par de cromossomos (cromossomos sexuais) determina se o feto será do sexo feminino (XX) ou masculino (XY). Ninguém nega a presença de diferenças genéticas, bioquímicas e anatômicas entre os sexos. Até mesmo especialistas em gênero com uma forte orientação ambiental reconhecem que meninas e meninos são tratados de maneira diferente por causa de suas diferenças físicas e de seus papéis diferentes na reprodução. O que está em questão é se as influências biológicas e ambientais são diretas ou indiretas. Por exemplo, o andrógeno é o hormônio sexual predominante no sexo masculino. Se um alto nível de andrógeno influencia diretamente o funcionamento do cérebro, que por sua vez exacerba alguns comportamentos como agressão ou nível de atividade, então o efeito biológico é direto. Se o alto nível de andrógeno de uma criança produz um forte desenvolvimento muscular, que por sua vez faz com que os outros criem a expectativa de que essa criança será um bom atleta e, assim, passem a induzir a criança a praticar esportes competitivamente, então o efeito biológico sobre o comportamento é mais indireto.

Algumas abordagens biológicas tratam de diferenças no cérebro de mulheres e homens (Lippa, 2005). Uma abordagem foca as diferenças entre homens e mulheres no corpo caloso, o feixe maciço de fibras que conectam os dois hemisférios do cérebro (LeDoux, 1996, 2002). O corpo caloso é maior nas mulheres do que nos homens, e isso talvez explique por que as mulheres têm melhor percepção do que os homens de suas próprias emoções e das dos outros. Isso ocorre possivelmente porque o hemisfério direito consegue passar mais informação sobre emoções do que o hemisfério esquerdo. As áreas do cérebro envolvidas na expressão das emoções mostram mais atividade metabólica nas mulheres do que nos homens (Gur e outros, 1995). Além disso, uma área do lobo parietal que é responsável pela habilidade visoespacial é maior nos homens do que nas mulheres (Frederikse e outros, 2000).

No entanto, existem muito mais semelhanças do que diferenças entre o cérebro das mulheres e o dos homens. Também sabemos que o cérebro tem uma plasticidade considerável e que as experiências podem modificar seu crescimento. Em suma, a biologia não é a explicação única quando atitudes e comportamentos de gênero estão em questão. Experiências de socialização das crianças contam muito (Lippa, 2005).

Visões de socialização Tanto a teoria psicanalítica quanto a sociocognitiva descrevem experiências sociais que influenciam o desenvolvimento de gênero da criança:

- A **teoria psicanalítica de gênero** tem como origem a visão de Freud de que a criança em idade pré-escolar desenvolve uma atração sexual pelo progenitor do sexo oposto. Aos cinco ou seis anos de idade, a criança renuncia a essa atração por causa dos sentimentos de ansiedade. Subseqüentemente, a criança se identifica com o progenitor do mesmo sexo, adotando inconscientemente suas características.

---

gênero Dimensões sociocultural e psicológica de gênero.

papéis dos gêneros São as expectativas sociais que determinam como homem e mulher devem pensar, agir e sentir.

teoria psicanalítica de gênero Teoria que tem como origem a visão de Freud de que a criança em idade pré-escolar desenvolve uma atração sexual pelo progenitor do sexo oposto. Aos cinco ou seis anos de idade, a criança renuncia a essa atração por causa dos sentimentos de ansiedade. Subseqüentemente, a criança se identifica com o progenitor do mesmo sexo, adotando inconscientemente suas características.

No entanto, hoje, muitos especialistas não acreditam que o desenvolvimento dos sexos ocorre com base na identificação, ao menos em termos da ênfase de Freud sobre atração sexual na infância (Callan, 2001). A tipificação do gênero nas crianças ocorre muito antes dos cinco ou seis anos e elas se tornam masculinas ou femininas até mesmo quando o progenitor do mesmo sexo não está presente na família.

- A **teoria sociocognitiva de gênero** enfatiza que o desenvolvimento de gênero na criança ocorre através da observação e imitação do comportamento de gênero e através de recompensas e punições que as crianças experienciam através de comportamentos apropriados e inapropriados nesse aspecto. Ao contrário da teoria da identificação, a teoria sociocognitiva argumenta que a atração sexual pelos pais não tem envolvimento com o desenvolvimento de gênero. Os pais freqüentemente usam recompensas e punições para ensinar suas filhas a serem femininas ("Karen, você é boa menina quando brinca gentilmente com sua boneca") e seus filhos a serem masculinos ("David, um menino do seu tamanho não chora"). Os colegas também recompensam e punem comportamentos de gênero (Lott e Maluso, 2001; Rubin, Bukowski e Parker, 2006). E, observando seus pares em casa, na escola, na vizinhança e na televisão, as crianças são amplamente expostas a uma gama de modelos que apresentam comportamentos feminino e masculino. Críticos da visão sociocognitiva argumentam que o desenvolvimento de gênero não é adquirido passivamente como parece. Mais adiante, discutiremos as visões cognitivas do desenvolvimento de gênero, que enfatizam que as crianças constroem ativamente seu mundo de gênero.

Muitos pais estimulam meninos e meninas a se envolver em diferentes tipos de brincadeiras e atividades (Bronstein, 2006; Lott e Maluso, 2001). As meninas costumam ganhar bonecas e, quando grandes o suficiente, são requisitadas para tarefas de babá. As meninas são estimuladas a serem mais carinhosas do que os meninos. Os pais costumam se envolver em brincadeiras mais agressivas com os filhos do que com as filhas. Na adolescência, os pais dão mais liberdade a seus filhos do que às suas filhas.

Os amigos também recompensam e punem amplamente comportamentos relacionados a gênero (Rubin, Bukowski e Parker, 2006). Após observações extensas de classes do ensino fundamental, dois pesquisadores caracterizaram o playground como "escolas de gênero" (Luria e Herzog, 1985). No primário, meninos usualmente ficam com meninos e meninas com meninas. É mais fácil uma menina "travessa" se juntar aos grupos de meninos do que meninos com jeito "feminino" se juntar aos grupos de meninas, isso por causa da grande pressão de nossa sociedade sobre os meninos em termos de tipificação dos sexos. A psicóloga desenvolvimentalista Eleanor Maccoby (1998, 2002), que estudou a questão de gênero por várias décadas, acredita que os colegas desempenham um papel de socialização de gênero importante, ensinando uns aos outros qual comportamento de gênero é aceitável e inaceitável.

A televisão também tem um papel socializador de gênero, retratando mulheres e homens em papéis específicos de gênero (Comstock e Scharrer, 2006; Ward, 2003). Mesmo com o surgimento de programações mais diversificadas nos últimos anos, os pesquisadores ainda consideram que a TV apresenta os homens como mais competentes do que as mulheres (Pacheco e Hurtado, 2001). Numa recente análise de vídeos de rap na TV, as adolescentes eram mostradas primariamente como preocupadas com namoro, compras e aparência (Campbell, 1988). Raramente eram retratadas como interessadas na escola e na carreira. Meninas bonitas eram principalmente retratadas como "cabeças vazias," meninas feias como inteligentes. As escolas e os professores também têm influências na socialização de gênero sobre meninos e meninas.

Visão cognitiva Observação, imitação, recompensas e punições – são os mecanismos através do qual o gênero se desenvolve, segundo a teoria sociocognitiva. Interações entre a criança e o ambiente social são as principais chaves de gênero nessa visão. Alguns críticos argumentam que essa explicação dá muito pouca atenção às preocupações e ao entendimento da criança e a retrata como alguém que adquire passivamente papéis de gênero (Martin, Ruble e Szkrybalo, 2002).

Teoria do esquema de gênero, atualmente, a teoria cognitiva de maior aceitação, define que a tipificação do gênero surge gradualmente conforme a criança desenvolve esquemas do que é apropriado e inapropriado ao gênero em sua cultura. *Esquema* é uma estrutura cognitiva, uma

---

teoria sociocognitiva de gênero
Teoria que diz que o desenvolvimento de gênero das crianças ocorre através da observação e da imitação do comportamento de gênero, assim como reforços e punições do comportamento de gênero.

teoria do esquema de gênero Define que a tipificação do gênero surge gradualmente conforme a criança desenvolve esquemas do que é apropriado e inapropriado ao gênero em sua cultura.

rede de associações que guia as percepções de um indivíduo. Um *esquema de gênero* organiza o mundo em termos de feminino e masculino. As crianças são motivadas internamente a perceber o mundo e a agir de acordo com seus esquemas em desenvolvimento.

A teoria de esquema de gênero define que a tipificação do sexo ocorre quando as crianças estão prontas para codificar e organizar informações segundo o que é considerado apropriado para mulheres e homens em sua sociedade (Martin e Dinella, 2001; Martin e Halverson, 1981; Ruble, Martin e Berenbaum, 2006). Pouco a pouco, as crianças assimilam o que é apropriado ao gênero e o que não é em sua cultura e desenvolvem esquemas de gênero que moldam sua percepção do mundo e daquilo de que se lembram. As crianças são motivadas a agir em conformidade com esses esquemas de gênero.

Estereótipos de gênero, semelhanças e diferenças

Quais são as verdadeiras diferenças entre meninos e meninas? Antes de tentar responder à pergunta, vamos considerar o problema de estereótipos de gênero.

O playground de uma escola primária é como freqüentar uma "escola de gênero", visto que os meninos preferem interagir com meninos e meninas com meninas.

Estereótipos de gênero Estereótipos de gênero são categorias amplas que refletem impressões e crenças sobre qual comportamento é apropriado para mulheres e para homens. Todos os estereótipos – sejam eles relacionados **a gênero**, etnicidade ou outras categorias – referem-se a uma imagem de como é o membro típico de uma categoria. Muitos estereótipos são tão gerais que se tornam ambíguos. Considere as categorias "masculino" e "feminino". Diversos comportamentos podem ser atribuídos a cada categoria, tais como fazer um gol ou deixar crescer a barba para "masculino" e brincar de boneca ou usar batom para "feminino". Mas os comportamentos que compõem uma categoria podem ser alterados por mudança cultural. Em algum momento na história, o desenvolvimento muscular pode ser considerado masculino; em outro período, um físico mais esguio pode ser considerado masculino. Da mesma forma, em algum momento da história, o corpo "feminino" ideal foi voluptuoso e redondo. Hoje é esguio e atlético. No início do século 20, ser dependente era considerado uma dimensão importante da feminilidade, enquanto hoje há uma ênfase muito maior na sensibilidade feminina em relação aos outros. Comportamentos popularmente considerados como reflexo de uma categoria também podem variar de acordo com circunstâncias socioeconômicas. Por exemplo, é mais comum indivíduos de baixa renda qualificarem a imagem de rude e durão como masculina do que indivíduos de classe média.

Estereotipar estudantes como "masculino" e "feminino" pode ter conseqüências significativas (Halpern, 2006; Kite, 2001; Smith, 2007). Rotular um homem de "feminino" ou uma mulher de "masculina" pode prejudicar seu status social e sua aceitação em grupos.

O estereótipo de gênero muda com o desenvolvimento (Ruble, Martin e Berenbaum, 2006). Quando as crianças ingressam no ensino fundamental, já têm um conhecimento considerável sobre quais atividades estão associadas a ser homem ou mulher. Até os sete ou oito anos de idade, o estereótipo de gênero é amplo, possivelmente porque as crianças não reconhecem variações individuais da masculinidade e feminilidade. Aos cinco anos, tanto meninos quanto meninas estereotipam meninos como poderosos e, em termos mais negativos, como rudes. E as meninas em termos mais positivos, tais como amáveis (Miller e Ruble, 2005). Ao longo do ensino fundamental, as crianças se tornam mais flexíveis em suas atitudes relativas a gênero (Trautner e outros, 2005). No início da adolescência, o estereótipo de gênero pode se exacerbar novamente. Conforme seus corpos mudam drasticamente durante a puberdade, meninos e meninas normalmente ficam confusos e preocupados com o que está acontecendo com eles. A estratégia segura para os meninos é tornar-se o mais homem possível (isto é, masculino) e a estratégia segura para as meninas é tornar-se o mais mulher possível (isto é, feminina). Portanto, a intensificação do gênero criada pela mudança na puberdade pode produzir maior estereotipia nos adolescentes, embora o fato de isso existir ou não seja discutível (Galambos, 2004; Liben e Bigler, 2002). No ensino médio, a flexibilidade nas atitudes de gênero muitas vezes aumenta, especialmente nos adolescentes norte-americanos.

estereótipo de gênero São categorias amplas que refletem impressões e convicções sobre quais comportamentos são apropriados para mulheres e homens.

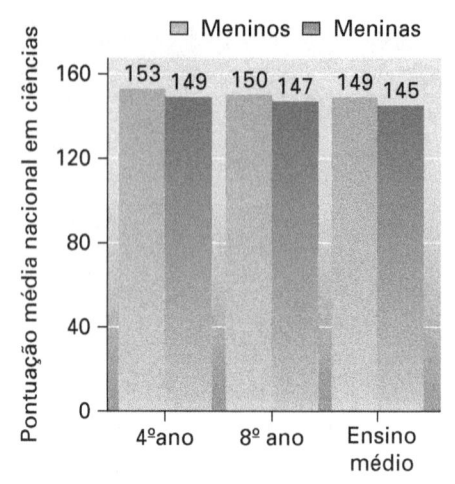

FIGURA 5.4 Pontuação nacional em ciências para meninos e meninas.
Os dados coletados pelo National Assessment of Educational Progress (Exame de Avaliação Nacional de Progresso Educacional) nos EUA, em 2005, indicaram que os meninos tiveram pontuação ligeiramente maior do que as meninas no quarto e no oitavo ano e no ensino médio (Grigg, Lauko e Brockway, 2006). A pontuação em ciências pode ter variado de 0 a 300.

Gráfico de barras — Pontuação média nacional em ciências:
- 4º ano: Meninos 153, Meninas 149
- 8º ano: Meninos 150, Meninas 147
- Ensino médio: Meninos 149, Meninas 145

sexismo Preconceito e discriminação contra um indivíduo devido ao seu sexo; quanto ao fato de ser homem ou mulher.

Muitas vezes, estereótipos são negativos e podem ocultar preconceito e discriminação. O **sexismo** é o preconceito e discriminação contra um indivíduo por causa do seu sexo. Alguém que diz que uma mulher não pode ser uma engenheira competente está expressando sexismo. Assim como alguém que diz que homens não podem ser professores competentes de pré-escola. Mais adiante no capítulo, quando discutirmos sobre gênero nas escolas, descreveremos algumas estratégias para criar uma sala de aula não-sexista.

Semelhanças e diferenças de gênero em domínios academicamente relevantes Muitos aspectos da vida dos estudantes podem ser examinados para que se determine o quanto meninas e meninos são diferentes (Crawford e Unger, 2004).

Desempenho físico Como a educação física faz parte do sistema educacional nos Estados Unidos, é importante tratar semelhanças e diferenças de gênero no desempenho físico (Eisenberg, Martin e Fabes, 1996). Em geral, os meninos têm um desempenho melhor do que as meninas em habilidades atléticas, tais como corrida, lançamento e salto. Nos primeiros anos do ensino fundamental, as diferenças geralmente não são grandes; elas se tornam mais expressivas no ensino médio (Smoll e Schutz, 1990). As mudanças hormonais da puberdade resultam no aumento da massa muscular para os meninos e no aumento da gordura para as meninas. Isso leva a uma vantagem para os meninos nas atividades relacionadas a força, tamanho e potência. Contudo, fatores ambientais estão envolvidos no desempenho físico mesmo após a puberdade. As meninas têm menor propensão a participar de atividades que promovem a capacidade motora necessária para ter sucesso nos esportes (Thomas e Thomas, 1988).

O nível de atividade é outra área do desempenho físico em que ocorrem diferenças de gênero. Desde a tenra infância, os meninos são mais ativos do que as meninas em termos de coordenação motora grossa (Ruble, Martin e Berenbaum, 2006). Na sala de aula, isso significa que os meninos costumam vagar pela sala e prestar menos atenção do que as meninas. Nas aulas de educação física, os meninos gastam mais energia do que as meninas.

Habilidades em ciências e matemática Conclusões distintas foram relatadas quanto às habilidades em matemática. Em algumas análises, os meninos se saem melhor em matemática e isso tem sido fonte de preocupação de longa data (Eisenberg, Martin e Fabes, 1996). Por exemplo, no National Assessment of Educational Progress, exame aplicado nos Estados Unidos, meninos do quarto e oitavo ano continuaram a ter um desempenho melhor do que as meninas em matemática, até 2005 (The Nation's Report Card, 2005). No entanto, nem todos os estudos mostraram diferenças. Por exemplo, num estudo de âmbito nacional nos Estados Unidos, não foram observadas diferenças no desempenho em matemática entre meninos e meninas no quarto e oitavo ano e no ensino médio (Coley, 2001).

No geral, quando de fato existem, as diferenças de gênero nas habilidades de matemática costumam ser pequenas (Hyde, 2005, 2007). Declarações como "Os homens se saem melhor do que as mulheres em matemática" não devem ser interpretadas como uma alegação de que todos os homens são melhores do que todas as mulheres em matemática. Em vez disso, essas declarações se referem a médias (Hyde e Plant, 1995). Além disso, quando diferenças entre gênero em matemática de fato aparecem, elas não são uniformes em diferentes contextos. Os meninos têm melhor rendimento em matemática no que diz respeito a medidas, ciências e esportes; as meninas têm melhor rendimento na matemática que envolve tarefas femininas tradicionais como cozinha e costura (Linn e Hyde, 1989).

Uma área da matemática que foi examinada para identificar possíveis diferenças de gênero é a habilidade visoespacial, que inclui ser capaz de girar objetos mentalmente e determinar seu formato enquanto giram. Esses tipos de habilidades são importantes em cursos como geometria plana e sólida e geografia. Pesquisadores constataram que os homens têm mais habilidade visoespacial que as mulheres (Blakemore, Berenbaum e Liben, 2005; Ruble, Martin e Berenbaum, 2006). Apesar da participação em igual número no National Geografy Bee, na maioria dos anos todos os 10 finalistas eram meninos (Liben, 1995). No entanto, alguns especialistas argumentam que a diferença de gênero na habilidade visoespacial é pequena (Hyde, 2007).

E quanto a ciências? Existem diferenças entre os gêneros? Num estudo feito sobre o rendimento em ciências conduzido nos Estados Unidos, os meninos tiveram rendimento ligeiramente melhor no quarto e no oitavo ano e no ensino médio (National Assessment of Educational Progress, 2005) (veja a Figura 5.4). Em outro estudo focado nos alunos de oitavo ano e primeiro ano do ensino médio, os meninos tiveram notas melhores do que as meninas nas provas de ciências, especialmente entre os estudantes com habilidade média e alta (Burkham, Lee e Smerdon, 1997). Nas aulas de ciências em que foram enfatizadas atividades práticas em laboratório, as notas das meninas nas provas melhoraram consideravelmente. Isso sugere a importância do envolvimento ativo dos estudantes nas aulas de ciências, o que pode promover a eqüidade entre gêneros.

Muitos especialistas acreditam que as diferenças de gênero em matemática e ciências que existem de fato se devem a experiências vivenciadas por meninos e meninas (Meece e Scantlebury, 2006; Wigfield e outros, 2006. Existem muito mais modelos masculinos de matemática e ciências do que femininos na cultura. Os meninos fazem mais cursos de matemática e ciências do que meninas. Por exemplo, em um estudo conduzido nos Estados Unidos constatou-se que a proporção de homens que optam por cursos de ciências da computação e física é consideravelmente maior (Coley, 2001) do que a de mulheres. Além disso, as expectativas dos pais quanto a habilidades de ciências e matemática são mais altas para os meninos. Em um estudo conduzido com 1.500 famílias, os pais compravam mais livros e jogos de matemática e ciências para seus filhos do que para suas filhas, disseram que os meninos têm mais talento para matemática do que as meninas e comentaram que os meninos são mais bem-sucedidos em carreiras no campo da matemática (Eccles e outros, 1991).

Habilidades verbais Um estudo importante sobre diferenças e semelhanças de gênero conduzido na década de 1970 concluiu que as meninas têm melhor habilidade verbal do que os meninos (Maccoby e Jacklin, 1974). No entanto, análises mais recentes sugerem que em algumas instâncias pode haver pouca ou nenhuma diferença entre a habilidade verbal de meninos e meninas. Por exemplo, atualmente os homens têm notas tão boas quanto as mulheres na parte oral do exame SAT (Educational Testing Service, 2002).

Durante o ensino fundamental e médio, no entanto, existe forte evidência de que as mulheres têm melhor rendimento do que os homens em leitura e redação. Em estudos conduzidos nos Estados Unidos, as meninas tiveram melhor desempenho em leitura do que os meninos no quarto e no oitavo ano e no ensino médio, com uma diferença crescente a cada ano em que os alunos avançavam (Coley, 2001; National Assessment of Educational Progress, 2005). A Figura 5.5 mostra a diferença em leitura entre os sexos no exame nacional de leitura do quarto ano (National Assessment of Educational Progress, 2005); as meninas também tiveram melhor resultado em redação do que os meninos no quarto e no oitavo ano e no ensino médio (National Assessment of Educational Progress, 2002).

Envolvimento educacional É mais comum os homens abandonarem os estudos do que as mulheres, embora a proporção seja pequena (15% contra 13%) (National Center for Education Statistics, 2001). Nos Estados Unidos, as mulheres (90%) tendem mais a concluir o ensino médio do que os homens (87%).

Evidências sugerem que os meninos predominam na metade inferior de nível acadêmico das classes do ensino médio (DeZolt e Hull, 2001). Isto é, embora muitos meninos tenham nível acadêmico mediano e alto, 50% do nível inferior é composto por meninos. A porcentagem de homens que freqüentavam um curso superior na década de 1950 era praticamente de 60%. Hoje, essa porcentagem caiu para aproximadamente 45%. As meninas costumam se envolver mais com o material acadêmico, prestar atenção na aula, empenhar-se mais e participar mais em classe do que os meninos (DeZolt e Hull, 2001). No entanto, mesmo quando as meninas se saem melhor do que os meninos, elas costumam minimizar seu desempenho (Ruble, Martin e Berenbaum, 2006; Wiafield, Byrnes e Eccles, 2006).

Habilidades de relacionamento A sociolingüista Deborah Tannen (1990) diz que meninos e meninas crescem em mundos diferentes no que diz respeito às conversas – pais, irmãos, colegas, professores e outros conversam de maneira diferente com meninos e com meninas. Ao descrever essa conversa, Tannen distingue entre conversa de aproximação e de relato:

- **Conversa de aproximação/quebra-gelo** é a linguagem da conversação e uma maneira de estabelecer contatos e estabelecer relacionamentos. As mulheres apreciam mais a conversa de aproximação e conversas voltadas aos relacionamentos do que os homens.
- **Conversa de relato** é a conversa que fornece informações. Falar em público é um exemplo de conversa de relato. Os homens predominam na conversa de relato através de representações verbais tais como contar histórias, piadas e proferir palestras de conteúdo informativo.

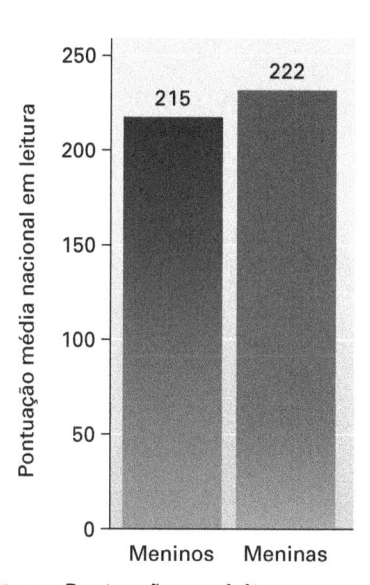

FIGURA 5.5 Pontuação em leitura para meninos e meninas nos exames feitos nos Estados Unidos.

Os dados coletados no National Assessment of Educational Progress de 2005 indicaram que as meninas têm melhor rendimento em leitura no quarto e no oitavo ano (National Assessment of Educational Progress, 2005). A figura acima mostra os dados para o quarto ano. Uma avaliação anterior constatou que um resultado em leitura favorável para as meninas também ocorre no ensino médio (National Assessment of Educational Progress, 1998).

"Então, de acordo com o estereótipo, você consegue somar dois e dois, mas eu consigo ler o que está escrito na lousa."

Joel Pett, *The Lexington Herald-Leader*, CartoonArts International/CWS.

conversa de aproximação/quebra-gelo Linguagem da conversação e uma maneira de estabelecer contatos e relacionamentos; mais característica das mulheres do que dos homens.

conversa de relato A conversa que fornece informações; mais característica dos homens do que das mulheres.

Alguns pesquisadores criticam as idéias de Tannen como sendo extremamente simplistas e vêem a comunicação entre homens e mulheres como mais complexa (Edwards e Hamilton, 2004; Hyde, 2005, 2007; MacGeorge, 2004). Por exemplo, em uma metanálise realizada sobre as diferenças de gênero em comunicabilidade (competência de comunicação em geral), discurso afiliativo (linguagem usada para estabelecer ou manter contato com os outros, como demonstrar apoio ou detalhar observações anteriores de uma pessoa) e discurso auto-assertivo (linguagem usada para influenciar os outros, tais como declarações diretivas ou discordantes) (Leaper e Smith, 2004). (*Metanálise* é uma análise estatística que combina os resultados de diferentes estudos.) A revisão confirmou a crítica de que Tannen enfatiza de modo exagerado o tamanho da diferença de gênero na comunicação. Existem de fato diferenças, mas são pequenas, sendo as meninas um pouco mais falantes e envolvidas no discurso afiliativo do que os meninos e os meninos mais inclinados a usar um discurso auto-assertivo. Talvez a mensagem mais importante dessa revisão seja a de que as diferenças de gênero na comunicação muitas vezes dependem do contexto:

- *Tamanho do grupo*. A diferença de gênero em comunicabilidade (as meninas sendo mais competentes em se comunicar) ocorreu mais em grupos grandes do que em *díades*.
- *Diálogo com amigos e adultos*. Não foram observadas diferenças entre colegas, mas as meninas conversavam mais com adultos do que meninos.
- *Familiaridade*. A diferença de gênero no discurso auto-assertivo (os meninos usam mais) ocorreu com mais freqüência nas conversas com estranhos do que com pessoas conhecidas.
- *Idade*. A diferença de gênero no discurso afiliativo foi maior na adolescência. Isso talvez devido ao maior interesse das adolescentes no comportamento socioemocional tradicionalmente associado às mulheres.

Comportamento pró-social Existem diferenças de gênero no comportamento pró-social (comportamento moral positivo)? As mulheres se consideram mais pró-sociais e empáticas e apresentam um comportamento mais pró-social do que os homens (Eisenberg, Fabes e Spinrad, 2006; Eisenberg e Morris, 2004). Por exemplo, um estudo descobriu que ao longo da infância e adolescência as mulheres se envolvem em mais comportamentos pró-sociais (Eisenberg e Fabes, 1998). A maior diferença de gênero ocorreu no comportamento gentil e de consideração, com uma pequena diferença no compartilhar.

Agressividade Uma das diferenças mais consistentes de gênero é que os meninos são mais agressivos fisicamente do que as meninas (Dodge, Coie e Lynam, 2006; Ruble, Martin e Berenbaum, 2006). A diferença é especialmente marcante quando a criança é provocada – essa diferença ocorre em todas as culturas e se manifesta muito cedo no desenvolvimento da criança (Ostrov, Keating e Ostrov, 2004). Tanto os fatores biológicos como ambientais foram indicados como responsáveis pela diferença na agressão física. Fatores biológicos incluem hereditariedade e hormônios; fatores ambientais incluem expectativas culturais, modelos de adultos e colegas e recompensa por atitudes agressivas adotadas por meninos.

Embora os meninos demonstrem uma agressividade física consistentemente maior do que as meninas, podem as meninas mostrar uma agressividade verbal igual ou maior, tal como gritar, do que os meninos? Quando a agressão verbal é examinada, as diferenças de gênero tipicamente ou desaparecem ou às vezes são até mais pronunciadas nas meninas (Eagly e Steffen, 1986). Vem crescendo o interesse no estudo da *agressão relacional*, que envolve prejudicar alguém através de manipulação de um relacionamento (Crick, Ostrov e Werner, 2006; Young, Boye e Nelson, 2006). Pesquisadores constataram resultados ambíguos no que diz respeito a gênero e agressão relacional de acordo com alguns estudos que mostraram meninas envolvidas em mais agressão relacional e outros que não revelavam diferenças entre meninos e meninas (Young, Boye e Nelson, 2006).

Emoção e seu controle/policiamento Nos primeiros anos do ensino fundamental, os meninos costumam esconder suas emoções negativas como tristeza e as meninas são menos propensas a expressar emoções como desapontamento que podem magoar os outros (Eisenberg, 1986). No início da adolescência, as meninas dizem que experienciam mais tristeza, vergonha e culpa e relatam emoções mais intensas; os meninos costumam negar que experienciam essas emoções (Ruble, Martin e Berenbaum, 2006). Uma habilidade importante é ser capaz de regular e controlar as emoções e o comportamento. Os meninos geralmente demonstram menos auto-regulação do que as meninas (Eisenberg, Spinrad e Smith, 2004). Esse baixo autocontrole pode se traduzir em problemas de comportamento. Um estudo demonstrou que a auto-regulação baixa das crianças estava associada a maior agressividade, provocação dos outros, reação exacerbada à frustração, pouca cooperação e inabilidade de adiar a recompensa (Block e Block, 1980).

Polêmicas sobre gênero As seções anteriores revelaram diferenças substanciais nas habilidades físicas de leitura e escrita, agressividade e autocontrole, mas pequena ou nenhuma diferença em comunicação, matemática e ciências. Há muita polêmica sobre tais semelhanças e diferenças. Psicólogos evolutivos como David Buss (2004) argumentam que diferenças entre gêneros são extensas e causadas por problemas de adaptação enfrentados ao longo da história evolucionária. Alice Eagly (2001) também conclui que as diferenças entre gênero são substanciais, mas diferem quanto às causas. Ela enfatiza que diferenças entre gêneros devem-se a condições sociais que resultam em menos poder e controle de menos recursos por parte das mulheres comparativamente aos homens.

Em contrapartida, Janet Shibley Hyde (1986, 2005, 2007) conclui que as diferenças entre os sexos foram exageradas ao extremo, alimentadas especialmente por livros como *Homens são de Marte, mulheres são de Vênus* (*Men are from Mars, women are from Venus*), de John Gray (1992), e *Você simplesmente não me entende* (*You just don't understand*), de Deborah Tannen (1990). Ela argumenta que a pesquisa mostra que mulheres e homens são semelhantes na maioria dos fatores psicológicos. Uma revisão feita por Hyde (2005) resumiu os resultados de 44 metanálises sobre diferenças e semelhanças entre gênero. A maioria das áreas, incluindo habilidade em matemática, comunicação e agressividade, demonstrava que as diferenças eram poucas ou inexistentes. A maior diferença foi observada nas habilidades motoras (a favor dos homens), seguida da sexualidade (os homens se masturbam mais e endossam mais o sexo sem compromisso) e agressão física (os homens cometem mais agressões físicas do que as mulheres).

O resumo de Hyde quanto à metanálise não deve acalmar a polêmica sobre as diferenças e semelhanças entre os sexos, mas pesquisas futuras continuarão a proporcionar uma base para julgamentos precisos sobre essa controvérsia.

Classificação do papel de gênero

A classificação do papel do gênero envolve avaliar meninos e meninas em termos de grupos de traços de personalidade. No passado, considerava-se que um homem competente deveria ser independente, agressivo e poderoso. Uma mulher competente deveria ser dependente, carinhosa e não ter interesse pelo poder. Ao mesmo tempo, de modo geral, características masculinas eram vistas pela sociedade como saudáveis e boas, enquanto características femininas eram consideradas indesejáveis.

Na década de 1970, à medida que mais mulheres e homens começaram a expressar abertamente sua insatisfação com a pressão imposta pelas expectativas rígidas para os gêneros, foram propostas alternativas para a feminilidade e masculinidade. Em vez de restringir aos homens a competência da masculinidade e às mulheres a competência da feminilidade, foi proposto que as pessoas poderiam ter ambas as características, "masculina" e "feminina". Essa forma de pensar levou ao desenvolvimento do conceito de **androginia**, que refere-se à presença de características femininas e masculinas desejáveis na mesma pessoa (Bem, 1977; Spence e Helmreich, 1978). O menino andrógino pode ser assertivo ("masculino") e carinhoso ("feminino"). A menina andrógina pode ser poderosa ("masculino") e sensível aos sentimentos dos outros ("feminino").

Foram desenvolvidas medidas para avaliar a androginia. Uma das medidas mais utilizadas é o Inventário do Papel Sexual. Para conhecer o papel de gênero no qual você se classifica, masculino, feminino ou andrógino, complete a Auto-avaliação 5.1.

Especialistas como Sandra Bem argumentam que indivíduos andróginos são mais flexíveis, competentes e mentalmente saudáveis que seus pares masculinos ou femininos. Por exemplo, um estudo sobre o assunto concluiu que indivíduos andróginos e masculinos tinham expectativas maiores por serem mais capazes de controlar o resultado de seus esforços

androginia Presença de características femininas e masculinas desejáveis na mesma pessoa.

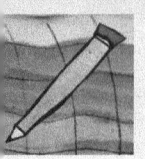

Auto-avaliação 5.1

Qual orientação de papel de gênero apresentarei para meus alunos?

Os itens abaixo investigam que tipo de pessoa você pensa que é. Assinale a coluna que melhor descreve você em cada item: 1 = sou totalmente diferente, 2 = um pouco diferente de mim, 3 = um pouco como eu e 4 = sou muito assim.

Item	1	2	3	4
1. Sou independente.				
2. Minha vida emocional é importante para mim.				
3. Dou apoio social aos outros.				
4. Sou competitivo.				
5. Sou uma pessoa amável.				
6. Sou sensível aos sentimentos dos outros.				
7. Tenho autoconfiança.				
8. Sou introspectivo.				
9. Sou paciente.				
10. Sou determinado.				
11. Sou agressivo.				
12. Estou disposto a assumir riscos.				
13. Gosto de contar segredos para os amigos.				
14. Gosto do poder.				

Pontuação e interpretação

Os itens 1, 4, 7, 10, 11, 12 e 14 são masculinos. Os itens 2, 3, 5, 6, 8, 9 e 13 são femininos. Examine o padrão de suas respostas. Se você assinalou as colunas 3 e 4 para a maioria dos itens masculinos e as colunas 1 e 2 para a maioria dos itens femininos, sua provável caracterização é de masculinidade. Se você assinalou as colunas 3 e 4 para a maioria dos itens femininos e as colunas 1 e 2 para a maioria dos itens masculinos, sua provável caracterização é de feminilidade. Se você assinalou as colunas 3 e 4 tanto para os itens masculinos quanto para os femininos, sua provável caracterização é de androginia. Se você assinalou as colunas 1 e 2 tanto para os itens masculinos quanto para os femininos, sua classificação do papel de gênero provavelmente é indiferenciada.

acadêmicos do que indivíduos femininos ou indiferenciados (não-masculinos, femininos ou andróginos) (Choi, 2004).

De certa forma, no entanto, qual classificação de papel é "melhor" vai depender do contexto. Por exemplo, uma orientação feminina pode ser mais desejável em relacionamentos mais íntimos por causa da natureza expressiva desse tipo de relacionamento, e orientações masculinas podem ser mais desejáveis em ambientes acadêmicos tradicionais e de trabalho por causa das demandas de desempenho nesses contextos.

Uma preocupação especial são meninos adolescentes que adotam um forte papel masculino. Pesquisadores constataram que os adolescentes altamente masculinos muitas vezes apresentam problemas de comportamento, tais como delinqüência, abuso de drogas e relações sexuais sem proteção (Pleck, 1995). São viris, machistas e agressivos e geralmente têm fraco rendimento na escola.

Androginia e educação Podemos e devemos ensinar androginia aos estudantes? Em geral, é mais fácil ensinar androginia para as meninas do que para os meninos e é mais fácil fazê-lo antes do ensino médio. Por exemplo, foi realizado nos Estados Unidos um estudo em que um currículo de gênero foi implementado durante um ano na pré-escola, no quinto e no nono ano (Guttentag e Bray, 1976). O estudo envolveu livros, materiais de discussão e exercícios em sala de aula com uma inclinação andrógina. O programa obteve maior sucesso com os alunos do quinto ano e menos sucesso com os do nono. Os alunos do nono ano, especialmente os meninos, mostraram um efeito bumerangue – mais atitudes tradicionais do gênero após o ano de instrução andrógina do que antes dele.

A despeito dessas conclusões ambivalentes, os defensores dos programas de androginia acreditam que a tipificação tradicional do gênero é prejudicial para todos os estudantes e impediu especialmente muitas meninas de experimentar oportunidades iguais. Os opositores argumentam que programas de androginia são carregados de valores e ignoram a diversidade dos papéis de gênero em nossa sociedade.

Transcendência do papel de gênero Alguns críticos da androginia dizem que basta e que há muita conversa sobre gêneros. Eles argumentam que a androginia é uma panacéia menor do que originalmente imaginada (Paludi, 2002; Woodhill e Samuels, 2004). Uma alternativa é a **transcendência do papel de gênero**, a visão de que a competência das pessoas deve ser conceitualizada em termos delas como pessoas e não em termos de sua masculinidade, feminilidade ou androginia (Pleck, 1983).

Os pais devem estimular os filhos a serem indivíduos competentes, não masculinos, femininos ou andróginos, dizem os críticos do papel dos gêneros. Eles acreditam que essa classificação dos gêneros leva a um excesso de estereotipagem.

Gênero no contexto

Anteriormente, dissemos que o conceito de classificação do papel do gênero envolve categorizar as pessoas em termos de traços de personalidade. No entanto, lembre-se de nossa discussão sobre personalidade no Capítulo 4, "Variações individuais", que diz ser benéfico pensar sobre personalidade em termos de interação pessoa-situação em vez de apenas traços de personalidade. Vamos explorar mais a fundo agora o gênero no contexto.

Comportamento solidário e emoção Segundo a estereotipia, as mulheres são mais solidárias do que os homens. Mas isso depende da situação (Ruble, Martin e Berenbaum, 2006). As mulheres costumam dedicar voluntariamente mais de seu tempo para ajudar crianças com problemas pessoais e apresentam um comportamento de cuidadoras. No entanto, nas situações em que experimentam um senso de competência ou que envolvem perigo, os homens costumam ajudar (Eagly e Crowley, 1986). Por exemplo, é maior a probabilidade de um homem parar e ajudar alguém na estrada com um pneu furado do que uma mulher.

Ela é emotiva; ele não. Esse é o estereótipo emocional predominante. No entanto, assim como o comportamento solidário, diferenças emocionais entre homens e mulheres dependem da emoção em particular envolvida e do contexto em que é apresentada (Shields, 1991). Os homens demonstram mais a sua raiva em relação a estranhos, especialmente a homens estranhos, quando sentem que foram desafiados. Os homens também são mais passíveis de transformar sua raiva em atitudes agressivas. Diferenças emocionais entre mulheres e homens muitas vezes surgem em contextos que enfatizam papéis sociais. Por exemplo, as mulheres discutem mais as emoções em um relacionamento, assim como expressam mais medo e tristeza.

Cultura A importância de considerar o gênero no contexto é mais evidente ao se examinar qual é o comportamento culturalmente prescrito para homens e mulheres nos diferentes países ao redor do mundo (Best, 2001). Nos Estados Unidos existe agora uma aceitação maior da androginia e semelhanças no comportamento de homens e mulheres, mas em muitos outros países os papéis permaneceram específicos ao gênero. Por exemplo, em vários países do Oriente Médio a divisão do trabalho entre homens e mulheres é drástica. No Iraque e no Irã os homens são socializados (preparados para o convívio na sociedade) para freqüentar e trabalhar na esfera pública; as mulheres são socializadas para permanecer

---

transcendência do papel de gênero
Visão de que a competência das pessoas deve ser conceitualizada em termos delas como pessoas e não em termos de sua masculinidade, feminilidade ou androginia.

no mundo privado do lar e cuidar dos filhos. Desvios do comportamento tradicional masculino ou feminino são severamente desaprovados. Da mesma forma, na China, embora as mulheres tenham feito alguns avanços, o papel masculino ainda é dominante.

Origens étnicas e culturais também influenciam a maneira como meninos e meninas serão socializados nos Estados Unidos. Um estudo indicou que os meninos e as meninas adolescentes latinos eram socializados de maneira diferente à medida que cresciam (Raffaelli e Ontai, 2004). As latinas experimentavam muito mais restrições do que os latinos quanto à liberdade de horário, interagir com membros do sexo oposto, tirar carteira de motorista, encontrar emprego e envolvimento em atividades extraclasse.

Eliminando o preconceito contra o gênero

Em que proporção as interações sociais entre professores e estudantes são influenciadas pelo gênero? O que os professores podem fazer para reduzir ou eliminar o preconceito quanto ao gênero em sala de aula?

Interação professor-aluno Os professores interagem mais com meninos e meninas em todos os níveis do ensino (Ruble, Martin e Berenbaum, 2006). Quais são as evidências de que há preconceito em relação aos meninos nessa interação? A seguir estão alguns fatos a considerar (DeZolt e Hull, 2001):

- Ser obediente, cumpridor de regras, asseado e pacífico são exemplos de comportamentos valorizados e enfatizados em muitas salas de aula. São comportamentos tipicamente associados mais a meninas do que a meninos.
- A grande maioria dos professores são mulheres, especialmente no Ciclo I do ensino fundamental. Isso pode tornar mais difícil para os meninos do que para as meninas identificar-se com seus professores e usar o comportamento do professor como modelo.
- Identificam-se mais meninos com problemas de aprendizado do que meninas.
- Meninos costumam ser mais criticados do que meninas.
- Os educadores costumam ignorar que muitos meninos estão claramente enfrentando problemas acadêmicos, especialmente em linguagem.
- Os educadores tendem a estereotipar o comportamento dos meninos como problemático.

Quais são as evidências de que há preconceito em relação às meninas em sala de aula? Considere os seguintes fatores (Sadker e Sadker, 1994, 2005):

- Numa sala de aula típica as meninas são mais obedientes e os meninos mais bagunceiros. Os meninos exigem mais atenção; as meninas costumam esperar mais tranqüilamente sua vez. Os educadores preocupam-se com o fato de essa tendência de as meninas serem obedientes e tranqüilas ter um custo: menos assertividade.
- Em muitas salas de aula, o professor passa mais tempo observando e interagindo com os meninos, enquanto as meninas trabalham e brincam tranqüilamente sozinhas. A maioria dos professores não favorece os meninos intencionalmente passando mais tempo com eles, no entanto, esse perfil de gênero muitas vezes acaba impresso na sala de aula.
- Os meninos recebem mais instruções do que as meninas e mais ajuda quando têm dificuldade com uma pergunta. Os professores muitas vezes oferecem mais tempo para os meninos responderem uma pergunta, mais dicas sobre a resposta correta e mais tentativas se respondem errado.
- Meninas e meninos entram no primeiro ano basicamente com o mesmo nível de auto-estima, no entanto, ao chegar ao ensino médio, a auto-estima das meninas está significativamente mais baixa do que a dos meninos (Robins e outros, 2002).
- Embora nos programas para superdotados sejam identificadas mais meninas do que meninos no ensino fundamental, no ensino médio há mais meninos nos programas para superdotados (U.S. Office of Education, 1999). Existe um número especialmente baixo de meninas afro-americanas e latinas nos programas para superdotados (Banks e outros, 2005).

Portanto, existem evidências de preconceito de gênero tanto para meninos como para meninas nas escolas (DeZolt e Hull, 2001; Halpern, 2006; Thornton e Goldstein, 2006). Muitos educadores não percebem suas atitudes preconceituosas em relação ao gênero. Essas

Quais são algumas das maneiras baseadas no gênero adotadas pelos professores para interagir com os estudantes?

atitudes estão profundamente arraigadas e são amplamente aceitas na cultura geral. Uma crescente conscientização sobre o preconceito em relação ao gênero nas escolas é uma estratégia claramente importante na redução desse preconceito.

Classes separadas são melhores do que classes mistas para as crianças? A pesquisa revela conclusões ambivalentes sobre essa questão (Ruble, Martin e Berenbaum, 2006). Alguns estudos indicam que classes separadas proporcionam resultados positivos no rendimento das meninas; outras pesquisas não mostram nenhuma melhora no rendimento das meninas ou dos meninos em classes separadas (Mael, 1998; Warrington e Younger, 2003).

Conteúdo do currículo e conteúdo de esportes As escolas nos Estados Unidos fizeram um progresso considerável na redução do sexismo e da estereotipia do gênero tanto nos livros quanto no material curricular em resposta ao Artigo IX da Emenda da Lei Educacional de 1972 norte-americana, que estabelece que as escolas devem tratar mulheres e homens com igualdade (Eisenberg, Martin e Fabes, 1996). Como resultado, os livros didáticos atuais e materiais de classe são mais imparciais em relação ao gênero. Além disso, as escolas agora oferecem às meninas muito mais oportunidades de freqüentar cursos vocacionais e participar de esportes do que na época de seus pais e avós (Gill, 2001). Em 1972, 7% das meninas no ensino médio eram atletas. Hoje, esse número subiu para cerca de 40%. Além disso, as escolas não podem mais expulsar ou deixar de prestar atendimento a adolescentes grávidas.

Não obstante, ainda há preconceito no nível curricular. Por exemplo, a adoção de livros didáticos novos ocorre com pouca freqüência e portanto muitos estudantes ainda utilizam livros ultrapassados com conteúdo preconceituoso em relação ao gênero.

Assédio sexual O assédio sexual ocorre em muitas escolas (Fitzgerald, Collinsworth e Harned, 2001; Huerta e outros, 2006; White eFrabutt, 2006). Um estudo conduzido pela American Association of University Women (1993), em que participavam alunos do oitavo ano ao ensino médio, 83% das meninas e 60% dos meninos disseram que sofreram assédio sexual. As meninas relataram um assédio mais acentuado do que os meninos. Dezesseis por cento dos estudantes disseram ter sofrido assédio sexual de um professor. Exemplos de assédio sexual cometido por alunos e professores neste estudo incluem

- fazer comentários, piadas, gestos ou olhares obscenos;
- escrever mensagens nas paredes do banheiro ou de outros lugares ou espalhar boatos obscenos sobre um estudante;
- espiar um estudante se vestindo ou tomando banho na escola;
- expor partes íntimas em público;
- dizer que um estudante é gay ou lésbica;
- tocar, agarrar ou beliscar um estudante de maneira obscena;
- encostar ou esbarrar em alguém de maneira sexualmente provocadora; e
- tirar ou baixar a roupa de um estudante.

O Escritório de Direitos Civis do Ministério da Educação dos Estados Unidos publicou um manual de 40 páginas sobre políticas de assédio sexual. O manual faz distinção entre assédio sexual quid pro quo e assédio sexual em ambiente hostil. O **assédio sexual quid pro quo** ocorre quando um funcionário da escola ameaça tomar uma decisão educacional (como uma nota) com base na submissão de um estudante a uma conduta sexual indesejada. Por exemplo, um professor dá nota A a um estudante por ele permitir investidas de cunho sexual ou um E por ele resistir às investidas do professor. O **assédio sexual em ambiente hostil** ocorre quando os estudantes são submetidos a uma conduta sexual indesejada muito grave, persistente ou disseminada que limita a habilidade de se beneficiarem de sua educação. Tal ambiente hostil usualmente é criado por uma série de incidentes, tais como repetidas liberdades sexuais.

O assédio sexual é uma forma de poder e domínio de uma pessoa sobre outra, o que pode resultar em conseqüências prejudiciais para a vítima. O assédio sexual pode ser especialmente danoso quando os perpetradores são professores ou outros adultos que têm poder e autoridade considerável sobre os estudantes (Sears e outros, 2006). Como sociedade, precisamos ser menos tolerantes com o assédio sexual (Hock, 2007).

assédio sexual quid pro quo Ameaça feita por um funcionário da escola de tomar uma decisão educacional (como uma nota) com base na submissão de um estudante a uma conduta sexual indesejada.

assédio sexual em ambiente hostil Submissão dos estudantes a uma conduta sexual indesejada muito grave, persistente ou disseminada que limita a habilidade de se beneficiarem de sua educação.

Boas práticas
Estratégias para reduzir o preconceito de gênero

Todo estudante, mulher ou homem, tem direito a uma educação livre de preconceito de gênero. A seguir, estão apresentadas algumas estratégias para se alcançar esse clima educacional desejável (Derman-Sparks e Anti-Bias Curriculum Task Force, 1989; Sadker e Sadker, 1994):

1. *Se os livros didáticos que você deve utilizar contiverem preconceito de gênero, discuta isso com os alunos.* Ao conversar com os alunos sobre estereótipos e preconceito nos textos, você pode ajudá-los a pensar de forma crítica sobre questões sociais dessa importância. Se esses livros não forem imparciais quanto ao gênero, suplemente-os com outros materiais que o sejam. Muitas escolas, bibliotecas e faculdades possuem materiais imparciais que você pode utilizar.

2. *Certifique-se de que as atividades e os exercícios escolares são isentos de preconceito de gênero.* Como projeto, solicite aos estudantes que encontrem artigos sobre homens e mulheres que fogem aos estereótipos, tais como uma mulher engenheira ou um homem professor de pré-escola. Convide pessoas da comunidade com empregos que fogem ao estereótipo (como um comissário de bordo ou uma mulher que trabalha na construção civil) para virem à escola e conversar com seus alunos. A seguir, Judy Logan, que lecionou linguagem e estudos sociais durante muitos anos em São Francisco, EUA, descreve um modo como ela ajuda os alunos a entender a contribuição das mulheres.

Visão do professor
A colcha de retalhos inclusiva

Nos meus 25 anos como professora do ensino médio, um de meus objetivos sempre foi o de que minha sala de aula fosse uma mescla das coisas que sei e das coisas que meus alunos sabem. A experiência da colcha de retalhos serve como exemplo. Minha idéia era fazer com que os alunos sentissem uma identificação não apenas com as mulheres nos campos da ciência, política, artes, reforma social, música, literatura, espaço, direito, direitos humanos, educação, humor etc., mas também com as mulheres em suas próprias famílias.

Colei um pedaço grande de papel de embrulho na lousa com a palavra *inclusivo* no topo e pedi para os alunos desenvolverem uma lista do que era necessário para tornar nossa colcha de retalhos realmente inclusiva. Mãos se levantaram e os alunos começaram a sugerir categorias primeiro. Devíamos ter mulheres na medicina. Esportes. Direitos humanos. A lista cresceu.

O que mais? De que outra maneira podemos tornar essa colcha de retalhos inclusiva? O que mais sabemos sobre diversidade? Mãos foram levantadas novamente para criar uma segunda lista. Devíamos ter mulheres indígenas. Mulheres euro-americanas. Mulheres latinas. Mulheres ásio-americanas. Mulheres lésbicas. Mais uma vez nossa lista cresceu. Começamos a pensar numa terceira lista de mulheres que representavam retalhos potenciais para nossa colcha. Criamos uma extensa lista de possibilidades, como Nancy Reagan, Jackie Kennedy e Martha Washington, que acabou não entrando na colcha porque os alunos decidiram que não queriam ter muitas primeiras-damas na colcha. Acabaram honrando Eleanor Roosevelt e Abigail Adams, que também se encaixavam em outras categorias de nossa lista, como reforma social.

Pensei em quem eu gostaria de honrar em meu retalho. Decidi honrar Brenda Collins, que também é chamada de Mulher Águia. Ela é membro do Bird Clan of the Cherokee Nation (Clã Pássaro da Tribo Cherokee). Ela é médica, a primeira mulher do clã a ter um doutorado, e professora da Santa Rosa Junior College. Ela também é uma amiga e mentora. Já ouvi várias de suas palestras e lembro-me dela dizendo que ser uma mulher indígena com instrução é como ter cada pé numa canoa descendo uma corredeira, tentando sempre manter o equilíbrio entre duas culturas. Decidi colocar duas canoas e uma corredeira em seu retalho, com uma asa de águia numa canoa e seu diploma de doutorado na outra canoa.

A colcha pronta ficou colorida e diversificada. Não existem dois retalhos iguais. Forneci as linhas gerais, a estrutura para a tarefa, mas cada participante criou algo exclusivamente seu. (Logan, 1997, p.1-23).

3. *Seja um modelo sem viés sexista como professor.* Ajude os alunos a aprender novas habilidades e a compartilhar tarefas de maneira não-sexista.

4. *Analise a distribuição dos alunos na classe e determine se existem bolsões de segregação por gênero.* Quando seus alunos trabalharem em grupo, monitore se os grupos estão equilibrados em relação ao gênero.

5. *Convoque alguém para monitorar seu padrão de argüição e de reforço com meninos e meninas.* Faça isso em diversas ocasiões para assegurar-se de que está dando a mesma atenção e suporte a meninos e meninas.

6. *Use uma linguagem imparcial.* Não use o pronome *ele* para se referir a objetos inanimados ou pessoas inespecíficas. Procure substituir palavras masculinas por palavras imparciais sempre que possível. Peça aos alunos para dar sugestões sobre termos imparciais (Wellhousen, 1996).

7. *Mantenha-se atualizado sobre a igualdade de gênero na educação.* Leia publicações periódicas sobre o assunto. Conheça seus direitos como mulher ou homem e oponha-se à desigualdade de gênero e à discriminação.

8. *Fique atento ao assédio sexual nas escolas e não permita que isso aconteça.*

Judy Logan em frente à colcha de retalhos de sua sala de aula.

Reveja, reflita e pratique

(3) Explicar as várias facetas do gênero, incluindo semelhanças e diferenças entre meninos e meninas; discutir as questões relacionadas ao gênero no ensino.

Reveja

- O que é gênero e o que são papéis de gênero? Como os psicólogos buscaram explicar o gênero sob as perspectivas biológica, de socialização e cognitiva?
- Que problemas a estereotipia do gênero cria? Quais são as semelhanças e diferenças entre meninos e meninas?
- Como é possível classificar o papel do gênero?
- De que maneira a observação dos comportamentos no contexto pode reduzir a estereotipia de gênero?
- Quais evidências de preconceito de gênero existem na sala de aula? Que progressos as escolas fizeram na redução desse preconceito?

Reflita

- Com base em sua própria experiência quando freqüentou a escola, cite ao menos uma instância em que sua escola ou algum professor favoreceu meninos ou meninas. Como professor, de que forma você procuraria corrigir esse preconceito de gênero?

Pratique PRAXIS™

1. Na família de Jack, a pessoa que cozinha não lava os pratos. Como a mãe de Jack geralmente é quem cozinha, seu pai geralmente lava os pratos. Certo dia, na área de "tarefas domésticas" de sua sala de educação infantil, Jack estava fingindo ser o pai da família. Sua "esposa" Emily estava preparando o jantar no fogão de brinquedo. Depois que a família jantou, Emily começou a fingir que lavava os pratos. Jack ofegou e gritou: "Ei, eu sou o pai!".
   Que teoria do desenvolvimento do gênero este exemplo representa melhor?
   a. Biológica.
   b. Do desenvolvimento cognitivo.
   c. Sociocognitiva.
   d. Psicanalítica.

2. A opinião de qual dos professores abaixo sobre diferenças de gênero tem melhor embasamento na pesquisa atual?
   a. A do Sr. Kain, que acredita que as meninas são mais comunicativas do que os meninos.
   b. A da Sra. Nash, que acredita que os meninos são melhores em matemática do que as meninas.
   c. A da Sra. Kim, que acredita que os meninos são mais agressivos fisicamente do que as meninas.
   d. A do Sr. Walter, que acredita que os meninos são mais justos e obedientes às regras do que as meninas.

3. Qual dos estudantes a seguir se encaixa melhor na descrição de andrógino?
   a. Alex, que é sensível aos sentimentos dos outros, compartilha segredos com os amigos e oferece apoio social aos outros.
   b. Cris, que é independente, competitivo, paciente, introspectivo e oferece apoio social aos outros.
   c. Pat, que é amável, sensível, introspectiva e gosta de compartilhar segredos com os amigos.
   d. Terry, que é independente, competitiva, autoconfiante, agressiva e disposta a assumir riscos.

4. Em que situação é maior a probabilidade de um homem se mostrar prestativo?
   a. A bateria do carro de um amigo arriou e precisa de uma carga.
   b. Uma criança pequena precisa de ajuda para escrever um poema para a aula de linguagem.
   c. Um membro da família está doente e precisa dos cuidados de alguém.
   d. Um amigo precisa de conselho sobre um problema pessoal.

(continua)

Reveja, reflita e pratique (continuação)

5. A Sra. Vandt leciona no quinto ano. Sua classe é composta de um número aproximadamente igual de meninas e meninos. Ela sempre se pergunta por que os meninos não podem se comportar como as meninas. Não conseguem ficar sentados. São agitados e barulhentos. A Sra. Vandt procura tratar todos os seus alunos de maneira igual, mas ela sempre precisa chamar a atenção dos meninos. O que ela deve fazer?
   a. Destinar um espaço e um tempo para as crianças se movimentarem e gastarem a energia acumulada. Isso ajudará os meninos a prestar mais atenção na aula e as meninas a socializarem.
   b. Continuar a chamar a atenção dos meninos quando se comportarem mal. Eles aprenderão a ficar sentados e a obedecer.
   c. Dividir as crianças em grupos do mesmo sexo para que os meninos não interfiram no trabalho das meninas.
   d. Indicar o bom comportamento das meninas como modelo para os meninos, para que eles entendam o que se espera deles.

Por favor, verifique as respostas no final do livro.

Desvende o caso
O caso desses meninos

Imagine um menino chamado Larry que tem nove anos de idade e é aluno de uma classe do quarto ano, cujo monitor é você. Você ouviu Larry e vários outros alunos reclamarem sobre preconceito de gênero por parte de sua professora, Sra. Jones. Certo dia, você ouve Larry ser repreendido pela Sra. Jones por uma discussão que teve com Annie, uma colega de classe.

"Não é justo, Sra. Jones", diz Larry. "A Annie pegou minha lição de casa e rasgou e eu me dou mal por pegar de volta."

"Vamos, Larry", adverte a Sra. Jones, "Você sabe que Annie nunca faria isso. Vá lá e peça desculpas a ela. Quero ver você depois da aula."

Larry sai muito bravo, resmungando: "As meninas nunca se dão mal. São sempre os meninos".

Você já ouviu isso dos alunos da Sra. Jones antes, mas nunca acreditou de verdade. Ao longo das próximas três semanas você fica mais atento ao comportamento da Sra. Jones, especialmente sensível ao preconceito de gênero. Você nota que as meninas recebem notas maiores do que os meninos, exceto em matemática. Os meninos são requisitados a ficar na escola depois da aula várias vezes, as meninas nunca. Quando a Sra. Jones está no intervalo dos professores e ocorrem discussões e brigas no recreio, os meninos sempre acabam de castigo virados para a parede, enquanto as meninas saem rindo. Na classe, ela se refere às meninas como modelo de comportamento com *muito* mais freqüência do que os meninos. O trabalho delas recebe muito mais elogios também. Você examina o que os alunos estão lendo ao longo do ano. Os livros indicados para leitura até o momento consistem em *Little house on the prairie*, *Charlotte's Web* e *Little Woman*.

A única coisa que você nota que parece favorecer os meninos é que eles recebem mais atenção da Sra. Jones. Olhando mais profundamente, no entanto, você percebe que muito dessa atenção é de natureza disciplinar.

Num determinado momento, você ouve a Sra. Jones dizendo para uma colega no corredor: "Esses meninos! Não sei o que vou fazer com eles".

1. Quais são os problemas nesse caso?
2. Com base nas idéias e nas informações apresentadas no texto até agora, discuta o que você acha que está acontecendo nessa sala de aula e as possíveis influências sobre as idéias da Sra. Jones sobre o gênero. Cite pesquisas e teorias sobre o desenvolvimento de gênero.
3. Que influência você acredita que o comportamento da Sra. Jones terá sobre os alunos? Por quê?
4. O que a Sra. Jones deve fazer nessa altura? Por quê? Que tipo de auxílio de fora pode ajudá-la?
5. Se você fosse um monitor dessa classe o que você faria? Por quê?
6. O que você fará em sua própria sala de aula para minimizar o preconceito de gênero?

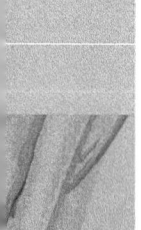

Atingindo seus objetivos de aprendizagem
Diversidade sociocultural

1 Cultura e etnicidade: Discutir como as variações na cultura, status socioeconômico e origem étnica podem gerar necessidades especiais na sala de aula.

- Cultura

Cultura refere-se a padrões de comportamento, crenças e outros produtos de um grupo de pessoas em particular passados de geração em geração. Essas manifestações resultam de interações entre grupos de pessoas e seus ambientes ao longo de muitos anos. As culturas têm sido classificadas como individualistas (um conjunto de valores que priorizam objetivos pessoais em vez de objetivos de grupo) e coletivistas (um conjunto de valores que dão suporte ao grupo). Muitas culturas ocidentais são individualistas. Muitas culturas orientais são coletivistas. Os adolescentes norte-americanos gastam menos de seu tempo na escola e fazendo tarefas escolares, mais de seu tempo em trabalhos remunerados e têm mais tempo livre do que seus colegas na Europa e no Extremo Oriente. A principal preocupação sobre os adolescentes norte-americanos é a maneira como utilizam todo esse tempo livre.

- Status socioeconômico (SSE)

Status socioeconômico (SSE) é a categorização de pessoas segundo suas características econômicas, educacionais e ocupacionais. A ênfase está nas distinções entre indivíduos com baixo e médio status socioeconômico. Indivíduos com SSE baixo geralmente têm menos instrução, menos poder de influência nas instituições de uma comunidade (como escolas) e menos recursos econômicos do que indivíduos com SSE alto. Atualmente, mais de 20% das crianças nos Estados Unidos vivem em situação de pobreza. Crianças em situação de pobreza muitas vezes enfrentam problemas em casa e na escola que comprometem seu aprendizado. As escolas em regiões de baixa renda geralmente têm menos recursos, um corpo docente menos experiente e tendem a estimular uma aprendizagem por memorização em vez do raciocínio.

- Etnicidade

A população escolar consiste cada vez mais de crianças de cor, estimada a atingir 50% em 2025. A segregação ainda é uma circunstância para os estudantes de cor. Estudantes afro-americanos e latinos têm uma probabilidade muito menor do que estudantes brancos não-latinos e asiáticos de se matricular em cursos preparatórios para a universidade. Experiências históricas, econômicas e sociais produzem diferenças legítimas entre os grupos étnicos e é importante reconhecer essas diferenças. No entanto, muitas vezes as diferenças são vistas como déficits por parte dos grupos de minorias quando comparados com o grupo de indivíduos brancos não-latinos predominante. É importante reconhecer a ampla diversidade que existe em cada grupo cultural.

- Bilingüismo

Os pesquisadores constataram que o bilingüismo não interfere no desempenho de nenhum dos dois idiomas. Aprender um segundo idioma é mais fácil para crianças do que para adolescentes ou adultos. A educação bilíngüe nos Estados Unidos ministra as disciplinas acadêmicas para crianças imigrantes em seu idioma natal e ensina o idioma inglês paulatinamente. A educação bilíngüe é complexa e controversa.

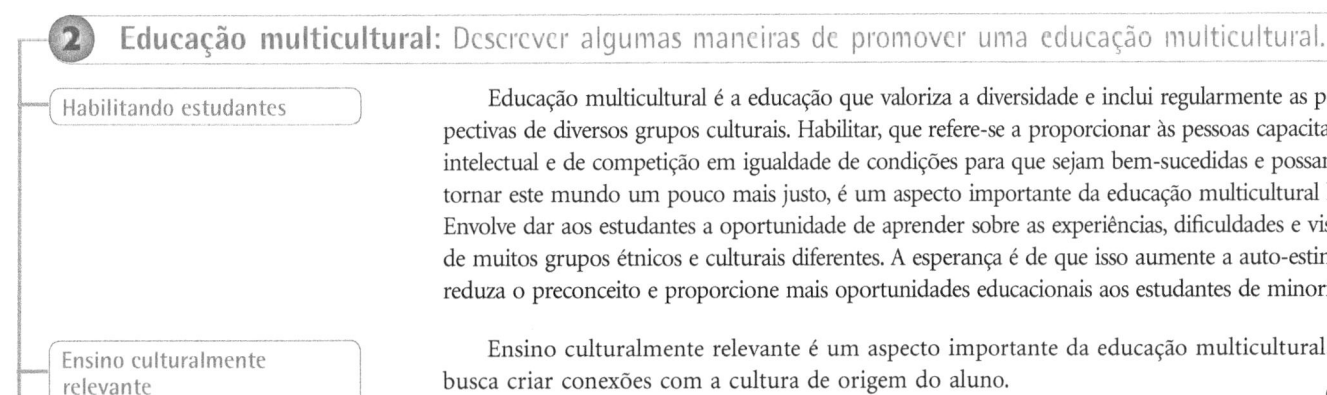

2 Educação multicultural: Descrever algumas maneiras de promover uma educação multicultural.

- Habilitando estudantes

Educação multicultural é a educação que valoriza a diversidade e inclui regularmente as perspectivas de diversos grupos culturais. Habilitar, que refere-se a proporcionar às pessoas capacitação intelectual e de competição em igualdade de condições para que sejam bem-sucedidas e possam tornar este mundo um pouco mais justo, é um aspecto importante da educação multicultural hoje. Envolve dar aos estudantes a oportunidade de aprender sobre as experiências, dificuldades e visões de muitos grupos étnicos e culturais diferentes. A esperança é de que isso aumente a auto-estima, reduza o preconceito e proporcione mais oportunidades educacionais aos estudantes de minorias.

- Ensino culturalmente relevante

Ensino culturalmente relevante é um aspecto importante da educação multicultural. Ele busca criar conexões com a cultura de origem do aluno.

continua

continuação

- Educação centrada em análise de problemas

A educação centrada em análise de problemas também é um aspecto importante da educação multicultural. Nessa abordagem, os estudantes aprendem a examinar sistematicamente questões que envolvem eqüidade e justiça social.

- Aprimorando as relações entre crianças de diferentes grupos étnicos

Dentre as estratégias e programas disponíveis para melhorar os relacionamentos entre crianças de diferentes grupos étnicos estão: sala de aula quebra-cabeça (ter estudantes de diferentes origens culturais cooperando para realizar diferentes etapas de um projeto a fim de alcançar um objetivo comum), contato pessoal positivo, adquirir perspectiva, pensamento crítico e inteligência emocional, reduzir o preconceito, aumentar a tolerância e desenvolver escola e comunidade como um time.

- A questão sobre se devemos ensinar um conjunto de valores "brancos" básicos

Proponentes do ensino de valores dos anglo-protestantes brancos argumentam que se deve ensinar a todos os estudantes valores básicos que incluem respeito mútuo, direitos individuais e tolerância a diferenças. Críticos ressaltam que estes não são valores peculiarmente dos anglo-protestantes brancos, mas simplesmente da tradição ocidental. Hirsch argumenta que deveria ser ensinado a todos os estudantes um conjunto comum de conhecimentos culturais para assegurar que eles se tornem "culturalmente alfabetizados". Críticos da diversidade argumentam que os estudantes de maioria branca podem beneficiar-se aprendendo sobre "valores básicos" oriundos de outros grupos culturais. A questão é quem define esses "valores básicos" numa sociedade heterogênea.

3 Gênero: Explicar as várias facetas do gênero, incluindo semelhanças e diferenças entre meninos e meninas; discutir questões relacionadas ao gênero no ensino.

- Visões sobre o desenvolvimento de gênero

Gênero refere-se às dimensões sociocultural e psicológica de ser mulher ou homem. Papéis de gênero são as expectativas sociais que determinam como homem e mulher devem pensar, agir e sentir. Em termos de visões biológicas, o 23º par de cromossomos (cromossomos sexuais) determina se o feto será do sexo feminino (XX) ou masculino (XY). O que está em questão é se as influências biológicas e ambientais são diretas ou indiretas. Existem muito mais semelhanças do que diferenças entre o cérebro das mulheres e dos homens. Quando o comportamento dos estudantes relativo ao gênero está em questão, biologia não é a explicação. Duas visões de socialização relativas ao sexo são a teoria psicanalítica e a teoria sociocognitiva. Os colegas desempenham um papel especial em recompensar comportamentos apropriados ao gênero ou punir comportamentos inapropriados. A visão cognitiva mais amplamente aceita no momento é a teoria do esquema de gênero.

- Estereótipos de gênero, semelhanças e diferenças

Estereótipo de gênero são categorias amplas que refletem impressões sobre qual comportamento é apropriado para mulheres e homens. Todos os estereótipos referem-se a uma imagem de como é o membro típico de uma categoria. Alguns estereótipos podem ser prejudiciais às crianças, especialmente os que envolvem sexismo (preconceito e discriminação contra um indivíduo devido a seu sexo). Psicólogos estudaram semelhanças e diferenças entre os sexos quanto a desempenho físico, habilidades em ciências, matemática e verbais, rendimento escolar, habilidades de relacionamento (conversa de aproximação e conversa de relato) e agressividade/autocontrole. Em alguns casos, as diferenças entre os sexos são consideráveis (como em desempenho físico, habilidades de leitura e escrita, rendimento escolar e agressão física); em outros são pequenas ou inexistentes (como habilidade em matemática e comunicação). Atualmente, ainda existe polêmica sobre quão comuns ou raras essas diferenças de fato são.

- Classificação do papel de gênero

A classificação do papel de gênero foca quão masculino, feminino ou andrógino é um indivíduo. No passado, considerava-se que os homens competentes deviam ser masculinos (poderosos, por exemplo) e mulheres, femininas (carinhosas, por exemplo). A década de 1970 trouxe o conceito de androginia, a idéia de que os indivíduos mais competentes tinham ambas as características, masculina e feminina, positivas. Uma preocupação especial são meninos adolescentes que adotam um forte papel masculino. Programas que tentaram ensinar androginia aos estudantes obtiveram resultados ambivalentes. Alguns especialistas acreditam que está se dando muita atenção ao gênero em nossa sociedade e que em vez disso deveríamos buscar a transcendência do papel de gênero.

Gênero no contexto

A avaliação das categorias de papel de gênero e das semelhanças e diferenças entre os gêneros em áreas como comportamento solidário e emoção sugerem que a melhor maneira de pensar sobre o gênero não é em termos de traços de personalidade, mas em termos de interação pessoa-situação (gênero no contexto). Embora a androginia e múltiplos papéis de gênero sejam livre opção nos Estados Unidos, muitos países ao redor do mundo ainda são predominantemente masculinos.

Eliminando o preconceito contra o gênero

Existe preconceito de gênero nas escolas tanto para meninos como para meninas. Muitos educadores não percebem esse preconceito. Uma estratégia de ensino importante é procurar eliminar o preconceito. As escolas fizeram um progresso considerável na redução do sexismo e do estereótipo de gênero no que diz respeito aos livros e materiais, mas algum preconceito ainda persiste. Assédio sexual é uma preocupação nas escolas e mais persuasivo do que se pode acreditar. Foi feita uma distinção entre assédio sexual quid pro quo e assédio sexual em ambiente hostil.

Termos-chave

cultura 145
estudos interculturais 145
individualismo 145
coletivismo 145
satus socioeconômico (SSE) 147
etnicidade 150
preconceito 152
educação bilíngüe 153
educação multicultural 157
habilitar 157
sala de aula quebra-cabeça 159
gênero 165
papéis dos gêneros 165
teoria psicanalítica de gênero 165
teoria sociocognitiva de gênero 166
teoria do esquema de gênero 166
estereótipos de gênero 167
sexismo 168
conversa de aproximação 169
conversa de relato 169
androginia 171
transcendência do papel de gênero 173
assédio sexual quid pro quo 175
assédio sexual em ambiente hostil 175

Pasta de atividades

Agora que você já tem um bom entendimento deste capítulo, faça os exercícios a seguir para ampliar seu entendimento.

Reflexão independente

Estimulando o entendimento cultural na sala de aula. Imagine que você está dando uma aula de estudos sociais sobre a conquista do Oeste na história dos Estados Unidos e um aluno faz uma afirmação racista e estereotipada sobre os indígenas americanos, como "Os índios eram esquentados e demonstravam sua hostilidade em relação aos colonizadores brancos". Como você lidaria com essa situação? (Banks, 1997). Descreva a e stratégia que você adotaria. (INTASC: Princípios *1, 2, 4, 6, 7*)

Trabalho colaborativo

Planejando para a diversidade. Junte-se a três ou quatro outros colegas da classe e elabore uma lista de objetivos de diversidade específicos para seus futuros alunos. Além disso, discuta e desenvolva algumas atividades inovadoras para ajudar os alunos a adquirir experiências positivas sobre diversidade, tais como a colcha de retalhos inclusiva abordada neste capítulo. Faça um resumo dos objetivos de diversidade e das atividades. (INTASC: Princípios *3, 4, 5, 6*)

Experiência de pesquisa/campo

Eqüidade em ação. Observe as lições dadas em várias classes que incluem meninos e meninas e alunos de diferentes grupos étnicos. Os professores interagiram de maneira diferente com meninas e meninos? Em caso afirmativo, de que maneira? Os professores interagiram de maneira diferente com alunos de diferentes grupos étnicos? Em caso afirmativo, de que maneira? Descreva suas observações. (INTASC: Princípios *3, 6, 9*)

Vá até o Online Learning Center em www.mhhe.com/santedu3e para baixar modelos de pastas de documentos (material disponível em inglês).

CAPÍTULO 6

Alunos que têm deficiência

Somente os instruídos são livres.

— Epicuro
Filósofo grego, século 4 a.C.

Tópicos do capítulo

Quem são as crianças com deficiências?
Dificuldades de aprendizagem
Transtorno de déficit de atenção/hiperatividade
Deficiência intelectual
Deficiências físicas
Deficiências sensoriais
Transtornos de fala e linguagem
Transtorno invasivo do desenvolvimento ou transtorno autista
Transtornos emocionais e comportamentais

Questões educacionais envolvendo crianças com deficiências
Aspectos legais
Inclusão, serviços e pais como parceiros educacionais
Tecnologia

Crianças superdotadas
Características
Curso de vida dos superdotados
Educando crianças superdotadas

Objetivos de aprendizagem

1. Descrever os vários tipos de deficiências e transtornos.

2. Explicar a estrutura legal, assim como a inclusão e o apoio para crianças com deficiências.

3. Definir o que significa superdotado e discutir algumas abordagens do ensino para crianças superdotadas.

Histórias   Verna Rollins

Verna Rollins ensina linguagem na West Middle School, em Ypsilanti, Michigan, e ganhou reputação por lidar, de maneira efetiva, com alunos tidos como duros de ensinar, ou difíceis. Ela concluiu que a melhor estratégia para esses estudantes é descobrir do que eles precisam, estabelecer como proporcionar suas necessidades, providenciar isso e avaliar constantemente se está funcionando. Ela conta a história de um aluno que estudava em uma de suas classes regulares por insistência da mãe, mas contra a vontade da equipe pedagógica para alunos especiais. A seguir está a descrição de Verna Rollins sobre o desenrolar deste caso:

> Jack estava numa classe de educação especial para crianças com deficiências físicas. Ele tem pernas tortas, paralisia cerebral, convulsões e alguns outros danos cerebrais de nascença. Sua capacidade de manter a atenção é comparativamente reduzida. Como saliva em excesso, fala num tom uníssono estridente, gagueja quando está exaltado e tem tão pouco controle motor que sua escrita é ilegível, as pessoas freqüentemente pensam que ele tem uma deficiência mental. Não foi estimulado a ler ou escrever nessa classe para alunos especiais, o que o fez acreditar que de fato não conseguiria fazer nada disso. Na verdade, ele é bastante inteligente.
>
> Minhas estratégias incluíram assegurar que ele tivesse à disposição todos os itens necessários para ter sucesso. Dei a ele lenços de papel para conter a salivação e combinamos sobre lembretes de quando ele deveria secar os lábios. Descobri que ele era capaz de falar suavemente e sem gaguejar se estivesse calmo. Desenvolvemos códigos que indicavam, por exemplo, que quando eu limpasse a garganta era para alertá-lo de que ele estava falando alto demais e usaria a expressão "discurso lento", que era para ele falar num tom suave caso estivesse muito excitado.
>
> Ele usava um computador para fazer os exercícios de classe e precisava de um pouco mais de tempo para concluir suas tarefas, mas estava tão entusiasmado por fazer parte do mundo real que seu tempo de atenção, assim como sua auto-estima, aumentaram. Na verdade, sua mãe escreveu uma carta para mim expressando sua gratidão pela "influência tão positiva que você teve sobre ele! Você reacendeu e aumentou enormemente o amor dele pela leitura e pela escrita. Você deu a meu filho um presente maravilhoso".

Introdução

Verna Rollins foi desafiada a encontrar a melhor maneira de ensinar uma criança que tinha múltiplas deficiências em sua classe. Jack e seus colegas se beneficiaram quando ela venceu o desafio. Assim como Verna Rollins, você também irá se deparar com o desafio de trabalhar com crianças que têm deficiência. No passado, escolas públicas faziam pouco para educar essas crianças. Atualmente, no entanto, crianças com deficiências têm o direito à educação gratuita e cada vez mais elas são educadas em classes regulares. Neste capítulo, estudamos crianças com diversos tipos de deficiências, assim como outro grupo de crianças especiais, as superdotadas.

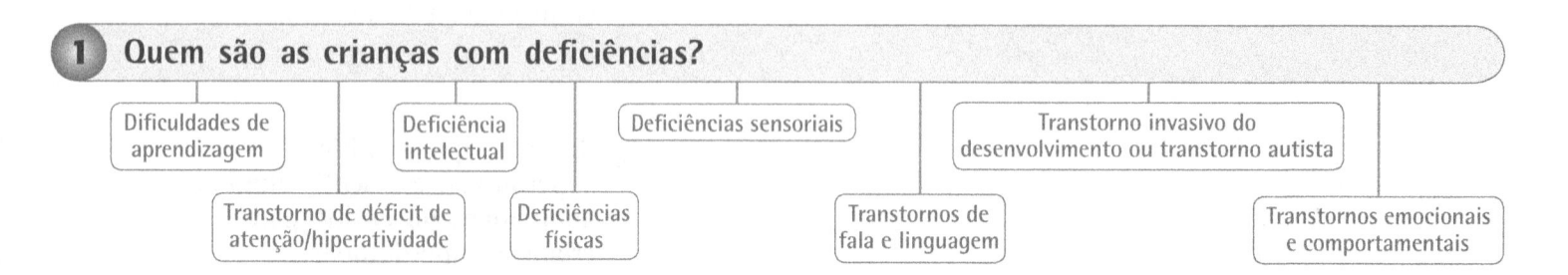

1 Quem são as crianças com deficiências?

- Dificuldades de aprendizagem
- Transtorno de déficit de atenção/hiperatividade
- Deficiência intelectual
- Deficiências físicas
- Deficiências sensoriais
- Transtornos de fala e linguagem
- Transtorno invasivo do desenvolvimento ou transtorno autista
- Transtornos emocionais e comportamentais

Aproximadamente 13% de todas as crianças com idade entre 3 e 21 anos nos Estados Unidos recebem uma educação especial ou um serviço relacionado (National Center for Education Statistics, 2003). A Figura 6.1 mostra as porcentagens aproximadas de crianças com diferentes deficiências que recebem serviços especiais de educação (National Center for Education Statistics, 2006). Dentro desse grupo, 44,4% têm dificuldades de aprendizagem.

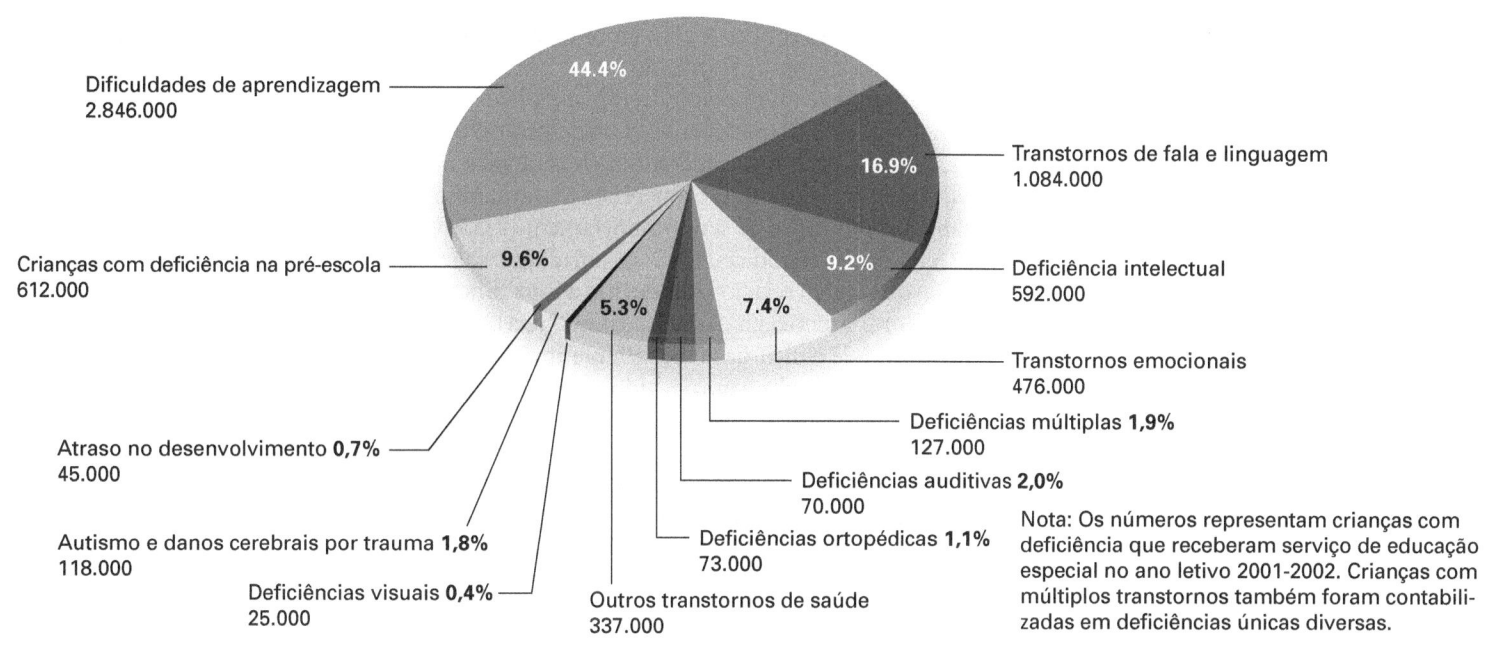

FIGURA 6.1 A diversidade das crianças com deficiência.

- Dificuldades de aprendizagem — 2.846.000 — 44,4%
- Transtornos de fala e linguagem — 1.084.000 — 16,9%
- Deficiência intelectual — 592.000 — 9,2%
- Transtornos emocionais — 476.000 — 7,4%
- Deficiências múltiplas — 127.000 — 1,9%
- Deficiências auditivas — 70.000 — 2,0%
- Deficiências ortopédicas — 73.000 — 1,1%
- Outros transtornos de saúde — 337.000 — 5,3%
- Deficiências visuais — 25.000 — 0,4%
- Autismo e danos cerebrais por trauma — 118.000 — 1,8%
- Atraso no desenvolvimento — 45.000 — 0,7%
- Crianças com deficiência na pré-escola — 612.000 — 9,6%

Nota: Os números representam crianças com deficiência que receberam serviço de educação especial no ano letivo 2001-2002. Crianças com múltiplos transtornos também foram contabilizadas em deficiências únicas diversas.

Uma porcentagem substancial de estudantes também apresenta transtornos de fala ou linguagem (16,9% daqueles com deficiências), deficiência intelectual (9,2%) ou transtornos emocionais sérios (7,4%). A Figura 6.2 mostra os três maiores grupos de estudantes com alguma deficiência que foram atendidos por um programa federal norte-americano em 2001-2002 (National Center for Education Statistics, 2006).

No passado, os termos *deficiência* (disability, em inglês) e *incapacidade* (handicap, em inglês) eram usados de maneira intercambiável, mas atualmente faz-se uma distinção entre eles. A **deficiência** envolve uma limitação funcional em um indivíduo que restringe suas capacidades. A **incapacidade** é a condição imposta a uma pessoa que tem uma deficiência. Essa condição pode ser imposta pela sociedade, pelo ambiente físico ou pelas próprias atitudes da pessoa (Lewis, 2002).

Cada vez mais os educadores falam de "crianças com deficiências" em vez de "crianças deficientes" para enfatizar a pessoa, não a deficiência. Além disso, não se refere mais a crianças com deficiências como "incapacitadas", embora o termo *condições incapacitantes* continue sendo usado para descrever os obstáculos funcionais ao aprendizado impostos pela sociedade a indivíduos com alguma deficiência. Por exemplo, quando crianças que usam cadeira de rodas não têm acesso adequado a banheiros, transporte etc., referem-se a isso como uma *condição incapacitante*.

Dificuldades de aprendizagem

A professora do segundo ano de Bobby reclama que ele é péssimo em soletração. Tim, de oito anos, diz que ler é realmente difícil para ele e que muitas vezes as palavras não fazem muito sentido. Alisha tem bom desempenho em linguagem oral, mas uma dificuldade considerável em matemática. Cada um desses alunos tem uma dificuldade de aprendizagem.

Características   Após examinar pesquisas sobre dificuldades de aprendizagem, a renomada especialista Linda Siegel (2003) concluiu que o diagnóstico de **dificuldades de aprendizagem** só pode ser confirmado quando a criança (1) apresenta um QI acima da faixa de deficiência; (2) apresenta dificuldade significativa numa área acadêmica (especialmente leitura ou matemática) e (3) não apresenta determinados transtornos emocionais graves, experimenta dificuldades como resultado de usar o inglês como segunda língua, apresenta deficiências sensoriais ou possui déficits neurológicos específicos.

Deficiência	Porcentagem atendida
Dificuldades de aprendizagem específicas	6,0
Transtornos de fala ou linguagem	2,3
Deficiência intelectual	1,3

FIGURA 6.2 As três maiores porcentagens de estudantes com uma deficiência atendida por um programa federal norte-americano em 2001-2002 conforme porcentagens do total de matriculados na escola.

deficiência Uma limitação funcional em um indivíduo que restringe suas capacidades.

incapacidade Condição imposta a uma pessoa que tem uma deficiência.

dificuldades de aprendizagem Deficiência em que a criança (1) apresenta um QI acima da faixa de deficiência; (2) apresenta dificuldade significativa numa área acadêmica (especialmente leitura ou matemática) e (3) não apresenta nenhum outro problema ou transtorno, tais como deficiências sensoriais ou transtornos emocionais graves diagnosticados como causa da dificuldade.

Uma pesquisa conduzida em âmbito nacional nos Estados Unidos concluiu que 8% das crianças apresentam uma dificuldade de aprendizagem (Bloom e Dey, 2006). Os meninos são classificados como possuindo dificuldade de aprendizagem cerca de três vezes mais do que meninas (U.S. Department of Education, 1996). Entre as explicações para essa diferença entre os sexos está uma vulnerabilidade biológica maior entre os meninos e *preconceito/inclinação à indicação* (isto é, os meninos costumam ser mais indicados pelos professores para tratamento por causa de seu comportamento) (Liederman, Kantrowitz e Flannery, 2005).

Cerca de 5% de todas as crianças em idade escolar nos Estados Unidos recebem educação especial ou serviço relacionado devido a uma dificuldade de aprendizagem. Na classificação federal norte-americana das crianças que recebem educação especial e serviço relacionado, o transtorno de déficit de atenção/hiperatividade (TDAH) está incluído na categoria de dificuldades de aprendizagem. Devido ao significativo interesse atual em TDAH, discutiremos o tema separadamente após dificuldades de aprendizagem.

Nas últimas três décadas, a porcentagem de crianças classificadas como tendo uma dificuldade de aprendizagem aumentou substancialmente – de menos de 30% de todas as crianças que recebiam educação especial e serviço relacionado em 1977 para pouco menos de 45% hoje. Alguns especialistas dizem que o aumento dramático reflete práticas falhas de diagnóstico e excesso de identificação. Eles argumentam que às vezes os professores são muito rápidos em rotular crianças com a mínima dificuldade de aprendizagem, em vez de reconhecer que o problema pode estar em sua própria ineficiência em ensinar. Outros especialistas afirmam que o aumento no número de crianças classificadas como tendo "dificuldade de aprendizagem" é justificado (Hallahan e Kaufmann, 2006).

A maioria das dificuldades de aprendizagem é permanente. Quando comparadas a crianças sem deficiência, as crianças com alguma dificuldade de aprendizagem costumam apresentar desempenho acadêmico fraco, alta taxa de evasão e um histórico pobre de trabalho e educação superior (Berninger, 2006; Wagner e Blackorby, 1996). Crianças com dificuldades de aprendizagem que freqüentam classes comuns sem um suporte amplo raramente alcançam o nível de competência, mesmo quando comparadas àquelas crianças com baixo rendimento que não têm deficiências (Hocutt, 1996). Ainda assim, a despeito dos problemas que enfrentam, muitas crianças com dificuldade de aprendizagem conseguem levar uma vida normal e assumir um trabalho produtivo (Mercer e Pullen, 2005; Pueschel e outros, 1995).

Identificação Diagnosticar se uma criança tem uma dificuldade de aprendizagem geralmente é uma tarefa difícil (Berninger, 2006). Um dos procedimentos de identificação requer uma discrepância significativa entre o rendimento real e o rendimento esperado, sendo o último estimado por um teste de inteligência administrado individualmente. No entanto, muitos educadores questionam a propriedade dessa abordagem (Francis e outros, 2003). Outra estratégia de identificação que foi proposta é a *resposta-à-intervenção*, ou *resposta-ao-tratamento*, que envolve um aprendizado ineficiente por parte dos estudantes em resposta a um ensino eficiente (Fuchs e outros, 2003). No entanto, ainda está em discussão se essa abordagem é possível (Kavale, Holdnack e Mostert, 2005).

A identificação inicial de uma possível dificuldade de aprendizagem é feita pelo professor em sala de aula. Se existir uma suspeita de dificuldade, o professor deve solicitar especialistas para avaliação. Uma equipe multidisciplinar é a mais adequada para verificar se um aluno tem alguma dificuldade de aprendizagem. Avaliações psicológicas individuais (de inteligência) e avaliações educacionais (tais como nível atual de rendimento) são necessárias (Mercer e Pullen, 2005). Adicionalmente, testes de habilidade visomotora, de linguagem e de memória podem ser utilizados.

Na tenra infância, as dificuldades freqüentemente são identificadas por meio da linguagem receptiva e expressiva. As informações fornecidas pelos pais e professores também são consideradas antes de se dar um diagnóstico final. Para muitos sistemas, o que desencadeia uma avaliação de estudantes com dificuldades de aprendizagem é uma defasagem de dois anos abaixo do nível do ano em leitura (Purcell-Gates, 1997). Isso pode ser um empecilho importante para a identificação de dificuldades em uma idade em que a ajuda tem sua maior eficiência – durante os dois primeiros anos do ensino fundamental. Se a defasagem de dois anos for levada à risca, muitas crianças não obterão ajuda imediata mesmo se apresentarem sinais claros de uma dificuldade de aprendizagem.

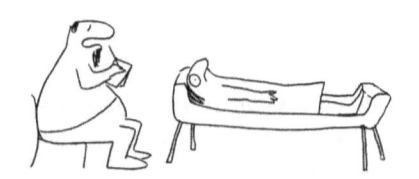

"Sua sensação de insegurança parece ter começado quando Mary Lou Gumblatt disse: 'Talvez eu não tenha uma dificuldade de aprendizagem – talvez você tenha uma deficiência de ensino'."

Tony Saltzman, de Phi Delta Kappan (1975). Reproduzido com autorização de Tony Saltzman.

A classificação atual das dificuldades de aprendizagem envolve uma afirmação "ou/ou": uma criança ou tem uma dificuldade de aprendizagem ou não tem. Mesmo assim, na realidade, as dificuldades variam em intensidade (Reschly, 1996; Terman e outros, 1996). Dificuldades de aprendizagem graves, tais como a dislexia, foram reconhecidas há mais de um século e são relativamente fáceis de diagnosticar. No entanto, a maioria das crianças apresenta uma forma suave de dificuldade de aprendizagem, o que torna difícil distingui-las de crianças sem dificuldade. Na ausência de um critério de aceitação nacional, a identificação de estudantes com dificuldades de aprendizagem varia de estado para estado e de professor para professor (Lyon, 1996).

Dificuldades com leitura, escrita e matemática As áreas mais comuns em que as crianças com dificuldade de aprendizagem apresentam problemas são leitura, escrita e matemática (Hallahan e outros, 2005).

Dislexia O problema mais comum que caracteriza crianças com dificuldade de aprendizagem envolve a leitura (Moats, 2004). Essas crianças apresentam dificuldade com capacidades fonológicas, que envolve ser capaz de entender como os sons e letras se combinam para formar palavras. A **dislexia** é uma categoria reservada para indivíduos com uma limitação grave em sua capacidade de ler e soletrar (Ramus, 2004; Spafford e Grosser, 2005).

Disgrafia A **disgrafia** é a dificuldade de aprendizagem que envolve a dificuldade em expressar pensamentos na forma escrita (Hammil, 2004; Vellutino e outros, 2004). Em geral, o termo *disgrafia* é usado para descrever uma escrita extremamente pobre. Crianças com disgrafia escrevem muito lentamente, a escrita é praticamente ilegível e elas podem cometer inúmeros erros de ortografia/grafia por causa da sua incapacidade de combinar sons e letras.

Discalculia A **discalculia**, também conhecida como transtorno de desenvolvimento de matemática, é uma dificuldade de aprendizagem que envolve dificuldade com cálculo aritmético. Segundo estimativa, afeta, nos Estados Unidos, de 2% a 6% das crianças do ensino fundamental (National Center for Learning Disabilities, 2006). Pesquisadores constataram que crianças com dificuldade em cálculo aritmético freqüentemente apresentam transtornos neuropsicológicos e cognitivos, incluindo desempenho fraco na memória de trabalho, percepção visual e capacidade visoespacial (Kaufman, 2003; Shalev, 2004). Uma criança pode apresentar tanto a deficiência em leitura como a deficiência em matemática, e existem déficits cognitivos que caracterizam ambos os tipos de deficiências, como memória de trabalho fraca (Siegel, 2003). Um estudo concluiu que a discalculia é uma dificuldade de aprendizagem persistente em muitas crianças; mais da metade dessas crianças ainda tinha desempenho muito fraco em matemática ao chegar ao quinto ano (Shalev, Manor e Gross-Tsur, 2005).

Causas e estratégias de intervenção As causas precisas das dificuldades de aprendizagem ainda não foram determinadas. No entanto, foram propostas algumas causas possíveis. As dificuldades de aprendizagem tendem a ocorrer em famílias em que um dos pais tem uma dificuldade como dislexia ou discalculia, embora não seja conhecida a forma de transmissão genética específica das dificuldades de aprendizagem (McCrory e outros, 2005; Monuteaux e outros, 2005; Petrill e outros, 2006). Pesquisadores utilizaram técnicas de diagnóstico por imagem como a ressonância magnética para revelar regiões específicas do cérebro que podem estar envolvidas nas dificuldades de aprendizagem (Berninger, 2006; Vinckenbosch, Robichon e Eliez, 2005). Essa pesquisa indica que a causa provável das dificuldades de aprendizagem não é resultado do envolvimento de uma área única, específica do cérebro, mas de problemas de integração da informação proveniente de suas múltiplas regiões ou de problemas sutis em suas estruturas e funções. Outra possibilidade é que algumas dificuldades de aprendizagem sejam causadas por problemas durante a gestação ou o parto. Diversos estudos concluíram que dificuldades de aprendizagem estão mais presentes em recém-nascidos de baixo peso (Litt e outros, 2005).

Muitas intervenções focaram a melhora da capacidade de leitura da criança (Berninger, 2006; Vukovic e Siegel, 2006). Por exemplo, um estudo demonstrou que aulas sobre percep-

---

dislexia Limitação grave da capacidade de ler e soletrar.

disgrafia Dificuldade de aprendizagem que envolve a dificuldade em expressar pensamentos na forma escrita. Em geral, o termo *disgrafia* é utilizado para descrever uma escrita extremamente pobre.

discalculia Também conhecida como transtorno de desenvolvimento de matemática, é uma dificuldade de aprendizagem que envolve dificuldade com cálculo aritmético.

ção fonológica na pré-escola tiveram efeitos positivos sobre o desenvolvimento da leitura quando as crianças chegaram ao primeiro ano (Blachman e outros, 1994).

Infelizmente, nem todas as crianças que apresentam dificuldades de aprendizagem envolvendo problemas de leitura têm a chance de uma intervenção apropriada precoce. A maioria das crianças cuja dificuldade de aprendizagem não é diagnosticada até o terceiro ano ou depois e que recebem intervenções convencionais não apresenta melhoras significativas (Lyon, 1996). No entanto, um ensino intensivo ao longo de um período ministrado por um professor competente pode ajudar muitas crianças (Berninger, 2006; Bost e Vaughn, 2002).

Crianças com transtornos fonológicos severos que prejudicam a capacidade de decodificação e reconhecimento de palavras respondem à intervenção mais lentamente do que crianças com problemas leves e moderados de leitura (Torgesen, 1995). Além disso, o sucesso até mesmo da intervenção de leitura mais bem planejada depende do treinamento e da experiência do professor.

Virginia Berninger (2006) propôs um modelo novo para ajudar alunos com alguma dificuldade de aprendizagem. Ela argumenta que as escolas precisam fazer mais uso do *language arts block (LAB)* (bloco de linguagem) em um período do dia em que há aula de linguagem em todas as classes do mesmo ano ou dos vários anos ao mesmo tempo. Berninger também argumenta que para estudantes com dificuldade de aprendizagem, o ensino direto geralmente funciona melhor do que uma abordagem construtivista. Portanto, ela recomenda que durante o LAB "ao menos em uma aula ou seção no nível do ensino fundamental ou médio" seja oferecido "ensino explícito, intelectualmente envolvente de leitura e escrita" que foque:

- Conscientização fonológica, ortográfica e morfológica. *Conscientização fonológica* envolve ser capaz de identificar os sons das palavras e partes da palavra (como as sílabas). *Conscientização ortográfica* é a habilidade de perceber visualmente as seqüências e padrões das letras impressas individualmente nas palavras. Por exemplo, os estudantes precisam distinguir entre *b* e *d* quando tentam decodificar o texto. *Conscientização morfológica* envolve ajudar os estudantes a entender o significado das palavras ao soletrá-las. Essa abordagem é resultado da pesquisa com imagens do cérebro mostrando como tal treinamento pode produzir nele mudanças importantes relacionadas a processos de leitura (Richards e outros, 2006).
- Um conjunto de habilidades que inclui o princípio alfabético (envolve a capacidade de associar sons a letras e usar esses sons para formar palavras); famílias de palavras (um grupo de palavras que compartilham um som comum, como *fazenda e emenda*); fluência em leitura em voz alta e silenciosa; escrita automática de letras; fluência composicional (número de palavras escritas por minuto); fazer anotações; habilidade de estudo e realização de provas.

Berninger enfatiza que nem todos os estudantes precisam de ensino explícito direto nessas áreas, mas que estudantes com dislexia, disgrafia e dificuldade de aprendizagem de linguagem precisam. Ela também conclui que "uma razão para a ineficiência relativa da educação especial é que professores atuantes nessa área não recebem muito treinamento preliminar sobre psicologia do ensino da leitura nem aprendem sobre práticas institucionais que cobrem todas as habilidades de leitura... de maneira apropriada à leitura dos anos do ensino fundamental (Berninger, 2006).

Transtorno de déficit de atenção/hiperatividade (TDAH)

Matthew sofre do transtorno de déficit de atenção/hiperatividade e a manifestação tem sinais típicos. Ele tem dificuldade em prestar atenção nas instruções do professor e se distrai com facilidade. Só consegue parar sentado por alguns minutos e sua caligrafia é confusa. Sua mãe o descreve como muito inquieto.

Características O **transtorno de déficit de atenção/hiperatividade (TDAH)** é um transtorno que se verifica quando as crianças apresentam consistentemente uma ou mais das seguintes características ao longo de um período de tempo: (1) falta de atenção, (2) hiperatividade e (3) impulsividade. Crianças distraídas têm dificuldade de se concentrar em qualquer coisa e podem ficar entediadas com uma tarefa após apenas alguns minutos. Um estudo concluiu que dificuldade de concentração era o tipo mais comum de problema de atenção nas crianças com TDAH (Tsal, Shalev e Mevorach, 2005). Crianças hiperativas

---

transtorno de déficit de atenção/hiperatividade (TDAH) Transtorno verificado em crianças que apresentam consistentemente uma ou mais das seguintes características ao longo de um período de tempo: (1) falta de atenção, (2) hiperatividade e (3) impulsividade.

Boas práticas
Estratégias para trabalhar com crianças com dificuldades de aprendizagem

1. *Leve em consideração as necessidades da criança com dificuldade de aprendizagem durante a aula.* Defina claramente o objetivo da lição. Apresente-o visualmente, na lousa ou por meio de retroprojeção. Certifique-se de que suas orientações/ordens sejam explícitas. Explique-as oralmente. Utilize exemplos concretos para ilustrar conceitos abstratos.

2. *Faça adaptações para provas e tarefas.* Isso se refere a modificar o ambiente acadêmico para que essas crianças possam demonstrar o que sabem. Uma adaptação geralmente não envolve mudar a quantidade de aprendizagem que a criança deve demonstrar. Adaptações comuns incluem ler instruções para as crianças, enfatizar palavras importantes (como *sublinhar* ou *responder a duas das três perguntas*), utilizar/aplicar provas fora do cronograma e dar mais tempo para a realização de tarefas.

3. *Faça modificações.* Esta estratégia muda o trabalho em si, tornando-o diferente do trabalho das outras crianças num esforço para estimular a confiança e o sucesso da criança. Pedir a uma criança com dislexia que faça um relatório oral enquanto as outras crianças fazem um relatório escrito é um exemplo de modificação. A seguir você pode ler sobre as modificações implementadas por Kristin Blankenship, professora de terceiro ano em Salem, Virgínia.

Visão do professor
Modificações em sala de aula para melhorar a habilidade de leitura de estudantes com dificuldade de aprendizagem

Ao longo dos últimos anos, mais da metade dos 24 alunos de minha classe de terceiro ano foram diagnosticados com dificuldades de aprendizagem. A maioria desses estudantes tem dificuldade para ler; portanto, freqüentemente são feitas modificações nas outras matérias que envolvem leitura. Por exemplo, em matemática, geralmente formo duplas de alunos para trabalharem com enunciados de problemas. Eles se revezam na leitura dos problemas e no raciocínio do problema juntos. Um aluno ajuda o outro nessas situações.

Em estudos sociais e ciências, geralmente formo grupos de discussão de problemas relacionados. No grupo, são escolhidos líderes e os anotadores para ler as questões e escrever as respostas, o que tira um pouco da pressão de ter que escrever e ler independentemente. Testes e exercícios também são lidos em voz alta nessas matérias. Outra estratégia útil é oferecer instruções em partes pequenas, geralmente demonstrando o que você quer que os alunos façam.

Essas crianças parecem se beneficiar especialmente de experiências práticas, assim como de atividades de artes. Após fazer mapas com massa de biscuit durante um ano, meus alunos desenvolveram um entendimento dos acidentes geográficos e de três regiões da Virgínia. Provavelmente eles não teriam conseguido assimilar o conceito apenas lendo o livro e ouvindo discussões sobre o tema. Muitas estratégias úteis para ensinar crianças com dificuldades de aprendizagem auxiliam, na verdade, a classe inteira.

4. *Melhore as habilidades organizacionais e de estudo.* Muitas crianças com dificuldade de aprendizagem são desorganizadas. Professores e pais podem estimulá-las a manter uma agenda de longo e curto prazo e a criar listas de "afazeres" todos os dias. Os projetos/trabalhos devem ser subdivididos de acordo com seus itens, com etapas e prazos para cada parte (Strichart e Mangrum, 2002).

5. *Trabalhe com habilidades de leitura e escrita.* Conforme indicamos anteriormente, o tipo de dificuldade de aprendizagem mais comum envolve problemas de leitura. Certifique-se de que esse diagnóstico da criança tenha sido feito por um especialista, incluindo os déficits em particular envolvidos na habilidade de leitura. Crianças com problemas de leitura freqüentemente lêem devagar, portanto, precisam ser notificadas com mais antecedência sobre o material de leitura adicional e utilizar mais tempo para leitura em classe. Muitas crianças com dificuldade de aprendizagem que envolve déficit de escrita acreditam que um processador de texto as ajuda a redigir os trabalhos escritos mais rápida e competentemente. Ferramentas compensatórias que podem ser utilizadas incluem dicionários eletrônicos (como o Franklin Language Master, que fornece aos estudantes grafias alternativas para tentativas fonéticas –*nummonia* para *pneumonia*, por exemplo – que o corretor ortográfico pode não sugerir, e oferece definições para palavras facilmente confundidas como *there* e *their*), processadores de palavras de voz que dão um retorno auditivo valioso e livros em áudio. Algumas agências gravam livros didáticos para os estudantes por um baixo custo. A seguir, você pode ler sobre como duas professoras melhoraram a experiência em sala de aula para alunos com uma dificuldade de aprendizagem.

Visão do professor
Criando uma personagem chamada Uey Long e usando uma abordagem de equipe

Nancy Downing, professora de segundo ano da escola de ensino fundamental McDermott em Little Rock, Arkansas, usa uma abordagem multisensorial para educação que ela desenvolveu ao trabalhar com seu próprio filho, que tem dificuldade

(continua)

Boas práticas (continuação)
Estratégias para trabalhar com crianças com dificuldades de aprendizagem

de aprendizagem. Ela criou a Downfeld Phonics utilizando fonética, linguagem de sinais e jingles animados para tornar o aprendizado divertido para os alunos. Ela desenvolveu a personagem Uey Long (uey é um sinal sobre uma vogal curta – correspondente a encontros vocálicos) para demonstrar as regras de vogais.

Julie Curry, que leciona em Macon, Geórgia, enfatiza a importância da abordagem de grupo. Em sua opinião, aprender a ler e ler para aprender é um trabalho duro para alunos com dificuldade de aprendizagem, assim como é um trabalho duro para professores e pais envolvidos na vida da criança. Uma dificuldade de leitura não pode ser remediada com sucesso somente em uma classe de inclusão ou com recursos. Ensinar e implementar estratégias para o sucesso de uma criança requer uma abordagem de equipe. Estratégias, tecnologia, estruturação do ambiente e colaboração devem ser consistentes na escola, no lar e até no campo de futebol.

Nancy Downing, lecionando em sua classe em Little Rock, Arkansas.

6. *Estimule as crianças com dificuldade de aprendizagem a se tornarem independentes e atingir todo o seu potencial.* É importante não só proporcionar suporte e serviço para crianças com dificuldade de aprendizagem como também orientá-las a se tornar responsáveis e independentes (Kauffman, McGee e Brigham, 2004). Os professores precisam estimular as crianças com dificuldade de aprendizagem a se tornarem tudo o que podem ser. Falaremos mais sobre a importância de estimular crianças com dificuldade/deficiências a alcançar todo o seu potencial mais adiante neste capítulo.

7. *Lembre-se de que as dificuldades de aprendizagem não terminam no ensino fundamental.* Na descrição a seguir, Gayle Venable, professora de linguagem, professora/consultora de educação especial em São Francisco, fornece algumas dicas para trabalhar com crianças mais velhas e adolescentes.

Visão do professor
Dificuldades de aprendizagem de crianças mais velhas e adolescentes

Em alguns casos, os professores só percebem que a criança tem um problema de leitura no terceiro ou quarto ano. Isso pode ocorrer porque o número de palavras que a criança é solicitada a ler aumenta numa taxa exponencial. As crianças não conseguem mais reconhecê-las automaticamente. A maioria das crianças começa a inferir as relações entre sons e símbolos antes do quarto ano. No quarto ano elas já farão essas inferências mesmo que isso não tenha sido ensinado explicitamente. Em contrapartida, crianças com dificuldade de aprendizagem geralmente não percebem essas relações sozinhas ou durante o aprendizado normal em sala de aula. Portanto, precisam que isso lhes seja ensinado explicitamente mais a fundo do que para os outros alunos.

Mais adiante, os alunos começam a ter mais dificuldade com o vocabulário complexo que lhes é apresentado e não conseguem se lembrar de um número tão grande de palavras. À medida que o ritmo do aprendizado acelera nos anos mais avançados, uma quantidade maior de informação deve ser adquirida através da leitura. Nos primeiros anos, os alunos assimilam muita informação oralmente; não se espera que eles obtenham a maior parte de suas informações a partir da leitura. Quando ocorre a mudança de aprender-para-ler para ler-para-aprender, as crianças com dificuldade de aprendizagem podem ter problemas porque não conseguem ler com eficiência. O que se observa também nos primeiros anos do ensino fundamental é que muitas crianças com dificuldade de aprendizagem têm dificuldade de soletrar.

Usar essas sete principais estratégias de ensino que descrevemos não tem a intenção de dar às crianças com dificuldade de aprendizagem uma vantagem desigual, apenas uma oportunidade igual de aprender. Conseguir manter um equilíbrio entre as necessidades das crianças com dificuldade de aprendizagem e as das outras crianças é uma tarefa desafiadora.

---

demonstram alto nível de atividade física. Parece que estão quase sempre em movimento. Crianças impulsivas têm dificuldade em controlar suas reações e não são boas em pensar antes de agir. Dependendo das características que as crianças com TDAH apresentam, podem ser diagnosticadas com (1) TDAH com predominância de falta de atenção, (2) TDAH com predominância de hiperatividade/impulsividade.

Diagnóstico e status evolutivo O número de crianças diagnosticadas com TDAH e tratadas aumentou substancialmente, dobrando na década de 1990 segundo algumas estimativas (Stein, 2004). Uma pesquisa constatou que 7% das crianças de 3 a 17 anos

nos Estados Unidos apresentam TDAH (Bloom e Dey, 2006). A incidência do transtorno é de quatro a nove vezes maior nos meninos do que nas meninas. Existe uma controvérsia sobre o crescente diagnóstico de TDAH (Daley, 2006; Zentall, 2006), no entanto. Alguns especialistas atribuem esse aumento principalmente à maior conscientização sobre o transtorno. Outros se preocupam com o fato de que muitas crianças estão sendo diagnosticadas sem passar por uma avaliação profissional minuciosa com base em informações de múltiplas fontes.

Sinais da TDAH podem estar presentes na pré-escola. Pais e professores podem notar que a criança tem um nível de atividade extremamente alto e um período de concentração limitado. Eles podem comentar que a criança é "muito agitada", "não consegue ficar sentada nem por um segundo" ou "parece nunca estar escutando". Muitas crianças com TDAH são difíceis de disciplinar, são intolerantes à frustração e têm dificuldade de relacionamento com os colegas. Outras características comuns de crianças com TDAH incluem imaturidade e falta de coordenação.

Embora sinais da TDAH estejam presentes na pré-escola, geralmente a identificação da criança com TDAH não ocorre antes dos primeiros anos do ensino fundamental (Stein e Perrin, 2003; Zentall, 2006). As crescentes demandas acadêmicas e sociais na educação formal, assim como padrões mais rígidos de controle comportamental, freqüentemente iluminam os problemas da criança com TDAH (Daley, 2006). Professores do ensino fundamental normalmente relatam que esse tipo de criança tem dificuldade de trabalhar sozinha, realizar trabalhos sentada e organizar o trabalho. Inquietação e falta de atenção também são notadas com freqüência. Esses problemas costumam ser observados em tarefas repetitivas ou difíceis, ou em tarefas que a criança considera enfadonhas (exercícios de completar e lição de casa).

No passado, acreditava-se que crianças com TDAH melhoravam durante a adolescência, mas agora acredita-se que isso geralmente não ocorre. Estimativas sugerem que os sintomas de TDAH diminuem em apenas um terço dos adolescentes. Cada vez mais, reconhece-se que esses problemas podem persistir na idade adulta (Faraone, Biederman e Mick, 2006; Seidman, 2006).

Causas e tratamento Ainda não foram encontradas causas definitivas do TDAH. No entanto, um número de causas foi proposto, como hereditariedade, nível baixo de determinados neurotransmissores (mensageiros químicos no cérebro), anormalidades pré e pós-natais e toxinas ambientais, como chumbo (Biederman e Faraone, 2003; Waldman e Gizer, 2006). De 30% a 50% das crianças com TDAH têm um irmão ou pai com o transtorno (Heiser e outros, 2004).

Cerca de 85% a 90% das crianças com TDAH, nos Estados Unidos tomam medicação tomam medicação estimulante como Ritalina e Adderall (que tem menos efeitos colaterais que a Ritalina) para controlar seu comportamento (Denney, 2001). Ritalina ou Adderall são estimulantes e, para a maioria dos indivíduos, eles estimulam o sistema nervoso e o comportamento (Raphaelson, 2004). No entanto, em muitas crianças com TDAH, a droga estimula áreas do córtex pré-frontal com baixa atividade que controla a atenção, a impulsividade e o planejamento. Esse aumento na concentração resulta no que *parece* ser uma "tranqüilização" do comportamento dessas crianças (Reeves e Schweitzer, 2004). Pesquisadores constataram que uma combinação de medicação (como Ritalina) com um controle do comportamento melhora o comportamento de crianças com TDAH com mais sucesso do que apenas a medicação (Chronis e outros, 2004). Alguns críticos argumentam que muitos médicos são muito rápidos em prescrever estimulantes do sistema nervoso para crianças com formas leves de TDAH (Marcovitch, 2004).

Foi constatado que medicações estimulantes são eficazes em melhorar a concentração de muitas crianças com TDAH, mas estas geralmente não atingem o nível de concentração das crianças sem TDAH (Barbaresi e outros, 2006; Tucha e outros, 2006).

No entanto, nem todas as crianças com TDAH respondem positivamente aos estimulantes. Um estudo mostrou que a Ritalina foi menos eficaz com crianças com alto nível de ansiedade, crianças mais velhas e crianças com sintomas menos graves (Gray e Kagan, 2000). Além disso, em 2006, o governo dos Estados Unidos publicou um alerta sobre riscos cardiovasculares de medicações estimulantes usadas no tratamento do TDAH.

Estudos também estão focando a possibilidade de o exercício físico reduzir o TDAH (Tantillo e outros, 2002). Por exemplo, pesquisadores constataram que o exercício físico au-

Muitas crianças com TDAH demonstram comportamento impulsivo, como esta criança saltando da carteira e jogando um avião de papel em outras crianças. *Como professora, de que maneira você lidaria com essa situação se ocorresse em sua sala de aula?*

> ### Boas práticas
> **Estratégias para trabalhar com crianças com TDAH**
>
> 1. *Observe se a medicação estimulante está surtindo resultado.*
> 2. *Repita e simplifique as instruções sobre tarefas de classe e lições de casa.*
> 3. *Suplemente as instruções verbais com instruções visuais.*
> 4. *Modifique a forma de avaliação se necessário.*
> 5. *Envolva um professor da sala de recurso com experiência em educação especial.*
> 6. *Deixe claras suas expectativas e dê um retorno imediato para a criança.*
> 7. *Utilize estratégias de controle de comportamento, proporcionando especialmente um retorno positivo para progressos.* Discutiremos essas abordagens e mais detalhes no Capítulo 7, "Abordagens sociocognitiva e comportamental".
> 8. *Proporcione estrutura e orientação/direcionamento.* Em muitas circunstâncias, um ambiente de aprendizagem estruturado beneficia crianças com TDAH. A seguir, Joanna Smith, professora de inglês no ensino médio, descreve como ela organiza sua sala de aula para acomodar alunos com TDAH.
>
> **Visão do professor**
> *Estruturando a sala de aula para beneficiar estudantes com TDAH*
>
> Obtive sucesso com esses alunos quando os coloquei sentados na primeira fila, dei instruções explícitas, dividi tarefas grandes em partes menores, escrevi as informações necessárias na lousa e destaquei exatamente onde estavam, concedi um tempo extra para as provas (conforme especificado no planejamento do aluno) e verifiquei com freqüência como os alunos estavam se saindo. Esse contato freqüente permite saber como o aluno está se sentindo, avaliar sua compreensão e proporcionar uma oportunidade de conversa.
>
> 9. *Associe o aprendizado a experiências reais.*
> 10. *Utilize o computador como ferramenta de ensino, especialmente para aprendizado no formato de jogo.*
> 11. *Dê oportunidades aos alunos de se levantar e se movimentar.*
> 12. *Divida as tarefas em segmentos menores.*

menta os níveis de neurotransmissores – dopamina e norepinefrina – que melhoram a concentração (Ferrando-Lucas, 2006; Rebollo e Montiel, 2006). Alguns profissionais de saúde mental estão recomendando que crianças e jovens com TDAH façam exercícios várias vezes ao dia (Ratey, 2006). Eles também especulam que o aumento nas taxas de TDAH coincidiu com a diminuição da prática de exercícios das crianças.

Deficiência intelectual

Cada vez mais, crianças com deficiência intelectual estão freqüentando classes comuns (Friend e Bursuck, 2006; Hodapp e Dykens, 2006; Vaughn, Bos e Schumm, 2006). A característica mais marcante da deficiência intelectual é a maneira inadequada do funcionamento intelectual (Zigler, 2002). Muito antes de testes formais para avaliar a inteligência terem sido desenvolvidos, os indivíduos com deficiência intelectual eram identificados como apresentando ausência de habilidades de aprendizado apropriadas para a idade e com seus próprios cuidados pessoais. Após o desenvolvimento dos testes de inteligência, foram atribuídos números para indicar a gravidade da deficiência. Uma criança poderia ter uma deficiência leve e ser capaz de freqüentar classes comuns ou uma deficiência profunda e ser incapaz de aprender nesse ambiente.

Além da inteligência limitada, déficits no comportamento adaptativo e manifestação precoce também estão incluídos na definição de deficiência intelectual. Habilidades adaptativas incluem ter a capacidade necessária para seus cuidados pessoais e responsabilidade social como saber se vestir, higienizar, alimentar, manter o autocontrole e interagir com colegas. Por definição, a **deficiência intelectual** é uma condição que se manifesta antes dos 18 anos, que envolve baixo nível intelectual (pontuação abaixo de 70 num teste de inteligência tradicional administrado individualmente) e dificuldade de adaptação às atividades cotidianas. Para que um indivíduo seja diagnosticado com deficiência intelectual, um QI baixo e baixa adaptação devem estar evidentes na infância, não seguido de um período longo de comportamento normal interrompido por causa de um acidente ou outro tipo de agressão ao cérebro.

deficiência intelectual É uma condição que se manifesta antes dos 18 anos, que envolve baixo nível intelectual (pontuação abaixo de 70 num teste de inteligência tradicional administrado individualmente) e dificuldade de adaptação às atividades cotidianas.

Classificação e tipos de deficiência intelectual Conforme indicado na Figura 6.3, a deficiência intelectual é classificada como leve, moderada, severa e profunda. Aproximadamente 89% dos estudantes com deficiência intelectual se enquadram na categoria leve. Considera-se que ao final da adolescência, indivíduos com deficiência intelectual leve terão conseguido desenvolver habilidades acadêmicas correspondentes ao sexto ano (Terman e outros, 1996). Na idade adulta, muitos trabalham e vivem de maneira independente com alguma supervisão de apoio ou em residenciais para grupos.

Se você tem um aluno com deficiência intelectual em sua classe, provavelmente o grau de deficiência é leve. Crianças com deficiência intelectual profunda costumam apresentar sinais de outras complicações neurológicas, tais como paralisia cerebral, epilepsia, deficiência auditiva, deficiência visual ou outros transtornos metabólicos congênitos que afetam o sistema nervoso central (Terman e outros, 1996).

A maioria dos sistemas escolares usa a classificação leve, moderada, severa e profunda. No entanto, como essas classificações baseadas em níveis de QI não são bons previsores de desenvolvimento, a American Association on Mental Retardation (1992) desenvolveu um novo sistema de classificação baseado no grau de suporte que as crianças requerem para atingir seu nível funcional máximo (Hallahan e Kauffman, 2006). Conforme a Figura 6.4 mostra, as categorias utilizadas são intermitente, limitada, extensa e invasiva.

Causas A deficiência intelectual é causada por fatores genéticos e dano cerebral. Vamos explorar primeiro as causas genéticas.

Fatores genéticos A forma de deficiência intelectual identificada mais comumente é a **síndrome de Down**, que é transmitida geneticamente. Crianças com síndrome de Down têm um cromossomo a mais (47º). Possuem características como face arredondada, crânio achatado, uma dobra extra na pálpebra, língua proeminente, membros curtos e deficiência de capacidades motoras e intelectuais. Não se sabe por que o cromossomo extra está presente, mas a saúde do esperma ou do óvulo dos pais pode estar envolvida (MacLean, 2000; Nokelainen e Flint, 2002); mulheres com idade entre 18 e 38 anos estão muito menos propensas a dar à luz uma criança com síndrome de Down. A incidência da síndrome de Down é de 1 a cada 700 nascimentos. Crianças afro-americanas raramente têm síndrome de Down.

Com intervenção precoce e suporte amplo da família da criança e de profissionais, muitas crianças com síndrome de Down podem se tornar adultos independentes (Boyles e Contadino, 1997; Taylor, Brady e Richards, 2005). Crianças com síndrome de Down podem ser enquadradas nas categorias de leve a severa da deficiência intelectual (Terman e outros, 1996).

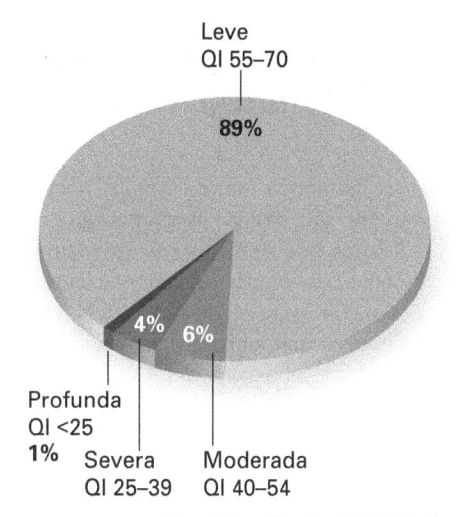

FIGURA 6.3 **Classificação da deficiência intelectual baseada em QI.**

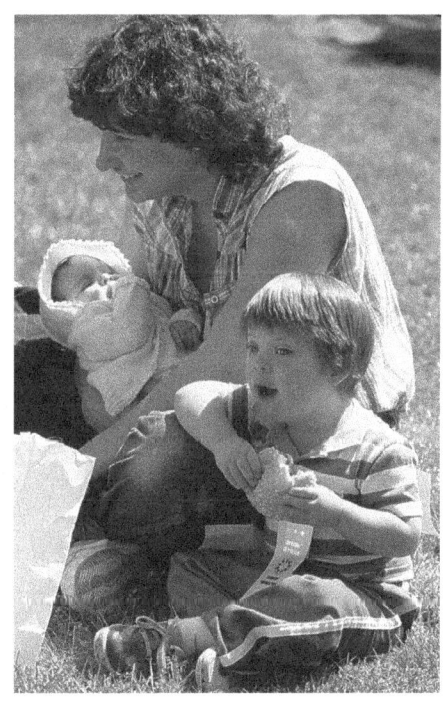

Leve QI 55–70 — 89%
Moderada QI 40–54 — 6%
Severa QI 25–39 — 4%
Profunda QI <25 — 1%

Uma criança com síndrome de Down. *O que faz com que uma criança desenvolva a síndrome de Down?*

síndrome de Down Forma de deficiência intelectual transmitida geneticamente devido a um cromossomo extra (47º).

Intermitente	Os suportes são proporcionados conforme necessário. O indivíduo pode precisar de suporte ocasional ou de curto prazo durante períodos de transição na vida (como perda do emprego ou doença aguda). Os suportes intermitentes podem ser de intensidade baixa ou alta quando proporcionados.
Limitados	Os suportes são intensos e relativamente consistentes ao longo do tempo. Têm um tempo limitado, mas não são intermitentes. Requerem menos membros na equipe e custam menos do que os suportes mais intensos. Esses suportes costumam ser necessários para adaptações a mudanças envolvidas no período escola-para-adulto.
Extensos	Os suportes são caracterizados por um envolvimento regular (por exemplo, diário) em ao menos um ambiente (tal como doméstico ou trabalho) e não têm um limite de tempo (suporte extenso para a vida doméstica).
Invasivos	Os suportes são constantes, muito intensos e são proporcionados em vários ambientes. Sua natureza pode ser de sobrevivência. Esses suportes normalmente envolvem mais membros na equipe e são mais intrusivos do que os outros.

FIGURA 6.4 **Classificação da deficiência intelectual baseada nos níveis de suporte.**

Boas práticas
Estratégias para trabalhar com crianças com deficiência intelectual

Durante os anos escolares, os principais objetivos freqüentemente são ensinar às crianças com deficiência intelectual habilidades educacionais básicas como leitura e aritmética, assim como habilidades profissionalizantes (Boyles e Contadino, 1997). A seguir estão algumas estratégias de ensino para interagir com crianças que tenham deficiência intelectual:

1. *Ajude crianças com deficiência intelectual a ganhar habilidade em fazer escolhas pessoais e a se tornarem autônomas quando possível* (Westling e Fox, 2000).

2. *Sempre tenha em mente o nível de capacidade intelectual da criança.* Crianças com deficiência intelectual terão um nível de capacidade mental consideravelmente menor que a maioria dos outros estudantes da classe. Se você iniciar um determinado nível de ensino e a criança não responder eficientemente, passe para um nível inferior.

3. *Individualize seu ensino para atender as necessidades da criança.*

4. *Assim como faz com outras crianças com alguma deficiência, certifique-se de que proporciona exemplos concretos para os conceitos.* Torne suas instruções claras e simples.

5. *Dê a essas crianças oportunidades de praticar o que aprenderam.* Faça com que repitam os passos algumas vezes para que aprendam bem e fixem um conceito.

6. *Seja sensível à auto-estima da criança.* Evite comparações, especialmente com crianças que não possuem deficiência intelectual.

7. *Tenha expectativas positivas sobre o aprendizado da criança.* É fácil cair na armadilha de pensar que a criança com deficiência intelectual não consegue ter sucesso acadêmico. Defina um objetivo para maximizar o aprendizado da criança.

8. *Reconheça que muitas crianças com deficiência intelectual não só têm necessidades acadêmicas como também requerem ajuda para melhorar suas habilidades de auto-subsistência e sociais.*

9. *Busque suporte auxiliar.* Recorra a professores auxiliares e recrute voluntários como pessoas aposentadas para ajudá-lo com crianças com deficiência intelectual. Eles podem auxiliá-lo a aumentar a quantidade de ensino individualizado que a criança recebe.

10. *Considere usar estratégias de análise comportamental aplicada.* Alguns professores relatam que essas estratégias melhoram as habilidades de auto-subsistência, sociais e acadêmicas da criança. Se tiver interesse no uso dessas estratégias, consulte um recurso do tipo *Applied Behavior Analysis for Teachers*, de Paul Alberto e Anne Troutman (2006). Os passos exatos envolvidos na análise comportamental aplicada podem ajudá-lo especialmente a usar o reforço positivo eficientemente com crianças com deficiência intelectual.

11. *Se você leciona em uma escola de ensino médio, avalie as habilidades profissionalizantes de que os estudantes com deficiência intelectual precisarão para conseguir um emprego* (Rogan, Luecking e Held, 2001).

12. *Envolva os pais como parceiros na educação das crianças.*

Síndrome do X frágil é a segunda forma mais identificada de deficiência intelectual. É transmitida geneticamente por uma anormalidade no cromossomo X, resultando em deficiência intelectual de leve a severa (Roberts e outros, 2005). Em geral, o nível é mais severo em homens do que em mulheres. Características de crianças com síndrome do X frágil incluem face oblonga, mandíbula proeminente, orelhas alongadas, nariz achatado e falta de coordenação. Cerca de 7% da deficiência intelectual em mulheres é resultado da síndrome do X frágil.

Dano cerebral O dano cerebral pode resultar de diferentes tipos de infecção e riscos ambientais (Das, 2000; Hodapp e Dykens, 2006). Infecções na gestante, como rubéola, sífilis, herpes e AIDS, podem causar deficiência na criança. Meningite e encefalite são infecções que podem se desenvolver na infância. Elas causam uma inflamação no cérebro que pode resultar em deficiência intelectual.

Riscos ambientais que podem resultar em deficiência intelectual incluem traumatismo craniano, subnutrição, envenenamento, lesões no parto e alcoolismo por parte da gestante (Berine-Smith, Patton e Kim, 2006). A **síndrome alcoólica fetal (SAF)** é um conjunto de anormalidades que aparecem nos filhos de mães que consomem bebidas alcoólicas de maneira exagerada na gravidez. As anormalidades incluem deformidades faciais e problemas

---

síndrome do X frágil Forma de deficiência intelectual transmitida geneticamente por uma anormalidade no cromossomo X.

síndrome alcoólica fetal (SAF) É um conjunto de anormalidades que aparecem nos filhos de mães que consomem bebidas alcoólicas de maneira exagerada na gravidez.

nos membros e no coração. A maioria dessas crianças tem inteligência abaixo da média e algumas têm deficiência intelectual (Bookstein e outros, 2002; O'Leary, 2004). Um estudo constatou que o consumo excessivo de bebida alcoólica na gravidez estava associado a uma probabilidade maior de pontuações nos testes de QI na faixa da deficiência intelectual e a uma incidência maior de "act-out" behavior – expressão por meio de ações – aos sete anos de idade (Bailey e outros, 2004). Embora muitas mães de bebês com SAF sejam alcoolistas, muitas mães alcoolistas não têm filhos com SAF ou têm um filho com SAF e outro sem.

Deficiências físicas

Deficiências físicas nas crianças incluem limitações ortopédicas, bem como paralisia cerebral e transtornos convulsivos. Muitas crianças com deficiências físicas requerem educação especial e serviço relacionado, como transporte, fisioterapia, serviços de saúde na escola e tratamento psicológico (Best, Heller e Bigge, 2005).

Limitações ortopédicas **Limitações ortopédicas** envolvem restrição ou falta de controle sobre os movimentos devido a problemas musculares, ósseos ou articulares. A gravidade dos problemas varia amplamente. Limitações ortopédicas podem ser causadas por problemas pré-natais ou perinatais, ou podem ocorrer devido a uma doença ou um acidente sofrido durante a infância. Com a ajuda de dispositivos adaptativos ou tecnologia médica, muitas crianças com limitações ortopédicas têm bom desempenho em sala de aula (Boyles e Contadino, 1997).

Paralisia cerebral é um transtorno que envolve falta de coordenação muscular, tremores ou dificuldade de fala. A causa mais comum da paralisia cerebral é a falta de oxigenação na hora do parto. No tipo de paralisia cerebral mais comum, chamada de *espasmódica*, os músculos das crianças são rígidos e difíceis de movimentar (Meberg e Broch, 2004). Os músculos rígidos freqüentemente tracionam os membros para posições contorcidas (Russman e Ashwal, 2004). Num tipo menos comum, *ataxia*, os músculos da criança ficam rígidos num determinado momento e flácidos no outro, tornando os movimentos desordenados e espasmódicos.

O computador pode ajudar especialmente crianças com paralisia cerebral a aprender (Best, Heller e Bigge, 2005; Ullman, 2005). Se tiverem coordenação para usar o teclado, podem fazer suas tarefas escritas no computador. Uma caneta com luz pode ser adicionada a um computador e usada pelo aluno como ponteiro. Muitas crianças com paralisia cerebral têm dificuldade de fala. Os sintetizadores de voz, quadros de comunicação, anotações gravadas e dispositivos para virar páginas podem melhorar a comunicação dessas crianças.

Transtornos convulsivos O transtorno convulsivo mais comum é a **epilepsia**, um distúrbio neurológico caracterizado por ataques sensório-motores recorrentes ou movimentos convulsivos. A epilepsia se manifesta de diferentes maneiras (Barr, 2000). Em uma das formas comuns chamada de *ausência*, as crises têm breve duração (menos de 30 segundos) e ocorrem entre várias e centenas de vezes ao dia. As crises ocorrem freqüentemente como um breve estupor (olhar para o nada), às vezes acompanhado de movimentos motores como contração das pálpebras (olhos virados). Em outra forma comum de epilepsia,

Visão do estudante

Tudo bem ser diferente

Por que eu? Sempre me pergunto. Por que tinha que ser comigo? Por que fui a escolhida para ser diferente? Levei mais de dez anos para encontrar respostas e para perceber que não sou *mais* diferente do que qualquer outro. Minha irmã gêmea nasceu saudável, mas eu nasci com paralisia cerebral.

As pessoas pensavam que eu era débil porque tinha dificuldade de escrever meu nome. Então, quando fui a única da classe a usar uma máquina de escrever, comecei a me sentir diferente. Senti-me pior quando meus colegas do terceiro ano passaram para o quarto ano e eu fiquei para trás. Os professores me seguraram porque achavam que eu não conseguiria digitar rápido o suficiente para acompanhar a classe. As crianças me disseram que isso era mentira e que me seguraram porque eu era retardada. Doeu muito a provocação daqueles que eu pensava que eram meus amigos...

Aprendi que ninguém tinha culpa por minha deficiência. Percebi que posso fazer coisas e que posso fazê-las muito bem. Há coisas que eu não consigo fazer, como anotações durante as aulas ou participar de uma corrida, mas tenho que conviver com isso...

Às vezes gostaria de não ter nascido com paralisia cerebral, mas chorar não vai me ajudar em nada. A vida é uma só, então quero viver da melhor maneira que puder... Ninguém mais pode ser Angela Marie Erickson, que está escrevendo isto. Eu nunca poderia – nem gostaria – de ser outra pessoa.

Angie Erickson
Aluna do nono ano
Wayzata, Minnesota

limitações ortopédicas Envolvem restrição ou falta de controle sobre os movimentos devido a problemas musculares, ósseos ou articulares.

paralisia cerebral É um transtorno que envolve falta de coordenação muscular, tremores ou dificuldade de fala.

epilepsia Distúrbio neurológico caracterizado por ataques sensório-motores recorrentes ou movimentos convulsivos.

> ### Visão do estudante
>
> ### Olhos fechados
>
> Na pré-escola, as crianças realmente começam a perceber, não a temer ou achar estranho, as diferenças entre elas. Anos atrás, um menino de minha classe de pré-escola estava andando pelo corredor de olhos fechados até que bateu na parede. Quando perguntei o que estava fazendo, ele respondeu: "Estava tentando imitar Darrick. Como ele consegue fazer isso muito melhor?". Darrick é um colega de classe cego. O menino queria experimentar como é ser cego. Nesse caso, a imitação era a melhor forma de reconhecimento.
>
> Anita Marie Hitchcock
> Professora de pré-escola
> Holle Navarre Primary
> Santa Rosa County, Flórida

chamada de *tônico-clônica*, a criança primeiro perde a consciência e fica com o corpo rígido, depois treme e se contrai. A porção mais severa de uma crise tônico-clônica dura de três a quatro minutos. Crianças que experimentam crises convulsivas geralmente são tratadas com uma ou mais medicações anticonvulsivantes, que costumam ser eficientes na redução da quantidade de episódios, mas nem sempre em eliminá-los por completo. Quando não são acometidos por uma crise convulsiva, estudantes com epilepsia apresentam comportamento normal.

Se você tem uma criança com transtornos convulsivos em sua classe, informe-se sobre os procedimentos para monitorar e ajudar essa criança durante uma crise. Além disso, se uma criança em sua sala de aula apresenta agitação ou movimentos descontrolados, seria aconselhável investigar se o problema está relacionado a tédio, drogas ou a um transtorno neurológico potencial.

Deficiências sensoriais

Deficiências sensoriais incluem deficiências visuais e auditivas. Deficiências visuais incluem necessidade de lentes corretivas, visão fraca e ser educacionalmente cego. Crianças com deficiências auditivas podem ser surdas de nascença ou experimentar uma perda da audição à medida que crescem.

Deficiências visuais Alguns estudantes apresentam problemas visuais leves que não foram corrigidos. Se você notar alunos piscando demais, aproximando muito os livros dos olhos para ler, esfregando os olhos com freqüência, reclamando que as coisas parecem embaçadas ou que as palavras se movem na página, encaminhe-os para um exame de vista (Boyles e Contadino, 1997). Muitos precisarão apenas de óculos. No entanto, uma pequena parcela de estudantes (cerca de 1 em cada 1.000) apresenta problemas visuais mais sérios e são classificados como crianças com deficiência visual. Isso inclui estudantes com visão fraca e cegos.

Crianças com *visão fraca* têm acuidade visual entre 20/70 e 20/200 (na escala Snellen, na qual visão 20/20 é considerada normal) com lentes corretivas. Crianças com visão fraca podem ler textos com letras grandes ou livros convencionais com a ajuda de uma lupa. Crianças *educacionalmente cegas* não conseguem usar sua visão no aprendizado e devem recorrer à sua audição e tato para aprender. Aproximadamente 1 em cada 3.000 crianças é educacionalmente cega. Cerca de metade dessas crianças nasceu cega e outro terço perdeu a visão no primeiro ano de vida. Muitas crianças educacionalmente cegas têm inteligência normal e bom desenvolvimento acadêmico com o suporte apropriado e auxílio ao aprendizado. No entanto, deficiências múltiplas freqüentemente requerem uma gama de serviços de suporte que atendam suas necessidades educacionais.

Uma tarefa importante ao trabalhar com crianças com deficiência visual é determinar a modalidade (tal como tato ou audição) através da qual a criança aprende melhor. Sentar-se na frente na classe geralmente beneficia uma criança com deficiência visual.

Durante meio século livros em áudio da Recording for the Blind & Dyslexic (Gravações para Cegos e Disléxicos) contribuíram para o progresso educacional de estudantes norte-americanos com deficiências visuais, perceptivas e outras. Mais de 90 mil volumes desses livros em áudio e digitalizados estão disponíveis gratuitamente nos Estados Unidos. Uma preocupação na educação de estudantes cegos envolve a subutilização do Braille, assim como o baixo índice de proficiência em Braille dos professores que ensinam estudantes cegos (Hallahan e Kauffman, 2006).

Deficiência auditiva Uma deficiência auditiva pode dificultar muito a aprendizagem (Anderson e Shames, 2006; Goldberg e Richburg, 2004). Crianças surdas de nascença ou que experimentam uma perda significativa de audição nos primeiros anos de vida geralmente não desenvolvem fala e linguagem normais. Você também poderá ter algumas crianças em sua classe com deficiência auditiva que ainda não foi identificada (Wake e

> **Boas práticas**
> **Estratégias para trabalhar com crianças com deficiência auditiva**
>
> 1. *Seja paciente.*
> 2. *Fale normalmente (nem muito devagar nem muito rápido).*
> 3. *Não grite, porque isso não ajuda. Falar com boa dicção ajuda mais.*
> 4. *Reduza fontes de distração e ruído de fundo.*
> 5. *Fique de frente para o estudante com quem está falando, porque ele precisa ler seus lábios e ver seus gestos.*

Poulakis, 2004). Se você tem um aluno que vira um dos ouvidos para quem está falando, pede freqüentemente para repetir algo, não acompanha as orientações, ou reclama sempre de dor de cabeça, resfriados e alergias, considere indicar um especialista para avaliá-lo, como um audiologista.

Muitas crianças com deficiências auditivas recebem ensino suplementar extraclasse. Abordagens educacionais para ajudar os estudantes com deficiência auditiva a aprender se enquadram em duas categorias: oral e manual. *Abordagens orais* incluem usar leitura labial, leitura de fala (usar dicas visuais para ensinar leitura) e qualquer grau de resíduo de audição que o estudante tenha. *Abordagens manuais* envolvem linguagem de sinais e soletração com os dedos (finger spelling). A linguagem de sinais é um sistema de movimentos da mão que simbolizam palavras. Soletração com os dedos consiste em "soletrar" cada palavra usando um sinal para cada letra de uma palavra. As abordagens orais e manuais são cada vez mais usadas juntas para estudantes com deficiências auditivas (Hallahan e Kauffman, 2006).

Os seguintes avanços médicos e tecnológicos também melhoraram a aprendizagem de crianças com deficiência auditiva (Boyles e Contadino, 1997):

- Implantes cocleares (procedimento cirúrgico). É um tema polêmico, porque muitos integrantes da comunidade de pessoas com deficiências auditivas são contrários, considerando os implantes como invasivos e antagônicos à cultura dos surdos. Outros argumentam que os implantes cocleares melhoraram consideravelmente a vida de muitas crianças com problemas auditivos (Hallahan e Kauffman, 2006).
- Cânulas no ouvido (procedimento cirúrgico para disfunções do ouvido médio). Esse não é um procedimento permanente.
- Aparelhos auditivos e sistemas de amplificação.
- Dispositivos de telecomunicações, telefone especializado, *RadioMail* (usando a Internet).

Transtornos de fala e linguagem

Transtornos de fala e linguagem incluem diversos problemas de fala (como transtornos de articulação, transtornos de voz e de fluência) e problemas de linguagem (dificuldade em receber informações e se expressar) (Hulit e Howard, 2006; Justice, 2006; Reed, 2005). Como você viu na Figura 6.1, aproximadamente 17% de todas as crianças que recebem serviços de educação especial apresentam transtornos de fala e linguagem (National Center for Education Statistics, 2006).

Transtornos de articulação **Transtornos de articulação** são problemas em pronunciar corretamente as palavras. A articulação de uma criança aos seis ou sete anos de idade ainda não está totalmente livre de erros, mas deve estar aos oito anos. Uma criança com problema de articulação pode achar a comunicação com colegas e professores difícil e constrangedora. Como resultado, a criança pode evitar fazer perguntas, participar de debates ou conversar com colegas. Problemas de articulação podem ser melhorados ou solucionados com terapia fonoaudiológica, que pode durar meses ou anos (Hulit e Howard, 2006).

> **transtornos de fala e linguagem** Incluem diversos problemas de fala (como transtornos de articulação, transtornos de voz e de fluência) e problemas de linguagem (dificuldade em receber informações e se expressar).
>
> **transtornos de articulação** São problemas em pronunciar corretamente as palavras.

Transtornos de voz Os **transtornos de voz** produzem uma fala rouca, muito alta, muito aguda ou muito grave. Crianças com fenda palatina geralmente apresentam um transtorno de fala que torna difícil a compreensão do que dizem. Se a criança fala de maneira realmente difícil de entender, encaminhe-a para um fonoaudiólogo.

Transtornos de fluência **Transtornos de fluência** freqüentemente envolvem o que é comumente chamado de "gagueira". A gagueira ocorre quando a fala da criança apresenta uma hesitação espasmódica, prolongamento ou repetição (Ratner, 2005). A ansiedade que muitas crianças sentem porque gaguejam com freqüência só piora a condição. É recomendado um tratamento fonoaudiológico.

Transtornos de linguagem **Transtornos de linguagem** incluem uma limitação significativa na linguagem receptiva ou expressiva da criança. Transtornos de linguagem podem resultar em problemas substanciais de aprendizagem (Anderson e Shame, 2006; Ratner, 2005). O tratamento realizado por um terapeuta de linguagem geralmente traz melhoras, mas o problema normalmente não é erradicado. Os transtornos de linguagem incluem dificuldade de:

- Formular perguntas adequadamente para obter a informação desejada.
- Seguir orientações verbais.
- Acompanhar conversas, especialmente quando são rápidas ou complexas.
- Entender e usar palavras corretamente nas frases.

Essas dificuldades envolvem tanto a linguagem receptiva quanto a expressiva.

Linguagem receptiva envolve a recepção e a compreensão da linguagem. Crianças com um transtorno de linguagem receptiva apresentam uma falha na maneira como recebem informações. A informação é recebida, mas a criança tem dificuldade em processá-la com eficiência, o que pode fazer com que ela pareça desinteressada ou distraída.

Uma vez que a mensagem é recebida e interpretada, o cérebro precisa formular uma resposta. A **linguagem expressiva** envolve a capacidade de usar a linguagem para expressar os pensamentos e se comunicar com os outros. Algumas crianças podem entender facilmente o que está sendo dito para elas, mas podem apresentar dificuldade quando tentam formular uma resposta e quando tentam se expressar. Um problema de fala é uma disfunção de linguagem expressiva comum. Existem várias características evidentes em crianças com transtorno de linguagem expressiva (Boyles e Contadino, 1997, p. 189-190):

- Podem parecer "tímidas e retraídas" e ter problemas de "integração social".
- Podem dar "respostas atrasadas para perguntas".
- Podem ter problema para "encontrar as palavras certas".
- Seus pensamentos podem ser "desorganizados e desconexos", frustrando o ouvinte.
- Podem "omitir partes integrais da sentença ou da informação necessárias para a compreensão".

Transtorno específico de linguagem (TEL) O **transtorno específico de linguagem (TEL)** envolve "problemas de desenvolvimento de linguagem que não estão acompanhados de nenhuma outra dificuldade física, sensorial ou emocional evidente" (Berko Gleason, 2005, p.7). Em alguns casos, o transtorno é referido como *transtorno de linguagem de desenvolvimento* (Simpson e Rice, 2005). Um estudo em larga escala constatou que mais de 7% das crianças norte-americanas na faixa dos cinco anos apresentam transtorno específico de linguagem (Tomblin, 1996).

Crianças com TEL têm dificuldade de entender e usar palavras em sentenças, portanto, as duas linguagens, receptiva e expressiva, estão envolvidas. Um indicador da presença de TEL em crianças de cinco anos é sua compreensão incompleta dos verbos (Simpson e Rice, 2005). Em inglês, essas crianças costumam omitir o *s* nas conjugações (tal como "She walk to the store" em vez de "She walks to the store") e fazer perguntas omitindo as partículas interrogativas "be" ou "do" (em vez de dizer "Does he live there?" a criança diz "He live there?").

---

transtornos de voz Transtornos que produzem uma fala rouca, muito alta, muito aguda ou muito grave.

transtornos de fluência Freqüentemente envolvem o que é comumente chamado de "gagueira".

transtornos de linguagem Limitação significativa na linguagem receptiva ou expressiva da criança.

linguagem receptiva Envolve a recepção e a compreensão da linguagem.

linguagem expressiva Envolve a capacidade de usar a linguagem para expressar os pensamentos e se comunicar com os outros.

transtorno específico de linguagem (TEL) Envolve "problemas de desenvolvimento de linguagem que não estão acompanhados de nenhuma outra dificuldade física, sensorial ou emocional evidente".

Boas práticas
Estratégias para crianças com transtorno de linguagem receptiva ou expressiva oral

A seguir estão algumas estratégias para auxiliar estudantes com transtorno de linguagem receptiva:

1. *Use uma abordagem de aprendizagem multisensorial em vez de apenas uma abordagem oral. Suplemente a informação oral com materiais ou orientações por escrito.*
2. *Monitore a velocidade com que você apresenta as informações. Diminua o ritmo ou volte e confira com as crianças se elas entenderam.*
3. *Dê à criança algum tempo para responder, de 10 a 15 segundos.*
4. *Dê exemplos concretos, específicos, para conceitos abstratos.*

A seguir estão algumas estratégias para auxiliar estudantes com transtorno de linguagem expressiva oral:

1. *Dê à criança algum tempo para responder.*
2. *Tenha em mente que a criança tem dificuldade em responder oralmente, portanto, considere pedir a ela que faça um trabalho escrito em vez de uma apresentação oral.*
3. *Ofereça opções ou dê uma dica para a criança pronunciando o som inicial no caso de problemas de encontrar palavras.*
4. *Forneça com antecedência para a criança as perguntas que serão feitas para que ela possa preparar uma resposta e assim parecer mais competente perante os colegas.*

Essas características fazem a criança com transtorno específico de linguagem parecer-se com uma criança aproximadamente dois anos mais nova.

O TEL pode ter uma base genética e tende a ser hereditário, embora algumas crianças com TEL venham de famílias sem histórico desse transtorno. A identificação precoce do TEL é importante e pode ser efetuada com precisão por volta dos cinco anos de idade, e em alguns casos, mais cedo. A intervenção inclui modelar a verbalização correta, reformular frases incorretas da criança durante conversas e outras instruções de linguagem (Ratner, 2005). Pais também podem querer que a criança com TEL faça um tratamento com um especialista em patologias de fala ou linguagem. Em muitos casos, as intervenções são eficazes em melhorar o desenvolvimento da linguagem na criança.

Transtorno invasivo do desenvolvimento ou transtorno autista

Transtorno autista (TA), também chamado transtorno invasivo do desenvolvimento, varia de um transtorno severo denominado *autismo a transtornos* mais leves denominados *síndrome de Asperger*. Transtornos autistas são caracterizados por problemas de integração social, problemas de comunicação verbal e não-verbal e comportamentos repetitivos. Crianças com esses transtornos podem também mostrar respostas atípicas a experiências sensoriais (National Institute of Mental Health, 2006). Transtornos autistas geralmente podem ser detectados cedo, em crianças de um a três anos de idade. Nessa idade, os pais podem notar a ocorrência de comportamentos incomuns. Em alguns casos, os pais relatam que a criança já era diferente desde o nascimento, não reagindo ao estímulo das pessoas e olhando fixamente para objetos por um longo tempo. Em outros casos, pais relatam que o desenvolvimento da criança foi normal durante o primeiro ou segundo ano, mas que depois ela se tornou retraída ou indiferente às pessoas.

O **autismo** é um transtorno severo de desenvolvimento que surge nos primeiros três anos de vida e inclui dificuldades no relacionamento social, anormalidades na comunicação e padrões de comportamento restritos, repetitivos e estereotipados. Estimativas indicam que aproximadamente de duas a cinco em cada dez mil crianças nos Estados Unidos sofrem de autismo. A incidência entre os meninos é quatro vezes maior do que entre as meninas.

A **síndrome de Asperger** é um transtorno autista relativamente leve em que a criança apresenta linguagem verbal razoável, problemas leves não associados à linguagem e uma gama restrita de interesses e relacionamentos. Crianças com síndrome de Asperger geralmente se envolvem em rotinas repetitivas obsessivas e preocupações com um assunto em

---

transtorno autista (TA) Também chamado transtorno invasivo do desenvolvimento, varia de um transtorno severo denominado autismo a transtornos mais leves denominados síndrome de Asperger. Crianças com esses transtornos são caracterizadas por problemas de integração social, problemas de comunicação verbal e não-verbal e comportamentos repetitivos.

autismo É um transtorno severo de desenvolvimento que surge nos primeiros três anos de vida e inclui dificuldades no relacionamento social, anormalidades na comunicação e padrões de comportamento restritos, repetitivos e estereotipados.

síndrome de Asperger É um transtorno autista relativamente leve em que a criança tem linguagem verbal razoável, problemas leves não associados à linguagem e uma gama restrita de interesses e relacionamentos, e geralmente se envolve em rotinas repetitivas.

particular (South, Ozofnoff e McMahon, 2005). Por exemplo, uma criança pode ficar obcecada com contagem de pontos no beisebol ou horários dos trens.

O que causa os transtornos autistas? O consenso atual é de que o autismo é uma disfunção cerebral com anormalidades na estrutura (incluindo o cerebelo e o córtex cerebral – lobos frontal e temporal) e anormalidades nos neurotransmissores como a serotonina e a dopamina (Lainhart, 2006; Penn, 2006). Fatores genéticos podem ter um papel no desenvolvimento de transtornos autistas (Baron-Cohen, 2004; Cohen e outros, 2005). Um estudo constatou que aproximadamente 50% dos meninos com síndrome de Asperger tinham um histórico familiar paterno de transtornos autistas (Gillberg e Cederlund, 2005). Não existe evidência de que a socialização familiar cause autismo (Rutter e Schopler, 1987). A deficiência intelectual está presente em algumas crianças com autismo; outras apresentam nível de inteligência médio ou acima da média (Sigman e McGovern, 2005).

Crianças com autismo se beneficiam com uma sala de aula bem estruturada, ensino individualizado e ensino em pequenos grupos (Pueschel e outros, 1995). Assim como para crianças com deficiência intelectual, técnicas de modificação de comportamento às vezes são eficazes para ajudar crianças autistas a aprender (Alberto e Troutman, 2006; Volkmar e outros, 2004).

Transtornos emocionais e comportamentais

A maioria das crianças apresenta um problema de ordem emocional em algum momento durante os anos do ensino básico. Uma pequena porcentagem de crianças tem problemas tão sérios e persistentes que elas chegam a ser classificadas como tendo um transtorno emocional ou comportamental (Lane, Greshman e O'Shaughnessy, 2002). **Transtornos emocionais e comportamentais** consistem em problemas sérios e persistentes que envolvem relacionamentos, agressividade, depressão, medos associados a questões pessoais ou escolares e outras características socioemocionais inadequadas (Kauffman, 2005; Keenan e outros, 2004). Aproximadamente 7% das crianças com uma deficiência e que requerem um plano de educação individualizada se enquadram nessa classificação. Os meninos têm três vezes mais propensão de apresentar esses transtornos (U.S. Department of Education, 2003).

Vários termos têm sido usados para descrever transtornos emocionais e comportamentais, incluindo *transtornos emocionais, transtornos de comportamento e crianças desajustadas* (Coleman e Webber, 2002). O termo *transtorno emocional* (TE) vem sendo usado para descrever crianças com esses tipos de problemas para as quais foi necessário criar planos individualizados de aprendizagem. No entanto, críticos argumentam que essa categoria ainda não foi definida claramente (Council for Exceptional Children, 1998).

Comportamentos agressivos   Algumas crianças classificadas como tendo um sério transtorno emocional, que apresentam comportamentos provocativos, agressivos, desafiadores ou perigosos, são retiradas da sala de aula (Terman e outros, 1996). A incidência costuma ser maior em meninos do que em meninas e, também, em crianças provenientes de famílias de baixa renda do que naquelas de famílias de classe média ou alta (Achenbach e outros, 1991; Dodge, Coie e Lynam, 2006). Crianças com um transtorno emocional sério têm maior probabilidade do que qualquer outra criança com uma deficiência a ser classificada a princípio como tendo um problema relacionado a uma deficiência durante o ensino médio. No entanto, a maioria dessas crianças começa a apresentar sinais de seu problema emocional durante o ensino fundamental (Wagner, 1995).

Quando essas crianças retornam à classe regular, tanto o professor da classe como um professor de educação especial ou um consultor devem despender um tempo considerável ajudando essas crianças a se adaptar e a aprender efetivamente. Isso significa dedicar várias horas por semana durante várias semanas a um ou dois alunos para ajudá-los a fazer uma transição efetiva de volta à sala de aula. Quanto mais severo for o problema, menor é a probabilidade de que um retorno à sala de aula funcionará (Wagner, 1995).

No Capítulo 3, discutimos sobre alunos rejeitados e sobre como melhorar as habilidades sociais dos estudantes (Rubin, Bukowsky e Parker, 2006). Muitos dos comentários e recomendações que fizemos se aplicam a crianças com um transtorno emocional sério. No

transtornos emocionais e comportamentais Problemas sérios e persistentes que envolvem relacionamentos, agressividade, depressão, medos associados a questões pessoais ou escolares e outras características socioemocionais inadequadas.

Quais são algumas características dos estudantes com comportamento agressivo fora de controle?

Quais são algumas características dos estudantes depressivos?

Capítulo 7, "Abordagens sociocognitiva e comportamental", e no Capítulo 14, "Gerenciando a sala de aula", discutiremos mais estratégias e planos para lidar eficientemente com crianças que apresentam problemas emocionais e comportamentais.

Depressão, ansiedade e medos Algumas crianças interiorizam seus problemas emocionais. A depressão, ansiedade e medos que sentem se tornam tão intensos e persistentes que sua capacidade de aprender fica significativamente comprometida (Jensen, 2005; Kauffman, 2005). Todas as crianças se sentem deprimidas de tempos em tempos, mas a maioria supera seu desânimo e baixo-astral em algumas horas ou em poucos dias. Para algumas crianças, no entanto, o humor negativo é mais sério e prolongado. A *depressão* é um tipo de transtorno do humor em que o indivíduo se sente inútil, acredita que as coisas não vão melhorar e se comporta de maneira letárgica por um tempo prolongado. Quando crianças mostram esses sinais por duas semanas ou mais, provavelmente estão em depressão. Falta de apetite ou insônia podem estar associadas à depressão.

A depressão costuma se manifestar mais na adolescência do que na infância e tem maior incidência nas meninas do que nos meninos (Culbertson, 1997). Especialistas em depressão dizem que essa diferença deve-se a inúmeros fatores. As mulheres costumam remoer sobre seu estado depressivo e a intensificá-lo, enquanto os homens procuram desviar sua atenção do humor negativo. A auto-imagem das meninas geralmente é mais negativa do que a dos meninos durante a adolescência; e o preconceito da sociedade contra o sucesso feminino pode estar envolvido (Nolen-Hoeksema, 2007).

Esteja atento para reconhecer sinais de depressão nas crianças. Como é interiorizada, a depressão tem maior chance de passar despercebida do que a agressividade. Se você acredita que uma criança está deprimida, encaminhe-a para o orientador pedagógico da escola. A terapia cognitiva tem sido especialmente eficaz em ajudar indivíduos a superar sua depressão, assim como algumas terapias medicamentosas (Beckham, 2000).

A *ansiedade* envolve uma sensação vaga altamente desagradável de medo e apreensão (Kowalski, 2000). É normal que as crianças se preocupem quando enfrentam os desafios da vida, mas algumas crianças demonstram uma ansiedade tão intensa e prolongada que pode prejudicar substancialmente seu desempenho na escola. Algumas crianças também têm medos íntimos ou relacionados com a escola que interferem em seu aprendizado. Se uma crian-

Auto-avaliação 6.1

Avaliando minha experiência com pessoas que têm variadas deficiências e transtornos

Leia cada uma das seguintes afirmações e assinale aquelas que se aplicam a você.

1. Dificuldades de aprendizagem

_____ Conheço alguém que tem dificuldade de aprendizagem e conversei com ele/ela sobre sua dificuldade.

_____ Observei alunos com dificuldades de aprendizagem em sala de aula e conversei com os professores sobre suas estratégias para ensiná-los.

2. Transtorno do déficit de atenção/hiperatividade

_____ Conheço alguém com TDAH e conversei com ele/ela sobre seu transtorno.

_____ Observei alunos com TDAH em sala de aula e conversei com os professores sobre suas estratégias para ensiná-los.

3. Deficiência intelectual

_____ Conheço alguém com deficiência intelectual e conversei com os pais sobre a deficiência de seu filho.

_____ Observei alunos com dificuldades de aprendizagem em sala de aula e conversei com os professores sobre suas estratégias para ensiná-los.

4. Deficiências físicas

_____ Conheço alguém com deficiência física e conversei com ele/ela sobre sua deficiência.

_____ Observei alunos com deficiência física em sala de aula e conversei com os professores sobre suas estratégias para ensiná-los.

5. Deficiências sensoriais

_____ Conheço alguém com deficiência sensorial e conversei com ele/ela sobre sua deficiência.

_____ Observei alunos com deficiência sensorial em sala de aula e conversei com os professores sobre suas estratégias para ensiná-los.

6. Transtornos de fala e linguagem

_____ Conheço alguém que tem um transtorno de fala e linguagem e conversei com ele/ela sobre seu transtorno.

_____ Observei alunos com transtorno de fala e linguagem em sala de aula e conversei com os professores sobre suas estratégias para ensiná-los.

7. Transtorno autista

_____ Conheço alguém que tem transtorno autista.

_____ Observei alunos com transtorno autista em sala de aula e conversei com os professores sobre suas estratégias para ensiná-los.

8. Transtornos emocionais e comportamentais

_____ Conheço alguém que tem transtorno emocional e comportamental e conversei com ele/ela sobre seu transtorno.

_____ Observei alunos com transtorno emocional e comportamental em sala de aula e conversei com os professores sobre suas estratégias para ensiná-los.

Para as deficiências ou transtornos que você não assinalou, procure conhecer alunos que os tenham e observe-os em sala de aula. Em seguida, converse com os professores desses alunos sobre as estratégias que adotam para ensiná-los.

ça demonstra medos marcantes ou consideráveis que persistem, encaminhe a criança para o orientador pedagógico da escola. Algumas terapias comportamentais têm sido especialmente eficazes na redução da ansiedade e do medo exagerados (Davidson e Neale, 2007). O Capítulo 13, "Motivação, ensino e aprendizagem", fornece mais informações sobre ansiedade.

Até aqui exploramos diversas deficiências e transtornos. Para avaliar sua experiência com pessoas que têm essas deficiências e transtornos, preencha a Auto-avaliação 6.1.

Reveja, reflita e pratique

1 Descrever os vários tipos de deficiências e transtornos

Reveja

- Qual é a definição de uma dificuldade de aprendizagem? Quais são as dificuldades de aprendizagem mais comuns? Como são identificadas? Qual o melhor tratamento?
- Quais são alguns aspectos importantes do transtorno de déficit de atenção/hiperatividade que os professores devem conhecer?
- Qual é a natureza da deficiência intelectual?
- Com que tipos de deficiência física os professores podem se deparar em classe?
- Quais são algumas deficiências visuais e auditivas comuns nas crianças?
- Quais são as diferenças entre transtornos de articulação, voz, fluência e linguagem?
- O que caracteriza o transtorno autista?
- Quais são os principais tipos de transtornos emocionais e comportamentais?

Reflita

- Considerando a faixa etária das crianças e a matéria que você planeja lecionar, quais das deficiências abordadas você acredita que apresentarão maior dificuldade para o seu ensino? Em que aspecto você deve focar sua atenção para aprender mais sobre essa deficiência?

Pratique PRAXIS™

1. Marty está no quarto ano. Testes indicam que sua inteligência está na faixa entre média e acima da média. No entanto, suas notas de leitura, estudos sociais, soletração e ciências são muito baixas. Por outro lado, suas notas de matemática são bastante altas e sua habilidade de escrita é adequada. Testes de rendimento indicam que sua leitura está no nível do primeiro ano. Quando ele lê em voz alta, fica evidente que tem problemas em associar sons e letras. O mais provável é que Marty tenha:
    a. TDAH.
    b. Discalculia.
    c. Dislexia.
    d. Disgrafia.
2. Qual dos seguintes ambientes de sala de aula tem maior probabilidade de ajudar estudantes com TDAH a ter sucesso?
    a. A classe da Sra. Caster, com estrutura bastante liberal, de forma que os alunos só precisam prestar atenção durante um período de tempo curto.
    b. A classe da Sra. Dodge, com estrutura rigorosa e expectativas explícitas. O aprendizado freqüentemente é suplementado com jogos de computador e atividade física.
    c. A classe da Sra. Ebert, em que se espera que os alunos permaneçam sentados por longos períodos de tempo, trabalhando de maneira independente em suas carteiras.
    d. A classe da Sra. Fish, em que os alunos trabalham em seu próprio ritmo em tarefas auto-selecionadas e recebem um retorno esporádico em relação a seu progresso e comportamento.

(continua)

Reveja, reflita e pratique (continuação)

3. Marci, branca de origem não-latina, tem deficiência intelectual leve. Além de déficits cognitivos, ela tem baixa habilidade motora. Suas pernas e braços são mais curtos que a média. Ela tem face arredondada, com uma dobra extra de pele na pálpebra. Sua língua é proeminente. Qual é a causa mais provável da deficiência de Marci?
   a. Síndrome de Down.
   b. Síndrome alcoólica fetal.
   c. Síndrome do X frágil.
   d. Doença materna durante a gravidez.

4. Mark é um aluno da classe de linguagem da Sra. Walsh no ensino fundamental. Ela observa que Mark freqüentemente olha pela janela. Às vezes, chamá-lo pelo nome faz com que ele volte a atenção para ela. Às vezes, ele continua olhando pela janela por vários segundos e parece ignorar as reprimendas da Sra. Walsh. As notas de Mark estão sofrendo como resultado de sua falta de atenção. Qual é a explicação mais provável para a falta de concentração de Mark?
   a. TDAH.
   b. Crise de ausência.
   c. Epilepsia tônico-clônica.
   d. Paralisia cerebral.

5. A professora de primeiro ano de Amiel nota que ele pisca muito e segura os livros muito perto do rosto. Qual das seguintes deficiências é mais provável que Amiel tenha?
   a. Deficiência física.
   b. Transtornos de fala e linguagem.
   c. Distúrbio sensorial.
   d. Transtorno autista.

6. A professora de terceiro ano de Carrie, Sra. Brown, sempre fica frustrada quando Carrie tenta responder a perguntas na aula. Carrie leva muito tempo para responder. A estrutura de suas frases não é tão boa como a dos outros alunos da classe e ela geralmente apresenta suas idéias de uma maneira que parece sem lógica. A Sra. Brown deveria suspeitar que Carrie tem:
   a. Transtorno de articulação.
   b. Transtorno de linguagem expressiva.
   c. Transtorno de linguagem receptiva.
   d. Transtorno específico de linguagem.

7. Mike é um aluno do sétimo ano com inteligência acima da média. Ele tem boa habilidade em linguagem, mas não interage bem com outros adolescentes. Ele tem um amigo e responde bem à sua mãe e à pessoa que o ajuda nas lições, mas se afasta do contato com outras pessoas. Ele vai bem na escola, contanto que sua rotina não seja quebrada. Gosta especialmente de matemática e de tudo relacionado a números. Ele decorou as médias dos rebatedores da escalação inicial de todos os times de beisebol das principais ligas. Mike provavelmente tem:
   a. Autismo.
   b. Síndrome de Asperger.
   c. Transtorno comportamental.
   d. Transtorno de linguagem específica.

8. Qual aluno do ensino fundamental corre mais risco de desenvolver um transtorno emocional sério?
   a. Jill, a menina mais popular do sétimo ano, que às vezes diz coisas humilhantes para meninas com menos popularidade.
   b. Kevin, um menino do oitavo ano que tira boas notas na maioria das matérias, tem dificuldade de interagir com os colegas e decorou todos os sonetos de Shakespeare.
   c. Harriet, uma menina do sexto ano cujos sintomas de TDAH são bem controlados com medicamentos.
   d. Mark, um menino do sétimo ano que tira notas baixas em muitas matérias e geralmente age de maneira agressiva e violenta.

Por favor, verifique as respostas no final do livro.

2 Questões educacionais envolvendo crianças com deficiências

- Aspectos legais
- Inclusão, serviços e pais como parceiros educacionais
- Tecnologia

As escolas públicas norte-americanas são obrigadas por lei a receber todas as crianças com deficiências no ambiente menos restritivo possível. Agora, vamos explorar os aspectos legais do trabalho com crianças que têm deficiência, traçar as oportunidades de inclusão e os serviços disponíveis para essas crianças e examinar o papel dos pais e da tecnologia na sua educação.

Aspectos legais

A partir de meados da década de 1960 até meados da década de 1970, as assembléias legislativas, a justiça federal e o Congresso norte-americanos criaram direitos de educação especial para crianças com deficiências. Anteriormente, a maioria das crianças com deficiências tinha sua matrícula recusada na rede pública ou era atendida pela escola de maneira inadequada. Em 1975, o Congresso norte-americano promulgou a **Lei Pública 94-142**, a Lei Educação para Todas as Crianças com Deficiência, que exigia que todos os estudantes com deficiências recebessem uma educação pública apropriada, gratuita e que proveria os fundos necessários para a implementação de tal educação.

Lei de Educação para Indivíduos com Deficiências (IDEA – Individuals with Disabilities Education Act) Em 1990, a Lei Pública 94-142 foi reformulada como **Lei de Educação para Indivíduos com Deficiências (IDEA)**. A IDEA sofreu uma emenda em 1997 e depois foi sancionada novamente em 2004, sendo renomeada como Lei de Aprimoramento Educacional de Indivíduos com Deficiências. A IDEA especifica exigências amplas de atendimento a todas as crianças com deficiências (Hallahan e Kauffman, 2006; Hardman, Drew e Egan, 2006; Smith, 2007). Estas incluem avaliação e determinação de elegibilidade, educação apropriada e plano de educação individualizada (IEP – individualized education plan) e educação no ambiente menos restritivo possível (LRE – least restrictive environment).

Crianças consideradas como tendo uma deficiência são avaliadas para determinar sua elegibilidade para serviços relativos à IDEA. As escolas são proibidas de planejar antecipadamente programas de educação especial e oferecê-los com base em disponibilidade de espaço. Em outras palavras, as escolas devem proporcionar serviços de educação apropriados a todas as crianças que têm determinada a necessidade de recebê-los.

As crianças devem ser avaliadas antes que uma escola possa começar a proporcionar serviços especiais (Friend, 2006; Werts, Culatta e Tompkins, 2007). Os pais devem ser convidados a participar do processo de avaliação. É exigida uma reavaliação no mínimo a cada três anos (às vezes anualmente), quando solicitada pelos pais ou quando as condições sugerem que a reavaliação se faz necessária. Um pai que discorde da avaliação da escola pode obter uma avaliação independente, que a escola deve considerar ao proporcionar serviços de educação especial. Se a avaliação concluir que a criança tem uma deficiência e requer serviços especiais, a escola deve proporcionar os serviços apropriados para a criança.

A Lei IDEA exige que estudantes com deficiências tenham um **plano de educação individualizada (IEP)**. Um IEP é um documento escrito que detalha um programa desenvolvido especificamente para o estudante com deficiência. Em geral, o IEP deve (1) estar relacionado com a capacidade de aprendizagem da criança, (2) ser construído para atender especialmente as necessidades individuais da criança e não reproduzir meramente o que é oferecido às outras crianças e (3) ser desenhado para proporcionar benefícios.

A Lei IDEA tem várias outras cláusulas relacionadas aos pais de uma criança com deficiência (Heward, 2006; Lewis e Doorlag, 2006). Elas incluem a exigência de que as escolas enviem para eles notificações sobre ações propostas, que os pais possam participar de reuniões que concernem à inclusão da criança ou ao plano de educação individualizada e

---

Lei Pública 94-142 Lei Educação para Todas as Crianças com Deficiência, que exigia que todos os estudantes com deficiências recebessem uma educação pública apropriada, gratuita e que proveria os fundos necessários para a implementação de tal educação.

Lei de Educação para Indivíduos com Deficiências (IDEA) A lei especifica exigências amplas de atendimento a todas as crianças com deficiências. Estas incluem avaliação e determinação de elegibilidade, educação apropriada e plano de educação individualizada (IEP) e educação no ambiente menos restritivo possível (LRE).

plano de educação individualizada (IEP) Documento escrito que detalha um programa desenvolvido especificamente para o estudante com deficiência.

Cada vez mais crianças com deficiências freqüentam classes comuns, assim como esta criança com deficiência intelectual leve.

que tenham o direito de requerer um avaliador imparcial para decisões da escola.

Foram feitas emendas na lei IDEA em 1997. Duas delas envolvem suporte comportamental positivo e avaliação comportamental funcional.

O *suporte comportamental positivo* foca a aplicação culturalmente apropriada de intervenções comportamentais positivas para obter mudanças de comportamento importantes nas crianças (Wheeler e Richey, 2005). "Culturalmente apropriada" refere-se a levar em consideração a história de aprendizagem particular e individualizada da criança (social, comunitária, histórico, gênero etc.). O suporte comportamental positivo enfatiza especialmente endossar comportamentos desejáveis em vez de punir comportamentos indesejados ao trabalhar com crianças com uma deficiência ou transtorno.

A *avaliação comportamental funcional* envolve determinar as conseqüências (o propósito do comportamento), antecedentes (o que desencadeia o comportamento) e ambientação (em quais contextos o comportamento ocorre) (Alberto e Troutman, 2006; Chandler e Dahlquist, 2005). A avaliação comportamental funcional enfatiza a compreensão do comportamento no contexto em que é observado e a orientação de intervenções comportamentais positivas que sejam relevantes e eficazes.

Um aspecto importante da nova sanção da Lei IDEA envolveu o alinhamento com a legislação governamental Nenhuma Criança Deixada para Trás (NCLB), criada para melhorar o rendimento educacional de todas as crianças, incluindo aquelas com deficiências. Tanto a IDEA como a NCLB exigem que a maioria dos estudantes com deficiências sejam incluídos nas avaliações gerais de progresso educacional. Esse alinhamento inclui a exigência de que a maioria dos estudantes com deficiências "realizem avaliações padronizadas de rendimento acadêmico e que atinjam um rendimento igual ao dos estudantes sem deficiências. Se essa expectativa é razoável ainda é uma incógnita" (Hallahan e Kauffman, 2006, p. 28-29). Avaliações alternativas para estudantes com deficiências e fundos para ajudar os estados a melhorar o ensino, a avaliação e a responsabilidade de educar estudantes com deficiências foram incluídos na nova sanção da Lei IDEA.

Ambiente menos restritivo possível (LRE) Segundo a Lei IDEA, a criança com deficiência deve ser educada no **ambiente menos restritivo possível (LRE)**. Isso significa um ambiente o mais similar possível àquele em que crianças sem deficiências são educadas. As escolas devem se empenhar para educar crianças com uma deficiência em classes comuns. Educar crianças com uma deficiência em classes comuns costumava ser chamado de *integração (mainstreaming)*. Esse termo, no entanto, foi substituído pelo termo **inclusão**, que significa educar uma criança com necessidades especiais integralmente em classes comuns (Mastropieri e Scruggs, 2007; Wood, 2006). Um estudo concluiu que o rendimento acadêmico de estudantes com deficiências de aprendizagens se beneficiou da inclusão (Rea, McLaughlin e Walther-Thomas, 2002).

Não faz muito tempo que educar crianças com deficiências fora de classes comuns era considerado apropriado. Hoje, no entanto, as escolas devem empenhar todos os esforços para promover a inclusão dessas crianças (Friend, 2006; Lewis e Doorlag, 2006). Esses esforços podem ser muito caros e consumir muito tempo em termos de corpo docente.

O princípio de "ambiente menos restritivo possível" obriga as escolas a examinar possíveis modificações nas classes comuns antes de mudar a criança com uma deficiência para um local mais restritivo. Além disso, professores de classes comuns geralmente precisam de um treinamento especializado para ajudar crianças com deficiências e secretarias estaduais de ensino devem proporcionar esse treinamento (Heward, 2006; Vaughn, Bos, Schumm, 2007).

ambiente menos restritivo possível (LRE) Um ambiente o mais similar possível àquele em que crianças sem deficiências são educadas.

inclusão Educar uma criança com necessidades especiais integralmente em classes comuns.

O que significa um ambiente menos restritivo possível depende, de certa forma, da deficiência da criança (Hallahan e Kauffman, 2006; Turnbull, Turnbull e Tompkins, 2007). A maioria das crianças com uma dificuldade de aprendizagem ou um transtorno da fala ou com deficiência auditiva pode ser educada em uma classe regular, mas crianças com deficiência auditiva ou visual séria talvez precisem de uma classe ou escola separada.

Muitas mudanças legais a respeito de crianças com deficiências foram extremamente positivas. Comparado a décadas passadas, hoje um número muito maior de crianças recebe serviços especializados eficientes. Para muitas crianças, a inclusão em classes comuns, com modificações ou serviços suplementares, é adequada (Friend, 2006). No entanto, alguns especialistas em educação especial argumentam que o esforço de usar a inclusão para educar crianças com deficiências foi levado ao extremo em alguns casos. Por exemplo, James Kauffman e seus colegas (Kauffman e Hallahan, 2005; Kauffman, McGee e Brigham, 2004) afirmam que a inclusão muitas vezes significou fazer adaptações que nem sempre beneficiam crianças com deficiências. Eles defendem uma abordagem mais individualizada que nem sempre envolve a inclusão total, mas oferece opções como educação especial fora da sala de aula regular. Kauffman e seus colegas (2004, p. 620) reconhecem que crianças com deficiências "*realmente* precisam de serviços de professores com treinamento especial para alcançar todo o seu potencial. Às vezes, elas *realmente* precisam de um currículo modificado ou de adaptações que possibilitem seu aprendizado". No entanto, "desmerecemos estudantes com deficiências quando fingimos que eles não são diferentes dos demais estudantes. Cometemos o mesmo erro quando fingimos que *não* se espera que eles empenhem um esforço extra para aprender a fazer algumas coisas – ou aprender a fazer algo de maneira diferente. Assim como na educação geral, um aspecto importante da educação especial deve ser desafiar os alunos com deficiências "a se tornar tudo o que podem ser".

Pesquisas sobre resultados da inclusão sugerem as seguintes conclusões (Hocutt, 1996):

- *Sucesso acadêmico e social das crianças.* Esses resultados são mais afetados pela qualidade do ensino proporcionado do que pelo lugar onde a criança é colocada (como sala de aula regular, sala de recurso ou uma classe de educação especial). Se utilizada, a inclusão funciona melhor quando professores de classes comuns contam com um treinamento prolongado, tempo para planejamento, suporte administrativo e às vezes uma equipe adicional de ensino.
- *Crianças com transtornos emocionais severos.* No ensino médio, os adolescentes com esse tipo de transtorno têm maior probabilidade de obter sucesso se receberem uma educação profissionalizante e se estiverem integrados na escola através de atividades como esportes. No entanto, adolescentes com um longo histórico de fracassos em cursos estão mais propensos a abandonar os estudos se forem colocados em classes comuns.
- *Crianças com deficiências auditivas.* Crianças com esse transtorno obtêm algumas vantagens acadêmicas, mas apresentam baixa auto-estima quando freqüentam classes comuns.
- *Crianças com deficiência intelectual educável* (usualmente definidas como tendo um QI entre 50 e 70 associado a problemas de comportamento adaptativo no mesmo nível). Um professor incentivador, ensino de qualidade e colegas receptivos parecem ter um impacto maior sobre essas crianças do que sobre crianças sem deficiências.
- *Crianças sem deficiências.* Não parecem ser afetadas negativamente pela inclusão de crianças com deficiências na sala de aula regular, contanto que sejam proporcionados serviços de apoio (Cole, Waldron e Majid, 2004). A conclusão dessa pesquisa é especialmente importante – muitos pais de alunos sem deficiência preocupam-se com o fato de que os professores não terão o tempo adequado para ajudar seus filhos porque estarão gastando muito tempo com as crianças com deficiências. Quando o programa de inclusão resulta numa proporção geral professor/aluno menor, as crianças sem deficiências na realidade tendem a se beneficiar academicamente dessa inclusão.

> ## Diversidade e educação
> ### Estudantes de minorias na educação especial
>
> O U.S. Departament of Education (2000) tem três preocupações quanto ao excesso de representatividade de estudantes de minorias em programas e classes de educação especial: (1) os estudantes podem ser mal atendidos ou receber serviços que não atendem suas necessidades; (2) os estudantes podem ser classificados erroneamente ou rotulados de maneira inapropriada e (3) designação dos alunos para classes de educação especial pode ser uma forma de discriminação.
>
> Estudantes afro-americanos estão excessivamente representados na educação especial – 15% da população estudantil norte-americana é de origem afro-americana, mas 20% dos alunos que recebem educação especial são afro-americanos. No que se refere a algumas deficiências, as discrepâncias são ainda maiores. Por exemplo, os estudantes afro-americanos representam 32% dos estudantes nos programas para deficiência intelectual leve, 29% nos programas para deficiência intelectual moderada e 24% nos programas para transtornos emocionais sérios.
>
> No entanto, não é uma simples questão de excesso de representatividade de determinadas minorias na educação especial. As crianças latinas talvez estejam sendo subidentificadas nas categorias de deficiência intelectual e transtornos emocionais.
>
> Uma inclusão mais apropriada de estudantes de minorias na educação especial é um problema complexo e requer a criação de uma experiência de ensino bem-sucedida para todos os estudantes. As recomendações para reduzir a representatividade desproporcional na educação especial incluem (Burnette, 1998):
>
> - Rever as práticas escolares para identificar e tratar de fatores que podem contribuir para dificuldades na escola.
> - Formar grupos desenvolvedores de políticas que incluam membros da comunidade e promovam parcerias com agências de serviços e organizações culturais.
> - Ajudar as famílias a obter serviços de assistência social, médica, de saúde mental e outros serviços de suporte.
> - Treinar mais professores de origem das minorias e oferecer a todos os professores material de trabalho mais extenso para os cursos e mais treinamento na educação de crianças com deficiências e questões de diversidade.

Uma preocupação especial envolve a representatividade desproporcional de estudantes de origem de grupos minoritários em programas e classes de educação especial (Artilies e outros, 2005). O quadro Diversidade e educação trata dessa questão.

Inclusão, serviços e pais como parceiros educacionais

Crianças com deficiências podem ser incluídas em variados ambientes e uma gama de serviços pode ser usada para melhorar sua educação (Kauffman e Hallahan, 2005; Sailor e Roger, 2005).

Colocação Atualmente nos Estados Unidos apenas uma pequena porcentagem dos estudantes com deficiências está sendo educada fora de escolas convencionais, embora a porcentagem de estudantes com deficiências educados em classes regulares varie de estado para estado (Hallahan e Kauffman, 2006). No ano letivo 2003-2004, quase 50% dos estudantes norte-americanos com deficiências passaram 80% do período escolar numa sala de aula regular (National Center for Education Statistics, 2005). Isso representa um aumento de 5% desde 1994. Aproximadamente 4% dos estudantes norte-americanos com deficiências são educados em escolas não convencionais. Vamos explorar agora os tipos de serviços disponíveis para estudantes com deficiências.

Boas práticas
Estratégias para trabalhar com crianças com deficiências sendo um professor de sala de aula regular

1. *Aplique o plano de educação individualizada da criança (IEP).* Haille Lazar, professora de educação especial de Plano, Texas, descreve a importância do IEP.

Visão do professor
Siga o IEP de cada criança

Professores de educação geral devem assumir a responsabilidade pelos estudantes com necessidades especiais. Essas crianças fazem parte de sua sala de aula. Os professores não devem pensar na lista de alunos de sua classe como 20 alunos mais uma criança em cadeira de rodas. Garanta sempre que as crianças com necessidades especiais não sejam deixadas para trás. Isso acontece mais do que você imagina. A classe pode ir à biblioteca com a professora na frente da fila. Os alunos a seguem numa fila indiana, mas ninguém se lembra de levar a criança cadeirante para a fila. E professores e assistentes de educação especial nem sempre estão por perto para realizar tarefas de rotina; eles atendem muitas crianças por toda a escola.

Leia e revise o plano de educação individualizada (IEP) de cada criança de sua classe e preferivelmente o nível do ano de cada uma para assegurar-se de que todos os objetivos, assim como quaisquer modificações em sala de aula, sejam cumpridos. A criança deve se sentar perto do professor? A criança tem deficiência auditiva e não deveria se sentar perto de um ventilador ou aparelho de ar-condicionado? O estudante deve fazer as provas em pequenos grupos, com alguém, ou lendo em voz alta? Não suponha que o professor de educação especial lhe dirá tudo sobre o IEP de uma criança.

2. *Estimule sua escola a proporcionar mais suporte e treinamento sobre como ensinar crianças com deficiências.* A seguir, Michelle Evans, professora do sexto ano, descreve seu relacionamento com pessoal especializado e algumas estratégias que funcionaram para seus alunos

Visão do professor
Estratégias para trabalhar com crianças com deficiências

Suporte e pessoal especializado têm valor inestimável. A comunicação com os pais, com o aluno e com qualquer pessoa envolvida é essencial. Certifique-se de se comunicar com a classe toda, também... Quero que cada aluno se sinta bem-sucedido, por isso, crio diferentes níveis de excelência ou participação nos objetivos de aprendizado.

Uma aluna com paralisia cerebral tinha dificuldade de ficar de pé, deficiência intelectual e outros problemas. Ela tinha pouca e às vezes nenhuma memória recente. Quando nos sentamos juntas e conversamos, descobri que seu ponto forte era que ela adorava copiar palavras, histórias e outras coisas. Os pais queriam que ela fizesse qualquer coisa que conseguisse. Capitalizando sua predileção por copiar e escrever, ela acabou aprendendo um pouco de matemática e a soletrar palavras. Pedi a todos da classe que memorizassem um poema sobre atitude positiva. Quando apresentei o poema, algumas crianças reclamaram que seria muito difícil decorá-lo. Ela copiou o poema tantas vezes que três dias mais tarde ela o recitou sem nenhum erro para a classe. Pude ver aqueles que reclamaram se derreterem quando perceberam que ela era a primeira a recitar o poema. Seus pais vieram para testemunhar sua realização. Não havia um olho seco na sala quando ela terminou. Ela nos ensinou muito.

3. *Use o suporte disponível e busque suporte adicional.* Muitas pessoas instruídas e conscienciosas na comunidade podem estar dispostas a dedicar voluntariamente parte de seu tempo para ajudar você a oferecer um ensino mais individualizado para estudantes com deficiências. Isso, por sua vez, permite uma proporção professor/aluno menor que beneficia todos os seus alunos.

4. *Conheça mais a fundo os tipos de crianças com deficiências em sua classe.* Leia periódicos sobre educação, como *Exceptional Children*, *Teaching Exceptional Children* e *Journal of Learning Disabilities*, para se manter atualizado com as informações mais recentes sobre essas crianças. Procure fazer um curso de especialização sobre tópicos como crianças especiais, deficiência intelectual, dificuldades de aprendizagem e transtornos emocionais e comportamentais.

5. *Seja cauteloso ao rotular crianças com uma deficiência.* É fácil cair na armadilha de usar um rótulo como explicação para as dificuldades de aprendizagem da criança. Por exemplo, um professor pode dizer: "Bem, Larry está com dificuldade de leitura porque tem uma dificuldade de aprendizagem", quando na verdade o professor sabe apenas que por alguma razão desconhecida Larry está com dificuldade de leitura. Além disso, rótulos costumam permanecer mesmo depois que a criança tenha progredido consideravelmente. Lembre-se de que termos como *deficiência intelectual* e *dificuldade de aprendizagem* são rótulos descritivos para transtornos. Sempre pense nas crianças com deficiências em termos de quais são as melhores condições para melhorar sua aprendizagem e como é possível ajudá-las a fazer progresso em vez de pensar em termos de rótulos permanentes.

6. *Lembre-se de que crianças com deficiências se beneficiam de muitas das mesmas estratégias de ensino que as crianças sem deficiências.* Isso inclui ser atencioso, acolhedor e

(continua)

> ### Boas práticas (*continuação*)
> ### Estratégias para trabalhar com crianças com deficiências sendo um professor de sala de aula regular
>
> paciente; ter expectativas positivas para a aprendizagem; ajudar as crianças com suas habilidades sociais e de comunicação, assim como com suas habilidades acadêmicas, e estimular crianças com deficiências a alcançar todo o seu potencial.
>
> 7. *Ajude as crianças sem deficiência a entender e a aceitar crianças com alguma deficiência.* Forneça para as crianças sem deficiência informações sobre crianças com deficiências e crie oportunidades para que elas interajam de maneiras positivas. Tutoria de colegas e atividades cooperativas de aprendizado podem ser usadas para estimular a interação positiva entre crianças com e sem deficiências (Fuchs, Fuchs e Burish, 2000). Discutiremos essas atividades mais detalhadamente no Capítulo 10, "Abordagens socioconstrutivistas".
>
> 8. *Mantenha-se atualizado quanto às tecnologias disponíveis para educar crianças com deficiências* (Ullman, 2005). Discutiremos esse tema mais adiante.

Serviços As crianças podem receber os serviços do professor de classe regular, de um professor da sala de recurso, de um professor de educação especial, de um orientador colaborativo, de outros profissionais ou de uma equipe integrada (Dettmer, Dyck e Thurston, 2002).

Professor de classe regular Com o aumento da inclusão, o professor de classe regular é responsável por proporcionar mais da educação para crianças com deficiências do que no passado (Smith e outros, 2006; Vaughn, Bos e Schumm, 2007). O quadro Boas práticas pode ajudá-lo a oferecer uma educação mais eficiente para essas crianças.

Professor da sala de recursos Um professor da sala de recursos pode oferecer serviços valiosos para muitas crianças com deficiência. Muitas crianças com alguma deficiência passam a maior parte do período escolar numa classe regular e uma pequena parte do dia numa sala de recursos, onde um professor trabalha com elas. Numa organização típica, uma criança pode passar uma ou duas horas numa sala de recursos e o resto do tempo numa sala de aula regular. Em muitas situações, professores da sala de recursos trabalham com essas crianças para melhorar suas habilidades de leitura, escrita ou matemática.

O professor de classe regular e o professor da sala de recursos devem colaborar um com o outro e coordenar seus esforços. Em alguns casos, o professor auxiliar trabalhará com a criança em sala de aula regular em vez de trabalhar em uma sala de recursos.

Professor de educação especial Alguns professores têm extenso treinamento em educação especial e ensinam crianças com deficiências em uma "classe de educação especial" separada. Algumas crianças passam parte do dia com o professor de educação especial e outra parte em sala de aula regular, como acontece com o professor da sala de recursos. No entanto, o professor de educação especial geralmente assume uma responsabilidade maior pelo programa da criança como um todo do que o professor da sala de recursos, que geralmente trabalha dando suporte ao professor de classe regular. Uma criança pode aprender leitura, escrita, matemática ou ciências com um professor de educação especial e estar numa classe regular de educação física, música ou artes. A área mais freqüente em que o professor de educação especial trabalha com uma criança com deficiência é a leitura, e a classificação mais freqüente do professor de educação especial é como um professor de crianças que possuem dificuldades específicas de aprendizagem (U.S. Department of Education, 2000).

Em alguns sistemas escolares, se mais de uma determinada porcentagem (digamos, 60%) do tempo da criança é gasto com um professor de educação especial, denomina-se o programa dessa criança de *educação especial independente*. A educação especial independente também ocorre quando as crianças são educadas em escolas separadas para crianças com deficiências.

Serviços relacionados Além dos professores de classe regular, dos professores da sala de recursos e dos professores de educação especial, vários outros profissionais de educação

Boas práticas
Estratégias para se comunicar com pais de crianças com deficiências

1. *Faça com que os pais saibam que você entende e valoriza a individualidade do filho deles.* Insista em falar sobre os pontos fortes da criança em vez de focar apenas os problemas dela. Concentre-se especialmente nos aspectos positivos da criança no início e no final da conversa.

2. *Coloque-se no lugar dos pais de uma criança com deficiência.* Muitos pais de crianças com deficiência geralmente se sentem frustrados. Podem estar relutantes ao novo diagnóstico de seu filho ou confrontando as complexidades de um plano de educação para o filho pela primeira vez. Apresente um diagnóstico com compaixão e com o nível apropriado de esperança para a criança.

3. *Forneça aos pais informações sobre a deficiência da criança.* Uma vez que uma criança recebe um diagnóstico de deficiência, os professores devem estabelecer uma conversa contínua com os pais sobre o que o diagnóstico significa para a criança. Professores e pais precisam trabalhar em cooperação para estabelecer e cumprir metas realistas de aprendizagem para a criança. Saiba quais recursos podem ser usados para ajudar a criança e discuta-os com os pais.

4. *Fale com os pais, não para eles.* Encare cada reunião com os pais como uma oportunidade de aprender mais sobre a criança. É fácil cair na armadilha de agir como uma autoridade e falar "para" em vez de "com" os pais. Considere os pais como parceiros do mesmo nível seu e de outros profissionais na educação de uma criança com deficiência. Estimule os pais a fazer perguntas e a expressar emoções. Se você não souber a resposta para uma pergunta, diga a eles que irá procurar se informar a respeito.

5. *Evite estereotipar crianças.* Procure informar-se sobre a diversidade das crianças e suas origens. Evite fazer julgamentos estereotipados sobre as crianças e seus pais com base no status socioeconômico, etnia, estrutura familiar, religião ou gênero. Um bom relacionamento e uma comunicação eficiente são prejudicados por suposições tendenciosas.

6. *Aproxime-se dos pais para manter uma comunicação eficaz com eles.* Diga-lhes como são importantes por ajudar você e outros profissionais de ensino a entender e educar o filho deles. Incentive sempre o comparecimento deles nas reuniões do plano de educação individualizada (IEP).

7. *Converse com os pais sobre como a mídia pode retratar erroneamente crianças com deficiências.* Revistas populares, jornais, filmes, a televisão e o rádio às vezes fornecem informações imprecisas sobre crianças com deficiências. Alerte os pais sobre isso, e diga a eles que são sempre bem-vindos para discutir com você ou outro profissional da escola sobre qualquer coisa que tenham lido ou ouvido com relação à deficiência do filho.

especial podem proporcionar atendimento a crianças com deficiências (U.S. Department of Education, 2000). Entre eles estão professores auxiliares, psicólogos, orientadores, assistentes sociais da escola, enfermeiras, médicos, terapeutas ocupacionais e fisioterapeutas, assim como fonoaudiólogos e audiólogos (Lacey, 2001). Além disso, também devem ser providenciados serviços de transporte, caso necessário.

Professores auxiliares podem ajudar o professor de classe regular especialmente ao oferecer um ensino individualizado para crianças com deficiências (Hardman, Drew e Egan, 2006). Alguns professores auxiliares possuem formação para trabalhar com crianças com deficiências. Psicólogos podem estar envolvidos na avaliação da presença ou não de uma deficiência e fazer parte da equipe que cria o IEP para a criança. Eles e orientadores podem trabalhar com algumas crianças com deficiências. Meu (do autor) primeiro trabalho como psicólogo educacional/psicopedagogo foi avaliar as habilidades cognitivas e socioemocionais de crianças com problemas de leitura numa clínica especializada em leitura. Psicólogos educacionais podem fazer recomendações aos professores sobre como crianças com deficiências podem aprender com mais eficiência. Assistentes sociais das escolas geralmente ajudam na coordenação das famílias com os serviços comunitários para essas crianças. Enfermeiras e médicos podem realizar avaliações médicas e/ou prescrever medicações para crianças com deficiências. Fisioterapeutas e terapeutas ocupacionais podem ajudar as crianças a se recuperar de limitações físicas e cognitivas remediáveis. Fonoaudiólogos e audiólogos podem ser incluídos quando sua área de especialização ajuda a melhorar as habilidades da criança.

Consultoria colaborativa e equipe colaborativa Nas últimas duas décadas, a consultoria colaborativa tem sido cada vez mais defendida na educação de crianças com deficiências (Hallahan e Kauffman, 2006). Na consultoria colaborativa especialistas de diversas áreas interagem e prestam serviços à criança. Pesquisadores constataram que a consultoria colaborativa freqüentemente resulta em ganhos para as crianças, assim como resulta em habilidades e atitudes aprimoradas para os professores (Idol, Nevin e Paolucci-Whitcomb, 1994).

Idealmente, a consultoria colaborativa estimula uma responsabilidade compartilhada no planejamento e nas decisões. Também possibilita que educadores com diversas especialidades construam alternativas eficazes para as abordagens tradicionais de ensino. Quando a consultoria colaborativa é usada, muitas crianças permanecem na sala de aula regular e o professor da classe participa ativamente do planejamento da educação da criança (Bryant e Bryant, 1998).

Cada vez mais o termo *equipe interativa* está sendo usado (Thomas, Correa e Morsink, 1995). Os membros da equipe interativa são profissionais e pais que colaboram para proporcionar serviços diretos e indiretos para as crianças (Coben e outros, 1997). Eles compartilham conhecimento e habilidades, ensinando a outros membros sua especialidade quando apropriado. O tamanho das equipes varia, e sua composição pode mudar dependendo da complexidade das necessidades da criança. A equipe pode incluir profissionais da área educacional, médica, administrativa, profissionalizante e especialistas de áreas de saúde associadas, assistentes sociais e pais.

Pais como parceiros educacionais Educadores e pesquisadores reconhecem cada vez mais a importância de professores e pais conduzirem juntos o aprendizado de crianças com deficiências (Friend, 2006; Hallahan e Kauffman, 2006; Hardman, Drew e Egan, 2006). A Lei IDEA exige a participação dos pais nos programas de desenvolvimento educacional para todas as crianças com deficiências.

Tecnologia

A Lei IDEA, incluindo a emenda de 1997, requer que dispositivos e serviços de tecnologia sejam oferecidos a estudantes com deficiências caso sejam necessários para assegurar uma educação gratuita apropriada (Male, 2003; Ulman, 2005).

Dois tipos de tecnologia que podem ser usados para melhorar a educação de alunos com deficiências são tecnologia instrutiva e tecnologia auxiliar (Blackhurst, 1997). A *tecnologia instrutiva* inclui vários tipos de hardware e software, combinados com métodos de ensino inovadores, para acomodar as necessidades de aprendizagem dos estudantes em sala de aula. Exemplos incluem vídeos, ensino assistido por computador e programas de hipermídia complexos em que os computadores são usados para controlar a transmissão de áudio e imagens armazenadas em videodiscos.

A *tecnologia auxiliar* consiste em vários serviços e dispositivos que ajudam os estudantes com deficiências a serem funcionais em seu ambiente. Exemplos incluem dispositivos de comunicação, teclados alternativos e interruptores adaptativos. Para localizar esses serviços, os educadores podem usar bancos de dados como o Device Locator System, disponível nos Estados Unidos (Academic Software, 1996).

Equipes de educadores e outros profissionais freqüentemente combinam essas tecnologias para melhorar a aprendizagem de estudantes com deficiências (Ulman, 2005). Por exemplo, estudantes que não conseguem usar as mãos para operar um teclado de computador podem usar um computador operado por voz (tecnologia auxiliar) através de um programa de software desenvolvido para oferecer ensino de soletração (tecnologia instrutiva). Para ler mais sobre as tecnologias auxiliar e instrutiva, veja o quadro Tecnologia e educação.

Tecnologia e educação
Tecnologia e estudantes com necessidades especiais

A tecnologia pode ser usada para ajudar estudantes com necessidades especiais. As distinções entre tecnologia auxiliar e instrutiva a seguir servem a esse propósito (Roblyer, Edwards e Havrileck (1997):

Tecnologia auxiliar

Tecnologias auxiliares são softwares e hardwares desenvolvidos especialmente para ajudar estudantes com necessidades especiais. Por exemplo, um software e hardware especial como circuito fechado de TV pode ampliar as imagens e textos do computador para crianças com deficiência visual. Impressoras podem imprimir em fontes grandes ou em Braille. Dispositivos táteis podem digitalizar uma página e traduzir o texto em vibrações, displays táteis também podem ser usados por crianças com deficiência visual. Vídeos legendados podem ajudar crianças com deficiência auditiva, permitindo que elas leiam o que os outros estão dizendo.

Tecnologias de telecomunicações para surdos permitem que crianças com deficiências auditivas falem ao telefone com outras pessoas. A Internet oferece oportunidades educacionais às crianças com deficiência que ficam em casa. Muitas crianças com deficiências físicas (como paralisia cerebral) não conseguem usar dispositivos tradicionais como um teclado e um mouse. Telas de toque, *tablets* (mesas digitadoras), ponteiros ópticos, teclados alternativos e dispositivos controlados por voz são equipamentos que possibilitam o uso do computador.

Aplicações instrutivas

Software e hardware desenvolvidos para uso dos estudantes tradicionais também estão sendo usados com considerável sucesso por estudantes com necessidades especiais, principalmente em classes de inclusão.

Aplicações tradicionais envolvem o uso de tutoriais, exercícios e jogos no computador. Aplicações como essas têm sido usadas para melhorar habilidades de decodificação e vocabulário das crianças. Softwares de jogos são usados freqüentemente para motivar crianças com deficiências.

Aplicações construtivistas focam as habilidades de compreensão e raciocínio dos estudantes. Dentre as aplicações construtivistas que podem ser usadas com eficiência para crianças com deficiências estão organizadores cognitivos como *IdeaFisher* e *Inspiration*. Ambos podem ser utilizados com crianças que tenham dificuldades de aprendizagem. Software de sugestão/previsão de palavras pode ser utilizado para ajudar crianças com deficiências físicas a escrever no computador.

Os processadores de texto ajudaram muitas crianças com deficiência a fazer progressos em suas habilidades de linguagem escrita (Hetzroni e Shrieber, 2004; Holberg, 1995). Processadores de voz tais como *Write: Outloud, Intellitalk, KidsWorks 2* e *The Amazing Writing Machine* podem ser especialmente úteis na educação de crianças com problemas de fala. Quando solicitados, esses programas lêem texto em voz alta.

A computação móvel também é promissora para crianças com deficiências. Pesquisas preliminares mostram evidências de que o uso de dispositivos de informática móveis em classes inclusivas pode melhorar o envolvimento de estudantes com necessidades especiais e ajuda a diminuir a lacuna de rendimento entre os estudantes com necessidade especiais e os estudantes regulares (Swan e outros, 2005).

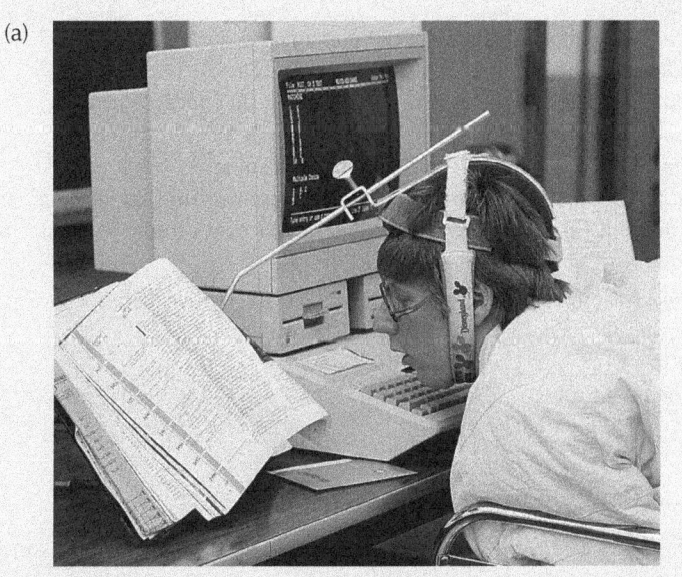

Esses dispositivos especiais de entrada de dados podem ajudar estudantes com deficiências físicas a utilizar computadores com mais eficiência. (a) Um estudante utiliza um dispositivo especial adaptado na cabeça para enviar sinais para o computador. (b) Muitos estudantes com deficiências físicas como paralisia cerebral não conseguem utilizar um teclado convencional e um mouse. Muitos podem utilizar teclados alternativos eficientemente.

Reveja, reflita e pratique

2 Explicar a estrutura legal, assim como a inclusão e o apoio para crianças com deficiências.

Reveja

- O que é IDEA? Qual sua relação com os IEPs e com os LREs? Qual é a opinião atual sobre inclusão?
- Quais são os diferentes tipos de inclusão e os serviços possíveis? Quem os realiza? Qual é a melhor forma de os professores se comunicarem com os pais como parceiros educacionais?
- Qual é a diferença entre tecnologia instrutiva e auxiliar?

Reflita

- Quais serão seus principais desafios ao ensinar crianças com deficiências?

Pratique PRAXIS™

1. Jenny tem uma dificuldade de aprendizagem moderada. Ela é educada numa classe de educação especial de sua escola, que freqüentou nos últimos dois anos. Ela e seus colegas almoçam na sala de recursos. Cada um dos alunos da sala de recursos trabalha em coisas diferentes, por causa das diferenças em suas capacidades e deficiências. Essa inclusão foi realizada porque os professores de educação regular da escola de Jenny não têm as habilidades necessárias para ensinar Jenny. Portanto, ela foi incluída na sala de recursos com o único educador especial da escola. Qual é o problema legal dessa inclusão?
   a. O IEP de Jenny não especifica um diagnóstico.
   b. Jenny não está sendo educada no ambiente menos restritivo possível.
   c. A inclusão de Jenny precisa ser revista no mínimo a cada seis meses.
   d. A avaliação de comportamento funcional não considerou o uso de tecnologia.

2. Marc tem uma dificuldade de aprendizagem leve. Sua habilidade de leitura está com dois anos de defasagem em relação ao nível do ano em que estuda. Como resultado, ele tem dificuldade nas matérias que envolvem muita leitura, como linguagem, estudos sociais e ciências. Ele vai muito melhor em matemática. Que tipos de serviços seriam mais apropriados para Marc?
   a. Marc deveria ser educado por um professor especial numa classe apenas de estudantes com necessidades especiais.
   b. Marc deveria freqüentar uma classe regular, com um professor de educação regular, sem nenhuma modificação.
   c. Marc deveria freqüentar uma classe regular com algumas modificações feitas em seu currículo e talvez com a ajuda de um auxiliar ou serviços ocasionais na sala auxiliar.
   d. Marc deveria ser educado em casa ou em uma escola separada para estudantes com deficiências.

3. Azel tem paralisia cerebral. Seu professor encontrou um teclado alternativo para facilitar seu aprendizado. Que tipo de tecnologia o professor está utilizando?
   a. Tecnologia instrutiva.
   b. Ensino assistido por computador.
   c. Tecnologia auxiliar.
   d. Hipermídia complexa.

Por favor, verifique as respostas no final do livro.

3 Crianças superdotadas

Características | Curso de vida dos superdotados | Educando crianças superdotadas

O último grupo classificado como especial que discutiremos é bastante diferente daqueles com deficiências e transtornos que discutimos até agora. **Crianças superdotadas** têm inteligência acima do normal (geralmente um QI de 130 ou mais) e/ou um talento superior em algum campo como artes plásticas, música ou matemática. Os padrões de admissão de crianças superdotadas nas escolas geralmente baseiam-se na inteligência e aptidão acadêmica, embora exista um crescente apelo para se ampliar esse critério e incluir fatores como criatividade e comprometimento (Renzulli e Reis, 1997). Alguns críticos argumentam que muitas crianças dos "programas de superdotados" não são de fato prodígio em uma área em particular, mas inteligentes de modo geral, normalmente cooperativas e de origem branca não-latina (Castellano e Diaz, 2002). Eles acreditam que o manto da genialidade é colocado sobre muitas crianças que não estão muito além do "inteligente normal". Embora em muitos estados norte-americanos o nível de inteligência definido em pontos de QI seja ainda utilizado como critério principal de decisão para que uma criança participe ou não de um programa de superdotados, novos conceitos de inteligência incluem cada vez mais idéias como a de Gardner, sobre múltiplas inteligências, e o critério de participação baseado em uma avaliação de QI deve mudar (Davidson, 2000; Davis e Rimm, 2004; Winner, 2006).

Características

Ellen Winner (1996), especialista em criatividade e talento, descreveu três critérios que caracterizam crianças superdotadas:

1. *Precocidade*. Crianças superdotadas são precoces quando têm a oportunidade de usar seu dom ou talento. Elas começam a dominar uma determinada área antes dos colegas. Aprender sobre aquilo que dominam exige menos esforço dessas crianças do que de crianças não superdotadas. Na maior parte das situações, crianças superdotadas são precoces porque têm uma grande habilidade inata em uma determinada área (domínio) ou áreas, embora essa precocidade inata deva ser identificada e estimulada.

2. *Estilo próprio*. Crianças superdotadas aprendem de maneira qualitativamente diferente das crianças não superdotadas. Um aspecto em que elas se diferenciam é que requerem menos suporte ou amparo (discutido no Capítulo 2) dos adultos para aprender do que os colegas não superdotados. Geralmente resistem a instruções explícitas. Também costumam fazer descobertas por conta própria e resolvem problemas de maneira única na área que dominam. Podem ser normais ou até abaixo do normal em outras áreas.

3. *Paixão pela orientação para a excelência*. Crianças superdotadas têm o impulso de conhecer tudo sobre a área em que possuem grande capacidade. Elas demonstram interesse intenso e obsessivo e uma grande capacidade de concentração. Não são crianças que precisam ser empurradas pelos pais. Elas freqüentemente têm um alto grau de motivação interna.

Uma quarta área em que crianças superdotadas se sobressaem envolve a habilidade de processamento de informações. Pesquisadores constataram que crianças superdotadas aprendem num ritmo mais rápido, processam informações de modo mais rápido e são melhores no raciocínio do que os colegas não superdotados (Davidson e Davidson, 2004; Sternberg e Clinkenbeard, 1995).

Curso de vida dos superdotados

O prodígio é um produto da hereditariedade ou do ambiente? Provavelmente de ambos. Indivíduos superdotados lembram-se de mostrar sinais de alta capacidade em uma área

Aos dois anos de idade, a criança prodígio em artes Alexandra Nechita coloria livros de atividades por horas a fio e passou a usar caneta. Ela não se interessava por bonecas ou amigos. Aos cinco anos já pintava com aquarela. Quando entrou na escola, começava a pintar assim que chegava em casa. Aos oito anos, em 1994, fez a primeira exposição de seus trabalhos. Nos anos subseqüentes, trabalhando rápida e impulsivamente em telas grandes medindo 1,5m por 2,5m, ela fez centenas de quadros, alguns vendidos por cerca de US$ 100 mil. Já adolescente, ela continuou pintando – incansável e apaixonadamente. É o que, segundo ela, ama fazer. *Quais são algumas características das crianças superdotadas?*

crianças superdotadas Crianças com inteligência acima do normal (geralmente um QI de 130 ou mais) e/ou um talento superior em determinada área como artes plásticas, música ou matemática.

em particular desde muito pequenos, antes ou no início do treinamento formal (Howe e outros, 1995). Isso sugere a importância da capacidade inata no talento. No entanto, pesquisadores também constataram que indivíduos com fama nas artes, matemática, ciências e nos esportes também relatam um forte apoio da família e anos de treinamento e prática (Bloom, 1985). A prática deliberada é uma característica importante dos indivíduos que se tornam especialistas em uma área específica. A *prática deliberada* é aquela que ocorre em um nível apropriado de dificuldade para o indivíduo, proporciona retorno corretivo e oferece oportunidades de repetição (Ericsson, 1996). Um estudo concluiu que os melhores músicos praticam deliberadamente duas vezes mais ao longo de sua vida que músicos menos bem-sucedidos (Ericsson, Krampe e Tesch, 1993).

As crianças talentosas se tornam adultos talentosos e altamente criativos? Na pesquisa conduzida por Terman com crianças com QI alto, as crianças tipicamente tornaram-se especialistas numa área consolidada, como medicina, direito ou negócios. No entanto, a maior parte não se tornou um grande criador (Winner, 2000). Isto é, não criaram um novo domínio nem revolucionaram um antigo.

Uma razão para crianças prodígios não se tornarem adultos prodígios é que elas foram excessivamente pressionadas por pais e professores entusiasmados ao extremo, e por isso perderam sua motivação intrínseca (interna) (Winner, 1996, 2006). Como adolescentes, eles podem se perguntar: "Para quem estou fazendo isso?". Se a resposta não for "para mim mesmo", talvez eles não queiram continuar fazendo.

Educando crianças superdotadas

Cada vez mais os especialistas argumentam que a educação de crianças superdotadas nos Estados Unidos requer uma revisão significativa, como reflete os títulos de livros e artigos: *Genius Denied: How to Stop Wasting Our Brightest Young Minds* (Davidson e Davidson, 2004) e *A Nation Deceived: How Schools Hold Back America's Brightest Students* (Colangelo, Assouline e Gross, 2004).

Crianças superdotadas desestimuladas podem se tornar inquietas, faltar nas aulas e perder o interesse em progredir. Às vezes, essas crianças simplesmente se anulam, tornando-se passivas e apáticas em relação à escola (Rosselli, 1996). Os professores devem estimular crianças superdotadas a atingir altas expectativas (Hargrove, 2005; Tassell-Baska e Stambaugh, 2006; Winner, 2006).

A seguir estão quatro opções de programa para crianças superdotadas (Hertzog, 1998):

- *Aulas especiais.* Historicamente, essa tem sido a maneira tradicional de educar crianças superdotadas. As aulas especiais durante o período escolar regular são chamadas de programas *pullout* (retirar). Algumas aulas especiais são dadas após o período escolar, aos sábados, ou no verão.

- *Aceleração e enriquecimento no ambiente de sala de aula regular.* Isso pode incluir admissão precoce na pré-escola, pular de ano (também conhecido como promoção dupla), *telescoping* (completar duas séries em um ano), colocação avançada, aceleração de matérias e estudo em ritmo próprio (Colangelo, Assoline e Gross, 2004; Johnsen, 2005). A compactação de currículo é uma variação da aceleração em que os professores pulam determinados aspectos do currículo dos quais acreditam que crianças superdotadas não precisam.

- *Programas de mentor e aprendiz.* Alguns especialistas enfatizam que essas são maneiras importantes, subutilizadas,

---

Visão do estudante

Crianças superdotadas falam

James Delisle (1987) entrevistou centenas de crianças do ensino fundamental que são superdotadas. A seguir estão alguns de seus comentários.

Em resposta a: Descreva seu dia na escola.

Como é chato ficar sentada e ouvir
Coisas que já sabemos.
Fazer de novo tudo que já fizemos
Mas temos que ficar sentados e ouvir
Ler página por página
Que chato, chato, chato.

                Menina de 9 anos, Nova York

Fico sentada fingindo que estou lendo junto com a classe quando na verdade estou seis páginas na frente. Quando entendo uma coisa e metade da classe não entende, tenho que ficar sentada lá e ouvir.

                Menina de 11 anos, Nova York

Em resposta a: O que torna um professor talentoso?
Estimular você e deixar o céu ser seu limite.

                Menino de 11 anos, Michigan

Abrir sua mente para ajudar você com sua vida.

                Menino de 11 anos, Nova Jersey

> ## Boas práticas
> ### Estratégias para trabalhar com crianças superdotadas
>
> A seguir estão algumas estratégias recomendadas para trabalhar com crianças superdotadas (Colangelo, Assouline e Gross, 2004, p. 49-50):
>
> 1. *Tenha em mente que a criança é academicamente adiantada.*
>
> 2. *Oriente a criança para novos desafios e garanta que a escola seja uma experiência positiva.*
>
> 3. *Monitore a avaliação acurada da prontidão da criança para ser acelerada.*
>
> 4. *Discuta com os pais maneiras de estimular a criança.*
>
> 5. *Informe-se sobre recursos para crianças superdotadas e utilize-os.* Dentre eles estão National Research Center on Gifted and Talented Education da Universidade de Connecticut e o Belin-Blank Center da Universidade de Iowa; os periódicos *Gifted Child Quarterly* e *Gifted Child Today*; livros sobre crianças superdotadas: *Genius Denied*, de Davidson e Davidson (2004); *A Nation Deceived*, de Colangelo, Assouline e Gross (2004); e *Handbook of Gifted Education* (3. ed), de Colangelo e Davis (2003).
>
> Isso conclui nossa abordagem de crianças que são alunos especiais. Em alguns pontos deste capítulo, descrevemos algumas estratégias para mudar o comportamento das crianças. Por exemplo, indicamos que crianças com deficiência intelectual freqüentemente se beneficiam da utilização de passos precisos no reforço positivo para mudar seu comportamento. No Capítulo 7, exploraremos muitos aspectos do reforço positivo e de outras estratégias de aprendizagem.

de motivar, desafiar e educar eficientemente crianças superdotadas (Pleiss e Feldhusen, 1995).

* *Programas trabalho/estudo e/ou de serviços comunitários*

A reforma educacional norte-americana trouxe para a sala de aula regular muitas estratégias que antes eram do domínio de programas separados para superdotados. Elas incluem a ênfase na aprendizagem baseada em problemas, envolvimento das crianças na realização de projetos, criação de portfólios e pensamento crítico. Em combinação com a crescente ênfase na educação de todas as crianças em sala de aula regular, muitas escolas agora tentam criar desafios e motivar as crianças superdotadas em sala de aula regular (Hertzog, 1998). Algumas escolas também incluem programas aos sábados ou após o período escolar ou desenvolvem programas mentor/aprendiz, trabalho/estudo ou serviços comunitários. Portanto, um leque de oportunidades dentro e fora da escola é oferecido.

O Schoolwide Enrichment Model (SEM), modelo de enriquecimento total da escola, desenvolvido por Joseph Renzulli (1998), é um programa para crianças superdotadas que foca a melhoria total da escola. Renzulli diz que quando o enriquecimento está voltado para a escola como um todo, resultados positivos costumam ocorrer, não só para crianças superdotadas, mas também para aquelas que não o são e para professores de sala de aula regular e de recursos. Quando um enriquecimento de toda a escola é enfatizado, barreiras do tipo "nós" versus "eles" geralmente diminuem, e os professores de classe regular mostram-se mais dispostos a utilizar a compactação de currículo com seus alunos mais prodigiosos. Em vez de se sentirem isolados, os professores de da sala recursos começam a se sentir mais como membros de uma equipe, especialmente quando trabalham com professores de classe regular no enriquecimento da classe como um todo. Portanto, objetivos importantes do SEM são melhorar os resultados tanto dos estudantes superdotados como dos outros e melhorar as contribuições e relacionamentos da classe e dos professores da sala de recursos.

A pesquisa de avaliação dos programas de aceleração e enriquecimento não chegou a uma conclusão quanto a qual deles é melhor (Winner, 1997). Alguns pesquisadores encontraram pareceres favoráveis aos programas de aceleração (Kulik, 1992), embora afirmem que um problema potencial de pular de ano é que coloca crianças com outras com desenvolvimento físico mais adiantado, mas socioemocionalmente diferentes. Outros pesquisadores encontraram suporte aos programas de enriquecimento (Renzulli e Reis, 1997).

Ellen Winner (1997, 2006) argumenta que não é raro crianças superdotadas ficarem socialmente isoladas e desmotivadas na sala de aula. Não é incomum que elas sejam rejeitadas e tachadas de "nerds" e "geeks" (cdf em português) (Silverman, 1993). Uma criança que é a única superdotada da classe não tem oportunidade de aprender com outros estudantes com a mesma habilidade. Muitos adultos proeminentes relatam que a escola foi uma experiência negativa para eles, que se sentiam entediados e às vezes sabiam mais que seus professores (Bloom, 1985). Winner acredita que a educação nos Estados Unidos se beneficiará quando os padrões forem elevados para todas as crianças. Quando o estímulo ainda for insuficiente para algumas crianças, ela recomenda que elas tenham permissão para freqüentar aulas mais avançadas em sua área de capacidade excepcional. Por exemplo, alguns alunos especialmente precoces do ensino médio podem freqüentar aulas do curso superior em sua área de excelência.

Reveja, reflita e pratique

3) Definir o que significa superdotado e discutir algumas abordagens do ensino para crianças superdotadas.

Reveja

- Como se define um superdotado? Que características Winner atribui a crianças superdotadas?
- Como pode ser descrito o curso de vida dos superdotados?
- Quais são algumas opções para educar estudantes superdotados?

Reflita

- Suponhamos que você tivesse muitos alunos altamente superdotados em sua classe. Isso poderia gerar problemas? Explique. O que você pode fazer para evitar que surjam problemas?

Pratique PRAXIS™

1. A Sra. Larson tem um aluno em sua classe de pré-escola que a surpreende o tempo todo. Ele pediu a ela para brincar com um quebra-cabeça do mapa dos Estados Unidos com o qual nenhuma criança brincava havia anos. Ela o observou colocar cada estado no lugar certo, dizendo o nome enquanto montava. Em pouco tempo ele estava ensinando às outras crianças da classe o nome dos estados, a capital e seu lugar no mapa. Em uma visita ao centro de aprendizado da escola, ele pediu para ver um livro sobre bandeiras internacionais utilizado no oitavo ano. A princípio, ela pensou em negar o pedido, mas em vez disso fez perguntas sobre o conteúdo do livro. Ele disse: "Sei que não consigo ler *tudo*, mas posso ler os nomes dos países e quero conhecer mais bandeiras. Quer ver quantas eu já sei?". Então ele folheou o livro, identificando corretamente a maioria das bandeiras. Quais características dos superdotados esse aluno está demonstrando?
    a. Capacidade numérica, habilidades sociais altamente desenvolvidas e precocidade.
    b. Capacidade verbal, intensidade e paixão pela orientação para a excelência.
    c. Alto nível de leitura, estilo próprio e teimosia.
    d. Precocidade, estilo próprio e paixão pela orientação para a maestria.

2. A pesquisa sugere que a melhor maneira de estimular crianças superdotadas a ter sucesso na escola é:
   a. Estimular a paixão por aprender.
   b. Lembrá-las de que os pais têm altas expectativas quanto a elas.
   c. Estimular um espírito de competitividade por recompensas.
   d. Envolvê-las como professoras de colegas o máximo possível.

3. O aluno da classe de pré-escola da Sra. Larson (item 1) continuou a progredir. No quarto ano, ele foi o terceiro colocado na competição de geografia de sua escola. Foi o primeiro colocado nos dois anos seguintes. No sétimo ano, ele finalmente começou a ter aulas de geografia. Suas notas eram baixas. Ele vivia reclamando para os pais que já sabia o que era ensinado e que queria aprender "coisas novas, não ficar ouvindo sempre a mesma droga". O professor dava muita ênfase em completar mapas, o que ele fazia rapidamente e sem muito cuidado. Ficava inquieto freqüentemente na classe. Como o professor de geografia deveria lidar com essa situação?
   a. O professor deve punir o aluno por perturbar a aula. O aluno deve continuar a fazer os mesmos trabalhos que os outros, porque ele precisa entender que nem todo trabalho é divertido.
   b. O professor deve considerar a compactação de currículo, porque o aluno já domina o conteúdo do curso. Uma vez estimulado, sua agitação deve diminuir.
   c. O professor deve pedir a esse aluno que se torne um co-professor.
   d. O professor deve usar o trabalho desleixado do aluno como exemplo negativo para o resto da classe.

Por favor, verifique as respostas no final do livro.

Desvende o caso
O caso do "o que foi agora?"

Antes do início do ano letivo, a Sra. Inez sempre faz uma "reunião de familiarização" com os pais de seus alunos novos da pré-escola. Ela faz isso para poder explicar o que as crianças farão, sua filosofia educacional e expectativas, o procedimento para o primeiro dia das crianças na escola e, é claro, para permitir que os pais façam perguntas e falem de suas preocupações. Inevitavelmente, os pais têm preocupações e dúvidas para sanar.

A seguir estão algumas coisas típicas que ela ouve dos pais:

"O Joey ainda dorme à tarde; podemos passá-lo para o período da manhã?"

"Ashley tem asma grave. Ela precisa ter seu nebulizador por perto caso tenha uma crise. Você sabe como usar um?"

"Sei que Steve não vai conseguir ficar sentado por muito tempo. Você deixa as crianças se movimentarem bastante?"

"Espero que você dê bastante atividades movimentadas para as crianças. O Bill também não vai conseguir ficar sentado por muito tempo."

"O Alex é muito adiantado para sua idade. O que você pode fazer para estimulá-lo?"

"A Amanda também é adiantada."

"O Timmy também."

"Bom, acho que o Peter está mais atrasado. Ele não fala muito bem."

A Sra. Inez ouve respeitosamente cada preocupação ou pergunta e assegura aos pais que "Farei tudo o que puder para que seus filhos tenham um bom ano na minha classe. Todas as crianças são diferentes e aprendem em ritmos diferentes, portanto, não se preocupem se seu filho está um pouco mais adiantado ou atrasado. Acho que todos estaremos bem juntos". Ao sair da reunião, ela acha graça da quantidade de pais que acreditam que seus filhos são muito adiantados. É o mesmo todos os anos – cerca de um terço dos pais está convencido de que seu filho é o próximo Einstein.

O ano letivo começa rotineiramente. A Sra. Inez aproveita a hora do recreio para observar as crianças. Embora existam diferenças óbvias entre elas, ela não nota que alguma das crianças seja verdadeiramente especial, exceto Harman e Rowan. A falta de atenção e a incapacidade que eles têm de ficar sentados na hora das histórias está começando a perturbar um pouco. A Sra. Inez faz uma anotação para conversar com os pais sobre a possibilidade de eles terem TDAH e recomendar uma avaliação. Alguns outros alunos podem ser candidatos a isso também, incluindo Alex. Embora a Sra. Inez tenha aprendido a usar o nebulizador de Ashley, ela ainda não precisou usá-lo até agora.

Cada dia no início da aula, a Sra. Inez marca o dia do mês no calendário com um grande X. Em seguida, ela escreve uma frase na lousa descrevendo o clima daquele dia. No décimo dia de aula, ela escreve na lousa: "Hoje há sol e está quente". Então ela lê a frase para os alunos para que eles comecem a fazer associações de palavras. "Hoje há sol e está calor." Alex grita: "Não foi isso o que você escreveu. Você escreveu Hoje há sol e está quente". A Sra. Inez fica surpresa. Mais tarde, durante o recreio, ela pede a Alex para sentar-se com ela. Ele olha ansioso para os tijolinhos, mas obedece contrariado. "Alex, você pode ler este livro para mim?"

"Claro", Alex responde, e o faz perfeitamente.

A Sra. Inez pergunta: "Você tem este livro em casa?".

Alex: "Sim. Muitos outros também".

Sra. Inez: "E este, você tem?".

Alex: "Não".

Sra. Inez: "Então, tente ler este para mim".

Alex: "Certo, mas depois posso ir brincar com os tijolinhos?".

Sra. Inez: "Com certeza".

Alex lê o livro para a Sra. Inez, errando apenas algumas palavras, e então corre para brincar com os tijolinhos, construindo torres e derrubando-as depois, e brincar com os caminhões. No dia seguinte, na hora de preencher o calendário, a Sra. Inez pergunta para a classe: "Se hoje é o décimo quinto dia do mês e um mês tem 30 dias, como podemos descobrir quantos dias ainda faltam?".

As crianças gritam: "Podíamos contar os dias que não têm X".

"Muito bem", ela responde.

Alex parece confuso. "O que foi, Alex?", a Sra. Inez pergunta. "Por que simplesmente não subtraímos?", ele pergunta.

1. Quais são os problemas neste caso?
2. Por que você acha que a Sra. Inez não dá atenção para a percepção dos pais sobre os pontos fortes dos filhos?
3. Como a Sra. Inez deve abordar os pais dos alunos que ela suspeita ter TDAH?
4. É apropriado que ela recomende a avaliação de qualquer das crianças? Por que sim ou por que não? Seria apropriado ela recomendar um profissional em particular para essa avaliação? Por que sim ou por que não?
5. Se Alex já sabe ler e subtrair, existem outras habilidades que ele provavelmente já domina? Nesse caso, quais são? Como isso pode influenciar suas experiências na pré-escola?
6. Como a Sra. Inez deve lidar com isso?
7. Qual das afirmativas abaixo é mais provável em relação a Alex?
   a. Alex tem um transtorno de fluência.
   b. Alex tem dificuldade de aprendizagem.
   c. Alex tem TDAH.
   d. Alex é superdotado.

Atingindo seus objetivos de aprendizagem
Alunos que têm deficiência

> **1** **Quem são as crianças com deficiências?** Descrever os vários tipos de deficiências e transtornos.

Dificuldades de aprendizagem

Crianças com dificuldade de aprendizagem apresentam um QI acima da faixa da deficiência intelectual; apresentam dificuldade significativa em uma área acadêmica (e sua dificuldade não é atribuída a nenhum outro problema ou transtorno diagnosticado, como deficiências sensoriais ou transtornos emocionais graves. Aproximadamente 13% de todas as crianças com idade entre 3 e 21 anos nos Estados Unidos recebem uma educação especial ou um serviço relacionado. Um pouco menos de 45% desses estudantes têm dificuldade de aprendizagem (na classificação federal, isso inclui déficit de atenção/hiperatividade – TDAH). Uma porcentagem substancial de estudantes apresenta transtornos de fala ou linguagem, deficiência intelectual ou transtornos emocionais sérios. O termo crianças com deficiências é cada vez mais utilizado em vez de crianças deficientes e não se refere mais a crianças com deficiências como incapacitadas (*handicaped*). Diagnosticar se uma criança tem ou não dificuldade de aprendizagem é difícil. Os meninos têm cerca de três vezes mais probabilidade de apresentar uma dificuldade de aprendizagem do que meninas. O problema maior das crianças com uma dificuldade de aprendizagem está na leitura. A dislexia é uma limitação grave na capacidade de leitura e soletração. A disgrafia é a dificuldade de aprendizagem que envolve a dificuldade de expressar pensamentos na forma escrita. A discalculia é uma dificuldade de aprendizagem que envolve dificuldade com cálculo aritmético. Existe uma polêmica quanto à categoria "dificuldade de aprendizagem"; alguns críticos acreditam que seja diagnosticada de maneira excessiva. A identificação inicial de uma possível dificuldade de aprendizagem é feita pelo professor em sala de aula, que então pede a avaliação de especialistas. Foram propostas várias causas para a dificuldade de aprendizagem. Muitas intervenções focaram a melhora da capacidade de leitura da criança e incluem estratégias para melhorar as habilidades de decodificação. O sucesso até mesmo da mais bem planejada intervenção de leitura depende do treinamento e da experiência do professor.

Transtorno de déficit de atenção/hiperatividade

O transtorno de déficit de atenção/hiperatividade (TDAH) é um transtorno em que as crianças apresentam consistentemente um ou mais dos seguintes problemas: falta de atenção, hiperatividade e impulsividade. Embora sinais da TDAH estejam presentes na pré-escola, geralmente a identificação da criança com TDAH não ocorre antes dos primeiros anos do ensino fundamental. Muitos especialistas recomendam uma combinação de intervenções acadêmicas, comportamentais e médicas para ajudar estudantes com TDAH a aprender e se adaptar.

Deficiência intelectual

A deficiência intelectual é uma condição que se manifesta antes dos 18 anos e que envolve baixo nível intelectual (geralmente pontuação abaixo de 70 em um teste de inteligência tradicional administrado individualmente) e dificuldade de adaptação às atividades cotidianas. A deficiência intelectual é classificada em termos de quatro categorias com base em pontos de QI: como leve, moderada, severa ou profunda. Mais recentemente, tem sido defendido um sistema de classificação baseado no grau de suporte necessário. A deficiência intelectual é causada por fatores genéticos (como na síndrome de Down e na síndrome do X frágil), dano cerebral (que resulta de diferentes tipos de infecção, como a AIDS) e danos ambientais.

Deficiências físicas

As deficiências físicas que os alunos podem apresentar incluem limitações ortopédicas (como paralisia cerebral) e convulsões (como epilepsia).

Deficiências sensoriais

Deficiências sensoriais incluem deficiências visuais e auditivas. Deficiências visuais incluem ter visão fraca e ser educacionalmente cego. Uma tarefa importante é determinar a modalidade (tal como tato ou audição) por meio da qual o estudante com deficiência visual aprende melhor. Abordagens educacionais para ajudar os estudantes com deficiência auditiva a aprender se enquadram em duas categorias: oral e manual. Cada vez mais ambas as abordagens são utilizadas com o mesmo estudante numa abordagem de comunicação total.

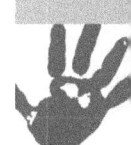

continua

continuação

Transtornos de fala e linguagem

Transtornos de fala e linguagem incluem diversos problemas de fala (como transtornos de articulação, transtornos de voz e de fluência) e problemas de linguagem (dificuldade em receber informações e se expressar). Transtornos de articulação são problemas na pronúncia correta das palavras. Transtornos de voz refletem-se numa fala rouca, muito alta, muito aguda ou muito grave. Crianças com fenda palatina geralmente apresentam um transtorno de voz. Transtornos de fluência freqüentemente envolvem o que é comumente chamado de gagueira. Transtornos de linguagem incluem uma limitação significativa na linguagem receptiva ou expressiva da criança. Linguagem receptiva envolve a recepção e a compreensão da linguagem. A linguagem expressiva envolve a habilidade de utilizar a linguagem para expressar os pensamentos e se comunicar com os outros. O Transtorno Específico de Linguagem (TEL) é outro transtorno de fala e linguagem que as crianças podem apresentar.

Transtorno invasivo do desenvolvimento ou transtorno autista

Autismo é um transtorno severo de desenvolvimento que surge nos primeiros três anos de vida e inclui deficiências no relacionamento social e anormalidades na comunicação. Também é caracterizado por comportamentos repetitivos. O consenso atual é de que o autismo é uma disfunção cerebral orgânica. Transtorno autista é um termo cada vez mais popular que se refere a uma ampla gama de transtornos, incluindo a forma clássica severa do autismo, assim como a síndrome de Asperger.

Transtornos emocionais e comportamentais

Transtornos emocionais e comportamentais consistem em problemas sérios e persistentes que envolvem relacionamentos, agressividade, depressão, medos associados a questões pessoais ou escolares e outras características socioemocionais indadequadas. O termo *transtorno emocional* vem sendo usado para descrever crianças com esses tipos de problemas, embora receba algumas críticas. Nos casos de comportamentos provocativos, agressivos, desafiadores ou perigosos, os estudantes são retirados da sala de aula. Os problemas são mais característicos nos meninos do que nas meninas. Problemas relacionados a depressão, ansiedade e medo envolvem interiorização de problemas e costumam estar mais presentes nas meninas.

② Questões educacionais envolvendo crianças com deficiências: Explicar a estrutura legal, assim como a inclusão e o apoio para crianças com deficiências.

Aspectos legais

A partir de meados da década de 1960 até meados da década de 1970 foram criados direitos de educação especial para crianças com deficiências. O Congresso Norte-americano promulgou a **Lei Pública 94-142,** Lei Educação para Todas as Crianças com Deficiências, que exigia que todos os estudantes com deficiências recebessem uma educação pública apropriada gratuita. Em 1990, a Lei Pública 94-142 foi reformulada como Lei de Educação para Indivíduos com Deficiências (IDEA), que especifica exigências amplas de atendimento a todas as crianças com deficiências. A IDEA sofreu uma emenda em 1997 e depois foi sancionada novamente em 2004 e renomeada como Lei de Aprimoramento Educacional de Indivíduos com Deficiências. A versão de 2004 foca especialmente o alinhamento com a legislação governamental Nenhuma Criança Deixada para Trás, que levanta dúvidas quanto a dever ou não esperar que estudantes com deficiências atinjam padrões gerais de aproveitamento iguais aos dos estudantes sem deficiências. Um IEP é um documento escrito que detalha um programa desenvolvido especificamente para o estudante com deficiência. O IEP deve (1) estar relacionado com a capacidade de aprendizagem da criança, (2) ser construído para atender especialmente as necessidades individuais da criança e não reproduzir meramente o que é oferecido às outras crianças e (3) ser desenhado para proporcionar benefícios. O conceito de ambiente menos restritivo possível (LRE) faz parte da Lei IDEA. Ele determina que crianças com deficiências devem ser educadas num ambiente o mais similar possível àquele em que crianças sem deficiências são educadas. Essa provisão da Lei IDEA criou uma base legal para um empenho em educar crianças com alguma deficiência em classes comuns. O termo inclusão significa educar uma criança com necessidades especiais integralmente em classes regulares. A tendência é que a inclusão seja cada vez mais utilizada. O sucesso acadêmico e social das crianças é mais afetado pela qualidade do ensino proporcionado do que pelo lugar onde a criança é colocada.

Inclusão, serviços e pais como parceiros educacionais

O leque de inclusões inclui classe regular com suporte de ensino suplementar oferecido na sala de aula regular; meio período na sala de recursos; período integral numa classe de educação especial; escolas especiais; ensino em casa e ensino num hospital ou outra instituição. Os serviços incluem aqueles oferecidos pelo professor de classe regular na sala de aula regular, os oferecidos por um professor da sala de recursos (seja numa sala de recursos ou na sala de aula regular), aqueles oferecidos por um professor de educação especial e outros serviços oferecidos por professores auxiliares, psicólogos, consultores colaborativos e equipes interativas. Algumas boas estratégias de comunicação incluem fazer com que os pais saibam que você entende e valoriza o individualismo do filho deles; colocar-se no lugar dos pais; fornecer a eles informações sobre a deficiência do filho; falar com, não para os pais; evitar estereótipos; aproximar-se dos pais para estabelecer e manter um contato e conversar com eles sobre como a mídia às vezes retrata erroneamente crianças com deficiências.

Tecnologia

A tecnologia instrutiva inclui vários tipos de hardware e software, combinados com métodos de ensino inovadores, para acomodar as necessidades de aprendizagem dos estudantes em sala de aula. A tecnologia auxiliar consiste em vários serviços e dispositivos que ajudam os estudantes com deficiências a serem funcionais em seu ambiente.

3 Crianças superdotadas: Definir o que significa superdotado e discutir algumas abordagens do ensino para crianças superdotadas.

Características

Crianças superdotadas têm inteligência acima do normal (geralmente um QI de 130 ou mais) e/ou um talento superior em algum campo como artes plásticas, música ou matemática. Alguns críticos argumentam que os programas de superdotados incluem muitas crianças que são inteligentes de modo geral, normalmente cooperativas e de origem branca não-latina. Winner descreveu crianças superdotadas como tendo três características principais: precocidade, estilo próprio e paixão pela orientação para a excelência.

Curso de vida dos superdotados

O prodígio é uma combinação da hereditariedade e do ambiente. A prática deliberada é importante no sucesso dos superdotados. Na pesquisa conduzida por Terman, constatou-se que muitas crianças superdotadas tornaram-se adultos bem-sucedidos, mas a maior parte não se tornou um criador importante.

Educando crianças superdotadas

Programas para crianças superdotadas incluem aulas especiais (*pullout*), aceleração de matérias, enriquecimento, programas mentor e aprendiz, assim como programa trabalho/estudo e de serviços comunitários. Há uma discussão quanto a se os programas de aceleração ou enriquecimento beneficiam crianças superdotadas. As crianças superdotadas estão cada vez mais sendo educadas em classe regular. Alguns especialistas recomendam que o aumento do nível na classe regular ajudará as crianças superdotadas, embora sejam necessários programas com mentores e ensino adicional para aquelas crianças que ainda se sentem desmotivadas.

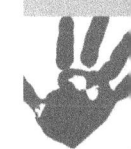

Termos-chave

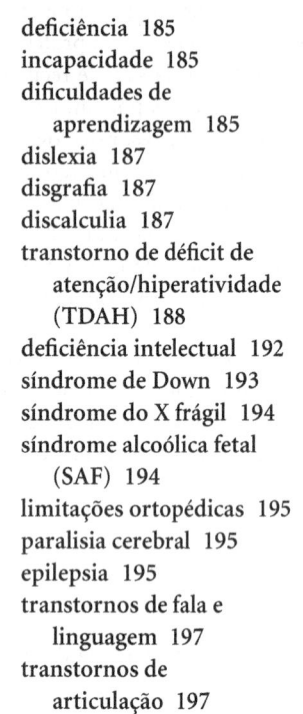

deficiência 185
incapacidade 185
dificuldades de aprendizagem 185
dislexia 187
disgrafia 187
discalculia 187
transtorno de déficit de atenção/hiperatividade (TDAH) 188
deficiência intelectual 192
síndrome de Down 193
síndrome do X frágil 194
síndrome alcoólica fetal (SAF) 194
limitações ortopédicas 195
paralisia cerebral 195
epilepsia 195
transtornos de fala e linguagem 197
transtornos de articulação 197
transtornos de voz 198
transtornos de fluência 198
transtornos de linguagem 198
linguagem receptiva 198
linguagem expressiva 198
transtorno específico de linguagem (TEL) 198
transtorno autista (TA) 199
autismo 199
síndrome de Asperger 199
transtornos emocionais e comportamentais 200
Lei Pública 94-142 205
Lei de Educação para Indivíduos com Deficiências (IDEA) 205
plano de educação individualizada (IEP) 205
ambiente menos restritivo possível (LRE) 206
inclusão 206
crianças superdotadas 215

Pasta de atividades

Agora que você tem uma boa compreensão deste capítulo, faça os exercícios a seguir para ampliar seu entendimento.

Reflexão independente

Estimulando vínculos escola-lar para crianças com deficiências. Coloque-se no lugar de um pai. Imagine que a escola acabou de lhe informar que seu filho tem uma dificuldade de aprendizagem. Responda por escrito às seguintes perguntas: (1) Como você deve estar se sentindo como pai? (2) Que perguntas você, como pai, faria ao professor? (3) Agora, coloque-se no lugar do professor. Como você responderia a essas perguntas? (INTASC: Princípios *3, 10*)

Trabalho colaborativo

Recursos de tecnologia para crianças superdotadas. Junto com outros três ou quatro alunos de sua classe, faça uma lista e uma descrição dos programas de software que podem beneficiar uma criança superdotada. Uma boa fonte de informação, em inglês, sobre esses programas é o *Journal of Electronic Learning*. (INTASC: Princípios *3, 4 e 9*)

Experiência de pesquisa/campo

Inclusão em ação. Entreviste professores do ensino fundamental e médio sobre o que eles pensam sobre a inclusão e sobre outros aspectos da educação de crianças com deficiências. Pergunte quais das estratégias que eles utilizaram no trabalho com crianças com deficiências tiveram mais sucesso. Pergunte também quais foram as maiores dificuldades. Escreva um resumo das entrevistas. (INTASC: Princípio *9*)

Vá até o Online Learning Center em www.mhhe.com/ santedu3e para baixar modelos de pastas de documentos (material disponível em inglês).

CAPÍTULO 7

Abordagens sociocognitiva e comportamental

Aprender é um prazer natural.

—Aristóteles
Filósofo grego, século 4 a.C.

Tópicos do capítulo

O que é aprendizagem?
O que é aprendizagem e o que não é
Abordagens da aprendizagem

Abordagens comportamentais da aprendizagem
Condicionamento clássico
Condicionamento operante

Análise do comportamento aplicada na educação
O que é análise do comportamento aplicada?
Aumentando a ocorrência de comportamentos desejáveis
Diminuindo a ocorrência de comportamentos indesejáveis
Avaliando o condicionamento operante e a análise
  do comportamento aplicada

Abordagens sociocognitivas da aprendizagem
Teoria sociocognitiva de Bandura
Aprendizagem por observação
Abordagens cognitivo-comportamentais e auto-regulação
Avaliando as abordagens sociocognitivas

Objetivos de aprendizagem

1. Definir aprendizagem e descrever cinco abordagens para estudá-la.

2. Comparar condicionamento clássico e condicionamento operante.

3. Aplicar a análise do comportamento na educação

4. Resumir as abordagens sociocognitivas da aprendizagem

Histórias Ruth Sidney Charney

Ruth Sidney Charney é professora há mais de 35 anos. Ela desenvolveu uma abordagem de sala de aula responsiva para ensino e aprendizagem, um método que enfatiza o reforço positivo do bom comportamento dos estudantes. A seguir estão alguns de seus pensamentos sobre o uso do reforçamento na aprendizagem dos alunos. (Cherney, 2005 p. 1-2):

> Para reforçar o comportamento das crianças precisamos observá-las. Notamos os detalhes pessoais que as crianças trazem para a escola e seus esforços para se comportar e aprender... Elogiamos os cinco exercícios corretos no trabalho de matemática (contra apenas dois corretos na semana passada), a sentença extra na redação, os adjetivos adequados, os dez minutos sem infrações em um jogo...
>
> Reforçaremos ao notar as iniciativas positivas das crianças em seguir as regras e atingir as expectativas da aula. Reforçaremos quando as crianças estiverem praticando novas habilidades ou quando demonstrarem comportamentos recentemente modelados...
>
> Exemplos de notar e reforçar estudantes incluem:

- É hoje, não é? A professora cochicha para Hector. Ele sorri para ela e todos o cumprimentam pela apresentação solo que fará no coro da igreja.
- "Botas novas?", a professora pergunta a Leila, enquanto ela faz exibições pela sala...
- "Obrigada por ajudar Tess a soletrar. Notei que você deu boas dicas para ela conseguir soletrar as palavras sozinha."
- "Vi que hoje levou muito menos tempo para vocês formarem a fila. Vocês perceberam...?"
- "Notei que você fez seu exercício de matemática hoje sem interrupções. Isso exigiu muita concentração... ."
- "Obrigada pela eficiente arrumação que você fez hoje. Vi que os marcadores estão todos tampados, os lápis guardados com as pontas para baixo, nenhum papel no chão... ."
- "Vocês encontraram uma maneira realmente interessante de resolver o problema e terminar o trabalho juntos."

Introdução

Todos nós concordamos que ajudar os estudantes a aprender é uma função importante da escola. No entanto, nem todos concordam sobre a melhor maneira de aprender. Iniciamos este capítulo examinando o que envolve a aprendizagem e depois nos voltamos para as principais abordagens comportamentais da aprendizagem. Em seguida, exploramos como os princípios comportamentais são aplicados na educação dos estudantes. Na seção final, discutimos as abordagens sociocognitivas da aprendizagem.

1 O que é aprendizagem?

- O que é aprendizagem e o que não é
- Abordagens da aprendizagem

A aprendizagem é o foco central da psicologia educacional. Quando perguntamos às pessoas para que servem as escolas, uma resposta comum é "Para ajudar as crianças a aprender".

O que é aprendizagem e o que não é

Quando as crianças aprendem a utilizar o computador, elas cometem alguns erros ao longo do processo, até que se habituem aos procedimentos requeridos para utilizar o computador com eficiência. As crianças passarão de pessoas que não conseguem utilizar o computador para serem pessoas que conseguem. Uma vez que aprenderam, não perdem essa habilidade. É como aprender a dirigir. Uma vez que aprendeu, não precisa aprender de novo. Portanto, a **aprendizagem** pode ser definida como uma influência relativamente permanente no comportamento, conhecimento e no raciocínio, adquirida por meio da experiência.

Nem tudo o que sabemos é aprendido. Herdamos algumas capacidades – elas são congênitas ou inatas, não aprendidas. Por exemplo, não precisamos aprender a engolir, ou gritar, ou piscar quando um objeto chega muito perto de nossos olhos. No entanto, a maioria dos comportamentos humanos não evolve apenas a hereditariedade. Quando as crianças utilizam um computador de uma nova maneira, se esforçam para resolver problemas, fazem perguntas mais bem elaboradas, explicam uma resposta de forma mais lógica, ou ouvem com mais atenção; a experiência de aprendizagem está em ação.

O escopo da aprendizagem é amplo (Chance, 2006; Domjan, 2006; Martin e Pear, 2007; Watson e Tharp, 2007). Envolve comportamentos acadêmicos e não-acadêmicos. Ocorre nas escolas e em todos os lugares onde as crianças vivenciam seu mundo.

Abordagens da aprendizagem

Diversas abordagens da aprendizagem já foram propostas. A seguir, exploraremos as abordagens comportamental e cognitiva.

Comportamental As abordagens da aprendizagem que discutimos na primeira parte deste capítulo são chamadas *comportamentais*. O **behaviorismo radical** é uma visão de que o comportamento deve ser explicado por variáveis externas, e não por processos mentais do indivíduo. Para os behavioristas, comportamento é tudo o que fazemos, tanto de maneira verbal como não-verbal, que podem ou não ser diretamente observável: uma criança criando um cartaz, um professor explicando algo para uma criança, um aluno provocando outro etc. **Processos mentais** são tratados por psicólogos behavioristas radicais como eventos não observáveis (privados), não causais, mas que devem ser estudados (tais como, pensamentos, sentimentos e motivos que cada um de nós experiencia, mas que não podem ser observados pelos outros). Embora não possamos ver diretamente pensamentos, sentimentos e motivos, eles não são menos reais. Os eventos privados incluem o pensar de crianças sobre a maneira de criar o melhor cartaz, o sentir-se satisfeito por parte do professor com o empenho das crianças e a motivação interior das crianças para controlar seus comportamentos.

Para os behavioristas radicais, esses pensamentos, sentimentos e motivos não são causas apropriadas para a ciência do comportamento porque não podem ser manipulados (Terry, 2006). O condicionamento clássico e o condicionamento operante, duas relações comportamentais que discutiremos brevemente, são adotados por essa visão quando discute a aprendizagem. Ambos descrevem o **pareamento de estímulos**, que consiste em tornar dois eventos conectados ou associados.

Cognitiva Cognição significa "pensamento", e a psicologia se tornou mais cognitiva ou começou a focar mais no pensamento no final do século 20. A ênfase cognitiva permanece atualmente e é a base para numerosas abordagens da aprendizagem (Bransford e outros, 2005; Goldstein, 2006; Sawyer, 2006; Sternberg, 2006). Neste livro, discutimos quatro abordagens cognitivas principais da aprendizagem: sociocognitiva, processamento cognitivo da informação, cognitiva construtivista e socioconstrutivista. As abordagens *sociocognitivas*, que enfatizam como os fatores comportamentais, ambientais e pessoais (cognitivos) interagem para influenciar a aprendizagem, serão apresentadas adiante neste capítulo (Bandura, 2005, 2006). O segundo conjunto de abordagens, *processamento cognitivo da informação*, foca em como as crianças processam as informações por meio da atenção, memória, pensamento e outros processos cognitivos (Munakata, 2006; Siegler, 2006). O terceiro conjunto de abordagens, *cognitivo construtivista*, enfatiza a construção cognitiva do conhecimento e entendimento da criança. O terceiro conjunto de abordagens, *socioconstrutivista*, foca na colaboração com outros para produzir conhecimento e entendimento.

Somando essas quatro abordagens cognitivas à abordagem comportamental, chegamos às cinco principais abordagens do conhecimento discutidas neste livro: comportamental, sociocognitiva, processamento cognitivo da informação, cognitiva construtivista e socio-

---

aprendizagem Influência relativamente permanente no comportamento, conhecimento e no raciocínio, adquirida por meio da experiência.

behaviorismo radical É a visão de que o comportamento deve ser explicado por variáveis externas ao indivíduo.

processos mentais (eventos privados) Pensamentos, sentimentos e motivos que cada um de nós experiencia, mas que não podem ser observados pelos outros.

pareamento de estímulos A conexão sistemática entre dois eventos/estímulos.

Comportamental	Sociocognitiva	Processamento de informação	Cognitiva construtivista	Socioconstrutivista
Ênfase nas conseqüências, especialmente no reforçamento e punição como determinantes do comportamento/aprendizagem	Ênfase na interação entre fatores comportamentais, ambientais e pessoais (cognitivos) como determinantes da aprendizagem	Ênfase em como as crianças processam informações por meio da atenção, memória, raciocínio e outros processos cognitivos	Ênfase na construção cognitiva do conhecimento e entendimento da criança	Ênfase na colaboração com outros para produzir conhecimento e entendimento
Primeira parte deste capítulo (7)	Última parte deste capítulo (7)	Capítulos 8 e 9	Capítulo 2 (Piaget) e algumas partes dos capítulos 8 e 9	Capítulo 2 (Vygotsky) e capítulo 10

FIGURA 7.1 Abordagens da aprendizagem.

construtivista. Todas contribuem para nosso entendimento sobre como as crianças aprendem. A Figura 7.1 apresenta um resumo das cinco abordagens.

Ao ler os capítulos de 7 a 11 sobre aprendizagem e cognição, tenha em mente que os estudantes tendem a aprender de maneira ideal em ambientes de aprendizagem apropriados. Os estudantes aprendem melhor quando os ambientes de aprendizagem são "adaptados aos objetivos específicos de aprendizagem, ao histórico e ao conhecimento prévio dos estudantes e aos contextos em que a aprendizagem ocorre. Portanto, os professores precisam não só entender os princípios da aprendizagem, mas também saber como usá-los criteriosamente para atender aos diversos objetivos de aprendizagem nos contextos em que as necessidades dos estudantes diferem" (Brandsford e outros, 2005, p. 78).

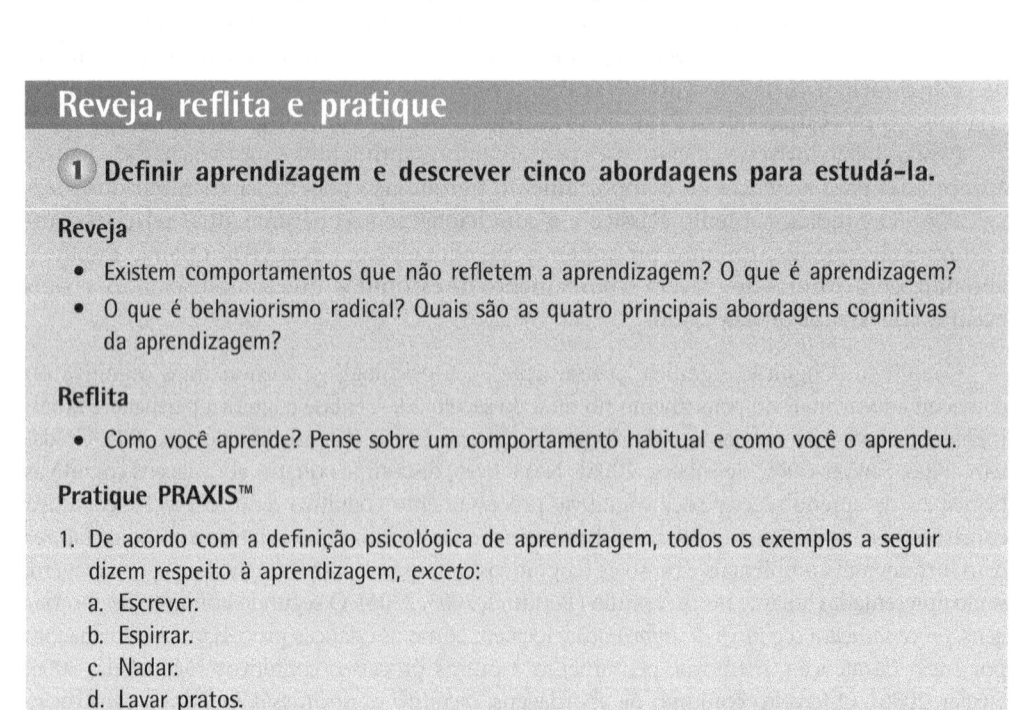

Reveja, reflita e pratique

① Definir aprendizagem e descrever cinco abordagens para estudá-la.

Reveja

- Existem comportamentos que não refletem a aprendizagem? O que é aprendizagem?
- O que é behaviorismo radical? Quais são as quatro principais abordagens cognitivas da aprendizagem?

Reflita

- Como você aprende? Pense sobre um comportamento habitual e como você o aprendeu.

Pratique PRAXIS™

1. De acordo com a definição psicológica de aprendizagem, todos os exemplos a seguir dizem respeito à aprendizagem, *exceto*:
   a. Escrever.
   b. Espirrar.
   c. Nadar.
   d. Lavar pratos.
2. Sr. Zeller não acredita que seus alunos aprenderam algo a menos que demonstrem para ele. Eles podem demonstrar o que aprenderam mediante a entrega dos trabalhos, ao responder às perguntas em aula ou pela maneira como se comportam. Qual abordagem da aprendizagem é mais consistente com as idéias do Sr. Zeller?

a. Cognitiva.
b. Comportamental.
c. Sociocognitiva.
d. Condicionamento.

Por favor, verifique as respostas no final do livro.

2 Abordagens comportamentais da aprendizagem

- Condicionamento clássico
- Condicionamento operante

As relações comportamentais enfatizam a importância das conexões entre respostas, eventos ambientais antecedentes/conseqüentes, o que pode se constituir como uma contingência, ou seja, uma relação de dependência entre eventos ambientais ou entre resposta e eventos ambientais.

Condicionamento clássico

No início de 1900, o fisiologista russo Ivan Pavlov estava interessado na maneira como o organismo digere os alimentos. Em seus experimentos, ele rotineiramente colocava carne em pó na boca de um cão, o que causava o salivar do animal. O cão também salivava em resposta a um número de estímulos associados ao alimento, como visualizar o prato de comida, ver o indivíduo que trazia a comida para a sala chegar e ouvir o som da porta se fechando quando a comida chegava. Pavlov reconheceu que a associação entre os estímulos visuais e auditivos com o alimento na boca era um tipo de aprendizagem importante, que foi denominada *condicionamento clássico*. Se um cachorro corre para a cozinha quando escuta o som de um abridor de latas, isso é um exemplo de condicionamento clássico.

Condicionamento clássico é um tipo de aprendizagem na qual os estímulos se tornam associados ou conectados. No condicionamento clássico, um estímulo neutro (como a visão de uma pessoa) ao ser pareado sistematicamente a um estímulo incondicional (como comida na boca) adquire a capacidade de eliciar uma resposta nova (para esse estímulo neutro, no caso visão da pessoa produz salivação). Para entender plenamente a teoria de Pavlov (1927) do condicionamento clássico, precisamos compreender dois tipos de estímulo e dois tipos de resposta: estímulo incondicional (UCS, de unconditioned stimulus), resposta incondicional (UCR, de unconditioned response), estímulo condicional (CS, de conditioned stimulus) e resposta condicional (CR, de conditioned response).

A Figura 7.2 resume o funcionamento do condicionamento clássico. Um *estímulo incondicional* (UCS) é um estímulo que produz confiavelmente uma resposta sem nenhum aprendizado prévio. A comida na boca era o UCS no experimento de Pavlov. Uma *resposta incondicional* (UCR) é uma resposta não aprendida eliciada automaticamente pelo UCS. No experimento de Pavlov, a salivação do cachorro em resposta ao alimento na boca era a UCR. Um *estímulo condicional* (CS) é um estímulo antes neutro que finalmente eliciará uma resposta nova condicional após ser sistematicamente associado com o UCS. Entre os estímulos incondicionais nos experimentos de Pavlov, ocorreram várias vezes a visão e os sons antes que o cão de fato comesse o alimento. Uma *resposta condicional* (CR) é uma resposta aprendida eliciada pelo estímulo condicional que ocorrerá após o pareamento UCS-CS.

O condicionamento clássico pode estar envolvido em experiências da criança em sala de aula, tanto positivas como negativas. Dentre as atividades da vida escolar das crianças que produzem prazer, devido ao condicionamento clássico, estão ouvir uma música favorita, a sensação de que a sala de aula é um lugar seguro e divertido. Por exemplo, uma música pode ser neutra para a criança, mas assim que ela se junta a outros colegas de classe para cantá-la, os sentimentos positivos acompanharão o cantar. No futuro, ao ouvir a música em outra circunstância, poderá eliciar sentimentos positivos.

Ivan Pavlov (1849-1936), fisiologista russo que desenvolveu o conceito de condicionamento clássico.

condicionamento clássico Uma forma de aprendizagem em que um estímulo neutro, ao ser pareado a um estímulo incondicional, adquire a capacidade de eliciar uma resposta nova.

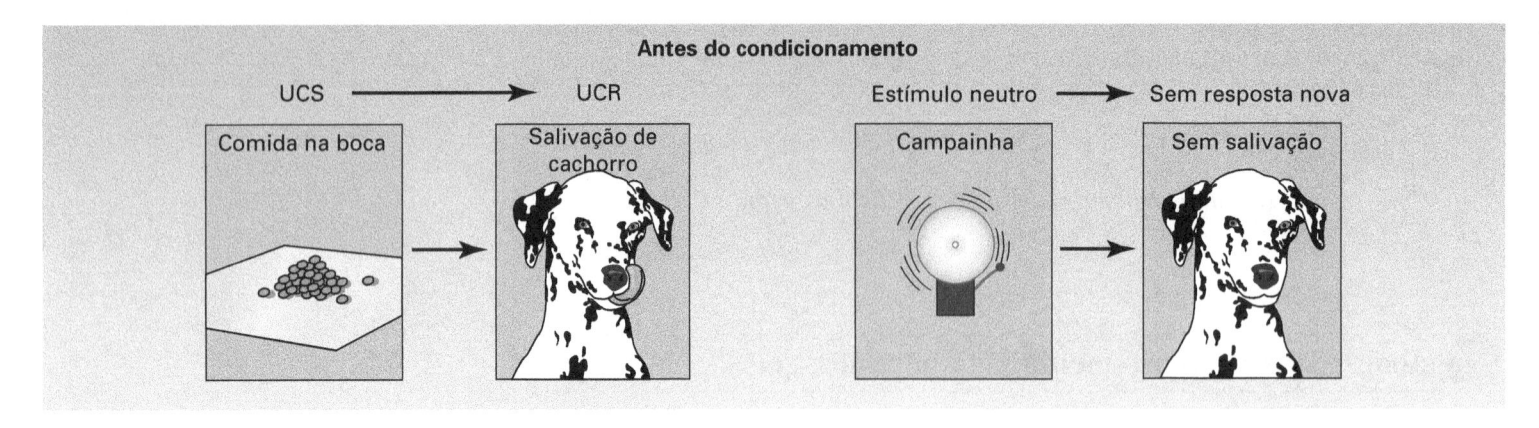

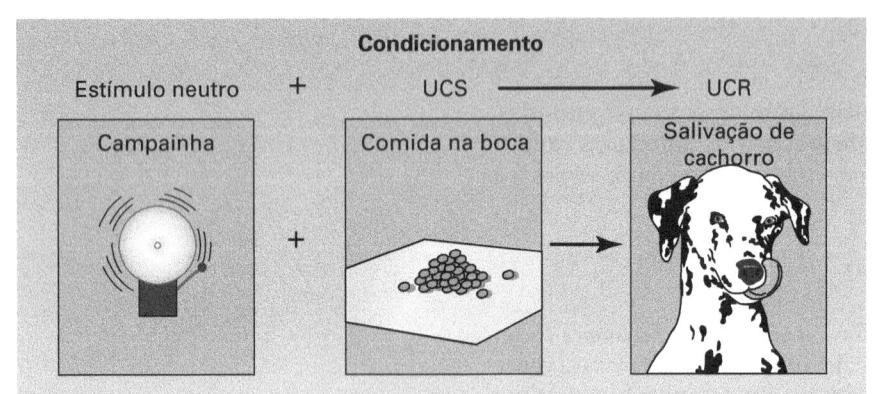

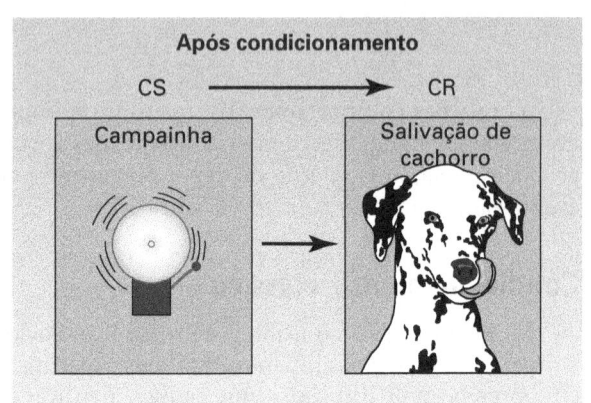

FIGURA 7.2 Condicionamento clássico de Pavlov.

Em um experimento, Pavlov apresentou um estímulo neutro (campainha) imediatamente antes de um estímulo incondicional (comida na boca). O estímulo neutro tornou-se um estímulo condicional após ter sido sistematicamente pareado com um estímulo incondicional que eliciava a salivação do cachorro. Subseqüentemente, o estímulo condicional (campainha) por si foi capaz de eliciar a salivação do cachorro.

FIGURA 7.3 Condicionamento clássico de segunda ordem envolvido nas críticas feitas pelos professores.

As crianças podem desenvolver medo da sala de aula se a associarem a críticas; dessa forma, a sala de aula se torna um CS do medo. O condicionamento clássico também pode estar envolvido na ansiedade durante provas. Por exemplo, uma criança vai mal e é criticada por isso, o que produz ansiedade. A crítica tornou-se um CS porque, na história passada dessa criança, ela foi pareada com algum estímulo dolorido ou com a perda de regalias (por exemplo, surra de seus pais ou ficar de castigo no final de semana); posteriormente, a criança em situação de provas sente ansiedade, a prova passa a ser um CS que elicia ansiedade (veja a Figura 7.3).

Problemas de saúde de algumas crianças também podem envolver o condicionamento clássico. Determinados males – asma, dor de cabeça e pressão alta – podem ocorrer parcialmente devido ao condicionamento clássico. Costumamos dizer que tais problemas de saúde são causados por estresse. Entretanto, o que acontece com freqüência é que certos estímulos, como críticas pesadas por parte dos professores ou dos pais, são estímulos condicionais também para respostas fisiológicas. Com o tempo, a freqüência das respostas fisiológicas pode produzir um problema de saúde. Críticas persistentes de um professor a um estudante pode fazer que o estudante desenvolva dor de cabeça, tensão muscular etc. Qualquer coisa associada ao professor, como exercícios em classe ou lição de casa, pode desencadear estresse e, subseqüentemente, estar associado à dor de cabeça ou outras respostas fisiológicas.

Generalização, discriminação e extinção No estudo das respostas de um cachorro a diversos estímulos, Pavlov acionava uma campainha antes de dar carne em pó para o animal. Ao ser pareado ao UCS (carne na boca), a campainha tornou-se um CS e eliciou a salivação do cachorro. Após algum tempo, Pavlov constatou que o cachorro também respondia a outros sons, como um apito. Quanto mais parecido fosse o estímulo (som) com o de uma campainha, mais intensa era a resposta do cachorro. A *generalização* no condicionamento clássico envolve a possibilidade de um novo estímulo semelhante produzir uma resposta condicional semelhante. Vamos considerar um exemplo de sala de aula. Uma aluna é criticada pelo desempenho fraco na prova de biologia. Quando essa aluna começa a se preparar para a prova de química, também fica muito nervosa porque essas duas matérias têm relação direta com ciências. Portanto, a função eliciadora da ansiedade na prova de biologia se generaliza para a prova de química.

A *discriminação* no condicionamento clássico ocorre quando o organismo responde a determinados estímulos, mas não a outros (Murphy, Baker e Fouguet, 2001). Para produzir a discriminação, Pavlov deu comida ao cachorro somente após tocar a campainha, não depois de nenhum outro som muito distintivo. Subseqüentemente, o cachorro respondeu apenas à campainha e a sons semelhantes. No caso da aluna que vai fazer provas de matérias diferentes, ela não fica tão nervosa em uma prova de inglês ou de história, pois são matérias de áreas muito distintas.

A *extinção* no condicionamento clássico envolve o enfraquecimento da resposta condicional (CR) na ausência do estímulo incondicional (UCS). Em uma sessão, Pavlov tocou a campainha repetidamente, mas não deu comida ao cachorro. O cachorro parou de salivar ao som da campainha. Da mesma forma, se a aluna que fica nervosa quando faz provas começar a se sair bem, sua ansiedade desaparecerá.

Dessensibilização sistemática   Às vezes, a ansiedade e o estresse associados a eventos negativos podem ser eliminados pelo condicionamento clássico (Powell e Symbaluk, 2002). A **dessensibilização sistemática** é um método baseado no condicionamento clássico que reduz a ansiedade fazendo que o indivíduo seja submetido a um relaxamento profundo e, simultaneamente, a visualizações sucessivas de situações geradoras de ansiedade cada vez mais intensas. Imagine que você tenha um aluno que fica extremamente nervoso ao falar para a classe. O objetivo da dessensibilização sistemática é fazer que o falar em público ocorra juntamente com o relaxamento, que é incompatível com sentir-se ansioso. Um profissional poderia ajudar o aluno a praticar a dessensibilização sistemática até que ele "se visse" entrando na sala da palestra, caminhando para a frente e falando para a classe.

Provavelmente, você terá alunos que têm medo de falar em público ou outras ansiedades e haverá circunstâncias em sua própria vida em que você poderá se beneficiar com a substituição da ansiedade por relaxamento. Por exemplo, não é incomum encontrar professores que se sentem confortáveis em falar para a classe, mas que fiquem muito nervosos quando solicitados a fazer uma apresentação em uma conferência para professores. Orientadores e terapeutas têm obtido muito sucesso em conseguir que pessoas superem seu medo de falar em público usando o método de dessensibilização sistemática. Se estiver interessado em adotar essa estratégia, procure ajuda de um psicólogo escolar em vez de tentar sozinho.

Avaliando o condicionamento clássico   O condicionamento clássico nos ajuda a entender alguns aspectos da aprendizagem melhor do que outros. Prima por explicar como os estímulos neutros tornam-se associados a estímulos e respostas reflexas não-aprendidos (LoLordo, 2000; Miller, 2006). É especialmente útil para entender as ansiedades e os medos dos estudantes. No entanto, não é tão eficiente na explicação de comportamentos não reflexos, tais como por que um aluno estuda muito para uma prova ou gosta de história mais do que de geografia. Para essas áreas, o condicionamento operante é mais adequado.

Condicionamento operante

Nossa análise do condicionamento operante começa por uma definição geral e, em seguida, passa para as visões de Thorndike e Skinner.

dessensibilização sistemática É um método baseado no condicionamento clássico que reduz a ansiedade fazendo que, durante um relaxamento profundo, ocorram visualizações sucessivas de situações geradoras de ansiedade cada vez mais intensas.

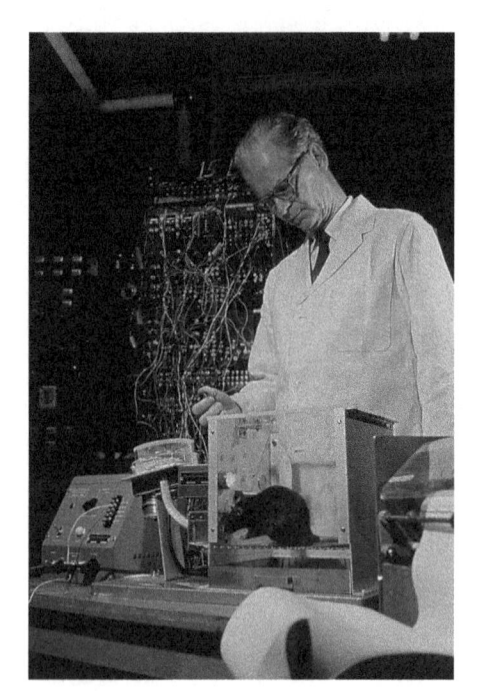

B. F. Skinner conduzindo um estudo sobre condicionamento operante em seu laboratório comportamental; o rato está sendo estudado em uma caixa de Skinner.

Condicionamento operante (também chamado, no passado, *condicionamento instrumental*) é uma forma de aprendizagem em que as conseqüências do comportamento produzem mudanças na probabilidade de que esse comportamento venha a ocorrer. O principal arquiteto do condicionamento operante foi B. F. Skinner, que valorizou alguns aspectos da visão conexionista de E. L. Thorndike.

Lei do efeito de Thorndike Praticamente na mesma época em que Ivan Pavlov conduzia experimentos de condicionamento clássico com cachorros, o psicólogo norte-americano E. L. Thorndike (1906) estudava gatos em caixas-problema. Thorndike colocou um gato faminto em uma caixa-problema (gaiola) e um peixe do lado de fora. Para fugir da caixa, o gato precisava aprender como abrir um trinco dentro da caixa. A princípio, o gato respondeu de diversas maneiras ineficazes. Arranhava ou mordia as barras e enfiava a pata nas aberturas existentes na caixa. Por fim, o animal pisou acidentalmente na corda que soltava o trinco da porta. Quando foi colocado novamente na caixa, fez as mesmas tentativas aleatórias até que acabou pisando na corda outra vez. Nas tentativas subseqüentes do experimento, o gato fez cada vez menos movimentos aleatórios até que passou a pisar imediatamente na corda para abrir a porta. A **lei do efeito** de Thorndike afirmava que comportamentos seguidos de resultados positivos são fortalecidos e que comportamentos seguidos de resultados negativos são enfraquecidos.

A questão principal para Thorndike era como a associação estímulo-resposta (E-R) correta ganha força e acaba dominando as associações estímulo-resposta incorretas. Segundo Thorndike, a associação correta E-R é fortalecida e as associações E-R incorretas são enfraquecidas, devido às conseqüências das ações do organismo. Na visão de Thorndike o comportamento do organismo deve-se a uma conexão entre um estímulo e uma resposta. Como veremos a seguir, a abordagem de Skinner expandiu significativamente as idéias básicas de Thorndike.

Condicionamento operante de Skinner O condicionamento operante, em que as conseqüências do comportamento levam a mudanças na probabilidade de que o comportamento venha a ocorrer novamente, é o cerne do behaviorismo de B. F. Skinner (1938). Conseqüências – reforços e punições – são contingentes ao comportamento do organismo.

Reforçamento e punição O **reforçamento** aumenta a probabilidade de que um comportamento volte a ocorrer. Em contrapartida, **punição** diminui temporariamente a probabilidade de que um comportamento venha a ocorrer.[1] Por exemplo, você pode dizer a um de seus alunos, "Parabéns. Estou muito orgulhoso da história que escreveu". Se o aluno se esforçar mais e escrever uma história ainda melhor da próxima vez, seu comentário positivo foi um reforço do comportamento do aluno de fazer a redação. Se você repreende um aluno por conversar na aula e a conversa dele diminui, sua reprimenda foi uma punição para a conversa do estudante.

Reforçar um comportamento significa fortalecer o comportamento. Duas formas de reforçamento são o reforçamento positivo e o negativo. No **reforçamento positivo**, a freqüência de uma resposta aumenta porque é seguida pela apresentação de um estímulo, como no exemplo em que os comentários positivos do professor aumentaram o comportamento de redação do aluno. Da mesma forma, elogiar os pais por participarem de uma reunião de pais e mestres pode encorajá-los a participar outras vezes.

No **reforçamento negativo**, a freqüência de uma resposta aumenta porque é seguida pela remoção de um estímulo aversivo (desprezível) (Frieman, 2002). Por exemplo, um pai implica com o filho por ele não fazer a lição. Ele continua implicando sem parar. Por fim, o filho se cansa de ouvir o pai implicar e faz sua lição ou evita o encontro com o pai. A resposta do filho (fazer a lição ou evitar contato com o pai) removeu o estímulo aversivo (implicância).

Uma maneira de lembrar a diferença entre reforços positivo e negativo é que no reforço positivo algo é acrescentado. No reforço negativo, algo é subtraído, ou removido. É fácil confundir o reforço negativo com a punição. Para não confundir esses conceitos, lembre-se de que o reforço negativo *aumenta* a probabilidade de que uma resposta ocorrerá, enquanto a punição *diminui*

---

condicionamento operante É uma forma de aprendizagem em que as conseqüências do comportamento produzem mudanças na probabilidade de que esse comportamento venha a ocorrer.

lei do efeito Princípio de que comportamentos seguidos de resultados positivos são fortalecidos e que comportamentos seguidos de resultados negativos são enfraquecidos.

reforçamento Aumenta a probabilidade de que uma resposta da mesma classe ocorrerá no futuro.

punição Diminui a probabilidade de que um comportamento venha a ocorrer.

reforçamento positivo Reforçamento baseado no princípio de que a freqüência de uma resposta da mesma classe aumenta porque é seguida pela apresentação de um estímulo.

reforçamento negativo Reforçamento baseado no princípio de que a freqüência de uma resposta da mesma classe aumenta porque um estímulo aversivo é removido.

---

[1] N.R.T.: Skinner não define punição pelo seu efeito; no entanto, há outros autores analistas do comportamento que afirmam que a punição diminui a probabilidade futura de emissão do comportamento punido.

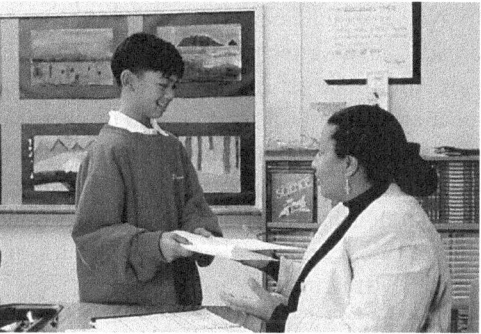

Reforçamento positivo	Reforçamento negativo	Punição
COMPORTAMENTO		
Estudante faz uma boa pergunta	Estudante entrega a lição na data	Estudante interrompe o professor
CONSEQÜÊNCIA		
Professor elogia o estudante	Professor pára de criticar o estudante	Professor repreende o estudante oralmente
COMPORTAMENTO FUTURO		
Estudante faz mais perguntas	Estudante entrega cada vez mais as lições na data	Estudante pára de interromper o professor

Lembre-se de que o reforçamento pode ser positivo ou negativo. Em ambos os casos, as conseqüências aumentam a probabilidade futura do comportamento. Na punição, a freqüência do comportamento diminui.

FIGURA 7.4 Reforçamento e punição.

a probabilidade de que uma resposta ocorrerá. A Figura 7.4 resume e apresenta exemplos de conceitos de reforçamentos positivo, negativo e punição.

Generalização, discriminação e extinção Quando examinamos o condicionamento clássico, discutimos sobre generalização, discriminação e extinção. Esses processos também são dimensões importantes do condicionamento operante (Hergenhan e Olson, 2001; Martin e Pear, 2007). Lembre-se de que no condicionamento clássico, a generalização é a possibilidade de um estímulo semelhante ao estímulo condicional produzir uma resposta semelhante à resposta condicional. A *generalização* no comportamento operante significa dar a mesma resposta a estímulos semelhantes ao estímulo discriminativo. É especialmente interessante a extensão do reforçamento do comportamento na presença de um estímulo que se generaliza de uma situação a outra. Por exemplo, se um professor elogia um aluno por fazer boas perguntas relacionadas a inglês, isso poderá ocorrer em história, matemática ou outras matérias?

No comportamento operante, discriminação significa responder a certos estímulos, mas não a outros que não estiveram correlacionados ao reforçamento da resposta. A *discriminação* no condicionamento operante[2] envolve responder estímulos ou eventos ambientais que estiverem presentes quando a resposta foi reforçada no passado e não responder se esse estímulo estiver no presente. Por exemplo, uma aluna sabe que a caixa na mesa do professor com a etiqueta "Matemática" é onde ela deve colocar o exercício de matemática de hoje, ao passo que a caixa com a etiqueta "Linguagem" é onde os exercícios de linguagem devem ser colocados. Isso parece extremamente simples, mas é importante porque o mundo dos estudantes está repleto desses estímulos discriminativos. Na escola em geral, esses estímulos discriminativos podem incluir avisos como "Não Entre", "Forme uma Fila Aqui" etc.

---

[2] N.R.T.: O autor aborda pouco os processos de discriminação e generalização, fundamentais para a compreensão do comportamento operante. Para uma compreensão mais extensa desses processos, consultar o livro escrito por Sério, Tereza e cols. Controle de estímulos e comportamento operante: uma (nova) introdução. 3 ed. revisada. São Paulo: Educ, 2008.

No condicionamento operante, a *extinção* ocorre quando uma resposta previamente reforçada deixa de ser reforçada e a freqüência da resposta diminui. Em sala de aula, o uso mais comum de extinção é quando o professor deixa de dar atenção a um comportamento que a atenção estava mantendo. Por exemplo, em alguns casos a atenção de um professor reforça inadvertidamente o comportamento disruptivo de um aluno, como quando um aluno belisca o outro e o professor imediatamente fala com o autor da ação. Se isso acontecer com freqüência, o aluno pode aprender que beliscar outros alunos é uma boa maneira de ganhar a atenção do professor. Se o professor não colocar sua atenção no aluno, a provocação poderá se extinguir.

Reveja, reflita e pratique

2 Comparar o condicionamento clássico e condicionamento operante.

Reveja

- O que é condicionamento clássico? Crie seu próprio exemplo para ilustrar a relação entre UCS, UCR, CS e CR. No contexto do condicionamento clássico, o que é generalização, discriminação, extinção e dessensibilização?
- Qual é a relação entre condicionamento operante e a lei de efeito de Thorndike? Explique os diferentes tipos de reforçamento e punição. No contexto do condicionamento operante, o que é generalização, discriminação e extinção?

Reflita

- Você acha que suas emoções são resultado de condicionamento clássico, de condicionamento operante ou de ambos? Explique.

Pratique PRAXIS™

1. Sílvia está participando de uma gincana de soletração. A professora pede para ela soletrar a palavra *excelente*. "Não se esqueça do x, não se esqueça do x, Sílvia repete para si. "E-X-E-L-E-N-T-E", diz Sílvia. Sinto muito, está errado, Sílvia", diz a professora. Um dos alunos do fundo da sala interrompe e faz um comentário jocoso. "Nossa, já era hora da senhora sabe-tudo errar uma. Ela não é tão inteligente assim." Outros alunos da classe também riem. Sílvia começa a chorar e sai correndo da sala. Depois disso, ela fica muito ansiosa nas gincanas de soletração. De acordo com a teoria do condicionamento clássico, qual é o estímulo condicional para a resposta de ansiedade nesse cenário?
    a. A professora dizendo que ela está errada.
    b. A risada dos outros alunos.
    c. A palavra *excelente*.
    d. Gincanas de soletração.
2. Tyler está no quarto ano. Ele adora zombar dos outros, até mesmo da professora. Um dia ele chamou a professora, Sra. Fraga, de "Dona Praga". Sra. Fraga imediatamente repreendeu seu comportamento e disse que xingar era inadmissível. Ela o fez ficar depois da aula para conversarem sobre seu comportamento. Os outros alunos da classe acharam que o apelido que Tyler deu à professora era hilário, riram junto com ele e ainda disseram que era um nome ótimo para a Sra. Fraga. No dia seguinte, Tyler chamou de novo a professora pelo nome ofensivo. Segundo a teoria do condicionamento operante, Tyler continuou a utilizar o apelido a despeito de ter de ficar depois da aula porque:
    a. O comportamento já se repetia há um bom tempo.
    b. Ele foi positivamente reforçado pelos colegas pelo comportamento.
    c. Ele foi negativamente reforçado pela professora pelo comportamento.
    d. Ele foi punido pela professora por seu comportamento.

Por favor, verifique as respostas no final do livro.

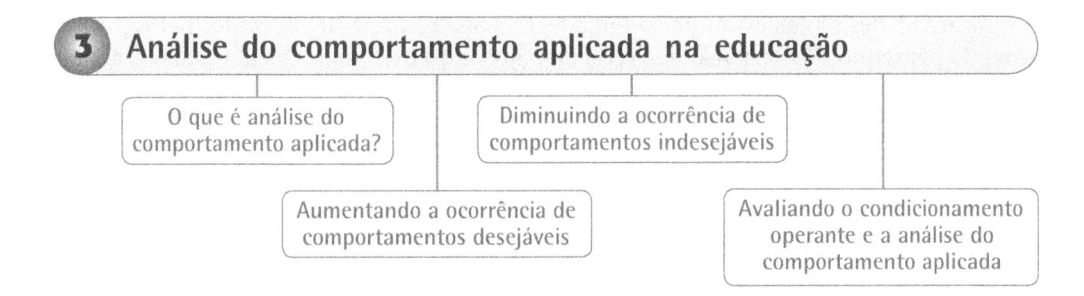

3 Análise do comportamento aplicada na educação

- O que é análise do comportamento aplicada?
- Diminuindo a ocorrência de comportamentos indesejáveis
- Aumentando a ocorrência de comportamentos desejáveis
- Avaliando o condicionamento operante e a análise do comportamento aplicada

Muitas aplicações do condicionamento operante foram feitas fora do laboratório, no universo amplo das salas de aula, do lar, das empresas, dos hospitais e de outros cenários do mundo real (Heward e outros, 2005; Lutzker e Whitaker, 2005; Miller, 2006; Umbreit e outros, 2007). Esta seção descreve como os professores podem usar a análise do comportamento aplicada para melhorar o comportamento e a aprendizagem dos estudantes.

O que é análise do comportamento aplicada?

Análise do comportamento aplicada envolve aplicar os conceitos operantes para mudar o comportamento humano. Três usos da análise do comportamento aplicada são especialmente importantes na educação: aumentar o comportamento desejável, utilizar dicas e modelagem para aprender um comportamento novo e reduzir comportamentos inapropriados (Alberto e Troutman, 2006). Aplicações da análise do comportamento freqüentemente envolvem uma série de passos (Hazel e Gedler, 2005). Normalmente, inicia-se com observações gerais e, depois, passa-se a identificar o comportamento-alvo específico que precisa ser mudado (ou adquirido), assim como se observam as condições antecedentes e conseqüentes necessárias à sua emissão. Os passos seguintes envolvem definir objetivos de comportamento, selecionar reforçadores ou punidores[3] em particular, implementar e conduzir um programa de controle do comportamento e avaliar o sucesso ou o fracasso do programa (Kerr e Nelson, 2006).

Aumentando a ocorrência de comportamentos desejáveis

É possível usar seis estratégias de condicionamento operante para aumentar os comportamentos apropriados de uma criança: escolher reforços efetivos, tornar os reforços contingentes e imediatos, selecionar o melhor esquema de reforçamento; considerar o uso de um contrato; utilizar o reforço negativo efetivamente e usar dicas e modelagem.

Escolha de estímulos reforçadores efetivos Nem todas as consequências são reforçadoras. Analistas de comportamento recomendam que os professores identifiquem quais reforços funcionam melhor com cada criança – isto é, individualize o uso de cada reforço em particular. Para um estudante pode ser um elogio, para outro pode ser passar mais tempo participando de uma atividade favorita, para outro pode envolver ser o monitor do corredor por uma semana e para outro ainda pode ser navegar na Internet. Para identificar as consequências reforçadoras para uma criança, você pode examinar o que motivou a criança no passado (história de reforçamento), o que o estudante deseja, mas não consegue obter com facilidade ou freqüência e a percepção da criança sobre o valor do reforço. Alguns analistas do comportamento recomendam perguntar à criança quais reforços elas preferem (Raschke, 1981). Outra recomendação é considerar estímulos novos e testá-los como reforçadores para ampliar os interesses da criança e não deixá-la entediada. Reforços sociais como elogio geralmente são mais recomendados que balas, estrelas ou dinheiro.

Visão do estudante

"Mãe, olha ela"

Certa vez, uma professora de terceiro ano da escola de ensino fundamental Salem Church, em Chesterfield County, Virgínia, teve em sua classe um grupo de alunos especialmente bagunceiro e barulhento. A professora, Kristen Blankenship, usava uma combinação de reforçamento positivo individual e em grupo como estratégia de gerenciamento.

Sem dispor de uma cantina, os estudantes almoçavam na classe. Um dia, a mãe de Daniel, que o acompanhava no almoço, levou Kristen para o lado, sorriu e disse que Daniel acabara de cochichar, "Olha ela, mãe. Ela nunca grita, mas sabe muito bem como botar eles na linha".

análise do comportamento aplicada Aplicar os princípios do condicionamento operante para mudar o comportamento humano.

---

[3] N.R.T.: A proposta skinneriana afirma que o uso de punição é desaconselhável porque seus efeitos colaterais são prejudiciais e a punição não ensina ao aluno o que deveria ser feito. Para uma leitura mais aprofundada a respeito, veja Skinner, B. F. Ciência e comportamento humano. 10. ed. São Paulo: Martins Fontes, 2003.

As atividades são os estímulos reforçadores mais comumente utilizados pelos professores. O **princípio de Premack**, que recebeu o nome do psicólogo David Premack, afirma que uma atividade com alta probabilidade pode servir como um estímulo reforçador para uma atividade com baixa probabilidade.

O princípio de Premack está presente quando uma professora do ensino fundamental diz para uma criança, "Quando você terminar sua redação, pode ir brincar no computador com algum jogo (mas só será eficaz se brincar com jogos no computador for mais desejável para o estudante do que escrever). O princípio de Premack também pode ser utilizado com a classe inteira. Um professor pode dizer para a classe, "Se toda a classe terminar a lição de casa até sexta-feira, faremos uma viagem de campo na semana que vem".

Torne os estímulos reforçadores contingentes e imediatos Para que um reforço seja eficiente, o professor só deve oferecê-lo depois que a criança apresentar determinado comportamento. A análise de comportamento aplicada geralmente recomenda que os professores façam afirmações do tipo "Se... então" para as crianças – por exemplo, "Tony, se você terminar dez problemas de matemática, então pode sair para brincar". Essa atitude deixa claro para Tony o que ele precisa fazer para obter o reforço. Analistas do comportamento dizem que é importante tornar o reforço contingente ao comportamento da criança. Isto é, a criança deve apresentar o comportamento para obter o reforço. Se Tony não terminar seus problemas de matemática e mesmo assim a professora deixá-lo sair para brincar, a contingência "resolver dez problemas de matemática-brincar" não foi estabelecida.

Reforçadores são mais eficazes quando dados de maneira imediata, tão logo a criança apresentar o comportamento-alvo (Umbreit e outros, 2007). Isso pode ajudar as crianças a ver a relação de contingência entre o reforço e seu comportamento. Se a criança finaliza o comportamento-alvo (tal como resolver dez problemas de matemática até o meio-dia) e o professor não der a ela tempo de lazer até o final da tarde, a relação entre fazer os problemas de matemática e lazer pode não ficar estabelecida.[4]

Selecione o melhor esquema de reforçamento A maioria dos exemplos fornecidos até agora supõe um reforçamento contínuo, isto é, a criança recebe um reforço toda vez que emite uma resposta. No reforçamento contínuo, as crianças aprendem muito rápido, mas quando o reforço é interrompido (a professora pára de elogiar), a extinção também ocorre rapidamente. Na sala de aula, o reforçamento contínuo é raro. Um professor com uma classe de 25 ou 30 alunos não pode elogiar uma criança toda vez que ela responde apropriadamente.

O reforçamento intermitente envolve reforçar uma resposta apenas parte das vezes intermitentemente. Skinner (1957) desenvolveu o conceito de **esquemas de reforçamento**, que são cronogramas de reforço que determinam quando uma resposta será reforçada. Os quatro principais esquemas de reforçamento intermitente são: razão fixa, razão variável, intervalo fixo e intervalo variável.

Em um *esquema de razão fixa*, um comportamento é reforçado após um número definido de respostas. Por exemplo, um professor pode elogiar a criança somente a cada quatro problemas de matemática corretos, não a cada um. Em um *esquema de razão variável*, um comportamento é reforçado após uma média de vezes, mas de maneira imprevisível, por exemplo, durante uma aula, o elogio de um professor pode basear-se em uma média de cinco respostas certas, mas ser dado depois da segunda resposta correta, depois de outras oito respostas corretas, após as sete respostas corretas seguintes ou após as próximas três respostas corretas.

Esquemas de intervalo são determinados pelo tempo decorrido desde que o último comportamento foi reforçado. Em um *esquema de intervalo fixo*, a primeira resposta apropriada após um período de tempo fixo é reforçada. Por exemplo, um professor pode elogiar uma criança pela primeira pergunta boa que a criança faz após decorridos dois minutos ou avaliar positivamente cada tarefa semanal apresentada pelo aluno. Em um *esquema de intervalo variável*, uma resposta é reforçada após decorrido um período variável. Nesse esquema, o professor pode elogiar uma criança em média em uma aula a cada dez minutos e o reforço poderá ser dado após uma tarefa realizada, depois de um tempo após o último reforço, por exemplo, depois de decorridos três minutos, o próximo reforço seria dado, após 15 minutos para a próxima tarefa concluída, após sete minutos e assim por diante.

---

princípio de Premack Princípio que diz que uma atividade com alta probabilidade pode servir como um reforço para uma atividade com baixa probabilidade.

esquemas de reforçamento Cronogramas de reforço intermitente que determinam quando uma resposta será reforçada.

---

[4] N.R.T.: Reforços mais próximos da resposta tornam o condicionamento mais eficaz que reforços atrasados.

Qual é o efeito da utilização desses esquemas de reforçamento do comportamento das crianças?

- O aprendizado inicial geralmente é mais rápido com o reforçamento contínuo do que com o intermitente. Em outras palavras, quando os estudantes estão aprendendo um comportamento novo, o reforçamento contínuo funciona melhor. No entanto, o reforçamento intermitente produz maior persistência e maior resistência à extinção do que o reforçamento contínuo. Portanto, quando as respostas das crianças já foram aprendidas, o reforçamento intermitente é mais adequado que o contínuo.
- Respostas de crianças em um esquema fixo mostram menor persistência e maior facilidade de extinção do que respostas em esquemas variáveis. As respostas das crianças mostram maior persistência em um esquema variável. Esses esquemas produzem um responder estável e moderado, porque o reforço é imprevisível e mantém a criança respondendo. Como mencionamos anteriormente, elogiar ou permitir a realização de uma atividade de interesse da criança em intervalos irregulares, após o cumprimento de uma tarefa determinada pelo professor, é um bom exemplo de esquema de intervalo variável. Se o professor começa a reforçar em um intervalo mais previsível (por exemplo, uma vez por semana, às sextas feiras, após a realização de um comportamento especificado), as respostas das crianças começarão a apresentar o padrão de realização com pausas pós-reforço que caracterizam os esquemas fixos (de intervalo ou de razão). Isto é, elas não trabalharão na tarefa na maior parte da semana; então, próximo ao final da semana elas começarão a trabalhar duro para a entrega da tarefa. Portanto, se seu objetivo como professor é aumentar a persistência das crianças depois que o comportamento foi estabelecido, esquemas variáveis funcionam melhor, especialmente o esquema de intervalo variável. A Figura 7.5 mostra os diferentes padrões de resposta associados aos diferentes esquemas de reforçamento.

Considere utilizar um contrato **Contratar** envolve especificar as contingências de reforçamento por escrito. Caso surjam problemas e as crianças não cumpram sua parte no combinado, o professor pode pedir a elas que consultem o contrato com o qual concordaram. Analistas do comportamento sugerem que um contrato de classe deve ser resultado de sugestões tanto de professores quanto de alunos. Contratos de classe contêm declarações "Se... então", são assinados pelo professor e pelas crianças e são datados. Um professor e uma criança podem firmar um contrato que estabelece que a criança concorda em ser um bom cidadão praticando _____ e _____. Como parte do contrato, o professor concorda em _____ se o aluno se comportar da maneira combinada. Em algumas situações, o professor pode pedir a outra criança para assinar o contrato como testemunha do acordo.

Utilize estímulos reforçadores negativos eficientemente Lembre-se de que no *reforçamento negativo* a freqüência das respostas aumenta porque a resposta remove um estímulo aversivo (desagradável) (Alberto e Troutman, 2006). Um professor que diz, "Thomas, você tem de ficar sentado aí na carteira até terminar sua redação e só depois pode ir fazer o cartaz com seus colegas", está usando o reforçamento negativo. A condição negativa de ser deixado na carteira enquanto as outras crianças estão fazendo algo divertido será removida se Thomas terminar a redação que já deveria estar pronta.

Usar reforçadores negativos tem desvantagens. Algumas vezes, quando os professores tentam utilizar essa estratégia comportamental, as crianças podem ter um acesso de raiva, sair correndo da sala ou destruir materiais, ou mesmo se tornar inflexíveis, temendo uma punição, caso não façam o que está sendo requisitado pelo professor. Esses resultados negativos acontecem com mais freqüência quando a criança não tem as habilidades ou capacidade para fazer o que o professor está pedindo.

Utilize dicas e modelagem Anteriormente em nossa discussão de condicionamento operante, dissemos que a discriminação envolve a diferenciação entre estímulos ou eventos ambientais. Os estudantes podem aprender a diferenciar estímulos ou eventos por meio do reforço diferencial. Duas estratégias de reforço diferencial disponíveis para os professores são dicas e modelagem (Alberto e Troutman, 2006).

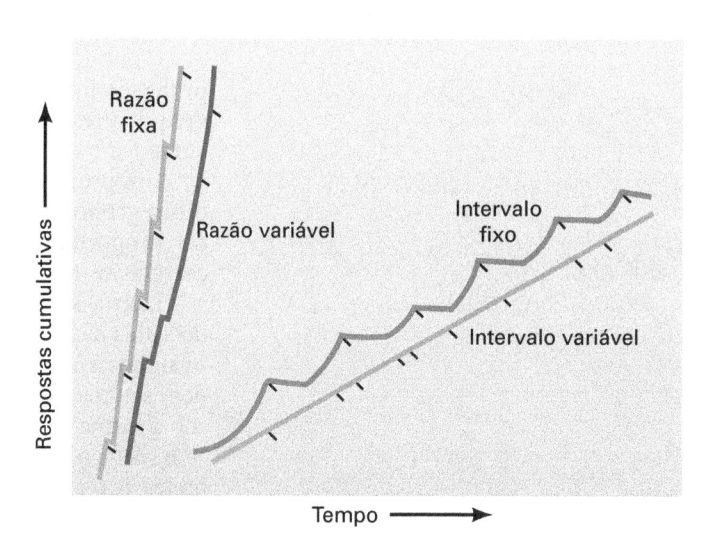

FIGURA 7.5 Esquemas de reforçamento e diferentes padrões de resposta.

Nessa figura, cada marca indica a liberação do reforço. Note que os esquemas variáveis (o reforço é dado após um número médio de respostas ou para a primeira resposta após um período médio de tempo) produzem taxas mais altas de respostas que os esquemas fixos (o reforço está associado à primeira resposta após um período determinado de tempo decorrido ou a um número determinado de respostas). A previsibilidade de um reforço também é importante no sentido de que um esquema fixo produz uma taxa de resposta menor do que um esquema imprevisível (variável).

contratar Especificar as contingências do reforçamento por escrito.

Dicas (prompts) São um estímulo adicional que pode ser ou uma dica dada pelo professor imediatamente antes de uma resposta do aluno que aumenta a probabilidade de que a resposta correta ocorra. Um professor de leitura que mostra um cartão com as letras *f-a-z* e diz, "Não fazem, mas..." está usando uma dica verbal.

Um professor de artes que identifica um grupo de tintas com uma etiqueta *aquarela* e outro grupo com uma etiqueta *óleo* também está usando dicas. Estas ajudam a ocorrência do comportamento correto. Quando os estudantes mostram consistentemente as respostas corretas, as dicas não são mais necessárias.

Instruções podem ser usadas como dicas (Alberto e Troutman, 2006). Por exemplo, quando a aula de artes está chegando ao fim, a professora diz, "Vamos começar a aula de leitura". Se os alunos continuam trabalhando com artes, a professora acrescenta a dica, "Muito bem, guardem seu material de artes e venham comigo para a sala de leitura". Algumas dicas são dadas sob a forma de dicas orais, como quando o professor fala para os alunos formarem uma fila "em silêncio". Quadros de avisos são locais comuns para dicas, exibindo freqüentemente lembretes de regras, prazos de entrega de trabalho, o local de uma reunião etc. Algumas dicas são apresentadas de forma visual, como quando a professora coloca a mão na orelha para avisar a um aluno que está falando baixo demais. A professora também pode "dirigir" uma resposta correta do aluno, apontando para uma figura que ele deveria selecionar ou até tocar no braço do aluno para indicar que ele deveria movimentar a mão em direção à figura. Quanto mais hábil o aluno, menos intrusiva será a dica ou poderá não ser necessária.

Modelagem Quando os professores usam as dicas, eles pressupõem que os alunos possam apresentar os comportamentos desejados. No entanto, às vezes, os estudantes não têm a habilidade para apresentá-los. Nesse caso, a modelagem é necessária. A **modelagem** envolve ensinar novos comportamentos reforçando aproximações sucessivas ao comportamento-alvo. Inicialmente, você reforça qualquer reposta que de alguma maneira se assemelhe ao comportamento-alvo. Subseqüentemente, você reforça respostas cada vez mais próximas do alvo até que o estudante apresente o comportamento final desejado e então você o reforça (Chance, 2006).

Suponha que você tenha uma aluna que nunca completou mais que 50% das tarefas de matemática. Você determina o comportamento-alvo em 100%, mas reforça aproximações sucessivas ao alvo. Inicialmente, você pode proporcionar um reforçador (algum tipo de privilégio, por exemplo) quando ela completar 60%, então na próxima vez somente quando ela completar 70%, depois 80%, 90% e, por fim, 100%.

A modelagem pode ser uma ferramenta importante para o professor porque a maioria dos estudantes precisa de reforçamento ao longo do processo para atingir um objetivo de aprendizagem. A modelagem pode ser especialmente útil para aprender tarefas que requerem tempo e persistência para serem realizadas. No entanto, ao usar modelagem, lembre-se de implementá-la somente se o reforço positivo para o comportamento final ou as dicas não funcionarem. Lembre-se também de ser paciente. A modelagem pode exigir o reforço de diversos passos menores no percurso para um comportamento-alvo, e isso pode levar um período prolongado.

Diminuindo a ocorrência de comportamentos indesejáveis

Quando os professores querem diminuir a ocorrência de comportamentos indesejáveis das crianças (como provocar os outros, monopolizar um debate em classe, ser impertinente com o professor), quais são suas opções? Os analistas do comportamento Paul Alberto e Anne Troutman (2006) recomendam seguir os passos apresentados nesta ordem:

1. Usar reforçamento diferencial.
2. Remover o reforço de respostas inapropriadas (extinção).
3. Remover o estímulo reforçado positivo (punição negativa).
4. Apresentar estímulos reforçadores negativos (punição positiva).

Portanto, a primeira opção do professor deve ser o reforçamento diferencial. A punição só deve ser usada como último recurso e sempre proporcionando conjuntamente à criança informação sobre o comportamento apropriado.

Usar reforçamento diferencial No *reforçamento diferencial*, o professor reforça o comportamento que é mais apropriado ou que é incompatível com o que a criança está

---

dicas (prompts) São um estímulo adicional que pode ser ou uma dica dada imediatamente antes de uma resposta que aumenta a probabilidade de que a resposta correta ocorra.

modelagem Ensinar novos comportamentos reforçando aproximações sucessivas ao comportamento-alvo.

Boas práticas
Estratégias para usar time-out

Existem várias opções para usar time-out:

1. *Mantenha o aluno na classe, mas não dê a ele acesso a reforço positivo.* Essa estratégia é usada com mais freqüência quando um aluno faz algo menor. O professor pode pedir ao aluno para recostar a cabeça na carteira por alguns minutos ou mudar o aluno para um lugar afastado de onde uma atividade esteja ocorrendo, mas que ele ainda possa observar os outros alunos recebendo reforços positivos. A seguir, a professora de pré-escola Rosemary Moore descreve um uso inovador do time-out.[1]

Visão do professor
O canto da paz

Resolver conflitos é sempre difícil para as crianças. Quando meus alunos se envolvem em uma briga de poder, sempre recorrem a mim como juiz. Acho que é muito mais benéfico para eles chegar a um acordo sozinhos. Ser o idealizador do plano o torna muito mais aceitável para todas as partes. Para conseguir isso, coloquei duas cadeiras pequenas em um canto da sala. Acima das cadeiras, afixei uma placa com os dizeres "Canto da paz". Então, quando ouvia uma briga começar, mandava as partes para esse canto. Eles sentavam-se um de frente para o outro com os joelhos quase encostados. Sua tarefa era negociar um "plano de paz". Quando concordavam sobre um plano, vinham falar comigo. Eu ouvia o plano deles e ou aprovava ou os mandava de volta para tentarem de novo. Inicialmente, isso levou algum tempo, mas à medida que as crianças perceberam que o tempo que gastavam discutindo era um tempo perdido no trabalho da atividade sobre a qual estavam brigando, começaram a concordar sobre um plano muito mais rápido. Era um prazer observá-las amadurecer em sua capacidade de negociação.

2. *Para que o time-out seja efetivo, o ambiente de onde o estudante é retirado deve ser positivamente reforçador e o ambiente onde o estudante é colocado não deve ser positivamente reforçador.* Por exemplo, se você colocar um aluno sentado no corredor e alunos de outras classes conversarem com ele ao passar por lá, o time-out claramente não servirá a seu propósito.

3. *Se você usar o time-out, não deixe de identificar os comportamentos do estudante que resultaram no time-out.* Por exemplo, diga para o aluno, "Você rasgou o trabalho do Corey, então vá para o time-out agora e fique lá cinco minutos". Não inicie uma discussão com o aluno nem aceite desculpas esfarrapadas dele para não ficar no time-out. Se necessário, leve o aluno até o local do time-out. Se o aluno se comportar mal outra vez, identifique novamente o comportamento e mande-o para o time-out de novo. Se o aluno começar a gritar, bater nos móveis e assim por diante quando você o levar para o time-out, aumente o tempo de time-out. Não deixe o aluno no time-out quando o tempo de afastamento do reforço positivo tiver terminado. Não comente sobre como o aluno se comportou bem no time-out; simplesmente faça o aluno retornar à atividade anterior.

4. *Mantenha registros de cada seção de time-out, especialmente se for usada uma sala de time-out.* Isso ajudará você a monitorar o uso eficiente e ético dos time-outs.

---

[1] N.R.T.: O time-out é uma estratégia que evita o reforçamento de comportamentos inapropriados. A estratégia utilizada pela professora Rosemary Moore pode ter sido eficaz para produzir um acordo entre os alunos mais rapidamente, mas também poderia fazer que os alunos recorressem freqüentemente ao uso do canto e, nesse caso, a interação entre eles poderia estar produzindo reforçadores, ao contrário daquilo que a professora desejava. Criar situações sociais poderia, nesse caso, inadvertidamente produzir reforçadores importantes como a atenção de um colega para o outro. Uma estratégia mais apropriada na sala de aula é o uso de reforçamento diferencial.

---

fazendo, e não reforça o comportamento inapropriado. Por exemplo, o professor pode reforçar uma criança por usar o computador para atividades de aprendizagem em vez de brincar com jogos, por ser educada em vez de inoportuna, por ficar sentada em vez de correr pela classe ou por fazer a lição de casa no prazo em vez de atrasar a sua entrega.

Retirada do reforço (extinção) A estratégia para extinguir o comportamento envolve remover o reforço positivo que mantém o comportamento inapropriado de uma criança. Muitos comportamentos inapropriados são mantidos inadvertidamente pelo reforço positivo, especialmente a atenção do professor. A análise do comportamento aplicada indica que isso pode ocorrer mesmo quando o professor dá atenção a um comportamento inapropriado criticando, ameaçando ou gritando com o aluno. Muitos professores acham difícil determinar se estão dando muita atenção a comportamentos inapropriados. Uma boa estratégia é pedir para alguém observar sua aula em várias ocasiões e listar os padrões de reforço que você usa com os alunos (Alberto e Troutman, 2006). Se perceber que está dando muita atenção ao comportamento inapropriado de um aluno, ignore esse comportamento, isso é o que chamaríamos extinção, e dê atenção ao comportamento apropriado do aluno (reforçamento diferencial). Como o procedimento de extinção produz um aumento inicial das respostas que deixarão de receber reforço, sugere-se combinar a remoção da atenção ao

Este aluno do segundo ano foi colocado no "time-out" por mal comportamento. *Qual é a natureza do time-out?*

País	Pontuação média (escala de 5 pontos)
Canadá	3.14
Estados Unidos	3.13
Coréia do Sul	3.00
Malásia	2.90
Grã-Bretanha	2.68
Finlândia	2.34
Grécia	2.26
Alemanha	2.13
Espanha	2.05
Argentina	1.96
Suécia	1.35

FIGURA 7.6 Atitude em relação à punição corporal em diferentes países.

Uma escala de 5 pontos foi usada para avaliar a atitude em relação à punição corporal, com pontuação próxima a 1 indicando uma atitude contrária e pontuação próxima a 5 indicando atitude favorável ao uso.

time-out Remover um indivíduo do ambiente fornecedor de reforçadores positivos.

punição negativa Retirar um reforçador positivo do contingente ao comportamento de um indivíduo.

comportamento inapropriado com atenção ao comportamento apropriado.[5] Por exemplo, quando um aluno parar de monopolizar a conversa em uma discussão em grupo depois que você retirou sua atenção, elogie-o pela melhora no comportamento.

Remover o estímulo reforçados   Suponha que você tenha experimentado as duas primeiras opções e elas não funcionaram. Uma terceira opção é remover o estímulo reforçador contingente ao comportamento do aluno. Duas estratégias para isso são "time-out" e "punição negativa".

Time-out   A estratégia mais amplamente usada pelos professores para remover estímulos reforçadores positivos é o **time-out**. Em outras palavras, tirar o estudante de uma situação onde possa ocorrer reforço positivo inadvertidamente.

Punição negativa   Uma segunda estratégia para remover comportamentos inapropriados envolve a **punição negativa**, que se refere a retirar um reforçador positivo como perda do privilégio imediatamente após um comportamento inapropriado do aluno. Por exemplo, quando um aluno se comporta mal, o professor pode tirar dez minutos do recreio dele ou o privilégio de ser o monitor da classe. A punição negativa envolve tipicamente algum tipo de penalidade ou multa. Assim como para o time-out, a punição negativa sempre deve ser utilizada em combinação com outras estratégias para aumentar a ocorrência dos comportamentos positivos do aluno.

Apresentar estímulos reforçadores negativos (punição positiva)   A maioria das pessoas associa a apresentação de estímulos aversivos (desagradáveis) com punição. Por exemplo, quando um professor grita com um aluno ou um pai bate em uma criança. No entanto, de acordo com a definição de punição dada anteriormente neste capítulo, um estímulo aversivo só é uma punição se diminuir comportamentos indesejáveis (Branch, 2000; Mazur, 2002). Entretanto, muitas vezes, os estímulos aversivos não podem ser caracterizados como punições eficazes, visto que não diminuem a ocorrência de comportamentos indesejáveis, fazendo que, às vezes, eles sejam até aumentados com o tempo. Um estudo concluiu que, quando os pais recorreram à surra para disciplinar as crianças de quatro a cinco anos, o comportamento-problema aumentou com o tempo (McLoyd e Smith, 2002). Outro estudo concluiu que apanhar antes dos dois anos estava relacionado a problemas comportamentais ao longo da infância (Slade e Wissow, 2004).

Os tipos mais comuns de estímulos aversivos usados pelos professores são as repreensões verbais. Elas são mais eficientemente se utilizadas quando o professor está perto do aluno, não do outro lado da sala e quando é acompanhada de uma repreensão não-verbal, como um olhar de reprovação ou contato visual (Van Houten e outros, 1982). Repreensões são mais eficazes quando dadas imediatamente após o comportamento indesejado e quando são breves e diretas. Essas repreensões não precisam envolver elevação da voz, que geralmente aumenta o nível de ruído na classe e apresenta o professor aos estudantes como um modelo do tipo perda-de-controle. Em vez disso, um "Pare de fazer isso" dito com firmeza associado a um contato visual é geralmente suficiente para interromper um comportamento indesejado. Outra estratégia é levar o aluno para um canto e repreendê-lo reservadamente em vez de perante a classe.

Muitos países, como a Suécia, baniram a punição física na escola (o que normalmente envolve palmatória) por professores ou diretores. No entanto, em 2003, 23 estados norte-americanos ainda permitiam seu uso, sendo a maior prevalência no sul do país. Um estudo realizado com estudantes do nível superior em 11 países concluiu que os Estados Unidos e o Canadá têm atitudes mais favoráveis à punição corporal do que muitos outros países (Curran e outros, 2001; Hyman e outros, 2001) (veja a Figura 7.6). A utilização da punição corporal pelos pais é legal em todos os estados norte-americanos e estima-se que de 70% a 90% dos pais já bateram alguma vez nos filhos (Straus, 1991). Em uma pesquisa conduzida nos Estados Unidos com pais com filhos entre três e quatro anos, 26% dos pais relataram que batem nos filhos com freqüência e 67% dos pais relataram gritar com os filhos com freqüência (Regaldo e outros, 2004).

Nas escolas norte-americanas, alunos do sexo masculino de origem de grupos minoritários e famílias de baixa renda são os que mais recebem punições físicas. A maioria dos

---

[5] N.R.T.: O autor, neste trecho, sugere que, enquanto se remove o reforço do comportamento inadequado, deve-se reforçar (dar atenção) comportamentos adequados do aluno. O nome desse procedimento é reforçamento diferencial de outras respostas (DRO).

psicólogos e educadores argumenta que a punição física dos estudantes não deve ser usada em nenhuma circunstância.[6]

Seja físico ou de outro tipo, numerosos problemas estão associados ao uso de estímulos aversivos visando à punição (Hyman, 1997; Hyman e Snook, 1999):

- Especialmente quando usa punição intensa como gritar, você está apresentando aos estudantes um modelo de perda-de-controle para lidar com situações de estresse (Sim e Ong, 2005).
- A punição pode produzir medo, raiva ou esquiva nos estudantes. A maior preocupação de Skinner era que: o que a punição ensina é como evitar algo. Por exemplo, um aluno que tem um professor punitivo pode mostrar aversão ao professor e não querer ir à escola.
- Quando os estudantes são punidos, podem ficar tão exaltados ou ansiosos que não conseguem se concentrar no trabalho por um longo período após a punição.
- A punição diz aos estudantes o que não fazer em vez de dizer o que fazer. Se você fizer uma afirmação punitiva, como "Não, isto não está certo", sempre a acompanhe de uma sugestão do que fazer, como "por que você não experimenta isto?".
- Algo usado com intuito punitivo pode acabar se tornando um reforçador. Um estudante pode aprender que comportar-se mal pode não só fazer com que ganhe atenção do professor, como também notoriedade com os colegas.
- A punição pode ser abusiva. Quando pais disciplinam os filhos, talvez não tenham a intenção de ser abusivos, mas podem ficar tão exaltados no momento da punição que acabam sendo abusivos (Ateah, 2005; Baumrind, Larzelere e Cowan, 2002).

A lição para tudo isso é tentar passar muito mais tempo de aula monitorando o que os estudantes fazem certo do que o que fazem errado (Maag, 2001). Quase sempre, um comportamento disruptivo, um comportamento incompetente, atrai a atenção do professor. Torne uma rotina diária buscar na classe comportamentos apropriados dos estudantes que você normalmente não notaria e dê atenção aos estudantes por tais comportamentos.

Avaliando o condicionamento operante e a análise do comportamento aplicada

O condicionamento operante e a análise do comportamento aplicada contribuíram para a prática do ensino (Kazdin, 2001; Martin e Pear, 2007; Purdy e outros, 2001). As conseqüências do reforçamento e da punição fazem parte da vida dos professores e dos alunos. Os professores dão notas, elogiam e repreendem, sorriem e desaprovam. Saber como essas conseqüências afetam o comportamento dos estudantes aprimora sua habilidade como professor. Se usadas com eficiência, as técnicas comportamentais podem ajudá-lo a gerenciar sua classe. Reforçar certos comportamentos pode melhorar o comportamento de alguns alunos e – se usada em conjunto com o time-out – também aumentar os comportamentos desejáveis de alguns alunos incorrigíveis (Charles, 2005; Kauffman e outros, 2005).

Críticos do condicionamento operante e da análise do comportamento aplicada argumentam que a abordagem como um todo dá muita ênfase ao controle externo do comportamento dos estudantes – uma estratégia melhor é ajudá-los a aprender a controlar seu próprio comportamento e a tornar-se internamente motivados. Alguns críticos argumentam que não é a recompensa ou a punição que muda o comportamento, mas a certeza ou a expectativa de que determinadas ações serão recompensadas ou punidas (Schunk, 2004). Em outras palavras, as teorias comportamentais não dão a atenção adequada ao processo cognitivo envolvido na aprendizagem. Os críticos também apontam para problemas éticos potenciais quando o condicionamento operante é aplicado de modo inapropriado, como quando um professor recorre imediatamente à punição em vez de considerar primeiro as estratégias de reforçamento, ou pune um estudante sem dar a ele também informações sobre o comportamento apropriado.

---

[6] N.R.T.: Como anteriormente mencionado, o uso de punição também não é recomendado pelos analistas do comportamento. Há muitos efeitos colaterais desastrosos com seu uso e mesmo relatos de pesquisa que indicam que a diminuição da ocorrência do comportamento é apenas temporária. Um excelente livro que analisa o prejuízo da punição foi escrito por Sidman, Murray. Coerção e suas implicações. Tradução de Maria Amália Andery e Tereza Maria Sério. Campinas: Editoria Livro Pleno, 2001.

Reveja, reflita e pratique

(3) Aplicar a análise do comportamento na educação.

Reveja

- O que é análise do comportamento aplicada?
- Quais são seis maneiras de aumentar a ocorrência de comportamentos desejáveis?
- Quais são quatro maneiras de diminuir a ocorrência de comportamentos indesejáveis?
- Quais são alguns usos eficientes e ineficientes da análise do comportamento aplicada?

Reflita

- Crie um exemplo em um ambiente educacional para cada uma das seis maneiras de aumentar a ocorrência de comportamentos desejáveis.

Pratique PRAXIS™

1. Os usos da análise do comportamento aplicada na educação incluem todos os itens a seguir, *exceto*:
   a. Punir os estudantes por comportamento indesejável.
   b. Aumentar a ocorrência de comportamentos desejáveis.
   c. Usar dicas e modelagem.
   d. Diminuir a ocorrência de comportamentos indesejáveis.

2. Sra. Sanders quer que seus alunos fiquem quietos e prontos para aprender o mais rápido possível depois de voltar do recreio. Às vezes as crianças estão tão agitadas que têm dificuldade de sossegar. Para ajudá-las a se lembrar de que é hora de ficarem quietas e prestar atenção, a Sra. Sanders acende e apaga a luz da classe várias vezes. As crianças imediatamente se calam e prestam atenção em suas instruções. Segundo a análise do comportamento aplicada, como se caracteriza o que a Sra. Sanders está fazendo quando acende e apaga a luz?
   a. Dica.
   b. Punição.
   c. Coerção.
   d. Modelagem.

3. Sid é um verdadeiro bagunceiro na classe. Ele conversa quando devia estar trabalhando em silêncio. Sai da carteira sem permissão. Interrompe com freqüência a aula. Sua professora do terceiro ano, a Sra. Marin, manda Sid para o corredor quando ele se comporta mal como uma forma de time-out, no entanto, ele continua se comportando mal. Em certo momento, a Sra. Martin dá uma olhada em Sid no corredor e o vê jogando bola tranqüilamente com uma criança de outra classe.
   Por que o time-out foi ineficaz para Sid?
   a. Sra. Martin não apresentou um estímulo aversivo eficaz para Sid.
   b. Sra. Martin não usou o reforçamento diferencial eficientemente.
   c. É reforçador para Sid ficar em sala de aula.
   d. É reforçador para Sid ficar no corredor.

4. Críticos da análise do comportamento aplicada freqüentemente salientam que quando essas técnicas são utilizadas em sala de aula, elas:
   a. Levam ao abuso físico dos estudantes.
   b. Não funcionam eficientemente.
   c. Tomam tempo de atividades acadêmicas.
   d. Enfatizam o controle externo do comportamento.

Por favor, verifique as respostas no final do livro.

Outra crítica é que, quando os professores gastam muito tempo usando análise do comportamento aplicada, podem estar concentrando-se excessivamente na conduta do estudante e não o suficiente na aprendizagem acadêmica.[7] Discutiremos muito mais sobre conduta dos estudantes no Capítulo 14, "Gerenciando a sala de aula".

---

[7] N.R.T.: Para uma visão mais completa da análise do comportamento aplicada à educação e uma resposta fundamentada às críticas que recebe, o leitor deveria ler o livro de Skinner, B. F. Tecnologia do ensino. Tradução de Rodolpho Azzi. São Paulo: Editora Pedagógica e Universitária, 1972.

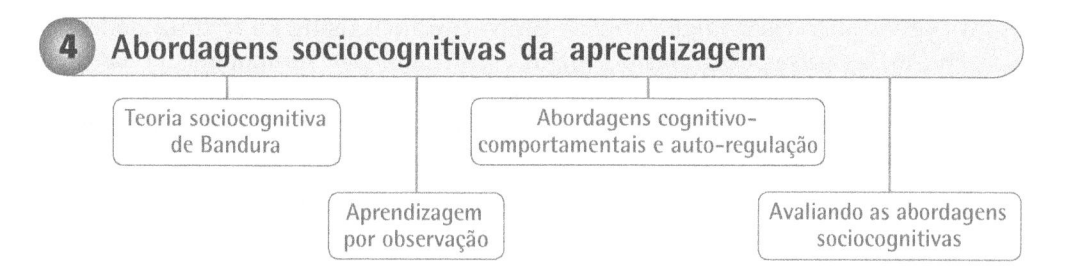

4 Abordagens sociocognitivas da aprendizagem

- Teoria sociocognitiva de Bandura
- Aprendizagem por observação
- Abordagens cognitivo-comportamentais e auto-regulação
- Avaliando as abordagens sociocognitivas

Como os pensamentos dos estudantes afetam seu comportamento e aprendizado, foram propostas diversas abordagens cognitivas para a aprendizagem. Nesta seção, exploramos várias abordagens sociocognitivas, começando pela teoria sociocognitiva. Essa teoria evoluiu a partir das teorias comportamentais, mas tornou-se cada vez mais cognitiva (Schunk, 2004; Schunk e Zimmerman, 2006).

Teoria sociocognitiva de Bandura

A **teoria sociocognitiva** estabelece que fatores sociais e cognitivos, assim como o comportamento, desempenham papéis importantes na aprendizagem. Os fatores cognitivos podem envolver as expectativas de sucesso dos estudantes. Os fatores sociais podem incluir a observação por parte dos estudantes do comportamento de realização de seus pais. A teoria sociocognitiva é uma fonte cada vez mais importante de aplicações para sala de aula (Choi, 2005; Petosa e outros, 2005).

Albert Bandura (1986, 1997, 2001, 2004, 2005, 2006) é o principal arquiteto da teoria sociocognitiva. Ele diz que, quando os estudantes aprendem, podem representar ou transformar cognitivamente suas experiências. Como já visto, no condicionamento operante, as relações ocorrem somente entre eventos ambientais e comportamento.

Bandura desenvolveu um *modelo de determinismo recíproco* que consiste em três fatores principais: comportamento, pessoa/cognição e ambiente. Conforme a Figura 7.7 mostra, esses fatores podem interagir para influenciar a aprendizagem: os fatores ambientais influenciam o comportamento, o comportamento afeta o ambiente, fatores pessoais (cognitivos) influenciam o comportamento etc. Bandura usa o termo *pessoa*, mas eu o modifiquei para *pessoa/cognição*, porque muitos dos fatores pessoais que ele descreve são cognitivos. Os fatores pessoais descritos por Bandura que não têm um viés cognitivo são principalmente traços de personalidade e temperamento. Lembre-se de que, como apresentado no Capítulo 4, "Variações individuais", tais fatores podem incluir ser introvertido ou extrovertido, ativo ou inativo, calmo ou ansioso e amável ou hostil. Fatores cognitivos incluem expectativas, crenças, atitudes, estratégias, raciocínio e inteligência.

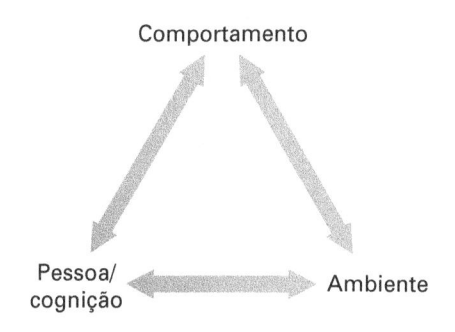

Considere como o modelo de Bandura funcionaria no caso do comportamento de aquisição de uma aluna do ensino médio que chamaremos Sandra:

- *Cognição influencia comportamento.* Sandra desenvolve estratégias cognitivas para pensar de maneira mais profunda e lógica sobre como resolver problemas. A estratégia cognitiva melhora seu comportamento de aquisição.
- *Comportamento influencia cognição.* O estudo (comportamento) de Sandra a levou a tirar boas notas, o que, por sua vez, produz expectativas positivas sobre suas capacidades e lhe proporciona autoconfiança (cognição).
- *Ambiente influencia comportamento.* A escola que Sandra freqüenta desenvolveu recentemente um programa piloto de habilidades de estudo para ajudar os estudantes a aprender como fazer anotações, gerenciar seu tempo e fazer provas com mais eficiência. O programa de habilidades de estudo melhora o comportamento de aquisição de Sandra.
- *Comportamento influencia ambiente.* O programa de habilidades de estudo melhora o comportamento de aquisição de muitos alunos da classe de Sandra. A melhora no comportamento de aquisição dos alunos estimula a escola a expandir o programa para que todos os estudantes do ensino médio possam participar.
- *Cognição influencia ambiente.* As expectativas e o planejamento do diretor e dos professores da escola tornaram, antes de tudo, o programa possível.

Albert Bandura (acima) e Walter Mischel são os arquitetos da teoria sociocognitiva contemporânea.

FIGURA 7.7 Teoria sociocognitiva de Bandura.

A teoria sociocognitiva de Bandura enfatiza influências recíprocas dos fatores comportamento, ambiente e pessoa/cognição.

teoria sociocognitiva Estabelece que fatores sociais e cognitivos, assim como o comportamento, desempenham papéis importantes na aprendizagem.

FIGURA 7.8 Estudo clássico de Bandura com boneco joão-bobo: Efeitos da aprendizagem por observação sobre a agressividade nas crianças.

Na imagem de cima, um modelo adulto ataca agressivamente o boneco. Na imagem de baixo, a menina em idade pré-escolar que observou as ações agressivas do modelo, imita. No estudo de Bandura, sob quais condições as crianças reproduziram as ações agressivas do modelo?

auto-eficácia Crença de que uma pessoa consegue dominar uma situação e produzir resultados positivos.

aprendizagem por observação Aprendizagem que envolve adquirir habilidades, estratégias e crenças observando os outros.

- *Ambiente influencia cognição.* A escola proporciona um centro de recursos onde estudantes e pais podem consultar livros e materiais sobre aprimoramento das habilidades de estudo. O centro de recursos também oferece serviços de tutoria de estudos aos estudantes. Sandra e seus pais aproveitam os recursos do centro e as tutorias. Esses recursos e serviços melhoram as habilidades de raciocínio de Sandra.

No modelo de aprendizagem de Bandura, fatores pessoais/cognitivos desempenham um papel importante. O fator pessoal/cognitivo que Bandura (1997, 2004, 2005, 2006) mais enfatizou nos últimos anos é a **auto-eficácia**, a crença de que uma pessoa consegue dominar uma situação e produzir resultados positivos. Bandura diz que a auto-eficácia tem influência poderosa sobre o comportamento. Por exemplo, um estudante que tem baixa auto-eficácia pode nem mesmo tentar estudar para uma prova por acreditar que isso não fará diferença alguma. Falaremos mais sobre auto-eficácia no Capítulo 13, "Motivação, ensino e aprendizagem".

A seguir, discutiremos o importante processo de aprendizagem chamado aprendizagem por observação, que é outra das principais contribuições de Bandura. Conforme lê sobre aprendizagem por observação, note como os fatores pessoais/cognitivos estão envolvidos.

Aprendizagem por observação

A **aprendizagem por observação** é uma forma de aprendizagem que envolve adquirir habilidades, estratégias e crenças observando os outros. A aprendizagem por observação envolve a imitação, mas não está limitada a ela. O que é tipicamente aprendido não é uma cópia exata do modelo observado, mas uma forma geral ou estratégia que o observador aplica de maneira criativa. A capacidade de aprender padrões de comportamento por meio da observação elimina a aprendizagem enfadonha da tentativa e erro. Em muitas ocasiões, a aprendizagem por observação exige menos tempo do que o condicionamento operante.

Estudo clássico do joão-bobo Um experimento clássico de Bandura (1965) ilustra como a aprendizagem por observação pode ocorrer mesmo quando um estudante observa um modelo que não é reforçado ou punido. O experimento também ilustra uma distinção entre aprendizagem e desempenho.

Um número igual de crianças em idade pré-escolar foram selecionadas aleatoriamente para assistir a um de três filmes em que uma pessoa (o modelo) batia em um boneco do tamanho natural de um adulto chamado joão-bobo (veja a Figura 7.8). No primeiro filme, o agressor foi recompensado com balas, refrigerantes e elogiado pelo comportamento agressivo. No segundo filme, o agressor foi criticado e apanhou pelo comportamento agressivo. E no terceiro filme, o comportamento do agressor não gerou conseqüências.

Subseqüentemente, cada criança foi deixada sozinha em uma sala cheia de brinquedos, incluindo um joão-bobo. O comportamento da criança foi observado através de um espelho unidirecional. As crianças que assistiram aos filmes em que o comportamento do agressor foi reforçado ou não foi punido imitaram mais o comportamento do modelo do que as crianças que assistiram o agressor ser punido. Como seria de esperar, os meninos foram mais agressivos do que as meninas. Entretanto, um aspecto importante desse estudo é que a aprendizagem por observação ocorreu na mesma extensão quando o comportamento agressivo modelado *não* foi reforçado do que quando foi.

Um segundo aspecto importante nesse estudo foca na distinção entre aprendizagem e desempenho. O fato de os estudantes não produzirem uma resposta não significa que deixaram de aprendê-la. No estudo de Bandura, quando as crianças recebem um incentivo (adesivos ou suco de frutas) para imitar o modelo, as diferenças no comportamento imitativo das crianças nas três situações desapareceram. Bandura acredita que mesmo quando uma criança observa o comportamento e não produz nenhuma resposta observável, pode ter adquirida a resposta de forma cognitiva.

Modelo por observação contemporâneo de Bandura Desde seus primeiros experimentos, Bandura (1986) concentrou-se na exploração de processos específicos envolvidos na aprendizagem por observação. Estes incluem atenção, retenção, produção e motivação (veja a Figura 7.9):

- *Atenção*. Antes que os estudantes possam imitar as ações de um modelo, eles precisam prestar atenção no que o modelo está fazendo ou dizendo. A atenção ao modelo é influenciada por diversas características. Por exemplo, pessoas calorosas, poderosas ou atípicas exigem mais atenção do que pessoas mais comuns, frias e fracas. Os estudantes estão mais propensos a prestar atenção em modelos com status elevado do que em modelos com status menos elevado. Na maioria dos casos, os professores são modelos de status elevado para os estudantes.
- *Retenção*. Para reproduzir as ações do modelo, os estudantes devem codificar a informação e armazená-la na memória para que possam recuperá-la. Uma descrição verbal simples ou uma imagem vívida do que o modelo fez ajuda a retenção. Por exemplo, o professor pode dizer, "Estou mostrando a maneira certa de fazer isso. Este é o primeiro passo que vocês devem dar, o segundo é este e o terceiro é este", enquanto serve de modelo sobre como resolver um problema de matemática. Um vídeo com uma personagem colorida demonstrando a importância de se considerar os sentimentos dos outros estudantes pode ser mais lembrado do que o professor apenas falar para fazerem isso. Tais personagens coloridos são o cerne da popularidade do programa *Vila Sésamo* com as crianças. A retenção dos estudantes será aprimorada se os professores usarem demonstrações vívidas, lógicas e claras.
- *Produção*. As crianças podem prestar atenção ao modelo e codificar na memória o que viram –, mas, devido às limitações em sua capacidade motora, não serem capazes de reproduzir o comportamento do modelo. Um jovem de 13 anos pode assistir ao jogador de basquete Lebron James e à golfista Michelle Wie executar suas habilidades atléticas com perfeição, ou observar um pianista ou artista famoso, mas não ser capaz de reproduzir suas ações motoras. Ensino, coaching (orientação) e prática podem ajudar as crianças a aprimorar seus desempenhos motores.
- *Motivação*. Freqüentemente, as crianças prestam atenção no que o modelo diz ou faz, retêm a informação na memória e possuem as habilidades motoras para desempenhar a ação, mas não estão motivadas para desempenhar o comportamento do modelo. Isso foi demonstrado no estudo clássico de Bandura com o joão-bobo, quando as crianças que viram o modelo ser punido não reproduziram as ações agressivas do modelo punido. No entanto, quando subseqüentemente elas receberam um reforço ou incentivo (adesivos ou suco de frutas), imitaram o comportamento do modelo.

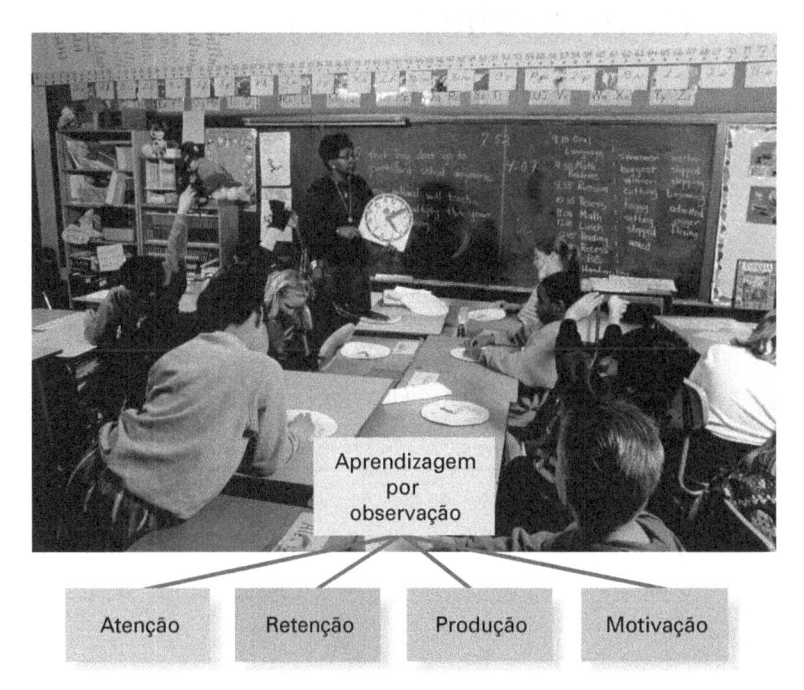

FIGURA 7.9 Modelo de aprendizagem por observação de Bandura.

No modelo de aprendizagem por observação de Bandura, é necessário considerar quatro processos: atenção, retenção, produção e motivação. *Como esses processos podem estar envolvidos nesta situação de sala de aula em que um professor está demonstrando como ver as horas?*

Bandura argumenta que nem sempre o reforço é necessário para que a aprendizagem por observação ocorra. Mas se a criança não reproduzir os comportamentos desejados, quatro tipos de reforço podem ajudar: (1) recompensar o comportamento do modelo; (2) recompensar o comportamento da criança; (3) instruir a criança a fazer afirmações de auto-reforço como "Bom, consegui!" ou "Tudo bem, fiz um ótimo trabalho acertando quase tudo; agora se eu continuar tentando vou acertar o resto" ou (4) mostrar como o comportamento leva a resultados reforçadores.

Como se pode ver, você será um modelo importante na vida dos estudantes e terá muitas oportunidades para oferecer a eles um leque de modelos competentes. Para avaliar os papéis que modelos e mentores desempenharam em sua vida e que podem desempenhar na vida de seus alunos, preencha a Auto-avaliação 7.1. Para explorar a falta de modelos e mentores masculinos e modelos de minorias na educação das crianças, leia o quadro Diversidade e educação na página 247.

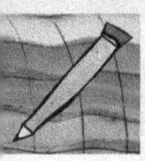

Auto-avaliação 7.1

Modelos e mentores em minha vida e na vida de meus alunos

Contar com modelos de referência positivos e mentores pode fazer uma diferença importante na probabilidade de um indivíduo se desenvolver otimamente e atingir todo o seu potencial. Primeiro, avalie os modelos e mentores que tiveram um papel importante em sua vida. Segundo, pense sobre o tipo de modelo que você deseja ser para seus alunos. Terceiro, pense sobre como você vai incorporar outros modelos e mentores na vida de seus alunos. Quarto, explore quem pode ser seu mentor educacional

Meus modelos e mentores

Liste os modelos e mentores mais importantes de sua vida. Descreva como os exemplos e atitudes positivas deles contribuíram para seu desenvolvimento.

Modelos e mentores	Contribuições
1. _____	_____
2. _____	_____
3. _____	_____
4. _____	_____
5. _____	_____

Que tipo de modelo quero ser para meus alunos

Descreva quais características e comportamentos você considera mais importantes para que você seja modelo para seus alunos.

1. _____
2. _____
3. _____
4. _____
5. _____

Como vou incorporar os modelos e mentores em minha classe

Descreva um plano sistemático para trazer modelos e mentores para a vida de seus alunos em um ou mais domínios que pretende ensinar, tal como matemática, português, ciências e música.

_____
_____
_____
_____

Quem será meu mentor educacional? Como seria meu mentor educacional ideal?

Você tem alguém em mente que poderia servir como mentor educacional quando se tornar professor? Em caso afirmativo, descreva a pessoa.

_____
_____

Como seria seu mentor educacional ideal?

_____
_____
_____

Diversidade e educação
Modelos e mentores masculinos e de minorias

Enquanto nas últimas décadas houve um aumento da diversidade étnica dos estudantes nas escolas norte-americanas, os professores são predominantemente mulheres brancas não-latinas. Em 2000, aproximadamente 17% dos alunos das escolas públicas nos Estados Unidos eram afro-americanos, mas menos de 8% dos professores tinham a mesma descendência (National Center for Education Statistics, 2002). Apenas uma pequena porcentagem dos professores afro-americanos era composta por homens. No mesmo ano, os latinos representavam 16% dos estudantes nas escolas públicas norte-americanas, mas menos de 6% de seus professores eram latinos. Em 2000, 38% das escolas públicas norte-americanas não tinham um único professor de minoria étnica.

Os homens constituem cerca de 10% dos professores do primeiro ao quarto ano, mas aproximadamente metade dos professores do quinto ao oitavo ano e do ensino médio (muitos dos quais atraídos pelo incentivo adicional de treinar times de esportes). A situação tende a piorar. Em um estudo conduzido com estudantes do ensino superior em âmbito nacional, apenas 1,1% dos homens disseram que provavelmente seguiriam carreira de professor ou de coordenadores do ensino fundamental I e apenas 4,7% indicou que uma carreira no ensino fundamental II fazia parte de suas perspectivas futuras (Pryor e outros, 2005).

O programa de educação da Livingstone College em Salisbury, Carolina do Norte, está tentando fazer algo a respeito da escassez de professores de minorias étnicas dos Estados Unidos do sexo masculino. Eles desenvolveram um programa especial para recrutar homens de minorias étnicas para a profissão de educador. Um dos professores formados pelo programa, Nakia Douglas, leciona na pré-escola. Ele diz que quer eliminar estereótipos negativos sobre homens afro-americanos – eles são considerados modelos de referência fracos, irresponsáveis e não devem lecionar para crianças pequenas. Outro formado pelo programa, Mistor Williams, leciona história para o oitavo ano em uma escola com uma grande porcentagem de estudantes de minorias étnicas. Ele diz que se sente na responsabilidade de proporcionar um modelo de referência e suporte para alunos de minorias étnicas.

Se você for mulher branca, pense sobre as maneiras de convidar homens ou mulheres de minorias étnicas para conversar com seus alunos e falar sobre as habilidades de trabalho deles. Isso é especialmente importante quando você tem diversos alunos de minorias étnicas na classe.

Independentemente de sua origem étnica, busque na comunidade possíveis mentores para os alunos, especialmente para alunos carentes que não dispõem de modelos de referência positivos (Johnson, 2006). Por exemplo, o objetivo do programa de mentoria 3-para-1 é cercar cada estudante de minoria étnica do sexo masculino de três modelos de referência positivos de minoria étnica. O programa começou quando vários homens afro-americanos foram incentivados por um sermão proferido por Zack Holmes na Igreja Metodista de St. Luke em Dallas. No sermão, o reverendo Holmes exortou sua congregação a ter um envolvimento maior com as crianças, tanto com os próprios filhos como com outras crianças da comunidade que não dispunham de um bom modelo de referência. O programa de mentoria 3-para-1 recebeu a adesão de mais de 200 homens e 100 meninos (com idades entre quatro e 18 anos). Isso está bem longe da meta de três mentores para cada menino, mas os homens estão se empenhando para aumentar o número de mentores no programa. Alguns dos mentores têm filhos que participam do programa, como o Dr. Leonard Berry, médico, com dois filhos e uma filha. Ele atendeu ao desafio do reverendo e participa regularmente do programa, que envolve tutoria acadêmica, assim como atividades externas como eventos de esportes e culturais. Os mentores também levam os estudantes para visitar o Johnson Space Center em Houston.

Como professor, você não precisa esperar que alguém da comunidade traga mentores para seus alunos. Procure na comunidade onde você leciona candidatos potenciais a mentores ou que já estejam envolvidos em mentoria. Contate-os e inicie um programa. Claramente, programas de mentoria podem beneficiar todos os estudantes, homens ou mulheres, de qualquer origem étnica.

No ambiente educacional atual que enfatiza a reflexão e o pensamento crítico, é fácil negligenciar o poder da aprendizagem por observação na educação das crianças (Schunk, 2004), mesmo assim, a aprendizagem por observação permanece como um dos meios mais eficientes e comuns de aprendizagem. O quadro Boas práticas pode ajudá-lo a usar essa forma poderosa de aprendizado em sua sala de aula.

Dr. Leonard Berry é mentor no programa 3-para-1 em Dallas. Aqui ele aparece com Brandon Scarbough, 13 anos (na frente) e seu próprio filho, Leonard, 12 anos (atrás). Brandon se beneficiou não só com a mentoria do Dr. Berry, como também ficou amigo de seu filho.

Boas práticas
Estratégias para utilizar a aprendizagem por observação eficientemente

1. *Pense sobre que tipo de modelo você representará para os estudantes.* Todos os dias, hora após hora, os alunos vão observar e ouvir o que você diz e faz. Só pelo fato de estarem perto de você, os alunos já absorverão muita informação. Eles assimilarão seus bons e maus hábitos, suas expectativas em relação ao rendimento deles, seu entusiasmo ou tédio, seu jeito controlado ou descontrolado de lidar com o estresse, seu estilo de aprendizagem, suas atitudes relacionadas aos gêneros e muitos outros aspectos de seu comportamento.

2. *Demonstre e ensine novos comportamentos.* Demonstrar significa que você, professor, é um modelo para a aprendizagem por observação de seus alunos. Demonstrar como fazer algo, como resolver um problema de matemática, ler, escrever, pensar, controlar a raiva e praticar atividades físicas é um comportamento comum dos professores em sala de aula. Por exemplo, um professor pode servir de modelo para a maneira de construir uma sentença, desenvolver uma estratégia para solucionar equações algébricas ou lançar uma bola de basquete. Ao demonstrar como fazer algo, você precisa chamar a atenção dos alunos para os detalhes relevantes da situação de aprendizagem. Suas demonstrações também devem ser claras e seguir uma seqüência lógica.

3. *Pense sobre as maneiras de utilizar os pares como modelos eficazes.* O professor não é o único modelo em sala de aula. Assim como com os professores, as crianças também podem assimilar os bons e os maus hábitos com os pares, uma orientação de alto ou baixo desempenho e assim por diante, por meio da aprendizagem por observação. Lembre-se de que os estudantes freqüentemente são motivados a imitar modelos de status elevado. Pares mais velhos geralmente têm status mais elevado do que pares da mesma idade. Portanto, uma boa estratégia é ter pares mais velhos de outros anos mais adiantados como modelos dos comportamentos que você deseja que seus alunos produzam. Para alunos com dificuldades ou desempenho fraco, um aluno com baixo rendimento e dificuldade, mas que se empenha em aprender e, por fim, consegue produzir os comportamentos, pode ser um bom modelo. Falaremos mais no Capítulo 10, "Abordagens socioconstrutivistas", sobre colaboração entre pares e pares como tutores.

4. *Pense sobre as maneiras de utilizar mentores como modelos.* Estudantes e professores beneficiam-se de ter um mentor – alguém a quem admiram e respeitam, que serve como um modelo competente, alguém disposto a trabalhar com eles e ajudá-los a atingir seus objetivos. Como professor, um mentor potencial para você é um professor mais experiente, possivelmente alguém da própria escola e que já tenha anos de experiência em lidar com os mesmos problemas e questões que você terá de lidar.
No programa Quantum Opportunities, estudantes carentes norte-americanos beneficiaram-se significativamente de ter um mentor ao longo de um período de quatro anos (Carnegie Council on Adolescent Development, 1995). Esses mentores serviram como modelo de comportamentos e estratégias apropriadas, proporcionaram suporte sustentado e orientação. Passar apenas algumas horas por dia com um mentor pode fazer uma grande diferença na vida de um estudante, especialmente se os pais do estudante não desempenharam bem o papel de modelo.

5. *Avalie quais convidados serão bons modelos para os estudantes.* Que outras pessoas poderiam ser modelos positivos para os alunos? Para mudar o ritmo da vida em sala de aula para você e seus alunos, traga convidados que tenham algo significativo para falar ou mostrar. Lembre-se do que dissemos no Capítulo 4 sobre a teoria de Gardner das múltiplas inteligências: provavelmente existem alguns domínios (físico, musical, artístico ou outros) nos quais você não tenha as habilidades para servir como um modelo competente para seus alunos. Quando precisar demonstrar essas habilidades para seus alunos, procure por modelos competentes na comunidade. Convide-os a visitar a sua classe para demonstrar e discutir sobre as habilidades que possuem. Se não for possível organizar uma visita, programe viagens de campo em que você possa levar os estudantes para ver esses modelos no local onde trabalham ou atuam. A seguir, a professora Marlene Wendler, do quarto ano, descreve um papel de referência positivo que sua escola leva para as salas de aula.

Visão do professor
Lá vem o juiz

Nosso juiz local assumiu um papel proativo para tentar eliminar problemas comportamentais dos adolescentes. Juntamente com meia dúzia de adultos da comunidade, ele visita as classes do quarto ano e faz encenações sobre atitudes agressivas e provocativas intencionais entre estudantes (bullying). Eles mostram o grupo todo provocando um estudante em um ônibus. Então, repetem a encenação com alguém do grupo impedindo que tais atitudes ocorram. Os estudantes então encenam situações de agressividade e provocações, aprendendo o que fazer como se fossem alguém sofrendo agressões e provocações e como ajudar alguém que está sofrendo também. Ter o juiz em nossa escola deixou uma impressão duradoura nos estudantes.

6. *Considere os modelos que as crianças observam na televisão, vídeos e no computador.* Os estudantes observam modelos quando assistem a programas de televisão, vídeos, filmes ou algo no computador em sala de aula (Kirsh, 2006). Os princípios da aprendizagem por observação que descrevemos anteriormente se aplicam a essas mídias. Por exemplo, quanto os estudantes percebem os modelos de mídia como de status elevado ou menos elevado, intrigantes ou enfadonhos etc. vai influenciar em quanto absorverá de sua aprendizagem por observação. E, como indicamos no Capítulo 3, "Contextos sociais e desenvolvimento socioemocional", é importante monitorar o que as crianças assistem na TV para garantir que não estejam sendo expostas a muitos modelos negativos, especialmente os violentos.
Para ler mais sobre as aplicações da aprendizagem por observação no programa infantil popular *Vila Sésamo*, veja o quadro Tecnologia e educação.

Tecnologia e educação
Lições educacionais da Vila Sésamo

Uma das principais iniciativas da televisão de educar crianças pequenas foi o programa *Vila Sésamo*, destinado a ensinar habilidades tanto cognitivas quanto sociais (Bryant, 2006; Fisch, 2004, 2006; Linebarger e Dale, 2005; Truglio e Kotler, 2006). O programa foi lançado em 1969 nos Estados Unidos e ainda permanece *firme e forte*. Uma mensagem fundamental do *Vila Sésamo* é que educação e entretenimento funcionam bem juntos (Lesser, 1972). No *Vila Sésamo*, a aprendizagem é excitante e divertida. Um estudo concluiu que crianças em idade pré-escolar que assistiram ao *Vila Sésamo* estão mais propensas a resolver conflitos positivamente, fazer comentários positivos sobre os outros e a envolver-se menos em estereotipagem que seus colegas que não assistiram ao programa (Cole e outros, 2003).

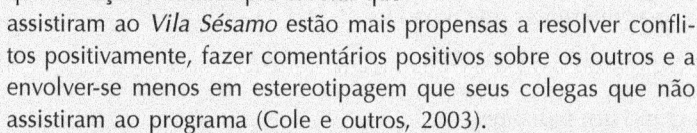

Vila Sésamo também ilustra o aspecto de que o ensino pode ocorrer na forma direta ou indireta. Na forma direta, o professor diz para as crianças exatamente o que vão aprender e então ensina isso para elas. Este é o método que *Vila Sésamo* utiliza para ensinar habilidades cognitivas. Mas habilidades sociais geralmente são comunicadas de forma indireta no programa. Assim, em vez de dizer para as crianças "Vocês devem cooperar com outros", é apresentada uma seqüência de eventos para ajudar as crianças a entender o que significa ser cooperativo e que vantagens isso trás.

Como o mundo deveria ser mostrado para as crianças, como de fato é ou como deveria ser? O conselho consultivo de educadores e psicólogos do programa decidiu que o mundo real deve ser mostrado – mas com uma ênfase em como o mundo seria se cada um tratasse os outros com decência e gentileza. Para mostrar o mundo como realmente é, o programa exibe um adulto fazendo algo injustificavelmente desagradável com outro adulto, com maneiras alternativas de lidar com esse deslize. Por fim, o programa exibe os finais felizes quando as pessoas param de agir da maneira incorreta.

Que tipo de lições educacionais podem ser aprendidas com o Vila Sésamo?

Vale a pena considerar algumas das técnicas de atenção utilizadas em *Vila Sésamo* para aplicar em sala de aula. Elas envolvem, primeiro, *atrair* a atenção da criança, depois, *direcioná-la* e, por fim, *mantê-la*. Música e som são muito eficientes em ganhar a atenção das crianças. Por exemplo, ao ensinar a criança a discriminar sons, pode-se tocar uma buzina ou pressionar repetidamente uma tecla do teclado de um computador. A música é especialmente útil porque leva as crianças a se envolver ativamente com o que estão assistindo ou ouvindo. Não é incomum que as crianças se levantem e comecem a dançar e cantar junto com os jingles quando estão assistindo ao *Vila Sésamo*. Uma vez que a atenção da criança foi capturada, deve ser dirigida para alguma coisa. Surpresa e novidade são especialmente úteis no que diz respeito à atenção. Elas fazem a criança se esforçar mais para descobrir o que vai acontecer. A atenção delas está dirigida porque começam a prever o que vai acontecer em seguida.

Uma vez direcionada a atenção, é preciso mantê-la. *Vila Sésamo* utiliza principalmente humor para conseguir isso. Humor inserido criteriosamente: Ernie mostra-se mais esperto que Bert; o Monstro interrompe irritantemente uma aula dada pelo sapo Kermit. Para crianças pequenas, trejeitos físicos geralmente são mais engraçados que piadas verbais e muito do humor que é eficaz e envolve atos físicos surpreendentes e incongruentes.

Abordagens cognitivo-comportamentais e auto-regulação

O condicionamento operante produziu aplicações em *settings* (situações) do mundo real, e o interesse nas abordagens cognitivo-comportamentais também produziu esse tipo de aplicação. No século 5 a.C., o filósofo chinês Confúcio disse, "Se você dá um peixe a um homem, você o alimenta por um dia. Se ensina o homem a pescar, você o alimenta para a vida toda". À medida que lê sobre abordagens cognitivo-comportamentais e auto-regulação, você descobrirá que elas refletem o dizer simples de Confúcio.

Abordagens cognitivo-comportamentais Nas **abordagens cognitivo-comportamentais**, a ênfase está em fazer que os estudantes monitorem, manejem e regulem seu comportamento sozinhos em vez de deixar que seja controlado por fatores externos. Em alguns círculos, isso foi chamado *modificação cognitivo-comportamental*. As abordagens cognitivo-comporta-

abordagens cognitivo-comportamentais Mudam o comportamento fazendo que o indivíduo monitore, maneje e regule seu próprio comportamento em vez de deixar que seja controlado por fatores externos.

mentais originaram-se da psicologia cognitiva, que enfatiza os efeitos dos pensamentos sobre o comportamento, e do behaviorismo, que enfatiza as técnicas de mudança do comportamento. As abordagens cognitivo-comportamentais procuram mudar conceitos errôneos, fortalecer habilidades de enfrentamento, aumentar seu autocontrole e estimular a auto-reflexão construtiva (Meichenbaum, 1993; Molina, Dulmus e Sowers, 2005; Watson e Tharp, 2007).

Métodos auto-instrucionais são técnicas cognitivo-comportamentais voltadas para ensinar os indivíduos a modificar seu comportamento. Os métodos auto-instrucionais ajudam as pessoas a alterar o que dizem para si mesmas.

Imagine uma situação em que um estudante do ensino médio está extremamente nervoso sobre fazer exames de avaliação de desempenho padronizados, como o SAT. O estudante pode ser estimulado a falar consigo mesmo de maneira positiva. A seguir, veja algumas estratégias de autofala (self-talk) que estudantes e professores podem utilizar para lidar com mais eficiência em situações de estresse (Meichenbaum, Turk e Burstein, 1975):

- Estar preparado para a ansiedade ou o estresse.
    "O que preciso fazer?"
    "Vou desenvolver um plano para lidar com isso."
    "Vou simplesmente pensar sobre o que preciso fazer."
    "Não vou me preocupar. Ficar preocupado não ajuda em nada."
    "Tenho várias estratégias diferentes que posso usar."
- Confrontar ou lidar com ansiedade ou estresse.
    "Posso encarar o desafio."
    "Vou continuar no ritmo um passo por vez."
    "Dou conta disso. Vou relaxar, respirar fundo e usar uma das estratégias."
    "Não vou pensar sobre meu estresse. Só vou pensar sobre o que tenho de fazer."
- Lidar com os sentimentos nos momentos críticos.
    "O que é isso que tenho de fazer?"
    "Eu sabia que minha ansiedade poderia aumentar. Só tenho de manter a mim mesmo sob controle."
    "Quando a ansiedade chegar, irei apenas fazer uma pausa e continuar me concentrando no que preciso realizar."
- Use auto-afirmações reforçadoras.
    "Ótimo, consegui."
    "Dei conta do recado."
    "Eu sabia que conseguiria."
    "Espere até eu contar para os outros como fiz!"

Em muitas situações, a estratégia é substituir auto-afirmações negativas por positivas. Por exemplo, uma estudante pode dizer para si mesma, "Não vou conseguir nunca terminar esse trabalho para amanhã". Isso pode ser substituído por autofala positiva como: "Vai ser difícil, mas acho que consigo terminar". "Vou encarar isso como um desafio e não como um estresse." "Se eu trabalhar realmente duro, posso conseguir terminar." Ou, ao ter de participar de um debate em aula, um estudante pode substituir o pensamento negativo "Todo mundo sabe muito mais do que eu, então que diferença faz eu falar alguma coisa" por auto-afirmações positivas como: "Tenho tanto para falar quanto qualquer outra pessoa". "Minhas idéias podem ser diferentes, mas ainda assim são boas." "Tudo bem estar um pouco nervoso; vou relaxar e começar a falar." A Figura 7.10 mostra pôsteres que alunos do quinto ano criaram para ajudá-los a se lembrar de como falar consigo mesmos enquanto ouvem, planejam, trabalham e revisam.

Falar de maneira positiva consigo mesmo ajuda professores e alunos a atingir todo o seu potencial (Watson e Tharp, 2007). Pensamentos negativos acabam virando uma profecia realizada. Você acha que não consegue fazer e então não consegue. Se o diálogo interior negativo é um problema para você, pergunte-se ocasionalmente ao longo do dia, "O que estou dizendo para mim mesmo neste momento?" Momentos que você acredita que serão potencialmente estressantes são ocasiões excelentes para examinar sua autofala. Monitore também a autofala de seus alunos. Se você ouvir alunos dizendo, "Não consigo fazer isso" ou "Sou tão lerdo que nunca vou conseguir terminar isso," dedique algum tempo para ajudá-los a substituir o diálogo interior negativo por um diálogo positivo.

Pôster 1 — Ao ouvir

1. Isso faz sentido?
2. Estou entendendo isso?
3. Preciso fazer uma pergunta antes que eu a esqueça.
4. Preste atenção.
5. Eu consigo fazer o que o professor está pedindo para fazer?

Pôster 2 — Ao planejar

1. Já tenho tudo de que preciso?
2. Dei um tempo com os amigos para poder fazer isso?
3. Preciso me organizar primeiro.
4. Em que ordem posso fazer isso?
5. Eu sei isso.

Pôster 3 — Ao trabalhar

1. Estou trabalhando rápido o suficiente?
2. Pare de ficar olhando para a namorada (namorado) e volte para o trabalho.
3. Quanto tempo ainda tenho?
4. Preciso parar e recomeçar?
5. Isso é difícil para mim, mas posso dar conta.

Pôster 4 — Ao rever

1. Terminei tudo?
2. O que preciso rever?
3. Estou orgulhoso(a) deste trabalho?
4. Escrevi todas as palavras?
5. Acho que terminei. Eu me organizei. Mesmo assim, devaneei demais?

FIGURA 7.10 Alguns pôsteres desenvolvidos por uma classe de quinto ano para ajudar os alunos a se lembrar de como conversar consigo mesmo de maneira eficiente.

Fonte: De Manning, Brenda H. e D. Payne, Bervely, *Self-talk for teachers and students*: Metacognitive strategies for personal and classroom use. Publicado por Allyn and Bacon, Boston, MA. Copyright © 1996 by Pearson Education. Reproduzido com a permissão do editor.

Cognitivistas comportamentais recomendam que os estudantes melhorem seu desempenho monitorando o próprio comportamento (Rock, 2005; Watson e Tharp, 2007). Isso pode requerer que os estudantes mantenham gráficos ou registros de seu próprio comportamento. Quando eu (o autor) escrevi este livro, afixei uma tabela na parede com cada um dos capítulos. Planejei quanto tempo levaria para escrever cada um dos capítulos e, então, conforme terminava cada um assinalava e escrevia a data de conclusão. Os professores podem pedir aos estudantes para fazer um monitoramento semelhante de seu próprio progresso criando um registro de quantas tarefas terminaram, quantos livros já leram, quantos trabalhos entregaram na data, quantos dias seguidos não interromperam o professor etc. Em alguns casos, afixam essas tabelas de automonitoramento na parede da classe. De forma alternativa, se o professor considerar que a comparação negativa entre os alunos será altamente estressante, então uma estratégia melhor pode ser pedir que eles criem registros particulares (em um computador, por exemplo) que possam ser checados periodicamente pelo professor.

O automonitoramento é uma estratégia excelente para melhorar a aprendizagem e permite que você ajude os estudantes a aprender a fazer com eficiência (Watson e Tharp, 2007). Preenchendo a Auto-avaliação 7.2 da próxima página, você terá uma idéia dos benefícios do automonitoramento para seus alunos.

Aprendizagem auto-reguladora Psicólogos educacionais defendem cada vez mais a importância da aprendizagem auto-reguladora (Alexander, 2006; Boekaerts e Corno, 2005; Cooper, Horn e Strahan, 2005; Schunk e Zimmerman, 2006; Wigfield e outros, 2006). A **aprendizagem auto-reguladora** consiste na autogeração e no automonitoramento dos pensamentos, sentimentos e comportamentos, a fim de atingir um objetivo. Esses objetivos podem ser acadêmicos (melhorar a interpretação em leitura, escrever de maneira mais organizada, aprender a multiplicar, fazer perguntas relevantes) ou podem ser socioemocionais (controlar a raiva, relacionar-se melhor com os colegas). Quais são algumas características dos estudantes auto-regulados? Aprendizes auto-regulados (Winne, 1995, 1997, 2001, 2005):

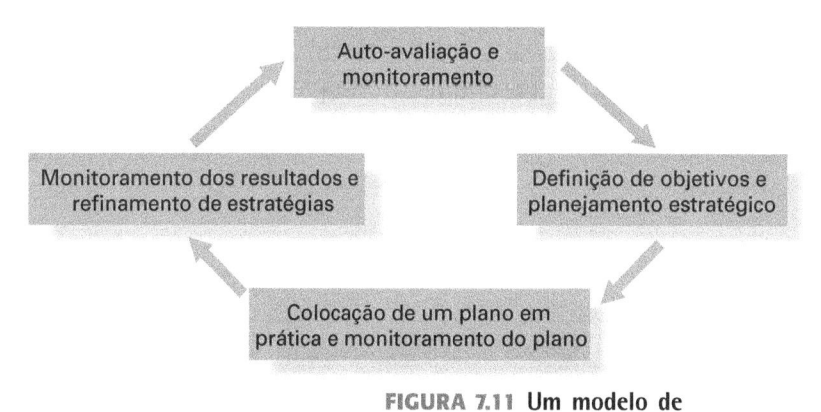

- definem objetivos para ampliar seu conhecimento e manter sua motivação;
- conhecem seu perfil emocional e têm estratégias para controlar suas emoções;
- monitoram periodicamente seu progresso em relação a um objetivo;
- ajustam ou revêem suas estratégias com base no progresso que estão fazendo e
- avaliam os obstáculos que podem surgir e fazem as adaptações necessárias.

FIGURA 7.11 Um modelo de aprendizagem auto-reguladora.

Pesquisadores concluíram que estudantes com alto rendimento geralmente são aprendizes auto-regulados (Alexander, 2006; Boekaerts, 2006; Schunk e Zimmerman, 2006; Wigfield e outros, 2006). Por exemplo, comparados a alunos com baixo rendimento, aqueles com alto rendimento definem objetivos mais específicos, utilizam mais estratégias para aprender, automonitoram de maneira mais freqüente seu aprendizado e avaliam mais sistematicamente seu progresso em relação a um objetivo.

Professores, tutores, mentores, orientadores e pais podem ajudar os estudantes a se tornar aprendizes auto-regulados (Boekaerts, 2006; Schunk e Zimmerman, 2006). Barry Zimmerman, Sebastian Bonner e Robert Kovach (1996) desenvolveram um modelo para transformar estudantes com baixa auto-regulação em estudantes que praticam as seguintes estratégias de múltiplos passos: (1) auto-avaliação e monitoramento, (2) definição de objetivos e planejamento estratégico, (3) colocação de um plano em prática e monitoramento do plano e (4) monitoramento dos resultados e refinamento das estratégias (veja a Figura 7.11).

Zimmerman e seus colaboradores descrevem uma estudante do sétimo ano que está com baixo desempenho em história e aplicam seu modelo de auto-regulação ao caso dela.

métodos auto-instrucionais Técnicas cognitivo-comportamentais voltadas para ensinar os indivíduos a modificar seu próprio comportamento.

aprendizagem auto-reguladora Autogeração e automonitoramento dos pensamentos, sentimentos e comportamentos, a fim de atingir um objetivo.

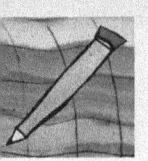

Auto-avaliação 7.2

Automonitoramento

O automonitoramento pode beneficiar você e também seus alunos. Muitos alunos bem-sucedidos regularmente automonitoram seu progresso para ver como estão se saindo em seu esforço de concluir um projeto, desenvolver uma habilidade ou ter bom desempenho em uma prova ou avaliação. Durante o próximo mês, automonitore seu tempo de estudo neste curso de psicologia educacional que você está fazendo. Para tirar notas altas, a maioria dos educadores recomenda que os estudantes dediquem duas ou três horas após as aulas estudando, fazendo tarefas de casa e trabalhando em um projeto para cada hora passada em classe na faculdade (Santrock e Halonen, 2006). A experiência de automonitorar o próprio tempo de estudo deve lhe dar uma idéia de como é importante para os alunos desenvolver essas habilidades. Você pode adaptar o formulário a seguir para a tarefa de casa dos alunos, por exemplo. Lembre-se de nossa discussão sobre a teoria de aprendizagem sociocognitiva de Bandura em que afirmamos que a auto-eficácia envolve sua crença de que pode dominar uma situação e produzir resultados positivos. Uma maneira de avaliar a auto-eficácia é sua expectativa de tirar determinada nota em um próximo exercício ou exame. Determine que nota você quer tirar em seu próximo exercício ou exame. Então, a cada dia de estudo, classifique sua auto-eficácia para tirar a nota que você deseja em uma escala de 3 pontos: 1= não muito confiante; 2 = moderadamente confiante e 3 = muito confiante.

Formulário de automonitoramento de tempo de estudo

Data	Tarefa	Hora de início	Hora de término	Contexto do estudo			Auto-eficácia
				Onde?	Com quem?	Distrações	

No passo 1, ela auto-avalia seu estudo e preparação para as provas, mantendo um registro detalhado disso. O professor fornece algumas diretrizes sobre como fazer o registro. Após várias semanas, a aluna entrega o registro e relaciona seu baixo desempenho nas provas a sua baixa compreensão dos materiais de leitura e com certo nível de dificuldade.

No passo 2, a estudante define um objetivo, para o caso de melhorar sua compreensão de leitura, e planeja como atingir essa meta. O professor auxilia a aluna a dividir o objetivo em componentes, como identificar as principais idéias e definir objetivos específicos para entender uma série de parágrafos do livro. O professor fornece estratégias para a aluna, como concentrar-se inicialmente na primeira sentença de cada parágrafo e, em seguida, examinar as demais como meio de identificar as idéias principais. Outro suporte que o professor pode proporcionar para a aluna é a tutoria de um colega ou de adulto na compreensão de leitura, caso esteja disponível.

No passo 3, a aluna coloca o plano em prática e começa a monitorar seu progresso. Inicialmente, ela pode precisar da ajuda do professor ou do tutor para identificar as principais idéias do texto. Esse feedback pode ajudá-la a monitorar sozinha sua interpretação de texto com mais eficiência.

No passo 4, a aluna monitora seu aprimoramento em compreensão de leitura avaliando se o processo teve algum impacto em seus resultados de aprendizagem. Mais importante, esse aprimoramento em interpretação de texto resultou em melhor desempenho nas provas de história?

As auto-avaliações revelaram que a estratégia de encontrar as principais idéias melhoraram apenas parcialmente a compreensão da aluna e somente quando a primeira sentença continha a principal idéia do parágrafo, portanto, o professor recomenda estratégias adicionais. A Figura 7.12 descreve como os professores podem aplicar o modelo de auto-regulação a tarefas de casa.

FIGURA 7.12 Aplicando o modelo de auto-regulação a tarefas de casa.

1. Auto-avaliação e monitoramento

- O professor distribui formulários para que os estudantes possam monitorar aspectos específicos de seu estudo.
- O professor dá aos estudantes tarefas diárias para desenvolver suas habilidades de automonitoramento e um exercício semanal para avaliar se aprenderam os métodos.
- Após vários dias, o professor começa a pedir que os estudantes troquem suas tarefas de casa com os colegas. Cada estudante deve corrigir a tarefa de um colega e avaliar a eficiência do automonitoramento desse aluno. Em seguida, o professor recolhe todas as tarefas de casa para dar nota e rever as sugestões dos colegas.

2. Definição de objetivos e planejamento estratégico

- Após uma semana de monitoramento e o primeiro exercício para nota, o professor pede aos alunos para descrever suas percepções sobre os pontos fortes e fracos de suas estratégias de estudo. O professor enfatiza o vínculo entre estratégias de aprendizagem e resultados da aprendizagem.
- Professor e colegas recomendam estratégias específicas que os estudantes podem usar para melhorar sua aprendizagem. Os estudantes podem utilizar as recomendações ou criar novas. Nessa altura, o professor pede aos estudantes para definir metas específicas.

3. Colocação de um plano em prática e monitoramento do plano

- Os estudantes monitoram quanto eles de fato aplicaram as estratégias.
- O papel do professor é assegurar que as novas estratégias de aprendizagem sejam discutidas abertamente.

4. Monitoramento dos resultados e refinamento das estratégias

- O professor continua a dar aos estudantes oportunidades de avaliar quão eficientemente estão usando suas novas estratégias.
- O professor ajuda os estudantes a resumir seus métodos de auto-regulação, revendo cada passo do ciclo de aprendizagem auto-reguladora. Ele também discute com os estudantes as dificuldades que precisaram vencer e a autoconfiança que conquistaram.

Boas práticas
Estratégias para encorajar os estudantes a serem aprendizes auto-regulados

A seguir, apresentamos algumas estratégias efetivas para orientar os estudantes a se envolverem em aprendizagem de auto-regulação:

1. *Oriente os estudantes gradualmente sobre como auto-regular seu aprendizado.* Não é uma boa estratégia simplesmente supor que você possa de uma hora para outra dar aos estudantes a independência para auto-regular seu aprendizado (Alexander, 2006). Ajudar os estudantes a atingir a auto-regulação leva tempo e requer considerável monitoramento, orientação e estímulo de sua parte (Cooper, Horn e Strahan, 2005).

2. *Torne a experiência de aprendizado em classe desafiadora e interessante para os estudantes.* Quando os estudantes se mostram entediados e desinteressados em aprender ficam menos propensos a auto-regular seu aprendizado. Em vez de simplesmente dar um livro em particular para os alunos lerem, proporcionar diversos títulos interessantes provavelmente aumentará sua motivação para a leitura (Gutherie, Wigfield e Perencevich, 2004; Gutherie e outros, 2004). Dar opções aos estudantes aumenta o investimento pessoal no aprendizado e aumenta sua auto-regulação (Alexander, 2006; Blumenfeld, Kempler e Krajcik, 2006).

3. *Dê dicas sobre pensamentos e ações que ajudarão os estudantes a praticar a auto-regulação.* Isso pode incluir fornecer diretrizes específicas conforme necessário, como "Trinta minutos de planejamento vai ajudá-lo a..." e "Todos os dias pare e monitore em que ponto você está daquilo que quer realizar". Outras sugestões incluem estimular os estudantes a refletir sobre seus pontos fortes e fracos em uma situação de aprendizagem e estimulá-los a buscar ajuda e maneiras de utilizar essa ajuda efetivamente (All Kinds of Minds, 2005).

4. *Dê aos estudantes oportunidades de experienciar os tipos de atividades recomendadas por Zimmerman e seus colegas* (1996). Isto é, crie projetos para os estudantes, os quais eles possam auto-avaliar sua aprendizagem atual, definir um objetivo para melhorar sua aprendizagem e planejar como alcançar esse objetivo, colocar o plano em prática e monitorar seu progresso em relação ao objetivo. Por fim, eles podem monitorar os resultados e refinar suas estratégias. Monitore o progresso dos estudantes por meio desses passos e estimule a habilidade deles de praticar essas atividades de aprendizagem independentemente.

5. *Preste atenção especial nos estudantes com baixo rendimento.* Estudantes com alto rendimento têm mais probabilidade de já serem aprendizes auto-regulados do que os estudantes com baixo rendimento. Todos os estudantes podem se beneficiar em praticar suas habilidades de auto-regulação de aprendizagem, mas reconheça que estudantes com baixo rendimento precisarão de mais instrução e tempo para desenvolver essas habilidades.

6. *Sirva de modelo para a aprendizagem auto-regulada.* Verbalize estratégias de auto-regulação eficientes para os estudantes, e diga para eles como você usa a auto-regulação em sua aprendizagem (Randi, 2004).

O desenvolvimento da auto-regulação é influenciado por muitos fatores, entre eles a modelação e a auto-eficácia (Pintrich e Schunk, 2002, Schunk e Zimmerman, 2006; Zimmerman e Schunk, 2004). Modelos são fontes importantes para transmitir habilidades de auto-regulação. Dentre as habilidades de auto-regulação que os modelos podem estimular estão o planejamento e o gerenciamento eficiente do tempo, atenção e concentração, organização e interpretação de informações de maneira estratégica, estabelecimento de um ambiente de trabalho produtivo e utilização de recursos sociais. Por exemplo, os estudantes podem observar um professor praticando uma estratégia eficiente de gerenciamento de tempo e verbalizando os princípios apropriados. Ao observar esses modelos, os estudantes podem acreditar que também são capazes de planejar e administrar o tempo de maneira eficiente, o que cria um senso de auto-eficácia para auto-regulação acadêmica e motiva os estudantes a praticar essas atividades.

A auto-eficácia pode influenciar a escolha das tarefas, o esforço despendido, a persistência e o rendimento do estudante (Bandura, 1997, 2005, 2006; Bandura e Locke, 2003; Schunk e Zimmerman, 2006). Comparados aos estudantes que duvidam de suas capacidades de aprendizagem, aqueles com auto-eficácia alta para adquirir uma habilidade ou desempenhar uma tarefa participam mais prontamente, trabalham com mais afinco, persistem mais quando se deparam com uma dificuldade e apresentam maior rendimento. A auto-eficácia pode ter um forte efeito sobre o rendimento, mas não é a única influência. Uma auto-eficácia alta não resultará em um desempenho competente quando o conhecimento e as habilidades estiverem aquém do requerido. Exploraremos a auto-eficácia, definição de metas, planejamento e auto-regulação com mais profundidade no Capítulo 13, "Motivação, ensino e aprendizagem".

Professores que estimulam os estudantes a usar a auto-regulação transmitem a mensagem de que os próprios estudantes são responsáveis por seu comportamento, por se tornarem instruídos e por serem cidadãos que contribuem com a sociedade (Lajoie e Azevedo, 2006). Outra mensagem transmitida pela aprendizagem auto-reguladora é que a aprendizagem é uma experiência pessoal que requer uma participação ativa e dedicada do estudante (Zimmerman, Bonner e Kovach, 1996).

Avaliando as abordagens sociocognitivas

As abordagens sociocognitivas fizeram contribuições importantes para a educação de crianças. Enquanto mantiveram o perfil científico dos behavioristas e a ênfase na observação cuidadosa, elas expandiram significativamente a ênfase da aprendizagem para incluir fatores sociocognitivos. Uma aprendizagem considerável ocorre ao se observar e ouvir modelos competentes e depois imitar o que eles fazem. A ênfase da abordagem cognitivo-comportamental na autofala e aprendizagem auto-reguladora proporciona uma mudança importante da aprendizagem controlada pelos outros para a responsabilidade por sua própria aprendizagem (Watson e Tharp, 2007). Essas estratégias auto-realizáveis podem melhorar consideravelmente a aprendizagem do estudante.

Críticos das abordagens sociocognitivas vêem de diversos campos. Alguns teóricos da cognição acreditam que as abordagens ainda focam excessivamente no comportamento aberto e em fatores externos e não o suficiente nos detalhes de como os processos cognitivos, como pensamento, memória e solução de problemas, de fato ocorrem. Alguns dos desenvolvimentalistas criticam as abordagens cognitivo-comportamentais por não falarem sobre desenvolvimento no sentido que não especificam mudanças seqüenciais relacionadas à idade na aprendizagem. É verdade que a teoria sociocognitiva não trata do desenvolvimento em grande profundidade, porque é principalmente uma teoria de aprendizagem e comportamento social. Mas também não há necessidade de rotular como uma abordagem que não fala sobre o desenvolvimento. Os teóricos do humanismo também os condenam por não dar atenção suficiente à auto-estima e afeto e a relacionamentos estimulantes. Todas essas críticas também podem ser aplicadas, e têm sido aplicadas, às abordagens comportamentais, como o condicionamento operante de Skinner, discutido anteriormente neste capítulo.

Reveja, reflita e pratique

④ Resumir as abordagens sociocognitivas da aprendizagem.

Reveja

- Como a Figura 7.7 ajuda a resumir a teoria sociocognitiva de Bandura? O que ele quer dizer com auto-eficácia?
- O que o estudo com o boneco joão-bobo demonstra? Qual é o modelo de Bandura para a aprendizagem por observação?
- Qual é o foco dos métodos de auto-instrução? O que envolve a aprendizagem por auto-regulação?
- Quais são algumas das contribuições da aprendizagem sociocognitiva e críticas feitas à abordagem?

Reflita

- Dê alguns exemplos de como você usa os métodos de auto-instrução e auto-regulação em sua vida pessoal. Quão eficientes são esses métodos? Você deveria usá-los mais do que já faz? Explique.

(continua)

Reveja, reflita e pratique (continuação)

Pratique PRAXIS™

1. Macy fica sentada olhando para sua lição de matemática. Ela não tentou resolver um único problema. "Do que adianta?", suspira, "Nunca vou acertar". De acordo com a teoria sociocognitiva de Bandura, qual é a explicação mais plausível para a resposta de Macy?
   a. Macy não tem as habilidades de linguagem necessárias para fazer sua lição de casa.
   b. Macy tem baixa auto-eficácia.
   c. Macy tem muita ansiedade em relação à matemática.
   d. O professor de Macy não forneceu a ela feedback negativo suficiente sobre sua lição de matemática.

2. Matt é o astro do time de basquete de sua escola de ensino médio. O time está indo muito bem este ano, em grande parte devido ao desempenho de Matt. Isso faz dele um aluno muito popular. Aproximadamente na metade da temporada de basquete, Matt decidiu raspar a cabeça. Em pouco tempo, os outros componentes do time também rasparam a cabeça. Logo em seguida, a moda se espalhou para o restante da escola. No final de fevereiro, 30% dos rapazes já tinham a cabeça raspada. De acordo com a teoria sociocognitiva de Bandura, qual é a explicação mais plausível para o comportamento dos alunos?
   a. Matt é um modelo de referência de status elevado.
   b. Matt não foi punido.
   c. Matt foi positivamente reforçado.
   d. A auto-eficácia de Matt aumentou.

3. Marsha, aluna do primeiro ano do ensino médio, tem uma ansiedade debilitante nas provas. Ela fica particularmente ansiosa em provas decisivas, como nos exames finais. Geralmente, ela fica tão ansiosa que tem "brancos" e esquece tudo o que estudou. O que um professor, que usa uma abordagem de modificação cognitivo-comportamental, poderia fazer para ajudá-la com sua ansiedade?
   a. Orientar Marsha a aprender como praticar uma autofala positiva.
   b. Dar um livro sobre habilidades de estudo para Marsha ler.
   c. Estimular Marsha a pensar mais sobre as conseqüências de ela se sair melhor nas provas.
   d. Dizer a Marsha para estudar até que tenha a matéria na ponta da língua.

4. Uma maneira importante que faz a teoria sociocognitiva ampliar a teoria comportamental é sua ênfase em:
   a. Personalidade.
   b. Auto-eficácia.
   c. Atitudes.
   d. Observação cuidadosa.

Por favor, verifique as respostas no final do livro.

Desvende o caso
O caso das conseqüências

Adam, um aluno da classe de quarto ano do Sr. Potter, é disruptivo de vez em quando, embora seja muito inteligente. Um dia, durante a aula de linguagem, Adam começou a falar alto com outros alunos perto dele. Ele também ria e contava piadas. Sr. Potter decidiu ignorar o comportamento de Adam, na esperança de que ele parasse sozinho. Mas Adam não parou. Em vez disso, seu comportamento tornou-se mais indisciplinado. Mesmo assim, Sr. Potter continuou ignorando. Em pouco tempo, Adam estava fazendo tanto barulho que o Sr. Potter começou a ficar preocupado que isso poderia estar prejudicando os alunos das classes vizinhas, então repreendeu Adam verbalmente.

Adam ficou quieto nos minutos seguintes. Depois disso, voltou a falar alto e fazer bagunça. Mais uma vez, o Sr. Potter o repreendeu verbalmente. Desta vez, ele também disse a Adam que se ele continuasse com esse comportamento disruptivo, seria mandado para a secretaria. O comportamento de Adam ficou ainda mais disruptivo, então, o Sr. Potter o mandou para a secretaria. Quando Adam chegou lá a sala estava cheia de pessoas – professores pegando sua correspondência e tirando cópias, voluntários se registrando, alunos que estavam doentes, alunos encarregados de tratar de algum assunto, alunos mandados por motivos disciplinares. A secretária disse para Adam se sentar, o que ele fez. Ele conversou com todo mundo que entrou na sala, assim como com aqueles que já estavam lá quando chegou. Meia hora depois de sua chegada, ele foi mandado de volta para a classe. Ele se comportou bastante bem pelo resto do dia, para alívio do Sr. Potter.

No dia seguinte, quando o professor pediu que escrevessem uma redação de um parágrafo, Adam tornou-se disruptivo novamente. Contou piadas para os colegas falando alto, chorou de rir e jogou aviõezinhos de papel pela sala. Sr. Potter o repreendeu e pediu que ele parasse. Como Adam não obedeceu, o Sr. Potter o mandou para a secretaria, que, mais uma vez, fervilhava de atividade.

Ao longo das duas semanas seguintes, Adam foi mandado para a secretaria por indisciplina todos os dias, sempre durante uma tarefa de redação. Sr. Potter ficou perplexo. O mais surpreendente é que, três dias depois, outras crianças também começaram a ficar indisciplinadas, para que fossem igualmente mandadas para a secretaria.

1. Quais são os problemas nesse caso?

Responda às perguntas a seguir, usando os princípios das teorias de aprendizagem comportamental e a terminologia correta:
2. Por que Adam continuou a perturbar a aula a mesmo tendo sido mandado para a secretaria?
3. O que Adam aprendeu?
4. Por que os outros alunos se juntaram a Adam em seu comportamento disruptivo?
5. O que o Sr. Potter deve fazer agora?
6. O que o Sr. Potter estava tentando fazer quando inicialmente ignorou o comportamento disruptivo de Adam?
   a. Ele tentou extinguir o comportamento não o reforçando.
   b. Ele tentou reforçar negativamente o comportamento.
   c. Ele tentou reforçar positivamente o comportamento.
   d. Ele tentou punir o comportamento.
7. Se o objetivo de Adam era fugir das tarefas escritas, quais das afirmativas seguintes explicam melhor as conseqüências em termos de condicionamento operante?
   a. Adam foi reforçado negativamente por seu comportamento. Um estímulo aversivo foi removido.
   b. Adam foi reforçado positivamente por seu comportamento. Um estímulo positivo foi apresentado.
   c. Adam foi punido por seu comportamento. Um estímulo positivo foi removido.
   d. Adam foi punido por seu comportamento. Um estímulo aversivo foi apresentado.

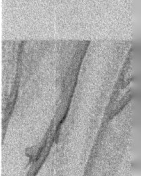

Atingindo seus objetivos de aprendizagem
Abordagens sociocognitiva e comportamental

① O que é aprendizagem? Definir aprendizagem e descrever cinco abordagens para estudá-la.

O que é apendizagem e o que não é

A aprendizagem não está envolvida em comportamentos inatos. A aprendizagem é uma mudança relativamente permanente no comportamento, conhecimento e no raciocínio, adquirida por meio da experiência. A experiência é um excelente professor.

Abordagens da aprendizagem

O behaviorismo radical é a visão de que o comportamento deve ser explicado por eventos externos, não por processos mentais. O condicionamento clássico e o condicionamento operante são duas relações comportamentais que enfatizam a aprendizagem. A psicologia se tornou mais cognitiva ou começou a focar mais no pensamento no final do século 20 e a ênfase cognitiva permanece atualmente. Isso está refletido nas quatro abordagens cognitivas da aprendizagem discutidas neste livro. As abordagens sociocognitivas enfatizam a interação de fatores comportamentais, ambientais e pessoais (cognitivos) para explicar a aprendizagem. As abordagens de processamento de informação focam em como as crianças processam as informações por meio da atenção, memória, pensamento e outros processos cognitivos. A abordagem cognitiva construtivista enfatiza a construção do conhecimento e entendimento da criança. A abordagem socioconstrutivista foca na colaboração com outros para produzir conhecimento e entendimento.

② Abordagens comportamentais da aprendizagem: Comparar condicionamento clássico e condicionamento operante.

Condicionamento clássico

No condicionamento clássico, ocorre o pareamento[1] entre dois estímulos, um estímulo neutro (como a visão de uma pessoa) passa a ser apresentado várias vezes juntamente com um estímulo significativo (como comida na boca) e adquire a capacidade de eliciar uma resposta nova. O condicionamento clássico envolve: estímulo incondicional l (UCS), resposta incondicional (UCR), estímulo condicional (CS) e resposta condicional (CR). O condicionamento clássico também envolve generalização, discriminação e extinção. Generalização é a possibilidade de um novo estímulo semelhante ao estímulo condicional original produzir uma resposta semelhante. A discriminação ocorre quando o organismo responde a determinados estímulos, mas não a outros. A *extinção* envolve o enfraquecimento da resposta condicional (CR) na ausência do estímulo incondicional (UCS). A dessensibilização sistemática é um método baseado no condicionamento clássico que reduz a ansiedade fazendo que o indivíduo em um relaxamento profundo visualize situações geradoras de ansiedade cada vez mais intensas. O condicionamento clássico é melhor para explicar comportamentos involuntários do que voluntários.

Condicionamento operante

No condicionamento operante (no passado, também denominado condicionamento instrumental) é uma forma de aprendizagem em que as conseqüências do comportamento produzem mudanças na probabilidade de que esse comportamento venha a ocorrer. O principal arquiteto do condicionamento operante foi B. F. Skinner. A primeira visão sobre a importância das conseqüências foi baseada na visão conexionista de E. L. Thorndike. A Lei do Efeito de Thorndike afirma que comportamentos seguidos de conseqüências positivas são fortalecidos e que comportamentos seguidos de conseqüências negativas são enfraquecidos. Sua visão foi chamada teoria E-R. Skinner expandiu significativamente os conceitos básicos de Thorndike. O reforço é uma conseqüência (tanto positiva quanto negativa) que aumenta a probabilidade de que um comportamento vá ocorrer. A punição é a conseqüência que diminui a probabilidade de que um comportamento venha a ocorrer. No reforço positivo, a freqüência de uma resposta aumenta porque é seguida de um estímulo fortalecedor (como um elogio). No reforço negativo, a freqüência de uma resposta aumenta porque é seguida pela remoção de um estímulo aversivo (desagradável)

---

[1] N.R.T.: O autor utiliza a expressão "the organism learns to connect". Entretanto, do ponto de vista skinneriano, o que ocorre é o emparelhamento dos estímulos no ambiente e não na mente do organismo.

que também fortalece o comportamento. Generalização, discriminação e extinção também estão envolvidas no condicionamento operante. A generalização no condicionamento operante significa dar a mesma resposta na presença de estímulos semelhantes ao estímulo discriminativo. A discriminação no caso do operante envolve responder diferentemente diante de estímulos ou eventos ambientais diferentes. A extinção ocorre quando uma resposta previamente reforçada deixa de ser reforçada e a freqüência da resposta diminui.

> **3 Análise do comportamento aplicada na educação:** Aplicar a análise do comportamento na educação

O que é análise do comportamento aplicada?

Análise do comportamento aplicada envolve aplicar os conceitos operantes para mudar o comportamento humano.

Aumentando a ocorrência de comportamentos desejáveis

Descobrir quais reforçadores funcionam melhor para cada estudante. O princípio de Premack afirma que uma atividade com alta probabilidade pode servir como um reforçador para uma atividade com baixa probabilidade. Afirmações do tipo "Se... então" podem ser utilizadas para deixar claro para o estudante o que ele precisa fazer para obter o reforço. A análise do comportamento aplicada recomenda que o reforçamento seja contingente – isto é, seja oferecido imediatamente e somente se a criança apresentar o comportamento. Skinner descreveu uma série de esquemas de reforçamento. A maioria dos reforços em sala de aula ocorre parcialmente para as respostas (intermitentemente). Skinner descreveu quatro esquemas de reforçamento: razão fixa, razão variável, intervalo fixo e intervalo variável. Contratar envolve especificar as contingências do reforçamento por escrito. Embora o reforçamento negativo possa aumentar o comportamento desejável, é preciso tomar cuidado com o uso de estímulos aversivos na educação das crianças. Dicas são um estímulo adicional. Uma dica dada imediatamente antes de uma resposta, aumenta a probabilidade de que um estímulo discriminativo produza a resposta correta. A modelagem envolve ensinar novos comportamentos reforçando aproximações sucessivas ao comportamento-alvo.

Diminuindo a ocorrência de comportamentos indesejáveis

Estratégias para diminuir comportamentos indesejáveis incluem usar reforçamento diferencial, remover o reforço (extinção da resposta), remover um estímulo reforçador positivo e apresentar um estímulo reforçador negativo (punição). No reforçamento diferencial, o professor reforça o comportamento que é mais apropriado ou que é incompatível com o que a criança está fazendo. A retirada do reforçamento (extinção) envolve remover o reforçamento positivo que mantém o comportamento inapropriado de uma criança. Muitos comportamentos inapropriados são mantidos pela atenção do professor, sendo assim, retirar a atenção pode diminuir esse tipo de comportamento. A estratégia mais amplamente utilizada para remover estímulos reforçadores é o time-out. Uma segunda estratégia é a punição negativa, que ocorre quando um reforço positivo, como um privilégio, é retirado do estudante contingentemente a uma resposta inapropriada. Um estímulo aversivo só é uma punição se diminuir a ocorrência do comportamento indesejável. Os tipos mais comuns de estímulos aversivos são as repreensões verbais. A punição só deve ser usada como última opção e em conjunto com o reforçamento positivo do comportamento desejado. A punição física não deve ser usada em sala de aula.

Avaliando o condicionamento operante e a análise do comportamento aplicada

Se usada com eficiência, as técnicas comportamentais podem ajudá-lo a administrar sua classe. Os críticos argumentam que essa abordagem dá muita ênfase ao controle externo do comportamento e não dá ênfase suficiente para o controle interno. Eles também argumentam que ignorar os fatores cognitivos deixa de fora muito da riqueza da vida das crianças. Os críticos alertam para problemas éticos potenciais quando o reforçamento operante é usado inapropriadamente. E alguns críticos afirmam que os professores que se concentram em gerenciar a sala de aula com técnicas operantes, talvez estejam dando ênfase demais à conduta disciplinar e não o suficiente à aprendizagem acadêmica.

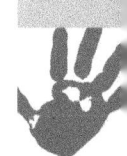

4 Abordagens sociocognitivas da aprendizagem: Resumir as abordagens sociocognitivas da aprendizagem.

Teoria sociocognitiva de Bandura

Albert Bandura é o principal arquiteto da teoria sociocognitiva. Seu modelo de determinismo recíproco consiste em três fatores principais: comportamento, pessoa/cognição e ambiente. O fator pessoal (cognitivo) que Bandura mais enfatizou nos últimos anos é a auto-eficácia, a crença de que uma pessoa consegue dominar uma situação e produzir resultados positivos.

Aprendizagem por observação

A aprendizagem por observação é uma forma de aprendizagem que envolve adquirir habilidades, estratégias e crenças observando os outros. No experimento do boneco joão-bobo, Bandura ilustrou como a aprendizagem por observação pode ocorrer mesmo quando um estudante observa um modelo que não é reforçado ou punido. O experimento também ilustra uma distinção entre aprendizagem e desempenho. Desde seus primeiros experimentos, Bandura concentrou-se na exploração de processos específicos envolvidos na aprendizagem por observação. Estes incluem atenção, retenção, produção e motivação.

Abordagens cognitivo-comportamentais da aprendizagem e auto-regulação

Métodos auto-instrucionais são técnicas cognitivo-comportamentais voltadas para ensinar os indivíduos a modificar seu próprio comportamento. Em muitos casos, recomenda-se que os estudantes substituam auto-afirmações negativas por positivas. Os cognitivistas comportamentais acreditam que os estudantes melhorem seu desempenho monitorando o próprio comportamento. A aprendizagem auto-reguladora consiste na autogeração e no automonitoramento dos pensamentos, sentimentos e comportamentos a fim de atingir um objetivo. Estudantes com alto rendimento geralmente são alunos auto-reguladores. Um modelo de aprendizagem auto-regulador envolve os seguintes componentes: (1) auto-avaliação e monitoramento, (2) definição de objetivos e planejamento estratégico, (3) colocação de um plano em prática e monitoramento do plano e (4) monitoramento dos resultados e refinamento das estratégias. A aprendizagem por auto-regulação dá aos estudantes responsabilidade por sua própria aprendizagem.

Avaliando as abordagens sociocognitivas

As abordagens sociocognitivas expandiram significativamente a ênfase da aprendizagem para incluir fatores sociocognitivos e sociais. O conceito de aprendizagem por observação é importante e boa parte da aprendizagem em sala de aula ocorre dessa maneira. A ênfase cognitivo-comportamental na auto-instrução, autofala e aprendizagem auto-reguladora proporciona uma mudança importante da aprendizagem controlada pelos outros para a responsabilidade por sua própria aprendizagem. Os críticos das abordagens sociocognitivas afirmam que essas teorias também enfatizam exageradamente o comportamento e fatores externos, e não o suficientemente os detalhes do processo cognitivo. Eles também criticam a abordagem sociocognitiva por não falar sobre o desenvolvimento (embora os defensores dessa abordagem considerem esse rótulo injustificável) e por não dar atenção suficiente para a auto-estima e acolhimento.

Termos-chave

aprendizagem 227
behaviorismo radical 227
processos mentais 227
pareamento de estímulos 227
condicionamento clássico 229
dessensibilização sistemática 231
condicionamento operante 232
lei do efeito 232
reforçamento 232
punição 232
reforçamento positivo 232
reforçamento negativo 232
análise do comportamento aplicada 235

princípio de Premack 236
esquemas de reforçamento 236
contratar 238
dicas 237
modelagem 238
time-out 240
punição negativa 240
teoria sociocognitiva 243
auto-eficácia 244
aprendizagem por observação 244
abordagens cognitivo-comportamentais 249
métodos auto-instrucionais 251
aprendizagem auto-reguladora 251

Pasta de atividades

Agora que você tem uma boa compreensão deste capítulo, faça os exercícios a seguir para ampliar seu entendimento.

Reflexão Independente

Crie um plano de auto-regulação. Leticia é uma aluna do ensino médio que não tem habilidades de auto-regulação adequadas e isso está causando sérios problemas acadêmicos para ela. Leticia não planeja nem organiza, suas estratégias de estudo são fracas e seu gerenciamento do tempo é ineficiente. Usando a estratégia de quatro passos de Zimmerman, crie um programa de auto-regulação eficiente para Leticia. (INTASC: Princípio, 5)

Trabalho colaborativo

Reduzindo comportamentos indesejáveis. Junto com outros três ou quatro alunos de sua classe, considere os seguintes comportamentos indesejáveis de estudantes. Você quer reduzir esses comportamentos. Qual é a melhor estratégia para cada um? Discuta e compare suas estratégias com o grupo. (1) Andrew, que vez ou outra gosta de blasfemar; (2) Sandy, que diz para você parar de pegar no pé dela quando faz perguntas; (3) Matt, que gosta de danificar os trabalhos dos outros; e (4) Rebecca, que conversa freqüentemente com outros alunos enquanto você está explicando ou demonstrando algo. (INTASC: Princípios 2 e 5)

Experiência de pesquisa/campo

Vila Sésamo e aprendizagem sociocognitiva. *Vila Sésamo* usa muitas técnicas eficientes para aumentar a atenção das crianças e ajudá-las a aprender. Assista a um episódio. Analise o programa. Como essas técnicas foram usadas no programa que você assistiu? Descreva técnicas adicionais que você observou e que pode aplicar em sua sala de aula. (INTASC: Princípio 2, 7, 9)

Vá até o Online Learning center em www.mhhe.com/santedu3e para baixar modelos de pastas de documentos (material disponível em inglês).

CAPÍTULO 8
A abordagem de processamento da informação

A mente é algo encantador.
— Mariane Moore
Poeta norte-americana, século 20

Tópicos do capítulo

A natureza da abordagem do processamento da informação
Informação, memória e raciocínio
Recursos cognitivos: capacidade e velocidade de processamento das informações
Mecanismos de mudança

Atenção
O que é atenção?
Mudanças do desenvolvimento

Memória
O que é memória?
Codificação
Armazenamento
Resgate e esquecimento

Especialidade
Especialidade e aprendizado
Adquirindo especialidade
Especialidade e ensino

Metacognição
Mudanças no desenvolvimento
O modelo de processamento de boa informação de Presley
Estratégias e regulação metacognitiva

Objetivos de aprendizagem

1 Descrever a abordagem do processamento da informação.

2 Caracterizar atenção e resumir suas mudanças ao longo do desenvolvimento.

3 Discutir memória em relação à codificação, ao armazenamento e ao resgate.

4 Tirar algumas lições do aprendizado a partir de como os especialistas pensam.

5 Explicar o conceito de metacognição e identificar algumas maneiras para melhorar a metacognição em crianças.

Histórias   Laura Bickford

Laura Bickford é diretora do Departamento de Língua Inglesa na escola de ensino médio Nordoff High School, em Ojai, Califórnia. Ela diz como incentiva os alunos a pensar:

> Acredito que ter vocação para ensinar é ter vocação para ensinar os estudantes a pensar. Ao estimular o pensamento crítico, a literatura já faz boa parte do trabalho por nós, mas ainda assim necessitamos ser orientadores. Devemos elaborar boas perguntas. Temos de mostrar aos alunos o valor de elaborarem suas próprias perguntas, de debater e conversar. Além de ler e discutir literatura, outra boa maneira de incentivar os alunos a pensar de maneira crítica é estimulando-os a escrever. Escrevemos o tempo todo, de diversas maneiras: artigos em periódicos, ensaios formais, cartas, relatórios, notícias, discursos ou outras apresentações orais formais. Devemos fazer com que os alunos percebam em que eles são meramente superficiais no modo de pensar e escrever. Eu chamo esses momentos de "atirar e correr". Quando vejo esse esforço de "atirar e correr", desenho uma janela no papel. Digo a eles que é uma "janela de oportunidade" para que sejam mais profundos, elaborem e esclareçam. Muitos alunos não praticam esse tipo de raciocínio se não forem incitados.
>
> Também utilizo estratégias metacognitivas o tempo todo – ou seja, ajudo os alunos a saber sobre saber. Essas estratégias incluem: pedir para os alunos comentarem sobre seu aprendizado após termos concluído partes específicas de projetos e pedir que discutam antecipadamente o que pretendemos aprender quando iniciamos um novo projeto ou atividade. Também peço a eles para criar um registro de leitura para que possam observar seus próprios pensamentos à medida que vêm à mente. Por exemplo, eles podem copiar uma passagem de um livro selecionado e comentá-la. Ao estudar uma passagem de *O apanhador no campo de centeio*, de J. D. Salinger, um estudante pode escrever: "Nunca pensei sobre a vida da maneira como Holden Caulfield pensa. Talvez eu veja o mundo de uma maneira diferente da dele. Ele está sempre tão deprimido. Não sou deprimido. Salinger sabe como nos fazer perceber muito claramente quando alguém que está freqüentemente deprimido. Como ele consegue fazer isso?" Além disso, peço aos alunos para comentarem sobre seu próprio aprendizado e atribuir nota a si próprios. Este ano, uma aluna expressou seu crescimento como leitora com um discernimento que jamais eu havia visto em um aluno. Ela escreveu, "Eu já não penso na leitura como algo monótono". Não sei se ela compreende a magnitude desse pensamento ou a maneira como ocorreu essa mudança. É mágico quando os alunos percebem seu próprio desenvolvendo dessa forma.

Introdução

Na história de abertura, a professora Laura Bickford conta como ela utiliza estratégias metacognitivas. Um dos aspectos importantes do aprendizado cognitivo e um dos principais tópicos deste capítulo. Além de metacognição, exploraremos o significado de adotar uma abordagem de processamento das informações no ensino e examinaremos três aspectos importantes da cognição: atenção, memória e habilidade.

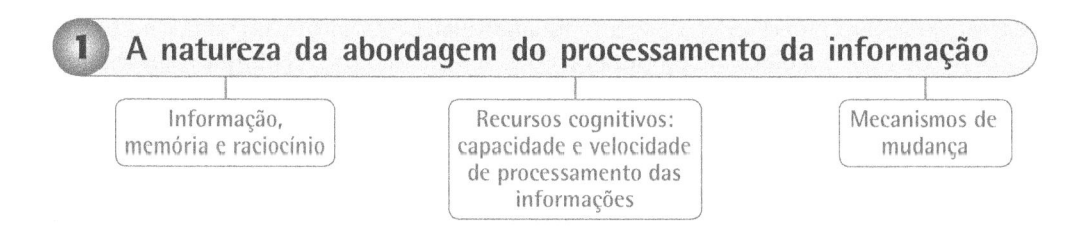

1 A natureza da abordagem do processamento da informação

- Informação, memória e raciocínio
- Recursos cognitivos: capacidade e velocidade de processamento das informações
- Mecanismos de mudança

Qual é o nível de capacidade das crianças? Proponentes da abordagem de processamento das informações para a aprendizagem acreditam que elas sejam altamente capazes. Crianças prestam atenção nas informações apresentadas e as manipulam. Elas desenvolvem estratégias para memorizar. Criam conceitos. Raciocinam e resolvem problemas. Essas habilidades importantes são o assunto desta seção.

Informação, memória e raciocínio

A **abordagem de processamento da informação** enfatiza que as crianças manipulam informações, monitorando-as e criando estratégias com elas. Para essa abordagem, são fundamentais os processos de memória e raciocínio. De acordo com a abordagem de processamento da informação, as crianças desenvolvem uma capacidade crescente de processar informações, que lhes permite adquirir conhecimento e habilidades cada vez mais complexos (Keil, 2006; Munakata, 2006).

O behaviorismo e seu modelo associativo de aprendizagem foram uma força dominante na psicologia até as décadas de 1950 e 1960, quando muitos psicólogos começaram a reconhecer que não podiam explicar a aprendizagem das crianças sem se referir a processos mentais, como a memória e o raciocínio (Gardner, 1985). O termo *psicologia cognitiva* tornou-se um rótulo para abordagens que procuravam explicar o comportamento examinando processos mentais. Embora diversos fatores tenham estimulado o crescimento da psicologia cognitiva, nenhum foi mais importante que o desenvolvimento dos computadores. O primeiro computador moderno, desenvolvido por John von Neumann, no fim da década de 1940, mostrou que máquinas inanimadas eram capazes de realizar operações lógicas. Isso sugeriu que algumas operações mentais poderiam ser realizadas por computadores, revelando-nos possivelmente algo sobre a maneira como a cognição humana funciona. Psicólogos cognitivos costumam fazer analogias com computadores para ajudar a explicar a relação entre a cognição e o cérebro (Anderson, 2005). A massa cerebral é comparada ao hardware do computador e a cognição ao seu software. Embora computadores e softwares não sejam analogias perfeitas para cérebros e atividades cognitivas, ainda assim a comparação contribuiu para pensarmos sobre a mente da criança como um sistema ativo de processamento de informações.

Recursos cognitivos: capacidade e velocidade de processamento das informações

À medida que as crianças crescem e amadurecem, e conforme vivenciam o mundo, suas capacidades de processamento de informações aumentam. Essas mudanças provavelmente são influenciadas pelo aumento tanto em capacidade quanto em velocidade de processamento (Frye, 2004). Essas duas características são comumente referidas como *recursos cognitivos*, que supostamente têm uma importante influência na memória e na resolução de problemas.

Tanto a biologia quanto a experiência contribuem para o crescimento dos recursos cognitivos. Pense na rapidez com que você consegue processar informações na sua língua do que em uma segunda língua. As mudanças no cérebro que descrevemos no Capítulo 2 fornecem uma base biológica para o aumento de recursos cognitivos. Conforme as crianças crescem e amadurecem, importantes desenvolvimentos biológicos ocorrem tanto nas estruturas cerebrais, como nos lobos frontais, quanto no nível dos neurônios, como a formação e supressão de conexões entre neurônios que resultam em um número menor de conexões, porém mais fortes (Kuhn e Franklin, 2006; Nelson, Thomas e de Haan, 2006). Além disso, como discutimos no Capítulo 2, a mielinização (o processo que envolve o axônio com uma camada de mielina) aumenta a velocidade dos impulsos elétricos no cérebro. A mielinização continua durante a infância e a adolescência.

A maioria dos psicólogos de processamento da informação argumenta que o aumento na capacidade também melhora o processamento das informações (Case, 2000; Halford, 2004). Por exemplo, conforme a capacidade de processamento das informações das crianças aumenta, elas provavelmente podem manter em mente diversas dimensões de um assunto ou problema simultaneamente, enquanto crianças mais novas estão mais propensas a focar em apenas uma dimensão. Adolescentes norte-americanos conseguem discutir, por exemplo, como as diferentes experiências de vida dos patriarcas influenciaram a Declaração de Independência e Constituição dos Estados Unidos. Crianças com idade entre seis e nove anos (curso fundamental) estão mais propensas a focar nos fatos simples da vida dos patriarcas.

Qual é o papel da velocidade de processamento? A rapidez com que as crianças processam informação muitas vezes influencia o que conseguem fazer com essa informação. Se um adolescente tenta somar mentalmente o custo dos itens que está comprando no supermercado, ele deve ser capaz de calcular o total antes que se esqueça do valor dos itens individualmente. A velocidade de processamento das crianças está associada à sua competência em pensar (Bjorklund, 2005).

---

abordagem de processamento da informação Uma abordagem cognitiva que enfatiza que as crianças manipulam as informações, monitorando-as e criando estratégias com elas. O fundamento dessa abordagem são os processos cognitivos da memória e do raciocínio.

Por exemplo, a rapidez com que as crianças conseguem articular uma série de palavras afeta a quantidade de palavras que elas conseguem memorizar e lembrar. Geralmente, o processamento rápido está associado ao bom desempenho em tarefas cognitivas. Porém, é possível compensar parte do processamento mais lento por meio de estratégicas eficientes.

Os pesquisadores desenvolveram algumas maneiras para avaliar a velocidade de processamento. Por exemplo, ela pode ser avaliada por uma *tarefa de tempo de reação* na qual se pede para a pessoa apertar um botão assim que ela vir um estímulo, como uma luz. Ou pode-se pedir para fazer a correspondência de letras ou números a símbolos na tela de computador.

Há muitas evidências de que a rapidez com que as pessoas completam essas tarefas aumenta substancialmente ao longo da infância (Kail, 2000). A velocidade de processamento continua a aumentar no início da adolescência (Kuhn e Franklin, 2006; Luna e outros, 2004). Pense sobre quão mais rápido você conseguia processar a resposta para um simples problema de aritmética quando era adolescente do que quando era criança. Um estudo revelou que o processamento de informações em crianças de 10 anos era aproximadamente 1,8 vezes mais lento do que o de jovens adultos em tarefas como tempo de reação, correspondência de letras, rotação mental e associações abstratas (Hale, 1990). Crianças de 12 anos eram aproximadamente 1,5 vezes mais lentas que jovens adultos, mas jovens de 15 anos processavam informações nas tarefas tão rápido quanto jovens adultos.

Como a velocidade de processamento de informações muda durante a infância e a adolescência?

Mecanismos de mudança

De acordo com Robert Siegler (1998), três mecanismos trabalham juntos para gerar mudanças nas habilidades cognitivas das crianças: codificação, automatismo e construção de estratégia.

Codificação é o processo pelo qual as informações são armazenadas na memória. Mudanças nas habilidades cognitivas das crianças dependem de uma crescente habilidade em codificar informações relevantes e ignorar informações irrelevantes. Por exemplo, para uma criança de quatro anos um *s* em letra de mão/cursiva é uma forma muito diferente de um *s* impresso. Mas, uma criança de dez anos aprendeu a codificar o fato relevante de que ambas são a mesma letra *s* e a ignorar as diferenças irrelevantes de formato.

Automatismo refere-se à habilidade de processar informações com pouco ou nenhum esforço. A prática permite que as crianças codifiquem quantidades crescentes de informações automaticamente. Por exemplo, uma vez que aprenderam a ler bem, as crianças não pensam em cada letra de uma palavra como uma letra; em vez disso, elas codificam palavras inteiras. Quando uma tarefa é automática, ela não requer um esforço consciente. Como resultado, conforme o processamento de informações se torna mais automático, podemos realizar tarefas mais rapidamente e realizar mais de uma tarefa simultaneamente (Mayer e Wittrock, 2006; Schraw, 2006). Imagine quanto tempo você levaria para ler essa página se não codificasse as palavras automaticamente, mas, em vez disso, concentrasse sua atenção em cada letra de cada palavra.

Construção de estratégia é a criação de novos procedimentos para processar informações. Por exemplo, a capacidade de leitura das crianças é beneficiada quando elas desenvolvem a estratégia de parar periodicamente para avaliar o que leram até aquele momento. Desenvolver um repertório eficiente de estratégias e selecionar a melhor a ser usada em uma tarefa de aprendizagem é um aspecto fundamental para fazer que um aluno se torne eficiente (Pressley e Harris, 2006; Pressley e Hilden, 2006).

Além desses mecanismos de mudança, o processamento de informações das crianças é caracterizado por *automodificação* (Siegler, 1998, 2004, 2006; Siegler e Alibali, 2005), isto é, as crianças aprendem a utilizar o que já aprenderam em ocasiões anteriores para adaptar suas respostas a uma nova situação. Por exemplo, uma criança que está familiarizada com cães e gatos vai ao zoológico e vê leões e tigres pela primeira vez. Então, ela modifica seu conceito de "animal" para incluir essa nova informação. Parte dessa automodificação vem da **metacognição**, que significa saber sobre saber (Flavell, 2004; Flavell, Miller e Miller, 2002; Kuhn e Franklin, 2006). Um exemplo de metacognição é o que as crianças sabem sobre os melhores métodos para lembrar o que leram. Elas sabem que lembrarão melhor o que leram se relacionarem de alguma maneira essas informações com suas vidas? Assim, na teoria de Siegler do processamento de informações aplicado ao desenvolvimento, as crianças têm um papel ativo em seu desenvolvimento cognitivo quando desenvolvem estratégias metacognitivas.

codificação Mecanismo pelo qual as informações entram na memória.

automatismo Habilidade em processar informações com pouco ou nenhum esforço.

construção de estratégia Descobrir um novo procedimento para processar informações.

metacognição Cognição sobre cognição ou "saber sobre saber".

Reveja, reflita e pratique

1) Descrever a abordagem do processamento da informação.

Reveja

- Qual é a visão da abordagem de processamento de informação sobre as crianças como alunos?
- Quais são dois recursos cognitivos importantes e como eles contribuem para mudanças no desenvolvimento do processamento de informações das crianças?
- Quais são alguns dos principais mecanismos de mudança na abordagem de processamento da informação?

Reflita

- Quanto à sua habilidade de aprender, existem aspectos em que você gostaria de ser mais parecido com um computador? Ou você é melhor do que qualquer computador em todos os aspectos do processamento de informações? Explique.

Pratique PRAXIS™

1. O processamento de informação está mais estreitamente alinhado com:
   a. Behaviorismo.
   b. Psicologia cognitiva.
   c. Teoria social cognitiva.
   d. Teoria ecológica.
2. Segundo a abordagem de processamento de informação, um jovem de 15 anos pode calcular mais rápido que um de 10 anos, por quê?
   a. O jovem de 15 anos teve mais tempo de desenvolvimento do cérebro e mais experiências trabalhando com números.
   b. O jovem de 15 anos teve mais experiências com reforços positivos e negativos.
   c. O cérebro do jovem de 15 anos perdeu muitas de suas conexões originais e sofreu desmielinização.
   d. O jovem de 15 anos teve muito mais tempo para desenvolver habilidades de memorização.
3. A Sra. Parks quer que seus alunos saibam os elementos básicos da matemática sem ter de parar para pensar sobre eles. Portanto, ela joga diversos jogos matemáticos com seus alunos da segunda série, como bingo de soma e subtração, gincanas de matemática e jogos de cartas. Qual é o objetivo da Sra. Parks ao jogar esses jogos com seus alunos?
   a. Ajudar seus alunos a desenvolver automatismo ao conhecer os elementos básicos da matemática.
   b. Incentivar a construção de estratégias.
   c. Estimular habilidades de codificação.
   d. Aprimorar habilidades metacognitivas, tais como autoconhecimento.

Por favor, verifique as respostas no final do livro.

2 Atenção

- O que é atenção?
- Mudanças do desenvolvimento

O mundo contém muitas informações do que precisamos perceber. O que é atenção e qual efeito ela provoca? Como ela muda com o desenvolvimento?

O que é atenção?

Atenção é focar nos recursos mentais. A atenção melhora o processamento cognitivo para realizar muitas tarefas, desde pegar um brinquedo até acertar a tacada em uma bola de beisebol e fazer somas. Mas as crianças, assim como adultos, conseguem prestar atenção em um número limitado de informações ao mesmo tempo. Elas distribuem sua atenção de diferentes maneiras. Psicólogos chamaram esses tipos de distribuição de atenção sustentada, atenção seletiva e atenção dividida.

- **Atenção sustentada** é a habilidade de manter a atenção em um estímulo selecionado por um longo período. A atenção sustentada também é chamada *vigilância*. Lembre-se de nossa discussão no Capítulo 6 sobre um estudo que afirmou que as dificuldades em manter a atenção eram o tipo de problema mais comum de atenção nas crianças com TDAH (Tsal, Shavel e Mevorach, 2005).
- **Atenção seletiva** é focar um aspecto específico de uma experiência que seja relevante, ignorando outros que são irrelevantes. Focar em uma voz dentre muitas em uma sala lotada ou em um restaurante barulhento é um exemplo de atenção seletiva.
- **Atenção dividida** envolve concentrar-se em mais de uma atividade ao mesmo tempo. Se você está ouvindo música enquanto lê este livro, você está aplicando a atenção dividida.

Quais são algumas das mudanças na atenção durante o desenvolvimento?

Mudanças do desenvolvimento

Algumas mudanças importantes na atenção ocorrem durante a infância. Grande parte da pesquisa sobre atenção é voltada para a atenção seletiva. Um estudo recente com crianças de cinco a sete anos mostrou que as crianças mais velhas e as crianças mais sociáveis na amostragem resistiram à interferência de demandas concorrentes e concentraram sua atenção melhor que aquelas mais jovens e que as menos sociáveis (Mezzacappa, 2004).

O período em que as crianças conseguem manter a atenção aumenta à medida que crescem. A criança entre um e três anos perambula, muda sua atenção de uma atividade para outra e parece passar pouco tempo concentrada em qualquer objeto ou evento. Por outro lado, a criança em idade pré-escolar consegue assistir à televisão por períodos de até meia hora (Giavecchio, 2001). Um estudo que observou 99 famílias em suas casas por 4.672 horas concluiu que a atenção visual na televisão aumenta drasticamente durante os anos de pré-escola (Anderson e outros, 1985).

Pesquisadores constataram que a atenção das crianças em idade pré-escolar está relacionada às suas habilidades de rendimento e sociais (Ruff e Rothbart, 1996). Quanto às habilidades de rendimento, um estudo conduzido com mais de mil crianças concluiu que a atenção sustentada aos 54 meses de idade estava associada à sua prontidão na escola (o que incluía rendimento e habilidades de linguagem) (NICHD Early Child Care Research Network, 2003). Com relação às habilidades sociais, crianças pequenas que têm dificuldade em controlar sua atenção estão mais propensas a experimentar rejeição dos colegas e a apresentar comportamento agressivo do que outras crianças (Eisenberg e outros, 2000).

O controle sobre a atenção mostra mudanças importantes durante a infância (Ruff e Capozzoli, 2003). Estímulos externos costumam determinar o alvo da atenção das crianças em idade pré-escolar; o que é *saliente*, ou óbvio, atrai a atenção dessas crianças. Por exemplo, suponha que um palhaço espalhafatoso apresente as instruções para resolver um problema. As crianças em idade pré-escolar provavelmente prestarão atenção no palhaço e ignorarão as instruções, pois elas são fortemente influenciadas por características salientes do ambiente. A partir dos seis ou sete anos, as crianças prestam mais atenção a aspectos relevantes para realizar uma tarefa ou resolver um problema, como as instruções. Essa mudança reflete uma alteração no *controle cognitivo* da atenção, de forma que as crianças agem menos impulsivamente, refletindo mais. Em vez de serem controladas pelos estímulos mais chamativos em seu ambiente, crianças mais velhas podem direcionar sua atenção para estímulos mais importantes.

atenção Concentrar e focar recursos mentais.

atenção sustentada A habilidade para manter a atenção em um estímulo selecionado por um período prolongado; também chamada vigilância.

atenção seletiva Focar um aspecto específico de uma experiência que é relevante, ignorando outros que são irrelevantes.

atenção dividida Concentrar-se em mais de uma atividade ao mesmo tempo.

Boas práticas
Estratégia para ajudar estudantes a prestar atenção

1. *Estimule os alunos a prestar o máximo de atenção e a minimizar as distrações.* Converse com as crianças sobre como é importante prestar atenção quando elas precisam se lembrar de algo. Dê exercícios com oportunidades para que concentrem toda a sua atenção em algo.

2. *Use dicas ou gestos para indicar que algo é importante.* Isso pode envolver elevar seu tom de voz, repetir algo com ênfase e escrever o conceito na lousa ou em uma transparência.

3. *Ajude os alunos a criar sua própria dica ou frase de efeito quando precisam prestar atenção.* Se possível, varie a cada mês. Forneça uma lista de opções para escolherem, tais como "Atenção", "Foco" ou "Concentração". Ensine-os a dizer para si mesmos a palavra ou frase preferida em um tom baixo, mas com firmeza, quando se pegarem divagando.

4. *Torne o aprendizado interessante.* Os estudantes se entediam muito rapidamente e, quando isso acontece, distraem a atenção. Relacionar as idéias com os interesses dos alunos aumenta sua atenção; assim como apresentar exercícios na aula de uma maneira nova, incomum e surpreendente. Começar um exercício de biologia sobre hereditariedade e envelhecimento com uma pergunta como "Vocês conseguiriam viver até os 100 anos?" ou "Será que algum dia viveremos até os 400 anos?", com certeza atrairia a atenção dos alunos. Pense em perguntas dramáticas como estas para introduzir diferentes tópicos.

5. *Utilize a mídia e a tecnologia de forma eficiente como parte de seu esforço para variar o ritmo da aula.* Vídeos e programas de televisão incorporam formatos para atrair a atenção, tais como ampliar uma imagem, apresentar uma imagem vívida e colorida na tela e mudar de um cenário para outro. Procure vídeos e programas de TV relevantes que possam lhe ajudar a variar o ritmo da aula e aumentar a atenção dos estudantes. Infelizmente, muitos professores usam vídeos para manter os alunos quietos, o que não promove o aprendizado. Além disso, se o currículo for entediante, não importa quais "truques" e "chamarizes" o professor use – os alunos não aprenderão eficientemente. Certifique-se de que a mídia e a tecnologia que você usa capturam a atenção dos alunos de maneira significativa promovendo uma aprendizagem eficiente (Goldman, 1998).

6. *Foque na aprendizagem ativa para torná-la agradável.* Um exercício diferente, um convidado, uma viagem de campo e muitas outras atividades podem ser usadas para tornar a aprendizagem agradável, reduzir o tédio dos estudantes e aumentar a atenção. A seguir, a professora de língua inglesa e teatro do ensino médio, Lynn Ayres, descreve como jogos podem aumentar o interesse em todas as séries.

Visão do professor
Transformando exercícios entediantes em jogos de aprendizagem ativa

Descobri que os exercícios mais entediantes (do tipo que se encontra em apostilas e livros didáticos) podem ser transformados em um jogo de aprendizagem ativa. Um dos jogos favoritos em minha classe de sétimo ano era "sentar-abaixar, levantar-erguer". Escolhia dois alunos, sentava cada um em uma cadeira próxima a uma mesa e colocava um livro sobre cada mesa. Se eu dissesse "levantar", eles deveriam se levantar. Se dissesse "erguer", eles deveriam erguer os livros. Eles deveriam sentar-se se eu dissesse "sentar" e deveriam abaixar os livros se dissesse "abaixar". Caso eu dissesse "levantar" e um deles levantasse e o outro erguesse o livro, o aluno com o livro erguido caía fora do jogo e era substituído por um colega da equipe. Ou se ambos levantassem, o primeiro a levantar permanecia e o outro era substituído. Os alunos amavam aquele jogo e realmente aprenderam a diferenciar esses dois pares de verbos no processo, comumente confundidos na língua inglesa.

Aquele jogo me ensinou a eficácia de envolver os alunos fisicamente. Desenvolvi dezenas de outros jogos envolvendo campainhas e cronômetros, e equipes de alunos que corriam pela sala, tocando campainhas, tentando vencer os membros da equipe adversária me dizendo se uma palavra era um substantivo ou um adjetivo. Praticamente qualquer exercício de apostila ou livro didático pode ser transformado em um jogo de atividade física com pouco empenho de sua parte, e alunos do ensino médio aprendem muito mais com um exercício que é tanto físico quanto mental.

7. *Não sobrecarregue os alunos com informação demais.* Vivemos em uma sociedade cercada de informações que, às vezes, tendemos a achar que devemos fazer o estudante aprender tudo. Mas estudantes que recebem informações demais e de forma muito rápida podem não absorver nada.

8. *Fique atento a diferenças individuais entre habilidades de atenção dos estudantes.* Alguns alunos têm sérios problemas de atenção. Você precisará levar isso em conta quando apresentar o conteúdo. Antes de começar um exercício, procure na classe fontes potenciais de distração, como uma janela aberta com vista para um playground, onde as crianças estão fazendo barulho. Feche a janela e as cortinas para eliminar a distração.

A atenção para informações relevantes aumenta continuamente ao longo do ensino fundamental e médio (Davidson, 1996). O processamento de informações irrelevantes diminui na adolescência.

Conforme as crianças crescem, suas habilidades tanto para dirigir atenção seletiva quanto para dividir atenção melhoram. Crianças mais velhas e adolescentes são melhores do que as mais novas em tarefas que requerem mudança de foco na atenção. Por exemplo, escrever uma boa história requer mudar o foco de atenção entre muitas tarefas que competem entre si – escrever as palavras corretamente, compor a gramática, estruturar os parágrafos e criar a história como um todo. As crianças também melhoram sua habilidade de fazer duas coisas simultaneamente. Por exemplo, um estudo mostrou que crianças de 12 anos foram comprovadamente melhores que as de oito anos e um pouco piores que jovens de 20 anos em distribuir sua atenção em uma situação envolvendo duas tarefas (atenção dividida) (Manis, Keating e Morrison, 1980). Essas melhoras em relação à atenção dividida podem ser ocorrer por causa de um aumento nos recursos cognitivos (por meio de maior velocidade ou capacidade de processamento), automatismo ou habilidades para direcionar recursos.

Quais são alguns exemplos de boas estratégias que os professores podem usar para conseguir a atenção dos alunos?

Reveja, reflita e pratique

2 Caracterizar atenção e resumir suas mudanças ao longo do desenvolvimento.

Reveja
- O que é atenção? Quais são três maneiras para distribuir a atenção.
- Como a atenção se desenvolve na infância e na adolescência?

Reflita
- Imagine que você seja um professor do ensino fundamental e uma criança está com dificuldades de manter a atenção (sustentada) em uma tarefa de aprendizagem. Quais estratégias você tentaria usar para ajudar a criança a manter a atenção?

Pratique PRAXIS™

1. A Sra. Samson leciona no primeiro ano. Em geral, quando está trabalhando com um grupo de crianças, ela precisa monitorar o comportamento do restante da classe, ocasionalmente intervindo de alguma forma. Às vezes ela está com três ou quatro alunos em sua mesa, cada um precisando de algo diferente. Mas isso não parece atrapalhá-la de maneira alguma. Ela pode falar com um aluno, enquanto amarra o sapato de outro e monitora o comportamento do restante da classe sem problemas. Qual habilidade a Sra. Samson domina?
   a. Atenção dividida.
   b. Atenção seletiva.
   c. Atenção sustentada.
   d. Atenção pessoal.

2. Mark muda seu foco de atenção rapidamente de uma coisa para outra. Quanto mais colorida e barulhenta, maior é a probabilidade de atrair a sua atenção. Ele raramente mantém a atenção em algo por mais de alguns minutos. Partindo dessa descrição, Mark é provavelmente:
   a. Uma criança com idade de um a três anos.
   b. Uma criança em idade pré-escolar.
   c. Uma criança entre seis e nove anos.
   d. Um adolescente.

Por favor, verifique as respostas no final do livro.

3 Memória

- O que é memória?
- Codificação
- Armazenamento
- Resgate e esquecimento

O dramaturgo do século 20, Tennessee Williams, escreveu certa vez que a vida é toda memória, exceto por aquele momento presente que passa tão rápido que você quase nem vê passar. Mas o que é memória?

O que é memória?

Memória é a retenção de informações ao longo do tempo. Psicólogos educacionais estudam como as informações são inseridas ou codificadas inicialmente na memória, como são retidas ou armazenadas após serem codificadas e como são encontradas ou recuperadas posteriormente para determinada finalidade. A memória ancora a perpetuação da identidade. Sem a memória você não conseguiria relacionar o que aconteceu ontem com o que está acontecendo em sua vida hoje. Atualmente, os psicólogos educacionais afirmam que é importante não ver a memória em termos de como as crianças acrescentam coisas a ela, mas ressaltar como as crianças a constroem ativamente (Schacter, 2001).

O foco de nossa discussão sobre memória será a codificação, armazenamento e resgate. Pensar sobre memória em termos desses processos ajudará você a entender melhor o conceito (veja a Figura 8.1). Para que a memória funcione, as crianças devem absorver informações, armazenar ou reproduzir e, então, recuperá-la posteriormente para algum fim.

Como você aprendeu anteriormente, *codificação* é o processo pelo qual as informações entram na memória. *Armazenamento* é a retenção de informações ao longo do tempo. *Resgate* significa tirar as informações de onde estão guardadas. Agora, vamos explorar cada uma dessas três importantes atividades da memória mais detalhadamente.

Codificação

No dia-a-dia, a codificação tem muito em comum com atenção e aprendizagem. Quando um aluno está ouvindo um professor, assistindo a um filme, ouvindo uma música ou conversando com um amigo, ele está codificando informações na memória. Além da atenção, que discutimos há pouco, codificar consiste em alguns processos: ensaio, processamento profundo, elaboração, construção de imagens e organização.

Ensaio Ensaio é a repetição consciente de informações ao longo do tempo para aumentar o período em que estas permanecem na memória. Por exemplo, quando você marca um almoço com seu melhor amigo, provavelmente repetirá, ou ensaiará, a data e a hora: "O.k. – quarta, 13h30". Ensaiar funciona melhor quando você precisa codificar e se lembrar de uma lista de itens por um período curto. Quando você necessita manter informações por períodos longos, como quando está estudando para uma prova que não ocorrerá até a próxima semana, outras estratégias funcionam melhor que o ensaio. O ensaio não funciona bem para manter informações por longos períodos, pois, muitas vezes, envolve a repetição mecânica da informação sem atribuir qualquer significado a ela. Quando constrói sua memória de maneira significativa, você se lembra melhor. Como veremos a seguir, você também se lembra melhor quando processa profundamente e elabora o material.

Processamento profundo Depois que se descobre que ensaiar não é uma maneira eficiente para codificar informações para a memória de longa duração, Fergus Craik e Robert Lockhart (1972) propuseram que podemos processar informações em diferentes

---

FIGURA 8.1 Processando informações na memória.

À medida que lê sobre os vários aspectos da memória neste capítulo, pense sobre a organização da memória em termos destas três atividades principais.

- **Codificação**: Inserir informações na memória
- **Armazenamento**: Reter informações ao longo do tempo
- **Resgate**: Tirar a informações de onde está guardada

memória Retenção de informações ao longo do tempo, que inclui codificação, armazenamento e resgate.

ensaio Repetição consciente de informações ao longo do tempo para aumentar o período em que estas permanecem na memória.

níveis. Sua teoria, **teoria dos níveis de processamento**, afirma que o processamento da memória ocorre em um continuum do superficial para o profundo, com o processamento profundo resultando em uma memória melhor. Processamento superficial significa analisar as características sensoriais, ou físicas, de um estímulo em um nível superficial. Isso pode envolver detectar o traçado, ângulos e contornos das letras de uma palavra impressa ou a freqüência, duração e volume de uma palavra verbalizada. Em um nível intermediário de processamento, você reconhece o estímulo e o identifica. Por exemplo, identifica um objeto de quatro pernas, que late, como um cachorro. No nível mais profundo, processa informações de maneira semântica. Por exemplo, se uma criança vê a palavra *barco*, no nível superficial, ela pode notar as formas das letras; no nível intermediário, ela pode pensar nas características da palavra (como ela rima com *arco*) e, no nível mais profundo, ela pode pensar sobre a última vez que foi pescar com seu pai em um barco e que tipo de barco era. Pesquisadores concluíram que as pessoas se lembram melhor das informações quando as processam no nível mais profundo (Otten, Henson & Rugg, 2001).

Elaboração   No entanto, os psicólogos cognitivos logo reconheceram que há mais por trás de uma boa codificação do que apenas a profundidade do processamento. Eles descobriram que, quando os indivíduos usam a elaboração enquanto codificam as informações, sua memória se beneficia (Terry, 2006). **Elaboração** é o grau de processamento das informações envolvidas na codificação. Assim, quando você apresentar o conceito de democracia para os estudantes, eles provavelmente se lembrarão melhor do assunto se pensarem em bons exemplos para o conceito. Pensar em um exemplo é uma boa maneira de elaborar informação. Por exemplo, auto-referência é uma maneira eficaz para elaborar informações. Se você está tentando fazer que os alunos se lembrem do conceito de justiça, quanto mais eles conseguirem elaborar exemplos de injustiça e justiça que eles mesmos experimentaram, maior será a probabilidade de que se lembrarão do conceito.

O uso de elaboração muda com o desenvolvimento (Nelson, 2006; Schneider, 2004; Schneider e Pressley, 1997). Os adolescentes tendem a usar a elaboração mais espontaneamente do que as crianças. Crianças do ensino fundamental podem ser ensinadas a usar estratégias de elaboração ao aprender uma tarefa, mas têm menor probabilidade do que os adolescentes de usá-las em tarefas futuras. Ainda assim, a elaboração verbal pode ser uma estratégia eficaz de memorização até mesmo com crianças muito novas. Em um estudo, o pesquisador pediu a alunos do segundo e do quinto ano para construir uma frase significativa com uma palavra-chave (como "O carteiro carregava uma carta em seu carrinho" com a palavra-chave *carrinho*). Como a Figura 8.2 mostra, ambas as crianças se lembraram melhor das palavras-chave quando construíam uma frase significativa contendo essa palavra do que quando simplesmente foi dito a elas a palavra-chave e seu significado (Pressley, Levin e McCormick, 1980).

Uma das razões por que a elaboração funciona tão bem na codificação é que contribui para a distinção do código da memória (Ellis, 1987; Hunt e Ellis, 2004). Para se lembrar de uma informação, como um nome, uma experiência ou um fato sobre geografia, os alunos precisam procurar o código que contém essa informação dentro a massa de códigos em suas memórias de longa duração. O processo de busca é mais fácil se o código da memória for exclusivo (Hunt e Kelly, 1996). A situação não é diferente de, por exemplo, procurar por um amigo em um aeroporto abarrotado – se seu amigo medir dois metros e for ruivo, será mais fácil encontrá-lo na multidão do que se ele tiver características mais comuns. Além disso, conforme a pessoa elabora informações, mais informações são armazenadas. E na

Visão do estudante

As teias da memória

Acredito que o objetivo de termos memórias é compartilhá-las, especialmente com amigos próximos e a família. Se você não as compartilha, elas ficam apenas lá guardadas no seu cérebro criando teias. Se você tem uma ótima lembrança do Natal e ninguém com quem compartilhá-la, para que servem as memórias?

Aluno do sétimo ano
West Middle School
Ypsilanti, Michigan

teoria dos níveis de processamento É a teoria de que o processamento da memória ocorre em um continuum que vai do superficial ao profundo, com o processamento profundo resultando em uma memória melhor.

elaboração O grau de processamento das informações envolvidas na codificação.

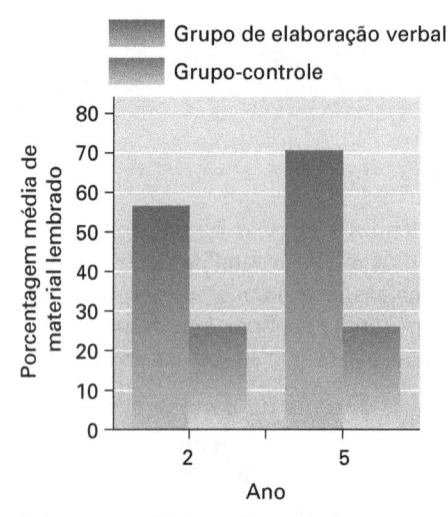

FIGURA 8.2 Elaboração verbal e memória.

As crianças, tanto do segundo quanto do quinto ano, lembraram-se melhor das palavras quando construíam uma frase significativa para a palavra (grupo de elaboração verbal) do que quando apenas ouviam a palavra e sua definição (grupo-controle). A elaboração verbal funcionou melhor para as crianças do quinto ano do que para as do segundo.

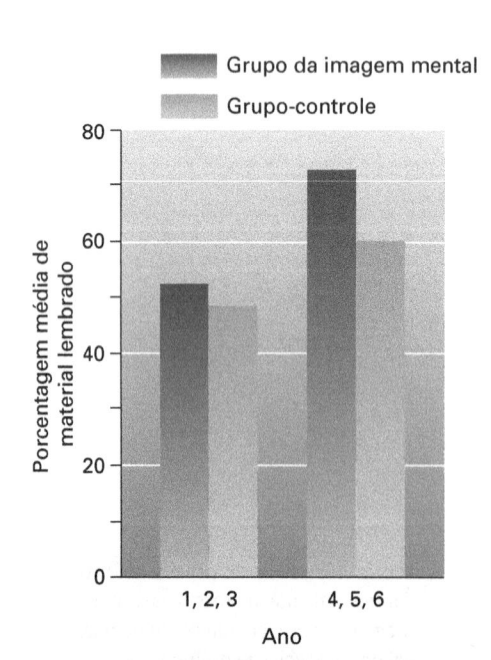

FIGURA 8.3 Imagem mental e memória de informação verbal.

A imagem mental melhorou a memória de crianças mais velhas para frases do que de crianças mais novas no ensino fundamental.

medida em que mais informações são armazenadas, fica mais fácil diferenciar essa memória de outras. Por exemplo, se um estudante testemunha um acidente com outro estudante, no qual este é atropelado por um carro, e cujo motorista foge em seguida, o que a testemunha guarda na memória sobre o carro será muito mais bem lembrada caso ela deliberadamente codifique suas observações de que o carro seja um Pontiac 1995 vermelho com janelas escurecidas e calotas giratórias, do que se observar apenas que se trata de um carro vermelho.

Construindo imagens Quando construímos uma imagem de algo, estamos elaborando a informação. Por exemplo, quantas janelas há na casa ou no apartamento onde sua família mora há um bom tempo? Poucos de nós já memorizou essa informação, mas você provavelmente pode dar uma boa resposta, em especial se reconstruir uma imagem mental de cada cômodo.

Allan Paivio (1971, 1986) afirma que as memórias são armazenadas de duas maneiras: como códigos verbais ou como códigos de imagem. Por exemplo, você pode se lembrar de uma imagem por meio de um título (*A última ceia*, um código verbal) ou por uma imagem mental. Paivio diz que, quanto mais detalhado e diferenciado for o código de imagem, melhor sua memória trabalhará a informação.

Pesquisadores concluíram que estimular as crianças a usar imagens para se lembrar de uma informação verbal funciona melhor para crianças mais velhas do que para as mais novas (Schneider, 2004). Em um estudo, os pesquisadores apresentaram 20 frases para crianças do primeiro ao sexto ano se lembrarem (como "O pássaro zangado gritou com o cão branco" e "O policial pintou a tenda do circo em um dia de vento") (Pressley e outros, 1987). As crianças foram divididas aleatoriamente entre um grupo de imagem (crie uma imagem mental para cada uma das frases) e um grupo-controle (pediram às crianças apenas para que se esforçassem para lembrar). A Figura 8.3 mostra que as instruções de imagem melhoraram mais a memória de crianças mais velhas (do quarto ao sexto ano) do que das mais novas (do primeiro ao terceiro ano). Pesquisadores constataram que, quando crianças mais novas usam imagens mentais, lembram-se melhor de figuras do que de conteúdos verbais, como frases (Schneider e Pressley, 1997).

Organização Se os estudantes organizam as informações quando as estão codificando, sua memória se beneficia. Para entender a importância da organização na codificação, faça o seguinte exercício: relembre sobre os 12 meses do ano o mais rápido que puder. Quanto tempo você levou? Qual foi a ordem em que lembrou? Suas repostas provavelmente serão: alguns segundos e na ordem natural (janeiro, fevereiro, março e assim por diante). Agora, tente se lembrar dos meses em ordem alfabética. Você cometeu algum erro? Quanto tempo levou? Há uma clara distinção entre se lembrar dos meses em ordem natural e alfabeticamente. Esse exercício é um bom exemplo para usar com seus alunos a fim de ajudá-los a entender a importância de organizar suas memórias de maneiras significativas.

Quanto mais você apresenta as informações de forma organizada, mais facilmente seus alunos se lembrarão delas. Isso é especialmente verdade se você organizar as informações hierarquicamente ou listá-la. Além disso, se você simplesmente incentivar os alunos a orga-

Frank and Ernest

DEPTO. DE VIAS PÚBLICAS - SEÇÃO DE PLANEJAMENTO

Quinta Rua / Primeira Rua / Quarta Rua / Segunda Rua / Sexta Rua

Para evitar confusão, decidimos reorganizar as ruas alfabeticamente

FRANK e ERNEST © Thaves/Dist. by Newspaper Enterprise Association, Inc.

nizar as informações, na maior parte das vezes eles se lembrarão delas melhor do que se você não der instrução nenhuma sobre organização (Mandler, 1980).

Agrupamento/segmentação é uma estratégia benéfica de organização da memória que envolve agrupar, ou "empacotar", informações em unidades "de grandeza maior" que podem ser lembradas como unidades independentes. O agrupamento funciona tornando grandes quantidades de informações mais gerenciáveis e significativas. Por exemplo, considere essa simples lista de palavras: *quente, cidade, livro, esquecer, amanhã e sorriso*. Tente mantê-las na memória por um momento, depois as escreva. Se você se lembrou de todas as 6 palavras, conseguiu manter 30 letras em sua memória. Mas teria sido muito mais difícil tentar se lembrar das 30 letras. Agrupá-las em palavras lhes deu significado.

Armazenamento

Depois de codificar, as crianças precisam reter, ou armazenar, as informações. O armazenamento de memória envolve três tipos de memória com durações diferentes: memória sensorial, memória de trabalho (ou de curta duração) e memória de longa duração.

Tempos de amplitude/extensão da memória As crianças se lembram de algumas informações por menos de um segundo, algumas por aproximadamente meio minuto e outras informações por minutos, horas, anos e até uma vida toda. Os três tipos de memória, que correspondem a esses diferentes tempos de extensão, são *memória sensorial* (que dura de uma fração de segundo até vários segundos); *memória de curta duração/curto prazo* (também chamada *memória de trabalho – working memory*; dura aproximadamente 30 segundos) e *memória de longa duração/longo prazo* (que pode durar a vida toda).

Memória sensorial A **memória sensorial** guarda informações sobre o mundo em sua forma sensorial original por apenas um instante, não muito mais do que o breve tempo em que um aluno é exposto a sensações visuais, auditivas dentre outras.

Os alunos têm memória sensorial para sons de até vários segundos, como um curto eco. Porém, sua memória sensorial para imagens dura apenas cerca de um quarto de segundo. Como as informações sensoriais duram apenas um momento fugaz, prestar atenção nas informações sensoriais que são relevantes é uma tarefa importante para aprender rapidamente, antes que desapareçam.

Memória de curta duração **Memória de curta duração** é um sistema de memória com capacidade limitada em que as informações são retidas por até 30 segundos, a menos que sejam repetidas ou processadas mais profundamente de alguma outra maneira, o que nesse caso aumentaria sua retenção. Comparada com a memória sensorial, a memória de curta duração tem capacidade limitada, mas uma duração relativamente maior. Sua capacidade limitada intrigou George Miller (1956), que a descreveu em um ensaio com um título instigante: "The magical number seven, plus or minus two" ("O mágico número sete, mais ou menos dois"). Miller salientou que, em muitas tarefas, existe uma limitação na quantidade de informação que os alunos conseguem acompanhar sem ajuda externa. Normalmente, o limite está em um intervalo de 7 ± 2 itens.

O exemplo mais citado do fenômeno 7 ± 2 envolve **amplitude da memória** (*memory span*), o número de dígitos que um indivíduo consegue repetir corretamente após uma única apresentação. A quantidade de dígitos que o indivíduo consegue repetir sem erros depende de sua idade. Um estudo constatou que a amplitude da memória aumentou de dois dígitos em crianças de dois anos para cinco dígitos em crianças de sete anos e para seis a sete dígitos em crianças de 12 anos (Dempster, 1981) (veja a Figura 8.4). Muitos alunos universitários conseguem memorizar listas de oito a nove dígitos. Lembre-se de que esses valores são médias e que os indivíduos são diferentes entre si. Por exemplo, muitas crianças de sete anos têm uma duração de memória de menos de seis ou sete dígitos; outras têm capacidade para oito ou mais dígitos.

Quanto à memória de curta duração, o psicólogo britânico Alan Baddeley (1993, 1998, 2000 e 2001) propôs que a **memória de trabalho** é um sistema de três partes que armazena informações temporariamente enquanto as pessoas realizam tarefas. A memória de trabalho é uma espécie de "bancada de trabalho", onde as informações são manipuladas e montadas para nos ajudar a tomar decisões, resolver problemas e compreender a linguagem escrita e falada.

"Será que podemos ir mais rápido e começar a prova logo? Minha memória de curta duração é melhor que a minha memória de longa duração."

© 2006; reproduzido por cortesia de Bunny Hoest and Parade.

agrupamento/segmentação Agrupar, ou "empacotar", informações em unidades "de maior grandeza" que podem ser lembradas como unidades independentes.

memória sensorial Memória que guarda informações sobre o mundo em sua forma sensorial original por apenas um instante.

memória de curta duração Um sistema de memória com capacidade limitada em que as informações são retidas por até 30 segundos, a menos que sejam repetidas, o que nesse caso aumentaria sua retenção.

amplitude da memória Número de dígitos que um indivíduo consegue reproduzir corretamente após uma única apresentação.

memória de trabalho Uma espécie de "bancada de trabalho mental" que permite aos indivíduos manipular, montar e construir as informações quando tomam decisões, resolvem problemas e compreendem a linguagem escrita e falada.

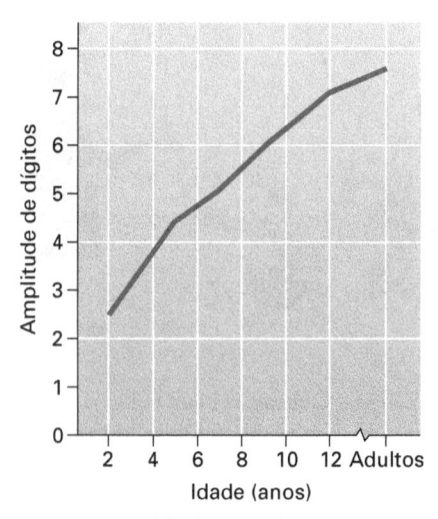

FIGURA 8.4 Mudanças do desenvolvimento na amplitude da memória.

Um estudo indicou que a amplitude da memória aumentou aproximadamente de três dígitos aos dois anos para cinco dígitos aos sete anos (Dempster, 1981). Aos 12 anos, a amplitude de memória havia aumentado em média mais 1½ dígitos.

Note que a memória de trabalho não é como um armazém passivo com prateleiras para armazenar informações até que sejam removidas para a memória de longa duração. Na verdade, é um sistema de memória bastante ativo (Hitch, 2006; Kane e outros, 2004; Schraw, 2006).

A Figura 8.5 mostra a idéia de Baddeley sobre memória de trabalho e seus três componentes: alça fonológica, memória viso-espacial e central executiva. Pense nelas como um administrador (central executiva) com dois assistentes (alça fonológica e memória de trabalho viso-espacial) para ajudá-lo a realizar seu trabalho.

- A *alça fonológica* é especializada em armazenar brevemente informações baseadas na fala quanto aos sons de um língua. A alça fonológica contém dois componentes distintos: um código acústico, que se desfaz em poucos segundos, e ensaio, que permite aos indivíduos repetir palavras no armazém fonológico.
- A *memória de trabalho viso-espacial* armazena informações visuais e espaciais, incluindo imagens mentais. Como a alça fonológica, a memória de trabalho viso-espacial tem capacidade limitada. Ambas trabalham independentemente. Você poderia ensaiar números na alça fonológica enquanto organiza espacialmente um conjunto de letras na memória de trabalho viso-espacial.
- A *central executiva* integra informações não apenas da alça fonológica e da memória de trabalho viso-espacial, mas também da memória de longa duração. Na opinião de Baddeley, a central executiva ocupa papéis importantes na atenção, planejamento e comportamento organizacional. A central executiva atua de forma semelhante a um supervisor que monitora quais informações e assuntos merecem atenção e quais devem ser ignorados. Ela também seleciona quais estratégias utilizar para processar informações e resolver problemas. Assim como os outros dois componentes da memória de trabalho – a alça fonológica e a memória de trabalho viso-espacial – a central executiva tem capacidade limitada.

Vamos examinar um aspecto da vida na qual a memória de trabalho está envolvida. Um estudo indicou que a memória de trabalho verbal foi prejudicada por emoções negativas (Gray, 2001). Em outras palavras, quando as pessoas se sentem mal sobre algum assunto, sua memória de trabalho pode se tornar menos eficiente. Em outro estudo, alunos universitários que escreveram sobre um evento emocional negativo demonstraram uma melhora palpável em sua memória de trabalho, comparados a alunos que escreveram sobre um evento emocional positivo e aqueles em um grupo-controle que escreveram sobre suas rotinas diárias (Klein e Boals, 2001). O efeito da escrita sobre a memória de trabalho foi associado com médias escolares mais altas. Esse estudo demonstrou que a memória de trabalho é maleável e pode ser afetada por uma experiência como escrever sobre suas experiências emocionais (Miyake, 2001). Por exemplo, alunos com ansiedade relacionada à matemática muitas vezes experimentam deficiências em sua memória de trabalho ao resolver problemas de matemática por causa de pensamentos intrusivos e preocupações sobre matemática (Ashcraft e Kirk, 2001). Tais alunos podem ter resultados positivos se escreverem sobre sua ansiedade.

A memória de trabalho dos adolescentes é melhor que a das crianças? Um estudo concluiu que sim (Swanson, 1999). Pesquisadores examinaram o desempenho de crianças e adolescentes em tarefas para memória de trabalho viso-espacial e verbal. As duas tarefas verbais foram seqüência auditiva de dígitos (a habilidade de se lembrar de informações numéricas incluídas em uma frase curta, tal como "Agora suponha que alguém queira ir ao supermercado na Rua Elm, 8.651") e associação semântica (a habilidade de organizar palavras em categorias abstratas) (Swanson, 1999, p. 988). Na tarefa de associação semântica, era apresentada ao participante uma série de palavras (tais como *camisa, serra, calças, martelo, sapatos* e *pregos*) e era solicitado que se lembrasse como elas se associam. As duas tarefas viso-espaciais envolviam mapeamento/direções e uma matriz visual. Na tarefa de mapeamento/direções, foi apresentado ao participante um mapa de ruas mostrando a rota que uma bicicleta tomaria. Após observar o mapa brevemente, os participantes deveriam redesenhar a rota em um mapa em branco. Na tarefa da matriz visual, os participantes deveriam estudar uma matriz que mostrava uma série de pontos. Após observar a matriz por cinco segundos, eles deveriam responder as questões sobre a localização dos pontos. Como mostra a Figura 8.6, a memória de trabalho aumentou consideravelmente dos oito aos vinte e quatro anos não importando a tarefa. Portanto, a adolescência deve ser um período importante de desenvolvimento na memória de trabalho.

Memória de longa duração **Memória de longa duração** é um tipo de memória que armazena grandes quantidades de informações por um longo período de maneira relativamente permanente. A capacidade de memória de longa duração de um humano típico é desconcertante e a eficiência com a qual os indivíduos conseguem recuperar informações é impressionante. Normalmente, levamos apenas um momento para sondar esse vasto armazém e encontrar a informação que queremos. Pense sobre sua própria memória de longa duração. Quem foi sua professora do primeiro ano? Você consegue responder a milhares de questões semelhantes instantaneamente. Mas nem toda informação é recuperada tão facilmente da memória de longa duração.

Um modelo dos três armazéns da memória Esse conceito de três etapas da memória que nós descrevemos foi desenvolvido por Richard Atkinson e Richard Shiffrin (1968). De acordo com o **modelo Atkinson-Shiffrin**, a memória envolve uma seqüência de estágios de memória sensorial, memória de curta duração e memória de longa duração (veja a Figura 8.7). Como já vimos, boa parte das informações não vai além da memória sensorial de sons e imagens. Essas informações são retidas apenas por um instante. Porém, algumas informações, especialmente aquelas em que prestamos atenção, são transferidas para a memória de curta duração, onde podem ser mantidas por até 30 segundos (ou mais com o uso de ensaio). Atkinson e Shiffrin afirmavam que, quanto mais tempo uma informação permanecesse na memória de curta duração por meio do uso de ensaio, maior é chance de que chegue à memória de longa duração. Observe na Figura 8.7 que as informações na memória de longa duração também podem ser recuperadas para a memória de curta duração.

Dentre os especialistas em memória contemporâneos, há aqueles que acreditam que o modelo Atkinson-Shiffrin é muito simples (Bartlett, 2005). Eles argumentam que a memória nem sempre funciona como um pacote perfeito de uma seqüência de três estágios, como Atkinson e Shiffrin propuseram. Por exemplo, esses especialistas ressaltam que a *memória de trabalho* utiliza o conteúdo da memória de longa duração de maneiras mais flexíveis do que simplesmente o resgate das informações. Apesar desses problemas, o modelo é útil para proporcionar uma visão geral de alguns componentes da memória.

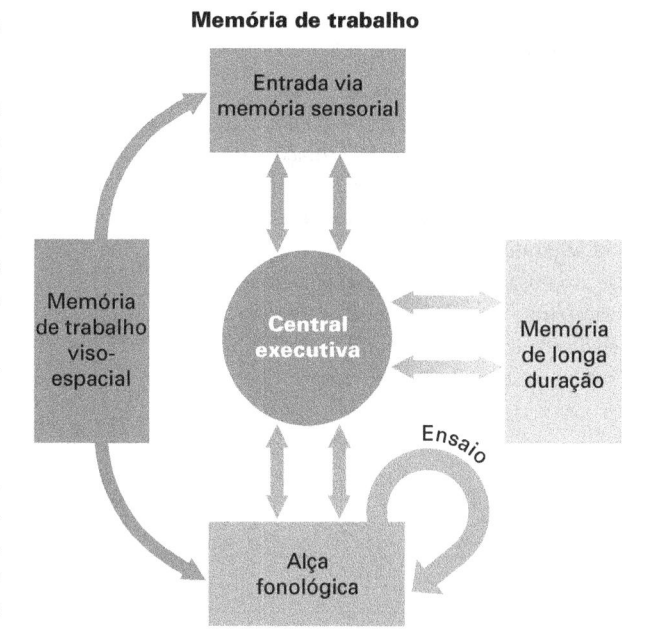

FIGURA 8.5 Memória de trabalho.

A memória de trabalho no modelo de Baddeley é como uma bancada de trabalho onde ocorre grande quantidade de processamento de informações. A memória de trabalho consiste em três elementos principais: a alça fonológica e a memória de trabalho viso-espacial servem como assistentes, ajudando o executivo central a realizar seu trabalho. Entradas na memória sensorial vão para a alça fonológica, onde informações sobre a fala são armazenadas e ocorre o ensaio, e para a memória de trabalho viso-espacial, onde as informações visual e espacial, incluindo imagens mentais, são armazenadas. A memória de trabalho interage com a memória de longa duração, usando informações da memória de longa duração em seu trabalho e transmitindo informações para a memória de longa duração para um armazenamento mais duradouro.

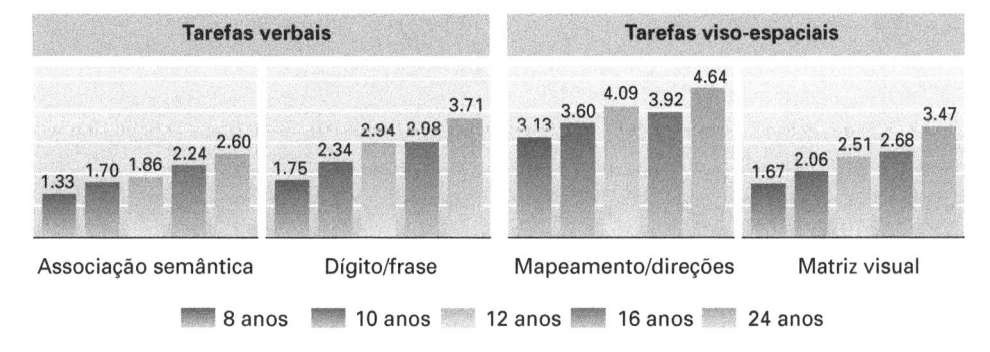

FIGURA 8.6 Mudanças do desenvolvimento na memória de trabalho.

Nota: Os valores apresentados aqui são médios para cada grupo de idade, e a idade também representa uma média. Valores mais altos refletem um desempenho superior da memória de trabalho.

memória de longa duração Um tipo de memória que armazena grandes quantidades de informações por um longo período de maneira relativamente permanente.

modelo Atkinson-Shiffrin Um modelo de memória que envolve uma seqüência de estágios de memória sensorial, memória de curta duração e memória de longa duração.

FIGURA 8.7 Teoria da memória de Atkinson e Shiffrin.

Nesse modelo, a entrada sensorial vai para a memória sensorial. Pelo processo de atenção, as informações são transferidas para a memória de curta duração, onde podem ser mantidas por 30 segundos ou menos, a não ser que sejam ensaiadas. Quando as informações vão para a armazenagem da memória de longa duração, elas podem ser recuperadas ao longo da vida.

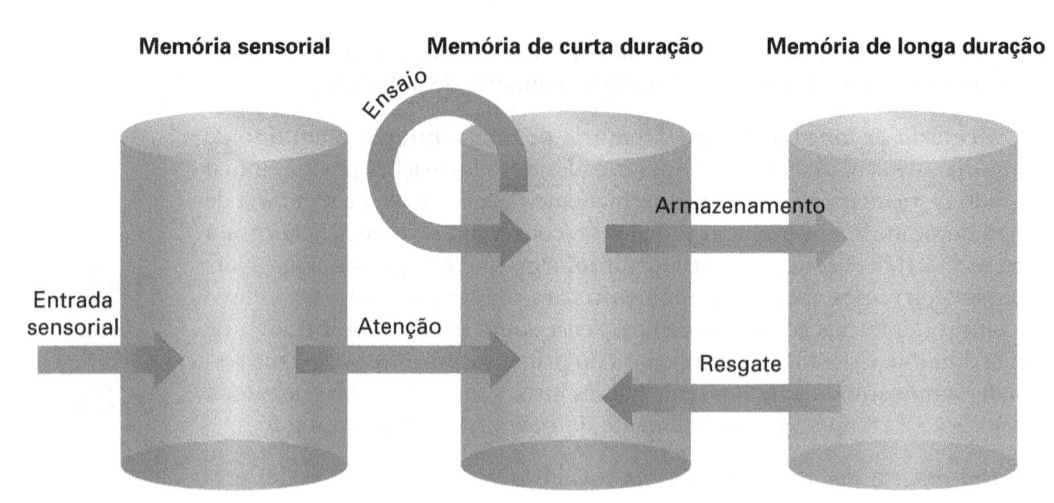

Conteúdos da memória de longa duração Assim como diferentes tipos de memória podem ser distinguidos pelo tempo de duração, as memórias podem ser diferenciadas com base em seu conteúdo (Schraw, 2006). Para a memória de longa duração, muitos psicólogos aceitam a hierarquia de conteúdos apresentada na Figura 8.8 (Bartlett, 2005; Squire, 1987). Nessa hierarquia, a memória de longa duração está dividida entre os subtipos memória declarativa e processual. Memória declarativa está subdividida em memória episódica e memória semântica.

Memória declarativa e processual **Memória declarativa** é a recordação consciente de informações, tal como fatos ou eventos específicos que podem ser comunicados verbalmente. A memória declarativa já foi chamada "saber que" e, mais recentemente, foi denominada "memória explícita". Demonstrações da memória declarativa de alunos poderiam incluir recontar um evento que presenciaram ou descrever um princípio básico da matemática. No entanto, os estudantes não precisam falar para usar a memória declarativa. O simples fato de se sentar e refletir sobre uma experiência fará que sua memória declarativa seja envolvida.

Memória processual é o conhecimento não declarado na forma de habilidades e operações cognitivas. A memória processual não pode ser recordada conscientemente, pelo menos não na forma de eventos e fatos específicos. Isso torna a memória processual difícil, senão impossível, de comunicar verbalmente. A memória processual, às vezes, é chamada "saber como" e, recentemente, também foi descrita como "memória implícita" (Schacter, 2000). Quando os alunos aplicam suas habilidades para dançar, andar de bicicleta ou digitar em um teclado de computador, sua memória de procedimento está em funcionamento. Ela também está funcionando quando falam frases gramaticalmente corretas sem ter de pensar em como fazê-lo.

memória declarativa Recordação consciente de informações, tal como fatos ou eventos específicos que podem ser comunicados verbalmente.

memória processual Conhecimento na forma de habilidades e operações cognitivas. A memória processual não pode ser recordada conscientemente, pelo menos não na forma de eventos e fatos específicos.

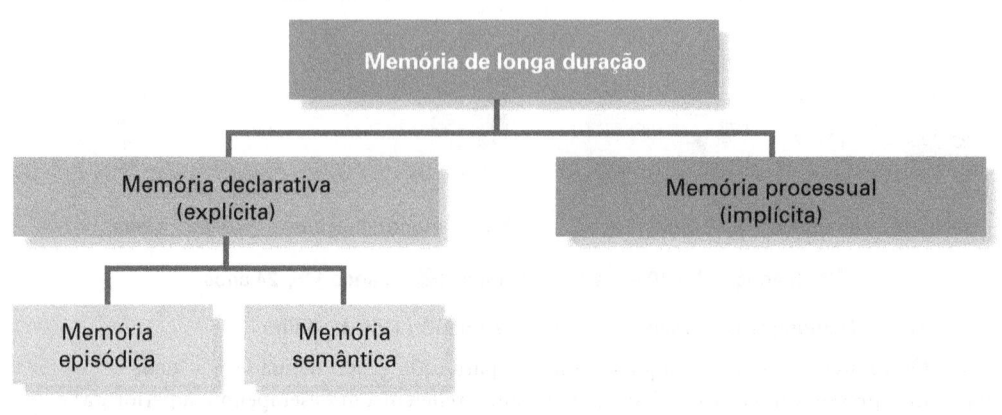

FIGURA 8.8 Classificação dos conteúdos da memória de longa duração.

Memória episódica e semântica O psicólogo cognitvio Endel Tulving (1972, 2000) distingue entre dois subtipos de memória declarativa: episódica e semântica. **Memória episódica** é a retenção de informações sobre o onde e o quando relacionados aos acontecimentos da vida. As memórias dos estudantes do primeiro dia de aula, com quem fizeram seu lanche ou o convidado que veio falar em sua sala na semana passada, são todos episódicos.

Memória semântica é o conhecimento geral sobre o mundo. Ela inclui:

- conhecimento da disciplina aprendida na escola (tal como o conhecimento sobre geometria);
- conhecimento em diferentes áreas de especialização (tal como conhecimento de xadrez, para um jogador experiente de 15 anos); e
- conhecimento "corriqueiro" sobre o significado de palavras, pessoas famosas, lugares importantes e coisas comuns (como o que significa a palavra *perseverante* ou quem é Nelson Mandela).

A memória semântica independe da identidade da pessoa com o passado. Por exemplo, os alunos podem acessar um fato – como "Lima é a capital do Peru" – e não ter a menor idéia de quando e onde eles aprenderam isso.

Representando informações na memória   Como os estudantes representam informações na memória? Três teorias principais abordaram essa questão: rede, esquema e traço difuso.

Teorias de rede   **Teorias de rede** descrevem como as informações são organizadas e interligadas na memória. Elas enfatizam a existência de nódulos na memória de trabalho. Os nódulos representam denominações ou conceitos. Considere o conceito "pássaro". Uma das primeiras teorias de rede descrevia a representação da memória como organizada hierarquicamente, com conceitos mais concretos ("canário", por exemplo) inseridos abaixo de conceitos mais abstratos (tal como "pássaro"). Porém, logo ficou claro que essas redes hierárquicas são muito organizadas para retratar precisamente como a representação da memória realmente funciona. Por exemplo, os estudantes levam mais tempo para responder a pergunta "O avestruz é uma ave?" do que para responder "Um canário é uma ave?" Assim, atualmente, os pesquisadores da memória vêem a rede de memória como algo mais irregular e distorcido (Schraw, 2006). Uma ave comum, como um canário, tem mais proximidade com o nódulo, ou centro, da categoria "pássaro" do que o incomum avestruz.

Teorias de esquema   A memória de longa duração tem sido comparada a uma biblioteca de livros. A idéia é que nossa memória armazena informações da mesma forma como uma biblioteca armazena livros. Nessa analogia, a maneira como os estudantes recuperam informações é parecida com a maneira como localizam e retiram livros. Porém, o processo de resgate de informações da memória de longa duração não é tão preciso quanto a analogia da biblioteca sugere. Quando fazemos uma busca em nosso armazém da memória de longa duração, nem sempre encontramos o "livro" exato que estamos procurando, ou encontramos o "livro" que queremos, mas descobrimos que apenas "algumas páginas" estão intactas – temos de reconstruir o resto.

Teorias de esquema afirmam que quando reconstruímos informações, nós a encaixamos em informações que já existem em nossas mentes. Um **esquema** são informações – conceitos, conhecimento, informações sobre eventos – que já existem na mente de uma pessoa. Diferentemente das teorias de rede, que assumem que o resgate envolve fatos específicos, a teoria de esquema afirma que as buscas na memória de longa duração não são muito exatas. Normalmente, não encontramos exatamente o que queremos e temos de reconstruir o resto. Muitas vezes, quando precisamos relembrar informações, preenchemos as lacunas em nossas memórias fragmentadas com uma variedade de precisões e imprecisões.

Temos esquemas para todo tipo de informação. Se você contar qualquer história para sua classe e então pedir aos alunos que escrevam sobre o assunto da história, provavelmente receberá muitas versões diferentes. Isto é, seus alunos não se lembrarão de cada detalhe da história que você contou, mas a reconstruirão com suas próprias influências. Suponha que você conte uma história para sua classe sobre dois homens e duas mulheres que se envolveram em um acidente de trem na França. Um estudante pode reconstruir a história dizendo que os personagens morreram em um acidente de avião, outro pode descrever como tendo três homens e três mulheres,

memória episódica Retenção de informações sobre o onde e o quando dos acontecimentos da vida.

memória semântica Conhecimento geral de um estudante sobre o mundo.

teorias de rede Teorias que descrevem como as informações são organizadas e interligadas na memória. Enfatizam a existência de nódulos na memória de trabalho.

teorias de esquema Teorias que afirmam que, quando reconstruímos uma informação, nós a encaixamos em informações que já existem em nossas mentes.

esquema Informações – conceitos, conhecimento, informações sobre eventos – que já existem na mente de uma pessoa.

outro pode afirmar que o acidente ocorreu na Alemanha e assim por diante. Em nenhum lugar a reconstrução e a distorção da memória é mais evidente do que nas lembranças apresentadas por testemunhas durante julgamentos. Em julgamentos criminais, como o de O. J. Simpson e Scott Peterson, as variações nas lembranças das pessoas sobre o que ocorreu respalda a idéia de que reconstruímos o passado, em vez de reproduzir uma fotografia exata dele.

Resumindo, a teoria de esquema prega corretamente que as pessoas nem sempre armazenam e recuperam friamente dados como um computador (Chen e Mo, 2004; Schacter, 2001; Schraw, 2006). A mente pode distorcer um evento conforme codifica e armazena impressões da realidade.

Um **roteiro** é um esquema para um evento. Os roteiros freqüentemente contêm informações sobre características físicas, pessoas e ocorrências comuns. Esse tipo de informação é de grande ajuda quando professores e estudantes precisam entender o que está acontecendo à sua volta. Em um roteiro para uma atividade de arte, os estudantes provavelmente se lembrarão de que você os instruirá sobre o que desenhar, que devem usar aventais sobre suas roupas, que devem pegar o papel e materiais de arte no armário, que devem limpar os pincéis quando terminarem e assim por diante. Por exemplo, um estudante que chega atrasado à atividade de arte provavelmente saberá boa parte do que deve fazer porque tem um roteiro da atividade de arte.

Teoria do traço difuso Outra variação de como os indivíduos reconstroem suas memórias é a **teoria do traço difuso**, que afirma que, quando indivíduos codificam informações, eles criam dois tipos de representação de memória: (1) uma *memória literal*, que consiste em detalhes precisos, e (2) uma *memória da essência* ou *traço difuso*, que é a idéia central da informação (Brainerd e Reyna, 2004; Reyna, 2004; Reyna e Brainerd, 1995). Por exemplo, considere uma criança que recebeu informações sobre uma loja de animais de estimação que possui 10 pássaros, 6 gatos, 8 cachorros e 7 coelhos. Então, dois tipos diferentes de perguntas são feitas para a criança: (1) perguntas literais, como: "Quantos gatos há na loja, 6 ou 8?" e (2) perguntas de essência, como "Há mais gatos ou cachorros na loja?". Pesquisadores concluíram que crianças da pré-escola tendem a se lembrar melhor de informações literais do que de essência, mas crianças do ensino fundamental tendem a se lembrar melhor de informações de essência (Brainerd e Gordon, 1994). Segundo Brainard e Reyna, o maior uso de informações de essência por crianças do ensino fundamental se dá pelo aumento da memória, pois traços difusos têm menos chance de serem esquecidos do que informações literais.

Resgate e esquecimento

Depois de codificar as informações e representá-las na memória, os estudantes podem recuperar parte delas, mas também podem esquecer determinada parte. Que fatores influenciam a capacidade de um estudante de recuperar informações?

Resgate Quando recuperamos algo de nosso "banco de dados" mental pesquisamos nosso armazém de memória para encontrar informações relevantes. Assim como a codificação, essa busca pode ser automática ou pode exigir esforço. Por exemplo, se você perguntar a seus alunos em que mês estamos, a resposta estará na ponta da língua. Ou seja, o resgate será automático. Mas se perguntar qual é o nome do palestrante convidado que se apresentou na classe há dois meses, o processo de resgate exigirá mais esforço.

A posição de um item na lista também afeta a facilidade ou dificuldade de lembrá-lo (Pressley e Harris, 2006). No **efeito de posição serial**, a recordação é melhor para itens do começo e do fim de uma lista do que para os do meio. Suponha que, quando ensina a um aluno o caminho para encontrar um tutor, você diga, "Esquerda na Mockingbird, direita na Central, esquerda na Balboa, esquerda na Sandstone e direita em Parkside". O aluno provavelmente se lembrará melhor de "Esquerda na Mockingbird" e "direita em Parkside" do que "esquerda na Balboa". O *efeito de primazia* é que os itens do começo da lista tendem a ser lembrados. O *efeito de recentidade* é que os itens do fim da lista tendem a ser lembrados.

A Figura 8.9 mostra um efeito típico de posição serial com um efeito de recentidade ligeiramente mais acentuado do que o de primazia. O efeito de posição serial se aplica não apenas a listas, mas também a eventos. Se você dividir uma aula de história ao longo de uma semana e então fizer perguntas sobre o assunto na segunda-feira seguinte, os alunos provavelmente se lembrarão melhor do que você lhes ensinou na sexta-feira da semana anterior e menos do que lhes ensinou na quarta-feira da semana passada.

---

roteiro Um esquema para um evento.

teoria do traço difuso Afirma que a memória é codificada através de dois tipos de representação: (1) uma memória literal, que consiste em detalhes precisos, e (2) uma memória da essência ou traço difuso. Nessa teoria, a melhor memória das crianças mais velhas é atribuída aos traços difusos criados pela extração da essência das informações.

efeito de posição serial Princípio de que a recordação é melhor para itens do começo e do fim de uma lista do que para os do meio.

Outro fator que afeta o resgate é a natureza das pistas que as pessoas usam para estimular suas memórias (Allan e outros, 2001). Os estudantes podem aprender a criar pistas eficazes. Por exemplo, se uma estudante tem um "bloqueio" para se lembrar do nome do palestrante que veio à sua classe há dois meses, ela pode repassar as letras do alfabeto e falar nomes com cada uma das letras. Se por acaso o nome certo surgir, ela provavelmente o reconhecerá.

Outra consideração para entender o resgate é o **princípio da especificidade da codificação**: as associações formadas no momento da codificação ou do aprendizado tendem a ser pistas de resgate efetivas. Por exemplo, imagine que uma jovem de 13 anos codificou as seguintes informações sobre Madre Teresa: ela nasceu na Albânia, viveu a maior parte de sua vida na Índia, tornou-se uma freira católico-romana, ficou entristecida ao ver as pessoas doentes e morrendo nas ruas de Calcutá (Índia) e ganhou o Prêmio Nobel da Paz por seus esforços humanitários para ajudar os pobres e desamparados. Mais tarde, quando a jovem tentar se lembrar dos detalhes sobre Madre Teresa, ela poderá usar palavras como *Prêmio Nobel*, *Calcutá* e *humanitária* como pistas de resgate. O conceito de especificidade da codificação é compatível com nossa discussão anterior sobre elaboração: quanto mais elaboração as crianças usam na codificação das informações, melhor será sua lembrança. A especificidade da codificação e a elaboração revelam quão independentes a codificação e a recordação são uma da outra.

Outro aspecto do resgate é a natureza da tarefa de resgate em si. *Recordar* é uma tarefa de memória na qual os indivíduos devem recuperar informações aprendidas anteriormente, tal como em questões "preencha o espaço em branco" e dissertativas. *Reconhecimento* é uma tarefa de memória em que os indivíduos têm apenas de identificar ("reconhecer") informações aprendidas, como ocorre nos testes de múltipla escolha. Muitos estudantes preferem itens de múltipla escolha porque eles proporcionam boas pistas de resgate, o que questões "preencha o espaço em branco" e dissertativas não o fazem.

Esquecimento Uma forma de esquecimento envolve as pistas que acabamos de discutir. O **esquecimento dependente de pistas** é uma falha de resgate causada por uma falta de pistas de recordação efetiva. A noção de esquecimento dependente de pistas pode explicar o porquê de um estudante falhar em recuperar um fato necessário para um exame, mesmo quando ele tem certeza de que "sabe" a informação. Por exemplo, se você está estudando para um exame neste curso e lhe perguntam qual é a diferença entre recordação e reconhecimento no resgate, você provavelmente se lembrará melhor da diferença se tiver pistas "preencha o espaço em branco" e "múltipla escolha" respectivamente.

O princípio de esquecimento dependente de pistas é consistente com a **teoria da interferência**, que afirma que nos esquecemos não porque perdemos memórias armazenadas, mas sim porque outras informações atrapalham o que estamos tentando nos lembrar. Para um aluno que estuda para uma avaliação de biologia, depois estuda para uma avaliação de história e então faz a avaliação de biologia, as informações sobre história interferirão na lembrança das informações de biologia. Portanto, a teoria da interferência sugere que se você precisa estudar para mais de uma avaliação, deve estudar por último aquilo em que será testado primeiro. Ou seja, o estudante se beneficiaria mais se tivesse estudado história primeiro e biologia depois. Essa estratégia também se enquadra no efeito de recentidade que descrevemos anteriormente.

Outra fonte de esquecimento é a decomposição da memória. De acordo com a **teoria da decomposição**, um aprendizado novo envolve a criação de um "traço de memória" neuroquímico, que finalmente se desintegrará. Assim, a teoria da decomposição sugere que a passagem do tempo é responsável pelo esquecimento. O renomado pesquisador sobre memória Daniel Schacter (2001) atualmente refere-se ao esquecimento causado pela passagem de tempo como *transitoriedade*.

Memórias se decompõem em ritmos diferentes. Algumas memórias são vívidas e duram por longos períodos, especialmente quando possuem laços emocionais. Freqüentemente, esses "flashes" de memória do passado são lembrados com considerável precisão e imagens mentais vívidas. Por exemplo, considere um acidente de carro em que você tenha se envolvido ou testemunhado, a noite de sua formatura no ensino médio, as primeiras experiências românticas e onde você estava quando soube da destruição das torres do World Trade Center em Nova York. É provável que você se lembre dessas informações muitos anos após os fatos terem ocorrido.

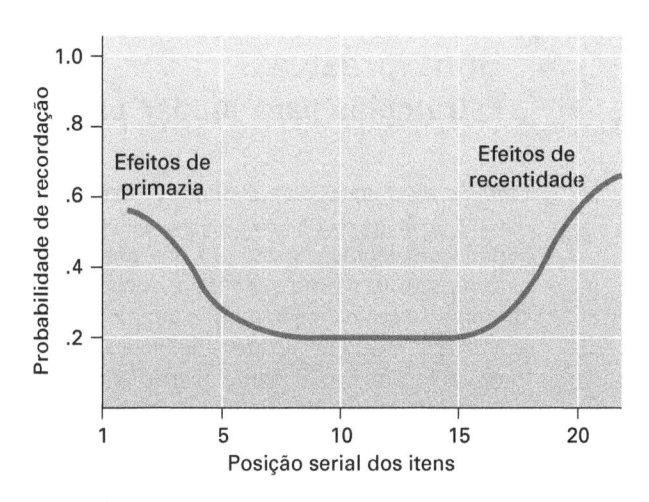

FIGURA 8.9 O efeito de posição serial. Quando pedimos para uma pessoa memorizar uma lista de palavras, as palavras memorizadas por último normalmente são recordadas com mais facilidade, depois aquelas do começo da lista e com menos eficiência as palavras do meio.

princípio da especificidade da codificação Princípio de que associações formadas no momento da codificação ou do aprendizado tendem a ser pistas de resgate eficientes.

esquecimento dependente de pistas Uma falha de resgate causada por uma falta de pistas de recordação efetivas.

teoria da interferência Teoria que afirma que nos esquecemos não porque perdemos memórias armazenadas, mas sim porque outras informações atrapalham o que estamos tentando nos lembrar.

teoria da decomposição Teoria de que o aprendizado novo envolve a criação de um "traço de memória" neuroquímico, que finalmente se desintegrará. Portanto, a teoria da decomposição sugere que a passagem do tempo é responsável pelo esquecimento.

Boas práticas
Estratégias para ajudar os estudantes a melhorar sua memória

1. *Estimule as crianças a se lembrar do material entendendo-o em vez de memorizá-lo.* As crianças se lembrarão melhor das informações em longo prazo se a entenderem em vez de apenas ensaiar e memorizar. O ensaio funciona bem para codificar informações na memória de curta duração, mas, quando as crianças precisam recuperar informações da memória de longa duração, isso é muito menos eficiente. Estimule as crianças a entender, dar significado, elaborar e personalizar a maioria das informações. Dê conceitos e idéias para as crianças se lembrarem e depois pergunte como elas podem relacionar os conceitos e idéias com suas próprias experiências e significados. Pratique com elas a elaboração de um conceito para que processem as informações mais profundamente.

2. *Auxilie os estudantes a organizar o que armazenam na memória.* As crianças se lembrarão melhor das informações se a organizarem hierarquicamente. Pratique com elas na organização e na reelaboração do material que exige estruturação.

3. *Ensine estratégias mnemônicas.* Mnemônicas são um assistente de memória que ajuda a pessoa a se lembrar de informações. Estratégias mnemônicas podem envolver imagens mentais e palavras. A seguir, estão alguns tipos de mnemônicas:

   - *Método loci.* No *método loci*, as crianças desenvolvem imagens de itens a serem lembrados e os armazenam mentalmente em ambientes familiares. As dependências de uma casa e lojas de uma rua são localizações comuns utilizadas nessa estratégia. Por exemplo, se as crianças precisam se lembrar de uma lista de conceitos, elas podem colocá-las mentalmente nas dependências de sua casa, como o hall de entrada, a sala de estar, a sala de jantar e a cozinha. Então, quando precisam recuperar as informações, podem imaginar a casa, caminhar mentalmente pelos ambientes e recuperar os conceitos. A seguir, a professora Rosemary Moore descreve uma idéia similar para ensinar a soletrar palavras.

Visão do professor
Vendo as palavras com os olhos da mente

Muitas crianças memorizam as palavras mais facilmente se as soletrarem, mas algumas têm dificuldades com isso. Eu queria ajudar esses alunos no que eu pudesse, então, escrevia as palavras soletradas em cartões e os afixava em ordem aleatória e em diversas posições (vertical, diagonal, de cabeça para baixo) na frente da sala de aula. Enquanto fazíamos lições, exercícios e jogos de soletrar ao longo da semana, as palavras ficavam lá para que os alunos conferissem, caso tivessem um "bloqueio". Os cartões eram retirados antes da avaliação na sexta-feira, mas, conforme ditava cada palavra, eu notava os alunos olhando para onde aquela palavra em particular estivera afixada. Acredito que eles observavam a palavra com a "visão de suas mentes". O desempenho de meus alunos na soletração de palavras melhorou drasticamente.

   - *Rimas.* Exemplos de rimas mnemônicas no inglês são a regra de soletrar "*i* antes de *e*, exceto depois do *c*"; a regra do mês "Trinta dias têm setembro, abril, junho e novembro"; a regra do parafuso "Direita é apertado, esquerda é solto"; e a música do alfabeto.

   - *Acrônimos.* Essa estratégia envolve criar uma palavra com as primeiras letras de itens a serem lembrados. Por exemplo, *HOMES* pode ser usado como uma pista para lembrar os cinco Grandes Lagos originais: *Huron, Ontário, Michigan, Erie* e *Superior*.

   - *Método da palavra-chave.* Outra estratégia mnemônica que envolve imagens mentais é o *método da palavra-chave*, no qual imagens mentais vívidas são associadas a palavras importantes. Esse método tem sido usado com sucesso para ensinar os estudantes a dominar novas informações rapidamente, como palavras em outros idiomas, os estados e capitais e nomes de presidentes. Por exemplo, para ensinar que Anápolis é a capital do estado de Maryland, uma professora nos Estados Unidos poderia propor para as crianças criar uma imagem mental de Anápolis e Maryland como duas maçãs se casando (Levin, 1980) (veja a Figura 8.10).

FIGURA 8.10 O método da palavra-chave.

O método da palavra-chave foi usado para ajudar as crianças a se lembrar das capitais dos estados. Um componente especial do método da palavra-chave é o uso de imagens mentais, que foi estimulado apresentando às crianças uma forte imagem visual, como duas maçãs se casando. A estratégia é ajudar as crianças a associar maçã com Anápolis e casar com Maryland.

Alguns educadores são contra ensinar técnicas mnemônicas para as crianças, pois isso envolve memorização mecânica. Como já dissemos antes, lembrar para entender é claramente melhor que a memorização mecânica. Porém, se as crianças precisam aprender listas de conceitos, os instrumentos mnemônicos podem resolver o problema. Pense nos instrumentos mnemônicos como meios para que as crianças se lembrem de fatos específicos que possam precisar para resolver problemas.

Diversidade e educação
Cultura, gênero e memória

Uma cultura permite que seus membros sejam sensíveis a determinados objetos, eventos e estratégias, que, por sua vez, podem influenciar a natureza da memória (Cole, 2006; Greenfield e outros, 2006; Nasir e outros, 2006). Estudos interculturais encontram diferenças no uso de estratégias organizacionais (Schneider e Bjorklund, 1998). Falhas no uso de estratégias organizacionais apropriadas para lembrar-se de informações muitas vezes estão associadas à falta de escolaridade adequada (Cole, 2006). Crianças com bom nível de escolaridade têm mais chances de agrupar itens de maneiras significativas, o que as ajuda a se lembrar deles. O ensino proporciona às crianças tarefas especializadas de processamento de informações – tais como absorção de grandes quantidades de informações em pouco tempo e uso de raciocínio lógico – que podem gerar estratégias especializadas de memória. Não há evidências de que a escolaridade aumente a capacidade de memorização por si só; ao contrário, ela influencia as estratégias de lembrança (Cole, 2006; Cole, Cole e Lightfoot, 2005).

O gênero é outro aspecto da diversidade sociocultural que recebeu pouca atenção na pesquisa sobre memória há bem pouco tempo (Burton e outros, 2004; Halpern, 2006). Pesquisadores constataram as seguintes diferenças na memória entre os gêneros:

- As mulheres acessam e recuperam mais rapidamente informações fonológicas, semânticas e episódicas na memória de longa duração (Halpern, 2006). A memória episódica é a memória relativa a eventos pessoais que incluem o momento e o local em que o evento ocorreu. As mulheres também parecem ser melhores que os homens na memória com vínculos emocionais, tal como a memória de um filme emotivo (Cahill e outros, 2001).

- Os homens são melhores que as mulheres em tarefas que requerem transformações na memória de trabalho viso-espacial (Halpern, 2006). Essas tarefas incluem a rotação mental, que envolve a movimentação imaginária de objetos estacionários (como um formato se pareceria se fosse rotacionado no espaço).

No entanto, em muitas tarefas de memória, os pesquisadores não encontraram diferenças entre os gêneros, ou, quando existiam, eram pequenas (Hyde, 2005, 2007).

Estudantes em uma sala de aula em Nairóbi, Quênia. *Como a escola pode influenciar a memória?*

Em seu estudo sobre a memória, os pesquisadores não examinaram extensivamente os papéis que os fatores socioculturais como a cultura e o gênero podem desempenhar na memória. No espaço Diversidade e educação, exploraremos estes tópicos.

Reveja, reflita e pratique

3 **Discutir memória em relação à codificação, ao armazenamento e ao resgate.**

Reveja

- O que é memória? O que é necessário para que ela funcione?
- Como esses cinco processos – ensaio, processamento profundo, elaboração, construção de imagens e organização – estão envolvidos na codificação?
- Quais são as três categorias de tempo de memória? Como estão descritos os componentes da memória de longa duração? Quais são as três teorias sobre como eles podem estar representados na memória?
- O que torna a memória mais fácil ou mais difícil de recuperar? Quais são algumas das teorias sobre por que esquecemos?

Reflita

- Quais princípios e estratégias de nossa discussão sobre memória têm maior probabilidade de serem úteis para os assuntos e séries que você pretende ensinar?

Pratique PRAXIS™

1. Natalie está brincando com um jogo chamado "memória" em uma festa de aniversário. Uma bandeja tampada contendo 15 objetos é trazida para o salão. A tampa é removida e as crianças têm 30 segundos para memorizar os objetos. Então elas anotam os objetos de que se lembram. A criança que se lembrar corretamente do maior número de objetos vence o jogo. Natalie nota que 5 objetos estão relacionados com cabelo – um pente, uma escova, xampu, uma presilha e um elástico de cabelo. Ela nota que outros 5 objetos são materiais escolares – um lápis, uma caneta, uma régua, uma caneta marca-texto e um bastão de cola. Os últimos 5 objetos parecem não ter relação. Natalie não encontra problemas para se lembrar dos itens que conseguiu agrupar em categorias. Ela se lembra de apenas dois dos outros itens. Qual estratégia de memória Natalie está usando?
   a. Agrupamento.
   b. Construção de imagens.
   c. Elaboração.
   d. Ensaio.

2. Para testar as habilidades de memória de seus alunos, o Sr. Watkins lê para eles listas de palavras que não têm relação entre si e então pede para que se lembrem de quantas puderem. Verônica consegue se lembrar de cinco palavras. Se ela apresentou um desempenho condizente com sua idade, quantos anos Verônica provavelmente tem?
   a. 4
   b. 7
   c. 12
   d. 17

3. Quando lhe pediram para descrever em detalhe como fazer um sanduíche de pasta de amendoim e geléia, Maria pulou diversos passos. Quando lhe pediram que montasse o sanduíche, Maria o faz perfeitamente. Por que, apesar de Maria saber montar o sanduíche perfeitamente, ela não consegue descrever o processo em detalhes?
   a. É difícil traduzir a memória processual em palavras.
   b. Maria não codificou o processo em sua memória de longa duração.
   c. É difícil traduzir a memória episódica em memória semântica.
   d. A memória episódica de Maria é falha.

4. Sr. Madison quer que seus alunos saibam o nome de todos os estados dos Estados Unidos. Para auxiliá-los, ele ensinou uma música na qual o nome de cada estado é cantado em ordem alfabética. A maioria de seus alunos aprende a música com facilidade. Eles até mesmo cantam a música para si quando o professor dá prova em que pede que escrevam os nomes dos estados. Porém, quando o professor pede que preencham os nomes dos estados em um mapa dos Estados Unidos em branco, os alunos não conseguem completar o exercício com sucesso. Por que eles conseguem se lembrar do nome dos estados e não suas localizações?
   a. Instrumentos mnemônicos, como a música que o Sr. Madison ensinou a seus alunos, não são eficientes para a memorização de material.
   b. Instrumentos mnemônicos, como a música que o Sr. Madison ensinou a seus alunos, aumentam a probabilidade de esquecimento dependente de pistas.
   c. Instrumentos mnemônicos, como a música que o Sr. Madison ensinou a seus alunos, aumentam o efeito de posição serial.
   d. Instrumentos mnemônicos, como a música que o Sr. Madison ensinou a seus alunos, envolvem memorização mecânica e não são compatíveis com outras tarefas de memorização.

Por favor, verifique as respostas no final do livro.

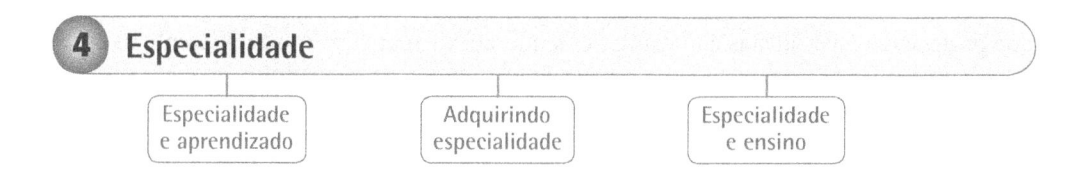

4 Especialidade

- Especialidade e aprendizado
- Adquirindo especialidade
- Especialidade e ensino

Na última seção, vimos vários aspectos da memória. Nossa habilidade para lembrar de novas informações sobre um assunto depende consideravelmente do que já sabemos sobre ele (Carver e Klahr, 2001; Ericsson e outros, 2006; Keil, 2006). Por exemplo, a habilidade de um estudante para contar o que viu quando estava na biblioteca é governada, em grande parte, pelo que ele já sabe sobre bibliotecas, como a localização provável dos livros sobre determinado assunto e como retirá-los. Se ele souber pouco sobre bibliotecas, terá muito mais dificuldade para contar o que havia lá.

A contribuição do conhecimento prévio sobre um assunto para a memorização de novos materiais é especialmente evidente quando comparamos as memórias de um especialista e de um iniciante em um assunto específico (Donovan e Bransford, 2005). Um especialista é o oposto de um iniciante (alguém que está apenas começando a aprender sobre um assunto). Os especialistas demonstram uma memória impressionante em seus campos de conhecimento. Uma razão por que as crianças se lembram menos do que os adultos é que elas são muito menos versadas em diversos assuntos.

Especialidade e aprendizado

O estudo sobre o comportamento e os processos mentais dos especialistas pode nos dar uma percepção mais clara de como conduzir a orientação dos estudantes para que se tornem alunos melhores. O que os especialistas fazem exatamente? De acordo com o National Research Council (1999), eles são melhores que os iniciantes em:

1. detectar características e padrões significativos de informações;
2. acumular mais conhecimento específico e organizá-lo de forma que demonstre entendimento sobre o assunto;
3. destacar aspectos importantes do conhecimento com pouco esforço;
4. adaptar uma abordagem a novas situações; e
5. usar estratégias efetivas.

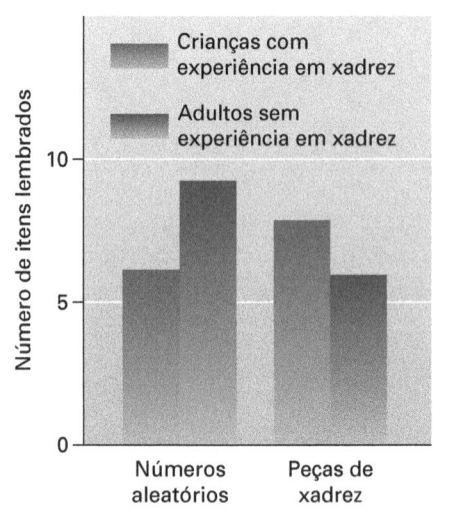

FIGURA 8.11 Memória para números e peças de xadrez.

Nesta seção, abordaremos diversas maneiras para ajudar os estudantes a aprender e se lembrar dessas habilidades que os especialistas usam tão facilmente.

Detectando características e padrões significativos de organização Os especialistas são melhores em notar características importantes de problemas e contextos que os iniciantes podem ignorar (Bransford e outros, 2006). Portanto, a vantagem no que diz respeito à atenção dos especialistas os coloca na frente dos iniciantes no contexto de aprendizado. Os especialistas também se lembram com mais facilidade de informações quando estas fazem parte de suas áreas de especialidade. O processo de agrupamento, que discutimos anteriormente, é um aspecto em que essa capacidade de lembrança superior fica evidente. Por exemplo, "Mestres do xadrez percebem informações significativas, que afetam a memória do que vêem... Sem uma estrutura hierárquica altamente organizada para esse domínio, os iniciantes não conseguem usar essa estratégia de agrupamento" (National Research Council, 1999, p. 21).

Nas áreas em que as crianças são versadas, a memória delas é normalmente muito boa. Na verdade, elas costumam superar a de adultos que são iniciantes na mesma área de conhecimento. Isso foi documentado em um estudo realizado sobre mestres de xadrez com 10 anos (Chi, 1978). Essas crianças eram excelentes jogadores de xadrez, mas não eram especialmente brilhantes em outras áreas. Assim como a maioria das crianças de dez anos, a amplitude de memória dessas crianças para dígitos era menor que a de um adulto. Porém, elas se lembravam das configurações das peças de xadrez nos tabuleiros muito melhor que os adultos que eram iniciantes no jogo (veja a Figura 8.11).

Professores especialistas percebem características e padrões que professores iniciantes não notam (National Research Council, 1999, p. 21, 25). Por exemplo, um estudo indicou que professores especialistas e iniciantes entenderam de maneiras muito diferente os eventos em uma aula gravada em vídeo, na qual três telas mostravam eventos ocorrendo simultaneamente na classe (áreas esquerda, central e direita) (Sabers, Cushing e Berliner, 1991). Um professor especialista disse: "No monitor da esquerda, o modo como os estudantes tomam nota indica que eles já viram folhas de exercícios como esta; é razoavelmente eficiente no momento, porque eles estão acostumados com o formato dos exercícios que estão fazendo". Um professor iniciante respondeu de forma simplista: "É muita coisa para prestar atenção".

Organização e profundidade de conhecimento O conhecimento dos especialistas está mais organizado em torno de idéias e conceitos importantes do que o dos iniciantes (National Research Council, 1999). Isso proporciona aos especialistas uma compreensão muito mais profunda do conhecimento do que a compreensão que iniciantes possuem (Bransford e outros, 2006; Simon, 2001; Voss e outros, 1984).

Pessoas especialistas em uma área específica de conhecimento normalmente possuem redes de informação muito mais elaboradas que os iniciantes (veja a Figura 8.12). As informações que eles representam na memória têm muito mais nódulos, mais conexões e melhor organização hierárquica.

As implicações disso no ensino é que com muita freqüência os currículos são montados de uma forma que torna difícil para os estudantes organizar o conhecimento de maneiras significativas. Isso ocorre especialmente quando os fatos são abordados apenas superficialmente passando-se em seguida para o próximo tópico. Nesse caso, os estudantes têm pouco tempo para explorar o assunto em profundidade e entender quais são as idéias organizadoras importantes. Esse tipo de apresentação superficial pode ocorrer em qualquer assunto, mas é mais comum em textos de história e ciências que enfatizam fatos (National Research Council, 1999).

Resgate fluente O resgate de informações relevantes pode exigir muito esforço ou ser fluente e praticamente não exigir esforço (National Research Council, 1999). Os especialistas recuperam informações automaticamente e quase sem esforço, enquanto os iniciantes precisam se esforçar muito para recuperar informações.

O resgate sem esforço exige pouca atenção consciente. Considerando que a quantidade de informações que um estudante pode absorver em determinado momento é limitada, a facilidade de processamento de informações em alguns aspectos de uma tarefa libera capacidade de atenção para outros aspectos da tarefa.

Considere, então, leitores especialistas e iniciantes. Os leitores experientes podem passar os olhos rapidamente pelas palavras de uma frase ou parágrafo, o que lhes permite dirigir a

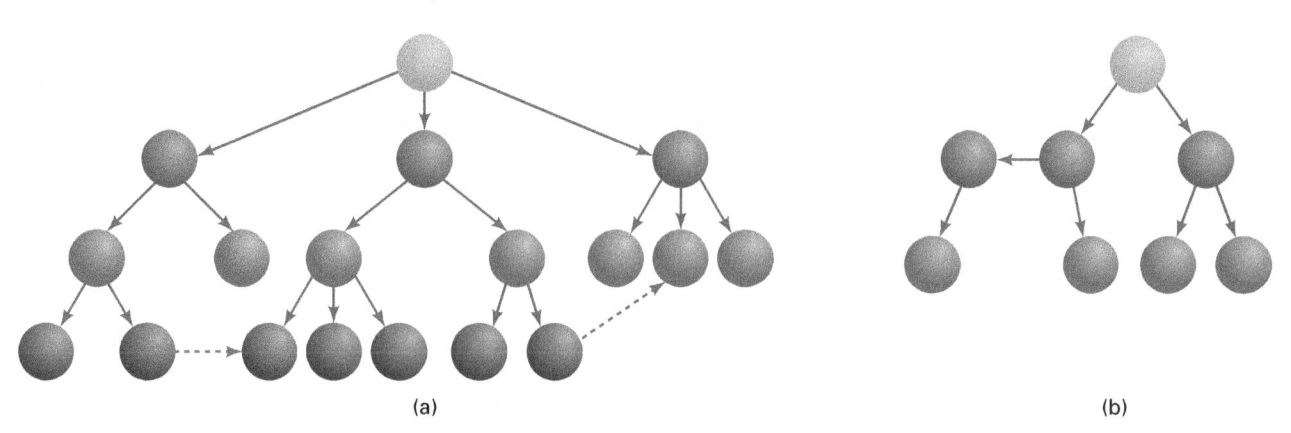

FIGURA 8.12 Um exemplo de como as informações são organizadas na mente de um especialista e de um iniciante.

(*a*) O conhecimento de um especialista é baseado em anos de experiência em que pequenas porções de informações foram associadas a outras, e que são incluídas em conjunto em uma categoria mais geral. Essa categoria, por sua vez, é incluída em uma categoria ainda mais geral de conhecimento. As linhas pontilhadas são usadas como guias, associações entre elementos específicos de conhecimento que conectam as ramificações inferiores e proporcionam atalhos na mente dos especialistas. (*b*) O conhecimento do iniciante apresenta muito menos conexões, atalhos e níveis que o do especialista.

atenção para entender o que estão lendo. No entanto, a capacidade dos leitores iniciantes para decodificar as palavras ainda não é fluente, e, portanto, eles precisam dispor de uma quantidade considerável de atenção e tempo para essa tarefa, restringindo o tempo que têm para entender uma passagem do texto. Um aspecto importante do ensino é ajudar os estudantes a desenvolver a fluência de que precisam para realizar tarefas cognitivas (Beck e outros, 1991).

Especialidade adaptável Um aspecto importante da experiência "é se algumas formas de organizar o conhecimento são melhores" que outras para ajudar as pessoas a "serem mais flexíveis e adaptáveis a novas situação do que outras" (National Research Council, 1999, p. 33). Especialistas adaptáveis são capazes de abordar uma nova situação de maneira flexível, em vez de sempre responder a elas com uma rotina fixa, rígida (Bransford e outros, 2006; Hatano, 1990; Hatano e Oura, 2003). Um tema importante abordado no livro *Preparing teachers for a changing world* (Preparando os professores para um mundo em mudança) (Darling-Hammond e Bransford, 2005, p. 3) foi "ajudar os professores a se tornar 'especialistas adaptáveis' preparados para um aprendizado duradouro eficiente e que lhes permita constantemente aprimorar seu conhecimento e habilidades". Portanto, professores caracterizados pela *experiência adaptável* são flexíveis e abertos a reconsiderar idéias e práticas importantes para melhorar o aprendizado de seus alunos (Hammerness e outros, 2005).

De fato, a inovação *e* a eficiência são as duas principais dimensões de um modelo de experiência adaptável (Bransford e outros, 2006; Schwartz, Bransford e Sears, 2006, no prelo). Especialistas caracterizados pela *eficiência* conseguem rapidamente recuperar e aplicar as informações de maneira hábil para explicar algo ou resolver um problema. Especialistas caracterizados pela *inovação* afastam-se da eficiência, pelo menos no curto prazo, e desaprendem antigas rotinas. A inovação ocorre quando os indivíduos "tiram da mente" e repensam sua rotina para fazer algo.

Nesse modelo, os especialistas adaptáveis possuem um equilíbrio entre eficiência e inovação (Bransford e outros, 2006; Schwartz, Bransford e Sears, 2006). Por exemplo, a eficiência é usada quando um professor ensina os alunos a fazer cálculos matemáticos rapidamente, mas essa eficiência pode limitar a competência dos alunos quando se deparam com novos problemas matemáticos. Quando esse professor orientado para a eficiência adapta-se e acrescenta um ensino voltado para o entendimento e aplicação, então está ocorrendo inovação. As novas habilidades que ele está ensinando provavelmente aumentarão a competência dos alunos quando estes encontrarem novos problemas matemáticos.

Quais são algumas características de professores que são especialistas adaptáveis?

Especialistas adaptáveis são motivados a aprender com os outros (Hammerness e outros, 2005). Isso pode não ser tão difícil quando o aprendizado envolve tornar mais eficientes as rotinas e práticas do professor. Porém, como falamos há pouco, a experiência adaptável também inclui inovação que, às vezes, requer que rotinas e práticas anteriores sejam substituídas ou transformadas, o que normalmente é muito difícil de fazer. Seu ensino provavelmente será melhorado se você procurar feedback de outros professores competentes, mesmo que suas abordagens sejam diferentes. Isso pode ocorrer quando você assiste junto com outros professores à gravação de uma aula sua e estes podem lhe dar feedback sobre seu ensino, ou quando você convida um colega para assistir à sua aula.

Estratégias Especialistas usam estratégias eficientes para entender as informações em suas áreas de especialidade e para aprimorá-las (Ornstein, Haden e Elischberger, 2006; Pressley e Hilden, 2006). Anteriormente, no capítulo, descrevemos uma variedade de estratégias que os estudantes podem usar para se lembrar de informações. Vamos agora explorar algumas estratégias eficientes que os estudantes podem desenvolver para que se tornem especialistas em aprender e estudar.

Patricia Alexander (2003) usa o nome *aclimatação* para descrever o estágio inicial de especialidade em uma área específica (como inglês, biologia ou matemática). Nesse estágio, os estudantes possuem conhecimento limitado e fragmentado que restringe suas habilidades para detectar a diferença entre correto e incorreto, informações relevantes e tangenciais. Para ajudar os estudantes a ultrapassar o estágio de aclimatação, os professores precisam orientá-los na determinação de qual conteúdo é central e qual é secundário, e também sobre o que é correto e bem fundamentado e o que é incorreto e mal fundamentado. Na visão de Alexander (2003), os estudantes não vêm para a aula munidos das estratégias necessárias para superar o estágio de aclimatação. Os professores devem ajudar os estudantes a aprender estratégias eficientes e a praticá-las em situações relevantes antes que possam experimentar seu valor. Os estudantes também precisam ser estimulados a mudar e combinar estratégias para solucionar um problema do momento.

Disseminando e consolidando a aprendizagem A aprendizagem dos estudantes é beneficiada quando os professores conversam com eles sobre a importância de rever regularmente o que aprendem. Crianças que devem se preparar para uma prova serão beneficiadas se distribuírem seu aprendizado por um período mais longo em vez de estudarem para a prova na última hora. Estudar na última hora tende a produzir memória de curta duração que é processada de maneira superficial. Uma revisão geral concentrada é melhor que tentar aprender tudo na última hora.

Perguntar para si próprios Quando as crianças fazem perguntas para si sobre o que leram ou sobre uma atividade, ampliam o número de associações com as informações que precisam recordar. Já nos primeiros anos do ensino fundamental, a estratégia de perguntar para si próprio pode ajudar as crianças a se lembrar. Por exemplo, conforme as crianças lêem, podem ser estimuladas a parar periodicamente e fazer perguntas como "Qual é o significado do que acabei de ler?", "Por que isso é importante?" e "Qual seria um exemplo do conceito que acabei de ler?". Os estudantes podem usar a mesma estratégia de autoquestionamento enquanto assistem à sua aula, ouvem um palestrante ou assistem a um vídeo. Se você relembrar periodicamente as crianças para que elaborem perguntas sobre suas experiências, elas provavelmente se lembrarão mais dessas experiências.

Fazer boas anotações Fazer boas anotações de uma palestra ou de um texto ajudam a aprendizagem. Quando se deixa que as crianças tomem notas sem nenhuma orientação estratégica, essas anotações tendem a ser curtas e desorganizadas. Quando realmente escrevem algo, é um registro literal do que acabaram de ouvir. Pratique com as crianças como fazer anotações e depois avalie essa atividade. Estimule-as a não anotar tudo o que ouvem. De qualquer forma, isso é impossível de fazer e pode impedi-las de entender o

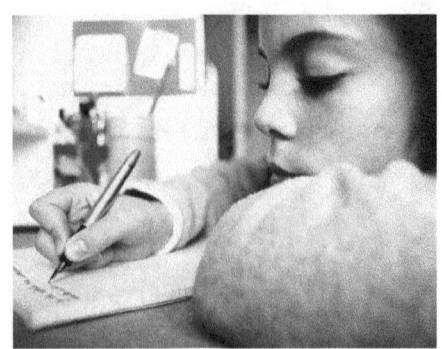

Quais são algumas boas estratégias de estudo?

contexto geral do que o palestrante está falando. A seguir estão algumas boas estratégias para fazer anotações:

- *Resumir*. Faça que as crianças ouçam por alguns minutos e então escrevam a idéia principal do que o palestrante está tentando transmitir nesse período. Então, faça que ouçam por mais alguns minutos e escrevam outra idéia e assim por diante.
- *Esboçar*. Mostre às crianças como esboçar o que um palestrante está dizendo com uma estrutura de tópicos, usando títulos em um primeiro nível para os tópicos principais, títulos em um segundo nível para os subtópicos dos tópicos principais e assim por diante.
- *Mapas conceituais*. Ajude as crianças a praticar o desenho de mapas conceituais, que são semelhantes a uma estrutura de tópicos, mas que visualmente apresentam as informações na forma de galhos de uma árvore (veja o Capítulo 9).

Todas as três estratégias para anotações descritas até agora – resumir, esboçar e mapas conceituais – ajudam as crianças a avaliar quais idéias são as mais importantes para se lembrar. Esboçar e mapas conceituais também ajudam as crianças a organizar o material hierarquicamente, que respalda um aspecto importante do aprendizado: funciona melhor quando está organizado.

Usando um sistema de estudo   Muitos sistemas foram desenvolvidos para ajudar as pessoas a se lembrar de informações que estão estudando em um livro. Um dos sistemas mais antigos foi chamado *SQ3R* para Pesquisar, Questionar, Ler, Recitar e Revisar (do inglês, *SQ3R* – Survey, Question, Read, Recite, Review). Um sistema desenvolvido mais recentemente é o *PQ4R*, que significa Pesquisar, Questionar, Ler, Refletir, Recitar e Revisar (do inglês, *PQ4R* – Preview, Question, Read, Reflect, Recite, Review). Portanto, o sistema PQ4R adiciona mais um passo, "Refletir", ao sistema SQ3R. A partir dos últimos anos do ensino fundamental, os estudantes serão beneficiados se praticarem o sistema PQ4R (Adams, Carnine e Gersten, 1982). O sistema beneficia os estudantes levando-os a organizar as informações de maneira significativa, fazer perguntas, refletir e revisá-las. A seguir, apresentamos mais detalhes sobre os passos do sistema PQ4R:

- *Pesquisar*. Peça aos alunos para pesquisarem sucintamente o material para que conheçam a organização geral das idéias – para examinar os títulos e conhecer os tópicos principais e subtópicos que serão abordados.
- *Questionar*. Estimule as crianças a se perguntar sobre o material à medida que o lêem.
- *Ler*. Agora peça às crianças que leiam o material. Estimule seus alunos a serem leitores ativos – a se envolver com o que estão lendo e se esforçar para entender o que o autor está dizendo. Isso ajuda os alunos a não se tornarem leitores ausentes cujos olhos apenas percorrem as linhas do texto sem que as mentes registrem algo de importante.
- *Refletir*. Ao parar e refletir periodicamente sobre o material, os estudantes aprimoram seu significado. Estimule os alunos a serem analíticos nesse ponto do estudo. Após lerem algo, estimule-os a desmembrar as idéias e aprofundar-se nelas. Este é um bom momento para que eles pensem sobre aplicações e interpretações das informações e, então, possam associá-las a outras informações já presentes em sua memória de longa duração.
- *Recitar*. Isso envolve uma auto-avaliação das crianças para sentirem se conseguem se lembrar do material e reconstruí-lo. Nesse ponto, estimule as crianças a elaborar uma série de perguntas sobre o material para depois tentar respondê-las.
- *Revisar*. Peça aos seus alunos para repassar o material e avaliar o que sabem e o que não sabem. Nesse ponto, eles devem reler e estudar o material que não se lembram ou não entendem bem.

Adiante, no capítulo, exploraremos mais detalhadamente as estratégias em nossa discussão sobre metacognição. Para avaliar até ponto você utiliza boas estratégias de memória e de estudo, complete a Auto-avaliação 8.1.

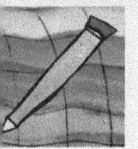

Auto-avaliação 8.1
Quão eficientes são minhas estratégias de memória e estudo?

Professores que praticam o uso de boas estratégias de memória e de estudo têm mais chances de modelar e transmitir essas estratégias para seus alunos do que professores que não usam tais estratégias. Responda com sinceridade aos seguintes itens sobre suas estratégias de memória e estudo. Classifique-se nesta escala: 1 = nunca, 2 = algumas vezes, 3 = moderadamente, 4 = quase sempre ou 5 = sempre. A seguir, some seus pontos.

1. Sou bom no gerenciamento do meu tempo e em planejamento.
2. Sou bom em focar minha atenção e minimizar as distrações.
3. Procuro entender o material em vez de memorizá-lo.
4. Faço perguntas a mim mesmo sobre o que li ou sobre atividades em classe.
5. Faço boas anotações da aula e de livros.
6. Revejo minhas anotações regularmente.
7. Utilizo estratégias mnemônicas.
8. Sou muito organizado na codificação de informações.
9. Distribuo meu estudo ao longo do tempo para consolidar meu aprendizado.
10. Uso boas pistas de resgate.
11. Uso o método PQ4R ou um método de estudo similar.

1	2	3	4	5
Total				

Pontuação e interpretação

Se sua pontuação está entre 50 e 55 pontos, você provavelmente usa boas estratégias de memória e estudo. Se está entre 45 e 49 pontos, você possivelmente tem estratégias razoáveis de memória e estudo. Se seu total de pontos ficou abaixo de 45, dedique algum tempo para aprimorar suas estratégias de memória e estudo.

Se quiser aprender mais sobre estratégias eficientes de memória e estudo, um bom recurso pode ser ler livros como *Your guide to college success* (Santrock e Halonen, 2002). E, para adquirir mais experiência no desenvolvimento de boas estratégias de memória e estudo, contate o centro de habilidades de estudo da sua universidade; os especialistas que trabalham lá provavelmente poderão lhe ajudar.

Adquirindo especialidade

O que determina se alguém será ou não um especialista? A motivação e prática podem elevar alguém ao status de especialista? Ou a experiência também requer grande porção de talento (Sternberg e Ben-Zeev, 2001)?

Prática e motivação Uma perspectiva é de que um tipo de prática em particular – *prática deliberada* – é necessário para se tornar um especialista (Hatano e Oura, 2003; Schraw, 2006). A prática deliberada envolve a prática que está em um nível apropriado de dificuldade para o indivíduo, oferece feedback corretivo e permite repetição (Ericsson, 1996, 2006).

Em um estudo com violinistas de um conservatório, a proporção com que as crianças utilizavam prática deliberada distinguia iniciantes de especialistas (Ericsson, Krampe e Tesch-Romer, 1993). Os melhores violinistas haviam acumulado em média 7.500 horas de prática deliberada até os 18 anos, os bons violinistas apenas 5.300 horas. Muitos indivíduos desistem de se tornar especialistas porque não querem empreender o esforço necessário para realizar práticas deliberadas ao longo de diversos anos.

Tecnologia e educação
Especialistas e tecnologia

Conforme descrito pelo National Research Council (1999), especialistas em muitas áreas estão utilizando novas tecnologias para representar informações de maneiras novas. Por exemplo, modelos tridimensionais da superfície de Vênus ou de uma estrutura molecular podem ser criados eletronicamente e observados de qualquer ângulo.

Uma das características da experiência que discutimos envolve organizar conhecimento de maneira significativa em torno de idéias importantes. O sistema de tecnologia computacional Belvedere destina-se a ajudar estudantes que não possuem um entendimento profundo de muitas áreas das ciências, que têm dificuldade de se concentrar nas questões importantes em um debate científico e que têm problemas para reconhecer associações entre idéias de teorias científicas (Suthers e outros, 1995). O Belvedere utiliza gráficos com quadros especializados para representar conexões entre idéias em um esforço para auxiliar os estudantes no raciocínio sobre questões científicas. Um conselheiro on-line dá dicas aos estudantes para ajudá-los a melhorar seu entendimento e raciocínio.

O sistema Belvedere também pode ajudar em estudos não-científicos, como a análise de políticas sociais. Esse sistema ajuda os estudantes, (1) fornecendo argumentos de uma forma concreta, diagramada, e proporcionando ferramentas para focar em problemas específicos encontrados na construção e avaliação de argumentos complexos; (2) proporcionando acesso a recursos on-line de informações; e (3) dando suporte a estudantes que trabalham em grupos pequenos para construir documentos que serão compartilhados com outros.

Essa prática extensiva requer uma motivação considerável. Estudantes que não estão motivados para praticar longas horas, provavelmente têm poucas chances de se tornar especialistas em uma área específica. Portanto, um estudante que reclama sobre o trabalho, não é perseverante e não pratica extensivamente a resolução de problemas de matemática por vários anos, não se tornará um especialista em matemática.

Talento Alguns psicólogos que estudam especialistas acreditam que é necessário não apenas prática deliberada e motivação, mas também talento (Bloom, 1985; Hunt, 2006; Schraw, 2006; Shiffrin, 1996; Sternberg e Ben-Zeev, 2001).

Algumas habilidades – como música e atletismo – parecem ter um componente hereditário (Plomin, 1997). Por exemplo, Mozart teria se tornado um compositor tão magnífico apenas por ter praticado horas a fio? Tiger Woods teria se tornado um golfista tão fantástico apenas porque estava motivado a fazê-lo? Muitos indivíduos talentosos tentaram se tornar tão grandiosos quanto Mozart ou Woods, mas desistiram após terem desempenhos medíocres. Claramente, a hereditariedade é importante. Mesmo assim, Mozart e Woods não teriam desenvolvido experiência em suas atividades se não estivessem altamente motivados e envolvidos na prática deliberada. O talento sozinho não produz um especialista (Hunt, 2006; Winner, 2006).

Especialidade e ensino

Ser um especialista em uma área específica – como física, história ou matemática – não significa ser um bom professor (Bransford e outros, 2005, 2006). Na verdade, "a experiência pode às vezes prejudicar o ensino porque muitos especialistas perdem a noção do que é fácil ou difícil para os estudantes" (National Research Council, 1999, p. 32).

Alguns educadores distinguem entre o conhecimento do conteúdo necessário para a especialidade e o conhecimento pedagógico do conteúdo necessário para ensiná-lo eficientemente (Shulman, 1987). O *conhecimento pedagógico do conteúdo* inclui idéias sobre dificuldades comuns dos estudantes que tentam aprender uma área de conteúdo; quais caminhos os estudantes devem seguir para entender a área e as estratégias para ajudá-los a vencer as dificuldades que experimentam.

Professores especialistas são bons no monitoramento da aprendizagem dos estudantes e na avaliação do progresso deles. Eles também conhecem os tipos de dificuldades que os estudantes provavelmente encontrarão, têm percepção do conhecimento existente dos estudantes e usam essa percepção para ensinar no nível de dificuldade apropriado e para tornar novas informações significativas. Alguns psicólogos educacionais argumentam que, não dispondo do conhecimento pedagógico de um especialista sobre seus alunos, professores inexperientes recorrem simplesmente aos materiais didáticos publicados, que, é claro, não contêm informações sobre as necessidades pedagógicas particulares dos estudantes na sala de aula (Brophy, 2004).

Um professor especialista monitorando o aprendizado de um estudante. *Quais são algumas características de professores especialistas?*

Reveja, reflita e pratique

(4) Tirar algumas lições do aprendizado a partir de como os especialistas pensam.

Reveja

- O que especialistas fazem no processo de aprendizagem que os não-especialistas normalmente não fazem?
- O que é necessário para se tornar um especialista?
- A especialidade no assunto é suficiente para tornar alguém um bom professor? O que mais é preciso?

Reflita

- Escolha um campo em que você se considera especialista. Compare sua habilidade para aprender nesse campo com a de alguém não-experiente.

Pratique PRAXIS™

1. Os estudos de caso neste texto foram desenvolvidos para auxiliar estudantes de psicologia educacional a aprender o material e desenvolver especialização. A primeira pergunta de cada estudo de caso pede que os alunos identifiquem os problemas do caso. O autor provavelmente incluiu essa questão em cada caso porque entende que:
   a. É importante para que os estudantes consolidem seu aprendizado.
   b. É importante para que os estudantes aprendam a determinar o que no conteúdo é relevante e o que é secundário.
   c. Na aprendizagem, é importante atingir um equilíbrio entre eficiência e inovação.
   d. Os estudantes precisam de muita ajuda para desenvolver habilidades de resgate fluente.

2. Ryan é o melhor jogador do seu time de futebol. Seu técnico o vê como o jogador dos sonhos de qualquer técnico porque ele trabalha duro. É raro Ryan desempenhar uma habilidade melhor que seus colegas quando se trata da primeira vez que ele tem contato com ela, porém no treino seguinte ele já a domina. Em determinado momento, Ryan decidiu que queria poder fazer gols de escanteio. Ele juntou todas as bolas de futebol que conseguiu encontrar e chutou uma a uma da posição de escanteio, tentando dar um efeito de curva para que entrassem no gol. Quando terminou, juntou as bolas novamente e recomeçou. Continuou fazendo isso durante uma tarde inteira e, depois, durante ao menos uma hora após as aulas. Seu técnico ficou muito surpreso e contente quando, no jogo seguinte, Ryan marcou um gol de escanteio. Por que Ryan desenvolveu experiência no futebol?
   a. Ele realiza muita prática deliberada.
   b. Ele se baseia em um talento inato.
   c. Seu técnico é um ótimo professor.
   d. Ele utiliza o método 3 do PQ4R.

3. Sr. Williams é um ex-professor universitário de história que agora leciona história no ensino médio. Ele discute suas pesquisas e trabalhos com os alunos e tenta tornar a história mais vívida, mostrando como os historiadores fazem para descobrir os acontecimentos do passado. Após um mês de aulas, ele percebe que seus alunos ficam confusos durante as discussões em classe e têm baixo desempenho nas provas de conhecimento factual. A explicação mais plausível é que o Sr. Williams não possui:
   a. Especialidade de conteúdo.
   b. Conhecimento pedagógico de conteúdo.
   c. Metacognição.
   d. Conhecimento dependente de pistas.

Por favor, verifique as respostas no final do livro.

5 Metacognição

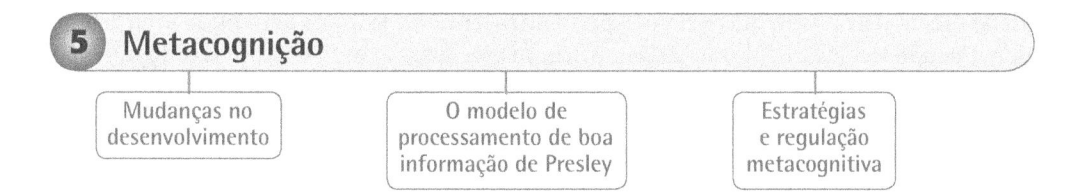

- Mudanças no desenvolvimento
- O modelo de processamento de boa informação de Presley
- Estratégias e regulação metacognitiva

Para ler mais sobre experiência, veja o quadro Tecnologia e educação. Até agora, no capítulo, examinamos as diversas maneiras como você pode ajudar os estudantes a melhorar suas habilidades para processar informações conforme aprendem, incluindo como melhorar sua atenção e memória, e estratégias que podem aumentar as chances de que farão a transição do status de iniciantes para especialistas. Outra maneira como você pode ajudar as crianças a processar informações mais eficientemente é estimulando-as a examinar o que sabem sobre como suas mentes processam as informações. Como você leu no começo do capítulo, isso envolve metacognição, que, por sua vez, envolve cognição sobre a cognição, ou "saber sobre saber" (Flavell, 1999, 2004; Flavell, Miller e Miller, 2002). Podemos fazer uma distinção entre o conhecimento metacognitivo e a atividade metacognitiva. O *conhecimento metacognitivo* envolve monitorar e refletir sobre seus pensamentos atuais ou recentes. Isso inclui o conhecimento factual, tal como conhecimento sobre uma tarefa, sobre seus objetivos, sobre si mesmo, e o conhecimento estratégico, como a maneira e o momento de usar procedimentos específicos para solucionar problemas. A *atividade metacognitiva* ocorre quando os alunos conscientemente adaptam e administram suas estratégias de raciocínio durante a resolução de problemas e raciocínio propositado (Ferrari e Sternberg, 1998; Kuhn e outros, 1995).

Habilidades metacognitivas têm sido ensinadas aos estudantes para ajudá-los a resolver problemas de matemática (Cardelle-Elawar, 1992). Em uma de cada 30 aulas envolvendo problemas matemáticos com enunciados, um professor orientou os alunos com baixo rendimento a aprender a reconhecer quando não entendiam o significado de uma palavra, não tinham todas as informações necessárias para resolver o problema, não sabiam como subdividir o problema em passos específicos, ou não sabiam como realizar cálculo. Após 30 aulas diárias, os alunos que receberam esse treinamento metacognitivo haviam melhorado seu desempenho matemático e sua atitude em relação à matemática.

Uma especialista em raciocínio infantil, Deanna Kuhn (1999; Kuhn e Franklin, 2006), argumenta que a metacognição deveria ter um foco maior nos esforços para ajudar crianças a melhorar seu pensamento crítico, em especial as do ensino médio. Ela distingue entre habilidades cognitivas de primeira ordem, que permitem que as crianças percebam o mundo (e que são foco principal dos programas de raciocínio crítico), e habilidades cognitivas de segunda ordem – habilidades de metaconhecimento – que envolvem saber sobre o próprio saber (e o dos outros).

Mudanças no desenvolvimento

Como a metacognição muda na infância? Há mudanças subseqüentes na metacognição durante a adolescência?

Infância Muitos estudos focaram na metamemória das crianças, ou o conhecimento de como a memória funciona. Nas últimas décadas, houve um extenso interesse nas teorias das crianças sobre como a mente humana funciona.

Metamemória Aos cinco ou seis anos, as crianças sabem que assuntos conhecidos são mais fáceis de aprender do que assuntos desconhecidos, que listas curtas são mais fáceis do que as longas, que o reconhecimento é mais fácil do que a recordação e que o esquecimento é comum ao longo do tempo (Lyon e Flavell, 1993). Sob outros aspectos, a metamemória das crianças muito pequenas é limitada. Elas não entendem que itens relacionados são mais fáceis de se lembrar do que aqueles não relacionados ou que lembrar a essência de uma história é mais fácil do que lembrar de informações textuais (Kreutzer e Flavell, 1975). No quinto ano, os alunos já entendem que se lembrar da essência de uma história é mais fácil do que se lembrar das informações textuais.

Crianças em idade pré-escolar também têm uma opinião superestimada de suas habilidades de memorização. Por exemplo, um estudo demonstrou que a maioria das crianças em

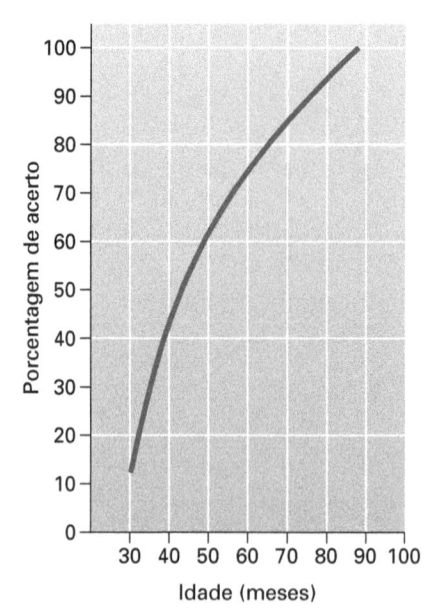

FIGURA 8.13 Mudanças do desenvolvimento no desempenho da falsa crença.

O desempenho da falsa crença melhora drasticamente dos dois anos e meio de idade até meados do ensino fundamental. Em um resumo dos resultados de muitos estudos, crianças de dois anos e meio responderam incorretamente em aproximadamente 80% das vezes (Wellman, Cross e Watson, 2001). Aos três anos e oito meses, elas estavam corretas em 50% das vezes e, depois disso, davam respostas cada vez mais corretas.

teoria da mente Percepção dos próprios processos mentais e dos processos mentais dos outros.

idade pré-escolar previu que seriam capazes de se lembrar de todos os itens de uma lista de dez. Quando testadas, nenhuma delas conseguiu esse feito (Flavell, Friedrichs e Hoyt, 1970). À medida que avançam no ensino fundamental, as crianças fazem avaliações mais precisas de suas habilidades de memorização (Schneider e Pressley, 1997).

As crianças em idade pré-escolar também desconsideram a importância das pistas de memória, como "Pensar em um exemplo ajuda". Aos sete ou oito anos, elas passam a dar mais valor para a criação dessas pistas. Em geral, a compreensão das crianças sobre suas habilidades de memória e avaliação de desempenhos em tarefas de memorização é relativamente baixa no começo do ensino fundamental, mas melhora consideravelmente aos 11 ou 12 anos (Bjorklund e Rosenblum, 2000).

Teoria da mente **Teoria da mente** refere-se à conscientização sobre seus próprios processos mentais e os processos mentais dos outros. Até mesmo crianças pequenas têm curiosidade sobre a natureza da mente humana (Flavell, 1999, 2004; Wellman, 1997, 2000, 2004). Suas teorias sobre a mente mudam ao longo da infância (Flavell, Miller e Miller, 2002; Harris, 2006; Wellman, 2004):

- *Dois ou três anos.* As crianças começam a entender três estados mentais: (1) *percepções* – as crianças percebem que outras pessoas vêem o que está à frente de seus olhos e não necessariamente à frente dos olhos da criança; (2) *desejos* – as crianças entendem que se alguém quer algo, tentará conseguir; e (3) *emoções* – as crianças conseguem distinguir entre emoções positivas (por exemplo, "feliz") e negativas (por exemplo, "triste"). Apesar desses avanços, as crianças com dois ou três anos têm apenas uma compreensão mínima de como a vida mental pode ser associada ao comportamento. Elas pensam que as pessoas estão à mercê de seus desejos e não entendem como as crenças influenciam o comportamento.

- *Quatro ou cinco anos.* As crianças começam a entender que a mente pode representar objetos e eventos de forma precisa ou imprecisa. A maioria das crianças percebe que as pessoas têm *falsas crenças* – crenças que não são verdadeiras – aos cinco anos (Wellman, Cross e Watson, 2001) (veja a Figura 8.13). Por exemplo, em um estudo, mostraram uma caixa de "Band-Aid" para as crianças e perguntaram o que havia dentro (Jenkins e Astington, 1996). Para a surpresa das crianças, a caixa continha lápis. Quando perguntaram às crianças o que uma criança que nunca tinha visto uma caixa como essa antes pensaria que havia dentro, as crianças de três anos em sua maioria responderam "lápis". As crianças de quatro e cinco anos, sorrindo antecipadamente às falsas crenças das outras crianças, respondiam em sua maioria "Band-Aids".

- *Meados e final da infância.* Somente após os primeiros anos da infância que as crianças têm uma percepção mais profunda da mente em si em vez de apenas uma compreensão de estados mentais (Wellman, 2004). Só a partir de meados da infância é que as crianças vêem a mente como um construtor ativo de conhecimento ou centro de processamento (Flavell, Green e Flavel, 1998). Do meio ao final da infância, as crianças passam da compreensão de que crenças podem ser falsas para uma compreensão de que crenças e mente são "interpretativas", exemplificada na noção de que o mesmo evento pode estar aberto a múltiplas interpretações (Carpendale e Chandler, 1996).

Adolescência Além das mudanças metacognitivas na memória e na teoria da mente que ocorrem na infância, mudanças importantes na metacognição acontecem durante a adolescência (Kuhn e Franklin, 2006). Comparados com as crianças, os adolescentes têm maior capacidade de monitorar e administrar recursos cognitivos para se adequar às demandas de uma tarefa de aprendizagem de maneira eficiente. Essa habilidade metacognitiva superior resulta em um funcionamento e aprendizado cognitivos mais eficientes.

Um aspecto importante do funcionamento e aprendizado cognitivos é determinar quanta atenção será distribuída para os recursos disponíveis. Há cada vez mais evidências de que adolescentes entendem melhor como distribuir sua atenção do que crianças (Kuhn e Franklin, 2006). Um estudo mostrou que jovens de 12 anos foram notavelmente mais eficientes que crianças de oito anos, e apenas um pouco menos do que jovens de 20 anos, em dividir sua atenção entre duas tarefas (Manis, Keating e Morrison, 1980). Os adolescentes podem ter mais recursos disponíveis do que as crianças (por meio de maior rapidez de processamento, capacidade e automatismo), ou podem ser mais habilidosos em direcionar seus recursos. Além disso, os adolescentes têm uma compreensão melhor de metaníveis de estratégias – isto é, saber a melhor estratégia a ser usada e quando usá-la para realizar uma tarefa de aprendizagem.

Lembre-se, porém, de que há uma considerável variação individual na metacognição dos adolescentes. De fato, alguns especialistas argumentam que a variação individual na metacognição se torna muito mais pronunciada na adolescência do que na infância (Kuhn e Fraklin, 2006). Portanto, alguns adolescentes são muito bons no uso da metacognição para aprimorar seu aprendizado, outros são menos eficientes.

O modelo de processamento de boa informação de Pressley

Michael Pressley e seus colegas (Pressley, Borkowski e Schneider, 1989; Pressley e Harris, 2006; Schneider e Pressley, 1997) desenvolveram um modelo de metacognição chamado Modelo de Processamento de Boa Informação (Good Information-Processing Model). Eles enfatizam que a cognição competente resulta de uma variedade de fatores que interagem entre si. Estes incluem estratégias, conteúdo do conhecimento, motivação e metacognição. Eles acreditam que crianças se tornam boas em cognição por meio de três passos principais:

1. *As crianças são ensinadas por seus pais ou professores a usar uma estratégia em particular.* Com a prática, elas aprendem sobre as características e vantagens desta para aprender um *conhecimento específico*. Quanto mais intelectualmente estimulantes forem os lares e a escola das crianças, mais estratégias específicas elas encontrarão e aprenderão a usar.
2. *Os professores podem demonstrar semelhanças e diferenças entre múltiplas estratégias em um campo específico de conhecimento, como matemática, o que motiva os alunos a perceber características compartilhadas entre as diferentes estratégias.* Isso resulta em um melhor conhecimento relacionado.
3. *A essa altura, os alunos reconhecem os benefícios gerais de se utilizar estratégias, o que produz um conhecimento estratégico amplo.* Eles aprendem a atribuir resultados positivos de aprendizado aos esforços que realizam ao avaliar, selecionar e monitorar o uso da estratégia (*conhecimento e atividade metacognitivos*).

Quais são algumas das mudanças que ocorrem na metacognição durante a adolescência?

Estratégias e regulação metacognitiva

Na visão de Pressley (McCormick e Pressley, 1997; Pressley, 1983; Pressley e Harris, 2006; Pressley e Hilden, 2006), a chave para educar é ajudar os estudantes a aprender um rico repertório de estratégias que resultam na solução de problemas. Bons pensadores usam rotineiramente estratégias e planejamento eficientes para resolver problemas. Bons pensadores também sabem onde e quando usar estratégias (conhecimento metacognitivo sobre estratégias). Entender onde e quando usar estratégias normalmente é resultado do monitoramento da situação do aprendizado por parte do aluno.

Pressley argumenta que, quando estudantes recebem instruções sobre estratégias eficientes, muitas vezes conseguem aplicar estratégias que não haviam aplicado anteriormente. Ele enfatiza que os estudantes se beneficiam quando o professor modela a estratégia apropriada e indica seus passos. Subseqüentemente, os alunos praticam a estratégia baseando-se no feedback do professor até que possam utilizá-la sozinhos. Ao instruir os alunos sobre como usar uma estratégia, também é uma boa idéia explicar como o uso de estratégias vai beneficiá-los. No entanto, existem algumas limitações relacionadas ao desenvolvimento nessa abordagem. Por exemplo, crianças muito novas normalmente não conseguem usar imagens mentais de forma competente.

Fazer que os alunos simplesmente pratiquem a nova estratégia normalmente não é o suficiente para que eles continuem a usá-la e transfiram esse conhecimento para novas situações. Para que haja uma manutenção e transferência eficientes, estimule os alunos a monitorar a eficiência da nova estratégia em relação ao uso de antigas, comparando seu desempenho em testes e outros exercícios (Graham, 2006). Pressley afirma que não é suficiente dizer "Experimente, você vai gostar"; você precisa dizer "Experimente e compare".

Boas práticas
Estratégias para ajudar os estudantes a utilizar estratégias

As estratégias a seguir são baseadas nas recomendações de Michael Pressley e seus colegas (Pressley e Hilden, 2006; Pressley e McCormick, 1995):

1. *Reconheça que as estratégias são um aspecto-chave para se solucionar problemas.* Monitore o conhecimento e a percepção dos alunos sobre o papel das estratégias na eficiência da aprendizagem. Muitos estudantes não utilizam boas estratégias e não estão cientes de que as estratégias possam ajudá-los.

2. *Modele estratégias eficientes para os estudantes.*

3. *Proporcione aos estudantes muitas oportunidades de prática de estratégias.* Conforme os estudantes praticam as estratégias, ofereça orientação e auxílio. Proporcione um feedback de desempenho até que eles possam utilizar estratégias sozinhos. Como parte de seu feedback, informe sobre quando e onde as estratégias são meios úteis.

4. *Estimule os estudantes a monitorar a eficiência de suas novas estratégias em comparação às estratégias antigas.*

5. *Lembre-se de que os estudantes levam um bom tempo para aprender a usar uma estratégia eficazmente.* Seja paciente e proporcione um apoio contínuo aos alunos durante essa experiência entediante de aprendizado. Estimule-os a utilizar a estratégia repetidamente até que consigam fazê-lo automaticamente.

6. *Entenda que os estudantes precisam ser motivados para usar estratégias.* Os alunos nem sempre estarão motivados a usar estratégias. Para que os estudantes se sintam motivados, é especialmente importante que tenham boas expectativas de que o uso da estratégia levará a um resultado positivo na aprendizagem. Também pode ajudar se os alunos criarem metas para aprender estratégias eficientes. Além disso, quando os alunos atribuem seus resultados na aprendizagem aos esforços empreendidos, sua aprendizagem é beneficiada.

7. *Incentive as crianças a utilizar estratégias múltiplas.* A maioria das crianças é beneficiada ao experimentar múltiplas estratégias, descobrindo o que funciona bem, quando e onde.

8. *Leia mais sobre o ensino de estratégias.* Um bom ponto de partida é um capítulo escrito por Michael Pressley e Katherine Hilden (2006), que inclui muitas idéias sobre como aprimorar o uso de estratégias pelas crianças.

9. *Faça perguntas que ajudam a guiar o raciocínio dos alunos em diversos campos de conhecimento.* Estas podem incluir, "Como a revisão pode me ajudar a escrever uma monografia?", "Por que é importante interromper a leitura de vez em quando para tentar entender o que foi dito até aquele ponto?" e "Qual é o propósito de aprender essa fórmula?"

Um aspecto importante da metacognição é monitorar quão bom é seu desempenho em uma tarefa (Pressley e Harris, 2006; Pressley e Hilden, 2006). Isso pode envolver descobrir que você não estudou o suficiente para uma prova ou que precisa reler uma seção em particular de um capítulo para entendê-la melhor. Erros no monitoramento são comuns. Por exemplo, é comum os estudantes do ensino fundamental acreditarem que estão mais bem preparados para um teste do que realmente estão e pensarem que entendem o conteúdo muito melhor do que realmente acontece. Uma estratégia para essa situação é estimular os estudantes que falham no monitoramento a desenvolver testes e questões práticas para avaliar se eles têm o completo domínio do assunto.

Aprender a usar estratégias eficientemente leva tempo. No início, é necessário aprender a colocá-las estratégias em prática e isso requer orientação e apoio do professor. À medida que ganham experiência, os estudantes o fazem com mais rapidez e competência. Como *prática* entende-se que os estudantes vão aplicar as estratégias repetidamente até que se torne automático. Para colocar as estratégias em prática com eficiência, é necessário que eles as tenham em suas memórias de longa duração, e a prática extensiva torna isso possível. Eles também precisam ser motivados a fazer uso de estratégias. Portanto, ajudar os estudantes a desenvolver estratégias, como a organização, por exemplo, é importante, pois, uma vez que uma estratégia é aprendida, eles normalmente precisarão de mais tempo antes que consigam fazer uso dela eficazmente (Schneider, 2004). Além disso, é essencial que os professores estejam atentos, já que os alunos podem desistir de fazer uso de uma estratégia eficaz ou continuar usando uma que não os ajuda (Miller, 2000).

As crianças usam uma ou múltiplas estratégias para memória e resolução de problemas? Elas normalmente empregam mais de uma estratégia (Schneider e Bjorklund, 1998; Siegler e Alibali, 2005). A maioria das crianças se beneficia da geração de diversas estratégias e de experimentar diferentes abordagens para resolver um problema, e descobrir o que funciona bem, onde e quando (Schneider e Bjorklund, 1998). Isso é especialmente verdade para crianças a partir do meio do ensino fundamental, apesar de alguns psicólogos cognitivos acreditarem que até mesmo crianças mais novas deveriam ser estimuladas a praticar a variação de estratégias (Siegler e Alibali, 2005).

Pressley e seus colegas (Pressley e Hilden, 2006; Pressley e outros, 2001, 2003, 2004) dedicaram um tempo considerável nos últimos anos observando os professores ensinarem estratégias e os estudantes fazerem uso delas em anos do ensino fundamental e médio. Eles concluíram que a prática de ensinar estratégias aplicada por professores não é completa e intensa o suficiente para que os alunos aprendam a usar estratégias eficazmente. Eles afirmam que o modelo de educação precisa ser reestruturado para proporcionar aos estudantes mais oportunidades de aprender estratégias competentemente.

Por fim, muitas estratégias dependem de conhecimento prévio (Pressley e Harris, 2006; Pressley e Hilden, 2006). Por exemplo, os estudantes não podem aplicar estratégias organizacionais a uma lista de itens a não ser que conheçam as categorias corretas em que os itens se encaixam. A questão sobre a importância do conhecimento prévio no uso de estratégias coincide com o que ressaltamos em nossa discussão anteriormente no capítulo sobre como especialistas aplicam estratégias com mais eficiência do que os iniciantes.

Reveja, reflita e pratique

5 Explicar o conceito de metacognição e identificar algumas maneiras para melhorar a metacognição em crianças.

Reveja

- Que comparação pode ser feita entre as crianças mais novas e as mais velhas no que diz respeito às suas habilidades metacognitivas?
- Segundo o Modelo de Processamento da Boa Informação de Pressley e seus colegas, a cognição competente resulta da interação de que fatores?
- Como podemos ajudar as crianças a aprender estratégias metacognitivas e auto-regulação?

Reflita

- Como os três passos do Modelo de Processamento da Boa Informação de Pressley podem ser parte do ensino de um tema para crianças? Selecione um tema que você talvez venha a ensinar e use-o como exemplo para essa aplicação.

Pratique PRAXIS™

1. O tio de Sharmala acabou de lhe pregar uma peça. Ele lhe mostrou uma lata que parecia ser uma lata de amendoins. Porém, quando ela abriu a lata, uma cobra de pano saltou em sua direção. Sharmala achou o truque muito engraçado e não vê a hora de fazer o mesmo com seu irmão. Quando o tio perguntou o que ela achava que seu irmão esperaria encontrar na lata, ela riu e respondeu, "Amendoins, mas ele terá uma surpresa e tanto". Este é um exemplo do desenvolvimento de Sharmala da:
   a. Habilidade de distribuir atenção a diferentes aspectos de um problema.
   b. Experiência para solucionar problemas.
   c. Habilidades de metamemória.
   d. Teoria da mente.

(continua)

Reveja, reflita e pratique (continuação)

2. Marvel aprendeu a utilizar estratégias para solucionar problemas matemáticos, mas não as usa quando estuda para provas ou testes orais de história. De acordo com o Modelo de Processamento da Boa Informação de Pressley, o próximo passo do desenvolvimento metacognitivo de Marvel seria:
   a. Pedir a seu professor estratégias específicas para o estudo de história.
   b. Perguntar a seus pais sobre os benefícios do uso de estratégias para a matemática.
   c. Entender as características comuns às diversas estratégias.
   d. Aprender a atribuir o sucesso do aprendizado ao uso de estratégias.

3. Sr. Quinton ensinou a seus alunos a estratégia PQ4R para ler livros didáticos, com a esperança de que isso os ajudaria em sua próxima prova de história. A maioria da classe obtém notas melhores. Sr. Quinton fica desapontado porque, apesar da melhora nas notas, muitos dos alunos não continuam a usar a estratégia PQ4R. Qual é a explicação mais plausível para o comportamento dos alunos?
   a. Eles não compararam os resultados obtidos com o uso da PQ4R com os resultados obtidos com o uso das estratégias anteriores.
   b. Eles não possuem o conhecimento prévio necessário para usar a estratégia PQ4R eficazmente.
   c. Eles não praticaram o suficiente para usar a estratégia com eficiência.
   d. Eles ainda não desenvolveram a especialidade no uso da estratégia.

Por favor, verifique as respostas no final do livro.

Desvende o caso
O caso do teste

George, do oitavo ano, tem uma avaliação de história na semana que vem. Ele está com grande dificuldade para se lembrar de termos, nomes e fatos. Em sua última avaliação, ele identificou o general Sherman como um herói da Guerra do Vietnã e Saigon como a capital do Japão. Datas históricas o deixam tão confuso que ele nem tenta memorizá-las. Além disso, George tem dificuldade com ortografia.

A avaliação consistirá em 50 questões objetivas (de múltipla escolha, falso/verdadeiro e preenchimento o espaço em branco) e duas questões dissertativas. Em geral, George se sai melhor nas questões dissertativas. Ele evita propositadamente citar nomes que não tem certeza e sempre omite datas. Às vezes, confunde fatos e freqüentemente perde pontos por erros ortográficos. Ele tem muita dificuldade com questões objetivas. Normalmente, mais de uma resposta lhe parece certa. Muitas vezes, ele tem "certeza" de que está certo e mais tarde acaba descobrindo que estava enganado.

Antes da última avaliação, George tentou criar alguns instrumentos mnemônicos para ajudá-lo na compreensão. Ele usou acrônimos, como HOMES (para *H*uron, *O*ntário, *M*ichigan, *E*rie e *S*uperior). Apesar de se lembrar muito bem de seus acrônimos, ele não conseguia se lembrar o que cada letra representava. O resultado foi uma avaliação repleta de acrônimos. Em outra ocasião, uma colega de classe lhe sugeriu que tentasse usar mapas conceituais. Essa colega emprestou a George os mapas que havia criado para si. George os examinou e os achou muito carregados e confusos – nem mesmo conseguia entender o que significavam. Não tinham nenhuma utilidade para ele.

George decidiu que precisa de muita ajuda se quisesse passar de ano. Ele está pedindo sua ajuda.

1. Quais são os problemas neste caso?
2. Com qual tipo de aprendizado George está tendo dificuldade?
3. Que tipo de aprendizado é mais fácil para George?
4. Crie um programa de habilidades de estudo para George, baseando-se em princípios da abordagem cognitiva de processamento da informação.

Atingindo seus objetivos de aprendizagem
A abordagem de processamento da informação

1 A natureza da abordagem do processamento da informação: Descrever a abordagem do processamento da informação.

- Informação, memória e raciocínio
- Recursos cognitivos: capacidade e velocidade de processamento das informações
- Mecanismos de mudança

A abordagem de processamento da informação enfatiza que crianças devem manipular e monitorar as informações e pensar estrategicamente sobre elas. No cerne dessa abordagem estão os processos de memória e raciocínio. O desenvolvimento dos computadores estimulou interesse na psicologia cognitiva.

A capacidade e velocidade de processamento, comumente referidas como recursos cognitivos, aumentam ao longo da infância e na adolescência. Mudanças no cérebro servem como pilares biológicos para as mudanças de desenvolvimento nos recursos cognitivos. Em termos de capacidade, o aumento pode ser observado nas crianças mais velhas por meio da capacidade de pensar em diversas dimensões sobre um assunto ou problema simultaneamente. É comum usar uma tarefa de tempo de reação para avaliar a velocidade de processamento. A velocidade de processamento continua a aumentar no começo da adolescência.

De acordo com Siegler, três mecanismos importantes de mudança são a codificação (como as informações chegam ao cérebro), o automatismo (habilidade de processar informações com pouco ou nenhum esforço) e a construção de estratégia (criação de novos procedimentos para processar informação). O processamento de informações nas crianças é caracterizado por automodificação, e um aspecto importante dessa automodificação envolve a metacognição – isto é, saber sobre saber.

2 Atenção: Caracterizar atenção e resumir suas mudanças ao longo do desenvolvimento.

- O que é atenção?
- Mudanças do desenvolvimento

Atenção é focar em recursos mentais. As três maneiras sobre como as pessoas podem distribuir sua atenção são: atenção sustentada (a habilidade de manter a atenção em um estímulo selecionado por um longo período; também chamada vigilância), atenção seletiva (focar em um aspecto específico de experiência que é relevante, ignorando outros que são irrelevantes) e atenção dividida (concentrar-se em mais de uma atividade ao mesmo tempo).

Estímulos intensos tendem a capturar a atenção de crianças em idade pré-escolar. Depois dos seis ou sete anos, há uma mudança para um controle cognitivo maior da atenção. A atenção seletiva melhora ao longo da infância e na adolescência.

3 Memória: Discutir memória em relação à codificação, ao armazenamento e ao resgate.

- O que é memória?
- Codificação

Memória é a retenção de informações ao longo do tempo e envolve codificar, armazenar e resgatar.

Na linguagem do dia-a-dia, codificar tem muito a ver com atenção e aprendizagem. Ensaio, processamento profundo, elaboração, construção de imagens e organização são processos envolvidos na codificação, que é o mecanismo pelo qual as informações entram na memória. Ensaiar aumenta o período que a informação permanece na memória. No processamento profundo, a informação é processada de maneira semântica, em termos de significado. A elaboração envolve o grau de processamento das informações. Construir imagens ajuda a elaborar as informações e quanto mais as informações são apresentadas de maneira organizada, mais fácil é lembrar-se delas.

continua

continuação

- Armazenamento

Uma das variações da memória é sua duração: memória sensorial, memória de trabalho (ou de curta duração) e memória de longa duração. Há um interesse crescente na memória de trabalho, uma espécie de bancada de trabalho. O modelo Atkinson-Shiffrin diz que a memória envolve uma seqüência de três estágios: memória sensorial, memória de curta duração e memória de longa duração. A memória de longa duração inclui diferentes tipos de conteúdo. Muitos psicólogos cognitivos aceitam a seguinte hierarquia dos conteúdos da memória de longa duração: divisão nos subtipos de memória declarativa e processual, com a memória declarativa subdividida em memória episódica e memória semântica. A memória declarativa (explícita) é a recordação consciente das informações, como fatos ou eventos específicos. A memória processual (implícita) é o conhecimento de habilidades e operações cognitivas sobre como fazer algo; é difícil de comunicar verbalmente. A memória episódica é a retenção de informações sobre onde e quando ocorreram os eventos da vida; a memória semântica é um conhecimento geral sobre o mundo.

As três teorias principais sobre como as informações são representadas são teoria de rede (que foca em como as informações são organizadas e associadas na memória; com ênfase na existência de nódulos na memória de trabalho), teorias de esquema (enfatiza que os estudantes normalmente reconstroem as informações e as encaixam em um esquema existente) e teoria de traço difuso (afirma quando as informações são mais bem entendidas, considerando-se dois tipos de representação da memória: (1) uma memória literal e (2) uma memória da essência. Nessa teoria, a memória melhor das crianças mais velhas é atribuída aos traços difusos criados ao se extrair a essência da informação). Um roteiro é um esquema para um evento.

- Resgate e esquecimento

O resgate é influenciado pelo efeito de posição serial (a memória é melhor para itens no começo e no fim de uma lista do que para os do meio), a eficiência de pistas de resgate, especificidade da codificação e a tarefa de memorização (tal como recordação *versus* reconhecimento). O esquecimento pode ser explicado em termos de esquecimento dependente de pistas (falha no uso de pistas de resgate), teoria da interferência (porque as informações atrapalham o que estamos tentando lembrar) e decomposição (perda de informações com o tempo).

4 Especialidade: Tirar algumas lições do aprendizado a partir de como os especialistas pensam.

- Especialidade e aprendizado

Cinco características importantes dos especialistas são (1) detectam características e padrões significativos de informação; (2) acumulam grandes quantidades de conhecimento específico e o organizam de uma forma que demonstra entendimento sobre o assunto; (3) destacam aspectos importantes do conhecimento com pouco esforço; (4) adaptam uma abordagem a novas situações; e (5) usam estratégias eficientes.

- Adquirindo especialidade

Para se tornar um especialista, normalmente são necessários prática deliberada, motivação e talento.

- Especialidade e ensino

Ser um especialista em uma área específica não significa ser bom professor nessa área. O conhecimento pedagógico de conteúdo é necessário para ensinar um assunto eficientemente.

5 Metacognição: Explicar o conceito de metacognição e identificar algumas maneiras para melhorar a metacognição em crianças.

- Mudanças no desenvolvimento

A metamemória das crianças melhora consideravelmente ao longo do ensino fundamental. Aos cinco ou seis anos, as crianças entendem que as pessoas podem ter falsas crenças e de meados ao final da infância elas entendem que as pessoas constroem conhecimento ativamente. Os adolescentes têm maior capacidade de monitorar e gerenciar recursos para atender com eficiência as demandas de uma tarefa de aprendizagem, embora exista uma variação individual considerável na metacognição durante a adolescência.

- O modelo de processamento de boa informação de Pressley
- Estratégias e regulação metacognitiva

O Modelo de Processamento de Boa Informação de Pressley enfatiza que a cognição competente resulta de uma variedade de fatores que interagem, incluindo estratégias, conteúdo do conhecimento, motivação e metacognição.

Na visão de Pressley, a chave para a educação é ajudar os estudantes a aprender um rico repertório de estratégias que resulte na solução de problemas. A maioria das crianças se beneficia do uso de múltiplas estratégias e da exploração daquelas que funcionam bem, quando e onde. Por exemplo, os professores podem modelar estratégias para os alunos e fazer perguntas que ajudam a guiar o raciocínio dos estudantes em várias áreas de conteúdo.

Termos-chave

abordagem de processamento da informação 264
codificação 265
automatismo 265
construção de estratégia 265
metacognição 265
atenção 267
atenção sustentada 267
atenção seletiva 267
atenção dividida 267
memória 270
ensaio 270
teoria dos níveis de processamento 271
elaboração 271
agrupamento 273
memória sensorial 273
memória de curta duração 273
amplitude da memória 273
memória de trabalho 273
memória de longa duração 275
modelo Atkinson-Shiffrin 275
memória declarativa 276
memória processual 276
memória episódica 277
memória semântica 277
teorias de rede 277
teorias de esquema 277
esquema 277
roteiro 278
teoria do traço difuso 278
efeito de posição serial 278
princípio da especificidade da codificação 279
esquecimento dependente de pistas 279
teoria da interferência 279
teoria da decomposição 279
teoria da mente 292

Pasta de atividades

Agora que você tem uma boa compreensão deste capítulo, faça os exercícios a seguir para ampliar seu entendimento.

Reflexão independente

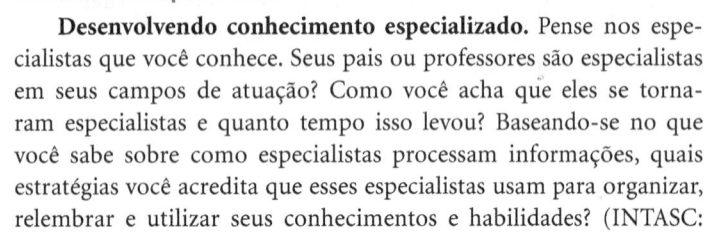

Desenvolvendo conhecimento especializado. Pense nos especialistas que você conhece. Seus pais ou professores são especialistas em seus campos de atuação? Como você acha que eles se tornaram especialistas e quanto tempo isso levou? Baseando-se no que você sabe sobre como especialistas processam informações, quais estratégias você acredita que esses especialistas usam para organizar, relembrar e utilizar seus conhecimentos e habilidades? (INTASC: Princípios *2, 4 e 9*)

Trabalho colaborativo

Estratégias para aprimorar a memória. Com outros três ou quatro alunos de sua classe, realize um livre debate sobre as melhores maneiras para orientar alunos no desenvolvimento de melhores estratégias de memorização e de estudo. Discuta como você poderia fazer isso de forma diferente para crianças e adolescentes nos diferentes anos do ensino. Por exemplo, com que idade os estudantes deveriam começar a aprender estratégias para fazer anotações eficientes? Para que crianças muito novas façam anotações elaboradas, existem atividades na forma de jogos que as ajudam a aprender o conceito e o valor de tomar notas, ou manter registros contínuos de algum evento? Escreva suas conclusões. (INTASC: Princípios *2, 4*)

Experiência de pesquisa/campo

Capturando a atenção dos estudantes. Observe salas de aula de um jardim de infância, do ensino fundamental e do ensino médio e foque em como os professores mantêm a atenção dos alunos. Quão eficazes são as estratégias de cada professor? Você faria algo diferente para capturar a atenção dos alunos? (INTASC: Princípios *2, 9*)

Vá até o Online Learning Center em www.mhhe.com/ santedu3e para baixar modelos de pastas de documentos (material disponível em inglês).

CAPÍTULO 9

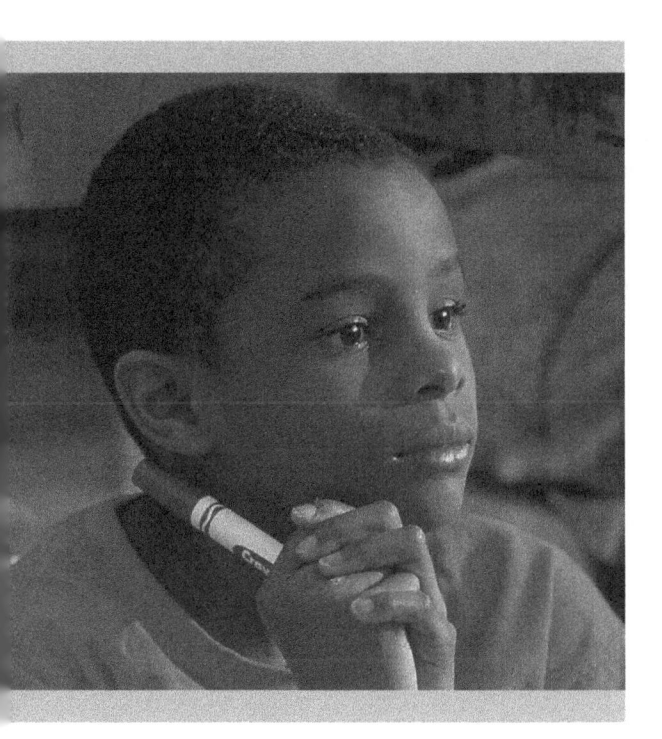

Processos cognitivos complexos

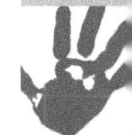

Penso, logo existo.

—René Descartes
Filósofo e matemático francês, século 17

Tópicos do capítulo

Compreensão conceitual
O que são conceitos?
Promovendo a formação de conceitos

Pensamento
O que é o pensamento?
Raciocínio
Pensamento crítico
Tomada de decisão
Pensamento criativo

Resolução de problemas
Passos para a resolução de problemas
Obstáculos na resolução de problemas
Mudanças desenvolvimentais
Aprendizagem baseada em problemas e aprendizagem baseada em projetos

Transferência
O que é transferência?
Tipos de transferência

Objetivos de aprendizagem

1 Discutir a compreensão conceitual e as estratégias para o ensino de conceitos.

2 Descrever os vários tipos de pensamento e os meios pelos quais o professor pode fomentá-los.

3 Adotar uma abordagem sistemática na resolução de problemas.

4 Definir transferência e explicar como aprimorá-la enquanto professor.

Histórias   Marilyn Whirry

Marilyn Whirry é uma professora de inglês do décimo segundo ano (último ano do ensino médio) da Escola de Ensino Médio Mira Costa, em Manhattan Beach, na Califórnia. Em 1999, ela foi nomeada Professora do Ano nos Estados Unidos e condecorada em uma Cerimônia na Casa Branca. A descrição apresentada a seguir sobre o modo de ensinar de Marilyn foi publicada em um relatório do Council of Chief State School Officers (2005, p. 1-3):

> O entusiasmo que Marilyn tem pela vida é levado para dentro da sala de aula. Sobre sua vida, Marilyn diz: "É uma tela com pinceladas vertiginosas que retratam os temas da minha experiência". Segundo Marilyn, pode ser que os professores nunca saibam realmente quanto mudaram para melhor a vida de muitos estudantes em virtude de seu senso de responsabilidade e entusiasmo pela vida.
>
> "A filosofia de ensino de Marilyn gira em torno do envolvimento e da celebração do ato de aprender. Ela diz que os professores precisam ajudar os estudantes a se sentir motivados para buscar o conhecimento e para descobrir respostas para questões sobre como e quando. Um dos objetivos mais importantes de Marilyn, como professora, é conseguir fazer que os estudantes pensem profundamente enquanto lêem e escrevem". (...) As estratégias de ensino usadas por ela incluem conseguir fazer que os estudantes se tornem conscientes das técnicas de escrita em trabalhos de literatura que "promovam o diálogo e o debate nas discussões em grupo".
>
> Uma das ex-estudantes de Marilyn, Mary-Anna Rae, afirma que "o comprometimento intelectual e a paixão pela vida fazem de Marilyn um ótimo exemplo para os estudantes. Em tudo que ela se envolve, faz questão de deixar claro que está ouvindo, preocupando-se com os pensamentos mais profundos de seus estudantes". Mary-Anna, que agora também leciona, acrescenta que Marilyn "enriqueceu e expandiu seu mundo". Mary-Anna diz ainda que Marilyn a ajudou a "conquistar mais confiança no que eu tinha a dizer, a descobrir minha vocação de escritora e a descobrir que eu poderia dar um propósito à minha vida".

Introdução

Um dos principais objetivos de Marilyn Whirry é fazer seus estudantes pensarem profundamente, o que é muito enfatizado neste capítulo. Além de explorar muitos aspectos do pensamento, examinamos como os professores podem conduzir seus estudantes a se envolver nos outros processos cognitivos complexos, como compreender conceitos, solucionar problemas e transferir o que aprendem para outras situações.

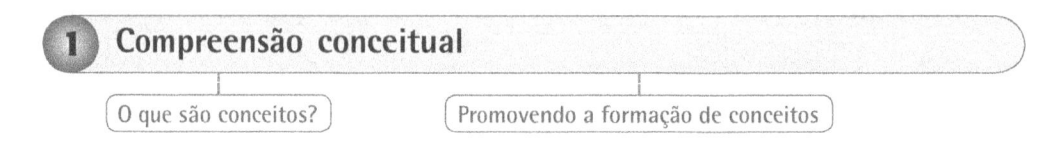

1 Compreensão conceitual

(O que são conceitos?)   (Promovendo a formação de conceitos)

A compreensão conceitual é um aspecto-chave da aprendizagem (Brophy, 2006; Murphy e Mason, 2006). Um importante objetivo do magistério é ajudar os estudantes a compreender os principais conceitos de um tema em vez de apenas memorizarem fatos isolados. Em muitos casos, a compreensão conceitual é aprimorada quando os professores exploram um assunto de forma aprofundada e oferecem exemplos interessantes e apropriados sobre os conceitos envolvidos. Como veremos, os conceitos são os tijolos da construção do pensamento.

O que são conceitos?

Conceitos são categorias que agrupam objetos, eventos e características com base em propriedades comuns. Os conceitos são elementos da cognição que nos ajudam a simplificar e resumir informações (Hahn e Ramscar, 2001; Klausmeier, 2004; Mandler, 2004). Imagine um mundo sem conceitos: veríamos cada objeto como único e não seríamos capazes de realizar qualquer generalização. Se não tivéssemos nenhum conceito, seria difícil formular os problemas mais triviais e, até mesmo, resolvê-los. Considere o conceito de livro. Se um estudante não soubesse que um livro é feito de folhas de papel com um tamanho uniforme, todas elas fixadas em uma borda, cheias de palavras e imagens impressas distribuídas em uma ordem significativa, cada vez que encontrasse um novo livro ele teria que descobrir o

---

conceitos Categorias utilizadas para agrupar objetos, eventos e características com base em propriedades comuns.

que era. De certa forma, portanto, os conceitos evitam que "reinventemos a roda" cada vez que nos defrontamos com uma nova informação.

Os conceitos também auxiliam no processo de memorização, tornando-o mais eficiente. Quando os estudantes agrupam objetos para formar um conceito, eles podem recordar o conceito e, então, retomar as suas características. Assim, quando você passar uma tarefa de matemática para seus alunos, provavelmente não será necessário entrar em detalhes de qual matemática ou tarefa se trata. Os estudantes terão armazenadas na memória diversas associações apropriadas. Dessa forma, os conceitos não apenas ajudam a refrescar a memória, mas também tornam a comunicação mais eficiente. Se disser, "Está na hora da arte", os estudantes saberão o que você quer dizer. Você não precisa iniciar uma extensa explicação sobre o que é arte. Sendo assim, os conceitos auxiliam os estudantes a simplificar e resumir as informações e, também, melhoram a eficiência de sua memória, a comunicação e a utilização do tempo.

Os estudantes formam conceitos por meio de experiências diretas com objetos e eventos de seu mundo. Por exemplo, ao construir um conceito sofisticado de desenho animado, as crianças podem inicialmente vivenciar isso assistindo a desenhos animados na televisão, depois, lendo tirinhas cômicas em jornais e, eventualmente, observando caricaturas políticas. Os estudantes também formam conceitos por meio da experiência com símbolos (coisas que significam ou representam alguma outra coisa). As palavras, por exemplo, são símbolos, assim como as fórmulas, os gráficos e as fotografias.

Alguns conceitos são relativamente simples, claros e concretos, outros, porém, são mais complexos, vagos e abstratos (Barsalou, 2000). Os primeiros são mais fáceis de se aceitar. Por exemplo, a maioria das pessoas pode estar de acordo no que se refere ao significado da palavra "bebê". Mas temos muito mais dificuldade para aceitar o signicado de "jovem" ou "velho". Aceitamos mais prontamente se algo é uma maçã do que se algo é uma fruta. Alguns conceitos são especialmente complexos, vagos e abstratos, como os conceitos envolvidos nas teorias de colapso econômico ou das cordas da física.

Promovendo a formação de conceitos

Os professores podem orientar seus alunos estudantes de diversas maneiras para que reconheçam e formem conceitos eficientes. O processo se inicia com a tomada de consciência em relação às características de dado conceito.

Aprendizado sobre as características dos conceitos Um aspecto importante da formação de conceitos é aprender seus principais traços, atributos ou características. Estes são os elementos definidores de um conceito, as dimensões que o tornam diferente de outro. No último exemplo que demos do conceito de "livro", as principais características incluem folhas de papel, fixadas em uma borda, cheias de palavras e imagens impressas distribuídas em uma ordem significativa. Outras características como o tamanho, a cor e a extensão não são características-chave que definam o conceito de "livro". Considere também essas características fundamentais do conceito de "dinossauro": extinto e réptil. Assim, no caso do conceito de "dinossauro", a característica "extinto" é importante.

Definição de conceitos e exemplificação Um aspecto importante do ensino de conceitos é defini-los claramente e dar exemplos cuidadosamente selecionados. A *estratégia do exemplo-regra* é um modo eficaz para se fazer isso (Tennyson e Cocchiarella, 1986). A estratégia consiste em quatro passos:

1. *Defina o conceito*. Como parte da definição do conceito, associe-o a um conceito superior e identifique seus aspectos ou características principais. Um conceito *superior* é uma classe maior em que ele se encaixa. Assim, ao especificar as principais características do conceito de dinossauro, você pode querer mencionar a classe maior dentro da qual eles se inserem: répteis.

2. *Esclareça os termos da definição*. Assegure-se de que os principais aspectos ou características foram bem compreendidos pelos alunos. Assim, ao descrever os principais aspectos ou características do conceito do dinossauro, é importante que eles saibam o que é um réptil – geralmente um vertebrado ovíparo que apresenta o corpo revestido de escamas ou placas ósseas e que respira por meio de pulmões.

3. *Dê exemplos para ilustrar os principais aspectos ou características*. Em relação aos dinossauros, pode-se oferecer exemplos e descrições sobre os diferentes tipos de

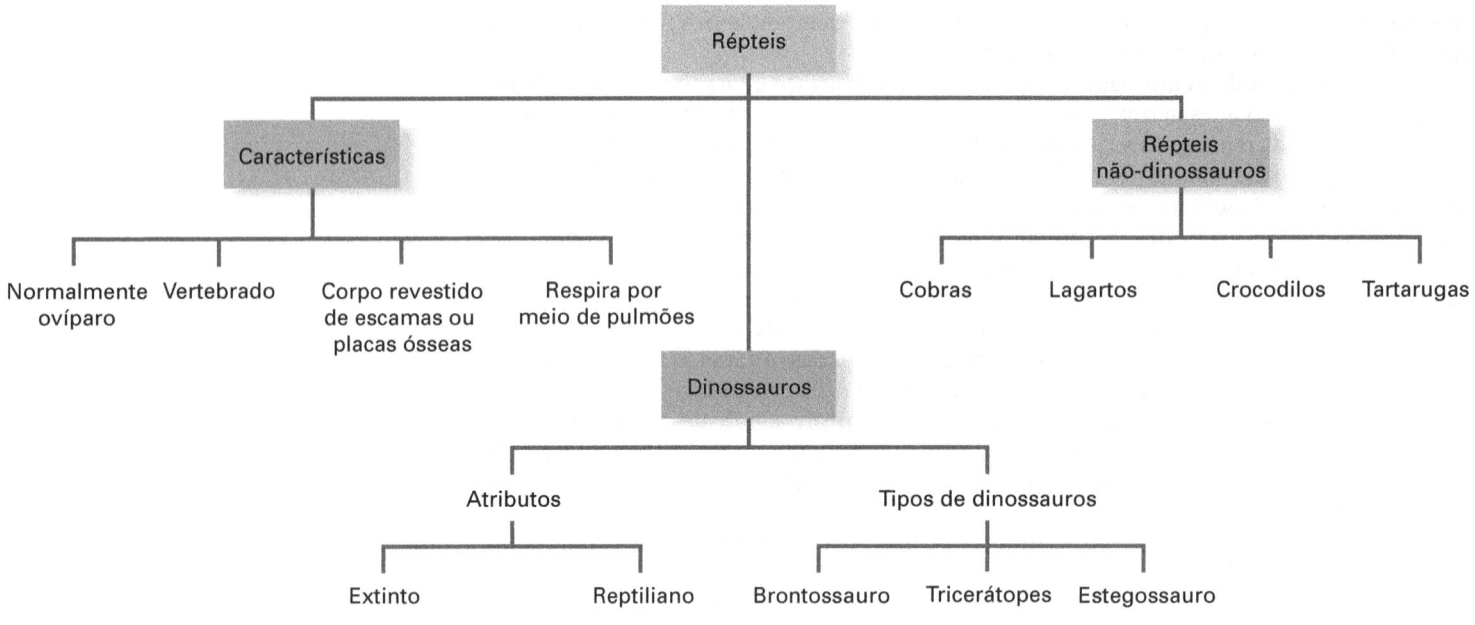

```
                                    Répteis
                                       |
        ┌──────────────────────────────┼──────────────────────────┐
   Características                                          Répteis
        |                                                   não-dinossauros
┌───────┬──────────┬──────────┐                    ┌────────┬────────┬────────┐
Normalmente Vertebrado Corpo revestido Respira por   Cobras  Lagartos Crocodilos Tartarugas
ovíparo              de escamas ou meio de pulmões
                     placas ósseas
                                    |
                                Dinossauros
                                    |
                        ┌───────────┴───────────┐
                    Atributos              Tipos de dinossauros
                        |                          |
                    ┌───┴────┐         ┌───────────┼───────────┐
                  Extinto Reptiliano Brontossauro Tricerátopes Estegossauro
```

FIGURA 9.1 Exemplo de um mapa conceitual para o conceito de réptil.

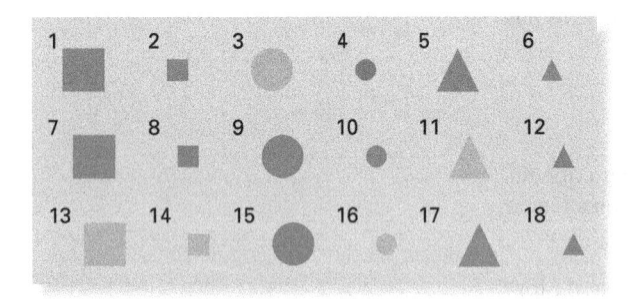

FIGURA 9.2 Levando os estudantes a gerar hipóteses sobre um conceito.

Você pode utilizar esquemas como o exibido aqui para auxiliar os estudantes a gerar hipóteses sobre o conceito que você tem em mente. Isso os incentiva a desenvolver as estratégias mais eficientes para que entendam o que é um conceito. Por exemplo, você deve selecionar o conceito "quadrados e triângulos púrpuros" ou "triângulos púrpuros e quadrados púrpuros" e pedir aos estudantes que descubram em qual conceito você está pensando. Você também pode deixar os estudantes se revezarem na seleção do conceito.

mapa conceitual Representação visual de uma conexão de conceito e organização hierárquica.

dinossauros, como *tricerátopes*, *brontossauros* e *estegossauros*. O conceito pode ser ainda mais esclarecedor ao oferecer exemplos de outros répteis que não sejam dinossauros, como cobras, lagartos, crocodilos e tartarugas. Na verdade, dar não exemplos ou exemplos de um conceito é geralmente uma boa estratégia para ensinar a formação do conceito. É necessário apresentar um número maior de exemplos quando se ensina conceitos complexos e quando se trabalha com aprendizes menos sofisticados (Moore, 1998).

4. *Dê exemplos adicionais.* Peça para que os estudantes categorizem os conceitos, expliquem a categorização deles ou faça-os criar seus próprios exemplos de conceito. Dê exemplos de outros animais pré-históricos como o *Pterodáctilo*, o *Ornitoleste* e o *Dimetrodon*, ou peça aos estudantes para descobrir eles mesmos mais exemplos. Solicite também a eles que pensem em outros não exemplos de dinossauros, como cachorros, gatos e baleias.

Mapas conceituais Um **mapa conceitual** é uma apresentação visual de conexões de conceito de organização hierárquica. Fazer os estudantes criarem um mapa de aspectos ou características de um conceito pode ajudá-los a aprender o conceito (Kinchin, Hay e Adams, 2000; Nesbit e Hadwin, 2006; Nicoll, 2001). O mapa conceitual também deve embutir o conceito em uma categoria superior e incluir exemplos e não exemplos do conceito. Os aspectos visuais do mapa conceitual relacionam-se à nossa discussão no Capítulo 8 quanto ao uso da imagem na memória. Você deve criar um mapa conceitual com a ajuda dos estudantes ou levá-los a tentar desenvolvê-lo individualmente ou em pequenos grupos. A Figura 9.1 mostra um exemplo de um mapa conceitual para o conceito de réptil.

Testagem da hipótese *Hipóteses* são suposições e previsões específicas que podem ser testadas para se determinar a sua eficiência. Os estudantes beneficiam-se em praticar o desenvolvimento de hipóteses sobre o que um conceito é ou não é. Um forma de desenvolver uma hipótese é apresentar uma regra sobre o porquê de alguns objetos se encaixarem em um conceito e outros não. Aqui está um exemplo de como você pode oferecer aos seus estudantes a prática no desenvolvimento de tais hipóteses: apresente a eles uma imagem com as formas geométricas mostradas na Figura 9.2. Então, silenciosamente, selecione o conceito de uma das formas geométricas (como um "círculo" ou um "círculo verde") e peça para que seus estudantes desenvolvam hipóteses sobre qual conceito você escolheu. Eles concentrarão a aten-

Boas práticas
Estratégias para auxiliar os estudantes a formar conceitos

1. *Use a estratégia exemplo-regra*. Lembre-se de que isso envolve quatro passos: (a) Definir o conceito; (b) Clarear os termos da definição; (c) Dar exemplos para ilustrar os principais aspectos e características; e (d) Fornecer exemplos adicionais e pedir aos estudantes para categorizarem esses exemplos e explicarem sua categorização, ou fazer que os estudantes gerem seus próprios exemplos de conceitos.

2. *Ajude os estudantes a aprender não apenas o que é um conceito, mas também o que não é*. Vamos retornar ao conceito "desenho animado". Os estudantes podem aprender que, embora também possam ser divertidos, os poemas não são histórias em quadrinhos. Se você está ensinando o conceito de "triângulo", peça aos estudantes que listem as características do triângulo, como: tem "três lados", é uma "figura geométrica", "pode ser de qualquer tamanho", "de qualquer cor", "os lados podem variar de comprimento", "os ângulos podem ser diferentes" etc.; peça também a eles que listem exemplos de coisas que não sejam triângulos, como círculos, quadrados e retângulos.

3. *Torne os conceitos o mais claro possível e dê exemplos concretos*. Dedique algum tempo à reflexão sobre qual é a melhor maneira de apresentar um novo conceito, especialmente um conceito abstrato. Torne-o o mais claro possível. Se você quer que os estudantes compreendam o conceito "veículo", peça a eles que elaborem exemplos sobre isso. Eles provavelmente dirão "carro" e talvez "caminhão" ou "ônibus". Mostre a eles fotografias de outros veículos, como um trenó e um barco, para ilustrar a amplitude do conceito.

4. *Ajude os estudantes a relacionar novos conceitos a outros que eles já conheçam*. No Capítulo 8, discutimos a estratégia de esboçar para tomar notas. Uma vez que os estudantes tenham aprendido esse procedimento, é mais fácil para eles aprenderem como construir mapas conceituais, porque você pode lhes mostrar como os mapas conceituais são ligados com o esboço em termos de organização hierárquica. Outro exemplo para ajudar os estudantes a relacionar um novo conceito a outros que eles já conhecem seria: eles provavelmente saibam o que são ouro e prata, mas talvez não saibam o que são platina ou plutônio. Nesse caso, parta do conhecimento deles sobre o ouro e a prata para ensinar os conceitos de platina e plutônio.

5. *Estimule os estudantes a criar mapas conceituais*. Fazer que os estudantes planejem visualmente a organização hierárquica de um conceito pode ajudá-los a aprender sobre o mapa. A disposição hierárquica pode auxiliar os estudantes a compreender as características do conceito a partir do mais geral para o mais específico. A organização hierárquica beneficia a memória.

6. *Peça aos estudantes para que criem hipóteses sobre um conceito*. A geração de hipóteses estimula os estudantes a pensar e a desenvolver estratégias. Trabalhe com os estudantes no desenvolvimento de estratégias mais eficazes para a determinação do que é um conceito.

7. *Ofereça aos estudantes experiências em teoria do protótipo*. Pense em diferentes conceitos e, então, pergunte aos estudantes quais são os protótipos dos conceitos. Depois peça a eles exemplos não-prototípicos do conceito.

8. *Verifique a compreensão que os estudantes têm de um conceito e estimule-os a aplicar o conceito em outros contextos*. Assegure-se de que os estudantes não memorizaram apenas de maneira desordenada um conceito. Pergunte aos estudantes de que modo o conceito pode ser aplicado em diferentes contextos. Por exemplo, no aprendizado do conceito de justiça, pergunte a eles sobre como a justiça pode tornar a vida mais tranqüila, não apenas na escola, mas também no lazer, em casa e no trabalho.

ção em seu conceito quando fizerem perguntas relacionadas às formas geométricas e quando eliminarem os não exemplos. Você também pode fazer que eles se revezem selecionando um conceito e respondendo a perguntas de outros estudantes. Trabalhe com os seus estudantes no desenvolvimento das estratégias mais eficientes para a identificação do conceito correto.

Teoria do protótipo Na **teoria do protótipo**, os indivíduos decidem se um item é um membro de uma categoria por meio da comparação com o(s) item(ns) mais característico(s) da categoria (Rosch, 1973). Quanto mais semelhante for o item em relação ao protótipo, maior será a probabilidade de o indivíduo dizer que ele pertence à categoria; quanto menos semelhante, maior a probabilidade de a pessoa julgar que o conceito não pertence à categoria. Por exemplo, o conceito de jogador de futebol norte-americano de um estudante pode incluir ser forte e musculoso como um atacante. Mas alguns jogadores de futebol norte-americano, como os *kickers*, não são tão grandes e musculosos. Um atacante é um exemplo mais prototípico de um jogador de futebol norte-americano do que um *kicker*. Quando os estudantes pensam sobre se alguém pertence à categoria "jogador de futebol norte-americano", eles tendem muito mais a pensar em alguém que se pareça com um atacante do que em alguém que se parece com um *kicker*. Da mesma forma, os pardais são vistos como aves mais características do que os avestruzes ou pingüins. Todavia, os membros de uma categoria podem variar muito e ainda assim terem qualidades que os tornem membros daquela categoria.

teoria do protótipo Processo em que os indivíduos decidem se um item é membro de um categoria por meio da comparação desse item com item(ns) mais característico(s) da categoria.

Reveja, reflita e pratique

① Discutir a compreensão conceitual e as estratégias para o ensino de conceitos.

Reveja

- O que são conceitos e por que eles são indispensáveis para o pensamento?
- Quais são algumas das formas por meio das quais os estudantes podem ser guiados para construir conceitos eficientes?

Reflita

- O que o conceito de "arte" pode significar para uma criança de três anos? Para uma criança de 10 anos? Para uma criança de 16 anos? Para um artista profissional? Como essas mudanças ocorrem?

Pratique PRAXIS™

1. Qual dos seguintes itens é o melhor exemplo de conceito superordenado?
    a. Collie.
    b. Cão.
    c. Pastor alemão.
    d. Poodle.
2. Sra. Peloti quer que seus estudantes aprendam sobre o conceito de "pássaro". Ela discute as características dos pássaros com seus estudantes, incluindo uma característica definidora: penas. Então, ela discute características irrelevantes, como o vôo – insetos e morcegos também voam, mas não são pássaros. Por fim, a classe discute qual o aspecto de um pássaro típico. Eles concordam que o pássaro mais característico é o pardal. Sra. Peloti entrega, então, às crianças uma lista de animais e pede que eles identifiquem se esses animais são pássaros por meio da comparação com o pardal. Qual estratégia de formação de conceito essa tarefa representa?
    a. Mapeamento conceitual.
    b. Testagem de hipótese.
    c. Teoria do protótipo.
    d. Correlação de conceitos.

Por favor, verifique as respostas no final do livro.

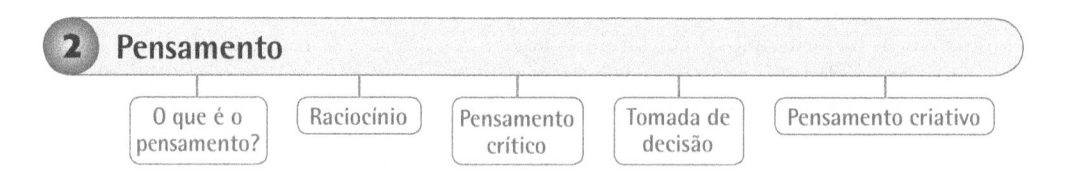

② Pensamento

- O que é o pensamento?
- Raciocínio
- Pensamento crítico
- Tomada de decisão
- Pensamento criativo

O que significa pensamento? Como os professores podem ajudar os estudantes a se tornar melhores pensadores? Nesta seção, tentaremos responder a essas importantes questões.

O que é o pensamento?

Pensar envolve a manipulação e a transformação de informações na memória. Pensamos para formar conceitos, argumentar, pensar criticamente, tomar decisões, pensar criativamente e resolver problemas. Os estudantes também podem pensar sobre temas concretos, como as férias na praia ou sobre como vencer em jogo de videogame. Eles também podem pensar sobre temas mais abstratos, como o significado da liberdade ou da identidade. Eles podem pensar sobre o passado (como o que lhes aconteceu no mês passado) e no futuro (como serão suas vidas em 2020). Eles podem pensar sobre a realidade (como se sair melhor na próxima prova) e a fantasia (como seria encontrar Elvis Presley ou aterissar com uma nave em Marte).

pensamento Manipulação e transformação de informações na memória, o que freqüentemente é feito para formar conceitos, argumentar, pensar criticamente, tomar decisões, pensar criativamente e resolver problemas.

Raciocínio

Raciocínio é o pensamento lógico que utiliza a indução e a dedução para alcançar uma conclusão. Comecemos enfocando o raciocínio indutivo.

Raciocínio indutivo O **raciocínio indutivo** envolve o raciocínio que vai do mais específico para o mais geral. Ou seja, ele consiste em extrair conclusões (formar conceitos) sobre todos os membros de uma categoria com base na observação de apenas alguns de seus membros (Kuhn, 2006; Markman e Gentner, 2001). Por exemplo, quando um estudante, na aula de inglês, lê apenas alguns poemas de Emily Dickinson e lhe é solicitado que extraia conclusões a partir deles sobre a natureza geral dos poemas de Dickinson, o raciocínio indutivo está sendo exigido. Quando perguntamos a um estudante se um conceito em uma aula de matemática se aplica a outros contextos, como nos negócios ou na ciência, novamente o raciocínio indutivo está sendo solicitado. A pesquisa de psicologia educacional é indutiva quando estuda um exemplo de participantes para obter conclusões sobre a população da qual o exemplo é extraído. Ela é também indutiva no que se refere ao fato de que os cientistas raramente baseiam-se em um único estudo como uma forte evidência para chegar a uma conclusão sobre um assunto, exigindo, pelo contrário, vários estudos sobre o mesmo assunto para ter mais certeza sobre uma conclusão.

Na verdade, um aspecto importante do raciocínio indutivo é a observação repetida. Por meio da observação repetida, a informação sobre experiências similares acumula-se a ponto de um padrão repetitivo poder ser detectado e uma conclusão mais precisa ser extraída daí. Para estudar esse aspecto do raciocínio indutivo, os pesquisadores examinaram se as inferências indutivas são justificadas com base na evidência sobre uma única instância de dois eventos concomitantes (Kuhn, Katz e Dean, 2004). Quando dois eventos ocorrem simultaneamente no tempo e no espaço, geralmente concluímos que um provocou o outro, a despeito da possibilidade de que outros fatores estejam envolvidos. Por exemplo, um pai pode concluir: "Harry é uma má influência para a minha filha; Sharon não bebia antes de conhecê-lo". O garoto deve ser a causa, mas o fato pode ter sido uma coincidência. Na verdade, se há uma evidência repetida (por exemplo, toda garota com quem Harry namorou passou a ter problemas com bebida), então o argumento torna-se mais persuasivo.

Considere também uma criança que observa uma cobra negra e conclui: "Todas as cobras são negras". A prima da criança envia-lhe um e-mail sobre uma cobra de estimação que comprou recentemente e a criança conclui que essa cobra deve ser negra. Contudo, ela obviamente não conheceu todas as cobras do mundo – na verdade, conheceu apenas uma – então ela viu apenas uma pequena amostra da população mundial de cobras. De fato, ela seria forçada a mudar de idéia se visse uma cobra cinza ou uma cobra branca. As conclusões extraídas como resultado do raciocínio indutivo nunca são corretas, apenas mais ou menos prováveis. Mas a indução pode fornecer resultados conclusivos *negativos* – por exemplo, ver uma cobra amarela prova que a afirmação "Todas as cobras são negras" é *falsa*.

Perceba que as conclusões indutivas nunca são inteiramente corretas – isto é, elas podem ser inconclusivas. Uma conclusão indutiva pode ser muito provável, mas sempre haverá uma possibilidade de que seja errada, apenas porque um exemplar não representa perfeitamente a sua população (Johnson-Laird, 2000; Kuhn, 2006, no prelo). Os professores podem auxiliar seus estudantes a aperfeiçoar o raciocínio indutivo ao incentivá-los a considerar que a conclusão a que eles chegam depende da qualidade e da quantidade de informações disponíveis. Os estudantes freqüentemente exageram na afirmação de uma conclusão, tornando-a mais definitiva do que a evidência indica.

Consideremos agora outro aspecto do raciocínio indutivo: ele é basicamente feito de analogias (Goswami, 2004). Uma **analogia** é uma correspondência entre coisas não semelhantes. As analogias podem ser usadas para aperfeiçoar a compreensão dos estudantes sobre novos conceitos ao comparar esses com conceitos aprendidos anteriormente.

Um dos tipos de analogia envolve o raciocínio formal e possui quatro partes, e a relação entre as duas primeiras partes é a mesma, ou muito semelhante, à relação entre as duas últimas partes. Por exemplo, solucione esta analogia: Beethoven está para a música assim como Picasso está para a _____. Para responder corretamente (pintura), você

Visão do estudante

A sala do pensamento

Conversei recentemente com minha neta, Jordan Bowles, que está iniciando o segundo ano em Apex, na Carolina do Norte. Perguntei como estavam as suas aulas deste ano.

Ela respondeu: "A mesma coisa de sempre. Quer dizer, há uma nova aula que freqüento uma vez por semana. É a sala do pensamento".

Então, perguntei a ela o que ela aprenderia lá.

Jordan disse: "Eles vão me ensinar a não tirar conclusões precipitadas e minha mãe está feliz com isso".

---

raciocínio indutivo Raciocínio que parte do específico para o geral.

analogia Correspondência, em alguns aspectos, entre coisas não semelhantes.

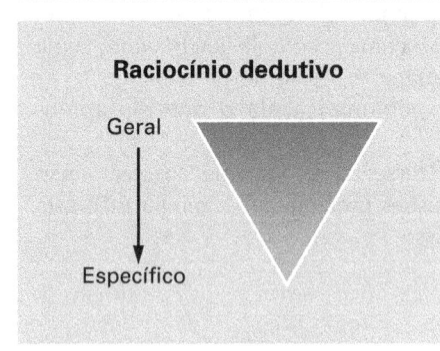

FIGURA 9.3 Raciocínios indutivo e dedutivo.

A pirâmide superior (voltada para cima) representa o raciocínio indutivo – que vai do específico para o geral. A pirâmide ou triângulo inferior (de cabeça para baixo) representa o raciocínio dedutivo – que vai do geral para o específico.

teve de induzir a relação entre Beethoven e música (o primeiro criou essa última) e aplicar essa relação a Picasso (o que ele criou?).

Quanto crianças e adolescentes são hábeis em relação ao raciocínio indutivo? Os adolescentes são melhores que as crianças em muitos aspectos do raciocínio indutivo, incluindo analogias e falsa inclusão ao realizarem generalizações a partir de um evento único, mas não são tão bons quanto os jovens adultos (Kuhn e Franklin, 2006).

Raciocínio dedutivo   Em contraste com o raciocínio indutivo, o **raciocínio dedutivo** é o raciocínio que vai do geral para o específico. A Figura 9.3 mostra uma representação visual da diferença entre raciocínio indutivo e dedutivo.

Quando monta quebra-cabeças ou resolve um enigma, você está utilizando o raciocínio dedutivo. Quando aprende sobre uma regra e, então, entende como ela se aplica a algumas situações, mas não a outras, você está utilizando o raciocínio dedutivo (Kuhn e Franklin, 2006). O raciocínio dedutivo é sempre exato no sentido de que, se as regras iniciais ou hipóteses são verdadeiras, então, a conclusão estará correta. Quando psicólogos utilizam teorias e intuições para fazerem previsões e, depois, avaliam essas previsões por meio da realização de observações futuras, eles estão utilizando o raciocínio dedutivo.

Muitos aspectos do raciocínio dedutivo têm sido estudados, incluindo os casos em que o conhecimento e o raciocínio entram em conflito (Kuhn e Franklin, 2006; Wigfield, Byrnes e Eccles, 2006). Durante a adolescência, os indivíduos tornam-se cada vez mais capazes de raciocinar dedutivamente, mesmo quando as premissas que estão sendo consideradas são falsas. Considere este problema de inferência dedutiva:

Todos os jogadores de basquete são motociclistas.
Todos os motociclistas são mulheres.

Imaginando que essas duas afirmações sejam verdadeiras, decida se a seguinte afirmação é verdadeira ou falsa:

Todos os jogadores de basquete são mulheres.

As crianças raramente deduzem que conclusões como essa são deduções válidas a partir das premissas. A partir da primeira adolescência até atingir a idade de um jovem adulto, os indivíduos aperfeiçoam sua habilidade de chegar a conclusões precisas quando o conhecimento e o raciocínio estão em conflito. Ou seja, eles podem "raciocinar independentemente do status de verdade das premissas" (Kuhn e Franklin, 2006).

Pensamento crítico

Atualmente, há um considerável interesse em relação ao pensamento crítico por parte de psicólogos e educadores, embora esta não seja uma idéia totalmente nova (Halpern, 2007; Moseley e outros, 2006; Sternberg, 2007; Sternberg, Ruediger e Halpern, 2007). O famoso educador John Dewey (1933) propôs uma idéia semelhante ao falar sobre a importância de se fazer que os estudantes pensassem reflexivamente. O conhecido psicólogo Max Wertheimer (1945) falava sobre a importância de se pensar produtivamente em vez de apenas se advinhar uma resposta correta. O **pensamento crítico** envolve pensar reflexivamente e de modo produtivo e avaliar a evidência. Muitas das questões do item "Reflita", apresentadas em cada seção deste livro, exigem o pensamento crítico.

Pensamento crítico nas escolas   Aqui estão algumas das maneiras por meio das quais os professores podem conscientemente construir o pensamento crítico no seu planejamento de aula:

- Pergunte não apenas o que aconteceu, mas também "como" e "por que".
- Examine supostos "fatos" para determinar se há evidências que os sustentem.
- Discuta de forma racional em vez de discutir por meio de emoções.
- Reconheça que, às vezes, há mais do que uma boa resposta ou explicação.
- Compare as várias respostas de uma questão e julgue qual é realmente a melhor.
- Avalie e até questione o que as outras pessoas dizem em vez de imediatamente aceitar como verdade.
- Faça perguntas e especule sobre além daquilo que já sabemos para criar novas idéias e novas informações.

---

raciocínio indutivo Raciocínio que vai do geral para o específico.

pensamento crítico Pensar reflexivamente e de modo produtivo e com a avaliação da evidência.

Jacqueline e Martin Brooks (1993, 2001) lamentam que são poucas as escolas que realmente ensinam os estudantes a pensar criticamente. Em sua visão, as escolas passam tempo demais tentando fazer que os estudantes dêem uma única resposta correta de modo imitativo, em vez de estimulá-los a expandir seu pensamento com a apresentação de novas idéias e repensando conclusões prévias. Eles acreditam que os professores pedem com muito mais freqüência que os estudantes narrem, definam, descrevam, afirmem e anotem do que analisem, infiram, façam conexões, sintetizem, critiquem, criem, avaliem, pensem e repensem.

Uma das formas para estimular os estudantes a pensar de maneira crítica é apresentar-lhes assuntos controversos ou artigos que mostrem os dois lados de uma questão a discutir. Alguns professores evitam envolver os estudantes em debates ou discussões de pensamento crítico como estes porque não é "apropriado" ou "legal" (Winn, 2004). Entretanto, o pensamento crítico é promovido quando os estudantes deparam-se com argumentos e debates conflitantes, os quais podem motivá-los a se aprofundar mais em um assunto e tentar solucionar um problema (Andriessen, 2006; Gong, 2005; Van Gelder, 2005). Nessas circunstâncias, os estudantes se beneficiam quando os professores param de declarar suas próprias visões, permitindo que eles explorem com mais liberdade os diferentes lados das questões e as múltiplas perspectivas sobre os assuntos.

Fazer que os estudantes pensem criticamente nem sempre é uma tarefa fácil (Black, 2004; Mayer e Wittrock, 2006). Muitos estudantes chegam à sala de aula com um histórico de aprendizado passivo, pois eram estimulados a dar a resposta correta para uma questão em vez de fazerem um esforço intelectual para pensar de maneiras mais complexas. Utilizando-se mais de tarefas que exigem que os estudantes se concentrem em uma questão, um assunto ou um problema, em vez de apenas narrar fatos, os professores estimulam a habilidade deles de pensar criticamente. Para ler mais sobre as maneiras de se utilizar a tecnologia para estimular o pensamento crítico dos estudantes, veja o quadro Tecnologia e educação.

O pensamento crítico na adolescência Se uma sólida base de habilidades fundamentais (como habilidades em leitura e em matemática) não foi desenvolvida durante a infância, as habilidades de pensamento crítico tornam-se improváveis na adolescência. A probabilidade de os adolescentes que carecem de habilidades fundamentais obterem progressos no pensamento não são comuns. Para outros adolescentes, esse momento é um importante período de transição no desenvolvimento do pensamento crítico (Keating, 1990, 2004). Diversas mudanças cognitivas ocorrem durante a adolescência, e permitem a melhoria do pensamento crítico, incluindo o que se segue (Keating, 1990):

- Aumento da velocidade, do automatismo e da capacidade do processamento de informações, o que libera recursos cognitivos para outros propósitos (veja o Capítulo 8).
- Mais conhecimentos em uma variedade de domínios.
- Aumento da habilidade de construir novas combinações de conhecimentos.
- Uma gama maior e um uso mais espontâneo das estratégias ou procedimentos, como planejamento, consideração de alternativas e monitoramento cognitivo.

Em um estudo realizado com estudantes do quinto, do oitavo e do décimo primeiro ano (estudantes com idade média de 10, 14 e 16 anos, respectivamente), o pensamento crítico aumentou com a idade, mas em apenas 43% dos estudantes de décimo primeiro ano isso foi verificado (Klaczynski e Narasimham, 1998). Muitos adolescentes apresentaram tendência à confirmação em seu raciocínio.

Tomada de decisão

Pense em todas as decisões que você tem de tomar em sua vida. Para qual ano e qual assunto devo ensinar? Devo ir para a pós-graduação logo depois da faculdade ou conseguir um emprego antes? Devo me estabelecer em uma carreira antes de me casar e constituir uma família? Devo comprar ou alugar uma casa? A **tomada de decisões** envolve o pensamento no qual os indivíduos avaliam alternativas e fazem escolhas entre elas.

No raciocínio dedutivo, as pessoas utilizam regras bem-definidas para tirar conclusões. Quando tomamos decisões, as regras são raramente bem-definidas e pode ser que nosso conhecimento sobre as conseqüências das decisões seja limitado (Gigerenzer e Selton, 2001; Tversky e Fox, 1995). Além disso, pode ser que faltem informações importantes ou não confiemos em todas as informações que temos (Matlin, 2005).

Em um tipo de pesquisa para tomada de decisão, pesquisadores estudaram o modo como as pessoas pesam os custos e benefícios dos vários resultados (Redelmeier, 2005). Eles

"Pelo amor de Deus, pense! Por que ele tem sido tão legal com você?"

© The New Yorker Collection, 1998 Sam Gross, em cartoonbank.com. Todos os direitos reservados.

Quais são algumas boas estratégias para estimular o pensamento crítico das crianças?

tomada de decisões Valiação das alternativas e escolha entre elas.

Tecnologia e educação
Ferramentas mentais digitais

David Jonassen (1996) argumenta que um dos melhores usos da tecnologia na educação envolve as aplicações do computador que estimulam os estudantes a pensar criticamente sobre o conteúdo que estão estudando. Ele chama tais aplicações "ferramentas mentais", e as vê como ferramentas construtivas que dão suporte para que o estudante elabore conhecimento e raciocínio sobre o conteúdo do assunto. Jonassen distingue várias categorias de ferramentas mentais, como: ferramentas de organização semântica, ferramentas de modelagem dinâmica, ferramentas de interpretação de informação e ferramentas de colaboração e conversação.

Ferramentas de organização semântica, bem como ferramentas de mapeamento conceitual, auxiliam os estudantes a organizar, analisar e visualizar a informação que estão estudando. Por exemplo, os estudantes que estão estudando o clima podem acessar bancos de dados globais para testar suas hipóteses relacionando o clima à população.

As *ferramentas de modelagem dinâmica* auxiliam os estudantes a explorar as conexões entre os conceitos. Estas incluem os *spreadsheets*, os *expert systems*, as ferramentas de modelagem de sistemas e os *microworlds*. Por exemplo, os *spreadsheets* têm sido usados em aulas de matemática para auxiliar os estudantes a explorar relações matemáticas entre os números. Os *microworlds* estimulam fenômenos do mundo real, como as combinações genéticas.

As *ferramentas de interpretação de informação* auxiliam os estudantes a acessar e interpretar informações. Por exemplo, as ferramentas de visualização criam modelos visuais de fenômenos complexos que os tornam mais compreensíveis. As ferramentas de construção de conhecimento, como a hipermídia, os programas de *webdesign* e de edição de vídeo, dão suporte ao estudante para a construção de conhecimento de váriadas formas.

Por fim, uma variedade de *ferramentas de colaboração e conversação*, como e-mail, discussão on-line, chat, videoconferência e blogs, tornam possível aos estudantes interagirem e colaborarem com especialistas e com outros estudantes de todo o mundo. Por exemplo, os estudantes que estudam língua estrangeira podem conversar com falantes nativos utilizando comunicação mediada pelo computador.

As fotografias mostradas neste quadro Tecnologia e educação retratam ambientes educacionais elaborados para estimular os estudantes a pensar criticamente.

Estudantes na sala de aula do Research Center for Educational Technology, da AT&T, na Kent State University, estudam a energia ao projetarem uma casa eficiente no que diz respeito à energia, utilizando o software *Better Homes e Garden Home Designer*.

Estudantes da Educação Infantil no Research Center for Educational Technology, da AT&T, na Kent State University, exploram padrões ao programar o Logo Robotic Turtle.

descobriram que as pessoas escolhem o resultado com o mais alto valor esperado (Smyth e outros, 1994). Por exemplo, ao escolher uma faculdade, um estudante do ensino médio deve estabelecer os prós e contras das diferentes faculdades (relacionados a fatores como custo, qualidade da educação e vida social), e, então, tomar a decisão baseada em como foi o desempenho das faculdades nesses critérios. Ao tomar uma decisão, o estudante deve levar em consideração alguns desses fatores mais do que outros (como: custo vale três pontos, qualidade de educação vale dois pontos e vida social, um ponto).

Boas práticas
Estratégias para aperfeiçoar o pensamento das crianças

O ditador alemão do século 20, Adolf Hitler, ressaltou certa vez que é uma sorte muito grande para aqueles que estão no poder que a maioria do povo não pense. A educação deveria auxiliar os estudantes a se tornar pensadores melhores. Todo professor concordaria com esse objetivo, mas os meios para alcançá-lo nem sempre estão disponíveis nas escolas. Aqui estão algumas orientações para auxiliar os estudantes a se tornar pensadores melhores.

1. *Seja um guia para ajudar os estudantes a construir seu próprio pensamento.* Você não pode e não deve pensar pelos seus alunos. Contudo, você pode e deve ser um guia eficiente para auxiliá-los a construir seu próprio pensamento. Os professores que ajudam seus alunos a construir o próprio pensamento (Brooks e Brooks, 1993, 2001)

   Fazem
   - Questões de alto valor para os estudantes.
   - Vêem os estudantes como pensadores com teorias emergentes sobre o mundo.
   - Buscam os pontos de vista do estudante.
   - Buscam a elaboração das respostas iniciais dos estudantes.
   - Alimentam a curiosidade intelectual do estudante.

   Não fazem
   - Vêem as mentes dos estudantes como vazias ou vêem seu papel de professor como simplesmente um provedor de informações para as mentes dos estudantes.
   - Confiam totalmente em livros didáticos e cadernos de exercícios.
   - Simplesmente buscam a resposta correta para validar a aprendizagem do estudante.

2. *Utilize questões baseadas no pensamento.* Uma forma de analisar as suas estratégias como professor é observar se você utiliza uma abordagem baseada na aula expositiva, no questionamento baseado em fatos ou no questionamento baseado no pensamento (Sternberg e Spear-Swirling, 1996). Na abordagem baseada na aula, o professor apresenta a informação em forma de palestra. Esta é uma abordagem muito útil para a rápida apresentação de um conjunto de informações, como os fatores que levaram à Revolução Francesa. No questionamento baseado em fatos, o professor faz perguntas primeiro planejadas para estimular os estudantes a descrever a informação factual. Isso é mais bem utilizado para reforçar informações adquiridas recentemente ou para testar o conhecimento do conteúdo por parte dos estudantes. Por exemplo, o professor deve perguntar: "Quando a Revolução Francesa ocorreu? Quem eram o rei e a rainha da França naquela época?" No questionamento baseado no pensamento, o professor faz perguntas que estimulam o pensamento e a discussão. Por exemplo, o professor deve perguntar: "Compare as revoluções Francesa e Americana. Em que elas foram semelhantes? Em que elas foram diferentes?".

Assegure-se de incluir as questões baseadas no pensamento em suas aulas. Elas ajudarão seus estudantes a elaborar uma compreensão mais aprofundada sobre um assunto. A seguir, dois professores descrevem como levaram os estudantes a pensar mais produtivamente e a importância de ter altas expectativas para o pensamento de mais alto nível.

Visão do professor
Desafiando os estudantes a serem intelectuais que enfrentam riscos

Alan Haskvitz, que ensina estudos sociais na Suzanne Middle School, em Walnut, Califórnia, acredita no "aprender fazendo" e na importância de motivar os estudantes a melhorar a comunidade. Seus estudantes reescreveram as instruções de votação adotadas pelo condado de Los Angeles, fizeram lobby por uma lei que exige que prédios do governo tenham jardins resistentes e para que sejam criadas medidas para reduzir a grafitagem na cidade. Alan compilou milhares de pesquisas de professores no site www.reacheverychild.com. Ele desafia os estudantes a serem pensadores independentes e intelectuais que enfrentam riscos. Ele fez os estudantes criarem uma ilha ideal e discutiu tudo, desde como seria o governo até como seria a geografia do lugar. (Fontes: Briggs, 1999; Educational Cyber Playground, 2006).

Visão do professor
Use bastante a palavra explique e tenha altas expectativas

Donna Shelhorse, professora da Short Pump Middle School, na Virgínia, diz: "Uso a palavra *explique* várias vezes. Não aceito uma resposta sem pedir ao estudante que a explique. Isso os leva a pensar sobre as suas respostas e fornecer um suporte para elas".

De Tonack, professora de matemática do ensino médio, recomenda ter altas expectativas com relação aos estudantes, a fim de se envolver em um aprendizado de nível mais alto. Ela defende principalmente que os estudantes façam projetos de pesquisa de forma independente. Em suas palavras: "Qual é o melhor desafio educacional e potencial para o crescimento do que fazer uma pesquisa prévia, não apenas um relatório sobre as

Alan Haskvitz com os estudantes do ensino médio, Simon Alarcon e Tracy Blozis, examinando ossos e tentando imaginar a que espécie do reino animal eles pertencem.

(continua)

Boas práticas (continuação)
Estratégias para aperfeiçoar o pensamento das crianças

descobertas de alguém? Esta é uma luta. Os estudantes são condicionados a fazer relatórios, não pesquisa. Incentive-os a visitar as associações históricas do seu estado, os museus, a fazer entrevistas, a conduzir pesquisas, a realizar experimentos. O desafio mais difícil provavelmente seja apresentar um assunto para que ele seja investigado, porém, talvez uma pessoa instruída deva saber como fazer isso. Os estudantes, em nosso programa, investigaram a poluição luminosa local; o desenvolvimento de Boystown, em Omaha; a cantina da Segunda Guerra Mundial, em North Platte, Nebrasca; o trem de órfãos que atravessava o Meio-Oeste".

3. *Forneça modelos positivos para o pensamento*. Procure na sua comunidade modelos positivos que possam demonstrar um pensamento efetivo e convide-os a ir à sala de aula para conversar com os estudantes. Pense também sobre o contexto em que a comunidade está localizada, como museus, faculdades e universidades, hospitais e comércio, onde você possa levar os estudantes e para que observem e interajam com pensadores competentes.

4. *Seja, como professor, um modelo de pensador para os estudantes*. Tenha uma mente questionadora e ativa. Examine o que dissemos sobre o pensamento neste capítulo. Trabalhe para ser um modelo de pensador para os estudantes ao praticar essas estratégias.

5. *Mantenha-se atualizado em relação aos últimos desenvolvimentos relativos ao pensamento*. Assim que você se tornar um professor, continue aprendendo ativamente sobre novos desenvolvimentos para o ensino e torne seus estudantes pensadores mais eficazes. Na próxima década, especialmente, haverá novas tecnologias por meio das quais você poderá aperfeiçoar a habilidade de pensar dos seus estudantes. Vá às livrarias agora e leia as revistas sobre educação, além disso, freqüente conferências profissionais que incluam informações sobre o pensamento.

"Você tem todo o tempo do mundo, Larry, esta é certamente uma grande decisão."

© The New York Collection, 1990, Eric Teitelbaum, de cartoonbank.com. Todos os direitos reservados.

tendência à confirmação Tendência a buscarmos e utilizarmos informações que sustentem nossas idéias em vez de refutá-las.

perseverança da crença Tendência a apegar-se a uma crença quando se é confrontado com uma evidência contraditória.

Outro bom assunto para a pesquisa de tomada de decisão são as tendências e as heurísticas falhas (regra prática) que afetam a qualidade das decisões. Em vários casos, nossas estratégais de tomada de decisão são bem adaptadas para lidarmos com uma variedade de problemas (Nisbett e Ross, 1980). Contudo, somos propensos a certas falhas em nosso pensamento (Stanovich, 2004). Falhas comuns envolvem tendência à confirmação, perseverança na crença, excesso de confiança, viés retrospectivo e heurística da disponibilidade e da representatividade. A tomada de decisão é aperfeiçoada quando nos tornamos atentos às potenciais falhas.

Tendência à confirmação A **tendência à confirmação** é a tendência a procurar e usar informações para apoiar nossas idéias, em vez de refutá-las (Betch e outros, 2001; Gavetti e Rivkin, 2005). Portanto, ao tomar uma decisão, o estudante deve acreditar que determinada abordagem vai funcionar. Ele testa a abordagem e descobre que ela funciona algumas vezes. Ele conclui que a sua abordagem está certa, em vez de explorar mais o fato de que em vários outros momentos essa abordagem não funciona.

Tendemos a procurar ouvir as pessoas cujas visões estão de acordo com nosso próprio ponto de vista, em vez de ouvirmos opiniões contrárias às nossas. Assim, você pode ter um estilo particular de ensinar, como a aula expositiva que você gosta de utilizar. Desse modo, você provavelmente tem uma tendência a procurar pelo aconselhamento de professores que utilizam esse estilo, e não pelos professores que preferem outros estilos, como a solução colaborativa de problemas por parte dos estudantes.

Em uma pesquisa, Deanna Kuhn e seus colegas (1994) fizeram que participantes ouvissem a reconstituição gravada de um real julgamento de assassinato. Então, eles foram questionados sobre qual seria o julgamento deles e o porquê. Em vez de considerarem e pesarem as possibilidades, extraindo todas as evidências, muitos participantes compuseram apressadamente uma história, composta apenas pelas evidências que sustentavam seus pontos de vista sobre o que aconteceu. Esses participantes mostraram uma tendência à confirmação ao ignorar a evidência que ia ao encontro de sua versão dos fatos. Atente para o fato de que é muito fácil tanto para você como para seus alunos serem pegos por uma tendência à confirmação.

Perseverança da crença Muito próxima da tendência à confirmação, a **perseverança da crença** é a tendência de se apegar a uma crença quando se é confrontado com uma evidência contraditória. As pessoas têm dificuldades para abandonar uma idéia ou estratégia uma vez que a tenham adotado (Smith, 2005). Consideremos Madonna. Provavelmente passamos algum tempo pensando nela em seu de papel de mãe, por causa da perseverança da crença de ser uma *rock star* selvagem que adora a diversão.

Outro exemplo de perseverança da crença nos é oferecido pelos problemas enfrentados por alguns estudantes universitários. Eles podem ter tido boas notas no ensino médio ao utilizar a estratégia de se preparar rapidamente para os testes na noite anterior. Aqueles que não adotaram uma nova estratégia – espaçando suas sessões de estudo de forma mais uniforme ao longo do período – tiveram baixo rendimento na faculdade freqüentemente.

Excesso de confiança O **excesso de confiança** é a tendência a ter mais confiança em julgamentos e decisões do que em probabilidades e experiências passadas. As pessoas têm excesso de confiança sobre quanto alguém com uma doença fatal viverá, sobre qual negócio vai à falência, sobre se um réu é culpado em um julgamento e sobre quais estudantes se darão bem na faculdade (Kahneman e Tversky, 1995). As pessoas consistentemente têm mais fé em seus julgamentos do que em prognósticos baseados nas indicações de mensurações estatisticamente objetivas.

Em um estudo, foi solicitado que estudantes universitários fizessem prognósticos sobre eles mesmos no ano acadêmico seguinte (Vallone e outros, 1990). Foi solicitado que eles fizessem um prognóstico sobre se abandonariam algum curso, se votariam em uma eleição e se romperiam o relacionamento com seu namorado ou namorada. No fim do ano, a eficácia de seus prognósticos foi examinada. Resultado: eles tiveram maior tendência a abandonar um curso, a não votar em uma eleição e a romper com a namorada ou namorado do que haviam prognosticado.

Viés retrospectivo As pessoas não apenas têm excesso de confiança sobre o que prognosticaram sobre o futuro (excesso de confiança), mas também tendem a superestimar previamente suas realizações passadas (Birch, 2005; Guilbault e outros, 2004; Villejoubert, 2005). O **viés retrospectivo** é a nossa tendência de relatar de maneira falsa, após o fato ter ocorrido, que prognosticamos perfeitamente um evento.

Enquanto escrevia este capítulo, a temporada de beisebol nos Estados Unidos estava começando. Várias pessoas, em diferentes cidades, estavam fazendo previsões de que seus times ganhariam a *World Series*. Ao chegar outubro, depois de quase todos os times terem ficado pelo caminho, muitas daquelas pessoas dirão: "Eu disse pra você que o nosso time não ia fazer uma boa temporada".

Em um estudo com estudantes universitários que estavam tendo aulas de introdução à psicologia, um professor pediu para esses estudantes criarem tanto previsões anteriores ao veredito sobre o resultado do julgamento de O. J. Simpson como previsões posteriores ao veredito sobre o que eles teriam prognosticado que seria o resultado (Demakis, 1997). A tendência dos estudantes que avaliaram o seu prognóstico do julgamento posterior ao veredito era de "acertar" o veredito mais do que os estudantes que previram o resultado anterior ao veredito, ilustrando o princípio do viés retrospectivo.

Heurística da disponibilidade Uma **heurística** é uma regra prática que pode sugerir uma solução para um problema, mas não assegura que ela funcionará. Um tipo de heurística que pode produzir pensamento falho é a **heurística de disponibilidade**, uma previsão sobre a probabilidade de ocorrência de um evento baseada na freqüência de ocorrências passadas desse evento (Hutchinson e Gigerenzer, 2005; Mazur, 2005). Quando um evento ocorreu recentemente, tendemos especialmente a superestimar sua ocorrência futura (McKelvie e Drumheller, 2001; Redelmeir, 2005; Oppenheimer, 2004).

Qual é a probabilidade de você ser vítima de um crime, por exemplo? O medo do crime tende a aumentar quando a mídia passa por uma fase em que enfatiza os assassinatos ou as matérias sensacionalistas sobre assassinato. Em decorrência do excesso de informações sobre crimes, tendemos a calcular que ele é mais prevalente do que realmente é. A mídia contribui para esse erro de previsão toda vez que nos expõe a um excesso de vívidas histórias sobre tornados, assassinatos, doenças, acidentes ou ataques terroristas.

Heurística da representatividade A **heurística da representatividade** sugere que, por vezes, tomamos decisões erradas baseadas em quão bem algo pode se encaixar em um protótipo – isto é, o exemplo mais representativo ou mais comum –, mais do que com base em sua relevância para uma situação particular (Sheppard e Koch, 2005). Considere essa descrição de um acompanhante: tem experiência com carpintaria, é hábil em luta livre, possui uma cobra de estimação, sabe consertar motocicletas e tem ficha na polícia. Qual é a possibilidade de que essa pessoa seja um homem? É mais provável que a descrição se encaixe no seu protótipo de homem, mais do que no de mulher, de modo que você possa estimar que há nove em dez chances de o acompanhante ser um homem.

---

excesso de confiança Tendência a ter mais confiança em julgamentos e decisões do que em probabilidades e experiências passadas.

viés retrospectivo Tendência a relatar falsamente, depois do fato ter ocorrido, que prognosticamos perfeitamente um evento.

heurística Uma estratégia de regra prática que pode sugerir uma solução para um problema, mas não assegura que ela funcionará.

heurística de disponibilidade Previsão sobre a probabilidade de um evento baseada na freqüência de ocorrências passadas desse evento.

heurística da representatividade Tomar decisões erradas baseadas em quão bem algo pode se encaixar em um protótipo – isto é, o exemplo mais representativo ou mais comum –, mais do que com base em sua relevância para uma situação particular.

O que caracteriza uma tomada de decisão na adolescência?

Nesse exemplo, seu protótipo serviu-lhe bem porque há muito mais homens que mulheres dentro da população que se encaixa na descrição proposta. Algumas vezes, contudo, nossos protótipos não levam em conta a freqüência dos eventos em toda a população. Por exemplo, você diria que é mais provável que o acompanhante seja um membro de uma gangue de motociclistas ou um profissional de vendas? Você provavelmente diria que há uma chance muito maior de que ele seja membro de uma gangue de motociclistas, porém, nesse caso, você estaria errado. Por quê? Embora apenas uma porcentagem muito pequena dos milhões de profissionais de vendas se encaixem na descrição do acompanhante, o número total é muito maior que o número total de membros de gangue de motociclistas que se encaixam na descrição. Digamos que haja 10 mil membros de gangue de motociclistas no mundo contra 100 milhões de profissionais de vendas. Mesmo se 1 de cada 100 membros de gangue (1%) se encaixe na descrição, haveria apenas 100 deles. Se apenas 1 de cada 100 mil profissionais de vendas se encaixar em nossa descrição (0,1%), seu número totalizaria 1.000, portanto, a possibilidade é 10 vezes maior de que o acompanhante do jantar seja um profissional de vendas e não um membro de uma gangue de motociclistas.

Nossas vidas envolvem muitos desses casos em que julgamos probabilidades com base em representatividades e falhamos ao considerar a população de onde um exemplo é extraído. Se quisermos tomar decisões melhores, temos de tentar evitar esse erro de lógica juntamente aos outros erros mencionados anteriormente (Todd e Gigerenzer, 2001).

Tomada de decisões na adolescência A adolescência é um período de aumento de tomada de decisões – sobre o futuro, que amigos escolher, fazer ou não faculdade, com qual pessoa sair, fazer ou não sexo, comprar ou não um carro e assim por diante (Byrnes, 1998, 2001, 2003, 2005; Jacobs e Klaczynski, 2005; Klaczynski, 2005, Kuhn e Franklin, 2006; Reyna e outros, 2005; Wigfield, Byrnes e Eccles, 2006). Qual é a competência dos adolescentes para tomar decisões?

Os adolescentes mais velhos parecem ser mais competentes em tomar decisões do que os adolescentes mais novos, que, por sua vez, são mais competentes do que as crianças (Keating, 1990, 2004). Comparados às crianças, os adolescentes mais novos tendem a criar mais opções, a examinar a situação de perspectivas variadas, a antecipar as conseqüências das decisões e a considerar a credibilidade das fontes.

A maioria dos indivíduos toma decisões melhores quando estão calmos do que quando estão excitados. Isso é especialmente verdadeiro no que diz respeito aos adolescentes. Recorde-se de nossa discussão sobre o desenvolvimento do cérebro, no Capítulo 2, em que vimos que os adolescentes têm a tendência a ser emocionalmente intensos. Portanto, o mesmo adolescente que toma uma decisão acertada quando está calmo, pode tomar uma decisão errada quando está emocionalmente excitado (Dahl, 2004). No calor do momento, as emoções do adolescente podem, particularmente, neutralizar sua habilidade de tomar decisões.

Ser capaz de tomar decisões competentes não garante que alguém as tomará em sua vida cotidiana, quando a amplitude da experiência freqüentemente entra em jogo (Jacobs e Klaczynski, 2005; Keating, 1990, 2004). Por exemplo, as auto-escolas aperfeiçoam as habilidades cognitivas e motoras dos adolescentes a níveis iguais ou, às vezes, superiores ao dos adultos. Contudo, a auto-escola não conseguiu reduzir os níveis de acidentes entre os adolescentes (Potvin, Champagne e Laberge-Nadeau, 1988). Um importante plano de pesquisa é estudar as variadas maneiras que os adolescentes adotam para tomar decisões em situações reais (Fantino e Stolarz-Fantino, 2005).

Pensamento criativo

Teresa Amabile se lembra de que, quando estava na Educação Infantil, corria para a sala de aula todos os dias, excitada por ter a chance de ir até o cavalete e brincar com todas as cores

Boas práticas
Estratégias para tomar boas decisões para você e seus estudantes

1. *Avalie os custos e benefícios de vários resultados.* Você encontrará muitas circunstâncias em que pode se beneficiar ao adotar essa estratégia. Por exemplo, você deveria ficar mais tempo com seus amigos e familiares ou mais tempo avaliando os trabalhos escolares dos estudantes? Seus estudantes se beneficiarão com a exploração de um assunto feita no formato de um pequeno grupo ou no formato de uma palestra?

2. *Evite a tendência à confirmação.* Você tende a conversar apenas com pessoas que têm visões que confirmem o seu próprio ponto de vista? Você tem algum aluno que evita pessoas com pontos de vista diferentes dos dele e, se sim, o que você pode fazer para ajudá-lo?

3. *Resista à perseverança da crença.* Você está insistindo em algumas crenças que são ultrapassadas e precisam ser modificadas? Seus alunos se apegam a crenças baseadas em experiências passadas e que não se ajustam às situações atuais? Se sim, como você pode ajudar esses alunos?

4. *Não se deixe levar pela tendência ao excesso de confiança.* Você tem mais confiança do que deveria nas suas decisões com base em probabilidades ou em suas experiências passadas? Um de seus futuros alunos poderia esconder o fato de ter ido mal na prova anterior e sentir um excesso de confiança e, por isso não estudar mais tempo?

5. *Evite o viés retrospectivo.* Monitore sua tendência e a tendência de seus alunos de se sentirem confiantes demais em relação a circunstâncias que já aconteceram.

6. *Fique atento à heurística da disponibilidade e da representatividade.*

---

brilhantes e com os grandes pincéis. Ela e seus colegas de classe também tinham acesso livre a uma mesa com todos os tipos de materiais artísticos. Nas palavras de Teresa: "Lembro-me de ir para casa todos os dias depois da aula e dizer à minha mãe que eu queria brincar com os lápis de cor, que eu queria desenhar e pintar" (Goleman, Kaufman e Ray, 1993, p. 60).

A experiência de Teresa na educação infantil, infelizmente, foi o pico de seu interesse artístico na infância. No ano seguinte, ela ingressou em uma escola primária convencional e tudo foi muito diferente. Ela não teve mais livre acesso aos materiais artísticos todos os dias e a arte virou, então, apenas mais uma matéria para ela, algo que ela tinha de fazer por um curto período nas tardes de sexta-feira.

Durante todo o período da escola primária, seus trabalhos com arte tiveram uma grande mudança. Para Teresa, a aula de artes era restritiva e humilhante. Ela se lembra de ter ganho pequenas reproduções de obras-primas da arte, uma diferente a cada semana; uma semana, no segundo ano, os alunos apresentaram imagens da *Adoração dos magos*, de Leonardo da Vinci, e foi solicitado que eles pegassem seus materiais de arte e tentassem copiar aquela obra-prima. Para Teresa e os outros estudantes do segundo ano foi muito frustrante, pois eles não tinham a capacidade de desenhar qualquer coisa que se aproximasse de uma obra-prima. Não é necessário dizer que o desejo de Teresa de ir para casa e pintar depois da aula diminuía a cada dia que passava.

Teresa Amabile finalmente obteve seu Ph.D. em psicologia e se tornou uma das principais pesquisadoras no campo da criatividade. Hoje, sua esperança é de que os professores não destruam o entusiasmo dos estudantes pela criatividade, como aconteceu com ela (Goleman, Kaufman e Ray, 1993).

O que é criatividade? **Criatividade** é a habilidade de pensar sobre algo de forma nova e incomum e apresentar soluções únicas para os problemas. J. P. Guilford (1967) fez uma distinção entre o **pensamento convergente**, que produz uma resposta correta e é característico do tipo de pensamento requisitado em testes convencionais de inteligência, e o **pensamento divergente**, que produz muitas respostas para a mesma pergunta e é mais característico da criatividade (Michael, 1999). Por exemplo, um item convergente característico em um teste convencional de inteligência é: "Quantos centavos você pode ter na troca por uma nota de $ 1,00?". A pergunta tem apenas uma resposta correta. Por outro lado, perguntas divergentes possuem muitas respostas possíveis. Por exemplo, considere essas perguntas: "Qual imagem vem à sua mente quando você se senta sozinho(a) em um quarto escuro?" e "Quais são alguns dos usos inéditos de um clipe de papel?".

Como assim, "O que é isto?" Isto é uma expressão espontânea e sem restrições de uma mente jovem ainda não cerceada pelas restrições da representação narrativa ou pictórica.

Sydney Harris. www.ScienceCartoonsPlus.com.

criatividade A habilidade de pensar sobre algo de forma nova e incomum e apresentar soluções únicas para os problemas.

pensamento convergente O pensamento que tem por objetivo produzir uma resposta correta. Este é normalmente o tipo de pensamento requisitado em testes convencionais de inteligência.

pensamento divergente O pensamento que tem por objetivo produzir muitas respostas para a mesma pergunta. Isso é característico da criatividade.

Quais são algumas das boas estratégias que podem ser utilizadas pelos professores para fazer que as crianças pensem mais criativamente?

A inteligência e a criatividade estão relacionadas? Embora muitos estudantes criativos sejam muito inteligentes (segundo a mensuração constatada por altos índices em testes convencionais de inteligência), em outros aspectos o contrário não é necessariamente verdade. Muitos estudantes altamente inteligentes não são muito criativos (Sternberg, 2006).

Os professores precisam reconhecer que os estudantes demonstrarão mais criatividade em alguns domínios do que em outros (Runco, 2004, 2006). Um estudante que demonstra habilidades de pensamento criativo em matemática pode não exibir essas habilidades em arte, por exemplo.

O design das escolas e das salas de aula pode influenciar a criatividade dos estudantes (Runco, 2004). Os ambientes escolares que incentivam o trabalho independente, que são estimulantes e que não oferecem distrações, além de tornar as pesquisas prontamente disponíveis, tendem a incentivar a criatividade dos estudantes (Hasirci e Demirkan, 2003).

O ensino e a criatividade Um importante objetivo do ensino é ajudar os estudantes a se tornar mais criativos (Baer e Kaufman, 2006; Kaufman e Baer, 2006; Plucker, Beghetto e Dow, 2004; Runco, 2006). As estratégias que podem inspirar a criatividade das crianças incluem o incentivo ao pensamento criativo nos níveis individual e grupal, oferecer aos estudantes ambientes que estimulem a criatividade, sem excesso de controle, o incentivo à motivação interna, o fomento ao pensamento flexível e divertido, e a apresentação de pessoas criativas aos estudantes.

Incentive o pensamento criativo em grupos ou individualmente O *brainstorming* é uma técnica por meio da qual as pessoas são motivadas a apresentar idéias criativas em um grupo, jogar com as idéias uns dos outros e dizer praticamente o que vier à mente que pareça relevante para o assunto em pauta (Rickards, 1999; Sternberg e Lubart, 1995). Solicita-se geralmente aos participantes que evitem criticar as idéias dos outros, pelo menos até o fim do brainstorming.

Uma pesquisa feita sobre o brainstorming concluiu que, para muitas pessoas, trabalhar sozinho pode realmente gerar mais e melhores idéias do que trabalhar em grupos (Rickards e deCock, 2003). Uma razão para isso é que em grupo algumas pessoas ficam ociosas, enquanto outras têm muito mais pensamentos criativos. Contudo, há benefícios no brainstorming, como a criação de equipes, o que dá apoio à implementação do pensamento criativo (Faure, 2004; Runco, 2004, 2006).

As pessoas criativas não têm medo de falhar ou fazer algo errado. Elas podem arriscar-se muito antes de apresentarem uma idéia inovadora. Elas reconhecem que é bom ganhar algumas vezes e perder outras. Elas aceitam enfrentar riscos.

Ofereça ambientes que estimulem a criatividade Algumas salas de aula alimentam a criatividade, outras a inibem (Bafumo, 2005; Bereiter e Scardamalia, 2006; Mindham, 2005; Runco, 2006). Os professores que incentivam a criatividade freqüentemente acreditam na curiosidade natural dos estudantes. Eles oferecem exercícios e atividades que os estimulam a encontrar soluções criativas para os problemas, em vez de fazer várias perguntas que exigem respostas automáticas. Os professores também incentivam a criatividade ao levarem os estudantes em viagens para lugares onde a criatividade seja solicitada. Howard Gardner (1993) acredita que a ciência, a descoberta e os museus infantis ofereçam oportunidades ricas de estímulo à criatividade.

Não controle demais os estudantes Teresa Amabile (1993) explica que dizer aos estudantes exatamente como fazer as coisas faz que eles sintam que a

---

Visão do estudante

O cineasta de oito anos e a substância vermelha e pegajosa

Steven tinha oito anos e queria se tornar um cineasta. Seu pai comprou uma câmera super 8 para ele. Steven teve a idéia de fazer um filme de terror.

Ele começou imaginando o que precisaria para fazer um filme. Como ele necessitava de alguma "substância pegajosa, vermelha e sangrenta, para escorrer dos armários da cozinha", ele pediu para sua mãe comprar "trinta latas de cerejas". Steven pôs as cerejas "na panela de pressão e produziu uma substância vermelha e pegajosa".

Sua mãe o deixou imperar na casa, permitindo que ele praticamente convertesse tudo em um estúdio de cinema. Steven falou para a sua mãe que precisava fazer algumas roupas e prontamente ela o atendeu.

O nome do seu filho era Steven Spielberg, e sua mãe apoiou a imaginação e a paixão que ele tinha pelo cinema. Spielberg tornou-se um dos maiores produtores de Hollywood com filmes como *E.T.* e *Jurassic Park*. (Fonte: Goleman, Kaufman e Ray, 1993, p. 70.)

Auto-avaliação 9.1

Qual é o meu nível de aproveitamento no que diz respeito a pensar criativamente?

Avalie cada uma destas atividades e pense em que grau elas se aplicam a você no que diz respeito à freqüência com que se dedica a elas: 1 = nunca, 2 = raramente, 3 = algumas vezes e 4 = muitas vezes.

1	2	3	4

1. Apresento idéias novas e exclusivas.
2. Faço reuniões de brainstorming com outros para encontrar soluções de modo criativo para os problemas.
3. Sou internamente motivado.
4. Sou flexível em relação às coisas e gosto de brincar com as idéias.
5. Estou pronto para novos projetos e pessoas criativas.
6. Sou surpreendido pelas coisas e surpreendo as outras pessoas todos os dias.
7. Acordo, pela manhã, com uma missão.
8. Procuro ter soluções alternativas para os problemas, em vez de dar uma resposta de imediato.
9. Passo meu tempo cercado de pessoas criativas.
10. Passo meu tempo em ambientes e atividades que me estimulam a ser criativo.

Examine o padrão geral de suas respostas. Quais são seus pontos fortes e pontos fracos com relação à criatividade? Continue praticando seus pontos fortes e trabalhe para aperfeiçoar seus pontos fracos, de modo a oferecer aos estudantes um modelo de papel criativo.

originalidade é um erro e a pesquisa uma perda de tempo. Se, em vez de ditar quais as atividades eles devem realizar, você permitir que seus alunos selecionem seus interesses e apoiar suas inclinações, será menos provável que você destrua a curiosidade natural deles. Amabile também acredita que, quando os professores controlam os estudantes o tempo todo, eles têm a sensação de estar sendo constantemente vigiados enquanto estão trabalhando. Quando os estudantes estão sob constante vigilância, seu espírito de aventura e sua intrépida criatividade diminuem. A criatividade dos estudantes também diminui, de acordo com Amabile, quando os professores têm enormes expectativas quanto ao seu desempenho e quando esperam deles a perfeição.

Incentive a motivação interna O uso excessivo de prêmios, como estrelas douradas, dinheiro ou brinquedos, pode sufocar a criatividade ao minar o prazer intrínseco que os estudantes sentem ao realizar atividades criativas. A motivação da criatividade dos estudantes é a satisfação gerada pelo próprio trabalho. A competição por prêmios e por avaliações formais freqüentemente mina a motivação intrínseca e a criatividade (Amabile e Hennesey, 1992). Entretanto, isso não quer dizer que se deva excluir completamente todas as premiações. Falaremos mais acerca das motivações interna e externa no Capítulo 13, "Motivação, ensino e aprendizagem".

Oriente os estudantes a fim de ajudá-los a pensar de maneiras flexíveis Os pensadores criativos são flexíveis no modo como abordam de diferentes maneiras os problemas, em vez de se fecharem em rígidos padrões de pensamento. Ofereça aos estudantes oportunidades de exercitarem essa flexibilidade na sua forma de pensar.

Apresente pessoas criativas aos estudantes Uma boa estratégia é identificar as pessoas mais criativas na sua comunidade, pedir para que elas compareçam à sua sala de aula e descrevam o que as ajudou a se tornar criativas ou apresentem suas habilidades criativas. Um escritor, um poeta, um desenhista, um músico, um cientista e muitos outros podem levar suas propostas e produções para a sua sala de aula.

Para avaliar o seu nível de aproveitamento no que diz respeito a pensar criativamente, complete a Auto-avaliação 9.1.

Reveja, reflita e pratique

2 Descrever os vários tipos de pensamento e os meios pelos quais o professor pode fomentá-los.

Reveja

- O que é o pensamento?
- Como os raciocínios indutivo e dedutivo se diferenciam?
- Qual é o foco do pensamento crítico?
- O que é a tomada de decisão? Quais são algumas falhas que podem atrapalhar a tomada de decisão eficiente?
- O que é pensamento criativo? Como os professores podem alimentar o pensamento criativo?

Reflita

- Alguns especialistas lamentam que poucas escolas ensinem os estudantes a pensar criticamente. A sua experiência própria confirma esse ponto de vista? Se você concorda com os especialistas, por que o pensamento crítico não é mais ampla ou efetivamente ensinado?

Pratique PRAXIS™

1. A senhora McDougal tem um coelhinho em sua sala de aula. Um dia, enquanto Amari estava brincando com o coelho, ele a mordeu. Amari conclui que todos os coelhos são maus. Este é um exemplo de que tipo de raciocínio?
    a. Analogia.
    b. Pensamento crítico.
    c. Dedutivo.
    d. Indutivo.

2. Qual estratégia de ensino provavelmente mais alimenta o desenvolvimento das habilidades do pensamento crítico nos estudos sociais?
    a. Os estudantes criarem linhas do tempo com as datas históricas importantes.
    b. Apresentar aos estudantes planilhas que os ajudem a relembrar os fatos apresentados em seus livros didáticos.
    c. Apresentar aos estudantes frases como "Lincoln o maior presidente dos Estados Unidos" para que seja defendida ou refutada.
    d. Dar um teste de múltipla escolha.

3. Vários estudantes iniciam seus cursos de psicologia educacional acreditando que, quando uma figura de autoridade apresenta um estímulo aversivo para uma criança e o mau comportamento da criança diminui, a figura de autoridade reforçou negativamente o comportamento dessa criança. É claro que sabemos que a figura de autoridade puniu o comportamento da criança. Muitos dos estudantes que entraram na sua classe com essa concepção errada terão questionamentos que testam a idéia incorreta no exame final e ainda terão essa concepção errada quando deixarem a sua classe. Qual é a melhor explicação para esse fenômeno?
    a. Perseverança da crença.
    b. Tendência à confirmação.
    c. Viés retrospectivo.
    d. Heurística da disponibilidade.

4. Todas as classes do quinto ano da Central School acabaram de ler *Jungle book* (O livro da selva). Qual avaliação tende a alimentar mais a criatividade?
    a. Os estudantes escrevem uma história acerca de como as suas vidas teriam sido diferentes se eles crescessem na selva como Mogli.
    b. Os estudantes completam um diagrama da história no qual descrevem o cenário, os personagens, o enredo, o clímax e o tema do livro.

c. Os estudantes criam modelos de templos onde os macacos viviam, seguindo o protótipo que o professor construiu.
d. Os estudantes completam as planilhas que contêm perguntas sobre o enredo e os personagens do livro.

Por favor, verifique as respostas no final do livro.

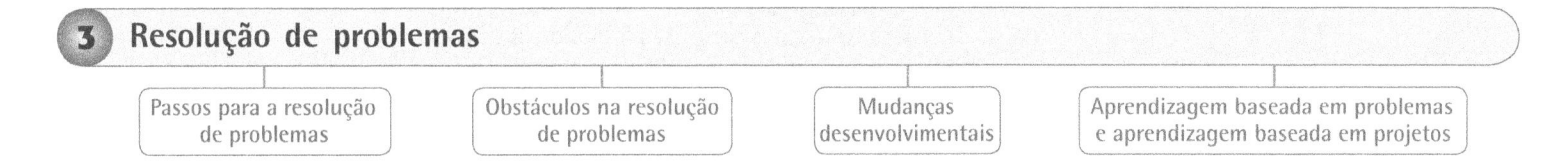

3 Resolução de problemas

- Passos para a resolução de problemas
- Obstáculos na resolução de problemas
- Mudanças desenvolvimentais
- Aprendizagem baseada em problemas e aprendizagem baseada em projetos

Examinemos a resolução de problemas como um processo cognitivo, incluindo os passos envolvidos, os obstáculos e como melhor ensiná-la.

A **resolução de problemas** envolve encontrar uma forma apropriada para atingir um objetivo. Considere as tarefas que exigem dos estudantes o envolvimento na resolução de problemas: criar um projeto para uma feira de ciências, escrever um texto para uma aula de inglês, envolver-se com uma comunidade para ser mais responsável com o meio ambiente e dar uma palestra sobre os fatores que tornam as pessoas preconceituosas. Embora pareça bastante diferente, cada uma dessas tarefas envolve uma série de passos semelhantes.

Passos para a resolução de problemas

Esforços foram feitos para especificar os passos que as pessoas devem seguir para efetivamente solucionar os problemas (Bransford e Stein, 1993). A seguir, apresentamos quatro desses passos.

1. Descobrir e formular os problemas Antes que possa solucionar um problema, você deve reconhecer que ele existe (Mayer, 2000). No passado, muitos exercícios de resolução de problemas, nas escolas, envolviam problemas bem-definidos que ofereciam, eles mesmos, operações sistemáticas e específicas que produziam uma solução bem-definida. Hoje, os educadores reconhecem cada vez mais a necessidade de ensinar aos estudantes sobre a habilidade cotidiana para se identificar problemas, em vez de apenas oferecer problemas bem-definidos para serem resolvidos.

Considere uma aluna cujo maior objetivo é criar um projeto para a feira de ciências. Qual ramo da ciência seria melhor para essa aluna – biologia, física, ciência da computação, psicologia? Ela deverá, portanto, delimitar cada vez mais o problema. Por exemplo, qual campo da psicologia – a percepção, a memória, o pensamento, a personalidade? Dentro do campo da memória, ela deve se fazer esta pergunta: quanto a memória das pessoas é confiável em relação a eventos traumáticos pelos quais elas passaram? Assim, o estudante pode necessitar de uma considerável exploração e refinamento para delimitar o problema, até o ponto de gerar soluções específicas. Explorar tais alternativas é um aspecto importante na resolução de problemas.

Em resumo, uma agenda educacional importante deve oferecer aos estudantes oportunidades para localizar e refinar os problemas que precisam ser resolvidos. O professor pode servir de guia e consultor na ajuda para formular um problema significativo e também para defini-lo e torná-lo mais claro.

2. Desenvolva boas estratégias de resolução de problemas Uma vez que os estudantes encontram um problema e o definam claramente, eles precisam desenvolver estratégias para a sua solução. Entre as estratégias eficientes estão estabelecer submetas, através da utilização de algoritmos e valendo-se da heurística.

A criação de **submetas** envolve o estabelecimento de objetivos intermediários que coloquem os estudantes em uma posição melhor para atingir o objetivo final ou a solução. Os estudantes podem não solucionar os problemas a contento porque não geram subproblemas ou submetas. Retornemos ao projeto da feira de ciências sobre a confiabilidade em

resolução de problemas Encontrar uma forma apropriada para atingir um objetivo.

submetas O processo de estabelecer objetivos intermediários que coloquem os estudantes em uma posição melhor para atingir o objetivo final ou a solução.

relação à memória das pessoas que passaram por eventos traumáticos. Quais deveriam ser algumas das estratégias para a criação de submetas? Um estudante pode localizar os livros e jornais de pesquisa adequados sobre a memória; outro pode entrevistar pessoas que tiveram experiências traumáticas, em que fatos fundamentais tenham sido registrados. Enquanto trabalha na estratégia de criação de submetas, o estudante provavelmente se beneficiará se estabelecer um número maior de submetas do que ele realmente necessita para conseguir realizar seu objetivo final de terminar seu projeto de ciências. Se o projeto de ciências tiver de ser feito em três meses, ele deve estabelecer as seguintes submetas: finalizar o primeiro rascunho do projeto em duas semanas, antes da entrega do projeto; completar a pesquisa um mês antes da entrega; fazer três entrevistas completas em duas semanas, contando a partir de hoje; e começar a pesquisa na biblioteca amanhã.

Observe que, ao estabelecer submetas, trabalhamos retroativamente no tempo. Essa estratégia é usada freqüentemente (Reed, 2000). Os estudantes primeiro criam uma submeta, a mais próxima possível do objetivo final e, então, trabalham retroativamente para a submeta mais próxima do começo do esforço da solução do problema.

Algoritmos são estratégias que garantem uma solução para o problema. Algoritmos têm formas diferentes, como fórmulas, instruções e testes de todas as soluções possíveis (Konidaris e Hayes, 2005; McRae, 2005; Schraw, 2006).

Quando os estudantes solucionam um problema de multiplicação por meio de um procedimento estabelecido, estão utilizando um algoritmo. Quando seguem as orientações para a organização de uma sentença, eles estão utilizando um algoritmo. Algoritmos auxiliam na solução de problemas bem-definidos. Mas como muitos dos problemas do mundo real não são simples, estratégias mais livres também são necessárias.

Como indicamos anteriormente, no capítulo sobre tomada de decisões, a *heurística* é uma estratégia ou regra prática que pode sugerir uma solução para um problema, mas não assegura que essa solução funcionará. A heurística ajuda-nos a estreitar as soluções possíveis e também a encontrar uma que funcione (Schraw, 2006; Stanovich e West, 2000). Suponha que você tenha saído para escalar e de repente perceba que está perdido nas montanhas. Uma heurística comum para encontrar o caminho de volta é simplesmente começar a descer a montanha e seguir o riacho mais próximo. Riachos pequenos levam a riachos maiores e riachos maiores normalmente levam às pessoas. Portanto, essa heurística geralmente funciona, embora ela também possa levá-lo a uma praia deserta.

Em um teste de múltipla escolha, várias heurísticas podem ser úteis. Por exemplo, se não estiver seguro quanto a uma resposta, você pode começar tentando eliminar as opções que pareçam menos prováveis e, então, adivinhar entre as restantes. Além disso, para obter pistas sobre uma resposta, você pode estudar bem cada alternativa ou passar para outras questões do teste.

Uma **análise meio-fim** é uma heurística na qual alguém identifica um objetivo (meio-fim) de um problema, avalia a situação atual e avalia o que é necessário ser feito (meio-fins) para diminuir a diferença entre as duas condições. Outro nome para análise meio-fim é a redução da diferença. Análise meio-fim também pode envolver a utilização de submetas, descritas anteriormente (Anderson, 1993). A análise de meio-fim é comumente utilizada na resolução de problemas (Huber, Beckmann e Herrmann, 2004; Wallis, 2004). Considere uma aluna que queira fazer um projeto para uma feira de ciências (o fim), mas que ainda não tenha encontrado um assunto. Utilizando a análise meio-fim, ela poderia avaliar a sua atual situação, em que está apenas começando a pensar sobre o projeto. Então, ela mapeia um plano para reduzir a diferença entre a sua situação presente e o objetivo (fim). O "meio" deve incluir conversar com vários cientistas da comunidade sobre os projetos potenciais, ir à biblioteca para estudar o assunto escolhido e explorar na Internet assuntos ligados a projetos potenciais e as formas de levá-los adiante.

3. Avaliar soluções Uma vez que acreditamos ter solucionado o problema, podemos não ter certeza se nossa solução foi eficiente ou não, a menos que a avaliemos. Ter em mente um critério claro para a efetividade da solução pode ser de grande ajuda. Por exemplo, qual será o critério do estudante para efetivamente resolver o problema da feira de ciências? Seria simplesmente completar o trabalho? Receber retorno positivo sobre o projeto? Ganhar um prêmio? Ficar em primeiro lugar? Obter a auto-satisfação de ter estabelecido um objetivo, ter feito um planejamento para ele e ter atingido esse objetivo?

4. Repensar e redefinir problemas e soluções ao longo do tempo Um último passo importante na resolução de problemas é repensar e redefinir os problemas e as soluções con-

---

algoritmos Estratégias que garantem a resolução de um problema.

análise de meio-fim Uma heurística na qual alguém identifica um objetivo (fim) de um problema, analisa a situação atual e avalia o que é necessário ser feito (meio) para diminuir a diferença entre as duas condições.

tinuamente ao longo do tempo (Bereiter e Scardamalia, 1993, 2006). As pessoas que são boas na resolução de problemas são motivadas a sempre melhorar em relação aos seus últimos desempenhos e a dar contribuições originais. Assim, o estudante que completou o projeto da feira de ciências pode revê-lo e pensar sobre como pode ser melhorado. O estudante pode fazer uso do feedback dos juízes ou de outras pessoas que compareceram à feira para que faça um ajuste fino do projeto a fim de apresentá-lo novamente em algum outro evento.

Obstáculos na resolução de problemas

Alguns obstáculos comuns na resolução de problemas são a fixação e a falta de motivação e de persistência. Discutiremos também o controle emocional inadequado, outro obstáculo para a resolução eficaz de problemas.

Fixação   É fácil cair na armadilha de se fixar em determinada estratégia para a resolução de um problema. A **fixação** envolve a utilização de uma estratégia prévia e, por essa razão, não conseguir encarar um problema a partir de uma perspectiva diversa, nova. A *fixidez funcional* é um tipo de fixação em que um indivíduo fracassa na resolução de um problema porque vê os elementos envolvidos apenas a partir de suas funções tradicionais. Um estudante que utiliza um sapato para martelar um prego submete-se à fixidez funcional para solucionar um problema.

O **conjunto mental** é um tipo de fixação em que um indivíduo tenta resolver um problema de maneira tal como funcionara no passado. Eu (autor) tinha um conjunto mental em relação a utilizar a máquina de escrever em vez de um computador para produzir meus livros. Sentia-me confortável com a máquina de escrever e nunca havia perdido nenhum dos capítulos que havia escrito. Levou muito tempo para que eu rompesse com esse conjunto mental. Uma vez feito isso, percebi que é muito mais fácil escrever livros utilizando um computador. Você pode ter um conjunto mental semelhante contra o uso dos novos computadores ou tecnologias de vídeo disponíveis para serem empregados em sala de aula. Uma boa estratégia é manter a mente aberta em relação a tais mudanças e avaliar se seu conjunto mental está impedindo que você experimente novas tecnologias que possam tornar a sala de aula mais estimulante e mais produtiva.

Falta de motivação e de persistência   Ainda que seus estudantes já possuam grandes habilidades para solucionar problemas, isso pouco importa se eles não estiverem motivados para utilizá-las (Perry, Turner e Meyer, 2006; Sternberg e Spear-Swerling, 1996). É importante, sobretudo, que os estudantes estejam internamente motivados a lidar com um problema e a persistir para encontrar uma solução. Alguns estudantes evitam os problemas ou desistem muito facilmente de resolvê-los.

Uma tarefa importante para os professores é inventar/planejar ou direcionar os estudantes a problemas que sejam significativos para eles, além de encorajá-los e auxiliá-los na busca de soluções. Os estudantes sentem-se muito mais motivados a resolver problemas que possam associar à sua vida pessoal do que problemas do livro didático que não possuem nenhum significado pessoal para eles. O aprendizado baseado em problemas assume essa abordagem relacionada ao mundo pessoal e real.

Controle emocional inadequado   As emoções podem facilitar ou limitar a resolução de problemas. Ao mesmo tempo que são altamente motivados, os bons solucionadores de problemas são geralmente hábeis em controlar suas emoções e em se concentrar na resolução de um problema (Barron e Harackiewicz, 2001; Kuhn e Franklin, 2006). Ansiedade ou medo excessivo pode principalmente limitar a habilidade do estudante de resolver um problema. Os indivíduos que são competentes na resolução de problemas normalmente não têm medo de cometer erros.

Mudanças desenvolvimentais

Uma forma como as mudanças desenvolvimentais na resolução de problemas tem sido estudada é chamada *abordagem avaliação-regra*, que enfoca o aumento da habilidade da criança em efetivamente utilizar regras para solucionar os problemas à medida que ficam mais velhas (Siegler, 2006; Siegler e Alibali, 2005). Até mesmo as crianças pequenas começam a utilizar regras para solucionar os problemas. Durante a primeira infância, a criança relativamente impulsiva é transformada em uma criança capaz de solucionar problemas de forma flexível e orientada a

---

fixação Utilizar uma estratégia prévia e, por isso, não conseguir examinar um problema a partir de uma perspectiva diversa, nova.

conjunto mental Um tipo de fixação em que um indivíduo tenta resolver um problema de maneira tal que funcionara no passado.

Quais são algumas das mudanças desenvolvimentais na solução de problemas?

um objetivo (Zelazo e Müller, 2004; Zelazo e outros, 2003). Considere um problema em que as crianças devam classificar estímulos utilizando a regra da *cor*. No curso de classificação da cor, uma criança pode descrever um coelho vermelho como *um vermelho* para que seja solucionado o problema. Entretanto, em uma tarefa posterior, a criança pode ter de descobrir uma regra que descreva o coelho como apenas um *coelho* para solucionar o problema. Se crianças menores falham ao entender que é possível fornecer múltiplas descrições do mesmo estímulo, elas seguem descrevendo o estímulo como um coelho vermelho. Pesquisadores descobriram que, por volta dos quatro anos, as crianças adquirem o conceito de perspectiva, o que lhes permite compreender que uma única coisa pode ser descrita de diferentes formas (Frye, 1999).

Crianças menores, contudo, têm algumas desvantagens que fazem que não solucionem vários problemas de modo eficiente. O que se nota, especialmente, é a falta de planejamento entre elas, que melhora ao longo dos anos escolares dos ensinos fundamental e médio. Dentre as razões para a falta de planejamento das crianças menores está a tendência para tentar solucionar problemas com rapidez em detrimento da precisão e da sua inabilidade para interromper uma atividade. O planejamento normalmente requer a interrupção de um comportamento habitual para que se pare e reflita; crianças da pré-escola normalmente têm dificuldades para interromper um comportamento habitual, em especial se este é agradável (Bjorklund, 2005). Outra desvantagem da habilidade em solucionar problemas das crianças menores é que, embora elas possam saber a regra, elas fracassam ao utilizá-la.

Outras razões para que crianças mais velhas e adolescentes sejam melhores solucionadores de problemas do que as crianças menores envolvem *conhecimento* e *estratégias*. Os problemas que as crianças mais velhas e os adolescentes devem resolver são freqüentemente mais complexos do que aqueles que as crianças menores enfrentam e solucionar esses problemas com precisão normalmente requer conhecimento acumulado. Quanto mais as crianças conhecerem sobre determinado assunto, mais elas serão capazes de solucionar um problema relacionado àquele assunto. O aumento do acúmulo de conhecimentos acerca de um assunto associa-se à nossa discussão sobre especialistas e iniciantes desenvolvida no Capítulo 8.

As crianças mais velhas e os adolescentes também são mais propensos a criar estratégias eficientes que os auxiliem a solucionar problemas do que as crianças menores (Kuhn e Franklin, 2006; Pressley e Hilden, 2006). Lembre-se de nossa longa discussão sobre metacognição e estratégias no Capítulo 8, em que debatemos sobre como a utilização de estratégias pelas crianças é aperfeiçoada à medida que elas ficam mais velhas. Especialmente importante ao utilizar estratégias para a solução de problemas é ter uma variedade de estratégias as quais selecionar, e isso aumenta durante os anos escolares dos ensinos fundamental e médio. Os adolescentes possuem uma capacidade maior de monitorar e gerenciar seus recursos para efetivamente corresponderem às demandas de uma tarefa de resolução de problema (Kuhn e Franklin, 2006). Os adolescentes também são melhores em descartar informações irrelevantes para a solução de um problema do que as crianças (Kail, 2002; Kuhn e Franklin, 2006).

Aprendizagem baseada em problemas e aprendizagem baseada em projetos

Agora que já discutimos vários aspectos da resolução de problemas, voltemos nossa atenção para dois tipos de aprendizagem baseadas em problemas. Primeiro, descreveremos a aprendizagem baseada em problemas e, então, explicaremos a aprendizagem baseada em projetos.

Aprendizagem baseada em problemas A **aprendizagem baseada em problemas** enfatiza a resolução de problemas autênticos, como aqueles que ocorrem na vida cotidiana (Bereiter e Scardamalia, 2006; Jones, Rasmussen e Moffit, 1997). A aprendizagem baseada em problemas é utilizada em um programa norte-americano chamado YouthALIVE!, no Children's Museum of Indianapolis (Schauble e outros, 1996). Lá, os estudantes resolvem problemas relacionados à concepção, ao planejamento e à instalação de exposições; à projeção de vídeos; à criação de programas que auxiliem os visitantes a entender e interpretar as imagens do museu; e à realização de livre debate sobre estratégias para alcançar toda a comunidade.

O Cognition and Technology Group, em Vanderbilt (1997), desenvolveu um programa de aprendizagem baseado em um problema chamado *The Jasper Project*. O *The Adventures of Jasper Woodbury* consiste em doze aventuras em *videodisc* projetadas para melhorar o pensamento matemático de estudantes que estejam no quinto ano ou acima (em média, crianças acima de 14 anos), bem como para ajudar os estudantes a estabelecer conexões com outras disciplinas, in-

aprendizagem baseada em problemas Aprendizagem que enfatiza problemas autênticos como aqueles que ocorrem no cotidiano.

cluindo ciências, história e estudos sociais. Os criadores do *Jasper* argumentam que, com muita freqüência, a matemática e outros temas são ensinados como habilidades isoladas. Uma das aventuras de *Jasper*, intitulada *The Right Angle*, pode ser utilizada não apenas nas aulas de geometria, mas também nas aulas de geografia (topografia) e história (culturas indígenas). As aventuras concentram-se no personagem chamado Jasper Woodbury e em outros, que encontram vários problemas da vida real que precisam ser resolvidos. A Figura 9.4 apresenta o perfil de duas das aventuras de *Jasper* que tratam da resolução de problemas.

Como vimos, encontrar e formular um problema é um importante aspecto da resolução de problemas e essas habilidades são construídas no sistema *Jasper*. Além disso, *Jasper* estimula os próprios estudantes a identificar diversos subproblemas ou submetas. Ele também promove a resolução colaborativa de problemas entre os estudantes. Como os estudantes trabalham juntos durante vários períodos de aula, eles têm várias oportunidades para conversar sobre matemática, compartilhar suas estratégias para a solução de problemas e obter feedback, o que os auxilia a aprimorar seu pensamento. Grupos de estudantes apresentam suas idéias para a classe, discutindo os pontos fortes e fracos de suas estratégias e soluções. O aspecto colaborativo do *Jasper* está no centro das abordagens socioconstrutivistas de aprendizagem, as quais exploraremos mais profundamente no Capítulo 10.

Cada aventura do *videodisc* inclui os problemas de extensão. Isso ajuda os estudantes a se envolver no pensamento do tipo "e se" ao revisitarem as aventuras originais a partir de novos pontos de vista. Portanto, depois de descobrir um modo de resgatar uma águia ferida em *Rescue at Boone's Meadow* (vários estudantes solucionam o problema por meio de um ultraleve que aparece nessa aventura), é apresentado aos estudantes um problema revisado, no qual devem repensar como a presença de ventos contrários ou ventos de popa poderiam afetar a sua solução original.

O *Jasper Project* também incentiva os professores a desenvolver verdadeiros projetos de solução de problemas após os estudantes terem trabalhado com uma das aventuras do *Jasper*. Por exemplo, em uma escola, depois de criar um plano de negócios para a aventura *The Big Splash*, foi dada aos estudantes a oportunidade de reunir dados relevantes para a criação de um plano de negócios a ser apresentado ao diretor. Nesse caso, a criação de um plano de negócios levou a uma divertida feira que foi montada em toda a escola. Em outra escola, os estudantes que passaram tempo resolvendo problemas na aventura *Blueprint for Success*, foi oferecida a chance de planejar uma casa de brinquedos para pré-escolas. Casas de brinquedos bem planejadas foram realmente construídas e doadas às pré-escolas em nome dos estudantes.

Um filme opcional da série *Jasper* é a série SMART Challenge. Seu objetivo é conectar as classes para formar uma comunidade de aprendizes que tentam solucionar desafios relacionados ao *Jasper*. SMART quer dizer *Special Multimedia Arenas for Refining Thinking* (Área Especial de Multimídia para Aprimoramento de Pensamento). Essas arenas utilizam tecnologia de telecomunicações, de TV e de Internet para oferecer aos estudantes feedback sobre os esforços dos outros grupos com relação à solução dos problemas. Por exemplo, os estudantes que estejam trabalhando no *Blueprint for Success* podem ver os dados de outros 60 estudantes sobre o comprimento das pernas para a estrutura do balanço e a altura desejada desses balanços.

Em um estudo realizado nos Estados Unidos, foi constatado que os efeitos da utilização do *The Adventures of Jasper Woodbury* como parte de uma reforma de inspiração construtivista do currículo de matemática em um distrito escolar foi avaliado em 19 classes do quinto ano (Hickey, Moore e Pellegrino, 2001). Nas dez classes em que o *Jasper* foi implementado, a motivação geral dos estudantes e a sua performance acadêmica foram mais fortes do que nas 9 classes em que não foi utilizado o *Jasper*.

Aprendizagem baseada em projetos Na **aprendizagem baseada em projetos**, os estudantes trabalham com problemas reais e significativos e criam produtos reais (Krajcik e Blumenfeld, 2006). A aprendizagem baseada em projetos e a aprendizagem baseada em problemas são, muitas vezes, tratadas como sinônimos. Entretanto, embora enfatize o processo de aprendizagem de forma construtiva, a aprendizagem baseada em projetos dá mais atenção ao produto final do que à aprendizagem baseada em problemas (Bereiter e Scardamalia, 2006). Os tipos de problemas explorados na aprendizagem baseada em projetos são semelhantes àqueles estudados pelos cientistas, matemáticos, historiadores, escritores e outros profissionais.

"Plano para o sucesso futuro"

Christina e Marcus, dois estudantes de Trenton, visitam uma empresa de arquitetura no Career Day (Dia da Profissão). Enquanto aprendem sobre o trabalho dos arquitetos, Christina e Marcus escutam uma discussão sobre um terreno vago que estava sendo doado na sua vizinhança para um playground. Essa foi uma notícia excitante porque não há lugar em sua vizinhança para as crianças brincarem. Recentemente, vários estudantes se machucaram brincando na rua. O desafio para os estudantes é ajudar Christina e Marcus a projetar um playground e um campo de jogos para o terreno.

"O grande banho"

Chris, o jovem amigo de Jasper, quer ajudar sua escola a conseguir dinheiro para comprar uma nova câmera para a estação de TV. Sua idéia era conseguir aquele brinquedo em que as pessoas caem na água, depois que um alvo é atingido com uma bola. Assim, seriam os professores a cair na água quando os estudantes atingissem o alvo. Chris deve desenvolver um plano de negócios para o diretor da escola a fim de obter um empréstimo para o projeto. O problema geral se concentra no desenvolvimento desse plano de negócios, incluindo a utilização de uma pesquisa estatística para auxiliá-lo a decidir se essa idéia seria rentável.

FIGURA 9.4 Aventuras de solução de problemas na série Jasper.

aprendizagem baseada em projetos Os estudantes trabalham com problemas concretos e significativos para criar produtos reais.

Boas práticas
Estratégias para aperfeiçoar a maneira como os estudantes solucionam problemas

1. *Ofereça aos estudantes boas oportunidades para solucionar problemas do mundo real.* Torne isso seu modo de ensinar. Desenvolva problemas que sejam relevantes para as vidas dos estudantes. Tais problemas do mundo real são freqüentemente referidos como "autênticos", ao contrário dos problemas do livro didático, que normalmente não têm muito sentido para os estudantes.

2. *Monitore as estratégias eficientes e não eficientes utilizadas pelos estudantes para a resolução de problemas.* Mantenha os quatro passos para a resolução de problemas em mente quando você oferecer aos estudantes oportunidades para que eles solucionem os problemas. Tenha em mente também os obstáculos para boas resoluções de problemas como a fixação, as tendências à proteção, a não estar motivado e a não persistir. A seguir, Lawren Giles, que leciona na Baechtel Grove Middle School, em Willits, na Califórnia, descreve as diversas estratégias que ela estimula seus estudantes a utilizar.

Visão do professor
Uma caixa de ferramentas estratégicas

Ao ensinar matemática, utilizo tais estratégias para resolução de problemas como trabalhar de modo retroativo, criando um problema similar, porém mais simples, desenhando um diagrama, criando uma tabela e procurando padrões. Conversamos sobre quais estratégias fazem mais sentido no que diz respeito aos diferentes tipos de problemas. Quando os estudantes são bem-sucedidos ao solucionar um problema, procuramos ver quais métodos foram utilizados e encontramos, geralmente, mais de um. Falo sobre múltiplas estratégias que, por exemplo, os carpinteiros têm, mantendo mais do que um tipo de martelo em suas caixas de ferramentas.

3. *Envolva os pais das crianças na resolução dos problemas.* Um programa de envolvimento dos pais foi desenvolvido na Universidade da Califórnia, em Berkeley (Schauble e outros, 1996). O programa se chama *Family Math* (Matemática para a Família) e auxilia os pais a experimentar a matemática com seus filhos de um modo positivo e também para oferecer apoio. No programa, as aulas de *Family Math* são normalmente aplicadas para os níveis escolares (pré-escola e ensino fundamental). Muitas das atividades de matemática requerem trabalho em equipe e comunicação entre pais e filhos, que acabam entendendo mais não apenas sobre matemática, mas também uns aos outros. Os programas *Family Math* atenderam mais de 400 mil pais e filhos nos Estados Unidos.

4. *Trabalhe com crianças e adolescentes para aperfeiçoar o uso das regras, do conhecimento e das estratégias para resolução de problemas.* Tenha em mente que as crianças menores podem até conhecer uma regra que possibilite que elas resolvam um problema, mas não a utilizam, então, você deverá incentivá-las a utilizar as regras que elas conhecem. Incentive as crianças a desenvolver o conhecimento de base delas e a aperfeiçoar seu conhecimento sobre as estratégias eficientes que as ajudarão a solucionar os problemas.

5. *Utilize a tecnologia de modo eficaz.* Incorpore programas multimídia na sua sala de aula. *The Adventures of Jasper Woodbury* contém muitos dos temas sobre o pensamento eficiente e sobre resolução de problemas que descrevemos neste capítulo. Tais programas podem melhorar significativamente o pensamento dos seus estudantes e as suas habilidades para resolver problemas.

Alguns programas populares de televisão nos Estados Unidos são utilizados para fomentar as habilidades de resolução de problemas e o pensamento dos estudantes (Schauble e outros, 1996). Por exemplo, *3-2-1 Contact* enfoca valorização da ciência, para crianças com idade entre oito e 12 anos; *Square One TV* oferece aos estudantes melhor entendimento da matemática e da resolução de problemas; e *Ghostwriter* oferece apoio na alfabetização entre as crianças de sete a 10 anos. Os *kits* para esses programas de TV incluem vídeos, guias do líder, jogos, quebra-cabeças e revistas.

Ambientes de aprendizagem baseada em projetos são caracterizados por cinco principais características (Krajcik e Blumenfeld, 2006):

1. *Uma pergunta-guia.* O processo de aprendizagem começa com uma pergunta-chave ou com um problema que precisa ser solucionado.
2. *Investigação autêntica e situada.* À medida que os estudantes examinam a pergunta-chave, aprendem acerca do processo de resolução de problemas enfrentados por especialistas na disciplina em contextos relevantes.
3. *Colaboração.* Os estudantes, professores e a comunidade participam e colaboram para encontrar as soluções para o problema.
4. *Andaime.* Tecnologias de aprendizagem são utilizadas para desafiar os estudantes a buscar o que eles normalmente desejariam em um contexto de solução de problemas.
5. *Produto final.* Os estudantes criam produtos com fins concretos que correspondem à pergunta-chave, à pergunta-guia.

Para avaliar suas habilidades de resolução de problemas e de pensamento, complete a Auto-avaliação 9.2.

Auto-avaliação 9.2

Qual nível de eficiência têm meu pensamento e minhas estratégias de resolução de problemas?

Os professores que praticam eles mesmos o bom pensamento e as estratégias de solução de problemas tendem a servir de modelo e a comunicar tais coisas a seus estudantes, mais do que os professores que não se utilizam de tais estratégias. Responda sinceramente a esses itens sobre o seu próprio pensamento e sobre as estratégias para resolução de problemas. Faça a sua avaliação: 1 = muito diferente de mim; 2 = um pouco diferente de mim; 3 = um pouco parecido comigo; 4 = muito parecido comigo; então totalize seus pontos.

	1	2	3	4

1. Presto atenção nas estratégias de pensamento eficientes e ineficientes.
2. Monitoro periodicamente as estratégias de pensamento que utilizo.
3. Sou bom em raciocinar.
4. Utilizo boas estratégias para formar conceitos.
5. Sou bom em pensar crítica e profundamente acerca de problemas e questões.
6. Construo meu próprio pensamento em vez de apenas aceitar passivamente o que os outros pensam.
7. Gosto de usar tecnologia como parte do meu esforço de pensar eficazmente.
8. Tenho bons modelos de pensamento.
9. Mantenho-me atualizado quanto aos últimos desenvolvimentos educacionais sobre o pensamento.
10. Utilizo um sistema para solucionar problemas, tais como o sistema de quatro passos descrito neste texto.
11. Sou bom em descobrir e ajustar problemas.
12. Tomo boas decisões e monitoro tendências e falhas em minhas tomadas de decisões.
13. Quando resolvo problemas, utilizo estratégias como as submetas e trabalho retroativamente no tempo.
14. Não caio em armadilhas para a solução de problemas, como a fixação, a falta de motivação, a insistência e o não controle de minhas emoções.
15. Quando soluciono problemas, estabeleço critérios para o meu sucesso e avalio quão bem cheguei aos meus objetivos de solução de problemas.
16. Tenho o hábito de repensar e redefinir os problemas após um período longo.
17. Adoro trabalhar em projetos de resolução de problemas.
18. Sou bom em pensamento criativo.

TOTAL _____

Resultado e interpretação

Se você totalizou entre 66 e 72 pontos, suas estratégias de pensamento provavelmente são muito boas. Se você totalizou entre 55 e 65 pontos, provavelmente tem estratégias de pensamento razoavelmente boas. Se você totalizou abaixo de 54 pontos, provavelmente ganharia muito se trabalhasse mais as suas estratégias de pensamento.

Reveja, reflita e pratique

3) Adotar uma abordagem sistemática na resolução de problemas.

Reveja

- O que é a resolução de problemas? Quais são os principais passos para a resolução de problemas?
- Quais são os três obstáculos para a resolução de problemas?
- Quais são algumas das mudanças desenvolvimentais na resolução de problemas?
- O que é a aprendizagem baseada em problemas? O que é a aprendizagem baseada em projetos?

Reflita

- Quando enfrenta um problema difícil, você segue os quatro passos que descobrimos? O que você deve fazer para se tornar um modelo de solucionador de problemas para os seus estudantes?

Pratique PRAXIS™

1. Qual dos seguintes é o melhor exemplo de uso de uma heurística?
   a. Betina precisa computar o resultado de uma série de números. Primeiro, ela determina a soma e, então, divide a soma pelo número na série.
   b. Anders se perde de sua mãe em uma loja. Ele vai ao caixa e diz que está perdido. O caixa o leva ao balcão e a mãe de Anders recebe uma mensagem no *pager*.
   c. Samarie precisa se lembrar de todos os cinco Grandes Lagos norte-americanos. Ele usa o acrônimo HOMES.
   d. Marjorie precisa saber de quanto carpete necessita para cobrir o chão de seu quarto. Ela utiliza a fórmula para a área de um retângulo e converte centímetros quadrados em metros quadrados.

2. Qual dos seguintes é o melhor exemplo de fixação funcional?
   a. Zack precisa fixar um parafuso, mas ele não tem nenhuma chave de fenda. Ele tem algumas moedas em seu bolso, mas, apesar disso, não pensa em utilizar uma moeda.
   b. Xavier continua a utilizar a estratégia de adicionar um número múltiplas vezes em vez de aprender seus fatores de multiplicação.
   c. Maria usa a fórmula da área de um retângulo quando a solução de um problema requer descobrir a área de um triângulo.
   d. Sol está perdido na floresta. Ele se lembra de sua mãe ter dito que se ele ficasse perdido, deveria "abraçar uma árvore". Ele fica parado no mesmo lugar e em 30 minutos sua família o encontra.

3. Jackson tem 16 anos e é muito melhor em resolver problemas do que quando era mais novo. Qual das seguintes opções pode explicar a sua melhora em resolver problemas como adolescente?
   a. Seus hormônios estão mais estabilizados desde que o período da puberdade ficou para trás.
   b. Ele está melhor em monitorar as demandas das tarefas de solução de problemas.
   c. Ele está mais propenso a ser levado pelo impulso e isso o ajuda a organizar mais estímulos quando se apresenta um problema a ser resolvido.
   d. Ele utiliza um número mínimo de estratégias que conhece bem.

4. Qual dos seguintes é o melhor exemplo de aprendizagem baseada em problemas?
   a. Os estudantes de ciências da Sra. Christian utilizam uma caixa de sapatos para proteger um ovo cru de se quebrar quando cair do telhado da escola.
   b. Os estudantes da Sra. Kohler solucionam problemas de palavras e isso os ajuda a perceber a aplicação de seus dados de matemática no seu dia-a-dia.
   c. Os estudantes da Sra. Kringle resolvem uma série de problemas de adição e multiplicação de dificuldade crescente.
   d. Os estudantes da Sra. Randall respondem às perguntas no fim do capítulo do seu livro de história.

Por favor, verifique as respostas no final do livro.

4 Transferência

- O que é transferência?
- Tipos de transferência

Um importante e complexo objetivo cognitivo é fazer que os estudantes sejam capazes de aplicar o que aprenderam em determinada situação a novas situações. Um objetivo importante de ensino é fazer que os estudantes aprendam coisas que eles possam aplicar fora da sala de aula. As escolas não funcionam eficientemente se os estudantes vão bem nos testes de linguagem artística, mas não conseguem escrever uma carta de forma competente na hora de se candidatar a uma vaga de emprego. As escolas também não educam eficientemente os estudantes se estes vão bem nos testes de matemática em sala de aula, porém não conseguem resolver problemas de aritmética em seus ambientes de trabalho.

O que é transferência?

A **transferência** ocorre quando uma pessoa aplica experiências e conhecimentos prévios para aprender ou para solucionar um problema em uma nova situação (Gentile, 2000: Mayer e Wittrock, 1996). Portanto, se um estudante aprende um conceito de matemática e, então, o utiliza para solucionar um problema de ciências, a transferência ocorreu. Ela também ocorre se um estudante lê e estuda sobre o conceito de justiça na escola e posteriormente trata outras pessoas de forma mais justa fora da sala de aula. O ensino da transferência ajuda os estudantes a fazer conexões entre o que aprendem na escola e como aplicam isso fora da escola (Bransford, Darling-Hammond e LePage, 2005).

Tipos de transferência

Quais são alguns dos diferentes tipos de transferência? A transferência pode ser caracterizada como próxima ou distante e como *low-road* ou *high-road* (Schunk, 2004).

Transferência próxima ou distante A **transferência próxima** ocorre quando a situação de aprendizagem da classe é semelhante àquela na qual a aprendizagem inicial ocorreu. Por exemplo, se um professor de geometria ensina os estudantes sobre como, de forma lógica, provar um conceito e depois faz um teste com os estudantes sobre lógica, no mesmo ambiente em que eles aprenderam o conceito, a transferência próxima está envolvida. Outro exemplo de transferência próxima ocorre quando os estudantes que aprenderam a datilografar em uma máquina de escrever transferem essa habilidade para a digitação no computador.

Transferência distante significa transferir a aprendizagem para uma situação muito diversa daquela na qual ocorreu a aprendizagem inicial. Por exemplo, se um estudante consegue um trabalho de meio período em um escritório de arquitetura e aplica o que aprendeu sobre geometria para ajudar o arquiteto a analisar um problema espacial diferente de qualquer outro problema que o estudante já encontrara nas aulas de geometria, a transferência distante aconteceu.

Transferência *low-road* e *high-road* Gabriel Salomon e David Perkins (1989) fizeram uma distinção entre transferência *low-road* e *high-road*. A **transferência *low-road*** ocorre quando a aprendizagem prévia é transferida para outra situação, automaticamente, em geral de modo inconsciente. Isso ocontece mais freqüentemente com as habilidades praticadas repetidas vezes, nas quais há pouca necessidade do pensamento reflexivo. Por exemplo, quando leitores competentes encontram novas sentenças em sua língua nativa, eles as lêem automaticamente.

Ao contrário, a **transferência *high-road*** é consciente e requer muito esforço. Os estudantes conscientemente estabelecem conexões entre o que aprenderam em uma situação anterior e a nova situação enfrentada. A transferência *high-road* é cuidadosa – isto é, os estudantes têm de estar atentos ao que estão fazendo e pensar nas conexões entre os contextos. A transferência *high-road* implica abstrair uma regra ou princípio geral de experiências anteriores e, então, aplicá-los aos novos problemas em novos contextos. Por exemplo, os estudantes podem aprender sobre o conceito de submeta (colocação de metas intermediárias) na aula de matemática. Vários meses depois, um dos estudantes pensa sobre como a criação de uma submeta pode ajudá-lo a completar um longo trabalho de história. Isto é transferência *high-road*.

"Eu não entendo! Eles nos fazem aprender a ler, escrever e fazer contas para nos preparar para um mundo de vídeos, computadores e calculadoras!"

Harley Schwadron, de *Phi Delta Kappan*. Reproduzido com a permissão de Harley Schwadron.

---

transferência Aplicar experiências e conhecimentos prévios para aprender ou para solucionar um problema em uma nova situação.

transferência próxima A transferência de aprendizagem para uma situação que é semelhante àquela na qual a aprendizagem inicial ocorre.

transferência distante A transferência de aprendizagem para uma situação muito diversa daquela na qual a aprendizagem inicial ocorreu.

transferência *low-road* A transferência de aprendizagem automática, normalmente de modo inconsciente, para outra situação.

transferência *high-road* A transferência da aprendizagem de uma situação para outra que é consciente e requer muito esforço.

Diversidade e educação
Práticas culturais e de transferência

Os conhecimentos anteriores incluem o tipo de conhecimento que os estudantes adquirem por meio de experiências culturais, tais como as que envolvem a questão étnica, o status socioeconômico e o gênero (National Research Council, 1999). Em alguns casos, esse conhecimento cultural pode ajudar na aprendizagem das crianças e facilitar a transferência, mas em outros ele pode atrapalhar (Greenfield e Suzuki, 1998: Greenfield, Suzuki e Rothstein-Fisch: 2006a: Greenfield e outros, 2006b).

Para crianças com alguns antecedentes culturais, há um ajuste mínimo ou transferência entre o que elas aprenderam em suas casas e o que é solicitado ou ensinado pela escola. Por exemplo, considere a capacidade de contar histórias. As crianças euro-americanas utilizam um estilo linear que mais se aproxima da exposição linear da escrita e da fala ensinada na maioria das escolas (Lee e Slaughter-Defoe, 1995). Isso pode envolver contar novamente uma série de eventos em uma seqüência rigidamente cronológica. Ao contrário, em alguns grupos étnicos – como os das Ilhas do Pacífico Asiático ou dos indígenas norte-americanos – um estilo não-linear e holístico é mais comum para se contar uma história, e os professores euro-americanos podem considerar desorganizado o discurso dessas crianças (Clark, 1993). Além disso, entre as crianças afro-americanas, uma forma de contar histórias não-linear e ligada ao tema é muito comum (Michaels, 1986).

Os métodos de argumentação para a sustentação de certas crenças também diferem entre as culturas. Os falantes do chinês preferem apresentar primeiro as evidências, conduzindo a um ponto ou afirmação principal (em oposição a uma sentença, seguida de detalhes de apoio). Os ouvintes não-chineses, por vezes, julgam esse estilo como "enrolação" (Tsang, 1989).

Em vez de perceber tais variações nos estilos de comunicação como caóticos ou como necessariamente inferiores aos estilos euro-americanos, os professores precisam ser sensíveis a elas e prestarem atenção às diferenças culturais. Isso é especialmente importante no ensino fundamental, quando os estudantes estão fazendo a transição do ambiente familiar para o ambiente escolar.

Salomon e Perkins (1989) subdividem transferência *high-road* em transferência *forward-reaching* e *backward-reaching*. A **transferência *forward-reaching*** ocorre quando os estudantes pensam sobre como aplicar o que aprenderam a novas situações (de sua situação atual, eles olham "para a frente" – forward – para aplicar a informação a uma nova situação que se apresenta). Para que a **transferência *backward-reaching*** aconteça, os estudantes devem saber algo sobre as situações às quais transferirão a aprendizagem. A transferência *backward-reaching* ocorre quando os estudantes olham para trás, para uma situação anterior (situação "antiga") procurando por uma informação que os auxiliará a resolver um problema em um novo contexto.

Para melhor compreender esses dois tipos de transferência *high-road*, imagine um estudante na aula de inglês que acabou de aprender algumas estratégias de escrita para fazer que sentenças e parágrafos ganhem vida e "soem bem". O estudante começa a refletir sobre como poderia utilizar aquelas estratégias para envolver os outros estudantes no próximo ano, quando planeja escrever para o jornal da escola. Isso é transferência *forward-reaching*. Agora, considere um estudante que esteja em seu primeiro dia no emprego como editor do jornal da escola. Ele está tentando entender como fazer a diagramação das páginas. Ele reflete por alguns momentos e pensa sobre algumas aulas de geografia e geometria a que assistiu anteriormente. Ele extrai dessas experiências passadas as idéias para a elaboração da diagramação do jornal. Isso é transferência *backward-reaching*.

Alguns especialistas argumentam que a melhor maneira de assegurar a transferência é "ensinar para isso" (Schwartz, Bransford e Sears, 2006, no prelo). Eles ressaltam que os problemas de transferência são praticamente eliminados quando o ensino ocorre em contextos onde os indivíduos necessitam ter bom desempenho. Ao preparar os estudantes dessa maneira, os problemas que eles normalmente encontram na vida real são, no mínimo, problemas de

---

transferência *forward-reaching* A transferência de aprendizagem que envolve pensar sobre como aplicar o que se aprendeu a novas situações no futuro.

transferência *backward-reaching* A transferência de aprendizagem que envolve olhar para trás para uma situação anterior ("antiga") procurando por uma informação que pode auxiliar a resolver um problema em um novo contexto.

Boas práticas
Estratégias para auxiliar os estudantes na transferência de informação

1. *Pense sobre o que seus estudantes precisam para obter sucesso na vida.* Não queremos que os estudantes terminem o ensino médio com um enorme banco de dados de conhecimentos, mas sem nenhuma idéia de como aplicar esses conhecimentos no mundo real. Uma estratégia para pensar sobre o que os estudantes precisam saber é utilizar a estratégia de solução de problemas "trabalho retroativo", discutida anteriormente neste capítulo. Por exemplo, o que os empregadores querem que os estudantes dos ensinos médio e superior saibam fazer? Em uma pesquisa nacional sobre empregadores de estudantes universitários, as três habilidades que os empregadores mais exigem dos estudantes são (1) habilidade de comunicação oral, (2) habilidades interpessoais e (3) habilidade para o trabalho em equipe (Collins, 1996). Assim, as três habilidades mais desejadas envolvem comunicação. Os empregadores também queriam estudantes proficientes em suas áreas, que tivessem capacidade de comando e de análise, que fossem flexíveis e capazes de trabalhar com computadores. Ao pensar a respeito disso e ao praticar as competências que seus estudantes precisarão no futuro, e trabalhando com eles para aperfeiçoar essas habilidades, você os orientará para possíveis transferências.

2. *Ofereça aos estudantes várias oportunidades para a aprendizagem do mundo real.* A aprendizagem nas escolas tem sido freqüentemente artificial, com pouca atenção na transferência além da sala de aula e do livro didático. Isso será menos provável para os seus estudantes se você lhes der o maior número possível de desafios ao pensamento e de solução de problemas do mundo real. Em geral, quanto mais as duas situações forem semelhantes, mais fácil será para os estudantes transferirem a informação aprendida em uma ou em outra. Você pode levar o mundo real para a sua sala de aula ao convidar pessoas com variadas experiências de vida para comparecer e falar com seus alunos. Ou você pode levar seus alunos para o mundo real ao incorporar ao currículo visitas aos museus, ao comércio, às faculdades e assim por diante. Tais oportunidades de aprendizagem devem aumentar a transferência. A seguir, descrevemos como Chris Laster e Myron Blosser, dois professores sensacionais, ensinam seus estudantes e os ajudam a transferir o que aprendem para o mundo fora da sala de aula.

Visão do professor
Tornando a ciência viva e conectando os estudantes à comunidade

Os estudantes de Chris Laster dizem que ele torna a ciência viva. Entre as inovadoras estratégias de ensino sobre o mundo real de Laster, que auxiliam os estudantes a transferir seu conhecimento e a entender o que se passa fora da sala de aula, estão:

1. *Science Blasters.* Os estudantes escrevem, dirigem e produzem pequenos vídeos para a estação de TV em circuito fechado da escola.

Chris Laster trabalhando com um estudante na cabine de vôo de um ônibus espacial que Laster e outros professores construíram.

2. *Safári tecnológico.* No verão, os estudantes fazem experiências com viagens a campo, para lugares surpreendentes como o Pântano Okefenokee.

3. *Intrépido.* Os estudantes entram em treinamento intenso para preparar uma missão simulada de 27 horas a bordo de um foguete muito realista construído por Laster e outros professores, com partes vindas do comércio local e também de uma base aérea próxima (Fonte: Copeland, 2003).

Myron Blosser é um professor de biologia AP (Advanced Placement) muito respeitado na escola de ensino médio Harrisonburg, na Virgínia. Ele liderou o estabelecimento do Coast to Coast, de 1998 e de 2000, um esforço do departamento de ciências, no qual estudantes e professores excursionaram pelos parques nacionais em um ônibus-laboratório, a fim de realizar um estudo sobre as águas. Ele coordena um simpósio anual de biotecnologia que inclui renomados cientistas e estudantes do ensino médio por toda a região do Shenandoah Valley, na Virgínia. Myron assume o papel de alguém que faz a integração entre os estudantes e a comunidade, aplicando em um contexto aquilo que os estudantes estão aprendendo.

3. *Conceitos básicos para a aplicação.* Quanto mais você tenta colocar informações na cabeça do estudante, menor é a probabilidade de essas informações serem transferidas. Quando você apresentar um conceito, deve defini-lo também (ou fazer os estudantes ajudarem você a defini-lo), e então deve pedir aos estudantes para criar exemplos. Desafie-os a aplicar o conceito em suas vidas pessoais ou a outros conceitos.

4. *Ensine para aprofundar o entendimento e a significação.* Ensinar para aprofundar o entendimento e a significação beneficia a transferência mais do que ensinar para a memorização de fatos. E a compreensão dos estudantes melhora quando eles constroem ativamente a significação e tentam dar um sentido ao material.

(continua)

Boas práticas (continuação)
Estratégias para aperfeiçoar a maneira como os estudantes solucionam problemas

5. *Ensine estratégias que se generalizem.* A transferência envolve não apenas habilidades e conhecimento, mas também estratégias (Schunk, 2004). Os estudantes aprendem estratégias com muita freqüência, mas não compreendem como aplicá-las em outros contextos. Eles podem não entender que a estratégia é apropriada para outras situações, podem não saber como modificá-la para utilizá-la em outro contexto ou podem não ter a chance de aplicá-la (Pressley, Borkowski e Schneider, 1989). Um modelo de estratégias de ensino que generaliza foi desenvolvido por Gary Phye (1990; Phye e Sanders, 1.994). Ele descreveu três fases para o aperfeiçoamento da transferência. Em uma fase de *aquisição inicial*, são fornecidas aos estudantes informações acerca da importância da estratégia e sobre como utilizá-la, bem como as oportunidades de pesquisar e praticar o uso dessa estratégia. Na segunda fase, chamada *retenção*, os estudantes ganham mais prática na utilização da estratégia e sua capacidade de recordar como usar a estratégia é verificada. Na terceira fase, a *transferência*, são dados novos problemas para os estudantes solucionarem. Esses problemas exigem que os estudantes usem as mesmas estratégias, mas aparentemente os problemas parecem ser diversos. Phye também acredita que a motivação é um aspecto importante da transferência. Ele recomenda que os professores motivem ainda mais os estudantes por meio da transferência ao mostrar-lhes exemplos de como utilizar o conhecimento em suas próprias vidas.

transferência próxima, o intervalo entre o nível presente de aprendizagem do estudante e os objetivos de aprendizagem é significantemente reduzido (Bransford e outros, 2005).

Práticas culturais podem estar envolvidas de acordo com a facilidade ou dificuldade com que a transferência seja feita. O espaço Diversidade e educação, na página 328, explora esse assunto.

Reveja, reflita e pratique

4 Definir transferência e explicar como aprimorá-la enquanto professor.

Reveja
- O que é transferência? Por que os professores deveriam pensar sobre ela?
- Quais são os diferentes tipos de transferência?

Reflita
- Há experiências na sua própria formação educacional que você julga não terem sido transferidas para fora da escola? O que você acha que acontece em situações como esta?

Pratique PRAXIS™
1. Qual dos seguintes não é um exemplo de transferência?
    a. Maria lê um romance escrito no século 18 e usa a informação que coleta sobre as roupas de casamento para responder a uma pergunta de história na sala de aula.
    b. Frank estuda bastante e aprende um algoritmo na aula de matemática.
    c. Danielle aprende sobre anfíbios perigosos na aula de ciências e usa a informação na pesquisa para uma feira de ciências.
    d. Emma aprende a utilizar um dicionário na aula de artes e o utiliza para consultar um termo de estudos sociais.
2. Quais dos seguintes é o melhor exemplo de transferência distante?
    a. Cory utiliza as técnicas que aprendeu na aula de estatística para analisar os dados para um projeto de pesquisa.
    b. Debbie dirige o carro de sua irmã sem pensar muito, já que tem experiência em dirigir o próprio carro.
    c. Jason utiliza o processo de solucionar problemas que aprendeu com relação aos computadores para diagnosticar com sucesso o problema no seu carro.
    d. Mike consegue ler a palavra espanhola para televisão (*televisión*) porque ela se parece com a palavra em inglês (*television*).

Por favor, verifique as respostas no final do livro.

Desvende o caso
O caso do teste de estatística

Cassandra tem uma prova de matemática na sexta-feira. Ela passou as últimas noites estudando as fórmulas de estatística para medições de variabilidade e tendência central, pois sabe que essas medições cairão na prova. Para se preparar, Cassandra fez perguntas a si mesma repetidas vezes. No começo, confundia as medições, mas depois de repetidas tentativas, conseguiu recitar as fórmulas para cada medição sem errar. Ela está certa de que não terá problemas na prova.

Quando Cassandra chega para fazer a prova na sexta-feira, a primeira coisa que faz é escrever todas as fórmulas antes que as esqueça, certa de que isso será tudo o que precisa para ir bem no exame. Depois de escrever as fórmulas, ela começa a prova. A primeira pergunta oferece uma lista de pontuações e pede a principal, a mediana, a variância e o desvio-padrão.

Cassandra confere ansiosamente sua lista de fórmulas. Ela sabe qual fórmula combina com determinada medida – por exemplo, ela sabe que a fórmula para a média é $\Sigma x/n$. O problema é que ela não sabe o que Σx significa. Ela está razoavelmente segura de que "$/n$" significa que ela tem de dividir por n, mas o que é n? Ao ver o restante das fórmulas, ela percebe que tem problemas semelhantes. Ela começa a prova apreensiva. Depois de todo aquele estudo e de cuidadosa memorização, ela não pode completar um único problema na prova.

1. Quais são os problemas nesse caso?
2. O que Cassandra fez de errado?
3. O que ela deverá fazer de diferente, se quiser se sair melhor na próxima prova?
4. Se você fosse o professor de Cassandra, como ajudaria seus alunos a se preparar para esse tipo de prova?
5. Qual das seguintes estratégias mais provavelmente ajudaria Cassandra na sua próxima prova de estatística?
    a. Concentrar-se apenas em memorizar as fórmulas de uma vez só.
    b. Esquecer-se de memorizar as fórmulas.
    c. Aprender as definições de média, mediana e moda, variância e desvio-padrão.
    d. Trabalhar em problemas práticos de cada um dos tipos.
6. Qual das seguintes estratégias de ensino teria mais probabilidade de ajudar os estudantes a se sair bem nesse tipo de prova?
    a. Certificar-se de que os estudantes entendem o que as fórmulas significam ao trabalhar com muitos exemplos de problema em sala de aula.
    b. Fazer perguntas sobre as definições de média, mediana, moda, variância e desvio-padrão.
    c. Fazer perguntas aos estudantes sobre as fórmulas.
    d. Ensinar aos estudantes um recurso mnemônico para ajudá-los a se lembrar das fórmulas.

Atingindo seus objetivos de aprendizagem
Processos cognitivos complexos

① Compreensão conceitual: Discutir a compreensão conceitual e as estratégias para o ensino de conceitos.

O que são conceitos?

Conceitos são categorias utilizadas para grupos de objetos, eventos e características baseadas em propriedades comuns. Conceitos são elementos de cognição que ajudam a simplificar e resumir a informação. Eles também melhoram a memória, a comunicação e o uso do tempo.

Promovendo a formação de conceitos

Ao ensinar a formação do conceito às crianças, é muito útil discutir com elas as características, as definições e os exemplos de conceitos (utilizando-se da estratégia do exemplo-regra), os mapas conceituais e a organização hierárquica, o teste da hipótese e a teoria do protótipo.

② Pensamento: Descrever os vários tipos de pensamento e os meios pelos quais o professor pode fomentá-los.

O que é o pensamento?

O pensamento envolve a manipulação e a transformação da informação na memória. Os tipos de pensamento incluem a formação de conceitos, o raciocínio, o pensamento crítico, a tomada de decisões, o pensamento criativo e a solução de problemas.

Raciocínio

O raciocínio indutivo envolve o raciocínio do específico para o geral. As analogias são extraídas do raciocínio indutivo. O raciocínio dedutivo é o raciocínio do geral para o específico. Tanto o raciocínio dedutivo quanto o indutivo são aperfeiçoados na adolescência.

Pensamento crítico

O pensamento crítico envolve pensar reflexiva e produtivamente e avaliar as evidências. Brooks e Brooks argumentam que poucas escolas ensinam os alunos a pensar crítica e profundamente. Eles enfatizam que muito freqüentemente as escolas oferecem aos estudantes uma resposta correta em vez de incentivá-los a expandir seu pensamento ao proporem novas idéias.

Tomada de decisão

A tomada de decisão é o pensamento que envolve avaliar as alternativas e fazer escolhas entre essas alternativas. Um tipo de tomada de decisão envolve pesar os custos e benefícios de vários resultados. Várias tendências (tendência à confirmação, perseverança da crença, excesso de confiança e viés retrospectivo) e as heurísticas falhas que elas utilizam (a heurística de avaliação e a heurística de representatividade) podem interferir nas boas tomadas de decisão.

Pensamento criativo

A criatividade é a habilidade de pensar sobre algo de forma nova e interessante e de apresentar soluções originais para os problemas. Guilford distingue entre pensamento convergente (que produz uma resposta correta e é característico do tipo de pensamento requisitado em testes convencionais de inteligência) e pensamento divergente (que produz muitas respostas para a mesma pergunta e é característico da criatividade). Embora os estudantes mais criativos sejam muito inteligentes, o contrário não é necessariamente verdadeiro. Aqui estão algumas formas por meio das quais os professores podem fomentar a criatividade nos estudantes: incentivar o pensamento criativo em grupo ou de forma individual, fornecer ambientes que estimulem a criatividade, não controlar demais os estudantes, incentivar a motivação interna, fomentar o pensamento flexível e apresentar os estudantes a pessoas criativas.

③ Resolução de problemas: Adotar uma abordagem sistemática na resolução de problemas.

Passos para a resolução de problemas

A resolução de problemas envolve encontrar uma forma apropriada de se ater a um objetivo. Os quatro passos para a solução de problemas são: (1) encontrar e formular os problemas; (2) desenvolver boas estratégias de resolução de problemas (como usar submetas, heurística e algoritmos); (3) avaliar as soluções; e (4) repensar e redefinir os problemas e as soluções ao longo do tempo.

| Obstáculos na resolução de problemas |

Os obstáculos na resolução de problemas incluem a fixação (fixação funcional e conjunto mental), falta de motivação e de persistência e o não controle das próprias emoções.

| Mudanças desenvolvimentais |

As mudanças desenvolvimentais ocorrem na solução de problemas. Até mesmo as crianças pequenas começam a utilizar regras para a solução de problemas, incluindo suas falhas para aplicar regras que conhecem e suas parcas habilidades de planejamento. O conhecimento acumulado e o uso eficiente das estratégias aperfeiçoam a habilidade de solucionar problemas nas crianças mais velhas e nos adolescentes.

| Aprendizagem baseada em problemas e aprendizagem baseada em projetos |

A aprendizagem baseada em problemas enfatiza a solução de problemas genuínos como aqueles que ocorrem no dia-a-dia das pessoas. O conjunto multimídia *The Adventures of Jasper Woodbury*, que contêm 12 aventuras de resolução de problemas de matemática, disponível nos Estados Unidos, é um exemplo de aprendizagem baseada em problemas. Os projetos relacionados ao *Jasper* também podem ajudar os estudantes em ciências, história e estudos sociais. Na aprendizagem baseada em projetos, os estudantes trabalham em problemas reais e significativos e criam produtos reais.

4 Transferência: Definir transferência e explicar como aprimorá-la enquanto professor.

| O que é transferência? |

A transferência ocorre quando uma pessoa aplica experiências anteriores e conhecimentos para aprender ou solucionar problemas quando está diante de uma nova situação. Os estudantes beneficiam-se especialmente quando podem aplicar o que aprenderam em sala de aula a situações em suas vidas fora da escola.

| Tipos de transferência |

Os tipos de transferência incluem a próxima e a distante e *low-road* e *high-road*. A transferência próxima ocorre quando as situações são semelhantes; a transferência distante ocontece quando as situações são muito diferentes. A transferência *low-road* ocorre quando a aprendizagem anterior é automaticamente transferida para outra situação. A transferência *high-road* é consciente e exige esforço. A transferência *high-road* pode ser subdividida em *forward-reaching* e *backward-reaching*.

Termos-chave

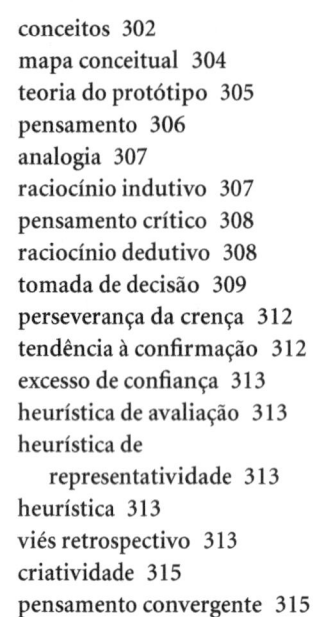

- conceitos 302
- mapa conceitual 304
- teoria do protótipo 305
- pensamento 306
- analogia 307
- raciocínio indutivo 307
- pensamento crítico 308
- raciocínio dedutivo 308
- tomada de decisão 309
- perseverança da crença 312
- tendência à confirmação 312
- excesso de confiança 313
- heurística de avaliação 313
- heurística de representatividade 313
- heurística 313
- viés retrospectivo 313
- criatividade 315
- pensamento convergente 315
- pensamento divergente 315
- submetas 319
- solução de problemas 319
- algoritmos 320
- análise de meio-fim 320
- conjunto mental 321
- fixação 321
- aprendizagem baseada em problemas 322
- aprendizagem baseada em projetos 323
- transferência distante 327
- transferência *high-road* 327
- transferência *low-road* 327
- transferência próxima 327
- transferência 327
- transferência *backward-reaching* 328
- transferência *forward-reaching* 328

Pasta de atividades

Agora que você tem uma boa compreensão deste capítulo, faça os exercícios a seguir para ampliar seu entendimento.

Reflexão independente

Avalie suas habilidades de tomada de decisão. Reflita sobre como você toma decisões. Você está preparado para tomar decisões de boa qualidade apesar da oposição dos outros? Discuta sobre o nível em que as suas decisões são influenciadas pela tendência à confirmação, perseverança da crença, excesso de confiança e viés retrospectivo. O que você pode fazer para fortalecer as suas habilidades de tomada de decisão? (INTASC: Princípios *4, 9*)

Trabalho colaborativo

Crie um projeto de aprendizagem baseada em problemas. Na discussão sobre a aprendizagem baseada em problemas, o texto descreve a aventura de solução de problemas de matemática da série *Jasper*. Pensando criativamente, reúna-se com três ou quatro outros estudantes na sala de aula e planeje uma aventura de solução de problemas em uma matéria que não seja matemática, como ciências, ciências sociais ou literatura. Escreva isso. (INTASC: Princípios *1, 4*)

Experiência de pesquisa/campo

Pesquisa de criatividade. Faça uma leitura de um dos pesquisadores principais no campo da criatividade, como Teresa Amabile ou Mark Runco. O que eles descobriram sobre a criatividade e que foi discutido na pesquisa? Até que ponto pode essa pesquisa ser implementada na sala de aula? (INTASC: Princípios *4, 9*)

Vá até o Online Learning Center em www.mhhe.com/santedu3e para baixar modelos de pastas de documentos (material disponível em inglês).

CAPÍTULO 10

Abordagens socioconstrutivistas

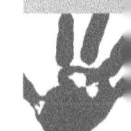

O ser humano é por natureza um animal social.

—Aristóteles
Filósofo grego, século 4 a.C.

Tópicos do capítulo

Abordagens socioconstrutivistas de ensino
O socioconstrutivismo no contexto geral do construtivismo
Cognição situada

Professores e pares como conjunto de colaboradores para o aprendizado dos estudantes
Andaime
Aprendizado cognitivo
Tutoria
Aprendizagem cooperativa

Estruturando o trabalho em pequenos grupos
Compondo o grupo
Habilidades para a criação de equipe
Estruturando a interação grupal

Programas socioconstrutivistas
Fostering a Community of Learnears – FCL
Schools for Thought
A Collaborative School

Objetivos de aprendizagem

1 Comparar a abordagem socioconstrutivista com as demais abordagens construtivistas.

2 Explicar como os professores e seus pares podem contribuir em conjunto para o aprendizado das crianças.

3 Tomar decisões eficazes na estruturação do trabalho em grupos pequenos.

4 Descrever três programas socioconstrutivistas.

Histórias   Chuck Rawls

Chuck Rawls leciona linguagem na escola de ensino médio Appling, em Macon, na Geórgia. Ele apresenta a seguinte história sobre tutoria entre pares, uma abordagem socioconstrutivista para o ensino:

> Eu tinha o desejo de experimentar algo diferente no meu primeiro ano de magistério. O ensino por pares foi realizado como uma atividade chamada "Dia da Troca", que abrangia toda a escola. Essa atividade consiste em fazer que estudantes selecionados troquem de lugar com membros do corpo docente e com outros funcionários da escola. É solicitado a cada estudante, que queira trocar de lugar, que escolha um membro do corpo docente ou um funcionário e, depois, escreva um ensaio explicando por que ele ou ela deseja a troca com determinada pessoa. Para minha surpresa, Chris escreveu um ensaio muito bom e foi selecionado para trocar de lugar comigo.
>
> Isso funcionou de modo maravilhoso. Chris deu as aulas de forma muito profissional e os estudantes se empenharam porque era algo novo e diferente. Foi uma surpresa presenciar aquilo, pois Chris, intencionalmente ou não, utilizou muitas das minhas frases preferidas e maneirismos. Ele realmente sabia o que estava fazendo e demonstrou isso ao ajudar os estudantes nos seus trabalhos escolares.
>
> Como se costuma dizer: "Eu não sabia que ele tinha isso dentro dele". Chris tornou-se meu especialista permanente quando o tema da aula era concordância sujeito-verbo, e os estudantes se lembravam daquilo que ele lhes havia ensinado.
>
> Aprendi duas lições com isso: (1) Não se deve ter medo de experimentar algo diferente; (2) A tutoria entre pares funciona. Entretanto, é preciso que o estudante certo ensine a matéria certa no ambiente certo.

Introdução

As crianças desenvolvem alguns de seus pensamentos por si próprias, mas pelo fato de sermos seres sociais, como a história de Chuck Rawls indica, a aprendizagem eficaz também pode se dar quando as crianças colaboram umas com as outras. Nos Estados Unidos, é dada uma ênfase maior ao indivíduo do que ao grupo, apenas recentemente o pensamento colaborativo emergiu como um tema importante na educação. Este capítulo enfoca o pensamento colaborativo defendido pelas abordagens socioconstrutivistas.

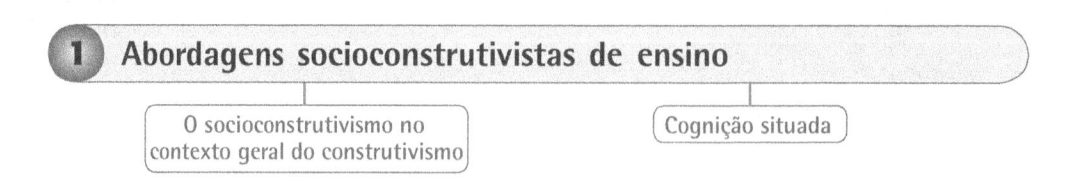

1 Abordagens socioconstrutivistas de ensino

- O socioconstrutivismo no contexto geral do construtivismo
- Cognição situada

As abordagens socioconstrutivistas envolvem várias inovações no aprendizado em sala de aula. Antes de estudarmos essas inovações, vamos primeiro consolidar nosso conhecimento quanto às várias perspectivas construtivistas e onde as abordagens socioconstrutivistas se encaixam na estrutura construtivista global.

O socioconstrutivismo no contexto geral do construtivismo

No Capítulo 1, vimos que o *construtivismo* enfatiza o modo como ativamente os indivíduos constroem o conhecimento e a compreensão. Anteriormente, no Capítulo 2, "Desenvolvimento cognitivo e de linguagem", descrevemos as teorias de desenvolvimento de Piaget e de Vygotsky, ambas construtivistas. Nos Capítulos 8 e 9, nosso foco principal foram as abordagens de processamento da informação no aprendizado, que incluíam algumas idéias

O que é a abordagem socioconstrutivista para a educação?

sobre o modo como a própria criança utiliza as habilidades de processamento de informações para pensar de maneira construtivista. De acordo com todas essas abordagens construtivistas, os estudantes são os autores de seu próprio conhecimento.

Em geral, uma **abordagem socioconstrutivista** enfatiza os contextos sociais de aprendizagem e que o conhecimento é fundamentado e construído mutuamente (Horowitz e outros, 2005; Rust, O'Donovan e Price, 2005). O envolvimento com os outros cria oportunidades para os estudantes avaliarem e refinarem sua compreensão conforme se expõem ao pensamento dos outros e à medida que participam da criação compartilhada da compreensão (Gauvain, 2001). Dessa forma, as experiências em contextos sociais fornecem um importante mecanismo para o desenvolvimento do pensamento dos estudantes (Johnson e Johnson, 2005).

A teoria de socioconstrutivismo de Vygotsky é especialmente relevante para este capítulo. O modelo de Vygotsky corresponde a uma criança social inserida em um contexto sócio-histórico. Passando de Piaget a Vygotsky, a mudança conceitual é quanto à atividade individual para a colaboração, a interação social e sociocultural (Baroody, Lai e Mix, 2006; Martin, 2006; Rogoff, 2003). Na abordagem cognitivo-construtivista de Piaget, os estudantes constroem o conhecimento ao transformar, organizar e reorganizar as informações e os conhecimentos anteriores. A abordagem socioconstrutivista de Vygotsky enfatiza que os estudantes constroem o conhecimento por meio das interações sociais. O conteúdo do seu conhecimento é influenciado pela cultura em que o estudante vive, o que inclui a linguagem, as crenças e as qualificações (Greenfield, Suzuki e Rothstein-Fisch, 2006; Greenfield e outros, 2006; Shweder e outros, 2006).

Piaget enfatiza que os professores deveriam oferecer apoio para que os estudantes explorassem e desenvolvessem a compreensão. Vygotsky enfatiza que os professores deveriam criar muitas oportunidades para que os estudantes aprendessem ao co-construir o conhecimento juntamente com o professor e seus colegas de classe (Budrova e Leong, 2001, 2007; Hyson, Copple e Jones, 2006; Kozulin, 2004; O'Donnell, 2006). Tanto no modelo de Piaget quanto no de Vygotsky, os professores funcionam como facilitadores e guias, em vez de direcionadores e modeladores da aprendizagem das crianças.

Observe que estamos falando de ênfase e não de uma distinção bem-definida. Muitas vezes, não há claras distinções entre as abordagens socioconstrutivistas e as construtivistas (Marshall, 1996). Por exemplo, quando os professores funcionam como guias para os estudantes na descoberta do conhecimento, há dimensões sociais para a construção. E o mesmo

abordagem socioconstrutivista A abordagem que enfatiza os contextos sociais de aprendizagem e segundo a qual o conhecimento é fundamentado e construído mutuamente.

é verdadeiro para o processamento de informações. Se um professor cria uma sessão de brainstorming para que os estudantes apresentem boas estratégias de memorização, a interação social está claramente envolvida.

Algumas abordagens socioculturais, como a de Vygotsky, enfatizam a importância da cultura na aprendizagem; por exemplo, a cultura determina quais habilidades são importantes (como a habilidade com computadores, as habilidades de comunicação e as habilidades de trabalho em equipe) (Martin, 2006; Rowe e Wertsch, 2004). Outras abordagens enfocam mais exclusivamente as circunstâncias sociais imediatas da sala de aula, como quando os estudantes colaboram para solucionar os problemas.

Em um estudo sobre a aprendizagem colaborativa, duplas de crianças de duas escolas públicas norte-americanas trabalharam juntas (Matusov, Bell e Rogoff, 2001). Um dos membros era de uma escola tradicional que oferecia apenas oportunidades ocasionais para que as crianças trabalhassem juntas o que aprendiam. O outro membro do par era de uma escola que enfatizava a colaboração no dia-a-dia da escola. As crianças com um histórico de ensino colaborativo tinham, mais freqüentemente, idéias em conjunto e trabalhavam de maneira mais colaborativa do que as crianças com a experiência escolar tradicional. As crianças da escola tradicional utilizavam, sobretudo, um jogo de perguntas e respostas como forma de orientação, esta baseada na elaboração de perguntas do tipo "resposta já conhecida" e ocultando a informação para testar a compreensão do parceiro. Os pesquisadores também descobriram que a aprendizagem colaborativa normalmente funciona melhor em classes com objetivos de aprendizagem bem específicos (Gabriele e Montecinos, 2001).

Em uma análise de abordagem socioconstrutivista, o professor era descrito como levado a ver a aprendizagem pelos olhos das crianças (Oldfather e outros, 1999). A mesma análise também observou essas características de salas de aula socioconstrutivistas (Oldfather e outros, 1999):

- Um importante objetivo em sala de aula é a construção de sentidos colaborativos.
- Os professores realizam a tutoria das perspectivas, do pensamento e dos sentimentos dos estudantes de perto.
- O professor e os estudantes estão aprendendo e ensinando.
- A interação social permeia a sala de aula.
- O currículo e os conteúdos físicos da sala de aula refletem os interesses dos estudantes e estão infundidos nas suas culturas.

Cada vez mais esforços vêm sendo feitos para conectar a aprendizagem colaborativa à tecnologia na sala de aula (Rummel e Spada, 2005; Schellens e Valcke, 2005; Yang e Liu, 2005). Por exemplo, o programa chamado Computer-Supported Colaborative Learning (CSCL) tenta aumentar a interação entre os colegas de classe e articular a construção do conhecimento por meio da tecnologia (Van Drie e outros, 2005).

Cognição situada

A **cognição situada** é uma concepção importante nas abordagens socioconstrutivistas. Ela se refere à idéia de que o pensamento é localizado (situado) em contextos sociais e físicos, e não dentro da mente do indivíduo. Em outras palavras, o conhecimento é inserido e conectado ao contexto no qual o conhecimento se desenvolve (Gauvain, 2001; Greeno, 2006; Rowe e Wertsch, 2004). Sendo assim, faz sentido criar situações de aprendizagem que estejam o mais próximo possível da vida real. Por exemplo, para expandir o conhecimento e a compreensão dos estudantes sobre os vulcões, alguns estudantes assumem o papel de cientistas que estão estudando um vulcão ativo, enquanto outros estudantes devem relatar o que se espera de uma equipe de evacuação de emergência (PSU, 2006). Utilizando recursos da Internet, os estudantes "cientistas" examinaram matérias sobre os vulcões ativos; os estudantes da "equipe de evacuação" pesquisaram informações sobre o impacto dos vulcões sobre os habitantes e como se poderia mantê-los afastados do perigo de um vulcão em erupção. Nossa discussão sobre a aprendizagem baseada em problemas e a aprendizagem baseada em projetos, no Capítulo 9, demonstrou uma ênfase semelhante à cognição situada.

cognição situada A idéia de que o pensamento é localizado (situado) em contextos sociais e físicos, e não na mente do indivíduo.

Reveja, reflita e pratique

1) Comparar a abordagem socioconstrutivista com as demais abordagens construtivistas.

Reveja

- Embora elas se assemelhem, qual é a diferença básica entre a abordagem de Piaget e a de Vygotsky?
- O que é cognição situada?

Reflita

- A partir do que aprendeu no Capítulo 2, você acha que se sentiria mais confortável com a abordagem de Piaget ou de Vygotsky? Como isso poderia ser refletido em sua própria abordagem para o ensino em sala de aula?

Pratique PRAXIS™

1. Qual dos seguintes é um exemplo de abordagem socioconstrutivista?
    a. Na classe do Sr. Hanratty, os estudantes trabalham juntos em projetos de estudos sociais.
    b. Na classe da Sra. Baker, os estudantes trabalham de forma independente para descobrir os princípios básicos de ciências.
    c. Na classe da Sra. Rinosa, os estudantes fazem uma hora de lição de casa por dia.
    d. Na classe do Sr. François, os estudantes fazem leitura silenciosa dos livros que eles mesmos escolheram.
2. Qual dos seguintes itens reflete melhor a cognição situada?
    a. Os estudantes lêem um livro sobre o papel do juiz de paz no sistema judiciário.
    b. O professor organiza uma visita com os estudantes ao Fórum local, falam com o juiz de paz e observam uma sessão do seu trabalho.
    c. Aos estudantes é dada a tarefa de colaborarem uns com os outros e escreverem um relatório sobre o papel do juiz de paz no sistema legal.
    d. O professor passa aos estudantes a tarefa de pesquisar artigos que tratem de como o juiz de paz trabalha e pede também para que eles apresentem um relatório oral sobre o que descobriram.

Por favor, verifique as respostas no final do livro.

---

2) Professores e pares como conjunto de colaboradores para o aprendizado dos estudantes

| Andaime | Aprendizado cognitivo | Tutoria | Aprendizagem cooperativa |

As abordagens socioconstrutivistas enfatizam que professores e colegas de classe podem contribuir para a aprendizagem dos estudantes. As quatro ferramentas para fazer com que isso aconteça são o andaime, o aprendizado cognitivo, a tutoria e a aprendizagem cooperativa.

Andaime

No Capítulo 2, descrevemos o *andaime* como a técnica de alteração do nível de apoio durante o curso das sessões de ensino; uma pessoa com mais conhecimentos (o professor ou um colega de classe de nível mais avançado) ajusta a quantidade de orientação para adaptar o desempenho atual do estudante. Quando a tarefa que o estudante está aprendendo é nova, o professor deve usar um ensino direto. À medida que a competência do estudante cresce, o professor fornece menos orientação. Pense no andaime da aprendizagem como o andaime utilizado para construir uma ponte. O andaime fornece suporte quando é necessário, e é gradualmente removido à medida que a ponte vai ficando pronta. Os pesquisadores

Quando os professores pensam sobre seu relacionamento com os estudantes como um aprendizado cognitivo, como o procedimento de ensino tende a ocorrer?

descobriram que, quando os professores e os colegas de classe utilizam o andaime na aprendizagem colaborativa, a aprendizagem dos estudantes é beneficiada (Krajcik e Blumenfeld, 2006; Perry, Turner e Meyer, 2006; Pressley e outros, 2001; Yarrow e Topping, 2001).

Procure situações em que seja possível utilizar o andaime na sala de aula. Por exemplo, a boa tutoria envolve o andaime, como veremos em breve. Trabalhe oferecendo apenas a quantidade certa de assistência. Não faça para os estudantes aquilo que eles podem fazer sozinhos. Mas você pode tutoriar os esforços deles e oferecer-lhes o apoio e a assistência necessários.

Aprendizado cognitivo

A psicóloga desenvolvimental Barbara Rogoff (1990) acredita que uma ferramenta importante da educação é o **aprendizado cognitivo**, uma técnica na qual um especialista expande e apóia o entendimento de um aprendiz utilizando-se de habilidades culturais. O termo *aprendizado* enfatiza a importância da aprendizagem ativa e salienta a natureza situada da aprendizagem. Então, os professores ou colegas mais capazes apóiam os esforços dos estudantes na realização de suas tarefas. Por fim, eles incentivam os estudantes a continuar o seu trabalho de forma independente.

Para ilustrar a importância dos aprendizados cognitivos na aprendizagem, Rogoff (1990) descreve as experiências contrastantes de estudantes pobres e de classe média. Muitos pais norte-americanos de classe média envolvem seus filhos em aprendizados cognitivos antes mesmo de eles ingressarem na educação infantil ou na escola fundamental. Esses pais lêem livros infantis com seus filhos menores e cercam seus filhos de comunicação verbal. Por outro lado, os pais norte-americanos que vivem na pobreza tendem a envolver menos seus filhos em um aprendizado cognitivo que inclua livros, extensa comunicação verbal e o andaime (Heath, 1989).

Os aprendizados cognitivos são importantes na sala de aula (O'Donnell, 2006). Os pesquisadores descobriram que a aprendizagem dos estudantes é beneficiada no caso de os professores pensarem seu relacionamento com eles como um aprendizado cognitivo, utilizando o andaime e a participação orientada para auxiliar no aprendizado (Englert, Berry e Dunsmore, 2001; Leonard, Beuvais e Scholl, 2005; Mathes e outros, 2005).

Tutoria

A tutoria é basicamente um aprendizado cognitivo entre um especialista e um aprendiz. Ela acontece entre um adulto e uma criança ou entre uma criança mais capacitada e uma criança menos capacitada. A tutoria individual é uma estratégia eficiente que beneficia muitos estudantes, em especial aqueles que não vão bem em determinada matéria (O'Donnell, 2006).

Assistentes de classe, voluntários e instrutores É frustrante descobrir que alguns estudantes precisam de mais ajuda individual do que você pode dar como professor e ainda satisfazer as necessidades da classe como um todo. Assistentes de classe, voluntários e tutores podem ajudar a reduzir parte dessa frustração. Você pode avaliar a sua classe para encontrar os estudantes que acreditam que poderiam ser ajudados por uma tutoria individual. Procure na comunidade pessoas com capacitações nas áreas em que esses estudantes precisam de uma atenção individual maior que aquela que você pode oferecer. Alguns pais, estudantes universitários e aposentados podem estar interessados em ajudar nas necessidades de tutoria de sua classe.

Muitos programas de tutoria individual vêm sendo desenvolvidos. Nos Estados Unidos, o programa Reading Recovery oferece diariamente quatro horas de sessões de tutoria individual para estudantes que têm dificuldades de aprendizagem de leitura após um ano de educação formal (Sensenbaugh, 1995). Embora o Reading Recovery seja uma marca registrada da Ohio State University e os programas autorizados utilizem os materiais criados por Marie Clay (1985), vários programas Reading Recovery diferem quanto ao seu desenvolvimento, avaliação e implementação. As avaliações do Reading Recovery

aprendizado cognitivo Um relacionamento no qual um especialista amplia e apóia o entendimento de um aprendiz utilizando-se de habilidades culturais.

salientam que os estudantes que participaram do programa no primeiro ano escolar tiveram um desempenho ainda melhor em leitura no terceiro ano se comparado com os estudantes que não participaram do programa (Sensenbaugh, 1995). Contudo, alguns pesquisadores descobriram que a chave para que um programa como o Reading Recovery seja efetivo é o nível em que as habilidades de processamento fonológico estão incluídas (Chapman, Tunmer e Prochnow, 2001).

Outro programa que utiliza a tutoria é o Success for All (SFA). Desenvolvido por Robert Slavin e seus colegas (1996; Slavin, Daniels e Madden, 2005; Slavin e Madden, 2001). Esse programa, de fácil compreensão, inclui:

- Um programa de leitura sistemática que enfatiza o desenvolvimento fônico e de vocabulário, além do contar histórias e recontá-las em grupos pequenos;
- Um período de 90 minutos diários de leitura com os estudantes do primeiro ao terceiro ano, reunidos em grupos de idades variadas, mas com capacitações homogêneas;
- Uma tutoria individual para leitura realizada especialmente por professores certificados e treinados que trabalham individualmente com estudantes que possuem uma leitura abaixo do seu nível escolar;
- Avaliações a cada oito semanas para determinar o progresso de leitura dos estudantes, ajuste da colocação do grupo de leitura e a tarefa de tutoria se necessário;
- Aperfeiçoamento profissional para os professores e tutores, que inclui três dias de treinamento *in loco* e orientações no início do ano letivo, e acompanhamento do treinamento ao longo do ano;
- Uma equipe de apoio à família estabelecida com o objetivo de oferecer educação aos pais e apoiar o envolvimento da família na escola.

Os participantes do programa Succes for All Middle School. *Qual é a natureza do programa Success for All?*

O SFA foi implementado durante o ano letivo de 1987 a 1988, nos Estados Unidos, em cinco escolas de cidades do interior de Baltimore, Maryland, e depois expandido para mais de 475 escolas em 31 estados, atendendo mais de 250 mil estudantes. Os pesquisadores descobriram que os alunos que participaram do programa tinham mais capacidade de leitura e menos propensão a ir para classes de educação especial do que os estudantes com baixo nível de aprendizado que não participaram do programa (Slavin, Daniels e Madden, 2005; Slavin e Madden, 2001; Weiler, 1998).

Os mentores podem ter um importante papel no aperfeiçoamento da aprendizagem dos estudantes. Normalmente, vistos como mais velhos e mais sábios, os tutores orientam, ensinam e apóiam pessoas mais jovens, que, por vezes, são chamadas *pupilos* ou *protégés* (Karcher e outros, 2005). "A orientação é consumada por meio da demonstração, ensino, desafio e encorajamento em uma base mais ou menos regular por um período prolongado. No curso desse processo, o tutor e o jovem desenvolvem um laço especial de mútuo compromisso. Além disso, o relacionamento da pessoa mais jovem com o tutor adquire um caráter emocional de respeito, lealdade e identificação" (Hamilton e Hamilton, 2004, p. 396, baseado em uma comunicação pessoal com o teórico ecologista Urie Bronfenbrenner).

A maioria dos programas de tutoria está fora da escola e envolve organizações como Big Brothers and Big Sisters, o maior programa formal de tutoria dos Estados Unidos, bem como o Boys and Girls of America e o YMCA and YWCA. As escolas vêm sendo alvo de um número crescente de esforços em tutorar. Os tutores vão às escolas e trabalham com seus pupilos, em muitos casos durante uma hora por semana. As escolas podem ser úteis na identificação dos estudantes que devem ser beneficiados com a tutoria. Uma boa estratégia é selecionar não apenas os estudantes em situação de alto risco e baixo desempenho para a tutoria, mas outros estudantes também (DuBois e Karcher, 2006; Dubois e outros, 2002). Além disso, alguns relacionamentos de tutoria são mais eficientes que outros, e a combinação de um estudante com um tutor requer seleção cuidadosa e tutoria (Langhout, Rhodes e Osborne, 2004).

Tutoria entre pares Colegas de escola também podem se tornar tutores eficientes (Dufrene e outros, 2005; Ginsburg-Block, 2005; Sadler e Graham, 2005). Na tutoria entre pares, um estudante ensina o outro. Na *tutoria entre pares de idades diferentes*, o colega de escola é mais velho. Na *tutoria entre pares da mesma idade*, o colega é da mesma classe. A tutoria entre pares de idades diferentes normalmente funciona melhor do que a tutoria entre pares da mesma idade. Um colega mais velho pode ser mais capacitado que um colega da mesma idade, e ser tutorado por um colega de classe da mesma idade pode ser mais embaraçoso para um estudante e leva a comparações sociais negativas.

A tutoria entre pares envolve os estudantes em atividades dinâmicas e permite ao professor da sala guiar e tutorar a aprendizagem à medida que eles se deslocam pela classe (Ginsburg-Block, 2005). Os pesquisadores descobriram que a tutoria entre pares freqüentemente favorece o êxito dos estudantes (Mathes e outros, 1998; O'Donnell, 2006; McDonnell e outros, 2001; Topping e Bryce, 2004; Topping e outros, 2004). Em alguns casos, a tutoria beneficia tanto o tutor como o pupilo, especialmente quando o tutor mais velho é um estudante de baixo desempenho. Ensinar algo a alguém é uma das melhores formas de aprender.

Em um estudo que venceu o prêmio American Educational Research Association pela melhor pesquisa, a eficiência de um programa de tutoria entre pares em leitura foi avaliada por três tipos de estudantes: estudantes de baixo desempenho com ou sem deficiências e estudantes com desempenho normal (Fuchs e outros, 1997). Doze escolas de ensino fundamental foram designadas aleatoriamente em grupos experimentais (tutoria entre pares) e controlados (sem tutoria entre pares). O programa de tutoria entre pares era feito em sessões de ensino de leitura, com duração de 35 minutos, realizadas regularmente três vezes por semana. O programa durou 15 semanas. O treinamento dos tutores entre pares enfatizou o auxílio para que os estudantes adquirissem prática na leitura, em voz alta, de textos narrativos, na revisão e seqüenciamento da leitura da informação, no resumo de grandes quantidades de material de leitura, na formulação das principais idéias, na previsão e verificação dos resultados das histórias, e em outras estratégias de leitura. O pré-tratamento e o pós-tratamento dos dados do desempenho de leitura foram coletados. Independentemente do tipo de estudante, os alunos nas classes de tutoria entre pares mostraram progressos maiores na leitura, durante as quinze semanas, do que seus colegas que não receberam o ensino por pares.

O programa de tutoria entre pares utilizado no estudo citado é chamado "Peer-Assisted Learning Strategies" – PALS (Estratégias de Aprendizagem por Assistência entre Pares). As PALS foram criadas pelo John F. Kennedy Center e pelo Departamento de Educação Especial, em Peabody, na Vanderbilt University. Nas PALS, os professores identificam quais crianças precisam de auxílio em determinadas áreas do conhecimento e quais as crianças mais apropriadas para ajudar outras a aprender tais áreas. Utilizando essa informação, os professores criam as duplas de crianças na classe para que os parceiros trabalhem simultânea e produtivamente em diferentes atividades que estejam relacionadas aos problemas que eles estão experienciando. As duplas são mudadas regularmente para que os estudantes trabalhem em uma variedade de áreas do conhecimento, assim todos os estudantes têm a oportunidade de ser "treinadores" e "jogadores".

As PALS são uma atividade de 25 a 35 minutos que é utilizada duas ou quatro vezes por semana. Normalmente, são criadas de 13 a 15 duplas na sala de aula. Ela tem sido planejada para a utilização nas áreas de leitura e matemática para estudantes de educação infantil até o sexto ano. Ela não é planejada para tomar o lugar do currículo já existente.

Nas PALS de matemática, os estudantes trabalham com uma planilha de problemas em uma área de capacitação, como adição, subtração, conceitos de números ou mapas ou gráficos. As

---

Visão do estudante

Quando lhe mostrei como fazer, ela se saiu muito bem

As PALS foram uma boa experiência para mim. Elas me ajudaram a ser cooperativo com outros estudantes. Por exemplo, um de meus parceiros leu uma página de quatro parágrafos muito lentamente. Eu o ajudei. No dia seguinte, ele já lia muito melhor. Aquilo fez que eu me sentisse realmente bem. Depois, outra parceira não gostava de responder às perguntas das PALS. Quando lhe mostrei como fazer, ela se saiu muito bem. Adorei as PALS. Espero ter a oportunidade de fazê-las novamente.

Myers
Estudante da escola fundamental
Nashville, Tennessee

Diversidade e educação
O programa de valorização do jovem

Em 24 cidades, nos Estados Unidos e no Brasil, o programa de Valorização do Jovem (agora patrocinado conjuntamente pela Intercultural Development Research Association e a Coca-Cola) oferece aos estudantes do ensino médio, que não estejam apresentando um bom desempenho ou estejam em situação de risco em decorrência de problemas relacionados à escola, a responsabilidade de atuarem como tutores de crianças que estão na escola fundamental (Intercultural Development Research Association, 2004; Simons, Finlay e Yang, 1991). O programa de Valorização do Jovem teve seu início em 1984 e continua crescendo. A esperança é de que a experiência de atuar como tutor melhore não apenas o desempenho dos alunos que são ensinados, mas também o desempenho dos alunos que são tutores.

Em uma das escolas em que há o programa de Valorização do jovem, quatro dias por semana os participantes vão a pé ou de ônibus a uma escola de ensino fundamental próxima para ensinar durante um dos períodos de aula. Cada tutor trabalha com três crianças sobre temas como matemática ou leitura. Esse tutor trabalha com as mesmas crianças durante todo o ano letivo. No quinto dia da semana, os tutores trabalham com seus professores em suas escolas, discutindo habilidades de ensino, refletindo sobre como foi a semana e revisando suas próprias capacidades de leitura. Por seu trabalho, os tutores recebem créditos no curso e um salário mínimo.

Um dos tutores do programa de Valorização do Jovem afirmou: "Atuar como tutor faz que eu queira ir à escola porque preciso ensinar garotos mais jovens". Ele também disse que não perdia mais tantos dias de aula, como antes, porque, quando faltava, as crianças da escola fundamental sempre perguntavam aonde ele estava e diziam que haviam sentido sua falta. Ele disse que realmente gostava das crianças às quais ensinava e que, se não tivesse se tornado um tutor, provavelmente já teria abandonado a escola.

Segundo uma análise, menos de 1% dos tutores do programa de Valorização do Jovem abandonou a escola, em comparação com 14% da taxa de abandono nacional (Intercultural Development Research Association, 1996).

O menino, à esquerda, é um tutor que participa do programa de Valorização do Jovem, programa que recebe estudantes dos ensinos fundamental e médio em situação de risco e lhes dá a responsabilidade de ensinar crianças da escola fundamental.

PALS de matemática implicam a formação de pares entre os estudantes, sendo um o treinador e o outro o jogador. O treinador utiliza uma folha com uma série de questões elaboradas para guiar o jogador e oferece feedback ao jogador. Os estudantes, então, trocam os papéis e pontuam as planilhas dos outros. Os estudantes ganham pontos por cooperarem e construírem boas explicações ao treinarem e por resolverem os problemas corretamente durante a prática. As PALS de matemática e as PALS de leitura são eficientes no desenvolvimento das habilidades dos estudantes em matemática e leitura (Fuchs, Fuchs e Burish, 2000; Mathes, Torgesen e Allor, 2001).

O programa de PALS é altamente eficiente no caso de estudantes em situação de risco, especialmente estudantes dos primeiros anos da escola de ensino fundamental que pertençam às minorias étnicas ou estudantes de escolas urbanas e possivelmente de baixa renda (Rohrbeck e outros, 2003). Um estudo mostrou que a compreensão de leitura dos alunos de origem de países de língua espanhola, que estavam entre o terceiro e o sexto ano (aproximadamente oito e 11 anos), melhorou muito quando eles aprenderam pelo formato PALS em comparação com outros formatos de ensino de leitura (Saenz, Fuchs e Fuchs, 2005).

Outros dois programas de tutoria entre pares são o Reciprocal Peer Tutoring – RPT (Tutoria Recíproca entre Pares) e o Class-wide Peer Tutoring – CWPT (Tutoria entre Pares de Classe) (Ginsburg-Block, 2005). O RPT foi inicialmente desenvolvido para o uso com estudantes de baixo desempenho de escolas fundamentais urbanas e para oferecer oportunidades para os estudantes alternarem seus papéis de tutores com o de pupilos. O CWPT inclui treinamento de tutoria, ensino recíproco e estratégias motivacionais, tais como competição em equipe (Greenwood e outros, 2002; Struckman, 2005).

O espaço Diversidade e educação inclui mais informações sobre a eficiência da tutoria entre pares.

Boas práticas
Estratégias para a utilização da tutoria entre pares

Aqui estão algumas sugestões sobre como utilizar a tutoria entre pares (Goodlad e Hirst, 1989; Jenkins e Jenkins, 1987):

1. *Utilize mais tutoria entre estudantes de idades diferentes do que entre estudantes da mesma idade sempre que possível.* Reserve períodos específicos do dia para a tutoria entre pares e comunique a tarefa de aprendizagem de forma clara e precisa para o tutor – por exemplo, "Hoje, entre 9h e 9h30, eu gostaria que você trabalhasse com o Jimmy nos seguintes exercícios de solução de problemas de matemática: _____, _____ e _____".

Visão do professor
Ensino de colegas de idades diferentes dentro do zoológico

Em Lincoln, Nebraska, vários professores do ensino médio, de ciências, utilizam o Folsum Zoo (zoológico) e o Botanic Gardens (jardim botânico) como um contexto para orientar a aprendizagem dos estudantes. As aulas de ciências são dadas em dois trailers no zoológico. Os professores enfatizam a parceria entre os estudantes, os professores, o zoológico e a comunidade. Um ponto alto do programa é o "Bug Bash", quando os estudantes do ensino médio ensinam os estudantes do quarto ano sobre os insetos.

Equipe do zoológico Lincoln: da esquerda para a direita, os professores Beth Briney, Amy Vanderslice, De Tonack, Sara LeRoy-Toren e James Barstow.

2. *Permita que os estudantes participem tanto do papel de tutor quanto do de pupilo.* Isso os faz aprender que podem tanto ajudar como ser ajudados. Formar duplas entre os melhores amigos normalmente não é uma boa estratégia, pois eles acabam tendo problemas para se concentrar no trabalho de aprendizagem. Adiante, você vai ler como a professora da escola de ensino fundamental Julie Curry, de Macon, Geórgia, utiliza a interação de colegas de idade diferentes no ensino de leitura.

Visão do professor
A interação dos pares de idades diferentes no ensino de leitura

Os estudantes com dificuldades de aprendizagem na área da leitura freqüentemente apresentam baixa auto-estima em decorrência de anos de esforço para ler. Quando se remedia uma dificuldade de leitura, é importante atender tanto a deficiência acadêmica quanto a emocional. Trabalhar com colegas de escola mais jovens provou ser uma estratégia bem-sucedida com estudantes que têm dificuldade de aprendizagem.

Uma vez que meus estudantes haviam dominado uma capacidade essencial, incentivei-os a criar um pequeno livro do estudante sobre essas capacidades (sons de vogais curtas, por exemplo). Os estudantes criaram livros bonitos e informativos relacionados a habilidades de percepção fonética, compreensão de leitura e combinação consoante-vogal.

Após terem finalizado seus livros, os estudantes foram apresentados a um pequeno grupo e o projeto foi celebrado. Os estudantes, então, leram e discutiram os livros com crianças mais novas que os viam como heróis. Não é embaraçoso produzir um livro de alfabeto no quarto ano se a sua audiência é uma classe de educação infantil. Os livros feitos pelos estudantes agora estão expostos no centro de mídias.

3. *Não permita que os tutores apliquem testes para os pupilos.* Isso pode minar a cooperação entre os estudantes.

4. *Dedique tempo ao treinamento dos tutores.* Para que a tutoria entre pares seja bem-sucedida, você deverá passar algum tempo treinando os tutores. Para que a tutoria entre pares tenha um bom começo, discuta as estratégias eficazes de tutoria entre pares. Demonstre como o andaime funciona. Ofereça aos tutores instruções claras e organizadas e convide-os a fazer perguntas sobre as suas tarefas. Divida o grupo de tutoria entre pares em duplas e deixe que eles pratiquem o que você acabou de demonstrar. Permita que eles se alternem nos papéis de tutor e pupilo.

5. *Não utilize demasiadamente a tutoria entre pares.* É fácil cair na armadilha de utilizar estudantes de alto desempenho como tutoria entre pares com muita freqüência. Esteja seguro de que esses estudantes tenham amplas oportunidades de participar de tarefas intelectuais desafiadoras.

6. *Permita que os pais saibam que seus filhos estarão envolvidos na tutoria entre pares.* Explique aos pais as vantagens dessa estratégia de aprendizagem e convide-os a visitar a sala de aula para observar como a tutoria entre pares funciona.

Aprendizagem cooperativa

A **aprendizagem cooperativa** ocorre quando os estudantes trabalham em pequenos grupos para ajudar na aprendizagem uns dos outros. Os grupos de aprendizagem cooperativa variam em tamanho, embora quatro seja um número habitual de estudantes. Em alguns casos, a aprendizagem cooperativa é feita em díades (dois estudantes). Quando os estudantes são designados para trabalhar em um grupo cooperativo, este, em geral, permanece junto por semanas ou meses e ocupam apenas uma parte do dia do aluno ou do seu ano letivo (Sherman, 2001). Em um grupo de aprendizagem cooperativa, cada estudante normalmente aprende uma parte de uma grande unidade e, então, ensina aquela parte para o grupo. Quando os estudantes ensinam alguma matéria para os outros, tendem a aprendê-la com mais profundidade.

Pesquisa sobre aprendizagem cooperativa Os pesquisadores descobriram que a aprendizagem cooperativa pode ser uma estratégia eficiente para aperfeiçoar o desempenho, especialmente quando duas condições são encontradas (Slavin, 1995):

- *São criadas premiações em grupo.* Algum tipo de reconhecimento ou premiação é dado ao grupo para que seus membros possam sentir que é do seu interesse ajudar uns aos outros a aprender.
- *Cada um tem a sua responsabilidade.* Algum método de avaliação da contribuição individual do estudante, como um exame ou relatório individual, precisa ser utilizado. Sem essa responsabilização individual, alguns estudantes podem cometer alguma "vadiagem social" (deixar outros estudantes fazerem o seu trabalho), e alguns podem ser deixados de fora porque outros acreditam que estes podem contribuir pouco. Quando as condições para as premiações individuais e para a responsabilização individual são encontradas, a aprendizagem cooperativa melhora o desempenho entre os alunos de anos diferentes e também as tarefas que vão das habilidades básicas à solução de problemas (Johnson e Johnson, 2002, 2005).

Motivação A motivação crescente para aprender é comum em grupos cooperativos (Blumenfeld, Kempler e Krajcik, 2006; Johnson e Johnson, 2002). Em um estudo, foram oferecidas a estudantes israelenses do quinto e sexto anos as opções de continuar a fazer o trabalho de casa ou ir brincar (Sharan e Shaulov, 1990). Eles abriram mão de sair para brincar somente quando os estudantes estavam em grupos cooperativos. A interação positiva entre colegas e os sentimentos positivos sobre tomar suas próprias decisões foram fatores motivadores por trás da escolha dos estudantes em participar dos grupos cooperativos. Em outro estudo, alunos do ensino médio tiveram grandes ganhos e expressaram mais motivação intrínseca para aprender conceitos algébricos quando estavam em grupos cooperativos do que quando estavam em contextos individualistas de aprendizagem (Nichols e Miller, 1994).

A interdependência e o ensino de pares A aprendizagem cooperativa também promove maior interdependência e conexão com outros estudantes (Blumenfeld, Kempler e Krajcik, 2006; Johnson e Johnson, 2002; Veenman e outros, 2005). Segundo um estudo, alunos do quinto ano tiveram maior tendência a se transferir para uma estratégia correta para a solução de problemas decimais se os parceiros claramente explicassem suas idéias e considerassem cada uma das propostas (Ellis, Klahr e Siegler, 1994).

Abordagens de aprendizagem cooperativa Várias abordagens de aprendizagem cooperativa foram desenvolvidas. Elas incluem as STAD (Student-Teams-Achievement Divisions – Divisões de Desempenho de Equipes de Estudantes), a classe jigsaw (quebra-cabeças), a aprendizagem feita conjuntamente, a investigação em grupo e a escrita cooperativa. Para ler sobre essas abordagens, veja a Figura 10.1.

Criação de uma comunidade cooperativa A comunidade escolar é constituída pelo corpo docente, pelos funcionários, pelos estudantes, pelos pais e pelas pessoas que vivem na vizinhança da escola. De modo mais abrangente, a comunidade escolar também inclui a coordenação central, os escritórios de admissão da faculdade e os futuros empregadores. Para criar uma comunidade de aprendizagem eficiente, David e Roger Johnson (2002, p. 144-146) acreditam que a cooperação e a interdependência positiva precisam ocorrer

---

aprendizagem cooperativa A aprendizagem que ocorre quando os estudantes trabalham em pequenos grupos para ajudar na aprendizagem uns dos outros.

STAD (Student-Teams-Achievement Divisions)

As STAD envolvem o reconhecimento da equipe e a responsabilidade do grupo pela aprendizagem em grupos de habilidades mistas (Slavin, 1995). As premiações são dadas às equipes cujos membros mais se aperfeiçoam tendo como base os seus desempenhos anteriores. Os estudantes são designados para fazer parte de equipes de quatro a cinco membros. O professor apresenta uma lição, normalmente durante uma ou duas aulas. Posteriormente, os estudantes estudam as planilhas de trabalho baseadas no material apresentado pelo professor. Os estudantes monitoram o desempenho dos membros da equipe para assegurarem-se de que todos os membros dominaram o seu material.

As equipes trabalham em conjunto para solucionar os problemas e estudam juntas, mas os membros passam por exames individuais.

O resultado individual contribui para o resultado total da equipe. Uma contribuição individual para o resultado da equipe é baseada no aperfeiçoamento individual, e não em um resultado absoluto, o que motiva os estudantes a trabalhar duro, pois cada contribuição é considerada. Em algumas salas de aula de STAD, um boletim informativo semanal da classe é publicado, em que se reconhece tanto o desempenho da equipe quanto o individual.

A abordagem das STAD foi utilizada em uma variedade de matérias (incluindo a matemática, a leitura e os estudos sociais) e com estudantes em diferentes níveis escolares. Elas são mais eficientes para as situações de aprendizagem que envolvam objetivos bem-definidos ou problemas com respostas ou soluções específicas. Estes incluem cálculo matemático, uso da linguagem, habilidades em geografia e feitos da ciência.

A classe jigsaw (quebra-cabeças)

No Capítulo 5, "Diversidade sociocultural", descrevemos a classe jigsaw (quebra-cabeças), que envolve ter estudantes de diferentes históricos culturais cooperando ao executarem diferentes partes de um projeto para atingir um objetivo comum. Elaboramos aqui o conceito.

Desenvolvido por Eliot Aronson e seus colegas (1978), Jigsaw I é uma abordagem de aprendizagem cooperativa na qual equipes com seis membros trabalham em um material que foi dividido em partes. Cada membro da equipe é responsável por uma parte. Os membros de diferentes equipes que estudaram a mesma parte reúnem-se, discutem a sua parte e, então, retornam para as suas equipes, onde se revezam para ensinar as suas partes para os outros membros da equipe.

Robert Slavin (1995) criou o Jigsaw II, uma versão modificada do Jigsaw I. Enquanto o Jigsaw I consiste em equipes com seis pessoas, o Jigsaw II normalmente tem equipes com quatro ou cinco pessoas. Todos os membros da equipe estudam a lição inteira em vez de uma parte apenas e os resultados individuais são combinados para formar um resultado total da equipe, como nas STAD. Depois de terem estudado a lição inteira, os estudantes especializam-se em um aspecto da lição; então, os estudantes com os mesmos assuntos encontram-se em grupos de especialistas para discutir esses assuntos. Subseqüentemente, eles retornam para as suas equipes e ajudam os outros membros da equipe a aprender sobre o material.

Aprendizagem conjunta

Criada por David e Roger Johnson (1994), essa abordagem possui quatro componentes: (1) interação face a face, (2) interdependência positiva, (3) responsabilização individual e (4) desenvolvimento de habilidades interpessoais. Assim, além do interesse de Slavin no desempenho, a abordagem da aprendizagem cooperativa de Johnson também enfoca o desenvolvimento socioemocional e a interação grupal. Ao fazer a aprendizagem conjunta, os estudantes trabalham em grupos heterogêneos de quatro ou cinco membros em tarefas que enfatizam a discussão e a construção de equipes (Johnson e Johnson, 2003).

Investigação grupal

Desenvolvida por Shlomo Sharan (1990; Sharan e Sharan, 1992), essa abordagem envolve uma combinação de aprendizagem independente e trabalho grupal, em grupos de dois a seis membros, envolvendo também uma premiação ao grupo pelo desempenho individual. O professor escolhe um problema para que a classe estude, mas os estudantes decidem o que querem estudar ao explorar o problema. O trabalho é dividido entre os membros do grupo, que trabalham individualmente. Então, o grupo se junta, integrando-se, resumindo e apresentando as descobertas como um projeto de grupo. O papel do professor é facilitar a investigação e manter o esforço cooperativo. Os estudantes colaboram com o professor ao avaliarem seus próprios esforços. Na visão de Sharan, esta é a forma como vários dos problemas do mundo real são solucionados nas comunidades ao redor do mundo.

Escrita cooperativa

Os estudantes trabalham em pares recíprocos, e se revezam para resumir a informação e apresentá-la oralmente uns para os outros (Dansereau, 1988; McDonald e outros, 1985). Um membro do par apresenta o material. O outro membro ouve, monitora a apresentação para detectar qualquer erro e fornece o feedback. Em seguida, o parceiro torna-se o professor e apresenta o próximo conjunto de materiais enquanto o primeiro membro ouve e os avalia.

FIGURA 10.1 Abordagem de aprendizagem cooperativa.

em vários níveis diferentes: o grupo de aprendizagem das crianças dentro de uma sala de aula (que acabamos de discutir), a sala de aula, entre as salas de aula, a escola, entre pais e escola e entre vizinhança e escola.

- *Cooperação da classe*. Há várias formas de criar cooperação e interdependência em toda a classe. Os objetivos podem ser estabelecidos e as premiações podem ser dadas à classe. Isso pode ser realizado adicionando-se pontos extras para todos os resultados acadêmicos dos alunos, quando todos atingirem um objetivo, "ou ao dar premiações não-acadêmicas, como tempo livre extra, tempo de recesso extra, adesivos, lanche, camisetas ou uma festa da classe". A cooperação entre os alunos pode ser promovida ao "colocar as equipes para limpar a classe diariamente, tomar conta de um banco ou negócio da classe ou ao envolver os estudantes em outras atividades que beneficie a classe como um todo. A interdependência da classe pode também ser estruturada por meio da divisão de capacidades, como fazer que os alunos publiquem um boletim informativo, no qual cada grupo cooperativo contribui com um artigo... deixar uma classe estudando geografia". O teto tornou-se um grande mapa-múndi. "A classe foi dividida em oito grupos cooperativos. A cada grupo foi designada uma localidade sobre a qual deveria ser feito um relatório. A classe, então, planejou um itinerário de uma viagem a fim de visitar todos os oito lugares. O relato foi utilizado para marcar a viagem deles. Assim que chegaram a cada lugar, o grupo apropriado apresentou seu relatório" sobre a localidade.
- *Cooperação interclasse*. Uma equipe interdisciplinar de professores pode organizar suas classes em uma "vizinhança" ou "escola dentro da escola" em que as classes trabalhem juntas em projetos em comum.
- *Cooperação da escola toda*. A cooperação da escola pode ser obtida de várias formas. "A missão de ensino da escola pode articular os objetivos mútuos compartilhados por todos os seus membros e ser exibida nas paredes" e destacada no site da escola. "Os professores podem trabalhar em várias equipes cooperativas... e o corpo docente e os funcionários podem se encontrar semanalmente com as equipes de ensino e/ou com os grupos de estudos... Os professores podem ser designados para forças-tarefa a fim de planejar e implementar soluções para os assuntos de toda a escola... Por fim, a interdependência da escola pode ser destacada em várias atividades, por exemplo, por meio do jornal meteorológico semanal produzido pelos estudantes... por meio de projetos de toda a escola e assembléias regulares."
- *Cooperação entre pais e escola*. A cooperação é promovida entre a escola e os pais "ao envolver os pais no estabelecimento mútuo de objetivos e de planos estratégicos para obter os objetivos... ao compartilhar os recursos para ajudar a escola a atingir os seus objetivos" e ao criar atividades que aumentam a probabilidade de os pais desenvolverem uma atitude positiva com relação à escola.
- *Cooperação entre a vizinhança e a escola*. Se a escola está inserida na vizinhança, uma interdependência positiva entre elas pode beneficiar ambas. A missão da escola "pode ser apoiada pelos comerciantes da vizinhança que fornecem os recursos e financiam vários eventos. As classes podem realizar projetos de serviços para a vizinhança, como a limpeza de um parque".

Avaliação da aprendizagem cooperativa   Entre os aspectos positivos da aprendizagem cooperativa estão a crescente interdependência e interação com outros estudantes, o aumento da motivação para a aprendizagem e a melhora da aprendizagem ao ensinar o material para os outros. As possíveis desvantagens da aprendizagem cooperativa são que alguns estudantes preferem trabalhar sozinhos; estudantes de baixo desempenho podem diminuir o progresso de estudantes de alto desempenho; alguns poucos estudantes podem acabar fazendo a maior parte ou todo o trabalho cognitivo enquanto outros acabam participando menos (chamada "vadiagem social"; alguns estudantes podem se distrair da tarefa do grupo porque eles gostam de socializar; e a muitos estudantes faltam as habilidades necessárias para colaborar efetivamente com os outros, envolver-se em discussões produtivas e explicar suas idéias ou avaliar as idéias dos outros de forma eficiente (Blumenfeld, Kempler e Krajcik, 2006). Os professores que implementam a aprendizagem cooperativa nas suas salas de aula precisam estar atentos a essas desvantagens e trabalhar para reduzi-las (King e Behnke, 2005).

Reveja, reflita e pratique

(2) Explicar como os professores e seus pares podem contribuir em conjunto para o aprendizado das crianças.

Reveja
- O que é andaime?
- O que é aprendizado cognitivo?
- A tutoria é eficiente? Quais são alguns recursos alternativos para os tutores?
- O que é aprendizagem cooperativa e como ela pode beneficiar os estudantes? Quais são algumas das formas de estruturar a aprendizagem cooperativa?

Reflita
- Como você lidaria com a situação se os pais ficassem zangados porque, em virtude do tempo dedicado à aprendizagem cooperativa, fosse dado menos tempo aos filhos para aprender de forma individualizada?

Pratique PRAXIS™

1. Quais dos seguintes é o melhor exemplo de andaime?
   a. Steve dá ao seu amigo Vlade as respostas para o trabalho de casa de hoje.
   b. Steve ajuda seu amigo Vlade a completar o trabalho de casa de hoje dando-lhe a mínima ajuda possível de que ele precisa para responder a cada pergunta.
   c. Steve ajuda seu amigo Vlade a completar o trabalho de casa de hoje dando-lhe pistas para cada resposta.
   d. Steve diz ao seu amigo Vlade que ele tem de fazer o trabalho de casa sozinho.

2. Quais dos seguintes é um exemplo de um aprendizado cognitivo?
   a. Sra. Notwitzki faz várias perguntas aos seus estudantes. Se um estudante não sabe a resposta, ela dirige-se a outro, pois não quer deixar seus estudantes embaraçados.
   b. Sra. Edgar presta atenção tanto nas pistas verbais quanto nas não-verbais dadas por seus estudantes com relação à compreensão de suas lições. Se ela faz uma pergunta a um estudante, pode determinar se ele está pensando ou está confuso. Ela normalmente dá pistas aos seus alunos para ajudá-los nas respostas.
   c. Sra. Lindell faz várias perguntas aos seus estudantes. Se um deles não responde imediatamente, ela dá a resposta correta ao estudante.
   d. Sra. Samuel faz leituras para a sua classe e os estudantes tomam notas. Ela responde às perguntas que eles fazem no final da lição.

3. Qual professor está utilizando a tutoria entre pares da forma mais positiva tanto para o tutor quanto para o estudante?
   a. Sra. Gasol utiliza estudantes do sexto ano para fazer a tutoria de seus estudantes do terceiro ano de matemática por 30 minutos, quatro vezes por semana. Ela dá instruções explícitas a cada tutor.
   b. Sra. Mathews utiliza o sistema do tipo "camaradagem" na sua classe. As crianças escolhem quem elas gostariam que as tutorassem e o que elas gostariam de aprender. Geralmente, elas escolhem um amigo próximo.
   c. Sra. Rankowski seleciona estudantes de baixo desempenho de anos superiores para virem à sua classe pelo menos uma vez por semana para trabalhar com seus alunos. Ela geralmente os faz realizar tarefas como conferir a ortografia.
   d. Sra. Taylor gosta de utilizar a tutoria entre pares com seus alunos, especialmente em matemática. Ela descobriu que freqüentemente os estudantes podem explicar coisas para outros estudantes mais facilmente do que ela. Entretanto, a Sra. Taylor utiliza mais estudantes de nível avançado em sua classe para ensinar àqueles que estão com dificuldades com os conceitos de matemática.

4. Sr. Kotter designou os estudantes para trabalhar de forma cooperativa em um projeto sobre a guerra civil. Ele os coloca em grupos heterogêneos de quatro pessoas e dá a cada grupo as diretrizes do projeto. Os alunos se dedicarão a um projeto no qual rece-

berão uma nota em grupo. O Sr. Kotter fica surpreso quando alguns estudantes contribuem pouco para os esforços de seu grupo. O que o Sr. Kotter está fazendo errado?
a. Sr. Kotter não incluiu nenhuma nota individual.
b. Sr. Kotter não deveria dar aos estudantes uma nota de grupo.
c. Sr. Kotter não deveria ter usado grupos heterogêneos.
d. Sr. Kotter não deveria utilizar a aprendizagem cooperativa em história.

Por favor, verifique as respostas no final do livro.

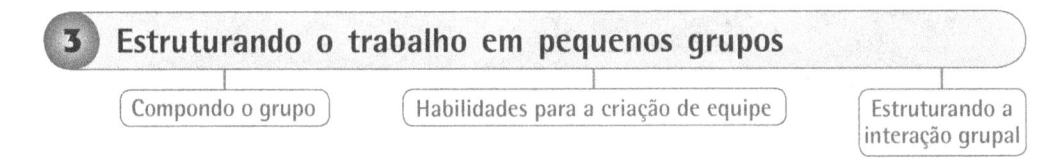

3 Estruturando o trabalho em pequenos grupos

- Compondo o grupo
- Habilidades para a criação de equipe
- Estruturando a interação grupal

Como já vimos, o trabalho em grupo traz muitos benefícios para os estudantes. Contudo, requer do professor um planejamento cuidadoso. Ao estruturar o trabalho dos estudantes em pequenos grupos, você tem de tomar decisões sobre como compor o grupo, criar as habilidades da equipe e estruturar a interação grupal (Webb e Palincsar, 1996).

Compondo o grupo

Os professores freqüentemente questionam sobre a maneira como deveriam distribuir os estudantes em grupos pequenos na sala de aula. As abordagens de aprendizagem cooperativa, apresentadas na Figura 10.1, geralmente recomendam grupos heterogêneos com diversidade nas habilidades, na origem étnica, no status socioeconômico e no gênero (Johnson e Johnson, 2002). A lógica que está por trás do agrupamento heterogêneo é que ele maximiza as oportunidades para o apoio e a tutoria entre pares, aperfeiçoa as relações entre grupos étnicos e entre os gêneros e assegura que cada grupo possua, pelo menos, um estudante que tenha condições de realizar o trabalho (Kagan, 1992).

Capacidades heterogêneas Uma das principais razões para a utilização dos grupos de capacidades heterogêneas é o fato de que eles beneficiam os estudantes com baixa capacidade, que podem aprender com estudantes que possuem alta capacidade. Contudo, alguns críticos argumentam que tais agrupamentos heterogêneos atrasam os estudantes com alta capacidade. Na maioria dos estudos, entretanto, estudantes com alta capacidade saem-se igualmente bem em testes de desempenho depois de trabalharem em grupos heterogêneos ou em grupos homogêneos (Hooper e outros, 1989). Em grupos heterogêneos, estudantes com alta capacidade normalmente assumem o papel de "professor" e explicam os conceitos para outros estudantes. Em grupos homogêneos, os estudantes com alto desempenho têm uma tendência menor de assumir esse papel de professor.

Um problema dos grupos heterogêneos é que, quando os estudantes com baixa, média ou alta capacidades estão incluídos, os estudantes com capacidade média são, em certa medida, deixados de lado; os com capacidades alta e baixa formam relacionamentos do tipo professor-aluno, excluindo os de capacidade média da interação com o grupo. Os estudantes com capacidade média podem ter um desempenho melhor em grupos em que a maioria ou todos os estudantes possuem capacidades médias.

Heterogeneidade étnica, socioeconômica e de gênero Uma das razões iniciais que fizeram que os grupos de aprendizagem cooperativa fossem formados foi o aperfeiçoamento das relações interpessoais entre os estudantes de diferentes origens étnicas e socioeconômicas. A esperança era a de que a interação sob condições de igualdade de status nos grupos cooperativos reduzisse o preconceito. Entretanto, fazer que os estudantes interagissem, de acordo com a igualdade de status, foi mais difícil do que inicialmente se esperava.

Alguns especialistas recomendam que, ao formarem grupos étnica e socioeconomicamente heterogêneos, os professores prestem muita atenção à composição do grupo (Miller

Quais são algumas das orientações para formar grupos étnica e socioeconomicamente heterogêneos?

e Harrington, 1990). Uma recomendação é de que a composição não seja feita de maneira muito óbvia. Portanto, você deve variar as diferentes características sociais (etnia, status socioeconômico e gênero) simultaneamente, agrupando, por exemplo, uma menina afro-americana de classe média, um menino branco de família pobre e assim por diante. Dessa forma, os meninos brancos não seriam todos de famílias de classe alta. Outra recomendação é de que se evite formar grupos que tenham apenas um estudante de minoria étnica, se isso for possível; isso evita chamar a atenção para o "status único" do estudante.

Em grupos de gêneros mistos, os meninos tendem a ser mais ativos e dominantes (Tannen, 1990). Portanto, ao misturar meninos e meninas, o professor deve estar atento para uma tarefa muito importante que é estimular as meninas a falar e os meninos a permitir que as meninas expressem suas opiniões e contribuam para o funcionamento do grupo. Uma estratégia geral é ter um número igual de meninas e meninos. Em grupos de cinco ou seis crianças, nos quais apenas um membro seja uma menina, os meninos tendem a ignorar a menina (Webb, 1984).

Habilidades para a criação de equipe

A boa aprendizagem cooperativa na classe requer dedicação às habilidades para a criação de equipe. Isso envolve pensar sobre como começar a estabelecer a equipe no início do ano letivo, ajudar os estudantes a se tornar melhores ouvintes, proporcionar aos estudantes a prática em contribuir para um resultado de equipe, levar os estudantes a discutir o valor de um líder de equipe e trabalhar com os líderes de equipe para ajudá-los a lidar com as situações problemáticas.

Estruturando a interação grupal

Uma forma de facilitar o trabalho dos estudantes em grupos pequenos é atribuir diferentes papéis a eles. Por exemplo, considere estes papéis que os estudantes podem assumir em um grupo (Kagan, 1992):

- Encorajador – estimula os estudantes relutantes e é um motivador.
- Guardião – ajusta a participação dos estudantes nos grupos.
- Conferente – assegura-se de que o grupo entende o material.
- Distribuidor de tarefas – mantém o grupo atento às tarefas.
- Registrador – anota as idéias e as decisões.
- Capitão silencioso – tutora o nível de barulho do grupo.
- Monitor de materiais – obtém e fornece os suprimentos

Essas regras ajudam os grupos a funcionar com mais facilidade e dão a todos os membros um sentido de importância. Note que, no entanto, acabamos de descrever apenas nove

Boas práticas
Estratégia para o desenvolvimento das habilidades de formação de equipes dos estudantes

Aqui estão algumas orientações (Aronson e Patnoe, 1997):

1. *Não inicie o ano adotando a aprendizagem cooperativa em uma tarefa difícil.* Os professores relatam que a aprendizagem cooperativa acadêmica geralmente funciona melhor quando os estudantes trabalharam previamente juntos em exercícios de estabelecimento de equipes. Uma pequena parte da aula, durante várias semanas, normalmente é adequado para o estabelecimento da equipe.

2. *Estabeleça a criação da equipe em termos de grupo cooperativo (de dois a seis estudantes) em vez de fazê-lo com toda a classe.* Alguns estudantes da equipe serão mais confiantes; outros serão mais passivos. O objetivo da criação da equipe é oferecer a todos alguma experiência na posição de membros valiosos da equipe, bem como levá-los a aprender que ser cooperativo funciona de modo mais eficiente do que ser competitivo.

3. *No estabelecimento da equipe, trabalhe com estudantes a fim de ajudá-los a se tornar ouvintes melhores.* Peça aos estudantes para que se apresentem pelo nome, todos ao mesmo tempo, a fim de ajudá-los a perceber que eles devem aguardar sua vez e ouvir uns aos outros, em vez de monopolizarem a conversa. Você também pode pedir aos estudantes para dar descrições de como eles descreveriam o comportamento dos colegas que estão ouvindo. Isso pode incluir olhar diretamente para quem está falando, refazer a fala que acabou de ouvir, resumir o enunciado e assim por diante.

4. *Ofereça ao estudante alguma prática para a contribuição de um resultado comum como parte do estabelecimento da equipe.* Peça para que cada um participe do desenho de uma imagem do grupo e passe o papel e a caneta de estudante por estudante. A tarefa de cada estudante é adicionar algo à imagem à medida que ela circula várias vezes por toda a equipe. Quando a imagem estiver finalizada, discuta a contribuição de cada um com a equipe. Os estudantes sentirão que o resultado não está completo a menos que a contribuição de cada membro seja reconhecida. A seguir, você poderá ler sobre como um professor do nono ano de história utiliza essa estratégia de modo eficiente.

Visão do professor
Um encontro das mentes através do olhar

Alguns alunos de Jimmy Furlow resumem as seções dos livros didáticos e depois colocam em transparências para ajudar toda a classe a se preparar para a prova. Furlow perdeu ambas as pernas no Vietnã, mas raramente fica em um só lugar, ele se move em sua cadeira de rodas por toda a sala de aula, comunicando-se com os estudantes sempre olho no olho. Quando a classe completa a discussão de todos os pontos gerais, Furlow edita o trabalho dos estudantes para demonstrar uma escrita concisa e clara e para ajudar os estudantes a se concentrar em um ponto importante (Marklein, 1998).

O professor do nono ano de história, Jimmy Furlow, conversa com estudantes em sua sala de aula.

5. *Durante o estabelecimento da equipe, você pode querer discutir o valor de se nomear um líder para a equipe.* Você pode pedir aos estudantes para discutir as formas específicas de ação de um líder para maximizar o desempenho da equipe. O brainstorming da equipe pode apresentar tais características, como "ajuda a organizar o grupo", "mantém o grupo dentro da tarefa", "serve como ligação entre o professor e o grupo", "demonstra entusiasmo", "é paciente e educado" e "ajuda o grupo a lidar com desavenças e conflitos". O professor pode selecionar o líder do grupo ou pode pedir aos estudantes para que o elejam.

6. *Trabalhe com os líderes das equipes para ajudá-los a lidar com as situações problemáticas.* Alguns membros podem, por exemplo, falar raramente, outro membro pode dominar o grupo, alguns podem se xingar, outros podem se recusar a trabalhar, um membro pode querer trabalhar sozinho e todos podem acabar falando ao mesmo tempo. Você pode unir os líderes dos grupos e levá-los a encenar tais situações e a discutir estratégias eficientes para lidar com a situação problemática.

---

diferentes papéis que podem ser exercidos em grupos, a maioria dos especialistas, como dissemos anteriormente, recomenda que os grupos não excedam cinco ou seis membros, para que funcionem com eficiência. Alguns membros podem assumir múltiplos papéis e nem todos os papéis precisam sempre ser ocupados.

Outra forma como os papéis podem ser especializados é designar alguns estudantes como "resumidores" e outros como "ouvintes". Os pesquisadores têm descoberto de forma consistente que resumir beneficia mais a aprendizagem do que ouvir, de modo que, se esses papéis são utilizados, todos os membros devem ter a chance de ser "resumidores" (Dansereau, 1988).

Para avaliar as suas atitudes em relação às abordagens socioconstrutivistas e também para ver se você tende a utilizar tais estratégias ao ensinar, complete a Auto-avaliação 10.1.

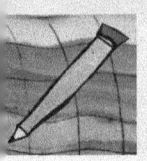

Auto-avaliação 10.1
Avaliação de minhas experiências socioconstrutivistas

Quais experiências com o pensamento e a aprendizagem socioconstrutivista você já teve? Você pode ter tido essas experiências na escola ou em outros ambientes. Para cada um desses ambientes que você experimentou, registre pelo menos uma situação que possa fazer você recordar e ver os princípios do socioconstrutivismo em funcionamento.

1. Sua família:

2. Um clube ou programa como os Scouts:

3. Sua experiência em uma escola de ensino fundamental:

4. Faculdade:

Como essas experiências formaram sua opinião em relação a essas idéias no ensino em sala de aula?

1. Que o pensamento deveria ser visto como localizado (situado) em contextos físicos e sociais e não apenas no interior da mente do indivíduo:

2. A teoria cognitiva e sociocultural de Vygotsky:

3. Andaime:

4. Tutoria entre pares:

5. Aprendizagem cooperativa:

6. Trabalho em pequenos grupos:

Reveja, reflita e pratique

3 Tomar decisões eficazes na estruturação do trabalho em grupos pequenos.

Reveja

- Quais são alguns fatores importantes ao organizar os estudantes em pequenos grupos?
- O que os professores podem fazer para desenvolver as habilidades de equipe dentro de grupos?
- Quais tipos de designações de papéis podem melhorar uma estrutura de grupo?

Reflita

- Suponha que você e outros cinco estudantes decidiram formar um grupo com o objetivo de estudar para um exame final de psicologia educacional. Como você estruturaria o grupo? Quais papéis você gostaria que o grupo desempenhasse?

Pratique PRAXIS™

1. Qual das seguintes alternativas representa a melhor prática para a formação de grupos?
   a. uma garota branca, com alto desempenho; três garotos afro-americanos com desempenho médio.
   b. um garoto afro-americano com alto desempenho; duas garotas brancas com desempenho médio; um garoto ásio-americano com alto desempenho.
   c. dois garotos ásio-americanos com alto desempenho; dois garotos brancos com baixo desempenho.
   d. duas garotas afro-americanas, com alto desempenho; um garoto afro-americano com desempenho médio; uma garota afro-americana com baixo desempenho.

2. Sr. Fandango decide trabalhar com o desenvolvimento de equipes no início do ano letivo. Ele acaba decidindo levar toda a sua turma para fora da classe e os faz criar um "human knot".* Eles devem, então, desatar o "nó". Vários estudantes ficam frustrados e zangados durante a atividade. Sr. Fandango intervém e estimula os estudantes a eleger um líder, e diz que eles devem escutar uns aos outros. De acordo com a seção "Boas práticas: estratégias para o desenvolvimento das habilidades dos estudantes no desenvolvimento de equipes", o que o Sr. Fandango fez *incorretamente*?
   a. Não enfatizou a importância da capacidade de ouvir.
   b. Não tinha estudantes suficientes no grupo.
   c. Não utilizou o agrupamento heterogêneo.
   d. Começou com toda a classe e com uma tarefa difícil.

3. George, John, Paul, Cassie e Mackenzie estão trabalhando juntos em um projeto em grupo relacionado à guerra civil. George é o especialista residente na guerra civil. Enquanto eles trabalham no projeto, ele responde as questões dos outros estudantes. John se oferece para conseguir todos os materiais de que o grupo necessita. O projeto vai bem e cada um dos estudantes participa, porque Cassie os faz lembrar que a contribuição de todos é valiosa. Durante uma das reuniões de trabalho, o grupo começa a debater sobre o último jogo de futebol norte-americano do fim de semana. Paul diz: "Ei pessoal, deveríamos estar trabalhando no projeto, vocês sabem". Depois disso, o grupo retoma a tarefa. Eles ficam tão entretidos com sua discussão que acabam se tornando barulhentos. Nesse ponto, Mackenzie adverte seus pares para que fiquem quietos.
   Qual estudante assumiu o papel de guardião?
   a. George.
   b. John.
   c. Mackenzie.
   d. Cassie.

Por favor, verifique as respostas no final do livro.

---

* O *human knot* consiste em um exercício em grupo, no qual os estudantes formam um círculo, dando-se as mãos. Cada estudante tenta desatar o "nó humano" ao soltar seu corpo sem largar as mãos de seu colega.

4 Programas socioconstrutivistas

- Fostering a Community of Learners – FCL
- School for Thought
- A Collaborative School

Vamos examinar diversos programas que sistematicamente incorporam as filosofias socioconstrutivistas em seus esforços para desafiar os estudantes a resolver problemas do mundo real e a desenvolver um entendimento mais aprofundado sobre os conceitos. Esses programas podem lhe mostrar algumas formas como você pode utilizar com sucesso as idéias e técnicas do socioconstrutivismo em sua sala de aula.

Fostering a Community of Learners – FCL

Ann Brown e Joe Campione (1996; Brown, 1997; Campione, 2001) desenvolveram um programa chamado **Fostering a Community of Learners – FCL**, que tem como foco o desenvolvimento da leitura e da biologia. Conforme está atualmente estabelecido, ele é realizado em escolas elementares suburbanas e é apropriado para crianças de seis a doze anos. A reflexão e a discussão são dimensões-chave do programa. No FCL, os comentários, os questionamentos, as perguntas e as críticas de caráter construtivo são a regra e não a exceção. Muitas das atividades em sala de aula ocorrem em pequenos grupos, nos quais os estudantes conversam e tentam convencer e desafiar uns aos outros. Embora os professores orientem na escolha dos assuntos, uma meta importante é transmitir aos estudantes a responsabilidade pelo aprendizado (Lehrer e Schauble, 2006).

O programa FCL enfatiza três estratégias que estimulam a reflexão e a discussão: (1) a utilização de adultos como modelos exemplares, (2) crianças ensinando crianças e (3) consulta online.

Adultos como modelos exemplares Especialistas visitantes e professores apresentam as principais idéias e os princípios mais difíceis no início de uma unidade. O adulto demonstra como pensar e como auto-refletir no processo de identificação de assuntos dentro de uma área geral de pesquisa ou de se raciocinar a partir de dada informação. Os adultos pedem continuamente que os estudantes justifiquem suas opiniões e, então, as sustentem com evidências, a pensar em contra-exemplos das regras etc.

Por exemplo, uma das áreas da pesquisa biológica utilizada no programa FCL é a "Changing Populations" (Populações em Mudança). Pesquisadores externos ou professores apresentam esse assunto e solicitam que os estudantes elaborem o máximo de questões possíveis sobre ele. O professor e os estudantes categorizam as questões em subtópicos como populações extintas, em perigo, artificiais, socorridas e urbanizadas. Cerca de seis estudantes formam um grupo de aprendizado e cada grupo assume a responsabilidade por um dos subtópicos.

Crianças ensinando crianças Brown (1997) afirma que as crianças, assim como os adultos, aprimoram a experiência de aprendizado em sala de aula ao contribuírem com seus conhecimentos particulares. O ensino entre estudantes de idades diferentes, no qual estudantes mais velhos ensinam estudantes mais jovens, é utilizado. Isso pode ocorrer tanto pessoalmente como por e-mail. Os estudantes mais velhos geralmente agem como líderes de discussão. O ensino entre estudantes de idades diferentes oferece a esses estudantes oportunidades valiosas para falar sobre o aprendizado, dá a eles responsabilidades e propósitos e promove a colaboração entre os pares.

O FCL utiliza o **ensino recíproco**, em que os estudantes se revezam conduzindo discussões em pequenos grupos. O ensino recíproco requer que os estudantes discutam trechos complexos, colaborem e compartilhem seus conhecimentos e perspectivas individuais sobre determinado assunto. O ensino recíproco pode envolver um professor e um estudante, bem como a interação entre eles.

Uma versão modificada da classe jigsaw (descrita no Capítulo 5 e na Figura 10.1) também é utilizada. Enquanto os estudantes criam rascunhos de relatórios, eles participam de sessões de "papo-furado". Estas são atividades que abrangem toda a classe cujos grupos resumem periodicamente onde estão em sua atividade de aprendizagem e colhem dados de

---

Fostering a Community of Learners – FCL Um programa socioconstrutivista que enfoca o desenvolvimento na alfabetização e na biologia. O FCL estimula a reflexão e a discussão por meio da utilização de adultos como modelos exemplares, de crianças que ensinam crianças e de consultas on-line.

ensino recíproco Um sistema de aprendizagem em que os estudantes se revezam conduzindo discussões em pequenos grupos.

outros grupos. "Minijigsaws" (pequenos grupos) também são utilizadas. Tanto na classe inteira quanto na minijigsaw, se os membros do grupo não conseguem entender o que um estudante está dizendo ou escrevendo, esse estudante deve revisar o resultado e apresentá-lo novamente mais tarde. Os estudantes, em seguida, são agrupados em seminários de ensino recíproco, no qual cada estudante é um especialista em um subtópico e ensina aquela parte para os outros e participa da criação de questões baseadas na subunidade (Rico e Shulman, 2004).

Consulta on-line Conforme observamos, as classes de FCL também utilizam e-mail para criar comunidade e qualificação. Através do e-mail, os especialistas fornecem treinamento e assistência, bem como comentários sobre o que significa aprender e compreender. Especialistas on-line atuam como modelos exemplares de pensamento. Eles questionam, interrogam e fazem inferências baseadas em conhecimentos incompletos.

Uma sala de aula do programa Fostering a Community of Learners (FCL). *Qual é a natureza dessa abordagem para a educação?*

No cerne do FCL está uma cultura de aprendizagem, negociação, compartilhamento e produção de trabalho que é exibido para os outros. Os resultados do trabalho dos estudantes assumem normalmente a forma de texto ou fala, que incluem pôsteres, apresentações, relatos escritos ou idéias de ensino para o trabalho com crianças mais novas (Lehrer e Schauble, 2006). A experiência educacional envolve uma comunidade interpretativa que incentiva a mudança ativa e a reciprocidade. Essa abordagem tem muito em comum com o que Jerome Bruner (1996) recomendou para o aperfeiçoamento da cultura da educação. A avaliação da pesquisa da abordagem do Fostering a Community of Learners sugere que ele beneficia a compreensão dos estudantes no que diz respeito à leitura, à escrita e à solução de problemas. O FCL vem sendo amplamente implementado em várias salas de aula (Schoenfeld, 2004; Sherin, Mendez e Louis, 2004; Shulman e Shulman, 2004; Whitcomb, 2004).

Em uma descrição feita por especialistas da ciência da educação, Richard Lehrer e Laura Schauble (2006) chamaram o FCL "um marco na ciência da educação desenvolvimental". Dito isso, eles também levantaram várias questões sobre a sua eficiência. Primeiro, embora muitos educadores possam concordar que o discurso compartilhado é um importante aspecto nas salas de aula, não está claro como implementá-lo, além de ser difícil saber se isso pode ser bem-sucedido ou não. Em segundo lugar, no tocante à ciência da educação, é colocada muita ênfase na leitura sobre a ciência, a integração de informações textuais e a aprendizagem *sobre* ciência no FCL e muito pouca ênfase em *fazer* ciência.

Schools for Thought

As **Schools for Thought – SFT** fazem parte de outro programa formal de ensino socioconstrutivista. Muitas vezes, os estudantes saem das aulas apenas com uma frágil compreensão sobre a matéria (Segal, 1996). Por exemplo, os estudantes podem ser capazes de repetir vários princípios de ciências que aprenderam nas aulas, mas terem dificuldades ao explicar os fenômenos científicos cotidianos. De modo semelhante, em matemática, os estudantes podem ser bons em aplicar números em fórmulas, porém, quando são confrontados com variações desses problemas, são incapazes de solucioná-los. Portanto, muitos estudantes adquirem informações suficientes para passar nas provas da escola, contudo, não adquirem uma compreensão aprofundada dos conceitos.

Em um esforço feito pelas Schools for Thought (Lamon e outros, 1996) foram combinados aspectos do Jasper Project, do Fostering a Community of Learners (FCL) e do Computer-Supported Intentional Learning Environments – CSILE (Ambientes de Aprendizagem Intencional com Computador) em um ambiente de aprendizagem de uma escola. O projeto tem o nome do premiado livro *Schools for Thought*, de John Bruer (1993). O Jasper Project, o FCL e o CSILE compartilham certas características que permitem que sejam combinadas no ambiente de aprendizagem de uma escola. Já descrevemos o Jasper Project (Capítulo 9) e o FCL. Para saber mais sobre o CSILE, leia o espaço Tecnologia e educação.

Schools for Thought (SFT) Um programa socioconstrutivista que combina aspectos do Jasper Project, do Fostering a Community of Learners e do CSILE.

Tecnologia e educação
Ambientes de aprendizagem intencional com computador (Knowledge forum – Fórum do conhecimento)

No início dos anos 90, pesquisadores do Centre for Applied Cognitive Science, do Ontario Institute for Studies in Education (Instituto de Estudos sobre Educação de Ontário), começaram a aplicar seu trabalho na aprendizagem intencional para o desenvolvimento de aplicações de computador com o objetivo de apoiar as comunidades de construção de conhecimentos (Scardamalia e Bereiter, 1994). Seu trabalho levou ao desenvolvimento dos Computer-Supported Intentional Learning Environments – CSILE (Ambientes de Aprendizagem Intencional com Computador), uma aplicação de banco de dados criada para permitir que os estudantes desenvolvam colaborativamente um banco de conhecimentos, insiram suas opiniões e questões, comparem perspectivas e reflitam sobre o entendimento mútuo das idéias.

O CSILE auxiliou os estudantes na compreensão sobre como o conhecimento é construído socialmente e deu a eles oportunidade para refletir, revisar e transformar seu pensamento. Além disso, os estudantes, nas salas de aula do CSILE, tiveram um desempenho melhor em testes de desempenho padronizados em linguagem e matemática, deram explicações mais aprofundadas sobre conceitos, apresentaram melhores soluções para os problemas e uma atitude mais positiva em relação ao aprendizado do que os estudantes de salas de aula tradicionais (Scardamalia, Bereiter e Lamon, 1994).

O CSILE transformou-se em um empreendimento comercial conhecido como Knowledge Forum (www.knowledgeforum.com) e expandiu-se do foco das escolas de ensino fundamental para incorporar todos os tipos de educação e ensino (Bruckman, 2006; Scardamalia e Bereiter, 2006). O Knowledge Forum inclui ferramentas de construção de conhecimentos para compartilhamento, construção, armazenamento, acesso, referência, citação e rastreamento de notas, identificação de lacunas ou avanços no conhecimento, a construção de redes de idéias e a observação de idéias e de redes de idéias a partir de múltiplas perspectivas.

O Knowledge Forum é essencialmente o CSILE on-line. Ele oferece aos usuários estruturas e ferramentas para a criação de uma comunidade de construção de pensamentos por uma rede de área local, por meio das comunicações via Internet ou mediante a utilização da World Wide Web. Cada comunidade cria seu próprio banco de conhecimentos, no qual se podem armazenar anotações, relacionar idéias e ampliar pensamentos prévios. Os usuários começam com um banco de conhecimentos vazio, no qual apresentam idéias, compartilham informações, reorganizam conhecimentos e, por fim, elaboram a compreensão. O Knowledge Forum torna as informações acessíveis a partir de múltiplas perspectivas e a partir de múltiplos pontos de entrada. Com ele, qualquer número de indivíduos e grupos pode compartilhar informações, iniciar pesquisas colaborativas e construir redes de novas idéias... juntos.

Currículo   Os três programas centrais das Schools for Thought destacam a importância de se fazer que os estudantes pensem sobre problemas do mundo real. As atividades baseadas em problemas e projetos são o coração do currículo. A investigação ampla e detalhada em domínios como ciências, matemática e estudos sociais é enfatizada. Os três programas também incorporam a pesquisa interdisciplinar além dos limites tradicionais. Por exemplo, a pesquisa sobre o que significa um animal estar ameaçado de extinção pode envolver o exame de problemas relacionados à avaliação de populações, amostragem e outras questões geralmente restritas à matemática. No projeto Schools for Thought, estão sendo desenvolvidos currículos que integram geografia, geologia, ciência ambiental e física, história antiga e norte-americana, linguagem e leitura.

Ensino   Os três programas SFT envolvem uma mudança na atmosfera do ensino em sala de aula. Em uma sala de aula tradicional, os estudantes são receptores de informações distribuídas por professores, livros escolares e outros meios; o papel do professor é dar informações e moldar o aprendizado dos estudantes. Em muitas escolas tradicionais, o que os estudantes fazem principalmente é escutar, observar e imitar o que os professores e textos dizem que eles devem fazer (Greeno, 1993, 2006). Por outro lado, os três programas SFT proporcionam aos estudantes muitas oportunidades para planejar e organizar seu próprio aprendizado e as resoluções de problemas. Eles também estimulam os estudantes a trabalhar de modo colaborativo enquanto aprendem e pensam. Os estudantes exploram idéias, avaliam informações e refletem sobre as idéias de outros em uma troca recíproca e contínua entre os seus pares, os professores e os especialistas.

Os ambientes das Schools for Thought não são ambientes aleatórios de descoberta. Eles envolvem uma considerável estrutura. Os professores e a comunidade de especialistas mantêm o aprendizado concentrado em princípios-chave nos domínios que estão sendo estudados, como matemática, ciências ou ciências sociais. Eles monitoram e recompõem as questões geradas pelos próprios estudantes e a pesquisa para mantê-los dentro da perspectiva dos

Uma sala de aula de ciências das Schools for Thought, na Compton-Drew School, em St. Louis.

princípios-chave. Dessa forma, eles guiam o direcionamento da pesquisa dos estudantes de forma que estes possam descobrir os conceitos mais profundos de determinado domínio. Ainda assim, há uma flexibilidade considerável no modo como o conhecimento é adquirido e a natureza dos projetos é assumida.

Comunidade   Em muitas escolas, as salas de aula e os professores operam isoladamente, não apenas entre si, mas também em relação à comunidade externa. O Jasper Project, o FCL e o CSILE enfatizam a importância de se dar aos estudantes e aos professores oportunidades para que eles se vejam como integrantes de uma equipe e membros de uma comunidade maior. Os problemas geralmente têm um enfoque na comunidade que estimula os estudantes a pensar sobre como o aprendizado e a resolução de problemas podem ser mais bem utilizados para entender e melhorar o mundo em que vivemos.

Tecnologia   O Jasper Project, o FCL e o CSILE utilizam a tecnologia para romper com o tradicional isolamento da sala de aula. Eles estimulam os estudantes a se comunicar eletronicamente com uma comunidade de alunos que estão além das paredes da sala de aula.

Avaliação   A meta na criação do Jasper Project, do FCL e do CSILE não foi a de melhorar o desempenho dos estudantes em testes de pontuação. Nos três programas, a avaliação enfoca a execução de desempenhos autênticos (como a leitura, com o propósito de responder a questões de pesquisa, a escrita, para construir novos conhecimentos), a realização da avaliação coordenada diretamente com o aprendizado e a discussão e o estímulo para que os estudantes se comprometam com a auto-avaliação.

A Collaborative School

Em 1977, uma Collaborative School foi organizada como uma cooperativa pais-professores e continua ainda hoje com seis salas de aula que atendem desde a educação infantil até o sexto ano, em Salt Lake City, Utah. Trata-se de uma escola opcional que atende a todo o distrito escolar, aberta para famílias que podem optar por essa escola para seus filhos estudarem. A principal ênfase do currículo está em aprender a trabalhar de modo eficiente em grupos (Rogoff, Turkanis e Bartlett, 2002). Durante o dia, na escola, as crianças geralmente trabalham em pequenos grupos com o professor e/ou pais voluntários. Em alguns casos, as crianças trabalham sozinhas. As crianças nor-

Estudantes em uma escola colaborativa em Salt Lake City. *De que modo uma Collaborative School se diferencia de uma escola comum?*

malmente compartilham a tomada de decisões ao realizarem projetos com colegas de classe e adultos, contribuem com a orientação dos adultos conversando abertamente com os professores e os pais voluntários, bem como entre si, e encaram as outras pessoas como fontes de ajuda.

Os pais contribuem durante três horas por semana com o ensino em sala de aula para cada criança matriculada na escola. Antes que o ano escolar se inicie, os pais e os professores organizam uma reunião na casa da família para se prepararem para o próximo ano. As reuniões dos pais são organizadas mensalmente para que se continue planejando e discutindo o que pode ser feito para ajudar em sala de aula.

Na Collaborative School, os professores, os pais e as crianças ajudam a planejar e desenvolver um currículo que inclui o seguinte (Turkanis, 2002, p. 91-92):

- Captar "o momento para desenvolver idéias interessantes que emergem da discussão em classe".
- "Reconhecer que as crianças possuem seus próprios planos de aprendizado pode proporcionar motivação a elas" e o caminho para o aprendizado nas disciplinas do currículo.
- "Apoiar unidades de estudo que normalmente emergem como um processo grupal, enquanto as pessoas acabam se interessando pelos interesses dos outros e se baseiam na experiência dos outros".
- Utilizar recursos extensivos e variados com pouca dependência em relação a textos escolares.
- Concentrar-se profundamente em grandes idéias, conceitos e projetos.

Em uma classe de primeiro/segundo ano, cada manhã de segunda-feira, durante todo o ano, foi dedicada a um projeto de construção de uma cidade. Os estudantes escolheram em qual parte da cidade queriam desenvolver e construir fachadas. Os estudantes desenvolveram seus próprios empregos e um governo, nomearam sua cidade por meio de uma eleição popular, imprimiram dinheiro e publicaram um jornal. Quando surgia um problema, os estudantes realizavam uma reunião da cidade e procuravam por uma solução para o problema. No fim do ano, eles tinham uma cidade funcionando tranqüilamente e convidaram as outras classes para serem clientes de seus negócios.

O projeto de construção de uma cidade foi uma experiência de aprendizado abrangente. Por meio desse projeto, os estudantes desenvolveram um entendimento melhor sobre os relacionamentos interpessoais e sobre a resolução de problemas em uma comunidade de negócios, bem como melhoraram em suas habilidades de matemática, leitura e escrita.

Reveja, reflita e pratique

4 Descrever três programas socioconstrutivistas.

Reveja

- Quais são as três estratégias integradas no programa Fostering a Community of Learners – FCL?
- Quais programas estão combinados nas Schools for Thought? O que esses programas têm em comum?
- Quais são alguns dos temas da descrita?

Reflita

- Quais dos três programas socioconstrutivistas mais atraem você?

Pratique PRAXIS™

1. Qual, entre os que seguem, é o melhor exemplo de promoção de uma comunidade de aluno?
   a. A escola de ensino fundamental Marks reúne os estudantes para que eles trabalhem juntos em projetos de matemática. Eles trazem membros da comunidade para que sejam mentores dos estudantes e tentem estabelecer conexões entre a matemática e o mundo rural em que esses adolescentes vivem.
   b. A escola de ensino fundamental Lincoln utiliza discussões em pequenos grupos em que os estudantes desafiam as perspectivas de outros estudantes. Eles trazem membros da comunidade para atuar como mentores dos estudantes. Quando os membros externos carecem da experiência necessária, os estudantes enviam e-mails a especialistas externos. Os estudantes mais velhos ajudam os mais novos.
   c. A escola de ensino médio Johnson usa uma abordagem interativa para ensinar biologia. Os estudantes concluem experimentos, dissecações e se envolvem em um projeto ambiental. Nesses projetos, os estudantes trabalham em pequenos grupos sob a orientação de um adulto modelo exemplar.
   d. A escola de ensino médio Luther emprega uma abordagem flexível e modular para ensinar ciências com amplas oportunidades para que os estudantes participem de projetos desenvolvidos por eles mesmos. Os estudantes são estimulados a se envolver na aprendizagem de auto-reflexão e cooperativa.
2. Sr. Patrick, diretor da escola de ensino médio Johnson, deseja implementar o programa Schools for Thought. Ele trabalha com seus professores para integrar os vários aspectos do currículo de modo que os estudantes compreendam sua interdependência. Os professores desenvolvem unidades interdisciplinares que giram em torno de projetos. Além disso, os professores alteram o modo de ensinar para se tornar facilitadores do aprendizado em vez de distribuidores de conhecimentos. Qual aspecto das Schools for Thought o Sr. Patrick negligenciou?
   a. Comunidade.
   b. Currículo.
   c. Disciplina.
   d. Ensino.
3. Se você fosse visitar uma sala de aula de uma escola colaborativa em Salt Lake City, quais dos seguintes aspectos você tenderia a observar mais:
   a. Os estudantes trabalhando em pequenos grupos, em um projeto.
   b. Um professor dando uma aula expositiva para a classe.
   c. Um professor controlando o comportamento de um estudante.
   d. Os estudantes trabalhando de forma independente em um computador.

Desvende o caso
O caso da sala de aula construtivista

Mariana é uma nova professora do segundo ano, cheia de entusiasmo em relação ao seu trabalho. Ela acredita que os estudantes deveriam ser bastante ativos na construção de seu próprio conhecimento e que deveriam trabalhar juntos ao fazerem isso. Com essa finalidade, ela deseja que sua sala de aula seja uma sala de aula construtivista, e tomou algumas decisões acerca de algumas coisas que quer fazer, neste ano, com seus estudantes.

Primeiro, ela sabe que precisará oferecer aos estudantes um andaime quando a matéria for nova e, gradualmente, adaptar a proporção de auxílio que seus estudantes recebem. Para isso, ela quer utilizar a tutoria entre pares em sua classe, pois acredita que as crianças normalmente aprendem mais entre si do que quando um adulto ensina. Sendo assim, ela estabeleceu um sistema em que os estudantes mais avançados de sua classe ajudam aqueles menos avançados.

Mariana também gosta da idéia da aprendizagem cooperativa. Ela cria grupos de estudantes que sejam heterogêneos no que concerne à capacidade, ao gênero, à etnia e ao status socioeconômico. Em seguida, ela atribui papéis a cada estudante do grupo. Em alguns casos, esses papéis podem ser algo como orientador, encorajador, conferente, distribuidor de tarefas, registrador e monitor de materiais. Ela usa essa abordagem em muitas áreas de conteúdo. Algumas vezes, ela emprega uma abordagem jigsaw em que cada estudante é responsável por se tornar um especialista em determinada área e, depois, compartilhar sua especialização com os outros membros do grupo. Ela utiliza essa abordagem em ciências e estudos sociais.

A professora acredita ter muita sorte em matemática pelo fato de sua escola ter adotado o currículo Everyday Mathematics. Esse programa estabelece conexões com o mundo real, o que ela considera muito importante no ensino de matemática. O trabalho em grupo também é enfatizado nesse programa.

A professora espera que seus alunos e os pais compartilhem seu entusiasmo à medida que "todos aprendem juntos". Entretanto, não demora muito para ela sentir-se desapontada. Ao agrupar os estudantes, ela ouve lamentos: "De novo, não", "Por que tenho de trabalhar novamente com ela? Ela não sabe nada", "Ele é muito mandão", "Sempre tenho de ficar com ele e acabo fazendo tudo", "Ela nunca me deixa fazer nada, mas senta lá e fica olhando". Os pais também entram em cena. Mariana recebe telefonemas e cartas dos pais que não estão entendendo o que ela está tentando fazer. Todos eles parecem estar mais preocupados em relação aos resultados dos testes e às notas do que com o que seus filhos estão aprendendo juntos. Um dos pais pede para que seu filho não seja mais colocado em um grupo com outra criança que estava "atrasando" o aprendizado de seu filho.

1. Quais são os problemas nesse caso?
2. O que você acha que Mariana fez incorretamente?
3. O que ela poderia fazer para restabelecer sua sala de aula construtivista?
4. Como ela poderia obter a cooperação dos pais?
5. Quais das seguintes sugestões você daria à Mariana no que diz respeito à tutoria entre pares?
   a. Permitir que as crianças escolham seus parceiros.
   b. Insistir para que os estudantes mais avançados auxiliem aqueles menos avançados, independentemente das opiniões dos pais.
   c. Utilizar a tutoria entre pares entre estudantes com idades diferentes em vez de tutoria entre pares entre estudantes com a mesma idade.
   d. Usar tutoria entre pares que não sejam amigos, de modo que eles não se sintam tentados a brincar em vez de trabalhar.
6. Qual das seguintes sugestões você daria à Mariana no que diz respeito à utilização de grupos de estudantes?
   a. Compor grupos diferenciados em relação ao gênero para fazer que os estudantes se sintam mais à vontade.
   b. Compor grupos diferenciados em relação à raça para fazer que os estudantes se sintam mais à vontade.
   c. Dar papéis de liderança aos estudantes que são tímidos para ajudá-los a serem mais expansivos.
   d. Misturar a composição do grupo de tempos em tempos, de modo que estudantes com nível médio de capacidade não fiquem de fora.

Atingindo seus objetivos de aprendizagem
Abordagens socioconstrutivistas

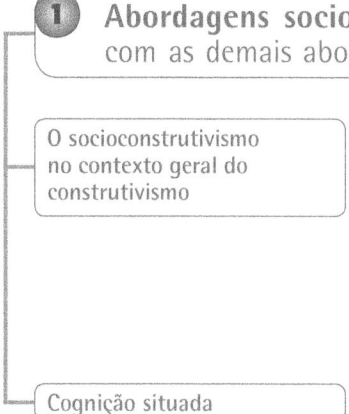

> **1** **Abordagens socioconstrutivistas de ensino:** Comparar a abordagem socioconstrutivista com as demais abordagens construtivistas.

- O socioconstrutivismo no contexto geral do construtivismo

As teorias de Piaget e Vygotsky são construtivistas. A teoria de Piaget é uma teoria cognitivo-construtivista, enquanto a teoria de Vygotsky é socioconstrutivista. A implicação do modelo de Vygotsky para o ensino é estabelecer oportunidades para que os estudantes aprendam com o professor e os pares na construção do conhecimento e do entendimento. Tanto no modelo de Piaget como no modelo de Vygotsky, os professores são facilitadores, não diretores. As diferenças entre as abordagens cognitivo-construtivista e socioconstrutivista nem sempre são nítidas. Todas as abordagens socioconstrutivistas enfatizam que os fatores sociais contribuem para a construção do conhecimento e do entendimento por parte dos estudantes.

- Cognição situada

A cognição situada é a idéia de que o pensamento está localizado (situado) em contextos sociais e físicos e não no interior da mente de um indivíduo.

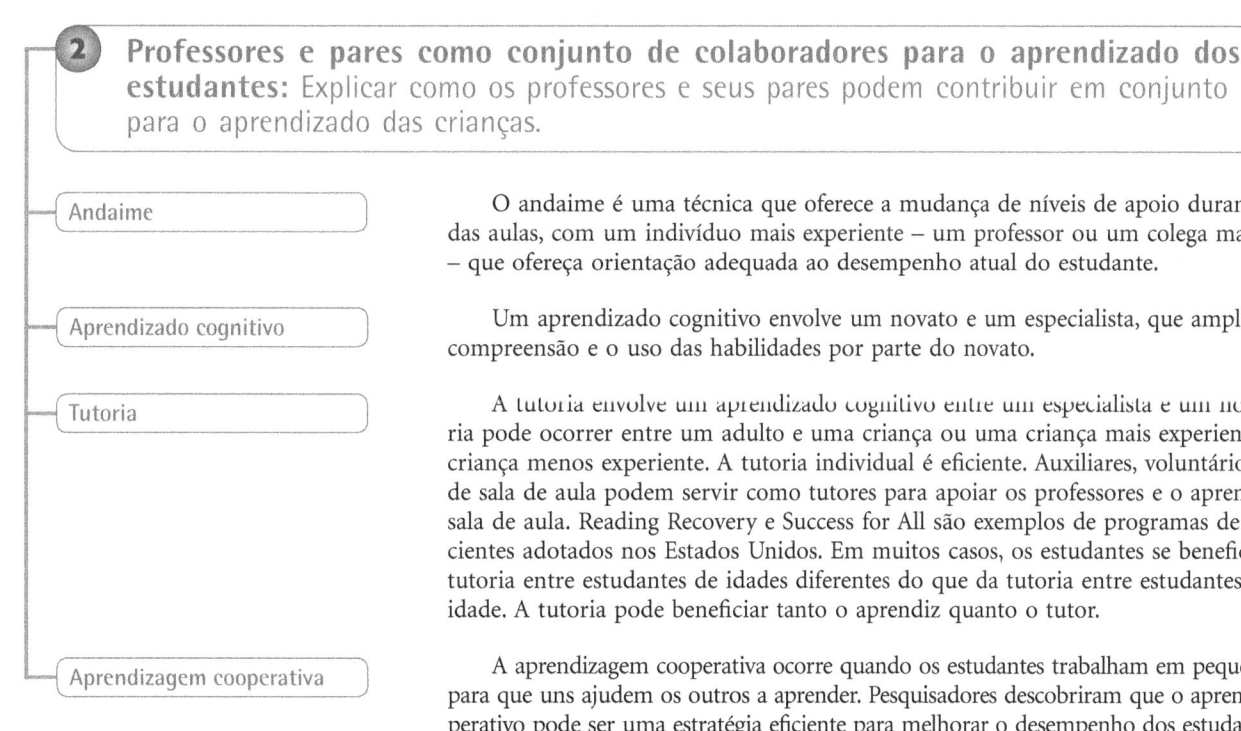

> **2** **Professores e pares como conjunto de colaboradores para o aprendizado dos estudantes:** Explicar como os professores e seus pares podem contribuir em conjunto para o aprendizado das crianças.

- Andaime

O andaime é uma técnica que oferece a mudança de níveis de apoio durante o curso das aulas, com um indivíduo mais experiente – um professor ou um colega mais avançado – que ofereça orientação adequada ao desempenho atual do estudante.

- Aprendizado cognitivo

Um aprendizado cognitivo envolve um novato e um especialista, que amplia e apóia a compreensão e o uso das habilidades por parte do novato.

- Tutoria

A tutoria envolve um aprendizado cognitivo entre um especialista e um novato. A tutoria pode ocorrer entre um adulto e uma criança ou uma criança mais experiente ou uma criança menos experiente. A tutoria individual é eficiente. Auxiliares, voluntários e mentores de sala de aula podem servir como tutores para apoiar os professores e o aprendizado em sala de aula. Reading Recovery e Success for All são exemplos de programas de tutoria eficientes adotados nos Estados Unidos. Em muitos casos, os estudantes se beneficiam mais da tutoria entre estudantes de idades diferentes do que da tutoria entre estudantes da mesma idade. A tutoria pode beneficiar tanto o aprendiz quanto o tutor.

- Aprendizagem cooperativa

A aprendizagem cooperativa ocorre quando os estudantes trabalham em pequenos grupos para que uns ajudem os outros a aprender. Pesquisadores descobriram que o aprendizado cooperativo pode ser uma estratégia eficiente para melhorar o desempenho dos estudantes, especialmente quando as metas de grupo e a responsabilidade individual são instituídas. A aprendizagem cooperativa normalmente melhora a motivação intrínseca, estimula a interdependência entre os estudantes e promove a compreensão aprofundada. As abordagens de aprendizagem cooperativa incluem Student-Teams-Achievement Divisions – STAD (Divisões de Desempenho de Equipes de Estudantes), a classe jigsaw (I e II), o aprendizado em conjunto, a pesquisa grupal e a escrita cooperativa. As abordagens de aprendizagem cooperativa geralmente recomendam o agrupamento heterogêneo com a diversidade de habilidades, étnicas, de status socioeconômico e de gênero. A criação de comunidades cooperativas envolve o desenvolvimento de uma interdependência positiva em diversos níveis: um pequeno grupo dentro de uma sala de aula, a classe como um todo, entre classes, na escola inteira, entre os pais e a escola, entre a escola e a vizinhança. A aprendizagem cooperativa possui vários pontos fortes, mas também há algumas desvantagens potenciais na sua utilização.

3 Estruturando o trabalho em pequenos grupos: Tomar decisões eficazes na estruturação do trabalho em grupos pequenos.

Compondo o grupo

Duas estratégias para a composição de pequenos grupos são: incluir crianças com habilidades heterogêneas e de membros que reflitam a heterogeneidade étnica, socioeconômica e de gênero.

Habilidades para a criação de equipe

A estruturação do trabalho em pequenos grupos também envolve a atenção ao desenvolvimento de habilidades em equipe. Uma boa estratégia é passar várias semanas, no início do ano letivo, desenvolvendo habilidades de equipe. A designação de um estudante, em cada grupo, como líder da equipe pode ajudar na construção da equipe.

Estruturando a interação grupal

Um grupo também pode se beneficiar quando são atribuídos diversos papéis aos estudantes – por exemplo, encorajador, guardião, distribuidor de tarefas, capitão silencioso e monitor de materiais –, papéis estes que são projetados para auxiliar o grupo a funcionar mais tranqüilamente.

4 Programas socioconstrutivistas: Descrever três programas socioconstrutivistas.

Fostering a Community of Learners – FCL

A Fostering a Community of Learners – FCL enfatiza (1) a utilização de adultos como modelos exemplares, (2) crianças ensinando crianças e (3) consulta on-line.

Schools for Thought

As Schools for Thought combinam atividades de três programas: (1) Jasper Project, (2) Fostering a Community of Learners – FCL e (3) o Ambientes de Aprendizagem Internacional com Computadores. A pesquisa é promovida de forma ampla e aprofundada. Os professores orientam os estudantes a se tornar arquitetos de seu próprio conhecimento.

A Collaborative School

A Collaborative School foi organizada como uma cooperativa de pais e professores em Salt Lake City, em Utah. As crianças trabalham em pequenos grupos durante o dia, compartilham a tomada de decisões com seus pares, contribuem com a orientação dos adultos e encaram os outros como fonte de ajuda.

Termos-chave

abordagem socioconstrutivista 337
cognição situada 338
aprendizado cognitivo 340
aprendizagem cooperativa 345
Fostering a Community of Learners (FCL) 354
ensino recíproco 354
Schools for Thought (SFT) 355

Pasta de atividades

Agora que você tem uma boa compreensão deste capítulo, faça os exercícios a seguir para ampliar seu entendimento.

Reflexão independente

Avaliação das experiências socioconstrutivistas. Em que medida você experimentou as várias abordagens socioconstrutivistas em sua educação? Pense sobre seus diferentes níveis de escolaridade (escola infantil, ensino fundamental, ensino médio e faculdade) e avalie sua experiência (ou falta de experiência) em relação ao andaime, ao aprendizado cognitivo, à tutoria e à aprendizagem cooperativa. (INTASC: Princípios *2, 3, 4, 5, 9*)

Trabalho colaborativo

Equilíbrio entre atividades individuais e grupais. Com outros quatro ou cinco estudantes na classe, discuta quanto do currículo deveria incluir atividades grupais e quanto deveria envolver atividades individuais no ensino infantil, no ensino fundamental, no ensino médio e na faculdade. Descreva as idéias do grupo. Discuta também se alguns temas poderiam servir melhor do que outros em atividades grupais. (INTASC: Princípios *1, 3, 4, 5*)

Experiência de pesquisa/campo

Aplicações práticas do socioconstrutivismo. Além de um professor e de uma sala repleta de estudantes, quais recursos os três programas de socioconstrutivismo, descritos no capítulo, requerem? Quão prático é utilizar esses programas de forma ampla? Escreva suas respostas. (INTASC: Princípios *4, 5, 7*)

Vá até o Online Learning Center em www.mhhe.com/santedu3e para baixar modelos de pastas de documentos (material disponível em inglês).

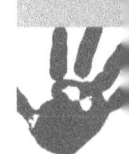

CAPÍTULO 11

Aprendizagem e cognição nas áreas de conteúdo

O significado não é dado a nós, mas por nós.

— Eleanor Duckworth
Educadora norte-americana contemporânea

Tópicos do capítulo

- **Conhecimento especializado e conhecimento de conteúdo pedagógico**

- **Leitura**
  - Um modelo desenvolvimental de leitura
  - Sistemas de regras de linguagem
  - Abordagens de leitura
  - Abordagens cognitivas
  - Abordagens socioconstrutivistas

- **Escrita**
  - Mudanças desenvolvimentais
  - Abordagens cognitivas
  - Abordagens socioconstrutivistas

- **Matemática**
  - Mudanças desenvolvimentais
  - Controvérsia no ensino da matemática
  - Processos cognitivos
  - Alguns princípios construtivistas
  - Tecnologia e ensino de matemática

- **Ciências**
  - Educação em ciências
  - Estratégias construtivistas de ensino

- **Estudos sociais**
  - O que são os estudos sociais?
  - Abordagens construtivistas

Objetivos de aprendizagem

1. Diferenciar entre o conhecimento especializado e o conhecimento de conteúdo pedagógico.

2. Explicar como a leitura se desenvolve e discutir algumas abordagens úteis para o ensino da leitura.

3. Descrever como a escrita se desenvolve e discutir algumas abordagens úteis para o ensino da escrita.

4. Caracterizar como o pensamento matemático se desenvolve e identificar algumas questões relacionadas ao ensino da matemática.

5. Identificar alguns desafios e estratégias relacionados à maneira de ensinar as crianças a pensar em ciências.

6. Resumir como a aprendizagem de estudos sociais está se tornando mais construtivista.

Histórias Wendy Nelson Kauffman

Wendy Nelson Kauffman ensina estudos sociais para estudantes que estão no terminando o ensino médio, em Bloomfield, Connecticut. Wendy tornou-se professora depois de uma carreira como jornalista que não a completava profissionalmente. Dentre as muitas atividades que ela passa aos seus alunos para aperfeiçoar o pensamento e as suas habilidades de escrita estão:

- Escrever autobiografias a cada início de ano letivo;
- Produzir jornais durante o ano todo e escrever textos opinativos sobre questões históricas;
- Participar de peças teatrais;
- Realizar debates e fazer "reuniões populares" para discutir questões controversas, como problemas raciais;
- Analisar charges políticas e canções;
- Criar pôsteres;
- Envolver-se em experiências de aprendizagem no mundo real. Essas experiências podem incluir, por exemplo, uma visita à Ilha de Ellis e, também, a encenação das experiências dos imigrantes em uma peça apresentada para toda a escola e para pessoas mais velhas, que moram em asilos. As pessoas mais velhas podem ser entrevistadas a respeito da Grande Depressão e da Segunda Guerra Mundial para a produção de um livro de história oral.

Nas palavras de Wendy: "Eles precisam aprender determinadas habilidades: escrita, pensamento crítico, participação em classe. Se você misturar isso com algo que eles consideram divertido e jogar com seus pontos fortes, penso que se tornará mais fácil, para eles, realizar o trabalho duro na sala de aula". Wendy também monitora os novos professores, para quem diz: "Quero que eles se sintam seguros, quero que corram riscos, quero que se tornem quem eles querem ser". (Fonte: USA TODAY's 2003 All-USA Teacher Team, *USA TODAY*, 16 out. 2003. Reproduzido com permissão).

Introdução

Nos capítulos anteriores, descrevemos os princípios básicos da aprendizagem e da cognição das crianças. Neste capítulo, aplicaremos esses princípios à aprendizagem e à cognição em cinco áreas de conteúdo: leitura, escrita, matemática, ciências e estudos sociais. Iniciamos o capítulo revisitando o conceito de especialidade e explorando a distinção entre conhecimento especializado e conhecimento de conteúdo pedagógico, o tipo de conhecimento que os professores, como Wendy Nelson Kauffman, costumam ensinar com eficiência.

1 Conhecimento especializado e conhecimento de conteúdo pedagógico

No Capítulo 8, discutimos a distinção entre os especialistas e os iniciantes. Vimos que indivíduos especialistas no conteúdo de determinada área, como matemática ou biologia, podem não ser bons em ensiná-la de forma que faça que outras pessoas aprendam de modo eficiente. Esses indivíduos possuem *conhecimento especializado*, mas falta a eles o *conhecimento do conteúdo pedagógico*. Vamos examinar a diferença entre os dois tipos de conhecimento.

O **conhecimento especializado,** por vezes chamado de *conhecimento do assunto*, significa um excelente conhecimento sobre o conteúdo de uma disciplina específica. É óbvio que o conhecimento especializado é importante – como podem os professores ensinar aos estudantes algo que eles mesmos não compreendem (Grossman, Schoenfeld e Lee, 2005)? Contudo, indivíduos com

> **conhecimento especializado** Também chamado *conhecimento do assunto*; significa um excelente conhecimento sobre o conteúdo de uma disciplina específica.

conhecimento especializado sobre determinada área, como leitura, matemática ou ciências, têm dificuldade em compreender a matéria de uma maneira que permita a eles ensiná-la eficientemente para as outras pessoas. O termo *pontos cegos do especialista* foi utilizado para descrever o intervalo entre o que um especialista sabe e o que um estudante sabe (Nathan e Petrosino, 2003). Muitas vezes, os especialistas (professores) não comunicam toda a informação e os passos necessários para os estudantes (iniciantes) para se aprender algo (Bransford, Darling-Hammond e LePage, 2005).

O que os professores precisam, além de conhecimento especializado, é de **conhecimento de conteúdo pedagógico** – conhecimento sobre como ensinar eficazmente determinada disciplina (Schoenfeld, 2006). Tanto o conhecimento especializado como o conhecimento de conteúdo pedagógico são necessários para que alguém se torne um professor especialista. Os *professores especialistas* têm conhecimento da estrutura de suas disciplinas e esse conhecimento proporciona a eles a capacidade de criar caminhos cognitivos que orientam as avaliações dadas aos estudantes, as avaliações que eles utilizam para avaliar o progresso dos estudantes e os tipos de perguntas e respostas que eles produzem em sala de aula (National Research Council, 1999, 2005). Ser um professor especialista em determinada disciplina também implica estar atento a quais aspectos da disciplina são especialmente mais difíceis ou mais fáceis para a aprendizagem dos estudantes.

Nos capítulos anteriores, exploramos estratégias gerais de ensino que são eficientes em todas as disciplinas. Por exemplo, um bom professor de qualquer disciplina faz perguntas que estimulam a curiosidade dos estudantes, incentiva-os a ir além daquilo que é superficial em um assunto e a ganhar profundidade no conhecimento sobre um assunto, e esse professor presta atenção às variações individuais na aprendizagem dos estudantes. Entretanto, o conhecimento de conteúdo pedagógico sobre disciplinas específicas vai além dessas estratégias gerais de ensino. Examinaremos cinco áreas de conhecimento – leitura, escrita, matemática, ciências e estudos sociais – e apontaremos estratégias de ensino eficazes para cada uma delas.

Reveja, reflita e pratique

1 Diferenciar entre o conhecimento especializado e o conhecimento de conteúdo pedagógico.

Reveja

- Qual é a diferença entre o conhecimento especializado e o conhecimento de conteúdo pedagógico?

Reflita

- Você já teve um professor que era claramente um especialista na sua disciplina, mas não era um bom professor? Qual conhecimento de conteúdo pedagógico estava faltando?

Prática PRAXIS™

1. Maria está frustrada com seu professor de cálculo, que antes era professor universitário de matemática. Ele tem bastante conhecimento sobre matemática, mas tem dificuldades para comunicar seu conhecimento para seus alunos. Na verdade, Maria não tem idéia do que o professor está falando em boa parte da aula. Quando ela pede ajuda, ele se disponibiliza, no entanto, ele não consegue tornar suas explicações mais claras do que aquelas que deu em sala de aula. Qual das afirmações melhor caracteriza o professor de cálculo de Maria?
   a. Ele possui tanto o conhecimento especializado em cálculo como o conhecimento de conteúdo pedagógico.
   b. Ele possui o conhecimento especializado em cálculo, mas não possui o conhecimento de conteúdo pedagógico.
   c. Ele não possui o conhecimento especializado em cálculo, porém possui o conhecimento de conteúdo pedagógico.
   d. Ele não possui nem o conhecimento especializado em cálculo nem o conhecimento de conteúdo pedagógico.

Por favor, verifique as respostas no final do livro.

---

conhecimento de conteúdo pedagógico Conhecimento sobre como ensinar eficazmente determinada disciplina.

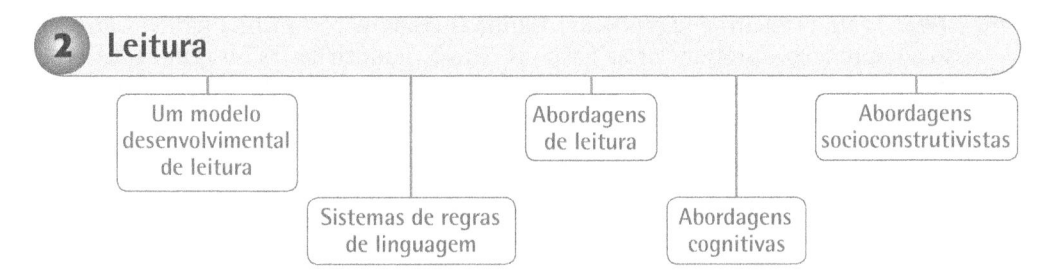

2. Leitura

- Um modelo desenvolvimental de leitura
  - Sistemas de regras de linguagem
- Abordagens de leitura
  - Abordagens cognitivas
- Abordagens socioconstrutivistas

O especialista em leitura Steve Stahl (2002) argumenta que os três objetivos principais no ensino da leitura deveriam ser ajudar as crianças a (1) automaticamente reconhecer as palavras, (2) compreender o texto e (3) motivá-las a ler e a apreciar a leitura. Esses objetivos estão interligados. Se as crianças não conseguem reconhecer as palavras automaticamente, a compreensão fica prejudicada. Se elas não conseguem compreender o texto, provavelmente não terão motivação suficiente para ler.

Uma análise realizada por Rich Mayer (2004) enfocou os processos cognitivos que uma criança precisa para ter sucesso na leitura de uma palavra impressa. Na visão dele, os três processos são:

1. *Estar atento às unidades de som das palavras,* que consiste em "reconhecer, produzir e manipular fonemas";
2. *Decodificar palavras,* o que envolve converter palavras impressas em sons;
3. *Acessar o significado da palavra,* que consiste em "descobrir uma representação mental do sentido da palavra na memória de alguém".

Como as crianças desenvolvem as habilidades de leitura que Stahl e Mayer descrevem? Qual a melhor forma de ensinar as crianças a ler? Como as crianças podem construir suas habilidades de leitura? Estas estão entre as principais questões que examinaremos na nossa discussão sobre a leitura.

Um modelo desenvolvimental de leitura

De um ponto de vista, as habilidades de leitura desenvolvem-se em cinco estágios (Chall, 1979). Os limites de idade são aproximados e não se aplicam a todas as crianças. Por exemplo, algumas crianças aprendem a ler antes de entrarem no primeiro ano. Todavia, os estágios de Chall expressam um senso geral de mudanças desenvolvimentais envolvidas na aprendizagem da leitura:

- *Estágio 0.* Do nascimento ao primeiro ano do ensino, as crianças dominam vários pré-requisitos para a leitura. Muitas delas aprendem a progressão esquerda-para-a-direita e a ordem de leitura, e também como identificar as letras do alfabeto e como escrever seus nomes. Algumas aprendem a ler as letras que normalmente aparecem em letreiros. Como resultado de assistir a programas de TV, como Vila Sésamo, e iniciar na educação infantil, hoje é maior o número de crianças pequenas que desenvolve maior conhecimento sobre a leitura mais cedo do que acontecia antigamente.

Quais são algumas das mudanças desenvolvimentais na leitura?

- *Estágio 1.* No primeiro e segundo anos, muitas crianças começam a ler. Elas fazem isso ao aprender a pronunciar as palavras (isto é, traduzir letras ou grupos de letras em sons e combinar sons em palavras). Durante esse estágio, elas também completam sua aprendizagem de escrever nomes e sons.
- *Estágio 2.* No segundo e terceiro anos, as crianças se tornam mais fluentes em encontrar palavras separadas e outras habilidades de leitura. Contudo, nesse estágio, a leitura ainda não é muito utilizada para a aprendizagem. As demandas mecânicas da aprendizagem para ler são tão cansativas nesse momento que as crianças possuem poucos recursos disponíveis para processar o conteúdo.
- *Estágio 3.* Do quarto até o oitavo ano, as crianças tornam-se muito mais capacitadas em obter novas informações do texto impresso. A mudança do estágio 2 para o estágio 3 envolve uma troca da "aprendizagem para ler" para a "leitura para aprender". No estágio 3, as crianças ainda têm dificuldades de compreender a informação apresentada de perspectivas múltiplas dentro da mesma história. Para as crianças que ainda não aprenderam a ler, uma espiral decrescente se inicia e leva a sérias dificuldades em vários temas acadêmicos.
- *Estágio 4.* Durante o ensino médio, vários estudantes se tornam totalmente competentes como leitores. Eles desenvolvem a habilidade de compreender material escrito de diferentes perspectivas. Isso permite que eles se envolvam, muitas vezes, em discussões sofisticadas de literatura, história, economia e política. Não é por acaso que os grandes romances não são apresentados aos estudantes até o ensino médio, mas porque a compreensão dos romances exige uma leitura avançada.

Tenha em mente que os limites de idade no modelo de Chall são aproximados e não se aplicam a todas as crianças. Entretanto, os estágios transmitem um sentido das mudanças desenvolvimentais envolvidas no que diz respeito a se tornar um leitor competente.

Sistemas de regras de linguagem

Como a discussão anterior mostrou, a *leitura* é a habilidade de compreender o discurso escrito. Crianças não podem ser consideradas leitoras se o máximo que conseguem fazer é responder a cartões de memória, como em alguns programas de treinamento de crianças pequenas. Bons leitores dominam as regras básicas da linguagem de fonologia, morfologia, sintaxe e semântica, que discutimos no Capítulo 2, "Desenvolvimento cognitivo e de linguagem".

Fonologia *Fonologia* é o sistema de sons de uma linguagem, incluindo os sons que são utilizados e como eles podem ser combinados. A fonologia tem um papel central no desenvolvimento precoce das habilidades de leitura (Berninger, 2006; Snow e Kang, 2006). Lembremos sobre a conclusão a que Mayer (2004) chegou de que é improvável que uma criança seja capaz de ler uma palavra impressa se ela não estiver atenta às unidades sonoras das palavras. Fornecer ensino direto sobre consciência fonológica melhora o progresso da leitura (Ehri e outros, 2001). Se os estudantes não desenvolvem boas habilidades fonológicas nos primeiros anos da escola fundamental é improvável que desenvolvam automaticidade na decodificação de palavras, o que significa que terão de gastar mais tempo na decodificação, sobrando menos tempo para a compreensão da leitura (Stanovich, 1994). Um resultado provável de fracas habilidades fonológicas é um vocabulário pobre que, como já discutimos rapidamente, está ligado a deficiências na compreensão da leitura. De acordo com Mayer (2004), pelo menos de 5 a 18 horas de ensino direto em consciência fonológica podem ajudar a colocar os estudantes no caminho certo para se tornar leitores proficientes.

Morfologia A *morfologia* refere-se às unidades de sentido envolvidas na formação das palavras. Toda palavra no idioma português é composta por um ou mais morfemas. Um *morfema* é uma unidade mínima de sentido, como o "-ia" que transforma "ajudar" em "ajudaria". Morfologia é o que transforma uma palavra relativamente simples como 'cura' em 'curativo' (Rutter, 2005, p. 6). A morfologia começa a se tornar importante na leitura por volta do terceiro e do quarto ano, quando os estudantes encontram cada vez mais palavras que contêm múltiplas sílabas. Os leitores que não são proficientes em morfologia normalmente têm dificuldades em reconhecer sufixos como "-ção" e em pronunciar palavras com tais sufixos (Rutter, 2005). Muitos estudantes do ensino fundamental ao ensino superior, que apresentam problemas de leitura, não possuem boa consciência fonológica (Berninger, 2006; Mann, 1998; Nagy e outros, 2003).

Sintaxe   A *sintaxe* refere-se à forma com que as palavras são combinadas para formar sentenças aceitáveis. A sintaxe enfoca especialmente as habilidades gramaticais. As boas habilidades gramaticais têm um papel importante na compreensão da leitura. Uma criança com fracas habilidades gramaticais, tanto para falar como para ouvir, e que não consegue compreender o significado quando ouve, por exemplo, "O carro foi empurrado por um caminhão", também não compreenderá o sentido dessa frase quando estiver escrita. Da mesma forma, uma criança que não consegue determinar a que os pronomes se referem (como em "John foi à loja com a sua gata. Ela estava fechada".) também não terá uma boa compreensão na leitura.

Semântica   A *semântica* refere-se ao sentido das palavras e das sentenças. Boas habilidades em semântica estão relacionadas com tornar-se um leitor proficiente (McWhorter, 2006; Rubin, 2006). Um aspecto importante da semântica é o vocabulário. Lembre-se de que, na definição de leitura de Mayer (2004), acessar o sentido da palavra, que envolve "encontrar uma representação mental de uma palavra na memória de alguém", é o processo cognitivo-chave na leitura. Ter um bom vocabulário ajuda os leitores a acessar o sentido da palavra sem muito esforço, e pesquisadores descobriram que o desenvolvimento do vocabulário é um aspecto importante da leitura (Berninger, 2006; Snow e Kang, 2006). Um estudo descobriu, por exemplo, que um bom vocabulário está ligado à compreensão da leitura no caso dos estudantes do segundo ano (Berninger e Abbott, 2005). Outras pesquisas também descobriram que o vocabulário tem um papel importante na compreensão da leitura (Paris e Paris, 2006; Snow e Kang, 2006).

Duas das principais formas de aumentar o vocabulário das crianças têm a ver com ensino direto e imersão (Mayer, 2004). Ensino direto se refere a ensinar os estudantes a definição das palavras. A imersão consiste em envolver os estudantes em atividades como leitura, audição e produção de texto em prosa. Alguns especialistas em leitura argumentam que os estudantes aprendem a maior parte do seu vocabulário por meio de imersão (Nagy e Scott, 2000).

Abordagens de leitura

Quais são algumas das abordagens para ensinar as crianças a ler? Especialistas em linguagem e educação continuam a debater sobre como se deve ensinar as crianças a ler (May, 2006; Ruddell, 2006; Vacca e outros, 2006). Atualmente, o debate enfoca a abordagem das habilidades básicas e fônicas versus a abordagem de "linguagem integral".

A **abordagem fônica** enfatiza que o ensino de leitura deveria enfocar as regras básicas e fônicas para traduzir os símbolos escritos em sons (Cunningham, 2005; Lane e Pullen, 2004). O ensino de leitura precoce deveria envolver materiais simplificados. Apenas depois que as crianças aprendessem as regras de correspondência que se relacionam com os fonemas falados às letras do alfabeto que os representam é que os materiais de leitura mais complexos, como livros e poemas, deveriam ser apresentados às crianças.

A **abordagem de "linguagem integral"**, por outro lado, enfatiza que o ensino de leitura deveria ser feito em paralelo com a aprendizagem natural de linguagem da criança. Os materiais de leitura deveriam ser completos e significativos. Isto é, os materiais, em sua forma completa, como histórias e poemas, deveriam ser oferecidos às crianças para que elas aprendessem a compreender a função comunicativa da linguagem. A leitura deveria estar relacionada com as habilidades de escrita e audição. Embora haja variações nos programas de "linguagem integral", a maioria compartilha a premissa de que a leitura deveria estar integrada com outras habilidades e assuntos, como ciências e estudos sociais, e que ela deveria enfocar os materiais do mundo real. Portanto, uma classe deveria ler jornais, revistas ou livros e, então, escrever e discutir sobre eles. Em algumas aulas de "linguagem integral", os leitores iniciantes são ensinados a reconhecer palavras inteiras ou mesmo sentenças inteiras, e também a utilizar o contexto sobre o qual estão lendo para descobrir palavras desconhecidas.

Qual é a melhor abordagem? As crianças podem beneficiar-se de ambas as abordagens, porém o ensino dos fonemas precisa ser enfatizado, especialmente na educação infantil e no primeiro ano (Alvermann, Fitzgerald e Simpson, 2006; Mayer, 2004; Temple e outros, 2005; Tierney e Readence, 2005).

Como Mayer (2004) e um número crescente de especialistas da área de leitura agora estão concluindo, o ensino direto em treinamento fonológico é aspecto-chave da aprendizagem da leitura. O treinamento efetivo para a consciência fonológica inclui duas técnicas principais:

- *Combinação*, que se refere a ouvir uma série de sons falados separados e combiná-los, como /i/ /r/ = ir

abordagem fônica   Uma abordagem que enfatiza que o ensino de leitura deveria ensinar os fonemas e suas regras básicas para a tradução de símbolos escritos em sons.

linguagem integral   Uma abordagem que enfatiza que o ensino de leitura deveria ser feito em paralelo com a aprendizagem natural de linguagem da criança. Os materiais de leitura deveriam ser completos e significativos.

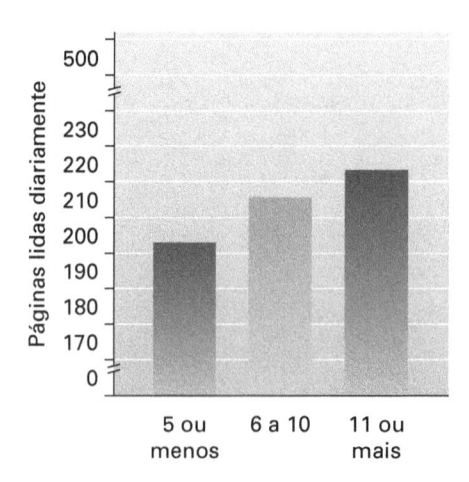

FIGURA 11.1 A relação entre o desempenho de leitura e o número de páginas lidas diariamente.

Nas análises sobre leitura no quarto ano, feitas pelo National Assessment Educational Progress (2000), a leitura diária de um número maior de páginas, na escola e como parte do dever de casa, esteve relacionada a maiores notas no teste de leitura em que as notas variavam entre 0 a 500.

- *Segmentação*, que consiste em compassar ou contar os sons em uma palavra, como /i/ /r/ = ir, que são dois sons.

Além disso, os pesquisadores descobriram que o melhor treinamento para a consciência fonológica possui três características: o treinamento fonológico é integrado com a leitura e a escrita, é simples e é realizado em pequenos grupos em vez de ser feito em toda a classe (Stahl, 2002).

As conclusões a que o National Reading Panel (2000) chegaram sugerem que as crianças beneficiam-se da leitura com *orientação oral* – isto é, da leitura em voz alta com orientação e retorno. Estratégias de aprendizagem para a compreensão da leitura – como quando o indivíduo monitora o seu próprio progresso de leitura e faz resumos – também ajuda as crianças (Pressley, 2003; Pressley e Harris, 2006; Pressley e Hilden, 2006).

Em um estudo, Michael Pressley e seus colegas (2001) examinaram a alfabetização em cinco salas de aula dos Estados Unidos. A eficiência nas salas de aula foi analisada com base na capacidade de ler e escrever e no desempenho acadêmico dos estudantes. Na maioria das classes eficientes, os professores exibiram excelente gerenciamento da classe baseado em reforço positivo e cooperação; ensino balanceado de habilidades, literatura e escrita; suporte e compatibilização de demandas de tarefas para o nível de capacidade dos estudantes; encorajamento da auto-regulação dos estudantes; e fortes conexões entre as áreas de estudo. Em geral, as observações sistemáticas não apoiavam nenhuma abordagem particular de leitura (como "linguagem integral" ou fônica); em vez disso, o ensino excelente envolvia múltiplos componentes bem integrados. Um ponto importante indicado por esse estudo é que o ensino de leitura eficiente envolve mais do que uma específica abordagem de leitura – também inclui gerenciamento eficiente da classe, encorajamento à auto-regulação e outros componentes.

A leitura, como outras habilidades importantes, demanda tempo e esforço (Graves, Juel e Graves, 2004). Em uma avaliação nacional, as crianças do quarto ano tiveram notas maiores em um teste de leitura nacional ao lerem 11 páginas ou mais diariamente para a escola e para os deveres de casa (National Assessment of Educational Progress, 2000) (veja a Figura 11.1). Os professores que exigiram dos estudantes muita leitura diária tiveram estudantes que foram mais proficientes em leitura do que aqueles professores que exigiram menos leitura dos seus estudantes.

Abordagens cognitivas

As abordagens cognitivas para leitura enfatizam a decodificação e a compreensão de palavras, a construção de sentido e o desenvolvimento de estratégias de leitores especialistas.

Decodificando e compreendendo as palavras No início da nossa discussão sobre a leitura, descrevemos o ponto de vista de Mayer (2004) de que decodificar palavras é o processo cognitivo-chave na aprendizagem da leitura. A abordagem cognitiva enfatiza os processos cognitivos envolvidos na decodificação e compreensão das palavras. O importante nessa consideração são certas habilidades metacognitivas e um automatismo geral do processamento da informação.

A metacognição está envolvida na leitura no sentido de que os bons leitores desenvolvem o controle de suas próprias habilidades de leitura e compreendem como é o seu funcionamento. Por exemplo, bons leitores sabem que é importante "sacar" o que o autor está dizendo.

Os professores podem ajudar os estudantes a desenvolver boas estratégias metacognitivas para a leitura ao fazer que eles monitorem sua própria leitura, especialmente quando encontram dificuldades. Eis algumas estratégias metacognitivas que os professores podem usar para ajudar seus estudantes a aperfeiçoar a sua capacidade de ler (Miholic, 1994; Pressley e Afflerbach, 1995; Pressley e Harris, 2006; Pressley e Hilden, 2006; Singhal, 2001):

- Apresente uma visão geral do texto antes de lê-lo;
- Procure informações importantes ao ler e preste mais atenção nessas informações do que em outras; faça perguntas a si mesmo sobre as idéias importantes ou relacione-as a algo que você já sabe.

- Atente para a determinação do sentido das palavras não reconhecidas (use as palavras que estão antes ou depois para tentar descobrir o seu sentido, utilize um dicionário ou, então, ignore-a temporariamente e espere por um esclarecimento posterior);
- Acompanhe a compreensão do texto;
- Compreenda as relações entre as partes do texto;
- Atente para o caso de você precisar voltar e reler uma passagem (se não tiver compreendido a passagem, ou para esclarecer uma idéia importante, ou porque parecia importante para memorizar, ou para destacar e resumir para o estudo);
- Ajuste o ritmo da leitura dependendo do nível de dificuldade do material.

Com relação ao automatismo do processamento, quando o reconhecimento da palavra ocorre rapidamente, o sentido dessa palavra normalmente vem logo a seguir (Stanovich, 1994). Muitos leitores fracos ou iniciantes não reconhecem as palavras de forma automática. Sua capacidade de processamento é consumida pela exigência do reconhecimento da palavra, então eles possuem menos capacidade para se dedicar à compreensão de grupos de palavras como frases ou sentenças.

Um fator que limita a compreensão de leitura das crianças é a quantidade de informações que elas podem guardar na memória de trabalho de uma vez só (Bjorklund, 2005). É importante reter informação na memória de trabalho o maior tempo possível para que cada nova palavra lida na passagem possa ser interpretada com as palavras e conceitos que acabaram de precedê-la. As crianças que são leitoras competentes possuem uma memória de trabalho com maior capacidade do que as crianças com problemas de leitura. Em um estudo, foram dadas a crianças entre sete e 13 anos, leitoras normais ou com problemas de leitura, uma série de sentenças incompletas como as seguintes e foi solicitado que completassem a palavra final para cada sentença (Siegel e Ryan, 1989): "O verão é muito _____". "No jantar, às vezes, comemos pão e _____". Após completarem a série, foi solicitado às crianças que repetissem a palavra final que elas criaram para cada sentença. Como mostrado na Figura 11.2, à medida que as crianças ficam mais velhas, a capacidade da memória de trabalho é melhorada tanto no caso das crianças leitoras normais quanto no caso daquelas com problemas, mas os leitores com problemas têm pouca capacidade de memória de trabalho (amplitudes de memória mais curtas) do que os leitores normais em cada faixa etária.

A abordagem cognitiva também contribuiu para a descoberta de que a consciência fonológica está presente nas crianças que aprendem a ler e não está presente naquelas que não aprendem (Hiebert e Raphael, 1996). Como percebemos anteriormente, a *consciência fonológica* refere-se à habilidade de analisar as palavras em fonemas (sons básicos da fala). O que faz a acústica (a combinação de sons com letras impressas e grupos de letras) funcionar é o processo cognitivo da consciência fonológica, a habilidade de manipular e pensar sobre os sons.

Construção de sentido Na abordagem cognitiva, o texto possui o sentido que um leitor deve construir, não simplesmente decodificar. Os leitores ativamente constroem esse sentido ao utilizar o seu conhecimento de mundo e o conhecimento das palavras e de como elas estão interligadas (Antonaci e O'Callaghan, 2006; Heilman, Blair e Rupley, 2002). Por exemplo, em um estudo, os alunos do segundo ano foram questionados sobre o seu conhecimento sobre aranhas, antes que lessem sobre elas (Pearson, Hansen e Gordon, 1979). Os estudantes com conhecimento anterior sobre o tema compreenderam melhor a passagem do que os outros.

Desenvolvimento de estratégias de leitura especializada Na abordagem cognitiva, os pesquisadores procuraram pelos processos cognitivos subjacentes que explicam a leitura. Essa procura levou a um interesse nas estratégias, principalmente aquelas de leitores especialistas comparadas com as de leitores iniciantes (Pressley e Hilden, 2006). Os pesquisadores advertem os professores para que guiem os estudantes no desenvolvimento de boas estratégias de leitura.

Michael Pressley e seus colegas (1992) desenvolveram a **abordagem de ensino de estratégia transacional**, uma abordagem cognitiva para leitura que enfatiza o ensino em estratégias

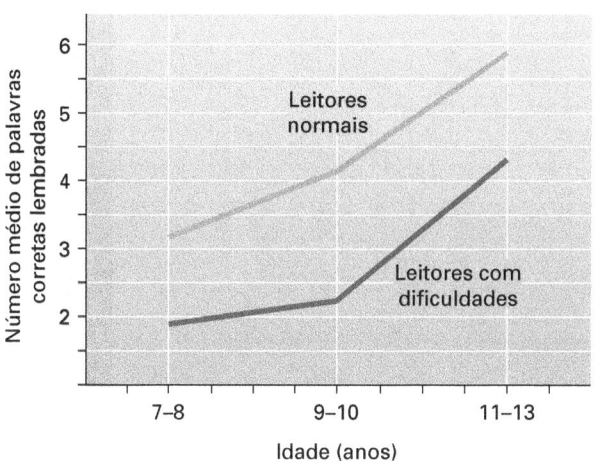

FIGURA 11.2 Capacidade da memória de trabalho em leitores com e sem problemas de leitura.

À medida que os leitores normais, assim como os leitores com dificuldades, avançaram em sua idade, também cresceu a capacidade da sua memória de trabalho (Siegel e Ryan, 1989). Contudo, os leitores com problemas apresentaram uma capacidade da memória de trabalho mais baixa do que os leitores normais em cada faixa etária.

abordagem de ensino de estratégia transacional Uma abordagem cognitiva para leitura que enfatiza o ensino de estratégias, especialmente as metacognitivas.

Quais são alguns dos aspectos importantes dos contextos sociais que influenciam a leitura das crianças?

(em particular, estratégias cognitivas). Na visão deles, as estratégias controlam a capacidade das crianças de lembrarem o que leram. É especialmente importante ensinar os estudantes as estratégias metacognitivas para monitorar o seu processo de leitura. Fazer resumos também é uma estratégia de leitura fundamental. Na abordagem de estratégia, os autores de manuais de professores para assuntos que não são a leitura são incentivados a incluir informações acerca da importância das estratégias de leitura, como e quando utilizar estratégias específicas, e lembretes para recordar os estudantes sobre a utilização das estratégias.

Abordagens socioconstrutivistas

As abordagens socioconstrutivistas trazem os aspectos sociais da leitura para o primeiro plano (Hiebert e Raphael, 1996; Slavin e Madden, 2001). A contribuição do contexto social no auxílio às crianças em relação ao aprendizado da leitura inclui fatores como o nível de ênfase à cultura aplicado na leitura, quanto os pais expuseram os filhos a livros antes que estes entrassem na escola formal, as habilidades comunicativas do professor, o nível de oportunidade que os professores oferecem aos estudantes de discutirem sobre o que leram, e o currículo de leitura estabelecido. Enquanto os construtivistas cognitivos enfatizam a construção do sentido por parte dos estudantes, os socioconstrutivistas reforçam que o sentido é *socialmente negociado*. Em outras palavras, o sentido envolve não apenas a contribuição do leitor, mas também o contexto social e o propósito da leitura. As abordagens socioconstrutivistas enfatizam a importância de se oferecer aos estudantes oportunidades para se envolver em um diálogo significativo sobre a leitura feita. Uma forma de realizar isso é por meio do ensino recíproco.

Ensino recíproco Em nossa discussão sobre o programa Fostering a Community of Learners – FCL), no Capítulo 10, descrevemos o **ensino recíproco** no sentido de os estudantes criarem revezamento para liderar pequenos grupos de discussão. O ensino recíproco também pode envolver um professor e um estudante.

No ensino recíproco, os professores inicialmente explicam as estratégias e criam seu modelo de utilização para que o texto faça sentido. Então, eles pedem aos estudantes que demonstrem as estratégias, oferecendo-lhes apoio conforme eles vão aprendendo. Assim como é feito no andaime, o professor gradualmente assume um papel menos ativo, deixando que o estudante tenha mais iniciativa. Por exemplo, Annemarie Palincsar e Ann Brown (1984) utilizaram o ensino recíproco para aperfeiçoar as habilidades dos estudantes na aplicação

ensino recíproco Um esquema de leitura no qual os estudantes se revezam para liderar um pequeno grupo de discussão.

de certas estratégias para melhorar sua compreensão da leitura. Nesse ensino apoiado pelo professor, os professores trabalharam com os estudantes para ajudá-los a elaborar perguntas sobre o texto que foi lido, esclarecer o que eles não compreenderam, resumir o texto e fazer prognósticos.

A pesquisa sobre ensino recíproco sugere que é uma estratégia muito eficiente para aperfeiçoar a compreensão da leitura (Webb e Palincsar, 1996). Um estudo comparou quatro grupos de estudantes do segundo grau com dificuldades de leitura (Palincsar e Brown, 1984):

1. *Grupo de ensino recíproco*. Os estudantes criaram turnos com o professor para a utilização de quatro estratégias de compreensão de leitura: geração de uma pergunta sobre o texto, resumo do texto, esclarecimento de toda compreensão dos problemas e realização de prognósticos sobre o texto subseqüente.
2. *Grupo modelo*. Os estudantes observaram o professor enquanto ele utilizava cada uma das quatro estratégias.
3. *Ensino explícito de grupo*. Os estudantes ouviram a descrição do professor sobre as quatro estratégias e completaram as atividades escritas.
4. *Grupo-controle*. Os estudantes não receberam informações sobre as quatro estratégias. Como mostrado na Figura 11.3, o grupo de ensino recíproco teve os melhores ganhos na compreensão da leitura.

Clubes do livro   Os **clubes do livro** envolvem a aprendizagem de pares e consistem em discussões sobre literatura entre estudantes (McMahon, 1994; McMahon, Raphael e Goatley, 1995). Os professores servem como guias, mas dão aos estudantes consideráveis responsabilidades para a liderança nas discussões. Conduzidos dessa maneira, os clubes do livro normalmente envolvem uma gama de discussões, pois as crianças fazem conexões com suas próprias vidas, esclarecem pontos confusos dos textos, extraem inferências para preencher os vazios deixados pelo texto e fazem críticas à qualidade do texto.

Os clubes do livro refletem o princípio socioconstrutivista de que o significado é socialmente negociado, e podem também ajudar a preencher um vazio que existe em muitas salas de aula: a falta de conversa sobre o texto.

Conexões escola/família/comunidade   Da perspectiva socioconstrutivista, as escolas não são o único contexto sociocultural essencial para a leitura. As famílias e as comunidades são também importantes (Harris, Kamhi e Pollock, 2001).

Uma preocupação especial são as experiências lingüísticas dos estudantes de famílias de baixa renda (Garcia e Willis, 2001; Schmidt, 2001). No Capítulo 5, Diversidade sociocultural", discutimos sobre estudos que apontaram que crianças pequenas provenientes de lares de famílias dependentes de assistência social ouviam em média cerca de 600 palavras por hora, enquanto crianças pequenas provenientes de lares de famílias com atividades profissionais ouviam cerca de 2.100 por hora (Hart e Risley, 1995). Esses pesquisadores também descobriram que, em média, as crianças pobres recebem apenas metade da experiência lingüística nos seus primeiros anos em comparação com as crianças de famílias de classe média. Eles também revelaram que as crianças de famílias de classe alta tinham duas vezes mais experiências lingüísticas do que as crianças de famílias de classe média. Estudantes em situação de risco que não lêem fora da escola acabam ficando para trás à medida que avançam para o ensino fundamental (Rowe, 1994). A maioria dos estudantes que são ávidos leitores relatam que contam com pelo menos uma pessoa para conversar sobre a sua leitura e sobre o que ler depois (Fielding, Wilson e Anderson, 1986). Muitos pais de estudantes em situação de risco têm suas próprias dificuldades de leitura, bem como problemas para obter livros (Gunning, 2000).

Uma estratégia para combater esses problemas é oferecer aos pais com baixa alfabetização um treinamento de leitura, e eles são orientados para apresentar livros enquanto

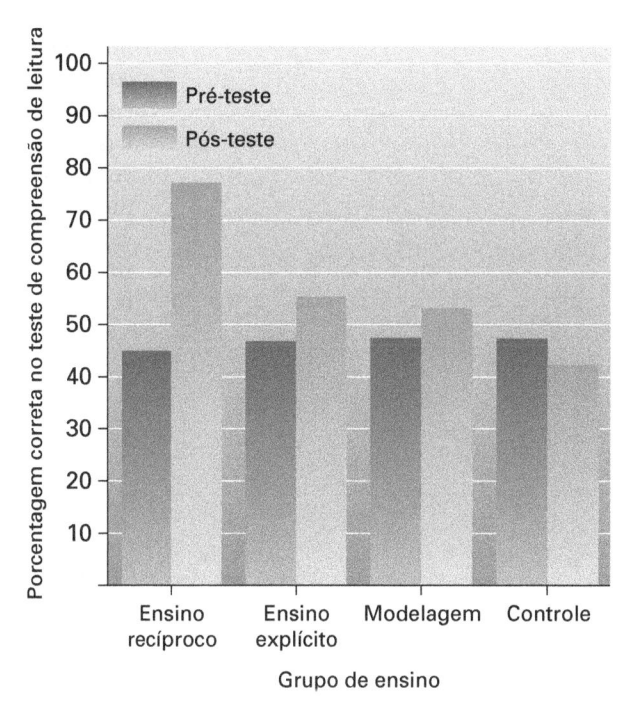

FIGURA 11.3 Ensino recíproco e compreensão de leitura. Todos os grupos começaram com aproximadamente 40% a 50% de correção em um pré-teste de compreensão de leitura. Os estudantes foram designados aleatoriamente para um dos quatro grupos: ensino recíproco, modelagem, ensino explícito ou controle. Depois de ter experimentado essas estratégias na sala de aula, o grupo de ensino recíproco demonstrou os maiores ganhos na compreensão de leitura (pós-teste).

clubes do livro Grupos de estudantes para a discussão de literatura. Os clubes do livro são uma forma de aprendizagem em pares.

interagem com seus filhos (Edwards, 1989). Por exemplo, no Project Family Literacy, na comunidade latina de Chicago, os pais freqüentam, duas vezes por semana, aulas de inglês como segunda língua (English as Second Language – ESL), participam, duas vezes por mês, das aulas chamadas pais como professores (Parents as Teacher) e freqüentam um curso de verão (Shanahan e Rodriguez-Brown, 1993). Nas aulas de ESL, as atividades incluem a produção de livros pelos pais para seus filhos ou a troca de livros em inglês. Do grupo maior, vários líderes entre os pais foram selecionados. Duas vezes por mês, eles vão a seminários sobre alfabetização familiar nas escolas da vizinhança. A participação dos pais no programa, no período de três anos, esteve relacionada com a melhora da alfabetização dos seus filhos.

Reveja, reflita e pratique

(2) Explicar como a leitura se desenvolve e discutir algumas abordagens úteis para o ensino da leitura.

Reveja

- O que acontece em cada estágio do modelo desenvolvimental de leitura de Chall?
- Como os sistemas de regra de linguagem estão envolvidos na leitura?
- Quais são algumas das diferenças entre a abordagem de "linguagem integral" e a abordagem que trata das habilidades básicas e fônicas para o ensino da leitura? Por que o equilíbrio entre elas é necessário?
- Quais são as principais idéias nas abordagens cognitivas para a leitura?
- Quais são as características importantes das abordagens socioconstrutivistas para a leitura?

Reflita

- Quais são algumas das principais considerações em uma visão equilibrada do ensino da leitura?

Pratique PRAXIS™

1. Kareem está lendo um texto de ciências. Ele toma notas enquanto lê que o ajudam a se lembrar das informações. Ele aprendeu muito sobre ciências por meio de textos neste ano. Ele aprendeu, por exemplo, que há muitos tipos diferentes de rochas que variam em relação à sua forma, dureza e cor. Entretanto, quando apresentado a visões conflitantes sobre um assunto científico, Kareem facilmente se confunde. Qual dos estágios desenvolvimentais de leitura de Chall (1979) melhor caracteriza Kareem?
    a. Estágio 1.
    b. Estágio 2.
    c. Estágio 3.
    d. Estágio 4.

2. Qual dos seguintes é o melhor exemplo de um estudante com dificuldades na atenção fonológica?
    a. Keeshan, que normalmente embaralha as palavras em uma sentença.
    b. Katrina, que não reconhece que a televisão é feita de duas unidades de sentido: *tele* (que significa através) e *visão*.
    c. Sam, que tem dificuldades para pronunciar as palavras que não reconhece imediatamente.
    d. Tasha, que possui um vocabulário limitado.

3. Qual dos seguintes é o melhor exemplo do uso da abordagem de "linguagem integral" para o ensino da leitura?
    a. Sra. Tillman utiliza cartões de memória para ajudar seus estudantes a desenvolver o vocabulário visual.
    b. Os estudantes da Sra. Muhammad's aprendem literatura por meio de imersão. Eles lêem vários tipos de literatura e escrevem sobre o que leram.

c. Sra. Orton utiliza um livro de exercícios de acústica para ajudar seus estudantes a desenvolver suas habilidades de decodificação.
d. Os estudantes da Sra. Wades utilizam um jogo de computador para praticar suas habilidades de leitura. Um personagem diz uma palavra e o estudante clica na palavra correta.

4. Qual dos seguintes é o melhor exemplo de um professor utilizando uma abordagem cognitiva para o ensino da leitura?
   a. Sra. Beckham utiliza cartões de memória para ajudar os estudantes a aprender novas palavras e os incentiva oferecendo doces quando eles acertam as respostas.
   b. Sra. Gomes pede para que seus estudantes escolham um livro dentre uma variedade deles. Esses estudantes que leram um livro específico encontram-se regularmente para discutir sobre esse livro.
   c. Sra. Owen enfatiza a importância de utilizar dicas de contexto para ajudar na determinação do sentido de novas palavras.
   d. Sra. Ronaldo pede para que seus estudantes escrevam cinco vezes cada palavra que eles perdem em um pré-teste de ortografia, no intuito de ajudá-los a se lembrar da palavra.

5. Qual dos seguintes é o melhor exemplo de um professor que utiliza uma abordagem socioconstrutivista para o ensino da leitura?
   a. Sra. Beckham utiliza cartões de memória para ajudar os estudantes a aprender novas palavras e os incentiva oferecendo doces quando eles acertam as respostas.
   b. Sra. Gomes pede para que seus estudantes escolham um livro dentre uma variedade deles. Esses estudantes que leram um livro específico encontram-se regularmente para discutir sobre esse livro.
   c. Sra. Owen enfatiza a importância de utilizar dicas de contexto para ajudar na determinação do sentido de novas palavras.
   d. Sra. Ronaldo pede para que seus estudantes escrevam cinco vezes cada palavra que perdem em um pré-teste de ortografia, no intuito de ajudá-los a se lembrar da palavra.

Por favor, verifique as respostas no final do livro.

Depois, voltaremos nossa atenção para a escrita. Na abordagem "linguagem integral", o ensino da escrita e da leitura normalmente é integrado (Ruddell, 2006). Inovações em tecnologia estão se tornando disponíveis, o que ajuda os professores não apenas a implementar uma abordagem de "linguagem integral", mas também a aperfeiçoar as habilidades de decodificação dos estudantes (Solley, 2000).

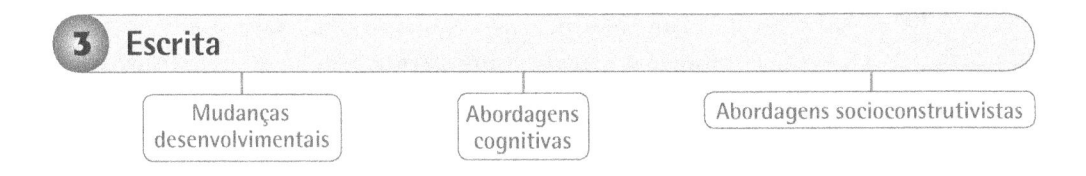

3 Escrita

- Mudanças desenvolvimentais
- Abordagens cognitivas
- Abordagens socioconstrutivistas

Como as habilidades da escrita se desenvolvem? O que são as abordagens cognitiva e socioconstrutivista para a escrita?

Mudanças desenvolvimentais

A escrita surge nos primeiros rabiscos das crianças, o que ocorre por volta dos dois ou três anos. Na primeira infância, as habilidades motoras das crianças normalmente tornam-se desenvolvidas o suficiente para que elas comecem a escrever as letras e os seus nomes. Nos Estados Unidos, em sua maioria, as crianças acima dos quatro anos conseguem escrever seus nomes. Os maiores de cinco anos conseguem reproduzir as letras e copiar várias palavras

> ### Visão do estudante
>
> #### O diabu e o bebê fantazma
>
> Anna Mudd, de seis anos, é autora de "O Diabu e o Bebê Fantazma". Anna escreve histórias há pelo menos dois anos. Sua história inclui retratos poéticos, sintaxe sofisticada e vocabulário, o que reflete avanços no desenvolvimento da linguagem. (Fonte: De Jean Berko Gleason, The Development of Language, 3. ed. Publicado por Allyn and Bacon, Boston, MA. Copyright © 1993, Pearson Education. Reproduzido com a permissão do editor.)
>
> The devl and the babe goste
>
> A DEVL NAPD IN THE BRITE SUNLITE he SED IT IS HOLOWENE I HAV to GET UP AND GET REDE to SCer The littL CHILJRIN WEN THAEGO to CHRICOR CHRETE FRST He MADE A JACAL ETRN He PUT 2 CEDLS IN it TO RELE SCer THEM THN HE MADE A COL JRIN TO CAST SPELS ON THe CHIL JRIN.

curtas. À medida que desenvolvem suas habilidades de escrever, as crianças gradualmente aprendem a distinguir entre as características distintas das letras, por exemplo, se as linhas são curvas ou retas, abertas ou fechadas e assim por diante. Durante os primeiros anos escolares, muitas crianças ainda continuam a inverter as letras como *b e d e p e q* (Temple e outros, 1993). Nesse ponto do desenvolvimento, se outros aspectos estiverem normais, essas inversões de letras não são um prognóstico de problemas na alfabetização.

À medida que começam a escrever, as crianças normalmente inventam ortografias de palavras (Soderman, Gregory e O'Neil, 2005). Elas geralmente fazem isso por confiarem nos sons das palavras que ouvem como pistas de como soletrar. Professores e pais deveriam incentivar a escrita precoce das crianças sem ficar muito preocupados com a formação correta das letras ou com a ortografia correta convencional. Eu (este autor) estive certa vez em uma reunião com a professora do primeiro ano da minha filha mais nova depois que Jennifer levou para casa uma série de papéis que a professora devolveu. A escrita de Jennifer ainda era pouco desenvolvida e as páginas estavam plenas de correções da professora e com desenhos de rostos tristes. Diplomaticamente, mas com firmeza, mostrei à professora os motivos de considerar que aquilo era contraproducente. Felizmente, a professora concordou em refrear sua crítica às habilidades de escrita de Jennifer. Tais erros de escrita deveriam ser vistos como algo natural do crescimento da criança, e não esmiuçados e criticados. Correções de ortografia e de escrita podem ser feitas de forma positiva e criteriosa o suficiente para evitar sufocar o precoce prazer e a espontaneidade da escrita (Hughey e Slack, 2001; Morrow, 2005).

Assim como para se tornar um bom leitor, ou um bom escritor são necessários muitos anos e muita prática (Blasingame e Bushman, 2006; Bruning e Horn, 2001; Spandel, 2005). As crianças deveriam estar expostas a muitas oportunidades de escrita durante os anos do ensino fundamental (Gunning, 2006). À medida que as habilidades cognitivas e de linguagem das crianças melhoram com o bom ensino, também melhoram as suas habilidades de escrita. Por exemplo, desenvolver uma compreensão mais sofisticada de sintaxe e de gramática serve como um apoio para uma escrita melhor.

Isso também ocorre com as habilidades cognitivas como o raciocínio lógico e a organização. Ao longo dos ensinos fundamental e médio, os estudantes desenvolvem, cada vez mais, métodos sofisticados de organizar as suas idéias. No início do ensino fundamental, os estudantes narram, descrevem ou fazem poemas curtos. Nos últimos anos do ensino fundamental, os estudantes começam a realizar projetos como a apresentação de livros, que combinam narração com mais reflexão e análise. No ensino médio, eles se tornam mais capacitados em formas de exposição que não dependem da estrutura narrativa.

Abordagens cognitivas

As abordagens cognitivas para a escrita enfatizam muito dos mesmos temas que discutimos com relação à leitura, como a construção de sentido e desenvolvimento de estratégias (Pressley e Harris, 2006; Kellog, 2000; D. Olson, 2001). Planejamento, solução de problemas, revisão e estratégias cognitivas são concebidos para serem especialmente importantes no aperfeiçoamento da escrita dos estudantes.

Planejamento O planejamento, que inclui esboçar e organizar o conteúdo da informação, é um aspecto importante da escrita (Graham, 2006; Levy e Randsell, 1996; Mayer, 2004). Os professores deveriam mostrar aos estudantes como esboçar e organizar uma escrita e informá-los sobre seus esforços. Um estudo examinou como as atividades de pré-escrita podem afetar a qualidade da escrita dos estudantes (Kellog, 1994). Como indicado na Figura 11.4, o esboço foi a atividade de pré-escrita que mais ajudou os escritores. A Figura 11.5 fornece um modelo para ajudar os estudantes a planejar as suas redações para cumprir o prazo final.

Solução de problemas Muito do ensino de escrita nas escolas consiste em ensinar os estudantes sobre como escrever sentenças e parágrafos de forma apropriada. Entretanto, há mais em escrever do que evitar sentenças contínuas ou do que certificar-se de que os parágrafos sustentam sentenças-tópico (Mayer, 1999, 2004). Mais do que isso, escrever corresponde a uma espécie de solução de problemas (Mayer e Wittrock, 2006). Um psicólogo chamou o processo de solução de problemas na escrita de "a criação do sentido" (Kellogg, 1994).

Como solucionadores de problemas, os escritores precisam estabelecer metas e trabalhar para atingi-las. Também é útil pensar que os escritores são restringidos pela sua necessidade de compreensão integrada do assunto, do conhecimento de como o sistema da língua funciona e do próprio problema da escrita. O problema da escrita inclui o propósito da redação, o público e o papel do escritor no texto a ser elaborado (Flower e Hayes, 1981). Um estudante pode estar tendo dificuldades com algum desses aspectos da escrita. Identificar a dificuldade é o primeiro passo para ajudar o estudante a se tornar um escritor melhor.

Revisão A revisão é um componente muito importante para o sucesso da escrita (Mayer, 1999, 2004). A revisão consiste em escrever vários esboços, obter opiniões de pessoas que tenham conhecimento sobre a escrita e aprender a utilizar a opinião crítica para aperfeiçoar a escrita. Isso inclui também detectar e corrigir erros. Os pesquisadores descobriram que escritores mais velhos e mais capacitados tendem a revisar mais os seus escritos do que os escritores mais jovens e menos capacitados (Bartlett, 1982; Hayes e Flower, 1986).

Metacognição Quando enfatizamos o conhecimento das estratégias da escrita, entramos na área da metacognição, que discutimos no Capítulo 8. Em um estudo, foi pedido a estudantes entre 10 e 14 anos que escrevessem algo que fosse do interesse dos estudantes da mesma faixa etária (Scardamalia, 1981). Ao prosseguir com esse projeto, os estudantes foram impedidos de planejar ou registrar idéias por meio de notas para uso posterior e também de monitorar seu progresso de escrita ao reler ou reescrever. Os resultados são indicativos do fato de que muitos estudantes do ensino fundamental não têm conhecimento das estratégias organizacionais e de planejamento exigidas para se escrever bem e que é preciso ensinar essas estratégias.

Acompanhar o progresso de um estudante em sua escrita é especialmente importante para ajudá-lo a se tornar um bom escritor (Graham, 2006; Graham e Harris, 2001; Pressley e Harris, 2006). Isso inclui ser receptivo às opiniões e ajudá-lo a aplicar o que ele aprendeu ao escrever para que, na próxima redação, a escrita seja aperfeiçoada.

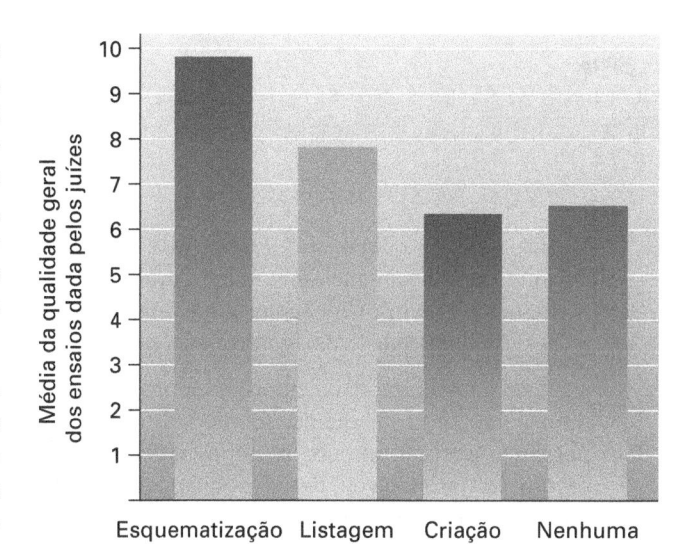

FIGURA 11.4 A relação entre atividades de pré-escrita e qualidade do ensaio.

Um estudo selecionou, de forma aleatória, estudantes universitários para cada um dos quatro grupos de atividades de pré-escrita: (1) Um grupo de esquematização produziu um esquema contendo idéias relevantes dentro de uma estrutura hierárquica; (2) um grupo de listagem gerou uma lista de idéias relevantes; (3) um grupo de criação escreveu tantas idéias quanto possível sem avaliar ou organizá-las; e (4) um grupo-controle não teve atividade de pré-escrita. Os juízes avaliaram a qualidade de cada ensaio, em uma escala de 10 pontos (Kellogg, 1994). A organização foi a atividade de pré-escrita que teve as notas mais positivas dadas pelos juízes. Quando os estudantes criam um esquema, normalmente utilizam estratégias de listagem e criação como parte do processo de esquematização. Então, uma excelente estratégia de ensino é exigir que os estudantes criem um esquema como uma atividade necessária de pré-escrita.

Um a dois meses antes do prazo final	Selecionar o assunto. Mapear as idéias. Desenvolver o plano da escrita. Começar a desenvolver a relação de argumentos. Começar a pesquisa.
Duas semanas antes do prazo final	Desenvolver seções individuais da escrita. Revisar com empenho. Completar a pesquisa. Finalizar os argumentos.
Na semana antes do prazo final	Aperfeiçoar as seções individuais da escrita. Criar um título interessante. Conferir as referências para maior precisão. Conseguir alguma opinião.
Na noite anterior ao prazo final	Combinar as partes da escrita. Imprimir a versão final. Ler o texto com profundidade. Montar a redação.

FIGURA 11.5 Um exemplo de cronograma para o prazo final da escrita.

Fonte: Do *Your Guide to College Success*: Strategies for Achieving Your Goals, Media Edition, 2. ed., Santrock/Halonen. © 2002. Reproduzido com a permissão da Wadsworth, uma divisão da Thomson Learning: www.thomsonrights.com.

Visão do estudante

Escrever auto-avaliações

A professora do quinto ano, Keren Abra, de São Francisco, solicita que periodicamente seus alunos avaliem seus próprios textos de seus portfólios. Colocamos aqui vários comentários feitos pelos estudantes quase no final do ano escolar.

Estou no quinto ano agora e adoro escrever. Sempre me esforço bastante quando começo a escrever; até onde posso me lembrar, sempre adorei escrever. Sinto que minha escrita se desenvolveu desde o quarto ano e estou satisfeita com a minha maneira de escrever. Alguns autores, ao contrário de mim, não devem gostar de alguns de seus textos; *nunca* joguei fora nenhum dos meus textos. Adoro compartilhá-los e dar e receber idéias de outros escritores... Se pudesse descrever-me como uma escritora, eu diria (não para me gabar) que sou uma escritora descritiva, imaginativa e cativante.
Michelle

Acho que escrever uma história é fácil, pois há muito sobre o que escrever, e, se tenho de escrever sobre determinada coisa, há sempre tanta coisa a dizer... Quem ler meus textos vai pensar que provavelmente sou uma garota feliz e cheia de vida. Isso porque a maioria das minhas histórias é otimista.
Sarah

Sinto que, quando escrevo, eu poderia fazer melhor. Eu poderia fazer melhor especialmente na ortografia. Quando estava na escola de educação infantil, não escrevíamos muito. Quando estava no terceiro ano, eu não gostava de escrever. Era assustador aprender novas coisas sobre a escrita. Estou no quinto ano e adoro escrever, mas, às vezes, o fato de eu não conseguir me sair tão bem em ortografia me chateia. Uma coisa de que gosto no modo como escrevo é como coloco ação em todos os meus textos, porque adoro emoções! Penso também que, se uma pessoa ler meus textos antes de serem corrigidos, ela não será capaz de entendê-los. Se os meus textos estiverem corrigidos, penso que a pessoa realmente gostará da minha história.
Janet

Abordagens socioconstrutivistas

Como na leitura, as abordagens socioconstrutivistas enfatizam que a escrita é mais bem compreendida como culturalmente integrada e socialmente construída, em vez de ser gerada internamente (Dauite, 2001; Schultz e Fecho, 2001).

O contexto social da escrita A perspectiva socioconstrutivista enfoca o contexto social em que a escrita é produzida. Os estudantes precisam participar de uma comunidade de escrita para compreender as relações autor-leitor e aprender a reconhecer como as suas perspectivas podem se diferenciar das de outras pessoas (Hiebert e Raphael, 1996).

Para perceber a importância do contexto social na escrita, considere dois estudantes. O primeiro deles, Anthony, é um estudante latino de nove anos, que viveu em Manhattan, na cidade de Nova York, durante toda a sua vida (McCarthey, 1994). Ele lê e escreve muito, tem revistas científicas e participou de aulas com forte ênfase na escrita nos seus primeiros anos escolares. Ele está muito entusiasmado com o assunto de sua redação, uma homenagem à sua avó, falecida recentemente. Sua professora o incentiva a escrever sobre a morte da avó discutindo com ele várias possibilidades de falar sobre esse assunto durante sua aula de redação. Anthony e ela discutem sobre as melhores formas de estruturar e organizar a escrita. O produto final do seu texto é um comovente relato da vida e da morte da sua avó. A professora de Anthony acredita que a escrita tem um papel importante na educação e ela transmite isso de forma entusiasmada para seus alunos.

Outro estudante latino, Carlos, cujos pais imigraram recentemente para o Bronx, na cidade de Nova York, teve uma experiência de escrita diferente da de Anthony. Embora seu inglês seja bom, Carlos teve pouca oportunidade em sala de aula para que pudesse praticar a escrita e contar sobre suas experiências pessoais, e ele nunca escreveu nada fora da sala de aula. Ele se sente muito desconfortável quando a professora lhe pede para escrever sobre suas experiências pessoais. Em sua aula de redação, Carlos reluta em falar sobre seus sentimentos. Sua professora foi autorizada pelo distrito escolar a incluir as experiências com forte ênfase em redação em diferentes assuntos, mas ela não se anima e passa menos tempo trabalhando com Carlos para aperfeiçoar a escrita.

Como mostram as situações de Anthony e Carlos, o contexto social tem um papel importante na escrita. Alguns estudantes trazem um rico histórico de experiências de escrita e de incentivo para escreverem em sala de aula; outros possuem pouca experiência de escrita e não foram incentivados a adquirir o hábito de escrever. Em algumas salas de aula, o professor valoriza sobremaneira a escrita; em outras, ele trata a escrita sem muita importância.

Escrita significativa e aulas de redação De acordo com a abordagem socioconstrutivista, a aula de redação deveria incluir oportunidades de os estudantes criarem textos "reais", no sentido de escrever sobre situações pessoais e significativas. Por exemplo,

Anthony, que tem uma professora que solicita freqüentemente aos estudantes que descrevam sobre as suas experiências pessoais, escreveu sobre a vida e a morte de sua avó, e sua professora o apoiou para que escrevesse sobre sua experiência emocional. As aulas de redação têm um papel importante no que diz respeito a auxiliar os estudantes para que se tornem bons escritores.

Colaboração dos pares Ao trabalhar em grupos, os escritores experimentam os processos de pesquisar, esclarecer e elaborar, que são importantes para a boa escrita (Webb e Palincsar, 1996). Os estudantes normalmente trazem diversas experiências que lhes servem como apoio quando colaboram e co-escrevem as redações. Tal colaboração compartilhada e rica pode produzir novas idéias para o "como" e o "que" se vai escrever (Graham, 2006).

Ao contrário, escrever simplesmente para realizar as expectativas do professor normalmente produz resultados restritos, imitativos e conformistas. Em grupos de escrita em pares, as expectativas do professor geralmente são menos evidentes (Kearney, 1991).

Conexões escola/família/pares Em um projeto realizado nos Estados Unidos, os professores foram estimulados a reconhecer a existência e a riqueza da comunidade latina circunvizinha e, então, integrar essa riqueza nos contextos escolares (Moll, Tapia e Whitmore, 1993). Isso incluiu (1) uma análise de como o conhecimento é transmitido dentro dos lares na comunidade latina; (2) um laboratório realizado depois do horário escolar, no qual professores e estudantes utilizavam a leitura e a escrita mais alinhadas com a forma com que elas são usadas nas vizinhanças dos estudantes do que com as formas usadas na escola; e (3) as conexões da sala de aula que integravam atividades do laboratório feitas depois do horário escolar. O objetivo era integrar esses três componentes. Por exemplo, os estudantes documentaram os usos e as formas de escrever de suas comunidades, como cartas a parentes em outros países e registros em livros de contabilidade. Então, trabalhando com seus pares, os estudantes criaram projetos sobre assuntos que refletiam os conhecimentos dos membros de suas comunidades, tais como o conhecimento sobre o trabalho de mecânica e consertos. Para obter informações para o projeto, os estudantes entrevistaram membros das suas comunidades. Os estudantes também se comunicavam por e-mail com estudantes que viviam em comunidades latinas de outras partes dos Estados Unidos.

Envolva a comunidade de escrita na sua classe. Observe ao redor da sua comunidade e pense sobre escritores especialistas renomados que você poderia convidar para a sua sala de aula para que fosse discutido o trabalho deles. A maior parte das comunidades possui tais escritores, como jornalistas e outros autores e editores. Uma das quatro mais bem-sucedidas escolas de ensino fundamental dos Estados Unidos, identificada por Joan Lipsitz (1984), criou a Semana do Autor no seu currículo. Baseada nos interesses, na disponibilidade e na diversidade dos estudantes, os autores foram convidados para discutir seu trabalho com eles. Estes se inscrevem para conhecer autores específicos. Antes de encontrar determinado autor, eles precisam ler pelo menos um dos livros dele. Os estudantes preparam as perguntas para as sessões com o autor. Em alguns casos, os autores comparecem à sala de aula vários dias seguidos para trabalhar com os estudantes os seus projetos de escrita.

No decorrer de nossa discussão sobre leitura e escrita, descrevemos várias idéias que podem ser utilizadas na sala de aula. Para avaliar as suas experiências de leitura e de escrita, complete a Auto-avaliação 11.1.

PEANUTS © United Features Syndicate, Inc.

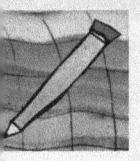

Auto-avaliação 11.1
Avaliando minhas experiências de escrita e leitura

Sem levar em conta a disciplina acadêmica ou o nível escolar para o qual você leciona, um de seus objetivos deveria ser ajudar os estudantes não apenas a se tornar competentes na leitura e na escrita, mas também a apreciar essas atividades. Pense sobre suas próprias experiências passadas e presentes com relação à escrita e à leitura:

1. O que torna a aprendizagem da leitura agradável para você?

2. O que torna a aprendizagem da leitura difícil ou desagradável?

3. O que você pensa da leitura agora?

4. Você gosta de bibliotecas? Por quê?

5. Há ainda habilidades de leitura que você precisa se aperfeiçoar?

6. O que torna a aprendizagem da escrita agradável para você?

7. O que torna a aprendizagem da escrita desagradável para você?

8. O que você pensa da escrita agora?

9. Há ainda habilidades de escrita as quais você precisa se aperfeiçoar?

Com base em suas próprias experiências e nas idéias apresentadas neste capítulo, como você poderia tornar a aprendizagem da leitura e da escrita mais bem-sucedida e agradável para os seus estudantes?

Boas práticas
Estratégias para a incorporação da escrita no currículo

Você terá muitas oportunidades para incorporar a escrita ao currículo. Aqui estão alguns exemplos (Bruning e Horn, 2001; Halonen, 2006):

1. *Promova atitudes positivas com relação à escrita.* Isso pode ser feito ao assegurar-se de que muitas tarefas de escrita garantam o sucesso do estudante e ao revelar a maneira como os professores pessoalmente escrevem. Ofereça aos estudantes a oportunidade de escolher sobre o que eles desejam escrever.

2. *Estimule o envolvimento do estudante por meio de tarefas de escrita genuínas e contextualizadas.* Incentive os estudantes a escrever sobre assuntos de seus interesses, faça-os escrever para públicos diferentes e integre a escrita no ensino de outras disciplinas, como ciências, matemática e estudos sociais.

3. *Forneça um contexto de apoio para a escrita.* Incentive os estudantes a estabelecer seus objetivos, planeje como atingi-los e monitore seus progressos com relação a esses objetivos. Auxilie os estudantes na criação dos objetivos que não sejam nem muito desafiadores nem muito simples. Ensine as estratégias de escrita e acompanhe os estudantes quando as usarem. Dê aos estudantes sua opinião sobre o progresso deles com relação aos objetivos de escrita. Utilize os pares como parceiros de escrita nas comunidades de alfabetização.

4. *Faça que os estudantes escrevam para aprender.* Isso pode funcionar em qualquer disciplina. Por exemplo, em biologia, depois de os estudantes estudarem a adaptação de espécies diferentes, peça a eles que façam um resumo das principais idéias e criem exemplos não descritos na classe ou no texto.

5. *Utilize atividades de escrita livre.* Na escrita livre, os estudantes escrevem tudo o que pensam sobre um assunto. Tais atividades são normalmente desestruturadas, mas têm um limite de tempo. Por exemplo, uma atividade de escrita livre na aula de história norte-americana pode ser "Escreva sobre a Revolução Americana em cinco minutos". A escrita livre ajuda os estudantes a descobrir novas idéias, conexões e questões que eles não criariam se não fosse pela oportunidade de fazer a escrita livre.

6. *Ofereça aos estudantes atividades de escrita criativa.* Essas atividades dão aos estudantes oportunidades de explorar a si mesmos e ao mundo de maneiras criativas e cheias de idéias. Essas atividades devem incluir poesia, histórias curtas ou ensaios que reflitam as experiências pessoais.

Visão do professor
Imagine as possibilidades

Beverly Gallagher, uma professora do terceiro ano da Princeton Day School, em New Jersey, criou o programa *Imagine as possibilidades*, que leva autores e poetas conhecidos nos Estados Unidos à sua escola. Ela telefona para o pai de cada aluno periodicamente para reportar o progresso de seus filhos e os novos interesses deles. Ela convida os estudantes de anos mais avançados para trabalhar com pequenos grupos em sua classe, para que assim ela tenha mais tempo para cada aluno. Beverly também criou as parcerias de poesia entre os alunos do décimo primeiro ano e seus alunos do terceiro ano, nas quais os mais velhos e os mais novos colaboram para a criação de poemas. Cada um de seus alunos mantém um caderno de autor para registrar pensamentos, inspirações e palavras especiais que os intriguem. Os alunos têm oportunidades especiais para se sentar na "cadeira de autor", onde lêem o seu texto para a classe (Fonte: *USA Today*, 2000).

Beverly Gallagher trabalha com os estudantes para estimular o seu interesse na leitura e na escrita.

7. *Solicite atividades de escrita formal.* Isso implica dar aos estudantes oportunidades para que se expressem utilizando um ponto de vista objetivo, estilo de escrita preciso e evidências para apoiar suas conclusões. A escrita formal ajuda os estudantes a aprender como elaborar argumentos formais. Por exemplo, os estudantes do ensino médio devem elaborar uma redação sobre assuntos importantes como "Aquecimento global: medos reais ou alarde?", ou "Um exame profundo do estilo de escrita de Faulkner", ou "Por que as pessoas são preconceituosas". Tais projetos de escrita estimulam os estudantes a pensar analiticamente, a aprender como utilizar os recursos e a citar as referências. Trabalhe com os estudantes na criação de assuntos para a escrita, na estruturação da escrita, na utilização do planejamento e das habilidades de gerenciamento do tempo para completar a redação no tempo necessário, trabalhe no esboço e na revisão e na superação dos erros ortográficos e gramaticais.

Reveja, reflita e pratique

(3) Descrever como a escrita se desenvolve e discutir algumas abordagens úteis para o ensino da escrita.

Reveja

- Quais as habilidades adquiridas através da escrita? Em que idade elas são normalmente adquiridas?
- Quais processos cognitivos são essenciais para a escrita hábil?
- Quais são as principais idéias das abordagens socioconstrutivistas para a escrita?

Reflita

- Para o assunto e para a faixa etária que você planeja ensinar, de que formas as atividades de escrita que você dá aos estudantes tendem a ser mais estruturadas e específicas? De que maneira elas devem ser flexíveis e abertas?

Pratique PRAXIS™

1. Qual dos seguintes exemplos é o melhor no ensino de escrita apropriado ao desenvolvimento de estudantes dos primeiros anos?
    a. Os estudantes da Sra. Balboa estão aprendendo a ortografia por meio de exercícios e da prática com palavras específicas.
    b. Sra. Donovan corrige cuidadosamente os erros gramaticais e de ortografia nas redações dos estudantes e é crítica quanto a esses erros.
    c. Os estudantes da Sra. Figo utilizam ortografia inventada em seus trabalhos e ela lhes mostra a ortografia correta, mas não critica os seus esforços.
    d. Os estudantes da Sra. Lala praticam a escrita ao copiar histórias redigidas por ela na lousa.
2. Sra. Williams enfatiza a importância das atividades de pré-escrita para seus estudantes. Qual aspecto da abordagem cognitiva para a escrita a Sra. Williams enfatiza?
    a. As estratégias metacognitivas.
    b. O planejamento.
    c. A solução de problemas.
    d. A revisão.
3. Qual dos seguintes é o melhor exemplo de uma abordagem socioconstrutivista para a escrita?
    a. Os alunos da Sra. Reddick escrevem relatórios sobre vários assuntos, baseados em pesquisas que eles concluíram.
    b. Os alunos da Sra. Duhon escrevem sobre suas próprias experiências e se encontram com ela regularmente para discutir os seus trabalhos.
    c. Os alunos da Sra. Williams escrevem respostas para as questões referentes às matérias dos seus textos de estudos sociais.
    d. Os alunos da Sra. Randolph escolhem os livros que querem ler e escrevem relatórios sobre cada livro que concluíram.

Por favor, verifique as respostas no final do livro.

4 Matemática

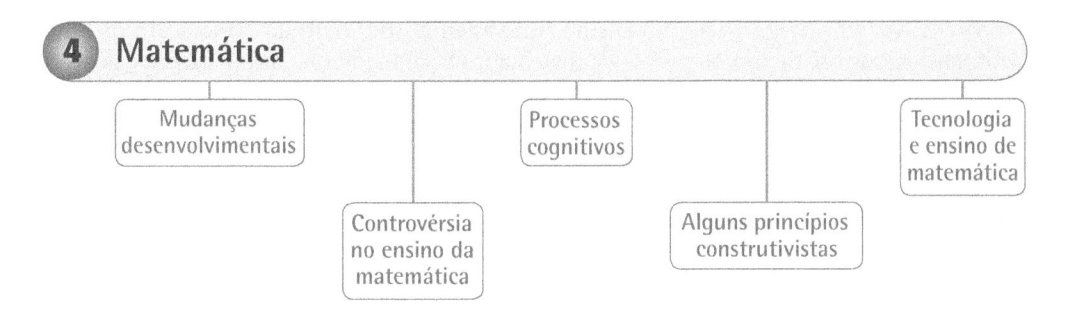

- Mudanças desenvolvimentais
- Controvérsia no ensino da matemática
- Processos cognitivos
- Alguns princípios construtivistas
- Tecnologia e ensino de matemática

Quais são algumas das mudanças desenvolvimentais na forma como as crianças pensam sobre a matemática e suas habilidades em matemática nos diferentes anos? Qual é a maior controvérsia no ensino de matemática hoje?

Mudanças desenvolvimentais

O National Council of Teachers of Mathematics (Conselho Nacional de Professores de Matemáticas dos Estados Unidos da América) (NCTM, 2000) descreveu os princípios básicos e padrões para matemática escolar nos diferentes anos. Analisaremos esses princípios e padrões em todos os anos, a partir da pré-escola até o segundo ano.

Da pré-escola até o segundo ano As crianças já possuem um substancial entendimento sobre os números antes de ingressarem no primeiro ano (Siegler e Alibali, 2005; Smith, 2006). Muitos alunos da pré-escola, que pertencem a famílias com renda média, sabem contar até mais de 20 e muitos podem contar além de 100; muitos podem contar perfeitamente o número de objetos que há em um conjunto, adicionar e subtrair números de um dígito e sabem as grandezas relativas de números de um dígito (por exemplo, que 8 é maior do que 6) (Siegler e Robinson, 1982).

As crianças tendem a ingressar no ensino fundamental com diferentes níveis de entendimento sobre a matemática (NCTM, 2000; Schoenfeld, 2002). Algumas crianças necessitam de apoio adicional para o aprendizado da matemática (Van de Walle, 2004). De acordo com a NCTM (2000), avaliações preliminares deveriam ser utilizadas para a obtenção de informações para o ensino e para potenciais intervenções preliminares em vez de agrupar as crianças em faixas.

A compreensão dos aspectos básicos dos números e da geometria é essencial no período entre a pré-escola e o segundo ano (NCTM, 2000). Por exemplo, nesses níveis, as crianças precisam aprender o sistema de numeração baseado em 10. Elas devem reconhecer que a palavra *dez* pode representar uma única entidade ou 10 unidades separadas (10 de cada) e que essas representações podem ser intercambiáveis.

Na escola, as crianças aprendem muitas habilidades numéricas mais altas (Ginsburg, Klein e Starkey, 1998). É importante saber que elas freqüentemente estão fazendo algo mais do que simplesmente aprender a calcular de uma forma padronizada. De fato, o que as crianças aprendem sobre matemática e como resolvem problemas de matemática, muitas vezes, reflete o pensamento independente, bem como aquilo que está sendo "ensinado" a elas (Tolchinsky, 2002). Isso pode ser verdadeiro mesmo no caso do aprendizado de "dados" básicos de adição e subtração, os quais muitos de nós acabamos por memorizar.

Do terceiro ao quinto ano Três temas-chave de matemática, no período que vai do terceiro ao quinto ano, são:

- *Raciocínio multiplicativo*. A ênfase no raciocínio multiplicativo desenvolve o conhecimento que as crianças constroem enquanto passam para os anos médios, quando o foco está no raciocínio proporcional. No raciocínio multiplicativo, as crianças precisam desenvolver sua compreensão das frações como parte de um todo e como divisão.
- *Equivalência*. O conceito de *equivalência* ajuda os estudantes a aprender diferentes representações matemáticas e oferece um caminho para a exploração de idéias algébricas.
- *Fluência computacional*. Os estudantes necessitam aprender métodos eficientes e precisos de calcular, baseados em propriedades bem compreendidas e relações numéricas. Por exemplo, 298×42 pode ser pensado como $(300 \times 42) - (2 \times 42)$ ou 41×16 é calculado multiplicando-se 41×8 para se obter 328 e, então, duplicando 328 para se obter 656.

Do sexto ao oitavo ano No ensino fundamental (do sexto ao nono ano), os estudantes beneficiam-se de um programa de matemática balanceado que inclui álgebra e geometria. Os professores podem ajudar os estudantes a entender como a álgebra e a geometria estão conectadas. A matemática, no ensino fundamental também deve preparar os estudantes para lidar com soluções quantitativas em suas vidas fora da escola.

Os estudantes desenvolvem muito mais o raciocínio matemático eficiente quando aprendem álgebra. Uma única equação pode representar uma infinita variedade de situações. Até mesmo muitos dos estudantes que tiram A ou B nas aulas de álgebra, entretanto, o fazem sem entender o que estão aprendendo – eles simplesmente memorizam as equações. Essa abordagem pode funcionar bem na sala de aula, mas limita a capacidade de os estudantes utilizarem a álgebra em contextos do mundo real (Heid, 2002).

Do nono ao décimo segundo ano A NCTM (2000) recomenda que todos os estudantes estudem matemática em cada um dos quatro anos do ensino médio. Como os interesses dos estudantes são suscetíveis a mudanças no decorrer do ensino médio ou depois, normalmente eles se beneficiam quando assistem a várias aulas de matemática. Eles devem experimentar a influência múltipla entre álgebra, geometria, estatística, probabilidade e matemática discreta (que envolve a matemática de computadores). Eles devem se tornar hábeis na visualização, descrição e análise de situações em termos matemáticos. Eles também precisam ser hábeis para justificar e provar idéias baseadas na matemática.

Controvérsia no ensino da matemática

A discussão entre os educadores é sobre se a matemática deve ser ensinada com a utilização de uma abordagem cognitiva, conceitual e construtivista ou de uma abordagem prática, computacional (Cathcart e outros, 2006; Schoenfeld, 2006; Sharp, 2005; Stevenson, 2000). Alguns proponentes da abordagem cognitiva argumentam contra a memorização e a prática no ensino da matemática. Em vez disso, eles enfatizam a resolução matemático-construtivista dos problemas. Outros defendem que a velocidade e o automatismo são fundamentais para a realização eficaz da matemática e argumentam que essas habilidades podem ser adquiridas somente por meio da prática e do cálculo extensivos. Nos últimos anos, a abordagem construtivista tem-se tornado cada vez mais popular. Nessa abordagem, o ensino eficiente concentra-se em envolver a criança durante a resolução de um problema ou no desenvolvimento de um conceito e na exploração da eficiência de soluções alternativas (Van de Walle e Lovin, 2006).

Foi realizado um estudo em que foram utilizados vídeos de salas de aula de oitavo ano para examinar como a matemática é ensinada em diferentes países (Hiebert e outros, 2003). Nos dois países em que os alunos tiveram desempenho mais alto, diferentes estratégias de ensino foram empregadas: os professores de Hong Kong enfatizaram capacidades básicas e fórmulas; os professores japoneses sublinharam como os conceitos estão relacionados. Assim, pelo menos nesse estudo, uma abordagem prática computacional teve êxito em um país (Hong Kong) e uma abordagem cognitiva teve sucesso em outro (Japão). Os pesquisadores concluíram que os professores norte-americanos de matemática precisam desenvolver atividades de matemática tanto para os aspectos cognitivos como para os aspectos computacionais da matemática. Além disso, nesse estudo, os professores demonstraram ter menos tendência a atribuir lição de casa de matemática do que os professores da maioria dos outros países, e os professores japoneses deixavam os estudantes lutando por 15 minutos em média para resolver um problema de matemática antes de lhes oferecer ajuda, comparados com apenas 5 minutos em média no caso dos professores norte-americanos.

A NCTM (2000) desenvolveu vários padrões para o ensino da matemática. Já mencionamos alguns desses padrões ao descrevermos o que deveria ser ensinado nos diferentes níveis. Esses padrões enfatizam que o ensino da matemática deve implicar a oferta de oportunidades aos estudantes para:

- Compreender números e operações;
- Aprender os princípios da álgebra e da geometria;
- Coletar, organizar, analisar e exibir dados, bem como entender conceitos básicos de probabilidade;
- Resolver problemas;

- Organizar e consolidar o pensamento matemático por meio da comunicação, incluindo trabalhar os problemas com os colegas de classe;
- Reconhecer conexões entre as idéias matemáticas e aplicar a matemática em contextos que estão fora da matemática.

Processos cognitivos

Em nossa discussão sobre mudanças desenvolvimentais e a controvérsia na educação matemática, mencionamos vários processos cognitivos que ajudam as crianças a aprender matemática, como as capacidades de resolução de problemas, a compreensão sobre como os conceitos matemáticos estão relacionados e a exploração de soluções alternativas. O National Research Council (2005) concluiu que o entendimento conceitual, a fluência procedimental, a organização eficiente do conhecimento e as estratégias metacognitivas são importantes processos no aprendizado da matemática.

Em nossa discussão sobre a controvérsia na educação matemática, vimos que cresce o debate sobre se o entendimento conceitual ou se as competências procedimentais devem ser o foco principal na educação matemática. A conclusão que o National Research Council (2005) chegou é de que ambos são importantes. Ensinar matemática enfatizando somente a competência procedural resulta no pouco entendimento conceitual por parte dos estudantes e, quando eles possuem muito pouco conhecimento sobre procedimentos, muitas vezes, não resolvem problemas de matemática de forma competente.

Ao passar pelos ensinos fundamental e médio e experienciar cursos de matemática cada vez mais complexos, novos conhecimentos e competências devem ser desenvolvidos e integrados aos conhecimentos anteriores dos estudantes. Quando eles começam a resolver problemas de álgebra, já devem ter uma rede de conhecimentos organizados que possam empregar para sustentar a nova compreensão algébrica. "O desafio para o professor, então, é ajudar os estudantes a construir e consolidar competências pressupostas em uma rede de conhecimentos" (Fuson, Kalchman e Bransford, 2005, p. 232).

O ensino da matemática que sustenta que os estudantes usem estratégias metacognitivas também é recomendado pelo National Research Council (2005). Os estudantes podem empregar a automonitoração metacognitiva para determinar seus avanços ao solucionar problemas individuais de matemática e seu progresso em um curso de matemática. "O funcionamento metacognitivo também é facilitado pela substituição do foco em respostas do tipo certo ou errado por um foco mais concentrado na 'depuração' de uma resposta errada, ou seja, encontrar onde está o erro, explicar por que se trata de um erro e corrigi-lo" (Fuson, Kalchman e Bransford, 2005, p. 239).

O desenvolvimento de algumas estratégias gerais e eficientes para a resolução de problemas também pode auxiliar os estudantes no aprendizado da matemática (Fuson, Kalchman e Bransford, 2005; National Research Council, 2005). Duas dessas estratégias são fazer um esboço de uma situação e fazer perguntas a si mesmo. Os estudantes podem aprender a utilizar essas estratégias como parte de seu automonitoramento em matemática.

Alguns princípios construtivistas

A partir de uma perspectiva construtivista, os princípios discutidos a seguir deveriam ser seguidos no ensino da matemática (Middleton e Goepfert, 1996). Examinaremos estratégias para tornar a matemática realista e interessante, para a necessidade de se considerar o conhecimento prévio dos estudantes e sobre como o currículo de matemática pode ser socialmente interativo.

Tornar a matemática realista e interessante Desenvolva o ensino da matemática em torno de problemas realistas e interessantes. Esses problemas podem envolver algum tipo de conflito, suspense ou crise que motive o interesse dos estudantes. As atividades para resolução de problemas podem se concentrar no estudante, em questões da comunidade, em descobertas cien-

Gary Piercey, que ensina matemática aos estudantes do ensino médio em Houston, no Texas, torna a sala de aula um lugar estimulante para os estudantes. Algumas vezes, ele faz encenações, como no caso mostrado aqui, em que ele interpreta Freeze cujos diabólicos planos podem ser evitados somente pelos estudantes capazes de resolver com sucesso problemas de álgebra.

tíficas ou eventos históricos. Jogos matemáticos podem proporcionar um contexto motivador para o aprendizado de matemática. As questões que os professores podem colocar durante os jogos, como "De qual valor você precisa ao jogar o dado para mover sua peça para o número 10 do tabuleiro?", podem ser mais significativas do que problemas descontextualizados, como "Você tem 4; quanto você precisa adicionar para somar 10?". Jogos matemáticos também podem estimular os estudantes a discutir estratégias matemáticas com os outros, incluindo seus pares e pais (Carpenter e outros, 1983). Relacionar a matemática com outras disciplinas, como ciências, geografia, leitura e escrita também é recomendado.

Considerar o conhecimento anterior dos estudantes Em nossa discussão sobre processos cognitivos indicamos que o desenvolvimento do conhecimento dos estudantes é um aspecto importante da educação matemática (National Research Council, 2005). Avaliar qual conhecimento os estudantes trazem para o grupo e o contexto no qual o ensino se realiza. Torne disponíveis informações suficientes para que os estudantes sejam capazes de apresentar um método para a resolução de problemas matemáticos, porém, retenha algumas informações para instigar o aluno a desenvolver sua capacidade de raciocínio para resolver os problemas.

Torne o currículo de matemática socialmente interativo Desenvolva projetos de matemática que façam que os estudantes trabalhem juntos para apresentar uma solução. Insira no currículo de matemática oportunidades para que os estudantes usem e melhorem suas capacidades de comunicação. Crie projetos de matemática que produzam discussões, debates e acordos.

Tecnologia e ensino de matemática

Uma das questões no ensino da matemática é a intensidade com que a tecnologia deveria ser empregada nessa disciplina (De Corte e Verschafell, 2006; Heid e Blume, 2002). De acordo com a recomendação da *Curriculum and Evaluation Standards* (Normas de Currículo e Avaliação), da NCTM, as calculadoras devem ser usadas em todos os níveis do ensino da matemática e algum acesso a computadores também é necessário, se os estudantes estiverem sendo educados adequadamente para futuras carreiras. Em muitos sistemas escolares, destinar verbas adequadas para computadores é uma questão importante.

Ao contrário dos professores norte-americanos, os professores japoneses e chineses não permitem o uso diário de calculadoras ou computadores durante as aulas de matemática, pois querem que os estudantes entendam os conceitos e operações necessários para a resolução de problemas. Alguns críticos argumentam que a ênfase que os norte-americanos dão ao uso precoce dessas tecnologias de apoio acaba ajudando a impedir que os estudantes obtenham experiência na resolução de operações específicas de que eles precisam para aprender conceitos matemáticos (Stevenson, 2001). Somente no ensino médio, após terem desenvolvido um claro entendimento sobre os conceitos matemáticos é que se permite que os estudantes asiáticos utilizem calculadoras para solucionar problemas matemáticos. No National Assessment of Educational Progress (Avaliação Nacional do Progresso Educacional), o uso freqüente de calculadoras, no quarto ano, foi associado aos resultados mais baixos nos testes de avaliação de matemática, enquanto no oitavo e no décimo segundo ano o uso mais freqüente de calculadoras foi relacionado à pontuação mais alta nos testes nacionais (veja a Figura 11.6).

FIGURA 11.6 A freqüência do uso de calculadoras nos diferentes anos e as pontuações no teste nacional de desempenho em matemática.

Observação: A pontuação do teste nacional de desempenho em matemática pode variar de 0 a 500.

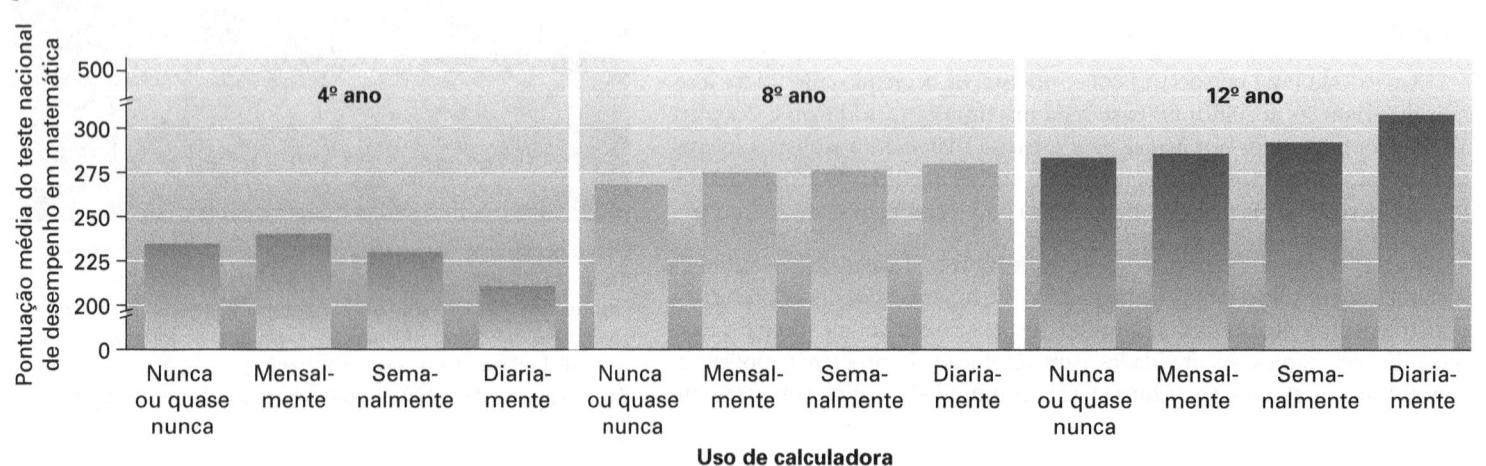

Boas práticas
Estratégias para o ensino da matemática

Discutimos várias estratégias para o ensino da matemática. Seguem algumas das principais:

1. *Ensine os estudantes a se tornar competentes na matemática, tanto no que se refere aos processos quanto aos conceitos.* Os estudantes precisam desenvolver boas capacidades computacionais e também compreender conceitos matemáticos.

2. *Ajude os estudantes a desenvolver boas capacidades de resolução de problemas matemáticos.*

3. *Estimule os estudantes a utilizar estratégias metacognitivas.* Oriente os estudantes a monitorar seu progresso na resolução de problemas matemáticos e a se tornar mais competentes em matemática.

4. *Torne a matemática interessante para os estudantes.* Por exemplo, utilizar contextos do mundo real e jogos pode melhorar a motivação dos estudantes em dedicar mais tempo à matemática, principalmente no caso dos estudantes que não estão indo bem nessa disciplina.

Visão do professor
"Nunca veja o fracasso como fracasso"

A vida de Henry Brown, um estudante em situação de risco, foi transformada pela professora do ensino fundamental Cora Russell e pela experiência que o inspirou a se tornar professor. Brown, que foi considerado Professor do Ano na Flórida, ensina matemática na escola de ensino médio Hallandale Adult Alternative. Metade dos estudantes que ingressa nessa escola tem capacidades matemáticas abaixo do nível do quinto ano.

Ele acredita que é importante ensinar capacidades de matemática do mundo real. Em um projeto, Brown desenvolveu uma empresa fictícia, na qual os estudantes desempenharam diferentes papéis, aprendendo importantes capacidades matemáticas enquanto trabalhavam e tomavam decisões na corporação. Ele também criou o Helping Hands, que envolve cidadãos seniores na sala de aula (Fonte: *USA Today*, 2001).

Henry Brown.

5. *Utilize a tecnologia de modo eficiente.*

6. *Conecte-se com os pais.* No Capítulo 9, descrevemos o *Family Math* (Matemática para a Família), um projeto que auxilia os pais a vivenciar a matemática com seus filhos de modo positivo e para que ofereçam apoio. Além de falar aos pais sobre o *Family Math*, pense em realizar noites da *Family Math*, principalmente no início do ano letivo. Deixe que os pais vejam como os estudantes aprenderão matemática e resolverão suas principais preocupações. Na noite da *Family Math*, informe a eles sobre recursos que os pais podem utilizar em casa para auxiliar seus filhos a aprender de modo mais eficiente.

7. *Se você ensina matemática, um bom passo ativo é participar do NCTM e utilizar seus recursos.* O NCTM tem conferências anuais, publica um anuário com estimulantes capítulos sobre os recentes desenvolvimentos na educação matemática e publica jornais como o *Mathematics Teacher*. Para mais informações sobre o NCTM, acesse o site em inglês: www.nctm.org/.

Reveja, reflita e pratique

4 Caracterizar como o pensamento matemático se desenvolve e identificar algumas questões relacionadas ao ensino da matemática.

Reveja
- Quais são algumas das mudanças desenvolvimentais nas capacidades matemáticas?
- Qual é a principal controvérsia no ensino da matemática?
- Quais são alguns dos processos cognitivos envolvidos na matemática?
- Quais são alguns dos princípios construtivistas para o aprendizado da matemática?
- Qual é o papel que a tecnologia pode desempenhar no ensino da matemática?

(continua)

Reveja, reflita e pratique (continuação)

Reveja
- Você acha sábio da parte dos professores asiáticos em não permitir que os jovens estudantes usem calculadoras? Os Estados Unidos e outros países deveriam seguir esse exemplo?

Pratique PRAXIS™

1. Os estudantes da Sra. Carpenter estão trabalhando no desenvolvimento de uma compreensão de notação posicional. Eles provavelmente estão
   a. Entre o início e o 3º ano do ensino fundamental.
   b. Entre o 4º e o 6º ano do ensino fundamental.
   c. Entre o 7º e o 9º ano do ensino fundamental.
   d. Entre o 1º e o 3º ano do ensino médio.

2. Malavi é muito rápido e preciso em multiplicação e divisão. Na controvérsia sobre a educação matemática, ele poderia ser citado como um exemplo da importância de se adotar quais das seguintes abordagens:
   a. Construtivismo.
   b. Prática, computacional.
   c. Conceitual.
   d. Cognitiva.

3. Joan está revisando o exame de matemática que realizou. Ela está examinando seus erros no sentido de descobrir o que a fez errar. Então, ela corrige seus erros e se submete novamente ao exame. Seu professor, Sr. Ewing, permite que os estudantes recebam crédito por terem passado por esse processo, porque acredita que isso ajuda os estudantes a aprender a partir de seus erros. Este é um exemplo de:
   a. Raciocínio algébrico.
   b. Algoritmo.
   c. Depuração.
   d. Memorização mecânica.

4. Qual entre os seguintes é o melhor exemplo da aplicação dos princípios construtivistas no ensino da matemática?
   a. Os estudantes da Sra. Carmichael completam testes cronometrados de fatos matemáticos básicos.
   b. Os estudantes da Sra. Dodge brincam de fazer compras, o que lhes permite somar suas aquisições, pagar por elas e dar o troco.
   c. Os estudantes do Sr. Luker resolvem problemas verbais, mas não trabalham com cálculo.
   d. Os estudantes do Sr. Pink resolvem problemas na lousa de modo que ele possa determinar se eles entenderam os conceitos.

5. Com base nos resultados da pesquisa sobre o uso de calculadoras e sucesso na matemática, em qual dos seguintes anos escolares Ingrid deveria começar a usar uma calculadora ao estudar matemática?
   a. Primeiro.
   b. Terceiro.
   c. Quinto.
   d. Oitavo.

Por favor, verifique as respostas no final do livro.

5 Ciências

- Educação em ciências
- Estratégias construtivistas de ensino

Quais são algumas das principais idéias ao se ensinar aos estudantes sobre ciências? Quais são algumas das estratégias construtivistas para o ensino de ciências?

Educação em ciências

Os cientistas normalmente adotam certos tipos de pensamento e comportamento. Por exemplo, eles fazem observações cuidadosas regularmente; coletam, organizam e analisam dados; medem, desenham gráficos e entendem relações espaciais; eles prestam atenção e controlam seu próprio pensamento; e eles sabem quando e como aplicar seu conhecimento para resolver problemas (Chapman, 2000).

Essas capacidades, essenciais para a prática da ciência, não são normalmente ensinadas nas escolas, principalmente nas escolas de ensino fundamental. Como resultado, muitos estudantes não são capacitados. Muitos cientistas e educadores acreditam que as escolas precisam cada vez mais orientar os estudantes no aprendizado sobre como utilizar essas capacidades (Chiappetta e Koballa, 2006; Cocking, Mestre e Brown, 2000; Lehrer e Schauble, 2006; Penner, 2001; Peters e Stout, 2006; Tolman, 2002; Singer, Hilton e Schweingruber, 2006).

As crianças têm concepções erradas que são incompatíveis com a ciência e a realidade (Bransford e Donovan, 2005). Elas podem fazer uma ginástica mental tentando comparar informações novas, contraditórias e semelhantes, com suas novas crenças (Miller, 2000). Por exemplo, após terem aprendido sobre o sistema solar, as crianças, às vezes, concluem que há duas Terras – o mundo aparentemente plano, em que vivem, e a bola que flutua no espaço, que o professor acabou de descrever.

Os bons professores percebem e entendem os conceitos subjacentes das crianças e, então, utilizam os conceitos como um andaime para o aprendizado (Linn e Eylon, 2006; Tippins, Koballa e Payne, 2002). O ensino eficiente da ciência ajuda as crianças a distinguir entre erros dos quais se pode tirar algum proveito e concepções erradas, e detectam simples idéias erradas que precisam ser substituídas por concepções mais precisas (Bransford e Donovan, 2005).

Uma estratégia eficaz para ajudar os estudantes a superar concepções erradas é uma **estratégia de demonstração interativa** (Sokoloff e Thornton, 1997). O professor mostra do que se trata a demonstração, solicita que os estudantes a discutam com seus colegas mais próximos e escrevam um prognóstico dos resultados, então, realiza a demonstração. Considere uma demonstração de física envolvendo "uma colisão entre dois carrinhos de brinquedo sobre uma pista de ar, sendo um deles um carrinho leve e estático e o outro um carrinho pesado movendo-se em direção ao carrinho estático" (National Research Council, 1999, p. 167-168). "Cada carrinho possui uma sonda de força eletrônica conectada a um visor." O professor primeiro solicita que os estudantes discutam a situação com seus colegas e, então, registrem um prognóstico sobre se um dos carrinhos exerceria uma força maior sobre o outro durante o impacto ou se eles exerceriam a mesma força, igualmente. A grande maioria dos estudantes prognosticou de maneira incorreta que o carrinho mais pesado, em movimento, exerceria uma força maior sobre o mais leve, o carrinho estático. Esse prognóstico parece bastante razoável se for levada em conta a experiência que os estudantes conhecem de que um caminhão em movimento "inflige muito mais danos em um Fusca do que vice-versa". Isso é interpretado pelos estudantes para significar que o caminhão deve ter exercido mais força sobre o Fusca. Entretanto, "apesar do maior dano sobre o Fusca, a terceira lei da física, de Newton, afirma que dois corpos em interação exercem forças iguais e opostas entre si. Depois de os estudantes terem feito e registrado seus prognósticos, o instrutor realiza a demonstração e os estudantes vêem na tela que as sondas de força registram forças de igual grandeza, mas opostamente direcionadas durante a colisão".

estratégia de demonstração interativa Estratégia que ajuda os estudantes a superar concepções erradas sobre ciências, em que o professor apresenta a demonstração, solicita que os estudantes a discutam com seus colegas mais próximos, pede que realizem um prognóstico dos resultados e, então, realiza a demonstração.

Pete Karpyk, que ensina química em Weirton, na Virgínia, utiliza extensa gama de atividades que tornam a ciência viva para os estudantes. Aqui, ele se embrulhou com plástico para demonstrar os efeitos da pressão do ar. Alguns de seus estudantes fazem demonstrações de química em uma escola do ensino fundamental e ele descobriu que, em alguns casos, os estudantes que não se saem bem em testes, por outro lado, vão bem no ensino de crianças. Ele também adapta seu ensino baseado no retorno de ex-estudantes e incorpora questões de seus testes de química da faculdade como questões bônus nos testes que ele aplica aos seus estudantes do ensino médio (Fonte: Briggs, 2005, p. 6D).

Estratégias construtivistas de ensino

Muitos professores de ciências auxiliam seus estudantes a construir seu conhecimento por meio de descobertas e de pesquisas práticas de laboratório (Brandsford e Donovan, 2005; Chiappetta e Koballa, 2006; Linn e Eylon, 2006; Martin e outros, 2005; Singer, Hilton e Schweingruber, 2006). O ensino construtivista enfatiza que as crianças devem construir seu próprio conhecimento e entendimento científicos. Em cada etapa da aprendizagem científica, elas precisam interpretar novos conhecimentos relacionados ao contexto daquilo que elas já conhecem. Em vez de colocar conhecimentos totalmente formados nas mentes das crianças, na abordagem construtivista, os professores ajudam as crianças a construir cientificamente interpretações válidas do mundo e as orientam a alterarem suas concepções científicas errôneas (Linn e Eylon, 2006; Martin e outros, 2005; Peters e Stout, 2006; Songer, 2006).

Algumas abordagens construtivistas contemporâneas para o ensino de ciências envolvem a exploração de problemas científicos cotidianos, atividades que auxiliam os estudantes a aprender como a ciência funciona e os contextos sociais da ciência (Abruscato, 2004; Linn, Songer e Eylon, 1996).

Exploração dos problemas científicos cotidianos A maioria dos estudantes está muito mais interessada na ciência que trata de problemas relevantes para as suas vidas do que em discutir teorias abstratas. Um programa de escola fundamental que reflete essa ênfase é o projeto idealizado pela National Science Foundation (Fundação Nacional de Ciência), chamado Science for Life and Living (SLL) (Biological Sciences Curriculum Study, 1989; 2001). O programa enfatiza

- *"Ciência como uma forma de conhecimento"*. Essa frase expressa a idéia de que a ciência não é apenas conhecimento, mas uma forma singular de aprendizagem sobre o mundo.
- *"Tecnologia como uma forma do fazer"*. O foco não está nos computadores, mas, em vez disso, na compreensão da maneira como as pessoas utilizam os processos e as ferramentas tecnológicas para solucionar problemas práticos.
- *"Saúde como uma forma de comportamento"*. A ênfase aqui está na aplicação de habilidades de raciocínio científico para tomar decisões sobre a saúde, enfocando temas como causa e efeito e compreendendo como pensar criticamente a respeito da informação exigida para a melhora da saúde.

Em um estudo realizado nos Estados Unidos, em cinco escolas da Carolina do Norte, os estudantes que experimentaram o currículo SLL tiveram notas mais altas em um teste-padrão de biologia e em outras avaliações sobre a compreensão conceitual da biologia, em comparação aos estudantes do quinto ano, que tiveram aulas normais de ciências (Maidon e Wheatley, 2001).

Atividades que ajudam os estudantes a aprender como a ciência funciona Alguns projetos ajudam os estudantes a pensar a respeito e a visualizar como os princípios científicos funcionam. Por exemplo, o Project STAR (Science Teaching Through Astronomical Roots) (Ensino de Ciência por meio de Pesquisas Espaciais) utiliza a astronomia como um fundamento para ensinar princípios complexos de física aos estudantes do ensino médio (Schneps e Sadler, 1989). Simulações de computador podem ser especialmente eficazes ao ajudar os estudantes a visualizar e a pensar sobre os fenômenos científicos.

Exploração de um rico domínio de conteúdo A abordagem de Kathleen Metz (2004) para investigação científica enfoca a apresentação de métodos dos cientistas no contexto da experiência ampliada em um número limitado de domínios de conteúdo. Em sua pesquisa, estudantes do quinto ano são profundamente imersos em uma ou duas áreas de ciências – como comportamento animal – em vez de aprenderem uma pequena quantidade de informações sobre uma variedade de áreas da ciência. Na visão de Metz, não é realista pensar que os professores podem fazer que os estudantes participem de uma pesquisa profunda se eles conhecerem apenas uma pequena quantidade de informações sobre um campo. Assim, a partir de sua perspectiva, o ensino eficiente de ciências implica a pesquisa aprofundada em um número limitado de áreas, em vez da pesquisa superficial em muitas áreas. De acordo com Metz (2004), a pesquisa aprofundada tende mais a ser realizada quando os estudantes desenvolvem suas próprias questões, obtém métodos de investigação para essas questões e "desenvolvem um senso das formas e qualidades de evidência (e contra-evidência) que pode indicar as respostas... As pesquisas iniciais são cuidadosamente estruturadas e sustentadas; pesquisas subseqüentes são conduzidas e planejadas por eles mesmos, aos quais, cada vez mais, é dada responsabilidade independente para o progresso e avaliação do trabalho científico" (Lehrer e Schauble, 2006).

Os contextos sociais da ciência   O projeto "Fostering a Community of Learners" (FCL) (Brown, 1997; Brown e Campione, 1996), discutido no Capítulo 10, reflete a ênfase nos contextos sociais da ciência. Esse projeto sublinha a interação colaborativa entre o professor-estudante e estudante-estudante. Os estudantes pesquisam problemas de ciência ambiental, criam relatórios em grupo ou individuais e dão apoio uns aos outros como parte de uma comunidade de alunos de ciências. No FCL, o comentário, o questionamento, a pesquisa e a crítica construtivos são a norma e não a exceção. Lembremo-nos de que o FCL foi descrito por dois importantes psicólogos educacionais como "um marco na educação de ciência desenvolvimental" (Lehrer e Schauble, 2006).

Um inovador currículo de ciências da vida no ensino fundamental   No Capítulo 2, "Desenvolvimento cognitivo e de linguagem", discutimos a necessidade de novos currículos no ensino fundamental. Há falta, principalmente no ensino fundamental, de cursos que ofereçam as informações, capacidades e motivação para que os jovens adolescentes aprendam sobre si mesmos e o amplo mundo em que vivem.

O **Human Biology Middle Grades Curriculum (HumBio)** (Grade Curricular de Biologia Humana para Ensino Fundamental) foi desenvolvido por cientistas da Universidade de Stanford em colaboração com professores do ensino fundamental de todos os Estados Unidos (Carnegie Council on Adolescent Development, 1995; Heller, 1993). Ele integra o estudo de ecologia, evolução, genética, fisiologia, desenvolvimento humano, cultura, saúde e segurança. Pode parecer irônico que finalizemos esta seção sobre abordagens construtivistas de domínios específicos enfatizando a integração e a conexão em todo o currículo escolar. Entretanto, essa integração e conexão intercurricular é um importante tema em muitas disciplinas.

O HumBio não apenas é apropriado para o ensino de ciências para estudantes do ensino fundamental com ampla gama de capacidades, mas também promove simultaneamente a tomada sadia de decisões. O HumBio é um currículo de dois anos que consiste em 24 unidades. As escolas escolhem quais unidades querem ensinar. As unidades iniciais são "O

Nessa classe de HumBio, os estudantes da Central Park East Secondary School, em Nova York, investigam uma importante função do sistema digestivo humano realizada por meio da atividade peristáltica. O grupo aqui mostrado está passando arroz por um longo e flexível tubo de plástico que representa o intestino delgado.

Human Biology Middle Grade Curriculum (HumBio) Desenvolvido por cientistas da Universidade de Stanford, em colaboração com professores do ensino fundamental, esse currículo integra ecologia, evolução, genética, fisiologia, desenvolvimento humano, cultura, saúde e segurança.

Boas práticas
Estratégias para o ensino de ciências

Um resumo das importantes estratégias que podem ser utilizadas ao se ensinar ciências inclui:

1. *Ajudar os estudantes a aprender a pensar como cientistas.* Crie ambientes nos quais os estudantes façam observações cuidadosas, trabalhem efetivamente com dados e resolvam problemas científicos.

2. *Monitorar as concepções erradas dos estudantes sobre ciências e trabalhar com eles para desenvolver concepções mais acertadas.*

3. *Orientar os estudantes no desenvolvimento de capacidades de pesquisa.* Ao ensinar capacidades de pesquisa, não deixe os estudantes trabalharem completamente por sua própria conta; utilize a pesquisa orientada.

4. *Ensinar conteúdo de ciências.* Os estudantes não necessitam desenvolver apenas capacidades de pesquisa. Eles também precisam aprender o conteúdo de ciências.

5. *Tornar a ciência interessante dando aos estudantes oportunidades para que eles explorem problemas de ciências do dia-a-dia.* A seguir, você poderá ler sobre como Peggy Schweiger, professora de física da Klein Oak High School, em Katy, no Texas, faz isso.

Visão do professor

Deixar cair um ovo na cabeça do professor

Peggy Schweiger utiliza projetos práticos, como fazer a instalação elétrica de uma casa de bonecas e fazer réplicas de um barco para uma regata, para melhorar a compreensão dos estudantes sobre a física. Ela trabalha bastante principalmente na criação de projetos que interessem tanto a estudantes do sexo masculino como do sexo feminino. De acordo com um ex-estudante chamado Alison Arnett, de 19 anos, "Ela nos ensina a pensar e a aprender e não a obter sucesso na aula de física. Éramos incentivados por ela para ficarmos em pé sobre as carteiras, amarrarmos coisas no teto e, até mesmo, deixarmos cair um ovo em sua cabeça para ilustrar a física – tudo para nos fazer descobrir que vivenciamos a física todos os dias" (Fonte: *USA Today*, 2001, p. 6).

Peggy Schweiger com uma estudante que está aprendendo a pensar e a descobrir como a física funciona na vida diária das pessoas.

---

corpo em transformação, Reprodução e sexualidade", "Genética", "O sistema nervoso" e "A vida das células". Depois vêm "Das células aos organismos: desenvolvimento humano". Por fim, "O sistema circulatório", "Respiração" e "Digestão e nutrição" aprimoram o currículo.

Ao utilizar o HumBio, os professores trabalham cooperativamente a partir das perspectivas de cada disciplina, no sentido de ensinarem uma lição central. Por exemplo, uma discussão na aula de ciências sobre o impacto da alimentação e das drogas na circulação é coordenada com uma discussão na aula de educação física sobre a relação entre consumo de alimentos, drogas, circulação e respiração. O estudo da saúde inclui decisões relacionadas ao fumo, à análise de diferentes formas de se planejar menus, fatos que estão por trás de problemas alimentares e a formas de se reduzir o estresse. Uma aula ajuda os estudantes a compreender como as drogas afetam seus corpos (por exemplo, que a cocaína aumenta a produção de adrenalina). No currículo HumBio da Egan Intermediate School, em Los Altos, na Califórnia, estudantes do sétimo ano exploram os efeitos da adrenalina sobre o metabolismo por meio da observação de artêmias através de um microscópio. Os estudantes têm oportunidade de discutir as idéias na demonstração com o professor e entre si. Eles fazem perguntas e oferecem respostas.

O HumBio tem sido amplamente testado em escolas selecionadas por sua diversidade. O treinamento para o ensino de HumBio está disponível em institutos de verão, na Universidade de Stanford, e informações sobre o HumBio estão disponíveis na Addison-Wesley-Longmann Editores.

Pesquisa e conhecimento do conteúdo de ciências Alguns críticos das abordagens construtivistas argumentam que é dada muita atenção a capacidades de pesquisa e não é dada atenção suficiente às informações específicas da disciplina (American Association for Advancement of Science, 1993). Em resposta, os defensores da abordagem construtivista para biologia argumentam que essa abordagem cria cidadãos mais bem instruídos em ciências, que sabem como pensar nas ciências em vez de apenas memorizar fatos científicos (Trowbridge, Bybee e Powell, 2000).

Tenha em mente, no entanto, que é importante não deixar que os estudantes construam por si mesmos o conhecimento científico independentemente do *conteúdo de ciências*. A pesquisa realizada pelos estudantes deve ser orientada (Magnusson e Palinscar, 2005; Minstrell e Krauss, 2005). Os professores, no mínimo, devem inicialmente sustentar o aprendizado de ciências dos estudantes, monitorar amplamente seu progresso e assegurar-se de que eles estejam aprendendo o conteúdo de ciências. Assim, ao desenvolverem investigações científicas, os estudantes precisam "aprender capacidades de pesquisa *e* conteúdo de ciências" (Lehrer e Schauble, 2006).

Reveja, reflita e pratique

(5) Identificar alguns desafios e estratégias relacionados à maneira de ensinar as crianças a pensar em ciências.

Reveja
- Quais são algumas das idéias-chave da educação em ciências?
- Quais são algumas das abordagens construtivistas para o ensino de ciências?

Reflita
- Em que nível de qualidade sua escola de ensino fundamental ou médio efetivamente ensinou ciências para o estudante comum? Se foi abaixo do perfeito, como sua abordagem poderia ter sido melhorada?

Pratique PRAXIS™

1. Qual dos seguintes professores foi mais bem-sucedido ao ajudar os estudantes a superar concepções científicas erradas?
   a. Sra. Coster descobre quais são as concepções erradas de seus estudantes questionando de maneira cuidadosa e, então, explicitamente combate suas concepções erradas por meio do ensino direto.
   b. Sra. Quigley utiliza um texto de ciências e testa de maneira cuidadosa seus estudantes sobre o conteúdo do texto.
   c. Sr. Jones cria situações em que os estudantes exploram, por si mesmos, materiais para descobrir suas concepções erradas.
   d. Sr. Foster projeta experiências que demonstram aos estudantes que suas concepções estão erradas e assinala os princípios corretos.

2. Qual, entre os exemplos a seguir, é o melhor exemplo de estratégias de ensino construtivista em ciências?
   a. Os alunos do Sr. Ricardo estudam o assunto em seus testes de ciências e são examinados sobre cada capítulo.
   b. Os alunos do Sr. Bunker têm uma "competição científica" a cada sexta-feira. Ele faz perguntas e os estudantes respondem. Os estudantes que respondem incorretamente ficam fora da competição.
   c. Os alunos da Sra. Mertz realizam cuidadosamente experimentos projetados em algumas áreas que demonstram princípios científicos, ajudando-os a aprender de modo aprofundado e a aprender o processo de pesquisa científica.
   d. Os alunos da Sra. O'Connor mantêm cadernos de ciências onde tomam nota da matéria das aulas e ela aplica testes periódicos sobre a matéria que está nos cadernos.

Por favor, verifique as respostas no final do livro.

6 Estudos sociais

- O que são os estudos sociais?
- Abordagens construtivistas

Qual é a natureza dos estudos sociais? Quais os temas principais que caracterizam o ensino e a aprendizagem dos estudos sociais? Como as abordagens construtivistas podem ser aplicadas aos estudos sociais?

O que são os estudos sociais?

Em geral, o campo dos **estudos sociais**, também chamado ciências sociais, busca promover a competência cívica. O objetivo é ajudar os estudantes a tomar decisões racionais e bem informadas para o bem público como cidadãos integrantes de uma sociedade culturalmente diversa e democrática em um mundo interdependente. Nas escolas, os estudos sociais agregam disciplinas como antropologia, economia, geografia, história, direito, filosofia, ciências políticas, psicologia, religião e sociologia.

Os estudos sociais são ensinados desde o ensino fundamental até o fim do ensino médio, nos Estados Unidos. Na escola fundamental, as crianças normalmente aprendem estudos sociais integrados em várias disciplinas (Chapin, 2006). Isso normalmente ganha a forma de unidades construídas em torno de temas maiores que são examinados em termos de tempo, continuidade e mudança (Martorella e Beal, 2002). A partir do sexto ano e também no ensino médio, os cursos podem ser interdisciplinares – como um curso de história que agregue geografia, economia e ciências políticas – ou focado mais em uma disciplina única, como história (Martorella, 2001; Sunal e Haas, 2005; VanSledright e Limón, 2006).

O National Council for the Social Sciences (2000) (Conselho Nacional para as Ciências Sociais) propôs dez temas que deveriam ser enfatizados nos cursos de estudos sociais:

- *Tempo, continuidade e mudança*. Os estudantes precisam entender suas raízes históricas e se localizar no tempo. Saber como ler e construir o passado de modo eficiente ajuda os estudantes a explorar questões como estas: "Como estou conectado ao passado?", "Como pode a minha experiência pessoal ser vista como parte da história humana através do tempo?" Esse tema aparece normalmente nos cursos de história. Muitas pessoas tiveram experiências semelhantes nos cursos de história. Elas aprenderam fatos e datas que os professores e o texto apresentavam como importantes. Contudo, os professores e estudantes que pensam que a história se refere apenas a fatos e datas perdem oportunidades extraordinárias de aprender como a história é uma disciplina que envolve a análise de eventos e de como eles são relevantes para a vida das pessoas (Fritzer, 2002; National Research Council, 1999). De fato, os especialistas em história consideram as evidências em história muito mais do que uma lista de fatos. E os professores especialistas em história, em vez de simplesmente ensinarem história como listas de fatos a serem memorizados, orientam os estudantes na análise e na reflexão sobre os eventos históricos, incentivando principalmente os estudantes a pensar sobre possíveis alternativas de significados dos eventos e como eles podem ser interpretados de diferentes formas. Vários professores especialistas em história também motivam os estudantes a se envolver em debates sobre fatos ligados a determinada circunstância histórica.
- *Pessoas, lugares e ambientes*. O estudo desses tópicos ajuda os estudantes a desenvolver perspectivas espaciais e geográficas sobre o mundo. Isso auxilia os estudantes a tomar decisões competentes e bem informadas sobre as relações dos humanos com o seu ambiente. Nas escolas, esse tema habitualmente aparece nas unidades e nos cursos ligados à geografia.
- *Desenvolvimento individual e identidade*. A identidade pessoal do estudante é formada pela cultura, pelos grupos e pelas instituições. Os estudantes podem explorar questões como "Quem sou eu?", "Como as pessoas aprendem, pensam e se desenvolvem?" e "Como as pessoas satisfazem suas necessidades em contextos variados?" Nas escolas, esses temas normalmente aparecem nas unidades e nos cursos focados na psicologia e na antropologia.

estudos sociais O campo que busca promover a competência cívica com o objetivo de ajudar os estudantes a tomar decisões racionais e bem informadas para o bem público como cidadãos integrantes de uma sociedade culturalmente diversa e democrática em um mundo interdependente.

- *Indivíduos, grupos e instituições.* Os estudantes precisam aprender a respeito das formas como as escolas, igrejas, famílias, agências governamentais e os tribunais desempenham papéis integrais nas vidas das pessoas. Eles podem explorar os papéis de várias instituições de seu próprio país e também de outros países. Nas escolas, esse tema aparece normalmente nas unidades e cursos de sociologia, antropologia, psicologia, ciências políticas e história.
- *Poder, autoridade e governo.* A compreensão do desenvolvimento do poder, da autoridade e do governo do seu país e de outros países é essencial para desenvolver a competência cívica. Nesse tema, os estudantes exploram tópicos como os seguintes: O que é o poder e quais formas ele assume? Como as pessoas ganham poder, como o utilizam e como o justificam? Como podem as pessoas manter o seu governo receptivo às suas necessidades e interesses? Como os conflitos, dentro de uma nação e entre as nações, podem ser resolvidos? Esse tema aparece normalmente nas unidades e cursos focados no governo, ciências políticas, história e outras ciências sociais.
- *Produção, distribuição e consumo.* As pessoas têm necessidades e desejos que, às vezes, excedem os recursos limitados que estão disponíveis para elas. Como resultado, questões como as seguintes são levantadas: o que deve ser produzido? Como a produção deve ser organizada? Como os bens e serviços devem ser distribuídos? Qual é a divisão da produção mais eficiente (terra, capital e gerenciamento)? De forma crescente, essas questões possuem alcance global. Nas escolas, esse tema aparece normalmente nas unidades e cursos focados em economia.
- *Ciência, tecnologia e sociedade.* A vida moderna, como a conhecemos, seria impossível sem a tecnologia e a ciência que lhe dão base. Entretanto, a tecnologia traz muitas questões: As novas tecnologias são sempre boas? Como as pessoas podem, de maneira eficiente, lidar com os avanços rápidos da tecnologia? Como os valores são relacionados à tecnologia? Esse tema aparece nas unidades e cursos que envolvem história, geografia, economia, educação cívica e governo. Também é abordado em áreas como ciências físicas e naturais, ciências sociais e humanidades para exemplos específicos de temas e para o conhecimento base para a consideração dos temas sociais relacionados à sociedade e à tecnologia.
- *Conexões globais.* A realidade de interdependência crescente entre as nações requer a compreensão das nações e culturas em todo o mundo. Os conflitos entre as prioridades nacionais e globais podem envolver a saúde, o desenvolvimento econômico, a qualidade do meio ambiente, direitos humanos universais e outras agendas. Analisar a competição econômica, as identidades étnicas e as alianças políticas, ajuda os estudantes a entender o porquê de as nações desenvolverem políticas diferenciadas. Esse tema aparece normalmente nas unidades e cursos que envolvem geografia, cultura, economia e outras ciências sociais.
- *Práticas e ideais cívicos.* A compreensão dos ideais cívicos e das práticas de cidadania é importante para a participação plena na sociedade. Os estudantes enfocam questões como estas: o que é a participação cívica e como posso me envolver? Qual é o equilíbrio entre as necessidades individuais e as responsabilidades da comunidade? Nas escolas, esse tema aparece normalmente nas unidades e cursos envolvendo história, ciências políticas e antropologia.
- *Cultura.* O estudo da cultura prepara os estudantes para perguntar e responder questões como: em que as culturas são semelhantes e em que são diferentes? Qual é a melhor forma de interagir com pessoas que são de culturas diferentes da sua? Como a religião influencia as crenças das pessoas nas diferentes culturas? Nas escolas, o tema da cultura aparece normalmente nas unidades e cursos que enfocam a geografia, história e antropologia, bem como tópicos multiculturais que perpassam o currículo.

Se uma democracia como a dos Estados Unidos é segura e estável, cada nova geração de cidadãos deve acreditar no sistema e acreditar que ele funciona para as pessoas como elas.

Diversidade e educação
Missões de paz das Nações Unidas: uma abordagem construtivista

Um professor canadense de estudos sociais, do ensino fundamental, desenvolveu um projeto sobre as missões de paz das Nações Unidas para estimular os estudantes a refletir mais profunda e produtivamente sobre o respeito aos cidadãos em seus próprios países e sobre as dificuldades que as pessoas, em muitos países, continuam a vivenciar (Welshman, 2000). Durante os últimos 50 anos, as Nações Unidas estiveram envolvidas com a separação de adversários, a manutenção do cessar fogo, levando ajuda humanitária, auxílio a refugiados e criando condições que promovam a democracia. O estudo das iniciativas das Nações Unidas tornou-se uma forma de os estudantes examinarem vários valores pró-sociais, como gentileza, simpatia, cooperação, lealdade, igualdade e responsabilidade. Nesse projeto, os estudantes utilizam uma variedade de recursos, incluindo livros e a Internet, durante o curso de vários períodos de aula.

Ao apresentar o tópico missões de paz das Nações Unidas, o professor perguntou se algum dos estudantes já havia tido um desentendimento com um amigo ou colega de classe na escola. Os estudantes contribuíram com comentários e o professor disse que, em muitos casos, é necessário lançar mão de um terceiro para ordenar as coisas e ajudar a resolver o problema. O professor, então, voltou sua atenção para o modo como esses conflitos também caracterizam a política mundial entre os países e os diferentes grupos étnicos. Nações, regiões e pequenos grupos de pessoas têm desentendimentos e não há nenhum professor presente para ajudar a acalmar as coisas. É aí que as tropas de paz da ONU normalmente entram para ajudar a resolver determinado problema.

Então, os estudantes levantaram idéias sobre as missões de paz das Nações Unidas e recordaram informações que haviam aprendido anteriormente sobre o tópico e discutiram as idéias entre si. Na sala de aula, havia um mapa múndi no qual podiam identificar as regiões do mundo onde as missões de paz estavam se estabelecendo ou haviam se estabelecido.

Em seguida, foram divididos em cinco pequenos grupos com cinco estudantes cada para explorar dúvidas que eles tinham sobre missões de paz. O primeiro grupo concentrou-se na história das missões de paz. As questões exploradas incluíam onde a primeira missão de paz ocorreu e como a missão de paz mudou desde o fim da guerra fria. O segundo grupo demonstrou interesse no lado pessoal das missões de paz. Suas questões incluíram a quantidade de tropas de paz podem ser utilizadas em uma missão e alguns dos perigos que elas enfrentam. O terceiro grupo queria saber sobre a organização das missões de paz e fez perguntas como estas: quem fornece fundos para a missão? Como os soldados das tropas de paz são selecionados? O quarto grupo interessou-se pelo papel do Canadá nas missões de paz das Nações Unidas, fazendo estas perguntas: quando o Canadá se envolveu nisso? Havia canadenses no comando de missões de paz das Nações Unidas? O quinto grupo estava curioso sobre por que a missão de paz ocorre e fez perguntas como: "Como é o processo de tomada de decisão na determinação de quando formar uma missão de paz das Nações Unidas? Como as pessoas decidem quais problemas mundiais devem receber esse tratamento e quais deles não? Após terem elaborado essas questões, os estudantes pesquisaram e apresentaram respostas.

Além da atividade em pequenos grupos, os estudantes assistiram a um filme, *Caught in the Crossfire*, que retrata soldados das forças de paz canadenses na ex-Iugoslávia destruída pela guerra. Após terem assistido a esse filme, o professor pediu que os estudantes imaginassem que eles residiam na Iugoslávia devastada pela guerra, vivendo em condições terríveis. Então, solicitou que os estudantes imaginassem como seria a vida se os soldados das forças de paz canadenses não tivessem servido naquela parte do mundo.

Uma pesquisa de Constance Flanagan e seus colegas (Flanagan, 2004; Flanagan e Faison, 2001; Flanagan, Gill e Gallay, 1998), com adolescentes norte-americanos de diferentes grupos étnicos, aponta para o papel essencial do ensino a esse respeito. Eles descobriram que, quando os professores realmente se asseguram de que todos os estudantes se respeitam, que são ouvidos e tratados da mesma forma, os estudantes acabam por aprovar a democracia. Na

Seção Diversidade e educação, você poderá ler mais sobre o ensino de cultura e diversidade cultural em estudos sociais.

Abordagens construtivistas

Em muitas aulas de estudos sociais, o modo tradicional continua a ser utilizado para o ensino da matéria, através de um livro didático apenas, e um professor dá a aula e examina estratégias de pergunta e resposta. Entretanto, alguns educadores acreditam que o aprendizado sobre estudos sociais se beneficiaria de estratégias construtivistas, como a utilização de variadas fontes de informação, questões geradas pelos estudantes para orientar a pesquisa e colaboração entre pares – a estratégia usada na unidade Missões de Paz das Nações Unidas que acabamos de discutir (Gibson e McKay, 2001). Na visão construtivista, os estudantes devem elaborar suas próprias interpretações das evidências e submetê-las à análise. Permitir que eles façam isso pode estimular uma reflexão maior e o entendimento mais aprofundado das questões sociais (Chapin e Messick, 2002; Maxim, 2006; Sunal e Haas, 2005).

As abordagens construtivistas também enfatizam a significância dos estudos sociais (Ellis, 2002; Lee, 2005; Turner, 2004). Os estudantes se beneficiam quando consideram que aquilo que aprenderam nas aulas de estudos sociais é útil tanto dentro como fora da escola. O aprendizado significativo muitas vezes ocorre quando a interação em sala de aula enfoca o exame constante de apenas tópicos importantes em vez da cobertura de muitos tópicos.

As abordagens construtivistas para os estudos sociais também enfatizam a importância de se pensar criticamente sobre valores. As dimensões éticas dos tópicos e questões controversas oferecem uma arena para o pensamento reflexivo e o entendimento. Os professores eficientes reconhecem pontos de vista opostos, respeitam as posições bem fundamentadas, a sensibilidade para semelhanças e diferenças culturais e o compromisso com a responsabilidade social. Na perspectiva construtivista, os professores orientam os estudantes a considerar as dimensões éticas dos tópicos e voltam-se para questões controversas em vez de dizerem diretamente aos estudantes o que é ética.

Uma abordagem construtivista para o ensino de estudos sociais, criada pelo Teacher's Curriculum Institute (2001), utiliza essas estratégias de ensino para auxiliar os estudantes a "vivenciar" a história:

- *Palestra interativa com slide*. Essa estratégia transforma o que é normalmente uma atividade passiva, centrada no professor, em uma experiência participativa para os estudantes. Os estudantes vêem, tocam, interpretam e representam imagens projetadas. Enquanto o professor faz uma série de perguntas, os estudantes fazem anotações.

No programa History Alive!, do Teacher's Curriculum Institute, os estudantes trabalham em grupos cooperativos de quatro pessoas a fim de preparar um estudante para ser o ator em um animado painel de debates.

- *Construtores de habilidades em estudos sociais.* Os estudantes sentam-se em pares para realizar tarefas orientadas como o mapeamento de características geográficas, a análise de charges políticas e a representação em gráficos de tendências econômicas.
- *Escrever para entender.* Os estudantes são desafiados a escrever com uma finalidade.
- *Grupos de respostas.* Esse exercício cria ricos debates em sala de aula sobre temas controversos. Os estudantes se reúnem em pequenos grupos para assistir a slides que retratam eventos históricos e respondem a questões de pensamento crítico relacionadas a cada slide.

Para encerrar nossa discussão sobre o ensino de estudos sociais, vejamos os seguintes comentários do ex-professor de história do ensino médio, Robert Bain (2005, p. 209), que se vale de muitos dos temas que enfatizamos neste capítulo, não apenas sobre o ensino de ciências sociais, mas também sobre o ensino em outras áreas de conteúdo:

> Quando meus estudantes do ensino médio começaram a estudar história, eles tendiam a ver o assunto como uma entidade fixa, como um conjunto de fatos que os historiadores descobriram e colocaram em livros didáticos (ou nas mentes dos professores de história) para que os estudantes memorizassem. O propósito da história, se ela tinha um, era de alguma forma imunizar os estudantes de repetirem os erros do passado. O processo de aprendizagem da história, nem sempre empolgante, era óbvio e relativamente simples. Ironicamente, quando ingressei pela primeira vez em uma escola como professor de história, há 30 anos, eu acreditava em uma perspectiva semelhante, muitas vezes apoiada por minha formação e cursos de história... Logo, deixei de acreditar nessa perspectiva inocente e ingênua de aprendizado ou ensino de história e tentei desencorajar meus alunos de terem também essa perspectiva. De fato, nossas experiências em meus cursos de história nos ensinaram que, parafraseando Yogi Berra, a questão não é aquilo que sabemos, mas o que sabemos com certeza que não é... Aprender e ensinar história requer o pensamento complexo por parte dos professores e dos estudantes. Isso gira em torno do interesse, da geração e da organização de problemas; da determinação crítica da evidência e das explicações; a suspensão de nossas perspectivas para entender as perspectivas dos outros; utilizar fatos, conceitos e interpretações para fazer julgamentos; e, mais tarde, se a evidência convencer, de mudanças em nossas perspectivas e julgamentos.

Neste capítulo, exploramos estratégias eficazes de ensino em várias áreas de conteúdo. Para ler sobre algumas das melhores formas de se utilizar a tecnologias nessas e em outras áreas, veja o quadro Tecnologia e educação.

Reveja, reflita e pratique

6 Resumir como a aprendizagem de estudos sociais está se tornando mais construtivista.

Reveja
- O que o ensino de estudos sociais objetiva realizar?
- Quais são algumas das abordagens construtivistas para o ensino de estudos sociais?

Reflita
- Pense sobre uma comunidade específica para a qual você, um dia, poderia ensinar. Como você poderia adaptar o ensino de estudos sociais especificamente para as crianças dessa comunidade? Como você poderia tornar esse ensino construtivista?

Pratique PRAXIS™
1. Sr. Chen deseja que os estudantes compreendam que nem todos os povos vivem da mesma forma. Seus estudantes estudam as formas de vida de diferentes povos em todo o mundo. Qual tema de estudos sociais o Sr. Chen enfatiza?
   a. Cultura.
   b. Prática e ideais cívicos.
   c. Poder, autoridade e governança.
   d. Produção, distribuição e consumo.

Tecnologia e educação
Aplicações da tecnologia em áreas de conteúdo específicas

Há uma abundância de conteúdos específicos e de recursos disponíveis para os professores, alguns dos quais são produtos comerciais e outros gratuitos.

Nos Estados Unidos, há diversos programas bons para os leitores principiantes que ingressam no curso de língua inglesa, como as séries *Reader Rabbit* ou *Living Books*. Esse último oferece versões em software de clássicos da literatura infantil que os jovens estudantes podem ler e com os quais podem interagir. Para estudantes mais velhos, o *The Gutenberg Project* (**www.gutenberg.org**) disponibiliza os textos completos de milhares de livros cujos direitos autorais expiraram. Muitos autores de livros infantis possuem sites que fornecem informações complementares sobre eles e seus livros (veja, por exemplo, o site **www.judyblume.com**). Há bons suportes para a escrita em muitos processadores de texto, bem como programas que lêem para os estudantes textos escritos, como o *Write OutLoud!*, proporcionando aos estudantes uma ajuda no sentido de melhorar sua escrita.

Há muitos programas comerciais para proporcionar aos estudantes a prática em aritmética e álgebra, assim como interessantes aplicações que auxiliam nas pesquisas de geometria, como o *Geometric Supposer*, por exemplo. Os programas de manipulação de símbolos, como Mathematica (**www.wolfram.com/products/mathematica/index.html**) ou Maple (**www.maplesoft.com/**) permite que os estudantes pesquisem álgebra e cálculo em múltiplas representações. Também há grandes bancos de matérias para o aprendizado de matemática (veja **www.walterfendt.de/ml4e/** ou **www.merlot.org/**) para auxiliar no aprendizado de conceitos específicos de matemática. O National Council for Teachers of Mathematics (**www.ntm.org**) oferece uma variedade de objetos digitais, *Illuminations*, para ilustrar conceitos matemáticos para seus membros.

O apoio tecnológico para a pesquisa baseada em ciências inclui o uso de provas científicas, acesso on-line para expedições científicas, atividades interativas on-line para os estudantes (por exemplo, **www.exploratium.com/**) e laboratórios virtuais de ciências. Vernier (**www.vernier.com**) e Pasco (**www.pasco.com**) oferecem ampla variedade de hardware e software para auxiliar atividades práticas de ciências. Também há um bom banco de dados on-line de objetos para aprendizado no ensino de ciências, incluindo a *Digital Library* (Biblioteca Digital), da National Science Foundation (**http://nsdl.org/**) e o *SciLinks*, da National Science Teachers Association (**www.nsta.org/scilinks**).

Em estudos sociais, a Tom Snyder Productions (**www.tomsnyder.com**) oferece uma variedade de simulações de negociações que apresentam aos estudantes a tomada de decisão entre investidores concorrentes, como ocontece em *SimCity* e *Civilization* do Aspyr (**www.aspyr.com/**), em uma escala maior e mais complexa. Também há incríveis fontes de documentos originais (veja, por exemplo, a *American Memory Collection*, da Library of Congress (**http://memory.loc.gov/ammem**) ou o *Congressional Record* (**www.gpoaccess.gov/crecord/**), passeios virtuais em cidades de todo o mundo, jornais mundiais e coleções de mapas, incluindo o Google Earth (**http://earth.google.com/**).

Há também boas fontes sobre áreas de conteúdo especializado. Por exemplo, o *WebMuseum* é uma boa fonte de reproduções para o ensino de história da arte, principalmente sobre o Impressionismo. De fato, os museus do mundo inteiro têm boas reproduções disponíveis. O site *Afropop Worldwide* possui uma riqueza de informações sobre a música africana e *world music*, incluindo o download de músicas.

E há muito, muito mais disponível na Internet. Por exemplo, o WebQuests, criado por professores norte-americanos, disponível em **http:/webquest.org/**, pode ser ordenado por assuntos, assim como podem ser classificados os objetos digitais disponíveis na biblioteca MERLOT (**www.merlot.org**). Além disso, muitos editores oferecem CD-ROMs e sites com textos que podem ser utilizados pelos professores. Uma boa fonte para software comercial de qualidade é o KidsClick (**www.kidsclick.com**).

---

2. Qual é o melhor exemplo de uma abordagem construtivista para os estudos sociais?
   a. Os alunos do Sr. Ewing ouvem suas palestras e tomam notas sobre o conteúdo abordado.
   b. Os alunos do Sr. Drexler colorem e colocam etiquetas em mapas detalhados, o que os ajuda a aprender geografia.
   c. Os alunos da Sra. Byrd aprendem a matéria apresentada em seus livros didáticos e fazem regularmente testes que tratam do conteúdo.
   d. Sr. Jordan apresenta aos seus alunos uma questão controversa, que eles discutem e debatem.

   Por favor, verifique as respostas no final do livro.

Desvende o caso
O caso do currículo construtivista de matemática

Connie leciona no quarto ano em uma escola de um distrito escolar de classe média dos Estados Unidos. Neste ano, seu distrito adotou um novo currículo de matemática desde a educação infantil até o sexto ano, baseado nos princípios construtivistas. Ao freqüentar o serviço de treinamento destinado a orientar os professores sobre a implementação do novo currículo, Connie descobre que existem muitas diferenças entre o que ela havia ensinado durante os últimos 20 anos e esse novo currículo. O novo currículo concentra-se no uso da matemática na "vida real". Em vez de rápidos exercícios que não têm fim, os problemas fazem que os estudantes pensem e estabeleçam conexões entre suas vidas, em casa, e o que eles estão fazendo em matemática. O exercício e a prática ocorrem no contexto de vários jogos com os quais as crianças brincam juntas. É permitido, e é até mesmo ensinado aos estudantes, que eles abordem os problemas de variadas maneiras em vez de apenas enfocar um só algoritmo em determinado tipo de problema. Muitas dessas abordagens são completamente diferentes para Connie e, ela imagina, para os outros professores e os pais. "Isso vai dar muito trabalho". "Eu mesma vou ter de reaprender a matemática para poder ensinar dessa forma."

Quando se inicia o ano letivo, os outros professores começam a expressar suas preocupações em relação ao novo currículo. Ele é bastante diferente de tudo o que eles já haviam feito no passado. Muitos dos professores estão conseguindo ficar apenas uma ou duas lições à frente dos estudantes. As crianças do primeiro e do segundo ano parecem adorar o novo programa de matemática. Elas estão ativamente envolvidas durante as aulas e muitas delas dizem que a matemática é divertida. Os estudantes do quarto ao quinto ano, porém, não parecem estar entusiasmados com o novo currículo. Muitos deles são incapazes de finalizar suas lições de casa. Eles demonstram não entender como completar os problemas utilizando as técnicas ensinadas no novo currículo. Eles recorrem constantemente aos antigos algoritmos que foi ensinado a eles quando eram mais jovens. Isso está frustrando Connie e seus colegas, já que eles têm trabalhado bastante para dominar as formas alternativas com que eles mesmos tratam os problemas.

Para piorar ainda mais as coisas, os pais estão reclamando. Eles não conseguem ajudar seus filhos com as lições de casa porque também não sabem como usar as novas abordagens. Isso deixou muitos pais zangados. Muitos ameaçaram mudar seus filhos de escola e levá-los para "algum lugar onde se ensina a matemática normal". Um grupo de pais se manifestará junto ao conselho escolar para tratar desse tema em sua próxima reunião.

Para colocar mais lenha na fogueira, há um professor de matemática do ensino fundamental que insiste que esse novo currículo não dará aos estudantes a base de que eles necessitam para aprender álgebra. "Eles precisam desenvolver automatismo em relação aos seus fatos matemáticos, o que não acontecerá com esse novo programa. Este os leva a muitas direções. Eles nunca conseguirão voltar à álgebra normal a tempo".

Como resposta, os defensores mostram aos professores do ensino fundamental que o novo currículo realmente preparará melhor os estudantes para a alta matemática, pois eles terão uma compreensão conceitual melhor sobre *por que* estão fazendo as coisas e sobre como os algoritmos tradicionais funcionam. Connie se sente dividida. Ela entende o que deve ser feito com o novo currículo. Ela até acredita que ele poderia realmente beneficiar os estudantes no longo prazo. Entretanto, todos os dias ela encontra alunos em prantos em sua sala de aula porque não entendem o que ela pede para eles fazerem. Ela também já recebeu vários telefonemas de pais furiosos.

1. Quais são os problemas nesse caso?
2. Os alunos do primeiro e do segundo ano demonstram estar se desenvolvendo com esse currículo, enquanto os alunos mais velhos sofrem mais com ele. Por que isso está ocorrendo? Relacione sua resposta a um princípio construtivista.
3. Como os professores deveriam lidar com as preocupações dos pais em relação ao novo currículo?
4. Como eles poderiam lidar com as preocupações do professor de álgebra?
5. O que os professores podem fazer para ajudar seus alunos a essa altura?

Atingindo seus objetivos de aprendizagem
Aprendizagem e cognição nas áreas de conteúdo

1 Conhecimento especializado e conhecimento de conteúdo pedagógico: Diferenciar entre o conhecimento especializado e o conhecimento de conteúdo pedagógico.

O conhecimento especializado, também chamado *conhecimento da disciplina*, diz respeito a ser um especialista do conteúdo de uma disciplina. O conhecimento do conteúdo pedagógico refere-se ao conhecimento sobre como ensinar de modo eficiente determinada disciplina. Ambos são necessários para ser um professor especialista.

2 Leitura: Explicar como a leitura se desenvolve e discutir algumas abordagens úteis para o ensino da leitura.

Um modelo desenvolvimental de leitura

O modelo de Chall propõe cinco estágios no desenvolvimento da leitura: (0) Desde o nascimento até o primeiro ano escolar, identificar letras do alfabeto e aprender a escrever o nome de alguém. (1) No primeiro e no segundo ano, aprender a pronunciar palavras e completar a aprendizagem dos nomes das letras e os sons. (2) No primeiro e no segundo ano, aprender a recordar as palavras e completar a aprendizagem dos nomes das letras e os sons, (3) Do quarto ao oitavo ano, obter cada vez mais novas informações a partir do texto impresso. (4) No ensino médio, tornar-se um leitor competente e entender a matéria a partir de diferentes perspectivas.

Sistemas de regras de linguagem

Os sistemas de regras de linguagem sobre fonologia, morfologia, sintaxe e semântica desempenham papéis importantes na leitura. A percepção fonológica, que implica tornar-se consciente sobre as unidades de som nas palavras, é especialmente importante no desenvolvimento inicial da leitura. A percepção morfológica começa a se tornar importante no meio do ensino fundamental, quando os estudantes começam a encontrar cada vez mais palavras polissilábicas. A sintaxe relaciona-se com a leitura porque os estudantes que possuem habilidades gramaticais limitadas têm dificuldades para detectar a forma como as palavras se combinam em sentenças. Boas habilidades semânticas estão envolvidas com tornar-se um leitor proficiente, pois um bom vocabulário ajuda os leitores a acessar o significado das palavras sem esforço e relaciona-se com a compreensão da leitura.

Abordagens de leitura

O debate atual concentra-se na abordagem fônica versus a abordagem de "linguagem integral". A abordagem fônica defende que seja proporcionado ensino fonético e que sejam dados às crianças materiais simplificados. A abordagem de "linguagem integral" enfatiza que o ensino da leitura deveria colocar em paralelo a aprendizagem natural de linguagem das crianças e dar a elas materiais de "linguagem integral", como livros e poemas. Embora ambas as abordagens possam beneficiar as crianças, a abordagem fônica precisa ser enfatizada. Pesquisas indicam que o ensino sobre a percepção fonológica é particularmente eficiente quando é combinado com letramento e como parte de um programa completo de alfabetização. O treinamento eficiente da percepção fonológica envolve principalmente duas habilidades: combinação e segmentação. A leitura feita pelas crianças também se beneficia da leitura oral orientada e do ensino de estratégias de leitura.

Abordagens cognitivas

As abordagens cognitivas para leitura enfatizam a decodificação e a compreensão de palavras, a construção do significado e o desenvolvimento de estratégias de leitura especializadas. O texto tem significados que o leitor deve construir ativamente. Estratégias metacognitivas e processos automáticos estão envolvidos na decodificação e compreensão de palavras. A habilidade de manipular os sons e pensar sobre eles também é importante. O ensino da estratégia transacional é uma abordagem para auxiliar os estudantes a aprender a ler.

Abordagens socioconstrutivistas

As abordagens socioconstrutivistas para leitura enfatizam que (1) o contexto social desempenha uma parte importante na leitura e (2) os leitores versados na cultura devem ensinar aqueles não-versados. O significado é socialmente negociado. O ensino recíproco é uma técnica valiosa para ajudar os estudantes a melhorar sua leitura. Clubes do livro e conexões entre escola/família/comunidade podem igualmente refletir a perspectiva socioconstrutivista.

3 Escrita: Descrever como a escrita se desenvolve e discutir algumas abordagens úteis para o ensino da escrita.

Mudanças desenvolvimentais

A escrita das crianças segue um cronograma desenvolvimental, que surge a partir de seus rabiscos. Muitas crianças de quatro anos conseguem escrever seus nomes. Muitas crianças de cinco anos conseguem reproduzir letras e copiar várias palavras curtas. Os avanços no desenvolvimento da linguagem e da cognição oferecem a base para uma escrita melhor.

Abordagens cognitivas

As abordagens cognitivas para a escrita enfatizam muitos dos mesmos temas que têm destaque na leitura, como a construção do significado e estratégias de desenvolvimento. Acredita-se que o planejamento, a resolução de problemas, a revisão e as estratégias metacognitivas são especialmente importantes.

Abordagens socioconstrutivistas

As abordagens socioconstrutivistas para a escrita enfocam o contexto social no qual a escrita é produzida. Esse contexto social inclui a importância de os estudantes participarem de uma comunidade para compreender as relações autor/leitor e assumirem as perspectivas dos outros. As abordagens socioconstrutivistas para a escrita incluem escrever "textos reais" sobre experiências significativas, as reuniões de escrita professor-estudante, colaboração entre pares e as conexões entre escola/família/comunidade.

4 Matemática: Caracterizar como o pensamento matemático se desenvolve e identificar algumas questões relacionadas ao ensino da matemática.

Mudanças desenvolvimentais

As crianças possuem um substancial entendimento sobre conceitos numéricos antes de ingressarem no primeiro ano. Quando vão à escola, elas aprendem tipos muito mais avançados de habilidades numéricas. O National Council of Teacher of Mathematics (Conselho Nacional de Professores de Matemática) desenvolveu padrões para o aprendizado da matemática nesses níveis escolares: educação infantil até o segundo ano (sistema de numeração baseado em 10, por exemplo), do 3º ao 5º ano (raciocínio multiplicativo, equivalência e fluência computacional), do 6º ao 8º ano (raciocínio matemático – álgebra e geometria) e do 9º ao 12º ano (interação entre álgebra, geometria, estatística e matemática discreta).

Controvérsia no ensino da matemática

Hoje, há controvérsias no ensino da matemática no que diz respeito à maneira como a matemática deveria ser ensinada, utilizando uma abordagem cognitiva, conceitual e construtivista ou empregando uma abordagem prática e computacional. Os estudantes precisam desenvolver tanto o conhecimento conceitual da matemática como a sua competência procedural.

Processos cognitivos

Entre os processos cognitivos envolvidos na matemática estão a compreensão conceitual, o conhecimento dos procedimentos matemáticos, o conhecimento da organização e as estratégias metacognitivas.

Alguns princípios construtivistas

Reformas destinadas a tornar o ensino de matemática mais significativo, a criar conexões com o conhecimento adquirido anteriormente e a discutir os conceitos matemáticos com os outros.

Tecnologia e ensino de matemática

O *Curriculum and Evaluation Standards*, da NTCM, recomenda que as calculadoras sejam utilizadas em todos os níveis do ensino de matemática. Entretanto, alguns especialistas em educação argumentam que, como no leste asiático, as calculadoras não devem ser utilizadas antes do ensino médio para melhorar a capacidade do estudante de aprender os conceitos matemáticos.

5 Ciências: Identificar alguns desafios e estratégias relacionados à maneira de ensinar as crianças a pensar em ciências.

Educação em ciências

Muitas vezes, as habilidades que os cientistas utilizam, como observação cuidadosa, criação de gráficos, pensamento auto-regulador e a percepção de quando e como aplicar certo conhecimento para solucionar os problemas, não são ensinadas rotineiramente nas escolas. As crianças possuem muitos conceitos que são incompatíveis com a ciência e a realidade. Os bons professores percebem e compreendem os conceitos científicos básicos de uma criança, e, então, usam como um suporte para a aprendizagem.

Estratégias construtivistas de ensino

As estratégias de ensino construtivistas incluem a ênfase na aprendizagem da descoberta e na investigação prática de laboratório. Outras estratégias englobam a exploração dos problemas científicos cotidianos, utilizando atividades que ajudam os estudantes a aprender como a ciência funciona, a examinar um número limitado de campos científicos em profundidade e a considerar os contextos sociais das ciências. O Human Biology Middle Grades Curriculum (HumBio) integra o estudo da ecologia, evolução, genética, fisiologia, saúde, segurança, cultura e desenvolvimento humano. Não deveria ser enfatizada apenas a pesquisa e, quando utilizada, deveria ser uma pesquisa orientada. A educação científica eficiente enfatiza a pesquisa e o conhecimento do conteúdo de ciências.

3 Estudos sociais: Resumir como a aprendizagem de estudos sociais está se tornando mais construtivista.

O que são os estudos sociais?

O campo dos estudos sociais busca promover a competência cívica. Nas escolas, os estudos sociais são extraídos de disciplinas como antropologia, economia, geografia, história, direito, filosofia, ciências políticas, psicologia, religião e sociologia. Dez temas são recomendados para serem utilizados nas unidades e cursos de estudos sociais pelo National Council for the Social Sciences: tempo, continuidade e mudança; pessoas, lugares e ambiente; desenvolvimento individual e identidade; indivíduos, grupos e instituições; poder, autoridade e governança; produção, distribuição e consumo; ciência, tecnologia e sociedade; conexões globais; práticas e ideais cívicos; e cultura.

Abordagens construtivistas

Em muitas aulas de estudos sociais, o formato tradicional de aula expositiva continua sendo aplicado no ensino, mas há um crescente interesse em relação ao ensino a partir de uma perspectiva construtivista. Essa perspectiva enfatiza a importância de uma reflexão maior, entendimento, significado, pensamento crítico sobre valores e o exame embasado de alguns dos temas mais importantes em vez de abordar diversos temas.

Termos-chave

conhecimento especializado 365
conhecimento do conteúdo pedagógico 366
abordagem fônica 369
abordagem de linguagem integral 369
abordagem de ensino de estratégia transacional 371

ensino recíproco 372
clubes do livro 373
estratégia de demonstração interativa 389
Human Biology Middle Grades Curriculum (HumBio) 391
estudos sociais 394

Pasta de atividades

Agora que você tem uma boa compreensão deste capítulo, faça os exercícios a seguir para ampliar seu entendimento.

Reflexão independente

A sala de aula cognitiva e socialmente construtiva. De acordo com o nível escolar que você planeja ensinar, crie um resumo de boas idéias para tornar o aprendizado cognitivo e socialmente construtivo. Faça um esboço das idéias a partir deste e de outros capítulos. Acrescente outras idéias que você tenha. (INTASC: Princípios 4, 5)

Trabalho colaborativo

Assuma uma posição na controvérsia sobre matemática. Há controvérsia na educação matemática sobre se a matemática deveria ser ensinada de uma maneira construtivista ou de uma maneira mais tradicional. Há também controvérsia sobre se calculadoras e computadores deveriam ser utilizados no ensino da matemática nos anos do ensino fundamental. Reúna-se com vários estudantes e avalie essas controvérsias. Resuma a discussão. (INTASC: Princípios 1, 2, 4)

Experiência de pesquisa/campo

Pesquise os elementos básicos da leitura. Leia sobre as tendências atuais do ensino de leitura para crianças e avalie essas tendências com base no que você aprendeu neste capítulo. Compare as tendências atuais com a maneira como você aprendeu a ler. Qual método você considera mais eficiente? O que você acha que conta para que as baixas pontuações persistam nos testes padronizados nacionais de leitura? (INTASC: Princípios 1, 7)

Vá até o Online Learning Center em www.mhhe.com/santedu3e para baixar modelos de pastas de documentos (material disponível em inglês).

CAPÍTULO 12
Planejamento, ensino e tecnologia

A educação é a transmissão da civilização.

— Ariel e Will Durant
Escritores e filósofos norte-americanos do século 20

Tópicos do capítulo

Planejamento
- Planejamento de ensino
- Planejamento e períodos de execução

Ensino e planejamento de aula centrados no professor
- Planejamento de aula centrado no professor
- Ensino direto
- Estratégias de ensino centradas no professor
- Avaliação do ensino centrado no professor

Ensino e planejamento de aula centrados no aluno
- Princípios centrados no aluno
- Algumas estratégias de ensino centradas no aluno
- Avaliação do ensino centrado no aluno

Tecnologia e educação
- A revolução tecnológica e a Internet
- Padrões para os estudantes alfabetizados em tecnologia
- Ensino, aprendizagem e tecnologia
- Tecnologia e diversidade sociocultural
- O futuro da tecnologia nas escolas

Objetivos de aprendizagem

1. Explicar o que envolve o planejamento de sala de aula.

2. Identificar as formas importantes de ensino centrado no professor.

3. Discutir as formas importantes de ensino centrado no aluno.

4. Resumir como utilizar a tecnologia de modo efetivo para ajudar as crianças a aprender.

Histórias   Lois Guest e Kevin Groves

Na classe do quinto ano em que Lois Guest leciona, na escola de ensino fundamental Hesperian, em San Lorenzo, Califórnia, 30 estudantes trabalham em seus novos computadores portáteis fornecidos pelo distrito escolar. Um mês depois de os computadores terem chegado, as enciclopédias, superadas, foram esquecidas nas prateleiras e, além disso, os estudantes não precisaram mais disputar um horário no laboratório de informática da escola.

A chegada dos computadores marcou uma incrível mudança na carreira de Guest. Ela ensinou por 35 anos na Hesperian e se lembra da época em que os projetores de slides eram o que havia de mais moderno em tecnologia. Agora, ela está construindo um website para a sua classe e aprendendo como utilizar uma câmera digital e um scanner óptico. Guest diz que está aprendendo muito sobre tecnologia e que seus alunos também a ajudam com o computador. Bianca Gutierrez, de 10 anos, diz que gosta tanto de trabalhar no seu computador que ela tem vontade de voltar logo para a escola.

Quando Kevin Groves levou a sua classe do quinto ano a um passeio pelo jardim botânico, seus alunos insistiram que deveria ser permitido o uso de computadores portáteis. Um dos alunos, Salvador Mata, sentou-se no gramado com sua mãe e explicou a ela como se faz uma apresentação no PowerPoint. A mãe de Salvador está contente com sua aprendizagem na utilização do computador tão cedo, ela acredita que isso o ajudará a conseguir um bom emprego quando chegar na vida adulta. Groves comentou que pesquisa todos os links que ele coloca em seu website para ter certeza de que se trata de um link educativo e que o link não levará seus alunos a algo ruim (Fonte: May, 2001, p. A1, A24).

Introdução

Este capítulo tem como foco a aprendizagem e o processo cognitivo discutidos do Capítulo 7 ao 11. Além disso, aborda o planejamento de ensino no nível do plano global de aula ou unidade. Exploramos o planejamento de aula centrado no professor, elaborado com base nos princípios comportamentais abordados no Capítulo 7, e o planejamento de aula centrado no aluno, elaborado com base no conteúdo abordado do Capítulo 8 ao 11. Por fim, exploramos importantes aplicações da tecnologia na sala de aula, como a utilização da Internet.

1 Planejamento

- Planejamento de ensino
- Planejamento e períodos de execução

Diz o ditado que quando as pessoas falham em planejar, elas planejam falhar. Muitas pessoas bem-sucedidas atribuem seu sucesso ao planejamento efetivo. Por exemplo, Lee Iacocca (1984), antigo presidente da Chrysler Corporation, credita seu sucesso a seu planejamento semanal. Nossa introdução ao planejamento descreve o que o planejamento de ensino é e os diferentes períodos de execução do planejamento.

Planejamento de ensino

O planejamento é um aspecto fundamental quando o professor almeja se tornar um professor competente. O **planejamento de ensino** envolve o desenvolvimento de uma estratégia organizada e sistemática das aulas. Os professores precisam decidir o que e como ensinar antes de começar a fazê-lo. Embora alguns momentos maravilhosos de ensino sejam espontâneos, as aulas ainda devem ser cuidadosamente planejadas.

O tempo que se passa escrevendo o planejamento das aulas pode parecer tedioso. Contudo, isso lhe dará confiança e orientação na abordagem dos assuntos mais importantes e você deixará de gastar minutos preciosos do período de aula.

---

planejamento de ensino Uma estratégia organizada e sistemática para o planejamento das aulas.

Frank and Ernest © Thaves/Dist. by Newspaper Enterprise Association Inc.

O planejamento de ensino poderia ser determinado pela escola em que você leciona. Muitos diretores e supervisores exigem que os professores mantenham planos por escrito e solicitam que sejam apresentados planos de aula com várias semanas de antecipação. Ao observar os professores em sala de aula, os supervisores checam se o professor está seguindo o plano. Caso um professor se ausente, um professor substituto poderá continuar seguindo o plano.

As expectativas quanto ao planejamento do professor aumentaram com a promulgação dos padrões de aprendizagem nos Estados Unidos que especificam o que os estudantes precisam saber e serem capazes de realizar (Darling-Hammond e outros, 2005). Entretanto, esses padrões normalmente não esclarecem o que o professor deveria realizar em sala de aula para que estivesse de acordo com eles. Quando os padrões estão em vigor, os professores devem descobrir como planejar e organizar seu currículo em torno das medidas mais importantes implicadas pelos padrões e criar uma "seqüência ou conjunto de atividades de aprendizagem para estudantes específicos" (Darling-Hammond e outros, 2005, p. 184).

Muitas estratégias de planejamento são organizadas em torno de quatro elementos: "a natureza da disciplina, os alunos, o contexto e o papel do professor" (Darling-Hammond e outros, 2005, p. 184). Uma estratégia de planejamento efetiva, utilizada por muitos professores, é o *planejamento retroativo* a partir de "metas para desempenhos desejados em atividades e elementos de apoio necessários para sustentar o progresso do estudante". Na verdade, uma boa estratégia é começar o seu planejamento pensando sobre as metas que você quer que os seus alunos alcancem no final do ano letivo e, então, planejar retroativamente a partir desse ponto. Uma análise indicou que muitos professores experientes descreveram que nos seus primeiros anos de ensino faltava uma visão de longo prazo em seus planejamentos de currículo e por causa disso incentivaram alguns professores iniciantes a pensar de forma mais ampla – o que eles consideravam primordial que os alunos aprendessem naquele ano – e como eles poderiam orientar os alunos a chegar a esse resultado (Kunzmann, 2003).

Linda Darling-Hammond e seus colegas (2005, p. 185-186) apresentaram uma descrição de como planejar as experiências de aprendizagem para atingir metas

> ... é necessário que se esteja atento para fazer a seleção e a organização do conteúdo e das atividades – o que, muitas vezes, é chamado 'extensão e seqüência'. Os professores devem escolher o que é importante incluir, estabelecer suas metas e saber como tornar isso acessível a determinado grupo de estudantes. Isso requer pensar sobre como dar aos estudantes um esquema ou mapa conceitual do domínio a ser estudado (National Research Council, 2000), bem como planejar atividades específicas à luz dos níveis de prontidão dos estudantes para os vários tipos de experiências de aprendizagem. Isso também requer a consideração dos vários tipos de informação, demonstrações, modelos, oportunidades de pesquisa, debates e prática que os estudantes precisam no decorrer do tempo para compreender determinados conceitos e desenvolver determinadas habilidades...

Em suma, os professores precisam "imaginar o que os estudantes devem fazer e quando, em qual ordem e como" para implementar o quadro geral de sua visão curricular.

Planejamento e períodos de execução

Conforme acabamos de observar, o desenvolvimento de planos de tempo sistemático envolve saber o que precisa ser feito e quando, ou a concentração em "tarefa" e "tempo". Aqui está uma tarefa com seis partes e planejamento de tempo (Douglass e Douglass, 1993):

O que precisa ser feito
1. *Estabelecer metas de ensino.* (O que espero realizar?)
2. *Planejar atividades.* (O que preciso fazer para alcançar essas metas?)
3. *Estabelecer prioridades.* (Quais são as tarefas mais importantes?)

O tempo para fazer isso
4. *Fazer estimativas de tempo.* (Quanto tempo cada atividade requer?)
5. *Criar uma programação.* (Quando faremos cada atividade?)
6. *Ser flexível.* (Como devo lidar com acontecimentos inesperados?)

Você deve fazer planejamentos para diferentes períodos de duração, desde o planejamento anual até o diário (Arends, 2004). Se você fizer o planejamento para toda a escola ou para sua própria carreira, o período de duração provavelmente será de muitos anos.

Robert Yinger (1980) identificou cinco períodos que envolvem o planejamento do professor: planejamento anual, planejamento semestral, planejamento da unidade, planejamento semanal e planejamento diário. A Figura 12.1 ilustra esses períodos e o planejamento de cada um deles. Yinger também recomenda que os professores se dediquem a quatro áreas ao planejar: metas, fontes de informação, estrutura do planejamento e os critérios para a eficiência do planejamento. A Figura 12.2 mostra o que está envolvido nessas áreas nos cinco diferentes períodos.

Embora o planejamento seja fundamental para o ensino de sucesso, não planeje demais a ponto de se tornar um autômato. Desenvolva planos organizados e tente desenvolvê-los, mas seja flexível; à medida que um ano, mês, semana ou dia transcorrer, faça as adaptações necessárias às circunstâncias que surgem. Um evento atual controverso ou um assunto que você julga necessário ensinar e que não havia incluído originalmente podem aparecer. Observe e retrabalhe seus planejamentos no decorrer do ano letivo para se adaptar a essas circunstâncias especiais.

Se você planejar de modo eficiente, não precisará manter todos os detalhes de uma aula em mente o tempo todo (Middleton e Goepfert, 1996). O planejamento permite que você se concentre em como transmitir o ensino aos estudantes e orienta o aspecto interativo do mesmo.

Muitos professores se tornam dependentes demais de guias dos professores ou da estrutura do livro didático para direcionar seu planejamento de ensino. Os benefícios positivos dessa prática em relação às atividades ou aulas preparadas para o tempo que dura a aula são que você pode se concentrar mais nos aspectos cotidianos do ensino. Contudo, você pode se aprofundar mais sobre alguns tópicos e desenvolver mais os projetos para todo o semestre do que consta dos guias dos professores.

Há um comentário final a ser feito sobre o planejamento. Torna-se cada vez mais claro que os professores precisam monitorar e avaliar seu planejamento curricular em termos do nível

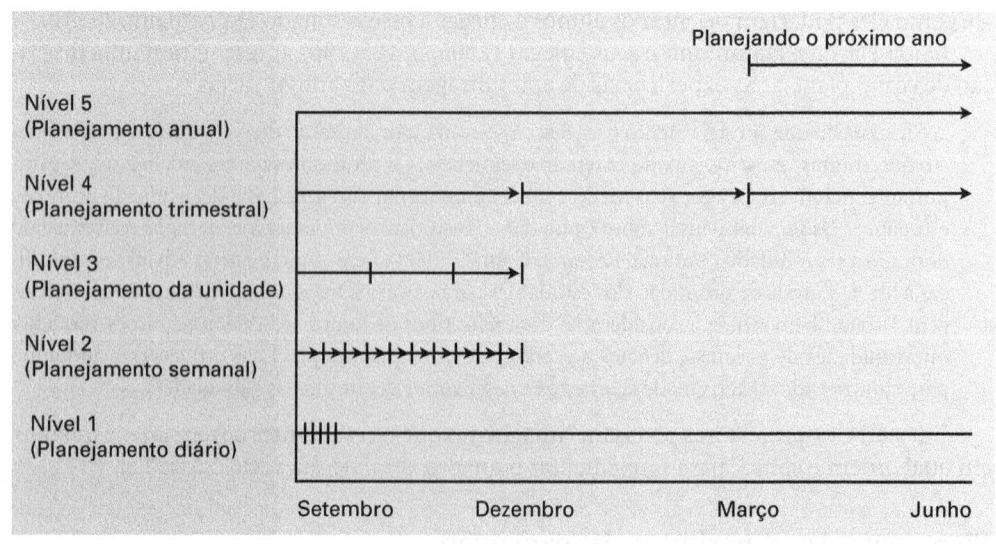

FIGURA 12.1 Cinco períodos que envolvem o planejamento do professor e sua ocorrência durante o ano letivo.

Fonte: Yinger, R. J. A study of teaching planning, In: *The Elementary School Journal*, v. 80, n. 3, p. 113, jan. 1980. Copyright©1980 by The University of Chicago. Reproduzido com a permissão da University of Chicago Press.

	Metas do planejamento	Fontes de informação	Forma do plano	Critérios para julgar a efetividade do planejamento
Planejamento anual	1. Estabelecer o conteúdo geral (de forma bastante ampla e estruturada de acordo com os objetivos do currículo determinado pelo distrito) 2. Estabelecer uma seqüência básica do currículo 3. Solicitar e reservar materiais	1. Estudantes (informações gerais sobre os números de estudantes e sobre os estudantes egressos) 2. Recursos disponíveis 3. Diretrizes do currículo (objetivos determinados pelo distrito) 4. Experiência com currículos e materiais específicos	Planilhas gerais com a lista do conteúdo básico e possíveis idéias para cada disciplina (caderno espiral utilizado para cada tema)	1. Entendimento dos planos 2. Ajuste de suas metas em relação aos objetivos determinados pelo distrito
Planejamento trimestral	1. Detalhamento do conteúdo a ser abordado nos próximos 3 meses 2. Estabelecimento de uma programação semanal para o período letivo que se ajuste às metas e às prioridades do professor para o trimestre	1. Contato direto com os estudantes 2. Restrições de tempo estabelecidas pelo calendário escolar 3. Recursos disponíveis	1. Elaboração de planilhas desenvolvidas para o planejamento anual 2. Uma planilha com a programação semanal especificando as atividades e a duração	1. Planilhas – abrangência, integralidade e especificidades de elaboração 2. Programa – abrangência e ajuste das metas do trimestre, balanço 3. Ajuste das metas do trimestre
Planejamento da unidade	1. Desenvolvimento de uma seqüência de experiências de aprendizagem bem organizada 2. Apresentação de conteúdo abrangente, integrado e significativo em um nível adequado	1. Capacidade e interesses dos estudantes etc. 2. Materiais, duração das aulas, determinação do tempo, demanda, formato 3. Objetivos do distrito escolar (Secretaria Municipal de Educação) 4. Instalações disponíveis para as atividades	1. Listas de planilhas de atividades e de conteúdo 2. Listas de atividades seqüenciadas 3. Anotações no livro de planejamento	1. Organização, seqüência, equilíbrio e fluxo de planilhas 2. Ajuste às metas anuais e do trimestre 3. Ajuste ao envolvimento e aos interesses previstos dos estudantes
Planejamento semanal	1. Estabelecimento das atividades semanais dentro do período de execução da programação semanal 2. Ajuste da programação quanto a interrupções e necessidades especiais 3. Manutenção da continuidade e da regularidade das atividades	1. O desempenho dos estudantes nos dias anteriores e durante as semanas 2. Interrupções programadas da escola (por exemplo, reuniões, férias etc.) 3. Materiais, assistências e outros recursos	1. Nomes e períodos das atividades no livro de planejamento 2. Dia dividido em quatro blocos de ensino pontuados por intervalo matinal, almoço e intervalo da tarde	1. Integralidade dos planos 2. Grau em que o programa semanal foi seguido 3. Flexibilidade dos planos para permitir períodos inesperados de restrições e interrupções 4. Ajuste às metas
Planejamento diário	1. Definição e organização da classe para o dia seguinte 2. Especificação dos componentes da atividade ainda não estabelecidas 3. Ajuste do programa diário quanto às interrupções inesperadas 4. Preparação dos estudantes para as atividades do dia	1. Instruções sobre os materiais a serem utilizados 2. Estabelecimento de tempo necessário para as atividades 3. Avaliação da "distribuição" da classe no início do dia 4. Interesse contínuo, envolvimento e entusiasmo	1. Programa para o dia escrito na lousa e discutido com os alunos 2. Preparação e organização dos materiais e das instalações da classe	1. Finalização dos acertos de última hora e decisões sobre o conteúdo, materiais etc. 2. Envolvimento, entusiasmo e interesse transmitidos pelos alunos

FIGURA 12.2 Cinco diferentes períodos do planejamento do professor e as atividades envolvidas.

Fonte: Yinger, R. J. A study of teaching planning, In: *The Elementary School Journal*, v. 80, n. 3, p. 114-115, Jan. 1980. Copyright©1980 by The University of Chicago. Reproduzido com a permissão da University of Chicago Press.

de progresso que os estudantes vêm atingindo com relação às metas de aprendizagem, à medida que atravessam o período letivo (Darling-Hammond e outros, 2005). Então, o tempo para a avaliação e a informação de retorno para os alunos precisam ser incorporados ao processo do planejamento. Exploraremos os diferentes tipos da avaliação nos Capítulos 15 e 16.

Reveja, reflita e pratique

1 Explicar o que envolve o planejamento de sala de aula.

Reveja

- Por que o ensino precisa ser planejado?
- Que tipo de planejamento precisa ser feito em relação à utilização do tempo?

Reflita

- Em suas experiências desde a educação infantil até o final do ensino médio, você teve algum professor que não tenha se dedicado suficientemente ao planejamento? Quais são as conseqüências disso para os estudantes?

Pratique PRAXIS™

1. Sra. Swenson está fazendo o planejamento para o ano letivo. Qual das seguintes estratégias ela deveria seguir?
   a. Planejar começando com planos para a primeira semana na escola.
   b. Planejar retroativamente, definindo as metas que ela deseja que seus estudantes atinjam até o final do ano letivo.
   c. Não passar muito tempo planejando e, em vez disso, avaliar o nível em que seus estudantes se encontram no primeiro mês da escola.
   d. Dedicar-se ao planejamento circular.

2. Ao planejar, Sr. Tomasello considera os objetivos estabelecidos pelo distrito escolar e pelos padrões determinados pelo Estado e ajusta seu currículo a eles. Após ter feito isso, ele considera o que deseja ensinar e quando, com base na seqüência que faz mais sentido. Por fim, ele reserva os equipamentos necessários e solicita os materiais apropriados para realizar seus planos. A qual nível de planejamento o Sr. Tomasello está se dedicando mais?
   a. Diário.
   b. Semanal.
   c. Semestral.
   d. Anual.

Por favor, verifique as respostas no final do livro.

---

2 Ensino e planejamento de aula centrados no professor

- Planejamento de aula centrado no professor
- Ensino direto
- Estratégias de ensino centradas no professor
- Avaliação do ensino centrada no professor

Tradicionalmente, as escolas vêm focando o ensino e o planejamento de aula centrados no professor. Nessa abordagem, o planejamento e o ensino são altamente estruturados e o professor dirige o aprendizado dos estudantes.

Planejamento de aula centrado no professor

Três ferramentas gerais são especialmente úteis no planejamento centrado no professor. Trata-se de objetivos comportamentais, análise da tarefa e taxonomias de ensino (classificações), que exploraremos a seguir.

Objetivos comportamentais **Objetivos comportamentais** são declarações sobre as mudanças que o professor quer ver nos desempenhos dos alunos. Na visão de Robert

objetivos comportamentais Declarações que comunicam as mudanças propostas no comportamento dos estudantes para atingir níveis desejados de desempenho.

Mager (1962), os objetivos comportamentais devem ser muito específicos. Mager acredita que os objetivos comportamentais devam ser divididos em três partes:

- *Comportamento do estudante.* Concentre-se no que o estudante aprenderá ou fará.
- *Condições sob as quais o comportamento ocorrerá.* Estabeleça qual a oportunidade oferecida para que o comportamento seja avaliado ou testado.
- *Critérios para desempenho.* Defina qual nível de desempenho será aceitável.

Por exemplo, um professor poderia estabelecer um objetivo comportamental em torno da idéia de que o estudante descreverá cinco causas do declínio do Império Britânico (comportamento do estudante). O professor planeja aplicar uma prova dissertativa sobre esse tema (condições sob as quais o comportamento ocorrerá). E o professor decide que explicar quatro ou cinco causas será um desempenho aceitável (critério para o desempenho).

Análise da tarefa Outra ferramenta do planejamento centrado no professor é a **análise da tarefa**, que é a decomposição de uma tarefa complexa em partes para que os estudantes possam aprender (Alberto e Troutman, 2006; Miller, 2006). A análise pode ser realizada em três passos básicos (Moyer e Dardig, 1978):

1. Definir quais habilidades ou conceitos o estudante precisa ter para aprender a tarefa.
2. Listar todos os materiais que serão necessários para a realização da tarefa, como papel, caneta e calculadora.
3. Listar todos os componentes da tarefa na ordem em que eles devem ser realizados.

Taxonomias de ensino As taxonomias de ensino também ajudam nas abordagens centradas no professor. Uma **taxonomia** é um sistema de classificação. A **taxonomia de Bloom** foi desenvolvida por Benjamin Bloom e seus colegas (1956). Ela classifica os objetivos educacionais dentro de três domínios: cognitivo, afetivo e psicomotor. A taxonomia de Bloom tem sido utilizada por muitos professores no planejamento de aula para estabelecer metas e objetivos.

O domínio cognitivo A taxonomia cognitiva de Bloom possui seis objetivos (Bloom e outros, 1956):

- *Conhecimento.* Os estudantes têm a capacidade de se lembrar das informações. Por exemplo, um objetivo poderia ser listar ou descrever quatro das principais vantagens de se utilizar um computador para o processamento de textos.
- *Compreensão.* Os estudantes entendem a informação e podem explicá-la com suas próprias palavras. Um objetivo, por exemplo, poderia ser explicar ou discutir como um computador pode ser usado de modo efetivo no processamento de textos.
- *Aplicação.* Os estudantes usam o conhecimento para resolver problemas da vida real. Por exemplo, um objetivo poderia ser aplicar o que foi aprendido quanto à utilização de um computador no processamento de texto na maneira como isso poderia ser usado em variadas carreiras.
- *Análise.* Os estudantes decompõem as informações complexas em partes menores e relacionam a informação com outras informações. Por exemplo, um objetivo poderia ser comparar um tipo de programa de processamento de texto com outro para a realização de redações.
- *Síntese.* Os estudantes combinam elementos e criam novas informações. Por exemplo, um objetivo poderia ser organizar tudo o que foi aprendido sobre o uso de computadores em relação à escrita.
- *Avaliação.* Os estudantes fazem bons julgamentos e tomam boas decisões. Por exemplo, um objetivo poderia ser fazer críticas aos diferentes tipos de programas processadores de texto ou avaliar os pontos fortes e fracos de determinado programa de processamento de textos.

Quando Bloom apresentou pela primeira vez sua taxonomia, ele descreveu esses seis objetivos cognitivos distribuídos hierarquicamente, partindo do *nível mais baixo* (conhecimento, compreensão) até o *nível mais alto* (aplicação, análise, síntese, avaliação), com os

análise da tarefa Decompor uma tarefa complexa que os estudantes aprenderão em suas partes componentes.

taxonomia Um sistema de classificação.

taxonomia de Bloom Desenvolvida por Benjamin Bloom e seus colegas; consiste em objetivos educacionais em três domínios – cognitivo, afetivo e psicomotor.

objetivos de nível mais alto construindo os de nível mais baixo. Contudo, os educadores normalmente esmiúçam os objetivos do seu nível e simplesmente os utilizam como uma forma compreensível de levar em conta diferentes objetivos cognitivos.

Os objetivos cognitivos de Bloom podem ser utilizados durante o planejamento da avaliação. Verdadeiro/falso, emparelhamento, múltipla escolha e questões de resposta curta são geralmente usados para avaliar o conhecimento e a compreensão. Provas dissertativas, debates em classe, projetos e portfólios são especialmente interessantes para avaliar a aplicação, a análise, a síntese e a avaliação.

O domínio afetivo A taxonomia afetiva consiste em cinco objetivos relacionados a respostas emocionais para as tarefas (Krathwohl, Bloom e Masia, 1964). Cada um dos cinco objetivos a seguir exige do estudante que este mostre algum grau de compromisso ou intensidade emocional:

- *Recepção.* Os estudantes ficam atentos ou ocupam-se de algo em seu ambiente. Por exemplo, um convidado vai à sala de aula para falar com os estudantes sobre leitura. Um objetivo pode ser fazer os estudantes ouvirem atentamente o palestrante.
- *Reação.* Os estudantes ficam motivados a aprender e a apresentar um novo comportamento como resultado de uma experiência. Um objetivo pode ser fazer que os estudantes sintam-se motivados a se tornar leitores melhores como resultado da presença do palestrante convidado.
- *Valorização.* Os estudantes ficam envolvidos ou se comprometem com alguma experiência. Um objetivo pode ser fazer que os estudantes valorizem a leitura como uma habilidade importante.
- *Organização.* Os estudantes integram um novo valor em um conjunto de valores já existentes e lhe dão uma prioridade adequada. Um objetivo pode ser fazer os estudantes participarem de um clube do livro.
- *Caracterização do valor.* Os estudantes agem de acordo com o valor e são firmemente comprometidos com ele. Um objetivo pode ser fazer que, durante o ano escolar, os estudantes valorizem cada vez mais a leitura.

O domínio psicomotor A maioria de nós associa a atividade motora com a educação física e atlética, mas muitos outros assuntos, como a escrita à mão e o processamento de textos, também envolvem movimento. Nas ciências, os estudantes precisam manipular equipamentos complexos; as artes manuais e visuais requerem boa coordenação visomotora. Os objetivos psicomotores de Bloom incluem:

- *Movimentos reflexos.* Os estudantes respondem involuntariamente, sem o pensamento consciente a um estímulo – por exemplo, piscam quando um objeto entra inesperadamente em seu caminho.
- *Fundamentos básicos.* Os estudantes fazem movimentos voluntários básicos que são dirigidos para determinado propósito, como agarrar um microscópio e, de forma correta, girá-lo.
- *Capacidades perceptuais.* Os estudantes utilizam seus sentidos, como ver, ouvir ou tocar, para orientar os esforços de suas capacidades, como observar a maneira de segurar um instrumento científico, como um microscópio, e ouvir as instruções sobre como utilizá-lo.
- *Capacidades físicas.* Os estudantes desenvolvem *capacidades* gerais de resistência, força, flexibilidade e agilidade, como correr longas distâncias ou arremessar uma bola.
- *Movimentos habilidosos.* Os estudantes desempenham complexas habilidades físicas com algum grau de perícia, como, de forma efetiva, fazer o esboço de um desenho.
- *Comportamentos não-discursivos.* Os estudantes comunicam sentimentos e emoções por meio de ações corporais, como fazer pantomimas ou dançar para comunicar uma obra musical.

Quais são alguns dos objetivos da taxonomia cognitiva original de Bloom? Como isso foi modificado na atualização da taxonomia de Bloom?

Categoria	Verbos associados
Domínio cognitivo	
Conhecimento	Listar, ler, identificar, definir, indicar, descrever, nomear, citar, sublinhar
Compreensão	Traduzir, transformar, resumir, parafrasear, ilustrar, interpretar, estimar, interpolar, extrapolar, classificar, categorizar, reorganizar, explicar, prever
Aplicação	Aplicar, generalizar, relacionar, usar, empregar, transferir, fazer gráficos, exemplificar, ilustrar, tabular, calcular, computar, graduar, calibrar
Análise	Analisar, contrastar, comparar, distinguir, detectar, editar, discriminar
Síntese	Produzir, constituir, modificar, originar, propor, planejar, projetar, combinar, organizar, sintetizar, desenvolver, formular
Avaliação	Julgar, argumentar, validar, prever, apreciar, decidir, determinar, concluir, avaliar, explicar, criticar
Domínio afetivo	
Recepção	Aceitar, diferenciar, ouvir, separar, selecionar, compartilhar, concordar
Reação	Aprovar, aplaudir, obedecer, seguir, discutir, voluntariar, praticar, passar tempo junto, parafrasear
Avaliação	Argumentar, debater, negar, ajudar, apoiar, protestar, participar, subsidiar, elogiar
Organização	Discutir, comparar, equilibrar, definir, abstrair, formular, teorizar, organizar
Caracterização do valor	Mudar, evitar, completar, gerenciar, resolver, revisar, resistir, requerer
Domínio psicomotor	
Movimentos reflexos	Piscar, esticar, relaxar, sacudir, endireitar
Fundamentos básicos	Caminhar, correr, saltar, empurrar, puxar, manipular, pegar, agarrar, levantar
Capacidades perceptuais	Seguir, desviar, manter, identificar, ler, escrever, listar, equilibrar, traçar, pintar, copiar, pronunciar
Capacidades físicas	Saltar, saltitar, pular, correr, tocar, levantar, empurrar, puxar, sapatear, flutuar, bater, atirar, arremessar, tocar um instrumento
Movimentos habilidosos	Desenhar, dançar, esquiar, andar de skate, pintar, construir, jogar vôlei, correr, assobiar, marchar, dar cambalhota, martelar, esculpir, saboçar
Comportamentos não-discursivos	Fazer pantomima, fazer mímica, dirigir, atuar, comunicar, fazer gestos, utilizar movimento corporal

FIGURA 12.3 Verbos de ação para os objetivos de escrita nos domínios cognitivo, afetivo e psicomotor.

Os professores podem utilizar as taxonomias de Bloom para os domínios cognitivo, afetivo e psicomotor para planejar o ensino. No passado, o planejamento de ensino focava geralmente nos objetivos cognitivos ou comportamentais. A taxonomia de Bloom fornece uma consideração mais ampla sobre as habilidades ao incluir os domínios afetivo e psicomotor. A Figura 12.3 apresenta os domínios de Bloom e arrola os verbos de ação a eles associados, os quais você pode utilizar para criar objetivos durante o planejamento de ensino.

Um grupo de psicólogos educacionais atualizou as dimensões do conhecimento e do processo cognitivo de Bloom à luz da teoria e da pesquisa recentes (Anderson e Krathwohl, 2001). Na atualização, a dimensão do conhecimento possui quatro categorias, que se situam em um *continuum* que vai do concreto (factual) ao abstrato (metacognição):

- *Factual*: os elementos básicos que os estudantes devem conhecer para que se familiarizem com uma disciplina ou solucionem problemas desta (vocabulário técnico, fontes de informação).
- *Conceitual*: as inter-relações entre os elementos básicos dentro de uma estrutura maior que os permite funcionar conjuntamente (eras geológicas, formas de controle de uma empresa)
- *Procedimento*: como fazer algo, métodos de pesquisa e critérios para a utilização de habilidades (habilidades utilizadas na pintura em aquarelas, técnicas de entrevista).
- *Metacognitiva*: conhecimento da cognição e atenção à sua própria cognição (conhecimento sobre esquemas e estratégias de memorização).

Na atualização da dimensão do processo cognitivo, seis categorias situam-se em um *continuum* que vai do menos complexo (recordar) ao mais complexo (criar):

- *Recordar*. Recupere um conhecimento relevante de uma memória distante. (Reconheça as datas de eventos importantes na história do seu país.)
- *Entender*. Construa significado a partir do ensino que inclua interpretação, exemplificação, classificação, resumo, inferência, comparação e explicação. (Explique as causas de eventos importantes do século 18, na França.)
- *Aplicar*. Coloque em prática ou utilize um procedimento em determinada situação. (Utilize uma lei da física em situações nas quais ela seja apropriada.)
- *Analisar*. Divida o conteúdo em suas partes componentes e determine como as partes relacionam-se entre si e entre a estrutura ou propósito geral. (Diferencie entre os números relevantes e irrelevantes em um problema matemático.)
- *Avaliar*. Faça julgamentos baseados nos critérios e padrões. (Detecte inconsistências ou falácias em um resultado.)
- *Criar*. Coloque elementos juntos para formar um todo coerente ou funcional; reorganize os elementos em um novo padrão ou estrutura. (Gere hipóteses para considerar um fenômeno observado.)

Ensino direto

Como indicado no Capítulo 1, o **ensino direto** é uma abordagem estruturada e centrada no professor que se caracteriza pela sua orientação e controle, pelas grandes expectativas dos professores quanto ao progresso dos estudantes, pelo tempo máximo gasto por eles com tarefas acadêmicas e pelos esforços do professor em manter o aspecto negativo reduzido ao mínimo. O foco do ensino direto é a atividade acadêmica; os materiais que não são acadêmicos (como brinquedos, jogos e quebra-cabeças) acabam não sendo utilizados; também não é enfatizada a interação não-acadêmica entre professor e estudante (como as conversas sobre assuntos pessoais).

O direcionamento e o controle do professor entram quando ele escolhe as tarefas de aprendizagem dos estudantes e as direciona, e diminui a quantidade de conversa não-acadêmica (Marchand-Martella, Slocum e Martella, 2004). O professor impõe altos padrões para o desempenho e espera que os estudantes alcancem esses níveis de excelência.

Uma meta importante na abordagem de ensino direto é a maximização do tempo de aprendizagem do estudante (Stevenson, 2000). O tempo gasto pelos estudantes com as tarefas acadêmicas na classe é chamado *tempo de aprendizagem acadêmica*. A aprendizagem leva tempo. Quanto mais tempo de aprendizagem acadêmica os estudantes experienciarem, mais provavelmente aprenderão sobre o conteúdo e alcançarão altos padrões. A premissa do ensino direto é que a melhor forma de maximizar o tempo nas tarefas acadêmicas é criar um ambiente de aprendizagem altamente estruturado. O quadro Diversidade e educação descreve a pesquisa intercultural sobre o tempo gasto com o estudo da matemática pelos estudantes em diferentes países, bem como outras comparações.

Outra ênfase na abordagem do ensino direto é a de manter o afeto negativo reduzido ao mínimo. Pesquisadores descobriram que o afeto negativo interfere na aprendizagem (Rosenshine, 1971). Os defensores do ensino direto ressaltam a importância de manter um foco acadêmico e evitar o afeto negativo, como os sentimentos que podem normalmente surgir tanto no professor quanto nos estudantes quando um professor é muito crítico.

---

ensino direto Uma abordagem estruturada e centrada no professor que se caracteriza pela orientação e controle do professor, pelas grandes expectativas dos professores quanto ao progresso dos estudantes, pelo tempo máximo gasto pelos estudantes com tarefas acadêmicas e pelos esforços do professor em manter o aspecto negativo reduzido ao mínimo.

Diversidade e educação
Comparações interculturais em educação matemática

Harold Stevenson, da Universidade de Michigan, é um dos principais especialistas em aprendizagem infantil e vem conduzindo pesquisas sobre esse tema há cinco décadas. Nas décadas de 1980 e 1990, ele voltou sua atenção para a busca de formas de aperfeiçoamento da aprendizagem ao fazer comparações interculturais de crianças norte-americanas com outras de países asiáticos, especialmente do Japão, China e Taiwan (Stevenson, 1992, 1995, 2000; Stevenson e Hofer, 1999; Stevenson e outros, 1990). Na pesquisa de Stevenson, os estudantes asiáticos consistentemente tiveram melhor desempenho em matemática do que os norte-americanos. Além disso, quanto mais os estudantes ficam na escola, maior torna-se a discrepância – a menor diferença aconteceu no primeiro ano do ensino fundamental, a maior, no segundo ano do ensino médio (o grau mais alto estudado).

Para aprender mais sobre as razões para essas diferenças interculturais, Stevenson e seus colegas gastaram milhares de horas observando em salas de aula, bem como entrevistando e pesquisando professores, estudantes e pais. Eles descobriram que os professores asiáticos passam mais tempo ensinando matemática do que os professores norte-americanos. Por exemplo, no Japão, mais de um quarto do total do tempo em sala de aula, no primeiro ano, era dedicado ao ensino de matemática, comparado com apenas um décimo do tempo nas salas de aula norte-americanas do primeiro ano. Além do mais, os estudantes asiáticos ficavam na escola em média 240 dias por ano, em comparação com 178 dias nos Estados Unidos.

Além do tempo substancialmente maior gasto em ensino de matemática nas escolas asiáticas em comparação com as escolas norte-americanas, também foram encontradas diferenças entre os pais norte-americanos e asiáticos. Os pais norte-americanos tinham menores expectativas com relação à educação e ao êxito de seus filhos do que os pais asiáticos. Além disso, os pais norte-americanos tinham maior tendência a acreditar que a habilidade matemática de seus filhos devia-se à capacidade inata, enquanto os pais asiáticos tendiam a dizer que o êxito em matemática de seus filhos era conseqüência de esforço e de treinamento (veja a Figura 12.4) (Stevenson, Lee e Stigler, 1986). Os estudantes asiáticos faziam mais deveres de casa de matemática do que os estudantes norte-americanos e os pais asiáticos ajudavam muito mais seus filhos com o dever de casa de matemática do que os pais norte-americanos (Chen e Stevenson, 1989).

Em outra comparação intercultural sobre o ensino de matemática, gravações em vídeo feitas com professores do oitavo ano, nos Estados Unidos, Japão e Alemanha, foram analisadas (Stigler e Hiebert, 1997, 1999). As diferenças entre os países incluíam: (1) os estudantes japoneses passavam menos tempo resolvendo problemas matemáticos rotineiros e mais tempo inventando, analisando e verificando, em comparação com os estudantes norte-americanos ou alemães; (2) os professores japoneses ocuparam-se mais com a aula direta do que os professores norte-americanos e alemães; e (3) os professores japoneses tinham maior tendência a enfatizar o pensamento matemático, ao passo que os professores norte-americanos e alemães tinham maior tendência a enfatizar as habilidades matemáticas (solução de um problema específico ou utilização de uma fórmula específica). Também foi notória a grande ênfase no planejamento colaborativo com outros professores no ensino de matemática no Japão.

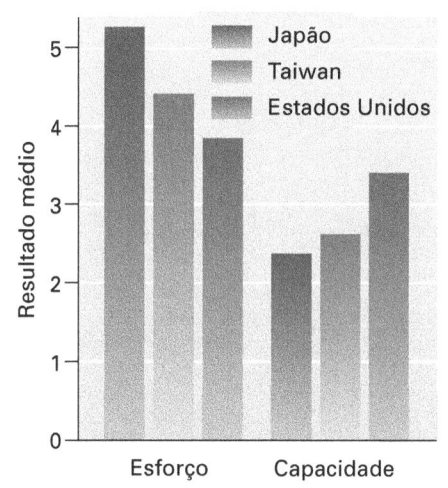

FIGURA 12.4 As crenças das mães nos fatores responsáveis pelo êxito das crianças em matemática, em três países.

Em um estudo, mães que vivem no Japão e em Taiwan apresentaram maior tendência em acreditar que o êxito de seus filhos em matemática deveu-se mais ao esforço do que a uma capacidade inata, enquanto que as mães norte-americanas tenderam a acreditar que o êxito de seus filhos deveu-se às suas capacidades inatas (Stevenson, Lee e Stigler, 1986). Se os pais acreditam que o êxito de seus filhos em matemática deve-se às capacidades inatas e seus filhos não vão bem em matemática, a implicação disso é que eles têm menor tendência em pensar que seus filhos se beneficiarão se empenharem mais esforços.

Fonte: Reprodução com a permissão de *Science*, v. 231, p. 693-699, 1986). Figura 6. Stevenson, H. W.; Lee, S. e Stigler, J. W., Mathematics achievement of chinese, japanese and american children. Copyright 1986, AAAS.

Na pesquisa de Stevenson, os estudantes asiáticos conseguiam notas consideravelmente mais altas do que os estudantes norte-americanos em testes de matemática. *Quais são algumas das possíveis explicações para essas descobertas?*

Estratégias de ensino centradas no professor

Muitas das estratégias centradas no professor refletem o ensino direto. Aqui, falaremos sobre como orientar os estudantes para a utilização de novos materiais; aula, explicação e demonstração; questionamento e discussão; aprendizagem com excelência; e dever de casa.

Orientação   Antes de apresentar e explicar o novo conteúdo, estabeleça uma base para a aula e oriente os estudantes sobre o novo conteúdo (Joyce, Weil e Calhoun, 2004): (1) revise as atividades do dia anterior; (2) discuta os objetivos da aula; (3) forneça instruções explícitas sobre o trabalho a ser feito; (4) faça uma síntese da aula do dia. A orientação e a estruturação, no início da aula, estão relacionadas com a melhoria no desempenho do estudante (Fisher e outros, 1980).

Organizadores avançados são atividades de ensino e técnicas que estabelecem uma base e orientam os estudantes sobre o conteúdo antes que este seja apresentado (Ausubel, 1960). Você pode utilizar os organizadores avançados ao começar uma aula para ajudar os estudantes a ver o "quadro geral" do que está por vir e como a informação está interligada com significado.

Os organizadores avançados podem ser apresentados de duas formas: expositiva e comparativa. Os **organizadores avançados expositivos** fornecem aos estudantes novos conhecimentos que os orientarão para a aula seguinte. Os itens Tópicos do capítulo e Objetivos de aprendizagem de cada capítulo deste livro são organizadores avançados expositivos. Outra forma de fornecer um organizador avançado expositivo é descrever o tema da aula e o porquê de ela ser importante para o estudo desse assunto. Por exemplo, na orientação dos estudantes sobre a exploração da civilização asteca, em uma aula de história, o professor diz que eles vão estudar a invasão espanhola no México e descreve quem eram os astecas, como era a vida deles e os seus artefatos. Para aumentar o interesse dos estudantes, você também pode dizer que eles estudarão mundos em choque, como os conquistadores espanhóis, que se espantaram diante de uma espetacular civilização ocidental. Caso haja estudantes descendentes de mexicanos na sua classe, então, o professor pode enfatizar como essa informação vai ajudar os alunos a entender essa identidade pessoal e cultural.

Organizadores avançados comparativos introduzem o novo conteúdo ao conectá-lo com o que os estudantes já sabem. Por exemplo, na aula de história já mencionada, o professor diz que a invasão espanhola no México deu continuidade ao tráfego transatlântico que modificou os dois mundos: a Europa e as Américas. O professor pede que os estudantes reflitam a respeito de como essa discussão sobre os astecas está relacionada com a viagem de Colombo, estudada na semana anterior.

Aula, explicação e demonstração   Aula, explicação e demonstração são atividades comuns do professor na abordagem de ensino direto. Pesquisadores descobriram que professores efetivos passam mais tempo explicando e demonstrando novos materiais do que os professores menos efetivos (Rosenshine, 1986). No Capítulo 11, descrevemos o processo de estratégia de demonstração interativa, uma estratégia efetiva para o ensino de conceitos em ciências.

Em algumas ocasiões, assistimos a aulas maçantes, já em outros momentos, somos cativados pela aula de um professor e aprendemos muito com a sua apresentação. Vamos explorar algumas diretrizes para quando a aula for uma boa escolha e também algumas estratégias para a realização de uma aula efetiva. Aqui estão algumas metas que a aula pode alcançar (Henson, 1988):

1. Apresentar a informação e motivar o interesse do estudante a respeito de um assunto;
2. Introduzir um assunto antes que os estudantes leiam sobre ele por si mesmos, ou dar instruções sobre como resolver uma tarefa;
3. Resumir ou sintetizar a informação depois de uma discussão ou pesquisa;
4. Fornecer pontos de vista alternativos ou esclarecer questões para a preparação da discussão;
5. Explicar as matérias que os estudantes estão tendo dificuldades de aprender por si mesmos.

Questionamento e discussão   É necessário, porém desafiador, integrar questões e discussões no ensino centrado no professor (Weinstein, 2003). Os professores devem responder às necessidades de aprendizagem de cada estudante, ao mesmo tempo em que mantêm o interesse e a atenção de todo o grupo. É igualmente importante distribuir a participação de

---

organizadores avançados Atividades e técnicas de ensino que estabelecem uma estrutura e orientam os estudantes em relação ao conteúdo antes que este seja apresentado.

organizadores avançados expositivos Organizadores que fornecem aos estudantes novos conhecimentos que os orientarão para a aula seguinte.

organizadores avançados comparativos Conexões com conhecimentos prévios que ajudam a introduzir novos materiais.

Boas práticas
Estratégias para a aula

Estas são algumas boas estratégias para utilizar durante a aula:

1. *Esteja preparado.* Não apenas "improvise" na aula. Dedique algum tempo para preparar e organizar o que você apresentará.

2. *Faça que as aulas expositivas sejam curtas e intercale-as com perguntas e atividades.* Por exemplo, dê uma aula expositiva de 10 ou 15 minutos de duração para fornecer a informação contextual e a base para um assunto e, então, divida os estudantes em pequenos grupos de discussão.

3. *Faça que a aula expositiva seja interessante e emocionante.* Pense naquilo que você pode dizer para motivar o interesse dos estudantes em relação ao assunto. Varie o ritmo da aula ao intercalá-la com vídeos relacionados, demonstrações, resumos e/ou atividades para os estudantes.

4. *Siga uma seqüência estabelecida e inclua certos componentes-chave:*
   - Comece com os organizadores avançados ou análises do assunto.
   - Enfatize, verbal e visualmente, quaisquer conceitos-chave ou novas idéias (como os termos-chave em destaque neste livro). Utilize a lousa, um projetor ou outro equipamento de grande impacto visual.
   - Apresente novas informações relacionadas com o que os estudantes já sabem sobre o assunto.
   - Periodicamente, obtenha respostas dos estudantes para assegurar-se de que eles entenderam a informação até aquele ponto e incentive a aprendizagem ativa.
   - Ao final da aula, forneça um resumo ou um panorama das principais idéias.
   - Estabeleça conexões com aulas ou atividades futuras.

---

forma ampla mantendo-se também o entusiasmo de voluntários ansiosos. Um desafio adicional é permitir que os estudantes contribuam enquanto se mantêm ainda focados na aula.

Há uma especial preocupação com estudantes do sexo masculino, que têm maior tendência a dominar a discussão, quando comparados com estudantes do sexo feminino (Becker, 1981). Resultados semelhantes foram encontrados em um estudo de 60 classes de química e de física (Jones e Wheatley, 1990). Seja sensível aos padrões de gênero e assegure-se de oferecer o mesmo tempo na discussão às garotas.

Aprendizagem com excelência A **aprendizagem com excelência** refere-se à aprendizagem aprofundada de um conceito ou assunto antes de se partir para outro mais difícil. Uma abordagem de aprendizagem com excelência bem-sucedida envolve esses procedimentos (Bloom, 1971; Carrol, 1963):

- Especifique a aprendizagem da aula ou da tarefa. Desenvolva objetivos de ensino precisos. Estabeleça padrões de excelência (tipicamente exigindo um desempenho nota A).
- Interrompa o curso para fazer a aprendizagem de unidades que estão alinhadas com os objetivos de ensino.
- Planeje os procedimentos de ensino para incluir feedbacks corretivos para os estudantes se eles falharem em dominar o conteúdo em um nível aceitável, que seria de 90% de acerto. O feedback corretivo pode ocorrer por meio de materiais suplementares, monitoração ou por meio do ensino em pequenos grupos.
- Aplique um teste de fim da unidade ou de fim de curso que avalie se o estudante dominou todo o conteúdo em um nível aceitável.

A aprendizagem com excelência recebe opiniões contraditórias. Alguns pesquisadores indicam que ela é eficiente em aumentar o tempo que os estudantes gastam na aprendizagem das tarefas (Kulik, Kulik e Bangert-Drowns, 1990), mas outros encontram menos sustentação para a aprendizagem com excelência (Bangert, Kulik e Kulik, 1983). Resultados desta aprendizagem dependem da habilidade do professor em planejar e executar a estratégia. Um contexto no qual a aprendizagem com excelência pode ser especialmente benéfica é a leitura corretiva (Schunk, 2004). Um programa de aprendizagem com excelência bem organizado para a leitura corretiva permite que os estudantes progridam em seus próprios ritmos, baseados em suas habilidades, sua motivação e no tempo que têm para aprender.

Trabalho em classe O *trabalho em classe* refere-se à prática de fazer que todos ou a maioria dos estudantes trabalhem de maneira independente em suas carteiras. Pode variar de professor para professor quanto se utiliza o trabalho em classe (Weinstein, 2003). Alguns professores utilizam-no todos os dias; outros, raramente o fazem. A Figura 12.5 resume os desafios do trabalho em classe para o professor e para o estudante.

FIGURA 12.5 Desafios do trabalho em classe para os professores e estudantes.

Para o professor
1. Não perder de vista o que o restante da classe está fazendo
2. Manter os estudantes realizando a tarefa
3. Lidar com os ritmos diferentes com que cada estudante trabalha (finais "assimétricos")
4. Selecionar ou criar um trabalho em classe que seja claro e com significado
5. Comparar o trabalho em classe com os variados níveis de aquisição dos estudantes
6. Coletar, corrigir, registrar e devolver as tarefas do trabalho em classe

Para o estudante
1. Completar o trabalho determinado sozinho
2. Compreender como e quando obter a ajuda do professor
3. Compreender as normas para o auxílio dos seus pares
4. Aprender como ser eficiente em obter a ajuda dos seus pares

aprendizagem com excelência Aprendizagem aprofundada de um conceito ou assunto antes de se partir para outro mais difícil.

Boas práticas
Estratégia para a utilização efetiva das perguntas

Vamos examinar algumas estratégias efetivas para a utilização das perguntas em sala de aula:

1. *Utilize perguntas baseadas em fatos como "entradas" para as perguntas baseadas no raciocínio.* Por exemplo, ao dar uma aula sobre a poluição do meio ambiente, o professor deve fazer a pergunta baseada em fatos: "Quais são os três tipos de poluição ambiental?". Então, o professor poderia prosseguir com a seguinte pergunta, baseada no raciocínio: "Em quais estratégias você pode pensar para reduzir um desses tipos de poluição ambiental?". Não utilize demasiadamente as questões baseadas em fatos, porque elas tendem a produzir aprendizagem repetitiva em vez da aprendizagem dirigida à compreensão.

2. *Evite as perguntas do tipo sim/não e também as sugestivas.* Perguntas do tipo sim/não deveriam ser usadas apenas como uma transição para as perguntas investigativas. Por exemplo, evite perguntas como "A poluição ambiental foi a responsável pela morte dos peixes no lago?". Utilize muito pouco essas perguntas. Utilize-as apenas ocasionalmente como um aquecimento para perguntas como estas: "Como a poluição matou os peixes?", "Por que você acha que as empresas poluíram o lago?" e "O que pode ser feito para acabar com a poluição ambiental?". Evite também fazer perguntas *sugestivas* como "Você concorda?" ou outras perguntas retóricas como "Você quer ler mais sobre a poluição ambiental, não quer?". Esses tipos de perguntas não produzem respostas significativas e simplesmente deixam a iniciativa nas mãos do professor.

4. *Dê tempo suficiente para os estudantes pensarem sobre as perguntas.* Muito freqüentemente, quando os professores fazem as perguntas, eles não dão tempo suficiente para que os estudantes reflitam. Um estudo demonstrou que os professores esperavam menos do que um segundo, em média, antes de chamar outro estudante para dar a resposta (Rowe, 1986)! No mesmo estudo, observou-se que os professores esperavam apenas um segundo, em média, para que o estudante respondesse, antes que ele mesmo fornecesse a resposta. Tais intrusões não oferecem aos estudantes tempo adequado para que eles elaborem as respostas. No estudo já mencionado, os professores foram subseqüentemente instruídos a esperar de três a cinco segundos para permitir que os estudantes respondessem às perguntas. O tempo extra levou a melhorias consideráveis nas respostas, incluindo inferências melhores sobre as matérias e também mais perguntas feitas pelos estudantes. Esperar três ou cinco segundos ou mais para que o estudante responda não é tão fácil quanto parece ser; isso exige prática. Mas seus estudantes serão beneficiados consideravelmente por terem de pensar e construir respostas. A seguir, Kathy Fuchser, professora de jornalismo e de inglês do ensino médio, descreve suas idéias sobre a importância do silêncio.

Visão do professor
Examine seu silêncio

Sinta-se confortável com o silêncio, para que ele ofereça a você a oportunidade de pensar em reagir intelectual e emocionalmente, em vez de reagir apenas emocionalmente ao que foi dito.

---

5. *Faça perguntas claras, com propósito, breves e seqüenciadas.* Evite ser vago. Enfoque as perguntas sobre a aula mais recente. Planeje com antecedência para que as suas perguntas estejam relacionadas ao assunto de forma proveitosa. Se as suas perguntas são prolixas, você corre o risco de elas não serem compreendidas, por isso seja breve. Planeje também as perguntas para que elas sigam uma seqüência lógica, integrando-as com o conteúdo discutido anteriormente antes de partir para o próximo assunto (Grossier, 1964).

6. *Monitore a maneira como você responde às perguntas dos estudantes.* O que você deve fazer depois que um estudante responde à sua pergunta? Muitos professores apenas dizem "Tudo bem" ou "Legal!" (Sadker e Sadker, 2005). Normalmente, o melhor é fazer algo a mais. A resposta do estudante pode servir como uma base para as perguntas seguintes e para que você o envolva ou outros estudantes em um diálogo. Forneça um feedback que seja apropriado ao nível de conhecimento e de entendimento do estudante.

7. *Fique atento sobre o momento certo de colocar uma pergunta para toda a classe e o momento certo de fazê-la para um estudante em particular.* Colocar uma pergunta para toda a classe faz que todos os estudantes fiquem responsáveis pela resposta. Colocar uma pergunta para um estudante em particular pode tornar menos provável que outros estudantes a respondam. Algumas razões para se fazer uma pergunta para um estudante em particular são (Grossier, 1964): (a) trazer um estudante desatento de volta para a aula, (b) fazer uma pergunta complementar de alguém que acabou de responder e (c) chamar alguém que raramente responde quando as perguntas são feitas para toda a classe. Não deixe um pequeno grupo de estudantes assertivos dominar as respostas. Fale com os estudantes individualmente sobre a continuidade de suas respostas

Quais são algumas boas estratégias de como colocar perguntas de maneira efetiva?

positivas sem monopolizar o tempo da aula. Uma estratégia para oferecer aos estudantes uma chance igual para responder é sortear nomes ou selecionar nomes de uma lista enquanto os estudantes respondem (Weinstein e Mignano, 2003).

8. *Incentive os estudantes a fazer perguntas.* Elogie-os pelas boas perguntas. Pergunte-lhes "Como?" e "Por quê? e os incentive a perguntar "Como?" e "Por quê?".

Boas práticas
Estratégias de ensino para a utilização do trabalho

Aqui estão algumas boas diretrizes para minimizar os problemas que o trabalho em classe apresenta (Weinstein e Mignano, 1997, p. 177-192):

1. *"Verifique o trabalho em classe dos estudantes no que diz respeito à clareza, significado e propriedade"*. O trabalho em classe normalmente envolve folhas de trabalho. Sua estrutura deve ser atraente e funcional. Algumas das folhas de trabalho devem ser divertidas.

2. *Descreva claramente as tarefas de trabalho em classe*. Dê uma explicação introdutória aos estudantes sobre o trabalho em classe e descreva o seu propósito.

3. *Monitore a compreensão e o comportamento*. Os estudantes podem ficar entendiados e se distraírem facilmente durante o trabalho em classe, principalmente se ele durar muito tempo. Sendo assim, monitorar o comportamento durante o trabalho em classe é fundamental para a contribuição da aprendizagem. E não é o suficiente para que os estudantes fiquem ocupados e façam a tarefa; eles também precisam estar ativamente envolvidos na aprendizagem de algo. Uma estratégia "é passar os primeiros cinco minutos de trabalho em classe circulando pela sala de aula". Assim que você tiver certeza de que os estudantes compreenderam o que fazer, estabeleça o primeiro pequeno grupo. Então, depois de passar um tempo com aquele grupo, circule novamente, forme um segundo grupo se desejar e assim sucessivamente.

4. *Ensine o que os estudantes devem fazer, se eles ficarem empacados*. Os estudantes precisam saber como e quando eles podem pedir a sua ajuda. Professores efetivos normalmente dizem aos estudantes para não os interromper enquanto estão trabalhando com um grupo pequeno, em vez disso, diga que eles podem pedir sua ajuda enquanto você circula entre os pequenos grupos. Alguns professores desenvolvem sistemas especiais para oferecer ajuda aos estudantes, como uma pequena bandeira vermelha que deve ser mantida em suas carteiras para que sejam levantadas quando os estudantes precisam de auxílio. Você pode dizer aos estudantes que eles podem pular as tarefas com as quais tenham mais dificuldades e trabalhar com as outras até que você esteja disponível. Você também precisa deixar claro para os estudantes que pedir ajuda aos colegas de classe é uma boa estratégia. Muitos professores não apenas permitem a ajuda dos colegas de classe, como incentivam essa prática.

5. *Converse com os estudantes sobre o que fazer quando eles tiverem terminado*. Forneça atividades educacionais agradáveis para que os estudantes se envolvam com elas, se eles terminarem a tarefa antes do tempo determinado para o fim do trabalho em classe. Essas atividades podem incluir trabalhar no computador, fazer uma leitura livre ou escrever um informativo, solucionar charadas e quebra-cabeças ou resumir projetos de longo prazo ou em andamento.

6. *Busque alternativas para os livros de exercícios*. Confiar muito nos livros de exercícios comercialmente preparados pode entediar e desencadear o comportamento de interrupção da tarefa. Passe algum tempo elaborando um trabalho em classe que desafie seus estudantes a pensar de forma reflexiva, profunda e criativamente; não permita que eles se entediem com tarefas triviais. Alternativas para as tarefas de folhas de trabalho comuns (do tipo: "preencha os espaços em branco") incluem a leitura, a escrita, a realização de projetos em andamento, passar um tempo em centros de aprendizagem, trabalhar com um computador e fazer monitoração entre pares.

Ciências

- Experimentos simples com planilhas de laboratório
- Observações feitas ao longo do tempo e com registros
- Exploração das propriedades dos objetos e classificação destes

Estudos sociais

- Itens de recreação utilizados pelas diferentes civilizações
- Criação de tabelas e gráficos dos costumes da população
- Criação de mapas

Matemática

- "Desafios" de matemática e quebra-cabeças
- Atividades manipulativas

Arte

- Projetos temáticos ou de feriados
- Trabalhos relacionados ao currículo (costura, quilling, origami etc.)

Escrita

- Redação da história da classe (por exemplo, histórias suplementares)
- Reescritura de textos literários
- Redação de peças de teatro ou espetáculos com fantoches

Computador

- Programas relacionados ao conteúdo
- Simulações
- Redação de histórias

FIGURA 12.6 Sugestões para os centros de aprendizagem.

Centros de aprendizagem são alternativas muito boas para o trabalho com lápis e papel em classe. A Figura 12.6 fornece algumas sugestões para os centros de aprendizagem. Um computador pode ser um excelente centro de aprendizagem.

Dever de casa Outra importante decisão de ensino envolve quanto e qual tipo de dever de casa dar aos estudantes. Na pesquisa intercultural anteriormente discutida, que teve como foco os estudantes norte-americanos e asiáticos, o tempo gasto com o dever de casa foi avaliado (Chen e Stevenson, 1989). Os estudantes asiáticos gastam mais tempo fazendo o dever de casa do que os estudantes norte-americanos. Por exemplo, nos fins de semana, os estudantes japoneses do primeiro ano fizeram, em média, 66 minutos de dever de casa, e os estudantes norte-americanos do primeiro ano fizeram apenas 18 minutos. Além disso, os estudantes asiáticos têm uma atitude muito mais positiva a respeito do dever de casa do que os estudantes norte-americanos. E os pais asiáticos tinham maior tendência a ajudar seus filhos com o dever de casa do que os pais norte-americanos.

Harris Cooper (1998; Cooper e Valentine, 2001; Cooper e outros, 1998) analisou mais de 100 pesquisas sobre o dever de casa nas escolas norte-americanas e concluiu que, para os estudantes de ensino fundamental, os efeitos do dever de casa em sua aquisição de conhecimento é trivial, isso quando esses efeitos realmente existem. Em um estudo, Cooper (1998) coletou dados de 709 estudantes do segundo ao quarto ano e do sexto ano do ensino fundamental, ao terceiro ano do ensino médio. Nos níveis escolares mais baixos, houve uma significativa relação negativa entre a quantidade de dever de casa e as atitudes dos estudantes, sugerindo que as crianças do ensino fundamental sofrem por terem de fazer o dever de casa. Mas, a partir do sexto ano, quanto mais dever de casa os estudantes fazem, maior a sua aquisição. Não está claro, contudo, qual foi a causa ou o efeito. Os bons estudantes realmente terminavam mais tarefas porque estavam capacitados e motivados com relação às matérias ou o fato de eles completarem suas tarefas que causou maior aquisição desses alunos?

Um aspecto-chave no debate sobre se as crianças do ensino fundamental deveriam fazer dever de casa se refere ao tipo de dever de casa designado para elas (Begley, 1998). O que é um bom dever de casa? Principalmente no caso de crianças pequenas, a ênfase deveria estar no dever de casa que promovesse o amor pela aprendizagem e aprimorasse a capacidade de estudar. Deveres de casa curtos, que podem ser executados rapidamente, deveriam ser a meta. Com crianças pequenas, deveres longos, que não são finalizados, ou tarefas longas, que provocam um grande desgaste, lágrimas e ataques de raiva, deveriam ser evitados. Muitas vezes, os professores designam o dever de casa sem antes reforçar o conteúdo que foi dado em classe. O dever de casa deveria ser uma oportunidade para que os estudantes se aplicassem em atividades criativas e exploratórias, como criar uma história oral da família de alguém ou determinar os efeitos ecológicos das empresas da vizinhança. Em vez de memorizar nomes, datas e batalhas da guerra civil americana como dever de casa, por exemplo, os estudantes norte-americanos poderiam escrever cartas ficcionais sobre os nortistas e sulistas, expressando seus sentimentos sobre as questões que estavam dividindo a nação. Os deveres de casa deveriam estar relacionados com as atividades do dia seguinte em sala de aula de modo a enfatizar para os estudantes que o dever de casa possui um significado, que não é apenas um plano do professor para fazê-los infelizes. O dever de casa também deveria ter um foco. Não peça que os estudantes escrevam sobre um tema aberto a partir de um romance que a classe esteja lendo. Em vez disso, peça a eles que escolham um personagem e expliquem por que esse personagem age desta ou daquela maneira.

Na análise de Cooper sobre mais de 100 estudos de dever de casa, na segunda metade do ensino fundamental, esse começa a ter um resultado. Como o dever de casa pode ter pouco ou nenhum efeito no ensino fundamental I e ser tão proveitoso no ensino fundamental II e no ensino médio? Nos níveis mais altos, é mais fácil designar tarefas de casa concentradas e substanciais que exijam que os estudantes integrem e apliquem conhecimentos – o tipo de dever que incentiva o aprendizado (Corno, 1998). Além disso, no ensino médio, os estudantes aceitam a rotina de fazer o dever de casa. Trabalhar bastante depois da aula e ter boas habilidades de estudo são mais aceitos pelos estudantes que cursam o ensino fundamental II e o ensino médio.

Alguns psicólogos educacionais argumentam que a principal razão pela qual o dever de casa não tem sido efetivo no ensino fundamental é porque ele está muito concentrado no tema e não o suficiente no desenvolvimento de atitudes em relação à escola, à persistência e à finalização responsável das tarefas (Corno, 1998). Eles enfatizam que não é a tarefa em si que beneficia o aluno, mas, em vez disso, as oportunidades que ela oferece para o estudante assumir a responsabilidade. Eles acreditam que os professores precisam informar os pais sobre a orientação dos seus filhos nos seguintes aspectos da realização do dever de casa: estabelecer objetivos, gerenciar seu tempo, controlar suas emoções e verificar seu trabalho em vez de permitir que se distraiam com jogos ou que deixem o trabalho mais difícil para mais tarde. Os professores e os pais podem utilizar o dever de casa nos primeiros anos escolares para ajudar as crianças a se esforçar para o estabelecimento e a realização de objetivos.

Cooper (1989; Cooper e Valentine, 2001) também acredita que

- O dever de casa tem mais aspectos positivos quando é distribuído durante um período, em vez de ser feito de uma só vez. Por exemplo, fazer 10 problemas de matemática a cada noite durante cinco noites é melhor do que fazer mais de 50 ao longo do fim de semana.
- Os efeitos do dever de casa são maiores em matemática, leitura e linguagem do que em ciências e estudos sociais.
- Para os estudantes do ensino fundamental II, uma ou duas horas de dever de casa por noite é o mais adequado. Os estudantes do ensino médio se beneficiam até com mais horas de dever de casa, mas não se sabe com certeza qual deveria ser o número máximo de horas.

O dever de casa pode ser uma ferramenta valiosa para a melhoria do aprendizado, principalmente na segunda metade do ensino fundamental e no ensino médio (Cooper e Valentine, 2001). Entretanto, é importante realizar deveres de casa que tenham significado, monitorá-los, dar aos estudantes feedback e envolver os pais no auxílio a seus filhos em relação às tarefas. Muitos pais gostariam de saber mais sobre as metas de aprendizado dos professores para o dever de casa e sobre as sugestões dos professores em relação às estratégias de envolvimento que ajudarão seus filhos a aprender e a obter êxito (Hoover-Demsey e outros, 2001). Além disso, um estudo descobriu que o afeto positivo das mães desempenha um importante papel na motivação dos estudantes para a realização do dever de casa (Pomerantz, Wang e Ng, 2005).

No Capítulo 3, "Contexto social e desenvolvimento socioemocional", descrevemos a importância de os estudantes fazerem "deveres de casa interativos" (Epstein, 1996) – o dever de casa que requer que os estudantes peçam ajuda para seus pais. Em uma escola de ensino fundamental, uma carta semanal do professor informa os pais sobre os objetivos de cada dever de casa designado, oferece-lhes orientações e solicita que eles façam comentários. Pense sobre organizar sessões de monitoração para os pais de modo a ajudá-los a interagir efetivamente com seus filhos no dever de casa.

Avaliação do ensino centrado no professor

A pesquisa sobre o ensino centrado no professor tem contribuído com muitas sugestões valiosas, incluindo estas:

- Ser um planejador organizado, criar objetivos de ensino e passar o período inicial orientando os estudantes para a aula.
- Ter grandes expectativas em relação ao progresso dos estudantes e assegurar-se de que tenham um tempo de aprendizado acadêmico adequado.
- Utilizar aulas expositivas, explicações e demonstrações para beneficiar determinados aspectos do aprendizado dos estudantes.
- Estimular os estudantes a aprender por meio do desenvolvimento de boa habilidade de formular perguntas e fazer que eles se envolvam nas discussões em sala de aula.
- Fazer que os estudantes realizem um trabalho em classe que tenha significado ou um trabalho alternativo para permitir que ocorra o ensino individualizado com determinado estudante ou um pequeno grupo.
- Dar aos estudantes deveres de casa que tenham significado para aumentar seu tempo de aprendizado acadêmico e envolver os pais no aprendizado dos estudantes.

Os defensores da abordagem centrada no professor acreditam principalmente que essa é a melhor estratégia para ensinar habilidades básicas, as quais envolvem o conhecimento claramente estruturado e habilidades (como aquelas necessárias em linguagem, leitura, matemática e ciências). Assim, ao ensinar habilidades básicas, a abordagem centrada no professor poderia consistir em um professor ensinar explícita ou diretamente regras gramaticais, vocabulário para leitura, cálculos matemáticos e fatos científicos (Rosenshine, 1986).

"Não tenho meu dever de casa porque meu irmãozinho colocou uma torrada no meu drive de CD!"

Art Bouthillier, de *Phi Delta Kappan*, fevereiro, 1997. Reproduzido com a permissão da Art Bouthillier.

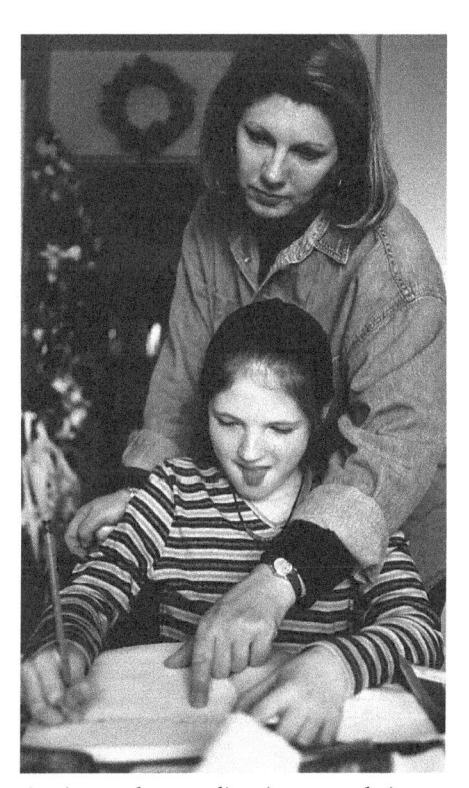

Quais são algumas diretrizes para designar deveres de casa para os estudantes?

O ensino centrado no professor não deixou de ser criticado. Os críticos dizem que esse tipo de ensino freqüentemente leva ao aprendizado passivo e mecânico e também a inadequadas oportunidades para construir conhecimento e entendimento. Eles também criticam o ensino centrado no professor por produzir salas de aula rígidas e excessivamente estruturadas, com atenção inadequada para o desenvolvimento socioemocional dos estudantes, com motivação externa para a aprendizagem em vez de motivação interna, muita confiança nas tarefas com lápis e papel, poucas oportunidades para a aprendizagem do mundo real e muito pouca aprendizagem colaborativa em pequenos grupos. Tais críticas normalmente são derrubadas pelos defensores do planejamento e ensino centrado no aluno, que voltaremos a discutir seguir.

Reveja, reflita e pratique

(2) Identificar as formas importantes de ensino centrado no professor.

Reveja

- Como são criados os objetivos comportamentais, a análise da tarefa e as taxonomias de ensino para o planejamento da lição centrada no professor?
- O que é o ensino direto?
- Quais são algumas das boas estratégias de ensino centradas no professor?
- Quais são alguns prós e contras do ensino centrado no professor?

Reflita

- Como estudante, você já desejou que um professor usasse mais (ou menos) ensino centrado no professor? Que lições você pode tirar disso para o seu próprio trabalho como professor?

Pratique PRAXIS™

1. Sr. McGregor determinou que seus alunos escrevessem um texto em que explicassem o impacto da utilização da bomba atômica durante a Segunda Grande Guerra Mundial. Qual nível cognitivo da taxonomia de Bloom é mais bem ilustrado por essa tarefa?
   a. Análise.
   b. Aplicação.
   c. Compreensão.
   d. Conhecimento.

2. Um professor de matemática trabalha com seus alunos para solucionar problemas de nível alto. O professor envolve os alunos em discussões de várias abordagens para a solução de problemas. A ênfase está na compreensão sobre o processo de solução de problemas, em vez de se chegar à resposta correta. Essa aula de matemática, que utiliza tais métodos de ensino, é mais comum
   a. Nos Estados Unidos.
   b. Na França.
   c. No Japão.
   d. Na Alemanha.

3. Sra. Davidson está dando uma aula para apresentar aos seus alunos uma unidade sobre a Revolução Americana. Ela começa com um fato pouco conhecido para provocar o interesse dos alunos. Em seguida, ela distribui um breve esboço sobre o tema da sua lição. Ela dá a aula a partir de notas cuidadosamente preparadas, utilizando auxílios visuais para ajudar seus estudantes a compreender o conteúdo e manter o interesse deles. Periodicamente, durante a aula, ela faz perguntas para assegurar-se de que seus estudantes estão prestando atenção e compreendendo o conteúdo. Ela chama a primeira pessoa que levanta a mão para responder. Se essa pessoa não responde imediatamente, ela mesma dá a resposta, para que os alunos não fiquem confusos e para que a lição não se arraste. O que a Sra. Davidson deveria fazer de diferente?
   a. Permitir que os estudantes tivessem mais tempo para as respostas.
   b. Evitar fazer perguntas durante a aula.

> c. Ser mais espontânea nas suas apresentações em classe.
> d. Evitar usar elementos visuais que causem distração.
> 4. Sra. Bancroft gosta de dar aula expositiva na maior parte do tempo de aula, de assegurar-se de que os alunos continuem fazendo as tarefas quando estão na sala de aula e de fazer que eles produzam um trabalho que tenha significado em classe. Sra. Bancroft está seguindo quais dessas abordagens?
>   a. Cognitivo-construtivista.
>   b. Socioconstrutivista.
>   c. Ensino direto.
>   d. Individualizada.
>
> *Por favor, verifique as respostas no final do livro.*

3 Ensino e planejamento de aula centrados no aluno

- Princípios centrados no aluno
- Algumas estratégias de ensino centradas no aluno
- Avaliação do ensino centrado no aluno

Assim como as abordagens comportamentais descritas no Capítulo 7 fornecem as bases conceituais para o ensino e o planejamento de aula centrados no professor, as abordagens construtivistas e de processamento da informação, discutidas nos capítulos 2, 8, 9, 10 e 11, formam a base teórica para o ensino e o planejamento de aula centrados no aluno. Nesta seção, exploraremos os princípios e estratégias utilizadas no ensino centrado no aluno.

Princípios centrados no aluno

O ensino e o planejamento de aula centrados no aluno tiram o foco do professor e passa para o estudante (Silberman, 2006). Em um estudo de grande escala, observou-se que as percepções dos estudantes sobre um ambiente de aprendizagem positivo e de relacionamento interpessoal com o professor, fatores associados com o ensino centrado no aluno, foram importantes para elevar a motivação e a aquisição dos estudantes (McCombs, 2001; McCombs e Quiat, 2001).

O interesse crescente nos princípios centrados no aluno no que se refere ao ensino e ao planejamento de aula resultou em um conjunto de diretrizes chamadas *Princípios psicológicos centrados no aluno: uma estruturação para a reforma e a reestruturação da escola* (Presidential Task Force on Psychology and in Education, 1992; Work Group of the American Psychological Association Board of Education Affairs, 1995, 1997). As diretrizes foram construídas e estão sendo periodicamente revistas por um grupo seleto de cientistas e educadores de uma vasta gama de disciplinas e interesses. Esses princípios têm importantes implicações para a forma com que os professores planejam e ensinam, na medida em que eles se baseiam em pesquisa sobre as formas mais efetivas de aprendizagem infantil.

O Work Group of the American Psychological Association Board of Educational Affairs (1997) salienta que a pesquisa em psicologia relacionada à educação foi especialmente informativa, incluindo avanços em nossa compreensão sobre os aspectos cognitivos, motivacionais e contextuais da aprendizagem. O grupo de trabalho afirma que os princípios psicológicos centrados no aluno, proposto por esse grupo, são largamente sustentados e estão sendo cada vez mais adotados nas salas de aula. Os princípios enfatizam a natureza ativa e reflexiva da aprendizagem e dos alunos. De acordo com o grupo de trabalho, a educação se beneficiará quando o foco principal estiver no aluno.

Os 14 princípios centrados no aluno podem ser classificados em termos de quatro principais conjuntos de fatores: cognitivos e metacognitivos, motivacionais e emocionais, desenvolvimentais e sociais e diferenças individuais (Work Group of the American Psychological Association Board of Educational Affairs, 1997, p. 2-4).

Fatores cognitivos e metacognitivos

1. *Natureza do processo de aprendizagem.* A aprendizagem de assuntos complexos é mais efetiva quando é um processo intencional de construção de sentido a partir da informação e da experiência.

   A aprendizagem nas escolas enfatiza a utilização do processo intencional que os estudantes podem lançar mão para construir o sentido a partir das informações, das experiências e dos seus próprios pensamentos e crenças. Os alunos bem-sucedidos são ativos, têm metas claras, são auto-reguladores e assumem a responsabilidade pessoal pela contribuição de sua própria aprendizagem.

2. *Objetivos do processo de aprendizagem.* O aluno bem-sucedido, com o passar do tempo e com o apoio e orientação de ensino, pode criar representações coerentes e com significado do conhecimento.

   A natureza estratégica da aprendizagem requer que os estudantes sejam orientados em relação aos seus objetivos. Para construir representações úteis do conhecimento e para adquirir as estratégias de pensamento e de aprendizagem necessárias para o sucesso da aprendizagem continuada por toda a vida, os estudantes devem criar e perseguir pessoalmente objetivos relevantes. Inicialmente, os objetivos de curto prazo dos estudantes e a sua aprendizagem podem ser imperfeitas em determinada área, mas, com o tempo, a sua compreensão pode ser refinada ao preencher as lacunas, resolver as inconsistências e aprofundar a compreensão do assunto para que os estudantes possam atingir objetivos de longo prazo. Os educadores podem auxiliar os alunos a criar objetivos de aprendizagem com significado que sejam consistentes tanto com as aspirações e interesses pessoais quanto com as de interesses educacionais.

3. *Construção do conhecimento.* O aluno bem-sucedido pode relacionar uma nova informação com um conhecimento já existente de maneiras significativas.

   O conhecimento alarga-se e aprofunda-se à medida que os estudantes continuam a estabelecer conexões entre as novas informações e experiências e a sua base de conhecimento já existente. A natureza dessas conexões pode assumir uma variedade de formas, como adicionar, modificar ou reorganizar o conhecimento ou habilidades já existentes. Os educadores podem auxiliar os alunos na aquisição e integração de conhecimento por meio de várias estratégias, como o mapeamento de conceitos e organização ou categorização temáticas.

John Mahoney ensina matemática no ensino médio em Washington, DC. Um de seus alunos, Nicole Williams, diz: "Ele não vai dar a resposta a você. Ele vai fazer você pensar" (Briggs, 2004, p. 6D). *Quais são alguns dos importantes fatores cognitivos e metacognitivos no ensino centrado no aluno?*

4. *Pensamento estratégico*. O aluno bem-sucedido pode criar e utilizar um repertório de estratégias de pensamento e de raciocínio para atingir complexas metas de aprendizagem.

Alunos bem-sucedidos utilizam o pensamento estratégico na sua abordagem para a aprendizagem, raciocínio, solução de problemas e para a aprendizagem de conceitos. Eles compreendem e podem utilizar uma variedade de estratégias para ajudá-los a alcançar as metas de aprendizagem e de desempenho, e para aplicar seus conhecimentos em situações novas. Eles também continuam a expandir seu repertório de estratégias ao refletirem sobre os métodos que costumam perceber que funcionam, ao receberem informações e ensino orientado e ao observarem ou interagirem com modelos apropriados. Os resultados da aprendizagem podem ser melhorados se os educadores auxiliarem os alunos no desenvolvimento, na aplicação e na avaliação de suas habilidades de aprendizagem estratégica.

5. *Reflexão sobre o pensamento*. Estratégias de alto nível para a seleção e monitoração de operações mentais facilitam o pensamento crítico e criativo.

Os alunos bem-sucedidos podem refletir sobre como pensam, aprendem, determinam metas razoáveis de aprendizagem e de desempenho, selecionam estratégias de aprendizagem ou métodos potencialmente adequados e monitoram o seu progresso em direção às suas metas. Além disso, os alunos bem-sucedidos sabem o que fazer quando um problema ocorre ou quando não estão realizando o suficiente ou se estão atrasados em relação à meta. Eles podem estabelecer métodos alternativos para atingir seus objetivos (ou reavaliar a adequação e utilidade de uma meta). Os métodos de ensino que se concentram em ajudar os estudantes a desenvolver essas estratégias de alto nível (metacognitivas) podem melhorar sua aprendizagem e sua responsabilidade pessoal quanto à aprendizagem.

6. *Contexto da aprendizagem*. A aprendizagem é influenciada por fatores ambientais, incluindo a cultura, a tecnologia e as práticas de ensino.

A aprendizagem não ocorre no vácuo. Os professores têm o principal papel interativo tanto em relação ao estudante quanto ao ambiente de aprendizagem. Influências culturais ou grupais sobre os estudantes podem impactar muitas variáveis relevantes no que diz respeito à educação, como a motivação, a orientação para a aprendizagem e as formas de pensar. As tecnologias e as práticas de ensino devem ser adequadas ao nível de conhecimento prévio dos estudantes, às suas capacidades cognitivas e às suas estratégias de aprendizagem e de pensamento.

Fatores afetivos e motivacionais

1. *Influências afetivas e motivacionais na aprendizagem*. O que e quanto se aprende é influenciado pela motivação do aluno. A motivação para aprender, por sua vez, é influenciada pelo estado emocional dos indivíduos, por suas crenças, seus interesses e metas e pela maneira como pensam.

O rico mundo interno de pensamentos, crenças, metas e expectativas para o sucesso ou para o fracasso podem interferir tanto positiva quanto negativamente na qualidade do pensamento e no processamento de informação do estudante. As crenças que os estudantes têm sobre si mesmos e a natureza da aprendizagem têm uma influência marcante na motivação. Os fatores emocionais e motivacionais também influenciam a qualidade do pensamento e o processamento de informação, bem como a motivação do indivíduo em aprender. Emoções positivas, como a curiosidade, geralmente aumentam a motivação e facilitam a aprendizagem e o desempenho. A ansiedade moderada também pode contribuir para a aprendizagem e para o desempenho ao fazer que o aluno concentre sua atenção em uma tarefa específica. Contudo, emoções negativas e intensas (por exemplo, ansiedade, pânico, raiva, insegurança) e pensamentos relacionados (por exemplo, preocupação quanto à competência, remoer o fracasso, medo da punição, do ridículo ou de rótulos estigmatizantes) geralmente diminuem a motivação, interferem na aprendizagem e contribuem para o baixo desempenho.

2. *Motivação intrínseca para aprender*. A criatividade do aluno, o pensamento de alto nível e a curiosidade natural, tudo isso contribui para a motivação para aprender. A motivação intrínseca é estimulada pelas tarefas que trazem grandes novidades e dificuldades relevantes aos interesses pessoais e que proporcionam escolha pessoal e controle.

A curiosidade, o pensamento flexível e cheio de idéias e a criatividade são os maiores indicadores da motivação intrínseca dos estudantes para aprender, o que representa muito na busca

Quais são alguns dos princípios psicológicos da aprendizagem centrada no aluno?

por suas necessidades básicas para que se tornem competentes e exercitem o controle pessoal. A motivação intrínseca é facilitada em tarefas que os alunos consideram interessantes, que sejam pessoalmente relevantes e significativas e cujas complexidade e dificuldade sejam adequadas para as habilidades dos estudantes e nas quais eles acreditam que possam ser bem-sucedidos. A motivação intrínseca é também facilitada nas tarefas que são comparáveis às situações do mundo real e que correspondem às necessidades para a escolha e o controle.

3. *Os efeitos da motivação no esforço.* A aquisição de habilidades e conhecimentos complexos requer um grande esforço do estudante e uma prática orientada. Sem a motivação do estudante para aprender, a disposição para exercer esse esforço é improvável sem que haja coerção.

O esforço é outro grande indicador da motivação para aprender. A aquisição de habilidades e conhecimentos complexos demanda que o estudante invista considerável energia e um esforço estratégico, juntamente com uma persistência prolongada. Os educadores devem se preocupar em facilitar a motivação por meio de estratégias que aumentem o esforço do estudante e o comprometimento com a aprendizagem e com a obtenção de altos padrões de compreensão e entendimento. As estratégias efetivas incluem atividades de aprendizagem com propósito, orientadas por práticas que aumentem as emoções positivas e a motivação intrínseca para aprender, e os métodos que ampliem as percepções dos estudantes de que a tarefa é interessante e pessoalmente relevante.

Fatores sociais e desenvolvimentais

1. *Influências desenvolvimentais na aprendizagem.* À medida que os indivíduos se desenvolvem, há diferentes oportunidades e dificuldades em relação à aprendizagem. A aprendizagem é mais efetiva quando o desenvolvimento diferencial dentro e por meio dos campos social, emocional, intelectual e físico é levado em conta.

Os indivíduos aprendem melhor quando o conteúdo é adequado ao seu nível de desenvolvimento e é apresentado de uma forma agradável e interessante. Assim como há variações individuais no desenvolvimento dos campos físico, emocional, social e intelectual, há variações também na aquisição em diferentes campos de ensino. Enfatizar demais um tipo de prontidão desenvolvimental – como a prontidão à leitura, por exemplo – pode impedir que os alunos demonstrem que estão mais habilitados em outras áreas de desempenho. O desenvolvimento cognitivo, emocional e social dos alunos e a maneira como eles interpretam as experiências de vida são influenciados pela escolarização anterior, pelo ambiente familiar, pela cultura e pelos fatores ligados à comunidade. O envolvimento precoce e contínuo dos pais na escolarização, a qualidade das interações verbais e a comunicação de duas vias entre adultos e crianças podem influenciar essas áreas de desenvolvimento. Atenção e compreensão quanto às diferenças desenvolvimentais entre as crianças com ou sem deficiências emocionais, físicas ou intelectuais podem facilitar a criação de contextos ótimos de aprendizagem.

2. *Influências sociais na aprendizagem.* A aprendizagem é influenciada pelas interações sociais, pelas relações interpessoais e pela comunicação com os outros.

A aprendizagem pode ser melhorada quando o aprendiz tem uma oportunidade de interagir e colaborar com os outros nas tarefas de ensino. Aprender sobre cenários de aprendizagem que permitam as interações sociais e que respeitem a diversidade incentivam o pensamento flexível e a competência social. Nos contextos de ensino interativos e colaborativos, os indivíduos têm uma oportunidade de tomada de perspectiva e de pensamento reflexivo que pode levar a níveis mais altos de desenvolvimento cognitivo, social e moral, bem como de auto-estima. Relações pessoais de qualidade que oferecem estabilidade, confiança e cuidado podem aumentar o senso de pertencimento dos alunos, o auto-respeito e a auto-aceitação e fornecem um ambiente positivo para a aprendizagem. As influências da família, o apoio interpessoal e o ensino de estratégias automotivacionais podem compensar fatores que interferem na melhor aprendizagem, como as crenças negativas sobre a competência em relação a determinado assunto, altos níveis de ansiedade ante a testes, expectativas negativas quanto ao papel dos gêneros e à pressão exagerada para o bom desempenho. Os ambientes positivos para a aprendizagem podem também ajudar a estabelecer o contexto para níveis mais saudáveis de pensamento, sentimento e comportamento. Tais contextos ajudam os alunos a se sentir seguros para compartilhar idéias, participar ativamente do processo de aprendizagem e criar uma comunidade de aprendizagem.

Diferenças individuais

1. *Diferenças individuais na aprendizagem.* Os estudantes têm diferentes estratégias, abordagens e capacidades para a aprendizagem que são frutos da experiência anterior e da hereditariedade. Os indivíduos já nascem com suas próprias capacidades e talentos e os desenvolvem com o passar do tempo. Além disso, por meio da aprendizagem e da aculturação social, eles adquirem suas próprias preferências em relação ao que gostam de aprender e ao ritmo com que aprendem.

Contudo, essas preferências não são sempre úteis para os estudantes atingirem suas metas de aprendizagem. Os educadores precisam ajudar os estudantes a examinar as suas preferências e a expandir ou modificar essas preferências, se necessário. A interação entre as diferenças do aluno e as condições curriculares e ambientais é outro fator-chave no que diz respeito aos resultados. Os educadores precisam ser sensíveis às diferenças individuais, em geral. Eles também precisam prestar atenção às percepções do aluno quanto ao grau com que essas diferenças são aceitas e adaptadas, variando os métodos de ensino e os materiais.

2. *Aprendizagem e diversidade.* A aprendizagem é mais efetiva quando as diferenças das formações lingüísticas, culturais e sociais dos alunos são levadas em conta.

Os mesmos princípios básicos da aprendizagem, da motivação e do ensino efetivo aplicam-se a todos os estudantes. Contudo, a linguagem, a etnicidade, a raça, as crenças e o status socioeconômico podem influenciar na aprendizagem. Quando os alunos percebem que suas diferenças individuais em habilidades, formações, culturas e experiências são valorizadas, respeitadas e ajustadas às tarefas de aprendizagem e aos contextos, os níveis de motivação e de sucesso são melhorados.

3. *Padrões e avaliações.* Impor padrões adequadamente altos e desafiadores e avaliar o aluno, bem como o progresso de aprendizagem – incluindo o diagnóstico, o processo e a avaliação do resultado – constitui parte integral do processo de aprendizagem.

A avaliação fornece informações importantes tanto para o aluno quanto para o professor em todos os estágios do processo de aprendizagem. A aprendizagem efetiva ocorre quando os estudantes sentem-se desafiados a trabalhar adequadamente de maneira a atingir grandes metas; então, a avaliação dos pontos fortes e fracos cognitivos dos estudantes, bem como as habilidades e conhecimentos correntes, é importante para a seleção dos materiais de ensino de um grau ótimo de dificuldade. A avaliação contínua sobre a compreensão do estudante em relação ao conteúdo curricular pode oferecer uma valiosa informação de retorno tanto para os estudantes como para os professores sobre o progresso para alcançar as metas de aprendizagem. A avaliação padronizada do progresso do estudante e a avaliação dos resultados fornecem um tipo de informação sobre os níveis de sucesso com relação a todos os indivíduos, que pode influenciar nos variados tipos de decisões programáticas. As avaliações de desempenho podem proporcionar outras fontes de informações sobre a obtenção dos resultados da aprendizagem. As auto-avaliações sobre o progresso do aprendizado também podem trazer benefícios para as habilidades de auto-apreciação dos estudantes e aumentar a motivação e o aprendizado autodirigido.

Algumas estratégias de ensino centradas no aluno

Já discutimos diversas estratégias que os professores podem considerar ao desenvolverem planos de aula centrados no aluno. Estas incluem especialmente as estratégias de ensino baseadas nas teorias de Piaget e Vygotsky (Capítulo 2), nos aspectos construtivistas do pensamento (capítulos 8 e 9), nos aspectos socioconstrutivistas do pensamento (Capítulo 10) e no aprendizado em áreas de conteúdo (Capítulo 11). Para apresentar a você uma visão mais ampla sobre estratégias centradas no aluno, que podem ser incorporadas por você em seu planejamento de aula, desenvolveremos aqui o tema da aprendizagem baseada em problemas (o qual foi inicialmente descrito no Capítulo 9) e examinaremos duas outras estratégias: perguntas essenciais e aprendizagem por descoberta.

Aprendizagem baseada em problemas A *aprendizagem baseada em problemas* enfatiza a resolução de problemas da vida real. Um currículo baseado em problemas expõe os estudantes a problemas autênticos, como os que surgem na vida cotidiana (Jones, Rasmussen e Moffitt, 1997).

A aprendizagem baseada em problemas é uma abordagem centrada no aluno que se concentra em um problema que deve ser resolvido por meio do esforço de pequenos grupos. Os estudantes identificam problemas ou questões que gostariam de explorar e, em seguida, identificam os materiais e recursos de que necessitam para tratar das questões ou resolver os problemas. Os professores atuam como guias, ajudando os estudantes a monitorar seus próprios esforços para a resolução dos problemas.

Um projeto de aprendizagem baseada em problemas foi desenvolvido por Delamie Thompson, Paul Gilvary e Mary Moffitt da escola de ensino fundamental Gladstone, uma escola da periferia de Chicago (Jones, Rasmussen e Moffitt, 1997, p. 113-117). O projeto envolve estudantes do sexto ano e se utiliza da análise de problemas de saúde reais na comunidade local: as causas, a incidência, o tratamento da asma e os problemas a ela relacionados. Os estudantes aprendem como as condições ambientais afetam a saúde e compartilham esse entendimento com os outros. O projeto integra informações de várias disciplinas, tais como saúde, ciências, matemática e ciências sociais.

Os estudantes utilizam uma simples bomba de ar para avaliar a qualidade do ar e determinar sua ligação com a incidência de asma. A bomba de ar foi desenvolvida pelo Technical Education Research Centers (TERC), o qual também fornece aos estudantes da Gladstone bancos de dados com informações inseridas por estudantes do mundo todo. "Os estudantes da Gladstone aprendem (a) a pensar como cientistas ao trabalharem com dados e ao lidarem com problemas reais, (b) a colaborar como cientistas ao trabalharem em pares e mentores para planejar e desenvolver uma investigação, (c) a comunicar e debater suas descobertas e (d) a avaliar seu próprio trabalho e o trabalho dos outros."

O fluxo do projeto é "organizado em torno de vários grupos de pesquisa de estudantes, e cada grupo se concentra em um problema distinto relacionado com a pergunta, 'Por que há tanta asma em nossa comunidade e o que podemos fazer em relação a isso?'". Todos os grupos utilizam um método científico em suas pesquisas.

Perguntas essenciais As **perguntas essenciais** são aquelas que refletem os assuntos mais importantes que os estudantes deveriam explorar e aprender (Jacobs, 1997). Por exemplo, em uma aula, a primeira pergunta essencial foi "O que voa?". Os estudantes exploraram a pergunta examinando tudo sobre pássaros, abelhas, peixes e naves espaciais para chegar à conclusão de que o tempo e as idéias voam. A pergunta inicial foi seguida de outras perguntas, como "Por que e como as coisas voam na natureza?", "Como o vôo afeta os humanos?" e "Qual é o futuro do vôo?".

Perguntas essenciais como estas surpreendem os estudantes, fazem que eles pensem e motivam a sua curiosidade. As perguntas essenciais são escolhas criativas. Com apenas uma leve mudança, uma pergunta singela como "Qual foi o efeito da guerra civil?" pode se tornar uma pergunta que provoque o pensamento: "A guerra civil ainda continua?".

Os defensores da utilização das perguntas essenciais argumentam que muito freqüentemente o planejamento de aula e do ensino torna-se rígido e difícil. Por exemplo, um professor de história do ensino médio poderia apresentar isso como um dos objetivos para um curso com duração de um ano sobre a civilização ocidental: "Os estudantes reconhecerão a responsabilidade pessoal para a comunidade". Imagine como os estudantes se sentiram muito mais entusiasmados por estudarem a civilização ocidental se fosse solicitado que eles pensassem sobre: "Como a minha comunidade afeta a minha vida?".

Na classe do sexto ano da professora Barb Johnson, os alunos geram as perguntas essenciais a serem exploradas (National Research Council, 1999, p. 144-145). Na primeira semana de aula, ela apresenta duas perguntas à sua classe: "Quais perguntas vocês têm sobre si mesmos?" e "Quais perguntas vocês têm sobre o mundo?". A reação dos alunos é a de fazer perguntas sobre si mesmos. Um aluno pergunta: "Essas perguntas podem ser sobre coisas bobas, simples?". Ela diz ao aluno que se forem perguntas que eles realmente desejam responder, elas não são bobas nem simples. Depois de os alunos terem feito suas perguntas, Barb os divide "em pequenos grupos onde compartilham listas e procuram pelas respostas que eles possuem em comum. Após muita discussão, cada grupo apresenta uma lista de perguntas prioritárias, classificando as perguntas sobre si mesmos e sobre o mundo".

---

perguntas essenciais Perguntas que refletem os assuntos mais importantes que os estudantes devem explorar e aprender.

Voltando ao formato da classe unida (reunida em um formato que abrange toda a classe), um representante de cada grupo informa aos estudantes sobre a lista de perguntas do grupo. "Essas perguntas se tornarão a base para a orientação do currículo na classe de Barb. A pergunta 'Viverei 100 anos?' suscita pesquisas educacionais em genética, história oral e da família, ciências, estatísticas e probabilidade, doenças cardíacas, câncer e hipertensão. Os estudantes tiveram a oportunidade de buscar informações com os membros da família, os amigos, os especialistas nas várias áreas, com os serviços on-line, os sites e livros, bem como com o professor. Ela descreve o que eles tiveram de fazer para se tornar parte de uma comunidade de aprendizagem", muito disso foi descrito em Fostering a Community of Learners – FCL no Capítulo 10.

No final da análise de um tema, Barb "trabalha com os alunos para ajudá-los a ver como as suas pesquisas estão relacionadas com as áreas de assunto convencionais. Eles criam um gráfico no qual inserem experiências em linguagem e alfabetização, matemática, ciências, estudos sociais e história, música e artes. Os alunos normalmente ficam surpresos com quanto e como é variada a sua aprendizagem". Um aluno disse: "Pensei que a gente estivesse apenas se divertindo. Nem percebia que a gente também estava aprendendo".

O modo de ensinar utilizado por Barb Johnson requer amplo conhecimento disciplinar, porque ela começa com as perguntas dos alunos em vez de começar com um currículo fixo. Por causa de seu grande conhecimento, ela pode organizar os questionamentos dos alunos em conceitos importantes nas disciplinas relevantes.

Aprendizagem por descoberta A **aprendizagem por descoberta** é aquela em que na qual os estudantes constroem um entendimento por si mesmos. A aprendizagem por descoberta diferencia-se da abordagem de ensino direta anteriormente discutida pois, os estudantes têm de descobrir as coisas por eles mesmos. Essa aprendizagem está de acordo com as idéias de Piaget, que uma vez comentou que sempre que alguém ensina algo a uma criança, esse alguém está afastando a criança da aprendizagem.

O educador John Dewey (1933) e o psicólogo cognitivo Jerome Bruner (1966) promoveram o conceito de aprendizagem por descoberta ao incentivar os professores a dar mais oportunidades aos estudantes de aprenderem por eles mesmos. De acordo com Dewey, essa aprendizagem incentiva os estudantes a pensar por si mesmos e a descobrir como o conhecimento é construído. Ela também estimula a pesquisa e a curiosidade natural deles.

Os professores facilitam a aprendizagem por descoberta ao proporcionar aos estudantes atividades estimulantes que ativam a sua curiosidade natural (de Jong e outros, 2005). Depois de apresentar tais atividades, seu papel torna-se o de responder as perguntas feitas por eles. Você também promove a aprendizagem por descoberta nos estudantes quando demonstra ser naturalmente curioso e ter forte interesse na descoberta de soluções para os problemas.

A aprendizagem por descoberta é efetiva principalmente nas aulas de ciências. Os pesquisadores descobriram que os estudantes, em aulas de ciências baseadas em atividades e na aprendizagem por descoberta, obtêm notas mais altas nos testes de ciências do que os que freqüentam aulas tradicionais de ensino direto em ciências (Glasson, 1989). Essas descobertas são verificadas nos níveis dos ensinos fundamental e médio.

Entretanto, muitas abordagens de aprendizagem por descoberta, usadas hoje na escola, não envolvem a aprendizagem por descoberta "pura". Nessa aprendizagem "pura", os estudantes são estimulados a aprender por si mesmos e o ensino é mínimo ou não-existente. Muitos estudantes não se beneficiam ao estudarem apenas por si mesmos. Por exemplo, aprendendo por si mesmos com os materiais entregues, alguns acabam encontrando soluções equivocadas e utilizam estratégias ineficientes para descobrir informações. Outros nunca descobrem o que estão tentando encontrar nem o porquê. E, em muitos casos, como no aprendizado inicial sobre como somar e subtrair, o ensino direto pode realizar o trabalho muito mais rapidamente (Van Lehn, 1990).

Quando os professores começam a utilizar a aprendizagem por descoberta, logo têm a impressão de que, para que ela seja efetiva como uma abordagem de ensino sistemática, é preciso que seja modificada. Isso levou ao desenvolvimento da **aprendizagem por descoberta orientada**, em que os estudantes também são encorajados a construir seu próprio entendimento, mas com a assistência de perguntas e orientações do professor (Minstrell e Kraus, 2005).

Uma análise indicou que a aprendizagem por descoberta orientada é superior à aprendizagem por descoberta pura em todos os casos (Mayer, 2004). Nessa análise, também se

aprendizagem por descoberta Aprendizagem na qual os estudantes constroem um entendimento por si mesmos.

aprendizagem por descoberta orientada Aprendizagem em que os estudantes também são encorajados a construir seu próprio entendimento, mas com a assistência de perguntas e orientações do professor.

O que é a aprendizagem por descoberta orientada?

concluiu que a aprendizagem construtivista é mais bem apoiada pelo foco curricular do que pela descoberta pura.

Avaliação do ensino centrado no aluno

A abordagem centrada no aluno para o planejamento de aula e para o ensino é positiva em muitos sentidos. Os 14 princípios centrados no aluno desenvolvidos pela força tarefa da American Psychological Association (APA) pode ser muito útil na orientação do aprendizado. Os princípios estimulam os professores a oferecer ajuda de maneira ativa aos estudantes para que desenvolvam sua compreensão, estabeleçam metas e as planejem, pensem de modo mais profundo e criativo, monitorem seu aprendizado, resolvam problemas baseados do mundo real, desenvolvam uma auto-estima mais positiva e controlem suas emoções, sejam internamente motivados, aprendam de uma forma apropriada no que diz respeito ao desenvolvimento, colaborem efetivamente com os outros (incluindo aqueles que são diferentes deles), avaliem suas preferências como estudantes e atinjam padrões desafiadores.

Os críticos do ensino centrado no aluno argumentam que esse foca muito mais o processo de aprendizagem (como aprender criativamente e de modo colaborativo), mas não dá atenção suficiente ao conteúdo acadêmico (como os fatos históricos) (Hirsch, 1996). Alguns críticos enfatizam que o ensino centrado no aluno funciona melhor em alguns temas do que em outros (Feng, 1996). Eles afirmam que em áreas cujos problemas não são bem definidos, como ciências sociais e humanidades, o ensino centrado no aluno pode ser efetivo. No entanto, acreditam que em domínios de conhecimento bem estruturados como matemática e ciências, a estrutura centrada no professor funciona melhor. Os críticos também dizem que o ensino centrado no aluno é menos efetivo no nível inicial de determinada área, porque os estudantes não têm conhecimentos suficientes para tomar decisões sobre o que e como devem aprender. Eles enfatizam ainda que há uma discrepância entre o nível teórico da aprendizagem centrada no aluno e a sua real aplicação (Airasian e Walsh, 1997). As conseqüências da implementação das estratégias centradas no aluno na sala de aula são normalmente mais instigantes do que o esperado.

Embora tenhamos apresentado o planejamento centrado no professor e no aluno em seções separadas, não pense sobre esses gêneros de planejamento como abordagens do tipo "se/ou" (Schuh, 2001). Muitos professores eficientes usam ambas as abordagens ao realizarem uma experiência positiva de aprendizado com as crianças. A pesquisa sobre a escolha e ordenação das atividades de aprendizado em sala de aula indica que a utilização das abordagens construtivista e

Boas práticas
Estratégias para a utilização do ensino centrado no aluno

1. *Habitue-se aos princípios psicológicos centrados no aluno e incorpore-os à aula e ao planejamento de aula.*

2. *Coloque o foco na criança como um todo.* Preste atenção aos fatores motivacionais e afetivos, aos fatores desenvolvimentais e sociais e também aos fatores cognitivos.

Visão do professor
Promovendo a aprendizagem, a unidade e o orgulho cívico

Luis Recalde, um professor do quarto e quinto ano de ciências da escola de ensino fundamental Vincent E. Mauro, em New Haven, Connecticut, utiliza todas as oportunidades para tornar a ciência fascinante e motivadora para os seus alunos. Recalde introduz experiências científicas práticas sempre com energia e entusiasmo. Para ajudar os alunos a ter uma noção mais ampla sobre o que é ser um cientista, ele leva roupas de laboratório para a sala de aula para serem utilizadas pelos alunos. Ele promove oficinas de ciências para os professores e normalmente concede seu período de férias para ajudar os alunos com seus projetos de ciências. Ele formou times de futebol e de jardinagem para promover a unidade e o orgulho cívico entre os estudantes afro-americanos e latinos. Como é um imigrante, ele conhece a importância de incentivar as relações positivas entre os estudantes de diferentes grupos étnicos.

3. *Utilize a aprendizagem baseada em problemas, as perguntas essenciais e a aprendizagem por descoberta orientada nas suas aulas.*

Visão do professor
Orientando os estudantes a descobrir

Mary Lynn Peacher, professora do quarto ano da escola de educação fundamental East, em Oklahoma, enfatiza uma abordagem centrada no aluno e por descoberta orientada. As carteiras dos alunos são agrupadas para a aprendizagem cooperativa. Em ciências sociais, ela orienta os alunos no desenvolvimento de uma minissociedade com a sua própria economia e administração – "senadores" projetam e criam leis, relacionam direitos e responsabilidades. Ela também supervisiona um sistema de livre empresa em sala de aula, com as empresas dos alunos, linhas de produção, contas bancárias e crédito. Ao ensinar ciências, Peacher diz aos alunos que eles são cientistas e pede a eles que descrevam o que eles vêem, enquanto seguem realizando vários exercícios (Fonte: *Usa Today*, 2001).

O professor de ciências do ensino fundamental, Luis Recalde, segura um espécime de alga em um dos contextos de aprendizagem prática e de grande interesse construído por ele para os alunos.

Mary Lynn Peacher mostra um plano aerodinâmico para os alunos.

de ensino direto são normalmente mais eficazes do que quando apenas uma abordagem é utilizada isoladamente (Darling-Hammond e outros, 2005; Schwartz e outros, 1999).

Considere a descrição do professor de ensino médio, Robert Bain (2005) sobre como, inicialmente, os estudantes gastam tempo com o ensino centrado no aluno trabalhando na criação de descrições da viagem de Colombo para a América e se esforçam para responder como os aniversários da viagem foram celebrados. Então, Bain utilizou o ensino direto centrado no professor ao dar a sua aula sobre o pensamento atual dos principais historiadores quanto ao assunto. Os principais especialistas sobre o nível de aprendizagem dos estudantes normalmente concluem que, "ao atingir o equilíbrio para a criação de uma sala de aula que funcione como uma comunidade de aprendizagem atenta para as necessidades do aluno, o conhecimento a ser dominado e as avaliações que orientam e apóiam o ensino certamente variarão de um professor para outro e de uma classe para a outra" (Donovan e Bransford, 2005, p. 588).

Reveja, reflita e pratique

(3) Discutir as formas importantes de ensino centrado no aluno.

Reveja

- Resuma os 14 princípios centrados no aluno, da APA.
- Como a aprendizagem baseada em problemas, em perguntas essenciais e na aprendizagem por descoberta incorpora os princípios centrados no aluno?
- Quais são os prós e contras do ensino centrado no aluno?

Reflita

- Como aluno, você alguma vez desejou que um professor utilizasse mais (ou menos) ensino centrado no aluno? Quais lições você pode tirar disso para o seu próprio trabalho como professor?

Pratique PRAXIS™

1. Joan acabou de receber um D na sua prova de ciências. "Eu sabia", afirma ela, "nunca fui boa em ciências". Qual conjunto de fatores dos princípios centrados no aluno da APA é mais bem exemplificado pela afirmação de Joan?
   a. Cognitivo e metacognitivo.
   b. Desenvolvimental e social.
   c. Diferenças individuais.
   d. Motivacional e emocional.

2. Sr. Williams deseja que seus alunos do terceiro ano compreendam o propósito da gordura nos mamíferos marinhos. Ele faz um experimento com seus alunos, utilizando água gelada, luvas de borracha e banha de porco. Primeiro, os alunos calçam as luvas e colocam as mãos na água gelada quanto conseguem suportar. Outros alunos cronometram o tempo que cada aluno conseguiu manter as mãos na água. Então, os alunos colocam suas mãos com luvas em bolsas de banha de porco e submergem as mãos novamente na água gelada. De novo, outros alunos cronometram o tempo que cada um conseguiu ficar com as mãos mergulhadas. Todos os estudantes são capazes de manter as mãos na água gelada por mais tempo com as mãos com banha de porco do que quando suas mãos estavam apenas com luvas.
   Qual estratégia de ensino centrado no aluno utilizou o Sr. Williams?
   a. Aprendizagem por descoberta.
   b. Perguntas essenciais.
   c. Aprendizagem por descoberta orientada.
   d. Aprendizagem baseada em problemas.

3. Sra. Flanagan, que usa uma abordagem centrada no professor, acabou de observar o ensino construtivista do Sr. Houston em sua aula de matemática do sétimo ano.
   Sra. Flanagan provavelmente é mais crítica em relação a quê?
   a. Sr. Houston dar dever de casa aos alunos.
   b. Sr. Houston incentivar os alunos a construir suas próprias estratégias de solução de problemas de matemática.
   c. Sr. Houston ter altas expectativas quanto à aprendizagem dos alunos.
   d. Sr. Houston utilizar a tecnologia para ajudar seus alunos a aprender.

Por favor, verifique as respostas no final do livro.

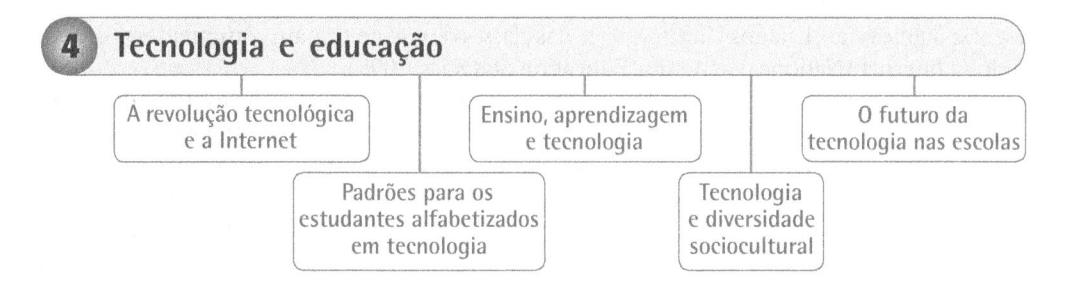

4 Tecnologia e educação

- A revolução tecnológica e a Internet
- Ensino, aprendizagem e tecnologia
- O futuro da tecnologia nas escolas
- Padrões para os estudantes alfabetizados em tecnologia
- Tecnologia e diversidade sociocultural

Até aqui, neste capítulo, descrevemos muitos aspectos de planejamento e ensino. Na sociedade contemporânea, a tecnologia tem um importante papel no planejamento e no ensino. As três importantes formas com que a tecnologia afeta o planejamento do currículo são: (1) como uma meta de aprendizagem para os estudantes desenvolverem certas competências tecnológicas; (2) como um recurso para o planejamento do currículo por meio de vários materiais que estão disponíveis na Internet; e (3) como ferramentas que melhoram as habilidades dos estudantes de aprenderem por meio de técnicas, tais como simulação e visualização em ciências e análise de textos em literatura, bem como programas de computador que incentivam a reflexão e fornecem modelos de bom desempenho (Darling-Hammond e outros, 2005).

A tecnologia é realmente um importante tema para a educação e é abordada ao longo deste livro. Em cada capítulo, você vai encontrar o quadro Tecnologia e educação relacionado aos conteúdos do capítulo. Por exemplo, você já estudou assuntos como "Tecnologia e desenvolvimento do vocabulário das crianças" (Capítulo 2), "Conexões tecnológicas entre estudantes do mundo inteiro" (Capítulo 5) e "Ambientes de aprendizagem intencional com computador" (Capítulo 10). Aqui, exploraremos a revolução tecnológica e a Internet, os padrões para os estudantes alfabetizados em tecnologia, o ensino e a aprendizagem com a tecnologia, a diversidade tecnológica e sociocultural e o futuro da tecnologia nas escolas.

A revolução tecnológica e a Internet

Hoje, os estudantes crescem em um mundo, no que diz respeito à tecnologia, muito diferente daquele em que seus pais e avós viveram quando eram estudantes. Para que os estudantes estejam preparados de maneira adequada para os empregos de amanhã, a tecnologia deve se tornar parte integrante das escolas e das salas de aula (Bitter e Legacy, 2006; Hoffner, 2007; Lajoie e Azevedo, 2006; Stahl, Koschmann e Suthers, 2006; Thorsen, 2006).

A revolução tecnológica faz parte da sociedade da informação em que vivemos. Hoje, as pessoas utilizam computadores para se comunicar, assim como antes as pessoas costumavam usar canetas, selos e telefones. A nova sociedade da informação ainda se vale de algumas competências não-tecnológicas básicas: boa capacidade de comunicação, habilidade de solucionar problemas, pensamento aprofundado, pensamento criativo e atitudes positivas. Contudo, no mundo de hoje, conduzido pela tecnologia, a forma com que as pessoas procuram por essas competências está se tornando mais desafiadora e muito mais intensa, o que em outras épocas poucas pessoas tinham que lidar (Bitter e Pierson, 2005; Reisser e Dempsey, 2007).

A tecnologia vem fazendo parte do ensino há muitas décadas, mas, até recentemente, era particularmente simples e mudava de forma lenta. Para ressaltar como a tecnologia nas escolas mudou dramaticamente, considere o fato de que, em 1983, havia menos de 50 mil computadores nas escolas norte-americanas. Em 2002, havia mais de 6 milhões! É difícil encontrar uma escola norte-americana hoje que não possua, pelo menos, um computador. Entretanto, nesse mesmo ano, 42% dos professores relataram que seus estudantes usaram computadores durante pelo menos 15 minutos por semana, e 65% disseram que seus estudantes acessaram a Internet, pelo menos, durante 15 minutos por semana (Norris, Soloway e Sullivan, 2002).

A **Internet** é um sistema de redes de computadores que opera em todo o mundo. Como centro da comunicação mediada por computadores, a Internet tem um importante papel na revolução tecnológica, principalmente nas escolas. Em muitos casos, a Internet possui mais informação atualizada do que os livros escolares. Já em 2003, aproximadamente 100% das

Um estudante cria um programa multimídia na sala de aula da AT&T, no Research Center for Educational Technology, na Kent State University.

internet Centro da comunicação mediada por computadores; um sistema de redes de computadores que opera em todo o mundo.

"Eu sei o que tem de errado com a calculadora – é que ela é o controle remoto da TV."

John R. Shanks, de Phi Delta Kappan (junho de 1997). Reproduzido com a permissão de John R. Shanks.

escolas públicas nos Estados Unidos e 93% das classes de ensino tinham computadores conectados à Internet (National Center for Education Statistics, 2005).

Contudo, a Internet não se tornou o portal comum que é hoje até a introdução da World Wide Web (a Web). A **Web** é um sistema para a navegação nos sites da Internet. Ela tem o nome de Web porque é feita de muitos sites ligados uns aos outros. A Web apresenta documentos, chamados páginas Web, repletos de links para outros documentos ou sistemas de informação. Selecionando um desses links, o usuário pode acessar mais informações a respeito de um assunto específico. As páginas Web incluem textos, bem como arquivos multimídia (imagens, vídeos, animação e som – tudo isso pode ser acessado pelos estudantes com um clique nas palavras ou imagens apresentadas na tela de um computador). Os índices Web e os mecanismos de busca, como o Google e o Yahoo, podem ajudar os estudantes a encontrar a informação que eles estão procurando, ao examinar e combinar uma variedade de fontes.

Ao entrar no site Santrock Educational Psychology, da McGraw-Hill, (www.mhhe.com/santedu3e), você pode conectar-se imediatamente com os sites associados clicando em Student edition e, depois, escolhendo o capítulo no menu suspenso. Também na seção sobre recursos gerais da Internet no site Santrock Educational Psychology, sob o Site Map, há links para vários sites com informações sobre integração tecnológica para dentro da sala de aula que podem ser acessadas.

A Internet pode ser uma importante ferramenta de aprendizagem em vários contextos de aula (Bruckman, 2006; Cunningham e Bilingsley, 2006; Hiltz e Goldman, 2005; Provenzo, 2005). Por exemplo, considere um projeto rico em tecnologia chamado Cooperative Networked Educational Community of Tomorrow (Co-NECT) (Jones, Rasmussen e Moffitt, 1997). Algumas escolas Co-NECT mergulharam na aprendizagem sobre expedições científicas ao redor do mundo, como o projeto Mystery of the Pipe Wreck, do Earthwatch, realizado no Caribe. Em tais pesquisas, os estudantes e professores podem fazer o download de dados dos sites do projeto, fazer análises dos dados e comunicar-se eletronicamente com os participantes e com a equipe do projeto (Bolt, Baraneck e Newman, 1993). Um estudante Co-NECT enviou um e-mail a um advogado da Irlanda do Norte para pedir informações sobre esta questão: "Pode haver paz duradoura na Irlanda do Norte?" O advogado respondeu com um e-mail de duas páginas que incluía notícias recentes e pontos de vista sobre o assunto.

A Internet pode ser uma ferramenta valiosa para ajudar os estudantes a aprender (Berson e outros, 2007; Koedinger e Corbett, 2006; Scardamalia e Bereiter, 2006). Entretanto, a rede mundial tem alguns pontos negativos (Schofeld, 2006). Para usar a Internet de forma efetiva com seus estudantes, você terá de saber como utilizá-la e sentir-se confortável com ela, assim como ter equipamentos e softwares atualizados. Além disso, há a preocupação com relação ao acesso de sites pornográficos, bem como com a precisão da informação colhida. Muitos desses problemas são solucionados com a instalação de firewalls ou bloqueadores nos servidores da escola.

Quando utilizada de maneira eficiente, contudo, a Internet expande o acesso a um mundo de conhecimento e de pessoas que os estudantes não poderiam experimentar de outra maneira (Cruz e Duplass, 2007). Algumas boas idéias para a utilização da Internet com seus estudantes podem ser encontradas no quadro Tecnologia e educação deste capítulo.

O crescimento da Internet também levou a um novo fenômeno na aprendizagem a distância, a escola virtual (Simonson e outros, 2006; Wang e Gearhart, 2006). As *escolas virtuais* são "organizações educacionais que oferecem cursos de ensino fundamental pela da Internet ou com métodos baseados na Web" (Clark, 2001, p. 1). Pesquisas mostram que as escolas virtuais cresceram rapidamente em número de matriculados, com uma estimativa de meio milhão de estudantes matriculados no ensino fundamental em cursos on-line em 2005 (Smith, Clark e Bloymeyer, 2005). De fato, o Ministério da Educação norte-americano, o U.S. Departament of Education (2004), fez do "apoio ao e-learning e às escolas virtuais" uma das principais prioridades na área de tecnologia.

Padrões para os estudantes alfabetizados em tecnologia

Hoje, os estudantes crescem em um mundo, no que diz respeito à tecnologia, muito diferente daquele em que em que seus pais e avós viveram quando eram estudantes. Se os

web Um sistema para a navegação nos sites da Internet que se refere à World Wide Web; chama-se Web porque ela é composta por muitos sites que são ligados entre si.

Tecnologia e educação
Utilizando a Internet na sala de aula

Aqui estão algumas formas efetivas de utilização da Internet em sala de aula:

- *Navegação e integração de conhecimento.* A Internet possui enormes bancos de dados com informações sobre uma gama de assuntos, organizados de diferentes maneiras. Ao explorarem os recursos da Internet, os estudantes podem trabalhar em projetos que integram informações de várias fontes, às quais eles não teriam acesso se não fosse pela rede. Uma forma de apoiar esse trabalho é por meio do WebQuests (**http://webquest.sdsu.edu/**). Um WebQuest é uma atividade orientada para pesquisa projetada por professores que maximizam o tempo de aprendizagem dos estudantes, enfatizam a utilização da informação em vez de procurar por ela, e estimulam o pensamento. O WebQuest enfoca os esforços dos estudantes nas tarefas, fornece um conjunto de recursos de informações e orientação para a realização das tarefas e estrutura o trabalho em um contexto integrado. Ele ajuda a introduzir os estudantes ao mundo da Internet para que façam buscas de forma proveitosa.
- *Aprendizagem colaborativa.* Uma das formas mais eficazes de utilizar a Internet em sala de aula é por meio das atividades centradas no projeto (Bruckman, 2006). De fato, muitos WebQuests são projetados para que tenham uma característica colaborativa, com papéis e tarefas designados a diferentes membros de cada grupo. Outra utilização colaborativa da Internet é fazer que um grupo de estudantes realize uma pesquisa sobre determinado assunto (Maddux, Johnson e Willis, 1997), coloquem na Internet e esperem por respostas de várias partes do mundo. Eles podem organizar, analisar e resumir os dados que recebem e, então, compartilhá-los com outras classes do mundo inteiro. Outro tipo de projeto de aprendizagem colaborativa envolve designar grupos de estudantes para realizar "caças ao tesouro" na Internet, com o objetivo de descobrir informações e/ou solucionar um problema.
- *Comunicação mediada por computadores (CMC).* Vem crescendo o número de projetos educacionais inovadores que incluem o uso de comunicação mediada por computadores. Por exemplo, há vários sites (como **www.studentsoftheworld.info/**, **www.tesol.net/teslpnpl.html**) organizados por professores e estudantes para se comunicar com "amigos por correspondência" de todo o mundo. Alguns desses sites oferecem acesso seguro a mais formas inovadoras de CMC como chats e blogs (como **www.studentsoftheworld.info/**). No Capítulo 10, examinamos o programa de Ann Brown e Joe Campione (1996), Fostering a Community of Learners, em que os estudantes se comunicam com especialistas via e-mail, proporcionando aos alunos acesso a um vasto círculo de especialistas. No projeto Global Lab (**http:globallab.terc.edu/**), um currículo de ciências interdisciplinar, com duração de um ano, para estudantes do ensino fundamental, os estudantes norte-americanos fazem pesquisas científicas em seus próprios "sites de estudo" e, então, compartilham suas descobertas com estudantes de todos os Estados Unidos por meio de um espaço de discussão na Internet.
- *Aperfeiçoamento da compreensão e do conhecimento dos professores.* Dois excelentes recursos da Internet para os professores são o Educational Resources Information Center (ERIC: **www.eric.ed.gov/**) e o Educator's Reference Desk (**www.eduref.org/**), que fornecem informações gratuitas sobre diversos assuntos referentes à educação. O banco de dados do ERIC oferece resumos de mais de um milhão de textos educacionais datados de 1966 até hoje e textos completos de cerca de 100 mil artigos de conferências educacionais. O Educator's Reference Desk oferece fácil acesso a cerca de dois mil planos de aula e cerca de três mil links para informação educacional on-line. Outros excelentes recursos da Internet para os professores são o TappedIn (**http://tappedin.org/tappedin/**), um site que reúne educadores em comunidades de aprendizagem para a discussão de questões educacionais e para o trabalho em projetos colaborativos, e também o PBS TeacherLine (http://teacherline.pbs.org/teacherline/), que oferece tanto links para os recursos de ensino como cursos on line de desenvolvimento profissional para os professores. (Todos os sites mencionados disponíveis em inglês.)

estudantes estão sendo adequadamente preparados para os futuros empregos, as escolas devem ter um papel ativo em assegurar que eles se tornem tecnologicamente alfabetizados. A maioria dos institutos reconhece isso. Por exemplo, o National Council of Teachers of English e o International Reading Association Standards for the English Language Arts (NCTE/IRA, 1996) afirmam o seguinte: "Os estudantes usam uma variedade de recursos tecnológicos e de informação (como bibliotecas, bancos de dados, redes de computadores e vídeos) para reunir e sintetizar as informações e para criar e comunicar conhecimentos", e o tema principal no National Council for the Social Studies, Curriculum Standards for the Social Studies (NCSS, 1994) é "Ciência, Tecnologia e Sociedade".

A International Society for Technology in Education (ISTE, 2000), em colaboração com o Ministério da Educação norte-americano, desenvolveu seis padrões de tecnologia para os estudantes atingirem a alfabetização tecnológica. Os padrões descrevem as habilidades que os estudantes deveriam adquirir em quatro áreas funcionais – produtividade, comunicação, pesquisa e solução de problemas – bem como uma compreensão de conceitos básicos e de questões éticas e sociais relativas à tecnologia, que são descritas a seguir:

1. Operações e conceitos básicos
   - Os estudantes demonstram um bom entendimento da natureza e da operação do sistema tecnológico.
   - Os estudantes são proficientes no uso da tecnologia.

2. Questões sociais, éticas e humanas
   - Os estudantes entendem as questões éticas, culturais e sociais relacionadas à tecnologia.
   - Os estudantes praticam o uso responsável dos sistemas tecnológicos, da informação e dos softwares.
   - Os estudantes desenvolvem atitudes positivas com relação às diversas formas de utilização da tecnologia que servem de apoio à aprendizagem por toda a vida, à colaboração, aos objetivos pessoais e à produtividade.

3. Ferramentas de tecnologia de produtividade
   - Os estudantes utilizam as ferramentas de tecnologia para melhorar a aprendizagem, aumentar a produtividade e promover a criatividade.
   - Os estudantes utilizam as ferramentas de produtividade para colaborar na construção de modelos de aperfeiçoamento tecnológico, no preparo de publicações e na produção de outros trabalhos criativos.

4. Ferramentas de tecnologia de comunicação
   - Os estudantes utilizam as telecomunicações para colaborar, publicar e interagir com os seus pares, com especialistas e com outros públicos.
   - Os estudantes utilizam uma variedade de mídias e formatos para transmitir informações e idéias de forma efetiva para públicos variados.

5. Ferramentas de tecnologia de pesquisa
   - Os estudantes utilizam a tecnologia para localizar, avaliar e coletar informações de uma grande variedade de fontes.
   - Os estudantes utilizam ferramentas para processar dados e informar os resultados.
   - Os estudantes avaliam e selecionam novos recursos de informação e inovações tecnológicas baseados na adequação às tarefas específicas.

6. Ferramentas de tecnologia de solução de problemas e de tomada de decisão
   - Os estudantes utilizam recursos tecnológicos para solucionar problemas e para tomar decisões bem fundamentadas.
   - Os estudantes empregam tecnologia no desenvolvimento de estratégias para a solução de problemas no mundo real.

Além disso, a ISTE fornece indicadores de desempenho para atingir esses padrões em quatro níveis: da educação infantil até o nível médio, do terceiro ao quinto ano, do sexto ao oitavo ano e do nono ao décimo segundo ano. A ISTE também inclui exemplos e cenários para ilustrar como a alfabetização tecnológica pode ser integrada ao currículo em cada um desses níveis.

Por exemplo, um currículo exemplifica que a utilização efetiva da tecnologia no primeiro nível trata dos animais e de suas vozes. Na classe de Sharon Fontenot, na escola de ensino fundamental Prien Lake, os estudantes aprendem a identificar ursos polares, leões e outros animais selvagens por meio de imagens, vídeos e sons encontrados no CD-ROM *World of Animals*. A professora ajusta a utilização efetiva da tecnologia ao gravar uma fita baseada na informação que consta do CD-ROM e ao incorporar a sua própria voz para adequar-se às necessidades da classe. Os estudantes praticam as habilidades de leitura e de audição ao responder a perguntas que os incentivam a pensar sobre questões de ciência e de vida social relacionadas a esses animais. Os estudantes criam suas próprias histórias sobre o que aprenderam utilizando o *Kid Pix*, um software que permite que eles façam suas próprias imagens de animais, levando essas imagens para slide shows e imprimindo seus próprios livros para mostrar à família e aos amigos.

No segundo nível (do terceiro ao quinto ano), o professor pode utilizar extensivamente os recursos da Internet. Um exemplo é a utilização do site *Exploring the Environment* (www.cortf.edu/ete/) para acessar os módulos de aprendizagem testados em classe e baseados em problemas ou o site da Global Learning and Observations for a Better Environment (GLOBE) (www.globe.gov/) para envolver os estudantes na realização de observações sobre o ambiente em torno da escola, transmitir os dados para um processador por meio do GLOBE e utilizar imagens globais criadas a partir dos seus dados para examinar questões ambientais locais.

O crescimento populacional e o planejamento urbano são o foco de uma atividade de aprendizagem baseada na tecnologia feita do nono ao décimo segundo ano. A atividade desafia os estudantes a descobrir fontes on-line e outros tipos de fontes que descrevam as angústias da população no mundo real. A atividade pode ser alterada para abordar diferentes cidades e regiões de todo o mundo. Em pequenos grupos formados na sala de aula, os estudantes podem discutir, por exemplo, os problemas da superpopulação de uma cidade. Pode-se solicitar que os estudantes façam um projeto apontando os problemas relacionados ao crescimento populacional que uma cidade como Tóquio tende a enfrentar no ano de 2050.

Esses cenários abrangem muitos dos aspectos em que, conforme sugere Partnership for 21st Century Skills (2003), a tecnologia pode ajudar os professores e as escolas a olharem além das exigências da legislação do programa *Not Child Left Behind*, e dessa maneira auxiliar os estudantes a desenvolverem os conhecimentos, as habilidades e as atitudes de que necessitarão na próxima era. Eles também defendem a ênfase em temas essenciais que utilizam as ferramentas do século 21 capazes de desenvolver habilidades de aprendizagem tanto para ensinar como para aprender.

Ensino, aprendizagem e tecnologia

Uma questão importante a discutir é sobre como a tecnologia pode ser usada para melhorar o ensino e a aprendizagem (Jonassen, 2006; Lajoie e Azevedo, 2006; Spector e outros, 2005). Durante as duas últimas décadas, no Educational Technology Center da Universidade de Harvard, vários educadores têm realizado trabalhos no sentido de descobrir formas de se utilizar a tecnologia para melhorar a compreensão dos estudantes. Martha Stone Wiske tem sido particularmente providencial na criação de formas para incorporar a tecnologia no contexto da sala de aula que transformem a aprendizagem dos estudantes. Stone Wiske e seus colegas (2005) descreveram como utilizar de modo mais efetivo a tecnologia para o ensino ao levarem em conta (1) os assuntos que valem a pena compreender, (2) o que os estudantes deveriam compreender sobre esses temas, (3) como os estudantes desenvolvem e demonstram a compreensão, (4) como os estudantes e os professores avaliam a compreensão e (5) como os estudantes e os professores aprendem juntos. Esses cinco aspectos da compreensão estão baseados nas idéias desenvolvidas em Harvard por David Perkins, Howard Gardner e Vito Perrone. A seguir, apresentamos as visões de Stone Wiske e seus colegas (2005) sobre como a tecnologia pode ser utilizada para melhorar a compreensão:

1. *Avalie quais são os assuntos que vale a pena compreender.* A tecnologia é especialmente adequada para gerar temas de aprendizagem apropriados e interessantes. A Internet proporciona uma abundância de informações sobre praticamente qualquer tema imaginável que pode ser explorado para gerar novos temas ou ampliar o que os alunos estão estudando como parte do currículo (Bruckman, 2006; Cunningham e Billingsley, 2006). A diversas informações fornecidas pela Internet permite que os estudantes aprendam mais sobre seus próprios interesses e idéias e trilhem seu próprio caminho, em vez de seguirem caminhos já trilhados em um livro didático ou caderno de exercícios (Roblyer, 2006).

    Wiske e seus colegas (2005) também sugerem que muitas vezes a tecnologia pode ser utilizada no ensino, de forma efetiva, onde todos os anos surgem os focos de problemas. "Exemplos disso incluem calor e temperatura ou peso e densidade em ciências, cocientes em matemática e estereótipos nas aulas de história e estudos sociais" (p. 28). Esses temas, que muitos estudantes têm dificuldades para compreender, são fundamentais para a disciplina e muitas vezes os estudantes têm mais facilidade de entender com a utilização da tecnologia.

2. *Pense sobre o que os estudantes devem compreender sobre um tema.* Quando os professores pensam sobre a utilização da tecnologia em sala de aula, é importante que eles saibam os objetivos de aprendizagem que têm para seus estudantes. Esses objetivos podem incluir aprender um novo conceito ou aplicar um conceito-chave em situações relevantes. Um

dos objetivos relacionados com a tecnologia pode ser compreender como descobrir e examinar criticamente informações na Internet, que sejam relevantes para um tema em sala de aula. A criação de objetivos dessa maneira faz o professor se lembrar de que "navegar na Internet" não é "um fim em si mesmo", mas, sim, uma forma de utilizar a "tecnologia para realizar um trabalho proveitoso" (Wiske, Franz e Breit, 2005, p. 44).

3. *Preste atenção em como os estudantes desenvolvem e demonstram a compreensão.* A utilização da tecnologia auxilia os estudantes a "expandir suas mentes" e a compreender algo por meio de formas nunca antes utilizadas. Para melhorar a compreensão dos estudantes, Stone Wiske e seus colegas (2005) sugerem que os professores utilizem a tecnologia quando esta tiver a função de "aperfeiçoar e enriquecer seus desempenhos no que diz respeito à compreensão... Processadores de texto, áudio digital, tecnologias em vídeo e ferramentas para a criação de websites permitem que os estudantes expressem sua compreensão em uma variedade rica de mídias. A utilização dessas tecnologias também permite que o trabalho do estudante possa ser facilmente revisado, organizado e distribuído" (Wiske, Franz e Breit, 2005, p. 65-66).

4. *Pense sobre como os estudantes e os professores avaliam a aprendizagem.* Utilize a avaliação contínua em vez de utilizar apenas uma avaliação final (Means, 2006). Durante essa avaliação, você pode orientar os estudantes na compreensão do que é um trabalho de qualidade ou utilizar a colaboração entre pares para ajudá-los a analisar e melhorar seus trabalhos. Uma estratégia útil é incentivar os estudantes a avaliar seus próprios progressos na aprendizagem e monitorar o nível de aprendizagem de forma efetiva. A tecnologia também pode ser utilizada de várias formas para avaliar com eficiência a aprendizagem.

> "As tecnologias digitais, incluindo gravadores de áudio e vídeo e computadores, podem capturar o trabalho do estudante por meio de formas que são fáceis de serem analisadas. Áreas de trabalho interativas e softwares com múltiplas janelas podem ajudar a manter diretrizes de avaliação visíveis e até oferecer dicas e lembretes enquanto se trabalha... Utilizando tecnologias ligadas em rede, os estudantes podem postar seus trabalhos on-line e, assim, poderão ser verdadeiramente analisados e comentados por múltiplos consultores, incluindo professores e pares a distância, com os quais não podem se encontrar. As tecnologias também proporcionam maneiras fáceis de manter arquivos digitais dos trabalhos do estudante. Elas também permitem que os professores e os estudantes criem portfólios individuais para demonstrar e avaliar o trabalho de um estudante ao longo do tempo (Wiske, Franz e Breit, 2005, p. 84-85)."

Discutiremos muito mais sobre a tecnologia e a avaliação contínua no Capítulo 16, "Avaliação da sala de aula".

5. *Reflita sobre como os estudantes e os professores podem aprender juntos.* "As tecnologias ligadas em rede oferecem múltiplas vantagens para conectar os alunos a comunidades colaborativas e de reflexão..." Por exemplo,

> "O e-mail permite que os usuários enviem e recebam mensagens de várias pessoas de forma muito rápida. Os estudantes podem compartilhar informações e trabalhar com diversos estudantes do mundo inteiro, trocando vários turnos de diálogo reflexivo. A Web, com imagens digitais, gravações de áudio e vídeo e videoconferência, também permite que os estudantes e seus professores publiquem e colaborem com seus trabalhos, possibilitando a comunicação com ampla variedade de públicos que estão fora da sala de aula (Wiske, Franz e Breit, 2005, p. 100, 102)."

Para avaliar suas habilidades tecnológicas e atitudes, complete a Auto-avaliação 12.1.

Tecnologia e diversidade sociocultural

A tecnologia traz consigo certas questões sociais (Comstock e Scharrer, 2006). Por exemplo, com o aumento da utilização da tecnologia na escola, especialmente dos computadores, a distância entre estudantes ricos e pobres ou entre estudantes dos sexos masculino e feminino foi ampliada?

De fato, há ainda uma discrepância entre as escolas pobres e ricas em relação à disponibilidade e à utilização da Internet e dos computadores. Em 2003, por exemplo, 96% das escolas com as mais baixas concentrações de pobreza tinham um site próprio, enquanto

Auto-avaliação 12.1
Avaliação de minhas habilidades tecnológicas e atitudes

Qual é o nível de suas habilidades tecnológicas? Quão positivas são as suas atitudes em relação à utilização da tecnologia e da incorporação desta em sua sala de aula? Para esses itens, considere o ano e o(s) tema(s) que você ensina mais. Classifique a si mesmo de 1 a 5, com 1 = Nada a ver comigo e 5 = Tudo a ver comigo.

1	2	3	4	5

1. Sou razoavelmente proficiente na utilização de um computador e na instalação e desinstalação de um software.
2. Tornei-me seguro em relação à utilização de um processador de textos.
3. Sei quando e como usar a tecnologia para melhorar a compreensão dos estudantes.
4. Tenho idéias sobre o uso de processadores de textos com outros recursos de aprendizagem de língua na sala de aula.
5. Sei como pesquisar de modo efetivo e completo informações que me interessam na Internet.
6. Tenho idéias sobre como utilizar a Internet em minha sala de aula.
7. Sou proficiente na utilização do e-mail.
8. Sei como utilizar o PowerPoint.
9. Tenho feito parte de exercícios de aprendizagem colaborativa envolvendo tecnologia.
10. Consigo perceber como a aprendizagem colaborativa pode ser usada com a tecnologia em minha sala de aula.
11. Estou ciente em relação às questões socioculturais envolvidas em tecnologia e educação.
12. Conheço alguns bons sites, informativos e softwares que podem me ajudar a aprender como utilizar a tecnologia de maneira mais efetiva em sala de aula.

Pontuação e interpretação

Observe sua pontuação para cada item e avalie seus pontos fortes e fracos em tecnologia. Ao entrar em sua classe, no seu primeiro dia de aula, tenha como objetivo ser capaz de classificar a si mesmo (de forma segura) com relação a cada um desses itens no nível de 4 a 5. Em relação aos itens em que você se classificou com 1, 2 e 3, tente freqüentar cursos de informática em sua faculdade local que melhorarão seu conhecimento e habilidades naquelas áreas.

apenas 72% das escolas com as mais altas concentrações de pobreza tinham um site próprio (National Center for Education Statistics, 2005). O problema do acesso e da utilização de computadores está associado à presença muito maior de computadores nos lares das famílias com renda média e alta. Há grandes diferenças entre a disponibilidade de computadores entre os grupos étnicos também (Gorski, 2005). Um estudo descobriu que, embora 80% das crianças não-latinas tenham acesso à Internet em casa, apenas 67% das crianças latinas e 61% das crianças afro-americanas têm acesso (Rideout, Roberts e Foehr, 2005).

Além disso, os computadores são, muitas vezes, usados para a realização de diferentes atividades nos diferentes grupos socioculturais. As escolas com altas porcentagens de estudantes de minorias étnicas com baixa renda tendem a usar os computadores para treinar e praticar exercícios (Maddux, Johnson e Willis, 1997). Por outro lado, as escolas com altas porcentagens de estudantes de renda média e alta tendem a utilizar os computadores em atividades de aprendizagem mais criativas e construtivistas. Os meninos tendem a utilizar mais o computador para aplicações em matemática e ciências, as meninas para processamento de textos (Beal, 1994).

Para situar essas descobertas dentro de um contexto, um estudo revelou que o acesso e uso de um computador pessoal, a presença de uma área com computadores nas salas de aula, um nú-

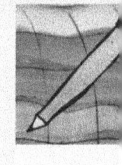

Quais as maiores preocupações quanto à diversidade sociocultural e à tecnologia?

mero maior de computadores para as crianças na escola e a utilização freqüente de programas de computador para a alfabetização e para matemática foram ligados a maiores avanços acadêmicos entre os estudantes afro-americanos da educação infantil e do primeiro ano (Judge, 2005).

Aqui estão algumas recomendações para a prevenção e a redução da desigualdade do acesso e da utilização dos computadores (Gipson, 1997; Sheffield, 1997):

- Selecione materiais tecnológicos para influências étnicas, culturais e de gênero.
- Utilize a tecnologia como ferramenta para oferecer oportunidades de aprendizagem construtivas e ativas para todos os estudantes, não importando qual seja sua formação, etnia ou seu gênero.
- Ofereça a seus estudantes informações sobre especialistas de diversas etnias e gêneros que utilizem a tecnologia de maneira efetiva em seus trabalhos e nas suas vidas. Por exemplo, convide uma mulher afro-americana, que seja analista de computadores, para ir à sua sala de aula e falar com os alunos. Leve seus alunos para uma excursão escolar a uma empresa de engenharia e solicite que, pelo menos, um dos engenheiros disponíveis seja uma mulher. Solicite que ela demonstre como utiliza a tecnologia do computador no seu trabalho.
- Converse com os pais sobre oferecer às crianças atividades de aprendizagem adequadas realizadas no computador em suas casas. Busque maneiras por meio das quais o governo e as agências comunitárias possam ajudar a adquirir um computador para famílias de baixa renda com filhos na escola. Incentive os pais a dar apoio a seus filhos por estes utilizarem os computadores.

Outra forma de lidar com as desigualdades no acesso aos computadores e, talvez, de forma mais importante, lidar com conhecimentos e habilidades no uso dos computadores, é desenvolver e apoiar organizações comunitárias com esse enfoque. Um bom exemplo de tal organização é o Center for Urban Youth and Technology (www.albany.edu/cuyt/), em Albany, Nova York, que oferece uma gama de iniciativas nessa área, incluindo programas extraclasse e de verão para os estudantes locais pertencentes a minorias.

O futuro da tecnologia nas escolas

No *The Educator's Manifesto* (1999), Robbie McClintock argumenta que as inovações nas comunicações e nas tecnologias digitais possuem o potencial de modificar dramaticamente o ensino e a aprendizagem. Ele identifica três áreas nas quais as inovações tecnológicas já modificaram o que é possível no que diz respeito à educação. Primeiro, o crescimento da Internet, da banda larga e da comunicação sem fios tem o potencial de transformar as escolas e as salas de aula de lugares isolados, com acesso relativamente escasso à informação, em lugares com ricas conexões com o mundo e suas idéias. Em segundo lugar, as tecnologias emergentes "tornam cada vez mais evidente que o 'trabalho de pensar' pode ocorrer de muitas formas – verbal, visual, auditiva e cinética, com a combinação de todas elas" (p. 13). As estratégias educacionais básicas devem, conseqüentemente, ser ampliadas para incluir a apresentação, manipulação, avaliação, criação e comunicação do conhecimento em uma variedade de formas de mídia. Em terceiro lugar, ferramentas digitais, como calculadoras, processadores de texto, bancos de dados, planilhas eletrônicas e organizadores gráficos, ajudam a mecanizar habilidades intelectuais de nível mais baixo, permitindo, assim, que os usuários se concentrem mais no pensamento de nível mais alto. De acordo com McClintock, a questão curricular básica é "Qual conhecimento tem mais valor?" e essa questão deve ser conseqüentemente repensada na medida em que as tecnologias digitais mudam o que é possível em termos educacionais.

Certamente, a visão tecnológica da educação de McClintock ainda precisa ser concretizada. Embora no mundo fora da sala de aula as pessoas comumente utilizem uma variedade de aparelhos digitais, como telefones celulares, para acessar informações em vários formatos e uma gama de ferramentas digitais, como calculadoras e iPods, para organizar e manipular essa informação onde e quando necessitam dela, muitas salas de aula, atualmente, não são significativamente diferentes das salas de aula de 50 anos atrás. No entanto, alguns novos desenvolvimentos que podem ser caracterizados de modo geral como iniciativas do tipo *computação ubíqua* têm o potencial de transformar completamente as salas de aula.

O termo "computação ubíqua" foi introduzido por Mark Weiser (2001), da Xerox PARC, que escreveu: "As tecnologias mais profundas são aquelas que desaparecem. Elas se entrelaçam no tecido da vida diária até quando se tornam indistinguíveis dela". Weiser prevê a computação ubíqua incorporada aos ambientes em que habitamos; outros a vêem como aparelhos que levamos para esses ambientes (Kay, 2005). Alguns especialistas sustentam que o mais importante em relação à computação ubíqua nas escolas é o fornecimento de um computador para cada estudante (Papert, 2002; Silvernail e Lane, 2004).

Em geral, muitos educadores contemporâneos vêem a computação ubíqua abranger essas três noções, bem como a importância da conectividade da Internet. Computação ubíqua denomina os ambientes de aprendizado que proporcionam o acesso de todos os estudantes a uma variedade de aparelhos digitais, incluindo computadores conectados à Internet e equipamentos móveis de computadores, quando e onde precisarem deles. Esse conceito de computação ubíqua está concentrado na noção de tecnologias portáteis e virtuais que estão sempre disponíveis, mas que não são por si mesmas o foco do aprendizado. Um objetivo importante para os estudantes e os professores é fazer escolhas bem fundamentadas sobre quais tecnologias utilizar para realizar determinadas tarefas (Swan e outros, 2006).

Educadores pioneiros estão abraçando a idéia da computação ubíqua. Por exemplo, o programa *Apple's Classrooms of Tomorrow* (ACOT) pesquisou sobre o ensino e a aprendizagem em ambientes ricos em tecnologia nos anos 90 (Apple Computer, 1995). O projeto *Palm Education Pioneers* (PEP) estudou o que estudantes e professores poderiam fazer no caso de cada um possuir handhelds (Vahey e Crawford, 2002). E no estado do Maine, Estados Unidos, está sendo oferecido a cada estudante do ensino médio um computador portátil (Silvernail e Lane, 2004). Pesquisadores estão documentando mudanças na classe de computação ubíqua que sugerem o futuro que a tecnologia pode vir a ter nas escolas.

Durante a implementação da computação ubíqua, os pesquisadores descobriram uma utilização ainda mais extensa dos recursos da Internet (Zucker e McGhee, 2005; Swan e outros, 2006) e mais demonstrações comunicando descobertas (Hill e outros, 2002). Eles descobriram uma variedade maior de representações que estão sendo usadas para pesquisar, criar e comunicar o conhecimento incluindo a utilização de diversas representações, planilhas eletrônicas e bancos de dados, simulações e ambientes exploratórios (Honey e Henriquez, 2000; Roschell, 2003; Swan e outros, 2006). Essas descobertas sugerem que as possibilidades de McClintock (1999) estão se tornando uma realidade em algumas salas de aula.

Provavelmente, como resultado da presença da computação ubíqua, os pesquisadores também estão documentando mudanças nas interações entre os estudantes e entre estu-

Visão do estudante

Conversa sobre a tecnologia do futuro

O Threshold/ISTE Youth Forum (2004, p. 26-30) pediu a 11 estudantes de todas as partes do mundo para falar sobre a tecnologia e a aprendizagem e o que pensam que o futuro deverá trazer para eles. A seguir, algumas das suas respostas sobre quanto eles pensam que a tecnologia é essencial hoje:

Sharn B.: Todos os trabalhos que podemos vir a ter envolvem a tecnologia.
Jon V.: Pessoalmente, vou para uma escola onde é superimportante... é essencial para a vida.
Blake P.: Conceitos abstratos são normalmente mais fáceis de entender quando a tecnologia é usada efetivamente como uma ferramenta de ensino.
Elena M.: Sim, alguns estudantes na minha escola que não eram ótimos alunos, agora, graças aos computadores, eles são bem melhores.
Sundip P.: A tecnologia nos permite aprender quanto quisermos sobre, teoricamente, qualquer assunto. Há toneladas de manuais e explicações sobre coisas que vão de testes de aperfeiçoamento a edição de vídeo e desenho gráfico.

Em resposta a como eles estão utilizando a tecnologia fora da escola, e que tornaria a aprendizagem mais fácil na escola, eles comentaram:

Blake P.: Meu computador nunca fica muito longe do meu alcance.
Sundip P.: Algumas vezes, se a explicação de um professor não faz sentido para mim, procuro na Internet e vejo se posso perceber algo sobre o assunto usando outra abordagem.
Mick S.: Usar o Messenger em casa é algo que poderia ser muito útil na escola para a gente se comunicar.

Em resposta ao que eles vêem como as mais recentes tendências tecnológicas, um estudante disse:

Blake P.: Wi-fi (uma forma de usar a Internet sem fio)... Já temos uma rede sem fio em toda a escola, e é ótimo... poderia ser mais rápida.

Em resposta a como a escola seria diferente daqui a 15 anos a partir de hoje, eles predisseram:

Mick S.: Penso que as escolas serão mais especialistas em tecnologia, mas por aqui o financiamento é o grande problema.
Sharn B.: Os computadores serão muito menores... caberão na palma da nossa mão.

Em resposta à questão sobre se as pessoas serão capazes de aprender mais por causa da tecnologia, eles disseram:

Sundip P.: Penso que as pessoas desenvolverão multitarefas, bem como aprenderão mais rapidamente. A tecnologia é responsável por isso.
Sharn B.: Penso que a tecnologia está acelerando nosso processo de pensamento.

---

dantes e professores (Swan e outros, 2006). Eles acreditam que a aprendizagem está se tornando mais efetiva e que os estudantes estão se tornando "experts" em assuntos específicos (Hill e outros, 2002). Além disso, os pesquisadores perceberam aumentos significativos na colaboração entre os estudantes e entre estudantes e professores nas aulas de computação ubíqua (Swan e outros, 2006).

Esses ambientes de aprendizagem modificados também trazem mudanças para o ensino. Nas aulas de computação ubíqua, os professores tornam-se mais centrados nos estudantes, mais construtivos e flexíveis (Swan e outros, 2006; Zucker e McGhee, 2005). Eles também desenvolvem tarefas que são mais orientadas para o projeto e mais baseadas em pesquisas, e, provavelmente como resultado disso, designam tarefas que envolvem a colaboração com outros estudantes (Honey e Henriquez, 2000; Swan e outros, 2006).

Os pesquisadores estão documentando efeitos positivos da computação ubíqua nos estudantes, que incluem: maior motivação, mais envolvimento na aprendizagem, menos problemas comportamentais, maior comparecimento à escola, melhor capacidade de organização e aprendizagem mais independente (Apple Computer, 1995; Silvernail e Lane, 2004; Stevenson, 1998; Swan e outros, 2006; Van't Hooft, Díaz e Swan, 2004; Zucker e McGhee, 2005). O acesso ubíquo aos computadores pode afetar a aprendizagem dos estudantes. Os pesquisadores documentaram uma alfabetização midiática maior, melhora na escrita e, em alguns casos, notas mais altas em testes padronizados (Hill e outros, 2002; Rockman, 2003; Vahey e Crawford, 2002; Swan e outros, 2006). Além disso, alguns especialistas argumentam que a computação ubíqua "nivela o campo de jogo" para as necessidades especiais e para os estudantes de menor capacidade (Hill e outros, 2002; Swan e outros, 2006).

Essas descobertas sugerem que a computação ubíqua pode produzir mudanças significativas no ensino e na aprendizagem. Considere, por exemplo, a seguinte circunstância ocorrida na sala de aula de computação ubíqua do Research Center for Educational Technology, na Kent State University. Isso mostra um pouco o que poderá ser possível acontecer nas salas de aula de amanhã.

> É um dia de aula comum, e um grupo de estudantes da educação infantil desce do ônibus. De repente, um deles vê um pássaro no alto de uma árvore. Correndo para dentro da escola, eles contam para o professor, com vozes excitadas, que há uma coruja na árvore. Armados com câmeras, eles saem com o professor, que identifica o pássaro como um falcão de cauda vermelha, enquanto os estudantes fazem fotos digitais. Discutindo sobre o pássaro enquanto voltam para a sala de aula, um dos alunos pergunta: "Posso pesquisar no Google sobre o falcão de cauda vermelha?". O estudante acaba fazendo isso e compartilha suas descobertas com seus colegas de classe por meio da projeção em uma grande tela. Utilizando programas multimídias, cada estudante cria uma pequena peça de escrita ilustrada sobre o falcão e alguns enviam o que criaram por e-mail aos seus pais. A pedido de um dos alunos, o professor organiza a classe para criar uma colagem do falcão de cauda vermelha com papel, que é depois enquadrada e exibida na sala de aula.

Boas práticas
Estratégias para a escolha e a utilização da tecnologia em sala de aula

A tecnologia fará parte da sala de aula. Aqui estão algumas orientações para a escolha e o uso dela:

1. *Escolha a tecnologia pensando, sobretudo, na forma como ela pode auxiliar os estudantes a explorar, a construir e a reestruturar a informação ativamente.* Procure por softwares que possibilitem aos estudantes manipular diretamente a informação. Uma pesquisa descobriu que o aprendizado dos estudantes melhorou quando a informação foi apresentada em um formato multimídia que os estimulava a selecionar, a organizar e a integrar ativamente informações verbais e visuais (Mayer, 1997). Você pode consultar uma escola ou um especialista em mídia sobre qual software reflete melhor essas características. Dois excelentes recursos tecnológicos para pesquisar sobre como melhorar o aprendizado e o entendimento dos estudantes estão no site do Education New Technologies (ENT), **http://learnweb.harvard.edu/ent/home/index.cfm** e o site **www.iste.org** da International Society for Technology in Education (ISTE). O site do ENT é especialmente projetado para ajudá-lo a integrar a tecnologia em sua própria sala de aula. Catálogos de softwares e informativos também são bons recursos.

2. *Busque formas de utilizar a tecnologia como parte de um aprendizado colaborativo e baseado na vida real.* Nas palavras de Ann Brown e Joe Campione, a educação deveria tratar de "promover uma comunidade de alunos". Os estudantes muitas vezes aprendem melhor quando trabalham juntos na resolução de problemas desafiadores e constroem projetos inovadores (Hiltz e Goldman, 2005; Wiske, Franz e Breit, 2005). Encare tecnologias como a Web e o e-mail como ferramentas para proporcionar aos estudantes oportunidades de se envolverem no aprendizado colaborativo, alcançando também o exterior da sala de aula para incluir o mundo real, o mundo inteiro e comunicar-se com pessoas em locais que, de outra maneira, estariam inacessíveis para eles.

3. *Escolha tecnologias que apresentem modelos positivos para os estudantes.* Quando convidar alguém da sua comunidade para falar com a sua classe, você deve considerar os valores e o tipo de modelo exemplar que a pessoa representa. Observe antecipadamente seus comentários sobre monitoração da tecnologia em relação à eqüidade na etnicidade e na cultura. Assegure-se de que os modelos que os estudantes vão associar à tecnologia representem indivíduos diferenciados e que sirvam como modelos exemplares positivos.

4. *Suas habilidades de ensino são fundamentais quanto à utilização da tecnologia.* Não precisa se preocupar quanto à tecnologia substituir você como professor. A tecnologia se torna efetiva na sala de aula apenas quando você sabe como utilizá-la, demonstra, orienta e monitora sua utilização e a incorpora dentro de um esforço maior para desenvolver os estudantes que estão motivados a aprender ativamente e a se comunicar de modo efetivo. Nem mesmo a mais sofisticada hipermídia beneficiará os estudantes se não os orientar de maneira apropriada, se não fizer perguntas sobre o conteúdo, orquestrar a sua utilização e ajustá-la às necessidades desses estudantes.

5. *Continue a aprender sobre tecnologia e aumente sua competência tecnológica.* A tecnologia digital ainda está mudando em um ritmo incrível. Transforme em um objetivo pessoal manter-se aberto às novas tecnologias e aos avanços tecnológicos, lendo jornais educacionais e freqüentando cursos sobre computação educacional para que aumente suas habilidades. Você será um importante modelo para seus estudantes no que diz respeito à sua atitude em relação à tecnologia, à sua habilidade de utilizá-la com eficiência e à sua habilidade de comunicar aos seus estudantes a maneira de utilizá-la. Em um estudo sobre computadores e educação, realizado em diversos países, os principais determinantes na utilização efetiva da informação nas salas de aula foram a competência do professor no uso da tecnologia e a atitude positiva do professor em relação à tecnologia (Collis e outros, 1996).

Reveja, reflita e pratique

④ Resumir como utilizar a tecnologia de modo efetivo para ajudar as crianças a aprender.

Reveja

- O que caracteriza a revolução tecnológica e a Internet?
- Quais são alguns dos padrões de tecnologia para os estudantes atingirem a alfabetização em tecnologia?
- Quais são os cinco aspectos que os professores necessitam observar ao considerar a utilização da tecnologia em sala de aula para melhorar a compreensão dos estudantes?
- Quais são algumas das atuais desigualdades socioculturais relacionadas à tecnologia educacional?
- O que o futuro deve trazer em relação à utilização da tecnologia em sala de aula?

Reflita

- Qual aplicação dos computadores poderia ser utilizada para beneficiar a aprendizagem e o ensino da matéria e o nível escolar que você planeja ensinar? De que modo?

Pratique PRAXIS™

1. Os alunos da Sra. Carlson matricularam-se em um curso on-line de história. Esse tipo de aprendizagem a distância refere-se a:
   a. E-mail.
   b. Escola virtual.
   c. Tutorial.
   d. Aprimoramento da Web.

2. Sr. Gonzales faz que seus alunos utilizem muitas vezes a Internet na sala de aula. Qual entre as seguintes situações que ele permite que seus alunos utilizem a Internet poderia provavelmente ser eliminada?
   a. E-mail.
   b. Aprender como criar um site.
   c. Tornar-se parte de um projeto de ciências que abrange o mundo todo.
   d. Acessar sites pessoais com pouco monitoramento.

3. Sra. Hamilton usa computadores em sala de aula para atividades construtivistas e ativas. A formação de muitos dos alunos na sua sala de aula deve muito provavelmente ser de:
   a. Afro-americanos de baixa renda.
   b. Latinos de baixa renda.
   c. Brancos de classe média.
   d. Indígenas norte-americanos de classe média.

4. Sra. Hanratty ganhou prêmios pela utilização efetiva dos computadores na sala de aula para o aperfeiçoamento da compreensão dos alunos. Qual das seguintes atividades com o computador tem a menor probabilidade de os alunos se envolverem?
   a. Usar a Internet para criar um caminho diferenciado para a aprendizagem.
   b. Utilizar processadores de texto para que eles expressem a sua compreensão.
   c. Usar computadores para conectar os alunos a comunidades reflexivas e colaborativas.
   d. Treinar e praticar fórmulas matemáticas.

5. Qual dos seguintes é o melhor exemplo de computação ubíqua?
   a. John está utilizando um computador portátil para coletar e armazenar dados para seu projeto de pesquisa em ciências.
   b. Juan está imerso em uma simulação de computador sobre o ecossistema do deserto.
   c. Maria está se comunicando por meio de um sistema de mensagem com um amigo de outro país.
   d. Patricia está utilizando o seu computador para escrever uma redação para sua aula de inglês.

Por favor, verifique as respostas no final do livro.

Desvende o caso
O caso do grande debate

Sra. Rumer era nova no terceiro ano da escola de ensino fundamental Hillside. Antes que o novo ano letivo tivesse começado, ela encontrou-se com outros professores e seus orientadores para as sessões de planejamento. A administração parecia estar atenta sobre quanto o planejamento era necessário para o sucesso do ensino. Sra. Rumer compartilhou abertamente suas idéias com sua orientadora, Sra. Humbolt, e com o restante do grupo.

"Realmente quero ter uma classe centrada no aluno", ela disse. "Gostaria de utilizar aspectos da aprendizagem baseados em problemas, usar as perguntas essenciais e a descoberta orientada. Penso que os estudantes aprenderão muito mais dessa forma se eu utilizar o ensino centrado no professor".

Sra. Humbolt sorriu e disse: Bem, provavelmente eles se divertiriam mais, mas duvido que seus testes de pontuação refletiriam muito o aprendizado. Na realidade, precisamos preparar nossos estudantes para atingir os padrões do Estado, Sra. Rumer. Para realizar isso, seria melhor incluir algum velho e bom ensino direto.

Vários outros professores concordaram prontamente. Um deles comentou: "Esse negócio construtivista não vale a pena; Quero que meus estudantes sejam sérios e aprendam o que eu lhes ensino". Outro afirmou: "Uso os computadores na sala de aula para treinar os estudantes a memorizar a matéria para essas provas do Estado que eles precisam fazer, dando-lhes algo como cartões de memória eletrônicos. Acho que não se encaixaria no seu esquema".

Os comentários dos outros professores surpreendem a Sra. Rumer. Ela havia aprendido, em cursos sobre educação, que o ensino centrado no aluno é considerado a melhor forma para o ensino das crianças. Ela queria que seus estudantes construíssem ativamente seu conhecimento e não queria apenas despejar suas informações nas mentes deles. O diretor garantiu que se ela quisesse utilizar uma abordagem centrada no aluno, teria liberdade para fazê-lo.

Com a sua garantia, a Sra. Rumer começou a fazer listas de tudo o que precisaria planejar para ter uma sala de aula centrada no aluno. Ela começou pelo guia curricular do distrito do terceiro ano. Ela fez listas de todos os objetivos. Então, passou pelos princípios psicológicos da APA para a aprendizagem centrada no aluno. Após ter realizado isso, percebeu que seu trabalho seria intimidante.

1. Quais questões estão envolvidas nesse caso?
2. Como a Sra. Rumer deveria prosseguir a partir desse ponto?
3. Como ela pode se valer de um currículo que foi ensinado de forma centrada no professor e convertê-lo em um currículo centrado no aluno? Ela deveria fazer isso? Sim ou não? Por quê?
4. Como ela pode incorporar a tecnologia no currículo de forma que os computadores não se transformem em meros cartões de memória eletrônicos?
5. Qual entre as que seguem são uma atividade que provavelmente atrairia a Sra. Rumer?
    a. Os estudantes controlarão as operações básicas de multiplicação completando uma folha de trabalho, ocupando-se delas todos os dias.
    b. Os estudantes controlarão as operações básicas de multiplicação jogando com a multiplicação no beisebol.
    c. Os estudantes controlarão as operações básicas de multiplicação realizando diariamente testes cronometrados e trabalhando com elas.
    d. Os estudantes controlarão as operações básicas de multiplicação escrevendo suas tabelas de multiplicação repetidamente.
6. Qual das maneiras de ensinar a seguir provavelmente atrairia os colegas da Sra. Rumer?
    a. Os estudantes aprenderão o processo científico por meio da realização de vários experimentos.
    b. Os estudantes aprenderão o processo científico concentrando-se em perguntas essenciais de ciências.
    c. Os estudantes aprenderão o processo científico lendo sobre esse tema em seus textos sobre ciências e ouvindo palestras.
    d. Os estudantes aprenderão sobre o processo científico testando a água em um riacho próximo.

Atingindo seus objetivos de aprendizagem
Planejamento, ensino e tecnologia

1 Planejamento: Explicar o que envolve o planejamento de sala de aula.

- Planejamento de ensino
- Planejamento e períodos de execução

O planejamento de ensino envolve o desenvolvimento de uma estratégia sistemática e organizada que beneficie a aprendizagem dos estudantes.

O bom planejamento abrange tanto a tarefa (estabelecimento de metas de ensino, atividades de planejamento e estabelecimento de prioridades) como o tempo (fazer estimativas de tempo, criar programações e ser flexível). Você precisará fazer planos para diferentes períodos de execução, abrangendo desde o planejamento anual até o planejamento diário.

2 Ensino e planejamento de aula centrados no professor: Identificar as formas importantes de ensino centrado no professor.

- Planejamento de aula centrado no professor
- Ensino direto
- Estratégias de ensino centradas no professor
- Avaliação do ensino centrado no professor

O planejamento de aula centrado no professor inclui criar objetivos comportamentais, analisar as tarefas e desenvolver taxonomias de ensino (classificações). Os objetivos comportamentais são afirmações que propõem mudanças no comportamento do estudante para atingir níveis de desempenho desejados. A análise da tarefa diz respeito a decompor uma tarefa complexa em suas partes componentes. A taxonomia de Bloom consiste em domínios cognitivos, afetivos e psicomotores e é utilizada por muitos professores para criar metas e objetivos no planejamento de aula.

O ensino direto é uma abordagem estruturada e centrada no professor que envolve o controle e a orientação do professor, altas expectativas quanto ao progresso do estudante, o máximo de tempo possível gasto com os estudantes nas tarefas acadêmicas e esforços feitos pelo professor para manter o afeto negativo reduzido ao mínimo. A utilização de materiais não acadêmicos não é enfatizada, assim como a interação professor-aluno não é academicamente orientada.

As estratégias de ensino centradas no professor incluem a orientação dos estudantes; dar aulas expositivas, explicação e demonstração; questionamentos e discussão; a aprendizagem do domínio; o trabalho em classe; e o dever de casa.

O ensino centrado no professor inclui técnicas úteis e seus defensores particularmente acreditam que ele é efetivo na melhoria das habilidades básicas das crianças. Os críticos do ensino centrado no professor dizem que ele tende a levar a uma aprendizagem passiva, a aulas excessivamente rígidas e estruturadas, à atenção inadequada ao desenvolvimento socioemocional, à motivação externa, à utilização excessiva de tarefas com papel e lápis, a pouquíssima oportunidade para a aprendizagem do mundo real e a pouquíssima aprendizagem cooperativa em pequenos grupos.

3 Ensino e planejamento de aula centrados no aluno: Discutir as formas importantes de ensino centrado no aluno.

- Princípios centrados no aluno

O ensino e o planejamento centrados no aluno transferem o foco do professor para o aluno. Os princípios psicológicos centrados no aluno da APA envolvem fatores cognitivos e metacognitivos (a natureza do processo de aprendizagem, as metas do processo de aprendizagem, a construção do conhecimento, o pensamento estratégico, o pensamento sobre o pensamento e o contexto da aprendizagem), fatores motivacionais e afetivos (influências motivacionais e emocionais na aprendizagem, motivação intrínseca para aprender e os efeitos da motivação sobre o esforço), fatores desenvolvimentais e sociais (influências desenvolvimentais na aprendizagem e influências sociais na aprendizagem) e fatores de diferenças individuais (diferenças individuais em aprendizagem, em aprendizagem e diversidade e em padrões e avaliações).

> Algumas estratégias de ensino centradas no aluno

A aprendizagem baseada em problemas enfatiza a aprendizagem do mundo real. Um currículo baseado em problemas expõe os estudantes a problemas reais. A aprendizagem baseada em problemas concentra-se nas discussões em pequenos grupos mais do que na aula expositiva. Os estudantes identificam as perguntas que eles gostariam de analisar e os professores atuam como guias, ajudando os estudantes a monitorar seus esforços para a solução dos problemas. As perguntas essenciais são as que refletem o centro do currículo. A aprendizagem por descoberta é a que os estudantes constroem o entendimento por eles mesmos. A aprendizagem por descoberta é projetada para levar os estudantes a pensar por si mesmos, a descobrir como o conhecimento é construído, a estimular a sua curiosidade e a motivá-los para as suas pesquisas. A maioria das abordagens relacionadas à aprendizagem por descoberta, hoje, envolve a descoberta orientada, na qual os estudantes são incentivados a construir seu próprio entendimento com a assistência de perguntas e orientações do professor.

> Avaliação do ensino centrado no aluno

O modelo de planejamento e ensino centrado no aluno possui muitos pontos positivos. Os 14 princípios da APA de ensino centrado no aluno são diretrizes que podem ajudar os professores a desenvolver estratégias que beneficiem a aprendizagem do estudante (como incentivar o estudante a construir ativamente o conhecimento, a pensar de forma aprofundada e criativa, a ser internamente motivado, a solucionar problemas do mundo real e a aprender de forma colaborativa). Os críticos argumentam que o ensino e o planejamento centrados no aluno dão muito enfoque ao processo e pouco ao conteúdo, que são muito mais adequados para as ciências sociais e humanidades e menos adequados para ciências e matemática, que não são adequados para o ensino inicial, quando os estudantes têm menor ou nenhum conhecimento sobre o assunto, e que há muito mais desafios na implementação deles do que a maioria dos professores prevê. Tenha em mente que, embora tenhamos apresentado separadamente as abordagens centradas no professor e as centradas no aluno, muitos professores utilizam aspectos de ambas as abordagens.

4 Tecnologia e educação: Resuma como utilizar a tecnologia de modo efetivo para ajudar as crianças a aprender.

> A revolução tecnológica e a Internet

A revolução tecnológica faz parte da sociedade da informação na qual vivemos e cada vez mais os estudantes vão precisar possuir habilidades tecnológicas. As tecnologias de hoje podem ser ferramentas incríveis para motivar os estudantes e orientá-los na sua aprendizagem. A Internet é o centro da comunicação mediada pelo computador. A Web é o sistema utilizado para navegar nos sites da Internet. A Internet pode ser uma importante ferramenta de aprendizagem em muitas salas de aula. O crescimento da Internet levou a um novo fenômeno na aprendizagem a distância: a escola virtual. Há algumas precauções que se deve observar a respeito da utilização da Internet.

> Padrões para os estudantes alfabetizados em tecnologia

A International Society for Technology in Education estabeleceu padrões tecnológicos para os estudantes que envolvem operações básicas e conceitos; questões sociais, éticas e humanas; ferramentas de produtividade tecnológica; necessidades de comunicação tecnológica; ferramentas de pesquisa tecnológica; e ferramentas para solução de problemas tecnológicos e para tomada de decisões. Além disso, a ISTE fornece indicadores de desempenho para se atingir esses padrões em diferentes níveis escolares.

> Ensino, aprendizagem e tecnologia

Cinco aspectos que os professores precisam observar a respeito da utilização da tecnologia de forma mais efetiva na sala de aula para o aperfeiçoamento da aprendizagem dos estudantes: (1) quais assuntos valem a pena ser compreendidos, (2) quais estudantes deveriam entender sobre tais assuntos, (3) como os estudantes desenvolvem e demonstram o entendimento, (4) como os estudantes e professores avaliam o entendimento e (5) como os estudantes e professores aprendem juntos.

> Tecnologia e diversidade sociocultural

Deve-se ter uma preocupação especial quanto aos estudantes de baixa renda e pertencentes a grupos étnicos, bem como com as escolas em áreas de baixa renda, que são pouco assistidas. As mulheres provavelmente também devem ter menos acesso e ser pouco assistidas no que diz respeito à tecnologia.

> O futuro da tecnologia nas escolas

As escolas provavelmente verão o crescimento da computação ubíqua, incluindo as tecnologias virtuais e portáteis. Pesquisas sobre computação ubíqua indicam que há resultados positivos com relação ao ensino e à aprendizagem.

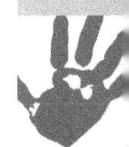

Termos-chave

planejamento de ensino 406
objetivos
    comportamentais 410
análise da tarefa 411
taxonomia 411
taxonomia de Bloom 411
ensino direto 414
organizadores avançados 416
organizadores avançados
    expositivos 416

organizadores avançados
    comparativos 416
aprendizagem com excelência 417
perguntas essenciais 428
aprendizagem por descoberta 429
aprendizagem por descoberta
    orientada 429
Internet 433
Web 434

Pasta de atividades

Agora que você tem uma boa compreensão deste capítulo, faça os exercícios a seguir para ampliar seu entendimento.

Reflexão independente

Desenvolver um plano de tecnologia para a sala de aula. Crie um plano escrito sobre como você deve utilizar os computadores nos temas e nos níveis escolares que planeja ensinar. Como você adaptará seu plano para os estudantes com pouca ou nenhuma experiência com computadores? Como a sua sala de aula pode se beneficiar de estudantes com habilidades tecnológicas avançadas? (INTASC: Princípios *1, 2, 4*)

Trabalho colaborativo

Avaliar as classes centradas no professor e as centradas no aluno. Com outros três estudantes na classe, divida a tarefa de observar uma sala de aula com crianças pequenas, uma sala de aula do ensino fundamental e uma sala de aula do ensino médio. Reúnam-se novamente depois que cada um de vocês tiver observado uma sala de aula e discutam os aspectos das abordagens centradas no professor e as centradas no aluno que foram utilizadas pelos professores. Avaliem quanto as abordagens foram efetivas. Escrevam uma análise comparativa. (INTASC: Princípios *1, 2, 3, 4, 5, 6, 7, 8, 9*)

Experiência de pesquisa/campo

Planejamento de ensino em ação. Peça a um professor que dê aula para o nível escolar para o qual você planeja ensinar para demonstrar os materiais que ele utiliza para planejar as lições, as unidades, o semestre e o currículo anual relativos a um ou mais assuntos. Crie seus próprios exemplos depois de ter utilizado o que aprendeu com o que foi demonstrado pelos professores. Discuta a importância do planejamento em cada um desses níveis escolares. (INTASC: Princípios *7, 9*)

Vá até o Online Learning Center em www.mhhe.com/santedu3e para baixar modelos de pastas de documentos (material disponível em inglês).

CAPÍTULO 13
Motivação, ensino e aprendizagem

A arte de ensinar é despertar a curiosidade em mentes jovens.

— Anatole France
Romancista e poeta francês, século 20

Tópicos do capítulo

Explorando a motivação
- O que é motivação?
- Perspectivas sobre a motivação

Processos do rendimento
- Motivação extrínseca e intrínseca
- Atribuição
- Motivação para excelência
- Auto-eficácia
- Definição de objetivos, planejamento e automonitoramento
- Expectativas

Motivação, relacionamentos e contextos socioculturais
- Motivos sociais
- Relacionamentos sociais
- Contextos socioculturais

Estudantes com problemas de rendimento
- Estudantes com baixo rendimento e com baixa expectativa de sucesso
- Estudantes que protegem seu autoconceito, evitando fracassos
- Estudantes que procrastinam
- Estudantes perfeccionistas
- Estudantes com alto nível de ansiedade
- Estudantes desinteressados ou alienados

Objetivos de aprendizagem

1 Definir motivação e comparar as perspectivas comportamental, humanista, cognitiva e social da motivação.

2 Discutir os processos importantes da motivação para o rendimento.

3 Explicar como os relacionamentos e os contextos socioculturais podem apoiar ou destruir a motivação.

4 Recomendar sobre como ajudar os estudantes com problemas de rendimento.

Histórias Jaime Escalante

Na década de 1970, um imigrante boliviano chamado Jaime Escalante ingressou na escola de ensino médio Garfield, em Los Angeles, como professor de matemática; essa escola era composta por estudantes predominantemente latinos de famílias carentes. Quando começou a lecionar na Garfield, muitos dos alunos não tinham confiança em suas próprias habilidades de matemática e a expectativa da maioria dos professores quanto ao sucesso dos estudantes era baixa. Escalante assumiu a tarefa tendo como desafio principal melhorar as habilidades de matemática dos estudantes, possibilitando, inclusive, que eles tivessem um bom resultado na avaliação AP de cálculo, a Educational Testing Service Advanced Placement, que avalia o desempenho dos alunos nessa matéria.

O primeiro ano foi difícil. A aula de cálculo começava às 8h da manhã. Escalante informou aos alunos que as portas estariam abertas a partir das 7h e que às 7h30 ele começaria os trabalhos. Ele também trabalhava com os alunos depois das aulas e nos fins de semana. Além disso, desenvolvia apostilas, pedia para que os alunos fizessem anotações detalhadas e exigia que usassem um fichário. Todas as manhãs, ele aplicava um teste de cinco minutos e todas as sextas-feiras, uma prova. Sua classe começou com 14 alunos, mas, depois de duas semanas, esse número caiu pela metade. Na primavera, apenas cinco alunos ainda continuavam. Um dos meninos que desistiu disse, "Não quero chegar às 7h. Por que eu deveria?"

Na época em que Escalante lecionava, tirar 3 ou mais na avaliação AP de cálculo de 5 pontos (em que 5 era a nota máxima e 1 a mínima) significava que o desempenho do estudante era de nível universitário e que isso lhe daria crédito para ingressar na maioria das universidades de primeira linha. A pontuação obtida pelos cinco primeiros alunos de Escalante na avaliação AP de cálculo totalizou dois 4, dois 2 e um 1. Esse resultado foi o melhor que a escola conseguiu até então, porém Escalante resolveu fazer melhor ainda.

Três anos mais tarde, a pontuação na avaliação AP de cálculo para turma de Escalante com 15 alunos foi de um 5, quatro 4, nove 3 e um 2. Dez anos depois da primeira turma formada por Escalante, 151 alunos estavam cursando as aulas de cálculo na escola de ensino médio Garfield, em Los Angeles.

Jaime Escalante em sala de aula ensinando matemática.

O estilo persistente, desafiador e inspirador de Escalante de ensinar elevou a Garfield, uma escola assolada por investimentos parcos, violência e condições mínimas de trabalho, para o sétimo lugar em cálculo entre as escolas dos Estados Unidos. O compromisso e a motivação de Escalante foram passados a seus alunos, muitos dos quais não tinham o menor crédito antes de ele chegar. Suas contribuições foram retratadas no filme *Stand e deliver*. Escalante, seus alunos e celebridades convidadas também introduzem conceitos básicos de matemática para alunos do sexto ao final do ensino médio no seriado da rede PBS *Futures 1 and 2 with Jaime Escalante*. Atualmente, Escalante está aposentado como professor, mas continua trabalhando na função de coordenação para ajudar a melhorar a motivação dos estudantes e aprimorar o desempenho e as habilidades em matemática. A história de Escalante é um testemunho de como um professor pode fazer uma grande diferença na motivação e no aproveitamento dos estudantes.

Introdução

No Capítulo 12, você aprendeu que a motivação é um componente-chave dos princípios psicológicos centrados no aluno da Associação Americana de Psicologia (American Psychological Association). De fato, a motivação é um importante aspecto do ensino e da aprendizagem. Estudantes desmotivados não empenharão o esforço necessário para aprender. Como a história de ensino de Jaime Escalante mostra, estudantes altamente motivados anseiam em ir para a escola e ficam absortos no processo de aprendizagem.

1 Explorando a motivação

O que é motivação?   Perspectivas sobre a motivação

Um jovem canadense chamado Terry Fox completou uma das maiores provas de longa distância da história (McNally, 1990). Correndo em média uma maratona por dia (42,1 km) durante 5 meses, ele atravessou o Canadá em um percurso de 5.404 km." O que torna seu exaustivo feito verdadeiramente notável é que Terry Fox perdeu uma perna para o câncer antes disso, portanto, ele correu com o auxílio de uma prótese. Terry Fox era, sem dúvida, uma pessoa motivada, mas o que significa exatamente ser motivado?

O que é motivação?

A **motivação** envolve o processo que estimula, direciona e sustenta o comportamento. Isto é, o comportamento motivado é aquele que é estimulado, direcionado e sustentado. Por que Terry Fox concluiu sua prova? Quando Terry Fox foi hospitalizado com câncer, disse a si mesmo que se sobrevivesse faria algo para ajudar a financiar a pesquisa para o combate o câncer. Portanto, a motivação para sua corrida era dar propósito à sua vida ajudando outras pessoas com câncer.

O comportamento de Terry Fox foi estimulado, direcionado e sustentado. Ao atravessar o Canadá em sua maratona, ele enfrentou dificuldades imprevistas como ventanias, temporais, neve e estradas congeladas. Por causa dessas condições climáticas, sua média foi de apenas 12 km por dia no primeiro mês, muito abaixo daquilo que havia planejado. Mas ele continuou e compensou o atraso no segundo mês até voltar à meta original estabelecida. Seu exemplo é um testemunho de como a motivação pode ajudar cada um de nós a vencer.

A história de Terry Fox está retratada no filme *The power of purpose* (O poder do propósito), exibido nas escolas dos Estados Unidos. Uma professora do sexto ano passou o filme para sua classe e depois pediu aos alunos que escrevessem o que aprenderam com a história. Um aluno escreveu: "Aprendi que, mesmo quando alguma coisa ruim acontece com você, você tem de ir em frente, continuar tentando. Mesmo que seu corpo fique machucado, isso não pode abalar seu espírito".

Vejamos outro exemplo de motivação. Lance Armstrong era um ciclista de sucesso quando foi diagnosticado com câncer de testículo em 1996. Suas chances de cura foram estimadas em 50% quando iniciou a quimioterapia. No entanto, Lance curou-se do câncer e estabeleceu a meta de vencer o *Tour de France*, uma maratona de três semanas percorrendo mais de três mil quilômetros, a prova ciclística mais importante do mundo e um dos maiores testes de motivação humana nos esportes. Dia após dia, Lance treinou intensamente mantendo em mente o objetivo de vencer a prova. Lance venceu o *Tour de France* não apenas uma vez, mas sete anos seguidos de 1999 a 2005.

Assim como a maratona de Terry Fox e as vitórias de Lance Armstrong no *Tour de France*, a motivação em sala de aula tem a ver com o motivo pelo qual os estudantes estão se comportando de determinada maneira e até que ponto seu comportamento é estimulado, direcionado e sustentado. Se os estudantes não completam uma tarefa porque, ela é monótona, a causa está na falta de motivação. Se os estudantes se deparam com desafios ao pesquisar e escrever um trabalho, mas persistem e superam os obstáculos, há motivação envolvida.

Lance Armstrong após vencer pela sétima vez seguida o Tour de France.

Perspectivas sobre a motivação

Diferentes perspectivas psicológicas explicam a motivação de variadas maneiras. Vamos explorar quatro dessas perspectivas: comportamental, humanista, cognitiva e social.

Perspectiva comportamental A perspectiva comportamental enfatiza recompensas externas e punições como aspectos-chave na determinação da motivação de um estudante. **Incentivos** são estímulos ou eventos positivos ou negativos que podem motivar o comportamento de um estudante. Defensores do uso de incentivos enfatizam que estes acrescentam interesse ou entusiasmo à aula e dirigem a atenção para o comportamento apropriado e a afastam do comportamento inapropriado (Emmer, Evertson e Worsham, 2006).

Incentivos usados por professores em sala de aula incluem pontuações e conceitos, que proporcionam um feedback sobre a qualidade do trabalho do estudante e estrelas ou outros símbolos para trabalhos realizados com competência. Outros incentivos incluem demonstrar reconhecimento aos estudantes – por exemplo, expondo seus trabalhos, oferecendo um diploma ou certificado, colocando seus nomes no rol de honra e mencionando oralmente seus resultados. Outro tipo de incentivo foca em permitir que os estudantes tenham alguma atividade especial – como jogar games no computador ou fazer uma viagem de estudo de campo – como recompensa pelo bom trabalho. Adiante no texto, em nossa discussão sobre

motivação Processo que estimula, direciona e sustenta o comportamento.

incentivos Estímulos ou eventos positivos ou negativos que podem motivar o comportamento de um estudante.

motivação intrínseca e extrínseca, examinaremos mais detalhadamente se os incentivos são ou não uma boa idéia.

Perspectiva humanista A **perspectiva humanista** enfatiza a capacidade de crescimento pessoal, liberdade de decidir seu destino e qualidades positivas (como ser sensível aos outros) dos estudantes. Essa perspectiva está estreitamente associada com a crença de Abraham Maslow (1954, 1971) de que certas necessidades básicas devem ser atendidas antes que necessidades superiores sejam satisfeitas. Segundo a **hierarquia das necessidades** de Maslow, as necessidades individuais devem ser satisfeitas na seguinte seqüência (veja Figura 13.1):

- *Fisiológica*: fome, sede, sono.
- *Segurança*: garantir a sobrevivência, tal como proteção contra guerra e crimes.
- *Afeto e pertinência*: proteção, afeição e atenção dos outros.
- *Auto-estima*: bom sentimento de si mesmo.
- *Auto-realização*: realização de seu potencial pleno.

Portanto, na visão de Maslow, os estudantes devem primeiro satisfazer a necessidade de se alimentar para que possam ter um bom rendimento. Sua visão também oferece uma explicação do porquê crianças que vêm de lares carentes e abusivos têm menor possibilidade de sucesso na escola do que crianças cujas necessidades básicas são atendidas.

A **auto-realização**, a mais elevada e indefinida das necessidades de Maslow, é a motivação de desenvolver todo seu potencial como ser humano. Segundo Maslow, a auto-realização só é possível depois que as necessidades mais básicas foram atendidas. Maslow alerta que a maioria das pessoas pára de amadurecer depois que desenvolve um alto nível de auto-estima e, portanto, nunca se tornam auto-realizadas. Algumas características dos indivíduos auto-realizados incluem ser espontâneo, centrados em problemas em vez de em si próprios e criativos.

A idéia de que as necessidades humanas estão organizadas hierarquicamente é atraente. No entanto, nem todos concordam com a ordem dos motivos de Maslow. Por exemplo, para alguns estudantes, as necessidades cognitivas podem ser mais fundamentais do que as necessidades de auto-estima. Outros estudantes podem satisfazer suas necessidades cognitivas mesmo que não tenham experimentado afeto e pertinência.

Perspectiva cognitiva De acordo com a perspectiva cognitiva da motivação, os pensamentos dos estudantes dirigem sua motivação. Nos últimos anos, houve um grande aumento do interesse na perspectiva cognitiva da motivação (Meece, Anderman e Anderman, 2006; Oka, 2005; Pintrich e Schunk, 2002; Weiner, 2005; Wigfield, Byrnes e Eccles, 2006). Esse interesse foca em idéias tal como a motivação interna dos estudantes em ter sucesso, suas atribuições (percepções sobre causas de sucesso ou fracasso, especialmente a percepção de que o esforço é um fator importante no rendimento) e sua convicção de que podem efetivamente controlar seu ambiente. A perspectiva cognitiva também enfatiza a importância da definição de objetivos, planejamento e monitoramento do progresso rumo ao objetivo (Lepper, Corpus, e Iyengar, 2005; Schunk e Zimmerman, 2006).

Assim, enquanto a perspectiva comportamental vê a motivação do estudante como uma conseqüência de incentivos externos, a perspectiva cognitiva argumenta que é preciso tirar a ênfase das pressões externas. A perspectiva cognitiva recomenda que os estudantes devem receber mais oportunidades e responsabilidades para controlar o resultado de seu rendimento (Perry, Turner e Meyer, 2006).

FIGURA 13.1 Hierarquia das necessidades de Maslow.
Abraham Maslow desenvolveu a hierarquia das necessidades humanas para mostrar como devemos satisfazer certas necessidades básicas antes de podermos satisfazer as superiores. No diagrama, as necessidades básicas estão na base da pirâmide e as necessidades superiores, próximas ao pico.

perspectiva humanista Visão que enfatiza a capacidade de crescimento pessoal, liberdade de decidir seu destino e qualidades positivas dos estudantes.

hierarquia das necessidades O conceito de Maslow afirma que as necessidades individuais devem ser satisfeitas na seguinte seqüência: fisiológica, segurança, afeto e pertinência, auto-estima e auto-realização.

auto-realização A mais elevada e indefinida das necessidades de Maslow é a motivação de desenvolver todo seu potencial como ser humano

A perspectiva cognitiva da motivação corresponde às idéias de R. W. White (1959), que propôs o conceito de **motivação para competência**, a idéia de que as pessoas são motivadas a lidar eficazmente com seu ambiente, dominar seu mundo e processar as informações eficientemente. White afirmou que as pessoas fazem essas coisas porque estão motivadas internamente a interagir de maneira eficaz com o ambiente. O conceito de motivação para competência explica por que os humanos se sentem motivados a realizar inovações científicas e tecnológicas.

Perspectiva social Você é do tipo de pessoa que se sente motivada a estar rodeada de muitas pessoas? Ou prefere ficar em casa lendo um livro? A **necessidade de afiliação ou vínculo** é o motivo para estar seguramente conectado a outras pessoas. Isso envolve estabelecer, manter e restaurar relacionamentos pessoais próximos e calorosos. A necessidade dos estudantes de afiliação ou vínculo está refletida na motivação para ficar ao lado de colegas, de amigos íntimos, no seu vínculo com os pais e no seu desejo de ter um relacionamento positivo com os professores.

Alunos que experimentam relações interpessoais atenciosas e incentivadoras em suas escolas apresentam atitudes acadêmicas e valores mais positivos e sentem-se mais satisfeitos com a escola (Baker, 1999; Stipek, 2002). Um dos fatores mais importantes para a motivação e o rendimento dos estudantes é sua percepção de que têm uma relação positiva com o professor (McCombs, 2001; McCombs e Quiat, 2001). O valor que os alunos do ensino médio atribuíam à matemática aumentava quando a percepção que tinham do professor era de alguém altamente incentivador (Eccles, 1993).

Reveja, reflita e pratique

1 Definir motivação e comparar as perspectivas comportamental, humanista, cognitiva e social da motivação

Reveja

- O que é um comportamento motivado?
- Como você descreveria resumidamente as quatro principais perspectivas sobre a motivação?

Reflita

- Lembre-se de alguma situação em que você esteve altamente motivado a realizar algo. Como você descreveria sua motivação em termos de cada uma das quatro perspectivas?

Pratique PRAXIS™

1. Qual das descrições a seguir melhor exemplifica o que é motivação?
   a. Robbie está ansioso quanto ao início do próximo ano letivo e quer ter um bom desempenho.
   b. Sherrie está estimulada, define um objetivo ambicioso para ser bem-sucedida nas aulas de inglês. Trabalha com esforço considerável e obtém conceito A na matéria.
   c. Carmello é bom em direcionar sua atenção para o que quer realizar.
   d. Latisha trabalha duro, experimenta sentimentos positivos sobre seu trabalho acadêmico e gosta de trabalhar em grupo.
2. Qual das descrições a seguir melhor exemplifica a perspectiva cognitiva da motivação?
   a. Sr. Davidson oferece ingressos a seus alunos quando eles têm bom desempenho para que continuem a ter comportamento apropriado.
   b. Sr. McRoberts quer que seus alunos acreditem que podem ser bem-sucedidos em qualquer coisa que tentarem, portanto, ele garante o sucesso daqueles alunos que se esforçam.
   c. Sra. Boeteng acredita que seus alunos se sentirão mais motivados na escola se estabelecerem bons relacionamentos tanto com ela como com os colegas da classe, portanto, ela proporciona apoio emocional.
   d. Srta. Pocius mantém um estoque de barras de cereais em sua gaveta para que, se algum de seus alunos sentir fome, ela tenha algo a oferecer.

Por favor, verifique as respostas no final do livro.

motivação para competência A idéia de que as pessoas são motivadas a lidar eficazmente com seu ambiente, a dominar seu mundo e a processar as informações eficientemente.

necessidade de afiliação ou vínculo O motivo para estar seguramente conectado a outras pessoas.

2 Processos do rendimento

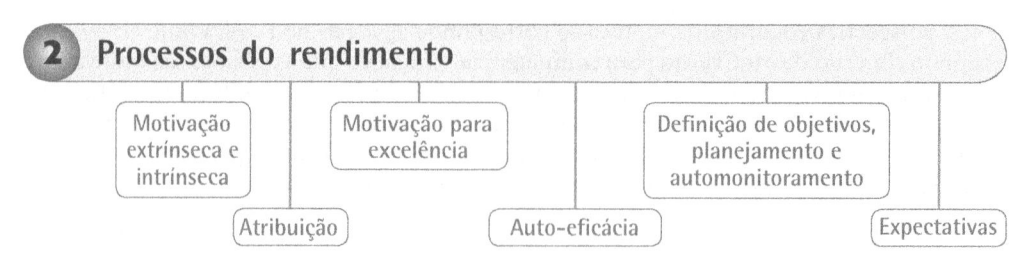

- Motivação extrínseca e intrínseca
- Motivação para excelência
- Definição de objetivos, planejamento e automonitoramento
- Atribuição
- Auto-eficácia
- Expectativas

O interesse atual em motivação na escola foi impulsionado pela perspectiva cognitiva e por uma ênfase em descobrir o processo mais importante envolvido no rendimento dos estudantes. Nesta seção, estudaremos algumas estratégias cognitivas eficazes para melhorar a motivação do aluno a ter rendimento. Começaremos explorando uma distinção crucial entre motivação extrínseca (externo) e intrínseca (interna). Isso nos conduzirá ao exame de várias outras visões cognitivas importantes sobre motivação. Em seguida, estudaremos o papel das expectativas dos professores sobre a motivação dos estudantes.

Motivação extrínseca e intrínseca

A **motivação extrínseca** envolve realizar algo para obter algo diferente (um meio para um fim). A motivação extrínseca é geralmente influenciada por incentivos externos como recompensas e punições. Por exemplo, um aluno pode estudar com afinco para uma prova para obter uma boa nota no curso.

Enquanto a perspectiva comportamental enfatiza a importância da motivação extrínseca no rendimento, as abordagens humanista e cognitiva enfatizam a importância da motivação intrínseca no rendimento. A **motivação intrínseca** envolve a motivação para realizar algo em si mesmo (o fim em si mesmo). Por exemplo, um estudante pode estudar com afinco para uma prova porque gosta do conteúdo do curso.

A evidência atual favorece fortemente o estabelecimento de um clima em sala de aula onde os alunos são intrinsecamente motivados a aprender (Hennesey e Amabile, 1998; Lepper, Corpus e Iyengar, 2005; Wigfield, Byrnes e Eccles, 2006; Wigfield e outros, 2006). Por exemplo, um estudo conduzido com estudantes do terceiro ao oitavo ano concluiu que a motivação intrínseca estava positivamente associada a notas e pontuações em avaliações padronizadas, enquanto a motivação extrínseca estava negativamente associada a resultados de rendimento (Lepper, Corpus e Iyengar, 2005).

Os estudantes se sentem mais motivados a aprender quando têm oportunidade de escolha, podem concentrar-se nos desafios relacionados a suas habilidades e recebem recompensas que possuem valor informativo, mas não são usadas para controle. O elogio também pode aumentar a motivação intrínseca dos estudantes. Para saber por que isso ocorre, vamos explorar primeiro quatro tipos de motivação intrínseca: (1) autodeterminação e escolha pessoal, (2) experiência e fluxo ótimos, (3) interesse e (4) engajamento cognitivo e auto-responsabilidade. Depois, discutiremos como recompensas externas podem tanto aumentar quanto diminuir a motivação intrínseca. Em seguida, identificaremos algumas mudanças do desenvolvimento na motivação intrínseca e extrínseca enquanto os estudantes avançam na escada educacional. Por fim, forneceremos alguns pensamentos conclusivos sobre a motivação intrínseca e extrínseca.

Autodeterminação e escolha pessoal Uma visão da motivação intrínseca que enfatiza a autodeterminação (Deci, Koestner e Ryan, 2001; Deci e Ryan, 1994; Ryan e Deci, 2000). Nessa visão, os estudantes querem acreditar que estão fazendo algo por vontade própria e não por causa das recompensas ou sucesso externo.

Pesquisadores concluíram que a motivação interna dos estudantes e o interesse intrínseco nas tarefas escolares aumentavam quando eles tinham alguma escolha em relação a se responsabilizar por sua aprendizagem (Grolnick e outros, 2002; Stipek, 2002). Por exemplo, um estudo mostrou que alunos do curso de ciências do ensino médio que foram estimulados a organizar seus próprios experimentos demonstraram mais dedicação e interesse nos trabalhos de laboratório do que seus colegas que seguiram instruções detalhadas e orientações (Rainey, 1965).

Em outro estudo, que incluía principalmente estudantes afro-americanos de famílias de baixa renda, os professores foram incentivados a dar aos alunos mais responsabilidade por

Estes alunos tiveram a oportunidade de escrever e representar sua própria peça de teatro. Esses tipos de oportunidades de autodeterminação podem aumentar a motivação do aluno no que diz respeito ao rendimento.

motivação extrínseca Motivação externa para realizar algo para obter algo diferente (um meio para um fim).

motivação intrínseca Motivação interna para realizar algo em si mesmo (um fim em si mesmo).

> ### Boas práticas
> **Estratégias para autodeterminação e escolha do estudante**
>
> A seguir, são apresentadas algumas maneiras de como você pode promover a autodeterminação e a escolha em sua sala de aula (Brophy, 2004; Deci e Ryan, 1994):
>
> 1. *Dedique um tempo* para conversar com os alunos e explicar a importância de uma atividade de aprendizagem.
>
> 2. *Fique atento* aos sentimentos dos estudantes quando pedir a eles para fazer alguma tarefa que não querem.
>
> 3. *Gerencie a classe eficientemente,* permitindo que os estudantes façam escolhas pessoais. Deixe que os estudantes escolham temas para relatórios sobre livros, monografias e projetos de pesquisa e decidam como querem apresentar seu trabalho (por exemplo, para você ou para toda a classe, sozinhos ou com um colega).
>
> 4. *Crie centros de aprendizagem* onde os estudantes possam trabalhar individual ou colaborativamente com outros estudantes em diferentes projetos e possam selecionar suas atividades a partir de uma lista de opções que você tenha desenvolvido.
>
> 5. *Crie grupos de interesse auto-selecionados* e permita que os estudantes trabalhem em projetos de pesquisa relevantes.

seu programa escolar (deCharms, 1984) – em particular, oportunidades de definir suas próprias metas, planejar como alcançá-las e monitorar seu progresso em direção ao objetivo. Os estudantes puderam escolher as atividades em que queriam se envolver e quando as fariam. Também foram estimulados a assumir responsabilidade por seu comportamento, inclusive por atingir os objetivos que eles definiram. Quando comparados a um grupo-controle, os estudantes deste grupo de motivação intrínseca/autodeterminação mostraram ganhos maiores de rendimento e maior probabilidade de concluir o ensino médio.

Experiências ótimas e fluxo Mihaly Csikszentmihalyi (1990, 1993, 2000; Nakamura e Csikszentmihalyi, 2002; Rathunde e Csikszentmihalyi, 2006) também desenvolveu idéias relevantes para o entendimento da motivação intrínseca. Ele estudou as experiências ótimas das pessoas por mais de duas décadas. As pessoas relatam que essas experiências ótimas envolvem sentimentos de grande prazer e alegria. Csikszentmihalyi usa o termo *fluxo* para descrever experiências ótimas na vida. Ele constatou que o fluxo ocorre com mais freqüência quando as pessoas desenvolvem um senso de excelência e permanecem absortas em um estado de concentração enquanto envolvidas em uma atividade. Ele argumenta que o fluxo ocorre quando as pessoas estão engajadas em desafios que consideram nem muito difíceis nem muito fáceis.

Níveis percebidos de desafio e habilidade podem resultar em diferentes resultados (veja a Figura 13.2) (Brophy, 1998). É mais provável ocorrer o fluxo nas áreas em que os estudantes são desafiados e que se percebem com alto nível de habilidade. Quando a habilidade do estudante é alta, mas a atividade proporciona pouco desafio, o resultado é a monotonia. Quando ambos os níveis de desafio e de habilidade são baixos, os estudantes tornam-se apáticos. E quando os estudantes se deparam com uma tarefa desafiadora, mas consideram que não têm a habilidade adequada, experimentam ansiedade.

Interesse Psicólogos educacionais também examinaram o conceito de *interesse*, que foi proposto como mais específico do que motivação intrínseca (Blumenfeld, Kempler e Krajcik, 2006; Wigfield e outros, 2006). Foi feita uma distinção entre interesse individual, considerado relativamente estável e interesse situacional, o qual se acredita ser gerado por aspectos específicos de uma tarefa. A pesquisa sobre interesse focou principalmente na relação entre interesse e aprendizagem.

FIGURA 13.2 Resultados dos níveis percebidos de desafio e habilidade.

		Nível de desafio percebido pelos estudantes	
		Baixo	Alto
Nível de habilidade percebido pelos estudantes	Baixo	Apatia	Ansiedade
	Alto	Monotonia	Fluxo

Boas práticas
Estratégias para ajudar estudantes a alcançar fluxo

De que maneira você pode estimular os estudantes a alcançar fluxo? A seguir estão algumas estratégias (Csikszentmihalyi, Rathunde e Whalen, 1993):

1. *Seja competente e motivado.* Torne-se especialista no assunto, mostre entusiasmo ao ensinar e apresente-se como um modelo que está intrinsecamente motivado.

Visão do professor
Transformando a sala de aula em uma tumba egípcia, na cidade de Nova York e no Monte Olimpo

Rhonda Nachamkin, professora do primeiro ano da escola de ensino fundamental River Eves, em Roswell, Geórgia, tem um estilo altamente dinâmico e aborda cada assunto como se fosse uma produção de Hollywood. Ela transforma a classe em uma tumba egípcia, na cidade de Nova York e no Monte Olimpo. Ela pede para que os pais procurem saber quem foi Anúbis (deus Egípcio) e Prometeu (um titã grego que roubou a arte do fogo) para que possam conversar sobre esses temas com seus filhos de seis anos. Rhonda gosta de usar múltiplas versões dos contos de fadas para ensinar leitura, soletração e conceitos analíticos (Fonte: *USA Today*, 1999).

Rhonda Nachamkin ajuda um de seus alunos, Patrick Drones, com sua tarefa.

2. *Crie uma correspondência ótima.* Uma boa estratégia é desenvolver e manter uma ótima correspondência entre o que você desafia seus alunos a realizar e as habilidades que eles possuem. Isto é, encoraje os estudantes a atingir objetivos desafiadores, porém razoáveis.

3. *Aumente a confiança.* Proporcione aos estudantes apoio tanto instrucional quanto emocional que os encoraje a lidar com a aprendizagem com um máximo de confiança e um mínimo de ansiedade. Como você verá a seguir, Alan Haskitz, um professor de estudos sociais do ensino médio, descreve como ele faz isso buscando um assunto que os estudantes consideram intrinsecamente interessante.

Visão do professor
Realizando fluxo em uma aula de matemática através da avaliação do valor dos carros

A maioria dos alunos do ensino médio gostam de carros, então eu uso as tabelas de avaliação da associação das revendedoras de automóveis (National Automobile Dealers Association – NADA) para obter o preço estimado de carros novos e usados e tornar a aula de matemática mais interessante. A NADA disponibiliza a tabela gratuitamente. Os conceitos básicos de matemática são apresentados aos alunos durante as aulas e por meio de livros-texto. Entretanto, apenas isso não proporciona fluxo. Para adquirir esse nível de motivação, os alunos fazem o planejamento de suas próprias aulas para ensinar os conceitos aos outros colegas tendo as tabelas da NADA como base para os valores que vão usar em seu trabalho. Eu os ensino como redigir uma questão de múltipla escolha com "pegadinhas", afasto-me e observo o fluxo começar. Ouço os estudantes folheando os livros e gritando números, nomes de carros e "Quero este carro" e "Olha quanto isso custa". Como têm desejo de ter um carro, eles consideram a lição importante – e mais importante do que isso, querem ser compradores bem informados. Eles usam os dados para aplicar estatísticas do mundo real na criação de problemas que ensinam conceitos fundamentais e, às vezes, difíceis de entender, como porcentagens, depreciação e gráficos. O uso dessas tabelas é uma ferramenta especialmente poderosa para recuperação porque é atraente para aqueles alunos com dificuldade de aplicar o raciocínio abstrato no desenvolvimento de gráficos.

O interesse está especialmente mais ligado à capacidade de aprendizado profundo, como a lembrança de idéias principais e respostas para questões de compreensão mais difícil, do que à capacidade de aprendizado mais superficial, como respostas para perguntas simples e lembrança de textos em sua forma literal (Schiefele, 1996; Wigfield e outros, 2006). Para saber mais sobre maneiras de estimular o interesse dos alunos, veja o quadro Tecnologia e educação.

Engajamento cognitivo e auto-responsabilidade Phyllis Blumenfeld e seus colegas (2006) propuseram outra variação da motivação intrínseca. Eles enfatizam a importância de se criar ambientes de aprendizagem que estimulem os estudantes a se tornar cognitivamente envolvidos e a assumir responsabilidade por seu aprendizado. O objetivo é motivar os estudantes a empenhar o esforço para persistir e dominar idéias em vez de simplesmente estudar o suficiente para obter nota para passar. É especialmente importante inserir as matérias e as habilidades de aprendizagem em contextos significativos, particularmente em situações do mundo real associadas aos interesses dos estudantes (Perry, Turner e Meyer, 2006).

Tecnologia e educação
Integração da tecnologia, tarefas autênticas, curiosidade e interesse

Tarefas autênticas se aproximam o máximo possível do mundo real ou da vida real e podem despertar o interesse e a curiosidade dos estudantes. Os estudantes geralmente percebem as experiências de aprendizagem baseadas em tecnologia como atividades do mundo real (Cognition and Technology Group at Vanderbilt, 1997).

Integrar tecnologia à sala de aula tem sido claramente apontado como fator para aumentar a motivação dos estudantes em aprender e envolver-se na aprendizagem, especialmente quando usado para estimular a aprendizagem autêntica. Por exemplo, pesquisadores documentaram um aumento da motivação (Zucker e McGhee, 2005, Swan e outros, 2005), envolvimento (Silvernail e Lane, 2004; Zucker e McGhee, 2005), comportamento (Apple Computer, 1995) e freqüência à escola (Apple Computer, 1995) entre os estudantes que participam de iniciativas ricas no que se refere à tecnologia. Além disso, a pesquisa indica que esses estudantes são mais organizados e independentes (Zucker e McGhee, 2005). A pesquisa também revela que estudantes com desenvolvimento atípico podem alcançar o mesmo nível de rendimento que o dos outros estudantes com desenvolvimento típico em algumas situações quando usam tecnologia (Hill e outros, 2002; Swan e outros, 2006).

Um exemplo de aprendizagem autêntica baseada em tecnologia é o uso do filme comercial *Jovem Sherlock Holmes* nas aulas de estudos sociais e filosofia nas escolas dos Estados Unidos. Pesquisadores concluíram que, mesmo quando tarefas autênticas com tecnologia são complexas, os estudantes geralmente se empenham na busca de soluções para os problemas que elas impõem (Goldman e outros, 1996).

Aplicar tecnologia com o objetivo de estimular o interesse, a curiosidade e a criatividade dos estudantes faz que sua motivação aumente muito mais do que aplicar a tecnologia apenas envolvendo exercícios e prática. Por exemplo, vem crescendo o número de jogos de simulação, como *SimCity, SimTown* e *SimEarth,* que estimulam a curiosidade dos estudantes, pois permitem que criem e administrem ambientes (Maddux, Johnson e Willis, 1997).

Alunos do segundo ano na sala de aula do Centro de Pesquisa em Tecnologia Educacional na AT&T na Universidade do Estado de Kent envolvidos em atividades de escrita em computadores portáteis que podem levar com eles e trabalhar em qualquer lugar a qualquer hora.

Recompensas extrínsecas e motivação intrínseca Agora que já discutimos alguns aspectos sobre a motivação intrínseca, vamos examinar se as recompensas em sala de aula podem ser úteis em algumas situações e se determinados tipos de recompensa podem, de fato, aumentar a motivação intrínseca. Como vimos no Capítulo 7, recompensas externas podem ser úteis na mudança do comportamento. No entanto, em algumas situações, as recompensas podem prejudicar a aprendizagem. Um estudo apontou que alunos que já tinham forte interesse em artes e não esperavam uma recompensa passavam mais tempo desenhando do que os alunos que já tinham forte interesse em artes, mas sabiam que seriam recompensados por desenhar (Lepper, Greene e Nisbett, 1973).

No entanto, recompensas em sala de aula podem ser úteis (Cameron, 2001; Reeve, 2006). Dois casos em que elas podem ser aplicadas são (1) como um incentivo para envolvimento em tarefas, se a meta for controlar o comportamento do estudante; e (2) para transmitir informação sobre excelência (Bandura, 1982; Deci, 1975). Quando são oferecidas recompensas que transmitem informação sobre excelência, os sentimentos dos estudantes sobre competência costumam ser estimulados. Não é a recompensa em si que causa esse efeito, mas sim o fato de ela ter sido oferecida e a expectativa de recebê-la (Schunk, 2001). Recompensas usadas como incentivos levam a percepções de que o comportamento do estudante foi causado pela recompensa externa, e não pela motivação própria do estudante em ser competente. Para entender melhor a diferença entre usar recompensas para controlar o comportamento dos estudantes e usá-las para proporcionar informação sobre excelência, considere este exemplo (Schunk, 2004): um professor implementa um sistema de recompensas em que, quanto mais tarefas os alunos concluem, mais pontos ganham. Os estudantes ficaram motivados em trabalhar para ganhar pontos, porque foi dito a eles que os pontos poderiam ser trocados por privilégios. Contudo, os pontos também fornecem aos alunos informações sobre suas capacidades. Isto é, quanto mais pontos ganham, é sinal de que mais tarefas foram cumpridas. À medida que acumulam pontos, os estudantes tendem a se sentir competentes. Por outro lado, se os pontos são dados apenas por terem dedicado tempo a uma tarefa, a tarefa pode ser percebida como um meio para um fim. Nesse caso, como os pontos não transmitem nada sobre capacidades, os estudantes podem perceber as recompensas como um controle de seu comportamento.

Portanto, recompensas que transmitem informações sobre a excelência dos estudantes podem aumentar a motivação intrínseca, conseqüentemente aumentar seu senso de competência (Reeve, 2006). No entanto, um feedback negativo, em forma de crítica por exemplo, que carrega informações de que o estudante é incompetente, pode prejudicar a motivação intrínseca, especialmente se os estudantes não sentem confiança em relação à sua capacidade de se tornar competentes (Stipek, 2002).

Judy Cameron (2001; Cameron e Pierce, 1996) argumenta que as recompensas nem sempre diminuem a motivação intrínseca dos estudantes. Em sua análise de aproximadamente 100 estudos, ela descobriu que recompensas verbais (elogio e feedback positivo) podem ser usadas para aumentar a motivação intrínseca dos estudantes. Ela também concluiu que, quando recompensas tangíveis (como estrelas douradas e dinheiro) foram oferecidas contingentemente ou associadas ao desempenho em tarefas, ou mesmo oferecidas inesperadamente, a motivação intrínseca foi mantida. Alguns críticos argumentam que a análise de Cameron é falha – que, por exemplo, não detecta adequadamente alguns dos efeitos negativos das recompensas sobre a motivação (Deci, Koestner e Ryan, 2001; Kohn, 1996).

Em resumo, é importante examinar quais recompensas transmitem informações sobre competência (Reeve, 2006). Quando as recompensas estão vinculadas à competência, tendem a promover a motivação e o interesse. Quando não estão, provavelmente não aumentarão a motivação ou podem até diminuí-la quando a recompensa for abolida (Schunk, 2004).

Mudanças do desenvolvimento na motivação extrínseca e intrínseca Muitos psicólogos e educadores enfatizam que é importante que as crianças desenvolvam maior internalização e motivação intrínseca à medida que crescem (Wigfield, Byrnes e Eccles, 2006; Wigfield e outros, 2006). No entanto, pesquisadores concluíram que, à medida que os estudantes avançam do ensino fundamental para o ensino médio, sua motivação intrínseca diminui (Harter, 1996). Um estudo indicou que a maior queda na motivação intrínseca e aumento na motivação extrínseca ocorreu entre o sexto e o sétimo anos (Harter, 1981). Outro estudo mostrou que, à medida que passavam do sexto para o oitavo ano, os estudantes diziam cada vez mais que a escola era entediante e irrelevante (Harter, 1996). Nesse estudo, entretanto, os estudantes que estavam motivados intrinsecamente tiveram um desempenho acadêmico muito melhor que os que foram motivados extrinsecamente.

Por que ocorre essa mudança em direção à motivação extrínseca à medida que as crianças avançam nos anos? Uma explicação seria a de que as práticas de atribuição de notas reforçam uma orientação de motivação externa. Isto é, à medida que os estudantes ficam mais velhos, eles se fixam na crescente ênfase em notas e sua motivação interna diminui.

Jacquelynne Eccles e seus colegas (Eccles 2004; Eccles e Midgley, 1989; Eccles e Wigfield, 2002; Wigfield, Byrnes e Eccles, 2006; Wigfield, Eccles e Pintrich, 1996; Wigfield e outros) identificaram algumas mudanças específicas no contexto da escola que podem ajudar a explicar a diminuição na motivação intrínseca. Ao final do ensino fundamental e no ensino médio, as escolas são mais

Segundo Jacquelynne Eccles e seus colegas, muitos alunos do final do ensino fundamental e do ensino médio não refletem a correspondência pessoa-ambiente apropriada. *O que querem dizer com esse conceito?*

impessoais, mais formais e mais avaliativas e competitivas do que as escolas de ensino fundamental. Os estudantes se comparam mais entre si porque recebem notas para suas tarefas e avaliações padronizadas cada vez mais em termos de seu desempenho em relação ao dos outros.

Ao propor o conceito *correspondência pessoa-ambiente*, Eccles e seus colegas (1993; Wigfield, Byrnes e Eccles, 2006; Wigfield e outros, 2006) argumentam que a falta de correspondência entre o ambiente do final do ensino fundamental e o ensino médio e as necessidades dos pré-adolescentes e adolescentes produz auto-avaliações e atitudes cada vez mais negativas em relação à escola. Seu estudo conduzido com mais de 1.500 estudantes constatou que os professores tornaram-se mais controladores exatamente quando os adolescentes buscavam mais autonomia, e que a relação aluno-professor se tornou mais impessoal justamente no momento em que os estudantes buscavam mais independência dos pais e precisavam de mais apoio dos adultos. Em um momento em que os estudantes tornavam-se mais autoconscientes, uma ênfase maior em notas ou outras comparações competitivas só piorava as coisas.

Embora haja pouca pesquisa sobre a transição para o ensino médio, a pesquisa existente sugere que, da mesma forma, a transição para o ciclo II do ensino fundamental pode apresentar os mesmos problemas (Eccles, Wigfield e Schiefele, 1998; Wehlage, 1989). Escolas de ensino médio são maiores e mais burocráticas do que escolas do ensino fundamental. Nessas escolas, o senso de comunidade geralmente é indeterminado, com poucas oportunidades para estudantes e professores se conhecerem melhor (Bryk, Lee e Smith, 1989). Como conseqüência, a desconfiança entre estudantes e professores se desenvolve facilmente e existe pouca comunicação sobre os objetivos e valores dos estudantes. Tais contextos podem prejudicar especialmente a motivação dos estudantes que têm fraco desempenho acadêmico.

Que lições podemos tirar desta discussão? Talvez a única lição mais importante seja o fato de que os alunos no final do ensino fundamental e no ensino médio se beneficiem quando os professores pensam em maneiras de tornar o ambiente escolar mais pessoal, menos formal e mais intrinsecamente desafiador.

Alguns pensamentos finais sobre motivação intrínseca e extrínseca Uma conclusão importante que podemos tirar das pesquisas sobre motivação é que os professores devem incentivar os estudantes a se tornar intrinsecamente motivados. Da mesma forma, os professores devem criar ambientes de aprendizagem que promovam o envolvimento cognitivo dos estudantes e a auto-responsabilidade pela aprendizagem (Blumenfeld, Krajcik e Kempler, 2006). Dito isto, o mundo real inclui ambas as motivações intrínseca e extrínseca e muitas vezes foram confrontadas como pólos opostos. Em muitos aspectos da vida dos estudantes, tanto a motivação intrínseca quanto a extrínseca estão em ação (Wigfield e outros, 2006). Lembre-se, no entanto, de que muitos psicólogos educacionais recomendam que a motivação extrínseca sozinha não é uma boa estratégia.

Nossa discussão sobre motivação intrínseca e extrínseca prepara o cenário para a introdução de outros processos cognitivos envolvidos na motivação dos estudantes em aprender. Conforme exploramos outros cinco processos cognitivos, observe como a motivação intrínseca e a extrínseca continuam a ser importantes. Os cinco processos são (1) atribuição; (2) motivação para excelência; (3) auto-eficácia; (4) definição de objetivo, planejamento e automonitoramento e (5) expectativas.

Atribuição

A **teoria da atribuição** afirma que os indivíduos se sentem motivados a descobrir as causas subjacentes de seu desempenho e comportamento. As atribuições são as percepções das causas dos efeitos. De certa forma, teóricos da atribuição de causalidade dizem que os estudantes são como cientistas intuitivos, que buscam explicar a causa por trás daquilo que acontece (Weary, 2000; Weiner, 2000, 2005). Por exemplo, um aluno da escola secundária pergunta, "Por que não estou indo bem nesta matéria?", "Será que tirei uma nota boa porque estudei bastante ou porque o professor elaborou uma prova fácil, ou ambos?" A busca por uma causa ou explicação costuma começar quando eventos inesperados e importantes resultam em fracasso, como quando um bom aluno obtém uma nota baixa (Graham e Weiner, 1996). Algumas das causas de sucesso e fracasso inferidas mais comumente são capacidade, esforço, facilidade ou dificuldade em uma tarefa, sorte, humor e ser ajudado ou prejudicado pelos outros.

teoria da atribuição Teoria de que, no intuito de dar sentido a seu desempenho ou comportamento, os indivíduos se sentem motivados a descobrir as causas deste.

Bernard Weiner (1986, 1992) identificou três dimensões das atribuições de casualidade (1) *locus*, se a causa for interna ou externa ao autor; (2) *estabilidade*, a extensão com que a causa permanece a mesma ou se altera e (3) *controlabilidade*, a extensão com que o indivíduo consegue controlar a causa. Por exemplo, um estudante pode perceber sua aptidão como localizada internamente, estável e incontrolável. O estudante também pode perceber o acaso ou a sorte como externo a ele, variável e incontrolável. A Figura 13.3 lista oito combinações possíveis de *locus*, estabilidade e controlabilidade e até que ponto correspondem com explicações comuns de fracasso.

- *Locus*. A percepção de sucesso ou fracasso de um estudante por causa de fatores internos ou externos influencia sua auto-estima. Estudantes que percebem seu sucesso como resultado de causas internas, tal como esforço, costumam ter maior auto-estima após um sucesso do que estudantes que acreditam que seu sucesso foi obtido por causa de razões externas, como sorte. Após um fracasso, atribuições internas levam a uma queda da auto-estima.
- *Estabilidade*. A percepção de um estudante da estabilidade de uma causa influencia sua expectativa de sucesso. Se ele atribui um resultado positivo a uma causa estável, como aptidão, tem expectativa de sucessos futuros. Da mesma forma, se ele atribui um resultado negativo a uma causa estável, tem expectativa de fracassos futuros. Quando os estudantes atribuem o fracasso a causas instáveis, como falta de sorte ou falta de empenho, podem desenvolver expectativas de que conseguirão obter sucesso no futuro, porque percebem a causa de seu fracasso como passível de mudança.
- *Controlabilidade*. A percepção de um estudante sobre controlabilidade de uma causa está relacionada a diversos resultados emocionais, como raiva, culpa, pena e vergonha (Graham e Weiner, 1996). Quando os estudantes percebem que estão impedidos de obter sucesso por causa de fatores externos que outras pessoas poderiam ter controlado, como barulho ou preconceito, normalmente ficam bravos. Quando eles percebem que não obtiveram sucesso em razão de causas internas controláveis, como não se esforçar o suficiente ou ser negligente, em geral se sentem culpados. Quando os estudantes percebem que os outros não atingiram seus objetivos em virtude de causas incontroláveis, como falta de capacidade ou uma deficiência física, eles sentem pena ou compaixão. E quando eles fracassam por causa de fatores internos incontroláveis, como falta de capacidade, sentem vergonha, humilhação e constrangimento.

Combinação de atribuições causais	Razão que os estudantes dão ao fracasso
Interna-estável-incontrolável	Baixa aptidão
Interna-estável-controlável	Nunca estuda
Interna-instável-incontrolável	Estava doente no dia da prova
Interna-instável-controlável	Não estudou para esta prova em particular
Externa-estável-incontrolável	A escola é muito exigente
Externa-estável-controlável	O professor é preconceituoso
Externa-instável-incontrolável	Falta de sorte
Externa-instável-controlável	Os amigos não ajudaram

FIGURA 13.3 Combinações de atribuições causais e explicações para o fracasso.

Quando os estudantes fracassam ou são malsucedidos em uma prova ou tarefa, eles atribuem o resultado a certas causas. A explicação reflete oito combinações das três categorias principais de atribuições de Weiner: *Locus* (interna-externa), estabilidade (estável-instável) e controlabilidade (controlável-incontrolável).

Quais são as principais estratégias que os professores podem utilizar para ajudar os estudantes a melhorar a maneira como lidam com suas atribuições? Psicólogos educacionais freqüentemente recomendam proporcionar aos alunos uma série de experiências de rendimento planejadas nas quais modelação, informações sobre estratégias, prática e feedback são usados para ajudá-los a (1) concentrar-se na tarefa em questão em vez de preocupar-se com o fracasso; (2) lidar com o fracasso revendo seus passos para descobrir onde erraram ou analisando o problema para descobrir outra abordagem e (3) atribuir seus fracassos a uma falta de esforço em vez de a uma falta de aptidão (Boekaerts, 2006; Brophy, 2004; Dweck e Elliott, 1983).

A estratégia atual não é expor os estudantes a modelos que lidam facilmente com tarefas e demonstram sucesso – mas, sim, expô-los a modelos que lutam para superar os erros até que obtenham sucesso (Brophy, 2004). Dessa maneira, os estudantes aprendem como superar a frustração, persistir diante das dificuldades e lidar construtivamente com o fracasso.

Motivação para excelência

O conceito de motivação para excelência (Jennings e Dietz, 2002) está estreitamente relacionado com as idéias sobre motivação intrínseca e atribuição. Pesquisadores identificaram a excelência como um de três tipos de orientação de rendimento; excelência, impotência e desempenho.

Carol Dweck e seus colegas (Dweck, 2002, Dweck e Leggett, 1988, Dweck, Mangels e Good 2004, Henderson e Dweck, 1990) constataram que crianças mostram duas respostas distintas para situações desafiadoras ou difíceis: uma orientação para excelência ou uma orientação para impotência. Crianças com **orientação para excelência** focam na tarefa em vez de em sua habilidade, apresentam uma disposição positiva (sugerindo que gostam do desafio) e produzem estratégias voltadas para a solução que melhoram seu desempenho. Alunos com orientação para a excelência geralmente se instruem para prestar atenção, pensar cuidadosamente e para lembrar estratégias que funcionaram para eles no passado (Anderman, Maehr e Midgley, 1996). Por outro lado, crianças com uma **orientação para impotência** focam suas inadequações pessoais e muitas vezes atribuem suas dificuldades a uma falta de habilidade e apresentam uma disposição negativa (incluindo tédio e ansiedade). Essa orientação prejudica seu desempenho. A Figura 13.4 descreve alguns comportamentos que podem refletir a impotência aprendida.

Estudantes com orientação para excelência e impotência não diferem na habilidade geral. No entanto, possuem teorias diferentes sobre suas habilidades. Estudantes com orientação para excelência acreditam que sua habilidade pode ser modificada e aprimorada. Concordam com afirmações como "Astúcia é algo que você pode aumentar quanto quiser". Por outro lado, estudantes com orientação para impotência acreditam que habilidade é basicamente fixa e imutável. Eles concordam com afirmações como "Você pode aprender coisas novas, mas sua astúcia em geral não muda". A orientação para excelência é muito semelhante à combinação de atribuições interna-instável-controlável. A orientação para impotência é muito semelhante à combinação de atribuições interna-estável-incontrolável.

Uma orientação para excelência pode ser comparada com uma **orientação para desempenho**, que envolve estar preocupado com o resultado em vez de com o processo. Para estudantes

---

O estudante

- Diz "Não consigo".
- Não presta atenção nas instruções do professor.
- Não pede ajuda, mesmo quando é necessário.
- Fica sem fazer nada (por exemplo, olhando pela janela).
- Chuta ou responde aleatoriamente sem se esforçar de fato.
- Não responde às exortações do professor para tentar.
- Desestimula-se facilmente.
- Não responde voluntariamente às perguntas do professor.
- Manobra para se livrar de ou evitar trabalhar (por exemplo, diz que precisa ir ao ambulatório).

FIGURA 13.4 Comportamentos que sugerem impotência aprendida.

Fonte: De Deborah Stipek, *Motivation to learn: Integrating theory and practice*, 4e. Publicado por Allyn and Bacon, Boston, MA. Copyright © 2002 by Pearson Education. Reproduzido com permissão do editor.

---

orientação para excelência Postura pessoal que envolve a excelência na tarefa, disposição positiva e estratégias voltadas para a solução.

orientação para impotência Postura pessoal que foca ineficiências pessoais, atribui as dificuldades à falta de capacidade e à disposição negativa.

orientação para desempenho Postura pessoal de preocupação com o resultado em vez de com o processo. Indivíduos com orientação para desempenho acreditam que vencer é o que importa e que a felicidade é resultado da vitória.

com orientação para desempenho, vencer é o que importa e a felicidade é resultado da vitória. Pesquisadores constataram que uma orientação para desempenho em sala de aula está relacionada a colar e a um comportamento disruptivo (caçoar e falar fora da vez) (Meece, Anderman e Anderman, 2006). Para estudantes orientados para excelência, o que importa é o senso de que estão interagindo eficientemente com seu ambiente. Estudantes orientados para excelência gostam de vencer, mas a vitória não é tão importante para eles quanto para os estudantes orientados para o desempenho. Desenvolver suas habilidades é mais importante (Wolters, 2004).

Motivação para excelência tem muito em comum com o conceito de fluxo de Csikszentmihalyi – permanecer absorto em um estado de concentração durante uma atividade. Estudantes orientados para excelência ficam imersos em determinada tarefa e focam sua concentração no desenvolvimento de suas habilidades, em vez de se preocupar se terão desempenho melhor do que o dos outros. Em um estado de fluxo, os estudantes ficam tão concentrados no que estão fazendo que se tornam insensíveis a distrações.

Estudantes orientados para desempenho que não confiam em seu sucesso enfrentam um grande problema (Stipek, 2002). Se tentam e fracassam, geralmente consideram seu fracasso como evidencia de baixa habilidade. Deixando completamente de tentar, podem manter uma explicação alternativa, pessoalmente mais aceitável, para seu fracasso. Esse dilema leva alguns estudantes a assumir um comportamento que os protege de uma imagem de incompetência no curto prazo, mas interfere em sua aprendizagem e rendimento no longo prazo (Covington e Dray, 2002; Urdan, 2004). Para evitar a atribuição de pouca habilidade, alguns desses estudantes simplesmente não tentam, ou trapaceiam (colam); outros podem recorrer a estratégias de proteção de imagem mais sutis como procrastinar, encontrar desculpas, trabalhar com indiferença ou estabelecer objetivos impraticáveis.

Lembre-se de que a lei Nenhuma Criança deixada para Trás (NCLB) enfatiza a avaliação e a responsabilização. Embora a NCLB possa motivar alguns professores e estudantes a trabalhar com mais afinco, especialistas em motivação preocupam-se com o fato de que isso encoraje uma orientação para desempenho em vez de uma motivação para excelência por parte dos estudantes (Meece, Anderman e Anderman, 2006).

Auto-eficácia

No Capítulo 7, "Abordagens cognitivas comportamentais e sociais", introduzimos o conceito de **auto-eficácia** de Albert Bandura, ou seja, a crença de que um indivíduo pode dominar uma situação e produzir resultados positivos. Bandura (1997, 2001, 2004) acredita que a auto-eficácia é um fator fundamental da probabilidade de sucesso dos estudantes. A auto-eficácia tem muito em comum com a motivação por excelência e a motivação intrínseca. A auto-eficácia é a crença de que "Eu consigo" e a impotência é a crença de que "Eu não consigo" (Maddux, 2002; Lodewyk e Winne, 2005; Stipek, 2002). Estudantes com alta auto-eficácia concordam com afirmações como "Sei que serei capaz de aprender a matéria desta aula" e "Espero conseguir me sair bem nessa atividade".

Dale Schunk (1991, 1999, 2001, 2004) aplicou o conceito de auto-eficácia a muitos aspectos do rendimento dos estudantes. Em sua visão, a auto-eficácia influencia como os estudantes escolhem atividades. Estudantes com baixa auto-eficácia em aprendizagem costumam evitar muitas atividades de aprendizagem, especialmente as desafiadoras, enquanto estudantes com alta auto-eficácia abordam avidamente essas tarefas de aprendizagem. Estudantes com alta auto-eficácia costumam persistir mais no esforço de cumprir uma tarefa de aprendizagem do que estudantes com baixa auto-eficácia.

Seu sentimento de auto-eficácia como professor terá um impacto importante na qualidade da aprendizagem que seus alunos experienciarão. Os alunos aprendem muito mais de professores com um senso de eficácia do que de professores assolados por inseguranças. Professores com sentimento de baixa auto-eficácia geralmente ficam atolados em problemas de classe e tendem a dizer que a baixa capacidade dos estudantes é a causa da dificuldade de aprendizagem. Professores com sentimento de baixa auto-eficácia não confiam em sua capacidade de administrar suas classes, ficam estressados e bravos com o comportamento inadequado dos estudantes, são pessimistas em relação à capacidade dos estudantes de melhorar, assumem uma visão de custódial sobre seu trabalho, recorrem sempre a modos de disciplina restritivos e punitivos e afirmam que se tivessem de começar de novo não escolheriam o ensino como profissão (Melby, 1995).

auto-eficácia Crença de que um indivíduo pode dominar uma situação e produzir resultados positivos.

Boas práticas
Estratégias para aprimorar a auto-eficácia dos estudantes

A seguir estão algumas boas estratégias para aprimorar a auto-eficácia dos estudantes (Stipek, 1996, 2002):

1. *Ensine estratégias específicas.* Ensine aos estudantes estratégias específicas, como esboçar e resumir, que possam melhorar a capacidade deles de se concentrar nas tarefas.

2. *Oriente os estudantes na definição de objetivos.* Ajude-os a criar objetivos de curto prazo depois de terem definido objetivos de longo prazo. Objetivos de curto prazo ajudam os alunos especialmente na avaliação de seu progresso.

3. *Considere a excelência.* Ofereça aos estudantes recompensas associadas ao desempenho, que têm maior probabilidade de indicar excelência, em vez de recompensas por meramente se envolverem em uma tarefa.

4. *Combine treinamento de estratégia com objetivos.* Schunk e seus colegas (Schunk, 2001; Schunk e Rice, 1989; Schunk e Swartz, 1993) constataram que uma combinação de estratégia de treinamento e definição de objetivos pode aumentar a auto-eficácia e o desenvolvimento das habilidades dos estudantes. Proporcione um feedback aos estudantes sobre a maneira pela qual as estratégias de aprendizagem estão relacionadas a seu desempenho.

5. *Dê apoio aos alunos.* O apoio positivo pode vir dos professores, dos pais e dos colegas. Às vezes, o professor só precisa dizer para um aluno que "Você consegue fazer isso".

A seguir, Joanna Smith, professora de inglês do ensino médio, descreve como ajuda os alunos que lutam contra a "síndrome do fracasso".

Visão do professor
Ajudando alunos que se sentem fracassados a ganhar confiança

Acredito que encorajamento pode ajudar os estudantes a superar a "síndrome do fracasso". Estudantes com síndrome do fracasso desistem imediatamente quando sentem a menor dificuldade. É muito fácil sentir-se frustrado quando nos deparamos com esses alunos, mas obtive sucesso quando consegui ter acesso a eles. A única maneira que consegui ter acesso a esses estudantes foi conhecendo-os melhor e a suas famílias por meio de tarefas como a criação de diários, oferecendo opções de livros para leitura, dando oportunidade para me contarem sobre eles e também me abrindo para eles. Esses estudantes também precisam de muito incentivo. Eles precisam saber que você notou que estão infelizes com o fracasso e precisam saber que você acredita neles. Só assim esses estudantes com síndrome de fracasso trabalharão.

6. *Certifique-se de que os estudantes não estão excessivamente agitados ou ansiosos.* Quando os estudantes preocupam-se de maneira excessiva e sofrem com seu rendimento, sua auto-eficácia diminui.

7. *Proporcione aos estudantes modelos positivos adultos e de colegas.* Algumas características desses modelos podem ajudar os estudantes a desenvolver sua auto-eficácia. Por exemplo, estudantes que observam professores e colegas a lidar eficientemente e dominar desafios muitas vezes adotam o comportamento dos modelos. Modelar é especialmente eficaz para promover a auto-eficácia quando os estudantes observam o sucesso de colegas que têm o mesmo nível de capacidade do que eles. Uma maneira positiva para os professores usarem colegas como modelo para melhorar a auto-eficácia dos estudantes é fazer que cada estudante trabalhe com um aspecto de uma tarefa e então pedir que os estudantes expliquem sua parte, depois de dominá-las, para os outros membros do grupo (Zimmerman e Schunk, 2001). Esse tipo de modelação, discutido no Capítulo 10 como aprendizagem colaborativa e cooperativa, ensina habilidades e aumenta a auto-eficácia dos outros.

A capacidade de transmitir a matéria é um aspecto da auto-eficácia, mas a auto-eficácia instrucional também inclui a crença de que é possível manter uma sala de aula organizada de maneira que seja um lugar estimulante para aprender e a crença de que é possível angariar recursos e fazer que os pais se envolvam positivamente na aprendizagem das crianças (Bandura, 1997).

Bandura (1997) também abordou as características das escolas eficazes. Diretores escolares buscam maneiras de melhorar o ensino. Eles idealizam maneiras para contornar políticas e normas que impedem inovações acadêmicas. Uma liderança acadêmica eficiente por parte do diretor cria nos professores um senso de eficácia instrucional. Nas escolas com baixo rendimento, os diretores atuam mais como administradores e disciplinadores (Coladarci, 1992).

Escolas eficientes são permeadas por altas expectativas e padrões de rendimento. Os professores vêem seus alunos como capazes de ter alto rendimento acadêmico, definem padrões acadêmicos desafiadores para eles e proporcionam apoio para ajudá-los a alcançar esses padrões elevados. Por outro lado, nas escolas com baixo rendimento não se espera muito academicamente dos estudantes, os professores dedicam menos tempo ensinando e monitorando ativamente o progresso acadêmico dos estudantes e tendem a classificar alta porcentagem dos estudantes como impossíveis de ensinar (Brookover e outros, 1979). Não causa surpresa o fato de os alunos dessas escolas terem baixa auto-eficácia e um senso de futilidade acadêmica.

Definição de objetivos, planejamento e automonitoramento

Pesquisadores constataram que a auto-eficácia e o rendimento melhoram quando os estudantes definem objetivos específicos, proximais e desafiadores (Bandura, 1997; Lapierre, 2005; Schunk, 2004; Schunk e Zimmerman, 2006; Zimmerman e Schunk, 2004). Um objetivo inespecífico e incerto é "Quero ser bem-sucedido". Um objetivo mais concreto e específico é "Quero entrar no rol da honra até o final do semestre".

Os estudantes podem definir objetivos tanto de longo prazo (distais) como de curto prazo (proximais). Não há problema em permitir que os estudantes definam objetivos de longo prazo como "Quero me formar no ensino médio" ou "Quero ir para a faculdade", mas caso o faça, certifique-se de que eles também criem paralelamente objetivos de curto prazo. "Tirar A na próxima prova de matemática" é um exemplo de objetivo de curto prazo, proximal. Assim como "Terminar toda minha lição de casa até as 4h da tarde de domingo". Como mencionado anteriormente, a atenção deve estar focada principalmente nos objetivos de curto prazo, o que ajuda os estudantes a avaliar seu progresso melhor do que baseando-se nos objetivos de longo prazo. David McNally (1990), autor de *Even eagles need a push* (*Até as águias precisam de um empurrão*), aconselha que, quando os estudantes definem um objetivo e planejam, devem ser lembrados de viver sua vida um dia por vez. Faça que eles assumam compromissos em porções digeríveis. Como McNally diz, uma casa é construída com um tijolo por vez, uma catedral com uma pedra por vez. Os artistas pintam com uma pincelada por vez. O aluno também deve trabalhar em pequenos incrementos.

Outra boa estratégia é incentivar os estudantes a definir objetivos desafiadores. Um objetivo desafiador é um compromisso com o auto-aprimoramento. Um forte interesse e envolvimento em atividades são estimulados por desafios. Objetivos fáceis de atingir geram pouco interesse ou esforço. No entanto, os objetivos devem corresponder otimamente ao nível de habilidade dos estudantes. Se os objetivos forem altamente irreais, o resultado será fracassos repetidos que diminuem a auto-eficácia do estudante.

Carol Dweck (1996; Dweck e Leggett, 1988, Dweck, Mangels e Good 2004), John Nicholls (1979; Nicholls e outros, 1990) e seus colegas definem objetivos em termos do tipo de rendimento que o objetivo representa e da definição de sucesso. Por exemplo, Nicholls distingue entre objetivos que envolvem o ego, objetivos que envolvem tarefas e objetivos que evitam trabalho. Estudantes com objetivos que envolvem ego lutam para maximizar avaliações favoráveis e para minimizar as desfavoráveis. Portanto, esses estudantes podem focar no quanto inteligentes parecerão e com que eficiência poderão superar o desempenho dos outros. Por outro lado, estudantes com objetivos que envolvem tarefas focam em dominar a tarefa. Eles se concentram em como podem realizar as tarefas e o que aprenderão. Estudantes com objetivos que evitam trabalho procuram empenhar o mínimo esforço possível em uma tarefa. Encoraje os estudantes a desenvolver objetivos de excelência em tarefas em vez de objetivos que envolvem ego ou que evitam o trabalho.

Infelizmente, muitas das mudanças envolvidas na transição para o ensino médio costumam aumentar a motivação para atingir objetivos de desempenho em vez de objetivos de excelência (Eccles, 2004; Midgley, 2001; Wigfield, Byrnes e Eccles, 2006; Wigfield e outros, 2006). Considere que isso muitas vezes inclui uma diminuição nas notas, falta de apoio para autonomia, organização de tarefas para a classe inteira e distribuição dos alunos em classes por competência, o que provavelmente aumenta a comparação social, preocupações com avaliação e competitividade.

Uma pesquisa mostrou que ambos professores e alunos relataram que objetivos focados em desempenho eram mais comuns e objetivos focados em tarefas menos comuns do quinto ao oitavo ano do ensino fundamental que do primeiro ao quarto ano (Midgley, Anderman e Hicks, 1995). Além disso, professores do primeiro ao quarto ano do ensino fundamental relataram o uso de objetivos focados em tarefas mais do que professores dos anos mais avançados do ensino fundamental. Em ambos períodos do ensino fundamental, a proporção com que os professores focavam em tarefas estava associada ao senso de eficácia pessoal dos professores e alunos. Não é de surpreender que a eficácia pessoal fosse menor nos participantes dos últimos anos do ensino fundamental do que dos primeiros. Portanto, professores que lecionam nos anos mais avançados do ensino fundamental devem incluir especialmente mais objetivos focados em tarefas em seu ensino (Anderman, Austin e Johnson, 2002).

No Capítulo 12, descrevemos a importância do planejamento para os professores. O planejamento também é importante para os estudantes. Não basta apenas fazer que os estudantes definam metas. É importante também incentivá-los a planejar como atingir suas metas (Elliot e Thrash, 2001; Maehr, 2001; Randi e Corno, 2000). Ser um bom planejador significa gerenciar o tempo de maneira eficiente, definir prioridades e ser organizado. Ensine aos estudantes a administrar seu tempo, a estabelecer prioridades e a ser organizado.

Você pode começar dando a eles um calendário do ano letivo onde podem anotar datas das provas, datas de entrega de trabalhos, de lições de casa e de outras tarefas e atividades. Peça para que eles pensem sobre quantos dias ou semanas precisarão estudar para as provas bimestrais e para desenvolver trabalhos importantes. Faça que eles marquem os dias ou semanas em que essas tarefas serão sua prioridade máxima. Diga a eles que o calendário do ano letivo não está gravado em pedra. Incentive-os a monitorá-lo regularmente e fazer as modificações que forem necessárias. Por exemplo, você pode acrescentar uma tarefa ou duas, mudar a data de uma prova e assim por diante. Ou, então, os alunos podem achar que precisam de mais tempo de estudo do que previram originalmente para determinada matéria.

Depois que os alunos tiverem criado seu calendário do ano letivo, faça uma cópia de uma página de agenda semanal em branco e dê aos alunos. Os dias da semana devem ficar no topo da página, horizontalmente, como cabeçalho e abaixo de cada dia devem vir os títulos "Planejado" e "Realizado". As 24 horas do dia devem ser listadas verticalmente no lado esquerdo da página. Peça para os alunos preencherem os horários com suas aulas, atividades de lazer (como esportes, aulas de música, TV) e outras atividades rotineiras como dormir e comer. Uma boa estratégia é fazer com que os alunos criem este plano no final da semana anterior. E, depois, fazer que o monitorem na semana seguinte para ver com que eficiência cumpriram o planejado.

Assim que os alunos tiverem criado os planos anual e semanal, pratique com eles a definição de prioridades para o dia seguinte. Uma habilidade fundamental que se deve ter para se tornar um bom gerenciador de tempo é identificar quais são as tarefas mais importantes a realizar e quando realizá-las – em outras palavras, definir prioridades. Uma maneira eficaz de conseguir isso é criar listas diárias de afazeres administráveis. O objetivo dos estudantes deve ser criar a lista na noite anterior e então completar todos os itens da lista no dia seguinte. Faça-os identificar as tarefas de alta prioridade da lista e terem certeza de que sejam realizadas. Faça que verifiquem a lista de afazeres perto do final do dia e avaliem o que realizaram. Encoraje os estudantes a se desafiar para terminar as poucas tarefas remanescentes.

Você pode se surpreender com o que os estudantes descobrem ao fazer seus planos de utilização do tempo. Alguns deles perceberão que não tinham a menor noção de quanto tempo vinham desperdiçando, que subestimaram a quantidade de tempo que precisam para estudar e descobrem que são muito menos eficientes no uso de seu tempo do que imaginavam. Outros estudantes aprenderão que o gerenciamento adequado do tempo requer planejamento, organização e autodisciplina, mas que os resultados compensam.

A maior parte dos adultos bem-sucedidos são bons gerenciadores de tempo, embora as escolas não ofereçam oportunidades adequadas para praticar habilidades de gerenciamento de tempo. Essa estratégia deve não só melhorar o rendimento de seus alunos em classe, como também ajudá-los a desenvolver habilidades importantes para o sucesso no trabalho e na vida após a escola.

Estudantes mais velhos devem não só planejar suas atividades da semana seguinte, como também monitorar com que eficiência estão cumprindo o plano. Uma vez que os estudantes se envolvem em uma tarefa, precisam monitorar seu progresso, julgar com que eficiência estão realizando essa tarefa e avaliar os resultados para regular como procederão no futuro (Wigfield, Byrnes e Eccles, 2006; Wigfield e outros, 2006). Pesquisadores constataram que estudantes com alto rendimento normalmente são alunos com auto-regulação (Boekaerts, 2006; Pressley e Harris, 2006; Pressley e Hilden, 2006 Schunk e Zimmerman, 2006). Por exemplo, estudantes com alto rendimento automonitoram sua aprendizagem e avaliam sistematicamente seu progresso em direção a um objetivo mais do que estudantes com baixo rendimento. Estimular os estudantes a automonitorar sua aprendizagem transmite a mensagem de que são responsáveis por seu próprio comportamento e que a aprendizagem requer uma participação dedicada e ativa por parte deles (Boekaerts, 2006).

Expectativas

As expectativas podem exercer uma influência poderosa sobre a motivação dos estudantes. Vamos examinar as expectativas do estudante e do professor.

> **Boas práticas**
> **Estratégias para ajudar os estudantes a gerenciar seu tempo**
>
> A seguir estão algumas boas dicas que os professores podem dar aos alunos para ajudá-los a gerenciar o tempo mais eficientemente e a aumentar seu rendimento (Zimmerman, Bonner e Kovach, 1996, p. 33):
>
> 1. *Ser proativo, não reativo.* Os estudantes raramente planejam ou gerenciam seu tempo disponível para o estudo. Em vez disso, a maioria costuma fazer suas tarefas em uma base reativa na última hora. Incentive-os a ser mais proativos e a desenvolver planos semestrais, semanais e listas de afazeres diárias a partir do quinto ano.
>
> 2. *Definir horários de estudo regulares.*
>
> 3. *Ter um local de estudo regular bem iluminado e silencioso.*
>
> 4. *Aprender a dizer "não" para distrações.* Quando os colegas tentam distraí-los do estudo conversando, ajude-os a resistir à pressão.
>
> 5. *Recompense a si mesmo pelo sucesso.* Encoraje os estudantes a postergar atividades desejáveis e a usá-las como recompensa por completar seu estudo. Isso pode incluir comer guloseimas, assistir à TV ou encontrar com amigos.

Expectativas dos estudantes O afinco com que os estudantes trabalharão depende de quanto esperam realizar. Se eles têm a expectativa de obter sucesso, tendem a trabalhar com mais afinco para atingir um objetivo cuja expectativa é de fracasso. Jacquelynne Eccles (1987, 1993) definiu as expectativas de sucesso dos estudantes como "crenças sobre como eles se sairão em tarefas futuras seja no médio ou no longo prazos" (Wigfield e outros, 2006). Segundo Eccles, três aspectos da convicção sobre capacidade são: a crença dos estudantes de quão bons eles são em uma atividade em particular, a crença de quão bons são quando comparados aos outros e de quão bons são em relação a seu desempenho em outras atividades.

O afinco com que os estudantes trabalham também depende do valor que eles dão ao objetivo. De fato, a combinação de expectativa e valor tem sido foco de diversas iniciativas para entender melhor a motivação dos estudantes para a realização durante as últimas seis décadas (Atkinson, 1957; Eccles, 1987, 1993; Feather, 1966; Wigfield e Eccles, 2002). O modelo de Jacquelynne Eccles (1987, 1993) "assume que expectativas e valores influenciam diretamente no desempenho, na persistência e na escolha de tarefas. Expectativas e valores são... influenciados por percepções de competência, percepções de dificuldade das diferentes tarefas e objetivos individuais" (Wigfield e outros, 2006, p. 938-939). No modelo de Eccles, a visão da cultura sobre realização também desempenha um papel importante na influência sobre as expectativas dos estudantes.

Expectativas dos professores As expectativas dos professores influenciam a motivação e o desempenho dos estudantes (Alderman, 2004; National Research Council, 2004). "Quando professores mantêm altas expectativas de rendimento em geral para os estudantes e os estudantes percebem tais expectativas, eles rendem mais, experimentam um senso de auto-estima e de competência maior como aprendizes e resistem ao envolvimento em comportamentos problemáticos tanto durante a infância quanto durante a adolescência" (Wigfield e outros, 2006, p. 976).

Os professores normalmente têm mais expectativas positivas para estudantes com alta habilidade do que para aqueles com baixa habilidade, e essas expectativas costumam influenciar seu comportamento em relação aos alunos. Por exemplo, os professores exigem que alunos com alta habilidade trabalhem mais, dão mais tempo para que respondam a suas perguntas, dão respostas com mais informações e de maneira mais elaborada, criticam com menos freqüência, elogiam com mais freqüência, são mais amáveis com eles, pedem ajuda a eles com mais regularidade, fazem que se sentem mais próximo de sua mesa e costumam conceder-lhes o benefício da dúvida em notas regulares; o que não acontece com alunos de baixa habilidade (Brophy, 2004; Brophy e Good, 1974). Uma estratégia de ensino importante é monitorar suas expectativas e assegurar-se de que tenha expectativas positivas em relação a estudantes com baixa habilidade. Felizmente, os pesquisadores constataram que com apoio, os professores podem adaptar e elevar suas expectativas para estudantes com baixa habilidade (Weinstein, Madison e Kuklinski, 1995).

Reveja, reflita e pratique

2) Discutir os processos importantes da motivação para o rendimento.

Reveja

- O que é motivação intrínseca e extrínseca? Como elas estão envolvidas no rendimento do estudante?
- O que é a teoria da atribuição? Quais são as três dimensões das atribuições causais de Weiner?
- Como uma orientação para excelência se compara a uma orientação para impotência e uma orientação para desempenho?
- O que é auto-eficácia? Quais tipos de estratégias instrucionais beneficiam a auto-eficácia dos estudantes?
- Qual é a importância da definição de objetivos, planejamento e do automonitoramento para melhorar a motivação dos estudantes a fim de obterem sucesso?
- Como as expectativas dos estudantes e dos professores podem afetar a motivação dos estudantes?

Reflita

- Sean e Dave foram cortados do time de basquete. No ano seguinte, Sean tenta novamente, mas Dave não. Quais atribuições causais (e seus efeitos) podem explicar o comportamento desses dois estudantes?

Pratique PRAXIS™

1. Qual dos exemplos a seguir representa melhor alguém intrinsecamente motivado?
   a. Eric está lendo o último livro de Harry Potter porque quer se tornar um leitor melhor.
   b. Jordan está lendo o último livro de Harry Potter porque está louco para saber o que acontece com Harry e seus amigos.
   c. Josh está lendo o último livro de Harry Potter porque quer chegar ao número de páginas suficiente para poder participar da festa da pizza da classe no final do mês.
   d. Martynas está lendo o último livro de Harry Potter porque o professor pediu para que os alunos lessem e ele quer agradar o professor.

2. Joan acaba de saber que foi mal em uma prova de ciências. "Eu sabia", diz ela. "Nunca fui boa em ciências e nunca serei." Qual das alternativas a seguir melhor caracteriza a atribuição de Joan para seu fracasso?
   a. Externa-estável-controlável.
   b. Externa-instável-incontrolável.
   c. Interna-estável-controlável.
   d. Interna-estável-incontrolável.

3. Qual dos seguintes exemplos representa melhor uma orientação para desempenho?
   a. Alicia compete com sua melhor amiga para ver quem tira melhor nota em todas as provas, deleitando-se por tirar a nota mais alta.
   b. Cassandra odeia matemática, não acredita que pode obter sucesso e desiste ao primeiro sinal de dificuldade.

(continua)

Reveja, reflita e pratique (continuação)

    c. Ed tem dificuldade em matemática, mas quer muito aprender a matéria. Quando não consegue resolver um problema, pede ajuda.
    d. Martin faz suas lições conforme solicitado e faz um bom trabalho, mas não liga muito para suas notas ou para quanto aprende.

4. Jacob está com dificuldade em álgebra e como resultado está experimentando baixa auto-eficácia. Qual dos estudantes a seguir poderia ser o melhor modelo de referência?
    a. David, engenheiro local, que conta para a classe como a matemática lhes será útil no futuro.
    b. Jamal, um colega, que também teve dificuldade na matéria, mas agora está assimilando os conceitos.
    c. Sra. Jackson, professora de álgebra de Jacob, que sempre adorou matemática.
    d. Suzanne, uma colega, que sempre tira A com um mínimo de esforço.

5. Qual estudante tem um objetivo de evitar trabalho?
    a. Quando Mark pôde escolher algumas matérias de seu último ano do ensino médio, decidiu pegar as mais desafiadoras das duas que seu orientador sugeriu.
    b. Sam vai cursar geometria em seu último ano do ensino médio, porque sempre teve dificuldade em matemática.
    c. Sylvia decide cursar cálculo avançado em seu último ano do ensino médio, embora saiba que é uma matéria difícil.
    d. Zelda é uma ótima aluna de matemática, mas escolhe um curso fácil de matemática, porque está praticamente certa de só tirar A.

6. Sra. Martin leciona história para uma classe de oitavo ano e academicamente diversificada. DeMarcus é um aluno superdotado que sempre obteve notas altas. Joe tem uma deficiência de aprendizagem. Sra. Martin acredita que não seria justo esperar de Joe o mesmo desempenho de DeMarcus. No entanto, ela sabe que Joe pode aprender o material com o apoio (andaime) apropriado. Por isso, ela coloca Joe sentado perto de sua mesa, tece elogios quando ele faz algo bem-feito e faz críticas construtivas quando necessário. De que maneira suas expectativas e comportamento podem provavelmente afetar o rendimento desses alunos?
    a. As expectativas dela provavelmente devem resultar em um rendimento semelhante de ambos os alunos.
    b. As expectativas dela provavelmente devem resultar em alto rendimento de DeMarcus e muito maior de Joe.
    c. As expectativas dela provavelmente devem resultar em alto rendimento de Joe e baixo rendimento de DeMarcus.
    d. As expectativas dela provavelmente devem resultar em um rendimento baixo de ambos os alunos.

Por favor, verifique as respostas no final do livro.

3 Motivação, relacionamentos e contextos socioculturais

    Motivos sociais   Relacionamentos sociais   Contextos socioculturais

A motivação tem um componente social. Além de motivos de sucesso, os estudantes também têm motivos sociais. Nossa abordagem sobre as dimensões sociais da motivação foca nos motivos sociais, relacionamentos e contextos socioculturais.

Motivos sociais

As preocupações sociais das crianças influenciam sua vida na escola (Anderman, e Wolters, 2006; Wentzel, 2006). Todos os dias, os estudantes trabalham para estabelecer e manter relacionamentos. Pesquisadores observaram que os alunos com comportamento socialmente competente têm mais probabilidade de se sobressair academicamente do que os alunos que não competentes socialmente (Wentzel, 1996). Entretanto, por outro lado, os pesquisadores têm dado pouca atenção a como a vida social dos estudantes pode influenciar sua motivação em sala de aula

Motivos sociais são necessidades e desejos aprendidos por meio de experiências com o mundo social. O interesse em motivos sociais deriva do extenso catálogo de necessidades (ou motivos) de Henry Murray (1938), incluindo a *necessidade de afiliação ou vínculo*, que é o motivo para estar seguramente conectado a outras pessoas. Isso envolve estabelecer, manter e restaurar relacionamentos pessoais próximos e calorosos. As necessidades sociais dos estudantes estão refletidas em seu desejo de ser popular entre os colegas, ter amigos íntimos e a forte atração que sentem por alguém que amam. Embora todo estudante tenha necessidade de afiliação ou vínculo, para alguns estudantes essa necessidade é mais forte do que para outros (O'Conner e Rosenblood, 1996). Alguns estudantes gostam de estar rodeados por muitos amigos. No final do ensino fundamental e ao longo do ensino médio, alguns estudantes acreditam que algo está realmente faltando em suas vidas se não namoram com regularidade. Outros não têm essa forte necessidade de afiliação. Não ficam deprimidos por não estar rodeados de amigos o dia inteiro nem ansiosos por não ter um parceiro romântico.

Ter a aprovação tanto de professores como de colegas são motivos sociais importantes para a maioria dos estudantes. No início do ensino fundamental, os estudantes se sentem mais motivados a agradar os pais do que os colegas (Berndt, 1979). Nos anos intermediários do ensino fundamental, a aprovação dos pais e dos colegas parece ter um peso igual no sistema motivacional da maioria dos estudantes. No final do ensino fundamental e início do ensino médio, a conformidade com os colegas passa à frente da conformidade com os pais. No final do ensino médio, a conformidade com os colegas diminui conforme os estudantes se tornam mais autônomos e tomam suas próprias decisões.

A adolescência pode ser um momento importante na motivação para o sucesso e na motivação social (Henderson e Dweck, 1990). Novas pressões acadêmicas e sociais forçam os adolescentes a assumir novos papéis que envolvem mais responsabilidades. À medida que os adolescentes experimentam demandas de rendimento mais intensas, seus interesses sociais podem interferir na quantidade de tempo de que precisam para os assuntos acadêmicos. Ou as ambições em determinada área podem prejudicar os objetivos de resultado em outra área, como quando o rendimento acadêmico leva à desaprovação social. Na pré-adolescência, os estudantes enfrentam a decisão entre despender mais tempo perseguindo objetivos sociais ou perseguindo objetivos acadêmicos. Os resultados dessa decisão têm conseqüências de longo prazo em termos de até onde os adolescentes avançarão em sua educação e quais carreiras buscarão.

Relacionamentos sociais

O relacionamento dos estudantes com os pais, colegas e amigos tem um impacto tremendo em suas vidas. Suas interações com professores, mentores e outros podem afetar profundamente seu rendimento e a motivação social.

Pais Foram conduzidas pesquisas sobre a relação entre pais e filhos e a motivação dos estudantes. Estudos examinaram características demográficas das famílias, práticas de educação de filhos e provisão de experiências específicas em casa (Eccles, Wigfield e Schiefele, 1998).

Características demográficas Pais com boa instrução tendem a acreditar mais do que pais com pouca instrução na importância de seu envolvimento na educação dos filhos, na participação ativa na educação dos filhos e em manter materiais intelectualmente estimulantes em casa (Schneider e Coleman, 1993). Quando o tempo e a energia dos pais são consumidos em grande parte com outras preocupações ou pessoas que não os filhos, a motivação das crianças pode ser afetada. Viver em uma família de pai ou mãe solteiros, ou em uma família numerosa, ou ter pais absorvidos pelo trabalho, pode prejudicar o rendimento da criança.

Práticas de educação parental Embora os fatores demográficos possam afetar a motivação dos estudantes, o aspecto mais importante é a prática de educação dos filhos

---

motivos sociais Necessidades e desejos aprendidos por meio de experiências com o mundo social.

Quais são algumas das boas estratégias que os pais podem adotar para orientar o rendimento dos estudantes?

adotadas pelos pais (Wigfield e outros, 2006). A seguir estão algumas práticas de educação parental que resultam em maior motivação e rendimento:

- Conhecer o filho o bastante para proporcionar a quantidade certa de desafio e de apoio.
- Proporcionar um clima emocional positivo, que motive as crianças a internalizar os valores e objetivos dos pais.
- Servir de modelo para um comportamento motivado para o rendimento: trabalhar duro e persistir em tarefas desafiadoras.

Provisão de experiências específicas em casa Além das práticas gerais de educação dos filhos, os pais proporcionam diversas atividades ou recursos em casa que podem influenciar o interesse e a motivação dos estudantes (Wigfield e outros, 2006). Por exemplo, ler para o filho em idade pré-escolar e proporcionar material para leitura em casa está positivamente relacionado à motivação e ao rendimento posterior do estudante na leitura (Wigfield e Asher, 1984). De fato, pesquisadores constataram que as habilidades e os hábitos de trabalho das crianças quando ingressam na pré-escola estão entre os melhores previsores da motivação e do desempenho acadêmico tanto no ensino fundamental quanto no ensino médio (Entwisle e Alexander, 1993). A proporção com que os pais enfatizam o rendimento acadêmico ou nos esportes e proporcionam oportunidades e recursos para que seus filhos participem dessas atividades durante o ensino fundamental influenciará na probabilidade de eles continuarem a escolher na adolescência cursos e atividades extracurriculares consistentes com essas atividades (Simpkins e outros, 2004).

Colegas   Os colegas podem afetar a motivação de um estudante por meio da comparação social, competência social e motivação, co-aprendizagem com colegas e influências colega-grupo (Wigfield e outros, 2006).

Os estudantes se comparam com os colegas quanto ao lugar onde se posicionam acadêmica e socialmente (Ruble, 1983). Os adolescentes tendem a fazer mais comparações sociais do que as crianças mais novas, embora normalmente neguem que se comparam com os outros (Harter, 1990, 2006). Comparações sociais positivas geralmente resultam em maior auto-estima, comparações negativas, em baixa auto-estima. Os estudantes tendem a se comparar com colegas que são mais parecidos com eles na idade, capacidade e interesses.

Estudantes que são mais aceitos pelos colegas e que possuem boas habilidades sociais, geralmente são mais bem-sucedidos na escola e apresentam motivação positiva no que diz respeito ao rendimento acadêmico (Asher e Coie, 1990; Rubin, Bukowski e Parker, 2006; Wentzel, 1996, 2006). Por outro lado, estudantes rejeitados, especialmente aqueles que apresentam alto nível de agressividade, estão em situação de risco no que diz respeito a diversos problemas de rendimento, incluindo notas baixas e abandono dos estudos (Dodge, Coie e Lynam, 2006).

No Capítulo 10, "Abordagens socioconstrutivistas", abordaremos o papel dos colegas na aprendizagem colaborativa e cooperativa, bem como a tutoria de colegas. Eles podem se ajudar mutuamente na aprendizagem do material, promovendo discussões em pequenos grupos. A tutoria de colegas freqüentemente traz benefícios tanto para o tutor como para o estudante que está sendo tutorado.

Os primeiros estudos sobre o papel do grupo de colegas no rendimento dos estudantes focaram no aspecto negativo no que diz respeito a desviar os adolescentes de seu compromisso com a aprendizagem (Goodlad, 1984). Mais recentemente, o grupo de colegas tem sido visto como uma influência positiva ou negativa, dependendo de sua orientação motivacional. Se o grupo de colegas tem alto padrão de rendimento, isso dará apoio ao rendimento acadêmico dos estudantes. Mas, se um estudante com baixo rendimento juntar-se a um grupo de colegas com baixo rendimento ou a um grupo fechado (a chamada panela), o trabalho acadêmico desse estudante pode se deteriorar ainda mais (Kinderman, McCollam e Gibson, 1996).

Como as relações entre colegas podem contribuir para o rendimento dos estudantes?

Professores   Muitas das crianças que não vão bem na escola têm interações consistentemente negativas com seus professores (Stipek, 2002). Geralmente enfrentam problemas por não concluir as tarefas, não prestar atenção, matar o tempo, ou por se comportar mal.

	Professores que se importam	Professores que não se importam
Comportamento de ensino	Esforça-se para tornar a aula interessante; ensina de uma maneira especial	Ensina de uma maneira enfadonha, livra-se da tarefa, ensina enquanto os alunos não estão prestando atenção.
Estilo de comunicação	Conversa com o aluno, presta atenção, faz perguntas, ouve.	Ignora, interrompe, grita, ralha.
Tratamento imparcial e respeito	É honesto e justo, mantém o que promete, confia no aluno, diz a verdade.	Constrange, insulta.
Preocupação com os alunos individuais	Pergunta se há algo que não está bem, conversa com o aluno sobre seus problemas, age como um amigo, pergunta se precisa de ajuda, espera para ter certeza se entendeu, requisita o aluno.	Esquece o nome do aluno, não faz nada quando o aluno comete algum tipo de erro, não explica a matéria nem responde a perguntas, não tenta ajudar o aluno.

FIGURA 13.5 Descrição dos estudantes sobre professores que se importam com eles.

Em muitos casos, eles merecem ser criticados e repreendidos, mas muitas vezes a sala de aula acaba se tornando um ambiente extremamente desagradável para eles.

Nel Noddings (1992, 1998, 2001) enfatiza que os estudantes costumam se tornar pessoas competentes quando se sentem considerados. Para isso, os professores devem conhecer bem seus alunos, mas, segundo ela, não é tarefa fácil em escolas grandes com um grande número de alunos em cada classe. Ela manteria os professores com os mesmos alunos durante 2 ou 3 anos (acordo voluntário entre o professor e o aluno) para que os professores estivessem em melhor posição para atender aos interesses e capacidades de cada aluno (Thornton, 2001).

Pesquisadores constataram que estudantes que têm professores preocupados e que fornecem apoio sentem-se mais motivados a se envolver em tarefas acadêmicas do que estudantes com professores que não se preocupam realmente com eles e que não fornecem apoio (McCombs, 2001; Newman, 2002; Perry, Turner e Meyer, 2006; Ryan e Deci, 2000; Theobold, 2005). Um pesquisador examinou a percepção dos estudantes em relação às qualidades que um bom relacionamento com o professor deveria ter perguntando a alunos do sexto ao oitavo ano do ensino fundamental como eles sabiam se um professor se preocupava ou não com eles (Wentzel, 1997). Como a Figura 13.5 mostra, os estudantes demonstraram ter impressões favoráveis de professores que eram atenciosos com eles como seres humanos. Curiosamente, os estudantes também consideraram o comportamento instrucional dos professores ao avaliar quanto seus professores se preocupavam com eles. Os estudantes disseram que os professores transmitem que se importam com seus alunos quando estes fazem esforços sérios para promover a aprendizagem e são exigentes.

A motivação dos estudantes aumenta quando os professores promovem tarefas desafiadoras em um ambiente orientado para a excelência, oferecendo inclusive bom apoio emocional e cognitivo, material significativo e interessante para que aprendam e dominem o assunto, além de incentivo suficiente para se tornarem autônomos e terem iniciativa (Blumenfeld, Kempler e Krajcik, 2006; Covington e Dray, 2002; Eccles, Wigfield e Schiefele, 1998; Graham e Taylor, 2002; Wigfield e outros, 2006). Muitos pesquisadores concluíram que, quando o trabalho acadêmico é significativo, ele faz que a atenção e o interesse dos estudantes sejam mantidos, estimula-os a aprender e reduz a probabilidade de que os estudantes se sintam alienados em relação à escola (Blumenfeld, Krajcik e Kempler, 2006; National Research Council, 2004). Além disso, como vimos em nossa discussão anterior sobre o que Bandura pensa em relação à auto-eficácia (Capítulo 7), a motivação e o clima de rendimento da

Visão do estudante

"Você sempre consegue nos animar"

Sei que nossa aula de ciências às vezes é detestável e negativa, mas realmente gostamos de você. Você sempre consegue nos animar e nos tratar como seus filhos. Isso mostra quanto você se preocupa conosco. Se você não estivesse tão presente para mim como esteve, eu não teria chegado onde estou agora. Desejo a você boa sorte com todos seus alunos e espero que eles aprendam tanto quanto eu aprendi. Sentirei sua falta no ano que vem. Espero te ver de novo.

Carta de Jennifer para William Williford, seu professor de ciências do ensino fundamental em Perry, Geórgia

escola como um todo afeta a motivação dos estudantes. Escolas com expectativas e padrões acadêmicos elevados, bem como aquelas que proporcionam apoio acadêmico e emocional para os estudantes, geralmente têm alunos motivados no que diz respeito ao rendimento.

Professores e pais   No passado, as escolas davam pouca atenção à maneira como os professores faziam a seleção dos pais que poderiam trabalhar em parceria para proporcionar oportunidades de os estudantes obterem sucesso. Atualmente, há um considerável interesse em como alcançar essa parceria. Quando os professores se envolvem no aprendizado e fornecem aos pais de maneira sistemática e freqüente informações sobre o progresso de seus filhos, as crianças geralmente atingem altos níveis de rendimento acadêmico (Epstein, 1996).

Contextos socioculturais

Nesta seção, focaremos em como o status socioeconômico, a etnicidade e o gênero podem influenciar a motivação e o rendimento. Um aspecto importante é a diversidade.

Status socioeconômico e etnicidade   A diversidade entre os grupos de minorias étnicas, discutida no Capítulo 5, também está presente no rendimento. Por exemplo, muitos dos estudantes de origem asiática dispõem uma forte orientação para o rendimento acadêmico, mas há aqueles que não possuem.

Além de reconhecer a diversidade que existe no âmbito de cada grupo cultural em termos de rendimento, também é importante distinguir entre diferença e deficiência. Com muita freqüência, o rendimento de estudantes de minorias étnicas – especialmente afro-americanos, latinos e indígenas – tem sido interpretado como deficitário para os padrões brancos da classe média, quando, na verdade, esses estudantes são simplesmente culturalmente distintos.

No entanto, as diferenças no rendimento estão mais estreitamente relacionadas ao status socioeconômico do que à etnicidade. Muitos estudos concluíram que, melhor do que a etnicidade, o status socioeconômico é que define o rendimento acadêmico. Independentemente de sua origem étnica, estudantes de famílias de classes média e alta são mais bem-sucedidos do que seus pares de famílias de baixa renda em um leque variado de situações de rendimento – expectativas de sucesso, aspirações de rendimento e reconhecimento da importância do esforço, por exemplo (Gibbs, 1989).

Sandra Graham (1986, 1990) conduziu diversos estudos que revelaram não só o papel mais forte do status socioeconômico em relação à etnicidade no que diz respeito ao rendimento, mas também à importância de estudar a motivação do aluno de minoria étnica no contexto da teoria motivacional em geral. Suas pesquisas se concentram na estrutura da teoria da atribuição e focam nas causas que os estudantes afro-americanos identificam para sua orientação de rendimento, tal como as razões de seu sucesso ou fracasso. Graham constatou que estudantes afro-americanos de classe média, assim como seus pares brancos de classe média, têm altas expectativas de rendimento e entendem que o fracasso geralmente se deve mais à falta de esforço do que à falta de sorte. Um estudo em que os participantes eram principalmente estudantes de minorias étnicas de famílias carentes mostrou que uma sala de aula com motivação para excelência que proporcionava apoio consideravelmente positivo estava associada à motivação que os estudantes demonstravam em aprender e a resistir a distrações de desgaste emocional (Strobel, 2001).

Um desafio difícil para muitos estudantes de minorias étnicas, especialmente aqueles que vivem em condições de pobreza, é lidar com o preconceito racial, conflitos entre valores de seu grupo e do grupo majoritário e a ausência de adultos com aquisições altas em seu grupo cultural que possam servir de modelos de referência positivos (McLoyd, 2000; Spencer,

A psicóloga educacional da UCLA, Sandra Graham, está conversando com rapazes adolescentes sobre motivação. Ela conduziu diversos estudos que revelaram que estudantes afro-americanos de classe média – assim como seus equivalentes brancos de classe média – têm altas expectativas de rendimento e atribuem seu sucesso a fatores internos, tais como esforço em vez de fatores externos como sorte.

Diversidade e educação
Henry Gaskins

Uma grande preocupação entre os educadores é encontrar meios para oferecer apoio aos esforços dos estudantes de minorias étnicas, muitos dos quais vêm de famílias de baixa renda. No quadro Histórias que abriu este capítulo, você leu sobre Jaime Escalante, que fez uma grande diferença na motivação de estudantes latinos para que aprendessem e se superassem em matemática em uma escola de Los Angeles. Há outra pessoa que também foi excepcional em incentivar a motivação de estudantes afro-americanos em Washington D.C.

Henry Gaskins, médico, iniciou um programa de tutoria extraclasse para estudantes de minorias étnicas. Durante 4 horas, todas as noites da semana e aos sábados, 80 estudantes recebiam auxílio em seus estudos de Gaskins, sua esposa, dois voluntários adultos e de colegas academicamente talentosos. Aqueles que tinham condições contribuíam com 5 dólares para cobrir as despesas com material escolar. Além de tutorá-los em várias matérias, Gaskins ajuda seus tutorados a aprender como estabelecer objetivos acadêmicos e a planejar como alcançá-los. Gaskins também estimula os estudantes a automonitorar seu progresso em direção aos objetivos. Muitos dos estudantes tutorados têm pais que abandonaram o ensino médio e/ou não conseguem ou não estão motivados a ajudar seus filhos a obter sucesso.

Em todas as comunidades existem pessoas como Henry Gaskins que podem ajudar a proporcionar a mentoria e tutoria tão necessária aos estudantes de baixo status socioeconômico cujos pais não podem ajudá-los academicamente. Muitos desses mentores e tutores potenciais da comunidade não foram contatados pelo pessoal da escola. Se existe a necessidade entre os estudantes, assuma um compromisso de procurar, na comunidade, adultos talentosos, motivados e preocupados como Gaskins, que talvez só precisem ser requisitados para oferecer apoio de tutoria e mentoria para estudantes necessitados.

Dr. Henry Gaskins conversa com alunos do ensino médio em um programa de tutoria extraclasse para estudantes de minorias étnicas em 1983, em Washington DC. Voluntários como o Dr. Gaskins podem ser especialmente prestativos em desenvolver um forte senso da importância da educação para adolescentes de minorias étnicas.

2006; Spencer e Markstrom-Adams, 1990). A falta de modelos de referência com alto rendimento tem relação com a discussão do Capítulo 7 "Abordagens cognitivas comportamentais e sociais", em que descrevemos a importância de aumentar o número de mentores na vida desses estudantes.

Também é essencial considerar a natureza das escolas que atendem principalmente estudantes de minorias étnicas (Eccles, Wigfield e Schiefele, 1998; Wigfield e outros, 2006). Mais de um terço dos estudantes afro-americanos e cerca de um terço dos estudantes latinos freqüentam escolas nos 47 maiores distritos escolares dos Estados Unidos, comparados a apenas 5% dos estudantes brancos e 22% dos ásio-americanos. Muitos dos estudantes de minorias étnicas vêm de famílias de baixa renda (mais da metade é selecionada para almoço gratuito ou de custo subsidiado). Essas escolas de periferia têm menos probabilidade de atender estudantes de populações mais avantajadas ou de oferecer serviços de apoio acadêmico de alta qualidade, cursos avançados e cursos que desafiam as habilidades de pensamento ativo dos estudantes. Mesmo os estudantes que estão motivados a aprender e a obter resultados acreditam ser difícil ter bom desempenho nesses contextos. O quadro Diversidade e educação foca em um indivíduo que se tornou um modelo de referência importante para os estudantes afro-americanos.

Gênero Nossa discussão de gênero e motivação foca em como homens e mulheres diferem em suas crenças e valores. As crenças relacionadas à competência dos estudantes do sexo masculino e do sexo feminino variam no contexto do rendimento. Por exemplo, acredita-se que os meninos tenham maior competência do que as meninas para matemática e esportes, e que as meninas tenham maior competência para idiomas, leitura e atividades sociais. Essas diferenças aumentam após a puberdade (Eccles e outros, 1993). Portanto, a competência que estudantes do sexo masculino e feminino esperam ter é consistente com os estereótipos de gênero (Wigfield e outros, 2006).

Em relação a valores de rendimento, a partir do ensino médio, as meninas não valorizam o rendimento em matemática tanto quanto os meninos (Eccles e outros, 1993). Meninas superdotadas muitas vezes experienciam conflito entre os papéis de gênero e rendimento. Um estudo com meninas superdotadas mostrou que elas se sentem divididas entre o rendimento e parecer femininas ou românticas (Bell, 1989).

No Capítulo 5, "Diversidade sociocultural", apresentamos muitos outros aspectos dos gêneros em relação à escola, tal como a diferença entre os gêneros na interação professor-aluno, currículo e conteúdo; assédio sexual e redução de preconceito contra o gênero. Como essas diferenças podem influenciar no rendimento dos estudantes, vamos resumi-las aqui: as meninas são mais obedientes, os meninos mais agitados. Os professores dão mais atenção e instrução aos meninos do que às meninas, mesmo assim os meninos obtêm notas mais baixas que as meninas. Durante os últimos anos do ensino fundamental, as meninas têm auto-estima mais baixa. Os meninos listam mais opções de carreira do que as meninas.

As escolas fizeram um progresso considerável na redução do sexismo e do estereótipo dos gêneros nos livros e nos materiais curriculares, mas ele ainda está presente. O assédio sexual é uma grande preocupação nas escolas e está mais disseminado do que se considerava. Todo estudante tem direito a uma educação livre de preconceito de gênero. Você talvez queira voltar ao Capítulo 5 para ler novamente a seção sobre gênero e a escola, concentrando-se em como essas diferenças de gênero podem afetar a motivação e o rendimento dos estudantes.

Reveja, reflita e pratique

3 Explicar como os relacionamentos e os contextos socioculturais podem apoiar ou destruir a motivação.

Reveja

- O que são motivos sociais e necessidade de afiliação?
- De que maneira o desempenho dos estudantes na escola está relacionado ao relacionamento com os pais, colegas, amigos e professores?
- Como a etnicidade e o status socioeconômico influencia a motivação para o sucesso na escola? Quais são algumas diferenças entre gêneros na motivação?

Reflita

- Suponha que um menino de sua classe educação infantil demonstre ter uma forte motivação social. Como isso pode se tornar uma vantagem ou uma desvantagem em seu futuro desempenho acadêmico?

Pratique PRAXIS™

1. Qual dos seguintes estudantes tem maior probabilidade de corresponder às expectativas dos colegas no que diz respeito a rendimento acadêmico?
    a. Patrick, que está no segundoa ano do ensino fundamental.
    b. Ross, que está no quinto ano do ensino fundamental.
    c. Sheldon, que está no oitavo ano do ensino fundamental.
    d. Ross, que está no último ano do ensino médio.
2. Qual sala de aula tem maior probabilidade de causar um impacto positivo na motivação do estudante?
    a. Sra. Davidson só se preocupa com o desempenho acadêmico de seus alunos, não com suas vidas pessoais. Sua aula é muito desafiadora, embora não seja muito interessante.

b. Sr. Nelson se esforça para conhecer seus alunos na esfera pessoal e na acadêmica. Como se preocupa tanto com eles, ele assegura-se de que sua aula seja fácil o suficiente para que seus alunos sejam bem-sucedidos.
c. Sra. Pagliuca se esforça para conhecer seus alunos na esfera pessoal e na acadêmica. Ela dá aos alunos tarefas desafiadoras e interessantes.
d. A aula do Sr. Williams é muito desafiadora e competitiva. Seus alunos competem diariamente por pontos.

3. Qual dos seguintes estudantes tem *menor* probabilidade de possuir forte motivação para rendimento?
    a. Lee, um aluno afro-americano de família de classe média.
    b. Pedro, um estudante latino de família de classe média.
    c. Ross, um aluno afro-americano de família de alta renda.
    d. Sean, um aluno branco de família de baixa renda.

Por favor, verifique as respostas no final do livro.

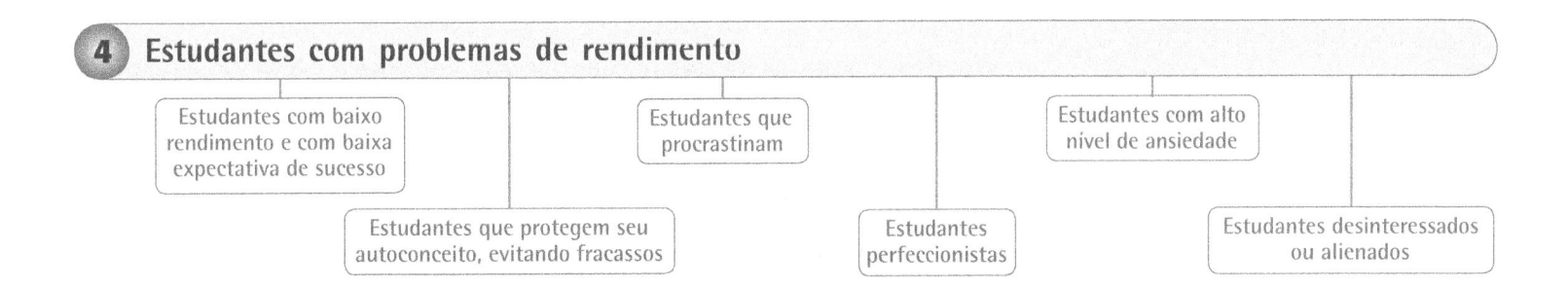

4 Estudantes com problemas de rendimento

- Estudantes com baixo rendimento e com baixa expectativa de sucesso
- Estudantes que protegem seu autoconceito, evitando fracassos
- Estudantes que procrastinam
- Estudantes perfeccionistas
- Estudantes com alto nível de ansiedade
- Estudantes desinteressados ou alienados

Problemas de rendimento podem surgir quando os estudantes não definem objetivos, não planejam como alcançá-los e não monitoram adequadamente seu progresso em direção a esses objetivos. Eles também podem surgir quando os estudantes têm baixo rendimento e baixas expectativas de sucesso, tentam proteger seu autoconceito evitando o fracasso, procrastinam, são perfeccionistas, ficam extremamente ansiosos ou perdem o interesse ou ficam alienados em relação à escola. Muitos desses obstáculos ao rendimento surgem durante os primeiros anos do ensino fundamental e tornam-se mais acentuados ao longo do ensino fundamental ou médio. Discutiremos algumas estratégias que professores, orientadores, mentores e pais podem utilizar para ajudar os estudantes a superar os obstáculos que atrapalham o seu rendimento.

Estudantes com baixo rendimento e com baixa expectativa de sucesso

Jere Brophy (1998) forneceu a seguinte descrição para estudantes com baixo rendimento e baixa expectativa de sucesso: Esses estudantes precisam de reafirmação consistente de que podem alcançar os objetivos e vencer os desafios que você definiu para eles e de que você proporcionará a ajuda e o apoio necessários para eles obterem sucesso. No entanto, é preciso lembrá-los de que você reconhecerá o progresso que alcançarem somente se eles realmente se empenharem. Eles podem requerer materiais instrucionais ou atividades individualizadas para proporcionar o desafio ideal para seu nível de habilidade. Ajude-os a definir objetivos de aprendizagem e proporcione apoio para eles atingirem esses objetivos. Exija que os estudantes empenhem esforços consideráveis e façam progresso, mesmo que não tenham a mesma habilidade de desempenho que a classe como um todo.

Síndrome de fracasso refere-se a ter baixa expectativa quanto ao próprio êxito e desistir ao primeiro sinal de desafio. Estudantes com síndrome de fracasso são diferentes dos estudantes

síndrome de fracasso Ter baixa expectativa quanto ao êxito e desistir ao primeiro sinal de desafio.

Método de treinamento	Ênfase principal	Principais objetivos
Treinamento de eficácia	Melhorar as percepções de auto-eficácia dos estudantes	Ensinar aos estudantes a definir e se empenhar para atingir objetivos específicos, proximais e desafiadores. Monitorar o progresso dos estudantes e dar apoio freqüente dizendo "Sei que você consegue fazer isso". Usar modelos de adultos e colegas de forma eficiente. Individualizar as instruções e adequá-las aos conhecimentos e habilidades dos alunos. Manter a comparação social no mínimo. Ser um professor eficaz e ter confiança em suas habilidades. Ver os estudantes com síndrome de fracasso como desafios, não como perdedores.
Retreinamento de orientação de atribuição e rendimento	Mudar a orientação de atribuição e rendimento dos estudantes	Ensinar os estudantes a atribuir fracassos a fatores que podem ser mudados, tal como conhecimento ou esforço insuficiente ou estratégias ineficientes. Trabalhar com estudantes para desenvolver uma orientação para excelência em vez de uma orientação para desempenho ajudando-os a focar no processo de rendimento (aprender a tarefa) mais que no produto do rendimento (vencer ou perder).
Treinamento de estratégia	Melhorar as habilidades e estratégias de domínio e tarefas específicas dos estudantes	Ajudar os estudantes a adquirir e a auto-regular um uso eficiente da aprendizagem e estratégias de solução de problemas. Ensinar aos estudantes o que fazer, como fazer e quando e por que fazer algo.

FIGURA 13.6 Métodos de retreinamento cognitivo para aumentar a motivação dos estudantes que apresentam síndrome de fracasso

com baixo rendimento, que fracassam mesmo empenhando todos seus esforços. Estudantes com síndrome de fracasso não empenham esforços suficientes, iniciam tarefas sempre de maneira displicente e desistem rapidamente ao primeiro sinal de desafio. Estudantes com síndrome de fracasso freqüentemente apresentam problemas de auto-eficácia e atribuição, atribuindo seus fracassos a causas internas, constantes e incontroláveis, como baixa capacidade.

Algumas estratégias podem ser utilizadas para aumentar a motivação dos estudantes que apresentam síndrome de fracasso. Os métodos de retreinamento cognitivo, como retreinamento de eficácia, retreinamento de atribuição e treinamento de estratégia são especialmente benéficos; eles estão descritos na Figura 13.6.

Estudantes que protegem seu autoconceito, evitando fracassos

Algumas pessoas estão tão interessadas em proteger seu autoconceito e evitar o fracasso que acabam se desviando do caminho para alcançar seus objetivos e envolvendo-se em estratégias ineficazes. Essas estratégias incluem (Covington e Dray, 2002; Covington e Teel, 1996):

- *Não-desempenho.* A estratégia mais óbvia para evitar o fracasso é não tentar. Na sala de aula, táticas de *não-desempenho* incluem parecer ávido para responder a uma pergunta do professor, mas esperar que o professor chame outro aluno, escorregar na cadeira para não ser visto pelo professor e evitar contato visual. Estas podem parecer artimanhas menores, porém podem ser o presságio de outras formas mais crônicas de não-envolvimento como evasão e faltas excessivas.
- *Procrastinação.* Pessoas que adiam o estudo para uma prova até o último minuto podem atribuir seu fracasso ao mau gerenciamento do tempo, desviando a atenção da possibilidade de que sejam incompetentes. Uma variação desse tema pode ser assumir tantas responsabilidades que acabam se tornando uma desculpa para não realizar nenhuma delas de maneira competente.
- *Definir objetivos inatingíveis.* Ao definir objetivos extremamente altos de forma que o sucesso se torna praticamente impossível, as pessoas podem evitar serem tidas como incompetentes, porque certamente qualquer pessoa fracassaria em atingir esse objetivo.

Esforços para evitar o fracasso freqüentemente envolvem *estratégias de autolimitação* (Urdan e Midgley, 2001). Isto é, algumas pessoas se autolimitam deliberadamente deixando de se esforçar, adiando a execução de um projeto até o último minuto, saindo na noite anterior de uma prova e assim por diante para que, no caso de seu desempenho ser fraco, essas circunstâncias sejam vistas como a causa e não como falta de capacidade.

A seguir estão algumas estratégias para ajudar os estudantes a ter menos preocupação em proteger seu autoconceito e evitar o fracasso (Covington e Dray, 2002; Covington e Teel, 2002):

- Oriente os estudantes a definir objetivos desafiadores, mas realistas.
- Ajude os estudantes a fortalecer o vínculo entre esforço e autoconceito. Diga a eles para orgulharem-se de seus esforços e minimizarem a comparação social.
- Encoraje os estudantes a ter convicções positivas sobre suas capacidades.

Estudantes que procrastinam

Em nossa discussão sobre proteger o autoconceito evitando o fracasso, indicamos que a procrastinação é uma das estratégias ineficientes que os estudantes empregam. Vamos examinar a procrastinação mais a fundo. Por que os estudantes procrastinam? As razões incluem (University of Buffalo Counseling Services, 2005) mau gerenciamento do tempo, dificuldade de concentração, medo e ansiedade (sentir-se pressionado por causa da tarefa e do medo de tirar uma nota ruim, por exemplo), crenças negativas ("Nunca vou ter sucesso em nada", por exemplo), problemas pessoais (financeiro, com um namorado ou namorada etc.), monotonia, expectativas irrealistas e perfeccionismo (acreditar que você precisa ler tudo o que já foi escrito sobre um assunto antes de começar a escrever uma monografia, por exemplo) e medo do fracasso (pensar que se não tirar nota máxima, você é um fracasso, por exemplo).

A procrastinação pode apresentar-se de muitas formas, incluindo as seguintes (University of Illinois Counseling Center, 1996):

- Ignorar uma tarefa na esperança de que seja esquecida.
- Subestimar o trabalho envolvido na tarefa e subestimar suas capacidades e recursos.
- Passar horas intermináveis com jogos no computador ou navegando na Internet.
- Iludir-se de que um desempenho medíocre ou fraco é aceitável.
- Substituir uma atividade prioritária por uma necessária, mas de menor prioridade, como arrumar o quarto em vez de estudar.
- Acreditar que pequenos atrasos repetidos não prejudicam.
- Dramatizar o compromisso com uma tarefa em vez de executá-la – por exemplo, levar livros para uma viagem, mas nunca abri-los.
- Perseverar somente em parte da tarefa, como escrever e reescrever o primeiro parágrafo de uma monografia, mas nunca chegar ao corpo dela.
- Ficar paralisado ao ter de decidir entre duas alternativas – por exemplo, torturar-se sobre qual lição fazer primeiro, de biologia ou de inglês, e não fazer nenhuma.

Estudantes perfeccionistas

Como mencionado anteriormente neste capítulo, o perfeccionismo às vezes é a razão subjacente da procrastinação. Os perfeccionistas acreditam que os erros são inaceitáveis, e que os padrões mais elevados de desempenho devem ser alcançados sempre. Conforme apresentado na Figura 13.7, um rendimento saudável e o perfeccionismo diferem de várias maneiras. Os perfeccionistas estão vulneráveis a queda na produtividade, saúde debilitada, problemas de relacionamento e baixa auto-estima (Haring, Hewitt e Flett, 2003). Depressão, ansiedade e distúrbios de alimentação são resultados comuns do perfeccionismo (Sherry e outros, 2003, 2004).

Boas práticas
Estratégias para ajudar estudantes a vencer a procrastinação

A seguir estão algumas boas estratégias para ajudar os estudantes a reduzir ou eliminar a procrastinação:

1. *Faça os estudantes reconhecerem que a procrastinação é um problema.* Os procrastinadores geralmente não enfrentam seu problema. Quando os estudantes admitem que procrastinam, isso pode levá-los a começar a pensar sobre como resolver o problema.

2. *Encoraje os estudantes a identificar seus valores e objetivos.* Faça que eles pensem sobre como a procrastinação pode prejudicar valores e objetivos.

3. *Ajude os estudantes a gerenciar o tempo com mais eficiência.* Faça-os criar um plano anual (ou do período letivo), mensal, semanal e diário. Ajude-os a monitorar como usam seu tempo e a encontrar maneiras de utilizá-lo mais sabiamente.

4. *Faça os estudantes dividirem as tarefas em partes menores.* Às vezes, os estudantes procrastinam porque consideram a tarefa tão grande e estressante que nunca conseguirão terminá-la. Quando isso acontecer, faça que dividam a tarefa em partes menores e definam subobjetivos para concluir uma unidade por vez. Essa estratégia muitas vezes ajuda a mostrar que o que parecia ser uma tarefa inadministrável pode ser administrável.

5. *Ensine os estudantes a usar estratégias comportamentais.* Faça-os identificar o que pode estar desviando seu foco das tarefas e atividades mais importantes. Peça que observem quando e onde eles se envolvem nessas distrações. Peça que planejem um controle e diminuição das distrações. Outra estratégia comportamental é fazer que os estudantes assinem um acordo com você, com os pais ou com um mentor. Outra estratégia comportamental é solicitar que os estudantes criem uma recompensa para eles, que sirva como um incentivo por concluir toda ou parte da tarefa. Por exemplo, os estudantes podem estabelecer para si mesmos que se fizerem todos os problemas de matemática, vão se presentear com um ingresso para assistir a um filme quando terminarem.

6. *Ajude os estudantes a aprender a usar estratégias cognitivas.* Encoraje os estudantes a estar atentos a auto-seduções mentais que podem levar a desvios comportamentais, tais como "Vou fazer isso amanhã", "Qual é o problema de assistir uma hora de TV agora?" e "Não consigo fazer isso". Ajude-os a aprender como vencer desvios mentais. Por exemplo, faça que digam a si mesmos, "Não tenho muito tempo sobrando e certamente terei outras coisas para fazer mais para a frente", "Se eu terminar isso, poderei desfrutar melhor meu tempo livre" ou "Talvez se eu começasse logo e seguisse em frente, não fosse tão ruim".

FIGURA 13.7 Diferenças entre perfeccionistas e batalhadores saudáveis.

Perfeccionista	Batalhador saudável
Define padrões além do racional e alcançável	Define padrões elevados, mas alcançáveis
Nunca está satisfeito com nada menos que a perfeição	Aprecia o processo assim como o resultado
Torna-se disfuncionalmente deprimido quando experiencia o fracasso e o desapontamento	Supera rapidamente o fracasso e o desapontamento com energia
Preocupa-se com o medo do fracasso e desaprovação – isso pode esgotar a energia	Mantém a ansiedade e o medo do fracasso e desaprovação dentro de limites normais – usa-os para gerar energia
Vê erros como evidência de incompetência	Vê os erros como oportunidades para crescer e aprender
Torna-se exageradamente defensivo quando criticado	Reage positivamente à crítica construtiva

Estudantes com alto nível de ansiedade

A *ansiedade* é um sentimento vago e extremamente desagradável de medo e apreensão. É normal que os estudantes se preocupem quando enfrentam desafios na escola, como ir bem em uma prova. De fato, pesquisadores constataram que muitos estudantes bem-sucedidos

> ## Boas práticas
> ### Estratégias para reduzir tendências perfeccionistas
>
> A seguir estão algumas boas estratégias para ajudar os estudantes a reduzir ou eliminar tendências perfeccionistas (University of Texas at Austin Counseling and Mental Health Center, 1999):
>
> 1. *Faça os estudantes listarem as vantagens e as desvantagens de tentar ser perfeito.* Quando os estudantes fizerem isso, poderão descobrir que o custo de tentar ser perfeito é muito alto. Podem descobrir que problemas de relacionamento, ansiedade, desajuste, depressão etc., na realidade, anulam quaisquer vantagens que o perfeccionismo possa trazer.
>
> 2. *Oriente os estudantes a se tornar mais conscientes sobre a natureza autocrítica do pensamento tudo-ou-nada.* Ajude os estudantes a aprender como substituir seus pensamentos habitualmente críticos por pensamentos mais realistas e aceitáveis. Quando os estudantes criticam um desempenho abaixo do perfeito, diga a eles para reconhecer os bons aspectos de seu desempenho. Então, encoraje-os a fazer perguntas a si mesmos, como "Está realmente tão ruim quanto estou acreditando?"
>
> 3. *Ajude os estudantes a se tornar mais realistas sobre o que podem alcançar.* Ao fazer os estudantes definirem objetivos mais realistas, eles verão gradualmente que resultados "imperfeitos" não levam às conseqüências negativas que esperam e temem.
>
> 4. *Encoraje os estudantes a determinar limites estritos de tempo para cada um de seus projetos. Quando o tempo terminar, eles devem passar para outra atividade.* Essa estratégia geralmente reduz a procrastinação que pode resultar de tendências perfeccionistas.
>
> 5. *Converse com os estudantes sobre aprender como aceitar críticas.* Os perfeccionistas muitas vezes vêem críticas como um ataque pessoal e respondem defensivamente. Oriente os estudantes a ser mais objetivos sobre críticas e sobre eles mesmos. Encoraje-os a considerar críticas como algo com o qual podem aprender e crescer em vez de algo que deve ser evitado a qualquer custo.

mostram níveis moderados de ansiedade (Bandura, 1997). No entanto, alguns estudantes têm altos níveis de ansiedade e se preocupam constantemente, o que pode prejudicar significativamente sua capacidade de rendimento.

O alto nível de ansiedade de alguns estudantes é resultado das expectativas de rendimento irrealistas e da pressao dos pais (Wigfield e outros, 2006). Para muitos estudantes, a ansiedade aumenta ao longo dos anos de estudo conforme enfrentam avaliações mais freqüentes, comparação social e (para alguns) experiências de fracasso" (Eccles, Wigfield e Schiefele, 1998, p. 1043). Quando as escolas criam tais circunstâncias, tendem a aumentar o nível de ansiedade dos estudantes.

Diversos programas de intervenção foram criados para reduzir o nível de ansiedade (Wigfield e outros, 2006). Alguns programas enfatizam técnicas de relaxamento. Esses programas geralmente são eficientes em reduzir o nível de ansiedade, mas nem sempre levam a uma melhora do rendimento. Os programas de intervenção da ansiedade vinculados à preocupação enfatizam a modificação dos pensamentos negativos e autodestrutivos de estudantes ansiosos por meio de seu envolvimento em pensamentos mais positivos e focados na tarefa (Meichenbaum e Butler, 1980). Esses programas foram mais eficazes do que os programas de relaxamento em melhorar o rendimento dos estudantes (Wigfield e outros, 2006).

Estudantes desinteressados ou alienados

Brophy (1998) argumenta que o problema de motivação mais comum envolve estudantes que são apáticos, desinteressados em aprender ou alienados em relação à aprendizagem escolar.

Boas práticas
Estratégias para atingir estudantes desinteressados ou alienados

A seguir estão algumas maneiras que você pode utilizar para atingir estudantes desinteressados ou alienados Brophy (1998):

1. *Trabalhe para desenvolver um relacionamento positivo com o estudante.* Se o estudante desinteressado ou alienado não gosta de você, é difícil fazer que ele trabalhe com foco em objetivos de rendimento. Demonstre paciência, mas esteja determinado a ajudar o estudante, insistindo em estabelecer um programa constante a despeito dos revezes ou da resistência.

2. *Torne a escola mais intrinsecamente interessante.* Para tornar a escola mais intrinsecamente interessante para esse tipo de estudante, descubra os interesses dele e, se possível, inclua esses interesses nas suas tarefas escolares.

3. *Ensine estratégias para tornar o trabalho acadêmico mais prazeroso.* Ajude os estudantes a entender que são eles que estão causando seus próprios problemas e encontre maneiras de orientá-los de forma a orgulhar-se do trabalho que fazem.

4. *Considere um mentor.* Pense na possibilidade de solicitar a ajuda de um mentor da comunidade ou de um aluno mais velho que você acredita que o estudante desinteressado ou alienado respeitará.

Ter rendimento na escola não tem um valor tão importante para eles. Aproximar-se de estudantes apáticos requer esforços contínuos para ressocializar suas atitudes em relação ao rendimento na escola (Murdock, 1999).

Este capítulo teve como foco a motivação do estudante. Também é importante que você, como professor, esteja motivado. Para avaliar sua motivação, complete a Auto-avaliação 13.1, da página 482.

Reveja, reflita e pratique

4 Recomendar sobre como ajudar os estudantes com problemas de rendimento.

Reveja

- Como os estudantes com baixo rendimento e com baixas expectativas de rendimento podem ser descritos e como os professores podem ajudá-los?
- Quais são algumas estratégias que os estudantes usam para proteger seu autoconceito a fim de evitar o fracasso? Como esses estudantes podem ser ajudados?
- O que caracteriza estudantes que procrastinam e quais são algumas estratégias para ajudá-los?
- O que caracteriza estudantes perfeccionistas e como os professores podem ajudá-los?
- O que é ansiedade, como a ansiedade interfere no rendimento e que tipos de programas podem beneficiar estudantes com alto nível de ansiedade?
- Como os professores podem ajudar estudantes que são desinteressados ou alienados?

Reflita

- Pense sobre vários de seus ex-colegas de escola que mostravam baixa motivação. Você acredita que eles se comportavam dessa maneira por quê? Quais estratégias de ensino poderiam tê-los ajudado?

Pratique PRAXIS™

1. Qual dos seguintes estudantes apresenta o melhor exemplo de síndrome do fracasso?
   a. Andréa, que não vai bem na escola e raramente tenta melhorar.
   b. Marcy que se esforça muito e consegue tirar C.
   c. Samantha, que vai muito bem na escola, mas não se esforça muito.
   d. Vivi, que nunca está satisfeita com seu desempenho.

2. Scott escorrega na carteira para não ser chamado pelo professor. Seu comportamento reflete quais das alternativas a seguir no intuito de proteger seu autoconceito para evitar o fracasso?
   a. Síndrome do fracasso.
   b. Não-desempenho.
   c. Procrastinação.
   d. Definição de objetivos inatingíveis.

3. Qual estratégia de ensino tem maior probabilidade de ajudar os estudantes a superar a procrastinação?
   a. Dar um trabalho grande para ser executado em partes, e cada uma tem um prazo de entrega diferente.
   b. Dar vários trabalhos grandes em um semestre para garantir que os estudantes se sintam obrigados a gerenciar seu tempo.
   c. Não dar nenhum trabalho extraclasse.
   d. Dar uma lista de todas as coisas que os alunos poderiam fazer em vez de sua lição de casa.

4. Becky fica muito aborrecida quando não tira 10 em uma tarefa. Ela se sente ofendida com qualquer crítica feita a seu trabalho. Qual das seguintes estratégias tem maior probabilidade de ajudar Becky a superar seu perfeccionismo?
   a. Proporcionar à Becky muito feedback construtivo, tanto positivo como negativo, e permitir que ela revise seu trabalho.
   b. Assegurar-se de que Becky seja capaz de tirar A em todas as tarefas que você dá para ela.
   c. Assegurar-se de que Becky não seja capaz de tirar A em todas as tarefas que você dá para ela para que se acostume com isso.
   d. Nunca proporcionar à Becky nenhum tipo de feedback, a não ser uma nota, para que você não a deixe aborrecida.

5. Carmella fica muito ansiosa em relação à escola e isso está interferindo em sua habilidade de concentração. Qual das seguintes alternativas pode ajudá-la a vencer a ansiedade?
   a. Ajudá-la a substituir seus pensamentos negativos, autodestrutivos por pensamentos mais positivos focados em tarefas.
   b. Incentivá-la a definir objetivos mais altos.
   c. Orientá-la sobre como reduzir a procrastinação.
   d. Fazê-la enfrentar a realidade de se concentrar mais.

6. Qual das seguintes alternativas tem maior probabilidade de ajudar um professor a tornar um estudante desinteressado ou alienado mais motivado para ir bem na escola?
   a. Enfatizar como é importante ingressar em uma faculdade.
   b. Descobrir os interesses do estudante e incluí-los nas tarefas desse aluno.
   c. Comparar o estudante com colegas que são mais motivados.
   d. Descrever algumas estratégias para reduzir o perfeccionismo.

Por favor, verifique as respostas no final do livro.

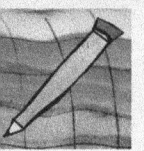

Auto-avaliação 13.1

Avaliando minha motivação

Aqui estão 18 afirmações que você pode usar para analisar a sua motivação. Dê a você uma nota de 1 (não sou assim de jeito nenhum) a 5 (muito próximo do que sou) em cada uma das afirmações.

	1	2	3	4	5

1. Estou consciente da hierarquia de motivos em minha vida e de quais são mais importante para mim.
2. Sou intrinsecamente motivado.
3. Tenho altas expectativas e padrões para sucesso.
4. Minha vida tem muitos momentos de fluxo.
5. Estou consciente das pessoas que mais me motivaram em minha vida e o que fizeram para me motivar.
6. Faço atribuições relacionadas a rendimento que enfatizam o esforço.
7. Tenho motivação orientada para excelência em vez de orientação para impotência ou desempenho.
8. Sou motivado a aprender e ter sucesso por causa de minhas aspirações para o sucesso, não porque quero proteger meu autoconceito ou evitar o fracasso.
9. Geralmente tenho elevada auto-eficácia.
10. Tenho elevada auto-eficácia instrucional em termos de habilidade como professor e em termos de gerenciar eficientemente minha sala de aula.
11. Defino objetivos regularmente, planejo como atingir esses objetivos e monitoro sistematicamente meu progresso em direção a esses objetivos.
12. Defino objetivos específicos, proximais e desafiadores.
13. Sou bom gerenciador de tempo, faço planos semanais regularmente, monitorando o uso do meu tempo e fazendo listas de afazeres.
14. Sou bom em aprender com meus erros para melhorar meu sucesso futuro.
15. Não deixo a ansiedade e outras emoções prejudicarem minha motivação.
16. Tenho um bom sistema de apoio para minha motivação e tenho relacionamentos positivos e estreitos com pessoas que podem ajudar a manter minha motivação.
17. Faço tarefas dentro do prazo e não procrastino.
18. Não sou perfeccionista.

Pontuação e interpretação

Examine o padrão de suas respostas. Se você atribuiu 4 ou 5 em cada um dos itens, provavelmente está fazendo sua motivação trabalhar em seu benefício e é um modelo motivacional positivo para seus alunos. No entanto, para quaisquer itens que você tenha atribuído 3 ou menos, passe algum tempo pensando como pode melhorar esses aspectos de sua vida na área motivacional.

Desvende o caso
O caso do programa de incentivo à leitura

Catherine é professora de segundo ano em uma escola de ensino fundamental economicamente desfavorecida. A leitura de muitos seus alunos está abaixo do nível. Alguns têm pouco contato com a leitura fora da escola, e a maioria não escolhe a leitura como atividade para ocupar seu tempo livre. Sabendo que habilidades de leitura são importantes para o sucesso futuro na escola, Catherine tem motivos para estar preocupada.

Em um esforço para estimular seus alunos a ler mais, Catherine desenvolve um programa de incentivo à leitura. Ela afixa uma enorme tabela na parede da sala de aula para acompanhar o progresso dos alunos. Cada vez que um aluno termina um livro, ele ou ela avisa Catherine, que então coloca uma estrela ao lado do nome do aluno na tabela. Todo aluno que lê cinco livros por mês recebe um pequeno prêmio da caixa de prêmios da classe. O estudante que ler o maior número de livros por mês recebe um prêmio maior. Quando Catherine conta aos alunos sobre o novo programa de incentivo, eles ficam muito entusiasmados.

"Isto é legal!" diz Joey. "Vou ganhar o maior número de estrelas!" "Não, você não vai", diz Peter. "É a Sami. Ela sempre está com o nariz enfiado em um livro. É ela que lê melhor na classe."

Sami lê muito bem. Seu nível de leitura está acima do padrão e ela geralmente escolhe livros da seção juvenil da biblioteca. Esses livros são bastante extensos e levam algum tempo para terminar. No entanto, ela realmente gosta deles. Além disso, Catherine trouxe vários livros para ela de sua coleção particular, já que nenhum livro da classe parecia interessá-la.

A primeira semana do programa é bastante excitante. Todos os dias os alunos contam a Catherine sobre os livros que leram. A tabela começa a se encher de estrelas. No final da semana, todos os alunos têm pelo menos uma estrela ao lado do nome, exceto Sami. Na última semana do mês, os alunos escolhem a leitura como atividade do tempo livre. Os alunos estão ansiosos para garantir que vão ganhar ao menos um prêmio, e muitos estão devorando livros na esperança de serem o "melhor leitor do mês". No final do mês, 23 dos 25 alunos de Catherine estavam com cinco estrelas na tabela. As únicas exceções foram Sami, que tinha apenas 1 estrela, e Michael, que ficou com catapora no meio do mês. Confirmando o que disse, Joey ganhou o maior número de estrelas – 15. Os alunos escolheram seus prêmios em um clima de excitação.

No mês seguinte, o frenesi de leitura continua. Desta vez, Sami se junta a seus colegas de classe no acúmulo de estrelas e recebe 30, tornando-se a melhor leitora. Joey fica logo atrás com 25. Cada aluno da classe ganha ao menos 5 estrelas, tendo direito a um prêmio. Como estão lendo bastante, Catherine faz uma festa de sexta-feira, em que a classe assiste a um filme e come pipoca.

Esse padrão se repete nos vários meses seguintes. A tabela de estrelas logo é preenchida. Catherine acredita que os alunos estão lendo o suficiente e se sairão bem no teste anual de aproveitamento. Ela está eufórica com o progresso deles. Ela decide que após o teste vai encerrar o programa e apenas monitorar quanto os alunos lêem. Depois que encerra o programa, ela observa que, novamente, poucos alunos estão lendo no tempo livre. Até mesmo Sami não lê mais quando termina suas tarefas. Agora ela desenha.

1. Quais são os problemas nesse caso?
2. Analise o caso da perspectiva da motivação intrínseca e extrínseca.
3. Analise o caso da perspectiva da orientação para objetivo.
4. Por que você acha que Sami passou de 1 estrela no final do primeiro mês para 30 no mês seguinte? Por que ela não lê mais em seu tempo livre na escola?
5. Quais são os problemas desse tipo de programa de incentivo? Como é possível desenvolver um programa de incentivo que não prejudique a motivação dos estudantes para a leitura?

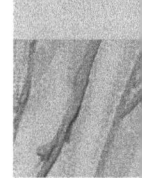

Atingindo seus objetivos de aprendizagem
Motivação, ensino e aprendizagem

① Explorando a motivação: Definir motivação e comparar as perspectivas comportamental, humanista, cognitiva e social da motivação.

- O que é motivação?
- Perspectivas sobre a motivação

O estudo da motivação foca no processo que estimula, direciona e mantém o comportamento.

A perspectiva comportamental da motivação enfatiza recompensas e punições externas como chaves na determinação da motivação de um estudante. Incentivos são estímulos ou eventos positivos ou negativos que podem motivar o comportamento de um estudante. A perspectiva humanista enfatiza a capacidade de crescimento pessoal, liberdade de decidir seu destino e qualidades positivas. Segundo a perspectiva humanista de Maslow, existe uma hierarquia de motivos e as necessidades dos estudantes devem ser satisfeitas em determinada seqüência. A auto-realização, a mais elevada e indefinida das necessidades de Maslow, envolve a motivação de desenvolver todo o seu potencial como ser humano. De acordo com a perspectiva cognitiva da motivação, os pensamentos dos estudantes dirigem sua motivação. A perspectiva cognitiva foca na motivação interna em ter sucesso, nas atribuições, na convicção dos estudantes de que podem efetivamente controlar seu ambiente, na definição de objetivos, planejamento e o monitoramento do progresso rumo ao objetivo. A perspectiva cognitiva da motivação combina com o conceito de R. W. White de motivação para competência. A perspectiva social enfatiza a necessidade de afiliação.

② Processos do rendimento: Discutir os processos importantes da motivação para o rendimento.

- Motivação extrínseca e intrínseca

A motivação extrínseca envolve realizar algo para obter algo diferente (um meio para um fim). A motivação intrínseca envolve a motivação interna para realizar algo em si mesmo (o fim em si mesmo). A maioria dos especialistas recomenda que os professores criem um clima em sala de aula onde os alunos são intrinsecamente motivados a aprender. Uma visão da motivação intrínseca enfatiza suas características de autodeterminação. Dar aos estudantes algumas opções de escolha e oportunidades de assumir responsabilidade pessoal por sua aprendizagem aumenta a motivação intrínseca. Csikszentmihalyi usa o termo *fluxo* para descrever experiências ótimas na vida, que envolvem um senso de excelência e permanecer absorto em um estado de concentração durante a realização de uma atividade. O fluxo costuma acontecer nas áreas em que os estudantes são desafiados e que se percebem com alto nível de habilidade. O interesse foi conceitualizado como mais específico do que motivação intrínseca e está positivamente associado à aprendizagem. É importante que os professores criem ambientes de aprendizagem que encorajam os estudantes a se tornar cognitivamente envolvidos e a assumir responsabilidade por seu aprendizado. Em algumas situações, as recompensas podem prejudicar o desempenho. Quando as recompensas forem usadas, elas devem transmitir informações sobre a excelência da tarefa e não de controle externo. Pesquisadores concluíram que, conforme os estudantes avançam do ensino fundamental para o ensino médio, sua motivação intrínseca diminui, especialmente no ensino médio. O conceito correspondência pessoa-ambiente chama a atenção para a falta de compatibilidade entre o interesse cada vez maior dos adolescentes em conquistar autonomia e o crescente controle da escola, o que produz auto-avaliações e atitudes cada vez mais negativas em relação à escola. A conclusão geral é que uma estratégia sábia é criar ambientes de aprendizagem que incentivem os estudantes a se tornar intrinsecamente motivados. No entanto, em muitas situações do mundo real tanto a motivação intrínseca como a extrínseca estão envolvidas e com muita freqüência foram confrontadas como pólos opostos.

- Atribuição

A teoria da atribuição afirma que os indivíduos se sentem motivados a descobrir as causas subjacentes de seu comportamento, buscando dar sentido a tal comportamento. Weiner identificou três dimensões das atribuições causais: (1) *locus*; (2) estabilidade e (3) controlabilidade. Combinações dessas dimensões produzem diferentes explicações para o fracasso ou sucesso.

- Motivação para excelência

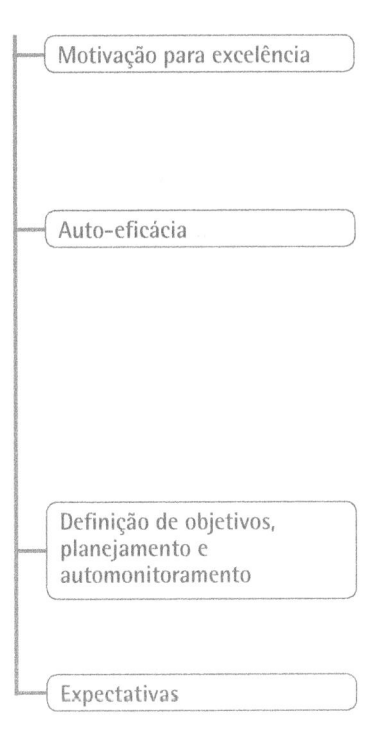

Uma orientação para excelência foca na tarefa em vez de na habilidade, envolve uma disposição positiva e inclui estratégias orientadas para solução. Uma orientação para impotência foca em ineficiências pessoais e atribui as dificuldades à falta de habilidade e apresenta uma disposição negativa (como monotonia ou ansiedade). Uma orientação para desempenho envolve estar preocupado com o resultado em vez de com o processo.

- Auto-eficácia

Auto-eficácia é a crença de que um indivíduo pode dominar uma situação e produzir resultados positivos. Bandura enfatiza que a auto-eficácia é um fator fundamental da probabilidade de sucesso dos estudantes. Schunk argumenta que a auto-eficácia influencia a maneira como os estudantes escolhem atividades e que estudantes com baixa auto-eficácia em aprendizagem costumam evitar muitas atividades de aprendizagem, especialmente as desafiadoras. Estratégias instrucionais que enfatizam o "Eu consigo" beneficiam os estudantes. Professores com baixa auto-eficácia geralmente ficam atolados em problemas de classe. Definir objetivos específicos, proximais (curto prazo) e desafiadores beneficia a auto-eficácia e o rendimento dos estudantes.

- Definição de objetivos, planejamento e automonitoramento

Dweck e Nicholls definem objetivos como um foco imediato relacionado ao rendimento e sucesso. Ser um bom planejador ajuda a gerenciar o tempo eficientemente, definir prioridades e ser organizado. Dar aos estudantes oportunidades de desenvolver habilidades de gerenciamento de tempo beneficiará seu aprendizado e rendimento. O automonitoramento é um aspecto-chave do aprendizado e do rendimento.

- Expectativas

As expectativas de sucesso dos estudantes e o valor que dão àquilo que querem realizar influenciam sua motivação. A combinação entre expectativa e valor tem sido foco de diversos modelos de motivação para rendimento. As expectativas dos professores exercem uma influência poderosa sobre a motivação e o rendimento dos estudantes. Os professores normalmente têm expectativas mais altas para estudantes com alta habilidade do que para aqueles com baixa habilidade. É importante que os professores monitorem suas expectativas e assegurem-se de ter altas expectativas em relação a todos os estudantes.

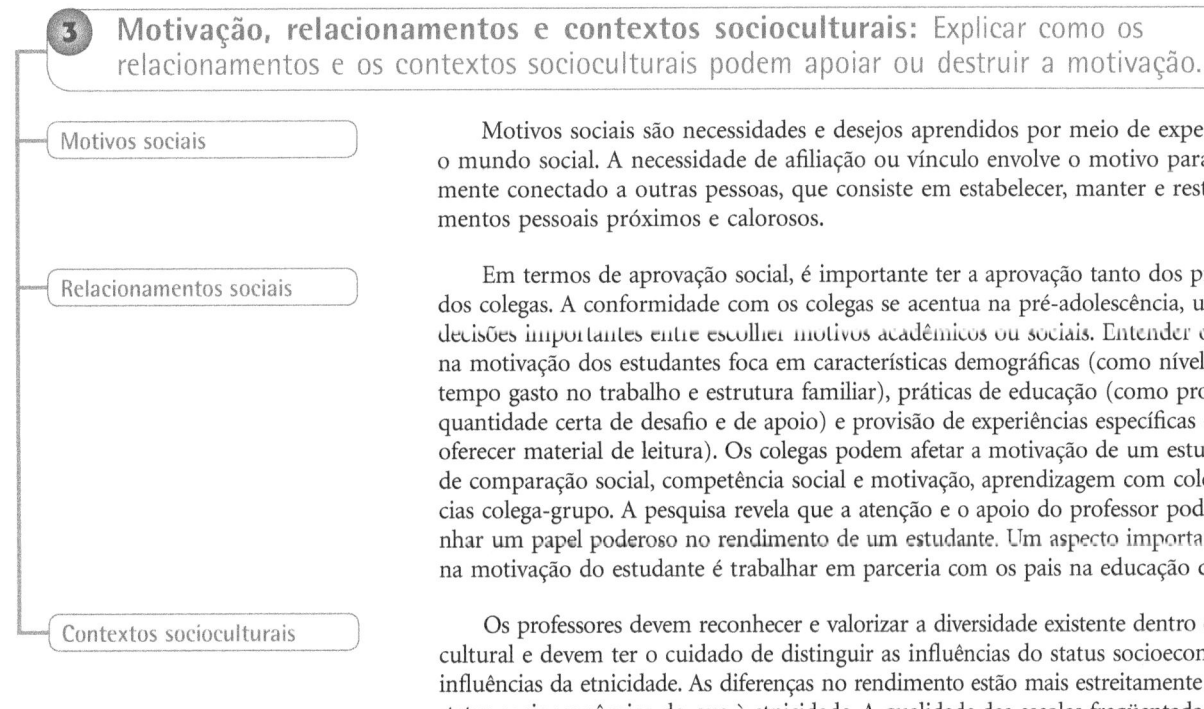

3 Motivação, relacionamentos e contextos socioculturais: Explicar como os relacionamentos e os contextos socioculturais podem apoiar ou destruir a motivação.

- Motivos sociais

Motivos sociais são necessidades e desejos aprendidos por meio de experiências com o mundo social. A necessidade de afiliação ou vínculo envolve o motivo para estar seguramente conectado a outras pessoas, que consiste em estabelecer, manter e restaurar relacionamentos pessoais próximos e calorosos.

- Relacionamentos sociais

Em termos de aprovação social, é importante ter a aprovação tanto dos professores como dos colegas. A conformidade com os colegas se acentua na pré-adolescência, um momento de decisões importantes entre escolher motivos acadêmicos ou sociais. Entender o papel dos pais na motivação dos estudantes foca em características demográficas (como nível de instrução, tempo gasto no trabalho e estrutura familiar), práticas de educação (como proporcionar a quantidade certa de desafio e de apoio) e provisão de experiências específicas em casa (como oferecer material de leitura). Os colegas podem afetar a motivação de um estudante por meio de comparação social, competência social e motivação, aprendizagem com colegas e influências colega-grupo. A pesquisa revela que a atenção e o apoio do professor podem desempenhar um papel poderoso no rendimento de um estudante. Um aspecto importante para ajudar na motivação do estudante é trabalhar em parceria com os pais na educação dos filhos.

- Contextos socioculturais

Os professores devem reconhecer e valorizar a diversidade existente dentro de cada grupo cultural e devem ter o cuidado de distinguir as influências do status socioeconômicos das influências da etnicidade. As diferenças no rendimento estão mais estreitamente relacionadas ao status socioeconômico do que à etnicidade. A qualidade das escolas freqüentadas por muitos dos estudantes carentes é inferior àquelas freqüentadas por seus colegas de classe média. As diferenças no rendimento relacionadas ao gênero envolvem crenças e valores – por exemplo, meninas têm maior competência para línguas e leitura, e meninos têm maior competência para matemática e esportes. Uma grande preocupação diz respeito a diferenças de gênero na interação professor-aluno, currículo e conteúdo; assédio sexual e redução de preconceitos de gênero.

4 Estudantes com problemas de rendimento: Recomendar sobre como ajudar os estudantes com problemas de rendimento.

- Estudantes com baixo rendimento e baixa expectativa de sucesso

- Estudantes que protegem seu autoconceito, evitando fracassos

- Estudantes que procrastinam

- Estudantes perfeccionistas

- Estudantes com alto nível de ansiedade

- Estudantes desinteressados ou alienados

Um estudante com baixo rendimento e baixa expectativa de sucesso que necessita de reafirmação e apoio precisa também ser continuamente lembrado de que o progresso será aceitável somente se ele realmente se empenhar. Um estudante com síndrome de fracasso (que tem baixa expectativa de sucesso e desiste facilmente) pode se beneficiar com métodos de retreinamento cognitivo, como retreinamento de eficácia, retreinamento de atribuição e treinamento de estratégia.

Estudantes motivados a proteger seu autoconceito e evitar o fracasso envolvem-se freqüentemente em uma ou mais das seguintes estratégias ineficazes: não-desempenho, procrastinação ou definição de objetivos inatingíveis. Esses estudantes precisam de orientação para definir objetivos desafiadores, porém realistas, precisam fortalecer o vínculo entre seu esforço e autoconceito e beneficiar-se do desenvolvimento de crenças positivas sobre suas habilidades.

A procrastinação pode assumir muitas formas, incluindo ignorar uma tarefa na esperança de que seja esquecida, subestimar o trabalho que uma tarefa requer, passar horas intermináveis em atividades para se distrair, substituir uma atividade prioritária por uma necessária, mas de menor prioridade, entre outras. Algumas estratégias para ajudar os estudantes a superar a procrastinação incluem fazê-los reconhecer que a procrastinação é um problema, encorajá-los a identificar seus valores e objetivos, ajudá-los a gerenciar o tempo com mais eficiência, fazê-los dividir as tarefas em partes menores e ensiná-los a usar estratégias comportamentais e cognitivas.

Os perfeccionistas acreditam que seus erros são inaceitáveis e que devem sempre atingir os padrões mais altos de desempenho. Os perfeccionistas estão vulneráveis a diversos problemas de saúde física e mental. Os professores podem ajudar os estudantes a reduzir ou eliminar tendências perfeccionistas fazendo que listem as vantagens e as desvantagens de tentar ser perfeito, orientá-los a se tornar cientes da natureza autocrítica do pensamento tudo-ou-nada, ajudá-los a se tornar mais realistas sobre o que podem alcançar, encorajá-los a estabelecer limites de tempo do seus projetos e ajudá-los a aprender como aceitar críticas.

A ansiedade é um sentimento vago, extremamente desagradável de medo e apreensão. O alto nível de ansiedade de alguns estudantes é resultado das expectativas não-realistas dos pais. A ansiedade dos estudantes aumenta conforme eles ficam mais velhos e enfrentam mais avaliações, comparação social e fracasso (para alguns estudantes). Programas cognitivos que substituem pensamentos negativos e autodestrutivos por pensamentos positivos e construtivos são mais efetivos do que os programas de relaxamento que têm como finalidade beneficiar o rendimento dos estudantes.

Estratégias para ajudar estudantes desinteressados ou alienados incluem estabelecer um relacionamento positivo com o estudante, tornar a escola mais intrinsecamente interessante, usar técnicas de ensino que tornem o trabalho acadêmico mais prazeroso e considerar a escolha de um mentor na comunidade ou um aluno mais velho para dar apoio ao estudante.

Termos-chave

motivação 451
incentivos 451
perspectiva humanista 452
hierarquia das necessidades 452
auto-realização 452
motivação para competência 453
necessidade de afiliação ou vínculo 453
motivação extrínseca 454
motivação intrínseca 454
teoria da atribuição 459
orientação para excelência 461
orientação para impotência 461
orientação para desempenho 461
auto-eficácia 462
motivos sociais 469
síndrome do fracasso 475

Pasta de atividades

Agora que você tem uma boa compreensão deste capítulo, faça os exercícios a seguir para ampliar seu entendimento.

Reflexão independente

Motivando, encorajando e inovando com seus alunos. Planeje uma sala de aula motivacionalmente rica. Que tipo de material você teria disponível? Descreva sua sala de aula e centro de aprendizagem. Como seu ensino se desenrolaria? De que tipos de atividades os alunos participariam? Faça um resumo do design de sua sala de aula. (INTASC: Princípio 5)

Trabalho colaborativo

Estudos de caso sobre motivação. Junte-se a três ou quatro alunos de sua classe e crie um plano para melhorar a motivação desses estudantes: (1) Tania, de sete anos, que tem baixa habilidade e baixa expectativa de sucesso; (2) Samuel, de 10 anos, que trabalha horas em excesso para manter seu autoconceito em um nível elevado, mas tem um forte sentimento de medo do fracasso; (3) Sandra, de 13 anos, que é quieta na sala de aula, mas subestima suas habilidades; e (4) Robert, de 16 anos, que demonstra pouco interesse na escola e atualmente mora com a tia (você não conseguiu contatar os pais). (INTASC: Princípios 2, 3, 5)

Experiência de pesquisa/campo

A face da motivação do aluno. Observe um professor do mesmo ano que você pretende lecionar e registre as estratégias que ele usa para motivar os estudantes. Quais estratégias são mais eficientes? Menos eficientes? Por que você acha isso? Quais estudantes parecem especialmente difíceis de motivar? Por que você acha isso? O que você faria de diferente para estimular a motivação em sala de aula. (INTASC: Princípios 5, 7, 9)

Vá até o Online Learning Center em www.mhhe.com/santedu3e para baixar modelos de pastas de documentos (material disponível em inglês).

CAPÍTULO 14

Gerenciando a sala de aula

A precisão na comunicação é mais importante do que nunca nesses nossos tempos de instabilidade emocional, quando uma palavra errada ou mal entendida pode provocar tanto desastre quanto um ato intempestivo e impensado.

— James Thurber
Cronista e humorista norte-americano, século 20

Tópicos do capítulo

Por que a sala de aula deve ser gerenciada eficientemente
- Aspectos do gerenciamento nas salas de aula do ensino fundamental e médio
- A sala de aula lotada, complexa e potencialmente caótica
- Começando do jeito certo
- Enfatizando o ensino e o clima positivo em sala de aula
- Objetivos e estratégias de gerenciamento

Planejando o ambiente físico da sala de aula
- Princípios da organização da sala de aula
- Estilo de organização

Criando um ambiente positivo para a aprendizagem
- Estratégias gerais
- Criando, ensinando e mantendo regras e procedimentos
- Obtendo a cooperação dos estudantes

Sendo um bom comunicador
- Habilidades de falar em público
- Habilidades de ouvir
- Comunicação não-verbal

Lidando com problemas de comportamento
- Estratégias de gerenciamento
- Lidando com a agressividade
- Programas para a sala de aula e a escola

Objetivos de aprendizagem

1. Explicar por que o gerenciamento da sala de aula é tanto desafiador como necessário.

2. Descrever o planejamento positivo do ambiente da sala de aula.

3. Discutir como criar um ambiente positivo na sala de aula.

4. Identificar abordagens de comunicação boas para professores e estudantes.

5. Formular abordagens eficientes que os professores possam usar para lidar com problemas de comportamento.

Histórias   Adriane Lonzarich

Adriane Lonzarich é proprietária e administradora da Heartwood, uma pequena pré-escola em San Mateo, Califórnia. Às tardes, a escola também oferece aulas de artes para crianças de 5 a 12 anos. Ela fala sobre suas idéias de gerenciamento de sala de aula:

O conselho mais valioso que já recebi sobre gerenciamento de sala de aula foi o de abordar um problema ou área de dificuldade com três perguntas na seguinte ordem: (1) É o ambiente? (2) É o professor? (3) É o aluno? Por exemplo, se o motivo de preocupação é a dispersão de energia do grupo, eu me perguntaria primeiro: É o ambiente? Está sobrecarregado de estímulo? Não há muito a fazer? Preciso reorganizar a sala de aula e criar espaços mais intimistas para atividades tranqüilas? Ou devo oferecer mais atividades externas? E assim por diante. Em muitos casos, não preciso passar para as outras duas perguntas.

É o professor? Estou cansada? Nervosa? Sem inspiração? Demonstrei as atividades de maneira muito rápida? Não fui consistente em apresentar, monitorar e enfatizar regras básicas de sala de aula?

É o aluno? Se já analisei todas as outras possibilidades e estou convencida de que o problema está no aluno, não no ambiente ou no professor, examino o que pode estar acontecendo. É algo na casa do aluno que está causando esses problemas? É hora de fazer uma reunião com os pais? O aluno precisa de ajuda no relacionamento com um amigo? O aluno está com medo do fracasso e por isso está evitando uma aprendizagem consistente?

Essa abordagem é construtiva porque é muito mais fácil mudar o ambiente e a si do que o comportamento de outra pessoa. Também é eficiente porque não concentra o problema no aluno antes que outras possibilidades tenham sido exploradas.

Introdução

No meio educacional, costuma-se dizer que ninguém dá atenção ao bom gerenciamento da sala de aula até que se sinta falta dele. Quando a sala de aula é gerenciada eficientemente, o ambiente é tranqüilo e os alunos se envolvem ativamente no aprendizado. Quando o gerenciamento é ineficiente, pode se tornar um ambiente caótico, em que o aprendizado se torna uma atividade irrelevante. Este capítulo começa examinando por que a sala de aula precisa ser gerenciada eficientemente e, em seguida, discute as estratégias para planejar o ambiente da sala de aula. Depois, aborda a importância de criar um ambiente positivo de aprendizagem e maneiras de ser um comunicador eficaz. O capítulo termina com informações sobre o que fazer quando os estudantes apresentam problemas de comportamento.

1 Por que a sala de aula deve ser gerenciada eficientemente

- Aspectos do gerenciamento nas salas de aula do ensino fundamental e médio
- A sala de aula lotada, complexa e potencialmente caótica
- Começando do jeito certo
- Enfatizando o ensino e o clima positivo em sala de aula
- Objetivos e estratégias de gerenciamento

O gerenciamento eficiente da sala de aula maximiza as oportunidades de aprendizagem das crianças (Evertson, Emmer e Worsham, 2006; Evertson e Weinstein, 2006; Larrivee, 2005; Weinstein e Mignano, 2007). Especialistas no gerenciamento de sala de aula relatam que está

Carmella Williams Scott, professora de inglês e de direito do ensino fundamental na Fairmont Alternative School em Newman, Geórgia, criou a Juvenile Video Court TV, um sistema judiciário gerido por estudantes, para que os alunos pudessem experimentar "o outro lado do banco" como juízes, advogados, meirinhos e operadores de câmera. Ela se concentrou especialmente nos líderes de gangues, porque eles comandavam a escola. Carmella gosta de usar perguntas consistentes para orientar o pensamento crítico dos estudantes. Ela acredita que respeito mútuo é um fator-chave para seu sucesso como professora e para manter afastados problemas de disciplina em suas classes (Briggs, 1999).

ocorrendo uma mudança no que diz respeito ao pensamento sobre a melhor maneira de gerenciar salas de aula. A visão antiga enfatizava a criação e a aplicação de regras para controlar o comportamento dos estudantes. A nova visão foca mais as necessidades dos estudantes em cultivar relacionamentos e oportunidades de auto-regulação (Bear, 2005a, b; Pianta, 2006; Watson e Battistich, 2006). O gerenciamento da sala de aula que orienta os alunos para a passividade e a conformidade com regras rígidas pode diminuir seu envolvimento no aprendizado ativo, no pensamento crítico e na construção social do conhecimento (Charles e Senter, 2005; Jones e Jones, 2004). A nova tendência em gerenciamento de sala de aula enfatiza uma orientação mais voltada para a autodisciplina do que para o controle externo dos estudantes (Bear, 2005a, b). Historicamente o professor era visto como um diretor. Na tendência atual do gerenciamento de sala de aula centrado no aluno, o professor é visto mais como um orientador, coordenador e facilitador (Kauffman e outros, 2006; Larrivee, 2005). Adotar o novo modelo de gerenciamento de sala de aula não significa entrar no modo permissivo. Enfatizar a consideração e a auto-regulação dos estudantes não significa que o professor vá abdicar da responsabilidade do que acontece em sala de aula (Emmer e Stough, 2001).

À medida que você explora os vários aspectos do gerenciamento de sala de aula, note a importância de consultar e trabalhar junto com outros membros da equipe acadêmica sobre questões de gerenciamento (Evertson e Harris, 1999). Tenha em mente também que sua classe é parte do contexto mais amplo da cultura escolar e que em áreas tais como gerenciamento de disciplina e conflito suas políticas precisarão refletir e ser consistentes com as políticas da escola e de outros professores da escola. Começaremos nossa discussão sobre o gerenciamento eficiente de sala de aula explorando como as questões de gerenciamento às vezes diferem nas classes do ensino fundamental e médio.

Aspectos do gerenciamento nas salas de aula do ensino fundamental e médio

As salas de aula do ensino fundamental e do ensino médio possuem muitos aspectos de gerenciamento semelhantes. Em todos os níveis da educação, bons administradores planejam suas salas de aula para uma aprendizagem ótima, criam ambientes positivos para a aprendizagem, estabelecem e mantêm regras, fazem os alunos cooperar, lidam eficientemente com problemas e usam boas estratégias de comunicação.

No entanto, os mesmos princípios de gerenciamento de sala de aula são aplicados de maneira diferente nas escolas de ensino fundamental e de ensino médio, porque esses dois tipos de escola estão estruturados de maneira diferente (Brophy, 2004; Emmer e Gerwels, 2006; Evertson, Emmer e Worsham, 2006; Weinstein, 2007). Em muitas escolas de ensino fundamental (primeiro ao quinto ano), os professores enfrentam o desafio de gerenciar as mesmas 20 a 25 crianças durante o dia inteiro. Do sexto ao oitavo ano e no ensino médio, os professores enfrentam o desafio de gerenciar cinco ou seis grupos diferentes de 20 a 25 adolescentes por cerca de 50 minutos a cada dia. Comparados aos alunos do ensino médio, os alunos do ensino fundamental passam muito mais tempo com os mesmos alunos no pequeno espaço de uma única sala de aula e devem interagir com as mesmas pessoas o período todo, o que pode gerar sensações de confinamento, tédio e outros problemas. No entanto, com 100 a 150 estudantes, os professores da escola de ensino médio estão mais propensos a enfrentar uma gama maior de problemas do que os professores da escola fundamental. Além disso, como os professores do ensino médio passam menos tempo com os alunos em sala de aula, pode ser mais difícil para eles estabelecer relacionamentos pessoais com os alunos. E, além disso, precisam dar a lição de maneira mais rápida e gerenciar o tempo com eficiência, já que o tempo de aula é muito curto.

Os problemas dos alunos do curso médio podem ser mais duradouros e mais arraigados, e, portanto, mais difíceis de modificar do que aqueles dos alunos do ensino fundamental. Além disso, no ensino médio, os problemas de disciplina geralmente são mais graves, os alunos são potencialmente mais indisciplinados e até mesmo perigosos. Como a maioria dos alunos do ensino médio tem habilidades de raciocínio mais avançadas do que os do ensino fundamental, eles podem exigir explicações mais elaboradas e lógicas das regras e da disciplina. E nas escolas de ensino médio, a socialização nos corredores pode ser levada para a sala de aula. A cada hora

Quais são alguns aspectos diferentes de ensinar estudantes no ensino fundamental e no ensino médio?

há outro processo de "apaziguamento". Tenha em mente essas diferenças entre as escolas de ensino fundamental e médio conforme exploramos como gerenciar eficientemente uma sala de aula. Como veremos a seguir, tanto na escola de ensino fundamental quanto na de ensino médio, as salas de aula podem ser lotadas, complexas e potencialmente caóticas.

A sala de aula lotada, complexa e potencialmente caótica

Carol Weinstein e Andrew Mignano (1997) usaram o título desta seção, "A sala de aula lotada, complexa e potencialmente caótica", como um alerta para problemas potenciais e ressaltaram as seis características de Walter Doyle (1986, 2006) que refletem a complexidade de uma sala de aula e o potencial para problemas:

- *Salas de aula são multidimensionais.* A sala de aula é o cenário de muitas atividades que englobam desde atividades acadêmicas, como leitura, escrita e matemática, até sociais, quando os alunos participam de atividades como jogos, comunicação com os amigos e discussões. Os professores devem manter um diário e criar um cronograma para os alunos. Tarefas devem ser designadas, monitoradas, recolhidas e corrigidas. As chances de as necessidades individuais dos estudantes serem atendidas serão maiores se o professor levá-las em consideração.
- *Atividades ocorrem simultaneamente.* Muitas atividades de sala de aula ocorrem simultaneamente. Um grupo de estudantes pode estar escrevendo em suas carteiras, outro pode estar discutindo sobre uma história com o professor, um aluno pode estar provocando o outro, outros podem estar conversando sobre o que farão depois da aula, e assim por diante.
- *As coisas acontecem rapidamente.* Os eventos freqüentemente acontecem de maneira rápida na sala de aula e em geral exigem uma resposta imediata. Por exemplo, dois alunos de repente discutem sobre quem é o dono de um caderno, um aluno reclama que outro está copiando suas respostas, um aluno fala fora da vez, um aluno risca o braço de outro com uma caneta, dois alunos começam a praticar o bullying com outro aluno, ou um aluno é rude com você.
- *Os eventos geralmente são imprevisíveis.* Embora você possa planejar cuidadosamente as atividades do dia e ser extremamente organizado, coisas que você nunca espera podem acontecer. Um alarme de incêndio que dispara; um aluno que adoece; dois alunos que se envolvem em uma briga; um computador que quebra; uma assembléia não marcada que é realizada; o ventilador que pára de funcionar no meio do verão intenso etc.
- *Há pouca privacidade.* Salas de aula são lugares públicos onde os alunos observam como os professores lidam com problemas de disciplina, com imprevistos e circuns-

tâncias frustrantes. Alguns professores relatam que se sentem como se estivessem num "aquário" ou constantemente num palco. Muito do que acontece com um aluno é observado por outros alunos que fazem comentários sobre o que está ocorrendo. Em um determinado caso, eles podem perceber que o professor está sendo injusto na maneira como usa a disciplina. Em outro, podem valorizar a sensibilidade do professor em relação aos sentimentos de um aluno.

- *Salas de aula têm histórias.* Os estudantes têm lembranças do que aconteceu anteriormente em sua sala de aula. Eles lembram como o professor lidou com um problema de disciplina no ano anterior, quais alunos tiveram mais privilégios do que outros e se um professor cumpre suas promessas. Como o passado afeta o futuro, é importante para os professores gerenciar a sala de aula hoje de uma maneira que dê suporte e não prejudique a aprendizagem amanhã. Isso significa que as primeiras semanas do ano letivo são críticas para estabelecer princípios de gerenciamento eficazes.

A natureza lotada e complexa da sala de aula poderá acarretar problemas se seu gerenciamento não for eficaz. De fato, tais problemas são uma preocupação pública importante sobre as escolas. Ano após ano, a pesquisa de opinião do Instituto Gallup pergunta às pessoas o que elas consideram os principais problemas enfrentados pela escola. Na pesquisa de 2004 (Gallup Organization, 2004), a falta de disciplina foi considerada o segundo problema mais importante, depois do suporte financeiro.

Começando do jeito certo

Um aspecto importante de gerenciar a complexidade da sala de aula é fazer um uso cuidadoso dos primeiros dias e semanas de aula. Você desejará usar esse tempo para (1) comunicar suas regras e procedimentos para a classe e obter a cooperação dos estudantes em segui-las e (2) fazer com que os estudantes se envolvam eficientemente em todas as atividades.

Dedicar tempo na primeira semana de aula para estabelecer essas expectativas, regras e rotinas ajudará sua aula a transcorrer de modo mais tranqüilo e a definir o tom para um ambiente positivo de sala de aula.

Enfatizando o ensino e o clima positivo em sala de aula

A despeito da crença popular de que a falta de disciplina é o problema número um nas escolas, a psicologia educacional enfatiza maneiras de desenvolver e manter um ambiente de sala de aula positivo que incentive a aprendizagem (Evertson, Emmer e Worsham, 2006; Larrivee, 2005). Isso envolve adotar estratégias preventivas e proativas em vez de partir para táticas de disciplina reativas.

Num estudo clássico, Jacob Kounin (1970) estava interessado em descobrir como os professores respondiam ao mau comportamento dos alunos. Kounin ficou surpreso ao constatar que gerentes eficientes e ineficientes de sala de aula respondiam de maneiras muito semelhantes ao mau comportamento. O que os gerentes eficientes faziam muito melhor do que os ineficientes era gerenciar as atividades em grupo. Pesquisadores da psicologia educacional constatam invariavelmente que os professores que orientam e estruturam as atividades de sala de aula de maneira competente são mais eficientes do que professores que enfatizam seu papel disciplinar (Brophy, 1996).

Ao longo deste livro, enfatizamos uma visão dos estudantes como alunos ativos envolvidos em tarefas significativas, que pensam refletiva e criticamente e que sempre interagem com outros estudantes em experiências de aprendizagem colaborativa. Historicamente, a sala de aula gerenciada de maneira eficiente tem sido descrita como uma "máquina bem lubrificada", porém, uma metáfora mais apropriada hoje para uma sala de aula gerenciada eficientemente é "colméia em atividade" (veja a Figura 14.1) (Randolph e Evertson, 1995). Isso não implica que a sala de aula deve ser barulhenta e caótica.

Visão do estudante

Primeira semana de aula

8 de setembro (primeiro dia de aula)	Bom, agora que vi como minha professora é, gostaria de não ter visto. Minha melhor amiga, Annie, ficou com a professora legal, a Sra. Hartwell. Eu fiquei com a bruxa, a Sra. Birdsong. A primeira coisa que ela fez foi ler todas as suas regras. Acho que levou uma meia hora falando. Não vamos fazer nada divertido. O quinto ano vai ser uma droga.
12 de setembro	A Sra. Birdsong continua rígida, mas estou começando a gostar dela. E às vezes ela até faz umas coisas engraçadas. Acho que ela leva tudo a sério porque quer mesmo que a gente aprenda.

Brooke
Aluna do quinto ano
St. Louis, Missouri

Boas práticas
Estratégias para um bom início de ano letivo

A seguir são apresentadas algumas estratégias de ensino para o início do ano letivo (Emmer, Evertson e Worsham, 2006):

1. *Estabeleça expectativas para comportamento e esclareça as dúvidas dos estudantes.* No início do ano letivo, os estudantes não estarão certos sobre o que esperar de sua sala de aula. Eles podem ter expectativas, com base em experiências anteriores com outros professores, que são diferentes da maneira como você conduzirá sua sala de aula. Nos primeiros dias de aula, exponha suas expectativas sobre o trabalho e o comportamento dos estudantes. Não foque apenas o conteúdo do curso nos primeiros dias e semanas de aula. Dedique um tempo para explicar de maneira clara e concreta as regras, procedimentos e requisitos de sua matéria, para que os alunos saibam o que esperar de suas aulas. A seguir, o professor de história do ensino fundamental Chuck Rawls descreve o que ele faz no início do ano letivo.

Visão do professor
Posicione-se de maneira positiva

Meus primeiros dias e semanas de aula são altamente estruturados – carteiras enfileiradas e tarefas diárias desde o primeiro dia. Tento tornar o ambiente inicial profissional, objetivo e estruturado ao máximo. As brincadeiras e a socialização vêm depois, quando já ficou firmemente estabelecido quem é o responsável pela classe e também se as crianças são capazes de fazer isso. Às vezes não são.

Não estou dizendo para você assustar as crianças – elas precisam se sentir seguras e confortáveis. O importante é posicionar-se, ao menos na mente das crianças, como um especialista em determinada matéria, organizado, confiante e firme, porém justo.

Alguém disse que é nos primeiros 15 a 45 segundos de uma apresentação que se cria uma impressão duradoura. Isso é verdade.

---

2. *Certifique-se de que os estudantes experimentem o sucesso.* Na primeira semana de aula, atividades de conteúdo e tarefas devem ser planejadas de maneira que você tenha certeza de que os estudantes obterão sucesso. Isso os ajuda a desenvolver uma atitude positiva e proporciona a confiança para lidar com tarefas mais difíceis depois.

3. *Esteja disponível e visível.* Mostre a seus alunos que eles podem abordar você quando precisarem de informações. Durante tarefas individuais ou em grupo, fique à disposição deles em vez de ir para sua mesa e se envolver com outras coisas. Caminhe pela classe, monitore o progresso dos alunos e ofereça ajuda quando necessário.

4. *Fique no comando.* Mesmo que tenha exposto claramente as regras de sua aula e suas expectativas, alguns alunos as esquecerão e outros irão testá-lo para ver se você vai de fato aplicá-las, especialmente nas primeiras semanas de aula. Continue a definir persistentemente os limites do que é e do que não é aceitável em sua sala de aula.

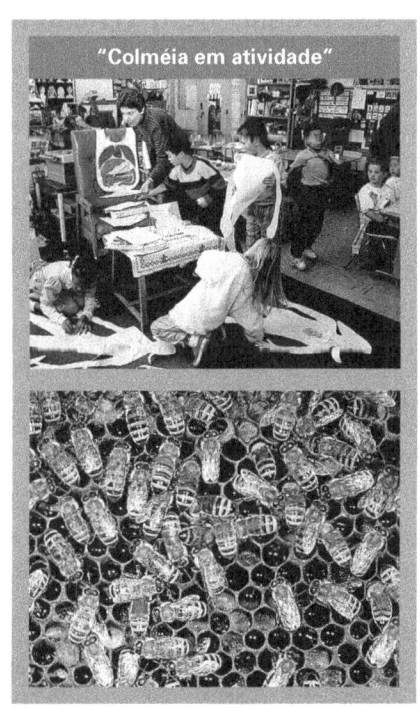

FIGURA 14.1 A sala de aula gerenciada com eficiência.

"Máquina bem lubrificada" ou "colméia em atividade"?

Boas práticas
Estratégias para aumentar o tempo de aprendizagem acadêmica

Estratégias para aumentar o tempo de aprendizagem acadêmica incluem manter o fluxo de atividade, minimizar a perda de tempo e impor responsabilidades aos alunos (Weinstein, 2003):

1. *Mantenha o fluxo de atividade.* Numa análise de salas de aula, Jacob Kounin (1970) estudou a capacidade dos professores de iniciar e manter o fluxo de atividade. Em seguida, procurou relações entre o fluxo de atividade e envolvimento e mau comportamento dos alunos. Ele descobriu que alguns gerentes ineficientes praticavam o chamado "flip-flopping" (vaivém) – encerrar uma atividade, começar outra e depois voltar para a primeira. Outros gerentes ineficientes desviavam seu foco de uma atividade em andamento para um evento menor que realmente não necessitava de atenção. Por exemplo, numa das situações, um professor que explicava um problema de matemática observou um aluno apoiado no cotovelo esquerdo enquanto resolvia o exercício. O professor foi até o aluno e pediu que ele se sentasse direito, interrompendo o fluxo da classe. Alguns gerentes ineficientes "delongam-se" num assunto que os alunos já compreendem ou discorrem exageradamente sobre comportamentos apropriados. Essas situações descritas – *flip-flopping*, responder a distrações e delongas – podem interromper o fluxo da sala de aula.

2. *Minimize a perda de tempo.* Nas transições de uma atividade para outra existe mais espaço para que ocorra um comportamento disruptivo. Num estudo conduzido que envolveu 50 aulas, disrupções como socos, gritos, uso de gestos obscenos ocorriam com uma freqüência duas vezes maior durante as transições entre atividades do que durante as atividades (Arlin, 1979). Os professores podem diminuir o potencial para disrupções durante transições de atividades preparando os alunos para as transições que acontecerão, estabelecendo rotinas de transição e definindo claramente a delimitação entre as atividades.

3. *Responsabilize os alunos.* Se os alunos souberem que serão responsabilizados pelo trabalho que fizerem, a chance de que farão bom uso do tempo de aula será maior. Comunicar claramente as tarefas e os requisitos estimula a responsabilidade do aluno. Explique aos alunos o que irão fazer e por quê, quanto tempo trabalharão nessa atividade, como poderão obter ajuda se precisarem e o que deverão fazer quando terminarem. Ajudar os alunos a estabelecer objetivos, planejar e monitorar o progresso também aumenta a responsabilidade deles. O uso de um bom diário pode ajudar você a manter seus alunos responsáveis pelo seu próprio desempenho.

Pelo contrário, os alunos devem aprender ativamente e devem se manter plenamente envolvidos nas tarefas que são motivados a fazer em vez de permanecerem passivamente sentados em suas carteiras. De modo geral, eles devem interagir com os colegas e o professor à medida que constroem seu conhecimento e compreensão.

Objetivos e estratégias de gerenciamento

O gerenciamento eficaz da sala de aula tem dois objetivos principais: ajudar os estudantes a gastar mais tempo com aprendizagem e menos tempo com atividades não voltadas para um objetivo, e impedir que os estudantes desenvolvam problemas acadêmicos ou emocionais.

Ajudar estudantes a gastar mais tempo com aprendizagem e menos tempo com atividades não voltadas para um objetivo Nos Capítulos 12 e 13, discutimos a importância, tanto para professores como para estudantes, de ser um bom gerenciador de tempo. O gerenciamento eficiente da sala de aula ajudará você a maximizar seu tempo de ensino e o tempo de aprendizagem de seus alunos. Carol Weinstein (2003) descreveu a quantidade de tempo disponível para várias atividades de classe numa aula típica de 42 minutos do ensino médio ao longo de um ano letivo. O tempo real de aprendizagem durante um ano letivo é de 62 horas, o que representa aproximadamente metade do tempo requerido para uma aula típica. Embora os valores em horas apresentados sejam estimativas, eles sugerem que há bem menos horas disponíveis para aprender do que poderia parecer. E como ressaltamos no Capítulo 12, "Planejamento, ensino e tecnologia", aprender requer tempo.

Impedir que os estudantes desenvolvam problemas Uma sala de aula bem gerenciada não só estimula uma aprendizagem significativa como também impede problemas acadêmicos e emocionais. Salas de aula bem gerenciadas mantêm os estudantes ocupados com tarefas ativas apropriadamente desafiadoras, promovem atividades em que os estudantes se tornam absortos e motivados em aprender e estabelecem regras claras que os estudantes devem obedecer. Nessas salas de aula, os estudantes costumam desenvolver

Tecnologia e educação
Automatizando o gerenciamento da sala de aula com sistemas de resposta do estudante

O gerenciamento da sala de aula envolve não só gerenciar os comportamentos como também o ensino dos alunos. Idealmente, os dois andam de mãos dadas – estudantes envolvidos em tarefas de aprendizagem têm menor probabilidade de apresentar problemas de comportamento. Outro aspecto que deve ser implementado na sala de aula é a manutenção de um diário. Uma tecnologia nova, relativamente simples e barata pode ajudar nessas três áreas.

Nestes últimos anos temos presenciado um aumento da popularidade dos sistemas de resposta em sala de aula. Esses sistemas consistem tradicionalmente em um conjunto de terminais de baixo custo (que pode ser algo tão simples quanto um teclado) interligados em rede, um computador usado como hub central para agregar as respostas dos alunos e uma tela que mostra para a classe todas as perguntas feitas pelo professor e as respostas dos alunos. Cada um desses componentes tem um papel-chave à medida que o professor faz perguntas para os alunos, os quais indicam uma resposta em seus próprios dispositivos. Todas as respostas então aparecem na tela da sala de maneira agregada, geralmente como um histograma.

Usando os sistemas de resposta do estudante, os professores conseguem fazer perguntas, dar exercícios para classes inteiras e reunir imediatamente dados dos alunos, o que pode ser usado para avaliar a compreensão rapidamente. Essa avaliação contínua permite ao professor identificar falhas de compreensão e erros e corrigi-los imediatamente. Além disso, estimula a participação ativa dos estudantes e os ajuda a explorar o que sabem e o que não sabem – e assim assumir o controle de seu próprio aprendizado. A maioria dos sistemas de resposta também produz registros das respostas dos alunos, que podem ser inseridos automaticamente como notas.

Diversos estudos demonstram que esses sistemas relativamente simples podem se tornar ferramentas eficazes de gerenciamento de sala de aula (Burnstein e Lederman, 2001; Swan, Kratcoski e Miller, 2006; Vahey, Roschell e Tatar, 2006). Resultados comuns incluem aumento no envolvimento dos estudantes, conscientização do professor sobre o conhecimento do aluno e compreensão do aluno quanto ao conteúdo ensinado.

Muitas empresas oferecem sistemas de resposta do estudante. Algumas das mais populares nos Estados Unidos são a InterWrite's Personal Response System (www.gtcocalcomp.com/interwriteprs.htm), TurningPoint's Audience Response System (www.turningtechnologies.com/highereducation.htm) e Quizdom's Student Response System (www.qwizdom.com/education_solutions_applications.htm).

---

menos problemas acadêmicos e emocionais. Por outro lado, em salas de aula mal-administradas, problemas acadêmicos e emocionais tendem a se disseminar. O aluno academicamente desmotivado se torna ainda mais desmotivado. O aluno tímido se torna ainda mais fechado. O intimidador se torna mais agressivo.

A tecnologia está sendo usada cada vez mais no gerenciamento de sala de aula. Para ler mais sobre automatização do gerenciamento de sala de aula, veja o quadro Tecnologia e educação.

Reveja, reflita e pratique

1 Explicar por que o gerenciamento da sala de aula é tanto desafiador como necessário.

Reveja

- Por que os princípios de gerenciamento devem ser aplicados de maneira diferente no ensino fundamental e no médio?
- Indique as seis razões que tornam as salas de aula lotadas, complexas e potencialmente caóticas.
- Quais estratégias têm maior probabilidade de permitir que um professor comece o ano letivo do jeito certo?
- Na opinião dos especialistas, que abordagem básica deve ser usada no gerenciamento de sala de aula? Segundo Kounin, o que professores eficientes fizeram de diferente dos professores ineficientes no gerenciamento da sala de aula?
- Quais são os dois principais objetivos do gerenciamento eficaz de sala de aula?

Reflita

- O que provavelmente seria mais fácil de gerenciar – uma sala de aula do ensino fundamental ou do ensino médio? Por quê?

(continua)

Reveja, reflita e pratique (continuação)

Pratique PRAXIS™

1. Qual das características de sala de aula está mais bem exemplificada no cenário abaixo? Holly e Alex estão brigando. Holly pega uma caneta marcadora preta e risca a camiseta de Alex. O Sr. Bronson testemunha o incidente e não toma nenhuma atitude. Duas semanas mais tarde, durante outra briga, Alex risca a camiseta de Holly com uma caneta. Desta vez, o Sr. Bronson coloca Alex de castigo. Alex fica chateado com esse tratamento que ele considera injusto.
   a. Salas de aula são multidimensionais.
   b. Salas de aula têm histórico.
   c. Existe pouca privacidade.
   d. As coisas acontecem rapidamente.

2. O Sr. McClure quer ter certeza de que seus alunos entendem que ele tem grandes expectativas para eles. Portanto, ele aplica um teste muito difícil na primeira semana de aula. Qual princípio de começar do jeito certo o Sr. McClure ignorou?
   a. Estar disponível e visível.
   b. Estar no comando.
   c. Estabelecer expectativas de comportamento e esclarecer as dúvidas dos estudantes.
   d. Assegurar-se de que os estudantes experimentem sucesso.

3. Qual dos professores a seguir tem maior probabilidade de enfrentar problemas de gerenciamento?
   a. O Sr. Knight, que num esforço para não deixar os alunos entediados dá diversas atividades ao longo da aula, todas exigindo um tempo de transição.
   b. O Sr. Quinn, cujos alunos sabem que precisam desenvolver trabalhos em quantidade significativa durante a aula, pois eles serão recolhidos ao final.
   c. A Sra. Leifeit, cujos alunos estão sempre ativamente envolvidos em atividades que requerem trabalho em grupo.
   d. O Sr. Jefferson, que estabelece regras e procedimentos logo no início do ano letivo e os aplica regularmente.

Por favor, verifique as respostas no final do livro.

---

2 Planejando o ambiente físico da sala de aula

- Princípios da organização da sala de aula
- Estilo de organização

Ao pensar sobre o gerenciamento eficaz da sala de aula, professores inexperientes às vezes negligenciam o ambiente físico. Como você verá nesta seção, planejar o ambiente da sala de aula envolve muito mais do que organizar alguns itens num quadro de avisos.

Princípios da organização da sala de aula

A seguir estão apresentados quatro princípios básicos que você pode usar ao organizar sua sala de aula (Evertson, Emmer e Worsham, 2006):

- *Reduzir o congestionamento em áreas de tráfego intenso.* Disrupção e distração costumam ocorrer em áreas de tráfego intenso. Elas incluem áreas de trabalho em grupo, carteiras dos alunos, a mesa do professor, os materiais de classe, as estantes de livros, o computador e os armários. Separe essas áreas o máximo possível e assegure-se de que tenham acesso fácil.

- *Certifique-se de que pode ver todos os alunos com facilidade.* Uma tarefa importante de gerenciamento é monitorar cuidadosamente os estudantes. Para isso, você precisa conseguir ver todos os alunos o tempo todo. Certifique-se de que existe uma linha de visão clara entre sua mesa, locais de ensino, as carteiras dos alunos e todas as áreas de trabalho dos alunos. Posicione-se em diferentes partes da sala para identificar pontos cegos.
- *Permita que os materiais didáticos e os suprimentos usados freqüentemente pelos estudantes tenham fácil acesso.* Isso minimiza o tempo com a preparação inicial e a arrumação final, além de minimizar o tempo com interrupções ou desaceleração do fluxo de atividade.
- *Certifique-se de que todos os alunos consigam ver com facilidade apresentações feitas para a classe inteira.* Defina onde você e seus alunos ficarão quando ocorrerem apresentações para a classe inteira. Para essas atividades, os alunos não devem precisar movimentar suas carteiras ou esticar seus pescoços. Para descobrir se seus alunos têm boa visibilidade de onde estão sente-se nas carteiras em diferentes partes da classe.

Estilo de organização

Ao pensar como organizar o espaço físico da sala de aula, você deve se perguntar qual será o principal tipo de atividade de ensino em que os alunos estarão envolvidos (tarefas com a classe inteira, em pequenos grupos, individuais etc). Considere a organização física que respaldará melhor esse tipo de atividade (Crane, 2001; Fickes, 2001; Weinstein, 2007).

Organizações de sala de aula padrão A Figura 14.2 mostra alguns estilos de organização de sala: auditório, frente a frente, off-set e cluster (Renne, 1997). No **estilo auditório** tradicional, todos os alunos sentam-se de frente para o professor (veja a Figura 14.2A). Essa disposição inibe o contato frente a frente entre os alunos e o professor pode se movimentar para qualquer parte da sala. O estilo auditório é geralmente usado quando o professor dá aula expositiva ou alguém faz uma apresentação para a classe toda.

No **estilo frente a frente**, os alunos sentam-se um de frente para o outro (veja a Figura 14.2B). Distração por parte de outros alunos é maior nessa disposição do que no estilo auditório.

No **estilo off-set**, um número pequeno de alunos (geralmente três ou quatro) sentam-se juntos às mesas, mas não ficam diretamente um na frente do outro (veja a Figura 14.2C). Essa disposição produz menos distração do que a disposição frente a frente e pode ser eficaz em atividades colaborativas de aprendizagem.

No **estilo seminário**, um número maior de alunos (dez ou mais) formam um círculo, um quadrado ou um U (veja a Figura 14.2D) com suas carteiras. Essa disposição é especialmente eficaz quando você quer que os alunos conversem entre si ou com você.

No **estilo cluster**, um número pequeno de estudantes (geralmente quatro ou oito) trabalham em grupos coesos (veja a Figura 14.2E). Essa disposição é especialmente eficaz em atividades colaborativas de aprendizagem.

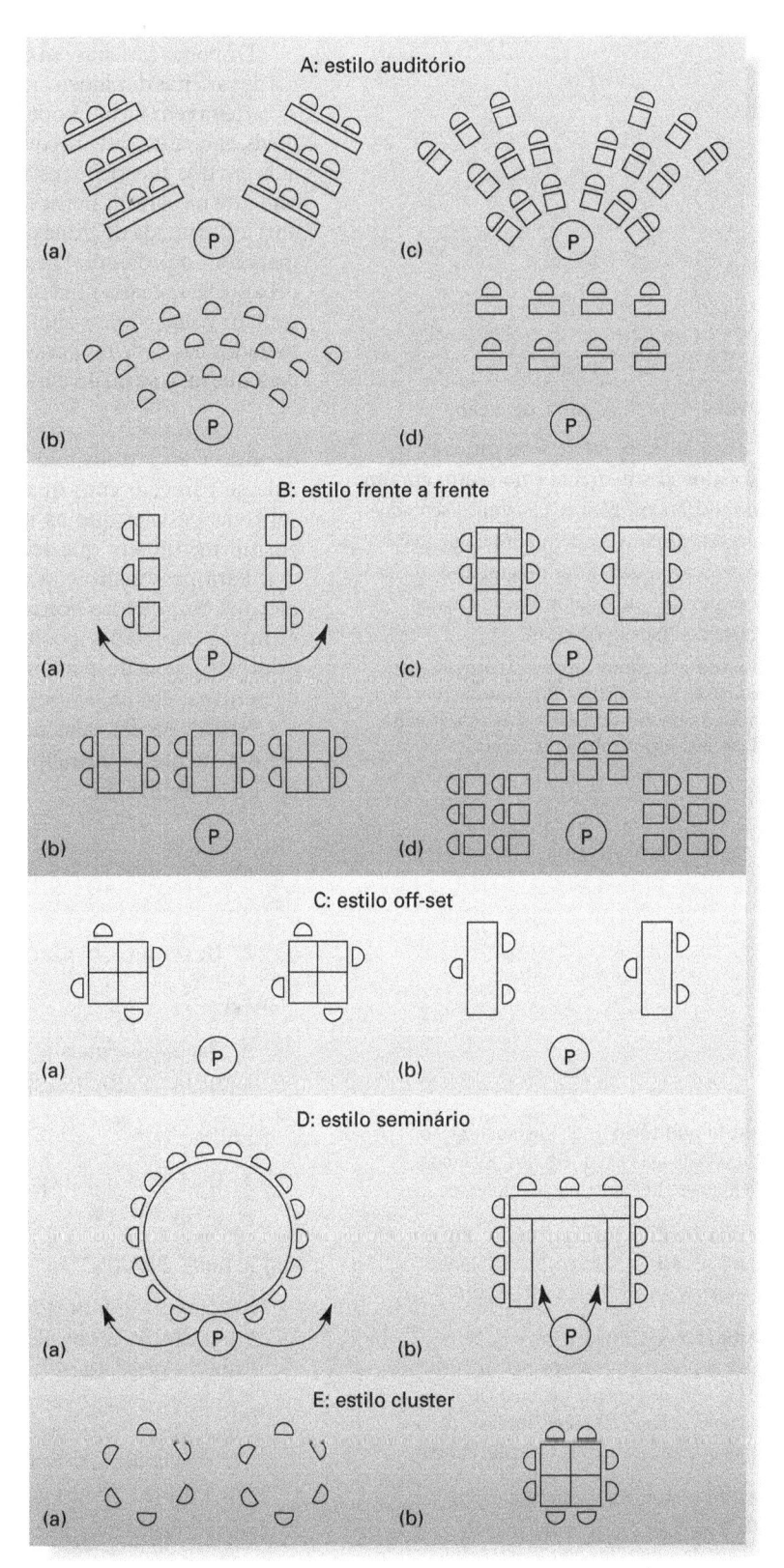

FIGURA 14.2 Variações da disposição das carteiras na sala de aula.

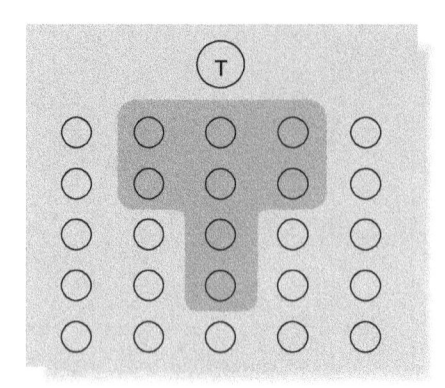

FIGURA 14.3 A zona de ação.

"Zona de ação" refere-se às carteiras posicionadas na frente e no centro em uma disposição em fileiras. Os alunos sentados nessas carteiras tendem a interagir mais com o professor, fazer perguntas e iniciar debates do que os alunos sentados em carteiras mais periféricas.

Fonte: De *Excellent Classroom Management* 1ª edição by Rinne © 1997. Reproduzido com a permissão da Wadsworth, uma divisão da Thomson Learning: www.thomsonrights.com.

Dispor as carteiras em clusters estimula a interação social dos estudantes. Por outro lado, fileiras de carteiras diminuem a interação social e dirigem a atenção dos alunos para o professor. Dispor as carteiras em fileiras pode beneficiar os estudantes quando estão trabalhando em tarefas individuais, enquanto carteiras dispostas em clusters facilitam a aprendizagem cooperativa. Nas salas de aula em que as carteiras estão organizadas em fileiras, o professor tende a interagir com os alunos sentados na parte da frente e central da sala de aula (Adams e Biddle, 1970) (veja a Figura 14.3). Essa área foi chamada de "zona de ação", porque os estudantes sentados na frente e no centro interagem mais com o professor. Por exemplo, são eles que fazem mais perguntas e que costumam iniciar debates. Se você usa uma organização em fileiras, ande pela classe sempre que possível, estabeleça contato visual com os alunos sentados fora da "zona de ação", dirija comentários aos estudantes sentados nas carteiras periféricas e faça com que os estudantes troquem de lugar periodicamente para que todos tenham a mesma oportunidade de estar nas carteiras da frente e do centro.

Personalizando a sala de aula Segundo os especialistas em gerenciamento de sala de aula Carol Weinstein e Andrew Mignano (2007), com muita freqüência as salas de aula se parecem com quartos de hotel – agradáveis mas impessoais, não revelando nada sobre as pessoas que **as usam**. Tal anonimato é especialmente verdadeiro nas classes do ensino médio, em que seis ou sete turmas diferentes podem utilizar o espaço no mesmo dia. Para personalizar as salas de aula, afixe fotos dos alunos, trabalhos de arte, projetos escritos, um quadro com datas de aniversário (para crianças da pré-escola e do primário) e outras expressões positivas da identidade dos alunos. Um quadro de avisos também pode ser colocado para informar o "aluno da semana" ou para expor o melhor trabalho da semana, escolhido pessoalmente pelos alunos.

Nenhuma das salas de aula que descrevemos será exatamente igual à sua. No entanto, ter em mente os princípios descritos devem ajudar você a criar uma organização ideal para o aprendizado.

estilo auditório Estilo de organização de sala de aula em que todos os alunos sentam-se de frente para o professor.

estilo frente a frente Estilo de organização de sala de aula em que os alunos sentam-se um de frente para o outro.

estilo off-set Estilo de organização de sala de aula em que um número pequeno de alunos (geralmente três ou quatro) sentam-se juntos às mesas, mas não ficam diretamente um na frente do outro.

estilo seminário Estilo de organização de sala de aula em que um número maior de alunos (dez ou mais) formam um círculo, um quadrado ou um U com suas carteiras.

estilo cluster Estilo de organização de sala de aula em que um número pequeno de estudantes (geralmente quatro ou oito) trabalham em grupos coesos.

Reveja, reflita e pratique

② Descrever o planejamento positivo do ambiente da sala de aula.

Reveja

- Quais são alguns princípios básicos de planejamento e organização de sala de aula?
- Quais são alguns estilos padrão de organização?

Reflita

- Qual seria o planejamento e a organização ideais para sua sala de aula? Como você a personalizaria?

Pratique PRAXIS™

1. A Sra. Craig gosta que seus alunos trabalhem em pequenos grupos. Portanto, dispõe as carteiras em pequenos círculos ou clusters. Qual é o problema dessa disposição em aulas expositivas?
   a. A Sra. Craig não conseguirá ver todos os seus alunos.
   b. Alguns alunos precisarão virar as carteiras para poder ver.
   c. A sala de aula ficará muito congestionada.
   d. Existirão pontos cegos.
2. O Sr. James quer que seus alunos possam conversar uns com os outros e com ele. Que tipo de organização de sala de aula é mais adequado para as necessidades dele?
   a. Estilo auditório.
   b. Estilo cluster.
   c. Estilo off-set.
   d. Estilo seminário.

Por favor, verifique as respostas no final do livro.

Boas práticas
Estratégias para planejar uma organização de sala de aula

A seguir estão alguns passos para planejar uma organização de sala de aula (Weinstein, 2007; Weinstein e Mignano, 2007):

1. *Considere em quais atividades os estudantes estarão envolvidos.* Se você for lecionar na pré-escola ou no ciclo I do ensino fundamental, talvez precise criar ambientes para leitura em voz alta, para aula de leitura em pequenos grupos, tempo de compartilhamento, para aula de matemática em pequenos grupos e artes. Um professor de ciências do ensino médio pode ter que adaptar o ensino para a turma inteira com as atividades manipulativas do laboratório e com as apresentações audiovisuais. No lado esquerdo de uma folha de papel, liste as atividades que os estudantes realizarão. Ao lado de cada atividade, liste os itens especiais necessários para a atividade, por exemplo, áreas de arte e ciências precisam estar próximas de uma pia. E computadores precisam estar próximos de tomadas. A seguir, William Williford, que leciona ciências na escola de ensino fundamental Perry Middle School em Perry, Geórgia, faz recomendações para a organização da sala de aula.

Visão do professor
Baratas e minicâmeras

Minha sala de aula está organizada com mesas para cerca de quatro alunos. Isso possibilita atividades individuais ou em grupo sem muito tempo de transição ou movimentação. Como minha matéria atual é ciências, temos um aquário com um peixe, um terrário com uma lagartixa ou um louva-deus e uma gaiola com baratas. Temos uma mesa com equipamentos e miniexperimentos. Uma minicâmera pode estar focada em uma minhoca ou uma aranha com a imagem transmitida na TV enquanto os alunos entram na sala. A idéia é organizar a sala de aula para estimular os alunos a pesquisar, questionar e pensar sobre ciências.

2. *Faça uma planta baixa da sala.* Antes de mudar qualquer móvel de lugar, desenhe várias plantas e então escolha aquela que funcionará melhor.

3. *Envolva os estudantes no planejamento do layout da sala de aula.* Você pode fazer a maior parte de seu planejamento do ambiente antes do início do ano letivo, mas quando as aulas começarem, pergunte aos alunos o que eles acham da organização que você fez. Se eles sugerirem melhorias aceitáveis, experimente-as. Os alunos geralmente relatam que querem uma sala adequada e um lugar onde possam guardar seus pertences.

4. *Experimente a organização e seja flexível em replanejá-la.* Após algumas semanas de aula, avalie a eficiência de sua organização. Esteja atento a problemas que a organização possa estar criando. Por exemplo, um estudo constatou que quando alunos da pré-escola se amontoavam em volta do professor enquanto este lia uma história, geralmente apresentavam comportamento disruptivo (Krantz e Risley, 1972). Espalhar as crianças num semicírculo já diminuía consideravelmente esse tipo de comportamento.

Visão do professor
Dicas sobre organização da sala de aula

A seguir estão apresentadas algumas dicas adicionais de professores:

- Crie áreas bem-definidas na sala de aula.
- Organize um bom fluxo de tráfego e armazenamento.
- Mobiliário seguro e limpo é primordial.
- Pode ser revigorante reorganizar a sala de aula ao longo do ano. Ver o ambiente de um ângulo diferente dá uma nova perspectiva às pessoas e coisas.
- Os materiais devem ser mantidos nos mesmos lugares durante o ano letivo.
- Uma sala de aula deve ser iluminada e colorida com muitos materiais e um mural para os alunos lerem e observarem.
- "Minha mesa sempre fica no fundo da sala. Mantenho um pódio num canto da frente da sala e dou a aula de lá na maior parte das vezes." (professor do ensino médio)
- "Minha mesa fica num espaço aberto de fácil acesso para os alunos." (professor do ensino fundamental)
- "Nunca fico parado na frente da sala enquanto falo. Ando constantemente pela classe, fazendo contato com cada aluno. Sempre certifico-me de estar no nível dos olhos da criança quando faço uma pergunta. Às vezes nos sentamos em círculo para que eu possa ficar no mesmo nível deles." (professor de pré-escola)
- "Tenho uma área onde todo mundo pode formar um grupo único para uma aula. Também gosto de áreas menores onde pequenos grupos podem se reunir. Fazer com que os alunos se movimentem de uma área para outra dá a eles uma oportunidade de esticar o corpo. Áreas menores também podem ser criadas para estimular a aprendizagem sobre um assunto específico." (professor de educação especial do ensino médio)
- Observe o que os outros professores fazem.
- Posicione os computadores de maneira que não distraiam os outros alunos.

3 Criando um ambiente positivo para a aprendizagem

- Estratégias gerais
- Criando, ensinando e mantendo regras e procedimentos
- Obtendo a cooperação dos estudantes

Os estudantes precisam de um ambiente positivo para aprender. Discutiremos algumas estratégias gerais de gerenciamento de sala de aula que proporcionam esse tipo ambiente, maneiras eficientes de estabelecer e manter regras e estratégias positivas para obter a cooperação dos estudantes.

Estratégias gerais

Estratégias gerais incluem usar um estilo autoritativo e gerenciar as atividades de sala de aula eficientemente.

O **estilo autoritativo de gerenciamento de sala de aula** tem como origem os estilos parentais de Diana Baumrind (1971, 1996), discutidos no Capítulo 3, "Contextos sociais e desenvolvimento socioemocional". Assim como pais autoritativos, professores autoritativos têm alunos que tendem a ter autoconfiança, postergar gratificações, ter bom relacionamento com colegas e mostrar auto-estima. Uma estratégia autoritativa de gerenciamento de sala de aula estimula os estudantes a pensar e a agir de maneira independente, mas ainda assim requer um monitoramento eficaz. Professores autoritativos envolvem os alunos em consideráveis trocas verbais e demonstram uma atitude atenciosa em relação a eles. No entanto, não deixam de impor limites quando necessário. Professores autoritativos esclarecem regras e normas, definindo esses padrões com informações dos alunos.

O que caracteriza um estilo de ensino autoritativo?

O estilo autoritativo contrasta com duas estratégias ineficientes: autoritária e permissiva. O **estilo autoritário de gerenciamento de sala de aula** é restritivo e punitivo. O foco está mais na manutenção da ordem na sala de aula do que no ensino e na aprendizagem. Professores autoritários impõem limites e controles firmes aos estudantes e fazem poucas trocas verbais com eles. Estudantes em salas de aula autoritárias tendem a ser alunos passivos, não têm iniciativas para realizar atividades, expressam ansiedade sobre comparações sociais e têm pouca habilidade de comunicação. O **estilo permissivo de gerenciamento de sala de aula** proporciona aos estudantes uma autonomia considerável, mas oferece pouco suporte para o desenvolvimento de habilidades de aprendizagem ou controle de seu comportamento. Não é de surpreender que os estudantes em classes permissivas costumam demonstrar habilidades de aprendizagem inadequadas e baixo controle de comportamento.

De modo geral, um estilo autoritativo beneficiará mais seus alunos do que os estilos autoritário ou permissivo. O estilo autoritativo ajudará os estudantes a se tornarem alunos ativos com auto-regulação.

Anteriormente no capítulo, descrevemos alguns aspectos do trabalho de Jacob Kounin (1970) sobre gerenciamento de sala de aula. Kounin concluiu que professores eficientes diferem de professores ineficientes não na forma como respondem ao comportamento disruptivo dos estudantes, mas na competência com que gerenciam as atividades do grupo. A seguir focamos em algumas das diferenças entre gerentes de sala de aula eficientes e ineficientes.

Criando, ensinando e mantendo regras e procedimentos

Para funcionar sem problemas, as salas de aula precisam de regras e procedimentos claramente definidos. Os estudantes precisam saber especificamente como você quer que eles se comportem. Sem regras e procedimentos claramente definidos, mal-entendidos inevitáveis podem gerar caos. Por exemplo, considere os seguintes procedimentos ou rotinas: quando os alunos entram na sala, devem ir diretamente para suas carteiras ou podem con-

---

estilo autoritativo de gerenciamento de sala de aula Estratégia que estimula os estudantes a pensar e a agir de maneira independente, mas ainda assim requer um monitoramento eficaz. Professores autoritativos envolvem os alunos em consideráveis trocas verbais e demonstram uma atitude atenciosa em relação a eles. No entanto, não deixam de impor limites quando necessário.

estilo autoritário de gerenciamento de sala de aula Estratégia restritiva e punitiva com foco mais voltado para a manutenção da ordem na sala de aula do que no ensino e na aprendizagem.

estilo permissivo de gerenciamento de sala de aula Estratégia que proporciona aos estudantes uma autonomia considerável, mas oferece pouco suporte para o desenvolvimento de habilidades de aprendizagem ou controle de seu comportamento.

Boas práticas
Estratégias para ser um gerente de sala de aula eficiente

Gerentes eficientes de sala de aula:

1. *Demonstram como estão atentos.* Kounin usou o termo **withitness** (estar atento) para descrever uma estratégia de gerenciamento em que os professores demonstram aos alunos que estão cientes do que está acontecendo. Esses professores monitoram os estudantes de perto constantemente. Isso permite que eles detectem um comportamento inadequado antes que saia de controle. Professores que não estão "atentos" costumam não perceber tais desvios de comportamento enquanto não se acentuam e se disseminam.

2. *Lidam eficientemente com situações concomitantes.* Kounin observou que alguns professores demonstram ter mente limitada, lidando apenas com uma tarefa por vez. Essa estratégia ineficiente geralmente leva a interrupções freqüentes no fluxo da classe. Por exemplo, uma professora estava trabalhando com um grupo de leitura quando observou que dois meninos brigavam do outro lado da sala. Ela imediatamente se levantou, atravessou a sala, repreendeu os meninos e voltou para o grupo de leitura. Enquanto tomava essa atitude, os alunos do grupo de leitura ficaram entediados com a espera e começaram a se comportar mal. Já os gerentes eficientes conseguem lidar com situações concomitantes de maneiras menos disruptivas. Por exemplo, em uma situação de leitura em grupo, os gerentes eficientes respondem de forma rápida aos alunos de fora do grupo que vêm fazer perguntas, mas sem alterar significativamente o fluxo da atividade de leitura. Enquanto circulam pela sala e verificam o trabalho individual dos estudantes, eles não deixam de observar a classe.

3. *Mantêm a continuidade da aula.* Gerentes eficientes evitam interferências no fluxo da aula porque mantêm o interesse dos estudantes e normalmente não oferecem oportunidades para que se distraiam. Anteriormente no capítulo, mencionamos algumas práticas ineficazes dos professores que podem prejudicar o fluxo de uma aula, incluindo o vaivém de atividades e o prolongamento excessivo de atividades. Outra prática adotada pelo professor que pode prejudicar o fluxo de uma aula é chamada de "fragmentação", em que o professor divide uma atividade em componentes, embora tal atividade possa ser realizada como uma tarefa única. Por exemplo, um professor pode pedir a seis alunos individualmente que façam algo, como pegar o material de artes, quando poderia pedir aos seis que fizessem isso como um grupo.

4. *Envolvem os estudantes em diversas atividades desafiadoras.* Kounin também constatou que gerentes eficientes de sala de aula envolvem os alunos em diversas atividades desafiadoras, mas não excessivamente difíceis. Os estudantes geralmente trabalhavam de maneira independente em vez de serem supervisionados diretamente por um professor controlador. A seguir, Mark Fodness, um professor premiado de estudos sociais do sétimo ano de Bemidji, Minnesota, dá o seguinte conselho sobre gerenciamento de sala de aula.

Visão do professor
Bons professores têm poucos problemas de disciplina

O melhor método para reduzir comportamentos indesejáveis entre estudantes é aumentar a eficácia dos métodos de ensino. Os melhores professores têm pouquíssimos problemas de disciplina, não porque são bons disciplinadores, mas porque são bons professores. Para enfatizar esse aspecto com uma de minhas estagiárias, convidei-a para acompanhar essa turma em nossa aula e em outras aulas. Mais tarde, ela se mostrou surpresa com o que viu. Alunos que ela considerava muito bem comportados eram indisciplinados em outras aulas. Numa das aulas, em que uma professora substituta estava se empenhando ao máximo para preencher o tempo com uma atividade, ela descreveu o comportamento dos alunos como "chocante". Entretanto, numa outra aula em que o professor falava sobre um romance excitante, os mesmos alunos voltavam a ser comportados, embora o professor não demonstrasse recorrer a nenhuma estratégia específica de disciplina.

Muitos professores iniciantes, assim como veteranos, identificam a disciplina como seu maior desafio no ensino. No entanto, a melhor solução é usar estratégias exemplares de ensino. Pedi a meus alunos do sétimo ano que identificassem as características dos professores cuja turma é bem comportada. A seguir, é apresentada uma amostra das respostas: bem-preparado, interessante, divertido, organizado, justo, atencioso, legal e enérgico.

---

versar por alguns minutos até que você peça para eles se sentarem? Quando os alunos querem ir à biblioteca, eles precisam de permissão? Quando os alunos estão trabalhando em suas carteiras, eles podem ajudar uns aos outros ou devem trabalhar sozinhos?

Regras e procedimentos são expectativas declaradas sobre comportamento (Evertson, Emmer e Worsham, 2006). *Regras* focam expectativas gerais ou específicas ou padrões de comportamento. Um exemplo de regra geral é "Respeite os outros". Um exemplo de regra mais específica é "Celulares devem sempre permanecer desligados nesta sala de aula". *Procedimentos,* ou rotinas, também comunicam expectativas sobre comportamento, mas geralmente são aplicados a uma atividade específica e "são dirigidas para a realização de

withitness Estratégia de gerenciamento descrita por Kounin em que os professores mostram aos alunos que estão cientes sobre o que está acontecendo. Esses professores monitoram os estudantes de perto constantemente e detectam um comportamento inadequado antes que saia de controle.

algo e não para proibir um comportamento ou definir um padrão geral" (Evertson, Emmer e Worsham, 2006, p. 22). Você pode estabelecer procedimentos para cobrança de assinatura dos pais nas tarefas de casa, entrega de trabalhos com atraso, uso do apontador ou algum equipamento. Você pode criar procedimentos para o início do período (por exemplo, um procedimento para se "acomodar" na sala de aula – talvez um item social como uma charada ou um aviso rápido sobre eventos da escola), para sair da classe (por exemplo, para ir ao banheiro), voltar para a sala (após o lanche) e para o final do período (por exemplo, guardar o material e sair).

As regras não costumam sofrer mudanças porque tratam de maneiras fundamentais sobre como lidamos com os outros, conosco e com nosso trabalho, como ter respeito pelas outras pessoas e pela propriedade alheia. Por outro lado, os procedimentos podem mudar porque as rotinas e as atividades em sala de aula mudam.

Ensinando regras e procedimentos Qual é a melhor maneira de ensinar regras e procedimentos aos estudantes? O professor deve criar as regras e os procedimentos e depois informar a classe? Os estudantes podem participar da criação dessas regras e procedimentos?

Alguns professores gostam de incluir os alunos na definição de regras na esperança de que isso irá incentivá-los a assumir mais responsabilidade por seu próprio comportamento (Emmer, Evertson e Worsham, 2006). O envolvimento dos estudantes pode assumir várias formas, incluindo uma discussão dos motivos para se ter regras e os significados de algumas regras em particular. O professor pode iniciar o processo fazendo os estudantes discutir por que as regras são necessárias e então passar para algumas regras específicas. O professor pode esclarecer uma regra descrevendo, ou pedindo que os estudantes descrevam, a área geral do comportamento que ela envolve. Os estudantes geralmente podem contribuir com exemplos concretos da regra.

Alguns professores começam discutindo com toda a classe sobre as regras da sala de aula. Durante a discussão, professor e alunos sugerem regras possíveis para a classe e o professor as registra numa transparência, lousa ou num quadro de avisos. Em seguida, professor e alunos organizam as regras em categorias gerais e criam títulos para as categorias. Em algumas classes, essa atividade é seguida de uma dramatização das regras.

Quais são estratégias boas para estabelecer regras e procedimentos?

Boas práticas
Estratégias para estabelecer regras e procedimentos de sala de aula

A seguir estão apresentados quatro princípios que se deve ter em mente ao estabelecer regras e procedimentos para suas classes (Weinstein, 2007, p. 53-56):

1. *Regras e procedimentos devem ser razoáveis e necessários.* Pergunte-se se as regras e procedimentos que você está estabelecendo são apropriados para o nível do ano em questão. Pergunte-se também se existe uma boa razão para implementar a regra ou o procedimento. Por exemplo, uma professora do ensino médio adota uma regra que impõe que os alunos devem entrar na aula na hora certa. Os alunos são informados claramente de que se chegarem atrasados serão suspensos, mesmo na primeira vez. Ela explica a regra para os alunos no início do ano letivo e explica o porquê disso: o fato de chegarem atrasados pode fazê-los perder informações importantes.

2. *Regras e procedimentos devem ser claros e compreensíveis.* Se você usa regras gerais, certifique-se de que explicou claramente o que elas significam. Por exemplo, um professor usa a regra "Esteja preparado". Em vez de deixar a regra num nível generalizado, o professor especifica o que significa estar preparado e descreve procedimentos específicos envolvendo a regra: ter com você sua tarefa de casa, o caderno, caneta, lápis todos os dias. Conforme mencionado anteriormente, uma dúvida que surge ao estabelecer regras de sala de aula é se devemos permitir que estudantes participem do processo. Envolver os estudantes na criação de regras de sala de aula pode aumentar o senso de responsabilidade deles em cumpri-las, especialmente no ensino médio. Alguns estudantes irão sugerir regras ridículas, que você pode simplesmente vetar. Alguns professores estabelecem primeiro as regras gerais e depois pedem aos alunos que criem exemplos específicos das regras.

3. *Regras e procedimentos devem ser consistentes com os objetivos de ensino e aprendizagem.* Certifique-se de que regras e procedimentos não interfiram na aprendizagem. Alguns professores preocupam-se tanto em ter uma sala de aula ordeira e calma que impedem os alunos de interagir e de trabalhar de maneira colaborativa.

4. *Regras de sala de aula devem ser consistentes com as regras da escola.* Conheça as regras da escola, como por exemplo se há um tipo de comportamento exigido nos corredores, na cantina etc. Muitas escolas têm um manual que define o que é aceitável e o que não é. Familiarize-se com o manual. Alguns professores lêem o manual com os estudantes no início do ano letivo para que os alunos entendam claramente as regras da escola com relação a faltas, cabular aulas, brigas, fumo, uso de drogas, linguagem de baixo calão etc.

Em algumas escolas, os estudantes podem participar da definição de regras para a escola inteira. Em alguns casos, representantes de classe ou dos anos participam da criação de regras gerais da escola com a orientação dos professores e coordenadores. No entanto, no âmbito da sala de aula, especialmente no ensino fundamental, não é comum que os alunos participem da criação de regras. A maioria dos professores prefere criar e apresentar suas regras, embora, conforme indicado anteriormente, possam estimular uma discussão sobre elas. No ensino médio é possível uma contribuição mais efetiva dos estudantes na definição de regras, porque nesse período seu conhecimento e habilidades cognitivas e socioemocionais estão mais avançados.

Muitos professores eficientes apresentam claramente suas regras, explicam e oferecem exemplos aos alunos. Professores que definem regras aceitáveis, oferecem justificativas compreensíveis para essas regras e as aplicam consistentemente, geralmente constatam que a maioria da classe as segue.

Obtendo a cooperação dos estudantes

Você quer que seus alunos cooperem com você e sigam as regras de sala de aula sem que seja preciso recorrer a ações disciplinares para manter a ordem. Como fazer com que eles cooperem? Existem três estratégias principais: desenvolver um relacionamento positivo com os estudantes, fazer com que os estudantes dividam e assumam responsabilidades e recompensar comportamentos apropriados.

Desenvolvendo um relacionamento positivo com estudantes Quando a maioria de nós pensa sobre seu professor favorito, lembra-se de alguém que se preocupava se estávamos ou não aprendendo. Mostrar que você realmente se preocupa com os estudantes como pessoas, sem levar em conta o trabalho acadêmico, ajuda você a ganhar a cooperação deles (Pianta, 2006). É fácil se pegar fazendo exigências de rendimento acadêmico e de trabalhos em classe e ignorar as necessidades socioemocionais dos estudantes.

Um estudo constatou que além de ter regras e procedimentos eficientes, gerenciadores de sala de aula eficientes também mostravam uma atitude de preocupação com os alunos (Emmer, Evertson e Anderson, 1980). Essa preocupação era evidenciada em parte por um ambiente de sala de aula onde os estudantes se sentiam seguros e eram tratados com justiça. Os professores eram sensíveis às necessidades e ansiedades dos estudantes (por exemplo, criavam atividades prazerosas nos primeiros dias de aula do ano letivo em vez de aplicar avaliações de conhecimento), tinham boa habilidade de comunicação (inclusive habilidade de ouvir) e expressavam eficientemente seus sentimentos para os estudantes. A atmosfera da sala de aula era descontraída e agradável. Por exemplo, o foco era o trabalho acadêmico, mas os professores davam intervalos para os alunos lerem, usarem o computador ou desenharem.

O Child Development Project – CDP (Projeto de Desenvolvimento da Criança) é um programa abrangente do ensino fundamental norte-americano em que os professores e administradores constroem relacionamentos que apóiam os estudantes e os estimulam a desenvolver relacionamentos igualmente calorosos entre si (Battistich e Solomon, 1995). Cinco práticas de ensino formam a base desse projeto: (1) atividades cooperativas de aprendizagem que facilitam o trabalho em grupo; (2) um programa de artes baseado em literatura, rico em valores e com linguagem multicultural que estimulam os estudantes a um pensamento crítico sobre questões sociais e éticas relevantes; (3) técnicas de gerenciamento da sala de aula que enfatizam a prevenção e a responsabilidade; (4) projetos comunitários desenvolvidos em classe e na escola como um todo que envolvem alunos, professores, pais e outros membros da família; e (5) atividades de "casa" que melhoram a comunicação entre alunos e pais, aproximam escola e família e estimulam os estudantes a entender sua herança familiar. Pesquisas de avaliação do CDP em um grande número de escolas de ensino fundamental em diversas localidades revelou que alunos que participaram do projeto eram mais cooperativos, tinham um melhor entendimento social, possuíam mais valores positivos, tendiam a ajudar mais os outros e tinham melhores habilidades para a resolução de conflitos do que seus colegas que não participaram do projeto (Battistich e outros, 1989). A Figura 14.4 apresenta algumas diretrizes de ensino para desenvolver um relacionamento positivo com os estudantes.

1. Receber os alunos com um "bom-dia" caloroso na entrada da classe.
2. Ter uma conversa pessoal rápida sobre coisas que estão acontecendo na vida do aluno.
3. Escrever uma breve nota de estímulo para o aluno.
4. Usar mais os nomes dos alunos na classe.
5. Mostrar entusiasmo sobre estar com os alunos (mesmo no final do período de aula, semana ou ano).
6. Abrir-se mais com os alunos sobre seus assuntos pessoais, o que os ajuda a ver você como alguém de carne e osso. No entanto, não exagere. Sempre leve em consideração o nível de compreensão e a vulnerabilidade emocional das crianças ao revelar informações sobre você.
7. Ouvir atentamente o que o aluno está dizendo, mesmo que seja algo trivial.
8. Demonstrar para os alunos que você está lá para apoiar e ajudá-los.
9. Ter em mente que desenvolver relacionamentos positivos e de confiança requer tempo. Esse é especialmente o caso de estudantes oriundos de ambientes de alto risco que inicialmente podem não confiar em suas intenções.

FIGURA 14.4 Diretrizes para estabelecer relacionamentos positivos com os estudantes.

Faça com que os alunos compartilhem e assumam responsabilidades Anteriormente neste capítulo, discutimos a importância de se desenvolver uma atmosfera autoritativa na sala de aula e a questão sobre se devemos ou não permitir que os alunos participem da definição de regras de sala de aula. Alguns especialistas em gerenciamento de sala de aula argumentam que compartilhar responsabilidades com os alunos na tomada de decisões de sala de aula aumenta o compromisso dos estudantes com as decisões (Blumenfeld, Kempler e Krajcik, 2006; Eggleton, 2001; Lewis, 2001; Risley e Walther, 1995).

Recompense o comportamento apropriado Já discutimos extensivamente sobre recompensas no Capítulo 7, "Abordagens cognitivas comportamentais e sociais". Talvez você queira reler a discussão sobre recompensas naquele capítulo, especialmente a seção "Análise do comportamento aplicada à educação", e pensar sobre como é possível usar recompensas no gerenciamento eficaz de sala de aula. A discussão sobre recompensas no Capítulo 13, "Motivação, ensino e aprendizagem", também é relevante para o gerenciamento de sala de aula, especialmente as informações sobre recompensas e motivação intrínseca. A seguir estão algumas diretrizes para usar recompensas no gerenciamento de sala de aula.

Boas práticas
Estratégias para orientar os estudantes a compartilhar e assumir responsabilidades

A seguir estão algumas diretrizes para fazer com que os estudantes compartilhem e assumam responsabilidades na sala de aula (Fitzpatrick, 1993):

1. *Envolva os estudantes no planejamento e na implementação de iniciativas da escola e de sala de aula.* Essa participação ajuda a satisfazer as necessidades de autoconfiança e pertinência.

2. *Estimule os estudantes a julgar seu próprio comportamento.* Em vez de julgar o comportamento dos estudantes, faça perguntas que motivem os estudantes a avaliar seu próprio comportamento. Por exemplo, você pode perguntar: "Seu comportamento reflete as regras da classe?" ou "Qual é a regra?". Essas perguntas colocam a responsabilidade no estudante. Inicialmente, alguns estudantes tentam culpar os outros ou mudar de assunto. Nesses casos, mantenha o foco e oriente o estudante a aceitar a responsabilidade.

3. *Não aceite desculpas.* Desculpas simplesmente transferem ou evitam a responsabilidade. Não admita nem mesmo uma conversa sobre as desculpas. Em vez disso, pergunte aos estudantes o que podem fazer na próxima vez que surgir uma situação semelhante.

4. *Dê um tempo para a estratégia de auto-responsabilidade funcionar.* Os estudantes não desenvolvem responsabilidade da noite para o dia. Muito do mau comportamento dos estudantes são hábitos arraigados que levam um longo tempo para serem quebrados. Uma estratégia é ser mais paciente do que o estudante espera – difícil de fazer, mas um bom conselho.

5. *Deixe que os estudantes participem das decisões promovendo reuniões de classe.* Em seu livro *Schools without failure*, William Glasser (1969) argumentou que reuniões de classe podem ser usadas para lidar com problemas de comportamento dos estudantes ou praticamente qualquer questão relacionada a professores e alunos.

Escolha reforçadores eficazes   Descubra quais reforçadores funcionam melhor para cada aluno e individualize o reforço. Para um aluno, a recompensa mais eficaz pode ser o elogio; para outro, pode ser ter a oportunidade de fazer sua atividade favorita. Lembre-se de que atividades prazerosas geralmente são valiosas para ganhar a cooperação dos estudantes. Você pode dizer para um aluno: "Quando você terminar seus problemas de matemática pode ir para a área de mídia e jogar um jogo no computador".

Use dicas e modelagem eficientemente   Lembre-se de que se você espera que os alunos atuem perfeitamente, é possível que você nunca presencie isso. Uma boa estratégia é usar

Quais são algumas diretrizes para o uso eficaz de recompensas em sala de aula?

dicas e modelar o comportamento dos estudantes recompensando-os por seus aprimoramentos. Algumas dicas ou lembretes podem assumir formas como "Lembrem-se da regra para formar fila". Recorde que no Capítulo 7 foi mencionado que a modelagem envolve recompensar um estudante por ter se aproximado sucessivas vezes de um comportamento-alvo específico. Portanto, você pode recompensar inicialmente um aluno por acertar 60% dos exercícios de matemática, da próxima vez por acertar 70%, e assim por diante.

Use recompensas para proporcionar informações sobre habilidades acadêmicas, não para controlar o comportamento dos estudantes Recompensas que comunicam informações sobre habilidades acadêmicas dos estudantes podem aumentar a motivação intrínseca e o senso de responsabilidade deles. No entanto, recompensas usadas para controlar o comportamento dos estudantes têm menor probabilidade de promover auto-regulação e responsabilidade. Por exemplo, a aprendizagem de um estudante pode ser favorecida quando ele é escolhido como aluno da semana por estar envolvido em várias atividades altamente produtivas e competentes. No entanto, o estudante provavelmente não se beneficiará ao receber uma recompensa por ficar parado na carteira; uma recompensa como essa é uma iniciativa do professor para controlar o aluno, e estudantes em ambientes de aprendizagem altamente controlados tendem a agir como "fantoches".

Reveja, reflita e pratique

(3) Discutir como criar um ambiente positivo na sala de aula.

Reveja

- Quais são algumas das estratégias gerais para se criar um ambiente positivo de aprendizagem?
- Quais são alguns fundamentos das boas regras de sala de aula?
- Quais são as melhores abordagens para obter a cooperação dos estudantes?

Reflita

- Em sua sala de aula, quais dos padrões de "bom" comportamento seriam não-negociáveis? Você seria flexível em relação a algumas coisas? Explique.

Pratique PRAXIS™

1. A Sra. Rockefeller tem altas expectativas quanto ao comportamento de seus alunos. Ela é bastante severa ao aplicar punições quando eles não atendem suas expectativas e não aceita explicações para desobediências. Sua resposta padrão para desculpas é: "Não quero ouvir desculpas. Você quebrou as regras. Sabe as conseqüências". Que estilo de gerenciamento a Sra. Rockefeller exemplifica?
    a. Autoritativo.
    b. Autoritário.
    c. Permissivo.
    d. Negligente.
2. Qual dos seguintes é o melhor exemplo de um procedimento de sala de aula expresso com clareza?
    a. Não mexam com os outros.
    b. Coloquem todas as tarefas de casa na pasta de tarefas de casa quando entrarem.
    c. Respeitem o que é dos outros.
    d. Permaneçam sentados na carteira, a menos que tenham permissão para se levantar.
3. Qual professor tem maior probabilidade de ganhar a cooperação dos estudantes em seguir as regras e procedimentos de sala de aula?
    a. A Sra. Benes e seus alunos desenvolveram uma lista de regras e procedimentos no início do ano letivo, entretanto, ela não aplica as regras e procedimentos que estabeleceu. Não existem reforços para comportamentos apropriados nem conseqüências para comportamentos inapropriados.

b. A Sra. Costanza quer que sua sala de aula seja muito bem comportada. Para obter esse resultado, ela pune os alunos pela menor das infrações.
c. Os alunos da Sra. Kramer participaram do desenvolvimento das regras de sala de aula. Todos concordaram que cada regra era necessária e que os procedimentos eliminariam problemas. Quando os alunos infringem uma regra, ela pergunta se o comportamento deles foi apropriado.
d. A Sra. Peterman tem uma extensa lista de regras e procedimentos que os alunos devem seguir. Por exemplo, quando eles entram na classe, primeiro devem colocar sua tarefa de casa na pasta apropriada, depois calçar os tênis para a aula de educação física. Se os alunos fazem as coisas na ordem inversa, são repreendidos.

Por favor, verifique as respostas no final do livro.

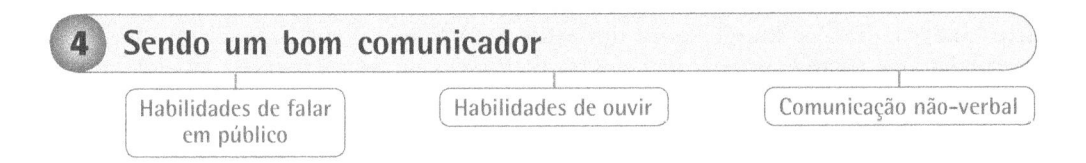

4 Sendo um bom comunicador

- Habilidades de falar em público
- Habilidades de ouvir
- Comunicação não-verbal

Gerenciar salas de aula e solucionar conflitos de maneira construtiva requerem boas habilidades de comunicação. Três aspectos-chave da comunicação são habilidades de falar em público, habilidades para ouvir e comunicação não-verbal.

Habilidades de falar em público

Você e seus alunos se beneficiarão consideravelmente se você tiver habilidades de falar em público eficazes e se trabalhar com seus alunos no desenvolvimento das habilidades deles de falar em público. Vamos explorar primeiro algumas estratégias para falar com sua classe.

Falando com a classe e com os estudantes Ao falar com sua classe e com seus alunos, uma das coisas mais importantes que se deve ter em mente é comunicar as informações claramente (Brydon e Scott, 2006; Gregory, 2005; Sellnow, 2005). *Clareza* ao falar é essencial para um bom ensino.

Algumas boas estratégias para falar com clareza com sua classe incluem (Florez, 1999):

1. Usar regras gramaticais corretamente.
2. Escolher um vocabulário compreensível e apropriado para o nível de seus alunos.
3. Aplicar estratégias para melhorar a capacidade dos alunos de entender o que você está dizendo, como enfatizar palavras-chave, reformular uma frase ou monitorar a compreensão dos alunos.
4. Falar num ritmo apropriado, nem rápido nem devagar demais.
5. Ser preciso em sua comunicação e evitar ser vago.
6. Usar boas habilidades de planejamento e de pensamento lógico como fundamentos para falar com clareza para sua classe.

Mensagens "você" e "eu" Vamos examinar outro aspecto da comunicação verbal. Quantas vezes você esteve envolvido em uma conversa em que alguém diz algo assim: "Por que você está sendo tão negativo?" ou "Você não fez o que disse que iria fazer", ou "Você não tem muita consideração". Esses são exemplos do que os especialistas em comunicação chamam de usar **mensagens "você"**, um estilo indesejável em que o interlocutor parece julgar as pessoas e colocá-las numa posição defensiva. A comunicação "você" nem sempre inclui a palavra "você" literalmente. "Você" está implícito quando alguém diz: "Isso foi uma coisa realmente estúpida de se dizer" (o que significa "o que você disse foi realmente estúpido") ou "Fique fora de minha vida" (o que significa "você está se intrometendo em minha vida").

É fácil você e seus alunos caírem na armadilha de usar mensagens "você" demais e mensagens "eu" insuficientes, que são menos provocativas. **Mensagens "eu"** refletem melhor os verdadeiros sentimentos do interlocutor do que declarações "você" avaliativas.

Especialistas em comunicação recomendam substituir as mensagens "você" por mensagens "eu": "Eu estou chateado por isso ter terminado de forma tão negativa", ou "(Eu) Não gosto quando promessas são quebradas", ou "Eu fico magoado quando meus sentimentos não são levados em consideração".

Mensagens "você" freiam conversas com julgamentos sobre a outra pessoa (Stewart, 2006; Wood, 2006). Mensagens "eu" ajudam a direcionar a conversa para um caminho mais construtivo expressando sentimentos sem julgar a outra pessoa. Monitore suas conversas de tempos em tempos para ter certeza de estar usando mensagens "eu" em vez de mensagens "você". Monitore também as conversas de seus alunos e oriente-os a usar mais mensagens "eu".

Sendo assertivo Outro aspecto da comunicação verbal envolve como as pessoas lidam com conflitos, o que pode ser feito em quatro estilos: agressivo, manipulativo, passivo ou assertivo. Pessoas que usam um **estilo agressivo** têm rompantes com os outros; são mandonas, rudes e agem de maneira hostil. Pessoas agressivas normalmente são insensíveis aos direitos e sentimentos dos outros. Pessoas que usam um **estilo manipulativo** tentam obter o que querem fazendo os outros se sentirem culpados ou terem pena delas. Em vez de assumir a responsabilidade de atender suas próprias necessidades, essas pessoas fazem papel de vítima ou de mártir para conseguir que os outros façam coisas por elas. Pessoas que usam um **estilo passivo** são não-assertivas e submissas. Deixam que os outros as tratem de maneira rude. Indivíduos passivos não expressam seus sentimentos e não deixam que os outros saibam o que elas querem.

Por outro lado, pessoas com um **estilo assertivo** expressam seus sentimentos, pedem o que querem e dizem "não" para coisas que não querem. Quando as pessoas agem de maneira assertiva, agem de acordo com seu melhor interesse. Defendem seus direitos e expressam sua opinião abertamente. Pessoas assertivas insistem que deslizes de comportamento sejam corrigidos e resistem à coerção ou manipulação (Dobkin e Pace, 2006; Evertson, Emmer e Worsham, 2006; Lumsden e Lumsden, 2006). Na visão dos especialistas em assertividade Robert Alberti e Michael Emmons (2001), a assertividade estimula relacionamentos construtivos positivos.

Dos quatro estilos de como lidar com conflitos, a assertividade é de longe a melhor escolha. A seguir estão apresentadas algumas estratégias para você se tornar uma pessoa mais assertiva (Bourne, 1995):

- *Avalie seus direitos.* Determine seus direitos na situação em questão. Por exemplo, você tem o direito de cometer erros e de mudar de idéia.
- *Exponha o problema para a outra pessoa em termos das conseqüências para você.* Exponha claramente seu ponto de vista, mesmo que pareça óbvio. Isso permite que a outra pessoa tenha uma noção melhor de sua posição. Descreva o problema da maneira mais objetiva possível, sem culpar ou julgar. Por exemplo, você pode dizer para um aluno: "Estou tendo um problema com o barulho que você faz na aula. Está me incomodando, portanto, não faça mais isso". "Quando chega atrasado, além de perturbar a classe, você perde informações importantes." "Dizer isso para outro aluno magoa."
- *Expresse seus sentimentos sobre uma situação em particular.* Quando você expressa seus sentimentos, até mesmo pessoas que discordam totalmente de você podem perceber como são fortes seus sentimentos sobre a situação. Lembre-se de usar mensagens "eu" em vez de mensagens "você".
- *Faça seu pedido.* Esse é um aspecto importante de ser assertivo. Simplesmente peça aquilo que quer (ou não quer) de maneira objetiva.

A seguir, são apresentadas algumas diretrizes para fazer pedidos de maneira assertiva:

- *Use um comportamento não-verbal assertivo.* Por exemplo, estabeleça contato visual, endireite os ombros, mantenha-se calmo e seja autoconfiante.

---

mensagens "você" Estilo indesejável em que o interlocutor parece julgar as pessoas e colocá-las numa posição defensiva.

mensagens "eu" Mensagens desejáveis que refletem os verdadeiros sentimentos do interlocutor melhor do que declarações "você" avaliativas.

estilo agressivo Maneira de lidar com conflito em que as pessoas têm rompantes com os outros, sendo mandonas, rudes e agindo de maneira hostil.

estilo manipulativo Maneira de lidar com conflito em que as pessoas tentam obter o que querem fazendo os outros se sentirem culpados ou terem pena delas.

estilo passivo Maneira de lidar com conflito em que as pessoas são não-assertivas, submissas e não deixam que os outros saibam o que elas querem.

estilo assertivo Maneira de lidar com conflito em que as pessoas expressam seus sentimentos, pedem o que querem e dizem "não" para coisas que não querem, e agem baseadas em seus interesses.

- *Torne seu pedido simples.* Uma ou duas frases fáceis de entender é o adequado. Por exemplo, você pode dizer a um aluno: "Vamos até a diretoria para esclarecer isso".
- *Evite pedir mais de uma coisa por vez.* Por exemplo, não peça ao diretor um computador novo e um projetor novo.
- *Não se desculpe por seu pedido.* Peça diretamente, como em "Quero que você...". Não diga "Sei que isso é uma imposição para você, mas....". E se a outra pessoa responder com críticas, tentar fazer você se sentir culpado ou fizer comentários sarcásticos? Simplesmente repita seu pedido de forma direta, incisiva e confiante.
- *Descreva os benefícios que seu pedido trará.* Descrever os benefícios de cooperar com um pedido pode ser uma proposta honesta de dar-e-receber em vez de manipulação. Se você sentir que está sendo muito agressivo, manipulativo ou passivo, trabalhe para se tornar mais assertivo. Um livro excelente que pode ajudá-lo a se tornar mais assertivo é *Your perfect right*, de Robert Alberti e Michael Emmons (2001). Quando você é assertivo e ajuda seus alunos a se tornarem mais assertivos do que agressivos, manipulativos ou passivos, sua aula flui melhor.

Quais são algumas barreiras para uma comunicação verbal eficaz?

Barreiras para uma comunicação verbal eficaz Barreiras para uma comunicação verbal eficaz incluem (Gordon, 1970):

- *Criticar.* Avaliações rudes, negativas de outra pessoa geralmente reduzem a comunicação. Um exemplo de criticar é dizer para o aluno: "Foi sua culpa ter ido mal na prova; você devia ter estudado". Em vez de criticar, você pode pedir aos alunos que avaliem por que não foram bem na prova e tentar fazer com que cheguem a uma conclusão que reflita a falta de esforço como o motivo da nota baixa.
- *Xingar e rotular.* Essas são maneiras de humilhar uma pessoa. Alguns estudantes exageram nos xingamentos e rotulações. Eles podem dizer para outro aluno: "Você é um perdedor" ou "Você é estúpido". Monitore o uso desses xingamentos e rotulações por parte dos estudantes. Quando ouvir esse tipo de declaração, intervenha e converse com eles sobre considerar os sentimentos dos colegas.
- *Aconselhar.* Aconselhar é falar de maneira paternalista com os outros e oferecer uma solução para um problema. Por exemplo, um professor pode dizer: "Isso é tão fácil de resolver. Não consigo entender por que...".
- *Dar ordens.* Mandar outra pessoa fazer o que você quer geralmente não é eficaz porque cria resistência. Por exemplo, um professor pode gritar para um aluno: "Limpe tudo isso, já!". Em vez disso, um lembrete firme como "Lembre-se da regra de deixar tudo limpo depois que terminar uma atividade" funciona melhor.
- *Ameaçar.* Ameaças têm o intuito de controlar a outra pessoa através de pressão verbal. Por exemplo, um professor pode dizer: "Se você não prestar atenção, vou transformar sua vida aqui num inferno". Uma estratégia melhor é abordar o aluno de maneira mais calma e conversar com ele sobre prestar mais atenção.
- *Moralizar.* Isso significa pregar para a outra pessoa o que ela deve fazer. Por exemplo, um professor pode dizer: "Você sabe que precisa entregar a tarefa de casa em dia. Você deveria estar chateado por não ter feito isso". A moralização aumenta a culpa e a ansiedade. Uma estratégia melhor nesse caso é não usar palavras como *precisa* ou *deve*, mas conversar com o aluno de uma maneira menos condenatória sobre por que a tarefa de casa não está sendo entregue em dia.

Falando de maneira eficiente Você falará não só de maneira formal ou informal nas aulas diárias para seus alunos como também terá oportunidade de discursar em reuniões acadêmicas e comunitárias. Conhecer algumas estratégias boas de retórica podem reduzir significativamente sua ansiedade e ajudar você a falar eficientemente (Verderber e Verderber, 2006).

Além disso, como a maioria de nós reflete experiências próprias de quando éramos estudantes, lembramo-nos de poucas oportunidades que tivemos de falar para a classe, a

Visão do estudante

Alunos do professor de retórica Tommie Lindsey

Tommie Lindsey ensina retórica competitiva (falar e debater em público) na escola de ensino médio Logan High School em Union City, Califórnia. As aulas de retórica na maior parte das escolas norte-americanas são ministradas principalmente em áreas de alta renda, mas a maioria dos alunos de Lindsey vem de áreas carentes ou de risco social. Seus alunos ganharam muitas menções honrosas de oratória.

Os comentários a seguir, feitos pelos alunos, refletem as habilidades excepcionais de ensino de Lindsey:

> Ele é um dos poucos professores que conheço que se preocupa tanto... Passa horas e horas, noites e fins de semana trabalhando conosco.
> —Justin Hinojoza, 17

> Eu estava passando por momentos difíceis... O Sr. Lindsey me ajudou. Perguntei como poderia retribuir e ele disse: "Simplesmente ajude alguém assim como eu ajudei você".
> —Robert Hawkins, 21

> Esta oportunidade incrível está aqui para nós alunos e isso não seria possível se o Sr. Lindsey não a tivesse criado.
> —Michael Joshi, 17

Quando estava no nono ano, Tommie Lindsey se tornou um orador público. Ele diz que a professora duvidou de sua capacidade e ele quis mostrar como podia ser bom em falar em público preparando um discurso que foi ovacionado de pé. Lindsey relembra: "Ela esperava que eu fracassasse e eu virei o jogo... E nós fazemos isso em nosso programa de retórica. Quando começamos, muitas pessoas não acreditavam que nossos meninos poderiam fazer o que fazem".

Por seus esforços excepcionais, Tommie Lindsey recebeu o prestigiado prêmio McArthur Fellowship em 2005. (Fonte: Seligson, 2005)

Tommie Lindsey trabalhando com seus alunos no aprimoramento de suas habilidades de falar em público e retórica.

menos que o curso que estávamos freqüentando fosse de oratória. Mas é possível dar aos estudantes oportunidades de falar não só através de apresentações em classe, como participando de discussões e debates. Todas essas atividades dão aos estudantes oportunidades de melhorar suas habilidades de retórica, organização e raciocínio.

A seguir estão algumas diretrizes para falar de uma maneira que beneficie tanto os alunos como os professores (Alverno College, 1995):

- *Conecte-se com o público.* Converse diretamente com o público; não leia simplesmente anotações nem recite um roteiro memorizado.
- *Exponha seu propósito.* Mantenha esse foco ao longo do discurso.
- *Fale de maneira eficiente.* Use contato visual, gestos de suporte e um controle de voz eficiente.
- *Siga as convenções apropriadas.* Isso inclui usar as formas gramaticais corretas.
- *Organize seu discurso de maneira eficiente.* Inclua uma introdução, um corpo e uma conclusão.
- *Inclua evidências que respaldem e desenvolvam suas idéias.*
- *Use a mídia com eficiência.* Isso pode ajudar seu público a assimilar as idéias principais e varia o ritmo do discurso.

As pessoas geralmente citam o medo de falar em público como seu maior temor. Se dermos mais oportunidades aos estudantes para praticar falar em público, esse medo tenderá a diminuir. Para ajudar seus alunos a vencer esse medo, proporcione a eles muitas oportunidades de falar para um grupo e dê-lhes conselhos incentivadores (Santrock e Halonen, 2006). Quando os alunos estiverem se preparando para palestrar, faça com que ensaiem diversas vezes até que se sintam confiantes de que aprenderam o material. Diga a eles que a maioria das pessoas tem medo de falar em público, mas que uma vez que começam, o medo desaparece. E faça-os imaginar como serão bem-sucedidas suas palestras.

Trabalhar com os estudantes em suas habilidades de falar em público proporciona uma oportunidade para convidar alguém da comunidade para conversar com sua classe. Se uma faculdade ou universidade local tem um departamento de comunicações, entre em contato com esse departamento e peça que um membro do corpo docente venha conversar com seus alunos sobre habilidades de falar em público ou sobre outros aspectos da comunicação. Você também pode ter conhecido alguém com o dom da palavra; e pode convidar esse orador para visitar sua classe e oferecer dicas sobre como dar uma excelente palestra.

Habilidades de ouvir

Gerenciar sua sala de aula com eficiência se tornará mais fácil se você e seus alunos tiverem boas habilidades de ouvir. Saber ouvir é uma habilidade fundamental para estabelecer e manter relacionamentos (Pearson e outros,

2006; Tubbs e Moss, 2006). Se você for um bom ouvinte, alunos, pais, outros professores e coordenadores se aproximarão de você. Se seus alunos forem bons ouvintes, eles se beneficiarão mais de seu ensino e serão mais bem-sucedidos nos relacionamentos sociais. Maus ouvintes monopolizam as conversas. Eles falam "para" em vez de "com" alguém. Bons ouvintes ouvem ativamente. Eles não absorvem passivamente a informação. **Ouvir ativamente** significa dar atenção total ao interlocutor, concentrar-se tanto no conteúdo intelectual como no conteúdo emocional da mensagem.

A seguir são apresentadas algumas boas estratégias para desenvolver habilidades de ouvir (Santrock e Halonen, 2006). Incorpore essas habilidades em seu estilo de interação com os estudantes e trabalhe com eles para desenvolver estas habilidades:

- *Preste atenção cuidadosa na pessoa que está falando.* Isso demonstra que você está interessado naquilo que a pessoa está dizendo. Mantenha bom contato visual e incline-se ligeiramente para a frente quando outra pessoa estiver falando com você.
- *Use paráfrase.* Exprima em suas próprias palavras o que a outra pessoa acabou de dizer. Você pode começar sua paráfrase com palavras como "Deixe-me ver, você disse que..." ou "Você quer dizer que...". Use a paráfrase quando alguém disser algo importante.
- *Sintetize temas e padrões.* O cenário da conversa pode se tornar disperso com partes de informações que não são vinculadas de maneira significativa. Um bom ouvinte ativo faz um resumo dos principais temas e sentimentos que o interlocutor expressou numa conversa relativamente longa. As seguintes sentenças podem ajudar você e seus alunos a sintetizar os temas de uma conversa: "Um tema que você retoma continuamente é..." e "Vamos rever o que abordamos até agora...".
- *Ofereça feedback de maneira competente.* Um feedback verbal ou não-verbal dá ao interlocutor a idéia de quanto progresso ele está fazendo ao expor seu argumento. Bons ouvintes dão feedback de maneira rápida, honesta, clara e informativa.

Proporcionar aos estudantes oportunidades de praticar suas habilidades de falar em público é um aspecto amplamente utilizado no ensino fundamental e médio. Falar em público é citado consistentemente como o principal temor entre os adultos. *Como você acha que pode ajudar seus alunos a se tornarem interlocutores mais eficazes?*

Comunicação não-verbal

Além do que você fala, você também se comunica com base na maneira como cruza os braços, movimenta os olhos, move a boca, cruza as pernas ou toca outra pessoa. A seguir estão apresentados alguns exemplos de comportamentos comuns através dos quais as pessoas se comunicam de forma não-verbal:

- Levantam a sobrancelha em sinal de descrença.
- Cruzam os braços para se isolar ou se proteger.
- Encolhem os ombros quando estão indiferentes.
- Piscam um olho para demonstrar aprovação e afeto.
- Batem na testa quando se esquecem de algo.

ouvir ativamente significa dar atenção total ao interlocutor, concentrando-se em ambos conteúdos intelectual e emocional da mensagem.

De fato, muitos especialistas em comunicação afirmam que a maior parte da comunicação interpessoal é não-verbal. Até mesmo uma pessoa sentada num canto, lendo em silên-

PEANUTS © United Features Syndicates, Inc.

cio, está comunicando algo de forma não-verbal – que talvez queira ser deixada em paz. E quando você notar que seus alunos estão olhando vagamente pela janela, isso pode ser um indício de que estão entediados. É difícil mascarar a comunicação não-verbal. Reconheça que ela pode lhe dizer o que os outros de fato estão sentindo.

Expressões faciais e comunicação visual As expressões faciais de uma pessoa revelam emoções e transmitem o que realmente importa para ela (Lumsden e Lumsden, 2006; Pearson e outros, 2006). Um sorriso, uma carranca, um olhar aturdido, todos eles comunicam algo. A maioria dos norte-americanos evita o contato visual com pessoas de que não gostam. Mas, quanto mais gostam da pessoa, mais usam o contato visual. No entanto, existem variações étnicas em relação ao contato visual, sendo que os afro-descendentes, latinos e indígenas evitam mais o contato visual do que os anglo-americanos. Em geral, sorrir e manter contato visual com seus alunos indica que você gosta deles.

Toque O toque pode ser uma forma poderosa de comunicação. O toque pode ser usado especialmente para consolar alguém que passou por uma experiência de estresse ou infortúnio. Por exemplo, se um dos pais de um aluno está gravemente doente ou faleceu, ou se os pais do aluno se divorciaram recentemente ou se o aluno perdeu um animal de estimação, tocar gentilmente a mão desse aluno enquanto o consola pode acrescentar afeto à comunicação. Por causa das preocupações com o assédio sexual e o risco potencial de processos judiciais, muitos professores norte-americanos evitam completamente tocar os alunos. Tiffany Field (1995), diretora do Touch Research Institute da Universidade de Miami, Flórida, e especialista em psicologia do desenvolvimento, acredita que os professores devem usar o toque apropriadamente e de maneira cortês em sua interação com os alunos.

Espaço Cada um de nós tem um espaço pessoal que às vezes não quer que seja invadido pelos outros. Isso não é surpresa, pois tendo em vista a lotação da sala de aula, os estudantes estão sempre relatando que ter um espaço próprio onde possam colocar seu material e pertences é importante para eles. Assegure-se de que todos os estudantes tenham uma carteira ou um espaço próprio. Diga aos alunos que eles têm direito a um espaço individual e que devem respeitar o espaço dos colegas.

Silêncio Em nossa cultura moderna, agitada, freqüentemente agimos como se houvesse algo de errado com qualquer pessoa que fique em silêncio por mais de um segundo ou dois depois que algo é dito para ela. No Capítulo 10, indicamos que após fazer uma

Como você descreveria os comportamentos não-verbais dos professores e dos alunos nestas fotografias?

Auto-avaliação 14.1

Avaliando minhas habilidades de comunicação

Uma boa habilidade de comunicação é fundamental para gerenciar eficientemente a sala de aula.

Leia cada uma das afirmações e assinale um valor de 1 (sou muito parecido) a 5 (sou muito diferente).

	1	2	3	4	5

1. Conheço as características de um bom orador para a classe e para os alunos.
2. Sou bom para falar em público.
3. Não monopolizo as conversas.
4. Falo "com" as pessoas, não "para" as pessoas.
5. Não critico muito as pessoas.
6. Não humilho as pessoas.
7. Não dou lição de moral quando falo com as pessoas.
8. Uso mensagens "eu" em vez de mensagens "você".
9. Não tenho um estilo agressivo.
10. Não tenho um estilo manipulativo.
11. Não tenho um estilo passivo.
12. Tenho um estilo assertivo.
13. Sou bom em dar toda a atenção a uma pessoa quando ela está falando comigo.
14. Mantenho contato visual quando falo com as pessoas.
15. Sorrio bastante quando falo com as pessoas.
16. Sei o valor do silêncio na comunicação e como praticá-lo eficientemente.

Pontuação e interpretação

Examine sua auto-avaliação. Para qualquer item ao qual você não atribuiu 4 ou 5, trabalhe para melhorar esses aspectos de suas habilidades de comunicação. Você e seus alunos se beneficiarão.

pergunta, muitos professores raramente permanecem em silêncio tempo suficiente para os alunos pensarem antes de dar uma resposta.

Ao ficar em silêncio, um bom ouvinte pode:

- Observar os olhos, as expressões faciais, a postura e os gestos do interlocutor para se comunicar.
- Pensar sobre o que a outra pessoa está comunicando.
- Imaginar o que a outra pessoa está sentindo.
- Considerar qual é a resposta mais apropriada.

É claro, o silêncio pode ser exagerado e às vezes inapropriado. Não é muito sábio ouvir por um tempo longo sem dar alguma resposta verbal. A comunicação interpessoal deve ser um diálogo, não um monólogo.

Já discutimos diversas habilidades de comunicação que irão ajudá-lo a gerenciar sua sala de aula eficientemente. Para avaliar suas habilidades de comunicação, preencha a Auto-avaliação 14.1.

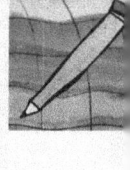

Reveja, reflita e pratique

④ Identificar abordagens de comunicação boas para professores e estudantes.

Reveja

- Quais são algumas barreiras para um discurso eficaz? Quais são alguns princípios do bom discurso?
- O que é escuta ativa e o que professores e alunos podem fazer para desenvolver habilidades para ouvir?
- Quais são alguns dos aspectos importantes da comunicação não-verbal que os professores devem entender?

Reflita

- Quais são seus pontos fortes e fracos em comunicação? O que você pode fazer para aprimorá-los?

Pratique PRAXIS™

1. A Sra. Carmichael está aborrecida com Zack, um de seus alunos do quinto ano, porque ele não entregou a tarefa de casa pela terceira vez na semana. Ela está discutindo a situação com ele, tentando expressar a importância de entregar tarefas em dia. Quais dos itens abaixo é uma resposta assertiva para essa situação?
   a. "Tudo bem, Zack, você pode entregar a tarefa amanhã."
   b. "O que há de errado com você, Zack? Esta é a terceira vez em uma semana! Sei que você pode fazer o trabalho. Você está com preguiça? É isso? Isso está ficando ridículo. Você quer repetir o ano?"
   c. "Zack, sei que você pode fazer o trabalho. Você está tentando dificultar as coisas para mim deixando de entregar as tarefas?"
   d. "Zack, não posso avaliar se você entendeu a matéria quando não entrega a tarefa. Isso não pode continuar. Por favor, entregue-me a tarefa até o final do período e nada mais de tarefas atrasadas."

2. Edward e James estão discutindo sobre a melhor maneira de fazer seus alunos se interessarem por história. Qual das afirmativas abaixo melhor exemplifica a escuta ativa?
   a. Enquanto Edward fala sobre a importância de integrar a mídia eletrônica em seus cursos, James o interrompe com um argumento de que as fontes primárias são muito mais úteis e precisas.
   b. Enquanto Edward fala sobre a importância de integrar a mídia eletrônica em seus cursos, James emite um som em tom rude e diz que tudo isso é bobagem.
   c. Enquanto Edward fala, James mantém contato visual e ocasionalmente acena em tom afirmativo com a cabeça. No entanto, na verdade, James está planejando como irá contestar os argumentos de Edward de que a mídia eletrônica irá conquistar o interesse dos estudantes.
   d. Enquanto Edward fala, James mantém contato visual, ocasionalmente acena com a cabeça em tom afirmativo e inclina-se ligeiramente para a frente. Quando Edward termina, James diz: "Então você quer dizer que se usarmos mais mídia eletrônica as crianças ficarão mais interessadas, certo?".

3. Enquanto Edward fala sobre a importância de integrar a mídia eletrônica em seus cursos, James olha para o relógio, olha para a porta e tamborila com os dedos na mesa. Que mensagem James está comunicando?
   a. Interesse.
   b. Descaso.
   c. Ansiedade.
   d. Tédio.

Por favor, verifique as respostas no final do livro.

5 Lidando com problemas de comportamento

- Estratégias de gerenciamento
- Lidando com a agressividade
- Programas para a sala de aula e a escola

Não importa quão bem você tenha planejado e implementado um ambiente positivo de sala de aula, problemas de comportamento surgirão. É importante que você lide com eles de maneira oportuna e eficaz.

Estratégias de gerenciamento

A especialista em gerenciamento de sala de aula Carolyn Evertson e seus colegas (Evertson, Emmer e Worsham, 2006) fazem uma distinção entre intervenções menores e moderadas em problemas de comportamento. A discussão a seguir descreve sua abordagem.

Intervenções menores Alguns problemas requerem apenas intervenções menores. Esses problemas envolvem comportamentos que, se acontecerem com pouca freqüência, geralmente não prejudicarão as atividades de sala de aula nem a aprendizagem. Por exemplo, os professores podem pedir ajuda ao professor fora de hora, sair da carteira sem permissão, conversar quando não é permitido ou comer balas durante a aula. Quando são necessárias apenas intervenções menores para problemas de comportamento, as estratégias a seguir podem ser eficientes (Evertson, Emmer e Worsham, 2006, p. 175-176):

- *"Use dicas não-verbais."* Faça contato visual com o aluno e use sinais como um dedo nos lábios, um 'não' com a cabeça ou um sinal com a mão para emitir um "pare".
- *Mantenha o ritmo da atividade.* Às vezes, transições entre uma atividade e outra demoram muito, ou ocorre uma interrupção na atividade quando os estudantes não têm nada para fazer. Nessas situações, os alunos acabam deixando a carteira, conversando, contando piadas e saindo do controle. Uma boa estratégia nessas situações é não corrigir deslizes menores de comportamento, mas, em vez disso, iniciar a atividade seguinte mais prontamente. Planejando o período todo de aula eficientemente, você conseguirá eliminar essas transições e lacunas entre atividades.
- *Mude-se para mais perto dos alunos.* Quando um aluno começa a se comportar mal, mudar para mais perto desse aluno pode eliminar o mau comportamento.
- *"Redirecione o comportamento."* Se houver um desvio da atividade, alerte os alunos sobre o que deveriam estar fazendo naquele momento. Você pode dizer: "O.k., gente, vocês deveriam estar resolvendo os exercícios de matemática".
- *"Forneça a orientação necessária."* Às vezes, deslizes menores de comportamento ocorrem porque os alunos não entenderam o que devem fazer na tarefa solicitada. A partir do momento em que eles não conseguem realizar a tarefa eficientemente, eles preenchem o tempo com comportamentos inapropriados. Solucionar esse problema envolve monitorar de maneira cuidadosa o trabalho dos alunos e proporcionar orientação quando necessário.
- *Fale para o estudante parar de se comportar daquela maneira de forma direta e assertiva.* Estabeleça um contato visual direto com o aluno, seja assertivo e peça a ele que pare com o mau comportamento. "Faça observações breves e monitore a situação até que o aluno obedeça. Combine essa estratégia com o redirecionamento para estimular o comportamento desejável."
- *"Ofereça ao estudante uma escolha."* Transfira a responsabilidade para os alunos dizendo que ou se comporta adequadamente ou terá uma conseqüência negativa. Lembre-se de dizer ao aluno qual é o comportamento apropriado e quais serão as conseqüências de não adotá-lo.

Intervenções moderadas Alguns deslizes de comportamento exigem uma intervenção mais forte do que as que acabamos de descrever – por exemplo, quando os estudantes abusam de privilégios, atrapalham uma atividade, fazem bagunça ou interferem em sua aula ou no

Por que quando você diz que temos um problema sou sempre eu que tenho o problema?

George Abbot de Phi Delta Kappan, vol. 74 nº 2 (outubro 1992) p. 171. Reimpresso com permissão de George Abbot

trabalho de outros estudantes. A seguir, estão apresentadas algumas intervenções moderadas para lidar com esses tipos de problemas (Evertson, Emmer e Worsham, 2006, p. 177-178):

- *"Negue um privilégio ou uma atividade que o aluno deseja."* Você terá inevitavelmente alunos que abusam de privilégios que receberam, como poder andar pela classe ou trabalhar em um projeto com amigos. Nesses casos, você pode revogar o privilégio.
- *"Isole ou retire estudantes."* No Capítulo 7, discutimos também o time-out, que envolve retirar um aluno do reforço positivo. Se você decidir usar o time-out, tem várias opções. Você pode (1) manter o aluno na sala, mas negar-lhe acesso ao reforço positivo; (2) tirar o aluno da área de atividade ou da classe ou (3) colocar o aluno numa sala de time-out designada pela escola. Se você usar o time-out, certifique-se de que identificou claramente o comportamento do aluno que resultou no time-out, como "Você vai ficar no time-out por meia hora porque deu um soco no Derrick". Se o mau comportamento ocorrer novamente, identifique-o e coloque o aluno no time-out outra vez. Depois do time-out, não comente sobre como o aluno se comportou bem durante o time-out; simplesmente peça ao aluno que volte para a atividade que foi interrompida.
- *Imponha uma punição.* Uma quantidade pequena de trabalho repetitivo pode ser usada como punição para o mau comportamento. Em escrita/redação, pode-se solicitar que o aluno escreva uma página a mais. Em matemática, pode-se pedir que o aluno resolva mais problemas; em educação física, pode-se pedir que o aluno corra uma distância maior. O problema com as punições é que podem prejudicar a atitude dos alunos em relação à matéria.

Os alunos também podem ser punidos por seu mau comportamento ficando retidos na classe durante o recreio, e na escola antes ou depois da aula. Os professores podem designar retenções aos alunos por enrolar nas tarefas, perder tempo, repetir violações de regras, não terminar as tarefas e perturbar a aula. Algumas retenções são cumpridas na sala de aula; algumas escolas têm um espaço determinado para onde os alunos são mandados. Se houver um caso de retenção em sua sala de aula, você deve supervisionar. Inicialmente, a retenção deve ser curta, com duração de 10 a 15 minutos, caso o deslize de comportamento não seja grave. Assim como ao usar o time-out, você precisará manter um diário da retenção.

Usando outros como recursos Entre as pessoas que podem ajudar você a fazer os estudantes se comportarem de maneira mais apropriada estão os colegas, os pais, o diretor ou o orientador e os mentores.

Mediação de colegas Os colegas às vezes podem ser muito eficazes em fazer com que os alunos se comportem de maneira mais apropriada. É possível treinar colegas mediadores para ajudar os alunos a resolver rixas e mudar comportamentos indesejáveis. Por exemplo, se dois alunos começam a discutir, um colega mediador pode ser designado para resolver a briga, conforme descrito mais adiante no capítulo quando falamos sobre resolução de conflitos.

Reunião de pais e mestres Você pode conversar com os pais do aluno por telefone ou pessoalmente. Apenas o fato de informá-los já pode melhorar o comportamento do aluno. Não coloque os pais na defensiva nem dê a entender que você os está culpando pelo mau comportamento do filho na escola. Apenas descreva sucintamente o problema e diga que você gostaria de contar com o apoio deles.

Peça a ajuda do diretor ou do orientador Muitas escolas especificaram as conseqüências para determinados problemas de comportamento. Se você tentou sem sucesso lidar com o comportamento, considere pedir a ajuda da coordenação da escola. Isso pode envolver encaminhar o aluno para a diretoria ou para a orientação, o que pode resultar numa retenção ou advertência, assim como numa reunião dos pais com o diretor. Deixar que o diretor ou o orientador lide com o problema pode lhe economizar tempo. No entanto, essa ajuda nem sempre é prática regular em todas as escolas.

Encontre um mentor Anteriormente ressaltamos a importância de os estudantes terem ao menos uma pessoa em sua vida que se preocupe com eles e incentive seu desenvolvimento. Alguns estudantes, especialmente aqueles provenientes de ambientes carentes e de risco social, não contam com essa pessoa. Um mentor pode proporcionar a esses estudantes a orientação de que precisam para diminuir problemas de comportamento. Busque na comunidade mentores potenciais para estudantes em situação de carência e risco social.

Lidando com a agressividade

A violência nas escolas é uma preocupação que está assumindo uma importância crescente. Atualmente, em muitas escolas é comum que os estudantes briguem, ou ameacem uns aos outros e os professores verbalmente ou com armas. Esses comportamentos podem aumentar sua ansiedade e raiva, mas é importante estar preparado para o caso de esses tipos de comportamento ocorrerem e lidar com eles calmamente. Evitar uma discussão ou uma confrontação emocional irá ajudá-lo a resolver o conflito.

Brigas A especialista em gerenciamento de sala de aula Carolyn Evertson e seus colegas (Evertson, Emmer e Worsham, 2006) dão as seguintes recomendações para lidar com alunos que estão brigando. No ensino fundamental, em geral você consegue apartar uma briga sem correr o risco de se machucar. Se por alguma razão você não puder intervir, peça imediatamente a ajuda de outros professores ou coordenadores. Quando você intervier, dê uma ordem em voz alta: "Parem!". Separe as partes e, enquanto as mantém separadas, diga para os outros alunos saírem ou voltarem ao que estavam fazendo. Se você for apartar uma briga que envolve alunos do ensino médio, provavelmente precisará da ajuda de um ou dois adultos. Sua escola provavelmente terá uma política quanto a brigas. Nesse caso, você deve aplicá-la e envolver o diretor e/ou os pais se necessário.

Em geral, é melhor dar um tempo para os adversários esfriarem os ânimos e se acalmarem. Faça perguntas às testemunhas se necessário. Converse com as partes enfatizando o quanto uma briga é inapropriada, a importância de se ver sob a perspectiva do outro e a importância da cooperação.

Bullying Um número significativo de estudantes são vítimas de bullying (Dao e outros, 2006; Hyman e outros, 2006; Milsom e Gallo, 2006; Robinson, 2006; Snell e Hirschstein, 2005). Em um estudo conduzido nos Estados Unidos com mais de 15 mil alunos do sexto ao décimo ano, aproximadamente 1 de cada 3 alunos disse ter experimentado um envolvimento ocasional ou freqüente como vítima ou perpetrador de bullying (Nansel e outros, 2001). Nesse estudo, bullying foi definido como comportamento verbal ou físico com a intenção de incomodar alguém mais fraco. Meninos e alunos mais jovens do ensino fundamental são os mais afetados. Como mostra a Figura 14.5, ser humilhado quanto à aparência e à maneira como fala é o tipo mais comum de bullying. Crianças que afirmaram ser vítimas de bullying relataram mais solidão e dificuldade de fazer amizade, enquanto aquelas que praticavam bullying costumavam ter notas baixas, fumar e consumir bebidas alcoólicas. Em outro estudo, conduzido com mais de quatro mil alunos do ensino fundamental de Maryland, 31% relataram ter sido vítimas de bullying três ou mais vezes no ano anterior (Haynie e outros, 2001). Além disso, o risco de crianças deficientes serem vítimas de bullying pode ser maior do que das outras crianças (Rigby, 2002, 2004).

Foi constatado que vítimas dos perpetradores de bullying possuem características específicas (Dill, Vernberg e Fonagy, 2004; Eslea e outros, 2004; Hannish e Guerra, 2004). Em um estudo, concluiu-se que pais de vítimas de bullying eram intrometidos, exigentes e impassíveis com os filhos (Ladd e Kochenderfer-Ladd, 2002). O mesmo estudo apontou que relacionamentos pai-filho caracterizados por uma proximidade intensa estavam associados a maior incidência de vitimização de colegas meninos. A proximidade intensa cria insegurança e preocupações, que são percebidas como fraquezas quando expressas entre colegas do sexo masculino. Outro estudo concluiu que, tanto para os perpetradores de bullying quanto para as vítimas, o estilo parental que experimentaram estava associado com sua integração com os colegas (Olweus, 1980). Pais dos perpetradores costumavam ser avessos, autoritários ou permissivos em relação à agressividade dos filhos, enquanto os pais das vítimas costumavam ser ansiosos e superprotetores.

"...e de repente tinha professor pra todo lado!"

De Classroom Chuckles por Bill Knowlton. Copyright © 1968 by Bill Knowlton. Reproduzido com permissão de Scholastic Inc.

FIGURA 14.5 Comportamento de bullying entre os jovens norte-americanos.

Este gráfico mostra os tipos de bullying experimentados com mais freqüência pelos jovens norte-americanos. As porcentagens refletem a proporção em que os estudantes experimentaram algum tipo de bullying em particular. Em termos de gênero, note que quando foram vítimas de bullying, os meninos foram mais surrados, esbofeteados ou empurrados do que as meninas.

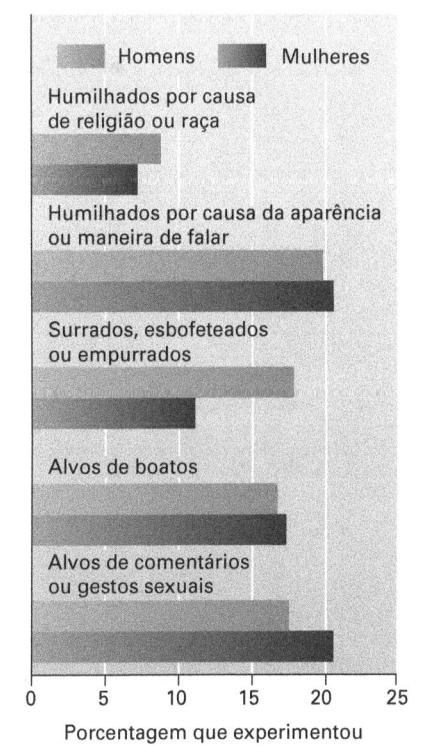

Vítimas de bullying podem sofrer efeitos tanto de curto como de longo prazo (Fekkes e outros, 2006; Milsom e Gallo, 2006; Roberts, 2005). No curto prazo, podem se tornar depressivas, perder o interesse nos estudos e até mesmo evitar ir à escola. Um estudo conduzido na Holanda com alunos do 9º ao 12º ano concluiu que vítimas de bullying mostravam uma incidência muito maior de cefaléia, insônia, dor abdominal, cansaço e depressão do que jovens que não experimentavam bullying (Fekkes, Pijpers e Verloove-Vanhorick, 2004). Os efeitos do bullying podem persistir na vida adulta. Um estudo longitudinal de homens vítimas de bullying na infância constatou que aos 20 anos eles se mostravam mais depressivos e com auto-estima mais baixa do que seus pares que não foram vítimas de bullying na infância (Olweus, 1994). Outro estudo revelou que adultos que sofreram bullying na infância apresentavam alto nível de ansiedade (Gladstone, Parker e Malhi, 2006). Segundo outro estudo, o bullying também pode indicar que o perpetrador tem sérios problemas (Milsom e Gallo, 2006). Nesse estudo, cerca de 60% dos meninos identificados como perpetradores de bullying no ensino médio tinham pelo menos uma passagem policial (e cerca de um terço deles tinha três ou mais passagens) aos 20 anos, um índice bem mais elevado comparado com aqueles não perpetradores de bullying.

Algumas crianças são tanto perpetradoras como vítimas de bullying. Um estudo com estudantes do sexto ano nos Estados Unidos examinou três grupos: perpetradores, vítimas e aqueles que eram tanto perpetradores como vítimas (Juvonen, Graham e Schuster, 2003). Vítimas de bullying eram o grupo mais afetado, apresentando o nível mais elevado de problemas de conduta, problemas escolares e de relacionamento. A despeito do nível elevado de problemas de conduta, dos três grupos eram os perpetradores que desfrutavam de maior reputação entre os colegas de classe.

O ambiente da escola também pode desempenhar um papel na situação de bullying, embora poucos estudos tenham sido conduzidos sobre esse assunto (Espelage e Swearer, 2003). Em um ambiente escolar em que adultos e colegas aceitam o bullying, este acaba sendo estimulado. Um estudo revelou que escolas com alto padrão acadêmico, alto envolvimento dos pais e disciplina eficaz tinham menor ocorrência de bullying (Ma, 2002).

Um número crescente de programas de prevenção/intervenção foi desenvolvido para reduzir o bullying (Fekkes, Pijpers e Verloove-Vanhorick, 2006; Mytton e outros, 2006). A seguir estão apresentados três dos programas mais promissores e como você pode obter informações sobre eles:

- *Olweus bullying prevention.* Criado por Dan Olweus, esse programa foca estudantes de 6 a 15 anos, e tem o objetivo de diminuir as oportunidades e recompensas no caso de praticarem o bullying. Os funcionários da escola são instruídos sobre maneiras de melhorar o relacionamento entre colegas e tornar a escola mais segura. Um estudo extenso conduzido com 2.500 alunos em 42 escolas da Noruega constatou que o programa Olweus foi eficaz em reduzir o bullying (Olweus, 1994). Informações em inglês sobre como implementar o programa podem ser obtidas no Center for the Prevention of Violence, na Universidade do Colorado (www.colorado.edu/cspv/blueprints).

- *Bully-proofing your school.* Esse programa foi criado para abranger alunos da pré-escola até o ensino fundamental e oferece uma abordagem para a escola como um todo e um treinamento para o professor reduzir o bullying. Ele enfatiza como reconhecer um comportamento de bullying e responder rapidamente, além de mostrar como desenvolver habilidades de comunicação dos estudantes em situações de conflito. Estão disponíveis métodos de intervenção, cartazes sobre bullying e um guia para ajudar os pais a se envolver em frentes eficientes de redução do bullying. Uma pesquisa indicou que esse programa é eficaz na redução do bullying (Beran e Tutty, 2002; Plog, Epstein e Porter, 2004). Informações sobre o programa estão disponíveis em inglês no site www.sopriswest.com.

- *Steps to respect.* Esse programa consiste em três passos: (1) estabelecer uma abordagem para a escola como um todo, como criar políticas antibullying e determinar conseqüências para o bullying, (2) treinar os funcionários da escola e os pais para lidar com o bullying e (3) ensinar os alunos a reconhecer, não tolerar e lidar com o bullying. Nesse terceiro passo, os professores proporcionam treinamento de habilidades, sobre como ser assertivo, por exemplo, e informações sobre bullying para alunos do terceiro ao sexto ano.

Boas práticas
Estratégias para reduzir o bullying

A seguir estão apresentadas algumas sugestões sobre como os professores e a escola podem reduzir o bullying (Cohn e Canter, 2003; Hyman e outros, 2006; Limber, 1997, 2004; Milsom e Gallo, 2006):

1. *Faça com que os colegas mais velhos sirvam como monitores contra o bullying e intervenham quando acontecer.*

2. *Desenvolva regras e sanções contra o bullying para a escola como um todo e afixe-as por toda a escola.*

3. *Forme grupos de amigos com adolescentes que são vítimas regulares de bullying praticado por colegas.*

4. *Esteja atento para o fato de que o bullying geralmente ocorre fora da sala de aula, portanto, é possível que você não consiga ver quando ocorre. Ademais, muitas vítimas de bullying não reportam as ocorrências para os adultos. Áreas sem supervisão como o pátio, o ônibus e os corredores da escola são lugares onde os estudantes costumam sofrer bullying.*

5. *Se você notar a ocorrência de bullying em sua sala de aula ou em outros locais, deve tomar uma decisão sobre se é sério o bastante para reportar às autoridades da escola ou aos pais.*

6. *Incorpore a mensagem do programa antibullying em lugares de culto religioso, na escola e outros locais de atividade comunitária de que os adolescentes participem.*

7. *Incentive os pais a reforçar comportamentos positivos dos filhos e modelar interações interpessoais apropriadas.*

8. *Identifique prontamente perpetradores e vítimas de bullying e use treinamento de habilidades sociais para melhorar o comportamento.* A pesquisa constatou que ensinar empatia, entender a perspectiva do outro, promover o autocontrole e treinar habilidades sociais reduzem o comportamento negativo dos perpetradores de bullying (Macklem, 2003). Pesquisadores concluíram também que quando vítimas de bullying desenvolvem habilidades de assertividade, o bullying diminui (Kaiser e Raminsky, 2003; Macklem, 2003). Eles também documentaram que aprimorar as habilidades sociais dos estudantes, incluindo habilidades de amizade e como se aproximar das pessoas, pode reduzir as chances de ser uma vítima de bullying (Rigby, 2002).

O treinamento de habilidades abrange um período de 12 a 14 semanas. Um estudo concluiu que o programa *Steps to respect* obteve sucesso em reduzir o bullying e brigas entre alunos do terceiro ao sexto ano (Frey e outros, 2005). Para mais informações sobre *Steps to respect*, consulte o site em inglês www.cfchildren.org/.

Desafiar e hostilizar o professor Edmund Emmer e seus colegas (Emmer, Evertson e Worsham, 2006) discutiram as seguintes estratégias para lidar com estudantes que desafiam ou hostilizam você. Se esse tipo de comportamento dos estudantes passar incólume, provavelmente ele se perpetuará ou até mesmo se disseminará. Portanto, tente neutralizar o evento mantendo-o confidencial e lidando com o estudante individualmente, se possível. Se o desafio ou hostilidade não for extremo e ocorrer durante uma aula, tente não enfatizá-lo e diga que irá tratar disso depois de alguns minutos para evitar uma guerra de poder. Mais tarde, num momento apropriado, encontre o aluno e exponha as conseqüências que esse comportamento irá provocar.

Nos casos extremos e raros, você não obterá qualquer cooperação do estudante, situação em que você deve pedir que outro aluno vá até a diretoria para pedir ajuda. Entretanto, na maior parte das vezes, se você mantiver a calma e não iniciar uma guerra de poder com o aluno, ele irá sossegar e você poderá conversar sobre o problema.

Programas para a sala de aula e a escola

Diversos programas para sala de aula e a escola destinados a lidar com problemas de comportamento envolvem aprimoramento da competência social e solução de conflitos (Coie e Dodge, 1998; Dodge, Coie e Lynam, 2006).

Programas de aprimoramento da competência social Alguns especialistas em educação argumentam que um planejamento coordenado na escola como um todo, um currículo e um ensino de alta qualidade e um ambiente escolar incentivador podem ser primordiais para que se lide com problemas de comportamento dos estudantes (Weissberg e Greenberg, 1998). Esses tipos de programa freqüentemente procuram melhorar a competência social do estudante aprimorando habilidades de lidar com os desafios do cotidiano, ensinando noções básicas de saúde e desenvolvendo habilidades socioemocionais.

Pesquisadores concluíram que programas somente de informações ou somente de conhecimento têm um efeito mínimo na redução dos problemas de comportamento dos estudantes (Kirby, 1992). Por outro lado, programas que ensinam competências pessoais e sociais de aplicação ampla mostraram reduzir o comportamento agressivo e melhorar a adequação dos estudantes (Greenberg, 1996, Weissberg e outros, 1981). Esses programas de competência lidam com assuntos como autocontrole, gerenciamento do estresse, resolução de problemas, tomada de decisão, comunicação, resistência dos colegas e assertividade. A seguir, estão apresentados alguns dos exemplos de programas eficazes de aprimoramento da competência social.

Improving social awareness-social problem solving project Esse programa destina-se aos alunos do ensino fundamental (Elias e Schwab, 2006; Elias e outros, 1991). Durante a fase de ensino, os professores usam aulas roteirizadas para introduzir atividades de sala de aula. As aulas seguem este formato: (1) compartilhamento em grupo de sucessos interpessoais, situações problemáticas e sentimentos que os estudantes desejam compartilhar com o professor e com outros alunos; (2) uma breve visão geral das habilidades cognitivas, emocionais ou comportamentais que serão ensinadas na aula; (3) apresentação por escrito e em vídeo de situações que requerem e que modelam a aplicação das habilidades; (4) discussão sobre as situações e maneiras de usar as novas habilidades; (5) dramatização que estimula o ensaio comportamental das habilidades e (6) resumo e revisão. Os professores também integram atividades de resolução de problemas e conscientização social na rotina cotidiana da sala de aula e nas aulas regulares. Avaliações indicam que o programa foi positivo em ajudar os estudantes a lidar com situações problemáticas do cotidiano e em reduzir comportamentos violentos (Elias e Schwab, 2006; Elias e outros, 1986).

Social competence program for young adolescents Esse programa de 45 sessões aplicado no ensino médio para alunos pré-adolescentes proporciona ensino para a sala de aula e estabelece suporte ambiental destinado a (1) promover competência social aumentando o autocontrole, gerenciar o estresse, estimular a tomada de decisão responsável, solucionar problemas sociais e aprimorar habilidades de comunicação; (2) melhorar a comunicação entre os funcionários da escola e os estudantes e (3) impedir comportamentos anti-sociais e agressivos, uso de entorpecentes e comportamentos sexuais de alto risco (Weissberg e Caplan, 1994). As avaliações do programa de competência social foram positivas. Os estudantes que participaram do programa mostraram menos comportamentos agressivos, maior consideração de soluções alternativas para problemas, estratégias aprimoradas de gerenciamento de estresse e mais valores pró-sociais do que os grupos de controle (Weissberg, Barton e Shriver, 1997). Professores que participaram do programa indicam que ele trata de questões importantes para seus alunos e melhora sua comunicação com os estudantes. O quadro Diversidade e educação descreve um programa que enfatiza a sensibilidade cultural como parte do aprimoramento da competência social.

Diversidade e educação
Sensibilidade cultural, desenvolvimento social e colaboração com a comunidade

Num mundo ideal, os esforços combinados de pais responsáveis, serviços de assistência médica e comunidades centradas na família deveriam proporcionar os pilares necessários para que as crianças fossem para a escola prontas para aprender (Weissberg e Greenberg, 1998). Mas no mundo real de sua sala de aula, as crianças virão com propensões variadas para aprender. Algumas estarão altamente motivadas, outras indiferentes. Algumas exigirão pouco gerenciamento; outras testarão sua paciência e habilidade de resistência.

A crescente diversidade dos estudantes torna o gerenciamento da sala de aula mais desafiador. Você deve estar preparado para conhecer e demonstrar ser sensível às variações culturais e socioeconômicas dos estudantes (Gay, 2006; McLoyd, 1998). É igualmente importante reconhecer a existência de diferenças entre os grupos de estudantes de minorias étnicas e carentes. Sem esse conhecimento e sensibilidade, é difícil estabelecer um relacionamento de confiança e respeito mútuo.

Um número cada vez maior de programas revela que demonstrar maior sensibilidade cultural a estudantes com diversidade sociocultural beneficia esses estudantes quando correm risco de incorrer em problemas acadêmicos e emocionais (Weissberg e Greenberg, 1998). Um tipo de programa de intervenção bem-sucedido para jovens em situação de risco em áreas rurais pobres ou de periferia envolve adultos étnica e culturalmente compatíveis que desenvolvem atividades culturalmente relevantes para os estudantes, que incluam produções teatrais, musicais e de dança com ênfase étnica (Botvin, Schinke e Orlandi, 1995; Hudley e Graham, 1995).

Uma intervenção eficiente na vida de estudantes em situação de risco freqüentemente consiste em proporcionar não só uma atenção individualizada, mas também a colaboração de toda a comunidade oferecendo suporte e orientação. Um programa que foca a colaboração de toda a comunidade foi descrito por Roger Weissberg e Mark Greenberg (1998, p. 920-921). O programa se chama New Haven Social Development Program e envolve uma alta porcentagem de estudantes carentes e de minorias étnicas (Kasprow e outros, 1993; Schwab-Stone e outros, 1995). Comportamentos problemáticos como uso de drogas, atitudes sexuais de risco, delinqüência e vadiagem prejudicam o desempenho, a saúde e o futuro dos alunos. Muitos dos "problemas de comportamento têm origens comuns, como habilidade de resolução de problemas e comunicação ... e a falta de monitoramento e orientação de modelos de referência de adultos positivos".

O inspetor de ensino e o conselho de educação das escolas de New Haven estabeleceram um currículo de desenvolvimento social abrangente da pré-escola ao ensino médio. A missão do projeto era ajudar os estudantes a:

(a) desenvolver um senso de auto-estima e se sentir eficientes ao lidar com as responsabilidades e desafios do cotidiano; (b) envolver-se em práticas positivas, seguras e saudáveis; (c) adquirir habilidades sociais e manter relacionamentos positivos com colegas e adultos; (d) sentir-se motivados a contribuir de maneira responsável com seu grupo de colegas, familiares e comunidade e (e) adquirir um conjunto de habilidades básicas, hábitos de trabalho e valores como pilares para toda uma vida de trabalho significativo.

O programa consiste em 25 a 50 horas de ensino em sala de aula em cada ano. "O currículo enfatiza o automonitoramento, resolução de problemas, resolução de conflitos e habilidades de comunicação; valores como responsabilidade pessoal, respeito por si e pelos outros e conteúdo sobre saúde, cultura, relacionamentos interpessoais e carreiras." O programa também envolve "oportunidades educacionais, recreativas e de promoção de saúde no nível da escola e da comunidade para reforçar o ensino em sala de aula. Elas incluem programas de tutoria, mediação feita pelos colegas, grupos de liderança e uma Extended Day Academy, com clubes para atividades esportivas após a aula, serviços de saúde e uma aula externa de atividades de aventura". Além disso, uma equipe de planejamento de saúde mental da escola foca a atenção no desenvolvimento de um clima positivo de aprendizado. Os professores reportaram que o programa melhorou as habilidades sociais e a tolerância à frustração de mais de 80% dos estudantes da pré-escola ao terceiro ano. Além disso, alunos do ensino médio diminuíram sua participação em brigas, sentiram-se mais seguros na escola e em seu bairro e mais positivos quanto a seu futuro à medida que o programa evoluía.

The three C's of school and classroom management David e Roger Johnson (1999) criaram um programa de gerenciamento de sala de aula para lidar com problemas que causam disrupções e prejudicam a aprendizagem. O programa deles enfatiza a importância de orientar os estudantes a aprender como controlar seu próprio comportamento. Estes são os três Cs:

- *Comunidade cooperativa*. Comunidades de aprendizagem se beneficiam quando os participantes têm uma interdependência positiva. Eles trabalham para atingir objetivos comuns através da participação em atividades estruturadas de aprendizagem cooperativas.

Carolyn Evertson (no centro) numa classe do COMP com Arlene Harris. Elas criaram uma estrutura de gerenciamento de sala de aula que enfatiza prevenção de problemas. *Quais são outras características das classes COMP?*

- *Resolução construtiva de conflitos.* Quando surgirem conflitos, eles poderão ser solucionados construtivamente através do treinamento de resolução de conflitos para todos os participantes da comunidade de aprendizagem.
- *Valores cívicos.* Só haverá comunidades cooperativas e resolução construtiva de conflitos se a comunidade de aprendizagem compartilhar valores cívicos comuns, valores que guiam a tomada de decisão. Esses valores incluem acreditar que o sucesso depende de esforços conjuntos para alcançar objetivos comuns e valorizar os outros.

The classroom organization and management program (COMP) O programa COMP, desenvolvido por Carolyn Evertson, defende uma estrutura de gerenciamento de sala de aula que enfatiza o suporte ao aprendizado dos alunos e que os orienta a assumir responsabilidade por suas próprias decisões, comportamento e aprendizagem. O COMP enfatiza a prevenção de problemas, a integração de ensino e gerenciamento, o envolvimento do estudante e a colaboração profissional entre professores. O programa é implementado através de workshops de treinamento, aplicação em sala de aula e reflexão colaborativa. A pesquisa revelou que o COMP resulta em mudanças positivas no comportamento do professor e dos alunos (Evertson e Harris, 1999).

Skills for life Esse programa busca melhorar o autocontrole, a responsabilidade e a capacidade dos alunos de resolver problemas sociais e aprimorar as habilidades de redução de conflitos. Seu alvo são crianças da pré-escola até o quinto ano. Os professores de classe regular são treinados para ajudar esses estudantes a desenvolver tais habilidades através de atividades, debates em classe e livros didáticos. Também são realizados workshops com os pais. Uma pesquisa conduzida com mais de 1.800 alunos da pré-escola até o quinto ano concluiu que, com base na avaliação dos professores, o programa foi eficaz em melhorar diversos comportamentos dos alunos, incluindo não caçoar ou xingar outros e reduzir brigas e bullying (Manning, Mohole e Goodman Research Group, 2002). Informações sobre o programa estão disponíveis em inglês em www.lessonone.org.

Good behavior game O Good Behavior Game (GBG) é um programa de gerenciamento de sala de aula destinado a diminuir o comportamento disruptivo dos estudantes e aumentar seus comportamentos positivos através de uma abordagem baseada em grupo (Barrish, Saunders e Wolfe, 1969; Dolan e outros, 1989). No GBG, os professores discutem com os alunos a importância de criar regras de classe e estabelecem regras com opiniões dos alunos. Um cartaz com as regras acompanhado por pictogramas representativos é afixado num quadro. Em seguida, os professores designam os alunos para um de três ou quatro times, cada qual composto por um número equivalente de alunos disruptivos e não-disruptivos. Os alunos são instruídos a gerenciar seu próprio comportamento e o dos colegas e recebem estratégias para isso. Cada grupo recebe um número igual de cartões e são premiados quando sobra ao menos um cartão na mesa do time ao final de um período de 15 a 60 minutos. Os professores tiram um cartão quando um aluno viola uma regra. Os times são premiados pelo bom comportamento com elogios do professor e prêmios tangíveis (adesivos) após cada partida, no final da semana e no final do mês. Pesquisadores constataram que o GBG é eficiente em reduzir um comportamento disruptivo e em aumentar um comportamento positivo em sala de aula (Ialongo e outros, 2001; Van Lier e outros, 2004). Um estudo constatou que os resultados positivos do programa GBG duraram dois anos e que o programa foi eficaz até mesmo para os alunos mais disruptivos (Van Lier e outros, 2004).

Boas práticas
Estratégias para resolver conflitos

A seguir estão apresentadas algumas estratégias boas para resolver conflitos em sala de aula:

1. *"Não tente eliminar todos os conflitos."* Acabar com todo tipo de violência não significa eliminar de todo o conflito. Por exemplo, conflitos moderados às vezes podem aumentar o rendimento, a motivação para aprender e a capacidade de resolver problemas dos estudantes. O importante não é eliminar o conflito, mas ajudar os estudantes a aprenderem a lidar com ele de maneira mais eficiente.

2. *Desenvolva um contexto incentivador.* Os programas de resolução de conflitos mais eficazes procuram fazer mais do que apenas mudar os estudantes individualmente. Em vez disso, o objetivo é mudar o ambiente escolar para um cenário em que os estudantes vivam de acordo com um padrão de não-violência. Criar um contexto incentivador envolve colocar os estudantes em situações em que tendem mais a cooperar do que a competir. Num contexto cooperativo, os conflitos têm propensão a ser resolvidos de maneira construtiva e não destrutiva. Os estudantes tendem a se comunicar melhor entre si, confiar mais uns nos outros e a definir conflitos como problemas mútuos e não individuais.

3. *Diminua os fatores de risco na escola.* Fatores que colocam os estudantes em risco por comportamento violento incluem fracasso acadêmico e alienação dos colegas. Portanto, aspectos da escola que podem estimular o sucesso acadêmico e o senso de aceitação devem ser monitorados e aprimorados num esforço para reduzir a violência.

4. *"Ensine todos os estudantes a resolver conflitos construtivamente."* Dois tipos de programas de resolução de conflitos são a abordagem de núcleo e a abordagem de corpo discente. "Na *abordagem de núcleo*, um número pequeno de estudantes é treinado para atuar como mediadores para a escola toda." Johnson e Johnson (1995) acreditam que essa abordagem não é tão eficiente quanto a *abordagem de corpo discente*, em que "cada aluno aprende a lidar construtivamente com conflitos negociando acordos e mediando conflitos dos colegas". Uma desvantagem da abordagem de corpo discente é o tempo e o compromisso requerido do quadro da escola. No entanto, quanto maior o número de estudantes treinados para resolução de problemas, mais construtivamente os conflitos serão resolvidos.

Um exemplo da abordagem de corpo discente foi desenvolvido por Johnson e Johnson (1991). Seu programa Teaching Students to Be Peacemakers (ensinando os estudantes a serem pacificadores) envolve tanto negociação como estratégias de mediação. Os estudantes aprendem os seguintes passos de negociação: (a) definir o que querem, (b) descrever seus sentimentos, (c) explicar as razões desses desejos e sentimentos, (d) considerar a perspectiva do outro estudante para ver o conflito sob os dois ângulos, (e) criar ao menos três opções de acordo que beneficiem ambas as partes e (f) chegar a um acordo sobre o melhor curso de ação.

Os estudantes aprendem os seguintes passos de mediação: (a) encerrar as hostilidades, (b) assegurar que os contestantes estão comprometidos com a mediação, (c) facilitar as negociações entre os adversários e (d) formalizar o acordo.

Quando os estudantes concluem o treinamento de negociação e mediação, a escola ou o professor implementa o programa de pacificadores escolhendo dois estudantes mediadores para cada dia. Avaliações do programa de pacificadores foram positivas, com os participantes mostrando mais resolução construtiva de conflitos do que os que não participaram (Johnson e Johnson, 1994).

Reveja, reflita e pratique

5) Formular abordagens eficientes que os professores possam usar para lidar com problemas de comportamento.

Reveja

- Quais são algumas intervenções menores e moderadas? Quem mais pode ajudar?
- O que o professor pode fazer a respeito de brigas, bullying e desafio?
- Quais são alguns programas para sala de aula e escola eficazes que ajudam a lidar com problemas de comportamento?

Reflita

- Você está muito preocupado com problemas de comportamento entre os alunos para quem vai lecionar? Considerando suas habilidades atuais, personalidade e valores, como pode se preparar para lidar com eles?

Pratique PRAXIS™

1. O Sr. Martin está orientando seus alunos sobre como devem fazer a tarefa para o dia seguinte. Enquanto ele fala, Sally e Shelly estão conversando sobre o que planejam fazer depois da aula. O Sr. Martin deveria
   a. Interromper sua orientação para dizer: "Ouçam, meninas, vocês vão passar seu tempo livre depois da aula aqui comigo".
   b. Interromper sua orientação para perguntar: "Meninas, há alguma coisa que gostariam de contar para a classe?".
   c. Continuar falando, mas olhando diretamente para Sally e Shelly; se isso não funcionar, caminhar lentamente em direção a elas.
   d. Parar sua orientação e esperar em silêncio que as meninas parem de falar, enquanto olha diretamente para elas, então diz: "Obrigado, senhoritas".

2. Ken é um aluno do quinto ano que não é muito benquisto pelos colegas. Eles zombam de sua aparência, de suas roupas, de sua falta de coordenação e de sua falta de controle emocional. A situação piora no pátio, durante o recreio. Isso geralmente leva Ken às lágrimas, o que parece jogar lenha na fogueira. Qual das seguintes medidas tem maior probabilidade de reduzir esse comportamento de bullying?
   a. Suspender os perpetradores de bullying.
   b. Isolar Ken dos colegas para que ele não tenha que lidar com o bullying.
   c. Eliminar os privilégios de intervalo dos perpetradores de bullying.
   d. Treinamento de habilidades sociais para Ken e para os perpetradores de bullying.

3. Qual das seguintes estratégias tem maior probabilidade de ser eficaz na redução da agressividade?
   a. Fazer os estudantes assinarem um acordo prometendo que não se envolverão em bullying.
   b. Instituir sanções severas para agressão verbal.
   c. Intervir em todos os conflitos para que eles não se acentuem.
   d. Ensinar os estudantes a resolver conflitos pacificamente, controlar suas respostas emocionais e comunicar-se assertivamente.

Por favor, verifique as respostas no final do livro.

Desvende o caso
O caso do aluno tagarela

A Sra. Welch estava começando como professora de linguagem no ensino fundamental. Antes de iniciar essa nova função, ela desenvolveu um plano de gerenciamento de sala de aula que refletia o código de conduta da escola. Ela esperava que os estudantes se comportassem de maneira respeitosa com ela e com os colegas. Ela também esperava que eles respeitassem a propriedade da escola e o ambiente de aprendizagem. Além disso, ela esperava que os alunos não danificassem os pertences dos colegas. Deslizes de comportamento menores resultavam em advertências. Infrações adicionais levavam a conseqüências mais severas em etapas: uma retenção, encaminhamento para a diretoria e notificação dos pais. A Sra. Welch estava satisfeita com seu plano de gerenciamento. Ela o distribuiu aos alunos no primeiro dia de aula. Também distribuiu aos pais na reunião anual de volta às aulas realizada na primeira semana de aula.

Darius, um aluno de uma das classes de sétimo ano da Sra. Welch, era o que ela denominou de "tagarela". Ele era muito sociável e passava a maior parte da aula conversando com outros alunos em vez de trabalhar. A Sra. Welch mudou Darius de lugar várias vezes, procurando colocá-lo ao lado de alunos com quem ela nunca o viu conversar, nenhum dos quais fez com que diminuísse sua tagarelice. Ele simplesmente fazia novos amigos e continuava conversando, às vezes interrompendo a aula. Ela tentou colocá-lo perto de meninas, e isso pareceu piorar ainda mais as coisas.

Darius, além de sociável, era muito inteligente. Embora estivesse apenas no sétimo ano, ele estava freqüentando aulas especiais de álgebra com um grupo de alunos do oitavo ano avançados em matemática. Isso era algo incomum nessa escola, na verdade nunca havia acontecido antes. A professora de álgebra, Sra. Zaccinelli, e Darius tinham um bom relacionamento. Ele *nunca* atrapalhava ou se comportava de maneira inadequada na aula dela. A Sra. Zaccinelli ficou surpresa em saber que Darius nem sempre se comportava adequadamente em outras aulas.

A Sra. Zaccinelli tornou-se mentora da Sra. Welch. Ela ajudou a Sra. Welch a escrever seu plano de gerenciamento de sala de aula e serviu como consultora quando a Sra. Welch estava em dificuldades. A certa altura, quando a Sra. Welch estava discutindo sobre suas classes de oitavo ano, a Sra. Zaccinelli falou sobre a inclusão da aula de álgebra do oitavo ano como um "privilégio, não um direito". Disse ainda para a Sra. Welch que esperava que seus alunos se comportassem bem sempre.

No dia seguinte, Darius estava especialmente falante. A Sra. Welch pediu que ele parasse. Ele o fez, mas em cinco minutos voltou a conversar. Nesse momento, a Sra. Welch o levou para um canto e lhe disse em voz alta: "Chega, Darius. Vou tirar você das aulas de álgebra. Você sabe que freqüentar essas aulas é um privilégio, não um direito".

Darius ficou perplexo. Ficou quieto o resto da aula, mas não participou. Não fez contato visual com a Sra. Welch ou com qualquer outro aluno. O resto do período foi como uma nódoa para ele. Não tinha idéia de como ia explicar isso para os pais.

Quando Darius contou para a mãe que ia ser tirado da aula de álgebra por causa de seu comportamento na aula de linguagem, ela foi falar imediatamente com a Sra. Welch. Tentou dizer para a Sra. Welch que tirar Darius da aula de álgebra era negar-lhe a educação pública apropriada à qual ele (e todos os outros alunos) tinha direito. A Sra. Welch manteve sua posição e disse que ela podia e iria tirá-lo da aula.

1. Quais são os problemas nesse caso?
2. Tirar Darius da aula de álgebra é uma conseqüência apropriada para ele? Por que sim ou por que não?
3. Você acha que tirar Darius da aula de álgebra terá um efeito positivo sobre o comportamento dele? Por que sim ou por que não?
4. Que impacto você acha que isso terá na motivação dele na escola?
5. Como você acha que isso afetará o relacionamento da Sra. Welch com Darius?
6. O que você acha que a mãe de Darius fará agora?
7. Como você acha que a Sra. Zaccinelli reagirá quando souber da situação?
8. Como acha que o diretor reagirá?
9. O que a Sra. Welch deve fazer?
10. Como pode ser caracterizada a estratégia da Sra. Welch de mudar Darius de lugar para acalmá-lo?
    a. Esse é um exemplo de intervenção menor.
    b. Esse é um exemplo de intervenção moderada.
    c. Esse é um exemplo de intervenção severa.
    d. Esse é um exemplo de intervenção eficaz.
11. Qual das medidas a seguir seria a maneira mais eficaz para a Sra. Welch lidar com o comportamento loquaz de Darius?
    a. Fazer Darius copiar uma página do dicionário.
    b. Colocar fita-crepe na boca de Darius.
    c. Isolar Darius dos colegas no resto da aula.
    d. Mandar Darius para a diretoria.

Atingindo seus objetivos de aprendizagem
Gerenciando a sala de aula

1 Por que a sala de aula deve ser gerenciada eficientemente: Explicar por que o gerenciamento da sala de aula é tanto desafiador como necessário.

Aspectos do gerenciamento nas salas de aula do ensino fundamental e médio

As salas de aula do ensino fundamental e do médio possuem muitos aspectos de gerenciamento semelhantes. No entanto, as diferenças nas salas de aula do ensino fundamental e do ensino médio são importantes para a forma como os princípios de gerenciamento são aplicados: os professores do ensino fundamental vêem os mesmos 20 a 25 alunos durante o período inteiro de aula; os professores da escola de ensino médio vêem de 100 a 150 estudantes durante cerca de 50 minutos por dia. Confinamento, tédio e o fato de interagir com as mesmas pessoas o tempo todo no ensino fundamental podem ocasionar problemas. Os professores da escola de ensino médio precisam dar a lição rapidamente. Eles também estão mais propensos a enfrentar uma gama maior de problemas e seus alunos podem ter problemas mais duradouros e mais arraigados, e, portanto, mais difíceis de modificar. Esses problemas podem ser mais graves do que aqueles dos estudantes do ensino fundamental. Alunos do ensino médio podem exigir explicações mais elaboradas e lógicas de regras e de disciplina.

A sala de aula lotada, complexa e potencialmente caótica

Doyle descreveu seis características que refletem a complexidade de uma sala de aula e o potencial para problemas: (1) multidimensionalidade, (2) atividades acontecendo simultaneamente, (3) eventos ocorrendo num ritmo acelerado, (4) eventos imprevisíveis freqüentes, (4) falta de privacidade e (6) histórias de sala de aula.

Começando do jeito certo

Boas estratégias para começar do jeito certo são (1) estabelecer expectativas para comportamento e esclarecer as dúvidas dos estudantes, (2) assegurar que os estudantes experimentem o sucesso, (3) estar disponível e visível e (4) estar no comando.

Enfatizando o ensino e o clima positivo em sala de aula

O foco da psicologia educacional costumava ser a disciplina. Atualmente, está em maneiras de desenvolver e manter um ambiente de sala de aula positivo que incentive a aprendizagem. Isso envolve usar estratégias de gerenciamento proativas em vez de estar submerso em táticas reativas de disciplina. Historicamente, a sala de aula gerenciada eficientemente era descrita como uma "máquina bem lubrificada", porém, hoje, é vista mais como uma "colméia em atividade". Kounin constatou que bons gerentes de sala de aula gerenciam grupos de atividades eficientemente.

Objetivos e estratégias de gerenciamento

Objetivos e estratégias incluem (1) ajudar os estudantes a gastar mais tempo com aprendizagem e menos tempo com atividades não voltadas para um objetivo (manter o fluxo de atividade, minimizar o tempo de transição e tornar os estudantes responsáveis) e (2) impedir que os estudantes desenvolvam problemas acadêmicos ou emocionais.

2 Planejando o ambiente físico da sala de aula: Descrever o planejamento positivo do ambiente da sala de aula.

Princípios da organização da sala de aula

Os princípios básicos de um planejamento eficiente do ambiente físico de sala de aula incluem (1) reduzir o congestionamento em áreas de tráfego intenso, (2) assegurar-se de que pode ver todos os alunos com facilidade, (3) tornar os materiais didáticos e os suprimentos usados freqüentemente pelos estudantes de fácil acesso e (4) assegurar que todos os alunos consigam ver com facilidade apresentações feitas para a classe inteira.

Estilo de organização

Estilos de organização de sala incluem: auditório, frente a frente, off-set e cluster. É importante personalizar a sala de aula e se tornar um planejador de ambiente que leve em consideração o tipo de atividade em que os alunos estarão envolvidos, desenhar uma planta baixa, envolver os alunos no desenho da sala de aula e experimentar a disposição e ser flexível para redesenhá-la.

3. Criando um ambiente positivo para a aprendizagem: Discutir como criar um ambiente positivo na sala de aula.

Estratégias gerais

Usar um estilo autoritativo em vez de um estilo autoritário ou permissivo. O estilo autoritativo envolve uma troca verbal considerável, uma atitude atenciosa em relação aos estudantes e a imposição de limites ao comportamento do estudante quando necessário. O ensino autoritativo está associado ao bom comportamento do estudante. O trabalho de Kounin revelou outras características associadas ao gerenciamento eficaz de sala de aula: mostrar withitness (que está atento), lidar eficientemente com situações concomitantes, manter a continuidade da aula e envolver os estudantes em diversas atividades desafiadoras.

Criando, ensinando e mantendo regras e procedimentos

Distinguir entre regras e procedimentos e considerar se é apropriado incluir os alunos na definição e criação de regras. Regras de sala de aula devem ser (1) razoáveis e necessárias, (2) claras e compreensíveis, (3) consistentes com os objetivos de ensino e de aprendizagem e (4) consistentes com as regras da escola.

Obtendo a cooperação dos estudantes

Obter a cooperação dos estudantes envolve (1) desenvolver um relacionamento positivo com os estudantes; (2) fazer os alunos compartilharem e assumirem responsabilidades (envolver os estudantes no planejamento e na implementação de iniciativas da escola e de sala de aula, estimular os estudantes a julgar seu próprio comportamento, não aceitar desculpas, dar um tempo para a estratégia de auto-responsabilidade funcionar) e (3) recompensar o comportamento apropriado (escolher reforçadores eficazes, usar dicas e modelagem eficientemente e usar recompensas para proporcionar informações sobre habilidades acadêmicas).

4. Sendo um bom comunicador: Identificar abordagens de comunicação boas para professores e estudantes

Habilidades de falar em público

Algumas barreiras para um discurso eficaz incluem erros gramaticais, uso de vocabulário inapropriado para o nível dos estudantes e a maneira de falar, ou rápido ou devagar demais. Você e seus alunos se beneficiarão consideravelmente se você tiver habilidades de falar em público eficazes e se trabalhar com seus alunos no desenvolvimento das habilidades deles de falar. Falar eficientemente com a classe e com os alunos envolve ser um comunicador claro, usar mensagens "eu", ser assertivo e evitar barreiras à comunicação verbal. Tanto professores como estudantes podem se beneficiar do fato de saber como discursar eficientemente.

Habilidades de ouvir

Ouvir ativamente significa dar atenção total ao interlocutor, concentrar-se tanto no conteúdo intelectual quanto no conteúdo emocional da mensagem. Algumas boas estratégias para desenvolver habilidades de ouvir são (1) prestar atenção cuidadosa na pessoa que está falando, (2) usar paráfrase, (3) sintetizar temas e padrões e (4) oferecer feedback de maneira competente.

Comunicação não-verbal

Muitos especialistas em comunicação afirmam que a maior parte da comunicação interpessoal é não-verbal. É difícil mascarar a comunicação não-verbal, então, uma boa estratégia é reconhecer que ela pode refletir o que uma pessoa está sentindo. A comunicação não-verbal envolve expressões faciais e comunicação visual, toque, espaço e silêncio.

5. Lidando com problemas de comportamento: Formular abordagens eficientes que os professores possam usar para lidar com problemas de comportamento

Estratégias de gerenciamento

Intervenções podem ser caracterizadas como menores e moderadas. Intervenções menores envolvem usar dicas não-verbais, manter o ritmo de atividade, mudar-se para

continua

continuação

Lidando com a agressividade

mais perto dos alunos e redirecionar o comportamento, fornecer orientação necessária, dizer ao estudante para parar de maneira direta e assertiva e oferecer ao estudante uma escolha. Intervenções moderadas incluem negar um privilégio ou uma atividade desejada, isolar ou retirar estudantes e impor uma punição. Uma boa estratégia de gerenciamento é ter recursos de apoio. Eles incluem usar colegas como mediadores, pedir o apoio dos pais, convocar a ajuda do diretor ou do orientador e encontrar um mentor para o aluno.

A violência nas escolas é uma preocupação que está assumindo uma importância crescente. Esteja preparado para a ocorrência de atitudes agressivas por parte dos estudantes para que possa lidar com elas calmamente. Tente evitar uma discussão ou uma confrontação emocional. Diretrizes úteis para lidar com brigas, bullying e desafio ou hostilidade em relação ao professor incluem desenvolver e afixar regras e sanções para a escola como um todo, neutralizar o evento mantendo-o confidencial, lidando com o estudante individualmente, e pedir a outro aluno que vá até a diretoria para pedir ajuda.

Programas para a sala de aula e a escola

Programas eficazes para gerenciar o comportamento em sala de aula incluem programas de aprimoramento da competência social como os três *Cs* do gerenciamento da escola e da sala de aula, suporte para gerenciar salas de aula centradas no aluno, COMP, Habilidades para a vida e o GBG.

Termos-chave

estilo auditório 498
estilo frente a frente 498
estilo off-set 498
estilo seminário 498
estilo cluster 498
estilo autoritativo de gerenciamento de sala de aula 500
estilo autoritário de gerenciamento de sala de aula 500
estilo permissivo de gerenciamento de sala de aula 500
withiness 501
mensagens "você" 508
mensagens "eu" 508
estilo agressivo 508
estilo manipulativo 508
estilo passivo 508
estilo assertivo 508
ouvir ativamente 511

Pasta de atividades

Agora que você tem uma boa compreensão deste capítulo, faça os exercícios a seguir para ampliar seu entendimento.

Reflexão independente

Cultivando relacionamentos aluno-professor respeitosos. Em que nível os professores devem se abrir com os estudantes? É importante para os professores desenvolver relacionamentos positivos com estudantes, mas existe um ponto em que os professores se tornam íntimos demais dos alunos? Escreva uma reflexão pessoal sobre esta questão, incorporando pensamentos sobre como está relacionada a seu futuro trabalho como professor. (INTASC: Princípio 6)

Trabalho colaborativo

Criando regras de sala de aula. Liste as regras que você acredita que seus alunos devam seguir. Descreva como você pode reagir quando os estudantes quebrarem essas regras. Então, reúna-se com três ou quatro colegas de classe e discuta as listas de cada um. (INTASC: Princípio 5)

Experiência de pesquisa/campo

Pesquisando políticas de disciplina escolar. Entreviste orientadores escolares de uma escola de ensino fundamental e de ensino médio. Peça que descrevam as políticas de disciplina de suas escolas e que avaliem se são eficientes. Peça também para que descrevam o problema mais difícil que já enfrentaram com alunos. Escreva esse problema como um estudo de caso. (INTASC: Princípios 5, 9)

Vá até o Online Learning Center em www.mhhe.com/santedu3e para baixar modelos de pastas de documentos (material disponível em inglês).

CAPÍTULO 15
Testes padronizados e ensino

*As pessoas não têm talentos iguais.
Mas todos os indivíduos deveriam ter oportunidades iguais
de desenvolver seus talentos.*
—John F. Kennedy
Presidente dos Estados Unidos, século 20

Tópicos do capítulo

A natureza dos testes padronizados
- Testes padronizados e seus propósitos
- Critérios para avaliar testes padronizados

Testes de aptidão e de rendimento
- Comparar testes de aptidão e de rendimento
- Tipos de testes padronizados de rendimento
- Testes estaduais padronizados baseados em padrões de alto valor
- Testes distritais e nacionais nos Estados Unidos
- Testes padronizados para candidatos a professor

Os papéis do professor
- Preparar os estudantes para realizar testes padronizados
- Aplicar testes padronizados
- Entender e interpretar os resultados dos testes
- Utilizar os resultados dos testes padronizados para planejar e aprimorar o ensino

Controvérsias nos testes padronizados
- Testes padronizados, avaliações alternativas e testes de alto valor
- Diversidade e testes padronizados

Objetivos de aprendizagem

1 Discutir a natureza e os propósitos dos testes padronizados, assim como o critério para avaliá-los.

2 Comparar os testes de aptidão e de rendimento e descrever os usos atuais de testes de rendimento.

3 Identificar os papéis do professor nos testes padronizados.

4 Avaliar questões-chave da aplicação de testes padronizados.

Histórias   Barbara Berry

Barbara Berry leciona francês e estudos sociais na escola de ensino médio Ypsilanti High School em Ypsilanti, Michigan, onde também é responsável pelo departamento de línguas estrangeiras. Ela nos conta a seguinte história sobre testes padronizados:

> Tive uma excelente aluna de francês do quarto ano que possuía um talento indiscutível para línguas. Por fazer parte de uma minoria, uma grande universidade estadual a selecionou para uma bolsa integral, mas ela deveria atender a determinados requisitos do SAT (teste para admissão nas universidades americanas). Ela fez o teste e foi bem na parte verbal, mas não foi bem o suficiente em matemática para atingir a pontuação exigida para conseguir a bolsa. Suas notas de matemática na escola eram acima da média, mas ela dizia que não gostava e que não entendia a matéria.
>
> Apesar de na época eu estar lecionando francês, eu gostava de matemática e havia obtido boas notas tanto na escola quanto nos testes padronizados. Eu sabia que a prova de matemática do SAT incluía muita álgebra. Ofereci-me para ser sua tutora até que fizesse novamente o teste. Ela aceitou a oferta. Então consegui algum material de álgebra com o departamento de matemática para ajudá-la com os estudos. Mas na maior parte do tempo, ela estudou sozinha, lendo o livro e resolvendo as questões. Ela me procurava apenas quando encontrava dificuldades. Nós nos víamos em média uma vez por semana. Aproximadamente seis semanas depois, ela refez o SAT e melhorou sua nota de matemática em 110 pontos. Ela conseguiu a bolsa.
>
> Eu não ensinei muita matemática para essa aluna, apesar de tê-la ajudado com alguns dos problemas mais difíceis. O que fiz de mais importante para ajudá-la foi: (1) transmiti meu próprio entusiasmo pela matemática e demonstrei minha confiança em sua capacidade para aprendê-la e (2) foquei seus esforços nos assuntos que o teste avalia. Já que nos dávamos tão bem nas aulas de francês, senti que poderia ajudá-la a se sentir mais confiante em sua capacidade para aprender matemática.

Introdução

Como a história de Barbara Berry mostra, os testes padronizados podem ter um impacto importante na vida dos estudantes. Eles são amplamente utilizados para avaliar o aprendizado e o rendimento. Embora sejam cada vez mais utilizados para comparar o desempenho de estudantes de diferentes escolas, municípios, estados e países, ainda são motivo de controvérsia. Começamos nossa discussão neste capítulo examinando algumas idéias básicas sobre testes padronizados e depois distinguimos testes de aptidão de testes de rendimento. Em seguida, exploramos qual é seu papel como professor no que diz respeito a testes padronizados e concluímos o capítulo descrevendo várias questões importantes sobre os testes padronizados.

1 A natureza dos testes padronizados

- Testes padronizados e seus propósitos
- Critérios para avaliar testes padronizados

Certamente você já fez diversos testes padronizados. Na pré-escola, pode ser que você tenha feito um teste de prontidão, no ensino fundamental alguns testes de habilidades básicas ou de rendimento e no ensino médio testes para admissão nas universidades (por exemplo, vestibular e Enem). Mas o que significa dizer que um teste é "padronizado"? E para que servem os testes padronizados?

Testes padronizados e seus propósitos

Os **testes padronizados** adotam procedimentos uniformes de aplicação e pontuação, e muitas vezes permitem que o desempenho de um estudante seja comparado com o de outros

Quais são alguns dos propósitos mais importantes dos testes padronizados?

da mesma idade ou ano em âmbito nacional. Testes padronizados tentam incluir materiais que sejam comuns à maioria das salas de aula (Airasian, 2005; Chatterji, 2003), enquanto testes desenvolvidos por professores tendem a focar objetivos de ensino de uma classe em particular. Outro ponto em que os testes padronizados e os desenvolvidos por professores diferem é que muitos testes padronizados têm dados normativos, e em sua maioria foram extensamente avaliados para comprovar sua validade e fidedignidade. Discutiremos validade e fidedignidade em breve, mas antes vamos examinar os propósitos dos testes padronizados.

Testes padronizados podem servir a diversos propósitos:

- *Proporcionar informações sobre o progresso dos estudantes.* Testes padronizados são uma fonte de informação sobre quão bem está o desempenho dos estudantes. Os alunos de uma classe podem tirar A nas provas da escola, mas ter um desempenho medíocre num teste padronizado nacional, e alunos de outra classe podem tirar B em classe e ter ótimos resultados no mesmo teste padronizado. Sem um indicador externo, objetivo, como um teste padronizado, um professor tem dificuldades para saber quão bom é o desempenho de seus alunos comparado ao de alunos de outras regiões do estado ou do país.
- *Diagnosticar os pontos fortes e fracos dos alunos.* Testes padronizados também podem proporcionar informações sobre os pontos fortes e fracos da aprendizagem de um estudante (Popham, 2005). Por exemplo, é possível aplicar um ou mais testes padronizados para um aluno que não está se saindo bem em leitura para identificar seus pontos fracos de aprendizagem. Quando os testes padronizados são usados para fins de diagnóstico, geralmente são aplicados de forma individual e não a um grupo de estudantes.

  Em uma pesquisa conduzida em âmbito nacional nos Estados Unidos, os professores disseram que costumam utilizar resultados de testes padronizados para ajudar a diagnosticar as necessidades individuais dos alunos em relação ao aprendizado (Quality Counts, 2001). No entanto, menos de 20% dos professores afirmaram ter treinamento adequado para interpretar os resultados dos testes e fazer um diagnóstico apropriado dos alunos.
- *Proporcionar evidências para a inclusão de estudantes em programas específicos.* Testes padronizados podem ser utilizados para decidir se um aluno pode ou não participar de um programa específico. No ensino fundamental, um teste padronizado pode proporcionar informações para incluir estudantes em diferentes grupos de leitura. No ensino médio norte-americano, por exemplo, um teste padronizado pode ser utilizado para determinar que cursos de matemática um aluno tem condições de freqüentar. Em alguns casos, testes padronizados são utilizados em conjunto com outras informações para avaliar se um aluno pode pular um ano ou se formar. Os alunos também podem fazer testes padronizados para determinar sua vocação para determinadas carreiras.
- *Proporcionar informações para planejar e aprimorar o ensino.* Em conjunto com outras informações sobre os estudantes, os resultados de testes padronizados podem ser usados pelos professores para que tomem decisões sobre o ensino. Por exemplo, os resultados dos alunos em um teste padronizado de habilidades de leitura administrado no começo do ano letivo podem ajudar os professores a determinar o nível em que devem iniciar seu ensino de leitura. Os resultados obtidos pelos alunos em um teste padronizado no final do ano podem informar aos professores sobre quão eficiente foi seu ensino de leitura, uma informação que pode ser usada tanto para dar continuidade a um ensino semelhante como para modificá-lo conforme a necessidade.
- *Ajudar coordenadores a avaliar programas.* Se uma escola muda para um novo programa educacional, a coordenação da escola deve procurar saber sobre a eficiência do novo programa. Uma maneira de determinar isso é aplicando testes padronizados relevantes para examinar o desempenho dos alunos no novo programa. Por exemplo, uma escola pode mudar de uma abordagem de habilidades básicas e fonética para uma abordagem de habilidades básicas e fonética combinada com uma abordagem de linguagem como um todo no ensino da leitura. A nota dos alunos em um teste padronizado relevante de habilidades de leitura pode ser usada em conjunto com outras evidências para determinar a eficácia da mudança.
- *Contribuir para responsabilização.* Escolas e professores estão cada vez mais sendo considerados responsáveis pela aprendizagem dos estudantes. Embora isso gere polêmica, os testes padronizados estão sendo usados para determinar com que eficiência as escolas

testes padronizados Testes que possuem procedimentos uniformes de aplicação e pontuação. Eles avaliam o desempenho dos alunos em diferentes áreas e permitem que seja comparado com o desempenho de outros estudantes da mesma idade ou ano em âmbito nacional.

vêm usando o dinheiro dos contribuintes nos Estados Unidos. No Texas, os diretores podem perder o emprego caso os resultados dos testes padronizados de suas escolas não sejam bons o bastante. Em Maryland, escolas que não têm bons resultados perdem milhares de dólares em verbas. O interesse na responsabilização levou à criação dos **testes baseados em padrões**, que avaliam as habilidades que se espera que os alunos deveriam dominar antes de passar para o próximo ano ou de se formar. Escolas que utilizam testes padronizados muitas vezes exigem que alunos que não passaram nas provas participem de programas de recuperação nas férias que os ajudarão a atingir o nível mínimo de competência exigido pelo sistema escolar. **Testes de alto valor (high-stakes testing)**[1] são testes que trazem consequências importantes para o aluno, afetando decisões como, por exemplo, se o aluno pode passar para o próximo ano escolar ou se formar. Mais adiante no capítulo discutiremos testes obrigatórios nacionais, que são cada vez mais usados para se tomar tais decisões de "alto valor".

Por enquanto, note que um tema importante ao longo deste capítulo é que os testes padronizados não devem ser o único método de avaliação da aprendizagem do aluno. Tampouco devemos considerar os testes padronizados como fontes de informação suficientes para responsabilizar as escolas pelo aprendizado dos estudantes (Popham, 2005; Taylor e Nolen, 2005).

Critérios para avaliar testes padronizados

Dentre os critérios mais importantes para avaliar os testes padronizados estão: dados normativos, validade, fidedignidade e precisão. Vamos começar nossa discussão comparando dados normativos nacionais, de grupos especiais e locais.

Dados normativos Para entender o desempenho individual de um aluno num teste, esse resultado deve ser comparado com o desempenho do **grupo normativo**, um grupo de indivíduos semelhantes que realizaram o teste previamente, aplicado pelo seu idealizador. Considera-se que o teste é baseado em dados normativos nacionais quando o grupo normativo consiste em um grupo representativo dos estudantes em âmbito nacional. Por exemplo, um teste padronizado sobre conhecimentos e habilidades de ciências para o quarto ano pode ser aplicado a uma amostragem nacional de alunos do quarto ano. As notas da amostragem representativa de milhares de estudantes do quarto ano tornam-se a base de comparação. Esse grupo normativo deve incluir estudantes de áreas urbanas, suburbanas e rurais, de diferentes regiões geográficas, escolas públicas e privadas, meninos e meninas e de diferentes grupos étnicos. Com base no resultado individual de um aluno do quarto ano no teste padronizado de ciências, o professor pode determinar se o desempenho do estudante está acima, abaixo ou dentro dos dados normativos nacionais (Freeland, 2005; Gregory, 2007). O professor também pode avaliar o desempenho da classe como um todo em relação à população geral de estudantes.

Além dos dados normativos nacionais, os testes padronizados também possuem dados normativos para grupos especiais e locais. *Dados normativos para grupos especiais* consistem em médias para subgrupos da amostragem nacional. Por exemplo, dados normativos para grupo especial podem ser usados para grupos socioeconômicos de baixa, média e alta renda; para escolas em áreas de periferia, em subúrbios e rurais; escolas públicas e privadas; para estudantes do sexo masculino e feminino e para estudantes de diferentes grupos étnicos. Testes padronizados às vezes usam *dados normativos locais*. Eles permitem comparar o desempenho de um aluno com o dos alunos da mesma classe, escola ou município. Assim, a avaliação do desempenho dos alunos nos testes pode diferir, dependendo de qual grupo normativo está sendo usado.

Validade Tradicionalmente, o que define a validade é a proporção com que um teste avalia o que pretende avaliar. No entanto, um número crescente de especialistas em avaliação no ensino argumenta que não são apenas as características do teste em si que são válidas ou inválidas, mas que é importante considerar também as inferências feitas sobre os resultados dos testes (American Educational Research Association, 1999; McMillan, 2002). Portanto, a **validade** envolve a proporção com que um teste mede o que pretende medir e se as inferências sobre os resultados são precisas.

testes baseados em padrões Testes que avaliam habilidades que se espera que os alunos dominem antes que possam passar para o próximo ano ou se formar.

testes de "alto valor" (high-stakes testing) São testes que trazem consequências importantes para o aluno, afetando decisões como, por exemplo, se o aluno pode passar para o próximo ano escolar ou se formar.

grupo normativo Um grupo de indivíduos semelhantes que realizaram o teste previamente, aplicado por seu idealizador.

validade A proporção com que um teste mede o que pretende medir e se as inferências sobre os resultados são precisas.

---

[1] N.R.T.:"Quando o resultado de um teste padronizado é usado como único fator determinante para se tomar uma decisão." Traduzido de: <http://www.wisegeek.com/what-is-high-stakes-testing.htm>. Acesso em: 6 set. 2008.

Com relação às características do teste – sua essência –, podem ser descritos três tipos de validade: validade de conteúdo, validade de critério e validade de constructo. Um teste padronizado válido deve ter uma boa **validade de conteúdo**, a capacidade do teste em cobrir o conteúdo que será avaliado. Esse conceito é similar ao de "evidência relacionada a conteúdo". Por exemplo, se um teste padronizado de ciências para o quarto ano pretende avaliar tanto informações de conteúdo quanto habilidades para resolução de problemas, então o teste deve incluir itens que avaliam informações de conteúdo sobre ciência e itens que avaliam habilidades para resolver problemas.

Outro tipo de validade é a **validade de critério**, ou seja, a capacidade que um teste tem de prever o desempenho de um aluno tal como medido por outras avaliações ou critérios. Como a validade de critério pode ser avaliada para o teste padronizado de ciências? Um método é conseguir uma amostragem representativa de professores do quarto ano para avaliar a competência dos estudantes em suas aulas de ciências e depois comparar esses níveis de competência com os resultados dos alunos nos testes padronizados. Outro método é comparar as notas dos alunos nos testes padronizados com as notas desses mesmos alunos em outras provas aplicadas a fim de avaliar o mesmo material.

A validade de critério pode ser tanto concorrente quanto preditiva (Osterlind, 2006). A **validade concorrente** é a relação entre o resultado do teste e outros critérios que estão disponíveis simultaneamente (concomitantemente). Por exemplo, o teste padronizado de ciências para o quarto ano corresponde às notas dos alunos em ciências neste semestre? Em caso afirmativo, dizemos que o teste tem alta validade concorrente. A **validade preditiva** é a relação entre o resultado do teste e o desempenho futuro do aluno. Por exemplo, nos Estados Unidos, as notas no teste padronizado de ciências para o quarto ano podem ser usadas para prever quantos alunos talvez optem por um curso na área de ciências, se as meninas no ensino médio estão interessadas em seguir uma carreira científica ou se os estudantes ganharão um prêmio em ciências em algum momento no futuro. Outro exemplo de validade preditiva diz respeito à precisão com que as notas obtidas pelos alunos em um teste de vestibular ou Enem, por exemplo, podem prever suas notas futuras em um curso superior ou seu sucesso profissional.

Um terceiro tipo de validade é a **validade de constructo**. Um *constructo* é uma característica abstrata de uma pessoa não diretamente observável, como inteligência, criatividade, aprendizagem, estilo, personalidade ou ansiedade. A validade de constructo estabelece quanta evidência existe de que um teste meça um constructo específico. A validade de constructo é o tipo mais amplo dos tipos de validade que discutimos e pode incluir evidências das validades concorrente e preditiva (Gronlund, 2006). A interpretação da validade de constructo também pode ser baseada em uma descrição do desenvolvimento do teste, do padrão das relações entre o teste e outros fatores relevantes (como alta correlação com testes semelhantes e baixa correlação com testes que avaliam constructos diferentes) e qualquer outro tipo de evidência que contribua para a compreensão do significado das notas nos testes. Como um constructo normalmente é abstrato, diversas evidências podem ser necessárias para determinar se a validade de um teste mede um constructo em particular.

Anteriormente, mostramos que é importante considerar não apenas o conteúdo do teste para determinar sua validade, mas também se as inferências sobre as notas do teste são precisas (McMillan, 2002). Vejamos um exemplo de como isso pode funcionar. O superintendente de uma escola decide utilizar os resultados de um teste padronizado aplicado aos estudantes toda primavera como um indicador da competência dos professores. Em outras palavras, os resultados do teste estão sendo utilizados para *inferir* se os professores são competentes. Estas são as questões de validade nessa situação: Quão adequado é usar os resultados dos testes padronizados para medir a competência dos professores? É realmente verdade (preciso) que os professores cujos alunos obtêm alta pontuação são mais competentes do que os professores cujos alunos obtêm baixa pontuação?

Fidedignidade   A **fidedignidade** estabelece a proporção com que um teste produz um resultado consistente e reproduzível. Para serem considerados fidedignos, os resultados devem ser estáveis, dependentes e relativamente livres de erros de mensuração (Gronlund, 2006; Popham, 2006). A fidedignidade pode ser medida de diversas maneiras, incluindo a fidedignidade teste-reteste, fidedignidade de formas equivalentes e fidedignidade de duas metades.

A **fidedignidade teste-reteste** estabelece o quanto um teste resulta no mesmo desempenho quando um estudante o realiza em duas ocasiões. Portanto, se o teste padronizado de ciências para o quarto ano é aplicado a um grupo de estudantes hoje e novamente após um

---

validade de conteúdo A capacidade de o teste cobrir o conteúdo que será avaliado.

validade de critério A capacidade de um teste prever o desempenho de um aluno medido por outras avaliações ou critérios.

validade concorrente Relação entre o resultado no teste e outros critérios que estão disponíveis simultaneamente.

validade preditiva Relação entre os resultados dos testes e o desempenho futuro do aluno.

validade de constructo Com que evidência um teste mede um constructo específico. Um constructo é uma característica não diretamente observável de uma pessoa, como inteligência, aprendizado, estilo, personalidade ou ansiedade.

fidedignidade A proporção com que um teste produz um resultado consistente e reproduzível.

fidedignidade teste-reteste A proporção com que um teste resulta no mesmo desempenho quando um estudante o realiza em duas ocasiões.

mês, o teste será considerado fidedigno se as notas dos alunos forem consistentes em ambas as ocasiões. Há duas características negativas da fidedignidade teste-reteste: às vezes os alunos se saem melhor na segunda vez em que fazem o teste porque já estão familiarizados com ele, e alguns alunos podem ter aprendido informações no período entre um teste e outro que mudam seu desempenho.

A **fidedignidade de formas equivalentes** é determinada aplicando-se versões diferentes do mesmo teste em duas ocasiões diferentes para o mesmo grupo de alunos e observando a consistência dos resultados. Os itens das duas versões do teste são semelhantes, porém não idênticos. Essa estratégia elimina a possibilidade de que os alunos terão melhor desempenho na segunda aplicação do teste por causa de sua familiaridade com os itens. Mas não elimina o aprimoramento do conhecimento e a familiaridade com os procedimentos e estratégias dos testes.

A **fidedignidade de duas metades** envolve dividir os itens do teste em duas metades, tal como entre itens pares e ímpares. Os resultados nos dois conjuntos de itens são comparados entre si para determinar quão consistente foi o desempenho dos alunos em cada conjunto. Quando a fidedignidade de duas metades é alta, dizemos que o teste é *internamente consistente*. Por exemplo, no teste padronizado de ciências para o quarto ano, as notas dos estudantes nos itens ímpares e pares poderiam ser comparadas. Caso tenham notas semelhantes nos dois conjuntos de itens, poderíamos concluir que o teste padronizado de ciências para o quarto ano tem alta fidedignidade de duas metades.

A fidedignidade é influenciada por diversos erros de mensuração. Um estudante pode ter conhecimento e habilidade adequados e ainda assim não ter um desempenho consistente em diversos testes por causa de uma variedade de fatores internos e externos. Fatores internos incluem saúde, motivação e ansiedade. Fatores externos incluem orientações inadequadas do examinador, itens ambíguos e informação mal explorada e método de pontuação ineficiente. Quando os estudantes demonstram inconsistência de desempenho no mesmo teste ou em testes similares de avaliação de seu conhecimento e habilidade, é necessária uma análise criteriosa dos fatores internos e externos que possam ter contribuído para essa inconsistência.

A validade e a fidedignidade estão relacionadas (Gregory, 2007). Um teste válido é fidedigno, mas um teste fidedigno não é necessariamente válido. As pessoas podem dar respostas consistentes num teste, mas o teste pode não estar avaliando o que se propõe a avaliar. Para entender isso, imagine que você tenha três dardos para atirar. Se os três caírem próximos uns dos outros, você tem fidedignidade. No entanto, você só terá validade se todos os três dardos acertarem o centro do alvo.

Precisão e viés Testes precisos não são enviesados nem discriminatórios (McMillan, 2004). Eles não são influenciados por fatores como gênero, etnicidade ou fatores subjetivos como o viés de um examinador. Quando os testes são precisos, os estudantes têm a oportunidade de demonstrar seu aprendizado, de forma que seu desempenho não é afetado por seu gênero, etnicidade, deficiências ou outros fatores não relacionados ao propósito do teste.

Um teste impreciso é um teste que deixa um grupo de estudantes em particular em desvantagem (Popham, 2006; Reynolds, Livingstone e Willson, 2006). Isso normalmente ocorre quando há algo no teste que o torna mais difícil para estudantes com determinadas características. Por exemplo, suponha que um teste com o propósito de avaliar habilidades de leitura solicite que os estudantes escrevam uma breve história sobre um menino que treina muito para ser bom em futebol e consegue ser escalado para o time. Claramente, esse tipo de item será mais fácil para meninos do que para meninas, porque os meninos geralmente estão mais familiarizados com futebol. Portanto, o teste será injusto com as meninas como método de avaliar suas habilidades de escrita. Considere também outro item que pode ser usado para avaliar a compreensão de leitura: uma passagem sobre a experiência de velejar. Então, estudantes que tiveram essa experiência provavelmente terão mais facilidade de ler e entender a passagem do que aqueles que não passaram por essa experiência. É impossível eliminar completamente todos os aspectos imprecisos de um teste para todos os estudantes, mas os idealizadores do teste podem fazer muito para torná-lo o mais preciso possível.

Para estudantes com deficiências, ter precisão muitas vezes requer adaptações na aplicação do teste. Muitas adaptações dependem da deficiência em particular. O objetivo é diminuir a influência negativa da deficiência sobre a característica que está sendo avaliada. Por exemplo, para estudantes com deficiência auditiva, assegure-se de que as orientações sejam dadas por escrito; para estudantes com problema visual, assegure-se de que as orientações sejam dadas oralmente.

fidedignidade de formas equivalentes Fidedignidade julgada aplicando-se duas versões diferentes do mesmo teste em duas ocasiões diferentes para o mesmo grupo de alunos para determinar quão consistentes são os resultados.

fidedignidade de duas metades Fidedignidade julgada dividindo-se os itens do teste em duas metades, tal como entre itens pares e ímpares. Os resultados nos dois conjuntos de itens são comparados entre si para determinar quão consistente foi o desempenho dos alunos em cada conjunto.

Reveja, reflita e pratique

1) Discutir a natureza e os propósitos dos testes padronizados, assim como o critério para avaliá-los.

Reveja

- Qual é o significado de *teste padronizado*? Quais são os usos para os testes padronizados?
- O que normatizações, validade, fidedignidade e precisão têm a ver com o julgamento da qualidade de um teste padronizado?

Reflita

- Um teste pode ser válido, mas não ser fidedigno? Ser fidedigno, mas não ser válido? Explique com suas próprias palavras.

Pratique PRAXIS™

1. Qual dos itens a seguir é um exemplo do uso dos resultados de um teste padronizado para auxiliar na avaliação de programas?
    a. Na escola de ensino fundamental Lincoln os alunos realizam um teste padronizado de rendimento todos os anos para ajudar a determinar quem necessita de serviços especializados.
    b. A escola de ensino fundamental Jefferson adotou um novo currículo para o curso de matemática. Eles estão compilando os resultados da parte de matemática do teste padronizado obrigatório e comparando o desempenho médio da escola antes e depois da implementação do novo currículo.
    c. O Sr. Whitney utiliza os resultados da parte de estudos sociais do teste padronizado obrigatório para ajudá-lo a averiguar o quanto suas aulas estão ajudando os alunos a atingir os padrões exigidos em história.
    d. A Sra. Walker usa os resultados do teste padronizado obrigatório para dividir seus alunos em pequenos grupos de leitura. Ela aplica o mesmo teste diversas vezes ao longo do ano para verificar o progresso e reagrupar os alunos.
2. Sidney está no terceiro ano. Suas notas estão muito acima dos dados normativos nacionais na parte matemática do teste padronizado de rendimento para o terceiro ano. O que isso significa?
    a. Sidney possui um QI acima da média.
    b. Sidney tem um desempenho acima dos dados normativos nacionais para alunos do terceiro ano em matemática.
    c. Sidney tem um desempenho abaixo dos dados normativos nacionais para alunos do terceiro ano em matemática.
    d. Sidney deveria ser incluído numa classe de matemática do quarto ano.

Por favor, verifique as respostas no final do livro.

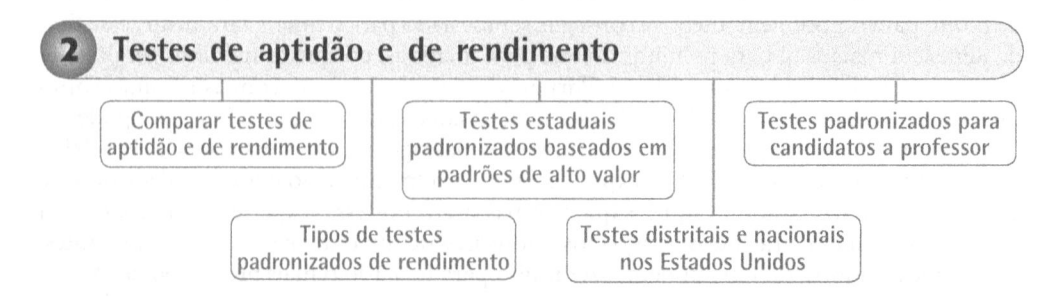

2) Testes de aptidão e de rendimento

- Comparar testes de aptidão e de rendimento
- Testes estaduais padronizados baseados em padrões de alto valor
- Testes padronizados para candidatos a professor
- Tipos de testes padronizados de rendimento
- Testes distritais e nacionais nos Estados Unidos

Existem dois tipos principais de testes padronizados: testes de aptidão e testes de rendimento. Primeiro, iremos definir e comparar esses tipos de testes. Depois, discutiremos alguns tipos diferentes de testes de rendimento e seus usos nos Estados Unidos, no âmbito estadual, distrital e nacional.

Comparar testes de aptidão e de rendimento

Um **teste de aptidão** destina-se a prever a capacidade de um estudante em aprender uma habilidade ou realizar algo através de ensino e treinamento continuado. Testes de aptidão incluem testes gerais de capacidade mental tais como os testes de inteligência (Stanford-Binet, escalas Wechsler e assim por diante) que descrevemos no Capítulo 4, "Variações individuais" (Kaufman e Lictenberger, 2002). Eles também incluem testes para prever o sucesso em disciplinas específicas ou áreas ocupacionais (Thorndike, 2005). Por exemplo, um teste de aptidão pode ser aplicado para prever o sucesso futuro de um estudante em matemática, enquanto outro pode ser aplicado para prever se um indivíduo tem probabilidade de ser um bom vendedor ou médico.

Um **teste de rendimento** tem como objetivo avaliar o que o estudante aprendeu ou quais habilidades passou a dominar (Aiken e Groth-Marnat, 2006; Gronlund, 2006). Porém, às vezes, a diferença entre testes de aptidão e de rendimento não é nítida. Ambos os testes avaliam a situação atual do aluno, as questões que utilizam costumam ser bem parecidas e normalmente os resultados dos dois testes são altamente correlacionados.

O SAT (semelhante ao vestibular e ao Enem) que é feito nos Estados Unidos para admissão na faculdade é normalmente descrito como um teste de aptidão, mas pode ser tanto um teste de aptidão como um teste de rendimento, dependendo do propósito com que é usado. Se for usado para prever seu sucesso na faculdade, é um teste de aptidão. Se for usado para determinar o que você aprendeu (tal como habilidades de linguagem, interpretação de texto e matemática), é um teste de avaliação de rendimento.

Tipos de testes padronizados de rendimento

Há muitos tipos de testes padronizados de rendimento. Um método comum de classificá-los é como bateria de pesquisa, ou survey batteries, testes de tema específico ou testes de diagnóstico (Payne, 1997).

Bateria de pesquisa Uma *bateria de pesquisa* é um grupo de questões sobre uma determinada disciplina desenvolvidas para alunos de um nível de escolaridade específico. A bateria de pesquisa é o teste padronizado mais amplamente utilizado como referência de dados normativos nacionais (McMillan, 2004). Alguns exemplos de bateria de pesquisa são os testes California Achievement, *Terra Nova* Comprehensive Tests for Basic Skills, Iowa Tests of Basic Skills, Metropolitan Achievement Tests e Stanford Achievement Test Series.

O Stanford Achievement Test Series tem aplicações para três níveis diferentes nos Estados Unidos: pré escola até ano 1,5; de ano 1,5 até 9,9 e ano 9 até 13,0. A bateria de pesquisa pode ser personalizada para atender às necessidades de um município ou escola específicos. A bateria de pesquisa Stanford inclui diversas questões sobre disciplinas específicas para cada nível. Por exemplo, no sexto ano há questões para disciplinas como leitura, matemática, gramática/linguagem, interpretação, ortografia, habilidades de estudo, ciências, estudos sociais, uso de informação e habilidades de raciocínio.

Muitas baterias de pesquisa também contêm alguns subconjuntos de questões para uma disciplina. Por exemplo, o Metropolitan Achievement Tests inclui leitura como um dos temas específicos em cada nível. O subconjunto de questões de leitura no Metropolitan Tests inclui vocabulário, reconhecimento de palavras e compreensão de texto.

Em seus primórdios, as baterias de pesquisa consistiam em questões de múltipla escolha para avaliar o conhecimento específico do aluno. No entanto, edições mais recentes incluíram cada vez mais itens para serem completados que avaliam as habilidades de raciocínio e lógica do aluno.

Testes de temas específicos Alguns testes padronizados de rendimento avaliam habilidades em áreas específicas como leitura ou matemática. Como eles focam uma área específica, costumam avaliar o assunto de forma mais detalhada e em maiores proporções do que uma bateria de pesquisa. Dois exemplos de testes específicos de área que envolvem leitura, usados nos Estados Unidos, são o Woodcock Reading Mastery Tests e o Gates-McKillop-Horowitz Reading Diagnostic Test (Mather e Gregg, 2001). Alguns testes padronizados de áreas específicas cobrem assuntos como química, psicologia ou ciência da computação, áreas que não estão inclusas em baterias de pesquisa.

Testes de diagnóstico Como dissemos anteriormente, o diagnóstico é uma função importante dos testes padronizados. *Testes de diagnóstico* consistem em uma avaliação relativamente

teste de aptidão Um tipo de teste usado para prever a capacidade de um estudante em aprender uma habilidade ou realizar algo através de ensino e treinamento continuado.

teste de rendimento Um teste que avalia o que o aluno aprendeu ou quais habilidades passou a dominar.

profunda de uma área específica de aprendizagem. O propósito desses testes é determinar as necessidades específicas de aprendizagem de um estudante para que possam ser atendidas através do ensino regular ou de recuperação. Leitura e matemática são as duas áreas em que mais se utilizam testes padronizados para fins de diagnóstico (Berninger e outros, 2001).

Em muitos casos, o teste de diagnóstico é realizado depois de já ter ocorrido um considerável período de ensino. Um teste de rendimento às vezes é utilizado como diagnóstico (tal como um dos testes de leitura que mencionamos há pouco). Entretanto, em muitas circunstâncias, tanto os testes de rendimento como a observação são utilizados para diagnóstico. Uma seqüência de diagnóstico típica pode envolver (Payne, 1997) (1) observações informais feitas pelo professor, (2) uma bateria de pesquisa, (3) um teste de diagnóstico em grupo e (4) um teste de diagnóstico individual. Note que nessa seqüência os testes de diagnóstico muitas vezes podem ser aplicados para grupos ou individualmente.

As instituições que elaboram todos os testes padronizados de rendimento usados como referência nos Estados Unidos alegam que seus testes podem ser usados para diagnóstico (McMillan, 2004). No entanto, para que um teste seja eficiente como diagnóstico, deve conter diversos itens para cada habilidade ou objetivo a ser avaliado, e muitos desses testes nacionais não apresentam essa característica.

Testes estaduais padronizados baseados em padrões de alto valor

À medida que o povo e o governo norte-americanos passaram a cobrar mais das escolas a eficiência com que estão educando as crianças, os testes estaduais padronizados ganharam importância (Marzano e Kendall, 2006; Popham, 2005, 2006; Shaftel, 2005; Shepard e outros, 2005).

Os estados já exigem a aplicação de testes de desempenho há muitos anos, mas sua ênfase mudou (Airasian, 2005). Antes da década de 1990, o conteúdo dos testes não estava diretamente relacionado ao que se ensinava e aprendia em sala de aula. As avaliações estaduais obrigatórias anteriores simplesmente proporcionavam uma visão geral do desempenho dos estudantes de um estado em certas áreas, especialmente leitura e matemática.

Na década de 1990, nos Estados Unidos, iniciativas começaram a criar uma conexão entre os testes estaduais obrigatórios e os objetivos acadêmicos endossados pelo estado. A maioria dos estados já identificou ou está no processo de identificação dos objetivos que todos os alunos no estado devem alcançar. Esses objetivos formam a base não só para esses testes estaduais obrigatórios, mas também para atividades como a formação de professores e decisões de currículo (Whitford e Jones, 2000). Os professores são altamente encorajados a incorporar esses objetivos no planejamento de suas aulas. Em muitos estados, os objetivos estão refletidos nos testes de rendimento aplicados a todos os estudantes do estado.

O formato dos testes padronizados

Do ponto de vista construtivista, os testes estaduais padronizados têm o formato errado, pois são compostos principalmente de questões de múltipla escolha. Atualmente, apenas sete estados utilizam redações ou avaliações de rendimento (Quality Counts, 2001). Quando avaliações construtivistas são incluídas, normalmente envolvem questões com respostas curtas ou do tipo "preencha os espaços em branco". Pouquíssimos estados incluem um portfólio como parte de suas avaliações.

Quase todos os estados utilizam pontuações baseadas em um critério, o que significa que a nota do aluno é dada com base em padrões predeterminados. A maioria dos estados norte-americanos tem uma nota de corte (tal como 70% das questões com respostas corretas) que o aluno deve atingir para ser aprovado no teste. Esses testes também fornecem resultados comparativos.

Possíveis vantagens e usos de testes de alto valor

Diversos desenvolvedores de políticas argumentam que testes estaduais padronizados de alto valor terão uma série de efeitos positivos:

- Melhor desempenho do estudante.
- Mais tempo ensinando os assuntos avaliados.
- Altas expectativas para todos os alunos.
- Identificação de escolas, professores e coordenadores fracos.
- Aumento da confiança nas escolas à medida que as notas dos testes aumentam.

Os usos mais difundidos desses testes para orientar o progresso dos estudantes individualmente diz respeito a decisões sobre recuperação, promoção e graduação. A recuperação consiste em encaminhar os alunos que não foram bem nos testes para aulas especiais. A recuperação normalmente ocorre após as aulas, no sábado ou durante as férias. Atualmente, treze estados norte-americanos exigem e financiam estratégias de recuperação para ajudar estudantes com baixo desempenho a atingir os padrões estaduais.

Muitos dos que endossam os testes estaduais padronizados argumentam que os estudantes não deveriam ser promovidos para o próximo nível escolar sem que tivessem atingido um determinado padrão de desempenho nos testes. A esse respeito, o objetivo é acabar com a promoção social (promoção baseada na idéia de que os estudantes não devem ser deixados para trás em relação aos colegas na mesma faixa etária). Atualmente, políticas de promoção baseadas em testes foram instituídas em nove estados norte-americanos.

Testes estaduais padronizados também estão sendo utilizados em 24 estados norte-americanos para determinar se um estudante está apto para concluir o ensino médio. Tal decisão pode ter um enorme impacto no futuro de um jovem.

Além disso, os testes estaduais padronizados são utilizados para decisões referentes à responsabilização das escolas e de seu pessoal. Tornar as escolas responsáveis significa utilizar os resultados dos testes para classificar as escolas em categorias estabelecidas, como vigilância/alerta (que é divulgada publicamente e significa que se espera uma melhoria), condicional (o que normalmente exige que a escola se submeta a um plano abrangente de reestruturação), falhando/em crise (que requer auxílio externo consistente para o desenvolvimento de um plano de melhoria), certificada, certificada com advertência e desqualificada.

Críticas sobre os testes estaduais padronizados Críticos dos testes estaduais padronizados argumentam que testes estaduais obrigatórios levam a estas conseqüências negativas (McMillan, 2002):

- *Emburrecimento do currículo, com maior ênfase na memorização pura do que nas habilidades de resolução de problemas e pensamento crítico.* Em uma análise, a maioria dos testes estaduais focou conhecimentos e habilidades de menor exigência do que habilidades cognitivas mais complexas (Quality Counts, 2001). Isso limita o currículo e dirige seu foco para habilidades cognitivas secundárias (Linn, 2000). Adotar um currículo voltado para testes muitas vezes significa uma cobertura superficial de assuntos (Shepard e outros, 2005).
- *Ensinar para o teste.* Os professores ensinam cada vez mais conhecimentos e habilidades abordados nos testes estaduais (Bransford e outros, 2005; Gallagher, 2000). Eles gastam muito tempo com atividades semelhantes aos testes e na prática de testes, dedicando menos tempo ao ensino de conteúdo e habilidades importantes. Uma pesquisa indicou que mais de seis dentre dez professores de escolas públicas norte-americanas afirmaram que testes estaduais padronizados levaram a um estilo de ensino que foca demasiadamente os testes (Quality Counts, 2001). Aproximadamente dois terços afirmaram que os testes estaduais padronizados estavam exigindo uma demasiada concentração nas informações que seriam avaliadas, em detrimento de outras áreas importantes.
- *Discriminação contra crianças de nível socioeconômico baixo (socioeconomical status – SES) e de minorias étnicas.* Isso ocorre quando uma porcentagem desproporcional dessas crianças não atinge os padrões estaduais, enquanto os estudantes de nível socioeconômico mais alto e brancos não-latinos atinge. Pesquisadores constataram que estudantes incluídos em classes fracas ou programas de recuperação – estudantes carentes e de minorias – tendem a experimentar um ensino subseqüente inferior e rendimento reduzido (Cooper e Sherk, 1989; Oakes, 1990). Há evidências de que

---

Visão do estudante

"É como se a nota de um teste fosse tudo o que importa sobre uma pessoa"

"Passe um bom tempo na escola e você começará a pensar que os testes padronizados são as únicas coisas que importam na vida. Minhas notas nos testes padronizados são decepcionantes, mas eu me orgulho de estar entre os 4% melhores de minha classe. Minha média é de 4,0. Se eu consigo tirar essa nota em matérias difíceis – incluindo três cursos avançados –, me pergunto: o que esses testes provam na verdade?

É como se a nota de um teste fosse tudo o que importa sobre uma pessoa. Eu gosto de redação e fico noites a fio tentando entender as matérias da escola, em vez de apenas decorar fórmulas. Mas nada disso importa para os testes padronizados" (Garcia, 2001).

Tania Garcia
Aluna do último ano do ensino médio
Oakland High School
Oakland, Califórnia

testes estaduais padronizados de alto valor (provão/Enade, no Brasil), que premiam ou punem as escolas com base na nota média dos alunos, podem estimular a escola a encaminhar estudantes com notas baixas para uma educação especial, retendo-os em um ano abaixo e, portanto, encorajando esses estudantes a sair da escola, para que a nota média da escola pareça melhor (Darling-Hammond, 2001; Haney, 2000).

Por essas e outras razões, a American Psychological Association, a American Educational Research Association e o National Council on Measurement in Education emitiram padrões para o uso de testes nos Estados Unidos, advertindo que as notas dos testes são muito limitadas e inconstantes para serem usadas como única fonte de informação para qualquer decisão importante que se tome sobre o encaminhamento ou promoção de estudantes. As notas dos testes deveriam sempre ser combinadas com outras fontes de informação sobre o rendimento dos estudantes ao se tomar decisões importantes sobre eles (National Research Council, 2001).

Como os testes estaduais padronizados de alto valor são relativamente novos, há pouca pesquisa sistemática sobre suas conseqüências (McMillan, 2002). Entretanto, existem sérias preocupações sobre como os testes estaduais padronizados de alto valor são estruturados. Uma dessas preocupações envolve a validade das inferências que podem ser feitas sobre os resultados (National Research Council, 2001). O fato de documentar simplesmente as notas melhores nos testes não significa que a educação melhorou. Na verdade, se os testes estão avaliando as habilidades erradas ou são falhos, isso poderia significar exatamente o contrário. Ainda há dúvidas quanto a se os testes de alto valor estão preparando melhor os estudantes para a faculdade e para o mercado de trabalho.

Outra preocupação que vem à tona é até que ponto os testes de alto valor são úteis para aprimorar o ensino e a aprendizagem – o objetivo supremo das reformas educacionais (National Research Council, 2001). A maioria dos testes de alto valor em vigor hoje fornece muito pouca informação para os professores e coordenadores sobre por que os alunos não apresentam bom desempenho ou como podem modificar o ensino para aprimorar o rendimento dos alunos. A maioria dos testes de alto valor fornece apenas informações gerais sobre como os alunos se posicionam em relação a seus pares (assim como um porcentual de acerto de 63% das questões) ou se os alunos não tiveram bom desempenho em certas áreas de conhecimento (assim como um desempenho abaixo do nível básico em matemática). Esses testes não fornecem informações sobre se os estudantes estão utilizando estratégias ruins para solucionar problemas ou quais conceitos em uma área de conhecimento eles não entendem. Resumindo, a maior parte dos testes de alto valor atuais não proporciona informações sobre os tipos de intervenções que melhorariam o desempenho dos alunos ou mesmo informações sobre suas forças e fraquezas.

Sabemos também que não é uma boa estratégia basear-se em apenas um único teste quando se tomam decisões importantes sobre os estudantes ou quando se avaliam as escolas. Indicadores múltiplos, incluindo notas, presença, avaliações de desempenho e a porcentagem de alunos que ingressam na faculdade também precisam ser considerados. Outra questão é que se os testes estaduais padronizados continuarem a ser usados, devem ser modificados para refletir de maneira mais realista as habilidades de raciocínio mais complexas, para que os professores não sejam tentados a ensinar apenas com o foco no teste e para que os estudantes carentes e de minorias não sejam penalizados (Stansfield e Rivera, 2002). Mais adiante no capítulo discutiremos mais detalhadamente sobre os problemas de testes no formato alto valor.

Testes distritais e nacionais nos Estados Unidos

Além dos testes padronizados estaduais, um distrito em particular pode aplicar testes padronizados. Além disso, os estudantes também podem realizar testes nacionais.

Testes distritais Em Spencerport, Nova York, o distrito escolar reúne informações sobre o desempenho dos estudantes com os seguintes testes: o Stanford Achievement Test de leitura (2º ao 8º ano) e matemática (1º ao 8º ano), o New York State Pupil Evaluation Test de leitura (3º ao 6º ano), redação (quinto ano) e matemática (3º ao 6º ano); o New York State Program Evaluation Test, que avalia programas em ciências e estudos sociais; o New York Preliminary Competency Test, que é usado para prever o sucesso futuro em leitura, redação e matemática (aplicado em qualquer ano); o New York State Regents Competency Test, que avalia a competência em matemática, ciências, estudos globais, e história norte-americana e do governo (aplicado no ensino médio a estudantes que não realizam o Regents Test); o Scholastic Assessment Test (SAT) e o American College Test (ACT), aplicados a estudantes que planejam cursar uma universidade; e testes Advanced Placement em história norte-americana, biologia, química, literatura inglesa e composição, francês, espanhol, cálculo e teoria musical, que podem ser realizados por estudantes para eliminar determinadas disciplinas dependendo do seu nível de conhecimento e habilidade no momento do teste. Em 1999, o distrito de Spencerport também começou a avaliar a capacidade dos estudantes de aplicar conhecimento e habilidades de resolução de problemas em diversas disciplinas.

Tipos de testes padronizados variam entre os distritos escolares. Entretanto, assim como é feito em Spencerport, um grande número de distritos também adota essa forma de avaliação.

Nenhuma Criança Deixada Para Trás No Capítulo 1, descrevemos a Lei Nenhuma Criança Deixada Para Trás (NCLB), o projeto de lei do governo norte-americano convertido em lei em 2002. A NCLB é uma iniciativa do governo dos Estados Unidos de responsabilizar as escolas e distritos escolares pelo sucesso ou fracasso de seus estudantes. A legislação transfere a responsabilidade aos estados, exigindo que cada estado crie seus próprios padrões de rendimento dos alunos em matemática, inglês/linguagem e ciências. No ano letivo 2005-2006, os estados começaram a aplicar testes anuais para todos os alunos do terceiro ao oitavo ano. Os estados devem criar um sistema de responsabilização que garanta que os estudantes estejam fazendo progressos anuais adequados nas áreas de conhecimento acima mencionadas. Embora todos os alunos devam mostrar um progresso adequado, devem ser propostos objetivos separados para estudantes carentes, de minorias étnicas, com deficiências e com domínio limitado do inglês.

As escolas que não conseguem mostrar *progressos anuais adequados* (adequate yearly progress – AYP) por dois anos consecutivos são classificadas como de "baixo desempenho". Escolas com baixo desempenho devem receber ajuda especial, mas devem oferecer aos pais a opção de mudar seus filhos de escola e colocá-los em escolas melhores (Duke, 2006). Se as escolas com baixo desempenho não melhorarem após quatro anos, os estados são obrigados a implementar mudanças substanciais no quadro de funcionários e no currículo dessas escolas, e caso não haja progresso após cinco anos, os estados devem fechá-las (Kubick e Mcloughin, 2005).

A lei Nenhuma Criança Deixada Para Trás também requer que os estados e distritos forneçam relatórios que apresentem o nível de desempenho de uma escola, para que o público saiba quais escolas têm baixo desempenho. Outro aspecto dessa lei Nenhuma Criança Deixada Para Trás é que todos os professores contratados a partir de 30 de junho de 2006 devem ser "altamente qualificados", o que significa ter licenciatura e formação superior na área que estão lecionando. As escolas devem notificar os pais caso um professor não seja "altamente qualificado".

Várias críticas foram feitas à lei Nenhuma Criança Deixada Para Trás. Alguns críticos argumentam que a lei NCLB causará mais mal do que bem (Booher-Jennings, 2006; Lederman e Burnstein, 2006; Lewis, 2006; Neil, 2006). Uma crítica amplamente difundida enfatiza que utilizar um único resultado de teste como indicador do progresso e competência de alunos e professores representa um aspecto muito restrito de suas habilidades. Essa crítica é semelhante àquela feita aos testes de QI, descritos no Capítulo 4. Para avaliar o progresso e desempenho de alunos e professores mais corretamente, muitos psicólogos e educadores argumentam que deveriam ser usadas diversas avaliações juntas, incluindo testes, exercícios valendo nota, trabalhos, portfólios e observações em classe – em vez de apenas uma única nota em um único teste. Além disso, os testes que as escolas estão utilizando para avaliar o desempenho e o progresso em cumprimento da lei NCLB não medem habilidades importantes como criatividade, motivação, persistência, raciocínio flexível e habilidades sociais (Droege, 2004; Goldberg, 2005). Os críticos apontam que os professores e as escolas estão gastando muito tempo em classe "ensinando para o teste", treinando os alunos e fazendo-os decorar assuntos isolados em detrimento de um ensino construtivo mais centrado no aluno, que foque habilidades mais complexas de raciocínio que serão úteis para os estudantes alcançarem sucesso na vida (Posner, 2004; Neil, 2006).

Tecnologia e educação
Testes padronizados, decisão baseada em dados e computadores de mão

A crescente ênfase em responsabilização e tomada de decisões baseadas em dados provocada pela lei Nenhuma Criança Deixada para Trás incentivou os educadores a pensarem de forma diferente sobre a maneira como as avaliações padronizadas e os dados resultantes podem informar os instrutores de classe, e, conseqüentemente, afetar o desempenho dos estudantes. Educadores em todos os Estados Unidos estão se empenhando para desenvolver estratégias que proporcionem dados de testes padronizados para as partes interessadas em todos os níveis do sistema educacional e oferecer aos professores assistência de nível técnico para aplicar as avaliações e usar os resultados de forma eficiente. Distritos e escolas norte-americanas estão cada vez mais recorrendo a aplicações tecnológicas.

Um bom exemplo é o programa de alfabetização do Estado do Novo México. O Estado reconheceu que o *Reading First*, aprovado pelo Ministério da Educação dos Estados Unidos, oferecia não apenas uma oportunidade única de suporte à alfabetização, mas também uma maneira de reunir e usar dados de forma padronizada. O Ministério de Estado da Educação norte-americano firmou um contrato com a Wireless Generation, uma empresa que fornece software para avaliações iniciais de alfabetização e que permite aos professores usar computadores de mão para aplicar as avaliações, armazenar dados sobre os estudantes e então transferir esses dados para um computador de mesa e para um website onde ficam disponíveis imediatamente no formato gráfico. Isso permite que os professores vejam os resultados da avaliação de um aluno, assim como dados de suas avaliações anteriores ou ainda dados de avaliações de outros alunos da mesma classe. Embora diversas avaliações sejam destinadas a computadores de mão, o Estado requer que os professores participantes apliquem a avaliação Dynamic Indicators of Basic Early Literacy Skills, também conhecida como DIBELS (Good e Kaminski, 2003) a todos os seus alunos em três janelas de avaliação ao longo do ano letivo – outono, inverno e primavera.

Os pesquisadores constataram muitos benefícios com o uso de computadores de mão no programa (Hupert e Heinze, 2006, no prelo). Os professores relataram que o uso de computadores de mão proporcionou muito mais eficiência. Eles disseram que era muito mais fácil levar o computador portátil com eles para aplicar o DIBELS. Além disso, os resultados eram carregados imediatamente, em vez de ter que inserir dados registrados com lápis e papel. Isso proporcionou um segundo benefício, feedback instantâneo – os professores viam imediatamente os resultados em diversos formatos, tanto para estudantes individuais quanto para suas classes. Por sua vez, esses dois primeiros benefícios levaram a diversos outros, inclusive o de moldar oportunidades de desenvolvimento profissional para resolver problemas percebidos, fortalecendo a comunicação entre lar e escola no sentido de que os professores podem reportar imediatamente o desempenho dos alunos e aumentar o uso de dados para direcionar as aulas.

O sucesso do projeto Reading First do Novo México levou diversos outros estados (Flórida, Oklahoma e Ohio), o Bureau of Indian Affairs, e distritos escolares, tais como os de Chicago e Cidade de Nova York, a contratar a Wireless Generation como fornecedor de computadores de mão para professores participantes administrarem o DIBELS.

Outra crítica é que o custo crescente de aplicar testes padronizados em todo o estado, incluindo o desenvolvimento dos testes, aplicação, correção e relatar seus resultados ao governo federal, ocorre em um momento em que a maioria dos estados norte-americanos está enfrentando cortes no orçamento (Lewis, 2005). O fato de gastar todo esse dinheiro com testes fará com que alguns recursos e programas existentes em outras áreas tenham de ser reformados ou eliminados (Kubick e Mcloughlin, 2005).

Apesar dessas críticas, o Ministério da Educação dos Estados Unidos está comprometido a implementar a legislação Nenhuma Criança Deixada para Trás e as escolas estão fazendo mudanças para se adaptarem às exigências dessa lei. A maioria dos educadores defende a importância de manter altas expectativas e altos padrões de excelência para alunos e professores (Houston, 2005; Revelle, 2004). No entanto, o problema é saber se os testes e procedimentos exigidos pela NCLB são os melhores para atingir esses altos padrões.

Os educadores estão cada vez mais interessados em como a tecnologia pode ser usada de forma eficiente em conjunto com os testes padronizados, tais como aqueles requeridos pela legislação Nenhuma Criança Deixada para Trás. Para ler sobre como isso foi alcançado no programa de alfabetização no Novo México, veja o quadro Tecnologia e educação.

Avaliação nacional dos estudantes nos Estados Unidos e padrões de nível mundial O governo federal dos Estados Unidos também está envolvido no processo de aplicação de testes padronizados através da National Assessment of Educational Progress (NAEP). Os estados não são obrigados a participar da avaliação nacional, mas muitos participam (por exemplo, mais de 40 estados fazem seus estudantes realizarem a parte de leitura do teste). O NAEP é um teste no estilo censo do conhecimento, habilidades, compreensão e atitudes de jovens norte-americanos. Os temas incluem leitura, escrita, literatura, matemática, ciências, estudos sociais, arte, cidadania, além de carreira e desenvolvimento ocupacional. O NAEP foi introduzido em 1969 para ciências, escrita e cidadania. Tem-se o cuidado de não identificar estudantes, escolas, cidades ou estados, mas os estados podem optar por ter seus resultados classificados por estado. Qualquer estudante que realiza o NAEP responde apenas a uma parte de toda a avaliação.

Dados recentes do NAEP (2000, 2005) mostram as seguintes tendências:

- *Leitura.* De 1992 até 2005, ocorreram pequenas melhoras para alunos do quarto e do oitavo ano.
- *Matemática.* As notas melhoraram de 1990 até 2005 para alunos do quarto e do oitavo ano, mas mostraram declínio em 2000 para alunos do décimo segundo ano (veja a Figura 15.1).
- *Ciências.* Não houve mudanças nas notas de 1996 até 2000 para estudantes do quarto e do oitavo ano, mas as notas dos estudantes do décimo segundo ano caíram nesse período.

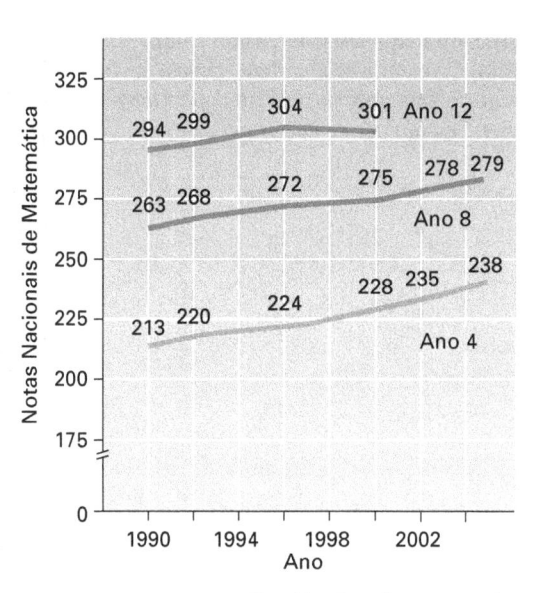

FIGURA 15.1 Tendências das notas de matemática na avaliação do progresso educacional nos Estados Unidos.

Nota: a pontuação pode variar de 0 a 500. Dados para o décimo segundo ano não foram relatados em 2003 e 2005.

O governo federal norte-americano propôs um teste nacional voluntário de leitura para estudantes do quarto e do oitavo ano (Applebome, 1997). Espera-se que ele seja muito difundido, de maneira que se torne a primeira verdadeira avaliação nacional de desempenho de estudantes norte-americanos. O teste nacional seria similar aos testes de leitura e matemática da NAEP e o componente de matemática do Terceiro Estudo Internacional de Matemática e Ciências. Porém, atualmente, os testes são aplicados apenas a uma amostra de estudantes para computar dados normativos nacionais. Os novos testes avaliariam um número muito maior de estudantes e avaliariam os estudantes individualmente.

A avaliação nacional dos estudantes é parte de um esforço para fazer os estudantes norte-americanos alcançarem – e eventualmente estabelecerem – o padrão de um rendimento internacional em educação. Em uma análise sobre testes nacionais em 12 países, foi constatado que os Estados Unidos e o Canadá eram os únicos dois países que não tinham um teste padronizado nacional (por exemplo, a maioria dos países asiáticos, como o Japão, a Tailândia e Cingapura, tem testes nacionais) (Haynes e Chalker, 1997). Em leitura, os estudantes norte-americanos têm bom desempenho comparados aos alunos de outros países durante os primeiros anos do ensino fundamental, mas ao final do ensino médio estão atrás dos estudantes de muitos países. Em comparações feitas entre estudantes dos Estados Unidos e estudantes de 24 outros países em matemática, os americanos ultrapassaram os dados normativos internacionais, mas estudantes em 11 de 25 países superaram os estudantes norte-americanos no quarto ano (países asiáticos ocuparam os quatro primeiros lugares – Cingapura, Hong Kong, Japão e Taipei Chinesa) e estudantes em 9 de 34 países os superaram no oitavo ano (os estudantes asiáticos também ocuparam as primeiras posições) (Gonzáles e outros, 2004). Alunos norte-americanos do quarto ano tiveram nota melhor em ciências, ficando atrás apenas dos estudantes de Taipei Chinesa, Japão e Cingapura. Mas no oitavo ano, estudantes de sete países (sendo Cingapura, Taipei, Coréia e Hong Kong com as notas mais altas) os passaram.

Em comparação com avaliações anteriores, não ocorreram mudanças de 1995 até 2003 nas médias para estudantes norte-americanos do quarto ano em matemática e ciências, mas os alunos do oitavo ano melhoraram um pouco suas médias nessas matérias nesse período. Em comparação com os outros 14 países que foram incluídos em ambas as avaliações, de 1995 e 2003, o desempenho dos estudantes norte-americanos do quarto ano foi pior em 2003 do que em 1995. Dentre as razões alegadas para o desempenho mais fraco dos alunos norte-americanos em comparação com os países líderes em leitura, matemática e ciências estão: má utilização do tempo em trabalhos escolares, expectativas de desempenho muito baixas, turmas

Estudantes japoneses do ensino secundário. *Como os estudantes americanos se saem em comparação com estudantes japoneses e estudantes de outros países?*

maiores, muito tempo gasto com televisão e mídias não-acadêmicas, pouco tempo dedicado a tarefas de casa e gastos inadequados com educação (Ravitch, 1995).

Críticos das comparações entre nações argumentam que em muitas comparações praticamente todos os estudantes norte-americanos estão sendo comparados com um grupo "seleto" de estudantes de outros países, especialmente nas comparações referentes ao ensino secundário. Portanto, concluem eles, não surpreende que os estudantes norte-americanos não estejam se saindo bem. Essa crítica é válida para algumas comparações internacionais. Entretanto, mesmo quando foram feitas comparações entre os 25% melhores estudantes em diferentes países, os estudantes norte-americanos não ficaram muito acima na classificação (Mullis, 1999). Por exemplo, em uma comparação quanto aos 25% melhores estudantes do último ano do ensino médio (referente a conhecimentos e habilidades de matemática e de ciências) em diferentes países, a Suécia, a Holanda, a Noruega e a Suíça obtiveram os primeiros lugares. Os Estados Unidos continuavam abaixo da média internacional no que diz respeito a conhecimentos e habilidades de matemática e ciências, mesmo quando seus melhores estudantes foram comparados com os melhores estudantes de outros países.

Uma análise dos testes padronizados dos Estados Unidos descobriu que, comparados com os testes padronizados norte-americanos, os testes de outros países (1) incluíam mais perguntas de respostas abertas curtas e perguntas dissertativas e (2) eram mais vinculados ao currículo e aos livros didáticos, para que os alunos estrangeiros soubessem o que deveriam estudar (Jacobson, 1996). Agora, as instituições que elaboram os testes padronizados nos Estados Unidos começaram a incluir mais questões construtivas e avaliações de desempenho em seus testes.

Um dos dilemas de buscar padrões de competitividade internacional envolve decidir quais devem ser esses padrões e quem deve defini-los (Tanner, 1997). Devem ser baseados nos padrões de países cujos estudantes alcançam notas altas nas avaliações? Que papéis os governos federais e estaduais desempenham no desenvolvimento desses padrões? Quais educadores devem participar da elaboração? O ensino deve estar vinculado a esses padrões? Ainda não se chegou a um consenso quanto a essas questões.

Testes padronizados para candidatos a professor

Nos Estados Unidos, testes padronizados são realizados não só por estudantes, mas também por candidatos a professor (Darling-Hammond, 2006; Pecheone e Chung, 2006). Muitos candidatos a professor devem realizar alguma versão dos testes PRAXIS™ ou um teste criado por um estado em particular.

Os testes PRAXIS™ e testes para professores Atualmente, a maioria dos estados norte-americanos exige que os candidatos a professor realizem um teste de licenciatura. Em alguns casos, isso envolve um ou mais testes PRAXIS™ publicados pelo Educational Testing Service ou um teste utilizado apenas por um estado em particular. Os testes aplicados pelos estados para licenciar os candidatos a professor avaliam (1) habilidades básicas ou habilidades acadêmicas gerais, (2) conhecimento da disciplina (tal como matemática, inglês, ciências ou estudos sociais) e/ou (3) conhecimento pedagógico. Em muitos casos, há pouca consistência entre os estados onde são usados testes específicos.

Os testes PRAXIS™ consistem em PRAXIS I™, PRAXIS II™ e PRAXIS III™. O teste PRAXIS I™ é uma avaliação preliminar de habilidades básicas que muitas vezes é aplicada no início de um programa de graduação, ou antes que um estudante seja admitido formalmente em um programa de certificação de professores.

Os testes PRAXIS II™ são essencialmente testes de conclusão, normalmente aplicados no primeiro ou no último ano da universidade, para garantir que os estudantes tenham o domínio eficiente de suas áreas de especialidade e/ou pedagogia antes de receberem um certificado preliminar de professor. Os testes PRAXIS II™ cobrem quatro categorias principais: organizar conteúdo de conhecimento para o aprendizado do estudante, criar um ambiente para o aprendizado do estudante, ensino para o aprendizado do aluno e profissionalismo do professor. Eles utilizam uma abordagem de estudo de casos para medir o conhecimento pedagógico dos alunos. Os testes PRAXIS II™ são voltados para faixas etárias específicas (educação infantil, ensino fundamental e ensino médio).

Os testes PRAXIS III™ são avaliações do desempenho de ensino em sala de aula. São normalmente administrados durante o primeiro ano de ensino e podem ser usados como parte de uma diplomação de licenciatura. Os testes PRAXIS III™ incluem dissertações, questões orais, lições de compreensão do idioma falado, revisão de portfólios, vídeos e observações em classe.

O modelo PRAXIS™ atual e os testes estaduais de licenciatura para candidatos a professor receberam algumas críticas. Três dessas críticas são (Darling-Hammond e Baratz-Snowden, 2005, p. 61-62):

- *Os testes avaliam "conhecimentos e habilidades marginais ou de pouca importância" em vez de "conhecimentos profundos da matéria e habilidades reais de ensino".*
- *As notas de corte dos testes às vezes são baixas ou não são aplicadas.* Se os estados estão com escassez de professores, "muitas vezes abrem mão das exigências dos testes" e contratam indivíduos que não passaram na avaliação.
- *Existe uma falta de consistência entre os estados, o que tem restringido a mobilidade dos professores.* Esse é um problema especialmente importante, porque alguns estados têm excesso de professores e outros falta.

A necessidade de um teste nacional para candidatos a professor Atualmente, não há testes nacionais obrigatórios para candidatos a professor nos Estados Unidos, mas existe um clamor para que sejam criados (Keller, 2005; Wineburg, 2006). A National Academy of Education, que é formada por um grupo distinto de educadores, preparou o relatório chamado *A good teacher in every classroom (Um bom professor em toda sala de aula)* (Darling-Hammond e Baratz-Snowden, 2005). O relatório afirma que o teste nacional deveria avaliar um núcleo comum de conhecimento para a preparação profissional, incluindo como criar oportunidades de aprendizagem que tornem as disciplinas acessíveis para todos os estudantes. A National Academy of Education também recomendou que os resultados do teste sejam incorporados às exigências para a licenciatura estadual:

> Um teste desse tipo, como os usados para certificar médicos, advogados e arquitetos, deve demonstrar não apenas o que os professores *sabem* sobre suas disciplinas e como ensiná-las, mas também o que eles conseguem *realizar* em sala de aula; por exemplo, se conseguem planejar e implementar lições para ensinar padrões, avaliar as necessidades dos alunos e criar instruções para atendê-las, utilizar uma variedade de estratégias de ensino e manter uma sala de aula direcionada e produtiva. Felizmente, avaliações que utilizam vídeos de exemplos do trabalho dos professores e dos estudantes para avaliar o que os professores realmente fazem em sala de aula foram desenvolvidas pelo National Board for Professional Teaching Standards (para o uso na certificação de professores veteranos) e por estados como Connecticut para o uso no licenciamento de professores novatos (Darling-Hammond e Baratz-Snowden, 2005, p. 62-63).

Reveja, reflita e pratique

2 Comparar os testes de aptidão e de rendimento e descrever os usos atuais de testes de rendimento.

Reveja

- Em que os testes de aptidão e de rendimento diferem claramente no que se refere a propósitos? E quanto à forma?
- O que são *baterias de pesquisa, testes de matérias específicas* e *testes de diagnóstico*?
- Cite algumas possíveis vantagens dos testes padronizados estaduais de alto valor e algumas das formas como seus resultados estão sendo usados. Quais críticas estão sendo feitas a respeito dos testes padronizados estaduais de alto valor?
- Qual argumento justifica os testes padronizados nacionais? Por que eles encontram resistência?
- Como podem ser caracterizados os testes padronizados para os professores?

Reflita

- O que você vê de bom na idéia de padrões internacionais para aquilo que os estudantes aprendem na escola? E quais problemas?

Pratique PRAXIS™

1. Qual dos seguintes itens demonstra um uso adequado para um teste de aptidão?
   a. Josh faz um teste padronizado para ajudá-lo a determinar se terá sucesso na faculdade de medicina.
   b. Ike faz um teste padronizado para ajudá-lo a determinar o que aprendeu em seu programa de preparação para professor.
   c. Stan faz um teste padronizado para determinar até que ponto ele atendeu ao padrão estadual de matemática.
   d. Penélope faz um teste padronizado para determinar se poderá concluir o ensino médio.

2. A Srta. Jerovitz está revendo os resultados de um teste padronizado de rendimento que seus alunos fizeram. Ela faz um exame cuidadoso e um gráfico dos resultados em cada subdivisão inclusa no teste. Ela tem notas de raciocínio matemático, cálculo, vocabulário, compreensão de texto, ortografia, ciências e estudos sociais. Qual é o tipo mais provável de teste que seus alunos realizaram?
   a. Teste de diagnóstico.
   b. Teste de aptidão.
   c. Teste de inteligência.
   d. Bateria de pesquisa.

3. A Sra. Comer está frustrada com os testes padronizados estaduais que ela precisa aplicar para seus alunos do terceiro ano. A verba que o Estado disponibiliza está associada ao desempenho nesses testes. Por isso, a Sra. Comer e outros professores estão sob pressão da coordenação e da diretoria para assegurar que todos os alunos atinjam os padrões estaduais. Qual dos seguintes é o resultado mais provável dessa situação?
   a. A Sra. Comer e outros professores se tornarão professores melhores para que seus alunos atinjam níveis mais altos.
   b. A Sra. Comer e outros professores começarão a ensinar apenas os assuntos que serão abordados no teste padronizado estadual, limitando, assim, o currículo e as oportunidades de aprendizagem dos alunos.
   c. A Sra. Comer e outros professores ignorarão a pressão da coordenação e da diretoria, continuarão a ensinar como sempre fizeram e esperarão pelo melhor.
   d. A Sra. Comer e outros professores gastarão mais tempo ensinando seus currículos para que os estudantes atinjam níveis mais elevados.

4. O Sr. Carlson, um professor do quinto ano, descreveu o que considera ser as quatro provisões da lei Nenhuma Criança Deixada para Trás para seus colegas. As quatro provisões que ele descreveu estão apresentadas a seguir. Qual ele descreveu de maneira incorreta?

a. Em 2005-2006, os estados começaram a aplicar teste anuais para todos os estudantes do primeiro ano do ensino fundamental até o fim do ensino médio.
b. As escolas que não apresentam progressos anuais adequados por dois anos consecutivos são classificadas como "de baixo desempenho".
c. Os estados e distritos devem fornecer relatórios que demonstrem o nível de desempenho das escolas.
d. Embora todos os estudantes precisem mostrar um progresso adequado, objetivos separados devem ser propostos para alunos carentes.

5. Sally está nervosa por causa do teste que fará como parte de seu processo de certificação como professora. O teste cobre informações que incluem psicologia educacional e desenvolvimento infantil. Qual teste ela provavelmente vai realizar?
   a. PRAXIS I™.
   b. PRAXIS II™.
   c. PRAXIS III™.
   d. Teste Nacional de Certificação de Professores.

Por favor, verifique as respostas no final do livro.

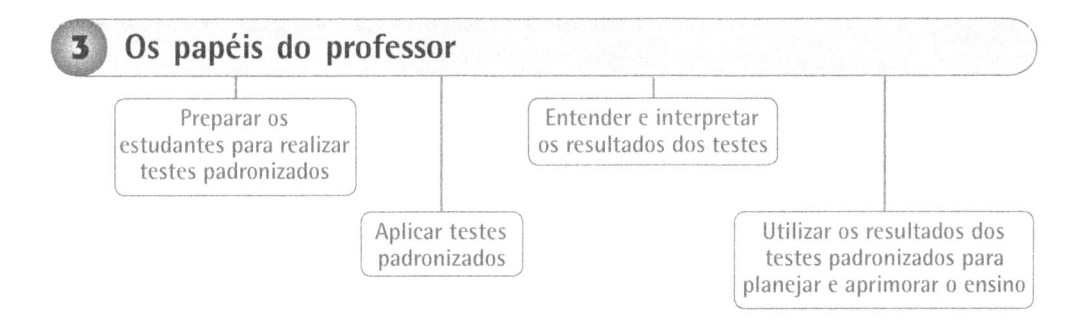

3 Os papéis do professor

- Preparar os estudantes para realizar testes padronizados
- Aplicar testes padronizados
- Entender e interpretar os resultados dos testes
- Utilizar os resultados dos testes padronizados para planejar e aprimorar o ensino

Os papéis dos professores no uso de testes padronizados incluem preparar os estudantes para o teste, aplicar o teste, entender e interpretar os resultados do teste e comunicar os resultados do teste para os pais. Os professores também usam os resultados dos testes para planejar e aprimorar o ensino.

Preparar os estudantes para realizar testes padronizados

Todos os estudantes devem ter a oportunidade de dar o melhor de si. Uma maneira de oferecer essa oportunidade é garantir que os estudantes tenham boas habilidades para realizar testes (McMillan, 2004). Você deve comunicar uma atitude positiva sobre o teste para os alunos. Explique a natureza e a finalidade do teste e descreva-o como uma oportunidade e um desafio em vez de uma provação. Evite dizer algo que possa deixar os estudantes nervosos por causa do teste. Se você observar que a ansiedade de alguns alunos pode prejudicar o desempenho, considere indicar um orientador para conversar com eles sobre maneiras de diminuir a ansiedade durante as avaliações.

Nesta era de testes de alto valor em que os resultados dos testes padronizados podem trazer sérias conseqüências para os estudantes, para os professores e para as escolas, muitas escolas estão implementando programas desenvolvidos para melhorar as habilidades dos alunos de fazer testes (Payne, 1997). No entanto, pesquisadores descobriram que "treinar" os estudantes para realizar testes de maneira bem-sucedida, tal como o SAT, resulta em apenas uma pequena melhora nos resultados. Por exemplo, aulas de treinamento de 20 horas aumentam as notas de matemática e da parte verbal no SAT em apenas cerca de 15 e 10 pontos, respectivamente, na escala de 200 a 800 pontos, ao contrário das afirmações exageradas feitas pelos programas de treinamento para o SAT (Bond, 1989; Educational Testing Service, 1994). O Educational Testing Service – ETS (serviço de testes educacionais), que publica o SAT, afirma que a melhor

Boas práticas
Estratégias para melhorar as habilidades dos estudantes para fazer testes

Aqui estão algumas importantes habilidades para fazer testes que talvez você queira discutir com seus alunos (Linn e Gronlund, 2000):

1. *Leia as instruções com cuidado.*
2. *Leia as questões com cuidado.*
3. *Controle o tempo e trabalhe de maneira rápida o bastante para terminar o teste.*
4. *Pule questões difíceis e volte a elas depois.*
5. *Adivinhe em vez de deixar em branco, caso isso favoreça sua pontuação.*
6. *Responda o máximo possível de questões de múltipla escolha para eliminá-las.*
7. *Siga as orientações com cuidado ao assinalar as respostas (tal como hachurar todo o espaço). Certifique-se de que os alunos saibam fazer isso.* A seguir, Marlene Wendler, uma professora do quarto ano em New Ulm, Minnesota, descreve suas experiências com testes padronizados que seus alunos fazem.

Visão do professor
Não avalie seus alunos apenas com base em testes padronizados

Testes padronizados proporcionam apenas uma pequena "foto", sem muito significado, de uma criança. Um "vídeo" muito mais completo vem de observações diárias. Não rotule uma criança injustamente com base em um teste.

Raramente ou nunca meus alunos encontram questões "assinale a resposta" durante o ano letivo, como aquelas dos testes padronizados. Portanto, para ser justa, antes de fazerem testes padronizados eu lhes dou exemplos semelhantes ao formato do teste. Se adultos realizam um teste com um formato especial, eles se preparam praticando nesse formato. Por que deveria ser diferente para crianças?

8. *Confira a folha de respostas para assegurar-se de ter assinalado as respostas corretamente.*
9. *Confira novamente todas as respostas caso haja tempo.*

---

maneira para os estudantes serem bem-sucedidos no SAT é freqüentando cursos rigorosos, estudando com afinco, aprimorando os conhecimentos de álgebra e geometria, familiarizando-se com o teste e tendo uma boa noite de sono na véspera do teste. Fazer um ou dois testes para praticar é uma maneira inteligente de se preparar para qualquer teste padronizado.

Algumas atitudes que não se deve tomar ao preparar os estudantes para testes padronizados incluem (McMillan, 2002): não ensine em função do teste, não utilize o formato dos testes padronizados para os testes feitos em classe, não descreva os testes como um obstáculo, não diga a seus alunos que decisões importantes serão tomadas apenas com base no resultado de um único teste, não use exemplares anteriores do mesmo teste para preparar os estudantes e não transmita uma atitude negativa em relação ao teste.

Aplicar testes padronizados

A maioria dos testes padronizados detalha extensivamente como o teste deve ser aplicado (Airasian, 2005). Isso inclui como preparar a sala onde o teste será realizado, o que fazer enquanto os alunos realizam o teste, como distribuir o teste e a folha de respostas e como marcar o tempo do teste.

O ambiente físico do teste deve ser bem iluminado e arejado. Os estudantes devem ter um espaço de trabalho apropriado. Organize a sala de maneira a evitar que os estudantes se distraiam e colem. Afixe um aviso na porta dizendo algo como "Teste em Andamento – Não Perturbe" (McMillan, 2004).

Ao aplicar um teste, o professor deve seguir à risca o roteiro descrito no manual, para garantir que o teste está sendo realizado sob condições padronizadas (Gay e Airasian, 2000). Se esse roteiro não for seguido à risca, as comparações quanto ao desempenho dos estudantes em relação à população de estudantes para a qual as normas padronizadas foram estabelecidas para o teste podem se tornar inválidas (Airasian, 2005). Não deixe de escrever na lousa os horários de início e término do teste. No horário de início, fale de maneira clara para os estudantes que eles devem começar. Assegure-se de que os estudantes parem quando o tempo acabar.

Depois que os alunos terminarem o teste, conte os cadernos de perguntas e folhas de resposta. Anote também quaisquer incidentes que tenha observado que possam invalidar os resultados obtidos pelos alunos.

(a) Distribuição da freqüência

Pontuação	Freqüência
96	1
95	1
94	1
92	1
88	2
86	4
84	1
83	1
82	3
78	1
75	2
72	1
68	1
62	1

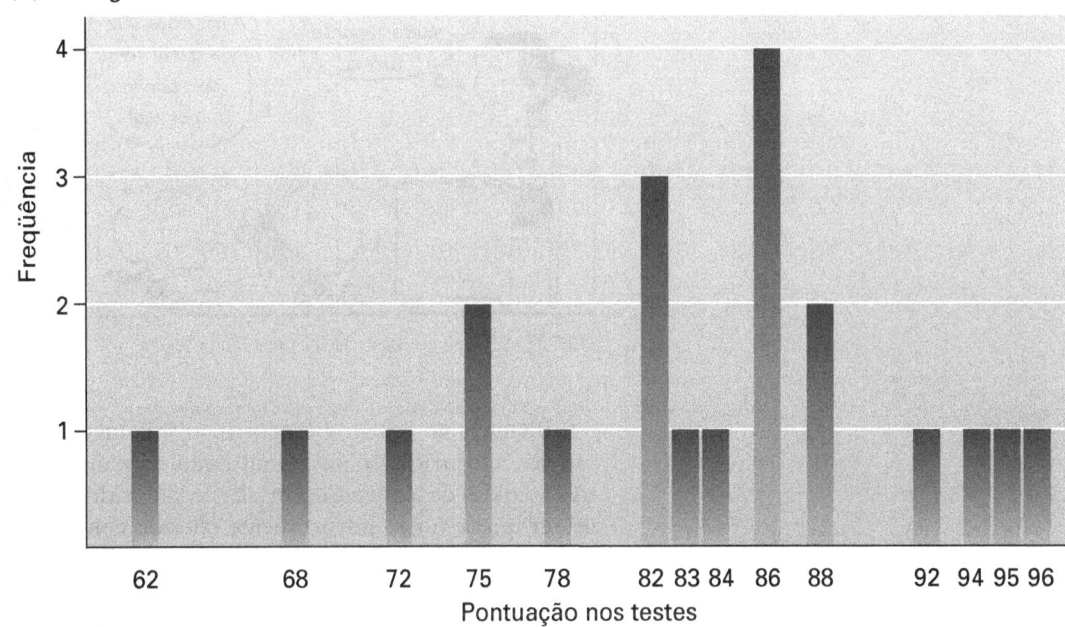

(b) Histograma

FIGURA 15.2 Distribuição de freqüência e histograma.

Entender e interpretar os resultados dos testes

Conhecer algumas estatísticas descritivas básicas ajudará você a interpretar testes padronizados. Sua capacidade de entender e interpretar testes padronizados vai ser útil nas reuniões de pais e mestres de sua classe. Vamos discutir essas estatísticas básicas e também algumas maneiras de reportar resultados de testes.

Entendendo estatísticas descritivas Embora estejamos discutindo estatística aqui para ajudar você a entender testes padronizados, a informação sobre estatística também pode ajudá-lo em muitos outros aspectos de avaliação de sala de aula, como interpretar as notas de um aluno em testes criados e aplicados por você, calcular a média ponderada de um aluno (Best e Kahn, 2003; Hurlburt, 2006; Jackson, 2005). Nosso foco principal aqui é **estatística descritiva**, que são procedimentos matemáticos usados para descrever e resumir dados (informação) de uma maneira útil (Kiess, 2002). Estudaremos distribuições de freqüência, medidas de tendência central, medidas de variabilidade e a distribuição normal.

Distribuições de freqüência O primeiro passo para organizar dados envolve criar uma **distribuição de freqüência,** uma lista de notas, normalmente da maior para a menor, juntamente com o número de vezes em que cada nota aparece. Imagine que foi aplicado um teste e 21 estudantes tiveram as seguintes pontuações: 96, 95, 94, 92, 88, 88, 86, 86, 86, 86, 84, 83, 82, 82, 82, 78, 75, 75, 72, 68 e 62. A Figura 15.2a mostra uma distribuição de freqüência para essas notas. Distribuições de freqüência normalmente são apresentadas graficamente. Por exemplo, um **histograma** é a distribuição de freqüência na forma de um gráfico. Barras verticais representam a freqüência de notas por categoria. A Figura 15.2b mostra um histograma para as 21 notas. O histograma às vezes é chamado de *gráfico de barras*. Veja no histograma que o eixo horizontal (o eixo x) indica as notas obtidas e o eixo vertical (o eixo y) indica quantas vezes cada nota ocorre.

Embora representar um grupo de notas graficamente possa oferecer uma visão sobre o desempenho dos estudantes, algumas técnicas estatísticas que representam notas numericamente também podem. Essas técnicas envolvem os conceitos de tendência central e variabilidade, que iremos discutir.

"Esta noite deixaremos que as estatísticas falem por si"
© The New Yorker Collection 1974 Edward Koren from cartoonbank.com. Todos os direitos reservados.

estatística descritiva Procedimentos matemáticos que são usados para descrever e resumir dados (informação) de uma maneira útil.

distribuição de freqüência Uma lista de notas, normalmente da maior para a menor, juntamente com o número de vezes em que cada nota aparece.

histograma Uma distribuição de freqüência na forma de gráfico.

MISS PEACH. Sob licença de Mell Lazarus and Creators Syndicate, Inc.

Medidas de tendência central Uma medida de **tendência central** é um número que fornece informação sobre a pontuação/nota média, ou típica, num conjunto de dados. Há três medidas de tendência central: média, mediana e moda. A **média** é a média numérica de um grupo de notas, normalmente referido como X ou M por estatísticos. A média é computada somando-se todas as pontuações e dividindo-se essa soma pelo número de notas. Então, a média para as notas dos 21 alunos mencionadas acima é 1.740/21 = 82,86. A média normalmente é um bom indicador da tendência central de um grupo de notas.

A **mediana** é a nota situada exatamente no meio de uma distribuição de notas depois de terem sido organizadas (ou classificadas) da maior para a menor. Em nosso exemplo de 21 notas do teste, a mediana é a 11ª nota (10 acima, 10 abaixo), então a mediana é 84.

A **moda** é a nota que ocorre com mais freqüência. A moda pode ser facilmente determinada examinando-se a distribuição de freqüência ou histograma. Em nosso exemplo de 21 notas, a moda é 86 (a nota que ocorre mais vezes, quatro vezes). A moda é mais reveladora quando seu valor é bem mais freqüente que os outros valores ou notas. Por exemplo, nas 21 notas do nosso exemplo, se 15 das 21 notas fossem iguais, então a moda provavelmente seria a melhor medida de tendência central para os dados. Nesse caso, a média e a mediana seriam menos úteis.

Um conjunto de notas pode ter mais de uma moda. Por exemplo, no nosso exemplo com 21 alunos fazendo o teste, se quatro deles tivessem tirado 86 e quatro tivessem tirado 75, então o conjunto de notas teria duas modas (86 e 75). Um conjunto de notas com duas modas é chamado de *distribuição bimodal*. Um conjunto de notas pode ter mais de duas modas, caso em que é chamado de *distribuição multimodal*.

Medidas de variabilidade Para obter informação sobre a tendência central de um conjunto de dados também é importante conhecer sua variabilidade (Abrami, Cholmsky e Gordon, 2001). **Medidas de variabilidade** nos informam a proporção com que as notas variam de uma para a outra. Duas medidas de variabilidade são amplitude de variação e desvio padrão.

A **amplitude** é a distância entre a maior e a menor nota. A amplitude das notas dos 21 alunos no nosso exemplo é de 34 pontos (96 − 62 = 34). A amplitude é na verdade uma medida de variabilidade simples e não é muito utilizada. A medida de variabilidade mais usada é o desvio padrão.

O **desvio padrão** é uma medida da proporção com que um conjunto de notas varia em relação à média das notas. Em outras palavras, revela quão concentradas as notas estão em torno da média (Frey, 2005). Quanto menor o desvio padrão, menos as notas tendem a se distanciar da média. Quanto maior o desvio padrão, mais as notas tendem a se distanciar da média. Calcular um desvio padrão não é muito difícil, especialmente se você tem uma calculadora que computa raízes quadradas. Para calcular o desvio padrão, siga estes quatro passos:

1. Calcule a média das notas.
2. Subtraia de cada nota a média e, então, eleve a diferença ao quadrado. (Elevar ao quadrado eliminará qualquer sinal negativo que possa resultar da subtração da média.)
3. Some os quadrados e, então, divida essa soma pelo número de notas.

---

tendência central Uma medida estatística que fornece informação sobre a nota média, ou típica, num conjunto de dados.

média A média numérica de um grupo de notas.

mediana A nota situada exatamente no meio de uma distribuição de notas depois de terem sido organizadas (ou classificadas) da maior para a menor.

moda Nota que ocorre com mais freqüência.

medidas de variabilidade Medidas que informam a proporção com que as notas variam de uma para a outra.

amplitude A distância entre a maior e a menor nota.

desvio padrão Uma medida da proporção com que um conjunto de notas varia em relação à média das notas.

Auto-avaliação 15.1

Avaliando meu conhecimento e habilidades em cálculo de medidas de tendência central e variabilidade

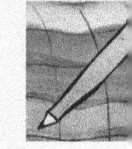

Examine cada uma das afirmativas abaixo e assinale aquelas que você se sente seguro em aplicar seu conhecimento do conceito e sua habilidade de calcular a medida ou utilizar o instrumento.

_____ Sei o que é uma distribuição de freqüência.

_____ Posso descrever o que é um histograma e sei como criar um.

_____ Entendo o que é e sei como calcular uma média.

_____ Entendo o que é e sei como calcular uma mediana.

_____ Sei o que é e como calcular uma moda.

_____ Sei o que é amplitude de variação e como chegar a ela.

_____ Tenho conhecimento para discutir sobre desvio padrão e sei como calculá-lo.

_____ Tenho uma boa calculadora e sei como usá-la para calcular estatísticas descritivas básicas.

Volte e estude novamente o conceito dos itens que você assinalou. Se você ainda não está confiante sobre como calcular as várias medidas, peça a ajuda de um professor, de um monitor de matemática (várias faculdades dispõem desse tipo de ajuda) ou de um amigo que conheça o assunto. Pratique os cálculos para assimilar os conceitos.

4. Calcule a raiz quadrada do valor obtido no passo 3. Este é o desvio padrão.

A fórmula para esses quatro passos é

$$\sqrt{\frac{\Sigma(X - \overline{X})^2}{N}}$$

onde X = nota individual e $\overline{X}$ = a média, N = o número de notas e Σ significa "a soma de".

Aplicando essa fórmula às notas dos 21 estudantes,

1. Já tínhamos calculado a média das notas e encontramos 82,86.
2. Subtraia 82,86 da primeira nota: 96 − 82,86 = 13,14. Eleve 13,14 ao quadrado para obter 172,66. Anote ou salve esse valor e faça o mesmo para a segunda nota, a terceira etc.
3. Some as 21 notas para obter 1.543,28. Divida a soma por 21: 1.543,28/21 = 73,49.
4. Calcule a raiz quadrada de 73,49. O resultado é 8,57, o desvio padrão.

Calculadoras são bastante úteis para calcular o desvio padrão. Para testar seus conhecimentos e habilidades em calcular as várias medidas de tendência central e variabilidade descritas, preencha a Auto-avaliação 15.1. Dominar esses tipos de estatísticas descritivas é útil não só para o trabalho em sala de aula, mas também para entender resultados de pesquisas. O desvio padrão é uma medida melhor de variabilidade do que a amplitude porque a segunda representa informação sobre apenas dois dados (a maior e a menor nota), enquanto o desvio padrão representa uma informação de todos os dados combinados. Também é mais útil saber o quanto as notas do teste estão dispersas ou concentradas do que saber a maior e a menor nota. Se um professor aplica uma prova e o desvio padrão se mostra muito baixo, isso significa que todas as notas estão concentradas em torno do mesmo valor. Isso talvez queira dizer que todos na classe aprenderam igualmente a matéria, porém, mais pro-

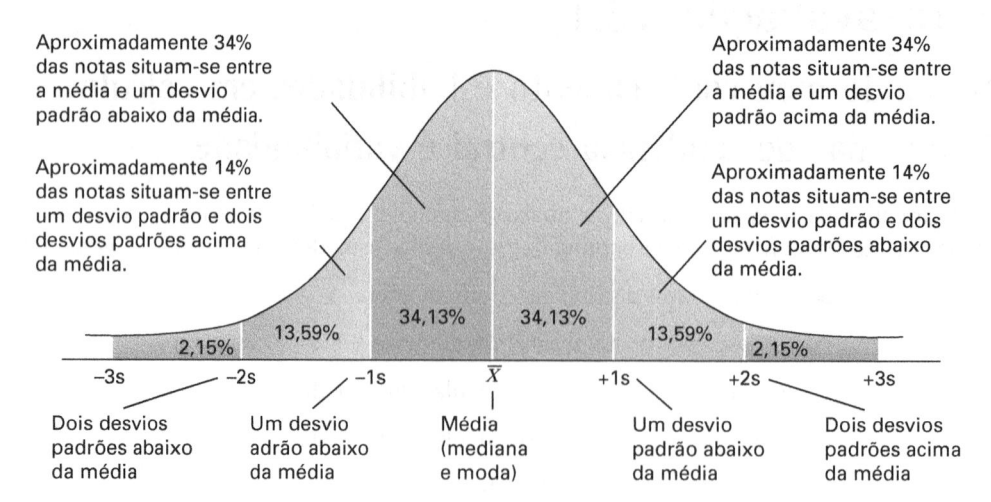

FIGURA 15.3 A distribuição normal.

[Descrição da figura: Curva normal com as seguintes áreas sob a curva — entre −3s e −2s: 2,15%; entre −2s e −1s: 13,59%; entre −1s e $\bar{X}$: 34,13%; entre $\bar{X}$ e +1s: 34,13%; entre +1s e +2s: 13,59%; entre +2s e +3s: 2,15%. Aproximadamente 34% das notas situam-se entre a média e um desvio padrão abaixo da média. Aproximadamente 34% das notas situam-se entre a média e um desvio padrão acima da média. Aproximadamente 14% das notas situam-se entre um desvio padrão e dois desvios padrões acima da média. Aproximadamente 14% das notas situam-se entre um desvio padrão e dois desvios padrões abaixo da média.]

vavelmente, sugere que a prova foi fácil demais e não discriminou efetivamente alunos que aprenderam a matéria daqueles que não aprenderam.

A distribuição normal Numa **distribuição normal**, a maioria das notas se concentra em torno da média. Quanto mais para cima ou para baixo da média, menor a freqüência de cada nota. A distribuição normal é chamada de *curva normal, curva com formato de sino* ou *curva de sino*. Muitas características, como inteligência humana medida por testes de inteligência, capacidade atlética, peso e altura, seguem ou se aproximam de uma distribuição normal. É importante conhecer distribuições normais porque quando se aplica um bom teste padronizado a um grupo grande de alunos, o gráfico das notas resultante tende a parecer uma curva normal (Lowe, 2005). Apresentamos a distribuição para testes padronizados de inteligência no Capítulo 4, "Variações individuais". A Figura 15.3 mostra como se apresenta uma distribuição normal, ou "curva de sino", e descreve suas propriedades estatísticas.

A Figura 15.3 ilustra várias características importantes de uma distribuição normal. Primeiro, ela é simétrica. Por causa dessa simetria, a média, a mediana e a moda são idênticas numa distribuição normal. Segundo, seu formato de sino mostra que as notas mais comuns estão próximas do meio. As notas se tornam menos freqüentes quanto mais se distanciam do meio (ou seja, são mais extremas). Terceiro, a distribuição normal inclui informações tanto sobre a média quanto sobre o desvio padrão, como indicado na Figura 15.3. A área na curva normal entre 1 desvio padrão acima da média e 1 desvio padrão abaixo da média representa 68,26% das notas. A área entre 2 desvios padrões acima e 2 abaixo da média representa 95,42% das notas. Por fim, nos 3 desvios padrões acima e abaixo da média estão inclusas 99,74% das notas. Se aplicarmos essa informação à distribuição de testes de QI na população, 68% da população tem QI entre 85 e 115, 95% tem QI entre 70 e 130, e 99 % entre 55 e 145.

Interpretando resultados de testes Entender estatística descritiva é a base para interpretar resultados de testes eficientemente (Aiken e Groth-Marnat, 2006). Cerca de quatro a oito semanas depois de um teste padronizado ter sido aplicado, os resultados dos testes são enviados à escola. Uma **nota bruta** é o número de itens a que o estudante respondeu corretamente no teste. Notas brutas sozinhas não são muito úteis porque não fornecem informação sobre quão fácil ou difícil foi o teste ou como o estudante se saiu em comparação a seus colegas. As instituições que elaboram os testes normalmente fornecem aos professores diversos tipos de pontuações que vão além de notas brutas. Essas incluem ordem percentil, estanino, equivalência ao nível do ano e nota padrão.

Distribuição em percentil Uma **distribuição em percentil** revela a porcentagem da distribuição que está acima ou abaixo da nota. Também fornece informação sobre a posição da nota em relação às outras. A distribuição em percentil varia de 1 a 99.

---

distribuição normal Uma "curva de sino" em que a maioria das notas se concentra em torno da média. Quanto mais para cima ou para baixo da média avançamos, menor a freqüência de cada nota.

nota bruta O número de itens a que o estudante respondeu corretamente no teste.

distribuição em percentil O porcentual de uma distribuição que cai acima ou abaixo da nota.

Se o percentil de um estudante em um teste for 81, isso significa que o estudante teve um desempenho tão bom ou melhor no teste do que 81% da amostragem que compõe o grupo da média. Note que o percentil não se refere à porcentagem de itens respondidos corretamente no teste. A distribuição em percentil para testes padronizados é determinada por comparação com a distribuição normal do grupo (Tollefson, 2005a). Diferentes grupos de comparação podem ser usados para calcular percentis, tais como médias urbanas e suburbanas.

Estaninos Um **estanino** descreve o desempenho de um estudante num teste numa escala de nove pontos, variando de 1 a 9. Pontuações 1, 2 e 3 são normalmente consideradas abaixo da média; 4, 5 e 6 na média; e 7, 8 e 9 acima da média (Tollefson, 2005b). Como no caso da distribuição em percentil de um aluno, o estanino em uma disciplina (como ciências) pode ser comparado com o estanino em outras disciplinas (como matemática, leitura e estudos sociais).

Um estanino refere-se a uma porcentagem específica da área da curva normal. A Figura 15.4 mostra a correspondência entre o estanino e a ordem percentil. O resultado estanino fornece um indicador mais geral do desempenho de um estudante, enquanto a ordem percentil produz uma estimativa mais precisa.

Equivalência de ano A pontuação de **equivalência de ano** indica o desempenho de um estudante em relação ao nível do ano e ao mês do ano letivo, considerando-se um ano letivo de 10 meses (Tollefson, 2005c). Portanto, uma pontuação de equivalência de ano de 4,5 refere se ao quarto ano, quinto mês do ano letivo. Uma pontuação de equivalência de ano de 6,0 representa o início do sexto ano. Em alguns relatórios de testes o decimal é omitido, tornando 45 o mesmo que 4,5 e 60 o mesmo que 6,0.

A equivalência da nota de ano deve ser usada apenas para interpretar o progresso do estudante, não para colocá-lo num ano. Muitos educadores acreditam que como os dados dessa pontuação freqüentemente são enganosos ou mal interpretados, outros tipos de pontuações, tal como nota padrão, são mais apropriados.

Pontuação padrão Uma **pontuação padrão** é expressa como um desvio da média, que envolve o conceito de desvio padrão que discutimos anteriormente. O termo *padrão* como usado em *pontuação padrão* não se refere a um nível específico de desempenho ou expectativa, mas, sim, à curva padrão normal (McMillan, 2002). A pontuação nos testes padronizados estaduais que discutimos anteriormente em nossa abordagem dos testes de alto valor são pontuações padrão derivadas de distribuições de notas brutas e são únicas para cada estado. Por exemplo, na Virgínia, EUA, a pontuação padrão varia entre 0 e 600 com uma pontuação de 400 designada como "proficiente".

Na verdade, os estaninos e a equivalência de ano que já descrevemos são pontuações padrão. Outras duas pontuações que avaliaremos aqui são a pontuação *z* e a pontuação *T* (Peyton, 2005).

Uma **pontuação z** oferece informação relativa a quantos desvios padrões uma nota bruta está acima ou abaixo da média. Cálculos de uma pontuação *z* usam esta fórmula:

$$\text{pontuação } z = \frac{X - \overline{X}}{DP}$$

onde X = qualquer nota bruta, $\overline{X}$ = média das notas brutas e DP é igual ao desvio padrão da distribuição de notas brutas.

Considere novamente nosso exemplo de 21 estudantes realizando um teste. Qual seria a pontuação *z* de um estudante se sua nota bruta fosse 86? Usando a fórmula que acabamos de mostrar, seria

$$\frac{86 - 82,6}{8,57} = 0,37$$

Portanto, a nota bruta de 86 é 0,37 de um desvio padrão acima da média. A média da pontuação *z* é 0 e o desvio padrão é 1.

Estanino	Distribuição em percentil
9	96 ou mais
8	89–95
7	77–88
6	60–76
5	40–59
4	23–39
3	11–22
2	4–10
1	Abaixo de 4

FIGURA 15.4 A relação entre o estanino e a distribuição em percentil.

estanino Uma escala de nove pontos que descreve o desempenho de um estudante num teste.

equivalência de ano Pontuação que indica o desempenho de um estudante em relação ao nível do ano e ao mês do ano letivo, considerando-se um ano letivo de 10 meses.

pontuação padrão Pontuação expressa como um desvio da média; envolve o conceito de desvio padrão.

pontuação z Pontuação que fornece informação relativa a quantos desvios padrões uma nota bruta está acima ou abaixo da média.

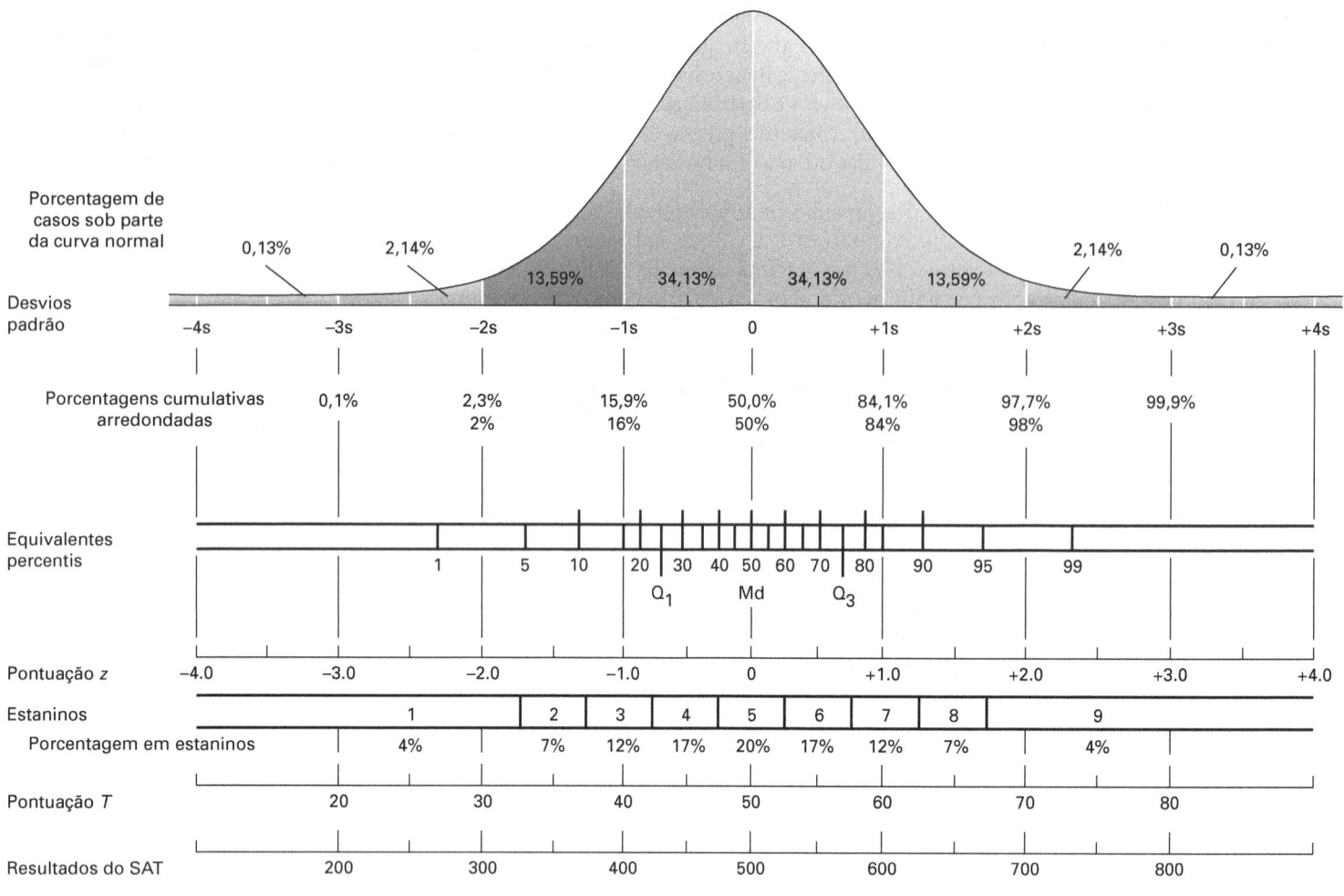

FIGURA 15.5 Algumas pontuações de testes baseados na curva normal relatados comumente.

Fonte: Test Service Bulletin nº 48. Copyright © 1955 by Harcourt Assessment, Inc. Reproduzido com permissão. Todos os direitos reservados.

Uma **pontuação T** é uma pontuação padrão cuja média é fixada em 50 e o desvio padrão em 10. Esta fórmula pode ser usada para calcular a *pontuação T*:

$$\text{pontuação } T = 50 + 10(z)$$

Por exemplo, uma pontuação T de 70 é o mesmo que uma pontuação z de 2, e uma pontuação T de 40 é o mesmo que uma pontuação z de -1. Para a nota bruta de 86, a pontuação T correspondente é, portanto, 54.

O teste SAT para admissão na universidade é baseado em uma estratégia de pontuação semelhante. Sua média é 500 e seu desvio padrão é 100. A pontuação mais baixa possível de 200 no SAT é calibrada para ocorrer a 3 desvios padrão abaixo da média e a pontuação máxima de 800 deve ocorrer a 3 desvios padrões acima da média. Portanto, apenas uma porcentagem muito pequena de estudantes (aproximadamente 0,10%) tem pontuação nesses extremos.

A Figura 15.5 apresenta uma comparação geral de muitos tipos de pontuações padrão que você encontrará em relatórios de testes. A maioria das notas brutas dos testes padronizados é incluída em uma representação de curva normal.

Além de mostrar a posição relativa de um estudante num teste, a pontuação padrão permite comparações entre diferentes tipos de testes (Powell, 2002). Por exemplo, a pontuação de um estudante deve estar um desvio padrão acima da média em um teste de matemática e um desvio padrão abaixo da média em um teste de leitura. Comparações de notas brutas nem sempre permitem tais comparações.

Não exagere na interpretação dos resultados de testes Tome cuidado ao interpretar pequenas diferenças em pontuações de testes, especialmente de distribuição em percentil e de equivalência do ano (Airasian, 2005). Todos os testes têm algum grau de erro.

pontuação T Uma pontuação padrão cuja média é fixada em 50 e o desvio padrão em 10.

Boas práticas
Estratégias para comunicar resultados de testes para os pais

A seguir estão algumas boas estratégias para comunicar resultados de testes aos pais (McMillan, 1997):

1. *Não relate os resultados dos testes isoladamente.* Informe o resultado no contexto do trabalho do estudante como um todo e de seu desempenho em outras avaliações de classe. Isso ajudará a impedir que os pais dêem importância excessiva ao resultado de um único teste padronizado.

2. *Procure utilizar uma linguagem de fácil compreensão ao descrever resultados de avaliações para os pais.* Preste atenção para não usar jargões. Seja capaz de apresentar as informações com suas próprias palavras.

3. *Explique para os pais que os resultados dos testes são aproximados e não absolutos.* Você pode mencionar algo sobre como diversos fatores internos e externos podem afetar os resultados dos estudantes nos testes.

4. *Tenha em mente que resultados na forma de percentil ou de faixas são mais fáceis para os pais entenderem.*

5. *Antes da reunião com os pais, dedique algum tempo para se familiarizar com os resultados do estudante nas avaliações.* Assegure-se de que você sabe interpretar cada um dos resultados que apresentará aos pais. Não é uma boa idéia mostrar aos pais apenas os números em um relatório de teste. Você precisará resumir o que os resultados significam.

6. *Esteja pronto para responder às perguntas que os pais possam vir a fazer sobre os pontos fortes, os pontos fracos e o progresso de seu filho.*

7. *Em vez de falar "para" ou discursar para os pais, fale "com" eles utilizando um formato de discussão.* Após descrever o resultado de uma avaliação, peça aos pais que façam perguntas que o ajudem a esclarecer melhor o que os resultados significam.

Visão do professor

Vicky Stone, uma professora de linguagem do ensino fundamental em Huntington, na Virgínia, diz que o apoio dos pais também é vital para o sucesso de sua estratégia. Ela faz reuniões com eles tanto para oferecer informações como para permitir que se tornem parceiros do programa educacional para o ano letivo. Eles discutem os pontos fortes e fracos dos estudantes. Baseando-se no SAT (Stanford Achievement Test) e na opinião dos pais, seu plano de aulas leva em conta os pontos fracos dos estudantes, incluindo como proceder para corrigi-los.

Uma boa estratégia é pensar em uma nota não como um único número, mas como uma posição dentro de uma faixa ou de um espectro geral. Pequenas diferenças nas pontuações de testes normalmente não são significativas.

Alguns relatórios de testes incluem faixas de percentis, variações de pontuações (em vez de um único resultado) expressas em percentis, como 75º ao 85º percentil. O Metropolitan Achievement Test usa faixas de percentis nos relatórios. Uma diferença de distribuição em percentil de 6 a 8 pontos ou de equivalência ao ano de 2 a 5 meses entre dois estudantes raramente indica alguma diferença significativa no que diz respeito ao desempenho.

Ao considerar o resultado de um teste padronizado, não o avalie isoladamente (Kaplan e Saccuzzo, 2005; Neukrug e Fawcett, 2006). Faça a avaliação em conjunto com outras informações que você tem do estudante e do ensino em sala de aula (Airasian, 2005). A maioria dos manuais que acompanham os testes padronizados adverte contra o excesso de ênfase em suas interpretações.

Utilizar os resultados dos testes padronizados para planejar e aprimorar o ensino

Os professores podem utilizar os resultados de testes padronizados do final do ano anterior para planejar o que vão ensinar no próximo ano, como uma maneira de avaliar a eficiência do ensino após o conteúdo e as habilidades terem sido ensinadas (McMillan, 2002). Qualquer que seja a utilização que se faça de resultados de testes padronizados, assegure-se de que seja feita em conjunto com outras fontes de informação.

Antes do ensino, os resultados de testes padronizados podem fornecer uma indicação geral da capacidade dos estudantes na classe. Isso pode ajudar o professor a selecionar o nível apropriado de ensino e materiais para começar o ano letivo. Um teste padronizado não deve ser utilizado para que se desenvolva uma expectativa muito alta ou muito baixa para um aluno ou para a classe inteira. As expectativas devem ser apropriadas e razoáveis. Se os resultados de um teste de prontidão de leitura sugerirem que a classe de maneira geral não possui as habilidades adequadas de leitura, o professor deverá selecionar cuidadosamente materiais de leitura que os alunos sejam capazes de entender.

Os testes padronizados às vezes são usados para agrupar os estudantes. Na aprendizagem cooperativa é comum agrupar estudantes para que uma ampla gama de capacidades esteja refletida no grupo. No entanto, um único resultado de teste ou um único teste em si não deve ser usado para qualquer propósito do ensino. Deve-se sempre utilizá-lo em conjunto com outras informações.

As subescalas dos testes (como em leitura e em matemática) podem ser usadas para identificar pontos fortes e fracos de estudantes novos em determinadas áreas. Isso pode ajudar os professores a determinar a intensidade de ensino que deve ser aplicada em cada área. Se o rendimento dos estudantes é consideravelmente inferior ao esperado com base em testes de capacidade, eles podem necessitar de testes adicionais, atenção especial ou orientação.

Testes padronizados aplicados após o ensino podem ser usados para avaliar a eficiência do ensino e do currículo. Os estudantes devem obter boas notas nas áreas que foram enfatizadas pelo ensino. Caso não as obtenham, então tanto o teste quanto o ensino precisam ser analisados para determinar por que isso ocorreu.

Ao utilizar testes padronizados para planejar e melhorar o ensino, ressaltamos novamente, é importante que não se utilize um único teste ou resultado de teste para tomar decisões. Isso é especialmente importante em decisões de encaminhamento, que devem ser realizadas com base em informações de múltiplas fontes, incluindo comentários de professores anteriores, notas, observações sistemáticas e mais avaliações. Também é muito importante evitar o uso de um único teste para desenvolver uma expectativa da capacidade de um estudante e estar certo de que os resultados do teste refletem uma avaliação precisa.

Reveja, reflita e pratique

3 Identificar os papéis do professor nos testes padronizados.

Reveja

- Quais são algumas maneiras eficientes de preparar os estudantes para testes padronizados?
- Que passos os professores devem seguir ao aplicar testes padronizados?
- Que papéis as distribuições de freqüência, medidas de tendência central e variabilidade e distribuições normais exercem ao descrever os resultados de testes padronizados? Quais são os diferentes tipos de resultados?
- Como os testes padronizados podem ser usados para planejar e melhorar o ensino?

Reflita

- Considerando o ano e as disciplinas que você pretende ensinar, como os resultados dos testes padronizados podem ser úteis em seu planejamento de ensino?

Pratique PRAXIS™

1. Mark, Jenny, Nicole e Chris realizarão o SAT neste ano. Qual estudante está se preparando melhor?
    a. Chris, que ao longo do ensino médio realizou testes que avaliaram sua habilidade para fazer testes.
    b. Jenny, que cursou consistentemente disciplinas relativamente fáceis durante o ensino médio e obteve notas máximas.
    c. Mark, que se matriculou em um curso preparatório caro, especializado em SAT.
    d. Nicole, que seguiu o rigoroso programa de estudos no ensino médio e fez uma revisão de tudo o que aprendeu em matemática nos primeiros anos do ensino médio.
2. Os alunos de primeiro ano da Sra. Koehler realizarão seu primeiro teste padronizado estadual de alto valor nesta semana. Como ela quer que seus alunos consigam bons resultados, tem o cuidado de não gerar nenhuma ansiedade. Ela evita usar a palavra *prova* e diz a seus alunos para simplesmente darem o melhor de si. Ela afixa um aviso na porta alertando os outros de que há um teste em andamento e que a classe não

deve ser incomodada. Conforme lê as instruções para os alunos, ela nota que o vocabulário das instruções pode ser um pouco complexo para alguns, então ela o simplifica. Para eliminar as distrações, ela coloca uma música suave enquanto os alunos realizam o teste. Durante o teste, um aluno faz uma pergunta para a Sra. Koehler. Ela responde "Desculpe-me, Bill, mas não posso responder isso para você". O que a Sra. Koehler fez de errado?
   a. A Sra. Koehler não se ateve ao procedimento para testes padronizados.
   b. A Sra. Koehler não respondeu à pergunta de Bill.
   c. A Sra. Koehler não falou a seus alunos sobre a importância de seu desempenho no teste.
   d. A Sra. Koehler não explicou a razão de se aplicar um teste padronizado estadual de alto valor.
3. A Sra. Scott acabou de receber os resultados do teste padronizado de sua classe. Conforme revê cada um, ela observa que Pete atingiu uma pontuação da ordem do 98º percentil na parte de leitura desse teste normatizado nacionalmente. O que isso significa?
   a. Pete foi melhor no teste do que todos, com exceção de 2% da norma de grupo.
   b. O resultado de Pete está 1 desvio padrão acima da nota da média da norma de grupo.
   c. Pete acertou 98% das respostas na parte de leitura do teste.
   d. O resultado de Pete está 3 desvios padrão acima da média da norma de grupo.
4. Quais dos itens a seguir é um exemplo de boas práticas ao usar os resultados de testes padronizados para planejar e melhorar o ensino?
   a. A Sra. Carter usa os resultados dos testes padronizados de seus alunos para determinar a colocação para sua classe.
   b. O Sr. Peabody decide que as notas dos testes padronizados serão invalidadas quando seus alunos não se saírem bem em uma matéria que ele enfatizou em classe.
   c. O Sr. Lemhert examina os resultados dos testes padronizados de cada aluno e usa a informação para ajudá-lo a identificar pontos fortes e fracos relativos.
   d. A Sra. Ziegler usa os resultados dos testes padronizados de seus alunos para explicar o desempenho deles em sala de aula para os pais.

Por favor, verifique as respostas no final do livro.

4 Controvérsias nos testes padronizados

Testes padronizados, avaliações alternativas e testes de alto valor

Diversidade e testes padronizados

Como já mencionamos, os testes padronizados são controversos. Uma das controvérsias diz respeito a como os testes padronizados podem ser comparados com métodos alternativos de avaliação, especialmente em testes padronizados estaduais de alto valor. A outra controvérsia questiona se os testes padronizados discriminam estudantes de minorias étnicas e estudantes de baixa renda.

Testes padronizados, avaliações alternativas e testes de alto valor

Como explicaremos mais detalhadamente no Capítulo 16, as avaliações alternativas incluem avaliações de desempenho dos estudantes, tais como avaliações de apresentações orais, problemas do mundo real, projetos e portfólios (coleções sistemáticas e organizadas do trabalho do estudante que demonstram suas habilidades e realizações) (Knotek, 2005; Powers, 2005). Qual é a melhor maneira de avaliar o desempenho dos estudantes: testes padronizados que utilizam principalmente questões de múltipla escolha ou avaliações alternativas?

> ### Diversidade e educação
> **Espelho, espelho meu, diga-me, qual é o teste mais preciso?**
>
> O título acima foi usado para introduzir uma discussão sobre se a avaliação de portfólio é mais precisa do que os testes padronizados para avaliar estudantes de minorias étnicas, estudantes carentes e mulheres (Supovitz e Brennan, 1997). Os pesquisadores compararam os resultados dos testes padronizados tradicionais e da avaliação de portfólio para alunos do primeiro e segundo ano em uma área urbana de tamanho médio. Eles analisaram a contribuição relativa que as características da origem dos estudantes oferecem ao desempenho deles. Se as avaliações de portfólio são mais precisas do que os testes padronizados, então a diferença entre as notas dos estudantes brancos não-latinos de famílias de alta renda e de estudantes carentes de minorias étnicas deveria ser reduzida.
>
> Nos dois anos, a diferença de desempenho entre estudantes afro-americanos e brancos não-latinos foi reduzida praticamente pela metade nas avaliações de portfólio em comparação com os resultados dos testes padronizados. Portanto, as avaliações de portfólio diminuíram significativamente a diferença entre o desempenho dos estudantes afro-americanos e dos brancos não-latinos, mas não a eliminou por completo. Curiosamente, surgiu uma lacuna em relação ao gênero, com meninas superando meninos com uma grande margem nas avaliações de portfólio em comparação com os testes padronizados. As avaliações de portfólio não tiveram um impacto detectável, em média, no desempenho relativo dos estudantes de baixa renda ou incluídos no programa de aprendizado de inglês. Esses estudantes tiveram um desempenho consistentemente pior do que seus pares tanto na avaliação de portfólio como em testes padronizados.
>
> Resumindo, a avaliação de portfólio mostra-se promissora no que diz respeito a focar o ensino em habilidades superiores de raciocínio, oferecendo um feedback útil para os professores sobre as habilidades de raciocínio dos estudantes e enfatizando a resolução de problemas do mundo real. Porém, nesse estudo, a avaliação de portfólio teve efeitos mistos na redução das diferenças de desempenho entre estudantes com origens e experiências diferentes.

O especialista em avaliações norte-americano Grant Wiggins (1992) afirma que os testes de desempenho deveriam ser usados ou em substituição a testes padronizados que incluem apenas questões de múltipla escolha ou ao menos como parte da avaliação geral do estudante. Ele concluiu que a avaliação de desempenho é mais significativa, envolve habilidades de raciocínio mais complexas e atende melhor à reforma educacional atual que enfatiza a aprendizagem construtivista e socioconstrutivista. No Kentucky e em Vermont, a inclusão de resolução de problemas de matemática e a comunicação escrita de idéias matemáticas em testes estaduais obrigatórios levaram os professores a trabalhar mais nessas áreas em suas aulas de matemática (Olson, 2001).

Alguns estados norte-americanos – como Arizona, Califórnia, Kentucky e Wisconsin – desistiram de suas iniciativas anteriores mais ambiciosas de incluir avaliações alternativas em testes estaduais obrigatórios. Isso ocorreu, em parte, porque estudos iniciais indicaram que as avaliações alternativas não produziam resultados tão consistentes quanto os testes de múltipla escolha. Além disso, as avaliações alternativas consumiam mais tempo e dinheiro do que os testes padronizados baseados em normas.

Blaine Worthen e Vicki Spandel (1991) argumentam que, quando utilizados corretamente, os testes padronizados têm valor. No entanto, eles proporcionam uma avaliação apenas parcial e, portanto, são limitados. Worthen e Spandel ressaltam que os testes padronizados são especialmente úteis para fornecer informações sobre a capacidade de comparabilidade numa perspectiva de "visão geral". Comparar sua classe com aquela no fim do corredor não dará ao professor a informação de que ele precisa sobre o nível de seus alunos em relação à população total de estudantes. Testes padronizados podem proporcionar informações melhores sobre questões de "visão geral": Meus alunos do quarto ano estão aprendendo matemática? Meus alunos do sétimo ano atingem um nível predefinido de competência na leitura?

Ao mesmo tempo, Worthen e Spandel estimulam os professores a evitar escrupulosamente o uso incorreto de testes e resultados de testes e a adquirir conhecimento sobre testes para que possam entender seus recursos e limitações, não exigindo dos testes mais do que podem e se destinam a fazer. Eles também afirmam que um teste padronizado poderia ser apenas parte de inúmeras maneiras de avaliar os estudantes.

Ronald Hambleton (1996) concluiu que testes padronizados de múltipla escolha não devem ser deixados de lado completamente num futuro próximo, mas ele prevê que haverá mais equilíbrio nas avaliações se forem incluídos trabalhos escritos, testes de desempenho, exercícios de simulação no computador, projetos feitos a mão e portfólios de trabalhos.

Diversidade e testes padronizados

Anteriormente no capítulo, levantamos a questão quanto à precisão nos testes padronizados. E no Capítulo 4, "Variações individuais", discutimos questões relativas à diversidade e avaliação. Por exemplo, indicamos que nos Estados Unidos as notas dos alunos afro-americanos e latinos estão, em média, 15 pontos abaixo das notas dos estudantes brancos não-latinos nos testes de inteligência padronizados. Essa diferença é atribuída a fatores ambientais e não hereditários. Além disso, estudantes afro-americanos, latinos e indígenas americanos mostram, em média, os níveis mais baixos de proficiência entre todos os grupos étnicos em matemática, ciências, leitura, redação, história, geografia e literatura, segundo os "boletins" do National Assessment of Educational Progress (Riley, 1997).

Como testes padronizados podem discriminar estudantes de minorias étnicas?

Uma preocupação especial diz respeito à tendenciosidade cultural nos testes e à importância de criar testes culturalmente responsivos para fins de diagnóstico e de ensino (Bigelow, 1999; Gay, 1997; Sandoval e outros, 1999). Por causa do potencial de tendenciosidade cultural nos testes padronizados, é importante avaliar os estudantes utilizando uma variedade de métodos. Conforme indicado anteriormente, muitos especialistas em avaliação consideram que a avaliação de desempenho e a de portfólio reduzem algumas das iniquidades que caracterizam os testes padronizados para estudantes de minorias étnicas e carentes. Para ler mais sobre se a avaliação de portfólio é mais precisa para estudantes de minorias étnicas e de outras origens, leia o quadro Diversidade e educação.

Reveja, reflita e pratique

(4) Avaliar questões-chave da aplicação de testes padronizados.

Reveja

- Por que existe a afirmação de que avaliações de desempenho deveriam acompanhar os testes padronizados em avaliações de alto valor?
- O que mudou quando diferentes grupos étnicos foram comparados através da utilização de avaliações de desempenho em vez de testes padronizados?

Reflita

- Em que situações você preferiria ser avaliado através de testes padronizados? E através de avaliações de desempenho? Por quê?

Pratique PRAXIS™

1. Qual dos itens a seguir é o melhor exemplo de um teste de desempenho usado para emitir uma carteira de motorista?
    a. Um teste de direção.
    b. Um teste escrito sobre as regras de direção.
    c. Um teste de acuidade visual.
    d. Um teste computadorizado sobre o significado dos sinais de trânsito.

2. Qual item a seguir indica uma boa estratégia de teste para evitar a tendenciosidade cultural?
    a. Usar um único e bom teste padronizado para controlar as influências externas.
    b. Avaliar os estudantes com diferentes métodos.
    c. Assumir que diferenças étnicas ocorrem por causa da hereditariedade.
    d. Evitar o uso de portfólios para a avaliação de propósitos.

Por favor, verifique as respostas no final do livro.

Desvende o caso
O caso dos testes padronizados

A Sra. Carter é professora do terceiro ano em um distrito norte-americano que utiliza mais de um teste padronizado para medir o rendimento e as habilidades dos estudantes. O distrito usa o teste obrigatório de seu estado para avaliar até que ponto os estudantes atingiram ou superaram os padrões estaduais em matemática, ciências, leitura, redação e ciências sociais. Esse teste apresenta resultados individuais, da escola e do distrito, e os compara com os dados normativos estaduais. Além disso, o distrito utiliza um teste nacional normatizado para avaliar tanto o rendimento quanto as capacidades cognitivas. O teste de rendimento apresenta resultados individuais em relação à média nacional. Esses resultados são reportados como notas de distribuição em percentil e pontuações do tipo QI. Além disso, o resultado do teste inclui uma narrativa que discute e compara as notas de rendimento e de capacidade cognitiva de cada estudante.

A Sra. Carter não está gostando da idéia de aplicar tantos testes padronizados a seus alunos. Ela diz: "Às vezes parece que tudo o que fazemos é nos preparar para testes e realizá-los". Ela certifica-se de que ensinou estratégias apropriadas para a realização de testes a seus alunos. Ela também procura proporcionar a seus alunos algumas experiências que se assemelham aos testes padronizados – como preencher os quadrados nas folhas de resposta e ter um limite de tempo para cumprir tarefas. Além disso, ela envia recados para os pais pedindo que eles garantam que os filhos tenham uma noite adequada de sono e venham bem alimentados nas semanas de testes.

Durante os testes, ela sempre afixa um aviso na porta comunicando que não quer ser incomodada. Ela lê o manual de instruções e pergunta aos alunos se têm alguma dúvida antes de começar o teste. Ela tenta manter o ambiente do teste o mais tranqüilo possível para seus alunos. Para isso, ela normalmente coloca uma música suave enquanto os alunos fazem o teste.

Os resultados dos testes são rotineiramente enviados aos pais como relatórios de desempenho dos estudantes. Reuniões de pais e mestres ocorrem na semana seguinte à entrega dos resultados. Os pais inevitavelmente têm muitas perguntas sobre os resultados dos testes padronizados, tais como:

- "Sra. Carter, o que esta equivalência de ano significa? Aqui diz que a Emily tem uma equivalência de ano de 4,3. Isso significa que deveríamos pedir para colocá-la no quarto ano?"
- "Sra. Carter, a pontuação do John em linguagem está no 90º percentil, mas ele teve apenas nota C na sua aula. Eu simplesmente não entendo."
- "Sra. Carter, como se explica que a pontuação da minha filha ficou no 60º percentil no teste de capacidade, no 70º percentil no teste de rendimento e não atinge o padrão estadual em matemática?"
- "Sra. Carter, como se explica o fato de meu filho ter tido pontuação no teste de capacidade no 40º percentil e no teste de rendimento no 80º percentil? Isso simplesmente não faz sentido!"

1. Quais são os problemas neste caso?
2. Examine os procedimentos de teste da Sra. Carter. O que ela faz de errado? Como isso pode reduzir a validade dos resultados de seus alunos?
3. Como você responderia a cada uma das perguntas dos pais?
4. O que significa ter pontuação no 90º percentil na área de linguagem de um teste padronizado?
   a. O estudante acertou 90% das respostas.
   b. O estudante teve resultados iguais ou superiores a 90% dos estudantes no grupo normativo.
   c. O estudante teve resultados iguais ou inferiores a 90% dos estudantes no grupo normativo.
   d. O estudante teve resultados iguais ou superiores a 90% dos estudantes em sua classe.
5. Se um estudante teve pontuação no 70º percentil na área de matemática de um teste de desempenho e não conseguiu atingir o padrão estadual de matemática, qual das seguintes alternativas é verdadeira?
   a. O teste de desempenho tem baixa validade preditiva para o desempenho no teste estadual de matemática.
   b. O teste de rendimento tem alta validade preditiva para o desempenho no teste estadual de matemática.
   c. O teste de rendimento não é fidedigno.
   d. O teste estadual de matemática é mais fácil do que o teste de rendimento.

Atingindo seus objetivos de aprendizagem
Testes padronizados e ensino

① A natureza dos testes padronizados: Discutir a natureza e os propósitos dos testes padronizados, assim como o critério para avaliá-los.

Testes padronizados e seus propósitos

Testes padronizados são preparados por especialistas para avaliar o desempenho sob condições uniformes. Muitos testes padronizados permitem que o desempenho de um estudante seja comparado com o de outros da mesma idade ou ano em âmbito nacional. Os propósitos dos testes padronizados incluem proporcionar informações sobre o progresso dos estudantes, diagnosticar os pontos fortes e fracos dos alunos, proporcionar evidências para a inclusão de estudantes em programas específicos, proporcionar informações para planejar e aprimorar o ensino, ajudar coordenadores a avaliar programas e contribuir para responsabilização. O interesse na responsabilização levou à criação dos testes baseados em padrões. Decisões importantes sobre os estudantes não devem ser tomadas com base em um único teste padronizado, mas com base em informações obtidas de diversos tipos de avaliações.

Critérios para avaliar testes padronizados

Dentre os critérios mais importantes para avaliar os testes padronizados estão normas, validade, fidedignidade e precisão. Para entender o desempenho individual de um aluno em um teste, esse resultado deve ser comparado com o desempenho de um grupo de indivíduos semelhantes que realizaram o teste previamente, aplicado pelo idealizador do teste. Esse é o grupo normativo. Dados normativos nacionais são baseados em um grupo de estudantes representativo em âmbito nacional. Os testes padronizados também possuem médias para grupos especiais e locais. A validade abrange a proporção com que um teste mede o que pretende medir e se as inferências sobre os resultados são precisas. Três tipos importantes de validade são: validade de conteúdo, validade de critério (que pode ser tanto concorrente quanto preditiva) e validade de constructo. Fidedignidade é a proporção com que um teste produz um resultado consistente e reproduzível. Medidas fidedignas devem ser estáveis, dependentes e relativamente livres de erros. A fidedignidade pode ser medida de diversas maneiras, incluindo a fidedignidade teste-reteste, fidedignidade de formas equivalentes e fidedignidade de duas metades. Testes precisos não apresentam tendenciosidade cultural nem são discriminatórios, não são influenciados por fatores irrelevantes como gênero, etnicidade ou fatores subjetivos como a tendenciosidade cultural de um examinador.

② Testes de aptidão e de rendimento: Comparar os testes de aptidão e de rendimento e descrever os usos atuais de testes de rendimento.

Comparar testes de aptidão e de rendimento

Um teste de aptidão prevê a capacidade que um estudante tem de aprender uma habilidade ou realizar algo através de ensino e treinamento continuado. Um teste de rendimento mede o que o estudante aprendeu ou quais habilidades passou a dominar. Testes de aptidão incluem testes gerais de capacidades gerais tais como os testes de inteligência e testes específicos para prever o sucesso em disciplinas específicas ou áreas ocupacionais. O SAT (semelhante ao Enem ou ao Vestibular) é normalmente descrito como um teste de aptidão, mas pode ser um teste de aptidão ou um teste de rendimento. Às vezes a diferença entre testes de aptidão e de rendimento não é nítida.

Tipos de testes padronizados de rendimento

Testes padronizados de rendimento incluem baterias de pesquisa (testes sobre uma determinada disciplina desenvolvidos para alunos de um nível de escolaridade específico), testes de tema específico (avaliam um assunto de forma mais detalhada e extensa do que uma bateria de pesquisa) e testes de diagnóstico (aplicados para identificar pontos fracos dos estudantes, freqüentemente após o período de ensino).

Testes estaduais padronizados baseados em padrões de alto valor

Algumas possíveis vantagens e usos de testes de alto valor: melhor desempenho do estudante, mais tempo ensinando os assuntos avaliados, altas expectativas para todos os alunos, identificação de escolas, professores e administradores fracos e aumento da confiança nas

continua

continuação

Testes distritais e nacionais nos Estados Unidos

escolas à medida que as notas dos testes aumentam. Os testes de alto valor padronizados estão sendo usados para recuperação, promoção e graduação. Testes padronizados estaduais de alto valor estão recebendo críticas por "emburrecer" o currículo, estimular a memorização pura, estimular os professores a ensinar para o teste e discriminar crianças de nível socioeconômico baixo e de minorias étnicas.

Uma grande controvérsia atual na educação é se a Lei Nenhuma Criança Deixada Para Trás (NCLB) é a melhor maneira de elevar os padrões educacionais. O NAEP é um teste aplicado em nível nacional pelo governo federal norte-americano para testar o conhecimento, habilidades, compreensão e atitudes de jovens norte-americanos. A avaliação nacional também pode apontar as escolas que estão sendo ineficientes. Em muitas comparações com estudantes de outros países, os estudantes norte-americanos não estão se saindo bem. Muitas questões estão envolvidas no conceito de padrões mundiais de rendimento. Há resistência quanto ao teste nacional porque, por exemplo, ele não avalia habilidades importantes como criatividade, motivação, persistência e habilidades sociais, e os educadores estão preocupados quanto aos testes e procedimentos do NCLB serem os melhores para alcançar padrões elevados.

Testes padronizados para candidatos a professor

Atualmente, a maioria dos estados norte-americanos exige que os candidatos a professor realizem um teste de licenciatura. Em alguns casos, isso envolve um ou mais testes PRAXIS™ publicados pelo Educational Testing Service ou um teste utilizado apenas por um estado em particular. Existem críticas aos testes atuais para candidatos a professor e há um clamor para a criação de um teste nacional.

3 Os papéis do professor: Identificar os papéis do professor nos testes padronizados.

Preparar os estudantes para realizar testes padronizados

Certifique-se de que os estudantes tenham boas habilidades para realizar testes. Comunique também uma atitude positiva sobre o teste para os estudantes. Programas de treinamento para melhorar as notas dos estudantes tiveram efeitos mínimos.

Aplicar testes padronizados

A maioria dos testes padronizados detalha como preparar a sala da prova, o que fazer quando os alunos realizam a prova, como distribuir a prova e a folha de respostas e como marcar o tempo de prova. Ao aplicar o teste, é importante seguir o roteiro à risca.

Entender e interpretar os resultados dos testes

Estatísticas descritivas são procedimentos matemáticos utilizados para descrever e resumir dados de maneira significativa. Uma freqüência de distribuição é uma listagem de notas da maior para a menor juntamente com o número de vezes em que cada nota aparece. Um histograma é uma maneira de apresentação da informação da distribuição de freqüência. Medidas de tendência central incluem média, mediana e moda. Medidas de variabilidade incluem amplitude e desvio padrão. A curva normal é uma curva no formato de sino em que a maioria das notas se concentra em torno da média. Uma curva normal é simétrica e incorpora informação tanto sobre a média quanto sobre o desvio padrão. Uma nota bruta representa o número de questões que um estudante acertou num teste, que normalmente não é tão útil como muitos outros tipos de notas. Pontuações de percentil revelam a porcentagem da distribuição que se situa em uma nota em particular ou abaixo dela. Estaninos descrevem o desempenho de um estudante numa escala de nove pontos que vai de 1 a 9. Equivalência de ano é expressa em termos do desempenho de um estudante em relação ao nível do ano. Pontuação padrão é expressa como um desvio da média, que envolve o conceito de desvio padrão (pontuação z e pontuação T são exemplos de pontuação padrão). Evite enfatizar excessivamente os resultados de testes. Uma boa estratégia é pensar numa nota não como um único número, mas como uma posição dentro de uma faixa ou de uma amplitude geral. Não avalie o resultado de um teste padronizado sem levar em conta outras informações que você tem do estudante, como desempenho em sala de aula e natureza do ensino.

Utilizar os resultados dos testes padronizados para planejar e aprimorar o ensino

Os resultados de testes padronizados podem ser usados para planejar e melhorar o ensino. Isso pode ser feito antes ou após o ensino. Os testes padronizados às vezes são usados para agrupar os estudantes, mas é importante ser cauteloso ao criar expectativas irrealistas sobre um estudante baseadas na nota de um teste. As subescalas dos testes podem ser usadas para identificar pontos fortes e fracos em determinadas áreas, o que pode ajudar os professores a determinar quanto ensino devem fornecer em cada área. Testes padronizados devem sempre ser usados em conjunto com outras informações sobre os estudantes e a adequação e a precisão dos testes devem ser avaliadas.

> **4 Controvérsias nos testes padronizados:** Avaliar questões-chave da aplicação de testes padronizados.

- Testes padronizados, avaliações alternativas e testes de alto valor

- Diversidade e testes padronizados

Existe uma discordância sobre o valor dos testes padronizados em relação a avaliações alternativas como avaliação de desempenho e de portfólio. Quando usados corretamente, os testes padronizados têm valor, mas oferecem apenas parte da visão geral da avaliação e possuem limites. Alguns especialistas em avaliação e professores acreditam que testes padronizados de alto valor devem incluir mais avaliações alternativas.

Estudantes afro-americanos, latinos e indígenas americanos apresentam um desempenho inferior ao dos estudantes brancos não-latinos nos testes padronizados. A tendenciosidade cultural é uma preocupação especial nos testes padronizados. Alguns especialistas em avaliação acreditam que avaliações de desempenho têm o potencial de reduzir a tendenciosidade cultural nos testes.

Termos-chave

testes padronizados 532
testes baseados em padrões 533
testes de alto valor 533
grupo normativo 533
validade 533
validade de conteúdo 534
validade de critério 534
validade concorrente 534
validade preditiva 534
validade de constructo 534
fidedignidade 534
fidedignidade teste-reteste 534
fidedignidade de formas equivalentes 535
fidedignidade de duas metades 535
teste de aptidão 537
teste de rendimento 537
estatística descritiva 549

distribuição de freqüência 549
histograma 549
tendência central 550
média 550
mediana 550
moda 550
medidas de variabilidade 550
amplitude 550
desvio padrão 550
distribuição normal 552
nota bruta 552
distribuição em percentil 552
estanino 553
equivalência de ano 553
pontuação padrão 553
pontuação z 553
pontuação T 554

Pasta de atividades

Agora que você tem uma boa compreensão deste capítulo, faça os exercícios a seguir para ampliar seu entendimento.

Reflexão independente

Encontre uma distribuição de freqüência. Crie uma distribuição de freqüência e um histograma para as seguintes notas: 98, 96, 94, 94, 92, 90, 90, 88, 86, 86, 86, 82, 80, 80, 80, 80, 80, 78, 76, 72, 70, 68, 64. (INTASC: Princípio *8*)

Trabalho colaborativo

Calcule e interprete resultados de testes. Com um colega de classe, calcule a média, mediana e moda das 23 notas listadas acima. Calcule a amplitude e o desvio padrão para essas notas. O que esses valores significam? (INTASC: Princípio *8*)

Experiência de pesquisa/campo

O que os críticos dizem sobre os testes padronizados? Através de uma pequena dissertação, avalie cada uma das críticas feitas aos testes padronizados. Diga se você concorda com a crítica e justifique. (1) Testes de múltipla escolha de alto valor levarão a um "emburrecimento" do ensino e da aprendizagem. (2) Estabelecer testes nacionais irá prejudicar novos programas educacionais no nível estadual e local (INTASC: Princípio *8*)

Vá até o Online Learning Center em www.mhhe.com/santedu3e para baixar modelos de pastas de documentos (material disponível em inglês).

CAPÍTULO 16
Avaliação em sala de aula

Chamo minhas avaliações de "oportunidades" que dão aos alunos uma maneira diferente de pensar sobre eles.

—Bert Moore
Psicólogo americano contemporâneo

Tópicos do capítulo

A sala de aula como um contexto de avaliação
- A avaliação como parte integral do ensino
- Tornando a avaliação compatível com visões contemporâneas de aprendizagem e motivação
- Criando metas de aprendizagem claras e apropriadas
- Estabelecendo avaliações de alta qualidade
- Tendências atuais

Testes tradicionais
- Questões de seleção de resposta
- Questões de construção de resposta

Avaliações alternativas
- Tendências da avaliação alternativa
- Avaliação de desempenho
- Avaliação de portfólio

Atribuindo notas e relatando o desempenho
- Finalidade da atribuição de notas
- Componentes de um sistema de atribuição de notas
- Relatando o progresso e as notas dos estudantes aos pais
- Algumas questões relacionadas à atribuição de notas

Computadores e avaliação
- Usando computadores para avaliação
- Elaborando, imprimindo, aplicando e pontuando testes
- Portfólios eletrônicos
- Manutenção de registros
- Avaliação baseada na Web

Objetivos de aprendizagem

1. Discutir a sala de aula como um contexto de avaliação.

2. Proporcionar algumas diretrizes para elaboração de testes tradicionais.

3. Descrever alguns tipos de avaliações alternativas.

4. Construir uma abordagem sólida para a atribuição de notas.

5. Identificar alguns usos de computadores na avaliação.

Histórias   Vicky Farrow

Vicky Farrow foi professora do ensino médio e atualmente leciona psicologia educacional na Lamar University em Beaumont, Texas. Ela faz uma reflexão sobre o processo contínuo de avaliação em sala de aula e o que fazer e não fazer ao desenvolver avaliações:

A avaliação é um processo contínuo. É mais do que aplicar testes ou dar notas. É tudo o que um professor faz para determinar se seus alunos estão aprendendo. Pode ser feita através de perguntas aos alunos, do monitoramento do entendimento deles enquanto circula pela classe durante uma atividade e da observação da expressão do aluno, ou seja, se ele apresenta o cenho franzido porque está confuso ou um sorriso porque assimilou o conceito. Sem essa avaliação contínua, um professor não tem condições de saber se seu ensino é eficaz ou se precisa ser modificado. Quando realizada eficientemente, a avaliação proporciona ao professor informações valiosas para que ele ofereça uma experiência de aprendizagem ótima a cada aluno.

Quando você aplica testes, cada questão deve estar relacionada aos objetivos. Isso ajuda o professor a evitar questões do tipo "pegadinha" – aquelas questões que podem ser triviais ou sem importância para o objetivo pretendido do aprendizado. Se não é importante o suficiente para despender um tempo precioso em classe, provavelmente não é importante o suficiente para avaliar o estudante.

Cuide para que as questões sejam redigidas no nível apropriado. O teste deve avaliar a compreensão dos estudantes quanto ao conteúdo da matéria, não sua habilidade de leitura (a menos, é claro, que a habilidade de leitura é que esteja sendo avaliada). Lembro-me de que quando era estudante fiz um teste de analogias cujo objetivo era avaliar minha capacidade de identificar a relação entre conceitos. No entanto, o vocabulário era tão complexo que errei algumas questões porque as palavras eram muito difíceis para meu nível de escolaridade.

Se um exame inclui uma questão dissertativa, redija uma resposta modelo *antes* de corrigir e atribuir notas. Você criaria seu gabarito para um exame de múltipla escolha a partir da prova de um aluno, contendo tanto respostas certas quanto erradas? É claro que não! Não faz sentido fazer isso com uma questão dissertativa. Se uma questão dissertativa estiver bem redigida e um modelo de resposta for elaborado previamente, a nota que um estudante receber refletirá com mais precisão o nível de entendimento que ele alcançou da matéria sendo testada.

Introdução

A avaliação da aprendizagem vem gerando um interesse considerável nos círculos educacionais. O interesse tem sido focado em temas como até que ponto os professores devem incorporar padrões em seu ensino e avaliações, assim como em que proporção devem usar testes tradicionais ou avaliações alternativas. Nossa abordagem sobre avaliações em sala de aula começa examinando as diversas características da sala de aula como um contexto de avaliação. Depois, fazemos uma comparação entre testes tradicionais e avaliações alternativas seguida de uma discussão do papel das notas na educação. Concluímos o capítulo explorando o uso de computadores na avaliação.

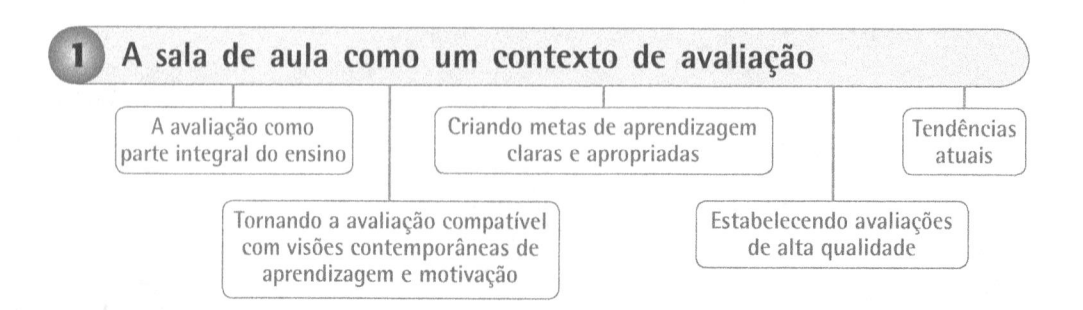

1 A sala de aula como um contexto de avaliação

- A avaliação como parte integral do ensino
- Criando metas de aprendizagem claras e apropriadas
- Tendências atuais
- Tornando a avaliação compatível com visões contemporâneas de aprendizagem e motivação
- Estabelecendo avaliações de alta qualidade

Quando você pensa sobre avaliação, o que lhe vem à mente? Provavelmente testes. No entanto, à medida que discutimos a sala de aula como um contexto de avaliação, você descobrirá que as estratégias modernas de avaliação envolvem muito mais do que testes.

A avaliação como parte integral do ensino

Os professores despendem mais tempo com avaliação do que você imagina. Em uma análise, observou-se que eles usaram de 20% a 30% de seu tempo profissional lidando com assuntos de avaliação (Stiggins, 2001). Com tanto tempo que se despende com avaliação, ela deve ser muito bem feita (Gardner, 2006; Popham, 2005, 2006). O especialista em avaliação James McMillan (2007) ressalta que professores competentes freqüentemente avaliam seus alunos em relação a objetivos de aprendizagem e adaptam sua instrução em conformidade. A avaliação não só documenta o que os estudantes sabem e podem fazer, mas também afeta a aprendizagem e a motivação. Essas idéias representam uma mudança na maneira como a avaliação é vista, o que se distancia do conceito de que a avaliação é um resultado isolado, obtido apenas depois que a instrução foi concluída, e segue em direção ao conceito de integrar a avaliação com instrução (Otero, 2006).

Pense em integrar a instrução e a avaliação em termos de três fases: pré-instrucional, durante a instrução e pós-instrucional. O Standards for Teacher Competence in Educational Assessment (padrões para competência dos professores na avaliação dos alunos, nos Estados Unidos), desenvolvido no início de década de 1990 pela American Federation of Teachers, National Council on Measurement in Education e National Education Association, descreve a responsabilidade do professor na avaliação dos estudantes nessas três fases (veja a Figura 16.1).

Avaliação pré-instrucional Imagine que você queira saber com que facilidade seus alunos conseguem resolver um problema de matemática com determinado grau de dificuldade antes de iniciar a instrução formal em um nível mais avançado. Você pode examinar as notas anteriores de seus alunos e a pontuação deles em testes padronizados de matemática, assim como observá-los por vários dias para ver seu desempenho. Essas avaliações destinam-se a responder à pergunta: que habilidades de matemática meus alunos conseguem demonstrar? Se os resultados de sua avaliação indicam que os alunos não dispõem do pré-requisito de conhecimento e habilidades, você decidirá começar com materiais menos difíceis para eles. Caso se saiam extremamente bem em sua avaliação pré-instrucional, você passará seu nível de instrução para um patamar mais elevado. Sem essa avaliação pré-instrucional, você corre o risco de ter uma classe pressionada (se o nível de instrução for muito avançado) ou entediada (se o nível de instrução for muito baixo).

Muito da avaliação pré-instrucional é uma observação informal (Taylor e Nolen, 2005). Nas primeiras semanas de aula, você terá diversas oportunidades de observar o comporta-

Pré-instrucional	Durante a instrução	Pós-instrucional
Meus alunos têm os pré-requisitos de conhecimento e habilidades para serem bem-sucedidos?	Os alunos estão prestando atenção em mim?	Quanto meus alunos aprenderam?
O que interessará a meus alunos?	Os alunos estão entendendo o material?	O que devo fazer em seguida?
O que motivará meus alunos?	Para quais alunos devo dirigir perguntas?	Devo rever alguma coisa que a classe não entendeu?
Quanto tempo devo planejar para cada unidade?	Que tipo de perguntas devo fazer?	Que notas devo dar?
Quais estratégias de ensino devo usar?	Quando devo responder às perguntas dos alunos?	O que devo dizer a meus alunos?
Como devo atribuir nota aos alunos?	Quando devo parar de expor o assunto?	Como devo mudar minha instrução da próxima vez?
Que tipo de aprendizagem em grupo devo usar?	Quais alunos precisam de ajuda adicional?	A pontuação nos testes realmente reflete o que meus alunos sabem e têm condições de fazer?
Quais são meus objetivos ou metas de aprendizagem?	Quais alunos devem ser deixados para trabalhar por si?	Há alguma coisa que os alunos não entenderam?

FIGURA 16.1 Decisões do professor antes, durante e após a finalização da instrução.

Estas são perguntas que um professor pode responder para melhorar a avaliaçao antes, durante e após a instrução.

mento dos alunos. Seja sensível ao fato de um aluno ser tímido ou extrovertido, ter vocabulário bom ou fraco, falar e ouvir eficientemente, ter consideração com os outros ou ser egocêntrico, comportar-se de maneira apropriada ou não etc. Observe também o comportamento não-verbal do estudante em busca de pistas que possam revelar nervosismo, tédio, frustração ou falta de compreensão.

Nas avaliações pré-instrucionais, cuide para não criar expectativas que possam distorcer sua percepção sobre um estudante. É praticamente impossível não criar expectativas sobre os alunos. Como as expectativas do professor são influências potencialmente poderosas sobre a aprendizagem do estudante, alguns professores nem querem olhar as notas anteriores ou pontuações de testes padronizados. Independentemente de você examinar ou não essas informações de avaliação, empenhe-se para tornar suas expectativas realistas. Se você errar, erre para mais, isto é, criando expectativas excessivamente positivas para os estudantes.

Uma boa estratégia é tratar suas impressões iniciais dos alunos como uma hipótese a ser confirmada ou modificada através de observação ou informações subseqüentes. Algumas de suas observações iniciais serão precisas; outras precisarão ser revistas. Quando tentar saber como seus estudantes são, evite acreditar em comentários, fazer julgamentos definitivos baseados em uma ou duas observações e rotular estudantes (Airasian, 2005).

Alguns professores também administram pré-testes diagnósticos em algumas áreas para examinar o nível de conhecimento e habilidade do aluno. E muitas escolas estão cada vez mais coletando amostras dos trabalhos dos alunos em portfólios, que podem acompanhar um aluno de um ano a outro. Os portfólios possibilitam ao professor um conjunto de informações bem mais concreto e menos enviesado para avaliar do que o comentário de outros professores. Mais à frente neste capítulo descreveremos portfólios mais profundamente.

Avaliação durante a instrução Uma tendência crescente é o uso da **avaliação formativa**, que é a avaliação durante o curso da instrução em vez de após sua conclusão. Avaliação formativa tornou-se um buzzword (o jargão do momento) com sua ênfase em avaliação *para* o aprendizado em vez de avaliação *do* aprendizado (Ainsworth e Viegut, 2006; Black e William, 2006; Stiggins, 2006). Um aspecto importante de ser um professor eficiente é avaliar a compreensão dos estudantes – a avaliação formativa é extremamente importante nesse sentido. A observação e monitoramento contínuos do aprendizado dos estudantes enquanto ensina fornece informações sobre o que você deve fazer em seguida. A avaliação durante a instrução ajuda você a definir seu ensino num nível que desafia e

O que é avaliação formativa? Por que é um aspecto tão importante da avaliação?

avaliação formativa Avaliação durante o curso da instrução em vez de após sua conclusão.

estimula o raciocínio dos alunos. Também ajuda você a detectar quais alunos precisam de uma atenção individualizada (Stobart, 2006).

A avaliação durante a instrução ocorre ao mesmo tempo em que você toma muitas decisões sobre o que fazer, dizer ou perguntar em seguida para manter a classe tranqüila e ajudar os alunos a aprender ativamente (Airasian, 2005). Isso requer ouvir as respostas dos alunos, observar outros alunos em busca de sinais de compreensão ou dúvida, formular a pergunta seguinte e identificar indisciplina na classe (Doyle, 1986, 2006). Simultaneamente, o professor deve monitorar o ritmo da atividade, decidir quais alunos chamar para responder a perguntas, monitorar a qualidade da resposta e a seqüência do conteúdo. Com pequenos grupos formados, o professor deverá ficar atento a diferentes atividades simultaneamente.

Questões orais são um aspecto especialmente importante da avaliação durante a instrução. Alguns professores fazem de 300 a 400 perguntas por dia, não só para estimular os alunos a pensar e a questionar como também para avaliar o nível de conhecimento e de habilidade deles (Morgan e Saxton, 1991).

Quando fizer perguntas, lembre-se de evitar perguntas excessivamente abrangentes e genéricas; envolva toda a classe em vez de chamar sempre os mesmos alunos; proporcione um "tempo de resposta" suficiente após fazer uma pergunta; comprove a resposta dos alunos com perguntas seqüenciais e valorize as perguntas dos próprios alunos (Airasian, 2005).

O feedback é um aspecto importante da avaliação formativa. A idéia é não só avaliar continuamente os estudantes conforme aprendem, mas proporcionar um feedback informativo para que o foco dos estudantes seja apropriado. A Figura 16.2 descreve o que fazer e o que não fazer ao elogiar como parte do feedback.

Avaliação pós-instrucional A **avaliação somativa** (ou formal) ocorre após a finalização do ensino, com o propósito de documentar o desempenho do estudante. A avaliação após a instrução fornece informação sobre o quanto os alunos dominam o material, se estão prontos para a próxima unidade, que notas devem receber, que comentários você deve fazer aos pais e como você deve adaptar sua instrução (McMillan, 2007).

Tornando a avaliação compatível com visões contemporâneas de aprendizagem e motivação

Ao longo deste livro, incentivamos você a ver os estudantes como aprendizes ativos que descobrem e constroem significado; definem, planejam e alcançam objetivos; associam e vinculam informações com conhecimentos existentes de maneiras significativas; pensam de maneira reflexiva, crítica e criativa; desenvolvem habilidades de automonitoramento; possuem expectativas positivas de aprendizagem e confiança em suas habilidades; sentem-se entusiasmados e internamente motivados a aprender; aplicam o que aprenderam a situações do mundo real e comunicam-se eficientemente.

A avaliação desempenha um papel importante no esforço, no envolvimento e no desempenho (Earl, 2006; Harlen, 2006). Suas observações informais podem proporcionar informação sobre quão motivados os alunos estão para estudar um determinado assunto. Se você tem um bom relacionamento com o aluno, um questionamento direto oral numa conversa particular geralmente oferece um insight valioso sobre a motivação do estudante. Ao considerar sobre a maneira como a avaliação e a motivação estão associadas, pergunte-se se suas avaliações estimularão os estudantes a se tornarem mais significativamente envolvidos no assunto e mais intrinsecamente motivados a estudar a matéria (Butler e McMunn, 2006). Avaliações que são desafiadoras, mas justas, deverão aumentar o entusiasmo do aluno para aprender. Avaliações muito difíceis diminuirão a auto-estima e a auto-eficácia dos estudantes, assim como aumentarão a sua ansiedade. Avaliações muito fáceis irão entediar os estudantes e não os motivará a estudar com afinco.

Susan Brookhart (1997, 2002, 2004) desenvolveu um modelo de como a avaliação em sala de aula ajuda a motivar os estudantes. Ela argumenta que toda sala de aula abriga em seu ambiente uma série de eventos repetidos de avaliação. Em cada evento de avaliação, o professor se comunica com os estudantes através de tarefas, atividades e feedback sobre desempenho. Os estudantes respondem de acordo com suas percepções dessas oportunidades de

---

O que fazer

Focar realizações específicas.
Atribuir o sucesso ao esforço e capacidade.
Elogiar espontaneamente.
Referir-se a uma realização anterior.
Individualizar e diversificar.
Elogiar imediatamente.
Elogiar estratégias corretas que levam ao sucesso.
Elogiar precisamente e com credibilidade.
Elogiar em particular.
Focar o progresso.

O que não fazer

Focar realizações generalizadas ou globais.
Atribuir o sucesso à sorte ou à ajuda dos outros.
Elogiar de maneira previsível.
Ignorar uma realização anterior.
Fazer o mesmo elogio a todos os estudantes.
Elogiar tardiamente.
Ignorar estratégias e concentrar-se apenas nos resultados.
Elogiar por um desempenho não merecido.
Elogiar publicamente.
Focar somente o desempenho atual.

FIGURA 16.2 O que fazer e o que não fazer ao elogiar como parte do feedback durante a avaliação formativa.

Fonte: De McMillan, J. H., *Classroom assessment: principles and practice for effective standards-based instruction*, 4e. Publicado por Allyn e Bacon, Boston, MA. Copyright © 2007 by Pearson Education. Reproduzido com permissão da editora.

avaliação somativa Avaliação após a finalização da instrução; também denominada avaliação formal.

aprendizagem e conforme acreditam que será seu desempenho. Brookhart argumenta que essa visão da avaliação de sala de aula sugere que os professores devem avaliar os estudantes usando uma variedade de desempenhos, especialmente os que são significativos para os estudantes.

Da mesma forma, muitos outros especialistas em avaliações de sala de aula argumentam que se você considera a aprendizagem ativa e motivada como um objetivo importante da instrução, você deveria criar avaliações alternativas bem diferentes dos testes tradicionais, que não avaliam como os estudantes constroem conhecimento e entendimento, definem e alcançam objetivos e pensam de maneira crítica e criativa (Brookhart, 2004; McMillan, 2007; Stiggins, 2005). Mais adiante no capítulo, exploraremos como avaliações alternativas podem ser usadas para examinar esses aspectos da aprendizagem e motivação dos estudantes.

Criando metas de aprendizagem claras e apropriadas

Associar a avaliação a visões atuais de aprendizagem e motivação também envolve desenvolver objetivos ou metas de aprendizagem claras e apropriadas (Butler e McMunn, 2006). Uma *meta de aprendizagem* consiste naquilo que os estudantes devem saber e ser capazes de fazer. Você deve estabelecer critérios para julgar se eles atingiram a meta (McMillan, 2007). A Figura 16.3 oferece alguns exemplos e metas de aprendizagem de unidade.

Dentre os tipos de metas de aprendizagem que você pode traçar combinando instrução e avaliação estão:

- *Conhecimento*. Envolve o que os estudantes precisam saber para resolver problemas e desempenhar habilidades. O conhecimento dá aos estudantes a capacidade de dominar assuntos importantes.
- *Raciocínio/pensamento*. Um objetivo de aprendizagem importante para os estudantes é não só adquirir conhecimento, mas também ser capaz de raciocinar sobre o conhecimento usando a solução de problemas, raciocínio indutivo e dedutivo, estratégias e pensamento crítico.
- *Produtos*. Produtos são amostras do trabalho dos estudantes. Dissertações, trabalhos de conclusão de curso, relatórios orais e monografias científicas refletem a capacidade do estudante de usar conhecimento e raciocínio.

FIGURA 16.3 Exemplos de metas de aprendizagem de unidade.

Os alunos serão capazes de explicar como as várias culturas diferem entre si e como influenciam as crenças e a vida das pessoas respondendo oralmente a um conjunto de questões abrangentes sobre diferenças culturais e seus efeitos.

Os alunos demonstrarão seu conhecimento das partes de uma planta completando com palavras espaços em branco ou um diagrama com todas as partes estudadas.

Os alunos demonstrarão seu entendimento sobre cidadania identificando corretamente como falsas ou verdadeiras afirmações novas sobre cidadania. Um grande número de itens é usado para representar o conteúdo ensinado.

Os alunos serão capazes de explicar por que a Constituição é importante escrevendo uma dissertação que indica o que aconteceria se a Constituição fosse abolida. Os trabalhos serão avaliados holisticamente, buscando-se evidências de razões, conhecimento da Constituição e organização.

Os alunos mostrarão que sabem a diferença entre os elementos de uma sentença identificando corretamente verbos, advérbios, adjetivos, substantivos e pronomes em sete de oito sentenças complexas.

Os alunos serão capazes de multiplicar frações calculando corretamente oito de dez problemas de fração. Os problemas são novos para os alunos; alguns são semelhantes às questões de "desafio" do livro.

Os alunos serão capazes de usar seu conhecimento sobre adição, subtração, multiplicação e divisão para resolver problemas semelhantes aos usados no teste padronizado do sexto ano.

Os alunos demonstrarão seu entendimento de como a arte visual transmite idéias e sentimentos indicando de forma correta, oralmente, como exemplos de arte comunicam idéias e sentimentos.

- *Afeto.* Metas afetivas são emoções, sentimentos e valores dos estudantes. Ajude os estudantes a desenvolver autoconsciência emocional (como entender as causas de seus sentimentos), administrar emoções (como administrar a raiva), ler emoções (como ser bom ouvinte do que as pessoas têm para falar) e lidar com os relacionamentos (como ser competente em resolver problemas de relacionamento). No entanto, incluir metas afetivas na avaliação é polêmico.

Estabelecendo avaliações de alta qualidade

Outro objetivo importante para a sala de aula como contexto de avaliação é obter uma avaliação de alta qualidade. A avaliação atinge um nível alto de qualidade quando produz informações confiáveis e válidas sobre o desempenho dos estudantes. Avaliações de alta qualidade também são justas (McMillan, 2007). Validade e fidedignidade dizem respeito à consistência e à precisão das inferências que os professores fazem sobre os estudantes a partir das informações da avaliação.

Validade *Validade* refere-se à proporção com que a avaliação mede o que se pretende medir. No contexto da avaliação de sala de aula, *validade* também inclui quão precisas e úteis são as inferências de um professor sobre a avaliação. *Inferências* são conclusões que as pessoas supõem sobre os alunos a partir de informações sobre a avaliação.

Você não pode obter informação sobre tudo o que um aluno aprende. Portanto, sua avaliação sobre um aluno será necessariamente uma amostra da aprendizagem do aluno. A fonte mais importante de informação para validade em sua sala de aula será a *evidência relacionada ao conteúdo*, a proporção com que a avaliação reflete o que você vem ensinando (McMillan, 2007).

Uma amostragem adequada do conteúdo é um objetivo claramente importante para uma avaliação válida (Weller, 2001). Use seu melhor julgamento profissional ao criar uma amostragem do conteúdo. Portanto, você não vai querer usar apenas uma questão de múltipla escolha para avaliar o conhecimento de um estudante sobre um capítulo de geografia. Uma tendência crescente é usar múltiplos métodos de avaliação, o que pode proporcionar uma amostragem mais abrangente do conteúdo. Assim, o professor pode avaliar o conhecimento dos alunos sobre o capítulo de geografia com algumas questões de múltipla escolha, várias questões dissertativas e um trabalho complementar. Questione-se sempre se suas avaliações são amostras adequadas do desempenho deles. Por exemplo, o trabalho de ciências é tudo o que você vai usar para dar nota ao aluno ou você vai incluir informações sobre o domínio do estudante do conteúdo geral do curso, seu esforço e sua participação em classe na composição da nota?

Associar instrução e avaliação em sala de aula leva ao conceito de **validade instrucional**: a proporção com que a avaliação é uma amostra razoável daquilo que de fato aconteceu em sala de aula (McMillan, 2007). Por exemplo, a avaliação de sala de aula deve refletir o que o professor ensinou, assim como a oportunidade que o estudante teve de aprender o material. Considere uma aula de matemática em que o professor aplica um teste para verificar a capacidade dos alunos de resolver problemas de multiplicação. Para a validade instrucional, é importante que o professor tenha instruído competentemente sobre como resolver problemas e dado aos estudantes oportunidades adequadas de praticar essa habilidade.

Uma estratégia importante para validade na avaliação de sala de aula é vincular sistematicamente objetivos de aprendizagem, conteúdo, instrução e avaliação (McMillan, 2007). Imagine que você seja professor de ciências e que um de seus objetivos de aprendizagem é fazer com que os estudantes pensem de maneira mais crítica e criativa ao elaborar um projeto de ciências. Pergunte-se que conteúdo é importante para atingir esse objetivo de aprendizagem. Por exemplo, será útil para os alunos ler biografias de cientistas famosos que incluem informações sobre como eles tiveram suas idéias? Pergunte-se também que objetivos de aprendizagem você enfatizará na instrução. Para seu objetivo a respeito dos projetos de ciências dos alunos, é importante que você inclua em sua instrução a maneira como pode ajudar os estudantes a pensar crítica e criativamente sobre ciências.

validade instrucional A proporção com que a avaliação é uma amostra razoável do que de fato aconteceu na sala de aula.

Fidedignidade Fidedignidade é a proporção com que um teste produz pontuações consistentes e reproduzíveis. Pontuações fidedignas são estáveis, dependentes e relativamente livres de erros de mensuração. A consistência depende das circunstâncias envolvidas na realização do teste e de fatores relativos ao estudante que variam de um teste para outro (McMillan, 2007).

A fidedignidade não diz respeito à adequação da informação da avaliação, mas sim à determinação de quão consistentemente mede o que se propõe a medir (Parkes e Giron, 2006). Se um professor aplica o mesmo teste de matemática em duas ocasiões diferentes e o desempenho dos estudantes é consistente em ambos os testes, isso indica que o teste é fidedigno. No entanto, a consistência do desempenho dos alunos (com pontuações altas, regulares e baixas mantendo-se semelhantes nas duas ocasiões) não diz nada sobre se o teste de fato mediu o que deveria medir (por exemplo, uma amostra precisa e representativa de questões que medem o conteúdo de matemática que foi ensinado). Portanto, avaliações fidedignas não são necessariamente válidas.

A fidedignidade é reduzida por erros de mensuração. Um estudante pode ter conhecimento e habilidades adequadas e mesmo assim não ter um desempenho consistente ao longo de vários testes por causa de diversos fatores. Fatores internos podem incluir saúde, motivação e ansiedade. Fatores externos podem incluir orientações inadequadas dadas pelo professor, questões ambíguas, uma amostra pobre da informação e pontuação ineficiente das respostas do estudante. Por exemplo, um estudante pode se sair extremamente bem no primeiro teste que um professor aplica para avaliar interpretação de texto, mas consideravelmente mal numa segunda avaliação. A falta de conhecimento e habilidade do estudante poderia ser o motivo para baixa fidedignidade entre as duas avaliações, mas também poderia ser por causa de qualquer tipo de erro de mensuração.

Justiça A avaliação de sala de aula de alta qualidade não só é válida e fidedigna como também justa (McMillan, 2007, National Research Council, 2001; Popham, 2006; Reynolds, Livingston e Willson, 2006). A avaliação é justa quando todos os estudantes têm a mesma oportunidade de aprender e demonstrar seu conhecimento e habilidade (Yung, 2001). A avaliação é justa quando os professores desenvolveram objetivos apropriados de aprendizagem, forneceram conteúdo e instrução competentes que correspondem aos objetivos e selecionaram avaliações que refletem objetivos, conteúdo e instrução.

Tendenciosidade na avaliação inclui ofensas e penalização injusta (Popham, 2005). Uma avaliação é tendenciosa se for ofensiva para um subgrupo de estudantes. Isso ocorre quando estereótipos negativos de subgrupos em particular são incluídos num teste. Por exemplo, considere um teste em que as questões retratam homens ocupando posições bem remuneradas e de prestígio (como médicos e administradores) e mulheres em posições malremuneradas e de pouco prestígio (atendentes e secretárias). Algumas mulheres que realizarão o teste poderão se ofender, com razão, com essa desqualificação de gênero, e o estresse que isso causa pode produzir menos sucesso no resultado do teste realizado pelas mulheres.

Uma avaliação também pode ser tendenciosa se penalizar injustamente um estudante com base no grupo a que está associado, tal como etnicidade, status socioeconômico, gênero, religião e deficiência (Hargis, 2006). Por exemplo, considere uma avaliação que foca um assunto com que os estudantes de famílias de alta renda estão muito mais familiarizados do que os estudantes de famílias de baixa renda (Popham, 2005). Um professor decide experimentar se os estudantes conseguem solucionar problemas colaborativamente em grupos. O conteúdo do problema a ser discutido é sobre uma série de óperas e sinfonias que serão apresentadas localmente que provavelmente só serão assistidas por aqueles que podem pagar o alto preço do ingresso. Mesmo que os estudantes de alta renda não assistam a peças, podem obter informações sobre elas com os pais. Portanto, estudantes de famílias carentes provavelmente terão um desempenho menos eficiente na resolução colaborativa de um problema em relação a eventos musicais não porque têm menos habilidade para isso, mas porque não têm familiaridade com esses eventos.

Alguns especialistas em avaliação acreditam que é importante criar uma filosofia de *avaliação pluralista*, que inclui ser responsivo à diversidade cultural na sala de aula e na

Diversidade e educação
Estratégias culturalmente responsivas para avaliar estudantes

Geneva Gay (1997, p. 215-216, 218) examinou o papel da etnicidade e da cultura na avaliação e recomendou algumas estratégias culturalmente responsivas na avaliação de estudantes. Ela defende (1) modificar a natureza eurocêntrica da instrução e avaliação atuais nos Estados Unidos, (2) acrescentar o uso de uma variedade mais ampla de métodos de avaliação que levem em consideração os estilos culturais de estudantes de cor, (3) considerar avaliação dos estudantes em relação ao seu próprio histórico escolar e (4) avaliar os estudantes de formas que sirvam a funções de diagnóstico culturalmente apropriado e de desenvolvimento.

Avaliações de rendimento "destinam-se a determinar o que os estudantes sabem. Elas presumivelmente refletem o que foi ensinado nas escolas". Gay acredita que "embora nas últimas décadas tenha havido progresso no sentido de tornar o currículo escolar mais inclusivo em termos de diversidade étnica e cultural, a maior parte do conhecimento ensinado, e conseqüentemente os testes de rendimento, continuam a ser eurocêntricos". Ela destaca que até mesmo o domínio de habilidades tende a ser "transmitido através de contextos eurocêntricos. Por exemplo, testes de rendimento podem incluir habilidades em cenários que não são relevantes para a história cultural e experiências de vida de estudantes de cor", como quando o professor pede a "alunos de origem caribenha que nunca conviveram com neve para solucionar problemas" que envolvem a avaliação das dificuldades e dilemas apresentados por uma nevasca – os estudantes podem ter a habilidade de resolução do problema para responder a essa solicitação, mas sua falta de familiaridade com invernos rigorosos pode interferir em sua capacidade de realizar a tarefa com eficiência.

O que são estratégias culturalmente responsivas para avaliar os estudantes?

Isso não significa que estudantes de cor não devam ser avaliados ou que não se deve esperar que atinjam altos padrões de rendimento. No entanto, "para evitar a perpetuação da desqualificação educacional através de procedimentos de avaliação, não se deve esperar que esses estudantes demonstrem" conhecimento e habilidades em relação a contextos aos quais não estão familiarizados. Uma boa estratégia é usar uma variedade de métodos de avaliação para assegurar que nenhum método individual privilegie um grupo étnico ou outro. Esses métodos devem incluir medidas socioemocionais assim como medidas de conteúdo acadêmico. Os professores devem observar e monitorar cuidadosamente o desempenho dos estudantes no que diz respeito a informações verbais e não-verbais no contexto da avaliação.

Gay argumenta ainda que avaliações tradicionais baseadas em normas só devem ser usadas em conjunto com avaliações de desempenho. Deve ser dada mais ênfase à avaliação do estudante através da comparação de seu histórico, focando sua melhora, em vez de uma comparação com outros estudantes.

Gay acredita também que a avaliação deve sempre "atender a funções de diagnóstico e desenvolvimento e ser culturalmente responsável... Relatos narrativos, perfis de desenvolvimento, reuniões aluno-pais-mestre e registros informais sempre devem ser incluídos ao se relatar o progresso dos estudantes".

---

escola (Payne, 1997). Isso geralmente inclui avaliações de desempenho durante e após a instrução. Avaliações de desempenho que podem ser usadas como parte da avaliação pluralista incluem portfólios, projetos, demonstrações, entrevistas e apresentações orais. Isso não significa que devemos abandonar a mensuração objetiva na forma de exames de múltipla escolha e questões dissertativas, pelo contrário, devemos assegurar que uma variedade de métodos sejam usados, incluindo ao menos algumas avaliações de desempenho. Para saber mais sobre estratégias culturalmente responsivas para avaliar os estudantes, leia o quadro Diversidade e educação.

Tendências atuais

A seguir estão apresentadas algumas tendências atuais de avaliação de sala de aula (Hambleton, 1996; McMillan, 2007, National Research Council, 2001):

- *Usar ao menos uma avaliação baseada em desempenho.* Historicamente, a avaliação de sala de aula tem enfatizado o uso de **testes objetivos**, como os de múltipla esco-

testes objetivos Testes que possuem critérios de pontuação relativamente claros e não ambíguos, como os de múltipla escolha.

lha, que possuem critérios de pontuação relativamente claros e não ambíguos. Por outro lado, **avaliações de desempenho** requerem que os estudantes criem respostas ou produtos que demonstrem seu conhecimento ou habilidade. Exemplos de avaliação de desempenho incluem escrever uma dissertação, conduzir um experimento, realizar um projeto, resolver um problema do mundo real e criar um portfólio.

- *Examinar habilidades cognitivas de alto nível.* Em vez de avaliar apenas o conhecimento do conteúdo, como muitos testes objetivos fazem, uma tendência atual é avaliar as habilidades cognitivas de alto nível do estudante, como resolução de problemas, pensamento crítico, tomada de decisão, inferências e pensamento estratégico.

- *Usar métodos diversificados de avaliação.* No passado, avaliar significava usar um teste – freqüentemente de múltipla escolha – como único meio de avaliar um estudante. Uma tendência atual é usar métodos diversificados. Portanto, um professor pode usar qualquer número desses métodos: um teste de múltipla escolha, uma dissertação, uma entrevista, um projeto, um portfólio e auto-avaliações do estudante. Avaliações diversificadas proporcionam uma visão mais ampla da aprendizagem e do rendimento do aluno do que uma única medição.

- *Usar mais freqüentemente testes de múltipla escolha para preparar estudantes para realizar testes padronizados de alto nível.* Justamente quando uma tendência na avaliação mais compatível com abordagens cognitivas, construtivista e motivacional (avaliação de desempenho, uso de portfólios e auto-avaliação) se desenvolveu, os professores voltaram a usar formatos objetivos de avaliação, em muitos casos mais do que anteriormente.

- *Exigir alto padrão de desempenho.* Outra tendência é a exigência de altos padrões de desempenho, até mesmo padrões mundiais, para interpretar resultados educacionais. Alguns especialistas dizem que padrões de desempenho mundiais estão direcionando a avaliação moderna de sala de aula fornecendo objetivos a serem alcançados (Taylor, 1994). No entanto, existem dúvidas sobre quem deve definir esses padrões e se devem ser definidos.

- *Usar computadores como parte da avaliação.* Tradicionalmente, os computadores têm sido usados para pontuar testes, analisar os resultados dos testes e relatar as pontuações dos testes. Hoje, os computadores estão cada vez mais sendo usados para elaborar e aplicar testes, assim como para apresentar diferentes formatos de avaliação para os estudantes num ambiente multimídia. Com os avanços tecnológicos futuros, as práticas de avaliação deverão ser muito diferentes dos testes tradicionais de lápis e papel (van der Linden, 1995).

Tendências na avaliação também incluem a ênfase em habilidades integradas em vez de isoladas, proporcionar mais feedback aos estudantes e tornar públicos padrões e critérios em vez de mantê-los sigilosos e particulares. Retornaremos a muitas dessas tendências atuais mais adiante no capítulo.

avaliações de desempenho Avaliações requerem que os estudantes criem respostas ou produtos que demonstrem seu conhecimento ou habilidade. Exemplos de avaliação de desempenho incluem escrever uma dissertação, conduzir um experimento, realizar um projeto, resolver um problema do mundo real e criar um portfólio.

Reveja, reflita e pratique

1 **Discutir a sala de aula como um contexto de avaliação.**

Reveja

- Descreva avaliação antes, após e durante a instrução.
- Como é possível alinhar a avaliação com as visões contemporâneas de aprendizagem e motivação?
- Quais são alguns tipos de metas de aprendizagem úteis?
- Que padrões podem ser usados para julgar a qualidade das avaliações de sala de aula?
- Quais são algumas tendências atuais na avaliação do aprendizado dos estudantes?

Reflita
- Pense sobre um dos melhores professores que você já teve quando foi aluno do ensino fundamental. Fazendo uma retrospectiva, como você descreveria a sala de aula do professor como um "contexto de avaliação"?

Pratique PRAXIS™

1. Qual dos exemplos a seguir representa melhor a avaliação formativa?
    a. Os alunos do Sr. Harrison fazem uma monografia ao final de cada unidade de conteúdo. Isso permite que ele avalie até que ponto seus alunos entenderam o conteúdo da unidade.
    b. O Sr. Shockey faz a seus alunos perguntas abertas (com respostas dissertativas) durante a instrução. Dessa maneira, ele pode determinar até que ponto seus alunos entenderam o conteúdo de sua aula.
    c. A Sra. Manning joga *Jeopardy* ao final de cada unidade para avaliar o entendimento dos alunos sobre o conteúdo da unidade.
    d. A Sra. Walker faz uma avaliação de conteúdo antes de começar uma unidade para saber o que seus alunos já são capazes de fazer. Isso permite que ela ajuste sua instrução às zonas de desenvolvimento proximal dos alunos.

2. Qual das seguintes avaliações tem maior probabilidade de aumentar a motivação dos estudantes para estudar e aprender?
    a. O Sr. Ditka designa aos alunos uma tarefa que requer conhecimento da unidade de conteúdo para que possa ser realizada com sucesso.
    b. O Sr. Payton aplica provas periódicas com um nível de facilidade suficiente para que todos os alunos tirem boas notas se tiverem freqüentado as aulas.
    c. O Sr. Rivera coloca duas ou três questões do tipo pegadinha em cada prova para que possa determinar quais dos estudantes lêem com atenção as questões antes de responder.
    d. O Sr. Singletary elabora exames muito desafiadores para assegurar que só aqueles estudantes que estudaram a matéria cuidadosamente serão bem-sucedidos.

3. A Sra. Ramirez designou a seus alunos a tarefa de analisar a água de um riacho próximo à escola, determinar o nível de poluição e desenvolver uma solução para o problema. Que tipo de objetivo de aprendizagem ela criou?
    a. Afetivo.
    b. De conhecimento.
    c. De produto.
    d. De raciocínio.

4. A Sra. Vick criou uma avaliação para medir até que ponto seus alunos dominaram o conteúdo da unidade sobre a Constituição. No teste foram incluídas questões sobre a Declaração dos Direitos e outras emendas constitucionais, a revolução americana e a Segunda Guerra Mundial. Qual é a melhor descrição dessa avaliação?
    a. Deve produzir notas válidas e fidedignas.
    b. Não deve produzir notas válidas e fidedignas.
    c. Embora as notas possam ser fidedignas, não serão válidas.
    d. Embora as notas possam ser válidas, não serão fidedignas.

5. A Sra. Krzyzewski está ensinando uma unidade de ciências sobre anatomia. Os alunos estão aprendendo a anatomia de vários animais. Qual dos seguintes é o melhor exemplo de uma avaliação de desempenho desse material?
    a. Os alunos respondem oralmente a questões a respeito das estruturas presentes em diferentes animais.
    b. Os alunos escrevem uma dissertação comparando a anatomia de sapos e porcos.
    c. Os alunos dissecam animais e identificam suas partes anatômicas.
    d. Os alunos fazem um teste de múltipla escolha abordando o material da unidade.

Por favor, verifique as respostas no final do livro.

2 Testes tradicionais

- Questões de seleção de resposta
- Questões de construção de resposta

Os testes tradicionais são tipicamente do tipo papel e lápis, em que os estudantes selecionam uma resposta dentre opções, fazem cálculos, constroem respostas curtas ou escrevem dissertações. Nossa discussão sobre testes tradicionais foca dois tipos principais de formatos de questões nas avaliações: (1) questões de seleção de resposta e (2) questões de construção de resposta.

Questões de seleção de resposta

Questões de seleção de resposta têm um formato objetivo que permite atribuir pontuações aos estudantes rapidamente. Cria-se uma chave de pontuação (máscara) para respostas corretas que pode ser aplicada por um examinador ou um computador. Questões do tipo verdadeiro/falso, múltipla escolha e correspondência de itens são as mais amplamente utilizadas nos testes de seleção de resposta (Reynolds, Livingston e Willson, 2006). Também descreveremos vários outros tipos de formatos de questões objetivas que foram desenvolvidos.

Questões verdadeiro/falso   Uma questão verdadeiro/falso pede ao estudante que assinale se uma afirmativa é verdadeira ou falsa, por exemplo:

Montpelier é a capital de Vermont.   Verdadeiro   Falso

A facilidade com que questões verdadeiro/falso podem ser elaboradas é um problema potencial. Os professores às vezes retiram as afirmativas diretamente de um texto ou as modificam ligeiramente ao elaborar questões verdadeiro/falso. Evite essa prática, porque ela tende a estimular a memorização com pouco entendimento do material.

A Figura 16.4 descreve os pontos fortes e as limitações das questões verdadeiro/falso.

Questões de múltipla escolha   Uma **questão de múltipla escolha** consiste em duas partes: a base e um conjunto de respostas possíveis em um teste objetivo. A base é uma per-

Pontos fortes

1. A questão é útil para resultados em que só existem duas alternativas possíveis (por exemplo, fato ou opinião, válido ou inválido).
2. A exigência de habilidade de leitura é menor do que nas questões de múltipla escolha.
3. Um número relativamente grande de questões pode ser respondido num período de teste convencional.
4. A atribuição de pontuação é fácil, objetiva e fidedigna.

Limitações

1. É difícil escrever questões para um nível elevado de conhecimento e raciocínio livres de ambigüidades.
2. Quando a alternativa selecionada indica corretamente que a afirmativa é falsa, essa resposta não prova que o estudante sabe o que é certo.
3. As respostas incorretas não proporcionam informações diagnósticas.
4. A nota sofre mais influência de adivinhação do que qualquer outro tipo de questão.

FIGURA 16.4 Pontos fortes e as limitações das questões verdadeiro/falso.

Fonte: De Norman E. Gronlund, *Assessment of student achievement*, 6. e. Publicado por Allyn and Bacon, Boston, MA. Copyright © 1998 by Pearson Education. Reproduzido com permissão da editora.

---

questões de seleção de resposta Questões com um formato objetivo que permitem atribuir pontuações às respostas com uma verificação rápida. Uma chave de pontuação (máscara) para respostas corretas é criada e pode ser usada por um examinador ou um computador.

questões de múltipla escolha Questões que consistem em duas partes: uma base e um conjunto de respostas possíveis em um teste objetivo..

Boas práticas
Estratégias para redigir questões verdadeiro/falso

A seguir estão algumas boas estratégias para redigir questões verdadeiro/falso (Gronlund, 2003, p. 78-84):

1. *Use apenas uma idéia principal em cada afirmativa.* Incluir várias idéias numa afirmativa verdadeiro/falso deve ser evitado, porque tende a confundir o estudante e a resposta costuma ser influenciada mais pela habilidade de leitura do que pelo aprendizado.

   Exemplo: O primeiro item é melhor do que o segundo.
   Montpelier é a capital de Vermont.
   Montpelier é a capital de Vermont, que é um estado da Nova Inglaterra, e tem menos de 50 mil habitantes.

2. *"Faça uma afirmativa curta e utilize vocabulário e estrutura de sentença simples."* (p. 80).

   Exemplo: O primeiro item é melhor do que o segundo.
   Montpelier é a capital de Vermont.
   A capital do Estado de Vermont é uma cidade pequena chamada Montpelier.

3. *Use palavras com extrema precisão para que a afirmativa possa ser julgada claramente como verdadeira ou falsa.* Afirmativas verdadeiras devem ser verdadeiras em todas as circunstâncias e livres de qualificadores como *pode* e *possível*. Termos vagos como *raramente, freqüentemente* e *às vezes* devem ser evitados.

   Exemplo: O primeiro item é melhor do que o segundo.
   Pesquisas conduzidas no final de 2004 mostraram que a maioria dos norte-americanos apoiava padrões elevados para os estudantes.
   Muitas pessoas acreditam que padrões elevados para os estudantes podem ser justificados.

4. *"Use negativas ocasionalmente e evite duplas negativas."* (p. 81).

   Exemplo: O primeiro item é melhor do que o segundo.
   Na presença de altas temperaturas, o oxigênio combina-se prontamente com o hidrogênio.
   Na presença de altas temperaturas, o oxigênio não tende a se combinar com o hidrogênio.

5. *"Evite pistas estranhas à resposta. Afirmativas que incluem termos absolutos como sempre, nunca, todos, nenhum* e *apenas tendem a ser falsas. Afirmativas com qualificadores como usualmente, podem* e *às vezes tendem a ser verdadeiras"* (p. 83-84). Elimine essas pistas verbais para corrigir respostas ou balanceie seu uso entre itens verdadeiros ou falsos.

   Exemplo: O primeiro item é melhor do que o segundo.
   Martin Luther King fez discursos importantes sobre direitos civis.
   Martin Luther King nunca fez um discurso irrelevante.

gunta ou uma afirmativa. Alternativas incorretas são chamadas de *distratores*. A tarefa do estudante é selecionar a opção correta dentre os distratores. Por exemplo:

Qual é a capital de Vermont? (base)
  a. Portland (distrator).
  b. Montpelier (resposta).
  c. Boston (distrator).
  d. Weston (distrator).

Boas práticas
Estratégias para redigir questões de múltipla escolha

Algumas boas estratégias para elaborar questões de múltipla escolha incluem (Gronlund, 2006, Haladyna, 1997, 2002; Linden, 1996, McMillan, 2007, Sax, 1997):

1. *Elabore a estrutura em forma de pergunta.*

2. *Forneça três ou quatro alternativas como opções de resposta.*

3. *Se possível, use afirmativas positivas na pergunta e nas opções de resposta.* Os alunos do primário, principalmente, acham afirmativas negativas confusas. Se usar a palavra *não* na base, realce-a com *itálico* ou sublinhado – por exemplo:

    Qual das seguintes cidades *não* pertence à Nova Inglaterra?
    a. Boston.
    b. Chicago.
    c. Montpelier.
    d. Providence.

4. *Inclua o máximo possível da questão na base, tornando-a assim relativamente longa e as alternativas relativamente curtas* – por exemplo:

    Qual presidente dos Estados Unidos escreveu o Discurso de Gettysburg?
    a. Thomas Jefferson.
    b. Abraham Lincoln.
    c. James Madison.
    d. Woodrow Wilson.

5. *As alternativas devem ter concordância gramatical com a base para que não haja respostas gramaticalmente erradas.* Por exemplo, o primeiro item é melhor do que o segundo:

    Orville e Wilbur Wright ficaram famosos por causa de qual meio de transporte?
    a. Avião.
    b. Automóvel.
    c. Barco.
    d. Trem.

    Orville e Wilbur ficaram famosos por causa de um:
    a. Avião.
    b. Automóvel.
    c. Barco.
    d. Trem.

6. *Desenvolva questões que tenham claramente uma opção correta defensável ou uma melhor opção.* A menos que você forneça uma orientação alternativa, os estudantes assumirão que existe apenas uma ou a melhor resposta para uma questão.

7. *Varie a posição da resposta correta.* Estudantes que não têm certeza de uma resposta costumam selecionar a opção do meio e evitar as dos extremos. Colocar as opções em ordem alfabética (pelas primeiras letras da resposta) ajudará você a alternar a posição da opção correta.

8. *Cuidado com pistas na extensão da resposta.* As respostas corretas costumam ser mais longas do que as incorretas por causa da necessidade de incluir especificações e qualificações para tornar a resposta verdadeira. Estenda os distratores (respostas incorretas) para que fiquem do mesmo tamanho que a resposta correta.

9. *Não espere que os estudantes façam distinções sutis entre opções.* Por exemplo, o primeiro item é melhor do que o segundo:

    O ponto de congelamento da água é:
    a. -4° C.
    b. 0° C.
    c. 4° C.
    d. 8° C.

    O ponto de congelamento da água é:
    a. -1° C.
    b. -0,5° C.
    c. 0° C.
    d. 0,5° C.

10. *Não abuse destas opções "Nenhuma das alternativas acima" e "Todas as alternativas acima".* Evite usar também variações como "*a* e *b*" ou "*c* e *d*, mas não *a*".

11. *Não reproduza o texto exato de um livro didático ao escrever uma questão.* Estudantes fracos podem reconhecer a resposta correta, mas não entender de fato seu significado.

12. *Elabore ao menos algumas questões que estimulem os estudantes a se envolver em raciocínio complexo.* Conforme indicamos anteriormente no capítulo, uma tendência atual é usar mais questões de múltipla escolha nas avaliações de sala de aula por causa das exigências impostas aos professores pelos testes padronizados de alto nível. Um aspecto importante de voltar a usar questões de múltipla escolha é o nível cognitivo exigido pelas questões. Muitos professores relatam o uso de questões de "nível mais elevado", mas na realidade geralmente são questões simples de recordação e reconhecimento (McMillan, 2007).

A seguir estão algumas recomendações para escrever questões de múltipla escolha que exigem um raciocínio mais complexo (Center for Instructional Technology, 2006):

- Não elabore mais do que três ou quatro questões por dia que envolvam raciocínio mais complexo, porque são mais difíceis de redigir e exigem mais tempo do que questões objetivas e simples.

- Elabore uma ou duas questões depois de uma aula (uma boa idéia para escrever qualquer tipo de questão de prova), e mais tarde, ao elaborar o teste, simplesmente reúna as questões.
- Use questões baseadas em analogias. Um exemplo de questão de múltipla escolha usando uma analogia é: Bandura está para a teoria social cognitiva assim como ____ _____ está para a teoria social construtivista:
   a. Piaget.
   b. Siegler.
   c. Vygotsky.
   d. Skinner.
- Elabore algumas questões sobre estudos de casos. Você já encontrou muitas delas neste livro. Várias das questões do quadro Pratique PRAXIS™ ao final das principais seções de um capítulo e todas as questões de múltipla escolha do quadro Desvende o caso no final dos capítulos envolvem estudos de casos.
- Elabore questões em que os estudantes precisam selecionar o que está faltando ou o que precisa ser modificado no formato que você fornece.

Estudantes até o terceiro ano provavelmente deveriam responder às questões na folha da prova em vez de fazê-lo em uma folha de respostas separada. Alunos do primário costumam responder devagar e se perder facilmente quando devem usar uma folha de respostas separada (Sax, 1997). Usar uma folha de respostas separada com estudantes mais velhos muitas vezes reduz o tempo de correção, porque as respostas geralmente cabem numa única página.

Para a maior parte dos requisitos de sala de aula, basta contar o número de questões assinaladas corretamente. Alguns professores penalizam os alunos por adivinharem e retiram pontos pelas respostas erradas, mas especialistas em avaliação afirmam que isso não vale o trabalho extra e freqüentemente leva a erros na pontuação (Sax, 1997).

Pontos fortes e limitações de questões de múltipla escolha estão listados na Figura 16.5.

Questões de correspondência Usadas por muitos professores com alunos mais novos, questões de correspondência requerem que os estudantes relacionem corretamente um grupo de estímulos com um segundo grupo de estímulos (Hambleton, 1996). A correspondência é especialmente adequada para avaliar associações ou vínculos entre dois grupos de informações. Num formato típico de correspondência, um professor coloca uma lista de termos do lado esquerdo da página e uma descrição ou definição dos termos do lado direito da página. A tarefa do estudante é traçar linhas entre as colunas ligando os termos com sua descrição ou definição correta. Num outro formato, deixa-se um espaço em branco ao lado de cada termo, onde o estudante escreve o número ou letra correto da descrição/definição. Ao usar correspondência, limite o número de itens a serem correspondidos a no máximo oito ou dez. Muitos especialistas recomendam não usar mais que cinco ou seis itens por conjunto (Linden, 1996).

Testes de correspondência são convenientes para os professores (Popham, 2005), pois (1) sua forma compacta exige pouco espaço e portanto torna fácil acessar muitas informações eficientemente e (2) podem ser facilmente pontuados usando-se uma máscara com as respostas corretas. Testes de correspondência tendem a pedir ao estudante para ligar informações triviais. Além disso, a maior parte das tarefas requer que os estudantes conectem informações que simplesmente decoraram, embora seja possível construir questões que medem habilidades cognitivas mais complexas (Sax, 1997).

Outros formatos de avaliação objetiva Outros testes objetivos ou de seleção de resposta usam o formato audiovisual e conjuntos de problemas (Hambleton, 1996). O formato audiovisual tira vantagem da facilidade com que agora podemos criar e exibir slides e vídeos. Apresenta-se aos estudantes um problema no formato audiovisual e pede-se que tomem decisões sobre o que está acontecendo e como resolver o problema. O estudante seleciona a resposta de um conjunto de opções, assim como num teste de múltipla escolha. As principais vantagens do formato audiovisual é que pode retratar o mundo real e ser usado para avaliar habilidades cognitivas de alto nível. As principais desvantagens são os custos relacionados a tempo e dinheiro.

FIGURA 16.5 Pontos fortes e as limitações das questões de múltipla escolha.

Fonte: De Norman E. Gronlund, *Assessment of student achievement*, 6. e. Publicado por Allyn e Bacon, Boston, MA. Copyright © 1998 by Pearson Education. Reproduzido com permissão da editora.

Pontos fortes
1. É possível medir resultados simples e complexos.
2. A tarefa é altamente estruturada e clara.
3. É possível medir uma ampla amostra de rendimento.
4. Alternativas incorretas proporcionam informações de diagnóstico.
5. As pontuações são menos influenciadas por adivinhação do que questões verdadeiro/falso.
6. A pontuação é fácil, objetiva e confiável.

Limitações
1. Elaborar boas questões exige tempo.
2. Geralmente é difícil encontrar distratores plausíveis.
3. O formato de múltipla escolha é ineficaz para medir alguns tipos de questões de resolução de problemas e a capacidade de organizar e expressar idéias.
4. A pontuação pode ser influenciada pela capacidade de leitura.

Conjuntos de problemas envolvem apresentar duas ou mais questões de múltipla escolha ou resposta objetiva e curta se referindo a um único estímulo, "como uma ilustração, um gráfico ou uma passagem" (Hambleton, 1996, p. 910). Por exemplo, na aula de matemática pode-se apresentar um gráfico juntamente com uma série de questões de múltipla escolha. Em história ou estudos sociais, um mapa pode ser o estímulo para meia dúzia de questões. Alguns estudantes relatam que o formato conjunto de problemas parece mais realista do que um conjunto de questões distintas, independentes.

Quão boas são suas questões para testes? Uma maneira de avaliar a qualidade de suas questões para testes é conduzir uma análise de itens. Um método para isso envolve calcular o nível de dificuldade dos itens. Outro método envolve determinar quão bem os itens discriminam entre alunos com pontuação alta e alunos com pontuação baixa no teste como um todo (Gronlund, 2006; Linden, 1996; Reynolds, Livingston e Willson, 2006).

O **índice de dificuldade de item** é a porcentagem de estudantes que responde corretamente a um item. Para calcular o índice de dificuldade para cada item, siga estes passos:

1. Ordene a pontuação da maior para a menor.
2. Identifique o grupo com as maiores pontuações e o grupo com as menores pontuações. Numa classe com 30 alunos, você pode escolher as 10 pontuações mais altas e as 10 mais baixas. Uma boa estratégia é selecionar o terço dos estudantes com maiores pontuações e o terço com menores pontuações.
3. Determine a porcentagem de alunos com pontuação alta e alunos com pontuação baixa que acertaram uma questão adicionando um zero. Num exemplo, 8 de 10 alunos no grupo de pontuação alta responderam corretamente a questão, o que corresponde a 80%; 4 de 10 estudantes do grupo de pontuação baixa responderam corretamente, o que corresponde a 40%.
4. Para obter o índice de dificuldade do item, some a porcentagem de acerto nos grupos de pontuações alta e baixa e depois divida por dois. Acrescente um sinal de porcentagem à resposta. Dessa forma, em nosso exemplo,

$$\frac{80 + 40}{2} = 60\%$$

Quando o índice de dificuldade é igual ou maior que 75%, a questão geralmente é interpretada como fácil em termos de nível de dificuldade; quando o índice é igual ou menor que 25%, a questão geralmente é interpretada como difícil em termos de nível de dificuldade. Qualquer item com um índice de dificuldade entre 25% e 75% – incluindo o item de nosso exemplo – é geralmente interpretado como tendo um nível médio de dificuldade.

Especialistas em avaliação recomendam que a maioria das questões fique na faixa entre 40% e 60%, com apenas algumas questões difíceis (de 0% a 25%) ou fáceis (de 75% a 100%).

O **índice de discriminação de item** reflete a capacidade de um item discriminar indivíduos que tiveram pontuação alta daqueles que tiveram pontuação baixa no teste inteiro. Obtenha o índice de discriminação de item subtraindo a porcentagem que acertou no grupo de pontuação baixa da porcentagem que acertou no grupo de pontuação alta. Em seguida, acrescente uma casa decimal à resposta. Assim, em nosso exemplo,

$$80 - 40 = 0{,}40$$

Esse índice de discriminação de item tem um ponto decimal e seu valor varia de 0 a 1,00. Se o índice variar de 0 a 0,19, quer dizer que houve pouca ou nenhuma diferença entre o grupo de pontuação alta e o de pontuação baixa na questão. Se o índice variar de 0,20 a 0,39, a questão discriminou moderadamente entre o grupo de pontuação alta e o de pontuação baixa. Se o índice for de 0,40 ou maior, a questão discriminou fortemente entre o grupo de pontuação alta e o grupo de pontuação baixa (que foi o caso da questão em nosso exemplo: 0,40). Se o índice de discriminação de item estiver abaixo de 0,20, você talvez decida melho-

---

conjuntos de problemas Grupos de duas ou mais questões de múltipla escolha ou resposta objetiva e curta se referindo a um único estímulo, "como uma ilustração, um gráfico ou uma passagem".

índice de dificuldade de item Porcentagem de estudantes que responde corretamente a um item.

índice de discriminação de item Índice que reflete a capacidade de um item de diferenciar indivíduos que tiveram pontuação alta daqueles que tiveram pontuação baixa no teste inteiro.

rar ou eliminar a questão. Se estiver entre 0,20 e 0,39, você talvez decida manter a questão, porém, aperfeiçoá-la; e se o índice for de 0,40 ou maior, você provavelmente manterá a questão como está.

Questões de construção de resposta

Questões de construção de resposta requerem que os estudantes escrevam a informação em vez de selecionar uma resposta a partir de uma lista. Questões de resposta curta e dissertativas são as formas de questões de construção da resposta mais comumente usadas. Na correção, muitas questões de construção de resposta requerem julgamento da parte do examinador (Reynolds, Livingston e Willson, 2006).

Questões de resposta curta Uma **questão de resposta curta** é um formato de construção de resposta que exige que os estudantes escrevam uma palavra, uma frase curta ou várias sentenças em resposta a uma tarefa. Por exemplo, pode-se perguntar ao aluno, "Quem descobriu a penicilina?"; o formato de resposta curta permite a recordação e pode proporcionar uma avaliação de solução de problema de uma ampla gama de materiais. As desvantagens das questões de resposta curta é que elas requerem julgamento para serem corrigidas e medem o aprendizado tipicamente por memorização.

A complementação de sentença é uma variação do formato de resposta curta, em que os alunos expressam seu conhecimento e habilidade completando uma sentença. Por exemplo, pode-se pedir ao estudante que complete a seguinte base de sentença: A pessoa que descobriu a penicilina foi _____.

Dissertações **Questões dissertativas** permitem ao estudante mais liberdade de resposta, mas requerem que se escreva mais do que em outros formatos. Questões dissertativas são especialmente boas para avaliar a compreensão que o estudante tem do material, habilidades complexas de raciocínio, capacidade de organizar informações e habilidades para escrever. A seguir estão exemplos de questões dissertativas para o ensino médio:

> Quais são os pontos fortes e os pontos fracos de uma abordagem democrática do governo? Descreva os principais temas do romance que acabou de ler.
> Desenvolva uma argumentação sobre o fato de os Estados Unidos serem uma nação com preconceito de gênero.

Questões dissertativas podem exigir que os estudantes escrevam de poucas sentenças a várias páginas. Em alguns casos, o professor pede que todos os alunos respondam às mesmas questões dissertativas. Em outros, o professor permite que os estudantes escolham sobre o que querem escrever dentre um grupo de opções fornecidas pela questão, uma estratégia que dificulta a comparação entre respostas.

Sugestões para escrever boas questões dissertativas incluem (Sax, 1997):

- *Especifique limitações.* Especifique a extensão desejada para a resposta e o peso que cada questão terá na determinação da nota.
- *Estruture e esclareça a tarefa.* Deixe claro sobre o que os estudantes devem escrever. Um exemplo de questão malredigida é "Quem foi George Washington?". Isso poderia ser respondido em cinco palavras: "Primeiro presidente dos Estados Unidos". Em casos como esse, pergunte o que mais você quer que o aluno diga. Questões dissertativas mais estruturadas requerem que o aluno pense mais:

> Discuta vários eventos na vida de George Washington que confirmem ou rebatam a alegação de que ele "nunca contou uma mentira". Use os eventos que apóiem sua alegação sobre a honestidade de Washington.

- *Faça perguntas diretas.* Não use pegadinhas.

Você talvez ouça falar sobre o termo *rubrica* usado para se referir a corrigir e atribuir nota a respostas dos alunos em dissertações ou testes. Nesse contexto, *rubrica* significa apenas um sistema de correção. A Figura 16.6 enumera alguns pontos fortes e limitações das questões dissertativas.

Pontos fortes

1. É possível medir resultados do nível mais elevado de aprendizado (análise, síntese, avaliação).
2. É possível enfatizar a integração e aplicação de idéias.
3. O tempo de preparação é geralmente menor do que para formatos do tipo seleção de resposta.

Limitações

1. O rendimento pode não ser demonstrado adequadamente por causa do tempo necessário para responder a cada questão.
2. Pode ser difícil relacionar respostas dissertativas a resultados de aprendizado pretendidos por causa da liberdade de selecionar, organizar e expressar idéias.
3. As notas aumentam com a habilidade para redigir e para pegadinhas e diminuem com redação fraca, erros ortográficos e gramaticais.
4. A correção e a atribuição de notas consome tempo, é subjetiva e possivelmente não confiável.

FIGURA 16.6 Pontos fortes e as limitações das questões dissertativas.

Fonte: De Norman E. Gronlund, *Assessment of student achievement*, 6. e. Publicado por Allyn e Bacon, Boston, MA. Copyright © 1998 by Pearson Education. Reproduzido com permissão da editora.

---

questões de construção de resposta Questões que requerem que os estudantes escrevam a informação em vez de selecionar uma resposta a partir de uma lista.

questão de resposta curta Formato de construção de resposta que exige que os estudantes escrevam uma palavra, uma frase curta ou várias sentenças em resposta a uma tarefa.

questões dissertativas Questões que requerem uma resposta escrita longa e dão ao estudante mais liberdade de resposta, porém, requerem mais escrita do que outros formatos.

Boas práticas
Estratégias para corrigir questões dissertativas

A seguir estão algumas boas estratégias para corrigir questões dissertativas (Sax, 2007):

1. *Faça um gabarito para o que constitui uma resposta boa ou aceitável antes de corrigir as respostas dos alunos* (McMillan, 2007). Dissertações podem ser corrigidas holística ou analiticamente. A *correção holística* julga a resposta do estudante como um todo e confere um único número ou letra como nota. Você pode fazer esse julgamento com base na impressão geral que a dissertação lhe causou ou com base em vários critérios que você tenha criado. A correção holística é usada freqüentemente em dissertações longas. A correção analítica avalia vários critérios separadamente e em seguida soma os pontos para produzir a nota geral para a dissertação. A correção analítica pode consumir tempo, portanto, evite usar mais do que três ou quatro critérios.

2. *Crie um método pelo qual você possa corrigir as dissertações sem saber qual aluno escreveu.* Você pode fazer isso passando uma folha para que os alunos escrevam o nome ao lado de um número, pedindo que escrevam apenas o número correspondente na dissertação. Depois de dar a nota você pode conferir o número na dissertação com o nome do aluno para fins de registro. Isso reduz a possibilidade de que suas expectativas positivas ou negativas sobre o estudante interfiram em sua avaliação das respostas.

3. *Avalie as respostas para a mesma questão ao mesmo tempo.* Leia e corrija a resposta de todos os alunos para uma questão antes de passar para a próxima questão. É mais fácil lembrar o critério usado para avaliar a resposta de uma única questão do que lembrar o critério usado para todas as respostas. Além disso, se você ler todas as respostas de um aluno, sua avaliação para as primeiras questões tende a influenciar sua avaliação das questões remanescentes.

4. *Estabeleça uma política para lidar com respostas irrelevantes ou incorretas.* Alguns alunos tentam enrolar em dissertações. Outros escrevem tudo o que sabem sobre um assunto sem se preocupar em ater-se apenas ao que foi solicitado na questão. Outros alunos ainda podem cometer erros gramaticais e ortográficos ou escrever de maneira ilegível. Decida previamente se você irá penalizar respostas desse tipo e de que maneira.

5. *Se possível, releia a avaliação antes de devolvê-la aos alunos.* Isso ajuda você a se prevenir de falhas ou descuidos em sua correção.

6. *Escreva comentários na avaliação.* O fato de haver uma nota em forma de número ou letra em uma dissertação, especialmente se for longa, não dá o feedback adequado para o aluno. E se você apenas circula ou corrige erros de ortografia ou gramática, não está dando aos alunos uma visão sobre o conteúdo de suas respostas. Uma boa estratégia é escrever alguns comentários breves nos lugares apropriados ao longo das questões, tal como "Detalhe mais esta idéia," "Não está claro" ou "Precisa de um exemplo", além de fazer comentários gerais no começo ou no final da dissertação. É melhor escrever comentários ao longo da dissertação do que fazer um comentário menor em uma parte do trabalho.

Reveja, reflita e pratique

2 Proporcionar algumas diretrizes para elaboração de testes tradicionais.

Reveja

- Quais são algumas das idéias importantes que se deve lembrar ao criar questões verdadeiro/falso, de múltipla escolha e correspondência? Quais são algumas das ferramentas básicas para avaliar a qualidade de uma questão?
- O que são questões de construção de resposta e como as questões de resposta curta diferem das dissertativas?

Reflita

- Em sua opinião, por que os testes tradicionais continuam a ser usados na avaliação de sala de aula do ensino fundamental e do ensino médio?

Pratique PRAXIS™

1. O Sr. Brown, professor universitário, inclui a seguinte questão numa avaliação sobre o impacto da família nos filhos: "Que estilo parental Homer Simpson adota?". As opções de resposta do Sr. Brown são: autoritativo, autoritário, negligente e permissivo. Qual das seguintes críticas representa a mais apropriada para a pergunta e para as opções de resposta do Sr. Brown?
   a. É muito fácil eliminar opções porque nem todas são estilos parentais.
   b. Estilo parental não tem nada a ver com o impacto da família nos filhos.

> c. A questão tem um viés a favor de pessoas que assistem aos *Simpsons*.
> d. Existe mais de uma resposta claramente correta.
> 2. O Sr. Dent acabou de devolver à Márcia sua dissertação corrigida. Erros de ortografia e gramática assinalados e a nota 42/50 – B era tudo o que ele havia escrito na prova. Qual é a crítica mais apropriada para essa correção?
>   a. Uma dissertação nunca deve valer tantos pontos em uma avaliação.
>   b. Dissertações não devem receber notas em forma de números.
>   c. Não existe indicação do motivo pelo qual ela perdeu pontos.
>   d. Erros de ortografia e gramática não devem ser assinalados numa dissertação.
>
> *Por favor, verifique as respostas no final do livro.*

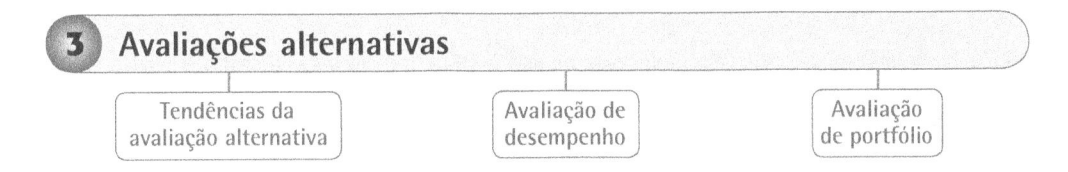

3 Avaliações alternativas

- Tendências da avaliação alternativa
- Avaliação de desempenho
- Avaliação de portfólio

Existem alternativas para as avaliações tradicionais que acabamos de discutir (Linn e Miller, 2005; McMillan, 2007; Popham, 2005; Stiggins, 2005). Vamos examinar algumas tendências relacionadas a isso.

Tendências da avaliação alternativa

Uma tendência atual é exigir que os estudantes solucionem algum tipo de problema real ou realizem um projeto ou demonstrem habilidades fora do contexto de um teste ou dissertação (Banks, 2005). Outra tendência é fazer com que os estudantes criem um portfólio de aprendizagem para que possam mostrar o que aprenderam (Klenowski, Askew e Carnell, 2006; Stiggins, 2005). Essas avaliações alternativas são necessárias para tornar a instrução compatível com visões contemporâneas de aprendizagem e motivação.

As avaliações alternativas oferecem aos estudantes mais opções do que teriam se realizassem um teste ou uma dissertação (Powers, 2005). Considere as avaliações alternativas que uma professora de linguagem do ensino médio idealizou (Combs, 1997). Ela deu aos estudantes uma lista de opções que incluía resenhas de livros, trabalhos de arte e vídeos. Por exemplo, numa unidade sobre mistério, os estudantes podiam escolher entre escrever uma resenha sobre um autor de histórias de mistério, escrever um conto de mistério original, produzir um livro de mistério para crianças ou entrevistar um detetive particular. Cada uma das opções era acompanhada por um conjunto detalhado de instruções e um guia de pontuação para controle de qualidade. A Figura 16.7 mostra as diretrizes e o guia de pontuação para avaliações alternativas que focam a Idade Média e a história familiar.

Avaliação autêntica significa avaliar o conhecimento ou a habilidade do aluno num contexto que se aproxima o máximo possível do mundo real e da vida real (Pokey e Siders, 2001; Powers, 2005). A avaliação tradicional envolve o uso de testes convencionais geralmente muito distantes do contexto do mundo real. Uma tendência crescente é avaliar os estudantes com questões que refletem mais de perto a realidade (Palomba e Banta, 1999). Em alguns círculos, os termos *avaliação de desempenho* e *avaliação autêntica* foram usados de maneira intercambiável. No entanto, nem todas as avaliações de desempenho são autênticas (McMillan, 2002).

Críticos da avaliação autêntica argumentam que tais avaliações não são necessariamente superiores a avaliações mais convencionais, como testes de múltipla escolha e dissertativos (Terwilliger, 1997). Eles afirmam que os proponentes da avaliação autêntica raramente apresentam dados que embasam a validade dessas avaliações (Braden, 2005). Eles também acreditam que avaliações autênticas não examinam adequadamente o conhecimento e habilidades básicas.

FIGURA 16.7 Exemplos de avaliação alternativa de uma aula de linguagem do ensino médio.

Opção de modelo da Idade Média

Diretrizes:
Crie um modelo de uma criatura ou um personagem da Idade Média. Faça uma descrição de meia página a uma página de seu personagem (fale sobre quem ou o que ele é e sobre sua importância na Idade Média). Seu modelo deve retratar a criatura ou personagem através do uso de vestuário, cenário e outros atributos apropriados.

Guia de pontuação
- 25 Modelo retrata a criatura ou personagem e a época através do uso de vestuário, cenário e outros atributos.
- 10 Qualidade artística.
- 15 O modelo mostra provas de esforço.
- 50 Uma descrição de meia página a uma página de seu personagem.

Opção de história familiar: pôster da árvore genealógica

Diretrizes:
Crie um pôster com a árvore genealógica de sua família, remontando ao menos a três gerações. Forneça a maior quantidade de informações possível sobre os membros da família, incluindo, mas não limitado a isto, datas de nascimento, falecimento (se for o caso), profissão, local de nascimento, realizações etc. Além disso, forneça ao menos dois fatos importantes na história de sua família (como vieram morar na cidade, notoriedades especiais, honrarias, premiações, medalhas etc.). Você deve *escrever* sua própria árvore genealógica! (Você não pode usar um modelo pronto de árvore genealógica.) Crie um pôster atraente e claro.

Guia de pontuação
- 25 A árvore genealógica de sua família inclui ao menos três gerações antes da sua.
- 25 Além dos nomes, a maioria das entradas deve incluir data de nascimento, falecimento e local de nascimento.
- 25 O pôster inclui ao menos dois fatos sobre membros da família interessantes ou famosos.
- 15 O pôster deve ser escrito ou digitado por você de maneira atraente e clara.
- 10 Arte, ortografia, estilo da escrita.

Avaliação de desempenho

Mudar da avaliação tradicional com testes objetivos para a avaliação de desempenho já foi descrito como passar de "saber" para "mostrar" (Burz e Marshall, 1996). Avaliações de desempenho incluem o que é comumente considerado como o desempenho real do estudante (como na dança, música, artes e educação física), assim como em monografias, projetos, apresentações, experimentos e portfólios (Gronlund, 2006). A Figura 16.8 mostra um exemplo de avaliação de desempenho em ciências (Solano-Flores e Shavelson, 1997). Discutiremos sobre as principais características da avaliação de desempenho, orientações sobre como usá-la e seus pontos fortes e limitações.

Algumas disciplinas, como artes, música e educação física, já utilizam a avaliação de desempenho há muitos anos. A principal mudança na avaliação de desempenho envolveu a introdução dessas formas de avaliação nas "áreas acadêmicas" tradicionais.

Características da avaliação de desempenho Avaliações de desempenho geralmente incluem uma ênfase em "realizar" atividades abertas para as quais não existe uma resposta objetiva ou correta e que pode avaliar raciocínio complexo. As tarefas de avaliação de desempenho às vezes também são realistas. Avaliar o desempenho geralmente inclui métodos diretos de avaliação, auto-avaliação, avaliação de desempenho em grupo e individual e um período de tempo estendido de avaliação (Hambleton, 1996).

Os testes tradicionais enfatizam o que o estudante sabe. A avaliação de desempenho destina-se a avaliar o que os estudantes sabem e podem fazer (Maki, 2001). Em muitos casos, não existe uma resposta objetiva correta. Por exemplo, não existe uma "resposta correta" quando um estudante faz uma palestra em aula, pinta um quadro, apresenta uma performance de ginástica ou elabora um projeto de ciências. Muitas avaliações de desempenho dão ao estudante uma liberdade considerável para construir suas próprias respostas em vez

(a) O equipamento consiste em um globo terrestre giratório dentro de uma caixa de papelão, três torres autocolantes e uma lanterna. Os alunos fixam as torres A e B em dois pontos específicos dos Estados Unidos no globo e são informados sobre a aparência da sombra da Torre C quando é meio-dia para as Torres A e B. Eles precisam descobrir em que ponto dos Estados Unidos está a Torre C. A solução requer a simulação dos raios de sol usando a lanterna para projetar a sombra das torres no mapa.

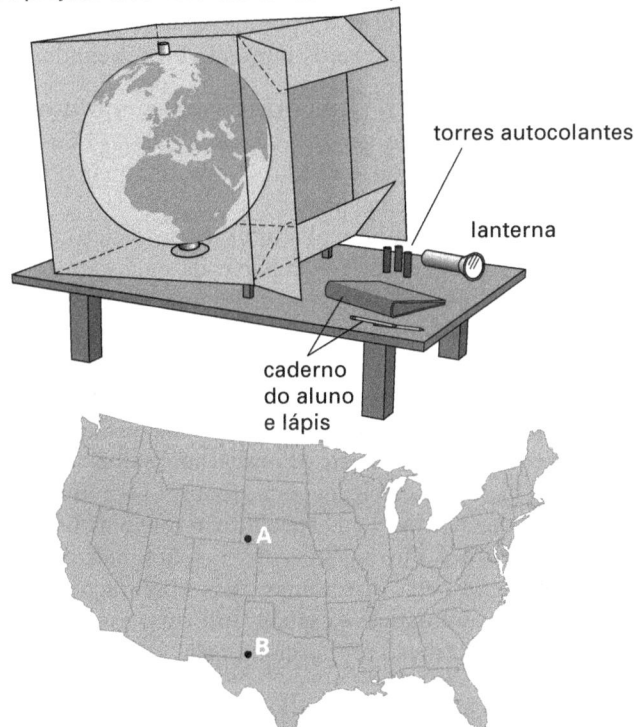

torres autocolantes
lanterna
caderno do aluno e lápis

(b) Desenhe um ponto neste mapa para mostrar onde você acha que a Torre C está. Como você descobriu onde está a Torre C?

(c)

Observações/resultados	pontos
A Torre C está na região leste dos Estados Unidos	1
A Torre C está na região nordeste dos Estados Unidos	1
A Torre C está em algum ponto entre a Pensilvânia e o Maine	1

Coleta de dados/simulação		pontos
Posição da lanterna	Apontar a lanterna para o Equador	2
Movimentação da lanterna	Mover a lanterna do leste para o oeste	2
Rotação do globo	Girar o globo	1
	Girar o globo de oeste para leste	2
Torres	Mover a torre C pelo mapa/globo até que a sombra esteja correta	1
	Mover a torre C pelo mapa/globo na região leste/nordeste até que a sombra fique correta	2
Sombras	Usar as sombras das Torres A e B como referência	1

(b) O formato da resposta envolve fazer os estudantes anotarem em seus cadernos as soluções, as ações que conduziram e a lógica por trás de suas ações.

(c) O desempenho dos alunos é pontuado pela precisão de seus resultados e de sua simulação, raciocínio e observações.

FIGURA 16.8 Avaliação baseada em desempenho em ciências: astronomia durante o dia.

de restringi-las. Embora isso dificulte a correção e a atribuição de notas, proporciona um contexto para avaliar as habilidades de raciocínio complexo dos estudantes, tal como a capacidade de pensar profundamente sobre um problema ou um assunto (Wiggins, 1993).

Avaliações de desempenho usam métodos diretos, como amostras de redações, para avaliar a habilidade de redação ou observar apresentações para avaliar habilidades de fala (Banks, 2005). Observar um estudante fazendo uma apresentação é uma avaliação mais direta do que fazer uma série de perguntas ao estudante sobre habilidades de fala num teste convencional.

Algumas avaliações de desempenho também envolvem a avaliação do próprio aluno sobre seu desempenho. Essa ênfase transfere a responsabilidade dos ombros do professor para os do estudante. As rubricas são úteis em conduzir auto-avaliações. Para obter um exemplo, peça aos estudantes que avaliem um *scrapbook* (livro montado com recortes) que criaram (Goodrich, 1997). Um critério de avaliação pode ser "Oferece detalhes suficientes?" com as seguintes respostas possíveis: excelente ("Sim, incluí detalhes suficientes para dar ao leitor a idéia de tempo, espaço e eventos"), bom ("Sim, incluí alguns detalhes, mas estão faltando outros importantes"), mínimo ("Não, não incluí detalhes suficientes, apenas alguns") e inadequado ("Não, praticamente não incluí detalhes").

Algumas avaliações de desempenho verificam a eficiência de um grupo de estudantes, não apenas os estudantes individualmente. Portanto, podemos incumbir um grupo de estudantes de criar um projeto de ciências em vez de incumbir cada aluno individualmente. A avaliação do aluno pode incluir a contribuição individual e o produto do grupo. Projetos de grupo geralmente são complexos e permitem a avaliação de habilidades de cooperação, de comunicação e de liderança.

Por fim, conforme demonstramos, a avaliação de desempenho pode ocorrer no decorrer de um longo período de tempo. Na avaliação tradicional, a avaliação ocorre em um espaço de tempo único e determinado. Por exemplo, o professor aplica um teste de múltipla escolha e os alunos têm uma hora para responder. Em comparação, pode acontecer de avaliações de desempenho envolverem um trabalho contínuo ao longo de dias, semanas e até mesmo meses. Por exemplo, um estudante pode ser avaliado uma vez por mês quanto ao seu progresso num projeto de ciências e receber a avaliação final quando o projeto for concluído.

Orientações para avaliação de desempenho As orientações para o uso de avaliação de desempenho envolvem quatro aspectos gerais (Airasian, 2005): (1) estabelecer um propósito claro, (2) identificar um critério observável, (3) proporcionar um cenário apropriado e (4) julgar ou atribuir nota ao desempenho.

Certifique-se de que a avaliação de desempenho tenha um propósito claro e que proporcione a possibilidade de tomar uma decisão acertada a partir da avaliação (McKinley, Boulet e Hambleton, 2000). Os propósitos podem ser diversos: dar uma nota, avaliar o progresso de um estudante, reconhecer os passos principais de uma tarefa, gerar produtos a serem incluídos em um portfólio de aprendizagem, proporcionar exemplos concretos do que o estudante deve estudar para ser admitido na faculdade ou em outros programas etc.

Os **critérios de desempenho** são comportamentos específicos de que os estudantes precisam para ter um desempenho eficiente como parte da avaliação. Estabelecer critérios de desempenho ajuda o professor a ir além de descrições gerais (como "Faça uma apresentação oral" ou "Conduza um projeto de ciências") ao especificar o que o estudante deve fazer. Critérios de desempenho ajudam você a tornar suas observações mais sistemáticas ou focadas e, como se fossem orientações, eles direcionam suas observações. Sem tais critérios, suas observações podem ser assistemáticas e casuais. Informar esses critérios de desempenho aos estudantes no início da instrução proporciona a eles saber em que devem se concentrar no aprendizado.

Após descrever claramente os critérios de desempenho, é importante especificar o cenário em que você observará o desempenho ou produto. Talvez você queira observar comportamentos diretamente no fluxo regular das atividades de sala de aula, num contexto especial que você cria em sala de aula ou num contexto fora da sala de aula. Como regra prática, é uma boa idéia observar o estudante em mais de uma ocasião, porque em um único desempenho o estudante pode não demonstrar de forma adequada seu conhecimento ou habilidade.

Ao final, você deverá atribuir uma nota ou classificar o desempenho. Rubricas de notas envolvem os critérios que serão usados para julgar o desempenho, qual será a variação na qualidade do desempenho, que nota deve ser dada e o que ela significa, e como os diferentes níveis de qualidade devem ser descritos e diferenciados entre si (Meir, Rich e Cady, 2006).

Ao preparar uma rubrica, talvez você queira (Re: Learning by Design, 2000):

1. *Incluir uma escala de pontos possíveis a serem atribuídos como nota.* Valores altos geralmente são atribuídos aos melhores trabalhos. As escalas usam tipicamente 4, 5 ou 6 como nota mais alta e 1 ou 0 como nota mais baixa.
2. *Fornecer descritores para cada critério de desempenho para aumentar a confiabilidade e evitar uma nota tendenciosa.*
3. *Decidir se a rubrica será genérica, específica à forma ou específica à tarefa.* Se for genérica, a rubrica pode ser usada para julgar um desempenho abrangente, como comunicação ou resolução de problema. Se for específica à forma, a rubrica se aplica a um tipo mais específico de desempenho, como uma dissertação, uma palestra ou uma narrativa como forma de comunicação; problemas de resposta aberta ou fechada como tipos de problemas resolvidos. Uma rubrica específica à tarefa é exclusiva a uma única tarefa, como um único problema de matemática ou uma palestra sobre um tema específico.
4. *Decidir se a rubrica será longitudinal.* Esse tipo de rubrica avalia o progresso ao longo do tempo no que diz respeito ao domínio de objetivos educacionais dos estudantes. Uma estratégia para desenvolver rubricas é trabalhar retrospectivamente a

critérios de desempenho Comportamentos específicos necessários para que se tenha desempenho eficiente como parte da avaliação.

Critérios	Qualidade			
Propósitos	O relatório explica os principais propósitos da invenção e também aponta os propósitos subjacentes.	O relatório explica todos os propósitos principais da invenção.	O relatório explica alguns dos propósitos da invenção, mas não expõe os propósitos principais.	O relatório não explica os propósitos da invenção.
Características	O relatório detalha tanto as características principais como as subjacentes da invenção e explica como ela serve a diversos propósitos.	O relatório detalha as principais características da invenção e explica para que propósitos pode ser utilizada.	O relatório negligencia algumas das características da invenção ou seus propósitos.	O relatório não detalha as características da invenção ou seus propósitos.
Crítica	O relatório discute os pontos fortes e fracos da invenção e sugere maneiras para aprimorá-la.	O relatório discute os pontos fortes e fracos da invenção.	O relatório discute os pontos fortes ou os pontos fracos da invenção, mas não ambos.	O relatório não menciona os pontos fortes ou fracos da invenção.
Conexões	O relatório faz conexões apropriadas entre os propósitos e as características da invenção e diversos tipos de fenômenos.	O relatório faz conexões apropriadas entre os propósitos e as características da invenção e um ou dois fenômenos.	O relatório faz conexões confusas ou inapropriadas entre a invenção e outros fenômenos.	O relatório não faz conexões entre a invenção e outras coisas.

partir de *exemplares* – exemplos de trabalhos de estudantes (McMillan, 1997, p. 218). "Esses exemplares podem ser analisados para determinar descritores que os distinguem. Os exemplos também podem ser usados como trabalhos *âncora* para se fazer julgamentos, e podem ser dados aos estudantes para ilustrar as dimensões." Uma *âncora* é uma amostra de trabalho ou desempenho usada para definir o padrão de desempenho específico para um nível de rubrica. Portanto, um parágrafo que descreve um desempenho de nível 6 em redação pode ter duas ou três amostras de redação anexadas ilustrando vários níveis (Re: Learning by Design, 2000). A Figura 16.9 mostra uma rubrica para corrigir e atribuir nota a um relatório sobre uma invenção. A Figura 16.10 indica a importância da clareza ao criar rubricas.

FIGURA 16.9 Rubrica para corrigir e atribuir nota a um relatório sobre uma invenção.

Nota: um professor pode atribuir a cada uma das colunas uma pontuação e/ou um rótulo, tal como coluna 1: 4 (Excelente), coluna 2: 3 (Bom), coluna 3: 2 (Mínimo) e coluna 4: 1 (Inadequado).

Avaliando a avaliação de desempenho   Muitos psicólogos educacionais defendem o uso crescente da avaliação baseada em desempenho (Eisner, 1999; Stiggins, 2005). Eles alegam que avaliações de desempenho envolvem mais os estudantes na aprendizagem, estimulam habilidades de raciocínio mais complexas, conseguem medir o que é realmente importante no currículo e podem criar mais vínculos entre a avaliação e a experiência do mundo e da vida real.

No entanto, "embora a avaliação baseada em desempenho seja amplamente defendida em muitas partes dos Estados Unidos e Canadá, sua implementação efetiva enfrenta vários obstáculos (Hambleton, 1996, p. 903). Avaliações de desempenho freqüentemente "exigem um tempo consideravelmente maior para serem elaboradas, aplicadas e corrigidas do que testes objetivos". Além disso, muitos testes de desempenho não atendem aos padrões de

	Critério: ganhar a atenção do público		
	Qualidade		
	Início criativo	Início monótono	Sem início
(a)			
(b)	Fornece detalhes ou um fato divertido, uma série de perguntas, uma demonstração rápida, uma apresentação visual colorida ou uma razão pessoal pela qual o tema foi escolhido	Fornece uma ou duas sentenças introdutórias e em seguida inicia a palestra	Não procura ganhar a atenção do público, simplesmente inicia a palestra

FIGURA 16.10 Tornando clara uma rubrica para uma dimensão de apresentação oral.

As descrições em (a) são muito vagas e não especificam claramente o que os estudantes precisam fazer para serem avaliados de maneira positiva no critério. As descrições em (b) fornecem especificações mais detalhadas sobre como o critério será pontuado, uma estratégia recomendada.

Boas práticas
Estratégias para desenvolver rubricas de pontuação

A seguir estão algumas boas estratégias para incorporar pontuação de rubricas à avaliação de desempenho (Goodrich, 1997, McMillan, 2007; Re: Learning by Design, 2000):

1. *Combine o tipo de nota/pontuação com o propósito da avaliação.* Se seu propósito é global e você precisa de um julgamento geral, use uma escala holística. Se seu propósito é proporcionar um feedback específico sobre diferentes aspectos de um desempenho, use uma abordagem mais analítica.

2. *Exponha o critério para os estudantes antes da instrução.* Essa atitude estimula os estudantes a assimilar as descrições como padrões que guiam os trabalhos deles.

3. *Desenvolva suas rubricas a partir do topo, começando com uma descrição de um desempenho exemplar.* Mesmo que nenhum estudante consiga atingir um nível exemplar de desempenho, a rubrica deve ser desenvolvida a partir de um quadro de excelência para estabelecer uma âncora para a pontuação. Uma boa estratégia é usar dois ou três exemplos de excelência em vez de um único para que os estudantes não pensem de maneira limitada sobre o que é um desempenho excelente. Depois de descrever o melhor nível de qualidade, descreva o pior, e então complete os níveis intermediários.

4. *Estabeleça cuidadosamente a linguagem da rubrica para cada critério ou pontuação.* Use palavras como "excelente" e "bom" e descreva cuidadosamente o que cada termo significa. Normalmente você usará um parágrafo para cada critério ou pontuação que inclui indicadores concretos de quando o critério ou pontuação foi atingido.

5. *Torne as rubricas mais autênticas.* Os critérios devem distinguir os diferentes níveis de desempenho de maneira válida, não arbitrária. A seguir estão alguns critérios mais comumente usados para avaliar a redação em testes de desempenho em larga escala: organização, escolha do estilo de escrita/palavras, foco, construção de sentença e comunicação. No entanto, os critérios a seguir são mais autênticos, no sentido de que se relacionam mais claramente com o impacto da redação (e incluem os critérios mencionados anteriormente sem limitar o autor a convenções e regras): clareza, notabilidade, persuasão e atratividade.

6. *Ofereça modelos aos estudantes.* Permita que os estudantes examinem exemplos de trabalhos bons e razoáveis. Identifique o que é bom ou ruim nos modelos.

7. *Tome as medidas necessárias para reduzir erros de correção.* Um sistema de correção deve ser objetivo e consistente. Alguns tipos de erros, em particular, devem ser evitados em rubricas de pontuação. Os erros mais comuns envolvem viés pessoal e efeitos halo da pessoa que está julgando. O *viés pessoal* ocorre quando o professor tende a atribuir pontuação mais alta aos estudantes (principalmente 5 numa escala de 1 a 6), pontuações baixas (principalmente 1 e 2) ou pontuação intermediária (principalmente 3 ou 4). O *efeito halo* ocorre quando a impressão geral de um professor sobre um aluno influencia a nota dada a um desempenho em particular.

---

validade e fidedignidade definidos por grupos como a American Educational Research Association, American Psychological Association e National Council on Measurement in Education. E mais, a base de pesquisa para testes de desempenho ainda não está bem-definida.

Ainda assim, mesmo os defensores mais ferrenhos dos testes tradicionais reconhecem que eles não medem tudo o que as escolas esperam que os estudantes aprendam (Hambleton, 1996). Embora planejar, elaborar e corrigir testes de desempenho seja desafiador, os professores deveriam empenhar seus esforços para que a avaliação de desempenho fosse incluída como um aspecto importante de seu ensino (Mabry, 1999).

Avaliação de portfólio

O interesse pela avaliação de portfólio aumentou consideravelmente nos últimos anos (Burke, 2006; Butler e McMunn, 2006). Os portfólios representam um distanciamento significativo dos testes tradicionais de aprendizagem. A Figura 16.11 resume uma comparação entre portfólios e testes tradicionais.

Um **portfólio** consiste em uma coleção sistemática e organizada do trabalho de um estudante que demonstra suas habilidades e realizações. Um portfólio é uma coleção significativa de trabalhos que conta a história do progresso e das realizações do aluno (Gronlund, 2006; Knotek, 2005). É muito mais do que uma compilação de trabalhos e avaliações do aluno colocadas em uma pasta ou uma coleção de recordações coladas num scrapbook (Hatch, 2000). Para ser incluído num portfólio, um trabalho deve ser desenvolvido e organizado de uma maneira que demonstre progresso e propósito. Portfólios podem incluir muitos tipos de trabalho, como dissertações, monografias, vídeos, trabalhos de arte, comentários dos

portfólio Uma coleção sistemática e organizada do trabalho de um aluno que demonstra suas habilidades e realizações.

Testes tradicionais	Portfólios
• Separam aprendizagem, avaliação e ensino	• Vinculam avaliação e ensino à aprendizagem
• Não avaliam o impacto do conhecimento prévio na aprendizagem ao usar passagens curtas, geralmente isoladas e desconhecidas	• Reconhecem a importância do conhecimento prévio do estudante como um determinante essencial do aprendizado usando atividades de avaliação autêntica
• Baseiam-se em matérias que exigem apenas informação literal	• Proporcionam oportunidades de demonstrar raciocínio inferencial e crítico que são essenciais para construir significado
• Proíbem a colaboração durante o processo de avaliação	• Representam uma abordagem colaborativa para a avaliação, envolvendo tanto estudantes como professores
• Geralmente abordam as habilidades em contextos isolados para determinar o rendimento para fins de relatório	• Usam atividades multifacetadas e reconhecem que a aprendizagem requer integração e coordenação das habilidades de comunicação
• Avaliam os estudantes em uma gama limitada de tarefas que podem não corresponder ao que fazem em classe	• Representam a gama completa das atividades instrucionais que os estudantes realizam em sala de aula
• Avaliam os estudantes em uma situação predeterminada em que o contexto é fixo	• Podem medir a capacidade do estudante de ter um desempenho apropriado em situações imprevistas
• Avaliam todos os estudantes nas mesmas dimensões	• Medem as realizações de cada estudante levando em conta diferenças individuais
• Concentram-se apenas no rendimento	• Analisam o aprimoramento, o esforço e o rendimento
• Raramente proporcionam meios para avaliar a capacidade dos estudantes de monitorar seu próprio aprendizado	• Implementam a auto-avaliação permitindo que os estudantes monitorem seu próprio aprendizado
• São corrigidos mecanicamente ou por professores que contribuem pouco na elaboração da avaliação	• Envolvem os estudantes na avaliação de seu progresso e/ou realizações e estabelecem objetivos contínuos de aprendizagem
• Raramente incluem questões que avaliam as reações emocionais ao aprendizado	• Proporcionam oportunidades para refletir os sentimentos em relação à aprendizagem

FIGURA 16.11 Comparação entre portfólios e testes tradicionais.

professores, cartazes, entrevistas, poesias, resultados de testes, solução de problemas, gravações de conversação em língua estrangeira, auto-avaliações e qualquer outro tipo de expressão do aluno que o professor acredita que demonstre suas habilidades e realizações (Knotek, 2005). Os portfólios podem ser apresentados em papel, fotografias, áudio, vídeo, CD-ROM. A especialista em avaliação Joan Herman (1996) afirma que a popularidade da avaliação de portfólio aumentou porque é uma maneira natural de integrar instrução e avaliação.

Quatro classes de evidência que podem ser incluídas nos portfólios são: artefatos, reproduções, atestados e produções (Barton e Collins, 1997). *Artefatos* são documentos ou produtos, como trabalhos e tarefas de casa, produzidos durante o período acadêmico normal em sala de aula. *Reproduções* consistem em documentações do trabalho do estudante extraclasse, como projetos especiais e entrevistas. Por exemplo, a transcrição feita por um estudante de uma entrevista com um cientista da comunidade sobre seu trabalho é uma reprodução. *Atestados* representam a documentação do progresso do estudante fornecida pelo professor ou por outras pessoas responsáveis. Por exemplo, um professor pode escrever observações de avaliação sobre a apresentação oral de um estudante e incluí-las no portfólio. *Produções* são documentos que o estudante prepara especialmente para o portfólio. As produções consistem em três tipos de materiais: declaração de objetivos, reflexões e legendas. Os alunos criam declarações de objetivos sobre o que querem alcançar com seu portfólio, descrevem suas reflexões sobre seu trabalho e seu progresso e criam legendas ou títulos que descrevem cada trabalho incluído no portfólio e sua importância.

Usando portfólios eficientemente O uso eficiente de portfólios para a avaliação requer (1) estabelecer o propósito do portfólio, (2) envolver o estudante nas decisões sobre o portfólio, (3) revisar o portfólio com o estudante, (4) definir critérios para avaliação e (5) atribuir nota e julgar o portfólio.

Estabelecendo propósito Os portfólios podem ser usados para diferentes propósitos (Lyons, 1999). Dois tipos abrangentes de propósito são documentar o crescimento e mostrar o melhor trabalho. Um **portfólio de crescimento** é composto dos trabalhos realizados pelo estudante ao longo de um período de tempo extenso (ao longo do ano letivo ou até mais) para revelar seu progresso em atingir as metas de aprendizagem. Portfólios de crescimento às vezes são chamados de "portfólios de desenvolvimento". Portfólios de crescimento são especialmente úteis em fornecer evidências concretas do quanto um estudante mudou ou aprendeu ao longo do tempo. Ao examinar seus portfólios, os estudantes podem ver por si o quanto melhoraram. Um exemplo de portfólio de crescimento é o Integrated Language Arts Portfolio usado no ensino fundamental em Juneau, Alasca (Arter, 1995). Foi criado para substituir boletins e notas como uma maneira de demonstrar crescimento e resultados. O crescimento é acompanhado ao longo de um *continuum* de desenvolvimento para níveis de habilidade em leitura, redação, fala e compreensão. O status do estudante no *continuum* é marcado em diversos pontos no tempo determinados ao longo do ano letivo. Amostras do trabalho do estudante são usadas como base para julgamentos sobre o nível de desenvolvimento do estudante.

Um **portfólio de melhor trabalho** mostra o trabalho mais excepcional do estudante. Às vezes é chamado até de "portfólio showcase". Portfólios de melhor trabalho são mais seletivos do que portfólios de desenvolvimento e muitas vezes incluem o produto mais recente do estudante. Portfólios de melhor trabalho são especialmente úteis para reuniões de pais e mestres, futuros professores do aluno e para admissão em níveis superiores de ensino.

"Passportfolios", ou "portfólios de proficiência", às vezes são usados para demonstrar competência e o fato de o aluno estar pronto para passar para um novo nível de trabalho (Arter, 1995; Lankes, 1995). Por exemplo, o Portfólio de Ciências é opcional na avaliação Golden State Evaluation na Califórnia (California State Department of Education, 1994). É produzido durante um ano de ciências e contém uma investigação de solução de problemas, uma expressão criativa (apresentação de uma idéia científica de maneira única e original), uma seção "crescimento através da escrita", que demonstra ao longo do tempo a compreensão de um conceito, e auto-reflexão. A escola de ensino médio Central Park East Secondary School na cidade de Nova York usa portfólios para determinar a elegibilidade para graduação. Os estudantes têm de completar 14 portfólios que devem demonstrar sua competência em áreas como ciências e tecnologia, questões éticas e sociais, serviço comunitário e história (Gold e Lanzoni, 1993).

Envolvendo os estudantes na seleção de materiais para portfólio Muitos professores permitem que os estudantes tomem ao menos algumas das decisões sobre o conteúdo dos portfólios (Weasmer e Woods, 2001). No Estado de Vermont, os estudantes do quarto ao oitavo ano selecionam de cinco a sete itens a serem incluídos em seus portfólios para demonstrar sua competência em solução de problemas de matemática. As reuniões de pais conduzidas por estudantes permitem que eles demonstrem para os pais o que aprenderam (Borba e Olvera, 2001). Quando se permite que os estudantes escolham o conteúdo de seus portfólios, uma boa estratégia é estimular a auto-reflexão fazendo com que escrevam uma breve descrição do motivo pelo qual escolheram cada trabalho (Airasian, 2005).

Revisando com os estudantes Explique para os estudantes no início do ano o que são portfólios e como serão utilizados. Você também deve realizar algumas reuniões professor-aluno ao longo do ano para acompanhar o progresso do estudante e ajudá-lo a planejar trabalhos futuros para o portfólio (McMillan, 2007; Weldin e Tumarkin, 1999).

Definindo critérios para avaliação Critérios claros e sistemáticos de desempenho são essenciais para que os portfólios sejam usados com eficiência (Burke, 2006, Gronlund, 2006, Reynolds, Livingston e Willson, 2006). Informar metas claras de aprendizagem para os estudantes facilita muito o desenvolvimento de critérios de desempenho. Pergunte-se quais conhecimentos e habilidades você quer que seus alunos tenham. Esse deve ser o foco de seu ensino e de seus critérios de desempenho.

Atribuindo notas e julgando É necessário um tempo considerável para corrigir e julgar portfólios (Airasian, 2005). Os professores devem avaliar não só cada item individualmente, mas também o portfólio como um todo. Quando o propósito do portfólio é oferecer informações descritivas sobre o estudante para o professor do ano seguinte, não é necessário atribuir notas ou resumir o portfólio. No entanto, quando o propósito é diagnosticar, refletir

---

portfólio de crescimento Um portfólio dos trabalhos realizados pelo estudante ao longo de um período de tempo extenso (ao longo do ano letivo ou até mais) para revelar seu progresso em atingir as metas de aprendizagem.

portfólio de melhor trabalho Um portfólio que mostra o trabalho mais excepcional do estudante.

o aprimoramento, proporcionar evidência de instrução eficiente, motivar os estudantes para refletirem sobre seu trabalho ou atribuir notas aos estudantes, são necessários resumos de notas e de julgamento. Checklists e escalas de classificação são comumente usadas para essa finalidade. Assim como para outros aspectos da avaliação de portfólio, alguns professores dão aos estudantes a oportunidade de avaliar e criticar seu próprio trabalho.

Avaliando o papel dos portfólios na avaliação Portfólios de aprendizagem possuem vários pontos fortes: sua natureza abrangente captura a complexidade e integralidade do trabalho e das realizações do estudante. Eles proporcionam oportunidades para estimular a tomada de decisões e auto-reflexão por parte do estudante. Além disso, eles motivam o estudante a pensar crítica e profundamente, e oferecem um mecanismo excelente para avaliar seu progresso e aprimoramento (Berryman e Russell, 2001; Richard, 2001).

Portfólios de aprendizagem também possuem vários pontos fracos. Eles exigem um tempo considerável de coordenação e avaliação. Sua complexidade e singularidade dificultam sua avaliação, e sua fidedignidade geralmente é muito inferior àquela dos testes tradicionais. Usá-los em avaliações de larga escala custa caro. No entanto, mesmo tendo esses pontos fracos em mente, a maioria dos especialistas em psicologia educacional e organizações educacionais, como a National Education Association, defende o uso de portfólios (Coffin, 1996).

Agora que você já leu sobre muitos tipos de avaliação, este é um bom momento para pensar sobre qual será sua filosofia de avaliação de sala de aula. A Auto-avaliação 16.1, da página 592, lhe dá essa oportunidade.

Reveja, reflita e pratique

3 Descrever alguns tipos de avaliações alternativas.

Reveja

- O que torna uma avaliação "autêntica"? Quais são algumas críticas feitas às avaliações autênticas?
- Quais são algumas das características da avaliação de desempenho? Quais são algumas diretrizes para usá-las?
- Como os portfólios podem ser usados na avaliação? Quais são alguns pontos fortes e fracos dos portfólios?

Reflita

- Suponha que você esteja dando esse curso de psicologia educacional. Como você criaria rubricas para avaliar as três questões anteriores?

Pratique PRAXIS™

1. Nicole acaba de ser informada de que, como parte de seu processo de certificação para atuar como professora, ela passará por uma avaliação de desempenho. Qual das alternativas a seguir é a melhor avaliação de desempenho das habilidades de ensino de Nicole?
    a. Um teste de múltipla escolha.
    b. Um teste dissertativo.
    c. Um teste baseado em estudos de casos.
    d. Observação direta de uma aula ministrada por ela.
2. Kyle está trabalhando em seu portfólio para a aula de jornalismo. No portfólio, estão inclusas as observações de avaliação feitas pelo professor para artigos que ele escreveu para o jornal da escola. Essas observações são exemplos de:
    a. Artefatos.
    b. Atestados.
    c. Produções.
    d. Reproduções.

Por favor, verifique as respostas no final do livro.

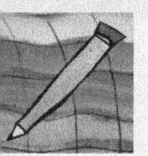

Auto-avaliação 16.1
Planejando minha filosofia de avaliação de sala de aula

Tendo em mente a disciplina e o ano para o qual pretende lecionar, examine a seguinte lista de avaliações que discutimos neste capítulo. Classifique cada uma das avaliações na seguinte escala: 1 = não planejo usar esta de modo algum, 2 = planejo usar esta ocasionalmente, 3 = planejo usar esta moderadamente, 4 = planejo usar esta com freqüência e 5 = esta será a mais importante das avaliações que vou usar.

	1	2	3	4	5

1. Observações informais na avaliação pré-instrucional
2. Exercícios estruturados na avaliação pré-instrucional
3. Observação durante a instrução
4. Perguntas durante a instrução
5. Avaliações dos sentimentos dos estudantes
6. Questões verdadeiro/falso
7. Questões de múltipla escolha
8. Questões de correspondência
9. Contexto no formato audiovisual
10. Conjuntos de problemas
11. Respostas figurativas
12. Questões de respostas curtas
13. Dissertações
14. Avaliação autêntica
15. Experimentos
16. Projetos
17. Apresentações orais
18. Entrevistas
19. Performances
20. Exposições
21. Portfólios

Reveja suas respostas e em seguida use essas informações para ajudá-lo a formular sua filosofia de avaliação de sala de aula. Se precisar de mais espaço, faça isso em material à parte.

_____
_____
_____
_____

4 Atribuindo notas e relatando o desempenho

- Finalidade da atribuição de notas
- Componentes de um sistema de atribuição de notas
- Relatando o progresso e as notas dos estudantes aos pais
- Algumas questões relacionadas à atribuição de notas

Atribuir notas significa transformar a informação descritiva da avaliação em letras, números ou outros marcadores que indiquem a qualidade da aprendizagem ou desempenho do estudante.

Finalidade da atribuição de notas

As notas comunicam informações relevantes sobre a aprendizagem e o rendimento (Butler e McMunn, 2006; Taylor e Nolen, 2005). Nesse processo, as notas servem para quatro finalidades básicas (Airasian, 2005):

- *Administrativa*. As notas ajudam a determinar a classificação dos estudantes na classe, créditos para graduação e se um estudante está em condições de ser promovido para o próximo ano.
- *Informativa*. As notas podem ser usadas para comunicar aos estudantes, pais e outros (como autoridades de admissão para níveis educacionais subseqüentes) sobre o trabalho dos estudantes. Uma nota representa a conclusão geral sobre a eficiência com que um estudante atingiu os objetivos instrucionais e metas de aprendizagem.
- *Motivacional*. Muitos estudantes se empenham mais porque estão extrinsecamente motivados pelo desejo de notas altas e medo de notas baixas.
- *Orientação*. As notas ajudam os estudantes, pais e orientadores a selecionar os cursos e níveis de trabalho apropriados para os estudantes. Elas proporcionam informações sobre quais estudantes podem requerer serviços especiais e quais níveis de educação futura os estudantes têm probabilidade de acompanhar.

Componentes de um sistema de atribuição de notas

As notas refletem os julgamentos dos professores. Três tipos principais de julgamento embasam o sistema de atribuição de notas de um professor (Airasian, 2005): (1) Que padrão de comparação usarei para atribuir notas? (2) Quais aspectos do desempenho do estudante usarei para estabelecer notas? e (3) Que pesos darei aos diferentes tipos de evidência ao atribuir notas?

Padrões de comparação   É possível atribuir notas ao desempenho de um estudante comparando seu desempenho com o de outros estudantes ou a padrões predefinidos de desempenho.

Comparando o desempenho entre estudantes   A **atribuição de notas baseada em curva normal** é um sistema baseado na comparação do desempenho de um estudante com o desempenho de outros estudantes da classe e com o desempenho de estudantes de outras classes. Nesse sistema, os estudantes obtêm notas altas por apresentarem melhor desempenho do que a maioria dos colegas da classe e notas menores por um desempenho inferior. A atribuição de notas baseada em curva normal é comumente chamada de *grading on the curve* – curva de notas. Na atribuição de notas baseada em curva normal, a escala de notas determina a porcentagem dos estudantes que obtém determinadas notas. Na maioria das situações, é criada uma escala de maneira que a maior porcentagem de estudantes obtenha nota C.

Nos Estados Unidos, esta é uma divisão típica das notas: 15% de *As*, 25% de *Bs*, 40% de *Cs*, 15% de *Ds* e 5% de *Fs*. Ao atribuir notas, os professores geralmente buscam lacunas na gama de pontuações. Se 6 estudantes obtêm pontuação entre 92 e 100 e 10 estudantes entre 81 e 88 e não existem pontuações entre 88 e 92, o professor atribuirá nota A para a pontuação entre 92 e 100 e B para a pontuação entre 81 e 88. A atribuição de notas baseada na curva normal tem sido criticada por diminuir a motivação dos estudantes, aumentar sua ansiedade, aumentar as interações negativas entre estudantes e prejudicar a aprendizagem.

Comparando o desempenho com um padrão predeterminado   A **atribuição de notas por critério** tem sido usada quando os estudantes recebem uma determinada nota para um deter-

"Sua curva de notas e minha curva de aprendizagem não se interceptam."

Dave Carpenter de *Phi Delta Kappan* (1997). Reproduzido com permissão de Dave Carpenter.

atribuir de notas Transformar a informação descritiva da avaliação em letras, números ou outros marcadores que indicam a qualidade da aprendizagem ou desempenho do estudante.

atribuição de notas baseada em curva normal É um sistema baseado na comparação do desempenho de um estudante com o de outros da classe ou com o desempenho de estudantes de outras classes.

atribuição de notas por critério Sistema de atribuição de notas baseado na comparação com padrões predeterminados.

minado nível de desempenho, independentemente de qualquer comparação com o trabalho de outros estudantes. A atribuição de notas por critério é também chamada de *pontuação absoluta*. Normalmente, a atribuição de notas por critério baseia-se na proporção de pontos obtidos num teste ou no nível de excelência atingido no desempenho de uma habilidade, como fazer uma apresentação oral e atender a todos os critérios predeterminados. A atribuição de notas por critério é mais recomendada do que a atribuição de notas baseada na curva normal.

Na teoria, supõe-se que um padrão estabelecido seja absoluto, mas na prática nem sempre funciona assim (McMillan, 2007). Por exemplo, nos Estados Unidos, um sistema escolar freqüentemente desenvolve um sistema de atribuição de notas semelhante a este: A de 94% a 100% de acerto, B de 87% a 93% de acerto, C de 77% a 86% de acerto, D de 70% a 76% de acerto e F abaixo de 70% de acerto. Embora esse sistema seja absoluto no sentido de que todo estudante deve obter 94 pontos para receber um A e que todo estudante que não obtém no mínimo 70 pontos recebe um F, professores e disciplinas variam enormemente quanto ao que constitui o domínio de um material para obter 94, 87, 77 e 70. Um professor pode aplicar provas muito difíceis e outro provas muito fáceis.

Muitos professores usam pontuações de corte diferentes das que acabamos de mencionar. Alguns professores argumentam que notas baixas desestimulam o estudante e se recusam a dar Ds ou Fs; outros não reprovam os estudantes a menos que sua pontuação fique abaixo de 50.

A *atribuição de notas baseada em padrões* foi desenvolvida recentemente e baseia-se na atribuição de notas por critério. Ela envolve basear as notas em padrões que os estudantes devem alcançar num curso. Em alguns casos, associações como a National Council of Teachers of Mathematics – NCTM desenvolveram padrões que os estudantes devem atingir. Portanto, num formato de atribuição de notas, um professor de matemática pode vincular a nota dos alunos à sua eficiência em atingir padrões determinados.

Aspectos do desempenho Ao longo de um período de atribuição de notas, os estudantes provavelmente terão criado muitos produtos que podem ser avaliados e usados como base para atribuir notas. Esses produtos incluem resultados de testes e exercícios, assim como diversas avaliações alternativas como relatórios orais, projetos, entrevistas e tarefas de casa. Os portfólios estão cada vez mais sendo usados como a coleção completa de materiais a receberem nota ou uma parte do trabalho sobre a qual a nota geral é baseada. Alguns educadores acreditam que as notas devem ser baseadas apenas no desempenho acadêmico. Na visão de outros educadores, as notas devem basear-se principalmente no desempenho acadêmico, mas a avaliação do professor sobre motivação e esforço também pode ser computada.

Muitos professores usam testes como a principal ou mesmo a única base para atribuir notas. No entanto, muitos especialistas em avaliação recomendam basear a nota geral em uma série de testes e outros tipos de avaliação (McMillan, 2007). Portanto, a nota semestral de geografia pode basear-se em duas provas principais e uma prova final, oito exercícios valendo nota, tarefas de casa, dois relatórios orais e um projeto. Basear a nota em uma série de testes e diferentes tipos de avaliação ajuda a equilibrar os pontos fortes e os pontos fracos do estudante, assim como a compensar um ou dois desempenhos fracos por causa de fontes externas e internas de erro de mensuração.

Alguns educadores defendem que se deve computar características emocionais bem como a motivação e o esforço nas notas, acrescentando um + ou –, especialmente àqueles alunos que se encontram nos limites. Sendo assim, um professor pode converter o B de um aluno em um $B+$ se ele demonstrou alta motivação e empenhou esforços consideráveis e se participou ativamente da aula; ou em um $B–$, se o aluno demonstrou pouca motivação, empenhou poucos esforços e não participou ativamente da aula. No entanto, alguns educadores acreditam que as notas devem ser baseadas apenas no desempenho acadêmico. Um dos problemas de incluir fatores como esforço nas notas é a dificuldade de determinar a fidedignidade e a validade do esforço. É possível tornar medidas de esforço ou aprimoramento mais sistemáticas e confiáveis desenvolvendo rubricas de pontuação e exemplos (McMillan, 2004).

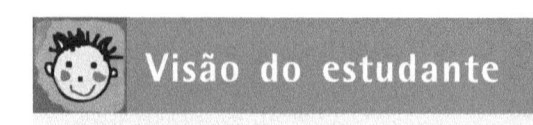

Visão do estudante

Aceitando responsabilidade

Nossa professora diz que nossas notas são nossa responsabilidade. De ninguém mais. "Não culpe ninguém mais além de você se não tirar boa nota", ela diz. No início do ano, ela disse que nos ajudaria em tudo o que pudesse para tirarmos boas notas, e ela tem sido boa nisso.

Cassandra
Aluna do ensino fundamental
Atlanta, Geórgia

Atribuindo peso a diferentes tipos de evidência Você precisará determinar quanto peso dará aos diversos componentes da nota de um estudante. Por exemplo, o professor pode chegar a um sistema de peso semelhante a este:

Provas bimestrais (2) 20%

Prova final 25%

Exercícios 20%

Tarefa de casa 5%

Relatório oral 10%

Projeto 20%

Muitos professores não usam a tarefa de casa como um componente da nota. Uma razão para isso é que quando a nota de um estudante depende da tarefa de casa ou de outro trabalho feito extraclasse, os pais podem se sentir tentados a fazer o trabalho do filho para lhe garantir uma nota alta. Outra razão é que incluir a tarefa de casa como componente da nota favorece os estudantes que vivem em ambientes familiares melhores. Assim como para outros aspectos da avaliação de sala de aula, seu julgamento envolve a maneira como você sintetiza a informação para chegar à nota de um aluno. Se um estudante deixa de entregar um certo número de tarefas de casa, alguns professores diminuem a nota dele.

Relatando o progresso e as notas dos estudantes aos pais

As notas são o método mais comum de informar aos pais sobre o progresso e o desempenho dos alunos em sala de aula (Airasian, 2005). No entanto, as notas por si proporcionam informação limitada, geralmente elas não são dadas de maneira freqüente, fornecem pouca informação específica sobre o aprendizado do estudante e raramente incluem informações sobre motivação, cooperação e comportamento em sala de aula. Por causa dessas limitações, é necessário mais do que notas para oferecer aos pais um quadro completo sobre o estudante (Durham, 2006).

Boletim O boletim é um método padrão de relatar aos pais o progresso e as notas de um aluno. A forma como os julgamentos são apresentados no boletim varia de uma escola para outra e, em muitos casos, de um ano para outro. Alguns boletins apresentam as notas em forma de letras (geralmente *A*, *B*, *C*, *D* e *F*, às vezes incluindo também sinais de + e −). Alguns boletins apresentam notas numéricas (como 91 em matemática, 85 em inglês e assim por diante), outros usam a categoria aprovado/reprovado em uma ou mais matérias. Outros boletins, ainda, possuem checklists indicando habilidades ou objetivos que o aluno alcançou. Alguns boletins apresentam características emocionais como esforço, cooperação ou comportamentos adequados e inadequados.

Checklists de habilidades e objetivos são usados principalmente no primário ou pré-escola. Nas séries mais avançadas do ensino fundamental e do ensino médio, notas em forma de letras são mais comuns, embora possam vir acompanhadas de outras informações como comentários escritos.

Relatórios escritos de progresso Outra estratégia de relato é fornecer aos pais relatórios semanais, quinzenais ou mensais do progresso e do rendimento do estudante (McMillan, 2007). Esses relatórios escritos podem incluir o desempenho do estudante em testes, exercícios, projetos, relatórios orais etc. Também podem incluir informações sobre a motivação, cooperação e o comportamento do estudante, assim como sugestões de como os pais podem ajudar os filhos a melhorar seu desempenho.

Reuniões de pais e mestres Reuniões de pais e mestres são outra maneira de comunicar informações sobre notas e avaliação. Essas reuniões são tanto uma responsabilidade como uma oportunidade (Durham, 2006). Os pais têm direito de saber como o filho está se saindo na escola e como pode melhorar. As reuniões proporcionam uma oportunidade de oferecer aos pais informações úteis sobre como podem estabelecer parcerias com a escola de modo a ajudar o filho a aprender com maior eficiência.

"Quanto custa para picotar um boletim?"

© Martha F. Campbell da *Phi Delta Kappan* (1996). Reproduzido com permissão de Martha F. Campbell.

"Não sei por que você está tão surpreso com as notas ruins dele. Todo dia você perguntava o que ele fez na escola, e todo dia ele respondia: 'Nada'."

©Art Bouthiller. Reproduzido com permissão.

Boas práticas
Estratégias para reuniões de pais e mestres relacionadas a notas e avaliação

A seguir estão algumas boas estratégias para reuniões com os pais sobre o progresso e as notas dos alunos:

1. *Esteja preparado.* Reveja o desempenho do aluno antes de se reunir com os pais. Pense sobre o que você irá dizer a eles.

2. *Seja positivo.* Mesmo que o desempenho do estudante tenha sido ruim, procure encontrar ao menos algumas áreas em que o estudante tenha mostrado bom desempenho para discutir com os pais. Isso não significa encobrir e ignorar a falta de rendimento de um estudante; significa adicionar áreas positivas às negativas.

3. *Seja objetivo.* Embora você queira buscar aspectos positivos no histórico do estudante para comunicar aos pais, seja objetivo e honesto. Não dê aos pais falsas esperanças no caso de o estudante ter baixa capacidade em uma disciplina em particular.

4. *Pratique boas habilidades de comunicação.* Ter boa comunicação significa ser um ouvinte ativo e dar aos pais oportunidades adequadas de contribuir na conversa. Certifique-se de que os pais e os estudantes entenderam seus critérios de notas. A seguir Lynn Ayres, professora de inglês da East Middle School em Ypsilanti, Michigan, dá sua opinião sobre o assunto.

Visão do professor
Algumas estratégias de atribuição de notas

Considero extremamente importante que os pais e os alunos tenham um claro conhecimento daquilo que se espera dos estudantes se quiserem ter sucesso em minha aula. Tento fazer com que os alunos entendam que estão no controle da nota que recebem. Se os alunos pensam que um sistema de atribuição de notas é caprichoso e desconhecível, isso cria frustração, ansiedade e é pouco útil na motivação dos estudantes. Ao fazê-los ver que suas notas estão em suas próprias mãos, passo para a posição de "facilitadora" na sala de aula. Os alunos me vêem como alguém que está ali para *ajudá-los* a ter sucesso em vez de alguém que apenas julga seu trabalho e atribui notas.

5. *Não fale sobre outros estudantes.* O foco da reunião de pais e mestres deve ser unicamente o filho deles. Não faça comparações com outros estudantes.

Algumas questões relacionadas à atribuição de notas

Uma tarefa ou um trabalho não entregue deve receber um zero? Os professores devem se limitar aos números ao atribuir uma nota? As notas devem ser abolidas? As notas estão muito inflacionadas? Esses são aspectos importantes que preocupam muitos educadores hoje.

Uma tarefa ou um trabalho não entregue deve receber um zero? Um aspecto da atribuição de notas diz respeito a se um estudante deve receber um zero ou ao menos perder alguns pontos por uma tarefa ou um trabalho não entregue. Incluir um zero a outras notas causa um desvio considerável na média das notas. Muitos especialistas em avaliação recomendam não usar um zero dessa maneira, porque confere um peso maior à tarefa ou trabalho do que se pretendia porque o intervalo entre 0 e 65 ou 70 é mais do que os intervalos entre as pontuações para outras notas (McMillan, 2007). Usar uma pontuação de 60 para uma tarefa ou um trabalho não entregue é considerado mais razoável.

Os professores devem se limitar aos números ao atribuir uma nota? Uma preocupação relacionada à atribuição de notas é que muitos professores praticam a compilação "displicente" de números, que atualmente tem mais probabilidade de ocorrer por causa dos softwares de notas que estão disponíveis. Não importa quão objetivo seja o processo de pontuação e notas, a atribuição de notas é uma questão de julgamento profissional (Durham, 2006). Limitar-se estritamente aos números pode resultar em uma nota que não é consistente com o verdadeiro conhecimento e habilidade do estudante, especialmente se diminuída por tarefas menores e tarefas de casa ou um trabalho. No final, é importante que os professores estejam confiantes de que a nota reflete o que o estudante sabe, entende e é capaz de fazer em relação aos padrões de desempenho (McMillan, 2007).

Quais questões envolvem a atribuição de notas?

As notas devem ser abolidas? Às vezes, surgem clamores para que se abandonem as notas, geralmente baseados na crença de que a avaliação dos estudantes é necessária, mas que as notas tiram a ênfase na aprendizagem em favor do julgamento. Os críticos argumentam que as notas desestimulam a grande maioria dos estudantes, especialmente aqueles que recebem notas abaixo da média. Os críticos defendem sempre avaliações mais construtivas, que estimulam o estudante a empenhar seu máximo esforço, ressaltando seus pontos fortes, identificando maneiras concretas de aprimoramento e fornecendo um feedback positivo (Culbertson e Jalongo, 1999). Os críticos também apontam que as notas normalmente motivam os alunos a estudar apenas o material que fará parte do teste.

Conforme concluiu o especialista em avaliação de sala de aula Peter Airasian (2005), as notas são símbolos poderosos em nossa sociedade levados a sério pelos estudantes, professores e o público. Independentemente de você gostar ou não da maneira como a atribuição de notas é conduzida atualmente ou considerar que deve ser mudada drasticamente, no futuro próximo é importante que você leve a sério a atribuição de notas de seus alunos e a faça de maneira justa. Nunca use notas para premiar ou punir estudantes porque você gosta ou não gosta deles. Tenha sempre como base as notas dos estudantes no que diz respeito à eficiência com que aprenderam a matéria, numa evidência objetiva de aprendizagem (Colby, 1999).

As notas estão muito inflacionadas? Alguns professores não gostam de dar notas baixas porque acreditam que isso diminui a motivação do estudante em aprender. No entanto, alguns críticos argumentam que a inflação das notas, especialmente na forma de notas altas para desempenhos medíocres, dá aos estudantes uma falsa crença de que estão aprendendo e rendendo mais do que realmente estão. O resultado é que muitos estudantes descobrem que podem ter um desempenho muito abaixo de sua capacidade e mesmo assim obter notas altas (Guskey, 2001). Tem ocorrido uma onda crescente de inflação de notas (Sraiheen e Lesisko, 2006). Em 2003, 42% dos graduandos do ensino médio nos Estados Unidos tinham média A comparados aos 28% em 1989, mas a pontuação média nos testes de admissão para faculdade em 2003 foi inferior à de 1989 (College Board, 2004).

Reveja, reflita e pratique

(4) Construir uma abordagem sólida para a atribuição de notas.

Reveja
- Quais são as finalidades da atribuição de notas?
- Que tipos de julgamento embasam o sistema de atribuição de notas de um professor? Comente cada tipo.
- Quais são algumas opções para relatar o progresso dos estudantes aos pais?
- Quais questões envolvem a atribuição de notas?

Reflita
- Quais critérios você adotaria para decidir se um professor está fazendo um trabalho excelente na atribuição de notas?

Pratique PRAXIS™
1. Alex está levando seu boletim para casa. No boletim, estão notas em forma de letras indicando que Alex tirou A em matemática, leitura e estudos sociais e B em ciências e educação física. Os pais dele examinam as notas, assinam o boletim e o devolvem para a escola. Para que finalidade as notas serviram?
    a. Administrativa.
    b. Orientação.
    c. Informativa.
    d. Motivacional.

(continua)

> **Reveja, reflita e pratique** (continuação)
>
> 2. O Sr. Walker ensina álgebra. No primeiro dia de aula, ele diz aos estudantes que dos 25 alunos da classe, 5 receberão A, 6 receberão B, 7 receberão C, 4 receberão D e 3 receberão F. Que tipo de sistema de atribuição de notas o Sr. Walker está usando?
>   a. Baseado em critério.
>   b. Baseado em curva normal.
>   c. Baseado em padrões.
>   d. Baseado em peso.
> 3. Isabella leva para casa seu boletim trimestral. No boletim estão notas em forma de letras indicando que Isabella tirou A em matemática, linguagem e estudos sociais e B em ciências e educação física. Qual das seguintes críticas é válida para esse sistema de atribuição de notas?
>   a. Fornece aos pais informações demais sobre o desempenho do aluno.
>   b. É muito específico.
>   c. Notas em forma de letras são injustas.
>   d. Não fornece aos pais informações suficientes para que avaliem o desempenho do filho.
> 4. A Sra. Gregory e a Sra. Templeton estão discutindo sobre notas. Qual dos seguintes comentários feitos pelas duas tem a *menor* probabilidade de receber o apoio de psicólogos educacionais?
>   a. Muitos estudantes estão sendo recompensados com notas altas por desempenhos medíocres.
>   b. Nas últimas décadas, as notas têm aumentado, embora as pontuações no SAT tenham diminuído.
>   c. Alguns professores não gostam de dar notas baixas porque acreditam que elas diminuem a motivação do aluno.
>   d. As notas devem ser abolidas.
>
> *Por favor, verifique as respostas no final do livro.*

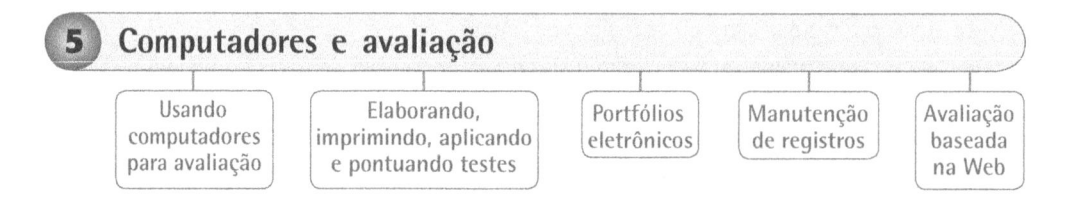

5 Computadores e avaliação

- Usando computadores para avaliação
- Elaborando, imprimindo, aplicando e pontuando testes
- Portfólios eletrônicos
- Manutenção de registros
- Avaliação baseada na Web

Anteriormente neste capítulo, descrevemos o uso de ferramentas audiovisuais para criar contextos realistas para avaliação. Aqui, continuaremos nossa exploração quanto ao uso de computadores na avaliação.

Usando computadores para avaliação

Os computadores podem ser utilizados para elaborar, imprimir, aplicar e pontuar testes; proporcionar um meio de criação de portfólios; e manter registros escolares dos estudantes (Bitter e Legacy, 2006; Britten e Cassidy, 2006; Gronlund, 2006; Newby e outros, 2006). As preocupações quanto à validade e a fidedignidade de avaliações feitas através do uso do computador não são diferentes daquelas referentes às avaliações do tipo lápis e papel. O fato de a validade e a fidedignidade das avaliações do tipo lápis e papel já estarem estabelecidas não significa que a validade e a fidedignidade serão automaticamente mantidas quando o estudante realizar a mesma avaliação em um computador.

Embora os dados da avaliação possam ser analisados por um computador, os computadores não são capazes de usar o bom senso, intuição ou julgamento em suas análises. As decisões baseadas em resultados computadorizados ainda dependem da interpretação e do julgamento do professor, assim como acontece nas avaliações tradicionais de lápis e papel (Fulda, 2006; Morrison e Lowther, 2005).

Elaborando, imprimindo, aplicando e pontuando testes

Uma maneira de usar os computadores para auxiliar na elaboração de testes é ter um banco de questões, que consiste em manter arquivos de questões que podem ser recuperados para a preparação do teste. As questões normalmente estão codificadas por matéria, nível de instrução, objetivo instrucional medido e dificuldade do item.

Os computadores podem ser usados para imprimir testes a partir do banco de questões. A informação codificada sobre cada questão torna possível a criação de diferentes formatos de testes, como os organizados por objetivo instrucional ou por dificuldade crescente.

Os computadores também podem ser usados diretamente na aplicação dos testes. O estudante recebe as questões em uma tela de computador e as responde.

Após a aplicação do teste, o computador pode ser usado para corrigi-los e organizar os resultados de diferentes maneiras. A correção feita pelo computador pode ser especialmente útil, porque libera os professores da demorada tarefa de corrigir os testes.

Portfólios eletrônicos

Como vimos anteriormente no capítulo, a avaliação de portfólio é cada vez mais comum. Os termos *portfólio eletrônico*, *portfólio baseado em computador* e *portfólio digital* são usados para descrever trabalhos de portfólio armazenados em formato eletrônico (Hardy, 2001; Hartnell-Young e Morriss, 2006). O arquivo pode incluir texto, gráfico, som e vídeo. Assim, os estudantes podem salvar exemplos de texto, de exercícios de matemática, de trabalhos de arte, de projetos de ciências e de apresentações multimídia em um portfólio eletrônico (Inkrott, 2001). Em um único computador com uma grande capacidade de armazenamento podem ser arquivados os portfólios de todos os alunos de uma classe. Se diversos estudantes armazenarem material multimídia, um disquete ou mesmo o disco rígido podem não ter capacidade de armazenamento suficiente. Uma alternativa é armazenar os portfólios dos alunos em um disco compacto "regravável" (CD-RW, um disco compacto que armazena texto, áudio, gráfico e vídeo). Um portfólio baseado em computador permite uma fácil transferência de informações entre professores ou escolas.

Existem diversos programas de portfólio eletrônico disponíveis. O mais amplamente utilizado nos Estados Unidos é o *Aurbach's Grady Profile*, no qual tanto professores quanto alunos podem incluir amostras de trabalhos. Os programas de portfólio eletrônico podem incluir amostras de texto, resultados de testes padronizados, habilidades de comunicação oral e avaliações de matemática. Outros softwares (como o *Hyper-Studio*, criado por Roger Wagner [1993], e o *FileMaker Pro*, criado pela Claris) permitem que os professores criem suas próprias plataformas (templates) para avaliação de portfólio. Os professores podem adaptar esses programas de acordo com as necessidades de suas classes. Por exemplo, um portfólio para a aula de inglês do ensino médio pode consistir nos tópicos e nos resumos de cada tarefa de escrita; outro pode incluir apenas o produto final junto com as reflexões do aluno e a auto-avaliação do produto. A Figura 16.12 mostra uma tela de computador de um relatório de laboratório que foi incluído no portfólio de um estudante.

A escola de ensino médio East Syracuse-Minoa, em Syracuse, Nova York, utiliza portfólios eletrônicos. Seus alunos criam portfólios eletrônicos que podem ser enviados para universidades como parte de um processo de seleção e a empregadores em potencial como parte de seus currículos. Os portfólios eletrônicos são criados usando o software *HyperStudio*. Eles contêm informações sobre o estudante (como transcrições, cartas de recomendação e histórico escolar) e trabalhos selecionados pelo estudante (como exemplos de textos, projetos multimídia, trabalhos artísticos e vídeos sobre peças teatrais escolares). Os estudantes são responsáveis por atualizar e escolher o conteúdo de seus portfólios. Eles começam a criar esses portfólios no segundo ano do ensino médio e continuam a atualizar e a revisar esses portfólios até o último ano. Seus portfólios podem ser distribuídos em CDs, CDs-RW, fitas de vídeo ou versões impressas.

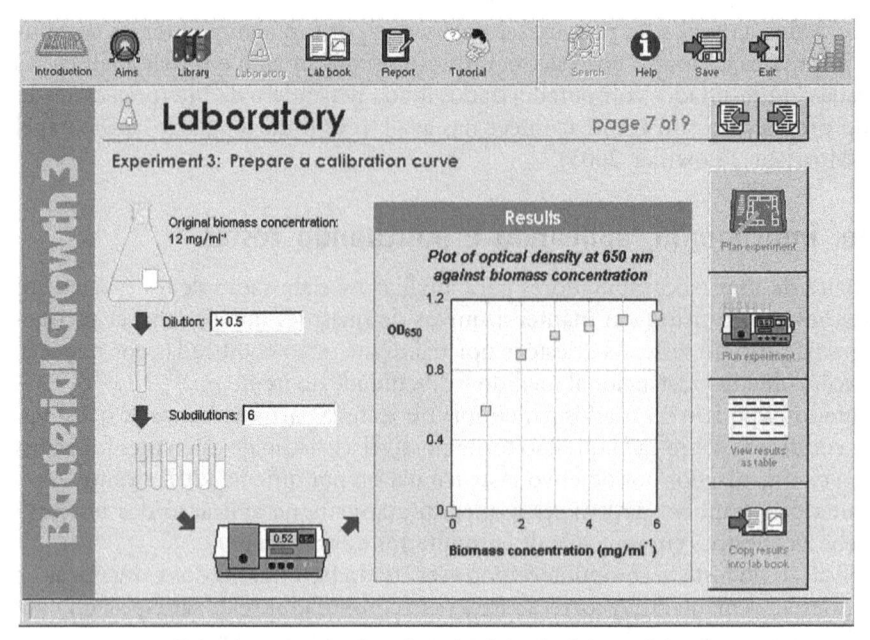

FIGURA 16.12 Tela de computador do relatório de laboratório de um estudante em um portfólio eletrônico.

Os portfólios eletrônicos são obrigatórios nos Estados Unidos pelo Jobs Through Education Act de 1996, que tem como objetivo fazer com que as escolas públicas norte-americanas foquem mais o preparo dos alunos para o mercado de trabalho (Kabler, 1997). As transcrições dos alunos serão eventualmente substituídas por portfólios eletrônicos que incluem um histórico completo do desempenho em sala de aula, amostras de trabalho e atividades dos estudantes. Para ler mais sobre os portfólios eletrônicos, veja o quadro Tecnologia e educação.

Manutenção de registros

A manutenção de registros é um fardo para muitos professores e a informação sobre avaliações é uma importante parcela na manutenção dos registros. Felizmente, o fardo pode ser reduzido através da informática (Maddux, Johnson e Willis, 1997). Por exemplo, boletins eletrônicos podem armazenar as notas dos estudantes em um curso. O programa *Grade* 2 da Excelsior, por exemplo, pode armazenar muitos tipos de informação sobre os estudantes, incluindo resultados de testes, notas de projetos, tarefas de casa, médias semestrais e julgamentos dos professores sobre os alunos. Cada componente do seu sistema de avaliação pode receber um peso e o programa computará o desempenho geral do estudante baseado na fórmula que você criar. Isso pode levar menos tempo do que calcular cada nota à mão de maneira tediosa. Alguns programas de boletins eletrônicos possuem a opção de acesso para os pais. Pais ou estudantes que possuem um computador e modem apropriados podem conectar-se ao computador da escola, digitar um número de identificação pessoal e acessar as notas do estudante e os comentários dos professores.

Muitos professores usam computadores para armazenar e calcular notas e para manter os alunos e pais informados quanto aos seus progressos. Lynn Ayres, uma professora de inglês do ensino médio em Michigan, usa um computador para atribuir notas. Em suas palavras:

> Agora eu utilizo o computador para atribuir notas e para gerar um relatório individual sobre cada estudante. Eu imprimo esses relatórios a cada duas semanas. Dou uma cópia para cada estudante de forma que ele ou ela fique suficientemente esclarecido a respeito de uma nota específica e quanto ao que pode ser feito sobre essa nota. Também tento garantir que essas notas cheguem aos pais em casa. Além disso, imprimo uma cópia do que chamo "ficha de notas" para tarefas longas, que indica como pretendo atribuir notas às tarefas. Eu a entrego aos meus alunos antes do início da tarefa e então a utilizo para atribuir nota à tarefa quando ela for entregue.

Tecnologia e educação
Características de um portfólio eletrônico

David Niguidula (1997) desenha e personaliza software que inclui portfólios eletrônicos. Ele acredita que é importante integrar as seguintes considerações em qualquer plano para portfólios eletrônicos.

Visão

O principal menu de um portfólio eletrônico deve conter um conjunto de objetivos que refletem a visão do que o estudante deve saber e ser capaz de fazer. Por exemplo, em uma escola de ensino médio, as áreas que os estudantes devem dominar são comunicação, destreza, reflexão, conhecimento, respeito a si e aos outros. Outras escolas podem incluir metas como conhecimento de conteúdo sobre disciplinas, capacidade de raciocínio crítico, comunicação eficiente e habilidades de cooperação. Os professores consideram como as atividades em sala de aula correspondem aos objetivos de aprendizagem ao mesmo tempo em que alunos e professores inserem trabalhos em seus portfólios.

Avaliação

A avaliação envolve responder a perguntas como "De que maneira os estudantes podem demonstrar que alcançaram os objetivos de aprendizagem?" "De que maneira o portfólio será avaliado e pontuado?" e "Para que públicos os portfólios se destinam?".

Tecnologia

Tecnologia envolve tomar decisões sobre qual hardware, software e ambiente de rede serão necessários. Em uma escola, por exemplo, "onde os estudantes e professores passam a maior parte do dia juntos como uma equipe (formada por cerca de 80 alunos e 3 professores), cada equipe compartilha um conjunto de 6 computadores, em que ao menos um computador tem recursos de multimídia, um scanner e uma impressora laser. Em outras escolas, de 5 a 15 computadores foram designados como estações de portfólio" (Niguidula 1997, p. 28). Idealmente, uma escola deveria ter um coordenador técnico para ajudar os professores a montar portfólios eletrônicos. Numa escola de ensino médio, o coordenador técnico ajuda uma classe a se tornar a equipe de suporte a portfólio eletrônico para o resto da escola.

Logística

É preciso decidir sobre quando a informação será incluída nos portfólios eletrônicos, quem fará isso, quem selecionará o trabalho e quem refletirá sobre o trabalho. Dois professores do ensino fundamental da Pierre van Cortlandt em Croton-Harmon, Nova York, descreveram a logística dos portfólios eletrônicos como compilar, selecionar, refletir e apresentar. "Os estudantes devem pensar sobre quais informações irão *compilar*, como *selecionar* aquelas que melhor transmitem suas capacidades, como *refletir* sobre o que o portfólio significa e como *apresentar* o que aprenderam" (Niguidula 1997, p. 28). Os professores também devem se envolver nesses passos.

A cultura da escola

A cultura da escola é um importante indicativo para saber se os portfólios eletrônicos se tornarão aspectos inovadores e significativos da aprendizagem de um estudante ou meramente uma versão tecnológica de um arquivo. Vários coordenadores escolares e professores com quem Niguidula trabalhou apresentaram sua visão a outros para obter feedback, o que os ajudou a refinar suas metas de aprendizagem. Quando a comunidade da escola estimula professores, estudantes e outros a refletir sobre suas metas de aprendizagem e integrar eficientemente a tecnologia à sala de aula, os portfólios eletrônicos podem se tornar mais do que arquivos. Podem representar uma dimensão importante da aprendizagem de um estudante.

Avaliação baseada na Web

Muitos sistemas escolares estão se voltando para *avaliações baseadas na Web* – avaliações disponíveis na Internet – por causa de seu potencial para maior precisão e redução de custo. Diversas empresas de testes, incluindo a norte-americana Educational Testing Service, estão desenvolvendo testes para serem aplicados em computadores nas salas de aula, na escola ou no distrito. Mas estes não são avaliações baseadas na Web. Se uma avaliação é baseada na Web, os alunos usam um computador e a avaliação ocorre na Internet.

Algumas das melhores avaliações baseadas na Web podem ser facilmente adaptadas ao currículo que você utiliza em sua classe. Algumas das avaliações focam em registrar e avaliar o comportamento dos estudantes, algumas envolvem progresso acadêmico e outras incluem todas essas áreas. As melhores avaliações baseadas na Web, disponibilizadas em sites norte-americanos, permitem que os professores "desenvolvam seus próprios testes ou formulários e normalmente incluem um banco de dados de questões ou outras ferramentas de avaliação. A maioria está alinhada com diversos padrões dos estados e do país" ou à legislação Nenhuma Criança Deixada para Trás (Doe, 2004).

A seguir estão três exemplos de avaliações baseadas na Web, disponibilizadas em sites norte-americanos, cada uma com um sistema de segurança apropriado (Doe, 2004):

S-BIP Online Esse planejador de intervenção educacional baseado na Web pode ser usado para registrar muitos aspectos do comportamento do estudante observado pelos professores e outros funcionários da escola. Diversas formas de relatórios podem ser geradas e algumas podem ser usadas para planejar IEPs (Individualized Educational Programs) especiais de educação. Você pode ler mais sobre essa avaliação no site em inglês www.curricassoc.com/SBIP.

Servidor Assessa Essa avaliação baseada na Web disponibiliza diversos serviços de gerenciamento de dados para ajudá-lo a criar seus próprios testes, acompanhar o progresso dos estudantes e gerar relatórios. Você pode aprender mais sobre essa avaliação no site em inglês www.eyecues.com.

Avaliação Plato EduTest Essa avaliação baseada na Web pode ser usada para descrever o progresso dos estudantes ao longo do ano escolar e para documentar os pontos fortes e necessidades dos estudantes. A avaliação gera relatórios sobre os estudantes, incluindo gráficos de desempenho, que você pode utilizar quando conversar com os pais dos estudantes. Você pode obter mais informações sobre a avaliação Plato no site em inglês www.edutest.com.

Reveja, reflita e pratique

5) Identificar alguns usos de computadores na avaliação.

Reveja

- De que forma a avaliação com computador se assemelha à avaliação tradicional de papel e lápis?
- Como os computadores podem ajudar a elaborar, imprimir, aplicar e corrigir testes?
- O que pode ser feito com portfólios eletrônicos?
- Como os computadores podem ser usados para manter registros?
- O que caracteriza a avaliação baseada na Web?

Reflita

- Quão próximo de poder usar computadores para avaliações você acredita estar atualmente? O que você precisa aprender?

Pratique PRAXIS™

1. O Sr. Tomlinson está preparando uma apresentação para uma reunião de pais e mestres sobre o uso de computadores para avaliação. Quais das seguintes afirmações ele não deveria incluir em sua apresentação?
    a. Não é porque a validade e a fidedignidade das avaliações tradicionais foram estabelecidas que isso também se aplica às avaliações computadorizadas.
    b. Os computadores podem oferecer um meio para criar os portfólios dos estudantes.
    c. Os computadores têm capacidade de intuição em suas avaliações.
    d. As decisões sobre os resultados das avaliações computadorizadas ainda dependem da interpretação e do julgamento dos professores.
2. Uma nova professora, a Sra. Banks, quer usar computadores em suas avaliações dos estudantes. Qual das seguintes ações você a aconselharia a não realizar?
    a. Imprimir questões do banco de testes.
    b. Usar computadores para aplicar os testes.
    c. Usar computadores para dar notas às respostas dos testes.
    d. Usar computadores para praticar.

Por favor, verifique as respostas no final do livro.

Desvende o caso
O caso do projeto

O Sr. Andrews usava comumente testes tradicionais de múltipla escolha sobre história antiga para o sexto ano, mas notou que os alunos pareciam entediados ao estudar para esses testes e também com suas aulas. Portanto, para a unidade sobre Mesopotâmia Antiga, ele decidiu permitir que os estudantes fizessem um projeto em vez de um teste. Ele deu as seguintes opções:

- Elaborar um teste abordando o capítulo sobre Mesopotâmia.
- Criar um jogo sobre Mesopotâmia.
- Criar um diorama sobre Mesopotâmia.
- Escrever uma peça sobre a vida na Mesopotâmia.
- Criar artefatos da Mesopotâmia que um arqueólogo poderia encontrar.

O Sr. Andrews e sua assistente, a Sra. Benjamin, disseram para as crianças que elas não poderiam usar um computador para fazer o projeto.

Sally decidiu criar um teste como projeto. Sally leu o capítulo cuidadosamente e elaborou perguntas à medida que avançava na leitura. Ela usou questões de resposta curta porque estava preocupada em criar boas questões de múltipla escolha. Em sua experiência, os distratores usados nessas questões normalmente eram confusos. Ela achava o mesmo sobre questões verdadeiro/falso. Sally queria fazer perguntas com a maior clareza possível para não deixar seus colegas de classe bravos com ela na hora de fazer o teste.

Sally copiou cuidadosamente cada questão por causa da proibição de usar o computador. Então ela criou uma chave de respostas, que pretendia usar para corrigir os testes dos colegas. O produto final consistia em 25 questões de resposta curta. Ela estava muito orgulhosa de seu trabalho no dia em que o entregou.

O Sr. Andrews examinou o teste de Sally e disse: "Isso não é aceitável. Por que você não digitou?".

"A Sra. Benjamin disse que não podíamos usar o computador."

"Não foi isso que ela quis dizer. Ela quis dizer que não podiam usar a Internet", o Sr. Andrews respondeu. "Leve de volta e digite. Entregue amanhã." Sally saiu muito chateada. Levou o teste para casa e digitou cuidadosamente o teste e a folha de respostas. Entregou o trabalho no dia seguinte. Três dias depois, Sally recebeu as seguintes notas:

Conteúdo: **B** Não incluiu uma questão sobre religião (na verdade, Sally fez uma questão sobre politeísmo). Deveria ter incluído uma variedade de tipos de questão, como múltipla escolha, correspondência e V/F.

Apresentação: **A** Bem digitado, sem erros de ortografia.
Precisão: **B**
Empenho: **C**
Nota geral C

Sally estava chateada com sua nota. Um C em empenho? "Trabalhei duro nisso! Tive até que fazer duas vezes, por causa da estúpida da Sra. Benjamin!" Ela levou sua avaliação e seu teste para casa e mostrou para a mãe, que ficou igualmente chateada, especialmente pela nota baixa em empenho. A mãe de Sally ligou para o Sr. Andrews pedindo para ver as diretrizes do projeto e a rubrica das notas. O Sr. Andrews não foi capaz de fornecer nenhuma das duas. Ela lhe perguntou a diferença entre conteúdo e precisão. Ele também não soube explicar. Ela também lhe perguntou como mediu o empenho, ao qual ele respondeu: "Eu considero o que espero dos estudantes e depois o que eles me trazem".

"Então o senhor está me dizendo que deu nota ao conteúdo três vezes. Uma vez, o senhor deu um B, outra vez um B e na outra um C, certo?"

O Sr. Andrews não sabia como responder à pergunta.

1. Quais são os problemas neste caso?
2. O que o Sr. Andrews fez de errado?
3. O que ele deveria ter feito ao desenvolver suas avaliações alternativas?
4. Como ele deveria ter desenvolvido seu guia de notas?
5. O que você acha da prática de incluir uma nota por empenho nos projetos dos alunos? Por quê?

Atingindo seus objetivos de aprendizagem
Avaliação em sala de aula

1 A sala de aula como um contexto de avaliação: Discutir a sala de aula como um contexto de avaliação.

A avaliação como parte integral do ensino

Avaliação pré-instrucional, avaliação durante a instrução e avaliação pós-instrucional devem ser parte integral do ensino. Muito da avaliação pré-instrucional envolve uma observação informal. Nas observações informais, preste atenção em pistas não-verbais que dão informações sobre o aluno. Exercícios estruturais também podem ser usados na avaliação pré-instrucional. Cuide para não criar expectativas que possam distorcer sua percepção sobre um estudante. Trate suas impressões iniciais dos estudantes como uma hipótese a ser confirmada ou modificada por observação ou informações subseqüentes. Alguns professores aplicam pré-testes para determinadas matérias. Uma tendência crescente é examinar os portfólios dos estudantes de anos anteriores. A avaliação formativa é uma observação e monitoramento acelerados que ocorrem durante a instrução. A avaliação somativa ou formal ocorre após a finalização da instrução. Isso geralmente envolve tipos formais de avaliação, como testes.

Tornando a avaliação compatível com visões contemporâneas de aprendizagem e motivação

Para alinhar a avaliação com a visão contemporânea de motivação e aprendizagem, é importante focar o seguinte: aprendizagem ativa e construção de significado; uso de planejamento e definição de objetivo; pensamento reflexivo, crítico e criativo; expectativas positivas do estudante sobre sua aprendizagem e confiança em suas habilidades; grau de motivação; capacidade de aplicar o que foi aprendido a situações do mundo real; e comunicação eficiente. Considere o papel que a avaliação (especialmente a avaliação alternativa) desempenha no esforço, envolvimento e desempenho do aluno.

Criando metas de aprendizagem claras e apropriadas

Uma estratégia de aprendizagem, muito semelhante a um objetivo instrucional, consiste naquilo que os estudantes devem saber e ser capazes de realizar. Metas de aprendizagem podem focar conhecimento, raciocínio/pensamento, produtos ou sentimentos.

Estabelecendo avaliações de alta qualidade

Avaliações de alta qualidade são válidas, confiáveis e justas. Validade refere-se à proporção com que a avaliação mede o que se pretende medir. No contexto da avaliação de sala de aula, *validade* também inclui quão precisas e úteis são as inferências de um professor sobre a avaliação. Fidedignidade é a proporção com que um teste produz pontuações consistentes e reproduzíveis. A avaliação é justa quando todos os estudantes têm uma oportunidade igual de aprender e demonstrar seu conhecimento e habilidades. Uma filosofia de avaliação pluralista também contribui para uma avaliação justa.

Tendências atuais

Tendências atuais de avaliação incluem usar ao menos uma avaliação baseada em desempenho, examinar habilidades cognitivas de alto nível, usar múltiplos métodos de avaliação, possuir alto padrão de desempenho e usar computadores como parte da avaliação. Outras tendências focam em avaliar uma integração de habilidades, proporcionar aos estudantes um feedback considerável e tornar públicos padrões e critérios.

2 Testes tradicionais: Proporcionar algumas diretrizes para elaboração de testes tradicionais.

Questões de seleção de resposta

Questões verdadeiro/falso podem parecer fáceis de elaborar, mas podem estimular apenas a mera memorização. Uma questão de múltipla escolha tem duas partes: uma base e um conjunto de opções ou alternativas. Alternativas incorretas são chamadas de distratores. Questões de correspondência freqüentemente são usadas com estudantes mais jovens. Duas ferramentas para calcular a qualidade de questões de testes são índice de dificuldade de item, que descreve a porcentagem de estudantes que responde corretamente a uma questão, e o índice de discriminação de item, que reflete a capacidade de um item em diferenciar ou discriminar indivíduos que tiveram pontuação alta daqueles que tiveram pontuação baixa no teste inteiro.

Questões de construção de resposta

Questões de construção de resposta requerem que os estudantes escrevam a informação em vez de selecionar uma resposta de um menu. Questões de resposta curta e dissertativas são as formas de questões de construção de resposta mais comumente usadas. Questões de resposta curta requerem que os estudantes escrevam uma palavra, uma frase curta ou várias sentenças em resposta a uma tarefa e freqüentemente estimulam a memorização pura. Questões dissertativas dão ao estudante mais liberdade de resposta, mas requerem mais escrita do que outros formatos. Questões dissertativas são especialmente boas para avaliar a compreensão que o estudante tem do material, habilidades complexas de raciocínio, capacidade de organizar informações e habilidades de escrita.

3 Avaliações alternativas: Descrever alguns tipos de avaliações alternativas.

Tendências da avaliação alternativa

Avaliação autêntica é avaliar o conhecimento ou habilidade de um aluno num contexto que se aproxima o máximo possível do mundo e da vida real. Críticos argumentam que avaliações autênticas não são necessariamente melhores do que avaliações convencionais, que dispõem de poucos dados que embasem sua validade e que não examinam adequadamente o conhecimento e habilidades básicas.

Avaliação de desempenho

Avaliação de desempenho de raciocínio complexo normalmente enfatiza "realizar" atividades abertas para as quais não existe uma resposta correta. As tarefas às vezes são realistas e muitas, mas não todas, avaliações de desempenho são autênticas. Avaliar o desempenho freqüentemente inclui métodos diretos de avaliação, auto-avaliação, avaliação de desempenho de grupo, bem como individual, e um período de tempo longo. Existem quatro tipos principais de diretrizes para usar avaliação de desempenho: (1) estabelecer um propósito claro, (2) identificar critérios observáveis, (3) proporcionar uma situação apropriada e (4) julgar ou atribuir nota ao desempenho.

Avaliação de portfólio

Um portfólio é uma coleção sistemática e organizada do trabalho de um aluno que demonstra habilidades e realizações. Podem ser incluídas quatro classes de evidência: artefatos, reproduções, atestados e produções. Usar portfólios requer (1) estabelecer o propósito do portfólio, (2) envolver estudantes em decisões sobre o portfólio, (3) revisar o portfólio com os estudantes, (4) estabelecer critérios de avaliação e (5) atribuir nota e julgar o portfólio. Dois tipos abrangentes de propósitos de portfólios são documentar o crescimento através de um portfólio de crescimento e exibir o melhor trabalho do estudante através de um trabalho de melhores trabalhos. Portfólios de aprendizagem possuem pontos fortes – como capturar a complexidade e a integralidade do trabalho e realizações do estudante, assim como estimular a tomada de decisão e a auto-reflexão do estudante – e pontos fracos – como o tempo requerido para coordenar e avaliar os portfólios e sua dificuldade.

4 Atribuindo notas e relatando o desempenho: Construir uma abordagem sólida para a atribuição de notas.

Finalidade da atribuição de notas

As finalidades da atribuição de notas podem ser administrativa (ajudar a determinar a classificação do estudante na classe, créditos), informativa (informar pais, professores, estudantes), motivacional (desejo dos estudantes por notas maiores) e de orientação (selecionar os cursos apropriados e níveis para os estudantes).

Componentes de um sistema de atribuição de notas

Três tipos principais de julgamento do professor embasam um sistema de atribuição de notas: (1) padrão de comparação utilizado para a atribuição de notas (baseado em curva normal e baseado em critério); (2) aspectos do desempenho (uma boa estratégia é basear uma nota geral numa série de avaliações incluindo testes e outras avaliações) e (3) peso atribuído a diferentes tipos de produtos do aluno (o julgamento envolve como os professores sintetizam a informação para chegar à nota do aluno).

Relatando o progresso e as notas dos estudantes aos pais

Boletins são o método padrão de relato. Checklist de habilidades e objetivos às vezes são usados na pré-escola e no primário. Notas na forma de letra são padrão nas séries mais avançadas do ensino fundamental e no ensino médio. O relato também inclui relatórios escritos sobre progresso e reuniões de pais e mestres.

continua

> **Algumas questões relacionadas à atribuição de notas**

As questões relacionadas à atribuição de notas incluem (1) se os professores devem dar um zero a uma tarefa ou trabalho não entregue, (2) se os professores devem ater-se estritamente aos números ao atribuir notas, (3) se as notas devem ser abolidas (embora a forma de atribuição de notas possa mudar no futuro, julgamentos sobre o desempenho dos estudantes continuarão sendo feitos e comunicados aos estudantes, pais e outros) e (4) se a inflação das notas é um problema.

5 Computadores e avaliação: Identificar alguns usos de computadores na avaliação.

> **Usando computadores para avaliação**

As mesmas preocupações quanto à validade e fidedignidade das avaliações tradicionais de lápis e papel valem para as avaliações usando um computador.

> **Elaborando, imprimindo, aplicando e pontuando testes**

Os computadores podem ser usados para a elaboração de testes através de um banco de questões, para imprimir testes a partir do banco de questões, para aplicar testes apresentando as questões do teste em uma tela de computador e para pontuar/atribuir notas às respostas.

> **Portfólios eletrônicos**

Os termos *portfólio eletrônico*, *portfólio baseado em computador* e *portfólio digital* descrevem portfólios armazenados em um formato eletrônico. Existem diversos programas de portfólio eletrônico disponíveis. Portfólios eletrônicos podem ser enviados para universidades como parte de um processo de seleção e para empregadores em potencial.

> **Manutenção de registros**

A informática pode reduzir o fardo da manutenção de registros dos professores. Por exemplo, boletins eletrônicos podem armazenar as notas dos estudantes ao longo de todo o curso e permitir que pais e estudantes acessem as notas e os comentários dos professores.

> **Avaliação baseada na Web**

Avaliações baseadas na Web, o que significa que a avaliação ocorre na Internet, estão sendo usadas cada vez mais para registrar e avaliar o comportamento do estudante e/ou seu progresso acadêmico.

Termos-chave

avaliação formativa 568
avaliação somativa 569
validade instrucional 571
testes objetivos 573
avaliações de desempenho 574
questões de seleção
  de resposta 576
questões de múltipla
  escolha 576
conjuntos de problemas 580
índice de dificuldade
  de item 580
índice de discriminação
  de item 580

questões de construção
  de resposta 581
questões de resposta curta 581
questões dissertativas 581
critérios de desempenho 586
portfólio 588
portfólio de crescimento 590
portfólio de melhor trabalho 590
atribuir notas 593
atribuição de notas baseada
  na curva normal 593
atribuição de notas baseada
  em critério 593

Pasta de atividades

Agora que você tem uma boa compreensão deste capítulo, faça os exercícios a seguir para ampliar seu entendimento.

Reflexão independente

Exponha suas visões sobre avaliação. Pense sobre as seguintes afirmações e decida se você concorda ou discorda de cada uma. (1) Testes de múltipla escolha não devem ser usados para avaliar a aprendizagem dos estudantes. (2) Um professor nunca deve usar uma única medida para avaliar a aprendizagem. (3) A avaliação baseada em desempenho é muito subjetiva. (INTASC: Princípio 8) Explique sua posição.

Trabalho colaborativo

Desenvolva um plano de avaliação. Reúna-se com um colega que planeja ensinar a(s) mesma(s) disciplina(s) e para o mesmo ano que você. Escolha um assunto e desenvolva um plano de avaliação para o curso. (INTASC: Princípios 1, 8)

Experiência de pesquisa/campo

Contrabalançando avaliações tradicionais e alternativas. Considere uma matéria que você cursou no ensino médio e em que o seu desempenho foi avaliado com a utilização de métodos tradicionais. Em uma breve exposição, explique como os estudantes poderiam ter sido avaliados com o uso de avaliações alternativas ou algum tipo de combinação entre avaliação tradicional e alternativa. O que se ganharia (ou perderia) usando avaliações alternativas? (INTASC: Princípio 8)

Vá até o Online Learning center em www.mhhe.com/santedu3e para baixar modelos de pastas de documentos (material disponível em inglês)

PRAXIS™ Chave de respostas

Capítulo 1

Explorando a psicologia educacional
1. b
2. c

Ensino eficiente
1. d
2. b

Pesquisa em psicologia educacional
1. a
2. d
3. c

Capítulo 2

Uma visão geral do desenvolvimento da criança
1. d   3. a
2. c   4. d

Desenvolvimento cognitivo
1. b
2. d
3. c

Desenvolvimento da linguagem
1. a
2. b
3. b

Capítulo 3

Teorias contemporâneas
1. b
2. c

Contextos sociais de desenvolvimento
1. b
2. d
3. a

Desenvolvimento socioemocional
1. c
2. b

Capítulo 4

Inteligência
1. d   3. d
2. b   4. b

Estilos de aprendizagem e pensamento
1. a
2. d

Personalidade e temperamento
1. b
2. b

Capítulo 5

Cultura e etnicidade
1. c   3. a
2. c   4. c

Educação multicultural
1. d   3. a
2. d   4. b

Gênero
1. c   4. a
2. c   5. a
3. b

Capítulo 6

Quem são as crianças com deficiências?
1. c   4. b   7. b
2. b   5. c   8. d
3. a   6. b

Questões educacionais envolvendo crianças com deficiências
1. b
2. c
3. c

Crianças superdotadas
1. a
2. a
3. b

Capítulo 7

O que é aprendizagem?
1. b
2. b

Abordagens comportamentais para a aprendizagem
1. d
2. b

Análise do comportamento aplicada à educação
1. a   3. d
2. a   4. d

Abordagens sóciocognitivas da aprendizagem
1. b   3. a
2. a   4. d

Capítulo 8

A natureza da abordagem de processamento da informação
1. b
2. a
3. a

Atenção
1. a
2. a

Memória
1. a   3. a
2. b   4. d

Especialidade
1. b
2. a
3. b

Metacognição
1. d
2. c
3. a

Capítulo 9

Compreensão conceitual
1. b
2. c

Pensamento
1. d   3. a
2. c   4. a

Resolução de problemas
1. b   3. b
2. a   4. a

Transferência
1. b
2. c

Capítulo 10

Abordagens socioconstrutivistas de ensino
1. a
2. b

Professores e pares como conjunto de colaboradores para o aprendizado dos estudantes
1. b 3. a
2. b 4. a

Estruturando o trabalho em pequenos grupos
1. b
2. d
3. d

Programas socioconstrutivistas
1. b
2. a
3. a

Capítulo 11

Conhecimento especializado e conhecimento de conteúdo pedagógico
1. b

Leitura
1. c 4. c
2. c 5. b
3. b

Escrita
1. c
2. b
3. b

Matemática
1. a 4. b
2. b 5. d
3. c

Ciências
1. d
2. c

Estudos Sociais
1. a
2. d

Capítulo 12

Planejamento
1. b
2. d

Ensino e planejamento de aula centrados no professor
1. a 3. a
2. c 4. c

Ensino e planejamento da aula centrados no aluno
1. d
2. c
3. b

Tecnologia e educação
1. b 4. d
2. d 5. a
3. c

Capítulo 13

Explorando a motivação
1. b
2. b

Processos do rendimento
1. b 4. b
2. d 5. d
3. a 6. b

Motivação, relacionamentos e contextos socioculturais
1. c
2. c
3. d

Estudantes com problemas de rendimento
1. a 4. a
2. b 5. a
3. a 6. b

Capítulo 14

Por que a sala de aula deve ser gerenciada eficientemente
1. b
2. d
3. a

Planejando o ambiente físico da sala de aula
1. b
2. d

Criando um ambiente positivo para a aprendizagem
1. b
2. b
3. c

Sendo um bom comunicador
1. d
2. d
3. d

Lidando com problemas de comportamento
1. c
2. d
3. d

Capítulo 15

A natureza dos testes padronizados
1. b
2. b

Testes de aptidão e de rendimento
1. a 4. a
2. d 5. b
3. b

Os papéis do professor
1. d 3. a
2. a 4. c

Controvérsias nos testes padronizados
1. a
2. b

Capítulo 16

A sala de aula como um contexto de avaliação
1. b 4. c
2. a 5. c
3. d

Testes tradicionais
1. c
2. c

Avaliações alternativas
1. d
2. b

Atribuindo notas e relatando o desempenho
1. c 3. d
2. b 4. d

Computadores e avaliação
1. c
2. d

Glossário

A

abordagem construtivista Uma abordagem para a aprendizagem centrada no estudante que enfatiza a importância de o indivíduo construir ativamente o conhecimento e a compreensão com a orientação do professor. 6

abordagem de ensino de estratégia transacional Uma abordagem cognitiva para leitura que enfatiza o ensino de estratégias, especialmente estratégias metacognitivas. 371

abordagem de processamento da informação Uma abordagem cognitiva que enfatiza que as crianças manipulam a informação, monitorando-as criando estratégias com ela. O fundamento dessa abordagem são os processos cognitivos da memória e do raciocínio. 264

abordagem fônica Uma abordagem que enfatiza que o ensino de leitura deveria ensinar os fonemas e suas regras básicas para a tradução de símbolos escritos em sons. 369

abordagem socioconstrutivista A abordagem que enfatiza os contextos sociais de aprendizagem e segundo a qual o conhecimento é fundamentado e construído mutuamente. 337

abordagens cognitivo-comportamentais Mudam o comportamento fazendo com que o indivíduo monitore, maneje e regule seu próprio comportamento em vez de deixar que seja controlado por fatores externos. 249

acomodação Conceito piagetiano de ajuste dos esquemas para se adaptar às novas informações e experiências. 37

agrupamento na sala de aula por capacidade Colocação de estudantes em dois ou três grupos na sala de aula, levando em consideração as diferenças entre suas capacidades. 131

agrupamento/segmentação Agrupar, ou "empacotar", informações em unidades de ordem superior que podem ser lembradas como unidades independentes. 320

algoritmos Estratégias que garantem a resolução de um problema. 320

ambiente menos restritivo possível (LRE) Um ambiente o mais similar possível àquele em que crianças sem deficiências são educadas. 206

ameaça ao estereótipo Receio de que o comportamento de um indivíduo possa confirmar um estereótipo negativo sobre um grupo. 128

amplitude A distância entre a maior e a menor nota. 550

amplitude da memória Número de dígitos que um indivíduo consegue reproduzir corretamente após uma única apresentação. 273

análise da tarefa Decompor uma tarefa complexa que os estudantes aprenderão em suas partes componentes. 411

análise de meio-e-fim Uma heurística na qual alguém identifica um objetivo (fim) de um problema, avalia a situação atual e avalia o que é necessário ser feito (meio) para diminuir a diferença entre as duas condições. 320

análise do comportamento aplicada Aplicar os princípios do condicionamento operante para mudar o comportamento humano. 235

analogia Correspondência, em alguns aspectos, entre coisas não semelhantes. 308

andaimes (scaffolding) Uma técnica que envolve mudança do nível de apoio para a aprendizagem. Um professor ou um par mais avançado ajustam a quantidade de ajuda para se adaptar ao desempenho atual do estudante. 49

androginia Presença de características femininas e masculinas desejáveis na mesma pessoa. 171

aprendizado cognitivo Um relacionamento no qual um especialista amplia e apóia o entendimento de um aprendiz utilizando-se de habilidades culturais. 340

aprendizagem Influência relativamente permanente no comportamento, conhecimento e no raciocínio, adquirida através da experiência. 227

aprendizagem assistencial Uma forma de educação que promove a responsabilidade social e o serviço à comunidade. 106

aprendizagem auto-reguladora Autogeração e automonitoramento dos pensamentos, sentimentos e comportamentos a fim de atingir um objetivo. 251

aprendizagem baseada em problemas Aprendizagem que enfatiza problemas autênticos como aqueles que ocorrem no cotidiano. 322

aprendizagem baseada em projetos Os estudantes trabalham com problemas concretos e significativos para criar produtos reais. 323

aprendizagem com excelência Aprendizagem aprofundada de um conceito ou assunto antes de se partir para outro mais difícil. 417

aprendizagem cooperativa A aprendizagem que ocorre quando os estudantes trabalham em pequenos grupos para ajudar na aprendizagem uns dos outros. 345

aprendizagem por descoberta Aprendizagem na qual os estudantes constroem um entendimento por si mesmos. 429

aprendizagem por descoberta orientada Aprendizagem em que os estudantes também são encorajados a construir seu próprio entendimento, mas com a assistência de perguntas e orientações do professor. 429

aprendizagem por observação Aprendizagem que envolve adquirir habilidades, estratégias e crenças observando os outros. 244

aquisição de identidade O status de identidade em que os indivíduos exploraram alternativas significativas e assumiram um compromisso. 100

assédio sexual em ambiente hostil Submissão dos estudantes a uma conduta sexual indesejada muito grave, persistente ou disseminada que limita a habilidade de se beneficiarem de sua educação. 175

assédio sexual quid pro quo Ameaça feita por um funcionário da escola de tomar uma decisão educacional (como uma nota) com base na submissão de um estudante a uma conduta sexual indesejada. 175

assimilação Conceito piagetiano da incorporação de nova informação ao conhecimento existente (esquemas). 37

611

atenção Concentrar e focar recursos mentais. 267

atenção dividida Concentrar-se em mais de uma atividade ao mesmo tempo. 267

atenção seletiva Focar um aspecto específico de uma experiência que é relevante, ignorando outros que são irrelevantes. 267

atenção sustentada A habilidade para manter a atenção em um estímulo selecionado por um período prolongado de tempo; também chamada de vigilância. 267

atribuição de nota baseada em curva normal É um sistema baseado na comparação do desempenho de um estudante com o desempenho de outros estudantes da classe e com o desempenho de estudantes de outras classes. 593

atribuição de notas Transformar a informação descritiva da avaliação em letras, números ou outros marcadores que indicam a qualidade da aprendizagem ou desempenho do estudante. 593

autismo é um distúrbio severo de desenvolvimento que surge nos primeiros três anos de vida e inclui deficiências no relacionamento social, anormalidades na comunicação e padrões de comportamento restritos, repetitivos e estereotipados. 199

auto-eficácia crença de que um indivíduo pode dominar uma situação e produzir resultados positivos. 462

auto-estima Também chamada de auto-imagem e autovalia, a concepção global do indivíduo sobre si mesmo. 97

automatismo Habilidade em processar informações com pouco ou nenhum esforço. 265

auto-realização A mais elevada e indefinida das necessidades de Maslow é a motivação de desenvolver todo o seu potencial como ser humano. 452

avaliação formativa Avaliação durante o curso do ensino em vez de após sua conclusão. 568

avaliação somativa Avaliação após a finalização do ensino; também denominada avaliação formal. 568

avaliações de desempenho Avaliações requerem que os estudantes criem respostas ou produtos que demonstrem seu conhecimento ou habilidade. Exemplos de avaliação de desempenho incluem escrever uma dissertação, conduzir um experimento, realizar um projeto, resolver um problema do mundo real e criar um portfólio. 574

B

behaviorismo radical É a visão de que o comportamento deve ser explicado por variáveis externas ao indivíduo. 227

C

centração Focalização ou centralização da atenção em uma característica e exclusão de todas as outras; característica do pensamento pré-operacional. 41

"cinco grandes" (ou mais importantes) fatores da personalidade Estabilidade emocional, extroversão, abertura a novas experiências, disponibilidade ao outro e escrupulosidade. 135

clubes do livro Grupos de estudantes para a discussão de literatura. Os clubes do livro são uma forma de aprendizagem entre pares. 373

codificação Mecanismo pelo qual as informações entram na memória. 265

cognição situada A idéia de que o pensamento é localizado (situado) em contextos sociais e físicos, e não na mente do indivíduo. 338

coletivismo Conjunto de valores que dão suporte ao grupo. 145

conceitos Categorias utilizadas para agrupar objetos, eventos e características com base em propriedades comuns. 302

condicionamento clássico Uma forma de aprendizagem em que um estímulo neutro, ao ser pareado a um estímulo incondicional, adquire a capacidade de eliciar uma resposta nova. 229

condicionamento operante É uma forma de aprendizagem em que as conseqüências do comportamento produzem mudanças na probabilidade de que esse comportamento venha a ocorrer. 232

conhecimento de conteúdo pedagógico Conhecimento sobre como ensinar eficazmente uma determinada disciplina. 366

conhecimento especializado Também chamado conhecimento do assunto; significa um excelente conhecimento sobre o conteúdo de uma disciplina específica. 365

conhecimento metalingüístico Conhecimento da linguagem. 61

conjunto mental Um tipo de fixação em que um indivíduo tenta resolver um problema de maneira tal que funcionara no passado. 321

conjuntos de problemas Grupos de duas ou mais questões de múltipla escolha ou resposta objetiva e curta se referindo a um único estímulo, "como uma ilustração, um gráfico ou uma passagem". 580

conservação A idéia de que algumas características do objeto continuam as mesmas, mesmo que o objeto mude de aparência; uma capacidade cognitiva que se desenvolve no estágio operacional concreto, de acordo com Piaget. 41

construção de estratégia Descobrir um novo procedimento para processar informações. 265

contratar Especificar as contingências de reforço por escrito. 237

conversa de aproximação É a linguagem da conversação e uma maneira de estabelecer contatos e relacionamentos; mais característica das mulheres do que dos homens. 169

conversa de relato A conversa que fornece informações; mais característica dos homens do que das mulheres. 169

criação de submetas O processo de estabelecer objetivos intermediários que coloquem os estudantes em uma posição melhor para atingir o objetivo final ou a solução. 319

criança de aquecimento lento Estilo de temperamento no qual a criança tem um baixo nível de atividade, é de certa forma negativa, mostra pouca adaptabilidade e apresenta baixa intensidade de humor. 136

criança de temperamento difícil Estilo de temperamento no qual a criança tende a reagir negativamente, tem tendências agressivas, falta de autocontrole e tem dificuldade em aceitar novas experiências. 136

criança de temperamento fácil Estilo de temperamento no qual a criança tem um humor positivo, ajusta-se rapidamente às novas rotinas e se adapta facilmente a novas experiências. 136

crianças superdotadas Crianças com inteligência acima do normal (geralmente um QI de 130 ou mais) e/ou um talento superior em determinada área como artes plásticas, música ou matemática. 215

criatividade A habilidade de pensar sobre algo de forma nova e incomum e apresentar soluções singulares para os problemas. 315

critérios de desempenho Comportamentos específicos necessários para que se tenha desempenho eficiente como parte da avaliação. 586

cultura Padrões de comportamento, crenças e outras manifestações de um grupo de pessoas em particular passados de geração em geração. 145

currículo oculto Conceito de Dewey de que cada escola tem uma atmosfera moral persuasiva mesmo se não tem um programa de educação moral. 105

custo de resposta retirar um reforço positivo de um indivíduo. 240

D

deficiência Uma limitação pessoal que restringe funcionalmente um indivíduo. 185

deficiência intelectual É uma condição que se manifesta antes dos 18 anos que envolve baixo nível intelectual (pontuação abaixo de 70 num teste de inteligência tradicional administrado individualmente) e dificuldade de adaptação às atividades cotidianas. 192

desenvolvimento Os processos socioemocionais, cognitivos e biológicos que começam na concepção e continuam durante toda a vida de uma pessoa. A maior parte do desenvolvimento envolve crescimento, embora também envolva decadência (morte). 28

desenvolvimento irregular Circunstâncias em que o desenvolvimento é desigual entre diferentes áreas. 32

desenvolvimento moral Desenvolvimento que diz respeito às regras e convenções de interações justas entre as pessoas. 102

dessensibilização sistemática É um método baseado no condicionamento clássico que reduz a ansiedade fazendo com que, durante um relaxamento profundo, ocorram visualizações sucessivas de situações geradoras de ansiedade cada vez mais intensas. 231

desvio padrão Uma medida da proporção com que um conjunto de notas varia em relação à média das notas. 550

dicas É um estímulo adicional ou uma dica dada imediatamente antes de uma resposta que aumenta a probabilidade de que a resposta correta ocorra. 237

dificuldades de aprendizagem Deficiência em que a criança (1) apresenta um QI acima da faixa de deficiência; (2) apresenta dificuldade significativa numa área acadêmica (especialmente leitura e matemática) e (3) não apresenta nenhum outro problema ou transtorno, tais como deficiências sensoriais ou transtornos emocionais graves diagnosticados como causa da dificuldade. 185

difusão de identidade O status de identidade em que os indivíduos nem exploraram alternativas significativas nem assumiram um compromisso. 99

discalculia Também conhecida como transtorno de desenvolvimento de matemática, é uma dificuldade de aprendizagem que envolve dificuldade com cálculos aritméticos. 187

disgrafia Dificuldade de aprendizagem que envolve a dificuldade em expressar pensamentos na forma escrita. Em geral, o termo disgrafia é utilizado para descrever uma escrita extremamente pobre. 187

dislexia Limitação grave da capacidade de ler e soletrar do indivíduo. 187

distribuição de freqüência Uma lista de notas, normalmente da maior para a menor, juntamente com o número de vezes em que cada nota aparece. 549

distribuição em percentil O porcentual de uma distribuição que cai acima ou abaixo da nota. 552

distribuição normal Uma "curva em forma de sino" em que a maioria das notas se concentra em torno da média. Quanto mais para cima ou para baixo da média avançamos, menor a freqüência de cada nota. 552

distribuição randômica Em pesquisa experimental, a distribuição aleatória de participantes entre o grupo experimental e o grupo-controle. 19

E

educação bilíngüe Ministra as disciplinas acadêmicas para crianças imigrantes em seu idioma de origem e ensina simultaneamente o idioma inglês de maneira mais lenta. 153

educação de caráter Uma abordagem direta à educação moral que envolve ensinar aos estudantes o conhecimento moral básico para evitar que eles se envolvam em comportamento imoral e prejudiquem a si e aos outros. 105

educação moral cognitiva Uma abordagem à educação moral com base na crença de que os estudantes devem valorizar ideais como a democracia e a justiça conforme seu raciocínio moral se desenvolve; a teoria de Kohlberg serviu como a base para vários esforços em educação moral cognitiva. 106

educação multicultural Educação que valoriza a diversidade e inclui regularmente as perspectivas de diversos grupos culturais. 157

educação parental autoritária Um estilo de educação restritivo e punitivo no qual há poucas trocas verbais entre pais e crianças; associado com incompetência social das crianças. 76

educação parental autoritativa Um estilo de educação positivo que encoraja as crianças a serem independentes, mas que também impõe limites e controles sobre suas ações. Trocas verbais extensas são permitidas; associado com competência social das crianças. 76

educação parental indulgente Um estilo de criação de envolvimento, mas poucos limites ou restrições com relação ao comportamento das crianças; relacionado à incompetência social das crianças. 77

educação parental negligente Um estilo de educação de não-envolvimento no qual os pais gastam pouco tempo com seus filhos; associado com incompetência social dos filhos. 77

efeito de posição serial Princípio de que a recordação é melhor para itens do começo e do fim de uma lista do que para os do meio. 278

elaboração O grau de processamento das informações envolvidas na codificação. 271

ensaio Repetição consciente de informações ao longo do tempo para aumentar o período em que estas permanecem na memória. 270

ensino diferenciado Envolve reconhecer as variações individuais no conhecimento, prontidão, interesses e outras características dos alunos, e considerar essas diferenças ao planejar o currículo e desenvolver o ensino. 8

ensino direto Uma abordagem estruturada e centrada no professor que se caracteriza pela orientação e controle do professor, pelas grandes expectativas dos professores quanto ao progresso dos estudantes, pelo tempo máximo gasto pelos estudantes em tarefas acadêmicas e pelos esforços do professor em manter o aspecto negativo reduzido ao mínimo. 414

ensino recíproco Um esquema de leitura no qual os estudantes se revezam para liderar um pequeno grupo de discussão. 372

epilepsia Distúrbio neurológico caracterizado por ataques sensório-motores recorrentes ou movimentos convulsivos. 195

equilíbrio Um mecanismo que Piaget propôs para explicar como as crianças passam de um estágio de pensamento para o próximo. A mudança ocorre quando as crianças experienciam conflitos cognitivos ou desequilíbrios ao tentar entender o mundo. Finalmente, resolvem o conflito, alcançam o equilíbrio de pensamento. 38

equivalência de ano Pontuação que indica o desempenho de um estudante em relação ao nível do ano e ao mês do ano letivo, considerando-se um ano letivo de 10 meses. 553

esclarecimento de valores Uma abordagem à educação moral que enfatiza ajudar as pessoas a esclarecer os propósitos de suas vidas e no que vale a pena trabalhar; os estudantes são

estimulados a definir seus próprios valores e a compreender os valores dos outros. 105

escuta ativa Um estilo de ouvir que dá atenção total ao falante e concentra-se tanto no conteúdo intelectual quanto emocional da mensagem. 511

esquecimento dependente de pistas Uma falha de resgate causada por uma falta de pistas de recordação efetivas. 279

esquemas de reforçamento Cronogramas de reforçamento intermitente que determinam quando uma resposta será reforçada. 236

esquemas Na teoria de Piaget, ações ou representações mentais que organizam o conhecimento. 37

estágio lógico-formal Quarto estágio de desenvolvimento cognitivo de Piaget, que surge aproximadamente dos 11 aos 15 anos de idade; o pensamento é mais abstrato, idealista e lógico. 44

estágio operacional concreto O terceiro estágio de desenvolvimento cognitivo de Piaget ocorre aproximadamente dos sete aos onze anos de idade. Nesse estágio, a criança pensa operacionalmente e o raciocínio lógico substitui o pensamento intuitivo, mas somente em situações concretas; habilidades de classificação estão presentes, mas problemas abstratos apresentam dificuldades. 42

estágio pré-operacional O segundo estágio de Piaget dura aproximadamente dos dois aos sete anos de idade; o pensamento simbólico aumenta, mas o pensamento operacional ainda não está presente. 39

estágio sensório-motor O primeiro estágio piagetiano dura do nascimento aos dois anos de idade, aproximadamente, e é o período em que o bebê constrói um entendimento de mundo coordenando experiências sensoriais com ações motoras. 38

estanino Uma escala de nove pontos que descreve o desempenho de um estudante num teste. 552

estatística descritiva Procedimentos matemáticos que são usados para descrever e resumir dados (informação) de uma maneira útil. 549

estereótipo de gênero São categorias amplas que refletem impressões e convicções sobre quais comportamentos são apropriados para mulheres e homens. 167

estilo agressivo Maneira de lidar com conflito em que as pessoas têm rompantes com os outros, sendo mandonas, rudes e agindo de maneira hostil. 508

estilo assertivo Maneira de lidar com conflito em que as pessoas expressam seus sentimentos, pedem o que querem e dizem "não" para coisas que não querem, e agem baseadas em seus interesses. 508

estilo auditório Estilo de organização de sala de aula em que todos os alunos sentam-se de frente para o professor. 498

estilo autoritário de gerenciamento de sala de aula Uma estratégia restritiva e punitiva com foco mais voltado para a manutenção da ordem na sala de aula do que no ensino e na aprendizagem. 500

estilo autoritativo de gerenciamento de sala de aula estratégia que estimula os estudantes a pensar e a agir de maneira independente, mas ainda assim requer um monitoramento eficaz. Professores autoritativos envolvem os alunos em consideráveis trocas verbais e demonstram uma atitude atenciosa em relação a eles. No entanto, não deixam de impor limites quando necessário. 500

estilo cluster Estilo de organização de sala de aula em que um número pequeno de estudantes (geralmente quatro ou oito) trabalham em grupos coesos. 498

estilo frente a frente Estilo de organização de sala de aula em que os alunos sentam-se um de frente para o outro. 498

estilo manipulativo Maneira de lidar com conflito em que as pessoas tentam obter o que querem fazendo os outros se sentirem culpados ou terem pena delas. 508

estilo off-set Estilo de organização de sala de aula em que um número pequeno de alunos (geralmente três ou quatro) sentam-se juntos às mesas, mas não ficam diretamente um na frente do outro. 498

estilo passivo Maneira de lidar com conflito em que as pessoas são não-assertivas, submissas e não deixam que os outros saibam o que elas querem. 508

estilo permissivo de gerenciamento de sala de aula Estratégia que proporciona aos estudantes uma autonomia considerável, mas oferece pouco suporte para o desenvolvimento de habilidades de aprendizagem ou controle de seu comportamento. 500

estilo seminário Estilo de organização de sala de aula em que um número maior de alunos (dez ou mais) formam um círculo, um quadrado ou um U com suas carteiras. 498

estilos de aprendizagem e pensamento Preferências dos indivíduos em relação à maneira como eles utilizam suas capacidades. 132

estilos impulsivo/reflexivo Também denominados como ritmo conceptual, envolvem a tendência de o estudante agir rápida e impulsivamente ou levar mais tempo para responder e refletir no ponto central da questão. 133

estilos profundo/superficial Envolvem a extensão com que os estudantes abordam os materiais de aprendizagem, de uma maneira que os ajude a compreender o significado dos materiais (estilo profundo) ou simplesmente aprendem o que é preciso aprender (estilo superficial). 133

estratégia de demonstração interativa Estratégia que ajuda os estudantes a superar concepções erradas sobre ciências, em que o professor apresenta a demonstração, solicita que os estudantes a discutam com seus colegas mais próximos, solicita que realizem um prognóstico dos resultados e, então, realiza a demonstração. 389

estudo de caso Um olhar aprofundado a respeito de um indivíduo. 17

estudo etnográfico Descrição e interpretação aprofundada do comportamento em um grupo étnico ou cultural que inclui envolvimento direto com os participantes. 18

estudos interculturais Estudos que comparam o que acontece em uma cultura com o que acontece em outra ou mais culturas, proporcionando informações sobre o grau de semelhança entre as pessoas e até que ponto determinados comportamentos são específicos a certas culturas. 145

estudos sociais O campo que busca promover a competência cívica com o objetivo de ajudar os estudantes a tomarem decisões racionais e bem informadas para o bem público como cidadãos integrantes de uma sociedade culturalmente diversa e democrática em um mundo interdependente. 394

etnicidade Padrão de características compartilhadas tais como herança cultural, nacionalidade, raça, religião e língua. 150

exclusão de identidade O status de identidade em que os indivíduos assumiram um compromisso, mas não exploraram alternativas significativas. 99

F

fidedignidade A proporção com que um teste produz um resultado consistente e reproduzível. 534

fidedignidade de duas metades Fidedignidade julgada dividindo-se os itens do teste em duas metades, tal como entre itens pares e ímpares. Os resultados nos dois conjuntos de itens são comparados entre si para determinar quão consistente foi o desempenho dos alunos em cada conjunto. 535

fidedignidade de formas equivalentes Fidedignidade julgada por meio da aplicação de duas versões diferentes do mesmo teste em duas ocasiões diferentes para o mesmo grupo de alunos para determinar quão consistentes são os seus resultados. 535

fidedignidade teste-reteste A proporção com que um teste resulta no mesmo desempenho quando um estudante o realiza em duas ocasiões. 534

fixação Utilizar uma estratégia prévia e, por isso, não conseguir examinar um problema a partir de uma perspectiva diversa, nova. 321

fonologia Sistema de sons de uma língua. 55

Fostering a Community of Learners (FCL) Um programa socioconstrutivista que enfoca o desenvolvimento na alfabetização e na biologia. O FCL estimula a reflexão e a discussão por meio da utilização de adultos como modelos exemplares, de crianças que ensinam crianças e de consultas on-line. 354

G

gênero Dimensões sociocultural e psicológica de gênero. 165

grupo experimental O grupo cuja experiência é manipulada em um experimento. 19

grupo normativo Um grupo de indivíduos semelhantes que realizaram o teste previamente, aplicado por seu idealizador. 533

grupo-controle Em um experimento, um grupo cuja experiência é tratada da mesma maneira que o grupo experimental, exceto pelo fator manipulado. 19

H

habilitar Refere-se a proporcionar às pessoas habilidades intelectuais e de competição para serem bem-sucedidas e tornar este mundo mais justo. 157

heurística Uma estratégia ou uma regra prática que pode sugerir uma solução para um problema, mas não assegura que ela funcionará. 313

heurística da representatividade Tomar decisões erradas baseadas em quão bem algo pode se encaixar em um protótipo – isto é, o exemplo mais representativo ou mais comum –, mais do que com base em sua relevância para uma situação particular. 313

heurística de disponibilidade Previsão sobre a probabilidade de um evento baseada na freqüência de ocorrências passadas desse evento. 313

hierarquia das necessidades O conceito de Maslow afirma que as necessidades individuais devem ser satisfeitas na seguinte seqüência: fisiológica, segurança, afeto e pertinência, auto-estima e auto-realização. 452

histograma Uma distribuição de freqüência na forma de gráfico. 549

Human Biology Middle Grade Curriculum (HumBio) Desenvolvido por cientistas da Universidade de Stanford, em colaboração com professores do ensino fundamental, esse currículo integra ecologia, evolução, genética, fisiologia, desenvolvimento humano, cultura, saúde e segurança. 391

I

idade mental (IM) Nível de desenvolvimento mental de um indivíduo em relação a outros. 115

incapacidade Condição imposta a uma pessoa que tem uma deficiência. 185

incentivos estímulos ou eventos positivos ou negativos que podem motivar o comportamento de um estudante. 451

inclusão Educar uma criança com necessidades especiais integralmente em classes comuns. 206

índice de dificuldade de item Porcentagem de estudantes que responde corretamente a um item. 580

índice de discriminação de item Índice que reflete a capacidade de um item de diferenciar indivíduos que tiveram pontuação alta daqueles que tiveram pontuação baixa no teste inteiro. 580

individualismo Conjunto de valores que priorizam objetivos pessoais em vez de objetivos de grupo. 145

inteligência Habilidades para resolver problemas e a capacidade de se adaptar e aprender a partir das experiências de vida diárias. 115

inteligência emocional A capacidade de monitorar as emoções e sentimentos de si e dos outros, para distingui-los e utilizar essas informações para guiar seu pensamento e ação. 121

interação pessoa-situação O ponto de vista de que o melhor meio de se caracterizar a personalidade não é em termos de traços ou características pessoais somente, mas sim em termos da situação envolvida. 135

internet O centro da comunicação mediada por computadores; um sistema de redes de computadores que opera em todo o mundo. 433

J

Joplin plan Um programa padrão não-seriado para ensino de leitura. 130

L

laboratório Um ambiente controlado a partir do qual muitos dos fatores complexos do mundo real são removidos. 16

lateralidade A especialização das funções de cada hemisfério do cérebro. 36

Lei de Educação para Indivíduos com Deficiências (IDEA) A Lei especifica exigências amplas de atendimento a todas as crianças com deficiências. Estas incluem avaliação e determinação de elegibilidade, educação apropriada e plano de educação individualizada (IEP) e educação no ambiente menos restritivo possível (LRE). 205

Lei do Efeito Princípio de que comportamentos seguidos de resultados positivos são fortalecidos e que comportamentos seguidos de resultados negativos são enfraquecidos. 232

Lei Pública 94-142 Lei Educação para Todas as Crianças com Deficiência, que exigia que todos os estudantes com deficiências recebessem uma educação pública apropriada, gratuita e que proveria os fundos necessários para a implementação de tal educação. 205

limitações ortopédicas Envolvem restrição de movimentos ou falta de controle sobre os movimentos devido a problemas musculares, ósseos ou de articulação. 195

linguagem Uma forma de comunicação falada, escrita ou gesticulada que é baseada em um sistema de símbolos. 54

linguagem expressiva Envolve a capacidade de usar a linguagem para expressar os pensamentos e se comunicar com os outros. 198

linguagem integral Uma abordagem que enfatiza que o ensino de leitura deveria ser feito em paralelo com a aprendizagem natural de linguagem da criança. Os materiais de leitura deveriam ser completos e significativos. 369

M

linguagem receptiva Envolve a recepção e a compreensão da linguagem. 198

mapa conceitual Representação visual de uma conexão de conceito e organização hierárquica. 304

média A média numérica de um grupo de notas. 550

mediana É a nota situada exatamente no meio de uma distribuição de notas depois de terem sido organizadas (ou classificadas) da maior para a menor. 550

medidas de variabilidade Medidas que informam a proporção com que as notas variam de uma para a outra. 550

memória Retenção de informação ao longo do tempo, que inclui codificação, armazenamento e resgate. 270

memória de curta duração Um sistema de memória com capacidade limitada em que as informações são retidas por até 30 segundos, a menos que sejam repetidas, o que neste caso aumentaria sua retenção. 273

memória de trabalho Uma espécie de "bancada de trabalho mental" que permite aos indivíduos manipular, montar e construir as informações quando tomam decisões, resolvem problemas e compreendem a linguagem escrita e falada. 273

memória declarativa Recordação consciente de informações, tal como fatos ou eventos específicos que podem ser comunicados verbalmente. 276

memória episódica Retenção de informações sobre o onde e o quando dos acontecimentos da vida. 277

memória low-road Um tipo de memória que armazena grandes quantidades de informação por um longo período de tempo de maneira relativamente permanente. 275

memória processual Conhecimento na forma de habilidades e operações cognitivas. A memória processual não pode ser recordada conscientemente, pelo menos não na forma de eventos e fatos específicos. 276

memória semântica Conhecimento geral de um estudante sobre o mundo. 277

memória sensorial Memória que guarda informações sobre o mundo em sua forma sensorial original por apenas um instante. 273

mensagens "eu" Mensagens desejáveis que refletem melhor os verdadeiros sentimentos do interlocutor do que declarações "você" avaliativas. 508

mensagens "você" Estilo indesejável em que o interlocutor parece julgar as pessoas e colocá-las numa posição defensiva. 508

metacognição Cognição sobre cognição ou "saber sobre saber". 265

métodos auto-instrucionais Técnicas cognitivas voltadas para ensinar os indivíduos a modificar seu próprio comportamento. 251

moda Nota que ocorre com mais freqüência. 550

modelagem Ensinar novos comportamentos reforçando aproximações sucessivas ao comportamento-alvo. 238

modelo Atkinson-Shiffrin Um modelo de memória que envolve uma seqüência de três estágios: memória sensorial, memória de curta duração e memória de longa duração. 275

moralidade autônoma Na teoria de Piaget, o segundo estágio do desenvolvimento moral (atingido com aproximadamente 10 anos de idade), em que as crianças se tornam cientes de que as regras e as leis são criadas por pessoas e que, ao julgar uma ação, tanto as intenções de quem agiu bem como as conseqüências precisam ser consideradas. 102

moralidade heterônoma Na teoria de Piaget, o primeiro estágio do desenvolvimento moral (aproximadamente de 4 a 7 anos de idade), em que a justiça e as regras são concebidas como propriedades imutáveis do mundo, e que as pessoas não podem controlar. 102

moratória de identidade O status de identidade em que os indivíduos estão no meio de uma crise de exploração de alternativas, mas ainda não assumiram um compromisso. 99

morfologia Refere-se a unidades de significado envolvidas na formação de palavras. 55

motivação extrínseca Motivação externa para realizar algo para obter algo diferente (um meio para um fim). 454

motivação Processo que estimula, direciona e sustenta o comportamento. 451

motivação intrínseca Motivação interna para realizar algo em si mesmo (um fim propriamente dito). 454

motivação para competência A idéia de que as pessoas são motivadas a lidar eficazmente com seu ambiente, dominar seu mundo e processar as informações eficientemente. 453

motivos sociais Necessidades e desejos aprendidos através de experiências com o mundo social. 469

N

necessidade de afiliação ou vínculo O motivo para estar seguramente conectado a outras pessoas. 453

neopiagetianos Psicólogos desenvolvimentalistas que acreditam que Piaget acertou em alguns pontos, mas que sua teoria precisa de uma revisão considerável; enfatizam como processar informações através da atenção, da memória e de estratégias. 47

Nongraded program (entre idades) Uma variação do agrupamento de turmas, na qual os estudantes são agrupados por suas capacidades, sem que sejam levadas em consideração sua idade ou série escolar. 130

nota bruta O número de itens a que o estudante respondeu corretamente no teste. 552

nota por critério Sistema de atribuição de notas baseado na comparação com padrões predeterminados. 593

O

objetivos comportamentais Declarações que comunicam as mudanças propostas no comportamento dos estudantes para atingir níveis desejados de desempenho. 410

observação natural Observação fora de um laboratório no mundo real. 16

observação participante Observação conduzida ao mesmo tempo em que o professor-pesquisador está ativamente envolvido como um participante na atividade ou ambiente. 16

organização Conceito de Piaget sobre o agrupamento de comportamentos isolados em um sistema de funcionamento cognitivo de ordem superior; o agrupamento ou arranjo de itens em categorias. 38

organizadores avançados Atividades e técnicas de ensino que estabelecem uma estrutura e orientam os estudantes em relação ao conteúdo antes que este seja apresentado. 416

organizadores avançados comparativos Conexões com conhecimentos prévios que ajudam a introduzir novos materiais. 416

organizadores avançados expositivos Organizadores que fornecem aos estudantes novos conhecimentos que os orientarão para a aula seguinte. 416

orientação para desempenho Postura pessoal de preocupação com o resultado em vez de com o processo. Indivíduos com orientação

para desempenho acreditam que vencer é o que importa e que a felicidade é resultado da vitória. 461

orientação para excelência Postura pessoal que envolve a excelência na tarefa, disposição positiva e estratégias voltadas para a solução. 461

orientação para impotência Postura pessoal que foca ineficiências pessoais e atribui as dificuldades à falta de capacidade e disposição negativa. 461

P

papéis dos gêneros São as expectativas sociais que determinam como homem e mulher devem pensar, agir e sentir. 165

paralisia cerebral é um transtorno que envolve falta de coordenação muscular, tremores ou dificuldade de fala. 195

pareamento de estímulos A conexão entre dois eventos/estímulos. 227

pensamento Manipulação e transformação de informações na memória, o que freqüentemente é feito para formar conceitos, argumentar, pensar criticamente, tomar decisões, pensar criativamente e resolver problemas. 306

pensamento convergente O pensamento que tem por objetivo produzir uma resposta correta. Esse é normalmente o tipo de pensamento requisitado em testes convencionais de inteligência. 315

pensamento crítico Pensar reflexivamente e de modo produtivo e com a avaliação da evidência. 308

pensamento divergente O pensamento que tem por objetivo produzir muitas respostas para a mesma pergunta. Isso é característico da criatividade. 315

perguntas essenciais Perguntas que refletem os assuntos mais importantes que os estudantes devem explorar e aprender. 428

perseverança da crença Tendência a apegar-se em uma crença quando se é confrontado com uma evidência contraditória. 312

personalidade Pensamentos, emoções e comportamentos distintos que caracterizam o modo com que o indivíduo se adapta ao mundo. 135

perspectiva de cuidado Uma perspectiva moral que foca a conectividade e os relacionamentos entre as pessoas; a abordagem de Gilligan reflete uma perspectiva de cuidado. 104

perspectiva de justiça Uma perspectiva moral que foca os direitos do indivíduo; a teoria de Kohlberg é uma perspectiva de justiça. 104

perspectiva humanista Visão que enfatiza a capacidade de crescimento pessoal, liberdade de decidir seu destino e qualidades positivas dos estudantes. 452

pesquisa correlacional Pesquisa que descreve a força da relação entre dois ou mais eventos ou características. 18

pesquisa de avaliação de programa Pesquisa projetada para tomar decisões sobre a eficiência de um programa em particular. 20

pesquisa experimental Pesquisa que permite a determinação das causas do comportamento; envolve a condução de um experimento, que é um procedimento cuidadosamente controlado no qual um ou mais fatores que influenciam o comportamento em estudo são manipulados e todos os outros fatores são mantidos constantes. 18

pesquisa-ação Pesquisa utilizada para solucionar um problema específico de uma classe ou escola, aprimorar o ensino e outras estratégias educacionais ou tomar uma decisão em um nível específico. 20

planejamento de ensino Uma estratégia organizada e sistemática para o planejamento das aulas. 406

plano de educação individualizada (IEP) Documento escrito que detalha um programa desenvolvido especificamente para o estudante com deficiência. 205

pontuação padrão Pontuação expressa como um desvio da média, que envolve o conceito de desvio padrão. 553

pontuação T Uma pontuação padrão cuja média é fixada em 50 e o desvio padrão em 10. 554

pontuação Z Pontuação que fornece informação relativa a quantos desvios padrões uma nota bruta está acima ou abaixo da média. 553

portfólio uma coleção sistemática e organizada do trabalho de um aluno que demonstra suas habilidades e realizações. 588

portfólio de crescimento Um portfólio dos trabalhos realizados pelo estudante ao longo de um período de tempo extenso (ao longo do ano letivo ou até mais) para revelar seu progresso em atingir as metas de aprendizagem. 590

portfólio de melhor trabalho Um portfólio que mostra o trabalho mais excepcional do estudante. 59

pragmática O uso apropriado da linguagem em diferentes contextos. 56

práticas de ensino apropriadas ao nível de desenvolvimento Educação baseada no conhecimento do desenvolvimento típico de crianças dentro de uma faixa etária (adequação etária) bem como na singularidade da criança (adequação individual). 88

preconceito Uma atitude negativa injustificada em relação a um indivíduo por este pertencer a um dado grupo. 152

princípio da especificidade da codificação Princípio de que associações formadas no momento da codificação ou do aprendizado tendem a ser pistas de resgate eficientes. 279

princípio de Premack Princípio que diz que uma atividade com alta probabilidade pode servir como um reforço para uma atividade com baixa probabilidade. 235

processos mentais (eventos privados) Pensamentos, sentimentos e motivos que não podem ser observados pelos outros e que fazem parte de uma contingência. 227

professor-como-pesquisador Também chamado de professor-pesquisador, esse conceito envolve os professores em sala de aula que conduzem seus próprios estudos para aprimorar sua prática de ensino. 20

psicologia educacional Ramo da psicologia dedicado à compreensão do ensino e da aprendizagem em ambientes educacionais. 2

punição Conseqüência que diminui a probabilidade de que um comportamento venha a ocorrer. 232

Q

questão continuidade-descontinuidade Discute se o desenvolvimento envolve mudanças cumulativas e graduais (continuidade) ou estágios distintos (descontinuidade). 30

questão da experiência inicial-posterior Mostra em que grau as experiências iniciais (especialmente na infância) e as experiências posteriores são aspectos-chave para o desenvolvimento da criança. 31

questão de resposta curta Formato de construção de resposta que exige que os estudantes escrevam uma palavra, uma frase curta ou várias sentenças em resposta a uma tarefa. 581

questão inato-aprendido Inato refere-se a uma herança biológica de um organismo e aprendido refere-se às influências ambientais. Os inatistas afirmam que a influência mais importante sobre o desenvolvimento é a da herança biológica, e os "defensores da aprendizagem" alegam que as experiências ambientais são a influência mais importante. 30

questões de construção da resposta Questões que requerem que os estudantes escrevam a informação em vez de selecionar uma resposta a partir de uma lista. 580

questões de múltipla escolha Questões que consistem em duas partes: uma base e um conjunto de respostas possíveis em um teste objetivo. 576

questões de seleção de resposta Questões com um formato objetivo que permitem atribuir pontuações às respostas com uma verificação rápida. Uma chave de pontuação (máscara) para respostas corretas é criada e pode ser usada por um examinador ou um computador. 576

questões dissertativas Questões que requerem uma resposta escrita longa e dão ao estudante mais liberdade de resposta, porém, requerem mais escrita do que outros formatos. 581

quociente de inteligência (QI) Idade mental de uma pessoa dividida pela idade cronológica (IC), multiplicada por 100. 115

R

raciocínio convencional Na teoria de Kohlberg, o nível secundário ou intermediário do desenvolvimento moral; neste nível, a internalização é intermediária no sentido de que os indivíduos obedecem a certos padrões (internos), mas estes são essencialmente os padrões dos outros (externos). 103

raciocínio dedutivo Raciocínio que vai do geral para o específico. 308

raciocínio hipotético-dedutivo O conceito lógico-formal de Piaget de que os adolescentes conseguem desenvolver hipóteses para resolver os problemas e, sistematicamente, chegar (deduzir) à conclusão. 44

raciocínio indutivo Raciocínio que parte do específico para o geral. 307

raciocínio pós-convencional Na teoria de Kohlberg, o nível superior do desenvolvimento moral; nesse nível, o desenvolvimento moral é internalizado e o raciocínio moral é autogerado. 103

raciocínio pré-convencional Na teoria de Kohlberg, o nível inferior do desenvolvimento moral; nesse nível, a criança não mostra nenhuma internalização de valores morais e o raciocínio moral é controlado por recompensas externas. 103

reforçamento positivo Reforçamento baseado no princípio de que a freqüência de uma resposta da mesma classe aumenta porque é seguida pela apresentação de um estímulo. 232

reforçamento A conseqüência aumenta a probabilidade de que uma resposta da mesma classe irá ocorrer no futuro. 232

reforçamento negativo Reforço baseado no princípio de que a freqüência de uma resposta da mesma classe aumenta porque um estimulo aversivo (desagradável) é removido. 232

resolução de problemas Encontrar uma forma apropriada para atingir um objetivo. 319

roteiro Um esquema para um evento. 278

S

sala de aula quebra-cabeça Uma sala de aula em que estudantes de diferentes origens culturais trabalham cooperativamente em diferentes partes de um projeto para alcançar um objetivo comum. 159

Schools for Thought (SFT) Um programa socioconstrutivista que combina aspectos do Jasper Project, do Fostering a Community of Learners e do CSILE. 355

semântica O significado das palavras e sentenças. 56

seriação Uma operação concreta que envolve ordenar os estímulos de acordo com uma dimensão quantitativa. 43

sexismo Preconceito e discriminação de um indivíduo devido ao seu sexo; quanto ao fato de ser homem ou mulher. 168

síndrome alcoólica fetal (SAF) É um conjunto de anormalidades que aparecem nos filhos de mães que consomem bebidas alcoólicas de maneira exagerada na gravidez. 194

síndrome de Asperger É um transtorno autista relativamente leve em que a criança tem linguagem verbal razoável, problemas leves não associados à linguagem, uma gama restrita de interesses e relacionamentos, e geralmente se envolve em rotinas repetitivas. 199

síndrome de Down Forma de deficiência intelectual transmitida geneticamente devido a um cromossomo extra (47º). 193

síndrome de fracasso Ter baixa expectativa quanto ao êxito e desistir ao primeiro sinal de desafio. 475

síndrome do X frágil Forma de deficiência intelectual transmitida geneticamente por uma anormalidade no cromossomo X. 194

sintaxe As formas como as palavras devem ser combinadas para formar frases e sentenças aceitáveis. 55

status socioeconômico (SSE) Refere-se à categorização de pessoas segundo suas características econômicas, educacionais e ocupacionais. 147

subestágio de função simbólica O primeiro subestágio de pensamento pré-operacional ocorre entre os dois e os quatro anos de idade; desenvolve-se a habilidade para representar um objeto que não está presente e o pensamento simbólico aumenta; ocorre egocentrismo e animismo. 39

subestágio de pensamento intuitivo O subestágio de pensamento pré-operacional vai aproximadamente dos quatro aos sete anos de idade. As crianças começam a utilizar o raciocínio primitivo e a querer saber as respostas de uma variedade de perguntas. Elas parecem ter muita certeza de seu conhecimento e compreensão nesse subestágio, mas ainda não estão cientes de como elas sabem o que sabem. 40

T

taxonomia Um sistema de classificação. 411

taxonomia de Bloom Desenvolvida por Benjamim Bloom e seus colegas; consiste em objetivos educacionais em três domínios – cognitivo, afetivo e psicomotor. 411

temperamento Estilo comportamental de uma pessoa e seus modos característicos de reação. 136

tendência à confirmação Tendência a buscar e utilizar informações que sustentem nossas idéias em vez de refutá-las. 312

tendência ao excesso de confiança Tendência a ter mais confiança em julgamentos e decisões do que em experiências passadas. 313

tendência central Uma medida estatística que fornece informação sobre a nota média, ou típica, num conjunto de dados. 550

teoria da atribuição Teoria de que no intuito de dar sentido a seu desempenho ou comportamento, os indivíduos se sentem motivados a descobrir as causas deste. 459

teoria da decomposição Teoria de que o aprendizado novo envolve a criação de um "traço de memória" neuroquímico, que finalmente irá se desintegrar. Portanto, a teoria da decomposição sugere que a passagem do tempo é responsável pelo esquecimento. 279

teoria da interferência Teoria que afirma que nos esquecemos não porque perdemos memórias armazenadas, mas sim porque outras informações interferem naquilo que estamos tentando lembrar. 279

teoria da mente Percepção dos seus próprios processos mentais e dos processos mentais dos outros. 292

teoria de inteligência triárquica A visão de Sternberg de que a inteligência se apresenta de três formas principais: analítica, criativa e prática. 118

teoria do esquema de gênero Define que a tipificação do gênero surge gradualmente conforme a criança desenvolve esquemas do que é apropriado e inapropriado ao gênero em sua cultura. 166

teoria do protótipo Processo em que os indivíduos decidem se um item é membro de uma categoria por meio da comparação desse item com item(ns) mais característico(s) da categoria. 305

teoria do traço difuso Afirma que a memória é codificada através de dois tipos de representação: (1) uma memória literal e (2) uma memória da essência. Nessa teoria, a melhor memória das crianças mais velhas é atribuída aos traços difusos criados pela extração da essência das informações. 278

teoria dos níveis de processamento É a teoria de que o processamento da memória ocorre num continuum que vai do superficial ao profundo, com o processamento profundo resultando uma memória melhor. 271

teoria ecológica A teoria de Bronfenbrenner consiste em cinco sistemas ambientais: microssistema, mesossistema, exossistema, macrossistema e cronossistema. 71

teoria psicanalítica de gênero Teoria que tem como origem a visão de Freud de que a criança em idade pré-escolar desenvolve uma atração sexual pelo progenitor do sexo oposto. Aos cinco ou seis anos de idade, a criança renuncia a essa atração por causa dos sentimentos de ansiedade. Subseqüentemente, a criança se identifica com o progenitor do mesmo sexo, adotando inconscientemente suas características. 165

teoria sociocognitiva de gênero Teoria que diz que o desenvolvimento de gênero das crianças ocorre através da observação e imitação do comportamento de gênero, assim como reforçamento e punições do comportamento de gênero. 166

teoria sociocognitiva Teoria socioconstrutivista de Bandura que estabelece que fatores sociais e cognitivos, assim como o comportamento, desempenham papéis importantes na aprendizagem. 243

teorias de esquema Teorias que afirmam que quando reconstruímos uma informação, nós a encaixamos em informações que já existem em nossas mentes. 277

teorias de rede Teorias que descrevem como as informações são organizadas e interligadas na memória. Enfatizam a existência de nódulos na memória de trabalho. 277

teste de aptidão Um tipo de teste usado para prever a capacidade de um estudante em aprender uma habilidade ou realizar algo através do ensino e treinamento continuado. 537

teste de rendimento Um teste que avalia o que o aluno aprendeu ou quais habilidades passou a dominar. 537

testes baseados em padrões Testes que avaliam habilidades que se espera que os alunos dominem antes que possam passar para o próximo ano ou se formar. 533

testes culturalmente imparciais Testes de inteligência que pretendem ser livres de vieses culturais. 128

testes de "alto valor" (high-stakes tests) São testes que trazem conseqüências importantes para o aluno, afetando decisões tais como se o aluno pode passar para o próximo ano escolar ou se formar. 533

testes objetivos Testes que possuem critérios de pontuação relativamente claros e não ambíguos, como os de múltipla escolha. 573

testes padronizados Testes com procedimentos uniformes para a aplicação e a pontuação. Eles avaliam o desempenho dos estudantes em diferentes domínios e permitem que o desempenho do estudante seja comparado ao desempenho de outros estudantes da mesma idade ou nível escolar, em uma base nacional. 17

time-out Remover um indivíduo da situação de reforçamento positivo. 240

tomada de decisões Avaliação das alternativas e escolha entre elas. 309

transcendência do papel de gênero Visão de que a competência das pessoas deve ser conceitualizada em termos delas como pessoas e não em termos de sua masculinidade, feminilidade ou androginia. 173

transferência Aplicar experiências e conhecimentos prévios para aprender ou para solucionar um problema em uma nova situação. 327

transferência *backward-reaching* A transferência de aprendizagem que envolve olhar para trás para uma situação anterior ("antiga") procurando por uma informação que pode auxiliar a resolver um problema em um novo contexto. 328

transferência distante A transferência de aprendizagem para uma situação muito diversa daquela na qual a aprendizagem inicial ocorreu. 327

transferência *foward-reaching* A transferência de aprendizagem que envolve pensar sobre como aplicar o que se aprendeu a novas situações no futuro. 328

transferência high-road A transferência da aprendizagem de uma situação para outra que é consciente e requer muito esforço. 327

transferência low-road A automática, normalmente de modo inconsciente, transferência de aprendizagem para uma outra situação. 327

transferência próxima A transferência de aprendizagem para uma situação que é semelhante àquela na qual a aprendizagem inicial ocorre. 327

transitividade A habilidade de raciocinar e combinar relações de maneira lógica. 43

transtorno autista (TA) Também chamado transtorno invasivo do desenvolvimento, varia de um transtorno severo denominado autismo aos transtornos mais leves denominados síndrome de Asperger. Crianças com esses transtornos são caracterizadas por problemas de integração social, problemas de comunicação verbal e não-verbal e comportamentos repetitivos. 199

transtorno de déficit de atenção/hiperatividade (TDAH) Transtorno que se verifica quando as crianças apresentam consistentemente uma ou mais das seguintes características ao longo de um período de tempo: (1) falta de atenção, (2) hiperatividade e (3) impulsividade. 188

transtorno de fluência Freqüentemente envolve o que é comumente chamado de "gagueira". 198

transtorno de linguagem Limitação significativa na linguagem receptiva ou expressiva da criança. 198

transtorno de voz Transtorno que produz uma fala rouca, muito alta, muito aguda ou muito grave. 198

transtorno específico de linguagem (TEL) Envolve problemas de desenvolvimento de linguagem que não estão acompanhados de nenhuma outra dificuldade física, sensorial ou emocional evidente. 198

transtornos de articulação São problemas em pronunciar corretamente as palavras. 197

transtornos emocionais e comportamentais Problemas sérios e persistentes que envolvem relacionamentos, agressividade, depressão, medos associados a questões pessoais ou escolares e outras características socioemocionais inadequadas. 200

trantorno de fala e linguagem Incluem diversos problemas de fala (como transtornos de articulação, transtornos de voz e de fluência) e problemas de linguagem (dificuldade em receber informações e se expressar). 197

V

validade A proporção com que um teste mede o que pretende medir e se as inferências sobre os resultados são precisas. 533

validade concorrente Relação entre o resultado no teste e outros critérios que estão disponíveis simultaneamente. 534

validade de constructo Com que evidência um teste mede um constructo específico. Um constructo é uma característica não diretamente observável de uma pessoa, como inteligência, aprendizado, estilo, personalidade ou ansiedade. 534

validade de conteúdo A capacidade de o teste cobrir o conteúdo que será avaliado. 534

validade de critério A capacidade de um teste prever o desempenho de um aluno medido por outras avaliações ou critérios. 534

validade instrucional A proporção com que a avaliação é uma amostra razoável do que de fato aconteceu na sala de aula. 571

validade preditiva Relação entre os resultados dos testes e o desempenho futuro do aluno. 534

variável dependente O fator que é medido em um experimento. 19

variável independente O fator manipulado e experimental em um experimento. 19

viés retrospectivo Tendência a relatar falsamente, depois de o fato ter ocorrido, que prognosticamos perfeitamente um evento. 313

W

web Um sistema para a navegação nos sites da Internet que se refere à World Wide Web; chama-se Web porque ela é composta de muitos sites que são ligados entre si. 434

withitness Estratégia de gerenciamento descrita por Kounin em que os professores mostram aos alunos que estão cientes sobre o que está acontecendo. Esses professores monitoram os estudantes de perto constantemente e detectam um comportamento inadequado antes que saia de controle. 501

zona de desenvolvimento proximal (ZDP) Termo de Vygotsky para uma série de tarefas que são muito difíceis para a criança dominar sozinha, mas que podem ser dominadas com orientação e assistência de adultos ou crianças mais habilidosas. 49

Referências

A

ABRAMI, P. C.; CHOLMSKY, P. e GORDON, R. *Statistical analysis for the social sciences.* Boston: Allyn & Bacon, 2001.

ABRUSCATO, J. *Teaching children science.* 2. ed. Boston: Allyn & Bacon, 2004.

ACADEMIC Software. *Adaptive Device Locator System* [programa de computador]. Lexington, KY: Author, 1996.

ACHENBACH, T. M.; HOWELL, C. T.; QUAY, H. C. e CONNERS, C. K. National survey of problems and competencies among four- to sixteen-year-olds. *Monographs of the Society for Research in Child Development,* Serial n. 225, v. 56, n. 3, 1991.

ADAMS, A.; CARNINE, D. e GERSTEN, R. Instructional strategies for studying content area texts in the intermediate grades. *Reading Research Quarterly,* 18, p. 27–53, 1982.

ADAMS, R. e BIDDLE, B. *Realities of teaching.* Nova York: Holt, Rinehart & Winston, 1970.

AIKEN, L. R. *Psychological testing and assessment,* 11. ed. Boston: Allyn & Bacon, 2003.

AIKEN, L. R. e GROTH-MARNAT, G. *Psychological testing and assessment.* 12. ed. Boston: Allyn & Bacon, 2006.

AINSWORTH, L. B. e VIEGUT, D. J. *Common formative assessments.* Thousand Oaks, CA: Corwin, 2006.

AIRASIAN, P. *Classroom assessment.* 5. ed. Nova York: McGraw-Hill, 2005.

AIRASIAN, P. e WALSH, M. E. Constructivist cautions. *Phi Delta Kappan,* p. 444–450, fev. 1997.

ALBERTI, R. E. e EMMONS, M. L. *Your perfect right.* 8. ed. San Luis Obispo, CA: Impact, 2001.

ALBERTO, P. A. e TROUTMAN, A. C. *Applied analysis for teachers.* 7. ed. Upper Saddle River, NJ: Prentice-Hall, 2006.

ALDERMAN, M. K. *Motivation for achievement.* Mahwah, NJ: Erlbaum, 2004.

ALDRIDGE, J. e GOLDMAN, R. *Current issues and trends in education.* 2. ed. Boston: Allyn & Bacon, 2007.

ALEXANDER, P. A. The development of expertise. *Educational Researcher,* 32(8), p. 10-14, 2003.

ALEXANDER, P. A. *Psychology in learning and instruction.* Upper Saddle River, NJ: Pearson Merrill/Prentice-Hall, 2006.

ALL KINDS of Minds. *Learning base*: Self-regulating and learning. Disponível em: <http://www.allkindsofminds.org/learning>. Acesso em: 15 out. 2005.

ALLAN, K.; WOLF, H. A.; ROSENTHAL, C. R. e RUGG, M. D. The effects of retrieval cues on post-retrieval monitoring in episodic memory: An electrophysiological study. *Brain Research,* v. 12, p. 289-299, 2001.

ALVERMANN, D. E.; FITZGERALD, J. e SIMPSON, M. Teaching and learning in reading. In: ALEXANDER, P. A. e WINNE, P. H. (Eds.). *Handbook of educational psychology.* 2. ed. Mahwah. NJ: Erlbaum, 2006.

ALVERNO College. *Writing and speaking criteria.* Milwaukee, WI: Alverno Productions, 1995.

AMABILE, T. (Comentário). In: GOLEMAN, D.; KAFMAN, P. e RAY, M. (Eds.). *The creative spirit.* Nova York: Plume, 1993.

AMABILE, T. M. e HENNESEY, B. A. The motivation for creativity in children. In: BOGGIANO, A. K. e PITTMAN, T. S. (Eds.). *Achievement and motivation.* Nova York: Cambridge University Press, 1992.

AMERICAN Association for the Advancement of Science. *Benchmarks for science literacy*: Project 2061. Nova York: Oxford University Press, 1993.

AMERICAN Association of University Women. *Hostile hallways.* Washington, DC: Author, 1993.

AMERICAN Association of University Women. Isi puede! Yes, we can: Latinas in school de Angela Ginorio, 2003 e Michelle Huston, 2002. Disponível em: <www.aaww.org/research/latina.cfm>.

AMERICAN Association on Mental Retardation, Ad Hoc Committee on Terminology and Classification. *Mental retardation.* 9. ed. Washington, DC: Author, 1992.

AMERICAN Educational Research Association. *Standards for educational and psychological testing.* Washington, DC: Author, 1999.

ANASTASI, A. e URBINA, S. *Psychological testing.* 11. ed. Upper Saddle River, NJ: Prentice-Hall, 1997.

ANDERMAN, E. M.; AUSTIN, C. C. e JOHNSON, D. M. The development of goal orientation. In: WIGFIELD, A. e ECCLES, J. S. (Eds.). *Development of achievement motivation.* San Diego: Academic Press, 2002.

ANDERMAN, E. M.; MAEHR, M. L. e MIDGLEY, C. *Declining motivation after the transition to middle school*: Schools can make a difference. Manuscrito não publicado. Lexington: University of Kentucky, 1996.

ANDERMAN, E. M. e WOLTERS, C. A. Goals, values, and affect: Influences on student motivation. In: ALEXANDER, P. A. e WINNE, P. H. (Eds.). *Handbook of educational psychology.* 2. ed. Mahwah, NJ: Erlbaum, 2006.

ANDERSON, D. R.; LORCH, E. P.; FIELD, D. E.; COLLINS, P. A. e NATHAN, J. G. *Television viewing at home*: Age trends in visual attention and time with TV. Ensaio apresentado em um encontro da Society for Research in Child Development, Toronto, abr. 1985.

ANDERSON, J.; MOFFATT, L. e SHAPIRO, J. Reconceptualizing language education in early childhood: Socio-cultural perspectives. In: SPODEK, B. e SARACHO, O. N. (Eds.). *Handbook of research on the education of young children.* Mahwah, NJ: Erlbaum, 2006.

ANDERSON, J. R. Problem solving and learning. *American Psychologist,* v. 48, p. 35-44, 1993.

ANDERSON, J. R. *Cognitive psychology and its implications,* 6. ed. Nova York: Worth, 2005.

ANDERSON, L. M.; SHINN, C.; FULLILOVE, M. T.; SERIMSHAW, S. C.; FIELDING, J. E.; NORMAND, J. e CARANDE-KULIS, V. G. The effectiveness of early childhood programs: A systematic review. *American Journal of Preventive Medicine,* 24(3 Suppl.). p. 32-46, 2003.

ANDERSON, L. W. e KRATHWOHL, D. R. (Eds.) *A taxonomy for learning, teaching, and assessing*. Nova York: Longman, 2001.

ANDERSON, N. e SHAMES, G. H. *Human communication disorders*. 7. ed. Allyn & Bacon, 2006.

ANDRIESSEN, J. Arguing to learn. In: SAWYER, R. K. (Ed.). *The Cambridge handbook of learning sciences*. Mahwah, NJ: Erlbaum, 2006.

ANGUIANO, R. P. V. Families and schools: The effect of parental involvement on high school completion. *Journal of Family Issues*, n. 25, p. 61-85, 2004.

ANSARI, D. Paving the way towards meaningful interactions between neuroscience and education. *Developmental Science*, v. 8, p. 466-467, 2005.

ANTONACI, P. A. P. e O'CALLAGHAN, C. *A handbook for literacy instructional and assessment strategies*: K–8. Boston: Allyn & Bacon, 2006.

APPLE Computer. Changing the conversation about teaching, learning and technology: A report on 10 years of ACOT research, 1995. Disponível em: <http://images.apple.com/education/k12/leadership/acot/pdf/10yr.pdf>. Acesso em: 8 abr. 2005.

APPLEBOME, P. Students' test scores show slow but steady gains at nation's schools. *New York Times*, Section B, p. 8, 3 set. 1997.

ARENDS, R. I. *Learning to teach*. 6. ed. Nova York: McGraw-Hill, 2004.

ARIZA, E. N. W. *Not for ESOL teachers*: What every classroom teacher needs to know about the linguistically, culturally, and ethnically diverse student. Boston: Allyn & Bacon, 2006.

ARLIN, M. Teacher transitions can disrupt time flow in classrooms. *American Educational Research Journal*, n. 16, p. 42–56, 1979.

ARNDT, J. e GOLDENBERG, J. L. From threat to sweat: The role of physiological arousal in the motivation to maintain self-esteem. In: TESSER, A.; STAPEL, D. A. e WOOD, J. V. (Eds.). *Self and motivation*: Emerging psychological perspectives. Washington, DC: American Psychological Association, 2002.

ARONSON, E. E. *Teaching students things they think they already know about*: The case of prejudice and desegregation. Ensaio apresentado em um encontro da American Psychological Association, Washington, DC, ago. 1986.

ARONSON, E. E.; BLANEY, N.; SEPHAN, C.; SIKES, J. e SNAPP, M. *The jigsaw classroom*. Beverly Hills, CA: Sage, 1978.

ARONSON, E. E. e PATNOE, S. *The jigsaw classroom*. 2. ed. Boston: Addison-Wesley, 1997.

ARONSON, J. Stereotype threat: Contending and coping with Unnerving Expectations. *Improving academic achievement*. San Diego: Academic Press, 2002.

ARTER, J. *Portfolios for assessment and instruction*. ERIC Document Reproduction Service N. ED388890, 1995.

ARTER, J. e MCTIGHE, J. *Scoring rubrics in the classroom*. Thousand Oaks, CA: Corwin Press, 2001.

ARTILES, A. J.; RUEDA, R.; SALAZAR, J. J. e HIGAREDA, I. Within-group diversity in minority disproportionate representation: English language learners in urban school districts. *Exceptional Children*, v. 71, p. 283-300, 2005.

ASHCRAFT, M. H. e KIRK, E. P. The relationships among working memory, math anxiety, and performance. *Journal of Experimental Psychology*: General, n. 130, p. 224-237, 2001.

ASHER, J. e GARCIA, R. The optimal age to learn a foreign language. *Modern Language Journal*, n. 53, p. 334–341, 1969.

ASHER, S. R. e COLE, J. D. (Eds.). *Peer rejection in childhood*. Nova York: Cambridge University Press, 1990.

ASHTON, P. T. e WEBB, R. B. *Making a difference*: Teachers' sense of efficacy and student achievement. White Plains, NY: Longman, 1986.

ATEAH, C. A. Maternal use of physical punishment in response to child misbehavior: Implications for child abuse prevention. *Child Abuse and Neglect*, 29, p. 169–185, 2005.

ATKINSON, J. W. Motivational determinants of risk-taking behavior. *Psychological Review*, v. 64, p. 359–372, 1957.

ATKINSON, R. C. e SHIFFRIN, R. M. Human memory: A proposed system and its control processes. In: SPENCE, K. W. e SPENCE, J. T. (Eds.). *The psychology of learning and motivation*, v. 2. San Diego: Academic Press, 1968.

AUGUST, P. They all look alike. *San Francisco Chronicle*, p. A29, 26 set. 2002.

AUSUBEL, D. P. The use of advance organizers in the learning and retention of meaningful verbal material. *Journal of Educational Psychology*, v. 51, p. 267–272, 1960.

B

BADDELEY, A. Working memory and conscious awareness. In: A. F. COLLINS, S. E. GATHERHOLE, M. A. CONWAY, e P. E. MORRIS. (Eds.). *Theories of memory*. Mahwah, NJ: Erlbaum, 1993.

BADDELEY, A. *Human memory*, ed. rev. Boston: Allyn & Bacon, 1998.

BADDELEY, A. Short-term and working memory. In: TULVING, E. e CRAIK, F. I. M. (Eds.). *The Oxford handbook of memory*. Nova York: Oxford University Press, 2000.

BADDELEY, A. *Is working memory still working?* Ensaio apresentado em um encontro da American Psychological Association, São Francisco, 2001.

BAER, J. e KAUFMAN, J. C. Creativity research in English-speaking countries. In: KAUFMAN, J. C. e STERNBERG, R. J. (Eds.). *The International handbook of creativity*. Nova York: Cambridge University Press, 2006.

BAFUMO, M. E. The arts in your classroom. *Teaching PreK–8*, v. 35, p. 8–9, 2005.

BAILEY, B. N.; DELANEY-Black, V.; COVINGTON, C. Y.; AGER, J.; JANISSE, J.; HANNIGAN, J. H. e SOKOL, R. J. Prenatal exposure to binge drinking and cognitive and behavioral outcomes at age 7 years. *American Journal of Obstetrics and Gynecology*, n. 191, p. 1037–1043, 2004.

BAIN, R. B. "They thought the world was flat?": Applying the principles of *How people learn* in teaching high school history. In: *How students learn*. Washington, DC: National Academies Press, 2005.

BAKER, J. Teacher-student interaction in urban at-risk classrooms: Differential behavior, relationship quality, and student satisfaction with school. *The Elementary School Journal*, n. 100, p. 57–70, 1999.

BALTES, P. B. On the incomplete architecture of human ontogeny: Selection, optimization, and compensation as foundation for developmental theory. In: STAUDINGER, U. M. e LINDENBERGER, U. (Eds.). *Understanding human development*. Boston: Kluwer, 2003.

BALTES, P. B.; LINDENBERGER, U. e STAUDINGER, U. Life span theory in developmental psychology. In: DAMON, W. e LERNER, R. (Eds.). *Handbook of child psychology*. 6. ed. Nova York: Wiley, 2006.

BANDURA, A. Influence of models' reinforcement contingencies on the acquisition of imitative responses. *Journal of Personality and Social Psychology*, n. 1, p. 589–596, 1965.

BANDURA, A. Self-efficacy mechanism in human agency. *American Psychologist*, v. 37, p. 122–147, 1982.

BANDURA, A. *Social foundations of thought and action*. Englewood Cliffs, NJ: Prentice-Hall, 1986.

BANDURA, A. *Self-efficacy*: The exercise of control. Nova York: W. H. Freeman, 1997.

BANDURA, A. Social cognitive theory. *Annual Review of Psychology*. Palo Alto, CA: Annual Reviews, 2001.

BANDURA, A. *Toward a psychology of human agency*. Ensaio apresentado em um encontro da American Psychological Society. Chicago, maio 2004.

BANDURA, A. The primacy of self-efficacy in health promotion. *Applied Psychology*: An International Review, v. 54, p. 245–254, 2005.

BANDURA, A. Going global with social cognitive theory: From prospect to pay dirt. In: DONALDSON, S. I.; BERGER, D. E. e K. PEZDEK (Eds.). *The rise of applied psychology*. Mahwah, NJ: Erlbaum, 2006.

BANDURA, A. e LOCKE, E. A. Negative self-efficacy and goals revisited. *Journal of Applied Psychology*, n. 88, p. 87–99, 2003.

BANGERT, K.; KULIK, J. e KULIK, C. Individualized systems of instruction in secondary schools. *Review of Educational Research*, n. 53, p. 143–158, 1983.

BANKS, J. A. *Multicultural education*: Its effects on students racial and gender role attitudes. In: BANKS, J. A. e BANKS, C. A. M. (Eds.). *Handbook of research on multicultural education*. Nova York: Macmillan, 1995.

BANKS, J. A. *Teaching strategies for ethnic studies*. 6. ed. Boston: Allyn & Bacon, 1997.

BANKS, J. A. Multicultural education. In: BANKS, J. A. e BANKS, C. A. M. (Eds.). *Multicultural education*: Issues and perspectives. Nova York: Wiley, 2001.

BANKS, J. A. *Teaching strategies for ethnic studies*. 7. ed. Boston: Allyn & Bacon, 2003.

BANKS, J. A. *Cultural diversity and education*. 5 ed. Boston: Allyn & Bacon, 2006.

BANKS, J. A.; COCHRAN-SMITH, M.; MOLL, L.; RICHERT, A.; ZEICHNER, K.; LEPAGE, P.; DARLING-HAMMOND, L.; DUFFY, H. e McDONALD, M. Teaching diverse learners. In: DARLING-HAMMOND, L. e BRANSFORD, J. (Eds.). *Preparing teachers for a changing world*. São Francisco: Jossey-Bass, 2005.

BANKS, S. A. *Classroom assessment*: Issues and practices. Boston: Allyn & Bacon, 2005.

BARBARESI, W. J.; KATUSIC, S. K.; COLLIGAN, R. C.; WEAVER, A. L.; LEIBSON, C. L. e JACOBSEN, S. J. Long-term stimulant medication treatment of attention-deficit/hyperactivity disorder: Results from a population-based study. *Journal of Developmental and Behavioral Pediatrics*, n. 27, p. 1–10, 2006.

BARBER, B. L.; ECCLES, J. S. e STONE, M. R. Whatever happened to the jock, the brain, and the princess? Young adult pathways linked to adolescent activity involvement and identity. Ensaio apresentado em um encontro da Society for Research in Child Development. Minneapolis, abr. 2001.

BARNETT, R. C. e GAREIS, K. Parental after-school stress and psychological wellbeing. *Journal of Marriage and the Family*, n. 68, p. 101–108, 2006.

BARON-COHEN, S. Autism: Research into causes and intervention. *Pediatric rehabilitation*, v 7, p. 73–78, 2004.

BAROODY, A. J.; LAI, M. e MIX. K. S. The development of young children's early number and operation sense and its implication for early childhood education. In: SPODAK, B. e SARACHO, O. N. (Eds.). *Handbook of research on the education of young children*. Mahwah, NJ: Erlbaum, 2006.

BARR, W. B. Epilepsy. In: KAZDIN, A. (Ed.). *Encyclopedia of psychology*. Washington, DC e Nova York: American Psychological Association e Oxford University Press, 2000.

BARRISH, H. H.; SAUNDERS, M. e WOLFE, M. D. Good Behavior Game: Effects of individual contingencies for group consequences and disruptive behavior in the classroom. *Journal of Applied Behavior Analyses*, n. 2, p. 119–124, 1969.

BARRON, K. E. e HARACKIEWICZ, J. M. Achievement goals and optimal motivation: Testing multiple goal models. *Journal of Personality and Social Psychology*, 80, p. 706–722, 2001.

BARSALOU, L. W. Concepts: Structure. In: KAZDIN, A. (Ed.). *Encyclopedia of psychology*. Washington, DC e Nova York: American Psychological Association e Oxford University Press, 2000.

BARTLETT, E. J. Learning to revise: Some component processes. In: NYSTRAND, M. (Ed.). *What writers know*. Nova York: Academic Press, 1982.

BARTLETT, F. C. *Remembering*. Cambridge, England: Cambridge University Press, 1932.

BARTLETT, J. *Personal conversation*. Richardson, TX: Department of Psychology, University of Texas at Dallas, abr. 2005.

BARTON, J. e COLLINS, A. Starting Out: Designing your portfolio. In: BARTON, J. e COLLINS, A. (Eds.). *Portfolio assessment*: A handbook for educators. Boston: Addison-Wesley, 1997.

BATTISTICH, V. e SOLOMON, D. *Linking teacher change to student change*. Ensaio apresentado em um encontro da American Educational Research Association. São Francisco, abr. 1995.

BATTISTICH, V.; SOLOMON, D.; WATSON, M.; SOLOMON, J. e SCHAPS, E. Effects of an elementary school program to enhance prosocial behavior on children's cognitive social-problem solving skills and strategies. *Journal of Applied Developmental Psychology*, n. 10, p. 147–169, 1989.

BAUER, P. J. Event memory. In: DAMON, W. e LERNER, R. (Eds.). *Handbook of child psychology*. 6. ed. Nova York: Wiley, 2006.

BAUMEISTER, R. F.; CAMPBELL, J. D.; KRUEGER, J. I. e VOHS, K. D. Does high self-esteem cause better performance, interpersonal success, happiness, or healthier lifestyles? *Psychological Science in the Public Interest*, v. 4, n. 1, p. 1– 44, 2003.

BAUMRIND, D. Current patterns of parental authority. *Developmental Psychology Monographs*, 4(1), Parte 2, 1971.

BAUMRIND, D. Revisão não publicada de J. W. Santrock's *Children*. 5. ed. Nova York: McGraw-Hill, abr. 1996.

BAUMRIND, D.; LARZELERE, R. E. e COWAN, P. A. Ordinary physical punishment: Is it harmful? Comment on Gershoff. *Psychological Bulletin*, v. 128, p. 590–595, 2002.

BEAL, C. *Boys and girls*: The development of gender roles. Nova York: McGraw-Hill, 1994.

BEAR, G. G. *Developing self-discipline and preventing and correcting misbehavior*. Boston: Allyn & Bacon, 2005a.

BEAR, G. G. Discipline. In: LEE, S. W. (Ed.). *Encyclopedia of school psychology*. Thousand Oaks, CA: Sage, 2005b.

BEATTY, B. From laws of learning to a science of values: Efficiency and morality in Thorndike's educational psychology. *American Psychologist*, v. 53, p. 1145–1152, 1998.

BECK, I. L.; McKEOWN, G. M.; SINATRA, K. B. e LOXTERMAN, J. A. Revising social studies texts from a text-processing perspective: Evidence of improved comprehensibility. *Reading Research Quarterly*, v. 26, p. 251–276, 1991.

BECKER, J. R. Differential treatment of females and males in mathematics classes. *Journal for Research in Mathematics Education*, v. 12, p. 40–53, 1981.

BECKHAM, E. E. Depression. In: KAZDIN, A. (Ed.). *Encyclopedia of psychology*. Washington, DC e Nova York: American Psychological Association e Oxford University Press, 2000.

BEDNAR, R. L.; WELLS, M. G. e PETERSON, S. R. *Self-esteem*. 2. ed. Washington, DC: American Psychological Association, 1995.

BEGLEY, S. Homework doesn't help. *Newsweek*, p. 30–31, 30 mar. 1998.

BEINS, B. *Research methods.* Boston: Allyn & Bacon, 2004.

BEIRNE-SMITH, M.; PATTON, J. R. e KIM, S. H. *Mental retardation.* 7. ed. Upper Saddle River, NJ: Prentice-Hall, 2006.

BELL, L. A. Something's wrong here and its not me: Challenging the dilemmas that block girls' success. *Journal for the Education of the Gifted,* n. 12, p. 118–130, 1989.

BEM, S. L. On the utility of alternative procedures for assessing psychological androgyny. *Journal of Consulting and Clinical Psychology,* v. 45, p. 196–205, 1977.

BENNETT, C. I. *Comprehensive multicultural education.* 6. ed. Boston: Allyn & Bacon, 2007.

BENNETT, W. *The book of virtues.* Nova York: Simon & Schuster, 1993.

BENSON, P. L.; SCALES, P. C.; HAMILTON, S. F. e SESMA, A. Positive youth development. In: DAMON, W. e LERNER, R. (Eds.). *Handbook of child psychology.* 6. ed. Nova York: Wiley, 2006.

BENVENISTE, L.; CARNOY, M. e ROTHSTEIN, R. *All else equal.* Nova York: Routledge-Farmer, 2003.

BERAN, T. N. e TUTTY, L. *An evaluation of the Bully Proofing Your School, School Program.* Manuscrito não publicado, Calgary: RESOLVE, Alberta, CAN, 2002.

BEREITER, C. e SCARDAMALIA, M. Education for the knowledge age: Design-centered models of teaching and instruction. In: ALEXANDER, P. A. e WINNE, P. H. (Eds.). *Handbook of educational psychology.* 2. ed. Mahwah, NJ: Erlbaum, 2006a.

BEREITER, C. e SCARDAMALIA, M. Knowledge building: Theory, pedagogy, and technology. In: SAWYER, R. K. (Ed.). *The Cambridge handbook of the learning sciences.* Nova York: Cambridge University Press, 2006b.

BERG, B. L. *Qualitative methods for the social sciences.* 6. ed. Boston: Allyn & Bacon, 2007.

BERK, L. E. Why children talk to themselves. *Scientific American,* 271(5), p. 78–83, 1994.

BERK, L. E. e SPUHL, S. T. Maternal interaction, private speech, and task performance in preschool children. *Early Childhood Research Quarterly,* v. 10, p. 145–169, 1995.

BERKO GLEASON, J. Revisão não publicada de J. W. Santrock's *Life-span development.* v. 9. ed. Nova York: McGraw-Hill, 2004.

BERKO GLEASON, J. The development of language. In: GLEASON, J. Berko (Ed.). *The development of language.* 6. ed. Boston: Allyn & Bacon, 2005.

BERKO, J. The child's learning of English morphology. *Word,* v. 14, p. 150–177, 1958.

BERLINER, D. Educational psychology: Searching for essence throughout a century of influence. In: ALEXANDER, P. A. e WINNE, P. H. (Eds.). *Handbook of educational psychology.* 2. ed. Mahwah, NJ: Erlbaum, 2006.

BERNDT, T. J. Developmental changes in conformity to peers and parents. *Developmental Psychology,* v. 15, p. 608–616, 1979.

BERNDT, T. J. Friend's influence on children's adjustment. In: COLLINS, W. A. e LAURSEN, B. (Eds.). *Relationships as developmental contexts.* Mahwah, NJ: Erlbaum, 1999.

BERNINGER, V. W. A developmental approach to learning disabilities. In: DAMON, W. e LERNER, R. (Eds.). *Handbook of child psychology.* 6. ed. Nova York: Wiley, 2006.

BERNINGER, V. W. e ABBOTT, R. *Paths leading to reading comprehension in at-risk and normally developing second-grade readers.* Ensaio apresentado em um encontro da Society for Research in Child Development. Atlanta, abr. 2005.

BERNINGER, V. W.; STAGE, S. A.; SMITH, D. R. e HILDEBRAND, D. Assessment for reading and writing intervention. In: ANDREWS, J. J. W.; SAKLOFSKE, D. H., e HILDEBRAND, D. (Eds.). *Handbook of psychoeducational assessment.* San Diego: Academic Press, 2001.

BERRY, J. W.; PHINNEY, J. S.; SAM, D. L. e VEDDER, P. *Immigrant Youth in Cultural Transition: Acculturation, Identity and Adaptation Across National Contexts.* Mahwah, NJ: Erlbaum, 2006.

BERRYMAN, L. e RUSSELL, D. R. Portfolios across the curriculum: Whole school assessment in Kentucky. *English Journal,* n. 90, p. 76–83, 2001.

BERSON, M. J.; CRUZ, B. C.; DUPLASS, J. A. e JOHNSTON, J. H. *Social studies on the internet.* 3. ed. Upper Saddle River, NJ: Prentice-Hall, 2007.

BEST, D. Cross-cultural gender roles. In: WORELL, J. (Ed.). *Encyclopedia of women and gender.* San Diego: Academic Press, 2001.

BEST, J. W. e KAHN, J. V. *Research in education.* 9. ed. Boston: Allyn & Bacon, 2003.

BEST, J. W. E KAHN, J. V. *Research in education.* 10. ed. Boston: Allyn & Bacon, 2006.

BEST, S. J.; HELLER, K. W. e BIGGE, J. L. *Teaching individuals with physical and multiple abilities.* 5. ed. Upper Saddle River, NJ: Prentice-Hall, 2005.

BETCH, T.; HABERSTROH, S.; GLOCKNER, A.; HAAR, T. e FIEDLER, K. The effects of routine strength on adaptation and information search in recurrent decision making. *Organizational Behavior and Human Decision Processes,* v. 84, p. 23–53, 2001.

BIALYSTOK, E. Effects of bilingualism and biliteracy on children's emerging concepts of print. *Developmental psychology,* v. 33, p. 429–440, 1997.

BIALYSTOK, E. Cognitive complexity and attentional control in the bilingual mind. *Child Development,* v. 70, p. 537–804, 1999.

BIALYSTOK, E. Metalinguistic aspects of bilingual processing. *Annual Review of Applied Linguistics,* v. 21, p. 169–181, 2001.

BIEDERMAN, J. e FARAONE, S. V. Current concepts on the neurobiology of attention-deficit/hyperactivity disorder. *Journal of Attention Disorders,* n. 6, Suppl. 1., p. S7–S16, 2003.

BIGELOW, B. Why standardized tests threaten multiculturalism. *Educational leadership,* v. 56, p. 37–40, abr. 1999.

BIOLOGICAL Sciences Curriculum Study. *Science for life and living.* Colorado Springs: Author, 1989.

BIOLOGICAL Sciences Curriculum Study. *Science for life and living.* Colorado Springs: Author, 2001.

BIRCH, S. A. J. When knowledge is a curse. *Current Directions in Psychological Science,* v. 14, p. 25–29, 2005.

BIRNEY, D. P.; CITRON-PUSTY, J. H.; LUTZ, D. J. e STERNBERG, R. J. The development of cognitive and intellectual abilities. In: BORNSTEIN, M. H. e LAMB, M. E. (Eds.). *Developmental psychology.* 5. ed. Mahwah, NJ: Erlbaum, 2005.

BITTER, G. G. e PIERSON, M. E. *Using technology in the classroom.* 6. ed. Boston: Allyn & Bacon, 2005.

BITTER, G. G. e LEGACY, J. M. *Using technology in the classroom,* briefing. Boston: Allyn & Bacon, 2006.

BJORKLUND, D. F. *Children's thinking.* 4. ed. Belmont, CA: Wadsworth, 2005.

BJORKLUND, D. F. Mother knows best: Epigenetic inheritance, maternal effects, and the evolution of human intelligence. *Developmental Review,* v. 26, p. 213–242, 2006.

BJORKLUND, D. F. e ROSENBLUM, K. Middle childhood: Cognitive development. In: KAZDIN, A. (Ed.). *Encyclopedia of psychology.* Washington, DC e Nova York: American Psychological Association e Oxford University Press, 2000.

BLACHMAN, B. A.; BALL, E.; BLACK, R. e TANGEL, D. Kindergarten teachers develop phoneme awareness in lowincome inner-city classrooms: Does it make a difference? In: BLACHMAN, B. A. (Ed.). *Reading and writing*. Mahwah, NJ: Erlbaum, 1994.

BLACK, P. e WILLIAM, D. Developing a theory of formative assessment. In: GARDNER, J. (Ed.). *Assessment and learning*. Londres: Paul Chapman, 2006.

BLACK, S. Teaching students to think critically. *American School Board Journal*, n. 191, p. 52–54, 2004.

BLACKHURST, A. E. Perspectives on technology in special education. *Teaching Exceptional Children*, p. 41–47, maio/jun. 1997.

BLAKEMORE, J. E. O.; BERENBAUM, S. A. e LIBEN, L. S. *Gender development*. Mahwah, NJ: Erlbaum, 2005 (em produção).

BLAKEMORE, S-J. e CHOUDHURY, S. Brain development during puberty: State of the science. *Developmental Science*, v. 9, p. 11–14, 2006.

BLASI, A. Moral character: A psychological approach. In: LAPSLEY, D. K. e POWER, F. C. (Eds.). *Character psychology and character education*. Notre Dame: University of Notre Dame Press, 2005.

BLASINGAME, J. e BUSHMAN, J. H. *Teaching writing in middle and secondary schools*. Upper Saddle River, NJ: Prentice-Hall, 2005.

BLOCK, J. H. e BLOCK, J. The role of ego-control and ego-resiliency in the organization of behavior. In: COLLINS, W. A. (Ed.). *Minnesota symposium on child psychology*, v. 13. Minneapolis: University of Minnesota Press, 1980.

BLOOM, B. S. Mastering learning. In: BLOCK, J. H. (Ed.). *Mastery learning*. Nova York: Holt, Rinehart & Winston, 1971.

BLOOM, B. S. (Ed.) *Developing talent in young people*. Nova York: Ballantine, 1985.

BLOOM, B. S. e DEY, A. N. Summary health statistics for U.S. children: National Health Interview Survey, 2004. *Vital Health Statistics*, v. 227, p. 1–85, 2006.

BLOOM, B. S. e KRATHWOHL, D. (Eds.). *Taxonomy of education objectives*: Handbook 1. Cognitive domain. Nova York: Longman, Green, 1956.

BLOOM, B. S.; ENGELHART, M. D.; FROST, E. J.; HILL, W. H. e KRATHWOHL, D. R. *Taxonomy of educational objectives*. Nova York: David McKay, 1956.

BLOOM, L. Language acquisition in its developmental context. In: DAMON, W. (Ed.). *Handbook of child psychology*. 5. ed. Nova York: Wiley, v. 2, 1998.

BLUMENFELD, P. C.; KEMPLER, T. M. e KRAJCIK, J. S. Motivation and cognitive engagement in learning environments. In: SAWYER, R. K. (Ed.). *Cambridge handbook of learning sciences*. Nova York: Cambridge University Press, 2006.

BLUMENFELD, P. C.; PINTRICH, P. R.; WESSLES, K. e MEECE, J. *Age and sex differences in the impact of classroom experiences on self-perceptions*. Ensaio apresentado em um encontro bienal da Society for Research in Child Development, Boston, abr. 1981.

BLUMENFELD, P. C.; MARX, R. e HARRIS, C. J. Learning environments. In: DAMON, W. e LERNER, R. (Eds.). *Handbook of child psychology*. 6. ed. Nova York: Wiley, 2006.

BLUMENFELD, P. C.; MODELL, J.; BARTKO, T.; SECADE, J.; FREDRICKS, J.; FRIEDEL, J. e PARIS, A. School engagement of inner city students during middle childhood. In: COOPER, C. R.; COLL, C. T. G.; BARTKO, W. T.; DAVIS, H. M. e CHATMAN, C. (Eds.). *Developmental pathways through middle childhood*. Mahwah, NJ: Erlbaum, 2005.

BO, I. The sociocultural environment as a source of support. In: NESTMANN, F. e HURRELMANN, K. (Eds.). *Social networks and social support in childhood and adolescence*. Nova York: Walter de Gruyter, 1994.

BODES, J. S. e MIDGLEY, C. Stage-environment fit: Developmentally appropriate classrooms for young adolescents. In: AMES, C. e AMES, R. (Eds.). *Research on motivation in education*. Orlando: Academic Press, v. 3, 1989.

BODROVA, E. e LEONG, D. J. *Tools of the mind*. Geneva: International Bureau of Education, UNESCO, 2001.

BODROVA, E. e LEONG, D. J. *Tools of the mind*. 2. ed. Geneva: International Bureau of Education, UNESCO, 2007.

BOEKAERTS, M. e CORNO, L. Self-regulation in the classroom: A perspective on assessment and intervention. *Applied Psychology*: An International Review, v. 54, p. 199–232, 2005.

BOEKAERTS, M. Self-regulation and effort investment. In: DAMON, W. e LERNER, R. (Eds.). *Handbook of child psychology*. 6. ed. Nova York: Wiley, 2006.

BOGDAN, R. e BIKLIN, S. K. *Qualitative research for education*. 5. ed. Boston: Allyn & Bacon, 2007.

BOLT, BERANECK e NEWMAN, INC. *The Co-NECT school*: Design for a new generation of American schools. Cambridge, MA: Autor, 1993.

BOND, L. The effects of special preparation measures of scholastic ability. In: LINN, R. (Ed.). *Educational measurement*. 3. ed. Nova York: Macmillan, 1989.

BOOHER-JENNINGS, J. Rationing education in an era of accountability. *Phi Delta Kappan*, v. 87, p. 756–761, 2006.

BOOKSTEIN, F. L.; STREISSGUTH, A. P.; SAMPSON, P. D.; CONNOR, P. D. e BARR, H. M. Corpus callosum shape and neuropsychological deficits in adult males with heavy fetal alcohol exposure. *Neuroimage*, v. 15, p. 233–251, 2002.

BORBA, J. A. e OLVERA, C. M. Student-led parent-teacher conferences. *The Clearing House*, v. 74, p. 333–336, 2001.

BORDEN, L. M.; DONNERMEYER, J. F. e SCHEER, S. D. The influence of extra-curricular activities and peer influence on substance abuse. *Adolescent & Family Health*, v. 2, p. 12–19, 2001.

BORNSTEIN, M. H.; ARTERBERRY, M. E. e MASH, C. Perceptual development. In: BORNSTEIN, M. H. e LAMB, M. E. (Eds.). *Developmental psychology*. 5. ed. Mahwah, NJ: Erlbaum, 2005.

BOST, C. S. e VAUGHN, S. *Strategies for teaching students with learning and behavioral problems*. 5. ed. Boston: Allyn & Bacon, 2002.

BOTVIN, G. J.; SCHINKE, S. e ORLANDI, M. A. School-based health promotion: Substance abuse and sexual behavior. *Applied and preventive psychology*, v. 4, p. 167–184, 1995.

BOURNE, E. J. *The anxiety and phobia workbook*. Oakland, CA: New Harbinger, 1995.

BOWLES, T. Focusing on time orientation to explain adolescent self concept and academic achievement: Part II. Testing a model. *Journal of Applied Health Behaviour*, n. 1, p. 1–8, 1999.

BOYD-BATSONE, P. *Differentiated early literacy for English language learners*: Practical strategies. Boston: Allyn & Bacon, 2006.

BOYLES, N. S. e CONTADINO, D. *The learning differences sourcebook*. Los Angeles: Lowell House, 1997.

BRADEN, J. P. Performance-based assessment. In: LEE, S. W. (Ed.). *Encyclopedia of school psychology*. Thousand Oaks, CA: Sage, 2005.

BRADLEY, R. H.; CORWYN, R. F.; McADOO, H. e COLL, C. The home environments of children in the United States: Part I. Variations by age, ethnicity, and poverty status. *Child Development*, v. 72, p. 1844–1867, 2001.

BRAINERD, C. J. e GORDON, L. L. Development of verbatim and gist memory for numbers. *Developmental psychology*, v. 30, p. 163–177, 1994.

BRAINERD, C. J. e REYNA, V. F. Fuzzy-trace theory and memory development. *Developmental Review*, v. 24, p. 396–439, 2004.

BRANCH, M. N. Punishment. In: KAZDIN, A. (Ed.). *Encyclopedia of psychology*. Washington, DC e Nova York: American Psychological Association e Oxford University Press, 2000.

BRANSFORD, J. Learning theories and education: Toward a decade of synergy. In: ALEXANDER, P. A. e WINNE, P. H. (Eds.). *Handbook of educational psychology*. 2. ed. Mahwah, NJ: Erlbaum, 2006.

BRANSFORD, J.; BARRON, B.; PEA, R.; MELTZOFF, A.; KUHL, P.; BELL, P.; STEVENS, R.; SCHWARTZ, D.; VYE, N.; REEVES, B.; ROSCHELLE, J. e SABELLI, N. Foundations and opportunities for an interdisciplinary science. In: SAWYER, R. K. (Ed.). *The Cambridge handbook of the learning sciences*. Nova York: Cambridge University Press, 2006.

BRANSFORD, J.; DARLING-HAMMOND, L. e LEPAGE, P. Introduction. In: DARLING-HAMMOND, L. e BRANSFORD, J. (Eds.). *Preparing teachers for a changing world*. Nova York: Jossey-Bass, 2005.

BRANSFORD, J.; DERRY, S.; BERLINER, D.; HAMMERNESS, K. e BECKETT, K. L. Theories of learning and their role in teaching. In: DARLING-HAMMOND, L. e BRANSFORD, J. (Eds.). *Preparing teachers for a changing world*. São Francisco: Jossey-Bass, 2005.

BRANSFORD, J.; STEVENS, R.; SCHWARTZ, D.; MELTZOFF, A.; PEA, R.; ROSCHELLE, J.; VYE, N.; KUHL, P.; BELL, P.; BARRON, B.; REEVES, B. e SABELLI, N. Learning theories and education: Toward a decade of synergy. In: ALEXANDER, P. A. e WINNE, P. H. (Eds.). *Handbook of educational psychology*. 2. ed. Mahwah, NJ: Erlbaum, 2006.

BRANSFORD, J. D. e DONOVAN, M. S. Scientific inquiry and *How people learn*. In: DONOVAN, M. S. e BRANSFORD, J. D. (Eds.). *How students learn*. Washington, DC: National Academies Press, 2005.

BRANSFORD, J. D. e STEIN, B. S. *The IDEAL problem solver*. Nova York: W. H. Freeman, 1993.

BREDEKAMP, S. e COPPLE, C. (Eds.). *Developmentally appropriate practice in early childhood programs*, edição revisada. Washington, DC: National Association for the Education of Young Children, 1997.

BREIVIK, K. e OLWEUS, D. Children of divorce in a Scandinavian welfare state. *Scandinavian Journal of Psychology*, n. 47, p. 61–74, 2006.

BREUR, J. T. In: search of... brainbased education. *Phi Delta Kappan*, v. 80, p. 648–655, 1999.

BREWER, D. J.; REES, D. I. e ARGYS, L. M. Detracking America's schools. *Phi Delta Kappan*, v. 77, p. 210–215, 1995.

BREWER, M. B. e CAMPBELL, D. I. *Ethnocentrism and intergroup attitudes*. Nova York: Wiley, 1976.

BRIGGS, T. W. Honorees find keys to unlock kids' minds. *USA Today*, Section D, 14 out. 1999.

BRIGGS, T. W. Honorees find keys to unlocking kids' minds, 14 out.1999. Disponível em: <www.usatoday.com/education/1999>. Acesso em: 22 jul. 2004.

BRIGGS, T. W. Honorees find keys to unlocking kids' minds, 14 out.1999. Disponível em <www.usatoday.com/education>. Acesso em: 10 mar. 2000.

BRIGGS, T. W. Students embrace vitality of USA Today's top 20 teachers. *USA Today*, p. 7D, 14 out. 2004.

BRIGGS, T. W. USA Today's 2004 all-USA teacher team. *USA Today*, p. 6D, 14 out. 2004.

BRIGGS, T. W. Math teacher resets the learning curve, 2005. Disponível em: <http://www.usatoday.com/news/education/2005-04-05-math-teacher_x.htm>.

BRIGGS, T. W. *USA Today's* 2005 all-USA teacher team. USA Today, p. 6D, 13 out. 2005.

BRITTEN, J. S. e CASSIDY, J. C. The technology integration assessment instrument: Understanding planned use of technology by classroom teachers. *Computers in Schools*, v. 22, n. 3–4, p. 49–61, 2006.

BRODKIN, A. e COLEMAN, M. Children of divorce. *Instructor*, v. 32, n. 30, jan./fev. 1995.

BRODY, G. H.; GE, X.; CONGER, R. D.; GIBBONS, F.; MURRY, V.; GERRARD, M. e SIMONS, R. The influence of neighborhood disadvantage, collective socialization, and parenting on African American children's affiliation with deviant peers. *Child Development*, v. 72, p. 1231–1246, 2001.

BRODY, N. Intelligence. In: KAZDIN, A. (Ed.). *Encyclopedia of psychology*. Washington, DC e Nova York: American Psychological Association e Oxford University Press, 2000.

BRODY, N. Does education influence intelligence? In: KYLLONEN, P. C.; ROBERTS, R. D., e STANKOV, L. (Eds.). *Extending intelligence*. Mahwah, NJ: Erlbaum, 2006.

BRONFENBRENNER, U. Developmental ecology through space and time: A future perspective. In: MOEN, P.; ELDER, G. H. e LUSCHER, K. (Eds.). *Examining lives in context*. Washington, DC: American Psychological Association, 1995.

BRONFENBRENNER, U. Ecological theory. In: KAZDIN, A. (Ed.). *Encyclopedia of psychology*. Washington, DC e Nova York: American Psychological Association e Oxford University Press, 2000.

BRONFENBRENNER, U. *Making human beings human*. Thousand Oaks, CA: Sage, 2004.

BRONFENBRENNER, U. e MORRIS, M. A. The ecology of developmental processes. In: DAMON, W. (Ed.). *Handbook of child psychology*. 5. ed. Nova York: Wiley, v. 1, 1998.

BRONFENBRENNER, U. e MORRIS, M. A. The ecology of developmental processes. In: DAMON, W. e LERNER, R. (Eds.). *Handbook of child psychology*. 6. ed. Nova York: Wiley, 2006.

BRONSTEIN, W. P. The family environment: where gender socialization begins. In: WORELL, J. e GOODHEART, C. D. (Eds.). *Handbook of girls' and women's psychological health*. Nova York: Oxford University Press, 2006.

BROOKHART, S. M. A theoretical framework for the role of classroom assessment in motivating student effort and achievement. *Applied measurement in education*, v. 10, p. 161–180, 1997.

BROOKHART, S. M. What will teachers know about assessment, and how will that improve instruction? In: KISSITZ, R. W. e SCHAFER, W. D. (Eds.). *Assessment in educational reform*: Both means and ends. Boston: Allyn & Bacon, 2002.

BROOKHART, S. M. *Grading*. Upper Saddle River, NJ: Prentice-Hall, 2004.

BROOKOVER, W. B.; BEADY, C.; FLOOD, P.; SCHWEITZER, U. E WISENBAKER, J. *School social systems and student achievement*: Schools make a difference. Nova York: Praeger, 1979.

BROOKS, J. G. e BROOKS, M. G. *The case for constructivist classrooms*. Alexandria, VA: Association for Supervision and Curriculum Development, 1993.

BROOKS, J. G. e BROOKS, M. G. *In search of understanding*: The case for constructivist classrooms. Upper Saddle River, NJ: Merrill, 2001.

BROOKS-GUNN, J.; CURRIE, J. EMDE, R. E. e ZIGLER, E. Do you believe in magic? What we can expect from early childhood intervention programs. *SRCD Social Policy Report*, 17(1), p. 3–15, 2003.

BROPHY, J. *Motivating students to learn*. Nova York: McGraw-Hill, 1998.

BROPHY, J. *Motivating students to learn*. 2. ed. Mahwah, NJ: Erlbaum, 2004.

BROPHY, J. History of research on classroom management. In: EVERTSON, C. M. e WEINSTEIN, C. S. (Eds.). *Handbook of classroom management*. Mahwah, NJ: Erlbaum, 2006.

BROPHY, J. Observational research on generic aspects of classroom teaching. In:

ALEXANDER, P. A. e WINNE, P. H. (Eds.). *Handbook of educational psychology*. 2. ed. Mahwah, NJ: Erlbaum, 2006.

BROPHY, J. e GOOD, T. *Teacher-student relationships*: Causes and consequences. Nova York: Holt, Rinehart & Winston, 1974.

BROWN, A. L. Transforming schools into communities of thinking and learning about serious matters. *American psychologist*, v. 52, p. 399 – 413, 1997.

BROWN, A. L. e CAMPIONE, J. C. Psychological learning theory and the design of innovative environments. In: SCHUABLE, L. e GLASER, R. (Eds.). *Contributions of instructional innovation to understanding learning*. Mahwah, NJ: Erlbaum, 1996.

BROWN, B. B. Adolescents' relationships with peers. In: LERNER, R. e STEINBERG, L., (Eds.). *Handbook of adolescent psychology*. 2. ed. Nova York: Wiley, 2004.

BROWN, L. e BROWN, M. *Dinosaurs divorce*. Boston: Little, Brown, 1988.

BROWN, R. *A first language*: The early stages. Cambridge, MA: Harvard University Press, 1973.

BROWN, R. P. e DAY, E. A. The difference isn't black and white: stereotype threat and the race gap on Ravens Advanced Progressive Matrices. *Journal of Applied Psychology*, v. 91, p. 979–985, 2006.

BROWN, S. e KYSILKA, M. *Applying multicultural and global concepts in the classroom and beyond*. Boston: Allyn & Bacon, 2002.

BRUCKMAN, A. Learning in online communities. In: SAWYER, R. K. (Ed.). *The Cambridge handbook of the learning sciences*. Nova York: Cambridge University Press, 2006.

BRUER, J. *Schools for Thought*. Cambridge, MA: MIT University Press, 1993.

BRUNER, J. *Toward a theory of instruction*. Cambridge, MA: Harvard University Press, 1966.

BRUNING, R. e HORN, C. Developing motivation to write. *Educational psychologist*, v. 35, p. 25–37, 2001.

BRYANT, D. P. e BRYANT, B. R. Using assistive technology adaptations to include students with learning disabilities in cooperative learning activities. *Journal of Learning Disabilities*, v. 31, p. 41–54, 1998.

BRYANT, J. A. (Ed.) *The children's television community*. Mahwah, NJ: Erlbaum, 2006.

BRYANT, J. B. Language in social contexts: Communicative competence in the preschool years. In: GLEASON, J. Berko (Ed.). *The development of language*. 6. ed. Boston: Allyn & Bacon, 2005.

BRYDON, S. R. e SCOTT, M. D. *Between one and many*. 5. ed. Nova York: McGraw-Hill, 2006.

BRYK, A. S.; LEE, V. E. e SMITH, J. B. *High school organization and its effects on teachers and students*: An interpretive summary of the research. Ensaio apresentado em uma conferência sobre Choice and Control in American Education, University of Wisconsin, Madison, maio 1989.

BUCK, J. B. Re-segregating America's public schools. In: YEAKEY, C. C. e HENDERSON, R. D. (Eds.). *Surmounting the odds*: Equalizing educational opportunity in the new millennium. Greenwich, CT: IAP, 2002.

BUHRMESTER, D. e FURMAN, W. The development of companionship and intimacy. *Child development*, v. 58, p. 1101–1113, 1987.

BUKOWSKI, W. M. e ADAMS, R. Peer relationships and psychopathology. *Journal of Clinical Child and Adolescent Psychology*, n. 34, p. 3–10, 2005.

BURKE, K. *From standards to rubrics in six steps*. Thousand Oaks, CA: Corwin, 2006.

BURKHAM, D. T.; LEE, V. E. e SMERDON, B. A. Gender and science learning early in high school: Subject matter and laboratory experiences. *American Educational Research Journal*, n. 34, p. 297–331, 1997.

BURNETTE, J. Reducing the disproportionate representation of minority students in special education. *ERIC/OSEP Digest*, N. E566, 1998.

BURNSTEIN, R. e LEDERMAN, L. M. Using wireless keypads in lecture classes. *Physics Teacher*, 39(8), p. 8–11, 2001.

BURTON, L. A.; RABIN, L.; VARDY, S. B.; FROHLICH, J.; WYATT, G.; DIMITRI, D.; CONSTANTE, S. e GUTERMAN, E. Gender differences in implicit and explicit memory for explicit passages. *Brain and Cognition*, 54, p. 218–224, 2004.

BURZ, H. L. e MARSHALL, K. *Performance-based curriculum for mathematics*: From knowing to showing. ERIC Document Reproduction Service N. ED400194, 1996.

BUSS, D. M. *Evolutionary psychology*. 2. ed. Boston: Allyn & Bacon, 2004.

BUTLER, S. M. e McMUNN, N. D. *A teacher's guide to classroom assessment*. Thousand Oaks, CA: Corwin, 2006.

BYRNES, J. P. *The nature and development of decision making*. Mahwah, NJ: Erlbaum, 1998.

BYRNES, J. P. *Cognitive development and learning in instructional contexts*. 2. ed. Boston: Allyn & Bacon, 2001.

BYRNES, J. P. Cognitive development during adolescence. In: ADAMS, G. e BERZONSKY, M. (Eds.). *Blackwell handbook of adolescence*. Malden, MA: Blackwell, 2003.

BYRNES, J. P. The development of regulated decision making. In: JACOBS, J. E. e KLACZYNSKI, P. A. (Eds.). *The development of judgment and decision making in children and adolescents*. Mahwah, NJ: Erlbaum, 2005.

C

CAHILL, L.; HAIER, R. J.; WHITE, N. S.; FALLON, J.; KILPARAICK, L.; LAWRENCE, C.; POTKIN, S. G. e ALKIRE, M. T. Sex-related differences in amygdala activity during emotionally influenced memory storage. *Neurobiology of learning and memory*, v. 75, p. 1–9, 2001.

CALABRESE, R. L. e SCHUMER, H. The effects of service activities on adolescent alienation. *Adolescence*, v. 21, p. 675–687, 1986.

CALIFORNIA State Department of Education. *Golden State examination science portfolio*. Sacramento: California State Department of Education, 1994.

CALLAN, J. E. Gender development: Psychoanalytic perspectives. In: WORREL, J. (Ed.). *Encyclopedia of women and gender*. San Diego: Academic Press, 2001.

CAMERON, J. R. Negative effects of reward on intrinsic motivation – A limited phenomenon. *Review of Educational Research*, v. 71, p. 29–42, 2001.

CAMERON, J. R. e PIERCE, W. D. The debate about rewards and intrinsic motivation. *Review of Educational Research*, v. 66, p. 39–62, 1996.

CAMERON, J. R.; HANSEN, R. e ROSEN, D. Preventing behavioral problems in infancy through temperament assessment and parental support programs. In: CAREY, W. B. e McDEVITT, S. C. (Eds.). *Clinical and educational applications of temperament research*. Amsterdam: Sets & Zeitlinger, 1989.

CAMILLERI, B. Dynamic assessment and intervention: Improving children's narrative abilities. *International Journal of Language & Communication Disorders*, n. 40, p. 240–242, 2005.

CAMPBELL, C. Y. Group raps depiction of teenagers. *Boston Globe*, p. 44, 24, ago. 1988.

CAMPBELL, D. T. e LeVINE, D. T. Ethnocentrism and intergroup relations. In: ABELSON, R. e others (Eds.). *Theories of cognitive consistency*. Chicago: Rand McNally, 1968.

CAMPBELL, F. A. The malleability of the cognitive development of children of low-income African-American families: Intellectual test performance over twenty-one years. In: KYLLONEN, P. C.; ROBERTS, R. D. e STANKOV, L. (Eds.). *Extending intelligence*. Mahwah, NJ: Erlbaum, 2006.

CAMPBELL, F. A.; PUNGELLO, E. P.; MILLER-JOHNSON, S.; BURCHINAL, M. e RAMEY, C. T. The development of cognitive and academic abilities: Growth curves from an early childhood educational experiment. *Developmental psychology*, v. 37, p. 231–243, 2001.

CAMPBELL, F. A. e RAMEY, C. T. Effects of early intervention on intellectual and academic achievement: A follow-up study of children from low-income families. *Child development*, v. 65, p. 684–698, 1994.

CAMPBELL, L.; CAMPBELL, B. e DICKINSON, D. *Teaching and learning through multiple intelligence.* 3. ed. Boston: Allyn & Bacon, 2004.

CAMPIONE, J. *Fostering a Community of Learners.* Ensaio apresentado em um encontro da American Educational Research Association, Seattle, abr. 2001.

CARDELLE-ELAWAR, M. Effects of teaching metacognitive skills to students with low mathematics ability. *Teaching and teacher education*, v. 8, p. 109–121, 1992.

CARLSON, E. A.; SROUFE, L. A. e EGELAND, B. The construction of experience: A longitudinal study of representation and behavior. *Child development*, v. 75, p. 66–83, 2004.

CARNEGIE Corporation. *Report on education for children 3–10 years of age.* Nova York: Carnegie Foundation, 1996.

CARNEGIE Council on Adolescent Development. *Great transitions.* Nova York: Carnegie Foundation, 1995.

CARNEGIE FOUNDATION. *Turning points*: Preparing youth for the 21st century. Nova York: Author, 1989.

CARPENDALE, J. I. e CHANDLER, M. J. On the distinction between false belief understanding and subscribing to an interpretive theory of mind. *Child development*, v. 67, p. 1686–1706, 1996.

CARPENTER, T. P.; LINDQUIST, M. M.; MATTHEWS, W. e SILVER, E. A. Results of the Third NAEP Mathematics Assessment: Secondary school. *Mathematics teachers*, v. 76, 9, p. 652–659, 1983.

CARPENTER-AEBY, T. e AEBY, V. G. Family-school-community interventions for chronically disruptive students: An evaluation of outcomes in an alternative school. *School Community Journal*, 11(2), p. 75–92, 2001.

CARROLL, J. *Human cognitive abilities.* Cambridge: Cambridge University Press, 1993.

CARROLL, J. B. A model of school learning. *Teachers College Record*, v. 64, p. 723–733, 1963.

CARVER, S. M. e KLAHR, D. (Eds.). *Cognition and instruction.* Mahwah, NJ: Erlbaum, 2001.

CASBERGUE, R. M. e HARRIS, K. Listening and literacy: Audiobooks in the reading program. *Reading Horizons*, 37, p. 48–59, 1996.

CASE, R. Conceptual structures. In: BENNETT, M. (Ed.). *Developmental psychology.* Filadéfia: Psychology Press, 2000.

CASPI, A.; HENRY, B.; McGEE, R. O.; MOFFITT, T. E. e SILVA, P. A. Temperamental origins of child and adolescent behavior problems: From age three to age fifteen. *Child development*, v. 66, p. 55–68, 1995.

CASTELLANO, J. A. e DIAZ, E. (Eds.). *Reaching new horizons*: Gifted and talented education for culturally and linguistically diverse students. Boston: Allyn & Bacon, 2002.

CATHCART, G. G.; POTHIER, Y. M.; VANCE, J. H. e BEZUK, N. S. *Learning math in elementary and middle school & IMAP package.* 4. ed. Upper Saddle River, NJ: Prentice-Hall, 2006.

CAVE, R. K. *Early adolescent language*: A content analysis of child development and educational psychology textbooks. Dissertação de doutorado não publicada, University of Nevada-Reno, Reno, ago. 2002.

CECI, S. J. e GILSTRAP, L. L. Determinants of intelligence: Schooling and intelligence. In: KAZDIN, A. (Ed.). *Encyclopedia of psychology.* Washington, DC e Nova York: American Psychological Association e Oxford University Press, 2000.

CECI, S. J. e WILLIAMS, W. M. Schooling, intelligence, and income. *American psychologist*, v. 52, p. 1051–1058, 1997.

CENTER for Instructional Technology. Writing multiple-choice questions that demand critical thinking, 2006. Disponível em: <http://cit.necc.mass.edu/atlt/TestCritThink.htm>. Acesso em: 12 jan. 2006.

CHALL, J. S. The great debate: Ten years later with a modest proposal for reading stages. In: RESNICK, L. B. e WEAVER, P. A. (Eds.). *Theory and practice of early reading.* Mahwah, NJ: Erlbaum, 1979.

CHAN, W. S. *A source book in Chinese philosophy.* Princeton, NJ: Princeton University Press, 1963.

CHANCE, P. *Learning and behavior*: Active Learning Edition. Belmont, CA: Wadsworth, 2006.

CHANDLER, L. K. e DAHLQUIST, C. *Functional assessment to prevent and remediate challenging behavior in school settings.* 2. ed. Upper Saddle River, NJ: Prentice-Hall, 2006.

CHANG, F.; DELL, G. S. e BOCK, K. Becoming syntactic. *Psychological Review*, v. 113, p. 234–272, 2006.

CHAO, R. K. Extending research on the consequences of parenting style for Chinese Americans and European Americans. *Child development*, v. 72, p. 1832–1843, 2001.

CHAO, R. K. *The importance of guan in describing the parental control of immigrant Chinese.* Ensaio apresentado em um encontro da Society for Research in Child Development, Atlanta, abr. 2005.

CHAO, R. K. e TSENG, V. Parenting of Asians. In: BORNSTEIN, M. H. (Series Ed.). *Handbook of parenting*: V. 4. Social conditions and applied parenting. 2. ed. Mahwah, NJ: Erlbaum, 2002.

CHAPIN, J. R. *Elementary social studies.* 6. ed. Boston: Allyn & Bacon, 2006.

CHAPIN, J. R. e MESSICK, R. G. *Elementary social studies.* 5. ed. Boston: Allyn & Bacon, 2002.

CHAPMAN, J. W.; TUNMER, W. E. e PROCHNOW, J. E. Does success in the Reading Recovery program depend on developing proficiency in phonological-processing skills? A longitudinal study in the whole language instructional context. *Scientific Studies of Reading*, v. 15, p. 141–176, 2001.

CHAPMAN, O. L. Learning science involves language, experience and modeling. *Journal of Applied Developmental Psychology*, n. 21, p. 97–108, 2000.

CHARLES, C. M. *Building classroom discipline.* 8. ed. Boston: Allyn & Bacon, 2005.

CHARLES, C. M. e SENTAR, G. W. *Elementary classroom management.* 4. ed. Boston: Allyn & Bacon, 2005.

CHARNEY, R. S. *Exploring the first "R": To reinforce*, 2005. Disponível em <http://www.nea.org/classmanagement/ifc050201.html>. Acesso em: 15 nov. 2005.

CHATTERJI, M. *Designing and using tools for educational assessment.* Boston: Allyn & Bacon, 2003.

CHEN, C. e STEVENSON, H. W. Homework: A cross-cultural comparison. *Child development*, 60, p. 551–561, 1989.

CHEN, Z. e MO, L. Schema induction in problem solving: A multidimensional analysis. *Journal of Experimental Psychology*: Learning, Memory, and Cognition, n. 30, p. 583–600, 2004.

CHESS, S. e THOMAS, A. Temperamental individuality from childhood to adolescence. *Journal of Child Psychiatry*, n. 16, p. 218–226, 1977.

CHI, M. T. H. Knowledge structures and memory development. In: SIEGLER, R. S. (Ed.). *Children's thinking.* Mahwah, NJ: Erlbaum, 1978.

CHIAPPE, D. e MacDONALD, K. The evolution of domain-general mechanisms in intelligence and learning. *Journal of General Psychology*, n. 132, p. 5–40, 2005.

CHIAPPETTA, E. L. e KOBALLA, T. R. *Science instruction in the middle and secondary schools.* 6. ed. Upper Saddle River, NJ: Prentice-Hall, 2006.

CHILD Trends. *Dropout rates*, 2006. Disponível em: <http://www.childtrendsdatabank.org/indicators/1HighSchoolDropout.cfm>. Acesso em: 30 abr. 2006.

CHILDREN'S DEFENSE FUND. *The state of America's children.* Washington, DC: Author, 1992.

CHIRA, S. What do teachers want most? Help from parents. *New York Times*, Seção 1, p. 7, 23 jun. 1993.

CHOI, N. Sex role group differences in specific, academic and general self-efficacy. *Journal of Psychology*, n. 138, p. 149–159, 2004.

CHOI, N. Self-efficacy and self-concept as predictors of college students' academic performance. *Psychology in the schools*, v. 42, p. 197–205, 2005.

CHOMSKY, N. *Syntactic structures.* The Hague: Mouton, 1957.

CHRISTENSON, S. L. e THURLOW, M. L. School dropouts: Prevention considerations, interventions and challenges. *Current Directions in Psychological Science*, v. 13, p. 36–39, 2004.

CHRISTIAN, K.; BACHNAN, H. J. e MORRISON, F. J. Schooling and cognitive development. In: STERNBERG, R. J. e GRIGORENKO, E. L. (Eds.). *Environmental effects on cognitive abilities.* Mahwah, NJ: Erlbaum, 2001.

CHRONIS, A. M.; CHACKO, A.; FABIANO, G. A.; WYMBS, B. T. e PELHAM, W. E. Enhancements to the behavioral parent training paradigm for families of children with ADHD: Review and future directions. *Clinical Child and Family Psychology Review*, v. 7, p. 1–27, 2004.

CHUN, K. M.; ORGANISTA, P. B. e MARIN, G. (Eds.). *Acculturation.* Washington, DC: American Psychological Association, 2002.

CLARK, K. B. e CLARK, M. P. The development of the self and the emergence of racial identification in Negro preschool children. *Journal of Social Psychology*, n. 10, p. 591–599, 1939.

CLARK, L. (Ed.). *Faculty and student challenges in facing cultural and linguistic diversity.* Springfield, IL: Charles C Thomas, 1993.

CLARK, T. *Virtual schools*: Status and trends. Phoenix, AZ: West Ed, 2001.

CLAY, M. M. *The early detection of reading difficulties.* 3. ed. Portsmouth, NH: Heinemann, 1985.

COBEN, S. S.; THOMAS, C. C.; SATTLER, R. O. e MORSINK, C. V. Meeting the challenge of consultation and collaboration: Developing interactive teams. *Journal of Learning Disabilities*, n. 30, p. 427–432, 1997.

COCHRAN, M.; LARNER, M.; RILEY, D.; GUNNARSON, L. e HENDERSON, C. *Extending families*: The social networks of parents and their children. Nova York: Cambridge University Press, 1990.

COCHRAN-SMITH, M. Color blindness and basket making are not the answers: Confronting the dilemmas of race, culture, and language diversity in teacher education. *American Educational Research Journal*, n. 32, p. 493–522, 1995.

COCKING, R. R.; MESTRE, J. P. e BROWN, A. L. New developments in the use of science learning: Using research to help students learn science and mathematics. *Journal of Applied Developmental Psychology*, n. 21, p. 1–11, 2000.

COFFIN, L. Commentary in "The latest on student portfolios". *NEA Today*, v. 17, n. 18, 1996.

COGNITION and Technology Group at Vanderbilt. *The Jasper Project.* Mahwah, NJ: Erlbaum, 1997.

COHEN, D. e Outros. Specific gene disorders and autism. *Journal of Autism and Developmental Disorders*, n. 35, p. 103–116, 2005.

COHEN, G. L. e SHERMAN, D. K. Stereotype threat and the social and scientific contexts of the race achievement gap. *American psychologist*, v. 60, p. 270–271, 2005.

COHEN, L. B. e CASHON, C. H. Infant cognition. In: DAMON, W. e LERNER, R. (Eds.). *Handbook of child psychology*, 6. ed. Nova York: Wiley, 2006.

COHN, A. e CANTER, A. *Bullying*: Facts for schools and parents. Washington, DC: National Association of School Psychologists, 2003.

COIE, J. D. e DODGE, K. A. Aggression and antisocial behavior. In: DAMON, W. (Ed.). *Handbook of child psychology*, Nova York: Wiley, v. 3. 1998.

COLADARCI, T. Teachers' sense of efficacy and commitment to teaching. *Journal of Experimental Education*, n. 60, p. 323–337, 1992.

COLANGELO, N. e DAVIS, G. A. *Handbook of gifted education.* 3. ed. Boston: Allyn & Bacon, 2003.

COLANGELO, N. C.; ASSOULINE, S. G. e GROSS, M. U. M. *A nation deceived*: How schools hold back America's brightest students, 2004. Disponível em < http://nationdeceived.org/>. Acesso em: 12 fev. 2005.

COLBY, A.; KOHLBERG, L.; GIBBS, J. e LIEBERMAN, M. A longitudinal study of moral judgment. *Monographs of the society for research in child development*, 48(21), Serial N. 201, 1983.

COLBY, S. A. Grading in a standard-based system. *Educational leadership*, v. 56, p. 52–55, mar. 1999.

COLE, C. F.; ARAFAT, C.; TIDHAR, C.; TAFESH, W. Z.; FOX, N. A.; KILLEN, M.; ARDILA-REY, A.; LEAVITT, L. A.; LESSER, G.; RICHMAN, B. A. e YUNG, F. The educational impact of Rechov Sumsum/Shar's Simsim: A *Sesame Street* television series to promote respect and understanding among children living in Israel, the West Bank and Gaza. *International Journal of Behavioural Development*, n. 27, p. 409–423, 2003.

COLE, C. M.; WALDRON, N. e MAJID, M. Academic progress of students across inclusive and traditional settings. *Mental Retardation*, 42, p. 136–144, 2004.

COLE, M. Culture in development. In: BORNSTEIN, M. H. e LAMB, M. E. (Eds.). *Developmental science.* 5. ed. Mahwah, NJ: Erlbaum, 2005.

COLE, M. Culture and cognitive development in phylogenetic, historical, and ontogenetic perspective. In: DAMON, W. e LERNER, R. (Eds.). *Handbook of child psychology.* 6. ed. Nova York: Wiley, 2006.

COLE, M.; COLE, S. R. e LIGHTFOOT, C. *The development of children.* 5. ed. Nova York: Worth, 2005.

COLEMAN, M. C. e WEBBER, J. *Emotional and behavioral disorders.* 4. ed. Boston: Allyn & Bacon, 2002.

COLEY, R. *Differences in the gender gap*: Comparisons across/racial/ethnic groups in the United States. Princeton, NJ: Educational Testing Service, 2001.

COLEY, R. L.; MORRIS, J. E. e HERNANDEZ, D. Out-of-school care and problem behavior trajectories among low-income adolescents: Individual, family, and neighborhood characteristics as added risks. *Child development*, v. 75, p. 948–965, 2004.

COLLEGE BOARD. *2003 college-bound seniors tables and related items.* Princeton, NJ: College Board, 2004.

COLLINS, A. Cognitive apprenticeship. In: SAWYER, R. K. (Ed.). *The Cambridge handbook of the learning sciences.* Nova York: Cambridge University Press, 2006.

COLLINS, M. The job outlook for '96 grads. *Journal of Career Planning*, p. 51–54, inverno 1996.

COLLINS, W. A. e STEINBERG, L. Adolescent development in interpersonal context. In:

DAMON, W. e LERNER, R. (Eds.). *Handbook of child psychology*, 6. ed. Nova York: Wiley, 2006.

COLLIS, B. A.; KNEZEK, G. A.; LAI, K. W.; MIYASHITA, K. T.; PELGRUM, W. J.; PLOMP, T. e SAKAMOTO, T. *Children and computers in school*. Mahwah, NJ: Erlbaum, 1996.

COMBS, D. Using alternative assessment to provide options for student success. *Middle School Journal*, p. 3–8, set. 1997.

COMER, J. P. Educating poor minority children. *Scientific American*, v. 259, p. 42–48, 1988.

COMER, J. P. *Leave no child behind*. New Haven, CT: Yale University Press, 2004.

COMER, J. P. Child and adolescent development: The critical missing focus in school reform. *Phi Delta Kappan*, v. 86, p. 757–763, 2005.

COMER, J. P. Child development: The under-weighted aspect of intelligence. In: KYLLONEN, P. C.; ROBERTS, R. D., e STANKOV, L. (Eds.). *Extending intelligence*. Mahwah, NJ: Erlbaum, 2006.

COMER, J. P.; HAYNES, N. M.; JOYNER, E. T. e BEN-AVIE, M. *Rallying the whole village*: The Comer process for reforming urban education. Nova York: Teachers College Press, 1996.

COMSTOCK, G. e SCHARRER, E. Media and popular culture. In: DAMON, W. e LERNER, R. (Eds.). *Handbook of child psychology*. 6. ed. Nova York: Wiley, 2006.

CONNORS, L. J. e EPSTEIN, J. L. Parent and school partnerships. In: BORNSTEIN, M. (Ed.). *Handbook of parenting*. Mahwah, NJ: Erlbaum, v. 2, 1995.

CONTI, R. Motivational change and transition in the transition from primary school to secondary school. In: CHIU, C. Y.; SALILLI, F., e HONG, Y. (Eds.). *Multiple competencies self-regulated learning*. Greenwich, CT: IAP, 2001.

COOPER, C. R. *Multiple selves, multiple worlds*. Ensaio apresentado em um encontro da Society for Research in Child Development, Indianápolis, mar. 1995.

COOPER, E. e SHERK, J. Addressing urban school reform: Issues and alliances, *Journal of Negro Education*, n. 58, p. 315–331, 1989.

COOPER, H. *Family, student, and assignment characteristics of positive homework experiences*. Ensaio apresentado em um encontro da American Educational Research Association, San Diego, abr. 1998.

COOPER, H. Synthesis of research on homework. *Educational Leadership*, 47(3), p. 85–91, 1989.

COOPER, H.; LINDSAY, J. J.; NYE, B. e GREATHOUSE, S. Relationships among attitudes about homework, amount of homework assigned and completed, and student achievement. *Journal of Educational Psychology*, n. 90, p. 70–83, 1998.

COOPER, H. e VALENTINE, J. C. Using research to answer practical questions about homework. *Educational psychologist*, v. 36, p. 143–153, 2001.

COOPER, J. E.; HORN, S. e STRAHAN, D. B. "If only they would do their homework": Promoting self-regulation in high school English classes. *High School Journal*, n. 88, p. 10–25, 2005.

COPELAND, L. Science teacher just wanted to do some good, and he has. *USA Today*, dez. 2003. Disponível em: <www.usatoday.com/news/education/2003-12-30-laster-usal_x.htm>.

CORNO, L. Commentary. *Newsweek*, p. 51, 30 mar. 1998.

COTE, J. E. Emerging adulthood as an institutional moratorium: Risks and benefits to identity formation. In: ARNETT, J. J. e TANNER, J. L. (Eds.). *Emerging adults in America*. Washington, DC: American Psychological Association, 2006.

COUNCIL for Exceptional Children. *CECs comments on the proposed IDEA regulations*. Washington, DC: Author, 1998.

COUNCIL of Chief State School Officers. *Marilyn Jachetti Whirry*, 2005. Disponível em: <http://www.ccsso.org/>. Acesso em: 12 nov. 2005.

COVINGTON, M. V. e DRAY, E. The development course of achievement motivation: A need-based approach. In: WIGFIELD, A. e ECCLES, J. S. (Eds.). *Development of achievement motivation*. San Diego: Academic Press, 2002.

COVINGTON, M. V. e TEEL, K. T. *Overcoming student failure*. Washington, DC: American Psychological Association, 1996.

CRAIK, F. I. M. e LOCKHART, R. S. Levels of processing: A framework for memory research. *Journal of Verbal Learning and Verbal Behavior*, 11, p. 671–684, 1972.

CRANE, C. General classroom space. *School planning and management*, v. 40, p. 54–55, 2001.

CRAWFORD, M. e UNGER, R. *Women and gender*, 3. ed. Nova York: McGraw-Hill, 2004.

CRESS, S. W. Assessing standards in the "real" kindergarten classroom. *Early Childhood Education Journal*, n. 32, p. 95–99, 2004.

CRESWELL, J. *Educational research*, 2. ed. Boston: Pearson Education, 2005.

CRICK, N. R.; OSTROV, J. M. e WERNER, N. E. A longitudinal study of relational aggression, physical aggression, and children's social-psychological adjustment. *Journal of Abnormal Child Psychology*, 2006 (no prelo).

CROWLEY, K.; CALLAHAN, M. A.; TENENBAUM, H. R. e ALLEN, E. Parents explain more to boys than to girls during shared scientific thinking. *Psychological science*, v. 12, p. 258–261, 2001.

CRUZ, B. C. e DUPLASS, J. A. *The elementary teacher's guide to the best Internet resources*. Upper Saddle River, NJ: Prentice-Hall, 2007.

CSIKSZENTMIHALYI, M. *Flow*. Nova York: Harper & Row, 1990.

CSIKSZENTMIHALYI, M. *The evolving self*. Nova York: HarperCollins, 1993

CSIKSZENTMIHALYI, M. Creativity: An overview. In: KAZDIN, A. (Ed.). *Encyclopedia of psychology*. Washington, DC e Nova York: American Psychological Association e Oxford University Press, 2000.

CSIKSZENTMIHALYI, M.; RATHUNDE, K. e WHALEN, S. *Talented teenagers*: The roots of success and failure. Cambridge, UK: Cambridge University Press, 1993.

CULBERTSON, F. M. Depression and gender. *American Psychologist*, 52, p. 25–31, 1997.

CULBERTSON, L. D. e JALONGO, M. R. "But what's wrong with letter grades?" Responding to parents questions about alternative assessments. *Childhood education*, v. 75, p. 130–135, 1999.

CULLEN, M. J.; HARDISON, C. M. e SACKETT, P. R. Using SAT-grade and ability-job performance relationships to test predictions derived from stereotype threat theory. *Journal of Applied Psychology*, n. 89, p. 220–230, 2004.

CUNNINGHAM, C. A. e BILLINGSLEY, M. *Curriculum webs*. 2. ed. Boston: Allyn & Bacon, 2006.

CUNNINGHAM, P. M. *Phonics they use*. 4. ed. Boston: Allyn & Bacon, 2005.

CURRAN, K.; DuCETTE, J.; EISENSTEIN, J. e HYMAN, I. A. *Statistical analysis of the cross-cultural data*: The third year. Ensaio apresentado em um encontro da American Psychological Association, São Francisco, ago. 2001.

CURTIS, M. E. e LONGO, A. M. Teaching vocabulary development to adolescents to improve comprehension, nov. 2001. Disponível em: <http://www.readingonline.org/articles/curtis/>. Acesso em: 26 abr. 2006.

CUSHNER, K. H. *Human diversity in action*. 3. ed. Nova York: McGraw-Hill, 2006.

D

DAHL, R. E. Adolescent brain development: A period of vulnerabilities and opportunities. *Annals of the Nova York Academy of Sciences*, v. 1021, p. 1–22, 2004.

DALEY, D. Attention deficit hyperactivity disorder: A review of the essential facts. *Child: care, health, and development*, v. 32, p. 193–204, 2006.

DAMON, W. *Greater expectations*. Nova York: Free Press, 1995.

DANSEREAU, D. F. Cooperative learning strategies, In: WEINSTEIN, C. E.; GOETZ, E. T., e ALEXANDER, P. A. (Eds.). *Learning and study strategies*. Orlando, FL: Academic Press, 1988.

DAO, T. K.; KERBS, J. J.; ROLLIN, S. A.; POTTS, I.; GUTIERREZ, R.; CHOI, K.; CREASON, A. H.; WOLF, A. e PREVATT, F. The association of bullying dynamics and psychological distress. *Journal of Adolescent Health*, n. 39, p. 277–282, 2006.

DARLING-HAMMOND, L. *What's at stake in high-stakes testing?* Ensaio apresentado em um encontro da American Psychological Association, São Francisco, ago. 2001.

DARLING-HAMMOND, L. Assessing teacher education. *Journal of Teacher Education*, n. 57, p. 120–138, 2006.

DARLING-HAMMOND, L.; BANKS, J.; ZUMWALT, K.; GOMEZ, L.; SHERIN, M. G.; GRIESDORN, J. e FINN, L-E. Educational goals and purposes: Developing a curricular vision for education. In: DARLING-HAMMOND, L. e BRANSFORD, J. (Eds.). *Preparing teachers for a changing world*. São Francisco: Jossey-Bass, 2005.

DARLING-HAMMOND, L. e BARATZ-SNOWDEN, J. (Eds.). *A good teacher in every classroom*: Preparing the highly qualified teachers our children deserve. São Francisco: Jossey-Bass, 2005.

DARLING-HAMMOND, L. e BRANSFORD, J. (Eds.). *Preparing teachers for a changing world*. São Francisco: Jossey-Bass, 2005.

DAS, J. P. Mental retardation. In: KAZDIN, A. (Ed.) *Encyclopedia of psychology*. Washington, DC e Nova York: American Psychological Association e Oxford University Press, 2000.

DAUITE, C. Social relational knowing in writing development. In: BYRNES, J. e AMSEL, E., (Eds.) *Language, literacy, and cognitive development*. Mahwah, NJ: Erlbaum, 2001.

DAVIDSON, D. The effects of decision characteristics on children's selective search of predecisional information. *Acta psychologica*, v. 92, p. 263–281, 1996.

DAVIDSON, J. Giftedness. In: KAZDIN, A. (Ed.). *Encyclopedia of psychology*. Washington, DC e Nova York: American Psychological Association e Oxford University Press, 2000.

DAVIDSON, G. C. e NEALE, J. M. *Abnormal psychology*. 10. ed. Nova York: Wiley, 2007.

DAVIDSON, J. e DAVIDSON, B. *Genius denied*: How to stop wasting our brightest young minds. Nova York: Simon & Schuster, 2004.

DAVIES, J. e BREMBER, I. Reading and mathematics attainments and self-esteem in years 2 and 6 – an eight-year cross-sectional study. *Educational studies*, v. 25, p. 145–157, 1999.

DAVIS, A. E.; HYATT, G. e ARRASMITH, D. "I Have a Dream" program. *Class One Evaluation Report*. Portland, OR: Northwest Regional Education Laboratory, fev. 1998.

DAVIS, G. A. e RIMM, S. B. *Education of the gifted and talented*. 6. ed. Boston: Allyn & Bacon, 2004.

DE CORTE, E. e VERSCHAFFEL, L. Mathematical thinking and learning. In: DAMON, W. e LERNER, R. (Eds.). *Handbook of child psychology*, 6. ed. Nova York: Wiley, 2006.

De JONG, T.; BEISHUIZEN, J.; HULSHOF, C.; PRINS, F.; VAN RIJN, H.; VAN SOMEREN, M.; VEENMAN, M. e WILHELM, P. Determinants of discovery learning in a complex simulation learning environment. In: GARDENFORS, P. e JOHANSSON, P. (Eds.). *Cognition, education, and communication technology*. Mahwah, NJ: Erlbaum, 2005.

DE RAAD, B. The trait-coverage of emotional intelligence. *Personality & individual differences*, v. 38, p. 673–687, 2005.

De VRIES, P. Lessons from home: Scaffolding vocal improvisation and song acquisition in a 2-year-old. *Early Childhood Education Journal*, n. 32, p. 307–312, 2005.

DeCHARMS, R. Motivation enhancement in educational settings. In: AMES, R. e AMES, C. (Eds.). *Research on motivation in education*, Orlando: Academic Press, v. 1, 1984.

DECI, E. L. *Intrinsic motivation*. Nova York: Plenum, 1975.

DECI, E. L.; KOESTNER, R. e RYAN, R. M. Extrinsic rewards and intrinsic motivation in education: Reconsidered once again. *Review of Educational Research*, v. 71, p. 1–28, 2001.

DECI, E. L. e RYAN, R. Promoting self-determined education. *Scandinavian Journal of Educational Research*, n. 38, p. 3–14, 1994.

DELISLE, J. R. *Gifted kids speak out*. Minneapolis: Free Spirit Publishing, 1987.

DEMAREE, H. A.; EVERHART, D. E.; YOUNGSTROM, E. A. e HARRISON, D. W. Brain lateralization of emotional processing: Historical roots and a future incorporating dominance. *Behavioral and Cognitive Neuroscience Reviews*, v. 4, p. 3–20, 2005.

DeMIRJYN, M. *Surviving the system*: Narratives of Chicana/Latina undergraduates. Ensaio apresentado em um encontro da American Educational Research Association, São Francisco, abr. 2006.

DEMPSTER, F. N. Memory span: Sources of individual and developmental differences. *Psychological Bulletin*, v. 89, p. 63–100, 1981.

DENNY, C. B. Stimulant effects in attention deficit hyperactivity disorder. *Journal of Clinical Child Psychology*, n. 30, p. 98–109, 2001.

DeRAAD, B. The trait-coverage of emotional intelligence. *Personality & individual differences*, n. 38, p. 673–687, 2005.

DERMAN-SPARKS, L. e the Anti-Bias Curriculum Task Force. *Anti-bias curriculum*. Washington, DC: National Association for the Education of Young Children, 1989.

DeROSIER, M. E. e MARCUS, S. R. Building friendships and combating bullying: Effectiveness of S. S. GRIN at one-year follow-up. *Journal of Clinical Child and Adolescent Psychology*, n. 34, p. 140–150, 2005.

DESBERG, P.; e FISHER, F. *Teaching with technology*. 3. ed. Boston: Allyn & Bacon, 2001.

DETTERMAN, D. K. Determinants of intelligence: Heritability of intelligence. In: KAZDIN, A. (Ed.). *Encyclopedia of psychology*. Washington, DC e Nova York: American Psychological Association e Oxford University Press, 2000.

DETTMER, P. DYCK, N. e THURSTON, L. P. *Consultation, collaboration and teamwork for students with special needs*. 4. ed. Boston: Allyn & Bacon, 2002.

DEWEY, J. *How we think*. Lexington, MA: D. C. Heath, 1933.

DeZOLT, D. M. e HULL, S. H. Classroom and school climate. In: WORELL, J. (Ed.). *Encyclopedia of women and gender*. San Diego: Academic Press, 2001.

DIAZ, C. Revisão não publicada do J. W. Santrock's *Educational psychology*. Nova York: McGraw-Hill, 1997.

DIAZ, C. *Multicultural education in the 21st century*. Boston: Allyn & Bacon, 2001.

DIAZ, C. Revisão não publicada do J. W. Santrock's *Educational psychology*. 3. ed. Nova York: McGraw-Hill, 2005.

DIAZ, C. F.; PELLETIER, C. M. e PROVENZO, E. F. *Touch the future . . . teach!* Boston: Allyn & Bacon, 2006.

DICK, F.; DRONKERS, N. F.; PIZZAMIGLIO, L.; SAYGIN, A. P.; SMALL, S. L. e WILSON, S. Language and the brain. In: TOMASELLO, M. e SLOBIN, D. A. (Eds.). Beyond nature-nurture. Mahwah, NJ: Erlbaum, 2005.

DICK, F.; LEECH, R.; MOSES, P. e SACCUMAN, M. C. The interplay of learning and development in shaping neural organization. *Developmental science*, 9, p. 14–16, 2006.

DICK, W. O.; CAREY, L. e CAREY, J. O. *The systematic design of instruction*, 6. ed. Boston: Allyn & Bacon, 2005.

DICKINSON, D. *How technology enhances Howard Gardners eight intelligences*, 1998. Disponível em: <www.america-tomorrow.com/ati/nhl80402.htm>.

DIENER, E. e DIENER, M. Cross-cultural and self-esteem. *Journal of Personality and 663*, 1995.

DILL, E. J.; VERNBERG, E. M. e FONAGY, P. Negative affect in victimized children. *Journal of Abnormal Psychology*, n. 32, p. 159–173, 2004.

DOBKIN, B. A. e PACE, R. *Communication in a changing world*. Nova York: McGraw-Hill, 2006.

DODGE, K. A.; COIE, J. D. e LYNAM, D. R. Aggression and antisocial behavior in youth. In: DAMON, W. e LERNER, R. (Eds.). *Handbook of child psychology*, 6. ed. Nova York: Wiley, 2006.

DOE, C. G. A look at . . . Web-based assessment. *Multimedia Schools*, 11(2), p.1–6, 2004.

DOLAN, L. J.; JAYLAN, T.; WERTHAMER, L. e KELLAM, S. *The good behavior game manual*. Baltimore: The Johns Hopkins Prevention Research Center, 1989.

DOMINO, G. *Psychological testing*. Upper Saddle River, NJ: Prentice-Hall, 2000.

DOMJAN, M. *The principles of learning and behavior*. 5. ed. Belmont, CA: Wadsworth, 2006.

DONOVAN, M. S. e BRANSFORD, J. D. Introduction. In: DONOVAN, M. S. e BRANSFORD, J. D. (Eds.). *How students learn*. Washington, DC: National Academies Press, 2005.

DOSEIS, S.; ZITO, J. M.; SAFER, D. J.; SOEKEN, K. L.; MITCHELL, J. W.; ELLWOOD, L. C. Parental perceptions and satisfaction with stimulant medication for attention deficit hyperactivity disorder. *Journal of Developmental and Behavioral Pediatrics*, n. 24, p. 155–162, 2003.

DOUGLASS, M. E. e DOUGLASS, D. N. *Manage your work yourself*, ed. atualizada. Nova York: American Management Association, 1993.

DOYLE, W. Classroom organization and management. In: WITTROCK, M. C. (Ed.). *Handbook of research on teaching*, 3. ed. Nova York: Macmillan, 1986.

DOYLE, W. Ecological approaches to classroom management. In: EVERTSON, C. M. e WEINSTEIN, C. S. (Eds.). *Handbook of classroom management*. Mahwah, NJ: Erlbaum, 2006.

DROEGE, K. L. Turning accountability on its head. *Phi Delta Kappan*, v. 85, p. 610–612, 2004.

DRUMMOND, R. J. *Appraisal procedures for counselors and helping professionals*. 4. ed. Upper Saddle River, NJ: Merrill, 2000.

DUBOIS, D. L.; HOLLOWAY, B. E.; VALENTINE, J. C. e COOPER, H. Effectiveness of mentoring programs for youth: A meta-analytical review. In: LEE, S. W. (Ed.). *Encyclopedia of school psychology*. Thousand Oaks, CA: Sage, 2002.

DUBOIS, D. L. e KARCHER, M. J. (Eds.) *Handbook of youth mentoring*. Thousand Oaks, CA: Sage, 2006.

DUFRENE, B. A.; NOELL, G. H.; GILBERTSON, D. N. e DUHON, G. J. Monitoring implementation of reciprocal peer tutoring: Identifying and intervening with students who do not maintain accurate implementation. *School Psychology Review*, n. 34, p. 74–86, 2005.

DUKE, D. L. What we know and don't know about improving low-performance schools. *Phi Delta Kappan*, v. 87, p. 729–734, 2006.

DUNN, L. e KONTOS, S. What have we learned about developmentally appropriate practice? *Young Children*, 52(2), p. 4–13, 1997.

DURHAM, Q. *The realities of classroom testing and grading*. Lanham, MD: Rowman & Littlefield, 2006.

DWECK, C. S. Social motivation: Goals and social-cognitive processes. In: JUVONEN, J. e WENTZEL, K. R. (Eds.). *Social motivation*. Nova York: Cambridge University Press, 1996.

DWECK, C. S. The development of ability conceptions. In: WIGFIELD, A. e ECCLES, J. S. (Eds.). *Development of achievement motivation*. San Diego: Academic Press, 2002.

DWECK, C. S. e ELLIOTT, E. Achievement motivation. In: MUSSEN, P. (Ed.). *Handbook of child psychology*, 4. ed. Nova York: Wiley, v. 4, 1983.

DWECK, C. S. e LEGGETT, E. A social cognitive approach to motivation and personality. *Psychological Review*, v. 95, p. 256–273, 1988.

DWECK, C. S.; MANGELS, J. A. e GOOD, C. Motivational effects on attention, cognition, and performance. In: YUN DAI, D. e STERNBERG, R. J. (Eds.). *Motivation, emotion, and cognition*. Mahwah, NJ: Erlbaum, 2004.

E

EAGLY, A. H. Social role theory of sex differences and similarities. In: WORELL, J. (Ed.). *Encyclopedia of women and gender*. San Diego: Academic Press, 2001.

EAGLY, A. H. e CROWLEY, M. Gender and helping behavior: A meta-analytic review of the social psychological literature. *Psychological Bulletin*, v. 100, p. 283–308, 1986.

EAGLY, A. H e DIEKMAN, A. B. The malleability of sex differences in response to social roles. In: ASPINWALL, L. G. e STAUDINGER, V. M. (Eds.). *A psychology of human strengths*. Washington, DC: American Psychological Association, 2003.

EAGLY, A. H. e STEFFEN, V. J. Gender and aggressive behavior: A meta-analytic review of the social psychological literature. *Psychological Bulletin*, v. 100, p. 309–330, 1986.

EAMON, M. K. Effects of poverty on mathematics and reading achievement of young adolescents. *Journal of Early Adolescence*, v. 22, p. 49–74, 2002.

EARL, E. A. Assessment as learning. In: HAWLEY, W. D. (Ed.). *Educational reform as continuous improvement*. Thousand Oaks, CA: Corwin, 2006.

EBY, J. W.; HERRELL, A. e JORDAN, M. L. *Teaching K–12 schools: A reflective action approach*. 4. ed. Upper Saddle River, NJ: Prentice-Hall, 2006.

ECCLES, J. S. Gender roles and womens achievement-related decisions. *Psychology of Women Quarterly*, v. 11, p. 135–172, 1987.

ECCLES, J. S. School and family effects on the ontogeny of children's interests, self-perceptions, and activity choice. In: JACOBS, J. (Ed.). *Nebraska symposium on motivation*. Lincoln: University of Nebraska Press, 1993.

ECCLES, J. S. Schools, academic motivation, and stage-environment fit. In: LERNER, R. e STEINBERG, L. (Eds.). *Handbook of adolescent psychology*. 2. ed. Nova York: Wiley, 2004.

ECCLES, J. S.; JACOBS, J.; HAROLD, R.; YOON, K.; ABERBACH, A. e DOLAN, C. F. *Expectancy effects are alive and well on the home front*. Ensaio apresentado em um encontro da American Psychological Association, São Francisco, ago. 1991.

ECCLES, J. S.; LORD, S. e BUCHANAN, C. M. School transitions in early adolescence: What are we doing to our young people? In: GRAEBER, J. A.; BROOKS-GUNN, J. e PETERSEN, A. C. (Eds.). *Transitions in adolescence*. Mahwah, NJ: Erlbaum, 1996.

ECCLES, J. S. e WIGFIELD, A. Motivational beliefs, values, and goals. *Annual Review of Psychology*, v. 53. Palo Alto, CA: Annual Reviews, 2002.

ECCLES, J. S.; WIGFIELD, A.; HAROLD, R. e BLUMENFELD, P. B. Age and gender differences in children's self- and taskperceptions during elementary school. *Child development*, v. 64, p. 830–847, 1993.

ECCLES, J. S.; WIGFIELD, A. e SCHIEFELE, U. Motivation to succeed. In: DAMON, W. (Ed.). *Handbook of child psychology*, 5. ed. Nova York: Wiley, v. 3, 1998.

ECHEVARRIA, J. e GRAVES, A. *Sheltered content instruction*, 3. ed. Boston: Allyn & Bacon, 2007.

EDUCATIONAL Cyber Playground. *Ringleader Alan Haskvitz*, 2006. Disponível em <http://www.edu-cyberpg.com/ringleaders/al.html>. Acesso em: 1º jul. 2006.

EDUCATIONAL Testing Service. *Taking the SAT I reasoning test*. Princeton, NJ: College Board SAT Program, 1994.

EDUCATIONAL Testing Service. *Differences in the gender gap*. Princeton: Author, 2002.

EDWARDS, P. A. Supporting lower SES mothers' attempts to provide scaffolding for book reading. In: ALLEN, J. e MASON, J. M. (Eds.). *Risk makers, risk takers: Reducing the risks for young literacy learners*. Portsmouth, NH: Heinemann Educational Books, 1989.

EDWARDS, P. A. *Children's literacy development*. Boston: Allyn & Bacon, 2004.

EDWARDS, R. e HAMILTON, M. A. You need to understand my gender role: An empirical test of Tannen's model of gender and communication. *Sex roles*, v. 50, p. 491–504, 2004.

EGGLETON, T. Discipline in the schools. *ERIC Digest*, ED451554, 2001.

EHRI, L.; NUNES, S.; STAHL. S. e WILLOWS. D. Systematic phonics instruction helps students learn to read: Evidence from the National Reading Panel's meta-analysis. *Review of Educational Research*, 71, p. 393–447, 2001.

EISENBERG, N. *Altruistic emotion, cognition, and behavior*. Hillsdale, N.J: Erlbaum, 1986.

EISENBERG, N. e FABES, R. A. Prosocial development. In: EISENBERG, N. (Ed.). *Handbook of child psychology*, 5. ed. Nova York: Wiley, v. 3, 1998.

EISENBERG, N.; FABES, R. A. e SPINRAD, T. L. Prosocial development. In: DAMON, W. e LERNER, R., (Eds.). *Handbook of child psychology*, 6. ed. Nova York: Wiley, 2006.

EISENBERG, N.; GUTHRIE, I. K.; FABES, R. A.; SHEPARD, S.; LOSOYA, S.; MURPHY, B. C. E e outros. Prediction of elementary school children's externalizing problem behaviors from attentional and behavioral regulation and negative emotionality. *Child development*, v. 71, p. 1367–1382, 2000.

EISENBERG, N.; MARTIN, C. L. e FABES, R. A. Gender development and gender effects. In: BERLINER, D. C. e CALFEE, R. C. (Eds.). *Handbook of educational psychology*. Nova York: Macmillan, 1996.

EISENBERG, N. e MORRIS, A. S. Moral cognitions and prosocial responding in adolescence. In; LERNER, R. e STEINBERG, L. (Eds.). *Handbook of adolescent psychology*, 2. ed. Nova York: Wiley, 2004.

EISENBERG, N.; SPINRAD, T. L. e SMITH, C. L. (Emotion-related regulation: Its conceptualization, relations to social functioning and socialization. In: PHILIPPOT, P. e FELDMAN, R. S. (Eds.). *The regulation of emotion*. Mahwah, NJ: Erlbaum, 2004

EISNER, E. W. The uses and limits of performance assessment. *Phi Delta Kappan*, v. 80, p. 658–661, maio 1999.

ELDER, G. H. e SHANAHAN, M. J. The life course and human development. In: DAMON, W. e LERNER, R. (Eds.). *Handbook of child psychology*, 6. ed. Nova York: Wiley, 2006.

ELIAS, M. J. e SCHWAB, Y. From compliance to responsibility: Social and emotional learning and classroom management. In EVERTSON, C. e WEINSTEIN, C. (Eds.). *Handbook of classroom management: Research, practice, and contemporary issues*. Mahwah, NJ: Erlbaum, 2006.

ELIAS, M. J.; GARA, M. A.; SCHUYLER, T. F.; BRANDEN-MULLER, L. R. e SAYETTE, M. A. The promotion of social competence: Longitudinal study of a preventive school-based program. *American Journal of Orthopsychiatry*, n. 61, p. 409–417, 1991.

ELIAS, M. J.; GARA, M.; UBRIACO, M.; ROTHBAUM, P. A.; CLABBY, J. P. e SCHUYLER, T. The impact of a preventive social problem-solving intervention on children's coping with middle-school stressors. *American Journal of Community Psychology*, n. 14, p. 259–275, 1986.

ELKIND, D. *Child development and education*: A Piagetian perspective. Nova York: Oxford University Press, 1976.

ELKIND, D. Understanding the young adolescent. *Adolescence*, v. 13, p. 127–134, 1978.

ELKIND, D. Vygotsky's educational theory in cultural context. *Bulletin of the Menninger Clinic*, v. 68, p. 352–353, 2004.

ELLIS, A. *Teaching and learning elementary social studies*, 8. ed. Boston: Allyn & Bacon, 2007.

ELLIOT, A. J. e THRASH, T. M. Achievement goals and the hierarchical model of achievement motivation. *Educational Psychology Review*, v. 13, p. 139–156, 2001.

ELLIS, A. K. *Teaching and learning elementary social studies*, 7. ed. Boston: Allyn & Bacon, 2002.

ELLIS, H. C. Recent developments in human memory. In MAKOSKY, V. P. (Ed.). *The G. Stanley Hall Lecture Series*. Washington, DC: American Psychological Association, 1987.

ELLIS, S.; KLAHR, D. e SIEGLER, R. S. *The birth, life and sometimes death of good ideas in collaborative problem-solving*. Ensaio apresentado em um encontro da Educational Research Association, New Orleans, abr. 1994.

ELY, R. Language and literacy in the school years. In: GLEASON, J. Berko, (Ed.). *The development of language*. 6. ed. Boston: Allyn & Bacon, 2005.

EMERY, R. E. e LAUMANN-BILLINGS, L. An overview of the nature, causes, and consequences of abusive family relationships. *American psychologist*, v. 53, p. 121–135, 1998.

EMMER, E. T.; EVERTSON, C. M. e ANDERSON, L. M. Effective classroom management at the beginning of the school year. *Elementary School Journal*, n. 80, p. 219–231, 1980.

EMMER, E. T.; EVERTSON, C. M. e WORSHAM, M. E. *Classroom management for middle and high school teachers*. 7. ed. Boston: Allyn & Bacon, 2006.

EMMER, E. T. e GERWELS, M. C. Classroom management in middle and high school classrooms. In: EVERTSON, C. M. e WEINSTEIN, C. S. (Eds.). *Handbook of classroom management*. Mahwah, NJ: Erlbaum, 2006.

EMMER, E. T. e STOUGH, L. M. Classroom management: A critical part of educational psychology, with implications for teacher education. *Educational psychologist*, 36, p. 103–112, 2001.

ENGLERT, C. S.; BERRY, R. e DUNSMORE, K. A case study of the apprenticeship process. *Journal of Learning Disabilities*, n. 34, p. 152–171, 2001.

ENTWISLE, D. R. e ALEXANDER, K. L. Entry into the school: The beginning school transition and educational stratification in the United States. *Annual Review of Sociology*, v. 19, p. 401–423, 1993.

EPSTEIN, J. L. Longitudinal effects of family-school-person interactions on student outcomes. *Research in Sociology and Education and Socialization*, v. 4, p. 101–127, 1983.

EPSTEIN, J. L. Perspectives and previews on research and policy for school, family, and community partnerships. In: BOOTH, A. e DUNN, J. F. (Eds.). *Family-school links*. Mahwah, NJ: Erlbaum, 1996.

EPSTEIN, J. L. *Interactive homework*: Effective strategies to connect home and school. Ensaio apresentado em um encontro da American Educational Research Association, San Diego, abr. 1998.

EPSTEIN, J. L. *School, family and community partnerships*. Boulder, CO: Westview Press, 2001.

EPSTEIN, J. L. Results of the Partnership Schools-CSR model for student achievement over three years. *Elementary School Journal*, n. 106, p. 151–170, 2005.

EPSTEIN, J. L. e SANDERS, M. G. Family, schools, and community partnerships. In: BORNSTEIN, M. H. (Ed.). *Handbook of parenting*. 2. ed. Mahwah, NJ: Erlbaum, 2002.

EPSTEIN, J. L.; SANDERS, M. G.; SALINAS, K. C.; SIMON, B. S.; JANSORN, N. R. e VAN VOORHIS, F. L. *School, family, and community partnerships*. 2. ed. Thousand Oaks, CA: Corwin Press, 2002.

EPSTEIN, J. L. e SHELDON, S. B. Moving forward: Ideas for research on school, family, and community partnerships. In: CONRAD, C. F. e SERLIN, R. (Eds.). *Sage handbook for research in education*. Thousand Oaks, CA: Sage, 2006.

ERCIKAN, K. Development in the assessment of student learning. In: ALEXANDER, P. A. e WINNE, P. H. (Eds.). *Handbook of educational psychology*. 2. ed. Mahwah, NJ: Erlbaum, 2006.

ERICSSON, K. A. (Ed.). *The road to excellence*. Mahwah, NJ: Erlbaum, 1996.

ERICSSON, K. A. The influence of experience and deliberate practice on the development of superior expert performance. In: ERICSSON, K. A.; CHARNESS, FELTOVICH, N. P. J. e HOFFMAN, R. R. (Eds.). *The Cambridge handbook of expertise and expert performance*. Nova York: Cambridge University Press, 2006.

ERICSSON, K. A.; CHARNESS, N.; FELTOVICH, P. J. e HOFFMAN, R. R. (Eds.). *The Cambridge handbook of expertise and expert performance*. Nova York: Cambridge University Press, 2006.

ERICSSON, K. A.; KRAMPE, R. T. e TESCH-ROMER, C. The role of deliberate practice in the acquisition of expert performance. *Psychological Review*, v. 100, p. 363–406, 1993.

ERIKSON, E. H. *Identity*: Youth and crisis. Nova York: W. W. Norton, 1968.

ESLEA, M.; MENESINI, E.; MONTA, Y.; OMOOR, M.; MORE-MERCHEN, J. A.; PEREIRA, B. e SMITH, P. K. Friendship and loneliness among bullies and victims: Data from seven countries. *Aggressive behavior*, v. 30, p. 71–83, 2004.

ESSEX, N. L. *What every teacher should know about No Child Left Behind*. Boston: Allyn & Bacon, 2006.

EVANS, G. W. The environment of childhood poverty. *American psychologist*, v. 59, p. 77–92, 2004.

EVERTSON, C. M.; EMMER, E. T. e WORSHAM, M. E. *Classroom management for elementary teachers*. 7. ed. Boston: Allyn & Bacon, 2006.

EVERTSON, C. M. e HARRIS, A. H. Support for managing learning-centered classrooms: The classroom organization and management program. In: FREIBERG, H. J. (Ed.). *Beyond behaviorism*: Changing the classroom management paradigm. Boston: Allyn & Bacon, 1999.

EVERTSON, C. M. e WEINSTEIN, C. S. Classroom management as a field of inquiry. In: EVERTSON, C. M. e WEINSTEIN, C. S. (Eds.). *Handbook of classroom management*. Mahwah, NJ: Erlbaum, 2006.

F

FANTINO, E. e STOLARZ-FANTINO, S. Decision-making: Context matters. *Behavioural processes*, v. 69, p.165–171, 2005.

FARAONE, S. V.; BIEDERMAN, J. e MICK, E. The age-dependent decline of attention deficit hyperactivity disorder: A meta-analysis of follow-up studies. *Psychological medicine*, v. 36, p.159–165, 2006.

FARKAS, G. *Poverty and children's vocabulary development*. Manuscrito não publicado, Pennsylvania State University, 2001.

FARR, M. (Ed.) *Latino language and literacy in ethnolinguistic Chicago*. Mahwah, NJ: Erlbaum, 2005.

FAURE, C. Beyond brainstorming: Effects of different group procedures on selection of ideas and satisfaction with the process. *Journal of Creative Behavior*, n. 38, p. 13–34, 2004.

FEATHER, N. T. Effects of prior success and failure on expectations of success and subsequent performance. *Journal of Personality and Social Psychology*, n. 3, p. 287–298, 1966.

FEIST, J. e FEIST, G. J. *Theories of personality*, 6. ed. Nova York: McGraw-Hill, 2006.

FEKKES, M.; PIJPERS, F. I.; FEDRIKS, A. M.; VOGELS, T. e VERLOOVE-VANHORICK, S. P. Do bullied children get ill, or do ill children get bullied? A prospective cohort study on the relationship between bullying and health-related symptoms. *Pediatrics*, v. 117, p. 1568–1576, 2006.

FEKKES, M.; PIJPERS, F. I. e VERLOOVE-VANHORICK, S. P. Bullying behavior and associations with psychosomatic complaints and depression in victims. *Journal of Pediatrics*, n. 144, p. 17–22, 2004.

FEKKES, M.; PIJPERS, F. I. e VERLOOVE-VANHORICK, S. P. Effects of antibullying school program on bullying and health complaints. *Archives of pediatric and adolescent medicine*, v. 160, p. 638–644, 2006.

FELNER, R. School and program evaluation. In: ALEXANDER, P. A. e WINNE, P. H. (Eds.). *Handbook of educational psychology*. 2. ed. Mahwah, NJ: Erlbaum, 2006.

FENG, Y. Some thoughts about applying constructivist theories to guide instruction. *Computers in the schools*, v. 12, p. 71–84, 1996.

FENZEL, L. M. *A prospective study of the effects of chronic strains on early adolescent self-worth and school adjustment*. Ensaio apresentado em um encontro da Society for Research on Adolescence, San Diego, fev. 1994.

FENZEL, L. M.; BLYTH, D. A. e SIMMONS, R. G. School transitions, secondary. In: LERNER, R. PETERSEN, M., A. C., e BROOKS-GUNN, J. (Eds.). *Encyclopedia of Adolescence*. Nova York: Garland, v. 2, 1991.

FERRANDO-LUCAS, M. T. Attention deficit hyperactivity disorder: Its aetiological factors and endophenotypes. *Revista de Neurologia* (Espanhol), v. 42, Suppl., S9–S11, 2006.

FICKES, M. The furniture of science. *School Planning and Management*, v. 50, p. 71–73, 2001.

FIDALGO, Z. e PEREIRA, F. Sociocultural differences and the adjustment of mothers' speech to their children's cognitive and language comprehension skills. *Learning & instruction*, v. 15, p. 1–21, 2005.

FIELD, T. (Ed.). *Touch in early development*. Mahwah, NJ: Erlbaum, 1995.

FIELDING, L. G.; WILSON, P. T. e ANDERSON, R. C. A new focus on free reading: The role of tradebooks in reading instruction. In: RAPHAEL, T. (Ed.). *The contexts of school-based literacy*. Nova York: Random House, 1986.

FIESE, B. H.; ECKERT, T. e SPAGNOLA, M. Family context in early childhood: A look at practices and beliefs that promote early learning. In: SPODAK, B. e SARANCHO, O. N. (Eds.). *Handbook of research on the education of young children*. 2. ed. Mahwah, NJ: Erlbaum, 2006.

FIRLIK, R. Can we adapt the philosophies and practices of Reggio Emilia, Italy, for use in American schools? *Young children*, v. 51, p. 217–220, 1996.

FISCH, S. M. *Children's learning from educational television*. Mahwah, NJ: Erlbaum, 2004.

FISCH, S. M. Peeking behind the screen: Varied approaches to the production of children's television. In: BRYANT, J. A. (Ed.). *The children's television community*. Mahwah, NJ: Erlbaum, 2006.

FISHER, C. W.; BERLINER, D. C.; FILBY, N. N.; MARLIAVE, R.; GHEN, L. S. e DISHAW,

M. M. Teaching behaviors, academic learning time, and student achievement: An overview. In: DENHAM, C. e LIEBERMAN, A. (Eds.). *Time to learn*. Washington, DC: National Institute of Education, 1980.

FITZGERALD, L.; COLLINSWORTH, L. L. e HARNED, M. S. Sexual harassment. In: WORELL, J. (Ed.). *Encyclopedia of women and gender*. San Diego: Academic Press, 2001.

FITZPATRICK, J. *Developing responsible behavior in schools*. South Burlington, VT: Fitzpatrick Associates, 1993.

FITZPATRICK, J. L.; SANDERS, J. R. e WORTHEN, B. R. *Program evaluation*. 3. ed. Boston: Allyn & Bacon, 2004.

FLAKE, C.; KUHS, T.; DONNELLY, A. e EBERT, C. Teacher as researcher: Reinventing the role of teacher. *Phi Delta Kappan*, v. 76, p. 405–407, 1995.

FLANAGAN, C. Volunteerism. In: LERNER, R. e STEINBERG, L. (Eds.). *Handbook of adolescent psychology*. Nova York: Wiley, 2004.

FLANAGAN, C. e FAISON, N. Youth civic development: Implications of research for social policy and programs. SRCD *Social Policy Report*, v. XV, n. 1, p. 1–14, 2001.

FLANAGAN, C.; GILL, S. e GALLAY, L. *Intergroup understanding, social justice, and the "social contract" in diverse communities of youth*. Relatório de projeto preparado para o workshop sobre pesquisa de aperfeiçoamento das relações intergrupais entre os jovens. Forum on Adolescence, National Research Council, Washington, DC, nov., 1998.

FLAVELL, J. H. Cognitive development. *Annual Review of Psychology*. Palo Alto, CA: Annual Reviews, v. 50, 1999.

FLAVELL, J. H. Theory-of-mind development: Retrospect and prospect. *Merrill-Palmer Quarterly*, v. 50, p. 274–290, 2004.

FLAVELL, J. H.; FRIEDRICHS, A. e HOYT, J. Developmental changes in memorization processes. *Cognitive psychology*, v. 1, p. 324–340, 1970.

FLAVELL, J. H.; GREEN, F. L. e FLAVELL, E. R. The mind has a mind of its own: Developing knowledge about mental uncontrollability. *Cognitive development*, v. 13, p. 127–138, 1998.

FLAVELL, J. H.; MILLER, P. H. e MILLER, S. A. *Cognitive development*. 4. ed. Upper Saddle River, NJ: Prentice-Hall, 2002.

FLOEL, A.; POEPPEL, D.; BUFFALO, E. A.; BRAUN, A.; WU, C. W.; Seo, H. J. KNECHT, S. e COHEN, L. G. Prefrontal cortex asymmetry for memory encoding of words and abstract shapes. *Cerebral cortex*, v. 14, p. 404–409, 2004.

FLOREZ, M. A. C. Improving adult English language learners' speaking skills. *ERIC Digest*, EDO-LE-99-01, p. 1–5, 1999.

FLOWER, L. S. e HAYES, J. R. Problem-solving and the cognitive processes in writing. In: FREDERIKSEN, C. e DOMINIC, J. F. (Eds.). *Writing: The nature, development, and teaching of written communication*. Mahwah, NJ: Erlbaum, 1981.

FLYNN, J. R. Searching for justice: The discovery of IQ gains over time. *American psychologist*, v. 54, p. 5–20, 1999.

FLYNN, J. R. The history of the American mind in the 20th century: A scenario to explain gains over time and a case for the irrelevance of g. In: KYLLONEN, P. C.; ROBERTS, R. D. e STANKOV, L. (Eds.). *Extending intelligence*. Mahwah, NJ: Erlbaum, 2006.

FOGARTY, R. (Ed.). *The multiage classroom*. Palatine, IL: IRI/Skylight, 1993.

FOREHAND, R.; RAGOSTA, J. e ROCK, D. *Conditions and processes of effective school desegregation*. Princeton, NJ: Educational Testing Service, 1976.

FOX, P. G.; BURNS, K. R.; POPOVICH, J. M.; BELKNAP, R. A. e FRANK-STROMBERG, M. Southeast Asia refugee children: Self-esteem as a predictor of depression and Scholastic achievement in the U.S. *International Journal of Nursing Research*, n. 9, p. 1063–1072, 2004.

FRAENKEL, J. R. e WALLEN, N. E. *How to design and evaluate research in education*. 6. ed. Nova York: McGraw-Hill, 2006.

FRANCIS, D. J.; FLETCHER, J. M.; STUEBING, K. K.; LYON, G. R.; SHAYWITZ, B. A. e SHAYWITZ, S. E. Psychometric approaches to the identification of LD: IQ and achievement scores are not sufficient. *Journal of Learning Disabilities*, n. 38, p. 98–108, 2005.

FREDE, E. C. The role of program quality in producing early childhood program benefits. *The Future of Children*, v. 5, n. 3, p. 115–132, 1995.

FREDERIKSE, M.; LU, A.; AYLWARD, E.; BARTA, P.; SHARMA, T. e PEARLSON, G. Sex differences in inferior lobule volume in schizophrenia. *American Journal of Psychiatry*, n. 157, p. 422–427, 2000.

FREELAND, J. T. Norm-referenced tests. In: LEE, S. W. (Ed.). *Encyclopedia of school psychology*. Thousand Oaks, CA: Sage, 2005.

FREY, B. Standard deviation. In: LEE, S. W. (Ed.). *Encyclopedia of school psychology*. Thousand Oaks, CA: Sage, 2005.

FREY, K. S.; HIRSCHSTEIN, M. K.; SNELL, J. L.; EDSTROM, L. V. S. e BRODERICK, C. J. Reducing playground bullying and supporting beliefs: An experimental trial of the Steps to Respect program. *Developmental psychology*, v. 41, p. 479–490, 2005.

FRIEMAN, J. L. *Learning and adaptive behavior*. Belmont, CA: Wadsworth, 2002.

FRIEND, M. *Special education, IDEA 2004, Update ed*. Boston: Allyn & Bacon, 2006.

FRIEND, M. e BURSUCK, W. *Including students with special needs*. 4. ed. Boston: Allyn & Bacon, 2006

FRITZER, P. J. *Social studies content in elementary and middle school*. Boston: Allyn & Bacon, 2002.

FRYE, D. Development of intention: The relation of executive function to theory of mind. In: ZELAZO, P. D.; ASTINGTON, J. W. e OLSON, D. R. (Eds.). *Developing theories of intention: Social understanding and self-control*. Mahwah, NJ: Erlbaum, 1999.

FRYE, D. Revisão não publicada de J. W. Santrock's Child development, 11. ed. Nova York: McGraw-Hill, 2004.

FUCHS, D.; FUCHS, L. S. e BURISH, P. Peer-assisted strategies: An empirically-supported practice to promote reading. *Learning disabilities research and practice*, v. 9, p. 203–212, 2000.

FUCHS, D.; FUCHS, L. S.; MATHES, P. G. e SIMMONS, D. C. Peer-assisted learning strategies: Making classrooms more responsive to diversity. *American Educational Research Journal*, n. 34, p. 174–206, 1997.

FUCHS, D.; MOCK, D.; MORGAN, P. L. e YOUNG, C. L. Responsiveness-to-intervention: Definitions, evidence, and implications for the learning disabilities construct. *Learning disabilities research & practice*, v. 18, p. 157–171, 2003.

FULDA, J. S. The ethical limitations of online grading systems. *British Journal of Educational Technology*, n. 36, p. 559–561, 2006.

FULIGNI, A. J.; WITKOW, M. e GARCIA, C. Ethnic identity and the academic adjustment of adolescents from Mexican, Chinese, and European backgrounds. Ensaio apresentado em um encontro da Research in Child Development, Atlanta, abr. 2005.

FURMAN, W. e BUHRMESTER, D. Age and sex differences in perceptions of networks of personal relationships. *Child development*, v. 63, p. 103–115, 1992.

FURTH, H. G. e WACHS, H. *Thinking goes to school*. Nova York: Oxford University Press, 1975.

FUSON, K. C.; KALCHMAN, M. e BRANSFORD, J. D. Mathematical understanding: An introduction. In: *How students learn*. Washington, DC: National Academies Press, 2005.

G

GABRIELE, A. J. e MONTECINOS, C. Collaborating with a skilled peer: The influence of achievement goals and perceptions of partners' competence on the participation and learning of low-achieving students. *Journal of Experimental Education*, n. 69, p. 152–178, 2001.

GAGE, N. L. *The scientific basis of the art of teaching*. Nova York: Teachers College Press, 1978.

GALAMBOS, N. L. Gender and gender role development in adolescence. In: LERNER, R. e STEINBERG, L. (Eds.). *Handbook of adolescence*. Nova York: Wiley, 2004.

GALAMBOS, N. L.; BARKER, E. T. e KRAHN, H. J. Depression, self-esteem, and anger in emerging adulthood: Seven-year trajectories. *Developmental psychology*, v. 42, p. 350–365, 2006.

GALL, M. D.; GALL, J. P. E BORG, W. R. *Educational research*. 8. ed. Boston: Allyn & Bacon, 2007.

GALLAGHER, C. A seat at the table: Teachers reclaiming assessment through rethinking accountability. *Phi Delta Kappan*, v. 81, p. 502–507, 2000.

GALLUP Organization. *Gallup Poll: The public's attitudes toward schools*. Princeton, NJ: Author, 2004.

GAMARON, A. *The consequences of track-related instructional differences for student achievement*. Ensaio aporesentado em um encontro da American Educational Research Association, Boston, abr. 1990.

GANDARA, P. *Peer group influence and academic aspirations across cultural/ethnic groups of high school students*. Santa Cruz, University of California, Center for Research on Education, Diversity & Excellence, 2002.

GARCIA, G. E. e WILLIS, A. I. Frameworks for understanding multicultural literacies. In: SCHMIDT, P. R. e MOSENTHAL, P. B. (Eds.). *Reconceptualizing literacy in the new age of multiculturalism and pluralism*. Greenwich, CT: IAP, 2001.

GARDNER, H. *Frames of mind*. Nova York: Basic Books, 1983.

GARDNER, H. *The mind's new science*. Nova York: Basic Books, 1985.

GARDNER, H. *Multiple intelligences*. Nova York: Basic Books, 1993.

GARDNER, H. Multiple intelligences: Myths and messages. In: WOOLFOLK, A. (Ed.). *Readings in educational psychology*. 2. ed. Boston: Allyn & Bacon, 1998.

GARDNER, H. The pursuit of excellence through education. In: FERRARI, M. (Ed.). *Learning from extraordinary minds*. Mahwah, NJ: Erlbaum, 2002.

GARDNER, H.; FELDMAN, D. H. e KRECHEVSKY, M. (Eds.). *Project Spectrum*. Nova York: Teachers College Press, 1998.

GARDNER, J. Assessment for learning: A compelling conceptualization. In: GARDNER, J. (Ed.). *Assessment and learning*. Londres: Paul Chapman, 2006.

GARDNER, R. *The boys' and girls' book about divorce*. Nova York: Bantam, 1985.

GARMON, A.; NYSTRAND, M.; BERENDS, M. e LePORE, P. C. An organizational analysis of the effects of ability grouping. *American Educational Research Journal*, n. 32, p. 687–715, 1995.

GARROD, A.; SMULYAN, L.; POWERS, S. I. e KILENNY, R. *Adolescent portraits*. Boston: Allyn & Bacon, 1992.

GARTON, A. F. *Exploring cognitive development: The child as a problem solver*. Malden, MA: Blackwell, 2004.

GAUVAIN, M. *The social context of cognitive development*. Nova York: Guilford, 2001.

GAVETTI, G. e RIVKIN, J. W. How strategists really think: Tapping the power of analogy. *Harvard Business Review*, v. 83, p. 54–63, 2005.

GAY, G. Educational equality for students of color. In: BANKS, J. A. e BANKS, C. M. (Eds.). *Multicultural Education*. 3. ed. Boston: Allyn & Bacon, 1997.

GAY, G. Connections between classroom management and culturally responsive teaching. In: EVERTSON, C. M. e WEINSTEIN, C. S. (Eds.). *Handbook of classroom management*. Mahwah, NJ: Erlbaum, 2006.

GAY, L. R. e AIRASIAN, P. *Educational research*. 6. ed. Upper Saddle River, NJ: Merrill, 2000.

GEGESHIDZE, K. e TSAGARELI, M. G. Influence of emotional words on human visual recognition and brain asymmetry. *World Journal of Biological Psychiatry*, n. 5, p. 26–32, 2004.

GELMAN, R. Conservation acquisition: A problem of learning to attend to relevant attributes. *Journal of Experimental Child Psychology*, n. 7, p. 67–87, 1969.

GELMAN, R. e WILLIAMS, E. M. Enabling constraints for cognitive development and learning. In: DAMON, W. (Ed.). *Handbook of child psychology*. v. 5. ed. V. 4. Nova York: Wiley, 1998.

GELMAN, S. A. e OPFER, J. E. Development of the animate-inanimate distinction. In: GOSWAMI, U. (Ed.). *Blackwell handbook of childhood cognitive development*. Malden, MA: Blackwell, 2004.

GENTILE, J. R. Learning, transfer of. In: KAZDIN, A. (Ed.). *Encyclopedia of psychology*. Washington, DC e Nova York: American Psychological Association e Oxford University Press, 2000.

GEST, S. D.; GRAHAM-BERMANN, S. A. e HARTUP, W. W. Peer experience: Common and unique features of number of friendships, social network centrality, and sociometric status. *Social development*, v. 10, p. 23–40, 2001.

GIAVECCHIO, L. *Sustained attention and receptive language in preschool Head Start story time*. Ensaio apresentado em um encontro da Society for Research in Child Development, Minneapolis, abr. 2001.

GIBBS, J. C. *Moral development & reality*. Thousand Oaks, CA: Sage, 2003.

GIBBS, J. T. Black American adolescents. In: GIBBS, J. T. e HUANG, L. N. (Eds.). *Children of color*. São Francisco: Jossey-Bass, 1989.

GIBSON, S. e McKAY, R. *What constructivist theory and brain research may offer social studies*. School of Education, University of Alberta, Canadá, 2001.

GIEDD, J. N. Structural magnetic resonance imaging of the adolescent brain. *Annals of the Nova York Academy of Sciences*, v. 1021, p.77–85, 2004.

GIEDD, J. N. e Outros. Puberty-related influences on brain development. *Molecular and Cellular Endocrinology*, v. 25, p. 154–162, 2006.

GIGERENZER, G. e SELTEN, R. (Eds.). *Bounded rationality*. Cambridge, MA: MIT Press, 2001.

GILL, J. Personal conversation. Richardson: University of Texas at Dallas, jul. 1997.

GILL, D. L. Sports and athletics. In: WORELL, J. (Ed.). *Encyclopedia of women and gender*. San Diego: Academic Press, 2001.

GILLBERG, C. e CEDERLUND, M. Asperger syndrome: Familial and prenatal factors. *Journal of Autism and Developmental Disorders*, v. 35, p. 159–166, 2005.

GILLIGAN, C. *In a different voice*. Cambridge, MA: Harvard University Press, 1982.

GILLIGAN, C. The centrality of relationships in psychological development: A puzzle, some evidence, and a theory. In: NOAM, G. G. e FISCHER, K. W. (Eds.). *Development and vulnerability in close relationships*. Hillsdale, NJ: Erlbaum, 1996.

GILLIGAN, C. *Minding women: Reshaping the education realm*. Cambridge, MA: Harvard University Press, 1998.

GINORIO, A. e HUSTON, M. *Si Puede! Yes, we can: Latinas in school.* Washington, DC: American Association of University Women, 2000.

GINSBURG, H. P.; KLEIN, A. e STARKEY, P. The development of children's mathematical thinking. In: SIGEL, I. E. e RENNINGER, K. A. (Eds.). *Handbook of child psychology.* 5. ed. Nova York: Wiley, v. 4, 1998.

GINSBURG-BLOCK, M. Peer tutoring. In: LEE, S. W. (Ed.). *Encyclopedia of school psychology.* Thousand Oaks, CA: Sage, 2005.

GIPSON, J. Girls and computer technology: Barrier or key? *Educational Technology*, p. 41–43, mar./abr. 1997.

GLADSTONE, G. L.; PARKER, G. B. e MALHI, G. S. Do bullied children become anxious and depressed adults? A cross-sectional investigation of the correlates of bullying and anxious depression. *Journal of Nervous and Mental Disorders*, n. 194, p. 201–208, 2006.

GLASSER, W. *Schools without failure.* Nova York: Harper & Row, 1969.

GLASSMAN, M. Dewey and Vygotsky: Society, experience, and inquiry in educational practice. *Educational researcher*, v. 30, 4, p. 3–14, 2001.

GLASSON, G. E. The effects of hands-on and teacher demonstration laboratory methods on science achievement in relation to reasoning ability and prior knowledge. *Journal of Research in Science Teaching*, n. 26, p. 121–131, 1989.

GLESNE, C. *Becoming qualitative researchers.* 3. ed. Boston: Allyn & Bacon, 2007.

GOLD, J. e LANZONI, M. (Eds.). [Vídeo] *Graduation by portfolio – Central Park East Secondary School.* Nova York: Post Production, 29th St. Video, Inc., 1993.

GOLDBERG, M. Test mess 2: Are we doing better a year later? *Phi Delta Kappan*, p. 389–395, jan. 2005.

GOLDBERG, L. e RICHBURG, C. M. Minimal hearing impairment. *Communication Disorders Quarterly*, v. 25, p. 152–160, 2004.

GOLDMAN, S. Revisão não publicada de J. W. Santrocks *Educational psychology.* Nova York: McGraw-Hill, out. 1998.

GOLDMAN, S. R.; PETROSINO, A.; SHERWOOD, R. D.; GARRISON, S.; HICKEY, D.; BRANSFORD, J. D. e PELLEGRINO, J. Anchoring science instruction in multimedia learning environments. In: VOSNIADOU, S.; DE CORTE, E.; GLASER, R. e MANDL, H. (Eds.). *International perspectives on the design of technology supported learning environments.* Hillsdale, NJ: Erlbaum, 1996.

GOLDMAN-RAKIC, P. *Bridging the gap.* Apresentação em um Workshop sponsored by the Education Commission of the States and the Charles A. Dana Foundation, Denver, 1996.

GOLDSTEIN, E. B. *Cognitive psychology.* Belmont, CA: Wadsworth, 2006.

GOLEMAN, D.; KAUFMAN, P. e RAY, M. *The creative spirit.* Nova York: Plume, 1993.

GOLEMAN, D. *Emotional intelligence.* Nova York: Basic Books, 1995.

GONZALES, N. A.; KNIGHT, G. P.; BIRMAN, D. e SIROLLI, A. A. Acculturation and enculturation among Latino youths. In: MATON, K. L.; SCHELLENBACH, C. J.; LEADBETTER, B. J. e SOLARZ, A. L. (Eds.). *Investing in children, youth, families, and communities.* Mahwah, NJ: Erlbaum, 2004.

GONZÁLES, P.; GUZMAN, J. C.; PARTELOW, L.; PAHLKE, E.; JOCELYN, L.; KASTBERG, D. e WILLIAMS, T. *Highlights from the Trends in International Mathematics and Science Study, TIMSS 2003.* Washington, DC: U.S. Government Printing Office, 2004.

GONZÁLEZ, N.; e MOLL, L. C. e AMANTI, C. (Eds.). *Funds of knowledge:* Theorizing practices in households, communities, and classrooms. Mahwah, NJ: Erlbaum, 2005.

GONZÁLEZ, V.; YAWKEY, T. D. e MINAYA-ROWE, L. *English-as-a-second-language, ESL teaching and learning.* Boston: Allyn & Bacon, 2006.

GOOD, R. H. e KAMINSKI, R. A. *Dynamic indicators of basic early literacy skills.* 6. ed. Longmont, CO: Sopris West Educational Services, 2003.

GOODLAD, J. I. *A place called school.* Nova York: McGraw-Hill, 1984.

GOODLAD, S. e HIRST, B. *Peer R-17 tutoring: A guide to learning by teaching.* Nova York: Nichols, 1989.

GOODRICH, H. Understanding rubrics. *Educational leadership*, v. 54, p. 14–17, 1997.

GOORHUIS-BROUWER, S.; COSTER, H.; NAKKEN, H. e SPELBERG, H. L. Environmental factors in developmental language disorders. In: VERHOEVEN, L. e VAN BALKOM, H. (Eds.). *The classification of language disorders.* Mahwah, NJ: Erlbaum, 2004.

GOOS, M. Learning mathematics in a classroom community of inquiry. *Journal for Research in Mathematics Education*, n. 35, p. 258–291, 2004.

GORDON, T. *Parent effectiveness training.* Nova York: McGraw-Hill, 1970.

GORSKI, P. *Multicultural education and the internet.* 2. ed. Nova York: McGraw-Hill, 2005.

GOSWAMI, U. Inductive and deductive reasoning. In: GOSWAMI, U. (Ed.). *Blackwell handbook of childhood cognitive development.* Malden, MA: Blackwell, 2004.

GOSWAMI, U. The brain in the classroom? The state of the art. *Developmental science*, v. 8, p. 467–469, 2005.

GOTTLIEB, G.; WAHLSTEN, D. e LICKLITER, R. The significance of biology for human development: A developmental psychobiological systems view. In: DAMON, W. e LERNER, R. (Eds.). *Handbook of child psychology.* v. 6. ed. Nova York: Wiley, 2006.

GOTTMAN, J. M. *What predicts divorce.* Nova York: Milton H. Erickson Foundation, 1996.

GRAHAM, S. *Can attribution theory tell us something about motivation in Blacks?* Ensaio apresentado em um encontro da American Psychological Association, Washington, DC, ago. 1986.

GRAHAM, S. Motivation in African Americans. In: BERRY, G. L. e ASAMEN, J. K. (Eds.). *Black students.* Newbury Park, CA: Sage, 1990.

GRAHAM, S. Commentary in *USA Today*, p. 2D, 16 fev. 2005.

GRAHAM, S. Strategy instruction and the teaching of writing: A meta-analysis. In: MacARTHUR, C. A.; GRAHAM, S. e FITZGERALD, J. (Eds.). *Handbook of writing research.* Mahwah, NJ: Erlbaum, 2006.

GRAHAM, S. Writing. In: ALEXANDER, P. A. e WINNE, P. H. (Eds.). *Handbook of educational psychology.* 2. ed. Mahwah, NJ: Erlbaum, 2006.

GRAHAM, S. e HARRIS, K. R. The role of self-regulation and transcription skills in writing and writing development. *Educational psychologist*, v. 35, p. 3–12, 2001.

GRAHAM, S. e TAYLOR, A. Z. Ethnicity, gender, and the development of achievement values. In: WIGFIELD, A. e ECCLES, J. S. (Eds.). *Development of achievement motivation.* San Diego: Academic Press, 2002.

GRAHAM, S. e WEINER, B. Theories and principles of motivation. In: BERLINER, D. C. e CALFEE, R. C. (Eds.). *Handbook of educational psychology.* Nova York: Macmillan, 1996.

GRATZ, R. R. e BOUTON, P. J. Erikson and early childhood educators. *Young Children*, v. 51, p. 74–78, 1996.

GRAVES, M. F.; JUEL, C. e GRAVES, B. B. *Teaching reading in the 21st century.* Boston: Allyn & Bacon, 2004.

GRAY, J. *Men are from Mars, women are from Venus.* Nova York: HarperCollins, 1992.

GRAY, J. R. Emotional modulation of cognitive control: Approach-withdrawal states of double-dissociate spatial from verbal two-back task performance. *Journal of Experimental Psychology*: General, n. 130, p. 436–452, 2001.

GRAY, J. R. e KAGAN J. The challenge of determining which children with attention deficit hyperactivity disorder will respond positively to methylphenidate. *Journal of Applied Developmental Psychology*, n. 21, p. 471–489, 2000.

GRAY, P. e FELDMAN, J. Playing in the zone of proximal development: Qualities of self-directed age-mixing between adolescents and young children at a democratic school. *American Journal of Education*, n. 110, p.108–143, 2004.

GREENBERG, M. T. *The PATHS project*. Seattle: University of Washington, 1996.

GREENBERGER, E. e STEINBERG, L. *When teenagers work. The psychological and social costs of adolescent employment*. Nova York: Basic Books, 1986.

GREENFIELD, P. M. e SUZUKI, L. K. Culture and human development. In: DAMON, W. (Ed.). *Handbook of child psychology*, Nova York: Wiley, v. 4, 1998.

GREENFIELD, P. M.; SUZUKI, L. K. e ROTHSTEIN-FISCH, C. Cultural pathways through human development. In: DAMON, W. e LERNER, R. (Eds.). *Handbook of child psychology*. 6. ed. Nova York: Wiley, 2006a.

GREENFIELD. P. M.; TRUMBULL, E.; KELLER, H.; ROTHSTEIN-FISCH, SUZUKI, L. e QUIROZ, B. Cultural conceptions of learning and development. In: ALEXANDER, P. A. e WINNE, P. H. (Eds.). *Handbook of educational psychology*. 2. ed. Mahwah, NJ: Erlbaum, 2006b.

GREENO, J. G. For research to reform education and cognitive science. In: PENNER, L. A.; BATCHE, G. M.; KNOFF, H. M. e NELSON, D. L. (Eds.). *The challenge in mathematics and science education*: Psychology's response. Washington, DC: American Psychological Association, 1993.

GREENO, J. G. Learning in activity. In: SAWYER, R. K. (Ed.). *The Cambridge handbook of learning sciences*. Nova York: Oxford University Press, 2006.

GREENOUGH, W. T. Commentary in article, "Politics of biology". *U.S. News & World Report*, p. 79, 21 abr. 1997.

GREENOUGH, W. T. Brain development. In: KAZDIN, A. (Ed.). *Encyclopedia of psychology*. Washington, DC e Nova York: American Psychological Association e Oxford University Press, 2000.

GREENWOOD, C. R.; MAHEADY, L. e DELQUADRI, J. Classwide Peer Tutoring Programs. In: SHINN, M. R.; WALKER, H. M.; e STONER, G. (Eds.). *Interventions for academic and behavior problems II*. Bethesda, MD: National Association of School Psychologists, 2002.

GREGORY, H. *Public speaking for college and career*. 7. ed. Nova York: McGraw-Hill, 2005.

GREGORY, R. J. *Psychological testing*. 5. ed. Boston: Allyn & Bacon, 2007.

GRIGG, W. S.; LAUKO, M. A. e BROCKWAY, D. M. *The nation's report card*: Science 2005, NCES 2006–466. U.S. Department of Education, National Center for Education Statistics. Washington, DC: U.S. Government Printing Office, 2006.

GROLNICK, W. S.; GURLAND, S. T.; JACOB, K. F. e DECOURCEY, W. The development of self-determination in middle childhood and adolescence. In: WIGFIELD, A. e ECCLES, J. S. (Eds.). *Development of achievement motivation*. San Diego: Academic Press, 2002.

GRONLUND, N. E. *Assessment of student achievement*. 8. ed. Boston: Allyn & Bacon, 2006.

GROSSIER, P. *How to use the fine art of questioning*. Nova York: Teachers' Practical Press, 1964.

GROSSMAN, P.; SCHOENFELD, A. e LEE, C. Teaching subject matter. In: DARLING-HAMMOND, L. e BRANSFORD, J. (Eds.). *Preparing teachers for a changing world*. Nova York: Jossey-Bass, 2005.

GUILBAULT, R.; BRYANT, F. B.; BROCKWAY, J. H. e POSAVAC, E. J. A meta-analysis of research on hindsight bias. *Basic & applied social psychology*, v. 26, p. 103–117, 2004.

GUILFORD, J. P. *The structure of intellect*. Nova York: McGraw-Hill, 1967.

GUNNING, T. G. *Creating literacy instruction for all children*. 3. ed. Boston: Allyn & Bacon, 2000.

GUNNING, T. G. *Closing the literacy gap*. Boston: Allyn & Bacon, 2006.

GUR, R. C.; MOZLEY, L. H.; MOZLEY, P. D.; RESNICK, S. M.; KARP, J. S.; ALAVI, A.; ARNOLD, S. E. e GUR, R. E. Sex differences in regional cerebral glucose metabolism during a resting state. *Science*, v. 267, p. 528–531, 1995.

GUSKEY, T. R. Fixing grading policies that undermine standards. *The Education Digest*, 66(7), p. 16–21, 2001.

GUSTAFSSON, J-E. Schooling and intelligence: Effects of track of study on level and profile of cognitive abilities. In: KYLLONEN, P. C.; ROBERTS, R. D. e L. STANKOV (Eds.). *Extending intelligence*. Mahwah, NJ: Erlbaum, 2006.

GUTHRIE, J. T.; WIGFIELD, A.; BARBOSA, P.; PERENCEVICH, K. C.; TABOADA, A.; DAVIS, M. H.; SCAFIDDI, N. e TONKS, S. Increasing reading comprehension and engagement through Concept Oriented Reading Instruction. *Journal of Educational Psychology*, n. 96, p. 403–423, 2004.

GUTHRIE, J. T.; WIGFIELD, A. e PERENCEVICH, K. (Eds.). *Motivating reading comprehension*: Concept Oriented Reading Instruction. Mahwah, NJ: Lawrence Erlbaum Associates, 2004.

GUTTENTAG, M. e BRAY, H. *Undoing sex stereotypes*: Research and resources for educators. Nova York: McGraw-Hill, 1976.

H

HAAGER, D. e KLINGER, J. K. *Differentiating instruction in inclusive classrooms*. Boston: Allyn & Bacon, 2005.

HAHN, U. e RAMSCAR, M. (Eds.). *Similarity and categorization*. Nova York: Oxford University Press, 2001.

HAITH, M. M. e BENSON, J. B. Infant cognition. In: DAMON, W. (Ed.). *Handbook of child psychology*. 5. ed. Nova York: Wiley, v. 2, 1998.

HAKUTA, K. Bilingualism. In: KAZDIN, A. (Ed.). *Encyclopedia of psychology*. Washington, DC e Nova York: American Psychological Association e Oxford University Press, 2000.

HAKUTA, K. *Key policy milestones and directions in the education of English language learners*. Ensaio preparado pela Rockefeller Foundation Symposium, Leveraging change: An emerging framework for educational equity, Washington, DC, 5 abr. 2001.

HAKUTA, K. *Bilingualism at the intersection of research and public policy*. Ensaio apresentado em um encontro da Society for Research in Child Development, Atlanta, abr. 2005.

HAKUTA, K.; BUTLER, Y. G. e WITT, D. *How long does it take English learners to attain proficiency?* Berkeley, CA: The University of California Linguistic Minority Research Institute Policy Report 2000–1, 2000.

HALADYNA, T. M. *Writing test items to evaluate higher-order thinking*. Boston: Allyn & Bacon, 1997.

HALADYNA, T. M. *Essentials of standardized achievement testing*: Validity and accountability. Boston: Allyn & Bacon, 2002.

HALE, S. A global developmental trend in cognitive processing speed. *Child Development*, 61, p. 653–663, 1990.

HALE-BENSON, J. E. *Black children: Their roots, culture, and learning styles*. Baltimore: The Johns Hopkins University Press, 1982.

HALFORD, G. S. Information-processing models of cognitive development. In: GOSWAMI, U. (Ed.). *Blackwell handbook of childhood cognitive development.* Malden, MA: Blackwell, 2004.

HALLAHAN, D. P. e KAUFFMAN, J. M. *Exceptional learners.* 10. ed. Boston: Allyn & Bacon, 2006.

HALLAHAN, D. P.; LLOYD, J. W.; KAUFFMAN, J. M.; WEISS, M. P. e MARTINEZ, E. A. *Learning disablilities,* 3. ed. Boston: Allyn & Bacon, 2005.

HALLINAN, M. Ability grouping and student learning. In: RAVITCH, D. (Ed.). *Brookings' papers on educational policy, 2003.* Washington, DC: Brookings Institution, 2003.

HALONEN, J. Refine your expression. In: SANTROCK, J. W. e HALONEN, J., *Your guide to college success,* 4. ed. Belmont, CA: Wadsworth, 2006.

HALPERN, D. F. Assessing gender gaps in learning. In: ALEXANDER, P. A. e WINNE, P. H. (Eds.). *Handbook of educational psychology,* 2. ed. Mahwah, NJ: Erlbaum, 2006.

HALPERN, D. F. The nature and nurture of critical thinking. In: STERNBERG, R. J.; ROEDIGER, H. e HALPERN, D. (Eds.). *Critical thinking in psychology.* Nova York: Cambridge University Press, 2007.

HAMBLETON, R. K. Advances in assessment models, methods, and practices. In: BERLINER, D. C. e CALFEE, R. C. (Eds.). *Handbook of educational psychology.* Nova York: Macmillan, 1996.

HAMBURG, D. A. Meeting the essential requirements for healthy adolescent development in a transforming world. In: TAKANISHI, R. e HAMBURG, D. (Eds.). *Preparing adolescents for the 21st century.* Nova York: Cambridge University Press, 1997.

HAMILTON, M. A. e HAMILTON, S. F. Designing work and service for learning. In: HAMILTON, S. F. e HAMILTON, M. A. (Eds.). *The youth development handbook.* Thousand Oaks, CA: Sage, 2004.

HAMILTON, S. F. e HAMILTON, M. A. Contexts for mentoring: adolescent-adult relationships in workplaces and communities. In: LERNER, R. e STEINBERG, L. (Eds.). *Handbook of adolescent psychology.* 2. ed. Nova York: Wiley, 2004.

HAMMERNESS, K.; DARLING-HAMMOND, L.; GROSSMAN, P.; RUST, F. e SHULMAN, L. How teachers learn and develop. In: DARLING-HAMMOND, L. e BRANSFORD, J. (Eds.). *Preparing teachers for a changing world.* São Francisco: Jossey-Bass, 2005.

HAMMILL, D. D. What we know about correlates of reading. *Exceptional children,* v. 70, p. 453–468, 2004.

HANEY, W. The myth of the Texas miracle in education. *Education policy analysis archives,* 8(41), 2000. Disponível em <http://epaa.asu.edu/epaa/ v8n41/>. Acesso em: 10 mar. 2004.

HANNISH, L. D. e GUERRA, N. G. Aggressive victims, passive victims, and bullies: Development continuity or developmental change? *Merrill-Palmer Quarterly,* v. 50, p. 17–38, 2004.

HANSFORD, B. C. e HATTIE, J. A. The relationship between self and achievement/performance measures. *Review of Educational Research, v. 52, p. 123–142, 1982.*

HARDMAN, M. L.; DREW, C. J. e EGAN, M. W. *Human exceptionality.* 8. ed. Update. Boston: Allyn & Bacon, 2006.

HARDY, L. High tech high. *The American School Board Journal,* n. 188, p. 12–15, 2001.

HARGIS, C. H. *Teaching low achieving and disadvantaged students.* 3. ed. Springfield, IL: Charles C Thomas, 2006.

HARGROVE, K. What makes a "good" teacher "great"? *Gifted child today,* v. 28, p. 30–31, 2005.

HARING, M.; HEWITT, P. L. e FLETT, G. L. Perfectionism and quality of intimate relationships. *Journal of Marriage and the Family,* n. 65, p. 143–158, 2003.

HARLEN, W. Role of assessment in developing motivation for learning. In: GARDNER, J. (Ed.). *Assessment and learning.* Londres: Paul Chapman, 2006.

HARRIS, J. L.; KAMHI, A. G. e POLLOCK, K. E. *Literacy in African American communities.* Mahwah, NJ: Erlbaum, 2001.

HARRISON-HALE, A. O.; McLOYD, V. C. e SMEDLEY, B. Racial and ethnic status: Risk and protective processes among African-American families. In: MATON, K. L.; SCHELLENBACH, C. J.; LEADBETTER, B. J., e SOLARZ, A. L. (Eds.). *Investing in children, youth, families and communities.* Washington, DC: American Psychological Association, 2004.

HART, B. e RISLEY, T. R. *Meaningful differences.* Baltimore: Paul H. Brookes, 1995.

HART, C. H.; CHARLESWORTH, R.; DURLAND, M. A.; BURTS, D. C.; DeWOLF, M. e FLEEGE, P. O. *Developmentally appropriate practice in preschool classrooms.* Manuscrito não publicado. Brigham Young University, Provo, Utah, 1996.

HART, C. H.; YANG, C.; CHARLESWORTH, R. e BURTS, D. C. Early childhood teachers' curriculum beliefs, classroom practices, and childrens' outcomes: What are the connections? Ensaio apresentado em um encontro bienal da Society for Research in Child Development, Tampa, FL, abr. 2003.

HART, D. Service commitment and care exemplars. In: KILLIEN, M. e SMETANA, J. G. (Eds.). *Handbook of moral development.* Mahwah, NJ: Erlbaum, 2006.

HARTER, S. A new self-report scale of intrinsic versus extrinsic orientation in the classroom: Motivational and informational components. *Developmental psychology,* v. 17, p. 300–312, 1981.

HARTER, S. *Self-perception profile for adolescents.* Denver: University of Denver, Department of Psychology, 1989.

HARTER, S. Self and identity development. In: FELDMAN, S. S. e ELLIOTT, G. R. (Eds.). *At the threshold*: The developing adolescent. Cambridge, MA: Harvard University Press, 1990.

HARTER, S. Teacher and classmate influences on scholastic motivation, self-esteem, and level of voice in adolescents. In: JUVONEN, J. e WENTZEL, K. R. (Eds.). *Social motivation.* Nova York: Cambridge University Press, 1996.

HARTER, S. *The construction of the self.* Nova York: Guilford, 1999.

HARTER, S. The self. In: DAMON, W. e LERNER, R. (Eds.). *Handbook of child psychology.* 6. ed. Nova York: Wiley, 2006.

HARTNELL-YOUNG, E. e MORRISS, M. P. *Digital portfolios.* 2. ed. Thousand Oaks, CA: Corwin, 2006.

HARTUP, W. W. Peer relations. In: MUSSEN, P. H. (Ed.). *Handbook of child psychology.* 4. ed. Nova York: Wiley, v. 4, 1983.

HARWOOD, R.; LYENDECKER, B.; CARLSON, V.; ASCENCIO, M. e MILLER, A. Parenting among Latino families in the U.S. In: BORNSTEIN, M. H. (Ed.). *Handbook of parenting.* 2. ed. Mahwah, NJ: Erlbaum, 2002.

HASIRCI, D. e DEMIRKAN, H. Creativity in learning environments: The case of two sixth grade art rooms. *Journal of Creative Behavior,* n. 37, p. 17–41, 2003.

HATANO, G. The nature of everyday science. *British Journal of Educational Developmental Psychology,* n. 8, p. 245–250, 1990.

HATANO, G. e OURA, Y. Commentary: Reconceptualizing school learning using insight from expertise research. *Educational researcher,* n. 32, p. 26–29, 2003.

HATCH, T. *Portfolios and the scholarship of teaching.* Ensaio apresentado em um encontro da American Educational Research Association, New Orleans, abr. 2000.

HAYES, J. R. e FLOWER, L. S. Writing research and the writer. *American psychologist,* v. 41, p. 1106–1113, 1986.

HAYNES, R. M. e CHALKER, D. M. World class schools. *American School Board Journal*, p. 20–25, maio 1997.

HAYNIE, D. L.; NANSEL, T.; EITEL, P.; CRUMP, A. D.; SAYLOR, K.; YU, K. e SIMONS-MORTON, B. Bullies, victims, and bully/victims: Distinct groups of at-risk youth. *Journal of Early Adolescence*, n. 21, p. 29–49, 2001.

HAZEL, C. e GREDLER, G. R. Building positive behavior support systems in schools: Functional behavioral assessment. *Psychology in the schools*, v. 42, p. 217–218, 2005.

HEATH, S. B. Oral and literate traditions among Black Americans living in poverty. *American psychologist*, v. 44, p. 367–373, 1989.

HEATH, S. B. e McLAUGHLIN, M. W. (Eds.). *Identity and inner-city youth*: Beyond ethnicity and gender. Nova York: Teachers College Press, 1993.

HEID, M. K. Algebra and function development. In: HEID, M. K. e BLUME, G. W. (Eds.). *Mathematics learning, teaching, and policy*. Greenwich, CT: IAP, 2002.

HEID, M. K. e BLUME, G. W. (Eds.). *Mathematics curriculum development and tool development*. Greenwich, CT: IAP, 2002.

HEILMAN, A. W.; BLAIR, T. R. e RUPLEY, W. H. *Principles and practices of teaching reading*, 10. ed. Upper Saddle River, NJ: Merrill, 2002.

HEISER, P. FRIEDEL, S.; DEMPFILE, A.; KONGRAD, K.; SMIDT, J.; GRABARKIEWICZ, J.; HERPERTZ-DAHLANN, B.; REMSCHMIDT, H. e HEBEBRAND, J. Molecular genetic aspects of attention deficit/hyperactivity disorder. *Neuroscience and Biobehavioral Reviews*, v. 28, p. 625–641, 2004.

HELLER, H. C. The need for a core, interdisciplinary, life-sciences curriculum in the middle grades. In: TAKANISHI, R. (Ed.). *Adolescence in the 1990s*. Nova York: Teachers College Press, 1993.

HELLER, H. C. e HAWKINS, J. Teaching tolerance. *Teachers College Record*, p. 2, primavera 1994.

HELMS, J. E. Stereotype threat might explain the black-white test-score difference. *American psychologist*, v. 60, p. 269–270, 2005.

HENDERSON, V. L. e DWECK, C. S. Motivation and achievement. In: FELDMAN, S. S. e ELLIOTT, G. R. (Eds.). *At the threshold*: The developing adolescent. Cambridge, MA: Harvard University Press, 1990.

HENDRICKS, C. C. *Improving schools through action research*. Boston: Allyn & Bacon, 2006.

HENNESSEY, B. A. e AMABILE, T. M. Reward, intrinsic motivation, and creativity. *American psychologist*, v. 53, p. 674–675, 1998.

HENSON, K. *Methods and strategies for teaching in secondary and middle schools*. Nova York: Longman, 1988.

HENSON, K. *Constructivist teaching strategies for diverse middle school classrooms*. Boston: Allyn & Bacon, 2004.

HERGENHAHN, B. R. e OLSON, M. H. *An introduction to theories of learning*, 6. ed. Upper Saddle River, NJ: Prentice-Hall, 2001.

HERMAN, J. Commentary in "The latest on student portfolios". *NEA Today*, v. 15(4), 17, 1996.

HERRERA, S. G. e MURRY, K. G. *Mastering ESL and bilingual methods*. Boston: Allyn & Bacon, 2005.

HERRNSTEIN, R. J. e MURRAY, C. *The bell curve*: Intelligence and class structure in modern life. Nova York: Free Press, 1994.

HERTZOG, N. B. Gifted education specialist. *Teaching exceptional children*, p. 39–43, jan./fev. 1998.

HETHERINGTON, E. M. *The changing American family and the well-being of others*. Ensaio apresentado em um encontro da Society for Research in Child Development, Indianapolis, mar. 1995.

HETHERINGTON, E. M. Divorce. In: KAZDIN, A. (Ed.). *Encyclopedia of psychology*. Washington, DC e Nova York: American Psychological Association e Oxford University Press, 2000.

HETHERINGTON, E. M. Divorce and the adjustment of children. *Pediatrics in Review*, v. 26, p.163–169, 2005.

HETHERINGTON, E. M. e KELLY, J. *For better or for worse*: Divorce reconsidered. Nova York: W. W. Norton, 2002.

HETHERINGTON, E. M. e STANLEY-HAGAN, M. Parenting in divorced and remarried families. In: BORNSTEIN, M. H. (Ed.). *Handbook of parenting*. 2. ed. Mahwah, NJ: Erlbaum, 2002.

HETZRONI, O. E. e SHRIEBER, B. Word processing as an assertive technology tool for enhancing academic outcomes of students with writing disabilities in the regular classroom. *Journal of Learning Disabilities*, v. 37, p.143–154, 2004.

HEWARD, W. L. *Exceptional children*, 8. ed. Upper Saddle River, NJ: Prentice-Hall, 2006.

HEWARD, W. L.; HERON, T. E.; NEEF, N. A.; PETERSON, S. M.; SAINATO, D. M.; CARTLEDGE, G.; GARDNER, R.; PETERSON, L. D.; HERSH, S. B. e DARDIG, J. C. *Focus on behavior analysis in education*. Boston: Allyn & Bacon, 2005.

HIATT-MICHAEL, D. (Ed.). *Promising practices in family involvement*. Greenwich, CT: IAP, 2001.

HICKEY, D. T.; MOORE, A. L. e PELLEGRINO, J. W. The motivational and academic consequences of elementary mathematics environments: Do constructivist innovations and reforms make a difference? *American Educational Research Journal*, v. 38, p. 611–652, 2001.

HIEBERT, E. H. e KAMIL, M. L. (Eds.). *Teaching and learning vocabulary*. Mahwah, NJ: Erlbaum, 2005.

HIEBERT, E. H. e RAPHAEL, T. E. Psychological perspectives on literacy and extensions to educational practice. In: BERLINER, D. C. e CALFEE, R. C. (Eds.). *Handbook of educational psychology*. Nova York: Macmillan, 1996.

HIEBERT, J.; GALLIMORE, R.; GARNIER, H.; GIVVIN, K. B.; HOLLINGSWORTH, H.; JACOBS, J.; CHUI, A. M. Y.; WEARNE, D.; SMITH, M.; KERSTING, N.; MANASTER, A.; TSENG, E.; ETTERBEEK, W.; MANASTER, C.; GONZALES, P. e STIGLER, J. W. *Teaching mathematics in seven countries*: Results from the TIMSS 1999 video study, NCES 2003-013. Washington, DC: U.S. Department of Education, 2003.

HIGGINS, A.; POWER, C. e KOHLBERG, L. *Moral atmosphere and moral judgment*. Ensaio apresentado em um encontro bienal da Society for Research in Child Development, Detroit, abr. 1983.

HIGHTOWER, E. Adolescent interpersonal and familial precursors of positive mental health at midlife. *Journal of Youth and Adolescence*, n. 19, p. 257–275, 1990.

HILDEBRAND, V.; PHENICE, A. e HINES, R. P. *Knowing and serving diverse families*. Columbus, OH: Merrill, 2000.

HILGARD, E. R. History of educational psychology. In: BERLINER, D. C. e CALFEE, R. C. (Eds.), *Handbook of educational psychology*. Nova York: Macmillan, 1996.

HILL, J. R.; REEVES, T. C.; GRANT, M. M.; WANG, S-K. e HAN, S. The impact of portable technologies on teaching and learning: Year three report, 2002. Disponível em: <http://lpsl.coe.uga.edu/Projects/aalaptop/pdf/aa3rd/Year3ReportFinalVersion.pdf>. Acesso em: 8 ab. 2005.

HILTZ, S. R. e GOLDMAN, R. (Eds.). *Learning together online*. Mahwah, NJ: Erlbaum, 2005.

HIRSCH, E. D. *Cultural literacy*. Nova York: Random House, 1987.

HIRSCH, E. D. *The schools we need*: And why we don't have them. Nova York: Doubleday, 1996.

HIRSH, R. *Early childhood curriculum:* *Incorporating multiple intelligences, developmentally appropriate practices, and play.* Boston: Allyn & Bacon, 2004.

HITCH, G. H. Working memory in children. In: BIALYSTOK, E. e CRAIK, F. I. M. (Eds.). *Lifespan cognition.* Nova York: Oxford University Press, 2006.

HOCK, R. R. *Human sexuality.* Upper Saddle River, NJ: Prentice-Hall, 2007.

HOCUTT, A. M. Effectiveness of special education: Is placement the critical factor? *Future of Children,* 6(1), p. 77–102, 1996.

HODAPP, R. M. e DYKENS, E. M. Mental retardation. In: DAMON, W. e LERNER, R. (Eds.). *Handbook of child psychology.* 6. ed. Nova York: Wiley, 2006.

HOFF, E.; LAURSEN, B. e TARDIF, T. Socioeconomic status and parenting. In: BORNSTEIN, M. H. (Ed.). *Handbook of parenting.* 2. ed. Mahwah, NJ: Erlbaum, 2002.

HOFF, E. How social contexts support and shape language development. *Developmental Review,* v. 26, p. 55–88, 2006.

HOFFNER, H. *The elementary teacher's digital toolbox.* Upper Saddle River, NJ: Prentice-Hall, 2007.

HOLLINGWORTH, L. S. Sex differences in mental tests. *Psychological Bulletin,* v. 13, p. 377–383, 1916.

HOLZBERG, C. Technology in special education. *Technology and Learning,* v. 14, p. 18–21, 1995.

HONEY, M. e HENRIQUEZ, A. More things that do make a difference for youth. Union City School District, NJ, 2000. Disponível em: <http://www.aypf.org/compendium/C2s18.pdf>. Acesso em: 8 abr. 2005.

HOOPER, S.; WARD, T. J.; HANNAFIN, M. J. e CLARK, H. T. The effects of aptitude composition on achievement during small group learning. *Journal of Computer-Based Instruction,* n. 16, p. 102–109, 1989.

HOOVER-DEMPSEY, K. V.; BATTIATO, C.; WALKER, J. M. T.; REED, R. P.; DEJONG, J. M. e JONES, K. P. Parental involvement in homework. *Educational psychologist,* v. 36, p. 195–209, 2001.

HORN, J. Spearman, g, expertise, and the nature of human cognitive capacity. In: KYLLONEN, P. C.; ROBERTS, R. D., e STANKOV, L. (Eds.). *Extending intelligence.* Mahwah, NJ: Erlbaum, 2006.

HOROWITZ, F. D.; DARLING-HAMMOND, L.; BRANSFORD, J.; COMER, J.; ROSEBROCK, K.; AUSTIN, K. e RUST, F. Educating teachers for developmentally appropriate practice. In: DARLING-HAMMOND, L. e BRANSFORD, J. (Eds.). *Preparing teachers for a changing world.* São Francisco: Jossey-Bass, 2005.

HOUSTON, P. D. NCLB: Dreams and nightmares. *Phi Delta Kappan,* p. 469–470, fev. 2005.

HOWARD-JONES, P. An invaluable foundation for better bridges. *Developmental science,* v. 8, p. 469–471, 2005.

HOWE, M. J. A.; DAVIDSON, J. W.; MOORE, D. G. e SLOBODA, J. A. Are there early childhood signs of musical ability? *Psychology of music,* v. 23, p. 162–176, 1995.

HOWES, C. e TONYAN, H. Peer relations. In: BALTER, L. e TAMIS-LEMONDA, C. S. (Eds.). *Child psychology: A handbook of contemporary issues.* Filadélfia: Psychology Press, 2000.

HUBER, F.; BECKMANN, S. C. e HERRMANN, A. Means-end analysis: Does the affective state influence information processing style. *Psychology & marketing,* v. 21, p. 715–737, 2004.

HUDLEY, C. e GRAHAM, S. School-based interventions for aggressive African-American boys. *Applied and preventive psychology,* v. 4, p. 185–195, 1995.

HUERTA, M.; CORTINA, L. M.; PAN, J. S.; TORGES, C. M. e MAGLEY, V. J. Sex and power in the academy: modeling sexual harassment in the lives of college women. *Personality and Social Psychology Bulletin,* v. 32, p. 616–628, 2006.

HULIT, L. M. e HOWARD, M. R. *Born to talk: An introduction to speech and language development.* 4. ed. Boston: Allyn & Bacon, 2006.

HUNT, E. Expertise, talent, and social encouragement. In: ERICSSON, K. A.; CHARNESS, N.; FELTOVICH, P. J. e HOFFMAN, R. R. (Eds.). *The Cambridge handbook of expertise and expert performance.* Nova York: Cambridge University Press, 2006.

HUNT, E. B. *Will we be smart enough? A cognitive analysis of the coming work force.* Nova York: Russell Sage, 1995.

HUNT, R. R. e ELLIS, H. C. *Fundamentals of cognitive psychology,* 7. ed. Nova York: McGraw-Hill, 2004.

HUNT, R. R. e KELLY, R. E. S. Accessing the particular from the general: The power of distinctiveness in the context of organization. *Memory and cognition,* v. 24, p. 217–225, 1996.

HUPERT, N. e HEINZE, J. Results in the Palms of their hands: Using handheld computers for data-driven decision making in the classroom. In: VAN'T HOOFT, M. e SWAN, K. (Eds.). *Ubiquitous computing in education: Invisible technology, visible results.* Mahwah, NJ: Erlbaum, 2006.

HURLBURT, R. T. *Comprehending behavioral statistics,* 4. ed. Belmont, CA: Wadsworth, 2006.

HUTCHINSON, J. M. e GIGERENZER, G. Simple heuristics and rules of thumb. *Behavioural processes,* v.69, p. 97–124, 2005.

HUTTENLOCHER, J.; HAIGHT, W.; BRUK, A.; SELTZER, M. e LYONS, T. Early vocabulary growth: Relation to language input and gender. *Developmental psychology,* v. 27, p. 236–248, 1991.

HUTTENLOCHER, P. R. e DABHOLKAR, A. S. Regional differences in synaptogenesis in human cerebral cortex. *Journal of Comparative Neurology,* 37(2), p. 167–178, 1997.

HUURRE, T.; JUNKKARI, H. e ARO, H. Long-term psychological effects of parental divorce: A follow-up study from adolescence to adulthood. *European Archives of Psychiatry and Clinical Neuroscience,* v. 256, p. 256–263, 2006.

HYDE, J. S. The gender similarities hypothesis. *American psychologist,* v. 60, p. 581–592, 2005.

HYDE, J. S. *Half the human experience.* 7. ed. Boston: Houghton Mifflin, 2007.

HYDE, J. S. e PLANT, E. A. Magnitude of psychological gender differences: Another side of the story. *American psychologist,* v. 50, p.159–161, 1995.

HYMAN, I. *The case against spanking: How to discipline your child without hitting.* São Francisco: Jossey-Bass, 1997.

HYMAN, I.; EISENSTEIN, J.; AMIDON, A. e KAY, B. An update on the cross-cultural study of corporal punishment and abuse. In: FARLEY, F. Chair, *Cross cultural aspects of corporal punishment and abuse: A research update.* Simpósio apresentado no 2001 Annual Convention of the American Psychological Association. São Francisco: 28 ago. 2001.

HYMAN, I.; KAY, B.; TABORI, A.; WEBER, M.; MAHON, M. e COHEN, I. Bullying: Theory, research, and interventions. In: EVERTSON, C. M. e WEINSTEIN, C. S. (Eds.). *Handbook of classroom management: Research, practice, and contemporary issues.* Mahwah, NJ: Erlbaum, 2006.

HYMAN, I. e SNOOK, P. *Dangerous schools: What we can do about the physical and emotional abuse of our children.* São Francisco: Jossey-Bass, 1999.

HYSON, M. C.; COPPLE, C. e JONES, J. Early childhood development and education. In: DAMON, W. e LERNER, R. (Eds.). *Handbook of child psychology,* 6. ed. Nova York: Wiley, 2006.

I

"I HAVE A DREAM" Foundation. *About us.* Disponível em <http://www.ihad.org>. Acesso em: 30 abr. 2006.

IACOCCA, L. *Iacocca: An autobiography.* Nova York: Bantam, 1984.

IALONGO, N.; PODUSKA, J.; WERTHAMER, L. e KELLAM, S. The distal impact of two first-grade preventive interventions on conduct problems and disorder in early adolescence. *Journal of Emotional and Behavioral*, 2001.

IBM. Valuing diversity, 2006. Disponível em <http://www.306.ibm.com/employment/us/diverse/camps>. Acesso em: 15 jan. 2006.

ICKES, W.; SNYDER, M. e GARCIA, S. Personality influences or the choice of situations. In: HOGAN, R.; JOHNSON, J. e BRIGGS, S. (Eds.) *Handbook of personality psychology.* San Diego: Academic Press, 1997.

IDOL, L.; NEVIN, A. e PAOLUCCI-WHITCOMB, P. *Collaborative consultation.* Austin, TX: PRO-ED, 1994.

INDIANA University High School Survey of Student Engagement. Bloomington, In: School of Education, University of Indiana, 2004.

INKROTT, C. Beyond drill and practice: Managing courseware and electronic portfolios. *Multimedia Schools*, v. 8, p. 44–47, 2001.

INTERCULTURAL Development Research Association. *More at-risk students to tutor others.* Manuscrito não publicado, Intercultural Development Research Association. San Antonio, 1996.

INTERCULTURAL Development Research Association. *Coca-Cola Valued Youth program,* 2004. Disponível em: <http://www.idra.org/ccvyp/>. Acesso em: 15 nov. 2005.

INTERNATIONAL Society for Technology in Education. *National educational technology standards for students: Connecting curriculum and technology.* Eugene, OR: Author, 2000.

INTERNATIONAL Society for Technology in Education, ISTE. *National educational technology standards for teachers – Preparing teachers to use technology.* Eugene, OR: Author, 2001.

IRVINE, J. J. *Black students and school failure.* Nova York: Greenwood Press, 1990.

J

JABBOUR, R. A.; HEMPEL, A.; GATES, J. R.; ZHANG, W. e RISSE, G. L. Right hemisphere language mapping in patients with bilateral language. *Epilepsy & behavior*, v. 6, p. 587–592, 2005.

JACKSON, A. W. e DAVIS, G. A. *Turning points 2000.* Nova York: Teachers College Press, 2000.

JACKSON, J. F. *Primary grade public schooling: A risk factor for African American children?* Ensaio apresentado em um encontro da Society for Research in Child Development, Washington, DC, abr. 1997.

JACKSON, S. L. *Statistics plain and simple.* Belmont, CA: Wadsworth, 2005.

JACOBS, H. H. *Mapping the big picture: Integrating curriculum and assessment K–12.* Alexandria, VA: Association for Supervision and Curriculum Development, 1997.

JACOBS, J. e KLACZYNSKI, P. (Eds.). *The development of judgment and decision making in children and adolescents.* Mahwah, NJ: Erlbaum, 2005.

JACOBSON, L. First in the world? *American School Board Journal*, p. 21–23, jan. 1996.

JACOBSON, L. Pre–K standards said to slight social, emotional skills. *Education week*, v. 23, Issue 42, p. 13–14, 2004.

JAFFEE, S. e HYDE, J. S. Gender differences in moral orientation: A meta-analysis. *Psychological Bulletin*, v. 126, p. 703–726, 2000.

JAMES, W. *Principles of psychology.* Nova York: Dover, 1890.

JAMES, W. *Talks to teachers.* Nova York: W. W. Norton, 1899/1993.

JENKINS, J. e JENKINS, L. Making peer tutoring work. *Educational Leadership*, v. 44, p. 64–68, 1987.

JENKINS, J. M. e ASTINGTON, J. W. Cognitive factors and family structure associated with theory of mind development in young children. *Developmental psychology*, v. 32, p. 70–78, 1996.

JENNINGS, K. D. e DEITZ, L. J. Mastery motivation. In: BORNSTEIN, M. H.; DAVIDSON, L.; KEYES, C. L. M. e MOORE, K. (Eds.). *Well-being.* Mahwah, NJ: Erlbaum, 2002.

JENSEN, A. R. How much can we boost IQ and academic achievement? *Harvard Educational Review*, v. 39, p. 1–123, 1969.

JENSEN, M. M. *Introduction to emotional and behavioral disorders.* Upper Saddle River, NJ: Prentice-Hall, 2005.

JEYNES, W. H. A meta-analysis: The effects of parental involvement on minority children's academic achievement. *Education and Urban Society*, v. 35, p. 202–218, 2003.

JOHNSEN, S. Within-class acceleration. *Gifted child today*, v.28, 5, 2005.

JOHNSON, D. W. e JOHNSON, R. T. *Teaching students to be peacemakers.* Edina, MN: Interaction, 1991.

JOHNSON, D. W. e JOHNSON, R. T. *Learning together and alone,* 4. ed. Boston: Allyn & Bacon, 1994.

JOHNSON, D. W. e JOHNSON, R. T. Why violence prevention programs don't work – and what does. *Educational leadership*, p. 63–68, fev. 1995.

JOHNSON, D. W. e JOHNSON, R. T. The three Cs of school and classroom management. In: FRIEBERG, H. J. (Ed.). *Beyond behaviorism: Changing the classroom management paradigm.* Boston: Allyn & Bacon, 1999.

JOHNSON, D. W. e JOHNSON, R. T. *Joining together: Group theory and group skills,* 7. ed. Boston: Allyn & Bacon, 2003.

JOHNSON, D. W. e JOHNSON, R. T. *Multi-cultural and human relations.* Allyn & Bacon, 2002.

JOHNSON, D. W. e JOHNSON, R. T. Cooperative learning. In: LEE, S. W. (Ed.). *Encyclopedia of school psychology.* Thousand Oaks, CA: Sage, 2005.

JOHNSON, J. S. e NEWPORT, E. L. Critical period effects on universal properties of language: The status of subjacency in the acquisition of a second language. *Cognition*, v. 39, p. 215–258, 1991.

JOHNSON, M. K.; BEEBE, T.; MORTIMER, J. T. e SNYDER, M. Volunteerism in adolescence: A process perspective. *Journal of Research on Adolescence*, v. 8, p. 309–332, 1998.

JOHNSON, V. R. *Parent centers in urban schools* (Center Report n. 23). Baltimore: Johns Hopkins University, Center on Families, Communities, Schools, and Children's Learning, 1994.

JOHNSON, W. B.; BOUCHARD, T. J.; KRUEGER, R. F.; McGUE, M. e GOTTESMAN, I. I. Just one *g*: Consistent results from three test batteries. *Intelligence*, v. 32, p. 95–107, 2004.

JOHNSON, W. B. *On being a mentor.* Mahwah, NJ: Erlbaum, 2006.

JOHNSON-LAIRD, P. Reasoning. In: KAZDIN, A. (Ed.). *Encyclopedia of psychology.* Washington, DC, & Nova York: American Psychological Association and Oxford University Press, 2000.

JOHN-STEINER, V. e MAHN, H. Sociocultural contexts for teaching and learning. In: WEINER, I. B. (Ed.). *Handbook of psychology*, v. VII. Nova York: Wiley, 2003.

JONASSEN, D. H. *Computers in the classroom: Mindtools for critical thinking.* Columbus, OH: Merrill/Prentice-Hall, 1996.

JONASSEN, D. H. *Modeling with technology,* 3. ed. Upper Saddle River, NJ: Prentice-Hall, 2006.

JONASSEN, D. H. e GRABOWSKI, B. L. *Handbook of individual differences, learning and instruction.* Mahwah, NJ: Erlbaum, 1993.

JONES, B. F.; RASMUSSEN, C. M. e MOFFITT, M. C. *Real-life problem solving.* Washington, DC: American Psychological Association, 1997.

JONES, J. M. The African American: A duality dilemma? In: LONNER, W. J. e MALPASS, R. (Eds.). *Psychology and culture.* Boston: Allyn & Bacon, 1994.

JONES, J. M. *Prejudice and racism.* 2. ed. Nova York: McGraw-Hill, 1997.

JONES, M. G. e WHEATLEY, J. Gender differences in teacher-student interactions in science classrooms. *Journal of Research in Science Teaching*, n. 27, p. 861–874, 1990.

JONES, V. e JONES, L. *Comprehensive classroom management*, 7. ed. Boston: Allyn & Bacon, 2004.

JOYCE, B.; WEIL, M. e CALHOUN, E. *Models of teaching*, 7. ed. Boston: McGraw-Hill, 2004.

JUDGE, S. *Impact of computer technology on the academic achievement of young African American children.* Ensaio apresentado em um encontro da Society for Research in Child Development. Atlanta, abr. 2005.

JUSTICE, L. M. *Communication sciences and disorders,* 5. ed. Upper Saddle River, NJ: Prentice-Hall, 2006.

JUVONEN, J.; GRAHAM, S. e SCHUSTER, M. A. Bullying among young adolescents: The strong, the weak, and the troubled. *Pediatrics*, v. 112, p. 1231–1237, 2003.

K

KABLER, P. School officials work bugs out of computer act. *Charleston Gazette*, p. C1, 14 nov. 1997.

KAFAI, Y. B. Constructivism. In: SAWYER, R. K. (Ed.). *Cambridge handbook of the learning sciences.* Nova York: Cambridge University Press, 2006.

KAGAN, J. Reflection-impulsivity and reading development in primary grade children. *Child development*, v. 36, p. 609–628, 1965.

KAGAN, J. Yesterday's promises, tomorrow's promises. *Developmental Psychology*, v. 28, p. 990–997, 1992.

KAGAN, J. Behavioral inhibition as a temperamental category. In: DAVIDSON, R. J.; SCHERER, K. R. e GOLDSMITH, H. H. (Eds.). *Handbook of affective sciences.* Nova York: Oxford University Press, 2002.

KAGAN, J. Biology, context, and developmental inquiry. *Annual Review of Psychology*, v. 54. Palo Alto, CA: Annual Reviews, 2003.

KAGAN, J. e FOX, N. A. Biology, culture, and temperamental biases. In: DAMON, W. e LERNER, R. (Eds.). *Handbook of child psychology.* 6. ed. Nova York: Wiley, 2006.

KAGAN, J. e SNIDMAN, N. Infant predictors of inhibited and uninhibited behavioral profiles. *Psychological science*, v. 2, p. 40–44, 1991.

KAGAN, S. *Cooperative learning.* San Juan Capistrano, CA: Resources for Teachers, 1992.

KAGAN, S. L. e SCOTT-LITTLE, C. Early learning standards. *Phi Delta Kappan*, v. 82, p. 388–395, 2004.

KAGITICIBASI, C. *Human development across cultures.* Mahwah, NJ: Erlbaum, 1996.

KAHNEMAN, D. e TVERSKY, A. Conflict resolution: A cognitive perspective. In: ARROW, K.; MNOOKIN, R. H.; ROSS, L.; TVERSKY, A. e WILSON, R. (Eds.). *Barriers to conflict resolution.* Nova York: Norton, 1995.

KAIL, R. Speed of information processing: Developmental change and links to intelligence. *Journal of School Psychology*, v. 38, p. 51–62, 2000.

KAIL, R. Developmental change in proactive interference. *Child development*, 73(6), p. 1703–1714, 2002.

KALTER, N. *Growing up with divorce.* Nova York: Free Press, 1990.

KAMII, C. *Young children reinvent arithmetic*: Implications of Piaget's theory. Nova York: Teachers College Press, 1985.

KAMII, C. *Young children continue to reinvent arithmetic.* Nova York: Teachers College Press, 1989.

KAMMRATH, L. K.; MENDONZA-DENTON, R. e MISCHEL, W. Incorporating if... then... personality signatures in person perception: Beyond the person-situation dichotomy. *Journal of Personality and Social Psychology*, v. 88, p. 605–618, 2005.

KANE, M. J.; HAMBRICK, D. Z.; TUHOLSKI, S. W.; WILHELM, O.; PAYNE, T. W. e ENGLE, R. W. The generality of working memory capacity: A latent-variable approach to verbal and visuospatial memory span and reasoning. *Journal of Experimental Psychology*: General, n. 133, p. 189–217, 2004.

KAPLAN, R. M. e SACCUZZO, D. P. *Psychological testing*, 6. ed. Belmont, CA: Wadsworth, 2005.

KARCHER, M. J.; ROY-CAROLSON, L.; ALLEN, C. e GIL-HERNANDEZ, D. Mentoring. In: LEE, S. W. (Ed.). *Encyclopedia of school psychology.* Thousand Oaks, CA: Sage, 2005.

KASPROW, W. J. e Outros. *New Haven Schools Social Development Project: 1992.* New Haven, CT: New Haven Public Schools, 1993.

KATZ, L. Curriculum disputes in early childhood education. *ERIC Clearinghouse on Elementary and Early Childhood Education.* Document EDO-PS-99-13, 1999.

KATZ, L. e CHARD, S. *Engaging the minds of young children*: The project approach. Norwood, NJ: Ablex, 1989.

KAUFMAN, A. S. e LICTENBERGER, E. O. *Assessing adolescent and adult intelligence.* 2. ed. Boston: Allyn & Bacon, 2002.

KAUFMAN, J. C. (Ed.). *Creative and reason in development.* Nova York: Cambridge University Press, 2006.

KAUFMANN, L. More evidence for the role of the central executive in retrieving arithmetic facts – a case study of severe developmental dyscalculia. *Journal of Clinical and Experimental Neuropsychology*, n. 24, p. 302–310, 2003.

KAUFMAN, P. Dropping out of school: Detours in the life course. In: URDAN, T. e PAJARES, F. (Eds.). *Adolescence and education.* Greenwich, CT: IAP, 2001.

KAUFFMAN, J. M. *Characteristics of emotional and behavioral disorders of children and youth,* 8. ed. Upper Saddle River, NJ: Prentice-Hall, 2005.

KAUFFMAN, J. M. e HALLAHAN, D. P. *Special education.* Boston: Allyn & Bacon, 2005.

KAUFFMAN, J. M.; McGEE, K. e BRIGHAM, M. Enabling or disabling? Observations on changes in special education. *Phi Delta Kappan*, v. 85, p. 613–620, 2004.

KAUFFMAN, J. M.; MOSTERT, M. P.; TRENT, S. C. e PULLEN, P. L. *Managing classroom behavior.* 4. ed. Boston: Allyn & Bacon, 2006.

KAVALE, K. A.; HOLDNACK, J. A. e MOSTERT, M. P. Responsiveness to intervention and the identification of specific learning disability: A critique and alternative proposal. *Learning Disability Quarterly*, v. 28, p. 2–16, 2005.

KAY, A. The Dynabook revisited: A conversation with Alan Kay. *The Book and the Computer: Exploring the Future of the Printed Word in the Digital Age*, 2005. Disponível em: <http://www.honco.net/os/kay.html>. Acesso em: 26 maio 2005.

KAZDIN, A. E. *Behavior modification in applied settings.* 6. ed. Belmont, CA: Wadsworth, 2001.

KEARNEY, B. A. *The teacher as absent presence.* Ensaio apresentado em um encontro da American Educational Research Association, Chicago, abr. 1991.

KEATING, D. P. Adolescent thinking. In: FELDMAN, S.S. e ELLIOTT, G. R. (Eds.). *At the threshold*: The developing adolescent. Cambridge, MA: Harvard University Press, 1990.

KEATING, D. P. Cognitive and brain development. In: LERNER, R. e STEINBERG, L. (Ed.). *Handbook of adolescent psychology*, 2. ed. Nova York: Wiley, 2004.

KEENAN, K.; HIPWELL, A.; DUAX, J.; STOUTHAMER-LOEBER, M. e LOBER, R. Phenomenology of depression in young girls. *Journal of the Academy of Child and Adolescent Psychiatry*, v. 43, p. 1098–1106, 2004.

KEIL, F. Cognitive science and cognitive development. In: DAMON, W. e LERNER, R. (Eds.). *Handbook of child psychology*. 6. ed. Nova York: Wiley, 2006.

KELLER, B. Panel urges new testing for teachers. *Education week*, v. 24, n. 38, p. 1–2, 25 maio 2005.

KELLER, H. *Cultures of infancy*. Mahwah, NJ: Erlbaum, 2007.

KELLOGG, R. T. *The psychology of writing*. Nova York: Oxford University Press, 1994.

KELLOGG, R. T. Writing. In: KAZDIN, A. (Ed.). *Encyclopedia of psychology*. Washington, DC e Nova York: American Psychological Association and Oxford University Press, 2000.

KEOGH, B. K. *Temperament in the classroom*. Baltimore: Brookes, 2003.

KERR, M. M. e NELSON, C. M. *Strategies for assessing behavior problems in the classroom*, 5. ed. Upper Saddle River, NJ: Prentice-Hall, 2006.

KIESS, H. O. *Statistical concepts for the behavioral sciences*. 3. ed. Boston: Allyn & Bacon, 2002.

KINCHIN, I. M.; HAY, D. B. e ADAMS, A. How a qualitative approach to concept map analysis can be used to aid learning by illustrating patterns of conceptual development. *Educational Research*, 42(1), p. 43–57, 2000.

KINDERMAN, T. A.; McCOLLAM, T. L. e GIBSON, E. Peer networks and students' classroom engagement during childhood and adolescence. In: JUVONEN, J. e WENTZEL, K. R. (Eds.). *Social motivation*. Nova York: Cambridge University Press, 1996.

KING, P. E. e BEHNKE, R. R. Problems associated with evaluating student performance in groups. *College Teaching*, v. 53, p. 57–61, 2005.

KINGINGER, C. Defining the zone of proximal development in U. S. foreign language education. *Applied Linguistics*, v. 23, p. 240–261, 2002.

KIRBY, D. School-based programs to reduce sexual risk-taking behaviors. *Journal of School Health*, v. 62, p. 280–287, 1992.

KIRSH, S. J. *Children, adolescents, and media violence*. Mahwah. NJ: Erlbaum, 2006.

KITE, M. Gender stereotypes. In: WORELL, J. (Ed.). *Encyclopedia of women and gender*. San Diego: Academic Press, 2001.

KIVEL, P. *Uprooting racism*: How White people can work for racial justice. Filadélfia: New Society, 1995.

KLACZYNSKI, P. Metacognition and cognitive variability: A two-process model of decision making and its development. In: JACOBS, J. e KLACZYNSKI, P. (Eds.). *The development of decision making*: Cognitive. sociocultural, and legal perspectives. Mahwah NJ: Erlbaum, 2005.

KLACZYNSKI, P. A. e NARASIMHAM, G. Development of scientific reasoning biases: Cognitive versus ego-protective explanations. *Developmental Psychology*, v. 34, p. 175–187, 1998.

KLAUSMEIER, H. J. Conceptual learning and development. In: CRAIGHEAD, W. E. e NEMEROFF, C. B. (Eds.). *The concise Corsini encyclopedia of psychology and behavioral sciences*. Nova York: Wiley, 2004.

KLEIN, K. e BOALS, A. Expressive writing can increase working memory capacity. *Journal of Experimental Psychology*: General, v. 130, p. 520–533, 2001.

KLENOWSKI, V.; ASKEW, S. e CARNELL, E. Portfolios for learning, assessment, and professional development in higher education. *Assessment and Evaluation in Higher Education*, v. 31, p. 267–286, 2006.

KLING, K. C.; HYDE, J. S.; SHOWERS, C. J. e BUSWELL, B. N. Gender differences in self-esteem: A meta-analysis. *Psychological Bulletin*, v. 125, p. 470–500, 1999.

KNECHT, S.; DRAEGER, B.; FLOEL, A.; LOHMANN, H.; BREITENSTEIN, C.; HENNINGSON, H. e RINGELSTEIN, E. Behavioral relevance of atypical language lateralization in healthy subjects. *Brain*, v. 124, p. 1657–1665, 2001.

KNOTEK, S. Portfolio assessment. In: LEE, S. W. (Ed.). *Encyclopedia of school psychology*. Thousand Oaks, CA: Sage, 2005.

KOEDINGER, K. R. e CORBETT. A. Cognitive tutors: Technology bringing learning sciences to the classroom. In: SAWYER, R. K. (Ed.). *The Cambridge handbook of learning sciences*. Nova York: Cambridge University Press, 2006.

KOHLBERG, L. A cognitive-developmental analysis of children's sex-role concepts and attitudes. In: MACCOBY, E. E (Ed.). *The development of sex differences*. Palo Alto, CA: Stanford University Press, 1966.

KOHLBERG, L. Moral stages and moralization: The cognitive-developmental approach. In: LICKONA, T. (Ed.). *Moral development and behavior*. Nova York: Holt, Rinehart & Winston, 1976.

KOHLBERG, L. A current statement of some theoretical issues. In: MODGIL, S. e MODGIL, C. (Eds.). *Lawrence Kohlberg*. Filadélfia: Falmer, 1986.

KOHN, A. By all available means: Cameron and Pierce's defense of extrinsic motivators. *Review of Educational Research*, v. 66, p. 5–32, 1996.

KONIDARIS, G. D. e HAYES, G. M. An architecture for behavior-based reinforcement. *Adaptive behavior*, v. 13, p. 5–32, 2005.

KORNHABER, M.; FIERROS, E. e VEENEMA, S. *Multiple intelligences*: Best ideas from research and practice. Boston: Allyn & Bacon, 2005.

KOUNIN, J. S. *Discipline and management in classrooms*. Nova York: Holt, Rinehart & Winston, 1970.

KOZOL, J. *Savage inequalities*. Nova York: Crown, 1991.

KOZOL, J. *The shame of a nation*. Nova York: Crown, 2005.

KOZULIN, A. Vygotsky's theory in the classroom: Introduction. *European Journal of Psychology of Education*, n. 19, p. 3–7, 2004.

KRAJCIK, J. S. e BLUMENFELD, P. C. Project-based learning. In: SAWYER, R. K. (Ed.). *The Cambridge Handbook of learning sciences*. Nova York: Oxford University Press, 2006.

KRANTZ, P. J. e RISLEY, T. R. *The organization of group care environments*: Behavioral ecology in the classroom. Ensaio apresentado em um encontro da American Psychological Association, Honolulu, set. 1972.

KRATHWOHL, D. R.; BLOOM, B. S. e MASIA, B. B. *Taxonomy of educational objectives. Handbook II*: Affective domain. Nova York: David McKay, 1964.

KRESS, J. S. e ELIAS, M. J. School-based social and emotional learning. In: DAMON, W. e LERNER, R. (Eds.). *Handbook of child psychology*, 6. ed. Nova York: Wiley, 2006.

KREUTZER, L. C. e FLAVELL, J. H. An interview study of childrens knowledge about memory. *Monographs of the Society for Research in Child Development*, v. 40, 1, Serial n. 159, 1975.

KROGER, J. *Identity development.* 2. ed. Thousand Oaks, CA: Sage, 2007.

KUBICK, R. J. e McLOUGHLIN, C. S. No Child Left Behind Act of 2001. In: LEE, S. W. (Ed.). *Encyclopedia of school psychology.* Thousand Oaks, CA: Sage, 2005.

KUHN, D. Metacognitive development. In: BALTER, L. e TAMIS-LEMONDA, S. (Eds.). *Child psychology: A handbook of contemporary issues.* Filadélfia: Psychology Press, 1999.

KUHN, D. *Education for thinking.* Cambridge: Harvard University Press, 2006 (no prelo).

KUHN, D. e FRANKLIN, S. The second decade: What develops, and how? In: W. Damon e R. Lerner (Eds.). *Handbook of child psychology.* 6. ed. Nova York: Wiley, 2006.

KUHN, D.; GARCIA-MILA, M.; ZOHAR, Z. e ANDERSON, C. Strategies for knowledge acquisition. *Monographs of the Society for Research in Child Development*, v. 60, 4, Serial n. 245, p. 1–127, 1995.

KUHN, D.; KATZ, J. e DEAN, D. Developing reason. *Thinking & Reasoning*, 10(2), p. 197–219, 2004.

KUHN, D.; WEINSTOCK, M. e FLATON, R. How well do jurors reason? Competence dimensions of individual variation in a juror reasoning task. *Psychological science*, v. 5, p. 289–296, 1994.

KULCZEWSKI, P. Vygotsky and the three bears. *Teaching children mathematics*, v. 11, p. 246–248, 2005.

KULIK, C. L.; KULIK, J. A. e BANGERT-DROWNS, R. L. Effectiveness of mastery learning programs: A meta-analysis. *Review of Educational Research*, v. 60, p. 265–299, 1990.

KULIK, J. A. An analysis of the research on ability grouping. *Monograph of the National Research Center on the Gifted and Talented*, N. 9204. Storrs: University of Connecticut, 1992.

KUNZMANN, R. From teacher to student: The value of teacher education for experienced teachers. *Journal of Teacher Education*, v. 54, p. 241–253, 2003.

KUPERSMIDT, J. B. e COIE, J. D. Preadolescent peer status, aggression, and school adjustment as predictors of externalizing problems in adolescence. *Child development*, v. 61, p. 1350–1363, 1990.

L

LACEY, P. The role of learning support assistants in inclusive learning of pupils with severe and profound learning difficulties. *Educational Review*, v. 53, p. 157–167, 2001.

LADD, G.; BUHS, E. e TROOP, W. School adjustment and social skills training. In: SMITH, P. K. e HART, C. H. (Eds.). *Blackwell handbook of childhood social development.* Malden, MA: Blackwell, 2004.

LADD, G. W.; HERALD, S. L. e ANDREWS, R. K. Young children's peer relations and social competence. In: SPODAK, B. e SARANCHO, O. N. (Eds.). *Handbook of research on the education of young children.* 2. ed. Mahwah, NJ: Erlbaum, 2006.

LADD, G. W. e KOCHENDERFER-LADD, B. Identifying victims of peer aggression from early to middle childhood: Analysis of cross-informant data for concordance, incidence of victimization, characteristics of identified victims, and estimation of relational adjustment. *Psychological assessment*, v. 14, p. 74–96, 2002.

LAINHART, J. E. Advances in autism neuroimaging research for the clinician and geneticist. *American Journal of Medical Genetics, C: Seminars in Medical Genetics*, n. 142, p. 33–39, 2006.

LAJOIE, S. P. e AZEVEDO, R. Teaching and learning in technology-rich environments. In: ALEXANDER, P. A. e WINNE, P. H. (Eds.). *Handbook of educational psychology*, v. 2. ed. Mahwah, NJ: Erlbaum, 2006.

LAMB, M. E. e STERNBERG, K. J. Sociocultural perspectives in nonparental childcare. In: LAMB, M. E.; STERNBERG, K. J.; HWANG, C. e BROBERG, A. G. (Eds.). *Child care in context.* Hillsdale, NJ: Erlbaum, 1992.

LAMB, M. E.; BORNSTEIN, M. e TETI, D. *Development in infancy.* 4. ed. Mahwah, NJ: Erlbaum, 2002.

LAMMERS, W. J. e BADIA, P. *Fundamentals of behavioral research.* Belmont, CA: Wadsworth, 2005.

LAMON, M.; SECULES, T.; PETROSINO, A. J.; HACKETT, R.; BRANSFORD, J. D. e GOLDMAN, S. R. Schools for thought. In: SCHAUBLE, L. e GLASER, R. (Eds.). *Innovations in learning.* Mahwah, NJ: Erlbaum, 1996.

LANDA, S. If you can't make waves, make ripples. *Intelligence Connections Newsletter of the ASCD*, X, n. 1, p. 6–8, outono 2000.

LANE, H. B. e PULLEN, P. C. *Phonological awareness assessment and instruction.* Boston: Allyn & Bacon, 2004.

LANE, K. L.; GRESHMAN, F. M. e O'SHAUGHNESSY, T. E. *Interventions for children with or at-risk for emotional and behavioral disorders.* Boston: Allyn & Bacon, 2002.

LANGHOUT, R. D.; RHODES, J. E. e OSBORNE, L. N. An exploratory study of youth mentoring in an urban context: Adolescents' perceptions of relationship styles. *Journal of Youth and Adolescence*, n. 33, p. 293–306, 2004.

LANKES, A. M. D. *Electronic portfolios: A new idea in assessment.* ERIC Document Reproduction Service N. ED390377, 1995.

LANSFORD, J. E.; MALONE, P. S.; CASTELLINO, D. R.; DODGE, K. A.; PETTIT, G. S. e BATES, J. E. Trajectories of internalizing, externalizing, and grades for children who have and have not experienced their parents' divorce or separation. *Journal of Family Psychology*, n. 20, p. 292–301, 2006.

LAPIERRE, C. Goal-attainment scaling. In: LEE, S. W. (Ed.). *Encyclopedia of school psychology.* Thousand Oaks, CA: Sage, 2005.

LAPSLEY, D. K. Moral stage theory. In: KILLEN, M. e SMETANA, J. (Eds.). *Handbook of moral development.* Mahwah, NJ: Erlbaum, 2005.

LAPSLEY, D. K. e NARVAEZ, D. Character education. In: DAMON, W. e LERNER, R. (Eds.). *Handbook of child psychology.* 6. ed. Nova York: Wiley, 2006.

LARA, L. E. *Young Latinas and their relation to the new technologies.* Ensaio apresentado em um encontro da American Educational Research Association. São Francisco, abr. 2006.

LARRIVEE, B. *Authentic classroom management.* 2. ed. Boston: Allyn & Bacon, 2005.

LARSON, R. W. How U.S. children and adolescents spend their time: What it does (and doesn't) tell us about their development: *Current Directions in Psychological Science*, v. 10, p. 160–164, 2001.

LARSON, R. W. e VERMA, S. How children and adolescents spend time across the world: Work, play, and developmental opportunities. *Psychological Bulletin*, v. 125, p. 701–736, 1999.

LARSON, R. W. e WILSON, S. Adolescence across place and time: Globalization and the changing pathways to adulthood. In: LERNER, R. e STEINBERG, L. (Eds.). *Handbook of adolescent psychology.* Nova York: Wiley, 2004.

LAZAR, L. e Outros. Lasting effects of early education. *Monographs of the Society for Research in Child Development*, v. 47, 1982.

LEAPER, C. e SMITH, T. E. A meta-analytic review of gender variations in children's language use: Talkativeness, affiliative speech, and assertive speech. *Developmental psychology*, v. 40, p. 993–1027, 2004.

LEARY, M. R. *Introduction to behavioral research methods.* 4. ed. Boston: Allyn & Bacon, 2004.

LEDERMAN, L. M. e BURNSTEIN, R. A. Alternative approaches to high-stakes testing. *Phi Delta Kappan*, v. 87, p. 429–432, 2006.

LeDOUX, J. E. *The emotional brain*. Nova York: Simon & Schuster, 1996.

LeDOUX, J. E. *The synaptic self*. Nova York: Viking, 2002.

LEE, C. D. e SLAUGHTER-DEFOE, D. Historical and sociocultural influences of African American education. In: BANKS, J. A. e BANKS, C. M. (Eds.). *Handbook of research on multicultural education*. Nova York: Macmillan, 1995.

LEE, K.; ASHTON, M. C. e SHIN, K-H. Personality correlates of workplace anti-social behavior. *Applied Psychology: An International Review*, n. 54, p. 81–97, 2005.

LEE, P. J. Putting principles into practice: Understanding history. *How students learn*. Washington, DC: National Academies Press, 2005.

LEE, R. M. Resilience against discrimination: Ethnic identity and other-group orientation as protective factors for Korean Americans. *Journal of Counseling Psychology*, n. 52, p. 36–44, 2005.

LEHR, C. A.; HANSON, A.; SINCLAIR, M. F. e CHRISTENSON, S. L. Moving beyond dropout prevention towards school completion: An integrative review of data-based interventions. *School Psychology Review*, v. 32, p. 342–364, 2003.

LEHRER, R. e SCHAUBLE, L. Scientific thinking and science literature: Supporting development in learning contexts. In: W. Damon e R. Lerner (Eds.). *Handbook of child psychology*, 6. ed. Nova York: Wiley, 2006.

LEONARD, N. H.; BEAUVAIS, L. L. e SCHOLL, R. W. A multi-level model of group cognitive style in strategic decision making. *Journal of Managerial Issues*, n. 17, p. 119–138, 2005.

LEPPER, M. R.; CORPUS, J. H. e IYENGAR, S. S. Intrinsic and extrinsic orientations in the classroom: Age differences and academic correlates. *Journal of Educational Psychology*, n. 97, p. 184–196, 2005.

LEPPER, M. R.; GREENE, D. e NISBETT, R. Undermining children's intrinsic interest with intrinsic rewards: A test of the overjustification hypothesis. *Journal of Personality and Social Psychology*, n. 28, p. 129–137, 1973.

LESAUX, N. e SIEGEL, L. The development of reading in children who speak English as a second language. *Developmental psychology*, v. 39, p. 1005–1019, 2003.

LESSER, G. Learning, teaching, and television production for children: The experience of Sesame Street. *Harvard Educational Review*, v. 42, p. 232–272, 1972.

LESSER, G. *Television and reading*: Can they still be friends? Ensaio apresentado em um no Library of Congress, Washington, DC, 15 nov. 1989.

LESSOW-HURLEY, J. *Foundations of dual language instruction*. 4. ed. Boston: Allyn & Bacon, 2005.

LEVIN, J. *The mnemonics '80s: Keywords in the classroom*. Theoretical paper N. 86. Wisconsin Research and Development Center for Individualized Schooling, Madison, 1980.

LEVY, C. M. e RANDSELL, S. (Eds.). *The science of writing*. Mahwah, NJ: Erlbaum, 1996.

LEWIS, A. C. States feel the crunch of NCLB. *Phi Delta Kappan*, p. 339–340, jan. 2005.

LEWIS, A. C. Clean up the test mess. *Phi Delta Kappan*, v. 87, p. 643–644, 2006.

LEWIS, R. Classroom discipline and student responsibility: The students' view. *Teaching and Teacher Education*, 1 v. 7, p. 307–319, 2001.

LEWIS, R. B. e DOORLAG, D. *Teaching special students in general education classrooms*, 7. ed. Upper Saddle River, NJ: Prentice-Hall, 2006.

LEWIS, V. *Developmen te and disability*, 2. ed. Malden, MA: Blackwell, 2002.

LIBEN, L. S. Psychology meets geography: Exploring the gender gap on the national geography bee. *Psychological Science Agenda*, v. 8, p. 8–9, 1995.

LIBEN, L. S. e BIGLER, R. S. The developmental course of gender differentiation. *Monographs of the Society for Research in Child Development*, 67(2), p. 1–147, 2002.

LIEDERMAN, J.; KANTROWITZ, L. e FLANNERY, K. Male vulnerability to reading disability is not likely to be a myth: A call for new data. *Journal of Learning Disabilities*, v. 38, p. 109–129, 2005.

LIMBER, S. P. Preventing violence among school children. *Family Futures*, v. 1, p. 27–28, 1997.

LIMBER, S. P. Implementation of the Olweus Bullying Prevention Program in American schools: Lessons learned from the field. In: ESPELAGE, D. L. e SWEARER, S. M. (Eds.). *Bullying in American schools*. Mahwah, NJ: Erlbaum, 2004.

LINDEN, K. W. *Cooperative learning and problem solving*. Prospect Heights, IL: Waveland Press, 1996.

LINEBARGER, D. L.; e WALKER, D. Infants' and toddlers' television viewing and language outcomes. *American Behavioral Scientist*, v. 48, p. 624–645, 2005.

LINN, R. L. Assessments and accountability. *Educational Research*, v. 29, p. 4–15, 2000.

LINN, M. C. e EYLON, B-S. Science education: Integrating views of learning and instruction. In: ALEXANDER, P. A. e WINNE, P. H. (Eds.). *Handbook of educational psychology*. 2. ed. Mahwah, NJ: Erlbaum, 2006.

LINN, M. C. e HYDE, J. S. Gender, mathematics, and science. *Educational Researcher*, v. 18, p. 17–27, 1989.

LINN, M. C.; SONGER, N. B. e EYLON, B. Shifts and convergences in science learning and instruction. In: BERLINER, D. C. e CALFEE, R. C. (Eds.). *Handbook of educational psychology*. Nova York: Macmillan, 1996.

LINN, R. L. e MILLER, M. D. *Measurement and assessment in teaching*. 9. ed. Upper Saddle River, NJ: Prentice-Hall, 2005.

LINN, R. L. e GRONLUND, N. E. *Measurement and assessment in teaching*. 8. ed. Upper Saddle River, NJ: Prentice-Hall, 2000.

LIPPA, R. A. *Gender, nature, and nurture*. 2. ed. Mahwah, NJ: Erlbaum, 2005.

LIPSITZ, J. *Successful schools for young adolescents*. New Brunswick, NJ: Transaction Books, 1984.

LITT, J.; TAYLOR, H. G.; KLEIN, N. e HACK, M. Learning disabilities in children with very low birthweight: Prevalence, neuropsychological correlates, and educational interventions. *Journal of Learning Disabilities*, n. 38, p. 130–141, 2005.

LITTON, E. F. Learning in America: The Filipino-American sociocultural perspective. In: PARK, C. e CHI, M. M. (Eds.). *Asian-American education*: Prospects and challenges. Westport, CT: Bergin & Garvey, 1999.

LOCAL Initiatives Support Corp. (LISC). LISC/NEF and One Economy launch $1 billion initiative to bridge the digital divide, ago. 2005. Disponível em: <http://www.lisc.org/whatsnew/press/ releases/2005.08.08.0.shtml. Acesso em: 19 jan. 2006.

LODEWYK, K. R. e WINNE, P. H. Relations among the structure of learning tasks, achievement, and changes in self-efficacy in secondary students. *Journal of Educational Psychology*, n. 97, p. 3–12, 2005.

LOGAN, J. *Teaching stories*. Nova York: Kodansha International, 1997.

LOHMANN, H.; DRAGER, B.; MULLER-EHRENBERG, S.; DEPPE, M. e KNECHT, S. Language lateralization in young children assessed by functional transcranial Doppler sonography. *Neuroimage*, v. 24, p. 780–790, 2005.

LoLORDO, V. M. Classical conditioning. In: KAZDIN, A. (Ed.). *Encyclopedia of psychology*. Washington, DC e Nova York: American Psychological Association e Oxford University Press, 2000.

LOTT, B. e MALUSO, D. Gender development: Social learning. In: WORELL, J. (Ed.). *Encyclopedia of women and gender*. San Diego: Academic Press, 2001.

LOWE, P. A. Normal distribution. In: LEE, S. W. (Ed.). *Encyclopedia of school psychology*. Thousand Oaks, CA: Sage, 2005.

LUBINSKI, D. Measures of intelligence: Intelligence tests. In: KAZDIN, A. (Ed.). *Encyclopedia of psychology*. Washington, DC e Nova York: American Psychological Association e Oxford University Press, 2000.

LUMSDEN, G. e LUMSDEN, D. *Communicating with credibility and confidence*. 3. ed. Belmont, CA: Thompson, 2006.

LUNA, B.; GARVER, K.; URBAN, T.; LAZAR, N. e SWEENEY, J. Maturation of cognitive processes from late childhood to adulthood. *Child development*, 75(5), p. 1357–1372, 2004.

LURIA, A. e HERZOG, E. *Gender segregation across and within settings*. Ensaio apresentado em um encontro bienal da Society for Research in Child Development, Toronto, abr. 1985.

LUSTER, T. e OKAGHI, L. (Eds.). *Parenting: An ecological perspective*, 2. ed. Mahwah, NJ: Erlbaum, 2005.

LUTZKER, J. R. e WHITAKER, D. J. The expanding role of behavior analysis and support: Current status and future directions. *Behavior modification*, v. 29, p. 575–594, 2005.

LYNN, R. Racial and ethnic differences in intelligence in the U.S. on the Differential Ability Scale. *Personality and individual differences*, v. 26, p. 271–273, 1996.

LYON, G. R. Learning disabilities. *Future of children*, v. 6(1), p. 54–76, 1996.

LYON, T. D. e FLAVELL, J. H. Young children's understanding of forgetting over time. *Child development*, v. 64, p.789–800, 1993.

LYONS, N. How portfolios can shape emerging practice. *Educational leadership*, v. 56, p. 63–67, maio 1999.

M

MA, X. Bullying in middle school: Individual an school characteristics of victims and offenders. *School Effectiveness and School Improvement*, v. 13, p. 63–89, 2002.

MAAG, J. W. Rewarded by punishment: Reflections on the disuse of positive reinforcement in schools. *Exceptional children*, v. 67, p. 173–186, 2001.

MABRY, L. Writing to the rubric: Lingering effects of traditional standardized testing on direct writing assessment. *Phi Delta Kappan*, v. 80, p. 673–679, maio 1999.

MACCOBY, E. E. *The two sexes: Growing up apart, coming together*. Cambridge, MA: Harvard University Press, 1998.

MACCOBY, E. E. Gender and group processes: A developmental perspective. *Current directions in psychological science*, v. 11, p. 54–58, 2002.

MACCOBY, E. E. e JACKLIN, C. N. *The psychology of sex differences*. Palo Alto, CA: Stanford University Press, 1974.

MacGEORGE, E. L. The myth of gender cultures: Similarities outweigh differences in men's and women's provisions of and responses to supportive communication. *Sex roles*, v. 50, p. 143–175, 2004.

MACKLEM, G. Bullying and teasing: Social power in children's groups. Nova York: Kluwer Academic, 2003.

MacLEAN, W. E. Down syndrome. In: KAZDIN, A. (Ed.). *Encyclopedia of psychology*. Washington, DC e Nova York: American Psychological Association e Oxford University Press, 2000.

MADDI, S. R. On hardiness and other pathways to resilience. *American psychologist*, v. 60, p. 261–262, 2005.

MADDUX, C. D.; JOHNSON, D. L. e WILLIS, J. W. *Educational computing*. 2. ed. Boston: Allyn & Bacon, 1997.

MADDUX, J. The power of believing you can. In: SNYDER, C. R. e LOPEZ, S. J. (Eds.). *Handbook of positive psychology*. Nova York: Oxford University Press, 2002.

MAEHR, M. L. Goal theory is *not* dead – not yet, anyway: A reflection on the special issue. *Educational Psychology Review*, v. 13, p. 177–188, 2001.

MAEL, F. A. Single-sex and coeducational schooling: Relationships to socioemotional and academic development. *Review of Educational Research*, 68 (2), p. 101–129, 1998.

MAGER, R. *Preparing instructional objectives*. 2. ed. Palo Alto, CA: Fearon, 1962.

MAGGIO, R. *The non-sexist word finder: A dictionary of gender-free usage*. Phoenix: Oryx Press, 1987.

MAGNUSSON, D. *Individual development from an interactional perspective: A longitudinal study*. Hillsdale, NJ: Erlbaum, 1988.

MAGNUSSON, S. J. e PALINSCAR, A. S. Teaching to promote the development of scientific knowledge and reasoning about light at the elementary school level. In: *How people learn*. Washington, DC: National Academies Press, 2005.

MAIDON, C. H. e WHEATLEY, J. H. *Outcomes for students using a model science curriculum*. Ensaio apresentado em um encontro da National Association of Research in Science Teaching, St. Louis, jul. 2001.

MAJOR, B.; BARR, L.; ZUBEK, J. e BABEY, S. H. Gender and self-esteem: A meta-analysis. In: SWANN, W. e LANGLOIS, J. (Eds.). *Sexism and stereotypes in modern society: The gender science of Janet Taylor Spence*. Washington, DC: American Psychological Association, 1999.

MAKI, P. L. From standardized tests to alternative methods. *Change*, 33(2), p. 28–31, 2001.

MALIK, N. M. e FURMAN, W. Practitioner review: Problems in children's peer relations: What can the clinician do? *Journal of Child Psychology and Psychiatry*, n. 34, p. 1303–1326, 1993.

MANDLER, G. Recognizing: The judgment of previous occurrence. *Psychological Review*, v. 87, p. 252–271, 1980.

MANDLER, J. M. *The origins of mind*. Nova York: Oxford University Press, 2004.

MANIS, F. R.; KEATING, D. P. e MORRISON, F. J. Developmental differences in the allocation of processing capacity. *Journal of Experimental Child Psychology*, v. 29, p. 156–169, 1980.

MANN, V. Language problems: A key to early reading problems. In: WONG, B. Y. L. (Ed.). *Learning about learning disabilities*. 2. ed. San Diego: Academic Press, 1998.

MANNING, C. F.; MOHOLE, K. e THE GOODMAN Research Group. *The Lesson One program results of a controlled pre and post study*. Manuscrito não publicado, Lesson One Foundation, Boston, MA, 2002.

MARCHAND-MARTELLA, N. E.; SLOCUM, T. A. e MARTELLA, R. C. *Introduction to direct instruction*. Boston: Allyn & Bacon, 2004.

MARCHMAN, V. e THAL, D. Words and grammar. In: TOMASELLO, M. e SLOBIN, D. I. (Eds.). *Beyond nature-nurture*. Mahwah, NJ: Erlbaum, 2005.

MARCIA, J. E. Identity in adolescence. In: ADELSON, J. (Ed.). *Handbook of adolescent psychology*. Nova York: Wiley, 1980.

MARCIA, J. E. Optimal development from an Eriksonian perspective. In: FRIEDMAN, H. S. (Ed.). *Encyclopedia of mental health*, v. 2. San Diego: Academic Press, 1998.

MARCOVITCH, H. Use of stimulants for attention deficit hyperactivity disorder: AGAINST. *British Medical Journal*, n. 329, p. 908–909, 2004.

MARKLEIN, M. B. An eye-level meeting of the minds. *USA Today*, p. 9D, 24 nov. 1998.

MARKMAN, A. e GENTNER, D. Learning and reasoning. *Annual Review of Psychology*, v. 51. Palo Alto, CA: Annual Reviews, 2001.

MARSHALL, H. H. Implications of differentiating and understanding constructivist approaches. *Educational psychologist*, v. 31, p. 240–243, 1996.

MARTIN, J. Social cultural perspectives in educational psychology. In: ALEXANDER, P. A. e WINNE, P. H. (Eds.). *Handbook of educational psychology*. 2. ed. Mahwah, NJ: Erlbaum, 2006.

MARTIN, C. L. e DINELLA, L. Gender development: Gender schema theory. In: WORELL, J. (Ed.). *Encyclopedia of women and gender*. San Diego: Academic Press, 2001.

MARTIN, C. L. e HALVERSON, C. F. A schematic processing model of sex typing and stereotyping in children. *Child development*, v. 52, p. 1119–1134, 1981.

MARTIN, C. L.; RUBLE, D. N. e SZKRYBALO, J. Cognitive theories of early gender development. *Psychological Bulletin*, v. 128, p. 903–933, 2002.

MARTIN, G. e PEAR, J. *Behavior modification*, 7. ed. Upper Saddle River, NJ: Prentice Hall, 2002.

MARTIN, G. L. e PEAR, J. *Behavior modification*. 8. ed. Upper Saddle River, NJ: Prentice-Hall, 2007.

MARTIN, R.; SEXTON, C.; FRANKLIN, T. e GERLOVICH, J. *Teaching science for all children*. 5. ed. Boston: Allyn & Bacon, 2005.

MARTON, F.; HOUNSELL, D. J. e ENTWISTLE, N. J. *The experience of learning*. Edinburgh: Scottish Academic Press, 1984.

MARTORELLA, P. *Teaching social studies in middle and secondary schools*. 3. ed. Upper Saddle River, NJ: Merrill, 2001.

MARX, D. M. e STAPEL, D. A. Distinguishing stereotype threat from priming effects: on the role of the social self and threat-based concerns. *Journal of Personality and Social Psychology*, n. 91, p. 243–254, 2006.

MARZANO, R. J. e KENDALL, J. S. *The new taxonomy of educational objectives*. 2. ed. Thousand Oaks, CA: Corwin Press, 2006.

MASLOW, A. H. *Motivation and personality*. Nova York: Harper & Row, 1954.

MASLOW, A. H. *The farther reaches of human nature*. Nova York: Viking Press, 1971.

MASTEN, A. S. Peer relationships and psychopathology in developmental perspective: Reflections on progress and promise. *Journal of Clinical Child and Adolescent Psychology*. v. 34, p. 87–92, 2005.

MASTROPIERI, M. A. e SCRUGGS, T. E. *Inclusive classroom*, 3. ed. Upper Saddle River, NJ: Prentice-Hall, 2007.

MATHER, N. e GREGG, N. Assessment and the Woodcock-Johnson III. In: ANDREWS, J. W.; SAKLOFSKE, D. H. e JANZEN, H. L. (Eds.). *Handbook of psychoeducational assessment*. San Diego: Academic Press, 2001.

MATHES, P. G.; DENTON, C. A.; FLETCHER, J. M.; ANTHONY, J. L.; FRANCIS, D. J. e SCHATSCHNEIDER, C. The effects of theoretically different instruction and student characteristics on the skills of struggling readers. *Reading Research Quarterly*, v. 40, p. 148–182, 2005.

MATHES, P. G.; HOWARD, J. K.; ALLEN, S. H. e FUCHS, D. Peer-assisted learning strategies for first-grade readers: Responding to the needs of diverse learners. *Reading Research Quarterly*, v. 33, p. 62–94, 1998.

MATHES, P. G.; TORGESEN, J. K. e ALLOR, J. H. The effects of peer-assisted literacy strategies for first-grade readers with and without additional computer-assisted instruction in phonological awareness. *American Educational Research Journal*, v. 38, p. 371–410, 2001.

MATLIN, M. *Cognition*, 6. ed. Nova York: Wiley, 2005.

MATSUMOTO, D. *Culture and psychology*. 3. ed. Belmont, CA: Wadsworth, 2004.

MATTHEWS, G.; ZEIDNER, M. e ROBERTS, R. D. Models of personality and affect for education: A review and synthesis. In: ALEXANDER, P. A. e WYNNE, P. H. (Eds.). *Handbook of educational psychology*. 2. ed. Mahwah, NJ: Erlbaum, 2006.

MATUSOV, E.; BELL, N. e ROGOFF, B. *Schooling as a cultural process*: Working together and guidance by children from schools differing in collaborative practices. Manuscrito não publicado, Department of Psychology, University of California at Santa Cruz, 2001.

MAXIM, G. W. *Dynamic social studies for constructivist classrooms*. 8. ed. Upper Saddle River, NJ: Prentice-Hall, 2006.

MAY, F. B. *Teaching reading creatively*: Reading and writing as communication. 7. ed. Upper Saddle River, NJ: Prentice-Hall, 2006.

MAY, M. San Leandro kids lap up their lessons. *San Francisco Chronicle*, p. A1, 24, 21 nov. 2001.

MAYER, J. D.; SALOVEY, P. R. e CARUSO, D. R. *Mayer–Salovey–Caruso Emotional Intelligence Test, MSCEIT: User's Manual*. Toronto, Ontário, Canadá: Multi-Health Systems, 2002.

MAYER, J. D.; SALOVEY, P. e CARUSO, D. R. Emotional intelligence: Theory, findings and implications. *Psychological inquiry*, v. 15, p. 197–215, 2004.

MAYER, J. D.; SALOVEY, P. R. e CARUSO, D. R. What is emotional intelligence and what does it predict? In: KYLLONEN, P. C.; ROBERTS, R. D. e STANKOV, L. (Eds.). *Extending intelligence*. Mahwah, NJ: Erlbaum, 2006.

MAYER, R. E. Multimedia learning: Are we asking the right questions? *Educational psychologist*, v. 32, p. 1–19, 1997.

MAYER, R. E. *The promise of educational psychology*. Upper Saddle River, NJ: Prentice-Hall, 1999.

MAYER, R. E. Problem solving. In: RUNCO, M. A. e PRITZKER, S. (Eds.). *Encyclopedia of psychology*. San Diego: Academic Press, 2000.

MAYER, R. E. *The promise of educational psychology*: Teaching for meaningful learning, v. 2. Upper Saddle River, NJ: Prentice-Hall, 2002.

MAYER, R. E. Should there be a three-strike rule against pure discovery learning? *American psychologist*, v. 59, p. 14–19, 2004.

MAYER, R. E. Teaching of subject matter. *Annual Review of Psychology*, v. 55. Palo Alto, CA: Annual Reviews, 2004.

MAYER, R. E. e WITTROCK, M. C. Problem-solving transfer. In: BERLINER, D. C. e CALFEE, R. C. (Eds.). *Handbook of educational psychology*. Nova York: Macmillan, 1996.

MAYER, R. E. e WITTROCK, M. C. Problem solving. In: ALEXANDER, P. A. e WINNE, P. H. (Eds.). *Handbook of educational psychology*. 2. ed. Mahwah, NJ: Erlbaum, 2006.

MAZUR, J. E. *Learning and behavior*. 5. ed. Upper Saddle River, NJ: Prentice-Hall, 2002.

MAZUR, J. E. Heuristics and general principles of learning. *Behavioural processes*, v. 69, p. 137–138, 2005.

MAZUREK, K.; WINZER, M. A. e MAJOREK, C. *Education in a global society*. Boston: Allyn & Bacon, 2000.

McADOO, H. P. African-American parenting. In: BORNSTEIN, M. H. (Ed.). *Handbook of parenting*, 2. ed. Mahwah, NJ: Erlbaum, 2002.

McBURNEY, D. H. e WHITE, T. L. *Research methods*. 7. ed. Belmont, CA: Wadsworth, 2007.

McCARTHEY, S. Opportunities and risks of writing from personal experience. *Language Arts*, v. 71, p. 182–191, 1994.

McCARTY, F.; ABBOTT-SHIM, M. e LAMBERT, R. The relationship between teacher beliefs and practices and Head Start classroom quality. *Early Education & Development*, v. 12, p. 225–238, 2001.

McCLINTOCK, R. *The Educator's Manifesto: Renewing the Progressive Bond with Posterity through the Social Construction of Digital Learning Communities*. Nova York: Institute

For Learning Technologies, Teachers College, Columbia University, 1999. Disponível em <http://www.ilt.columbia.edu/publications/manifesto/contents.html>. Acesso em: 21 mar. 2005.

McCOMBS, B. L. *What do we know about learners and learning? The learner-centered framework.* Ensaio apresentado em um encontro da American Educational Research Association, Seattle, abr. 2001.

McCOMBS, B. L. e QUIAT, M. A. *Development and validation of norms and rubrics for the Grades K–5 assessment of learner-centered principles, ALCP surveys.* Manuscrito não autorizado, University of Denver Research Institute, Denver, 2001.

McCORMICK, C. B. e PRESSLEY, M. *Educational psychology.* Nova York: Longman, 1997.

McCRAE, R. R. e COSTA, P. T. *Personality in adulthood.* 2. ed. Nova York: Guilford, 2003.

McCRAE, R. R. e COSTA, P. T. Cross-cultural perspectives on adult personality trait development. In: MROCZEK, D. K. e LITTLE, T. D. (Eds.). *Handbook of personality development.* Mahwah, NJ: Erlbaum, 2006.

McCRORY, E. J.; MECHELLI, A.; FRITH, U. e PRICE, C. J. More than words: A common neural basis for reading and naming deficits in developmental dyslexia. *Brain,* v. 128, p. 261–267, 2005.

McDONALD, B. A.; LARSON, C. D.; DANSEREAU, D. I. e SPURLIN, J. E. Cooperative dyads: Impact on text learning and transfer. *Contemporary educational psychology,* v. 10, p. 369–377, 1985.

McDONNELL, J. M.; MATHOT-BUCKNER, C.; THORSON, N. e FITER, S. Supporting the inclusion of students with moderate and severe learning disabilities in junior high general education classes. *Education and treatment of children,* v. 24, p. 141–160, 2001.

McKELVIE, S. J. e DRUMHELLER, A. The availability heuristic with famous names: A replication. *Perceptual and motor skills,* v. 92, p. 507–516, 2001.

McKINLEY, D. W.; BOULET, J. R. e HAMBLETON, R. K. *Standard-setting for performance-based assessment.* Ensaio apresentado em um encontro da American Educational Research Association, New Orleans, ago. 2000.

McLAREN, P. *Life in schools.* 5. ed. Boston: Allyn & Bacon, 2007.

McLOYD, V. C. Children in poverty: Development, public policy, and practice. In: DAMON, W. (Ed.). *Handbook of child psychology.* 5. ed. Nova York: Wiley, v. 4, 1998.

McLOYD, V. C. Poverty. In: KAZDIN, A. (Ed.). *Encyclopedia of psychology.* Washington, DC e Nova York: American Psychological Association e Oxford University Press, 2000.

McLOYD, V. C. Pathways to academic achievement among children from immigrant families: a commentary. In: COOPER, C. R.; COLL, C. T. G.; BARTKO, W. T.; DAVIS, H. M., e CHATMAN, C. (Eds.). *Developmental pathways through middle childhood.* Mahwah, NJ: Erlbaum, 2005.

McLOYD, V. C.; AIKENS, N. L. e BURTON, L. M. Childhood poverty, policy, and practice. In: DAMON, W. e LERNER, R. (Eds.). *Handbook of child psychology.* 6. ed. Nova York: Wiley, 2006.

McLOYD, V. C. e SMITH, J. Physical discipline and behavior problems in African American, European American, and Hispanic children: Emotional support as a moderator. *Journal of Marriage and the Family,* v. 64, p. 40–53, 2002.

McMAHON, S. I. Student-led book clubs: Traversing a river of interpretation. *New Advocate,* v. 7, p. 109–125, 1994.

McMAHON, S. I.; RAPHAEL, T. E. e GOATLEY, V. J. Changing the context for classroom reading instruction: The Book Club project. In: BROPHY, J. (Ed.). *Advances in research on teaching.* Greenwich, CT: JAI Press, 1995.

McMILLAN, J. H. *Classroom assessment.* Boston: Allyn & Bacon, 1997.

McMILLAN, J. H. *Essential assessment concepts for teachers and administrators.* Thousand Oaks, CA: Corwin Press, 2002.

McMILLAN, J. H. *Educational research.* 4. ed. Boston: Allyn & Bacon, 2004.

McMILLAN, J. H. *Classroom assessment.* 4. ed. Boston: Allyn & Bacon, 2007.

McMILLAN, J. H. e SCHUMACHER, S. *Research in education: Evidence based inquiry.* 6. ed. Boston: Allyn & Bacon, 2006.

McMILLAN, J. H. e WERGIN, J. F. *Understanding and evaluating educational research.* 2. ed. Upper Saddle River, NJ: Prentice-Hall, 2002.

McNALLY, D. *Even eagles need a push.* Nova York: Dell, 1990.

McNEIL, D. Systematic desensitization. In: KAZDIN, A. (Ed.). *Encyclopedia of psychology.* Washington, DC e Nova York: American Psychological Association e Oxford University Press, 2000.

McNERGNEY, R. F. e McNERGNEY, J. M. *Education: The practice and profession of teaching.* 5. ed. Boston: Allyn & Bacon, 2007.

McRAE, S. J. The diagnostic evaluation of pulmonary embolism. *American Heart Hospital Journal.* n. 3, p. 14–20, 2005.

McWHORTER, K. T. *Vocabulary simplified.* 2. ed. Boston: Allyn & Bacon, 2006.

MEANS, B. Prospects for transforming schools with technology-supported assessment. In: SAWYER, R. K. (Ed.). *The Cambridge handbook of the learning sciences.* Nova York: Cambridge University Press, 2006.

MEBERG, A. e BROCH, H. Etiology of cerebral palsy. *Journal of Perinatal Medicine,* n. 32, p. 434–439, 2004.

MEECE, J. L.; ANDERMAN, E. M. e ANDERMAN, L. H. Classroom goal structures, student motivation, and academic achievement. *Annual Review of Psychology,* v. 57. Palo Alto, CA: Annual Reviews, 2006.

MEECE, J. L. e KURTZ-COSTES, B. Introduction: The schooling of ethnic minority children. *Educational Psychologist,* 36, p. 57–66, 2001.

MEECE, J. L. e SCANTLEBURY, K. Gender and schooling: Progress and persistent barriers. In: WORELL, J. e GOODHEART, C. D. (Eds.). *Handbook of girls and womens psychological health.* Nova York: Oxford University Press, 2006.

MEICHENBAUM, D. Cognitive behavior modification. In: KANFER, F. H. e GOLDSTEIN, A. P. (Eds.). *Helping people change: A handbook of methods.* Nova York: Pergamon, 1993.

MEICHENBAUM, D. e BUTLER, L. Toward a conceptual model of the treatment of test anxiety: Implications for research and treatment. In: SARASON, I. G. (Ed.). *Test anxiety.* Mahwah, NJ: Erlbaum, 1980.

MEICHENBAUM, D.; TURK, D. e BURSTEIN, S. The nature of coping with stress. In: SARASON, I. e SPIELBERGER, C. (Eds.). *Stress and anxiety.* Washington, DC: Hemisphere, 1975.

MEIER, S. L.; RICH, B. S. e CADY, J. A. Teachers' use of rubrics to score non-traditional tasks: Factors related to discrepancies in scoring. *Assessment in education,* v. 13, p. 69–95, 2006.

MEIJER, J. e ELSHOUT, J. J. The predictive and discriminant validity of the zone of proximal development. *British Journal of Educational Psychology,* n. 71, p. 93–113, 2001.

MELBY, L. C. *Teacher efficacy and classroom management: A study of teacher cognition, emotion, and strategy usage associated with externalizing student behavior.* Ph.D. dissertation, University of California at Los Angeles, 1995.

MENN, L. e STOEL-GAMMON, C. Phonological development: Learning sounds and sound patterns. In: GLEASON, J. Berko

(Ed.). *The development of language.* 6. ed. Boston: Allyn & Bacon, 2005.

MERCER, C. D. e PULLEN, P. C. *Students with learning disabilities.* 6. ed. Upper Saddle River, NJ: Prentice-Hall, 2005.

MERENDA, P. Cross-cultural adaptation of educational and psychological testing. In: HAMBLETON, R. K.; MERENDA, P. F. e SPIELBERGER, C. D. (Eds.). *Adapting educational and psychological tests for cross-cultural assessment.* Mahwah, NJ: Erlbaum, 2004.

MERTLER, C. A. e CHARLES, C. M. *Introduction to educational research.* 5. ed. Boston: Allyn & Bacon, 2005.

METZ, E. C. e YOUNISS, J. Longitudinal gains in civic development through school-based required service. *Political psychology*, v. 26, p. 413–437, 2005.

METZ, K. E. Children's understanding of scientific inquiry: Their conceptualization of uncertainty in investigations of their own design. *Cognition and instruction*, 22(2), p. 219–290, 2004.

METZGER, M. Maintaining a life. *Phi Delta Kappan*, v. 77, p. 346–351, jan. 1996.

MEZZACAPPA, E. Alerting, orienting, and executive attention: Developmental properties and socioeconomic correlates in an epidemiological sample of young, urban children. *Child development*, v. 75, p. 1373–1386, 2004.

MICHAEL, W. Guilford's view. In: RUNCO, M. A. e PRITZKER, S. (Eds.). *Encyclopedia of creativity.* San Diego: Academic Press, 1999.

MICHAELS, S. Narrative presentations: An oral preparation for literacy with first graders. In: COOK-GUMPERZ, J. (Ed.). *The social construction of literacy.* Nova York: Cambridge University Press, 1986.

MIDDLETON, J. e GOEPFERT, P. *Inventive strategies for teaching mathematics.* Washington, DC: American Psychological Association, 1996.

MIDGLEY, C. A goal theory perspective on the current status of middle level schools. In: URDAN, T. e PAJARES, F. (Eds.). *Is adolescence here to stay?* Greenwich, CT: IAP, 2001.

MIDGLEY, C.; ANDERMAN, E. e HICKS, L. Differences between elementary school and middle school teachers and students: A goal theory approach. *Journal of Early Adolescence*, n. 15, p. 90–113, 1995.

MIHOLIC, V. An inventory to pique students' metacognitive awareness of reading strategies. *Journal of Reading*, n. 38, p. 84–86, 1994.

MILLER, C. F. e RUBLE, D. N. Developmental changes in the accessibility of gender stereotypes. Manuscrito não publicado, Department of Psychology, Nova York University, 2005.

MILLER, G. A. The magical number seven, plus or minus two: Some limits on our capacity for information processing. *Psychological Review*, v. 48, p. 337–442, 1956.

MILLER, J. W. *Using educational technologies to promote vocabulary development among heterogeneously-grouped fifth graders.* Manuscrito não publicado, Harvard University, Boston, 2001.

MILLER, K. F. Representational tools and conceptual change: The young scientist's tool kit. *Journal of Applied Developmental Psychology*, n. 21, p. 21–25, 2000.

MILLER, L. K. *Principles of everyday behavior analysis.* 4. ed. Belmont, CA: Wadsworth, 2006.

MILLER, N. e HARRINGTON, H. J. A situational identity perspective on cultural diversity and teamwork in the classroom. In: SHARAN, S. (Ed.). *Cooperative learning: Theory and research.* Nova York: Praeger, 1990.

MILLER, P. H. How best to utilize a deficiency: A commentary on Water's "Memory strategy development". *Child development*, v. 71, p. 1013–1017, 2000.

MILLER-JONES, D. Culture and testing. *American psychologist*, v. 44, p. 360–366, 1989.

MILSOM, A. e GALLO, L. L. Bullying in middle schools: Prevention and intervention. *Middle School Journal*, n. 37, p. 12–19, 2006.

MINDHAM, C. Creativity and the young child. *Early Years: Journal of International Research & Development*, n. 25, p. 81–84, 2005.

MINSTRELL, J. e KRAUS, P. Guided inquiry in the science classroom. In: DONOVAN, M. S. e BRANSFORD, J. D. (Eds.). *How students learn.* Washington, DC: National Research Council, 2005.

MINUCHIN, P. P. e SHAPIRO, E. K. The school as a context for social development. In: MUSSEN, P. H. (Ed.). *Handbook of child psychology.* 4. ed. Nova York: Wiley, v. 4, 1983.

MITCHELL, M. L. e JOLLEY, J. M. *Research designs explained.* 6. ed. Belmont, CA: Wadsworth, 2007.

MIYAKE, A. Comentário. In: CARPENTER, S. A new reason for keeping a diary. *Monitor on psychology*, v. 32, p. 68–70, set. 2001.

MOATS, L. Relevance of neuroscience to effective education for students with reading and other learning disabilities. *Journal of Child Neurology*, n. 19, p. 840–845, 2004.

MOLINA, I. A.; DULMUS, C. N. e SOWERS, K. M. Secondary prevention for youth violence: A review of selected school-based programs. *Brief Treatment and Crisis Intervention*, v. 5, p. 1–3, 2005.

MOLL, L. C. e GONZÁLEZ, N. Engaging life: A funds of knowledge approach to multicultural education. In: BANKS, J. A. e BANKS, C. A. M. (Eds.). *Handbook of research on multicultural education.* 2. ed. São Francisco: Jossey-Bass, 2004.

MOLL, L. C.; TAPIA, J. e WHITMORE, K. Living knowledge: The social distribution of cultural resources for thinking. In: SALOMON, G. (Ed.). *Distributed cognitions: Psychological and educational considerations.* Cambridge: Cambridge University Press, 1993.

MONTEITH, M. Prejudice. In: KAZDIN, A. (Ed.). *Encyclopedia of psychology.* Washington, DC e Nova York: American Psychological Association e Oxford University Press, 2000.

MONUTEAUX, M. C.; FARAONE, S. V.; HERZIG, K.; NAVSARIA, N. e BIEDERMAN, J. ADHD and dyscalculia: Evidence for independent familial transmission. *Journal of Learning Disabilities*, v. 38, p. 86–93, 2005.

MOORE, K. D. *Classroom teaching skills.* 4. ed. Nova York: McGraw-Hill, 1998.

MORAN, S. e GARDNER, H. Extraordinary achievements. In: DAMON, W. e LERNER, R. (Eds.). *Handbook of child psychology.* 6. ed. Nova York: Wiley, 2006.

MORGAN, N. e SAXTON, J. *Teaching, questioning, and learning.* Nova York: Routledge, 1991.

MORRIS, P. e KALIL, A. Out-of-school time use during middle childhood in a low-income sample: do combinations of activities affect achievement and behavior? In: HUSTON, A. C. e RIPKE, M. N. (Eds.). *Developmental contexts in middle childhood.* Nova York: Cambridge University Press, 2006.

MORRISON, G. *Teaching in America.* 4. ed. Boston: Allyn & Bacon, 2006.

MORRISON, G. R. e LOWTHER, D. L. *Integrating computer technology into the classroom.* 3. ed. Upper Saddle River, NJ: Prentice-Hall, 2005.

MORROW, L. *Literacy development in the early years.* 5. ed. Boston: Allyn & Bacon, 2005.

MOSELEY, D.; BAUMFIELD, V.; ELLIOTT, J.; HIGGINS, S.; MILLER, J.; NEWTON, D. P. e GREGSON, M. *Frameworks for thinking.* Nova York: Cambridge University Press, 2006.

MOYER, J. R. e DARDIG, J. C. Practical task analysis for teachers. *Teaching exceptional children*, v. 11, p.16–18, 1978.

MROCZEK, D. K. e LITTLE, T. D. (Eds.). *Handbook of personality development.* Mahwah, NJ: Erlbaum, 2006.

MULE, M. *Technology for inclusion.* 4. ed. Boston: Allyn & Bacon, 2003.

MULLIS, I. V. S. *Using TIMSS to gain new perspectives about different school organizations and policies.* Ensaio apresentado em um encontro da American Educational Research Association, Montreal, abr. 1999.

MUNAKATA, Y. Information processing approaches to development. In: DAMON, W. e LERNER, R. (Eds.). *Handbook of child psychology.* 6. ed. Nova York: Wiley, 2006.

MURDOCK, T. B. The social context of risk: Status and motivational predictors of alienation in middle school. *Journal of Educational Psychology*, n. 91, p. 62–75, 1999.

MURNANE, R. J. e LEVY, F. *Teaching the new basic skills.* Nova York: Free Press, 1996.

MURPHY, K. e SCHNEIDER, B. Coaching socially rejected adolescents regarding behaviors used by peers to infer liking: A dyad-specific intervention, *Journal of Early Adolescence*, n. 14, p. 83–95, 1994.

MURPHY, P. K. e MASON, L. Changing knowledge and beliefs. In: ALEXANDER, P. A. e WINNE, P. H. (Eds.). *Handbook of educational psychology.* 2. ed. Mahwah, NJ: Erlbaum, 2006.

MURPHY, R. A.; BAKER, A. G. e FOUGUET, N. Relative validity effects with either one or two more valid cues in Pavlovian and instrumental conditioning. *Journal of Experimental Psychology*: Animal Processes, n. 27, p. 59–67, 2001.

MURRAY, H. A. *Explorations in personality.* Cambridge, MA: Harvard University Press, 1938.

MURRELL, A. J. Discrimination. In: KAZDIN, A. (Ed.). *Encyclopedia of psychology.* Washington, DC e Nova York: American Psychological Association and Oxford University Press, 2000.

MYERS, D.; BAER, W. e CHOI, S. The changing problem of overcrowded housing. *Journal of the American Planning Association*, n. 62, p. 66–84, 1996.

MYERSON, J.; RANK, M. R.; RAINES, F. Q. e SCHNITZLER, M. A. Race and general cognitive ability: The myth of diminishing returns in education. *Psychological science*, v. 9, p.139–142, 1998.

MYERS-WALLS, J. A. e FRIAS, L. Family, school, and community: Finding green lights at the intersection. In: TRASK, B. S. e HARMON, R. R. (Eds.) *Cultural diversity and families.* Thousand Oaks, CA: Sage, 2007.

MYTTON, J.; DIGUISEPPI, C.; GOUGH, D.; TAYLOR, R. e LOGAN, S. School-based secondary programs for preventing violence. *Cochrane Database System Review*, v. 3, CD004606, 2006.

N

NAASP. Students say: What makes a good teacher? *Schools in the Middle*, p. 15–17, maio/jun. 1997.

NAEYC. *Early learning standards: Creating the conditions for success.* Washington, DC: National Association for the Education of Young Children, 2002.

NAGY, W. Why vocabulary development needs to be long-term and comprehensive. In: HIEBERT, E. H. e KAMIL, M. L. (Eds.). *Teaching and learning vocabulary.* Mahwah, NJ: Erlbaum, 2005.

NAGY, W.; BERNINGER, V.; ABBOTT, R.; VAUGHAN, K. e VERMEULIN. K. Relationship of morphology and other language skills to literacy skills in at-risk second graders and at-risk fourth grade writers. *Journal of Educational Psychology*, 95, p. 730–742, 2003.

NAGY, W. E. e SCOTT, J. A. Vocabulary processes. In: KAMIL, M. L.; MOSENTHAL, P. B.; PEARSON, P. D., e BARR, R. (Eds.). *Handbook of reading research*, v. 3. Mahwah, NJ: Erlbaum, 2000.

NAKAMURA, J. e CSIKSZENTMIHALYI, M. The concept of flow. In: SNYDER, C. R. e LOPEZ, S. J. (Eds.). *Handbook of positive psychology.* Nova York: Oxford University Press, 2002.

NANSEL, T. R.; OVERPECK, M.; PILLA, R. S.; RUAN, W. J.; SIMONS-MORTON, B. e SCHEIDT, P. Bullying behaviors among U.S. youth: Prevalence and association with psychosocial adjustment. *Journal of the American Medical Association*, v. 285, p. 2094–2100, 2001.

NARDI, P. M. *Doing survey research*, 2. ed. Boston: Allyn & Bacon, 2006.

NASH, J. M. Fertile minds. *Time*, p. 50–54, fev. 1997.

NASIR, N. S.; ROSEBERY, A. S.; WARREN. B. e LEE, C. D. Learning as a cultural process: Achieving equity through diversity. In: SAWYER, R. K. (Ed.). *The Cambridge handbook of learning sciences.* Nova York: Cambridge University Press, 2006.

NATHAN, M. J. e PETROSINO, A. J. Expert blind spot among preservice teachers. *American Educational Research Journal*, 40(4), p. 905–928, 2003.

NATIONAL Assessment of Educational Progress. *National report: 1998.* Washington, DC: National Center for Educational Statistics, 1998.

NATIONAL Assessment of Educational Progress. *The nations report card.* Washington, DC: National Center for Educational Statistics, 2000.

NATIONAL Assessment of Educational Progress. *The nation's report card. National report: 2001.* Washington, DC: National Center for Educational Statistics, 2001.

NATIONAL Assessment of Educational Progress. *The nations report card.* Washington, DC: National Center for Education Statistics, 2002.

NATIONAL Assessment of Educational Progress. *The nation's report card: 2005.* Washington, DC: National Center for Educational Statistics, 2005.

NATIONAL Association for the Education of Young Children. NAEYC position statement: Responding to linguistic and cultural diversity – Recommendations for effective early childhood education. *Young Children*, v. 51, p. 4–12, 1996.

NATIONAL Center for Education Statistics. *School-family linkages.* Washington, DC: U.S. Department of Education, 1997.

NATIONAL Center for Education Statistics. *Dropout rates in the United States*: 2000. Washington, DC: U.S. Department of Education, 2001.

NATIONAL Center for Education Statistics. *Digest of Education Statistics 2002.* Washington, DC: Author, 2002.

NATIONAL Center for Education Statistics. *Digest of Education Statistics, Table 52.* Washington, DC: Author, 2003.

NATIONAL Center for Education Statistics. *Contexts of elementary and secondary education.* Washington, DC: Author, 2005.

NATIONAL Center for Education Statistics. *Internet access in U.S. public schools.* Washington, DC: U.S. Department of Education, 2005.

NATIONAL Center for Education Statistics. *Children with disabilities in public schools.* Washington, DC: U.S. Department of Education, 2006.

NATIONAL Center for Learning Disabilities. *Learning disabilities*, 2006. Disponível em: <http://www.ncld.org/>. Acesso em: 6 mar. 2006.

NATIONAL Commission on the High School Senior Year. *Youth at the crossroads: Facing high school and beyond.* Washington, DC: The Education Trust, 2001.

NATIONAL Council for the Social Studies, NCSS. *Expectations of excellence: Curriculum standards for social studies.* Waldorf, MD: NCSS, 1994.

NATIONAL Council for the Social Sciences, NCSS. *National standards for social studies teachers.* Baltimore: NCSS, 2000.

NATIONAL Council of Teachers of English/International Reading Association, NCTE/IRA. *Standards for the English Language Arts*. Urbana, IL: National Council of Teachers of English, 1996.

NATIONAL Council of Teachers of Mathematics. *Principles and standards for school mathematics*. Reston, VA: Author, 2000.

NATIONAL Institute of Mental Health. *Autism spectrum disorders (pervasive developmental disorders*, 2006. Disponível em: <http://www.nimh.nih.gov/publicat/autism.com>. Acesso em: 8 abr. 2006.

NATIONAL Reading Panel. *Teaching children to read*. Washington, DC: National Institute of Child Health and Human Development, 2000.

NATIONAL Research Council. *How people learn*. Washington, DC: National Academic Press, 1999.

NATIONAL Research Council. *Knowing what students know*. Washington, DC: National Academic Press, 2001.

NATIONAL Research Council. *Engaging schools: Fostering high school students' motivation to learn*. Washington, DC: National Academic Press, 2004.

NATIONAL Research Council. *How students learn*. Washington, DC: National Academic Press, 2005.

NEIL, M. Preparing teachers to beat the agonies of NCLB, 2006. Disponível em: www.eddigest.com. Acesso em: 3 ago. 2006.

NEISSER, U.; BOODOO, G.; BOUCHARD, T. J.; BOYKIN, A. W.; BRODY, N.; CECI, S. J.; HALPERN, D. F.; LOEHLIN, J. C.; PERLOFF, R.; STERNBERG, R. J. e URBINA, S. Intelligence: Knowns and unknowns. *American psychologist*, v. 51, p. 77–101, 1996.

NELSON, C. A.; THOMAS, K. M. e de HAAN, M. Neural bases of cognitive development. In: DAMON, W. e LERNER, R. (Eds.). *Handbook of child psychology*. 6. ed. Nova York: Wiley, 2006.

NELSON, K. Development of representation in childhood. In: BIALYSTOK, E. e CRAIK, F. I. M. (Eds.). *Lifespan cognition*. Nova York: Oxford University Press, 2006.

NESBIT, J. C. e HADWIN, A. F. Methodological issues in educational psychology. In: ALEXANDER, P. A. e WINNE, P. H. (Eds.). *Handbook of educational psychology*. 2. ed. Mahwah, NJ: Erlbaum, 2006.

NEUGARTEN, B. L. *Policy issues for an aging society*. Ensaio apresentado em um encontro da American Psychological Association, Atlanta, ago. 1988.

NEUKRUG, E. S. e Fawcett, C. *Essentials of testing and assessment*. Belmont, CA: Wadsworth, 2006.

NEWBY, T. J.; STEPICH, D.; LEHMAN, J. e RUSSELL, J. D. *Educational technology for teaching and learning*. 3. ed. Upper Saddle River, NJ: Erlbaum, 2006.

NEWMAN, R. S. What do I need to succeed?... When I don't understand what I'm doing!?: Developmental influences on students' adaptive help seeking. In: WIGFIELD, A. e ECCLES, J. S. (Eds.). *Development of achievement motivation*. San Diego: Academic Press, 2002.

NICHD Early Child Care Research Network. Do children's attention processes mediate the link between family predictors andschool readiness. *Developmental psychology*, v. 39, p. 581–593, 2003.

NICHD Early Child Care Research Network. Are child developmental outcomes related to before- and after-school care arrangement? *Child development*, v. 75, p. 280–295, 2004.

NICHOLLS, J. G. Development of perception of own attainment and causal attribution for success and failure in reading. *Journal of Educational Psychology*, v. 71, p. 94–99, 1979.

NICHOLLS, J. G.; COBB, P.; WOOD, T.; YACKEL, E. e PATASCHNICK, M. Assessing students' theories of success in mathematics: Individual and classroom differences. *Journal for Research in Mathematics Education*, n. 21, p.109–122, 1990.

NICHOLS, J. D. e MILLER, R. B. Cooperative learning and student motivation. *Contemporary Educational Psychology*, v. 19, p.167–178, 1994.

NICOLL, G. A three-tier system for assessing concept map links: A methodological study. *International Journal of Science Education*, 23(8), p. 863–875, 2001.

NIETO, S. *Affirming diversity*: The sociopolitical context of multicultural education. White Plains, NY: Longman, 1992.

NIETO, S. *Affirming diversity*. 4. ed. Boston: Allyn & Bacon, 2003.

NIETO, S. *Affirming diversity*. 4. ed. Boston: Allyn & Bacon, 2004.

NIETO, S. *Why we teach*. Nova York: Teachers College Press, 2005.

NIGUIDULA, D. Picturing performance with digital portfolios. *Educational Leadership*, p. 26–29, nov. 1997.

NIKOLA-LISA, W. e BURNAFORD, G. E. A mosaic: Contemporary schoolchildren's images of teachers. In: JOSEPH, P. B, e BURNAFORD, G. E. (Eds.). *Image of schoolteachers in twentieth century America*. Nova York: St. Martin's Press, 1994.

NISBETT, R. E. e ROSS, L. *Human inference*. Upper Saddle River, NJ: Prentice-Hall, 1980.

NITKO, A. J. e BROOKHART, S. M. *Educational assessment of students*. 5. ed. Upper Saddle River, NJ: Prentice-Hall, 2007.

NODDINGS, N. *The challenge to care in schools*. Nova York: Teachers College Press, 1992.

NODDINGS, N. Teaching themes of care. *Phi Delta Kappan*, v. 76, p. 675–679, 1992.

NODDINGS, N. *Teaching for continuous learning*. Ensaio apresentado em um encontro da American Educational Research Association, San Diego, 1998.

NODDINGS, N. The care tradition: Beyond "add women and stir". *Theory into Practice*, v. 40, p. 29–34, 2001.

NOKELAINEN, P. e FLINT, J. Genetic effects on human cognition: Lessons from the study of mental retardation syndromes. *Journal of Neurology, Neurosurgery, and Psychiatry*, n. 43, p. 287–296, 2002.

NOLEN-HOEKSEMA, S. *Abnormal psychology*. 4. ed. Nova York: McGraw-Hill, 2007.

NORCROSS, J. C.; SANTROCK, J. W.; CAMPBELL, L. F.; SMITH, T. P.; SOMMER, R. e ZUCKERMAN, E. L. *Authoritative guide to self-help resources in mental health*, ed. revisada. Nova York: Guilford, 2003.

NORRIS, C.; SOLOWAY, E. e SULLIVAN T. Examining 25 years of technology in U.S. education. *Communications of the ACM*, 45(8), p. 15–18, 2002.

NUCCI, L. P. The development of moral reasoning. In: SMITH, P. e HART, C. (Eds.). *Blackwell handbook of cognitive development*. Malden, MA: Blackwell, 2004.

O

O'CONNER, S. C. e ROSENBLOOD, L. K. Affiliation motivation in everyday experience: A theoretical comparison. *Journal of Personality and Social Psychology*, n. 70, p. 513–522, 1996.

O'DONNELL, A. M. e LEVIN, J. R. Educational psychology's healthy growing pains. *Educational psychologist*, v. 36, p. 73–82, 2001.

O'DONNELL, A. M. The role of peers and group learning. In: ALEXANDER, P. A. e WINNE, P. H. (Eds.). *Handbook of educational psychology*. 2. ed. Mahwah, NJ: Erlbaum, 2006.

O'LEARY, C. Fetal alcohol syndrome. *Journal of Pediatric Child Health*, v. 40, p. 2–7, 2004.

O'TOOLE, A. Personal communication. Richardson, TX: Department of Psychology, University of Texas at Dallas, abr. 2005.

OAKES, J. e SAUNDERS, M. *Access to textbooks, instructional materials, equipment, and technology*: *Inadequacy of California's schools*. Los Angeles: Department of Education, UCLA, 2002.

OAKES, J. *Multiplying inequalities: The effects of race, social class, and tracking on opportunities to learn mathematics and science*. Santa Monica: The RAND Corporation, 1990.

OAKES, J. e LIPTON, M. *Teaching to change the world*. 3. ed. Nova York: McGraw-Hill, 2007.

OATES, J. e GRAYSON, A. (Eds.). *Cognitive and language development in children*. Malden, MA: Blackwell, 2004.

OBEMLA. *Survey of states limited English proficient students and available educational programs and services: 1997–1998*. Washington, DC: U.S. Department of Education, 2000.

OGBU, J. e STERN, P. Caste status and intellectual development. In: STERNBERG, R. J. e GRIGORENKO, E. L. (Eds.). *Environmental effects on cognitive abilities*. Mahwah, NJ: Erlbaum, 2001.

OGBU, J. U. *Academic socialization of Black children*: *An inoculation against future failure?* Ensaio apresentado em um encontro da Society for Research in Child Development, Kansas City, abr. 1989.

OKA, E. R. Motivation. In: LEE, S. W. (Ed.). *Encyclopedia of school psychology*. Thousand Oaks, CA: Sage, 2005.

OKAGAKI, L. Ethnicity, learning. In: ALEXANDER, P. A. e WINNE, P. H. (Eds.). *Handbook of educational psychology*. 2. ed. Mahwah, NJ: Erlbaum, 2006.

OLDFATHER, P.; WEST, J.; WHITE, J. e WILMARTH, J. *Learning through childrens eyes*: *Social constructivism and the desire to learn*. Washington, DC: American Psychological Association, 1999.

OLSON, D. What writing does to the mind. In: BYRNES, J. e AMSEL, E. (Eds.). *Language, literacy, and cognitive development*. Mahwah, NJ: Erlbaum, 2001.

OLSON, L. Overboard on testing? *Editorial Projects in Education*, v. 20, n. 17, p. 23–30, 2001.

OLWEUS, D. Bullying among school boys. In: BARNEN, R. (Ed.). *Children and violence*. Stockholm: Academic Literature, 1980.

OLWEUS, D. Bullying at school: Basic facts and effects of a school based intervention program. *Journal of Child Psychology and Psychiatry*, 33(7), p. 1171–1190, 1994.

ONWUEGBUZI, A. J. e DALEY, C. E. Racial differences in IQ revisited: A synthesis of nearly a century of research. *Journal of Black Psychology*, n. 27, p. 209–220, 2001.

OPPENHEIMER, D. M. Spontaneous discounting of availability in frequency judgment tasks. *Psychological Science*, n. 15, p. 100–115, 2004.

ORNSTEIN, A. C.; LASLEY, T. e MINDES, G. *Secondary e middle school methods*. Boston: Allyn & Bacon, 2005.

ORNSTEIN, P. A.; HADEN, C. A. e ELISCHBERGER, H. B. Children's memory development. In: BIALYSTOK, E. e CRAIK, F. I. M. (Eds.). *Lifespan cognition*. Nova York: Oxford University Press, 2006.

OSTERLIND, S. J. *Modern measurement theory*. Upper Saddle River, NJ: Prentice-Hall, 2006.

OSTROV, J. M.; KEATING, C. F. e OSTROV, J. M. Gender differences in preschool aggression during free play and structured interactions: An observational study. *Social development*, v. 13, p. 255–277, 2004.

OSVATH, P.; VOROS, V. e FEKETE, S. Life events and psychopathology in a group of suicide attempters. *Psychopathology*, v. 37, p. 36–40, 2004.

OTERO, V. K. Moving beyond the "get it or don't" conception of formative assessment. *Journal of Teacher Education*, n. 57, p. 247–255, 2006.

OTTEN, L. J.; HENSON, R. N. e RUGG, M. D. Depth of processing effects on neural correlates of memory encoding. *Brain*, v. 124, p. 399–412, 2001.

OWEN, R. E. *Language development*. 6. ed. Boston: Allyn & Bacon, 2005.

P

PACHECO, S. e HURTADO, S. Media stereotypes. In: WORELL, J. (Ed.). *Encyclopedia of women and gender*. San Diego: Academic Press, 2001.

PADILLA, A. M. Second language learning issues in research and teaching. In: ALEXANDER, P. A. e WINNE, P. H. (Eds.). *Handbook of educational psychology*. 2. ed. Mahwah, NJ: Erlbaum, 2006.

PAIVIO, A. *Imagery and verbal processes*. Fort Worth, TX: Harcourt Brace, 1971.

PAIVIO, A. *Mental representations*: *A dual coding approach*. Nova York: Oxford University Press, 1986.

PALINCSAR, A. S. The role of dialogue in providing scaffolded instruction. *Educational psychologist*, v. 21, p. 73–98, 1986.

PALINCSAR, A. S. e BROWN, A. L. Reciprocal teaching of comprehension-fostering and comprehension-monitoring activities. *Cognition and instruction*, v. 1, p. 117–175, 1984.

PALOMBA, C. e BANTA, T. W. *Assessment essentials*. São Francisco: Jossey-Bass, 1999.

PALS, J. L. Constructing the "springboard effect": Causal connections, self-making, and growth within the life story. In: McADAMS, D. P.; JOSSELSON, R., e LIEBLICH, A. (Eds.). *Identity and story*. Washington, DC: American Psychological Association, 2006.

PALUDI, M. A. *Psychology of women*. 2. ed. Upper Saddle River, NJ: Prentice-Hall, 2002.

PAN, B. Semantic development: Learning the meaning of words. In: GLEASON, J. Berko. (Ed.). *The development of language*. 6. ed. Boston: Allyn & Bacon, 2005.

PANG, V. O. *Multicultural education*. 3. ed. Nova York: McGraw-Hill, 2005.

PAPERT, S. Learners, laptops, and powerful ideas. *Scholastic Administrator*, outono de 2002. Disponível em: <http://www.learningbarn.org>. Acesso em: 26 maio 2005.

PARIS, S. G. e PARIS, A. H. Assessments of early reading. In: DAMON, W. e LERNER, R. (Eds.). *Handbook of child psychology*. 6. ed. Nova York: Wiley, 2006.

PARK, C. Learning style preferences of Asian American (Chinese, Filipino, Korean, and Vietnamese) students in secondary schools. *Equity & Excellence in Education*, 30(2), p. 68–77, 1997.

PARKE, R. D. e BURIEL, R. Socialization in the family. In: DAMON, W. e LERNER, R. (Eds.). *Handbook of child psychology*. 6. ed. Nova York: Wiley, 2006.

PARKER, J. G. e ASHER, S. R. Peer relations and later personal adjustment: Are low accepted children at risk? *Psychological Bulletin*, v. 102, p. 357–389, 1987.

PARKES, J. e GIRON, T. *Reliability arguments in the classroom*. Ensaio apresentado em um encontro do National Council on Measurement in Education. São Francisco, abr. 2006.

PARTNERSHIP for 21st Century Skills. Learning for the 21st century, Washington. DC: Autor, 2003. Disponível em: <http://www.21stcenturyskills.org/images/stories/otherdocs/P21_Report.pdf>. Acesso em: 30 jan. 2006.

PATARAIA, E.; BILLINGSLEY-MARSHALL, R. L.; CASTILLO, E. M.; BREIER, J. I.; SIMOS, P. G.; SARKARI, S.; FITZGERALD, M.; CLEAR, T. e PAPANICOLAOU, A. C. Organization of receptive language-specific cortex before and after left temporal lobectomy. *Neurology*, v. 64, p. 481-487, 2005.

PAVLOV, I. P. *Conditioned reflexes*. Nova York: Dover, 1927.

PAYNE, D. A. *Applied educational assessment*. Belmont, CA: Wadsworth, 1997.

PEA, R. D. e MALDONADO, H. WILD for learning: Interacting through new computing devices anytime, anywhere. In: SAWYER, D. K. (Ed.). *The Cambridge handbook of the learning sciences*. Nova York: Cambridge University Press, 2006.

PEARSON, J. C.; NELSON, P. E.; TITSWORTH, S. e HARTER, L. *Human communication with learning tools suite*. 2. ed. Nova York: McGraw-Hill, 2006.

PEARSON, P. D.; HANSEN, J. e GORDON, C. The effect of background knowledge on young children's comprehension of explicit and implicit information. *Journal of Reading Behavior*, n. 11, p. 201–210.

PECHEONE, R. L. e CHUNG, R. R. Evidence in teacher education. *Journal of Teacher Education*, n. 57, p. 22–36, 2006.

PENN, H. E. Neurobiological correlates of autism: A review of recent research. *Child neuropsychopathology*, v. 12, p. 57–79, 2006.

PENNER, D. Complexity, emergence, and synthetic models in science education. In: CROWLEY, K.; SCHUNN, C., e OKADA, T. (Eds.). *Designing for science*. Mahwah, NJ: Erlbaum, 2001.

PÉREZ, B. Language, literacy, and biliteracy. In: PÉREZ, B.; McCARTY, T. L.; WATAHOMIGIE, L. J.; TORRES-GUZMAN, M. E.; DIEN, T.; CHANG, J.; SMITH, H. L.; DAVILA DE SILVA, A. e NORLANDER, A. (Eds.). *Sociocultural contexts of language and literacy*. Mahwah, NJ: Erlbaum, 2004.

PÉREZ, B.; McCARTY, T. L.; WATAHOMIGIE, L. J.; TORRES-GUZMAN, M. E.; DIEN, T.; CHANG, J.; SMITH, H. L.; DAVILA de SILVA, A. e NORLANDER, A. (Eds.). *Sociocultural contexts of language and literacy*. Mahwah, NJ: Erlbaum, 2004.

PERRY, N. E.; TURNER, J. C. e MEYER, D. K. Classrooms as contexts for motivating learning. In: ALEXANDER, P. A. e WINNE, P. H. (Eds.). *Handbook of educational psychology*. 2. ed. Mahwah, NJ: Erlbaum, 2006.

PETERS, J. M. e STOUT, D. L. *Concepts and inquiries for teaching elementary school science*. 5. ed. Upper Saddle River, NJ: Prentice-Hall, 2007.

PETERSON, K. S. Teens learn "I do" can last forever. *USA Today*, p. D1, D2, 14 jul. 1998.

PETOSA, R. L.; HORTZ, B. V.; CARDINIA, C. E. e SUMINSKI, R. R. Social cognitive theory variables associated with physical activity among high school students. *International Journal of Sports Medicine*, v. 26, p. 158–163, 2005.

PETRILL, S. A.; DEATER-DECKHARD, K.; THOMPSON, L. A.; DETHORNE, L. S. e SCHATSCHNEIDER, C. Reading skills in early readers: Genetic and shared environmental influences. *Journal of Learning Disabilities*, v. 39, p. 48–55, 2006.

PETTIT, G. S.; BATES, J. E.; DODGE, K. A. e MEECE, D. W. The impact of after-school peer contact on early adolescent externalizing problems is moderated by parental monitoring, perceived neighborhood safety, and prior adjustment. *Child development*, v. 70, p. 768–778, 1999.

PETTITO, L. A.; KOVELMAN, I. e HARASYMOWYCZ, U. *Bilingual language development: Does learning the new damage the old?* Ensaio apresentado em um encontro da Society for Research in Child Development, Tampa, abr. 2003.

PEYTON, V. Standard score. In: LEE, S. W. (Ed.). *Encyclopedia of school psychology*. Thousand Oaks, CA: Sage, 2005.

PHINNEY, J. S. When we talk about American ethnic groups, what do we mean? *American psychologist*, v. 51, p. 918–927, 1996.

PHINNEY, J. S. Identity and acculturation. In: CHUN, K. M.; ORGANISTA, P. B. e MARIN, G. (Eds.). *Acculturation*. Washington, DC: American Psychological Association, 2003.

PHINNEY, J. S. *Acculturation and adaptation of immigrant youth in thirteen countries*. Ensaio apresentado em um encontro da Society for Research on Adolescence, São Francisco, abr. 2006.

PHINNEY, J.; BERRY, J.; SAM, D. e VEDDER, S. Understanding immigrant youth: Conclusions and implications. In: BERRY, J.; PHINNEY, J.; SAM, D. e VEDDER, P. (Eds.). *Immigrant youth in cultural transition*. Mahwah, NJ: Erlbaum, 2006.

PHYE, G. D. Inductive problem solving: Schema inducement and memory-based transfer. *Journal of Educational Psychology*, n. 82, p. 826–831, 1990.

PHYE, G. D. e SANDERS, C. E. Advice and feedback: Elements of practice for problem solving. *Contemporary educational psychology*, v. 19, p. 286–301, 1994.

PIAGET, J. *The moral judgment of the child*. Nova York: Harcourt Brace Jovanovich, 1932.

PIAGET, J. *The construction of reality in the child*. Nova York: Basic Books, 1954.

PIAGET, J. e INHELDER, B. *The child's conception of space*. Nova York: Norton, 1969.

PIANTA, R. C. Classroom management and relationships between children and teachers: Implications for practice. In: EVERTSON, C. M. e WEINSTEIN, C. S. (Eds.). *Handbook of classroom management*. Mahwah, NJ: Erlbaum, 2006.

PINTRICH, P. R. The role of goal orientation in self-regulated learning. In: BOEKAERTS, M.; PINTRICH, P. R. e ZEIDNER, M. (Eds.). *Handbook of self-regulation*. San Diego: Academic Press, 2000.

PLECK, J. H. The theory of male sex role identity: Its rise and fall, 1936–present. In: LEVIN, M. (Ed.). *In the shadow of the past: Psychology portrays the sexes*. Nova York: Columbia University Press, 1983.

PLECK, J. H. The gender-role strain paradigm. In: LEVANT, R. F. e POLLACK, W. S. (Eds.). *A new psychology of men*. Nova York: Basic Books, 1995.

PLEISS, M. K. e FELDHUSEN, J. F. Mentors, role models, and heroes in the lives of gifted children. *Educational psychologist*, v. 30, p. 159–169, 1995.

PLOG, A.; EPSTEIN, L. e PORTER, W. *Implementation fidelity: Lessons learned from the Bully-Proofing Your School Program*. Ensaio apresentado em um encontro da National School Psychologists Association, Dallas, TX, abr. 2004.

PLOMIN, R. Identifying genes for cognitive abilities and disabilities. In: STERNBERG, R. J. e GRIGORENKO, E. (Eds.). *Intelligence, heredity, and environment*. Nova York: Cambridge University Press, 1997.

PLUCKER, J. A.; BEGHETTO, R. A. e DOW, G. T. Why isn't creativity more important to educational psychologists? Potentials, pitfalls, and future directions in creativity research. *Educational psychologist*, v. 39, p. 83–96, 2004.

POKEY, S. e SIDERS, J. A. Authentic assessment for intervention. *Intervention in School and Clinic*, v. 36, p. 163–167, 2001.

POLSON, D. Helping children learn to make responsible choices. In: ROGOFF, B.; TURKANIS, C. G. e BARTLETT, L. (Eds.). *Learning together: Children and adults in a school community*. Nova York: Oxford University Press, 2001.

POMERANTZ, E. M.; WANG, Q. e NG, F. Mothers' affect in the homework context: The importance of staying positive. *Developmental psychology*, v. 41, p. 414–427, 2005.

POPHAM, W. J. *Classroom assessment*. 4. ed. Boston: Allyn & Bacon, 2005.

POPHAM, W. J. *Assessment for educational leaders*. Boston: Allyn & Bacon, 2006.

POSNER, D. Whats wrong with teaching to the test? *Phi Delta Kappan*, v. 85, p. 749–751, 2004.

POSNER, G. J. e RUDNITSKY, A. N. *Course design*: A guide to curriculum development for teachers. 7. ed. Boston: Allyn & Bacon, 2006.

POTVIN, L.; CHAMPAGNE, F. e LABERGE-NADEAU, C. Mandatory driver training and road safety: The Quebec experience. *American Journal of Public Health*, n. 78, p. 1206–1212, 1988.

POWELL, B. Revisão não publicada de SANTROCK'S, J. W. *Educational psychology*. 2. ed. Nova York: McGraw-Hill, 2002.

POWELL, R. A. e SYMBALUK, D. G. *Introduction to learning and behavior*. Belmont, CA: Wadsworth, 2002.

POWELL, R. G. e CASEAU, D. *Classroom communication and diversity*. Mahwah, NJ: Erlbaum, 2004.

POWERS, K. Authentic assessment. In: LEE, S. W. (Ed.). *Encyclopedia of school psychology*. Thousand Oaks, CA: Sage, 2005.

PRESIDENTIAL Task Force on Psychology and Education. *Learner-centered psychological principles*: Guidelines for school redesign and reform (Draft). Washington, DC: American Psychological Association, 1992.

PRESSLEY, M. Making meaningful materials easier to learn. In: PRESSLEY, M. e LEVIN, J. R. (Eds.). *Cognitive strategy research*: Educational applications. Nova York: Springer-Verlag, 1983.

PRESSLEY, M. Psychology of literacy and literacy instruction. In: WEINER, I. B. (Ed.). *Handbook of psychology*, v. 7. Nova York: Wiley, 2003.

PRESSLEY, M. e AFFLERBACH, P. *Verbal protocols of reading*. Mahwah, NJ: Erlbaum, 1995.

PRESSLEY, M.; ALLINGTON, R.; WHARTON-McDONALD, R.; BLOCK, C. C. e MORROW, L. M. *Learning to read*: Lessons from exemplary first grades. Nova York: Guilford, 2001.

PRESSLEY, M.; BORKOWSKI, J. G. e SCHNEIDER, W. Good information processing: What it is and what education can do to promote it. *International Journal of Educational Research*, v. 13, p. 857–867, 1989.

PRESSLEY, M.; CARILIGIA-BULL, T.; DEANE, S. e SCHNEIDER, W. Short-term memory, verbal competence, and age as predictors of imagery instructional effectiveness. *Journal of Experimental Child Psychology*, v. 43, p. 194–211, 1987.

PRESSLEY, M.; DOLEZAL, S. E.; RAPHAEL, L. M.; WELSH, L. M. BOGNER, K. e ROEHRIG, A. D. *Motivating primary-grades teachers*. Nova York: Guilford, 2003.

PRESSLEY, M. e HARRIS, K. Cognitive strategies instruction. In: ALEXANDER, P. A. e WINNE, P. H. (Eds.). *Handbook of educational psychology*. 2. ed. Mahwah, NJ: Erlbaum, 2006.

PRESSLEY, M. e HILDEN, K. Cognitive strategies. In: DAMON, W. e LERNER, R. (Eds.). *Handbook of child psychology*. 6. ed. Nova York: Wiley, 2006.

PRESSLEY, M.; LEVIN, J. R. e McCORMICK, C. B. Young children's learning of a foreign language vocabulary: A sentence variation of the keyword. *Contemporary educational psychology*, v. 5, p. 22–29, 1980.

PRESSLEY, M. e McCORMICK, C. Cognition, teaching and assessment. Nova York: HarperCollins, 1995.

PRESSLEY, M.; RAPHAEL, L. GALLAGHER, D. e DiBELLA, J. Providence–St. Mel School: How a school that works for African-American students works. *Journal of Educational Psychology*, n. 96, p. 216–235, 2004.

PRESSLEY, M.; SCHUDER T.; SAIL Faculty and Administration, GERMAN, J. e EL-DINARY, P. B. A researcher-educator collaborative interview study of transactional comprehension strategies instruction. *Journal of Educational Psychology*, n. 84, p. 231–246, 1992.

PRESSLEY, M.; WHARTO-McDONALD, R.; ALLINGTON, R.; BLOCK, C. C.; MORROW, H. L.; TRACEY, D.; BAKER, K.; BROOKS, G.; CRONIN, J.; NELSON, E. e WOO, D. A study of effective first grade literacy instruction. *Scientific Studies of Reading*, v. 15, p. 35–58, 2001.

PRICE, L. F. The biology of risk-taking. *Educational leadership*, v. 62, n. 7, p. 22–26, 2005.

PRITCHARD, F. F. e WHITEHEAD, G. I. *Serve and learn*. Mahwah, NJ: Erlbaum, 2004.

PROVENZO, E. F. *The Internet and online research for teachers*. 3. ed. Boston: Allyn & Bacon, 2005.

PRYOR, J. H.; HURTADO, S.; SAENZ, V. B.; LINDHOLM, J. A.; KORN, W. S e MAHONEY, K. M. *The American freshman*: National norms for 2005. Los Angeles: Higher Education Research Institute, UCLA, 2005.

PSU. Anchored instruction, 2006. Disponível em: <http://www.ed.psu.edu/nasa/achrtxt.html>. Acesso em: 6 jan. 2006.

PUESCHEL, S. M.; SCOLA, P. S.; WEIDENMAN, L. E. e BERNIER, J. C. *The special child*. Baltimore: Paul H. Brookes, 1995.

PURCELL-GATES, V. Comentário. In: "Diagnosing learning problems can be difficult for parents and teachers". *USA Today*, p. D8, 18 jun. 1997.

PURDY, J. E.; MARKHAM, M.; SCHWARTZ, B. e GORDON, W. M. *Learning and memory*. 2. ed. Belmont, CA: Wadsworth, 2001.

Q

QUALITY COUNTS. *A better balance: Standards, tests, and the tools to succeed*. Bethesda, MD: Education Week on the Web, 2001.

QUINTANA, C.; SHIN, N.; NORRIS, C. e SOLOWAY, E. Learner-centered design. In: SAWYER, R. K. (Ed.). *The Cambridge handbook of the learning sciences*. Nova York: Cambridge University Press, 2006.

R

RAFFAELLI, M. e ONTAI, L. L. Gender socialization in Latino/a families: Results from two retrospective studies. *Sex roles*, v. 50, p. 287–299, 2004.

RAINEY, R. The effects of directed vs. nondirected laboratory work on high school chemistry achievement. *Journal of Research in Science Teaching*, v. 3, p. 286–292, 1965

RAMEY, C. T.; BRYANT, D. M.; CAMPBELL, F. A.; SPARLING, J. J. e WASIK, B. H. Early intervention for high-risk children. The Carolina Early Intervention Program. In: PRICE, R. H.; COWEN, E. L.; LORION, R. P. e RAMOS-McKAY, J. (Eds.). *14 ounces of prevention*. Washington, DC: American Psychological Association, 1988.

RAMEY, C. T.; RAMEY, S. L. e LANZI, R. G. Intelligence and experience. In: STERNBERG, R. J. e GRIGORENKO, E. L. (Eds.). *Environmental effects on cognitive abilities*. Mahwah, NJ: Erlbaum, 2001.

RAMEY, C. T.; RAMEY, S. L. e LANZI, R. G. Children's health and education. In: DAMON, W. e LERNER, R. (Eds.). *Handbook of child psychology*. 6. ed. Nova York: Wiley, 2006.

RAMPHAL, C. *A study of three current problems in education*, Índia, 1962. Dissertação (de doutorado não publicada). University of Natal.

RAMSAY, P. G. Early childhood multicultural education. In: SPODAK, B. e SARANCHO, O. N. (Eds.). *Handbook of research on the education of young children*. 2. ed. Mahwah, NJ: Erlbaum, 2006.

RAMUS, F. Neurobiology of dyslexia: A reinterpretation of the data. *Trends in neuroscience*, v. 27, p. 720–726, 2004.

RANDI, J. e CORNO, L. Teacher innovations in self-regulated learning. In: BOEKAERTS, M.; PINTRICH, P. R. e ZEIDNER, M. (Eds.). *Handbook of self-regulation*. San Diego: Academic Press, 2000.

RANDOLPH, C. H. e EVERTSON, C. M. Managing for learning: Rules, roles, and meanings in a writing class. *Journal of Classroom Interaction*, v. 30, p. 17–25, 1995.

RAPHAELSON, M. Stimulants and attention-deficit/hyperactivity disorder. *Journal of the American Medical Association*, n. 292. p. 2214, 2004.

RASCHKE, D. Designing reinforcement surveys: Let the student choose the reward. *Teaching exceptional children*, v. 14, p. 92–96, 1981.

RATEY, J. Comentário. In: SZABO, L. ADHD treatment is getting a workout. *USA Today*, p. 6D, 27 mar. 2006.

RATHUNDE, K. e CSIKSZENTMIHALYI, M. The developing person: An experiential perspective. In: DAMON, W. e LERNER, R. (Eds.). *Handbook of child psychology*. 6. ed. Nova York: Wiley, 2006.

RATNER, N. B. Atypical language development. In: GLEASON, J. B. (Ed.). *The development of language*. Boston: Allyn & Bacon, 2005.

RAVER, C. C. e ZIGLER, E. F. Social competence: An untapped dimension in evaluating Head Start's success. *Early Childhood Research Quarterly*, v. 13, p. 365–385, 1997.

RAVITCH, D. *National standards in American education: A citizen's guide*. Washington, DC: Brookings Institution, 1995.

Re: LEARNING by Design. *Design resource center*. Re: Learning by Design, 2000. Disponível em: http://www. relearning.org. Acesso em: 15 jun. 2004.

REA, P. J.; McLAUGHLIN, V. L. e WALTHER-THOMAS, C. Outcomes of students with learning disabilities in inclusive and pullout programs. *Exceptional children*, v. 68, p. 203–222, 2002.

REBOLLO, M. A. e MONTIEL, S. Attention and the executive functions. *Revista de Neurologia*, Espanhol, v. 42 (Suppl), p. S3–S7, 2006.

REDELMEIER, D. A. Improving patient care: The cognitive psychology of missed diagnoses. *Annals of Internal Medicine*, v. 142, p. 115–120, 2005.

REDMAN, G. L. *Casebook for exploring diversity*. 3. ed. Upper Saddle River, NJ: Prentice-Hall, 2007.

REED, A. J. S.; BERGEMANN, V. E. e OLSON, M. W. *A guide to observation and participation in the classroom*. Nova York: McGraw-Hill, 2001.

REED, S. Problem solving. In: KAZDIN, A. (Ed.). *Encyclopedia of psychology*. Washington, DC e Nova York: American Psychological Association and Oxford University Press, 2000.

REED, V. A. *Introduction to children with language disorders*. 3. ed. Boston: Allyn & Bacon, 2005.

REEVE, J. Extrinsic rewards and inner motivation. In: EVERTSON, C. M. e WEINSTEIN, C. S. (Eds.). *Handbook of classroom management*. Mahwah, NJ: Erlbaum, 2006.

REEVES, G. e SCHWEITZER, J. Pharmacological management of attention deficit hyperactivity disorder. *Expert Opinions in Pharmacotherapy*, v. 5, p. 1313–1320, 2004.

REGALADO, M.; SAREEN, H.; INKELAS, M.; WISSOW, L. S. e HALFON, N. Parents' discipline of young children: Results from the National Survey of Early Childhood Health. *Pediatrics, Supplement*, v. 113, p. 1952–1958, 2004.

REINDERS, H. e YOUNISS, J. Community service and civic development in adolescence: Theoretical considerations and empirical evidence. In: SLIWKA, A.; DIETRICH, M. e M. HOFER (Eds.). *Citizenship education*. Munster, GER: Waxmann, 2006.

REISER, R. e DEMPSEY, J. V. (Eds.). *Trends and issues in instructional design*. 2. ed. Upper Saddle River, NJ: Prentice-Hall, 2007.

RENNE, C. H. *Excellent classroom management*. Belmont, CA: Wadsworth, 1997.

RENZULLI, J. S. A rising tide lifts all ships: Developing the gifts and talents of all students. *Phi Delta Kappan*, v. 80, p. 1–15, 1998.

RENZULLI, J. S. e REIS, S. M. The schoolwide enrichment model. In: COLANGELO, N. e DAVIS, G. A. (Eds.). *Handbook of gifted education*. Boston: Allyn & Bacon, 1997.

RESCHLY, D. Identification and assessment of students with disabilities. *Future of Children*, 6(1), p. 40–53, 1996.

REVELLE, S. P. High standards + high stakes = high achievement in Massachusetts. *Phi Delta Kappan*, v. 85, p. 591–597, 2004.

REYNA, V. F. How people make decisions that involve risk: A dual-process approach. *Current Directions in Psychological Science*, v. 13, p. 60–66, 2004.

REYNA, V. F.; ADAM, M. B.; WALSK, M. E.; LeCROY, C. W.; MULLER, K. e BRAINERD, C. J. The development of judgment and decision making from childhood to adolescence. In: JACOBS, J. E. e KLACZYNSKI, P. A. (Eds.). *The development of judgment and decision making in children and adolescents*. Mahwah, NJ: Erlbaum, 2005.

REYNA, V. F. e BRAINERD, C. J. Fuzzy-trace theory: An interim synthesis. *Learning and individual differences*, v. 7, p. 1–75, 1995.

REYNOLDS, C. R.; LIVINGSTON, R. e WILLSON, V. *Measurement and assessment in education*. Boston: Allyn & Bacon, 2006.

RICHARD, A. Rural schools trying out portfolio assessment. *Education Week*, v. 21, 5, 2001.

RICHARDS, T.; AYLWARD, E.; RASKIND, W.; ABBOTT, R.; FIELD, K.; PARSONS, A.; RICHARDS, A.; NAGY, W.; ECKERT, M.; LEONARD, C. e BERNINGER, V. Converging evidence for triple word form theory in child dyslexics. *Developmental neuropsychology*, 2006. (No prelo).

RICKARDS, T. Brainstorming. In: RUNCO, M. A. e PRITZKER, S. (Eds.). *Encyclopedia of creativity*. San Diego: Academic Press, 1999.

RICKARDS, T. e DeCOCK, C. Understanding organizational creativity: Toward a paradigmatic approach. In: RUNCO, M.A. (Ed.). *Creativity Research Handbook*. Cresskill, NJ: Hampton, 2003.

RICO, S. A. e SHULMAN, J. H. Invertebrates and organ systems: Science instruction. "Fostering a Community of Learners." *Journal of Curriculum Studies*, n. 36, p. 159–182, 2004.

RIDEOUT, V.; ROBERTS, D. F. e FOEHR, U. G. *Generation M*. Menlo Park, CA: Kaiser Family Foundation, 2005.

RIECKMANN, T. R.; WADSWORTH, M. E. e DEYHLE, D. Cultural identity, explanatory style, and depression in Navajo adolescents. *Cultural Diversity & Ethnic Minority Psychology*, v. 10, p. 365–382, 2004.

RIGBY, K. *New perspectives on bullying*. Londres: Jessica Kingsley, 2002.

RIGBY, K. Bullying in childhood. In: SMITH, P. K. e HART, C. H. (Eds.). *Blackwell handbook of childhood social development*. Malden, MA: Blackwell, 2004.

RILEY, R. W. Long-term trend assessment of American students finds significant progress in science and mathematics. *New York Times*, Section 1, p. 18, 31 ago. 1997.

RISLEY, D. S. e WALTHER, B. *Creating responsible learners*. Washington, DC: American Psychological Association, 1995.

ROBERTS, D. F.; HENRIKSEN, L. e FOEHR, V. G. Adolescents and the media. In: LERNER, R. e STEINBERG, L. (Eds.). *Handbook of adolescent psychology*. Nova York: Wiley, 2004.

ROBERTS, J. E.; SCHAAF, J. M.; SKINNER, M.; WHEELER, A.; HOOPER, S.; HATTON, D. e BAILEY, D. B. Academic skills of boys with fragile X syndrome: Profiles and predictors. *American Journal of Mental Retardation*, n. 110, p. 107–120, 2005.

ROBERTS, W. B. *Bullying from both sides*. Thousand Oaks, CA: Sage, 2005.

ROBINS, R. W. Do people know how their personality has changed? Correlates of perceived and actual personality change in young adulthood. *Journal of Personality*, n. 73, p. 489–522, 2005.

ROBINS, R. W.; TRZESNIEWSKI, K. H.; TRACEY, J. L.; POTTER, J. e GOSLING, S. D. Age differences in self-esteem from age 9 to 90. *Psychology and Aging*, v. 17, p. 423–434, 2002.

ROBINSON, N. S. Evaluating the nature of perceived support and its relation to perceived self-worth in adolescents. *Journal of Research on Adolescence*, n. 5, p. 253–280, 1995.

ROBINSON, S. Victimization of obese adolescents. *Journal of School Nursing*, n. 22, p. 201–206, 2006.

ROBLYER, M. D. *Integrating educational technology into teaching.* 4. ed. Upper Saddle River, NJ: Prentice-Hall, 2006.

ROBLYER, M. D.; EDWARDS, J. e HAVRILUK, M. A. *Integrating educational technology into education.* Upper Saddle River, NJ: Merrill/Prentice-Hall, 1997.

ROCK, M. L. Use of strategic monitoring to enhance academic engagement, productivity, and accuracy of students with and without exceptionalities. *Journal of Positive Behavior Interventions*, n. 7, p. 3–17, 2005.

ROCKMAN, S. Learning from laptops. *Threshold*, 1(1), p. 24–28, 2003.

ROCKMAN, S. e MAYER, K. The Buddy System, 1988–1993: A synthesis of research findings and recommendations for future research and action. São Francisco: Rockman et al.; 1994. Disponível em: <http://rockman.com/projects/buddy/budsyn93.pdf>. Acesso em: 10 jan. 2006.

RODRIQUEZ-GALINDO, C. A. *What's left behind: Home and school understandings of literacy.* Ensaio apresentado em um encontro da American Educational Research Association, São Francisco, abr. 2006.

ROFF, M.; SELLS, S. B. e GOLDEN, M. W. *Social adjustment and personality development in children.* Mineápolis: University of Minnesota Press, 1972.

ROGAN, P.; LUECKING, R. e HELD, R. G. Career development: Helping youth with mild cognitive limitations achieve successful careers. In: TYMCHUK, A. J. (Ed.). *The forgotten generation.* Baltimore: Paul H. Brookes, 2001.

ROGERS, C. R. *On becoming a person.* Boston: Houghton Mifflin, 1961.

ROGOFF, B. *Apprenticeship in thinking.* Nova York: Oxford University Press, 1990.

ROGOFF, B. *The cultural nature of human development.* Nova York: Oxford University Press, 2003.

ROGOFF, B.; TURKANIS, C. G. e BARLETT, L. (Eds.). *Learning together. Children and adults in a school community.* Nova York: Oxford University Press, 2001.

ROHRBECK, C. A.; GINSBURG-BLOCK, M. D.; FANTUZZO, J. W. e MILLER, T. R. Peer-assisted learning interventions with elementary school students: A meta-analytic review. *Journal of Educational Psychology*, n. 95, p. 240–257, 2003.

ROOPNARINE, J. L. e METINDOGAN, A. Early childhood education research in cross-national perspective. In: SPODEK, B. e SARACHO, O. N. (Eds.). *Handbook of research on the education of young children.* Mahwah, NJ: Erlbaum, 2006.

ROSCH, E. H. On the internal structure of perceptual and semantic categories. In: MOORE, T. E. (Ed.). *Cognition and the acquisition of language.* Nova York: Academic Press, 1973.

ROSCHELLE, J. Unlocking the value of wireless mobile devices. *Journal of Computer Assisted Learning*, n. 19, p. 260–272, 2003.

ROSENSHINE, B. *Teaching behaviors and student achievement.* Londres: National Foundation for Educational Research, 1971.

ROSENSHINE, B. Synthesis of research on explicit teaching. *Educational leadership*, v. 43, p. 60–69, 1986.

ROSENTHAL, D. M. e SAWYERS, J. Y. Building successful home/school partnerships. *Young children*, v. 52, p. 194–200, 1997.

ROSENTHAL, H. E. e CRISP, R. J. Reducing stereotype threat by blurring intergroup boundaries. *Personality e Social Psychology Bulletin*, v. 32, p. 501–511, 2006.

ROSENZWEIG, M. R. Effects of heredity and environment on brain chemistry, brain anatomy, and learning ability in the rat. In: MONOSEVITZ, M.; LINDZEY, G. e THIESSEN, D. D. (Eds.). *Behavioral genetics.* Nova York: Appleton-Century-Crofts, 1969.

ROSNOW, R. L. e ROSENTHAL, R. L. *Beginning behavioral research.* 5. ed. Upper Saddle River, NJ: Prentice-Hall, 2005.

ROSSELLI, H. C. Gifted students. *National Association for Secondary School Principals*, p. 12–17, fev./mar. 1996.

ROTHBART, M. K. Temperament and the pursuit of an integrated developmental psychology. *Merrill-Palmer Quarterly*, v. 50, p. 492–505, 2004.

ROTHBART, M. K. e BATES, J. E. Temperament. In: DAMON, W. (Ed.). *Handbook of child psychology.* 5. ed. Nova York: Wiley, v. 3, 1998.

ROTHBART, M. K. e BATES, J. E. Temperament. In: DAMON, W. e LERNER, R. (Eds.). *Handbook of child psychology.* 6. ed. Nova York: Wiley, 2006.

ROWE, M. Wait time: Slowing down may be a way of speeding up! *Journal of Teacher Education*, v. 37, p. 43–50, 1986.

ROWE, R. J. (Ed.). *Preschoolers as authors: Literacy learning in the social world of the classroom.* Cresskill, NJ: Hampton Press, 1994.

ROWE, S. M. e WERTSCH, J. V. Vygotsky's model of cognitive development. In: GOSWAMI, U. (Ed.). *Blackwell handbook of childhood cognitive development.* Malden, MA: Blackwell, 2004.

RUBIN, D. *Gaining word power.* 7. ed. Boston: Allyn & Bacon, 2006.

RUBIN, K. H.; BUKOWSKI, W. e PARKER, J. G. Peer interactions, relationships, and groups. In: DAMON, W. e LERNER, R. (Eds.). *Handbook of child psychology.* 6. ed. Nova York: Wiley, 2006.

RUBLE, D. The development of social comparison processes and their role in achievement-related self-socialization. In: HIGGINS, E. T.; RUBLE, D. N. e HARTUP, W. W. (Eds.). *Social cognition and development.* Nova York: Cambridge University Press, 1983.

RUBLE, D. N.; MARTIN, C. L. e BERENBAUM, S. A. Gender development. In: DAMON, W. e LERNER, R. (Eds.). *Handbook of child psychology.* 6. ed. Nova York: Wiley, 2006.

RUDDELL, R. B. *Teaching children to read and write.* 4. ed. Boston: Allyn & Bacon, 2006.

RUEDA, R. e YADEN, D. B. The literacy education of linguistically and culturally diverse young children: An overview of outcomes, assessment, and large-scale interventions. In: SPODEK, B. e SARACHO, O. N. (Eds.). *Handbook of research on the education of young children.* Mahwah, NJ: Erlbaum, 2006.

RUFF, H. A. e CAPOZZOLI, M. C. Development of attention and distractibility in the first 4 years of life. *Developmental psychology*, v. 39, p. 877–890, 2003.

RUFF, H. A. e ROTHBART, M. K. *Attention in early development.* Nova York: Oxford University Press, 1996

RUMBERGER, R. W. Dropping out of middle school: A multilevel analysis of students and schools. *American Education Research Journal*, n. 3, p. 583–625, 1995.

RUMMELL, N. e SPADA, H. Learning to collaborate: An instructional approach to promoting collaborative problem solving in computer-mediated settings. *Journal of Learning Sciences*, n. 14, p. 201–241, 2005.

RUNCO, M. A. Creativity. *Annual Review of Psychology*, v. 55. Palo Alto, CA: Annual Reviews, 2004.

RUNCO, M. A. The development of children's creativity. In: SPODEK, B. e SARACHO, O. N. (Eds.). *Handbook of research on the education of young children*. 2. ed. Mahwah, NJ: Erlbaum, 2006.

RUSSMAN, B. S. e ASHWAL, S. Evaluation of the child with cerebral palsy. *Seminars in Pediatric Neurology*, v. 11, p. 47–57, 2004.

RUST, C.; O'DONOVAN, B. e PRICE, M. A social constructivist assessment process model: How the research literature shows us this could be best practice. *Assessment & Evaluation in Higher Education*, v. 30, p. 231–240, 2005.

RUTTER, M. e SCHOPLER, E. Autism and pervasive developmental disorders: Concepts and diagnostic issues. *Journal of Autism and Pervasive Developmental Disorders*, n. 17, p. 154–186, 1987.

RUTTER, T. *What separates problem readers from proficient ones? Virginia Mann focuses on three elements*, 2005. Disponível em: <www.brainconnection.com/>. Acesso em: 6 jun. 2005.

RYAN, R. e DECI, E. Self-determination theory and the facilitation of intrinsic motivation, social development, and well-being. *American psychologist*, v. 55, p. 68–78, 2000.

RYAN, R. M.; FAUTH, R. C e BROOKS-GUNN, J. Childhood poverty: Implications for school readiness and early childhood education. In: SPODAK, B. e SARACHO, O. N. (Eds.). *Handbook of research on the education of young children*. 2. ed. Mahwah, NJ: Erlbaum, 2006.

S

SABERS, D. S.; CUSHING, K. S. e BERLINER, D. C. Differences among teachers in a task characterized by simultaneity, multidimensionality, and immediacy. *American Educational Research Journal*, n. 28, p. 63–88, 1991.

SACKETT, P. R.; HARDISON, C. M. e CULLEN, M. J. On interpreting stereotype threat as accounting for African-American White differences in cognitive tests. *American psychologist*, v. 59, p. 7–13, 2004.

SACKETT, P. R.; HARDISON, C. M. e CULLEN, M. J. On interpreting research on stereotype threat and test performance. *American psychologist*, 60, p. 271–272, 2005.

SADDLER, B. e GRAHAM, B. The effects of peer-assisted sentence-combining instruction on the writing performance of more and less skilled young writers. *Journal of Educational Psychology*, n. 97, p. 43–54, 2005.

SADKER, D. M. P. e SADKER, D. M. *Teachers, schools, and society*. 7. ed. Nova York: McGraw-Hill, 2005.

SADKER, M. P. e SADKER, D. M. *Failing at fairness: How Americas schools cheat girls*. Nova York: Scribners, 1994.

SAENZ, L. M.; FUCHS, L. S. e FUCHS, D. Peer-assisted learning strategies for English language learners with learning disabilities. *Exceptional children*, v. 71, p. 231–247, 2005.

SAILOR, W. e ROGER, B. Rethinking inclusion: Schoolwide applications. *Phi Delta Kappan*, v. 86, p. 503–509, 2005.

SALOMON, G. e PERKINS, D. Rocky roads to transfer: Rethinking mechanisms of a neglected phenomenon. *Educational psychologist*, v. 24, p. 113–142, 1989.

SALOVEY, P. e MAYER, J. D. Emotional intelligence. *Imagination, Cognition, and Personality*, v. 9, p. 185–211, 1990.

SALOVEY, P. e PIZARRO, D. A. The value of emotional intelligence. In: STERNBERG, R.; LAUTREY, J. J. e LUBERT, T. I. (Eds.). *Models of intelligence: International perspectives*. Washington, DC: American Psychological Association, 2003.

SAM, D. L. e BERRY, J. W. (Eds.). *Cambridge handbook of acculturation psychology*. Nova York: Cambridge University Press, 2006.

SAMPSON, R.; RAUDENBUSH, S. e EARLS, F. Neighborhoods and violent crime: A multilevel study of collective efficacy. *Science*, v. 277, p. 918–924, 1997.

SANDOVAL, J.; SCHEUNEMAN, J. D.; RAMOS-GRENIER, J.; GEISINGER, K. F. e FRISBY, C. (Eds.). *Test interpretation and diversity: Achieving equity in assessment*. Washington, DC: American Psychological Association, 1999.

SANSON, A. V. e ROTHBART, M. K. Child temperament and parenting. In: BORNSTEIN, M. H. (Ed.). *Handbook of parenting*. Hillsdale, NJ: Erlbaum, v. 4. 1995.

SANSON, A. V. e ROTHBART, M. K. Child temperament and parenting. In: BORNSTEIN, M. H. (Ed.). *Handbook of parenting*. Mahwah, NJ: Erlbaum, 2002.

SANTIAGO-DELEFOSSE, M. J. e DELEFOSSE, J. M. O. Three positions on child thought and language. *Theory and psychology*, v. 12, p. 723–747, 2002.

SANTROCK, J. W. e HALONEN, J. S. *Your guide to college success*. 4. ed. Belmont, CA: Wadsworth, 2006.

SAUCIER, G. e SIMONDS, J. The structure of personality and temperament. In: MROCZEK, D. K. e LITTLE, T. D. (Eds.). *Handbook of personality development*. Mahwah, NJ: Erlbaum, 2006.

SAWYER, D. K. (Ed.). Conclusion: The schools of the future. In: SAWYER, D. K. (Ed.). *The Cambridge handbook of the learning sciences*. Nova York: Cambridge University Press, 2006.

SAWYER, R. K. Introduction: The new science of learning. In: SAWYER, R. K. (Ed.). *The Cambridge handbook of the learning sciences*. Nova York: Cambridge University Press, 2006.

SAX, G. *Principles of educational and psychological measurement and evaluation*. 4. ed. Belmont, CA: Wadsworth, 1997.

SCARDAMALIA, M. How children cope with the cognitive demands of writing. In: FREDERIKSEN, C. e DOMINIC, J. F. (Eds.). *Writing: The nature, development, and teaching of written communication*. Mahwah, NJ: Erlbaum, 1981.

SCARDAMALIA, M. e BEREITER, C. Computer support for knowledge-building communities. *Journal of the Learning Sciences*, 3(3), p. 265–283, 1994.

SCARDAMALIA, M. e BEREITER, C. Knowledge building: Theory, pedagogy, and technology. In: SAWYER, R. K. (Ed.). *Cambridge handbook of learning sciences*. Nova York: Oxford University Press, 2006.

SCARDAMALIA, M.; BEREITER, C. e LAMON, M. The CSILE Project: Trying to bring the classroom into the world. In: McGILLY, K. (Ed.). *Classroom lessons*. Cambridge, MA: MIT Press, 1994.

SCARR, S. e WEINBERG, R. A. The Minnesota Adoption Studies: Genetic differences and malleability. *Child Development*, v. 54, p. 253–259, 1983.

SCHACTER, D. L. Memory systems. In: KAZDIN, A. (Ed.). *Encyclopedia of psychology*. Washington, DC e NovaYork: American Psychological Association e Oxford University Press, 2000.

SCHACTER, D. L. *The seven deadly sins of memory*. Boston: Houghton Mifflin, 2001.

SCHAUBLE, L.; BEANE, D. B.; COATES, G. D.; MARTIN, L. M. W. e STERLING, P. V. Outside classroom walls: Learning in informal environments. In: SCHAUBLE, L. e GLASER, R. (Eds.). *Innovations in learning*. Mahwah, NJ: Erlbaum, 1996.

SCHELLENS, T. e VALCKE, M. Collaborative learning in asynchronous discussion groups: What about the impact of cognitive processing? *Computers in human behavior*, v. 21, p. 957–975, 2005.

SCHIEFELE, U. Topic interest, text representation, and quality of experience.

Contemporary educational psychology, v. 21, p. 3–18, 1996.

SCHLESINGER, A. M. *The disuniting of America*. Knoxville, TN: Whittle Direct Books, 1991.

SCHMIDT, R. The power to empower. In: SCHMIDT, P. R. e MOSENTHAL, P. B. (Eds.). *Reconceptualizing literacy in the new age of multiculturalism and pluralism*. Greenwich, CT: IAP, 2001.

SCHNEIDER, B. e COLEMAN, J. S. *Parents, their children, and schools*. Boulder, CO: Westview Press, 1993.

SCHNEIDER, W. Memory development in childhood. In: GOSWAMI, U. (Ed.). *Blackwell handbook of childhood cognitive development*. Malden, MA: Blackwell, 2004.

SCHNEIDER, W. e BJORKLUND, D. F. Memory. In: DAMON, W. (Ed.). *Handbook of child psychology*. 5. ed. Nova York: Wiley, v. 2, 1998.

SCHNEIDER, W. e PRESSLEY, M. *Memory development between 2 and 20*. 2. ed. Mahwah, NJ: Erlbaum, 1997.

SCHNEPS, M. H. e SADLER, P. M. [Vídeo.] *A private universe*. Cambridge, MA: Harvard-Smithsonian Center for Astrophysics, 1989.

SCHOENFELD, A. H. Making mathematics work for all children: Issues of standards, testing, and equity. *Educational Researcher*, v. 31, p. 13–25, 2002.

SCHOENFELD, A. H. Multiple learning communities: Students, teachers, instructional designers, and researchers. *Journal of Curriculum Studies*, n. 36, p. 237–255, 2004.

SCHOENFELD, A. H. Mathematics teaching and learning. In: ALEXANDER, P. A. e WINNE, P. H. (Eds.). *Handbook of educational psychology*. 2. ed. Mahwah, NJ: Erlbaum, 2006.

SCHOFIELD, J. W. Internet use in the schools: Promise and problems. In: SAWYER, R. K. (Ed.). *The Cambridge handbook of the learning sciences*. Nova York: Cambridge University Press, 2006.

SCHOFIELD, W. The colorblind perspective in school: Causes and consequences. In: BANKS, J. A. e BANKS, C. A. M. (Eds.). *Multicultural education*. 4. ed., atualizada. Nova York: Wiley, 2003.

SCHOON, I.; PARSONS, S. e SACKER, A. Socioeconomic adversity, educational resilience, and subsequent levels of adult adaptation. *Journal of Adolescent Research*, n. 19, p. 383–404, 2004.

SCHRAW, G. Knowledge structures and processes. In: ALEXANDER, P. A. e WINNE, P. H. (Eds.). *Handbook of educational psychology*. 2. ed. Mahwah, NJ: Erlbaum, 2006.

SCHRUM, L. e BERENFELD, B. *Teaching and learning in the information age*: A guide to telecommunications. Boston: Allyn & Bacon, 1997.

SCHUH, K. *Teacher-centered and learner-centered*: What's the relationship? Ensaio apresentado em um encontro da American Educational Research Association, Seattle, abr. 2001.

SCHULTZ, K. e FECHO, B. Society's child: Social context and writing development. *Educational psychologist*, v. 35, p. 51–62, 2001.

SCHUNK, D. H. Self-efficacy and academic motivation. *Educational psychologist*, v. 25, p. 71–86, 1991.

SCHUNK, D. H. *Social-self interaction and achievement behavior*. Discurso presidencial proferido no encontro da Divisão 15 da American Psychological Association, Boston, ago. 1999.

SCHUNK, D. H. Social cognitive theory and self-regulated learning. In: ZIMMERMAN, B. J. e SCHUNK, D. H. (Eds.). *Self-regulated learning and achievement*. 2. ed. Mahwah, NJ: Erlbaum, 2001.

SCHUNK, D. H. *Learning theories*: An educational perspective. 4. ed. Upper Saddle River, NJ: Prentice-Hall, 2004.

SCHUNK, D. H. e MEECE, J. L. Self-efficacy in adolescence. In: PAJARES, F. J. e URDAN, T. (Eds.). *Adolescence and education*. Greenwich, GT: Information Age Publishing, 2006.

SCHUNK, D. H. e RICE, J. M. Learning goals and children's reading comprehension. *Journal of Reading Behavior*, n. 23, p. 351–364, 1989.

SCHUNK, D. H. e SWARTZ, C. W. Goals and progressive feedback: Effects on self-efficacy and writing achievement. *Contemporary educational psychology*, v. 18, p. 337–354, 1993.

SCHUNK, D. H. e ZIMMERMAN, B. J. Competence and control beliefs: Distinguishing the means and ends. In: ALEXANDER, P. A. e WINNE, P. H. (Eds.). *Handbook of educational psychology*. 2. ed. Mahwah, NJ: Erlbaum, 2006.

SCHWAB-STONE, M. e Outros. *New Haven Public Schools Social Development Project: 1994*. New Haven, CT: New Haven Public Schools, 1995.

SCHWARTZ, D. L.; BRANSFORD, J. D. e SEARS, D. Efficiency and innovation in transfer. In: MESTRE, J. (Ed.). *Transfer of learning: Research and perspectives*. Greenwich, CT: Information Age Publishing, 2006. (No prelo).

SCHWARTZ, D. L.; LIN, X.; BROPHY, J. e BRANSFORD, J. D. Toward the development of flexibly adaptive instructional designs. In: REIGELUT, C. M. (Ed.). *Instructional design theories and models*. Mahwah, NJ: Erlbaum, v. II, 1999.

SCHWEINHART, L. J. *Generalizing from High/Scope longitudinal studies*. Ensaio apresentado em um encontro da Society for Research in Child Development, Albuquerque, abr. 1999.

SEARCH Institute. *Barriers to participation in youth programs*. Manuscrito não publicado do Search Institute, Mineápolis, 1995.

SEARS, H. A.; BYERS, E. S.; WHELAN, J. J. e SAINT-PIERRE, M. "If it hurts you, then it is not a joke": adolescents' ideas about girls' and boys' use and experience of abusive behavior in dating relationships. *Journal of Interpersonal Violence*, n. 21, p. 1191–1207, 2006.

SEGAL, J. W. Foreword. In: SCHAUBLE, L. e GLASER, R. (Eds.). *Innovations in learning*. Mahwah, NJ: Erlbaum, 1996.

SEIDMAN, L. J. Neuropsychological functioning in people with ADHD across the lifespan. *Clinical Psychology Review*, 2006. (No prelo).

SELIGSON, T. They speak for success. *Parade Magazine*, 20 fev. 2005.

SELLNOW, D. D. *Confident public speaking*. 2. ed. Belmont, CA: Wadsworth, 2005.

SENSENBAUGH, R. Reading Recovery. *ERIC Clearinghouse on Reading, English, and Communication Digest*, n. 106, 1995.

SERGERIE, K.; LEPAGE, M. e ARMONY, J. L. A face to remember: Emotional expression modulates prefrontal activity during memory formation. *Neuroimage*, v. 24, p. 580–585, 2005.

SHAFTEL, J. Statewide tests. In: LEE, S. W. (Ed.). *Encyclopedia of school psychology*. Thousand Oaks, CA: Sage, 2005.

SHALEV, R. S. Developmental dyscalculia. *Journal of Child Neurology*, v. 19, p. 765–771, 2004.

SHALEV, R. S.; MANOR, O. e GROSS-TSUR, V. Developmental dyscalculia: A prospective six-year follow-up. *Developmental Medicine and Child Neurology*, v. 47, p. 121–125, 2005.

SHANAHAN, T. e RODRIGUEZ-BROWN, F. V. *Project FLAME: The theory and structure of a family literacy program for the Latino community*. Ensaio apresentado em um encontro da American Educational Research Association, Atlanta, abr. 1993.

SHARAN, S. Cooperative learning and helping behavior in the multi-ethnic classroom. In: FOOT, H. C.; MORGAN, M. J. e SHUTE, R. H. (Eds.). *Children helping children*. Nova York: Wiley, 1990.

SHARAN, S. e SHARAN, S. *Expanding cooperative learning through group investigation*. Nova York: Teachers College Press, 1992.

SHARAN, S. e SHAULOV, A. Cooperative learning, motivation to learn, and academic achievement. In: SHARAN, S. (Ed.). *Cooperative learning*. Nova York: Praeger, 1990.

SHARP, J. M. *Learning and teaching K–8 mathematics*. Boston: Allyn & Bacon, 2005.

SHEETS, R. H. *Diversity pedagogy*. Boston: Allyn & Bacon, 2005.

SHEFFIELD, C. J. Instructional technology for teachers: Preparation for classroom diversity. *Educational technology*, p. 16–18, mar./abr. 1997.

SHELDON, S. B. e EPSTEIN, J. L. School programs of family and community involvement to support children's reading and literacy involvement across the grades. In: FLOOD, J. e ANDERS, P. (Eds.). *Literacy development of students in urban schools*. Newark, DE: International Reading Association, 2005.

SHEPARD, L.; HAMMERNESS, K.; DARLING-HAMMOND, L.; RUST, F.; SNOWDEN, BARATZ-SNOWDEN, J.; GORDON, E.; CUTIERREZ, C. e PACHECO, A. Assessment. In: DARLING-HAMMOND, L. e BRANSFORD, J. (Eds.). *Preparing teachers for a changing world*. São Francisco: Jossey-Bass, 2005.

SHEPPARD, J. A. e KOCH, E. J. Pitfalls in teaching judgment heuristics. *Teaching of psychology*, v. 32, p. 43–46, 2005.

SHERIN, M. G.; MENDEZ, E. P. e LOUIS, D. A. A discipline apart: The challenges of Fostering a Community of Learners in a mathematics classroom. *Journal of Curriculum Studies*, n. 36, p. 207–232, 2004.

SHERMAN, C. W. e MUELLER, D. P. *Developmentally appropriate practice and student achievement in inner-city elementary schools*. Ensaio apresentado na Head Start's Third National Research Conference, Washington, DC, jun. 1996.

SHERMAN, L. W. Cooperative learning and computer-supported intentional learning experiences. In: WOLFE, C. R. (Ed.). *Learning and teaching on the World Wide Web*. San Diego: Academic Press, 2001.

SHERRY, S. B.; HEWITT, P. L.; BESSER, A.; MCGEE, B. J. e FLETT, G. L. Self-oriented and socially prescribed perfectionism in the Eating Disorder Inventory perfectionism subscale. *International Journal of Eating Disorders*, 22(1), p. 39–57, 2004.

SHERRY, S. B.; HEWITT, P. L.; FLETT, G. L. e HARVEY, M. Perfectionism dimensions, perfectionistic dysfunctional attitudes, need for approval, and depression symptoms in adult psychiatric patients and young adults. *Journal of Counseling Psychology*, n. 50, p. 373–386, 2003.

SHIELDS, P. M. e Outros. *The status of the teaching profession 2001*. Santa Cruz, CA: The Center for the Future of Teaching and Learning, 2001.

SHIELDS, S. A. Gender in the psychology of emotion: A selective research review. In: STRONGMAN, K. T. (Ed.). *International review of studies on emotion*. Nova York: Wiley, v. I, 1991.

SHIFFRIN, R. M. Laboratory experimentation on the genesis of expertise. In: ERICSSON, K. A. (Ed.). *The road to excellence*. Mahwah, NJ: Erlbaum, 1996.

SHINER, R. L. Temperament and personality in childhood. In: MROCEZEK, D. K. e LITTLE, T. D. (Eds.). *Handbook of personality development*. Mahwah, NJ: Erlbaum, 2006.

SHIRAEV, E. e LEVY, D. *Cross-cultural psychology: Critical thinking and critical applications*. 3. ed. Belmont, CA: Wadsworth, 2007.

SHIRTS, R. G. *BAFA, BAFA, a cross-cultural simulation*. Del Mar, CA: SIMILE II, 1997.

SHONKOFF, J. Mental retardation. In: BEHRMAN, R.; KLIEGMAN, R. e ARVIN, A. (Eds.). *Nelson textbook of pediatrics*. 15. ed. Filadélfia: W. B. Saunders, 1996.

SHULMAN, L. S. Knowledge and teaching: Foundations of the new reform. *Harvard Educational Review*, v. 57, p. 1–22, 1987.

SHULMAN, L. S. e SHULMAN, J. H. How and what teachers learn: A shifting perspective. *Journal of Curriculum Studies*, n. 36, p. 257–274, 2004.

SHWEDER, R.; GOODNOW, J.; HATANO, G.; LeVINE, R. A.; MARKUS, H. e MILLER, P. The cultural psychology of development. In: DAMON, W. e LERNER, R. (Eds.). *Handbook of child psychology*. 6. ed. Nova York: Wiley, 2006.

SIEGEL, L. S. Learning disabilities. In: WEINER, I. B. (Ed.). *Handbook of psychology*. Nova York: Wiley, v. 7, 2003.

SIEGEL, L. S. e RYAN, E. B. The development of working memory in normally achieving and subtypes of learning disabled children. *Child development*, v. 60, p. 973–980, 1989.

SIEGLER, R. S. *Children's thinking*. 3. ed. Upper Saddle River, NJ: Erlbaum, 1998.

SIEGLER, R. S. Learning about learning. *Merrill-Palmer Quarterly*, v. 50, p. 353–368, 2004.

SIEGLER, R. S. Microgenetic analysis of learning. In: DAMON, W. e LERNER, R. (Eds.). *Handbook of child psychology*. 6. ed. Nova York: Wiley, 2006.

SIEGLER, R. S. e ALIBALI, M. W. *Children's thinking*. 4. ed. Upper Saddle River, NJ: Prentice-Hall, 2005.

SIEGLER, R. S. e ROBINSON, M. The development of numerical understandings. In: REESE, H. W. e LITSITT, L. P. (Eds.). *Advances in child development and behavior*. Nova York: Academic Press, v. 12, 1982.

SIGMAN, M. e McGOVERN, C. W. Improvement in cognitive and language skills from preschool to adolescence. *Journal of Autism and Developmental Disorders*, n. 35, p. 15–23, 2005.

SILBERMAN, M. *Teaching actively*. Boston: Allyn & Bacon, 2006.

SILVERMAN, L. K. A developmental model for counseling the gifted. In: SILVERMAN, L. K. (Ed.). *Counseling the gifted and the talented*. Denver: Love, 1993.

SILVERNAIL, D. L. e LANE, D. M. M. *The impact of Maine's one-to-one laptop program on middle school teachers and student*. (Report #1). Gorham, ME: Maine Education Policy Research Institute, University of Southern Maine Office, 2004.

SIM, T. N. e ONG, L. P. Parent punishment and child aggression in a Singapore Chinese preschool sample. *Journal of Marriage and the Family*, n. 67, p. 85–99, 2005.

SIMON, B. S. Family involvement in high school: Predictors and effects. *NASSP Bulletin*, 85(2), p. 8–19, 2001.

SIMON, B. S. High school outreach and family involvement. *School Psychology of Education*, v. 7, p. 185–209, 2004.

SIMON, H. Learning to research about learning. In: CARVER, S. M. e KLAHR, D. (Eds.). *Cognition and instruction*. Mahwah, NJ: Erlbaum, 2001.

SIMONS, J.; FINLAY, B. e YANG, A. *The adolescent and young adult fact book*. Washington, DC: Children's Defense Fund, 1991.

SIMONSON, M.; SMALDINO, S. E.; ALBRIGHT.; M. J. e ZVACEK, S. *Teaching e learning at a distance*. 3. ed. Upper Saddle River, NJ: Prentice-Hall, 2006.

SIMPKINS, S. D.; FREDRICKS, J. A.; DAVIS-KEAN, P. E. e ECCLES, J. S. Healthy mind, healthy habits: The influence of activity involvement in middle childhood. In: HUSTON, A. C. e RIPKE, M. N. (Eds.). *Middle childhood: Contexts of development*. Nova York: Cambridge University Press, 2004.

SIMPSON, J. e RICE, M. L. *Specific language impairment*, 2005. Disponível em: <http://www.speech-express.com/diagnosis-destinations/>. Acesso em: 8 abr. 2006.

SINGER, D. G. e SINGER, J. L. Practical suggestions for controlling television. *Journal of Early Adolescence*, v. 7, p. 365–369, 1987.

SINGER, S. R.; HILTON, M. L. e SCHWEINGRUBER, H. A. (Eds.). *America's lab report*: Investigations in high school science. Washington, DC: National Academic Press, 2006.

SINGHAL, M. Reading proficiency, reading strategies, metacognitive awareness, and L2 readers. *Reading Matrix*, v. 1, p. 1–6, 2001.

SKINNER, B. F. *The behavior of organisms*. Nova York: Appleton-Century-Crofts, 1938.

SKINNER, B. F. The science of learning and the art of teaching. *Harvard Educational Review*, v. 24, p. 86–97, 1954.

SKINNER, B. F. *Verbal behavior*. Nova York: Appleton-Century-Crofts, 1957.

SKINNER, B. F. Teaching machines. *Science*, v. 128, p. 969–977, 1958.

SLADE, E. P. e WISSOW, L. S. Spanking in early childhood and later behavior problems: A prospective study. *Pediatrics*, 113, p. 1321–1330, 2004.

SLAVIN, R. E. Achievement effects of ability grouping in secondary schools: A best evidence synthesis. *Review of Educational Research*, v. 60, p. 471–500, 1990.

SLAVIN, R. E. *Cooperative learning*: Theory, research, and practice. 2. ed. Boston: Allyn & Bacon, 1995.

SLAVIN, R. E.; DANIELS, C. e MADDEN, N. A. "Success for All" middle schools add content to middle grades reform. *Middle School Journal*, 36(5), p. 1–8, 2005.

SLAVIN, R. E. e MADDEN N. A. (Eds.). *Success for all*. Mahwah, NJ: Erlbaum, 2001.

SLAVIN, R. E.; MADDEN, N. A.; DOLAN, L. J. e WASIK, B. A. *Every child, every school: Success for all*. Newbury Park, CA: Corwin Press, 1996.

SLENTZ, K. L. e KROGH, S. L. *Teaching young children*. Mahwah, NJ: Erlbaum, 2001.

SMITH, B. *The psychology of sex and gender*. Boston: Allyn & Bacon, 2007.

SMITH, D. D. *Introduction to special education*, 6. ed. Boston: Allyn & Bacon, 2007.

SMITH, L. Piaget's model. In: GOSWAMI, U. (Ed.). *Blackwell handbook of childhood cognitive development*. Malden, MA: Blackwell, 2004.

SMITH, R.; CLARK, T. e BLOYMEYER, R. L. *A synthesis of new research on K–12 online learning*. Naperville, IL: Learning Point Associates, 2005. Disponível em: <http://www.ncrel.org/tech/synthesis/synthesis.pdf>. Acesso em: 30 jan. 2006.

SMITH, R. A. The classroom as a social psychology laboratory. *Journal of Social & Clinical Psychology*, n. 24, p. 62–71, 2005.

SMITH, S. D. e BULMAN-FLEMING, M. B. An examination of the right-hemisphere hypothesis of the lateralization of emotion. *Brain and Cognition*, v. 57, p. 210–213, 2005.

SMITH, S. S. *Early childhood mathematics*. 3. ed. Boston: Allyn & Bacon, 2006.

SMITH, T. E. C.; POLLOAY, E. A.; PATTON, J. R. e DOWDY, C. A. *Teaching students with special needs in inclusive settings*. 4. ed., atualizada. Boston: Allyn & Bacon, 2006.

SMITH-MADDOX, R. e WHEELOCK, A. Untracking and student's futures. *Phi Delta Kappan*, v. 77, p. 222–228, 1995.

SMOLL, F. L. e SCHUTZ, R. W. Quantifying gender differences in physical performance: A developmental perspective. *Developmental psychology*, v. 26, p. 360–369, 1990.

SMYTH, M. M.; COLLINS, A. F.; MORRIS, P. E. e LEVY, P. *Cognition in action*. 2. ed. Hove, UK: Erlbaum, 1994.

SNELL, J. L. e HIRSCHSTEIN, M. Bullying and victimization. In: LEE, S. W. (Ed.). *Encyclopedia of school psychology*. Thousand Oaks, CA: Sage, 2005.

SNOW, C. E. e KANG, J. Y. Becoming bilingual, biliterate, and bicultural. In: DAMON, W. e LERNER, R. (Eds.). *Handbook of child psychology*. 6. ed. Nova York: Wiley, 2006.

SNOW, R. E.; COMO, L. e JACKSON, D. Individual differences in affective and conative functions. In: BERLINER, D. C. e CALFEE, R. C. (Eds.). *Handbook of educational psychology*. Nova York: Macmillan, 1996.

SODERMAN, A. K.; GREGORY, K. M. e O'NEILL, L. T. *Scaffolding emerging literacy*. 2. ed. Boston: Allyn & Bacon, 2005.

SOKOLOFF, D. R. e THORNTON, R. K. Using interactive lecture demonstration to create an active learning environment. *American Journal of Physics*, n. 64, p. 338–352, 1997.

SOLANO-FLORES, G. e SHAVELSON, R. J. Development of performance assessments in science: Conceptual, practical, and logistical issues. *Educational Measurement*, p. 16–24, outono, 1997.

SOLLEY, B. A. *Writer's workshop*: Reflections of elementary and middle school teachers. Boston: Allyn & Bacon, 2000.

SOLTERO, S. W. *Dual language*: Teaching and learning in two languages. Boston: Allyn & Bacon, 2004.

SONGER, N. B. BioKIDS. In: SAWYER, R. K. (Ed.). *The Cambridge handbook of learning sciences*. Nova York: Cambridge University Press, 2006.

SOUSA, D. A. *How the brain learns*: A classroom teacher's guide. Reston, VA: National Association of Secondary School Principals, 1995.

SOUTH, M.; OZONOFF, S. e McMAHON, W. M. Repetitive behavior profiles in Asperger syndrome and high-functioning autism. *Journal of Autism and Developmental Disorders*, n. 35, p. 145–158, 2005.

SPAFFORD, C. S.; GROSSER, G. S. e DAURICH, B. *Dyslexia and reading difficulties*. 2. ed. Boston: Allyn & Bacon, 2005.

SPANDEL, V. *Creating writers through writing assessment and instruction*. 4. ed. Boston: Allyn & Bacon, 2005.

SPEARMAN, C. E. *The abilities of man*. Nova York: Macmillan, 1927.

SPECTOR, J. M.; OHRAZDA, C.; VAN SCHAACK, A. e WILEY D. A. (Eds.). *Innovations in instructional technology*. Mahwah, NJ: Erlbaum, 2005.

SPENCE, J. T. e HELMREICH, R. *Masculinity and femininity: Their psychological dimensions*. Austin: University of Texas Press, 1978.

SPENCER, M. B. Ethnocentrism. In: KAZDIN, A. (Ed.). *Encyclopedia of psychology*. Nova York and Washington, DC: Oxford University Press and the American Psychological Association, 2000.

SPENCER, M. B. Phenomenology and ecological systems theory. In: DAMON, W. e LERNER, R. (Eds.). *Handbook of child psychology*. 6. ed. Nova York: Wiley, 2006.

SPENCER, M. B. e DORNBUSCH, S. M. Challenges in studying minority youth. In: FELDMAN, S. S. e ELLIOTT, G. R. (Eds.). *At the threshold*: The developing adolescent. Cambridge, MA: Harvard University Press, 1990.

SPENCER, M. B. e MARKSTROM-ADAMS, C. Identity processes among racial and ethnic minority children in America. *Child development*, v. 61, p. 290–310, 1990.

SPENCER, M. B.; NOLL, E.; STOLTZFUZ, J. e HARPOLANI, V. Identity and school adjustment: Revisiting the "acting white" assumption. *Educational psychologist*, v. 36, p. 21–30, 2001.

SPRING, J. *American education*. 12. ed. Nova York: McGraw-Hill, 2006.

SPRING, J. *Deculturalization and the struggle for equality*. 5. ed. Nova York: McGraw-Hill, 2007.

SPRINTHALL, R. C. *Basic statistical analysis*. 8. ed. Boston: Allyn & Bacon, 2007.

SQUIRE, L. *Memory and brain*. Nova York: Oxford University Press, 1987.

SRAIHEEN, A. e LESISKO, L. J. Grade inflation: An elementary and secondary perspective. *ERIC Documents*, ED490038, 2006.

SROUFE, L. A.; COOPER, R. G.; DeHART, G. e BRONFENBRENNER, U. *Child development: Its nature e course*. 2. ed. Nova York: McGraw-Hill, 1992.

SROUFE, L. A.; EGELAND, B.; CARLSON, E. A. e COLLINS, W. A. The place of early attachment in developmental context. In: GROSSMAN, K. E.; KROSSMAN, K. e WATERS, E. (Eds.). *The power of longitudinal attachment research*: From infancy and childhood to adulthood. Nova York: Guilford Press, 2005a.

SROUFE, L. A.; EGELAND, B.; CARLSON, E. A. e COLLINS, W. A. *The development of the person.* Nova York: Oxford University Press, 2005b.

St. PIERRE, R.; LAYZER, J. e BARNES, H. *Regenerating two-generation programs.* Cambridge, MA: Abt Associates, 1996.

STAHL, G.; KOSCHMANN, T. e SUTHERS, D. Computer-based collaborative learning. In: SAWYER, R. K. (Ed.). *The Cambridge Handbook of the learning sciences*. Nova York: Cambridge University Press, 2006.

STAHL, S. *Effective reading instruction in the first grade*. Ensaio apresentado na Michigan Reading Recovery conference, Dearborn, MI, jan. 2002.

STANOVICH, K. E. Romance and reality. *Reading teacher*, v. 47, p. 280–291, 1994.

STANOVICH, K. E. *How to think straight about psychology*. 7. ed. Boston: Allyn & Bacon, 2004.

STANOVICH, K. E. e WEST, R. E. Individual differences in reasoning: Implications for the rationality debate? *Behavior and brain sciences*, v. 23, p. 646–665, 2000.

STANSFIELD, C. W. e RIVERA, C. 2nd language testing: How will English language learners be accommodated? In: LISSITZ, R. W. e SCHAFER, W. D. (Eds.). *Assessment in educational reform: Both means and ends.* Boston: Allyn & Bacon, 2002.

STARKO, A. J. *Creativity in the classroom.* Mahwah, NJ: Erlbaum, 2005.

STEELE, C. M. e ARONSON, J. Stereotype threat and the intellectual test performance of African-Americans. *Journal of Personality and Social Psychology*, n. 69, p. 797–811, 1995.

STEELE, C. M. e ARONSON, J. A. Stereotype threat does not live by Steele and Aronson (1995) alone. *American Psychologist*, v. 59, p. 47–48, 2004.

STEGELIN, D. A. Application of Reggio Emilia approach to early childhood science curriculum. *Early Childhood Education Journal*, n. 30, p. 163–169, 2003.

STEIN, M. T. ADHD: The diagnostic process from different perspectives. *Journal of Developmental and Behavioral Pediatrics.* 25 (5 Suppl.), p. S54–S58, 2004.

STEIN, M. T. e PERRIN, J. M. Diagnosis and treatment of ADHD in school-age children in primary care settings: A synopsis of the AAP practice guidelines. *Pediatric Review*, v. 24, p. 92–98, 2003.

STEINBERG, L. Risk taking in adolescence: What changes, and why? *Annals of the Nova York Academy of Sciences*, 1021, p. 51–58, 2004.

STEINBERG, L. Cognitive and affective development in adolescence. *Trends in cognitive sciences*, 9, p. 69–74, 2005.

STEINBERG, L. *A new approach to the study of adolescent cognitive development*. Ensaio apresentado em um encontro da Society for Research on Adolescent Development, São Francisco, abr. 2006.

STEINBERG, L.; BLATT-EISENGART, I. e CAUFFMAN, E. Patterns of competence and adjustment among adolescents from authoritative, authoritarian, indulgent, and neglectful homes: A replication in a sample of juvenile defenders. *Journal of Research on Adolescent Development*, n. 16, p. 47–58, 2006.

STERNBERG, R. J. *Intelligence applied*. Fort Worth, TX: Harcourt Brace, 1986.

STERNBERG, R. J. *Sternberg Triarchic Abilities Test, STAT*. Teste não publicado, Department of Psychology, Yale University, New Haven, Ct, 1993.

STERNBERG, R. J. *Thinking styles*. Nova York: Cambridge University Press, 1997.

STERNBERG, R. J. Intelligence: The triarchic theory of intelligence. In: GUTHERIE, J. W. (Ed.). *Encyclopedia of education*. 2. ed. Nova York: Macmillan, 2002.

STERNBERG, R. J. Individual differences in cognitive development. In: SMITH, P. e HART, C. (Eds.). *Blackwell handbook of cognitive development*. Malden, MA: Blackwell, 2004.

STERNBERG, R. J. *Cognitive psychology*. 4. ed. Belmont, CA: Wadsworth, 2006.

STERNBERG, R. J. Critical thinking in psychology: It really is critical. In: STERNBERG, R. J.; ROEDIGER, H. e HALPERN, D. (Eds.). *Critical thinking in psychology*. Nova York: Cambridge University Press, 2007.

STERNBERG, R. J. e BEN-ZEEV, T. *Complex cognitive processes*. Nova York: Oxford University Press, 2001.

STERNBERG, R. J.; CASTEJØN, J. L.; PRIETO, M. D.; HAUTAMÄKI, J. e GRIGORENKO, E. L. Confirmatory factory analysis of the Sternberg triarchic abilities test in three international samples: An empirical test of the triarchic theory of intelligence. *European Journal of Psychological Assessment*, 17(1), p. 1–16, 2001.

STERNBERG, R. J. e CLINKENBEARD, P. R. The triarchic model applied to identifying, teaching, and assessing gifted children. *Roeper Review*, p. 255–260, maio/jun. 1995.

STERNBERG, R. J. e GRIGORENKO, E. L. (Eds.). *Culture and competence*. Washington, DC: American Psychological Association, 2004.

STERNBERG, R. J.; GRIGORENKO, E. L. e KIDD, K. K. Intelligence, race, and genetics. *American psychologist*, v. 60, p. 46–59, 2005.

STERNBERG, R. J. e LUBART, T. I. *Defying the crowd: Cultivating creativity in a culture of conformity*. Nova York: Free Press, 1995.

STERNBERG, R. J.; ROEDIGER, H. e HALPERN, D. (Eds.). *Critical thinking in psychology*. Nova York: Cambridge University Press, 2007.

STERNBERG, R. J. e SPEAR-SWERLING, P. *Teaching for thinking*. Washington, DC: American Psychological Association, 1996.

STETSENKO, A. e ARIEVITCH, I. M. The self in cultural-historical activity theory: Reclaiming the unity of social and individual dimensions of human development. *Theory and psychology*, v. 14, p. 475–503, 2004.

STETTLER, D. D.; YAMAHACHI, H.; LI, W.; DENK, W. e GILBERT, C. D. Axons and synaptic buttons are highly dynamic in adult visual cortex. *Neuron*, v. 49, p. 877–887, 2006.

STEVENSON, H. W. Learning from Asian schools. *Scientific American*, p. 6, 70–76, dez. 1992.

STEVENSON, H. W. Mathematics achievement of American students: First in the world by 2000? In: NELSON, C. A. (Ed.). *Basic and applied perspectives in learning, cognition, and development*. Mineápolis: University of Minnesota Press, 1995.

STEVENSON, H. W. Middle childhood: Education and schooling. In: KAZDIN, A. (Ed.). *Encyclopedia of psychology*. Washington, DC e Nova York: American Psychological Association and Oxford University Press, 2000.

STEVENSON, H. W. *Commentary on NCTM standards*. Department of Psychology, University of Michigan, Ann Arbor, 2001.

STEVENSON, H. W. e HOFER, B. K. Education policy in the United States and abroad: What we can learn from each other. In: CIZEK, G. J. (Ed.). *Handbook of educational policy*. San Diego: Academic Press, 1999.

STEVENSON, H. W.; LEE, S.; CHEN, C.; STIGLER, J. W.; HSU, C. e KITAMURA, S. Contexts of achievement. *Monographs of the Society for Research in Development*, v. 55, Serial n. 221, 1990.

STEVENSON, H. W.; LEE, S. e STIGLER, J. W. Mathematics achievement of Chinese,

Japanese, and American children. *Science*, v. 231, p. 693–699, 1986.

STEVENSON, H. W. e ZUSHO, A. Adolescence in China and Japan: Adapting to a changing environment. In: BROWN, B. B.; LARSON, R. W., e SARASWATHI, T. S. (Eds.). *The world's youth*. Nova York: Cambridge University Press, 2002.

STEVENSON, K. R. Evaluation report: Year 2: Schoolbook laptop project, 1998. Disponível em: <http://www.beaufort.k12.sc.us/district/Itopeval.html>. Acesso em: 8 abr. 2005.

STEWART, J. *Bridges not walls*. 9. ed. Nova York: McGraw-Hill, 2006.

STIGGINS, R. *Understanding the basics of assessment for learning*. Pre-conference session at the Assessment Training Institute Conference, Portland, OR, 9 jul. 2006.

STIGGINS, R. J. *Student-involved classroom assessment*. 3. ed. Upper Saddle River, NJ: Prentice Hall, 2001.

STIGGINS, R. J. *Student-involved assessment for learning*. 4. ed. Upper Saddle River, NJ: Prentice-Hall, 2005.

STIGGINS, R. J. e CONKLIN, N. F. *In teacher's hands: Investigating the practices of classroom assessment*. Albany: State University of Nova York Press, 1992.

STIGLER, J. W. e HIEBERT, J. Understanding and improving classroom mathematics instruction. *Phi Delta Kappan*, v. 79, p. 14–21, set. 1997.

STIGLER, J. W. e HIEBERT, J. *The teaching gap*. Nova York: Free Press, 1999.

STIPEK, D. J. Motivation and instruction. In: BERLINER, D. C. e CALFEE, R. C. (Eds.). *Handbook of educational psychology*. Nova York: Macmillan, 1996.

STIPEK, D. J. *Motivation to learn*. 4. ed. Boston: Allyn & Bacon, 2002.

STIPEK, D. J. Comentário. In: *USA Today*, p. ID, 16 fev. 2005.

STIPEK, D. J.; FEILER, R.; DANIELS, D. e MILBURN, S. Effects of different instructional approaches on young children's achievement and motivation. *Child development*, v. 66, p. 209–223, 1995.

STOBART, G. The validity of formative assessment. In: GARDNER, J. (Ed.). *Assessment and learning*. Londres: Paul Chapman, 2006.

STRAUS, M. A. Discipline and deviance: Physical punishment of children and violence and other crimes in adulthood. *Social problems*, v. 38, p. 133–154, 1991.

STRICHART, S. S. e MANGRUM, C. T. *Teaching study skills and strategies to students with learning disabilities, attention deficit disorders, or special needs*. 3. ed. Boston: Allyn & Bacon, 2002.

STROBEL, K. R. *Successful outcomes for at-risk youth*. Ensaio apresentado em um encontro da American Educational Research Association, Seattle, abr. 2001.

STRUCKMAN, A. Classwide peer tutoring. In: LEE, S. W. (Ed.). *Encyclopedia of school psychology*. Thousand Oaks, CA: Sage, 2005.

SUAREZ-OROZCO, C. Afterword: Understanding and serving the children of immigrants. *Harvard Educational Review*, 71, p. 579–589, 2002.

SULLIVAN, H. S. *The interpersonal theory of psychiatry*. Nova York: W. W. Norton, 1953.

SUNAL, C. S. e HAAS, M. E. *Social studies for the elementary and middle grades*. 2. ed. Boston: Allyn & Bacon, 2005.

SUPOVITZ, J. A. e BRENNAN, R. T. Mirror, mirror on the wall, which is the fairest test of all? An examination of the equality of portfolio assessment relative to standardized tests. *Harvard Educational Review*, 67(3), p. 472–501, outono de 1997.

SUTHERS, D.; WEINER, A.; CONNELLY, J. e PAOLUCCI, M. *Engaging students in critical discussion of science and public policy issues*. Ensaio apresentado em um encontro da 7th World Conference on Artificial Intelligence, Washington, DC, ago. 1995.

SWAN, K.; COOK, D.; KRATCOSKI, A.; LIN, Y.; SCHENKER, J. e VAN'T HOOFT, M. Ubiquitous computing: Rethinking teaching, learning and technology integration. In: TETTEGAH, S. e HUNTER, R. (Eds.). *Educational and technology*: Issues and applications, policy, and administration, p. 231–252. Nova York: Elsevier, 2006.

SWAN, K., KRATCOSKI, A. e MILLER, D. Technology support for whole group engagement. Ensaio apresentado em um encontro anual da American Educational Research Association, São Francisco, CA, 2006.

SWAN, K.; VAN'T HOOFT, M.; KRATCOSKI, A. e UNGER, D. Uses and effects of mobile computing devices in K–8 classrooms: a preliminary study. *Journal of Research on Technology and Education*, 38(1), p. 99–112, 2005.

SWANSON, H. L. What develops in working memory? A life-span perspective. *Developmental psychology*, v. 35, p. 986–1000, 1999.

SYKES, C. J. *Dumbing down our kids*: Why American children feel good about themselves but can't read, write, or add. Nova York: St. Martin's Press, 1995.

T

TAGER-FLUSBERG, H. Putting words together: morphology and syntax. In: GLEASON, J. Berko. (Ed.). *The development of language*. 6. ed. Boston: Allyn & Bacon, 2005.

TAMIS-LeMONDA, C. S.; BORNSTEIN, M. H. e BAUMWELL, L. Maternal responsiveness and children's achievement of language milestones. *Child development*, v. 72, p. 748–767, 2001.

TANNEN, D. *You just don't understand!* Nova York: Ballantine, 1990.

TANNER, D. E. Standards. *Educational Horizons*, p. 115–120, primavera de 1997.

TANNER, J. M. *Fetus into man*. Cambridge, MA: Harvard University Press, 1978.

TANTILLO, M.; KESICK, C. M.; HYND, G. W. e DISHMAN, R. K. The effects of exercise on children with attention-deficit hyperactivity disorder. *Medical Science and Sports Exercise*, v. 34, p. 203–212, 2002.

TAPPAN, M. B. Sociocultural psychology and caring psychology: Exploring Vygotsky's "hidden curriculum". *Educational psychologist*, v. 33, p. 23–33, 1998.

TASSELL-BASKA, J. e STAMBAUGH, T. *Comprehensive curriculum for gifted learners*. 3. ed. Boston: Allyn & Bacon, 2006.

TAYLOR, C. Assessment of measurement or standards: The peril and the promise of large-scale assessment reform. *American Educational Research Journal*, n. 32, p. 231–262, 1994.

TAYLOR, C. S. e NOLEN, S. B. *Classroom assessment*. Upper Saddle River, NJ: Prentice-Hall, 2005.

TAYLOR, R. D. Kinship support, family management, and adolescent adjustment and competence in African American families. *Developmental psychology*, v. 32, p. 687–695, 1996.

TAYLOR, R. D. e LOPEZ, E. I. Family management practice, school achievement, and problem behavior in African American adolescents: Mediating processes. *Applied developmental psychology*, v. 26, p. 39–49, 2005.

TAYLOR, R. L.; BRADY, M. e RICHARDS, S. B. *Mental retardation*. Boston: Allyn & Bacon, 2005.

TEACHER'S Curriculum Institute. *Social studies alive!* Rancho Cordovo, CA: Author, 2001.

TEMPLE, C.; NATHAN, R.; TEMPLE, F. e BURRIS, N. A. *The beginnings of writing*. 3. ed. Boston: Allyn & Bacon, 1993.

TEMPLE, C. A.; OGLE, D.; CRAWFORD, A. N. e FREPPON, P. *All children read*. Boston: Allyn & Bacon, 2005.

TENENBAUM, H. R.; CALLAHAN, M.; ALBA-SPEYER, C. e SANDOVAL, L. Parent-child science conversations in Mexican descent families: Educational background, activity, and past experience as moderators. *Hispanic Journal of Behavioral Science*, n. 24, p. 225–248, 2002.

TENNYSON, R. e COCCHIARELLA, M. An empirically based instructional design theory for teaching concepts. *Review of Educational Research*, v. 56, p. 40–71, 1986.

TERMAN, D. L.; LARNER, M. B.; STEVENSON, C. S. e BEHRMAN, R. E. Special education for students with disabilities: Analysis and recommendations. *Future of children*, 6(1), p. 4–24, 1996.

TERRY, W. S. *Learning and memory.* 3. ed. Boston: Allyn & Bacon, 2006.

TERWILLIGER, J. Semantics, psychometrics, and assessment reform: A close look at "authentic" assessments. *Educational Researcher*, v. 26, p. 24–27, 1997.

THE Nation's Report Card. *National Assessment of Educational Progress: 2005.* Washington, DC: U.S. Department of Education, 2005.

THE Wallace Foundation. *Out-of-school learning: All work and no play.* Nova York City: Wallace Foundation, 2004.

THELEN, E. e SMITH, L. B. Dynamics systems theories. In: DAMON, W. e LERNER, R. (Eds.). *Handbook of child psychology.* 6. ed. Nova York: Wiley, 2006.

THEOBOLD, M. A. *Increasing student motivation.* Thousand Oaks, CA: Sage, 2005.

THOMAS, A. e CHESS, S. Temperament in adolescence and its functional significance. In: LERNER, R. M.; PETERSEN, A. C. e BROOKS-GUNN, J. (Eds.). *Encyclopedia of adolescence*, v. 2. Nova York: Garland, 1991.

THOMAS, C. C.; CORREA, V. I. e MORSINK, C. V. *Interactive teaming: Consultation and collaboration in special programs.* 2. ed. Upper Saddle River, NJ: Merrill/Prentice-Hall, 1995.

THOMAS, J. R. e THOMAS, K. T. Developmental gender differences in physical activity. *Quest, 40*, p. 219–229, 1988.

THOMAS, R. M. *Teachers doing research.* Boston: Allyn & Bacon, 2005.

THOMPSON, P. M.; GIEDD, J. N.; WOODS, R. P.; MacDONALD, D.; EVANS, A. C. e TOGA, A. W. Growth patterns in the developing brain detected by using continuum mechanical tensor maps. *Nature, 404*, p. 190–193, 2000.

THOMPSON, R. A. The development of the person. In: DAMON, W. e LERNER, R. (Eds.). *Handbook of child psychology.* 6. ed. Nova York: Wiley, 2006.

THORNDIKE, E. L. *Principles of teaching.* Nova York: Seiler, 1906.

THORNDIKE, R. M. *Measurement and evaluation in psychology and education.* 7. ed. Upper Saddle River, NJ: Prentice-Hall, 2005.

THORNTON, C. D. e GOLDSTEIN, L. S. Feminist issues in early childhood scholarship. In: SPODEK, B. e SARACHO, O. N. (Eds.). *Handbook of research on the education of young children.* Mahwah, NJ: Erlbaum, 2006.

THORNTON, S. J. *Caring and competence: Nel Noddings' curriculum thought.* Ensaio apresentado em um encontro da American Educational Research Association, Seattle, abr. 2001.

THORSEN, C. *Tech tactics.* 2. ed. Boston: Allyn & Bacon, 2006.

THRESHOLD/ISTE Youth Forum. Summer future chat. *Threshold*, p. 26–30, 2004. Disponível em: <www.conline.org>. Acesso em: 15 dez. 2004.

THURGOOD, S. Inside home visits: Response from the Early Head Start program director. *Early Childhood Research Quarterly*, v. 16, p. 73–75, 2001.

THURSTONE, L. L. *Primary mental abilities.* Chicago: University of Chicago Press, 1938.

TIERNEY, R. J. e READENCE, J. E. *Reading strategies and practice.* 6. ed. Boston: Allyn & Bacon, 2005.

TIPPINS, D. J.; KOBALLA, T. R. e PAYNE, B. D. *Elementary science teaching.* Boston: Allyn & Bacon, 2002.

TITTLE, C. Assessment of teacher learning and development. In: ALEXANDER, P. A. e WINNE, P. H. (Eds.). *Handbook of educational psychology.* 2. ed. Mahwah, NJ: Erlbaum, 2006.

TODD, G. S. e GIGERENZER, G. Precis of simple heuristics that make us smart. *Behavior and brain sciences*, v. 23, p. 727–741, 2001.

TOGA, A. W.; THOMPSON, P. M. e SOWELL, E. R. Mapping brain maturation. *Trends in neuroscience*, v. 29, p. 148–159, 2006.

TOLCHINSKY, L. *The child's path to writing and numbers.* Mahwah, NJ: Erlbaum, 2002.

TOLLEFSON, N. Percentile ranks. In: LEE, S. W. (Ed.). *Encyclopedia of school psychology.* Thousand Oaks, CA: Sage, 2005a.

TOLLEFSON, N. Stanines. In: LEE, S. W. (Ed.). *Encyclopedia of school psychology.* Thousand Oaks, CA: Sage, 2005b.

TOLMAN, M. N. *Discovering elementary science.* 3. ed. Boston: Allyn & Bacon, 2002.

TOMASELLO, M. Acquiring linguistic constructions. In: DAMON, W. e LERNER, R. (Eds.). *Handbook of child psychology.* 6. ed. Nova York: Wiley, 2006.

TOMBLIN, B. *The big picture of SLI: Results of an epidemiological study of SLI among kindergarten children.* Ensaio apresentado em um Symposium on Research in Child Language Disorders, University of Wisconsin, Madison, 1996.

TOMLINSON, C. A. *How to differentiate instruction in mixed-ability classrooms.* 2. ed. Alexandria, VA: ASCD, 2001.

TOPPING, K. J. e BRYCE, A. Cross-age peer tutoring of reading and thinking: Influence on thinking skills. *Educational psychology*, v. 24, p. 595–616, 2004.

TOPPING, K. J.; PETER, C.; STEPHAN, P. e WHALE, M. Cross-age peer tutoring of science in the primary school: Influence of scientific language and thinking. *Educational psychology*, v. 24, p. 57–75, 2004.

TORGESEN, J. D. *Prevention and remediation of reading disabilities.* Progress Report (NICHD Grant HD 30988). Bethesda, MD: National Institute of Child Health and Human Development, dez. 1995.

TRASK, B. S. e HAMON, R. R. (Eds.). *Cultural diversity and families.* Thousand Oaks, CA: Sage, 2007.

TRAUTNER, H. M.; RUBLE, D. N.; CYPHERS, L. KIRSTEN, B.; BEHRENDT, R. e HARTMANN, P. Rigidity and flexibility of gender stereotypes in children: Developmental or differential? *Infant and child development*, v. 14, p. 365–381, 2005.

TRIANDIS, H. C. Individualism and collectivism. In: MATSUMOTO, D. (Ed.). *The handbook of culture and psychology.* Nova York: Oxford University Press, 2001.

TRIANDIS, H. C.; BRISLIN, R. e HUI, C. H. Cross-cultural training across the individualism divide. *International Journal of Intercultural Relations*, n. 12, p. 269–288, 1988.

TRINIDAD, D. R. e JOHNSON, C. A. The association between emotional intelligence and early adolescent tobacco and alcohol use. *Personality and individual differences*, v. 32, p. 95–105, 2002.

TROWBRIDGE, L. W.; BYBEE, R. W. e POWELL, J. C. *Teaching secondary school science.* 7. ed. Upper Saddle River, NJ: Merrill, 2000.

TRUGLIO, R. e KOTLER, J. The role of basic and formative research in creating children's television programming. In: BRYANT, J. A. (Ed.). *The children's television community.* Mahwah, NJ: Erlbaum, 2006.

TRZESNIEWSKI, K. H.; DONNELLAN, M. B.; MOFFIT, T. E.; ROBINS, R. W.; POULTON, R. e CASPI, A. Low self-esteem during adolescence predicts poor health, criminal behavior, and limited income prospects during adulthood. *Developmental psychology*, v. 42, p. 381–390, 2006.

TSAL, Y.; SHALEV, L. e MEVORACH, C. The diversity of attention deficits in ADHD. *Journal of Learning Disabilties*, n. 38, p. 142–157, 2005.

TSANG, C. L. Bilingual minorities and language issues in writing. *Written communication*, 9(1), p. 1–15, 1989.

TUBBS, S. L. e MOSS, S. *Human communication*. 10. ed. Nova York: McGraw-Hill, 2006.

TUBMAN, J. G. e WINDLE, M. Continuity of difficult temperament in adolescence: Relations with depression, life events, family support, and substance abuse across a one-year period. *Journal of Youth and Adolescence*, v. 24, p. 133–152, 1995.

TUCHA, O.; PRELL, S.; MECLINGER, L.; BORMANN-KISCHKEL, C.; KUBBER, S.; LINDER, M.; WALITZA, S. e LANGE, K. W. Effects of methylphenidate on multiple components of attention in children with attention deficit hyperactivity disorder. *Psychopharmacology*, v. 185, p. 315–326, 2006.

TUCKER, M. B.; SUBRAMANIAN, S.K. e JAMES, A. Diversity in African American families. In: COLEMAN, M. e GANONG, L. (Eds.). *Handbook of contemporary families*. Thousand Oaks, CA: Sage, 2004.

TULVING, E. Episodic and semantic memory. In: TULVING, E. e DONALDSON, W. (Eds.). *Origins of memory*. San Diego: Academic Press, 1972.

TULVING, E. Concepts of memory. In: TULVING, E. e CRAIK, F. I. M. (Eds.). *The Oxford handbook of memory*. Nova York: Oxford University Press, 2000.

TURIEL, E. The development of morality. In: DAMON, W. e LERNER, R. (Eds.). *Handbook of child psychology*. 6. ed. Nova York: Wiley, 2006.

TURKANIS, C. G. Creating curriculum with children. In: ROGOFF, B.; TURKANIS, C. G. e BARTLETT, L. (Eds.). *Learning together*. Nova York: Oxford University Press, 2002.

TURNBULL, A.; TURNBULL, H. R. e TOMPKINS, J. R. *Exceptional lives*. 5. ed. Upper Saddle River, NJ: Prentice-Hall, 2007.

TURNER, T. N. *Essentials of elementary social studies*. 3. ed. Boston: Allyn & Bacon, 2004.

TVERSKY, A. e FOX, C. R. Weighing risk and uncertainty. *Psychological Review*, v. 102, p. 269–283, 1995.

U

U.S. CENSUS Bureau. *Poverty: 2004 highlights*. Washington, DC: U.S. Census Bureau, Housing and Household Economics Statistics Division, 2005.

U.S. DEPARTMENT of Education. *Number and disabilities of children and youth served under IDEA*. Washington, DC: Office of Special Education Programs, Data Analysis System, 1996.

U.S. DEPARTMENT of Education. *To assure a free and appropriate public education of all children with disabilities*. Washington, DC: U.S. Office of Education, 2000.

U.S. DEPARTMENT of Education. *Golden age in American education: How the Internet, the law and today's students are revolutionizing expectations*, 2004. Disponível em: <http://www.nationaledtechplan.org/docs_and_pdf/National_Education_Technology_Plan_2004.pdf>. Acesso em: 30 jan. 2006.

U.S. DEPARTMENT of Education. *Teaching our youngest*. Washington, DC: U.S. Department of Education, 2006.

U.S. DEPARTMENT of Health and Human Services. *Trends in the well being of America's children and youth 1999*. Washington, DC: U.S. Government Printing Office, 1999.

U.S. OFFICE of Education. *The Benchmark Study*. Washington, DC: Office of Education & Minority Affairs, 1998.

U.S. OFFICE of Education. *Elementary and secondary school compliance reports*. Washington, DC: U.S. Government Printing Office, 1999.

ULLMAN, J. G. *Making technology work for learners with special needs*. Boston: Allyn & Bacon, 2005.

UMANA-TAYLOR, A. J. Ethnic identity and self-esteem: Examining the role of social contexts. *Journal of Adolescence*, n. 27, p. 139–146, 2004.

UMANA-TAYLOR, A. J. *Ethnic identity*. Ensaio apresentado em um encontro da Society for Research on Adolescence, São Francisco, mar. 2006.

UMBREIT, J.; FERRO, J.; LIAUPSIN, C. J. e LANE, K. L. *Functional behavioral assessment and function-based intervention*. Upper Saddle River, NJ: Prentice-Hall, 2007.

UNIVERSITY of Buffalo Counseling Services. *Procrastination*. Buffalo, NY: Author, 2005.

UNIVERSITY of Illinois Counseling Center. *Overcoming procrastination*. Urbana-Champaign, IL: Department of Student Affairs, 1996.

UNIVERSITY of Texas at Austin Counseling and Mental Health Center. *Coping with perfectionism*. Austin, TX: Author, 1999.

UPFRONT. Cheating hall of shame, v. 133, n. 9, p. 12–14, 1° jan. 2001.

URDAN, T. Predictors of academic self-handicapping and achievement: Examining achievement goals, classroom goal structures, and culture. *Journal of Educational Psychology*, n. 96, p. 251–264, 2004.

URDAN, T. e MIDGLEY, C. Academic self-handicapping: What we know, what more there is to learn. *Educational Psychology Review*, v. 13, p. 115–138, 2001.

USA TODAY. All-USA Today Teacher Team, 1999. Disponível em: www.usatoday.com/news/education/1999. Acesso em: 15 jan. 2004.

USA TODAY. All-USA first teacher team, 10 out. 2000. Disponível em: <http://www.usatoday.com/life/teacher/teach/htm>. Acesso em: 15 nov. 2004.

USA TODAY. All-USA first teacher team, 10 out. 2001. Disponível em: <http://www.usatoday.com/news/education2001. Acesso em: 20 nov. 2004.

V

VACCA, J. A. L.; VACCA, R. T.; GOVE, M. K.; BURKEY, L. C.; LENHART, L. A. e McKEON, C. A. *Reading and learning to read*. 6. ed. Boston: Allyn & Bacon, 2006.

VAHEY, P. e CRAWFORD, V. Palm education pioneers program: Final evaluation report. Menlo Park, CA: SRI International, 2002. Disponível em: <http://www.palmgrants.sri.com/PEP_Final_Report.pdf>. Acesso em: 8 abr. 2005.

VAHEY, P.; ROSCHELLE, J.; & TATAR, D. Moving between the private and the public in the mathematics classroom with handheld technology. In: M. VAN'T HOOFT e K. SWAN (Eds.). *Ubiquitous computing*: Invisible technology, visible impact. Mahwah, NJ: Erlbaum, 2006. (No prelo).

VALLONE, R. P.; GRIFFIN, D. W.; LIN, S. e ROSS, L. Overconfident prediction of future actions and outcomes by self and others. *Journal of Personality and Social Psychology*, n. 58, p. 582–592, 1990.

VAN'T HOOFT, M.; DIAZ, S. e SWAN, K. Examining the potential of the handheld computers: Findings from the Ohio PEP project. *Journal of Educational Computing Research*, 30(4), 2004.

VAN BUREN, E. e GRAHAM, S. *Redefining ethnic identity*: Its relationship to positive and negative school adjustment outcomes for minority youth. Ensaio apresentado em um encontro da Society for Research in Child Development, Tampa, 2003.

VAN de WALLE, J. A. *Elementary and middle school mathematics*. 5. ed. Boston: Allyn & Bacon, 2004.

VAN de WALLE, J. A. *Elementary and middle school mathematics.* 6. ed. Boston: Allyn & Bacon, 2007.

VAN de WALLE, J. A. e LOVIN, L. A. H. *Teaching student-centered mathematics: Grades 3–5.* Boston: Allyn & Bacon, 2006.

VAN DER LINDEN, W. J. Advances in computer applications. In: OAKLAND, T. e HAMBLETON, R. K. (Eds.) *International perspectives on academic assessment.* Boston: Kluwer Academic, 1995.

VAN DRIE, J.; VAN BOXTEL, C.; JASPER, J. e KANSELAR, G. Effects of representational guidance on domain specific reasoning in CSCL. *Computers in human behavior*, v. 21, p. 575–602, 2005.

VAN GELDER, T. Teaching critical thinking. *College teaching*, v. 53, p. 41–46, 2005.

VAN HOUTEN, R.; NAU, P.; MACKENZIE-KEATING, S.; SAMEOTO, D. e COLAVECCHIA, B. An analysis of some variables influencing the effectiveness of reprimands. *Journal of Applied Behavior Analysis*, v. 15, p. 65–83, 1982.

VAN LEHN, K. *Mind bugs.* Cambridge, MA: MIT Press, 1990.

VAN LIER, P. A. C.; MUTHEN, B. O.; VAN DER SAR, R. M. e CRIJEN, A. A. M. Preventing disruptive behavior in elementary school children: Impact of a universal classroom-based intervention. *Journal of Consulting and Clinical Psychology*, n. 72, p. 467–478, 2004.

VANDELL, D. L. e PIERCE, K. M. After-school programs and structured activities that support children's development. In: GARNER, R. (Ed.). *Hanging out: Community-based after-school programs for children.* Westport CT: Greenwood, 2002.

VanSLEDRIGHT, B. e LIMÓN, M. Learning and teaching social studies: A review of cognitive research in history e geography. In: ALEXANDER, P. A. e WINNE, P. H. (Eds.). *Handbook of educational psychology.* 2. ed. Mahwah, NJ: Erlbaum, 2006.

VAUGHN, S. S.; BOS, C. S. e SCHUMM, J. S. *Teaching students who are exceptional, diverse and at risk in the general education classroom.* 4. ed. Boston: Allyn & Bacon, 2007.

VEENMAN, S.; DENESSEN, E. e VAN DEN AKKER, A. Effects of cooperative learning program on the elaborations of students during help seeking and help giving. *American Educational Research Journal*, n. 42, p. 115–151, 2005.

VELLUTINO, F.; FLETCHER, J. M.; SNOWLING, M. J. e SCANLON, D. M. Specific reading disability (dyslexia): What have we learned in the past four decades? *Journal of Child Psychology and Psychiatry and Allied Disciplines*, n. 45, p. 2–40, 2004.

VERDERBER, R. F. e VERDERBER, K. S. *The challenge of effective speaking.* 13. ed. Belmont, CA: Wadsworth, 2006.

VIDAL, F. Piaget, Jean. In: KAZDIN, A. (Ed.). *Encyclopedia of psychology.* Washington, DC, e Nova York: American Psychological Association and Oxford University Press, 2000.

VILLEJOUBERT, G. Could they have known better? *Applied cognitive psychology*, v. 19, p. 140–143, 2005.

VINCKENBOSCH, E.; ROBICHON, F. e ELIEZ, S. Gray matter alteration in dyslexia: Converging evidence from volumetric and voxel-by-voxel MRI analyses. *Neuropsychologia*, v. 43, p. 324–331, 2005.

VOGT, W. P. *Quantitative research methods for professionals in education and other fields.* Boston: Allyn & Bacon, 2007.

VOLKMAR, F. R.; LORD, C.; BAILEY, A.; SCHULTZ, R. T. e KLIN, A. Autism and pervasive developmental disorders. *Journal of Child Psychology and Psychiatry*, n. 45, p. 135–170, 2004.

VOSS, J. F.; GREENE, T. A.; POST, B. C. e PENNER, J. Problem solving skills in the social sciences. In: BOWER, G. H. (Ed.). *The psychology of learning and motivation.* San Diego: Academic Press, 1984.

VUKOVIC, R. K. e SIEGEL, L. S. The double-deficit hypothesis: A comprehensive analysis of the evidence. *Journal of Learning Disabilities*, n. 39, p. 25–47, 2006.

VYGOTSKY, L. S. *Thought and language.* Cambridge, MA: MIT Press, 1962.

W

WAGNER, M. Outcomes for youths with serious emotional disturbance in secondary school and early adulthood. *Future of children*, 5(2), p. 90–112, 1995.

WAGNER, M. W. e BLACKORBY, J. Transition from high school to work or college: How special education students fare. *Future of children*, 6(1), p. 103–120, 1996.

WAGNER, R. *HyperStudio.* El Cajon, CA: Roger Wagner, 1993.

WAGNER, R. K. Intelligence, training, and employment. *American psychologist*, v. 52, p. 1059–1069, 1997.

WAGNER, R. K. e STERNBERG, R. J. Tacit knowledge e intelligence in the everyday world. In: STERNBERG, R. J. e WAGNER, R. K. (Eds.). *Practical intelligence.* Cambridge, Reino Unido: Cambridge University Press, 1986.

WAKE, M. e POULAKIS, Z. Slight and mild hearing loss in primary school children. *Journal of Pediatrics and Child Health*, n. 40, p. 11–13, 2004.

WALDMAN, I. D. e GIZER, I. R. The genetics of attention deficit hyperactivity disorder. *Clinical Psychology Review*, 2006. (No prelo).

WALKER, L. Gender and morality. In: KILLIEN, M. e SMETANA, J. G. (Eds.). *Handbook of moral development.* Mahwah, NJ: Erlbaum, 2006.

WALKER, L. J. Moral Exemplarity. In: DAMON, W. (Ed.). *Bringing in a new era of character.* Stanford, CA: Hoover Press, 2002.

WALLIS, P. Intention without representation. *Philosophical psychology*, v. 17, p. 209–224, 2004.

WANG, H. e GEARHART, D. L. *Designing and developing web-based instruction.* Upper Saddle River, NJ: Prentice-Hall, 2006.

WARD, L. M. Understanding the role of entertainment media in the sexual socialization of American youth: A review of empirical research. *Developmental Review*, v. 23, p. 347–388, 2003.

WARRINGTON, M. e YOUNGER, M. "We decided to give it a twirl": Single-sex teaching in English comprehensive schools. *Gender and education*, v. 15, p. 339–350, 2003.

WATSON, D. L. e THARP, R. G. *Self-directed behavior.* 9. ed. Belmont, CA: Wadsworth, 2007.

WATSON, M. e BATTISTICH, V. Building and sustaining caring communities. In: EVERTSON, C. M. e WEINSTEIN, C. S. (Eds.). *Handbook of classroom management.* Mahwah, NJ: Erlbaum, 2006.

WAXMAN, S. R. e LIDZ, J. L. Early word learning. In: DAMON, W. e LERNER, R. (Eds.). *Handbook of child psychology.* 6. ed. Nova York: Wiley, 2006.

WEARY, G. Attribution theories. In: KAZDIN, A. (Ed.). *Encyclopedia of psychology.* Washington, DC e Nova York: American Psychological Association and Oxford University Press, 2000.

WEASMER, J. e WOODS, A. Encouraging student decision making. *Kappa Delta Pi Record*, v. 38, p. 40–42, 2001.

WEBB, N. M. Sex differences in interaction and achievement in cooperative small groups. *Journal of Educational Psychology*, n. 76, p. 33–34, 1984.

WEBB, N. M. e PALINCSAR, A. S. Group processes in the classroom. In: BERLINER, D. C. e CALFEE, R. C. (Eds.). *Handbook of educational psychology.* Nova York: Macmillan, 1996.

WEBER, E. *MI strategies in the classroom and beyond*. Boston: Allyn & Bacon, 2005.

WEHLAGE, G. Dropping out: Can schools be expected to prevent it? In: WEIS, L.; FARRAR, E. e PETRIE, H. (Eds.). *Dropouts from school*. Albany: State University of Nova York Press, 1989.

WEILER, J. Success for All. *ERIC/CUE Digest*, N. 139, 1998.

WEINER, B. *An attributional theory of motivation and emotion*. Nova York: Springer, 1986.

WEINER, B. *Human motivation: Metaphors, theories, and research*. Newbury Park, CA: Sage, 1992.

WEINER, B. Motivation: An overview. In: KAZDIN, A. (Ed.). *Encyclopedia of psychology*. Washington, DC e Nova York: American Psychological Association e Oxford University Press, 2000.

WEINER, B. *Social motivation, justice, and the moral emotions*. Mahwah, NJ: Erlbaum, 2005.

WEINSTEIN, C. S. *Secondary classroom management*. 2. ed. Nova York: McGraw-Hill, 2003.

WEINSTEIN, C. S. *Middle and secondary management: Lessons from research and practice*. 3. ed. Nova York: McGraw-Hill, 2007.

WEINSTEIN, R. S.; MADISON, S. M. e KUKLINSKI, M. R. Raising expectations in schooling: Obstacles and opportunities for change. *American Educational Research Journal*, 32(1), p. 121–159, 1995.

WEINSTEIN, C. S. e MIGNANO, A. J., Jr. *Elementary classroom management*. Nova York: McGraw-Hill, 1997.

WEINSTEIN, C. S. e MIGNANO, A. J.; Jr. *Elementary classroom management*. 2. ed. Nova York: McGraw-Hill, 2003.

WEINSTEIN, C. S. e MIGNANO, A. J.; Jr. *Elementary classroom management*. 4. ed. Nova York: McGraw-Hill, 2007.

WEISER, M. *Ubiquitous computing and communications*. Ensaio apresentado na conferência internacional PACT, Barcelona, Espanha, set. 2001.

WEISSBERG, R. P.; BARTON, H. A. e SHRIVER, T. P. The Social-Competence Promotion Program for young adolescents. In: ALBEE, G. W. e GULLOTTA, T. P. (Eds.). *Primary prevention exemplars: The Lela Rowland Awards*. Thousand Oaks, CA: Sage, 1997.

WEISSBERG, R. P. e CAPLAN, M. *Promoting social competence and preventing antisocial behavior in young urban adolescents*. Manuscrito não publicado, University of Illinois, Chicago, 1994.

WEISSBERG, R. P.; GESTEN, E. L.; RAPKIN, B. D.; COWEN, E. L.; DAVIDSON, E.; FLORES de APODACA, R. e McKIM, B. J. The evaluation of a social problem-solving training program for suburban and inner-city third grade children. *Journal of Consulting and Clinical Psychology*, n. 49, p. 251–261, 1981.

WEISSBERG, R. P. e GREENBERG, M. T. School and community competence-enhancement prevention programs. In: DAMON, W. (Ed.). *Handbook of child psychology*, v. 4. Nova York: Wiley, 1998.

WELDIN, D. J. e TUMARKIN, S. R. Parent involvement: More power in the portfolio process. *Childhood education*, v. 75, p. 90–96, 1999.

WELLER, L. D. Building validity and reliability into classroom tests. *NASSP Bulletin*, v. 85, p. 32–37, 2001.

WELLHOUSEN, K. Do's and dont's for eliminating hidden bias. *Childhood education*, p. 36–39, outono de 1996.

WELLMAN, H. M. *Ten years of theory of mind: Telling the story backwards*. Ensaio apresentado em um encontro da Society for Research in Child Development, Washington, DC, abr. 1997.

WELLMAN, H. M. Early childhood. In: KAZDIN, A. (Ed.). *Encyclopedia of psychology*. Washington, DC e Nova York: American Psychological Association and Oxford University Press, 2000.

WELLMAN, H. M. Understanding the psychological world: Developing a theory of mind. In: GOSWAMI, U. (Ed.). *Blackwell handbook of childhood cognitive development*. Maiden, MA: Blackwell, 2004.

WELLMAN, H. M.; CROSS, D. e WATSON, J. Meta-analysis of theory-of-mind development: The truth about false belief. *Child development*, v. 72, p. 655–684, 2001.

WELSHMAN, D. *Social studies resources*. St. Johns, Newfoundland: Leary Brooks Jr. High School, 2000.

WENGLINSKY, H. The link between teacher classroom practices and student academic performance. *Education Policy Analysis Archives*, v. 10, p. 12, 2002.

WENTZEL, K. R. Social goals and social relationships as motivators of school adjustment. In: JUVONEN, J. e WENTZEL, R. (Eds.). *Social motivation*. Nova York: Cambridge University Press, 1996.

WENTZEL, K. R. Student motivation in middle school: The role of perceived pedagogical caring. *Journal of Educational Psychology*, n. 89, p. 411–419, 1997.

WENTZEL, K. R. A social motivation perspective for classroom management. In: EVERTSON, C. M. e WEINSTEIN, C. S. (Eds.). *Handbook of classroom management*. Mahwah, NJ: Erlbaum, 2006.

WENTZEL, K. R. e BATTLE, A. Social relationships and school adjustment. In: URDAN, T. e PAJARES, F. (Eds.). *Adolescence and education*. Greenwich, CT: IAP, 2001.

WENTZEL, K. R.; BARRY, C. M. e CALDWELL, K. A. Friendships in middle school: Influences on motivation and school adjustment. *Journal of Educational Psychology*, n. 96, p. 195–203, 2004.

WENTZEL, K. R. e ERDLEY, C. A. Strategies for making friends: Relations to social behavior and peer acceptance in early adolescence. *Developmental psychology*, v. 29, p. 819–826, 1993.

WERTHEIMER, M. *Productive thinking*. Nova York: Harper, 1945.

WERTS, M. G.; CULATTA, R. A. e TOMPKINS, J. R. *Fundamentals of special education*. 3. ed. Upper Saddle River, NJ: Prentice-Hall, 2007.

WESTLING, D. L. e FOX, L. *Teaching students with severe disabilities*. 2. ed. Upper Saddle River, NJ: Prentice-Hall, 2000.

WHEELER, J. J. e RICHEY, D. *Behavior management: Principles and practices of positive behavior supports*. Upper Saddle River, NJ: Prentice-Hall, 2005.

WHEELOCK, A. *Crossing the tracks: How "untracking" can save America's schools*. Nova York: New Press, 1992.

WHITCOMB, J. A. Dilemmas of design and predicaments of practice: Adapting the 'Fostering a Community of Learners' model in secondary school English language arts. *Journal of Curriculum Studies*, n. 36, p. 183–206, 2004.

WHITE, J. W. e FRABUTT, J. M. Violence against girls and women. In: WORELL, J. e GOODHEART, C. D. (Eds.). *Handbook of girls' and women's psychological health*. Nova York: Oxford University Press, 2006.

WHITE, R. W. Motivation reconsidered: The concept of confidence. *Psychological Review*, v. 66, p. 297–333, 1959.

WHITFORD, B. L. e JONES, K. (Eds.). *Accountability, assessment, and teacher commitment*. Albany: State University of Nova York Press, 2000.

WHITFORD, T. J.; RENNIE, C. J.; GRIEVE, S. M.; CLARK, C. R.; GORDON, E. e WILLIAMS, L.M. Brain maturation in adolescence. *Human brain mapping*, 2006. (No prelo).

WIESE, A-M. e GARCIA, E. E. Educational policy in the United States regarding bilinguals in early childhood education. In: SPODEK, B. e SARACHO, O. N. (Eds.). *Handbook of research on the education of young children*. Mahwah, NJ: Erlbaum, 2006.

WIGFIELD, A. e ASHER, S. R. Social and motivational influences on reading. In: PEARSON, P. D.; BARR, R.; KAMIL, M. L. e MOSENTHAL, P. (Eds.). *Handbook of reading research*. Nova York: Longman, 1984.

WIGFIELD, A. e ECCLES, J. S. (Eds.). *Development of achievement motivation*. San Diego: Academic Press, 2002.

WIGFIELD, A.; BYRNES, J. P. e ECCLES, J. S. Developing during early adolescence. In: ALEXANDER, P. A. e WINNE, P. H. (Eds.). *Handbook of educational psychology*. 2. ed. Mahwah, NJ: Erlbaum, 2006.

WIGFIELD, A.; ECCLES, J. S. e PINTRICH, P. R. Development between the ages of 11 and 25. In: BERLINER, D. C. e CALFEE, R. C. (Eds.). *Handbook of educational psychology*. Nova York: Macmillan, 1996.

WIGFIELD, A.; ECCLES, J. S.; SCHIEFELE, U.; ROESER, R. e DAVIS-KEAN, P. Development of achievement motivation. In: DAMON, W. e LERNER, R. (Eds.). *Handbook of child psychology*. 6. ed. Nova York: Wiley, 2006.

WIGGINS, G. Creating tests worth taking. *Educational leadership*, p. 26–33, maio 1992.

WIGGINS, G. Assessment: Authenticity, context, and validity. *Phi Delta Kappan*, p. 200–214, nov. 1993.

WILKE, M.; LIDZBA, K.; STAUDT, M.; BUCHENAU, K.; GRODD, W. e KRAGELOH-MANN, I. Comprehensive language mapping in children, using functional magnetic resonance imaging: Whats missing counts. *Neuroreport*, v. 16, p. 915–919, 2005.

WINEBURG, M. S. Evidence in teacher preparation. *Journal of Teacher Education*, n. 57, p. 51–64, 2006.

WINNE, P. H. Inherent details in self-regulated learning. *Educational psychologist*, v. 30, p. 173–187, 1995.

WINNE, P. H. Experimenting to bootstrap self-regulated learning. *Journal of Educational Psychology*, n. 89, p. 397–410, 1997.

WINNE, P. H. Self-regulated learning viewed from models of information processing. In: ZIMMERMAN, B. J. e SCHUNK, D. H. (Eds.). *Self-regulated learning and academic achievement*. Mahwah, NJ: Erlbaum, 2001.

WINNE, P. H. Key issues in modeling and applying research on self-regulated learning. *Applied Psychology: An International Review*, v. 54, p. 232–238, 2005.

WINNER, E. Where pelicans kiss seals. *Psychology Today, p. 24–35, ago. 1986.*

WINNER, E. *Gifted children: Myths and realities*. Nova York: Basic Books, 1996.

WINNER, E. Exceptionally high intelligence and schooling. *American psychologist*, v. 52, p. 1070–1081, 1997.

WINNER, E. The origins and ends of giftedness. *American psychologist*, v. 55, p.159–169, 2000.

WINNER, E. Development in the arts. In: DAMON, W. e LERNER, R. (Eds.). *Handbook of child psychology*. 6. ed. Nova York: Wiley, 2006.

WINSLER, A.; CARLTON, M. P. e BARRY, M. J. Age-related changes in preschool children's systematic use of private speech in a natural setting. *Journal of Child Language*, n. 27, p. 665–687, 2000.

WINSLER, A.; CAVERLY, S. L, WILLSON-QUAYLE, A.; CARLTON, M. P. e HOWELL, C. The social and behavioral ecology of mixed-age and same-age preschool classrooms: A natural experiment. *Journal of Applied Developmental Psychology*, 23, p. 305–330, 2002.

WINSLER, A.; DIAZ, R. M. e MONTERO, I. The role of private speech in the transition from collaborative to independent task performance in young children. *Early Childhood Research Quarterly*, 12, p. 59–79, 1997.

WISKE, S.; FRANZ, K. R. e BREIT, L. *Teaching for understanding with technology*. Nova York: Wiley, 2005.

WITTMER, D. S. e HONIG, A. S. Encouraging positive social development in young children. *Young children*, v. 49, p. 4–12, 1994.

WITTROCK, M. C. e LUMSDAINE, A. A. Instructional psychology. *Annual Review of Psychology*, v. 28, p. 417–459, 1977.

WOLTERS, C. A. Advancing achievement goal theory: Using goal structures and goal orientations to predict students' motivation, cognition, and achievement. *Journal of Educational Psychology*, n. 96, p. 236–250, 2004.

WONG, T. B. *USA Today's* 2004 all-USA team. *USA Today*, p. 6D, 14 out. 2004.

WOOD, J. Can software support children's vocabulary development? *Language learning & technology*, v. 5, p. 166–201, 2001.

WOOD, J. e DUKE, N. K. Inside "Reading Rainbow": A spectrum of strategies for promoting literacy. *Language arts*, v. 74, p. 95–106, 1997.

WOOD, J. T. *Introduction to human communication*, 4. ed. Belmont, CA: Wadsworth, 2006.

WOOD, J. W. *Teaching students in inclusive settings*. 5. ed. Upper Saddle River, NJ: Prentice-Hall, 2006.

WOODHILL, B. M. e SAMUELS, C. A. Desirable and undesirable androgyny: A prescription for the twenty-first century. *Journal of Gender Studies*, n. 13, p. 15–28, 2004.

WOOLGER, C. Wechsler Intelligence Scale for Children–Third Edition (WISC-III). In: DORFMAN, W. e HERSEN, M., (Eds.). *Understanding psychological assessment*. Nova York: Plenum, 2001.

WORK Group of the American Psychological Association Board of Educational Affairs. *Learner-centered psychological principles: A framework for school redesign and reform* (Draft). Washington, DC: American Psychological Association, 1995.

WORK Group of the American Psychological Association Board of Educational Affairs. *Learner-centered psychological principles: A framework for school reform and redesign*. Washington, DC: American Psychological Association, 1997.

WORKMAN, S. H. e GAGE, J. A. Family-school partnerships: A family strengths approach. *Young children*, v. 52, p. 10–14, 1997.

WORTHEN, B. R. e SPANDEL, V. Putting the standardized test debate in perspective. *Educational leadership*, p. 65–69, fev. 1991.

Y

YANG, S. C. e LIU, S. F. The study of interactions and attitudes of third-grade students' learning information technology via a cooperative approach. *Computers in human behavior*, v. 21, p. 45–72, 2005.

YARROW, F. e TOPPING, K. J. Collaborative writing. *British Journal of Educational Psychology*, v. 7, p. 261–282, 2001.

YATES, M. *Community service and political-moral discussions among Black urban adolescents*. Ensaio apresentado em um encontro da Research in Child Development, Indianápolis, mar. 1995.

YEAKEY, C. C. e HENDERSON, R. D. (Eds.). *Surmounting the odds: Equalizing educational opportunity in the new millennium*. Greenwich, CT: IAP, 2002.

YINGER, R. J. Study of teacher planning. *Elementary School Journal*, n. 80, p. 107–127, 1980.

YOUNG, E. L.; BOYE, A. E. e NELSON, D. A. Relational aggression: Understanding, identifying, and responding in schools. *Psychology in the schools*, v. 43, p. 297–312, 2006.

YOUNISS, J. Forming a political-moral identity through service. In: SLIWKA, A.; DIEDRICH, M. e HOFER, M. (Eds.).

Citizenship education. Munster, GER: Waxmann, 2006.

YUNG, B. H. W. Three views of fairness in a school-based assessment scheme of practical work in biology. *International Journal of Science Education*, n. 23, p. 985–1005, 2001.

Z

ZELAZO, P. D. e MÜLLER, U. Executive function in typical and atypical development. In: GOSWAMI, U. (Ed.). *Blackwell handbook of cognitive development.* Malden, MA: Blackwell, 2004.

ZELAZO, P. D.; MÜLLER, U.; FRYE, D. e MARCOVITCH, S. The development of executive function in early childhood. *Monographs of the Society for Research in Child Development*, 68 (3, Serial n. 274), 2003.

ZENTALL, S. S. *ADHD and education.* Upper Saddle River, NJ: Prentice-Hall, 2006.

ZIGLER, E. F. Looking back 40 years and seeing the person with mental retardation as a whole person. In: SWITZKY, H. N. (Ed.). *Personality and motivational differences in persons with mental retardation.* Mahwah, NJ: Erlbaum, 2002.

ZIGLER, E. F. e FINN-STEVENSON, M. Applied developmental psychology. In: BORNSTEIN, M. H. e LAMB, M. E. (Eds.). *Developmental psychology.* 4. ed. Mahwah, NJ: Erlbaum, 1999.

ZIGLER, E. F. e STYCO, S. Moving Head Start to the states: One experiment too many. *Journal of Applied Developmental Science*, n. 8, p. 51–55, 2004.

ZIMMERMAN, B. J.; BONNER, S. e KOVACH, R. *Developing self-regulated learners.* Washington, DC: American Psychological Association, 1996.

ZIMMERMAN, B. J. e SCHUNK, D. H. (Eds.). *Self-regulated learning and academic achievement.* Mahwah, NJ: Erlbaum, 2001.

ZIMMERMAN, B. J. e SCHUNK, D. H. Self-regulating intellectual processes and outcomes: A social cognitive perspective. In: DAI, D. Y. e STERNBERG, R. J. (Eds.). *Motivation, emotion, and cognition.* Mahwah, NJ: Erlbaum, 2004.

ZIRPOLI, T. J. *Behavior management: Applications for teachers.* 4. ed. Upper Saddle River, NJ: Prentice-Hall, 2005.

ZUCKER, A. A. e McGHEE, R. A study of one-to-one computer use in mathematics and science instruction at the secondary level in Henrico County Public Schools. Washington, DC: SRI International, 2005.

Créditos

Texto e ilustrações

Capítulo 1

p. 2 De METZGER, Margaret Maintaining a life. *Phi Delta Kappan*, v. 77, jan. 1996, p. 346–351. Reproduzido com permissão do autor. **Figura 1.1:** De Students say: What makes a good teacher? *Schools in the middle*, v. 6, n. 5, maio/jun. 1997, tabelas 1 e 2, p. 16. Reproduzido com permissão da National Association of Secondary School Principals. **Figura 1.2:** Adaptado de CROWLEY, Kevin; CALLANAN, Maureen A.; TENENBAUM, Harriet R. e ALLEN, Elizabeth. Parents explain more to boys than girls during shared scientific thinking. *Psychological science*, v. 12, 2001, p. 258–261, Figura 1. Com permissão of Blackwell Publishing and Kevin Crowley. **Figura 1.3:** De SANTROCK, John W. *Life-span development*. 10. ed., Figura 2.9, p. 62. Copyright © 2006 by The McGraw-Hill Companies, Inc. Reproduzido com permissão da The McGraw-Hill Companies.

Capítulo 2

Figura 2.1: De SANTROCK, John W. *Life-span development*. 10. ed., p. 20. Copyright © 2006 by The McGraw-Hill Companies, Inc. Reproduzido com permissão da The McGraw-Hill Companies. **Figura 2.2:** De SANTROCK, John W. *Life-span development*. 10. ed., p. 23, Figura 1.11. Copyright © 2006 by The McGraw-Hill Companies, Inc. Reproduzido com permissão The McGraw-Hill Companies. **Figura 2.5:** De SANTROCK, John W. *Life-span development*. 10. ed., Figura 12.7. Copyright © 2006 by The McGraw-Hill Companies, Inc. Reproduzido com permissão da The McGraw-Hill Companies. **Figura 2.9:** Cortesia de Dennie Palmer Wolf. **Figura 2.10:** De SANTROCK, John W. *Psychology*. 7. ed. Copyright © 2003 by The McGraw-Hill Companies, Inc. Reproduzido com permissão da The McGraw-Hill Companies. **p. 49** De FREDE, E. C., 1995. The role of program Quality in producing early childhood program benefits. *The future of children*, v. 5, n. 3, p. 115–132. *The future of children* é uma publicação de David e Lucile Packard Foundation. **Figura 2.16:** De HAIGHT, Sherrel Lee. The Rule Systems of Language. *Language Overview*. Mt. Pleasant, MI: Central Michigan University, 2002. Reproduzido com permissão do autor. **Figura 2.17:** De BERKO, Jean. The Child's Learning of English Morphology. In: *Word*, v. 14, 1958, p. 154.

Capítulo 3

Figura 3.1: De KOPP, Claire B. e KRAKOW, Joanne B. (Eds.). *The child: Development in a social context*. p. 648. Copyright © 1982 by Addison-Wesley Publishing Company, Inc. Reproduzido com permissão de Pearson Education, Inc., Glenview, IL. **Figura 3.3:** De SANTROCK, John W. *Life-span development*. 10. ed., **Figura 9.8.** Copyright © 2006 by The McGraw-Hill Companies, Inc. Reproduzido com permissão The McGraw-Hill Companies. **p. 80** De GINORIO, Angela e HUSTON, Michelle ¡Sí, se puede! *Yes, we can: Latinas in school*. Washington, DC: American Association of University Women Educational Fund, 2000, p. 1–2. Reproduzido com permissão da American Association of University Women. **p. 86** De GARROD, Andrew et al. *Adolescent portraits*. Boston: Allyn and Bacon, 1992, p. 199–200. **Figura 3.4:** Adaptado com permisssão de BREDEKAMP, S. e COPPLE, C. Developmentally Appropriate Practice for 3- through 5-Year-Olds. In: BREDEKAMP, S. e COPPLE, C. (Eds.). *Developmentally appropriate practice in early childhood programs*, rev. ed. Washington, DC: NAEYC, 1997, 123-33. Reproduzido com permisssão da National Association for the Education of Young Children. Alguns textos foram traduzidos livremente. **Figura 3.5:** De KAUFMAN, P.; ALT, M. N e CHAPMAN, C. *Dropout rates in the United States*: 2001 (NCES 2005-046), Figura 2, 2004, p. 12. U.S. Department of Education. National Center for Education Statistics. Washington, DC: U.S. Government Printing Office. **Figura 3.6:** De ROBINS, R. W.; TRZESNIEWSKI, K. H.; TRACY, J. L.; GOSLING, S. D. e POTTER, J., 2002. Global self-esteem across the life span. *Psychology and aging*, 17, 423–434, Fig. 1, p. 428. Copyright © 2002 by the American Psychological Association. Adaptado com permissão. **Figura 3.7:** De SANTROCK, John W. *Life-span development*, 10. ed. Copyright © 2006 by The McGraw-Hill Companies, Inc. Reproduzido com permissão. **p. 107** Reprodução extraída de WITTMER, Donna S. e Honig, Alice S. Encouraging positive social development in young children, *Young children*, v. 49, n. 5, jul. 1994, p. 4–12. Reproduzido com permissão da National Association for the Education of Young Children.

Capítulo 4

p. 114 De LANDA, Shiffy. If you can't make waves, make ripples. *Intelligence connections*: Newsletter of the ASCD, v. X, n. 1, outono de 2000, p. 6–8. Reimpresso com permissão de HOERR, Thomas R., Ph.D., Head of School, New City School, St. Louis. Disponível em: <www.newcityschool.org>. **Figura 4.1:** De SANTROCK, John W. *Life-span development*. 10. ed., Figura 10.6. Copyright © 2006 by The McGraw-Hill Companies, Inc. Reproduzido com permissão da The McGraw-Hill Companies. **p. 122** Extraído de DICKINSON, Dee How. Technology enhances howard gardner's eight *intelligences*, p. 1–3. Disponível em: <www.america-tomorrow.com/ati/nhl80402.htm>. © 1998 New Horizons for Learning. Reproduzido com permissão. **Figura 4.4:** De NEISSER, Ulric The Increase in IQ Scores from 1932–1997. Reproduzido com permissão do autor.

Capítulo 5

Figura 5.1: De LARSON, R. W. e VERMA, S. How children and adolescents spend time across the world: Work, play, and developmental opportunities. *Psychological Bulletin*, 125, 701–736, tabela 6, 1999, p. 725. Copyright © 1999 by the American Psychological Association. Adaptado com permissão. **Figura 5.2:** De HART, Betty e RISLEY, Todd R. *Meaningful differences in the everyday experience of young American children*. Baltimore: Paul H. Brookes Publishing Co., 1995, p. 234, 235. Reproduzido com permissão. **Figura 5.3:** Reprodução de *Cognition*, v. 39, n. 3, jun. 1991; JOHNSON, Jacqueline S. e Newport, Elissa L. Critical period effects on universal properties of language: The Status of Subjacency in the acquisition of a second language, p. 215–218, Copyright 1991, com permissão de Elsevier. **p. 154** Recomendações extraídas de Responding to Linguistic and Cultural Diversity: Recommendations for Effective Early Childhood Education. A Position Statement of the National Association for the Education of Young Children (NAEYC), adoção 1995. Reproduzido com permissão de NAEYC. **Figura 5.4:** National Assessment of Educational Progress, 2005. **Figura 5.5:** National Assessment of Educational Progress, 2005.

Capítulo 6

Figura 6.1: Dados do *Digest of Education Statistics 2003*. Washington, DC: National Center for Education Statistics, U.S.

Department of Education, dez. 2004, tabela 52. **Figura 6.2:** Dados do *Digest of Education Statistics 2003*. Washington, DC: National Center for Education Statistics, U.S. Department of Education, dez. 2004, tabela 52. **Figura 6.4:** De *Mental retardation: Definition, classification, and systems of supports*. Copyright 1992 by American Association on Mental Retardation (AAMR). Reproduzido com permissão da American Association on Mental Retardation (AAMR) via Copyright Clearance Center.

Capítulo 7

p. 226 De CHARNEY, Ruth Sidney. Using language to encourage and empower children, Part 2: Exploring the first 'R': To reinforce. *Education World*, 2005, Disponível em: <http://www.educationworld.com/a_curr/columnists/charney/charney004b.shtml>. Reproduzido com permissão de Ruth S. Charney and EducationWorld.com. **Figura 7.5:** De SANTROCK, John W. *Psychology*. 7. ed., Figura 7.9. Copyright © 2003 by The McGraw-Hill Companies, Inc. Reproduzido com permissão de The McGraw-Hill Companies. **Figura 7.6:** After Irwin Hyman. *Statistical analysis of the cross-cultural data: The third year*. Ensaio apresentado em um encontro da American Psychological Association. São Francisco, 2001. Reproduzido com permissão de Irwin Hyman. **Figura 7.7:** De SANTROCK, John W. *Psychology*. 7. ed., Figura 12.6, p. 487. Copyright © 2003 by The McGraw-Hill Companies, Inc. Reproduzido com permissão. **p. 252**, S-A 7.2: De ZIMMERMAN, B. J.; BONNER, S. e KOVACH, R. *Developing self-regulated learners: Beyond achievement to self-efficacy*. Washington, DC: American Psychological Association, Figura 1, 1996, p. 28. Copyright © 1996 by the American Psychological Association. Reproduzido com permissão. **Figura 7.11:** De ZIMMERMAN, B. J.; BONNER, S. e KOVACH, R. *Developing self-regulated learners: Beyond achievement to self-efficacy*. Washington, DC: American Psychological Association, Figura 1, 1996, p. 11. Copyright © 1996 by the American Psychological Association. Adaptado com permissão.

Capítulo 8

Figura 8.1: De SANTROCK, John W. *Psychology*. 7. ed. Copyright © 2003 by The McGraw-Hill Companies, Inc. Reproduzido com permissão da The McGraw-Hill Companies. **Figura 8.2:** Reproduzido de PRESSLEY, M.; LEVIN, J. R. e McCORMICK, C. B. Young children's learning of a foreign language vocabulary: A sentence variation of the keyword method. *Contemporary Educational Psychology*, v. 5, 1980, p. 22–29. Copyright 1980, com permissão de Elsevier. **Figura 8.3:** Reproduzido de PRESSLEY, M.; CARILIGIA-BULL, T.; DEANE, S. e SCHNEIDER, W. Short-term memory, Verbal competence, and age as predictors of imagery instructional effectiveness. *Journal of Experimental Child Psychology*, v. 43, 1987, p. 194–211. Copyright 1987, com permissão de Elsevier. **Figura 8.5:** De SANTROCK, John W. *Psychology*. 7. ed., Figura 8.8, p. 314. Copyright © 2003 by The McGraw-Hill Companies, Inc. Reproduzido com permissão da The McGraw-Hill Companies. **Figura 8.6:** De SWANSON, H. L., 1999. What develops in working memory? A life span perspective. *Developmental Psychology*, n. 35, 986–1000, tabela 1, p. 990. Copyright © 1999 by the American Psychological Association. Adaptado com permissão. **Figura 8.7:** De SANTROCK, John W. *Psychology*. 7. ed., Figura 8.5, p. 312. Copyright © 2003 by The McGraw-Hill Companies, Inc. Reproduzido com permissão da The McGraw-Hill Companies. **Figura 8.8:** De SANTROCK, John W. *Psychology*. 7. ed., Figura 8.9, p. 316. Copyright © 2003 by The McGraw-Hill Companies, Inc. Reproduzido com permissão da The McGraw-Hill Companies. **Figura 8.9:** Adaptação de MURDOCK, JR., Bennet B. *Human memory: Theory and data*. Potomac, MD: Lawrence Erlbaum Associates, 1974. **Figura 8.10:** De SANTROCK, John W. *Life-span development*. 6. ed. Copyright © 1997 by The McGraw-Hill Companies, Inc. Reproduzido com permissão da The McGraw-Hill Companies. **Figura 8.11** After CHI, M. T. H., 1978. Knowledge structures and memory development. In: SIEGLER, R. S. (Ed.). *Children's thinking*. Hillsdale, NJ: Lawrence Erlbaum. Reproduzido com permissão de Lawrence Erlbaum Associates, da editora e do autor. **Figura 8.12:** De REIF, Frederick. Cognitive mechanisms facilitating human problem solving in a realistic domain: The example of physics. Berkeley: Universidade da Califórnia, 19 out. 1979. Reproduzido com permissão do autor. **Figura 8.13:** De SANTROCK, John W. *Life-span development*. 10. ed., Figura 8.15, p. 244. Copyright © 2006 by The McGraw-Hill Companies, Inc. Reproduzido com permissão da The McGraw-Hill Companies.

Capítulo 9

p. 302 Council of Chief State School Officers, 2000. Description of 2000 National Teacher of the Year Marilyn Jachetti Whirry. Washington, DC: Author. Disponível em: <http://www.ccsso.org/Projects/national_teacher_of_the_year/national_teachers/156.cfm>. Usado com permissão do Council of Chief State School Officers. **Figura 9.2:** De SANTROCK, John W. *Psychology*. 5. ed. Copyright © 1997 by The McGraw-Hill Companies, Inc. Reproduzido com permissão da The McGraw-Hill Companies.

Capítulo 11

Figura 11.3: Após PALINCSAR, A. S e BROWN, A. L., 1984. Reciprocal teaching of comprehension-fostering and comprehension-monitoring activities. *Cognition and instruction*, v. 1, p. 117–175. Reproduzido com permissão de Lawrence Erlbaum Associates, editora e Annemarie S. Palincsar. **Figura 11.4:** Dados de KELLOGG, Ronald T. Observations on the Psychology of Thinking and Writing. *Composition studies*, v. 21, 1993, p. 3–41.

p. 394–395 da National Council for the Social Sciences. *National Standards for Social Studies Teachers*, 2000. © National Council for the Social Studies. Reproduzido com permissão.

Capítulo 12

Figura 12.3: De LINDEN, Kathryn W. *Cooperative learning and problem-solving*. 2. ed. Waveland Press, 1996, p. 143–144 (Essa figura foi originalmente adaptada de GRONLUND, Norman E. *Assessment of Student Achievement*. 6. ed., 1988. Reproduzido com permissão de Kathryn W. Linden. **Figura 12.5:** De WEINSTEIN, Carol Simon e MIGNANO, JR., Andrew J. *Elementary Classroom Management*. 2. ed. Copyright © 1997 by The McGraw-Hill Companies, Inc. Reproduzido com permissão. **Figura 12.6:** De WEINSTEIN, Carol Simon e MIGNANO, JR., Andrew J. *Elementary classroom management*. 2. ed. Copyright © 1997 by The McGraw-Hill Companies, Inc. Reproduzido com permissão.

p. 424–427 Adaptado de Work Group of The American Psychological Association Board of Educational Affairs. *Learner-Centered Psychology Principles: A Framework for School Redesign and Reform*, nov. 1997, p. 2–4. Disponível em: www.apa.org/ed/lcp.html. Usado com permissão de Barbara L. McCombs, Ph.D. **p. 428–429** De BRANSFORD, BROWN John D. Ann L. e COCKING Rodney R. (Eds.). National Research Council. *How people learn: brain, mind, experience, and school*. Washington, DC: National Academy Press, 1999, p. 144–145. Usado com permissão da editora. **p. 434–436** Reproduzido com permissão da National Educational Technology Standards for Students: Connecting Curriculum and Technology. © 2000, ISTE ® (International Society for Technology in Education). Disponível em: iste@iste.org e <www.iste.org>. Todos os direitos reservados. A permissão não constitui um endosso do ISTE. **p. 437–438** De WISKE, Martha Stone; com FRANZ, Kristi Rennebohm e BREIT, Lisa. *Teaching for understanding with technology*. Copyright © 2005 by John Wiley & Sons, Inc. Reproduzido com permissão de John Wiley & Sons, Inc. **p. 442** Extraído de Future Chat, *Threshold*, Summer 2004, p. 26–30. Reproduzido com permissão de CCI Crosby Publishing, Allston, MA.

Capítulo 13

Figura 13.2: De BROPHY, J. *Motivating students to learn*. Copyright © 1998 by The McGraw-Hill Companies, Inc. Reproduzido com permissão. **Figura 13.3:** De WEINER, Bernard. *Human motivation: Metaphors, theories, and research*, tabela 6.4, p. 253. Copyright 1992 by Sage Publications, Inc. Reproduzido com permissão de Sage Publications, Inc. **p. 460** De GRAHAM, S. e WEINER, B. Theories and principles of motivation. In: BERLINER, David e CALFEE, R. C. (Eds.). *Handbook of Educational Psychology*. Nova York:

Macmillan Library Reference, 1996, p. 72. **Figura 13.6:** De BROPHY, Jere. *Motivating students to learn.* Copyright © 1998 by The McGraw-Hill Companies, Inc. Reproduzido com permissão. **Figura 13.7:** Baseada em Perfectionism: A Double-Edged Sword, da Universidade do Texas, em Austin, Counseling and Mental Health Center, 1999.

Capítulo 14

Figura 14.4: De WEINSTEIN, Carol Simon. *Secondary classroom management.* Copyright © 1996 by The McGraw-Hill Companies, Inc. Reproduzido com permissão. **Figura 14.5:** De NANSEL, Tonja R. et al. Bullying behaviors among U.S. youths: Prevalence and Association with Psychosocial Adjustment. *Journal of the American Medical Association,* v. 285, 2001, p. 2094–2100.

Capítulo 15

Figura 15.3: De SANTROCK, John W. *Psychology.* 5. ed., p. 624. Copyright © 1997 by The McGraw-Hill Companies, Inc. Reproduzido com permissão da The McGraw-Hill Companies.

Capítulo 16

Figura 16.1: De McMILLAN, James H. *Essential assessment concepts for teachers and administrators,* Figura 1.1, p. 3, copyright 2001 by Corwin Press, Inc. Reproduzido com permissão de Corwin Press, Inc. **Figura 16.7:** De COMBS, Dorie Using Alternative Assessment to provide options for student success. *Middle School Journal,* set. 1997, Figura 1, p. 5. Reproduzido com permissão da National Middle School Association. **Figura 16.8:** De SOLANO-FLORES, G. e SHAVELSON, R. J. Development of performance assessments in science. *Educational Measurement,* set. 1997, Figura 1, p. 17. Reproduzido com permissão da National Council on Measurement in Education. **Figura 16.9:** De GOODRICH, Heidi. Understanding rubrics. *Educational Leadership,* v. 54, n. 4, 1997, Figura 1. Reproduzido com permissão do autor. **Figura 16.10:** De GOODRICH, Heidi. Understanding rubrics, *Educational Leadership,* v. 54, n. 4, 1997, Figura 3. Reproduzido com permissão do autor. **Figura 16.11:** De JOHNSON, Nancy Jean e MARIE ROSE, Leonie. *Portfolios.* Lanham, MD: Rowman & Littlefield Education, 1997. Reproduzido com permissão da editora.

Fotos

Capítulo 1

Abertura: © LWA-Dann Tardif/CORBIS; **p. 3** (acima): © Brown Brothers; **p. 5** (meio): Columbia University Archives, Columbia University in the City of New York; **p. 3** (abaixo): Arquivos da History of American Psychology-The University of Akron; **p. 4** (à esquerda): Prints and Photographs Collection CN10383, Center for American History, Universidade do Texas em Austin.; **p. 4** (meio): Cortesia de Kenneth Clark; **p. 4** (à direita): © Archives of the History of American Psychology, University of Akron; **p. 7:** © Ariel Skelley/CORBIS; **p. 9** (à esquerda): © PunchStock; **p. 9** (à direita): © Ariel Skelley/CORBIS; **p. 11** (acima): Cortesia de Donald L. Mccoy, Program Manager, IBM Multicultural People in Technology; **p. 11** (abaixo): © LWA-JDC/CORBIS; **p. 14:** © Alan Marler; **p. 17:** Cortesia de Steven and Cindi Binder; **p. 20:** © Gabe Palmer/CORBIS.

Capítulo 2

Abertura: © Jose Luis Pelaez/CORBIS; 2.1 (Infância): John Santrock; 2.1 (primeira infância): © Joe Sohm/The Image Works; 2.1 (média infância): © CORBIS website; 2.1 (Adolescência): © James L. Shaffer; 2.1 (jovem adulto): © V. 155/CORBIS; **p. 31** (à esquerda): © David Young-Wolff/Photo Edit; **p. 31** (à direita): © Jose Luis Pelaez/CORBIS; 2.6: © A. Glaubman/Photo Researchers; **p. 45** (acima): © David Young-Wolff/Photo Edit; **p. 45** (abaixo): © Stewart Cohen/Stone/Getty Images; **p. 47** (acima): © Archives Jean Piaget, Universite De Geneve, Switzerland; **p. 47** (abaixo): © M & E Bernheim/Woodfin Camp; **p. 48:** © Billy Calzada; 2.14: © Elizabeth Crews/The Image Works; **p. 51:** © 2005, USA Today. Reproduzido com permissão; 2.15 (à esquerda): A.R. Lauria/Dr. Michael Cole, Laboratory of Human Cognition, Universidade da Califórnia, San Diego; 2.15 (à direita): © 1999 Yves deBraine/Black Star; **p. 57:** © Anne Rippy/The Image Bank/Getty Images; **p. 61:** Reading Rainbo © GPN/University of Nebraska.

Capítulo 3

Abertura: © SuperStock; **p. 71:** Cortesia de Urie Bronfenbrenner; **p. 75:** © Sarah Putnam/Index Stock; **p. 77:** © Michael Newman//Photo Edit; **p. 80:** © Michael Newman/Photo Edit; **p. 84:** © Elizabeth Crews; **p. 85:** © Eric Anderson/Stock Boston; **p. 91:** © Ronnie Kaufman/The Stock Market/CORBIS; **p. 94:** Cortesia de "I have a dream", Houston, TX; **p. 100:** © USA Today Library, foto de Robert Deutsch; **p. 103:**; **p. 104:** © Keith Carter; **p. 106:** © Anthony Verde Photography.

Capítulo 4

Abertura: © Will Hart/Photo Edit; **p. 118:** Cortesia de Robert Sternberg; **p. 120:** © Jay Gardner, 1998; **p. 121:** © Joe McNally.

Capítulo 5

Abertura: © David Young-Wolff/Stone/Getty Images; **p. 145:** © Charles Gupton/CORBIS; **p. 149:** © Lonnie Harp; **p. 150:** © 2004, USA Today. Reproduzido com permissão; **p. 152:** "Bookjacket", de THE SHAME OF THE NATION by Jonathan Kozol, copyright © 2005 by Jonathan Kozol. Usado com permissão de Crown Publishers, uma empresa do grupo Random House, Inc.; **p. 153:** © Elizabeth Crews; **p. 160:** © Ellis Herwig/Stock Boston; **p. 161:** Cortesia de Rod Chlysta, Research Center for Educational Technology, Kent State University; **p. 162:** © John S. Abbott; **p. 167:** © O'Brien Productions/CORBIS; **p. 174:** © Jim Cummins/CORBIS; **p. 176:** © Judy Logan.

Capítulo 6

Abertura: © Tony Freeman/Photo Edit; **p. 190:** © Spencer Tirey; **p. 191:** © David Young-Wolff/Photo Edit; **p. 193:** © Jill Cannefax/EKM Nepenthe; **p. 195:** cortesia de Angie Erickson; **p. 201** (à esquerda): © PunchStock; **p. 201** (à direita): © LWA-Dann Tardif/CORBIS; **p. 206:** © Richard Hutchings/Photo Researchers; **p. 213** (à esquerda): Bob Daemmrich/Stock Boston; **p. 213** (à direita): Usado com permissão de Don Johnston Inc.; **p. 215:** © Koichi Kamoshida/Newsmakers/Getty Images.

Capítulo 7

Abertura: © Tony Freeman/Photo Edit; **p. 229:** © Sovfoto; 7.3: © Elizabeth Crews; **p. 232:** Nina Leen, Life Magazine. © Time, Inc.; 7.4 (acima): © Bob Daemmrich/Stock Boston; 7.4 (meio): © Michael Newman/Photo Edit; 7.4 (abaixo): © David Young-Wolff/Photo Edit; **p. 240:** © B. Daemmrich/The Image Works; **p. 243:** Cortesia de Albert Bandura; 7.8 (acima e abaixo): Cortesia de Albert Bandura; 7.9: © Jeffry W. Myers/Corbis; **p. 247:** © Irwin Thompson/The Dallas Morning News; **p. 249:** © 2000 Sesame Workshop. Fotografia de Richard Termine.

Capítulo 8

Abertura: © Photophile/Tom Tracy; **p. 265:** © LWA-JDC/CORBIS; **p. 267:** © Michael Prince/CORBIS; **p. 269:** © Paul Conklin/Photo Edit; **p. 281:** © David Butow/CORBIS/SABA; **p. 285:** © Gill Ross/CORBIS; **p. 286:** © Color Day Productions/The Image Bank/Getty Images; **p. 289:** © Yellow Dog Productions/The Image Bank/Getty Images; **p. 293:** © Royalty-Free/CORBIS.

Capítulo 9

Abertura: © Ellen Senis/The Image Works; **p. 309:** © Elizabeth Crews; **p. 310** (à esquerda e à direita): Cortesia Rod Chlysta, Research Center for Educational Technology, Kent State University; **p. 311:** © Copyright 1999, USA TODAY. Reproduzido com permissão; **p. 314:** © Aristide Economopoulos/Star Ledger/CORBIS; **p. 316:** © Francisco Cruz/SuperStock; **p. 321:** © Gabe Palmer/CORBIS; 9.4 (acima e abaixo): © Cognition & Technology Group, LTC, Peabody College, Vanderbilt University; **p. 329:** USA TODAY. Copyright © dezembro 30, 2003. Reproduzido com permissão.

Capítulo 10

Abertura: Cortesia de Compton-Drew Investigative Learning Center Middle School, St. Louis, MO; **p. 337:** © Spencer Grant/Photo Edit; **p. 340:** © David Young-Wolff/Photo Edit; **p. 341:** cortesia de Robert Slavin, Success For All; **p. 343:** Cortesia da Coca-Cola Valued Youth Program; **p. 344:** © S.E. McKee/AP/Wide World; **p. 350:** © Tony Freeman/Photo Edit; **p. 351:** © Todd Hampton Lillard; **p. 355:** Cortesia de Joe Campione, University of Berkeley, School of Education.;

p. 357: Cortesia de Compton-Drew Investigative Learning Center Middle School, St. Louis, MO; **p. 358:** Copyright © 1993 OC Program, Salt Lake City.

Capítulo 11

Abertura: © David Young-Wolff/Photo Edit; **p. 367** (à esquerda): © Tom & Dee Ann McCarthy/CORBIS; **p. 367** (à direita): © Gabe Palmer/CORBIS; **p. 372:** © Michael Keller/CORBIS; **p. 381:** © Jim Graham; **p. 385:** © Paul S. Howell; **p. 387:** © Andrew Itkoff; **p. 390:** © Dale Sparks; **p. 391:** Cortesia de The Middle Grades Life Science Project, Program in Human Biology, Stanford University; **p. 392:** © Patty Wood; **p. 397:** © Teacher's Curriculum Institute.

Capítulo 12

Abertura: © SuperStock; **p. 412:** © John Henley/CORBIS; **p. 415:** © Robert Isaacs/Photo Researchers; **p. 418:** © Bob Daemmrich/The Image Works; **p. 421:** © Anna Palma; **p. 424:** © 2004, USA Today. Reproduzido com permissão; **p. 426:** © William Hart/Photo Edit; **p. 430:** © Tom & Dee Ann McCarthy/CORBIS; **p. 431** (à esquerda): © Stan Godlewski Photography; **p. 431** (à direita): © Sherry Brown; **p. 433:** Cortesia de Rod Chlysta, Research Center for Educational Technology, Kent State University; p. 440: © Ariel Skelley/CORBIS.

Capítulo 13

Abertura: © Cleve Bryant/Photo Edit; **p. 450:** © Michael Tweed/AP/Wide World Photos; **p. 451:** © Oliver Hoslet/CORBIS; **p. 452:** 13.1 (família): © Lawrence Migdale; 13.1 (travessia): © David Young-Wolff/Stone/Getty Images; 13.1 (jovens): © Tessa Codrington/Stone/Getty Images; 13.1 (espelho): © Rhoda Sidney; 13.1 (flauta): © Lonnie Duka/Stone/Getty Images; **p. 455:** © Elizabeth Crews/The Image Works; **p. 456:** © Michael A. Schwarz Photography, Inc.; **p. 457:** Cortesia de Rod Chlysta, Research Center for Educational Technology, Kent State University; **p. 458:** © M. Antman/The Image Works; **p. 469:** © Bill Stanton; **p. 470:** © Michael Keller/CORBIS; **p. 472:** Cortesia de Sandra Graham; **p. 473:** © Joan Marcus.

Capítulo 14

Abertura: © Todd Pearson/CORBIS; **p. 490:** © Michael A. Schwarz Photography, Inc.; **p. 491** (à esquerda): © PunchStock; **p. 491** (à direita): © Royalty-Free/CORBIS; 14.1 (acima e à esquerda): © Spencer Grant/Photo Edit; 14.1 (abaixo e à esquerda): © David Young-Wolff/Photo Edit; 14.1 (acima e à direita): © Elizabeth Crews; 14.1 (abaixo e à direita): © Rick Raymond/Stone/Getty Images; **p. 500:** © Royalty-Free/CORBIS; **p. 502:** © O'Brien Productions/CORBIS; **p. 505:** © LWA-Dann Tardif/zefa/CORBIS; **p. 509:** © Gabe Palmer/CORBIS; **p. 510:** © Tommie Lindsey; **p. 511:** © Tom Stewart/CORBIS; **p. 512** (à esquerda): © Royalty-Free/CORBIS; **p. 512** (à direita): © Gabe Palmer/CORBIS; **p. 522:** cortesia do Department of Teaching and Learning, Peabody College, Vanderbilt University.

Capítulo 15

Abertura: © Bill Aron/Photo Edit; **p. 532:** © Bob Daemmrich/The Image Works; **p. 542:** Photos cortesia Martha McArthur, Reading First Program, NM; **p. 544:** © Charles Gupton/Stone/Getty Images; **p. 559:** © Will & Deni McIntyre/CORBIS.

Capítulo 16

Abertura: © David Young-Wolff/Photo Edit; **p. 568:** © First Light/CORBIS; **p. 573:** © Will & Deni McIntyre/CORBIS; **p. 596:** © Gabe Palmer/CORBIS; **p. 600:** © Asymetric ToolBook II Assistant by Asymetric Learning Systems.

Índice de nomes

A

Abbott, R. D., 62, 369
Abbott-Shim, M., 91
Abra, K., 70, 378
Abrami, P. C., 550
Abruscato, J., 390
Academic Software, 212
Achenbach, T. M., 200
Adams, A., 287, 304
Adams, R., 85, 498
Aeby, V.G., 81
Aiken, L. R., 116, 537, 552
Aikens, N. L., 71, 78, 79, 147, 148, 149, 151, 152
Ainsworth, L. B., 568
Airasian, P., 430, 532, 538, 548, 554, 555, 568, 569, 586, 590, 593, 595, 597
Alberti, R. E., 8, 508, 509
Alberto, P. A., 194, 200, 206, 235, 237, 238, 239, 411
Alderman, M. K., 466
Aldridge, J., 157
Alexander, K. L., 470
Alexander, P. A., 251, 254, 286
Alibali, M. W., 52, 265, 295, 321, 383
All Kinds of Minds, 254
Allan, K., 279
Allor, J. H., 343
Alvermann, D. E., 369
Alverno College, 510
Amabile, T., 314, 315, 317
Amabile, T. M., 317, 454
Amanti, C., 158
American Association for the Advancement of Science, 393
American Association of University Women, 175
American Association on Mental Retardation, 193
American Educational Research Association, 533
Anastasi, A., 118, 128
Anderman, E., 464
Anderman, E. M., 7, 452, 461, 462, 464, 468
Anderman, L. H., 7, 452, 462
Anderson, D. R., 267
Anderson, J., 57, 264
Anderson, J. R., 320
Anderson, L., 91, 153
Anderson, L. M., 504
Anderson, L. W., 413
Anderson, N., 197, 198
Anderson, R. C., 373
Andrews, R. K., 85
Andriessen, J., 309
Anguiano, R. P. V., 81

Ansari, D., 37
Anti-Bias Curriculum Task Force, 160, 176
Antonaci, P. A. P., 371
Apple Computer, 441, 442, 457
Applebome, P., 543
Arends, R. I., 408
Argys, L. M., 130
Arievitch, I. M., 47, 50
Ariza, E. N. W., 155
Arlin, M., 494
Armony, J. L., 36
Armstrong, L., 451
Arndt, J., 98
Arnoux, D., 154
Aro, H., 78
Aronson, E. E., 159, 346, 351
Aronson, J. A., 128
Arrasmith, D., 94
Arter, J., 590
Arterberry, M. E., 46
Ashcraft, M. H., 274
Asher, S. R., 86, 470
Ashton, M. C., 135
Ashwal, S., 195
Askew, S., 583
Assouline, S. G., 216, 217
Astington, J. W., 292
Ateah, C. A., 241
Atkinson, J. W., 466
Atkinson, R. C., 275, 276
August, P., 14
Austin, C. C., 464
Ausubel, D. P., 416
Ayres, L., 268, 596
Azevedo, R., 433, 437

B

Bachnan, H. J., 126
Baddeley, A., 273, 274, 275
Badia, P., 16
Baer, J., 316
Baer, W., 148
Bafumo, M. E., 316
Bailey, B. N., 195
Bain, R. B., 398, 431
Baker, J., 453
Baltes, P. B., 31
Bandura, A., 227, 243–245, 254, 457, 462, 463, 464, 472, 479
Bangert, K., 417
Bangert-Drowns, R. L., 417
Banks, J., 152, 157
Banks, J. A., 3, 9, 129, 130, 145, 151, 153, 157, 158, 163, 174
Banks, S. A., 148, 583, 585

Banta, T. W., 583
Baratz-Snowden, J., 545
Barbaresi, W. J., 191
Barber, B. L., 85
Barden, J. P., 583
Barker, E. T., 97
Barnes, H., 149
Barnett, R. C., 85
Baron-Cohen, S., 200
Baroody, A. J., 337
Barrish, H. H., 522
Barron, K. E., 321
Barry, C. M., 86
Barry, M. J., 50
Barsalou, L. W., 303
Bartlett, E. J., 377
Bartlett, J., 275, 276
Bartlett, L., 27, 357
Barton, H. A., 520
Barton, J., 589
Bates, J. E., 137
Battistich, V., 490, 504
Battle, A., 85
Bauer, P. J., 47
Baumeister, R. F., 98
Baumrind, D., 76, 241, 500
Baumwell, L., 57
Beal, C., 394, 439
Bear, G. G., 490
Beatty, B., 3
Beauvais, L. L., 340
Beck, I. L., 285
Becker, J. R., 417
Beckham, E. E., 201
Beckmann, S. C., 320
Bednar, R. L., 99
Beghetto, R. A., 316
Begley, S., 420
Behnke, R. R., 347
Beins, B., 16
Beirne-Smith, M., 195
Bell, L. A., 474
Bell, N., 338
Bem, J. S., 171
Bennett, C. I., 8, 157
Bennett, W., 105
Benson, J. B., 45
Benson, P. L., 28, 106, 108
Benveniste, L., 148
Ben-Zeev, T., 288, 289
Beran, T. N., 518
Bereiter, C., 10, 316, 321, 322, 324, 356, 434
Berenbaum, S. A., 167, 168, 169, 170, 171, 172, 174, 175
Berenfeld, B., 161
Berg, B. L., 18
Bergemann, V. E., 21
Berk, L. E., 50

Berko, J., 59
Berko Gleason, J., 55, 57, 60, 61, 63, 198
Berliner, D., 3
Berliner, D. C., 284
Berndt, T. J., 86, 469
Berninger, V. W., 7, 62, 186, 187, 188, 368, 369, 538
Berry, B., 531
Berry, J. W., 145
Berry, L., 247
Berry, R., 340
Berryman, L., 591
Berson, M. J., 10, 434
Best, D., 172
Best, J. W., 19, 549
Best, S. J., 195
Betch, T., 312
Betti, U., 97
Bialystok, E., 153
Bickford, L., 263
Biddle, B., 498
Biederman, J., 191
Bigelow, B., 559
Bigge, J. L., 195
Bigler, R. S., 167
Biklin, S. K., 20
Billingsley, M., 434, 437
Binder, B., 17
Binet, A., 115–116
Biological Sciences Curriculum Study, 390
Birch, S. A. J., 313
Birney, D. P., 114, 125
Bitter, G. G., 10, 433, 598
Bjorklund, D. F., 30, 47, 265, 281, 292, 295, 322, 371
Blachman, B. A., 188
Black, P., 568
Black, S., 309
Blackhurst, A. E., 212
Blackorby, J., 186
Blair, T. R., 371
Blakemore, J. E. O., 168
Blakemore, S. J., 35
Blankenship, K., 189
Blasi, A., 104
Blasingame, J., 376
Blatt-Eisengart, I., 77
Block, J., 171
Block, J. H., 171
Bloom, B., 186, 190
Bloom, B. S., 4, 216, 218, 289, 411, 412, 417
Bloom, L., 59
Blosser, M., 329
Bloymeyer, R. L., 434
Blume, G. W., 386
Blumenfeld, P., 7

675

Blumenfeld, P. C., 7, 8, 147, 254, 323, 324, 340, 345, 347, 455, 456, 459, 471, 504
Blyth, D. A., 92
Bo, I., 147
Boals, A., 274
Bock, K., 31
Bodrova, E., 6, 47, 51, 337
Boekaerts, M., 251, 461, 465
Bogdan, R., 20
Bolt, Baraneck & Newman, Inc., 434
Bond, L., 547
Bonner, S., 251, 255, 466
Booher-Jennings, J., 541
Bookstein, F. L., 195
Borba, J. A., 590
Borden, L. M., 85
Borg, W. R., 15, 16, 19
Borkowski, J. G., 293, 330
Bornstein, M., 37
Bornstein, M. H., 46, 57
Bos, C. S., 192, 206, 210
Bost, C. S., 188
Botvin, G. J., 521
Bouchard, T. J., 125
Boulet, J. R., 586
Bourne, E. J., 508
Bouton, P. J., 74
Bowles, T., 98
Boyd-Batsone, P., 153
Boye, A. E., 170
Boyles, N. S., 194, 195, 196, 197, 198
Bradburn, S., 14
Bradley, R. H., 148
Brady, M., 194
Brainerd, C. J., 278
Branch, M. N., 240
Bransford, J., 4, 7, 227, 228, 284, 285, 289, 366, 539
Bransford, J. D., 37, 283, 285, 319, 327, 328, 330, 385, 389, 390, 432
Bredekamp, S., 89
Breit, L., 438, 443
Breivik, K., 78
Brember, I., 98
Brennan, R. T., 558
Breur, J. T., 37
Brewer, D. J., 130
Brewer, M. B., 145
Briggs, T. W., 48, 51, 311, 424
Brigham, M., 207
Brislin, R., 146
Britten, J. S., 598
Broch, H., 195
Brockway, D. M., 168
Brodkin, A., 78
Brody, N., 125, 127, 148
Bronfenbrenner, U., 71, 341
Bronstein, P., 166
Brookhart, S. M., 9, 569, 570
Brookover, W. B., 464
Brooks, J. G., 309, 311
Brooks, M. G., 309, 311
Brooks-Gunn, J., 72, 127, 147, 148
Brophy, J., 8, 16, 289, 302, 455, 461, 467, 475, 479, 480, 490, 492
Brown, A. L., 351, 372, 373, 389, 391, 435
Brown, B. B., 88
Brown, H., 387
Brown, L., 79
Brown, M., 79
Brown, R., 57
Brown, R. P., 128
Brown, S., 145
Bruckman, A., 356, 434, 435, 437
Bruer, J., 355
Bruner, J., 355
Bruning, R., 376, 381
Bryant, J. A., 212, 249
Bryant, J. B., 56, 212
Bryce, A., 342
Brydon, S. R., 507
Bryk, A. S., 459
Buchanan, C. M., 93
Buck, J. B., 151
Buhrmester, D., 88
Buhs, E., 85
Bukowski, W., 85, 86, 87, 166, 200, 470
Bukowski, W. M., 85
Bulman-Fleming, M. B., 36
Buriel, R., 76, 79
Burish, P., 210, 343
Burke, K., 588, 590
Burkham, D. T., 169
Burnaford, G. E., 5
Burnette, J., 208
Burnstein R. A., 495, 541
Burstein, S., 250
Bursuck, W., 192
Burton, J., 47
Burton, L. A., 281
Burton, L. M., 72, 78, 79, 147, 148, 149, 151, 152
Burz, H. L., 584
Bushman, J. H., 376
Buss, D., 171
Butler, L., 479
Butler, S. M., 569, 570, 588, 593
Butler, Y. G., 155
Bybee, R. W., 393
Byrnes, J. P., 7, 92, 169, 308, 314, 452, 454, 458, 459, 464, 465

C

Cady, J. A., 586
Cahill, L., 281
Calabrese, R. L., 108
Caldwell, K. A., 86
Calhoun, E., 416
California State Department of Education, 590
Callan, J. E., 166
Cameron, J. R., 137, 457, 458
Camillieri, B., 51
Campbell, B., 120, 123
Campbell, C. Y., 166
Campbell, D. I., 145
Campbell, D. T., 145
Campbell, F. A., 125, 126
Campbell, L., 120, 123
Campione, J. C., 351, 391, 435
Canter, A., 519
Caplan, M., 520
Capozzoli, M. C., 267
Cardelle-Elawar, M., 291
Carey, J. O., 11
Carey, L., 11
Carlson, E. A., 31
Carlton, M. P., 50
Carnegie Corporation, 91
Carnegie Council on Adolescent Development, 149, 248, 391
Carnegie Foundation, 93
Carnell, E., 583
Carnine, D., 287
Carnoy, M., 148
Carpendale, J. I., 292
Carpenter, T. P., 386
Carpenter-Aeby, T., 81
Carroll, J., 125
Carroll, J. B., 417
Caruso, D. R., 122
Carver, S. M., 283
Casbergue, R. M., 61
Case, R., 47, 264
Caseau, D., 8
Cashon, C. H., 46
Caspi, A., 136
Cassidy, J. C., 598
Castellano, J. A., 215
Cathcart, G. G., 384
Cauffman, E., 77
Cave, R. K., 63
Ceci, S. J., 126
Cederlund, M., 200
Center for Instructional Technology, 578
Chalker, D. M., 543
Chall, J. S., 367
Champagne, F., 314
Chan, W. S., 32
Chance, P., 227
Chandler, L. K., 206
Chandler, M. J., 292
Chang, F., 31
Chapin, J. R., 394, 397
Chapman, J. W., 341
Chapman, O. L., 389
Chard, S., 92
Charles, C. M., 20, 241, 490
Charney, R. S., 226
Chatterji, M., 532
Chen, C., 415, 420
Chen, Z., 278
Chess, S., 136
Chi, M. T. H., 284
Chiappe, D., 125
Chiappetta, E. L., 389, 390
Child Trends, 93
Children's Defense Fund, 147
Choi, N., 172, 243
Choi, S., 148
Cholmsky, P., 550
Chomsky, N., 56
Choudhury, S., 35
Christensen, S. L., 93, 94
Christian, K., 126
Chronis, A. M., 191
Chun, K. M., 145
Chung, R. R., 544
Clark, C. R., 36
Clark, K., 3, 4
Clark, L., 328
Clark, M., 3, 4
Clark, T., 434
Clay, M. M., 340
Clinkenbeard, P. R., 215
Coben, S. S., 212
Cocchiarella, M., 303
Cochran, M., 147
Cochran-Smith, M., 20
Cocking, R. R., 389
Coffin, L., 591
The Cognition and Technology Group at Vanderbilt, 322
Cognition and Technology Group at Vanderbilt, 457
Cohen, D., 200
Cohen, G. L., 128
Cohen, L. B., 46
Cohn, A., 519
Coie, J. D., 85, 86, 170, 200, 470, 520
Coladarci, T., 463
Colangelo, N., 217
Colangelo, N. C., 216, 217
Colby, S. A., 103, 597
Cole, C. F., 249
Cole, C. M., 207
Cole, M., 47, 71, 281
Cole, S. R., 281
Coleman, J. S., 469
Coleman, M., 78
Coleman, M. C., 200
Coley, R., 168, 169
College Board, 597
Collins, A., 49, 76, 77, 85, 589
Collins, B., 176
Collins, M., 8, 329
Collinsworth, L. L., 175
Collis, B. A., 443
Combs, D., 583
Comer, J., 125, 162
Como, L., 133
Comstock, G., 61, 82, 166, 438
Conklin, N. F., 570
Contadino, D., 194, 195, 196, 197, 198
Conti, R., 92
Cooper, C. R., 71
Cooper, E., 539
Cooper, H., 420, 421
Cooper, J. E., 251, 254
Copple, C., 6, 32, 47, 51, 89, 337
Corbett, A., 434
Corno, L., 251, 420, 465
Corpus, J. H., 452, 454
Correa, V. I., 212
Costa, P. T., 135
Cote, J. E., 75
Council for Exceptional Children, 200
Covington, M. V., 462, 471, 476, 477
Cowan, P. A., 241
Craik, F. I. M., 270
Crane, C., 497
Crawford, M., 97, 168
Crawford, V., 441, 442
Cress, S. W., 91
Creswell, J., 20
Crick, N. R., 170
Crisp, R. J., 128
Cross, D., 292

Crowley, K., 16
Crowley, M., 172
Cruz, B. C., 10, 434
Csikzentmihalyi, M., 455, 456
Culatta, R. A., 205
Culbertson, F. M., 201
Culbertson, L. D., 597
Cullen, M. J., 128
Cunningham, C. A., 434, 437
Cunningham, P. M., 369
Curran, K., 240
Curry, J., 190, 344
Curtis, M. E., 62
Cushing, K. S., 284
Cushner, K. H., 3, 9, 160

D

Dabholkar, A. S., 34
Dahl, R. E., 36, 314
Dahlquist, C., 206
Daley, C. E., 127
Daley, D., 190, 191
Damon, W., 105
Daniels, C., 341
Dansereau, D. F., 346, 351
Dao, T. K., 517
Dardig, J. C., 411
Darling-Hammond, L., 7, 285, 327, 366, 407, 409, 431, 433, 540, 544, 545
Das, J. P., 194
Dauite, C., 378
Davidson, B., 215, 216, 217
Davidson, D., 215
Davidson, G. C., 203
Davidson, J., 215, 216, 217
Davies, J., 98
Davis, A. E., 94
Davis, G. A., 93, 215, 217
Day, E. A., 128
De Corte, E., 386
de Haan, M., 34, 35, 36, 264
de Jong, T., 429
De Raad, B., 135
de Vries, P., 49
Dean, D., 307
deCharms, R., 455
Deci, E. L., 454, 455, 457, 458, 471
deCock, C., 316
Defrene, B. A., 342
Delefosse, J. M. O., 50
Dell, G. S., 31
Demaree, H. A., 36
DeMirjyn, M., 80
Demirkan, H., 316
Dempsey, J. V., 433
Dempster, F. N., 273
Denk, W., 34
Denny, C. B., 191
Derman-Sparks, L., 160, 176
DeRosier, M. E., 86
Detterman, D. K., 125
Dettmer, P., 210
Dewey, J., 3, 6, 45, 105, 308, 429
Dey, A. N., 186, 190
Deyhle, D., 101
DeZolt, D. M., 169, 174

Diaz, C., 6, 9, 12, 158, 162, 163
Diaz, C. F., 4, 8, 9, 158
Diaz, E., 215
Diaz, R. M., 50
Diaz, S., 442
Dick, F., 35, 57
Dick, W. O., 11
Dickinson, D., 120, 123
Diener, E., 98
Diener, M., 98
Dietz, L. J., 461
Dill, E. J., 517
Dinella, L., 167
Dobkin, B. A., 508
Dodge, K. A., 170, 200, 470, 520
Doe, C. G., 601, 602
Dolan, L. J., 522
Domino, G., 117
Domjan, M., 227
Donnermeyer, J. F., 85
Donovan, M. S., 283, 389, 390, 432
Doorlag, D., 205, 206
Doseis, S., 191
Douglas, N., 247
Douglass, D. N., 407
Douglass, M. E., 407
Dow, G. T., 316
Downing, N., 189, 190
Doyle, W., 491, 569
Dray, E., 462, 471, 476, 477
Drew, C. J., 205, 211, 212
Droege, K. L., 541
Drumheller, A., 313
Drummond, R. J., 117
DuBois, D. L., 341
Duke, D. L., 541
Duke, N. K., 61
Dulmus, C. N., 250
Dunn, L., 89
Dunsmore, K., 340
Duplass, J. A., 10, 434
Durham, Q., 595, 596
Dweck, C. S., 461, 464, 469
Dyck, N., 210
Dykens, E. M., 192, 194

E

Eagly, A. H., 170, 171, 172
Eamon, M. K., 148
Earl, E. A., 569
Earls, F., 148
Eby, J. W., 6
Eccles, J. S., 7, 85, 92, 93, 169, 308, 314, 452, 453, 454, 458, 459, 464, 465, 466, 469, 471, 473, 474, 479
Echevarria, J., 153
Eckert, T., 80
Educational Cyber Playground, 311
Educational Testing Service, 169, 547
Edwards, J., 213
Edwards, P. A., 59, 374
Edwards, R., 170
Egan, M. W., 205, 211, 212
Egeland, B., 31
Eggleton, T., 504
Ehri, L., 368

Eisenberg, N., 104, 107, 168, 170, 171, 175, 267
Eisner, E. W., 587
Elder, G. H., 31
Elias, M. J., 4, 520
Eliez, S., 187
Elischberger, H. B., 286
Elkind, D., 42, 45, 51
Elliot, A. J., 464
Elliott, E., 461
Ellis, A., 6
Ellis, A. K., 397
Ellis, H. C., 271
Ellis, S., 345
Elshout, J. J., 51
Ely, R., 61
Emmer, E. T., 7, 8, 451, 489, 490, 492, 493, 496, 501, 502, 504, 508, 515, 516, 517, 519
Emmons, M. L., 8, 508, 509
Englert, C. S., 340
Entwisle, D. R., 470
Entwistle, N. J., 133
Epstein, J. L., 71, 81, 83, 421, 472
Epstein, L., 518
Erdley, C. A., 87
Ericsson, K. A., 216, 283, 288
Erikson, E., 72, 73, 75, 98
Escalante, J., 450
Eslea, M., 517
Espelage, D. L., 518
Essex, N. L., 17
Evans, G. W., 147
Evans, M., 209
Evertson, C. M., 7, 8, 451, 489, 490, 492, 493, 496, 501, 502, 504, 508, 515, 516, 517, 519, 522
Eylon, B. S., 389, 390

F

Fabes, R. A., 104, 107, 168, 170, 175
Faison, N., 396
Fantino, E., 314
Faraone, S. V., 191
Farkas, G., 57
Farr, M., 158
Farrow, V., 566
Fauth, R. C., 72, 147, 148
Fawcett, C., 555
Feather, N. T., 466
Fecho, B., 378
Feist, G. J., 135
Feist, J., 135
Fekete, S., 98
Fekkes, M., 518
Feldman, D. H., 120
Feldman, J., 49
Felner, R., 20
Feng, Y., 430
Fenzel, L. M., 92, 98
Ferrando-Lucas, M. T., 192
Fickes, W., 497
Fidalgo, Z., 47
Field, T., 512
Fielding, L. G., 373

Fierros, E., 122, 123
Fiese, B. H., 80
Finlay, B., 343
Finn-Stevenson, M., 91
Firlik, R., 91
Fisch, S., 249
Fisher, C. W., 416
Fitzgerald, J., 369
Fitzgerald, L., 175
Fitzpatrick, J., 505
Fitzpatrick, J. L., 20
Flake, C., 20
Flanagan, C., 396
Flannery, K., 186
Flavell, E. R., 292
Flavell, J. H., 47, 265, 291, 292
Flett, G. L., 477
Flint, J., 193
Floel, A., 36
Florez, M. A. C., 507
Flower, L. S., 377
Flynn, J. R., 126
Fodness, M., 501
Foehr, U. G., 439
Foehr, V. G., 82
Fogarty, R., 130
Fonagy, P., 517
Forehand, R., 160
Fox, C. R., 309
Fox, L., 194
Fox, N. A., 31
Fox, P. G., 98
Fox, T., 450–451
Frabutt, J. M., 175
Fraenkel, J. R., 15
Francis, D. J., 186
Franklin, S., 35, 47, 264, 265, 291, 292, 293, 308, 314, 321, 322
Franz, K. R., 438, 443
Frederikse, M., 165
Freeland, J. T., 533
Frey, B., 519, 550
Frias, L., 81
Friedrichs, A., 292
Frieman, J. L., 232
Friend, M., 192, 205, 206, 207, 212
Fritzer, P. J., 394
Frye, D., 264, 322
Fucher, K., 163
Fuchs, D., 186, 210, 342, 343
Fuchs, L. S., 210, 343
Fulda, J. S., 599
Fuligni, A. J., 101
Furlow, J., 351
Furman, W., 87, 88
Furth, H. G., 43
Fuson, K. C., 385

G

Gabriele, A. J., 338
Gage, J. A., 81
Gage, N. L., 5
Galambos, N. L., 97, 167
Gall, J. P., 15, 16, 19
Gall, M. D., 15, 16, 19
Gallagher, B., 381

Gallagher, C., 539
Gallay, L., 396
Gallo, L. L., 517, 518, 519
Gallup Organization, 492
Gamaron, A., 130
Gandara, P., 159
Garcia, C., 101
Garcia, E. E., 151
Garcia, G. E., 373
Garcia, S., 135
Gardner, H., 114, 115, 120, 122, 125, 264, 316
Gardner, J., 567
Gardner, R., 79
Gareis, K., 85
Garmon, A., 131
Garrod, A., 86
Garton, A.F., 47
Gaskins, H., 473
Gauvain, M., 337, 338
Gavetti, G., 312
Gay, G., 521, 559, 573
Gay, L. R., 548
Gearhart, D. L., 434
Gegeshidze, K., 36
Gelman, R., 42, 47
Gelman, S. A., 47
Gentile, J. R., 327
Gentner, D., 307
Gersten, R., 287
Gerwels, M. C., 490
Gest, S. D., 86
Giavecchio, L., 267
Gibbs, J. T., 103, 472
Gibson, E., 470
Gibson, S., 397
Giedd, J., 35
Giedd, J. N., 35
Gigerenzer, G., 309, 313, 314
Gilbert, C. D., 34
Giles, L., 324
Gill, D. L., 175
Gill, J., 20
Gill, S., 396
Gillberg, C., 200
Gilligan, C., 104
Gilstrap, L. L., 126
Gilvary, P., 428
Ginorio, A., 80
Ginsburg, H. P., 383
Ginsburg-Block, M., 342, 343
Gipson, J., 440
Giron, T., 572
Gizer, I. R., 191
Gladstone, G. L., 518
Glasser, W., 505
Glassman, M., 3
Glasson, G. E., 429
Glesne, C., 17
Goatley, V. J., 373
Goepfert, P., 385, 408
Gold, J., 590
Goldberg, L., 197
Goldberg, M., 541
Golden, M. W., 85
Goldenberg, J. L., 98
Goldman, R., 157, 434, 443
Goldman, S., 268
Goldman, S. R., 457

Goldman-Rakic, P., 37
Goldstein, E. B., 227
Goldstein, L. S., 174
Goleman, D., 121, 315, 316
Gong, R., 309
Gonzales, N. A., 79
Gonzales, P., 543
González, N., 158
Gonzalez, V., 153
Good, C., 461, 464
Good, R. H., 542
Good, T., 467
Goodlad, J. I., 470
Goodlad, S., 344
Goodman Research Group, 522
Goodrich, H., 585, 588
Goorhuis-Brouwer, S., 57
Goos, M., 52
Gordon, C., 371
Gordon, E., 36
Gordon, L. L., 278
Gordon, R., 550
Gordon, T., 509
Gorski, P., 439
Goswami, U., 37, 307
Gottlieb, G., 31, 32
Gottman, J. M., 78
Grabowski, B. L., 133
Graham, B., 342
Graham, S., 99, 101, 293, 377, 379, 459, 460, 471, 472, 518, 521
Graham-Bermann, S. A., 86
Gratz, R. R., 74
Graves, A., 153
Graves, B. B., 370
Graves, M. F., 370
Gray, J., 171
Gray, J. R., 191, 274
Gray, P., 49
Grayson, A., 58
Gredler, G. R., 235
Green, F. L., 292
Greenberg, M. T., 520, 521
Greenberger, E., 95
Greene, D., 457
Greenfield, P. M., 47, 71, 72, 127, 128, 281, 328, 337
Greeno, J. S., 338, 356
Greenough, W. T., 127
Greenwood, C. R., 343
Gregg, N., 537
Gregory, K. M., 376
Gregory, R. J., 17, 118, 507, 533, 535
Greshman, F. M., 200
Grieve, S. M., 36
Grigg, W. S., 168
Grigorenko, E. L., 125, 126
Grolnick, W. S., 454
Gronlund, N. E., 9, 534, 537, 548, 577, 578, 580, 584, 588, 590, 598
Gross, M. U. M., 216, 217
Grosser, G. S., 187
Grossier, P., 418
Grossman, P., 366
Gross-Tsur, V., 187
Groth-Marnat, G., 537, 552
Groves, K., 406
Guerra, N. G., 517
Guest, L., 406

Guilbault, R., 313
Guilford, J. P., 315
Guitierrez, B., 406
Gunning, T. G., 373, 376
Gur, R. C., 165
Guskey, T. R., 597
Gustafsson, J. E., 129
Guthrie, J. T., 254
Gutterson, D., 163

H

Haas, M. E., 394, 397
Haden, C. A., 274
Hadwin, A. F., 304
Hahn, U., 302
Haith, M. M., 45
Hakuta, K., 155
Haladyna, T. M., 578
Hale-Benson, J. E., 158
Halford, G. S., 264
Hallahan, D. P., 8, 186, 187, 197, 205, 207, 208, 212
Hallinan, M., 130
Halonen, J., 381
Halonen, J. S., 510, 511
Halpern, D., 308
Halpern, D. F., 6, 167, 174, 281, 308
Halverson, C. F., 167
Hambleton, R. K., 559, 573, 579, 580, 584, 586, 587, 588
Hamburg, D. A., 107
Hamilton, M. A., 107, 170, 341
Hamilton, S.F., 107, 341
Hammerness, K., 285, 286
Hammill, D. D., 187
Hamon, R. R., 30, 79
Haney, W., 540
Hannish, L. D., 517
Hansen, J., 371
Hansen, R., 137
Hansford, B. C., 98
Harackiewicz, J. M., 321
Hardison, C. M., 128
Hardman, M. L., 205, 211, 212
Hardy, L., 599
Hargis, C. H., 572
Hargrove, K., 216
Haring, M., 477
Harlen, W., 569
Harned, M. S., 175
Harrington, H. J., 350
Harris, A. H., 490, 522
Harris, C. J., 7
Harris, J. L., 373
Harris, K., 61
Harris, K. R., 4, 265, 278, 293, 294, 295, 370, 376, 377, 465
Harrison-Hale, A. O., 78
Hart, B., 148, 373
Hart, C. H., 89
Hart, D., 106
Harter, S., 97, 98, 99, 458, 470
Hartnell-Young, E., 599
Hartup, W. W., 85, 86
Harwood, R., 79
Haskitz, A., 456

Haskvitz, A., 311
Hatano, G., 285, 288
Hatch, T., 588
Hattie, J. A., 98
Havrileck, M.A., 213
Hawkins, J., 161
Hay, D. B., 304
Hayes, G. M., 320
Hayes, J. R., 377
Haynes, R. M., 543
Haynie, D. L., 517
Hazel, C., 235
Heath, S., 58
Heath, S. B., 101, 340
Heid, M. K., 384, 386
Heilman, A. W., 371
Heinze, J., 542
Heiser, P., 191
Held, R. G., 194
Heller, C., 161
Heller, H. C., 391
Heller, K. W., 195
Helmreich, R., 171
Helms, J. E., 128
Henderson, R. D., 151
Henderson, V. L., 461, 469
Hendricks, C. C., 20
Hennesey, B. A., 317, 454
Henriksen, L., 82
Henriquez, A., 441, 442
Henson, K., 6, 416
Henson, R. N., 271
Herald, S. L., 85
Hergenhahn, B. R., 233
Herman, J., 589
Herrell, A., 6
Herrera, S. G., 155
Herrmann, A., 320
Herrnstein, R. J., 125
Hertzog, N. B., 216
Herzog, E., 87, 166, 217
Hesirci, D., 316
Hetherington, E. M., 78, 79
Hetzroni, O. E., 213
Heward, W. L., 205, 206, 235
Hewitt, P. L., 477
Hiatt-Michael, D., 81
Hickey, D. T., 323
Hicks, L., 464
Hiebert, E. H., 58, 60, 371, 372, 378, 384
Hiebert, J., 415
Higgins, A., 106
Hightower, E., 85
Hildebrand, V., 91
Hilden, K., 4, 265, 286, 293, 294, 295, 322, 370, 371, 465
Hilgard, E. R., 4
Hill, J. R., 441, 442, 457
Hilton, M. L., 389, 390
Hiltz, S. R., 434, 443
Hines, R. P., 91
Hirsch, E. D., 162, 430
Hirschstein, M., 517
Hirsh, R., 123
Hirst, B., 344
Hitch, G. H., 274
Hitler, A., 311
Hock, R. R., 175

Hocutt, A. M., 186, 207
Hodapp, R. M., 192, 194
Hofer, B. K., 145, 415
Hoff, E., 57, 79
Hoffner, H., 433
Holdnack, J. A., 186
Hollingworth, L., 3, 4
Holmes, Z., 247
Holzberg, C., 213
Honey, M., 441, 442
Honig, A. S., 107
Hooper, S., 349
Hoover-Dempsey, K. V., 421
Horn, C., 376
Horn, J., 125
Horn, S., 251, 254, 381
Horowitz, F. D., 7, 32, 42, 47, 49, 50, 98, 337
Hounsell, D. J., 133
Houston, P. D., 542
Howard, M. R., 197, 198
Howard-Jones, P., 37
Howe, M. J. A., 215
Howes, C., 85
Hoyt, J., 292
Huber, F., 320
Hudley, C., 521
Huerta, M., 175
Hui, C. H., 146
Hulit, L. M., 197, 198
Hull, S. H., 169, 174
Hunt, E., 289
Hunt, E. B., 125
Hunt, R. R., 271
Hupert, N., 542
Hurlburt, R. T., 549
Hurtado, S., 166
Huston, M., 80
Hutchinson, J. M., 313
Huttenlocher, J., 34
Huttenlocher, P. R., 34
Huurre, T., 78
Huxley, A., 114
Hyatt, G., 94
Hyde, J. S., 75, 104, 168, 171, 281
Hyman, I., 240, 241, 517, 519
Hyson, M., 6, 32, 47, 51
Hyson, M. C., 337

I

"I Have a Dream" Foundation, 94
Iacocca, L., 406
Ialongo, N., 522
IBM, 11
Ickes, W., 135
Idol, L., 212
Indiana University High School Survey of Student Engagement, 95
Inhelder, B., 40
Inkrott, C., 599
Intercultural Development Research Association, 343
International Society for Technology in Education, 10, 11, 435, 436
Irvine, J. J., 158
Iyengar, S. S., 452, 454

J

Jabbour, R. A., 36
Jacklin, C. N., 169
Jackson, A. W., 93
Jackson, D., 133
Jackson, J. F., 152
Jackson, S. L., 549
Jacobs, H. H., 428
Jacobs, J., 314
Jacobson, L., 91, 544
Jaffee, S., 104
Jalongo, M. R., 597
James, A., 79
James, W., 2–3, 6, 45
Jenkins, J., 344
Jenkins, J. M., 292
Jenkins, L., 344
Jennings, K. D., 461
Jensen, A. R., 125
Jensen, M. M., 201
Jeynes, W. H., 81
Johnson, C. A., 122
Johnson, D. L., 435, 439, 457, 600
Johnson, D. M., 464
Johnson, D. W., 337, 345, 346, 349, 521, 523
Johnson, J. S., 153
Johnson, M. K., 107
Johnson, R. T., 337, 345, 346, 349, 521, 523
Johnson, V. R., 83
Johnson, W., 125
Johnson-Laird, P., 307
John-Steiner, V., 49, 51
Johnston, J. H., 10
Jolley, J. M., 19
Jonassen, D. H., 133, 310, 437
Jones, B. F., 322, 427, 428, 434
Jones, J., 6, 32, 51, 151, 337
Jones, K., 538
Jones, L., 490
Jones, M. G., 417
Jones, V., 490
Jordan, M. L., 6
Joyce, B., 416
Judge, S., 440
Juel, C., 370
Junkkari, H., 78
Justice, L. M., 197
Juvonen, J., 518

K

Kabler, P., 600
Kafai, Y. B., 6
Kagan, J., 31, 133, 136–137, 191, 349, 350
Kagan, S.L., 91
Kagiticibasi, C., 145
Kahn, J. V., 19, 549
Kahneman, D., 313
Kail, R., 265, 322
Kalchman, M., 385
Kalil, A., 85
Kamhi, A. G., 373
Kamil, M. L., 58, 60
Kaminski, R. A., 542

Kammrath, L. K., 136
Kane, M. J., 274
Kang, J. Y., 57, 62, 154, 155, 368, 369
Kantrowitz, L., 186
Kaplan, R. M., 555
Karcher, M. J., 341
Karr, M. M., 235
Kasprow, W. J., 521
Katz, J., 307
Katz, L., 91, 92
Kauffman, J. M., 7, 8, 186, 197, 200, 201, 205, 207, 208, 212, 241, 490
Kauffman, P., 316
Kauffman, W. N., 365
Kaufman, A. S., 93, 537
Kaufman, J. C., 316
Kaufman, P., 121, 315
Kaufmann, L., 187
Kavale, K. A., 186
Kay, A., 441
Kazdin, A. E., 241
Keating, C. F., 170
Keating, D. P., 35, 47, 268, 292, 309, 314
Keenan, K., 200
Keil, F., 264, 283
Keller, B., 545
Keller, H., 31
Kellogg, R. T., 376, 377
Kelly, J., 78, 79
Kelly, R. E. S., 271
Kempler, T., 254
Kempler, T. M., 7, 8, 345, 347, 455, 459, 471, 504
Kendall, J. S., 538
Kennedy, J., 157
Keogh, B. K., 137
Kidd, K. K., 125
Kiess, H. O., 549
Kim, S. H., 195
Kinchin, I. M., 304
Kinderman, T. A., 470
King, M. L., Jr., 157
King, P. E., 347
Kinginger, C., 49
Kirby, D., 520
Kirk, E. P., 274
Kirton, J., 72, 83
Kite, M., 167
Kivel, P., 163
Klaczynski, P., 314
Klaczynski, P. A., 309
Klahr, D., 283, 345
Klausmeier, H. J., 302
Klein, A., 383
Klein, K., 274
Klenowski, V., 583
Kling, K. C., 97
Knecht, S., 36
Knotek, S., 557, 588, 589
Koballa, T. R., 389, 390
Koch, E. J., 313
Kochenderfer-Ladd, B., 517
Koedinger, K. R., 434
Koestner, R., 454, 458
Kohlberg, L., 102, 103, 104, 106
Kohn, A., 458
Konidaris, G. D., 320
Kontos, S., 89
Kornhaber, M., 122, 123

Korniaris, A., 2
Koschmann, T., 433
Kotler, J., 249
Kounin, J. S., 492, 494, 500
Kovach, R., 251, 255, 466
Kozol, J., 148, 149, 152
Kozulin, A., 337
Krahn, H. J., 97
Krajcek, J. S., 504
Krajcik, J. S., 7, 8, 254, 323, 324, 340, 345, 347, 455, 459, 471
Krampe, R. T., 216, 288
Krantz, P. J., 499
Kratcoski, A., 495
Krathwohl, D., 4
Krathwohl, D. R., 412, 413
Kraus, P., 393, 429
Krechevsky, M., 120
Kress, J. S., 4
Kreutzer, L. C., 291
Kroger, J., 75, 98
Krogh, S. L., 88
Kubick, R. J., 541, 542
Kuhn, D., 35, 47, 264, 265, 291, 292, 293, 307, 308, 312, 314, 321, 322
Kuklinski, M. R., 467
Kulczewski, P., 49
Kulik, C. L., 417
Kulik, J. A., 218, 417
Kunzmann, R., 407
Kupersmidt, J. B., 85, 86
Kurtz-Costes, B., 152
Kysilka, M., 145

L

Laberge-Nadeau, C., 314
Lacey, P., 211
Ladd, G., 85
Ladd, G. W., 85, 517
Lai, M., 337
Lainhart, J. E., 200
Lajoie, S. P., 433, 437
Lamb, M. E., 32, 37
Lambert, R., 91
Lammers, W. J., 16
Lamon, M., 355, 356
Landa, S., 114
Lane, D. M. M., 11, 441, 442, 457
Lane, H. B., 369
Lane, K. L., 200
Langhout, R. D., 342
Lankes, A. M. D., 590
Lanford, J. E., 78
Lanzi, R. G., 28, 125, 126
Lanzoni, M., 590
Lapierre, C., 464
Lapsley, D. K., 103, 105
Lara, L. E., 80
Larrivee, B., 489, 490, 492
Larson, R. W., 146, 147
Larzelere, R. E., 241
Lasley, T., 6
Laster, C., 329
Lauko, M. A., 168
Laursen, B., 79
Layzer, J., 149

Lazar, H., 209
Lazar, L., 91
Leaper, C., 170
Leary, M. R., 16, 17
Lederman, L. M., 495, 541
LeDoux, J. E., 165
Lee, C., 366
Lee, C. D., 328
Lee, K., 135
Lee, P. J., 397
Lee, R. M., 101
Lee, V. E., 169, 459
Legacy, J. M., 10, 433, 598
Leggett, E., 461, 464
Lehr, C. A., 93, 94
Lehrer, R., 351, 355, 389, 391, 393
Leonard, N. H., 340
Leong, D. J., 6, 47, 51, 337
Lepage, M., 36
LePage, P., 327, 366
Lepper, M., 457
Lepper, M. R., 452, 454
Lesaux, N., 155
Lesisko, L. J., 597
Lesser, G., 61, 249
Lessow-Hurley, J., 155
Levin, J., 280
Levin, J. R., 3, 271
LeVine, D. T., 145
Levy, C. M., 377
Levy, D., 30, 72, 128, 145
Levy, F., 95
Lewis, A. C., 504, 541, 542
Lewis, R. B., 205, 206
Lewis, V., 185
Li, W., 34
Liben, L. S., 167, 168
Lickliter, R., 31, 32
Lictenberger, E. O., 537
Lidz, J. L., 55, 57, 59
Liederman, J., 186
Lightfoot, C., 281
Limber, S. P., 519
Limón, M., 394
Linden, K. W., 578, 579, 580
Lindenberger, U., 31
Linebarger, D. L., 249
Linn, M. C., 168, 389, 390
Linn, R. L., 539, 548, 583
Lippa, R. A., 165
Lipsitz, J., 379
Lipton, M., 4, 152
Litt, J., 187
Little, T. D., 136
Litton, E. F., 158
Liu, S. F., 338
Livingston, R., 9, 535, 572, 576, 580, 581, 590
Local Initiatives Support Corporation (LISC), 11
Locke, E. A., 254
Lockhart, R. S., 270
Lodewyk, K. R., 462
Logan, J., 99, 176
Lohman, H., 36
LoLordo, V. M., 231
Longo, A. M., 62
Longworth, M., 144

Lonzarich, A., 489
Lopez, E. I., 81
Lord, S., 93
Lott, B., 166
Louis, D. A., 355
Lovin, L. A. H., 384
Lowe, P. A., 552
Lowther, D. L., 599
Lubart, T. I., 316
Lubinski, D., 125
Luecking, R., 194
Lumsdaine, A. A., 4
Lumsden, D., 508, 512
Lumsden, G., 508, 512
Luna, B., 265
Luria, A., 87, 166
Luster, T., 76
Lutzker, J. R., 235
Lynam, D. R., 170, 200, 470, 520
Lynn, R., 127
Lyon, G. R., 187, 188
Lyon, T. D., 291
Lyons, N., 590

M

Ma, X., 518
Maag, J. W., 241
Mabry, L., 588
Maccoby, E. E., 86, 166, 169
MacDonald, K., 125
MacGeorge, E. L., 170
MacLean, W. E., 193
Madden, N. A., 341, 372
Maddi, S. R., 135
Maddux, C. D., 435, 439, 457, 462, 600
Madison, S. M., 467
Maehr, M. L., 461, 465
Mael, F. A., 175
Mager, R., 410
Magnusson, D., 86, 393
Mahn, H., 49, 51
Mahoney, J., 51, 424
Majid, M., 207
Major, B., 97
Majorek, C., 160
Maki, P. L., 584
Maldonado, H., 11
Malhi, G. S., 518
Malik, N. M., 87
Maluso, D., 166
Mandler, G., 273
Mandler, J. M., 302
Mangels, J. A., 461, 464
Mangrum, C. T., 189
Manis, F. R., 268, 292
Mann, V., 368
Manning, C. F., 522
Manor, O., 187
Marchman, V., 60
Marcia, J. E., 98
Marcovitch, H., 191
Marcus, S. R., 86
Marin, G., 145
Markman, A., 307
Markstrom-Adams, C., 473
Marshall, H. H., 337

Marshall, K., 584
Martella, R. C., 414
Martin, C. L., 166, 167, 168, 169, 170, 171, 172, 174, 175
Martin, G. L., 227, 241
Martin, J., 337, 338
Martin, R., 390
Marton, F., 133
Martorella, P., 394
Marx, D. M., 128
Marx, R., 7
Marzano, R. J., 538
Mash, C., 46
Masia, B. B., 412
Maslow, A. H., 452
Mason, L., 302
Mastropieri, M. A., 206
Mata, S., 406
Mather, N., 537
Mathes, P. G., 340, 343
Matlin, M., 309
Matsumoto, D., 145
Matthews, G., 136
Matusov, E., 338
Maxim, G. W., 397
May, M., 369
Mayer, J. D., 121, 122
Mayer, K., 11
Mayer, R. E., 265, 309, 319, 327, 367, 368, 369, 370, 377, 429, 443
Mazur, J. E., 240, 313
Mazurek, K., 160
McAdoo, H. P., 79
McAuliffe, C., 2
McBurney, D. H., 16
McCarthey, S., 378
McCarty, F., 91
McClintock, R., 440–441
McCollam, T. L., 470
McCombs, B. L., 423, 453, 471
McCormick, C. B., 271, 293, 294
McCrae, R. R., 135
McCrory, E. J., 187
McDonald, B. A., 346
McDonnell, J. M., 342
McGee, K., 207
McGhee, R., 11, 441, 442, 457
McGovern, C. W., 200
McKay, R., 397
McKelvie, S. J., 313
McKinley, D. W., 586
McLaren, P., 157
McLaughlin, M. W., 101
McLaughlin, V. L., 206
Mcloughlin, C. S., 541, 542
McLoyd, V. C., 71, 78, 79, 147, 148, 149, 151, 152, 240, 472, 521
McMahon, S. I., 373
McMahon, W. M., 200
McMillan, J. H., 9, 10, 15, 16, 18, 20, 533, 534, 535, 537, 538, 539, 540, 547, 548, 553, 555, 567, 569, 570, 571, 572, 573, 578, 582, 583, 587, 588, 590, 594, 595, 596
McMunn, N. D., 569, 570, 588, 593
McNally, D., 450, 464
McNeil, D., 231
McNergney, J. M., 17

McNergney, R. F., 17
McRae, S. J., 320
McWhorter, K. T., 369
Means, B., 438
Meberg, A., 195
Meece, J. L., 5, 7, 152, 169, 452, 462
Meichenbaum, D., 250, 479
Meier, S. L., 586
Meijer, J., 51
Melby, L. C., 462
Mendez, E. P., 355
Mendoza-Denton, R., 136
Menn, L., 55
Mercer, C. D., 186
Merenda, P., 128
Mertler, C. A., 20
Messick, R. G., 397
Mestre, J. P., 389
Metindogan, A., 145
Metz, E. C., 106, 108
Metz, K. E., 390
Metzger, M., 2
Mevorach, C., 188, 267
Meyer, D. K., 321, 340, 452, 456, 471
Mezzacappa, E., 267
Michael, W., 315
Michaels, S., 328
Mick, E., 191
Middleton, J., 385, 408
Midgley, C., 458, 461, 464, 476
Mignano, A. J., Jr., 419, 489, 491, 498, 499
Miholic, V., 370
Miller, C. F., 167
Miller, D., 495
Miller, G. A., 273
Miller, L. K., 231, 235, 411
Miller, M. D., 583
Miller, N., 349
Miller, P. H., 47, 265, 291, 292, 294
Miller, R. B., 345
Miller, S., 291
Miller, S. A., 47, 265, 292
Miller-Jones, D., 127
Milsom, A., 517, 518, 519
Minaya-Rowe, L., 153
Mindes, G., 6
Mindham, C., 316
Minstrell, J., 393, 429
Minuchin, P. P., 88, 159
Mischel, W., 136
Mitchell, M. L., 19
Mix, K. S., 337
Miyake, A., 274
Mo, L., 278
Moats, L., 187
Moffatt, L., 57
Moffitt, M. C., 322, 427, 428, 434
Mohole, K., 522
Molina, I. A., 250
Moll, L., 379
Moll, L. C., 158
Montecinos, C., 338
Monteith, M., 152
Montero, I., 50
Montiel, S., 192
Monuteaux, M. C., 187
Moore, A. L., 323
Moore, K. D., 304

Moore, M., 34
Moore, R., 239, 280
Moran, S., 122
Morgan, N., 569
Morris, A., 71
Morris, A. S., 104, 107, 170
Morris, P., 85
Morrison, F. J., 126, 269, 292
Morrison, G., 4
Morrison, G. R., 599
Morriss, M. P., 599
Morrow, L., 376
Morsink, C. V., 212
Moseley, D., 308
Moss, S., 510
Mostert, M. P., 186
Moyer, J. R., 411
Mroczek, D. K., 136
Mueller, D. P., 89
Müller, U., 322
Mullis, I. V. S., 544
Munakata, Y., 52, 227, 264
Murdock, T. B., 480
Murnane, R. J., 95
Murphy, K., 87
Murphy, P. K., 302
Murray, C., 125
Murray, H. A., 469
Murray, K. G., 155
Murrell, A. J., 152
Myers, D., 148
Myerson, J., 127
Myers-Walls, J. A., 81
Mytton, J., 518

N

Nachamkin, R., 456
NAEYC, 91
Nagy, W., 57, 368, 369
Nakamura, J., 150, 455
Nansel, T. R., 517
Narasimham, G., 309
Nardi, P. M., 17
Narvaez, D., 103, 105
Nash, J. M., 17
Nasir, N. S., 281
NASSP, 6, 12
Nathan, M. J., 366
National Academy of Education, 545
National Assessment of Educational Progress, 168, 169, 370, 543
National Association for the Education of Young Children, 154
National Center for Education Statistics, 80, 81, 169, 184, 185, 197, 208, 247, 434, 438–439
National Center for Learning Disabilities, 187
National Commission on the High School Senior Year, 95
National Council for the Social Sciences, 394
National Council of Teachers of Mathematics (NCTM), 383, 384
National Institute of Mental Health, 199
National Reading Panel, 370

National Research Council, 59, 283, 284, 285, 289, 328, 366, 385, 386, 389, 394, 428, 466, 471, 540, 572, 573
The Nation's Report Card, 168
NCSS, 435
NCTE/IRA, 435
Neale, J. M., 203
Neil, M., 541
Neisser, U., 129
Nelson, C. A., 34, 35, 36, 264
Nelson, C. M., 235
Nelson, D. A., 170
Nelson, K., 271
Nesbit, J. C., 304
Neugarten, B. L., 75
Neukrug, E. S., 555
Nevin, A., 212
Newby, T. J., 598
Newman, R. S., 471
Newport, E. L., 153
NICHD Early Child Care Research Network, 84, 267
Nicholls, J. G., 464
Nichols, J. D., 345
Nicoli, G., 304
Nieto, S., 145, 158
Niguidula, D., 601
Nikola-Lisa, W., 5
Nisbett, R., 457
Nisbett, R. E., 312
Nitko, A. J., 9
Noddings, N., 471
Nokelainen, P., 193
Nolen, S. B., 533, 567, 593
Nolen-Hoeksema, S., 201
Norris, C., 433
Nucci, L. P., 103, 105

O

Oakes, J., 152, 540
Oates, J., 4, 58
OBLEMA, 8
O'Callaghan, C., 371
O'Conner, B. C., 469
O'Donnell, A. M., 3, 337, 340, 342
O'Donovan, B., 337
Ogbu, J., 127, 152
Oka, E. R., 452
Okagaki, L., 4, 8, 76, 145, 151
Oldfather, P., 338
O'Leary, C., 195
Olejniczak, T., 74, 134
Olson, D., 376
Olson, L., 558
Olson, M. H., 233
Olson, M. W., 21
Olvera, C. M., 590
Olweus, D., 78, 517, 518
O'Neil, L. T., 376
Ong, L. P., 241
Ontai, L. L., 174
Onwuegbuzi, A. J., 127
Opfer, J. E., 47
Oppenheimer, D. M., 313
Organista, P. B., 145

Orlandi, M. A., 521
Ornstein, A. C., 6
Ornstein, P. A., 274
Osborne, L. N., 342
O'Shaughnessy, T. E., 200
Osterlind, S. J., 534
Ostrov, J. M., 170
Osvath, P., 98
Otero, V. K., 567
O'Toole, A., 36
Otten, L. J., 271
Oura, Y., 285, 288
Ozofnoff, S., 200

P

Pace, R., 508
Pacheco, S., 166
Padilla, A. M., 153
Paivio, A., 272
Palincsar, A. S., 349, 372, 373, 379, 393
Palomba, C., 583
Pals, J. L., 98
Pan, B., 56
Pang, V. O., 9, 10, 158, 159
Paolucci-Whitcomb, P., 212
Papert, S., 441
Paris, A. H., 62, 369
Paris, S. G., 62, 369
Park, C., 158
Parker, G. B., 518
Parker, J. G., 85, 86, 87, 166, 200, 470
Parkes, J., 572
Parks, R. D., 76, 79
Parsons, S., 150
Partnership for 21st Century Skills, 437
Pataraia, E., 36
Patnoe, S., 351
Patton, J. R., 195
Pavlov, I. P., 229, 230, 231
Payne, B. D., 389
Payne, D. A., 537, 538, 547, 573, 596
Pea, R. D., 11
Peacher, M. L., 431
Pear, J., 227, 241
Pearson, J. C., 510, 512
Pearson, P. D., 371
Pecheone, R. L., 544
Pellegrino, J. W., 323
Pelletier, C. M., 4, 8, 9, 158
Penn, H. E., 200
Penner, D., 389
Pereira, F., 47
Perencevich, K., 254
Pérez, B., 155
Perkins, D., 327, 328
Perrin, J. M., 191
Perry, N. E., 321, 340, 452, 456, 471
Peters, J. M., 6, 389, 390
Peterson, S. R., 99
Petosa, R. L., 243
Petrill, S. A., 187
Petrosino, A. J., 366
Pettit, G. S., 82
Peyton, V., 553
Phenice, A., 91
Phinney, J. S., 100

Phye, G. D., 330
Piaget, J., 5, 37–47, 53, 102, 337
Pianta, R. C., 490, 504
Picasso, P., 39
Pierce, K. M., 85
Pierce, W. D., 458
Piercey, G., 385
Pierson, M. E., 433
Pijpers, F. I., 518
Pintrich, P. R., 254, 452, 458
Pizarro, D. A., 122
Plant, E. A., 168
Pleck, J. H., 172
Plog, A., 518
Plomin, R., 289
Plucker, J. A., 316
Pokey, S., 583
Pollock, K. E., 373
Polson, D., 27
Pomerantz, E. M., 421
Popham, W. J., 532, 533, 534, 535, 538, 567, 572, 579, 583
Porter, W., 518
Posner, D., 541
Posner, G. J., 7
Potvin, L., 314
Poulakis, Z., 197
Powell, B., 554
Powell, J. C., 393
Powell, R. A., 231
Powell, R. G., 8
Power, C., 106
Powers, K., 557, 583
Premack, D., 235–236
Presidential Task Force on Psychology and in Education, 423
Pressley, M., 4, 265, 271, 272, 278, 286, 292, 293, 294, 295, 322, 330, 370, 371, 376, 377, 465
Price, L. F., 35
Price, M., 337
Pritchard, F. F., 107
Prochnow, J. E., 341
Provenzo, E. F., 4, 8, 9, 11, 158, 434
Pryor, J. H., 247
PSU, 338
Pueschel, S. M., 186, 200
Pullen, P. C., 186, 369
Purcell-Gates, V., 186
Purdy, J. E., 241

Q

Quality Counts, 532, 538, 539
Quiat, M. A., 423, 453

R

Raffaelli, M., 174
Ragosta, J., 160
Rainey, R., 454
Ramey, C. T., 28, 125, 126
Ramey, S. L., 28, 125, 126
Ramphal, C., 126
Ramsay, P. G., 79

Ramscar, M., 302
Ramus, F., 187
Randi, J., 254, 465
Randolph, C. H., 492
Randsell, S., 377
Ransleben, S., 48
Raphael, T. E., 371, 372, 373, 378
Raphaelson, M., 191
Raschke, D., 235
Rasmussen, C. M., 322, 427, 428, 434
Ratey, J., 192
Rathunde, K., 455, 456
Ratner, N. B., 198, 199
Raudenbush, S., 148
Raver, C. C., 91
Ravitch, D., 544
Rawls, C., 12, 336, 493
Ray, M., 121, 315, 316
Re: Learning by Design, 586, 587, 588
Rea, P. J., 206
Readence, J. E., 369
Rebollo, M. A., 192
Recalde, L., 431
Redelmeier, D. A., 309, 313
Redman, G. L., 9, 157
Reed, A. J. S., 21
Reed, S., 320
Reed, V. A., 197
Rees, D. L., 130
Reeve, J., 457, 458
Reeves, G., 191
Regaldo, M., 240
Reinders, H., 106
Reis, S. M., 215, 218
Reiser, R., 433
Renne, C. H., 497
Rennie, C. J., 36
Renzulli, J. S., 215, 217, 218
Reschly, D., 187
Revelle, S. P., 542
Reyna, V. F., 278
Reyna, V. G., 314
Reynolds, C. R., 9, 535, 572, 576, 580, 581, 590
Rhodes, J. E., 342
Rice, J. M., 463
Rice, M. L., 198
Rich, B. S., 586
Richard, A., 591
Richards, S. B., 194
Richards, T., 188
Richburg, C. M., 197
Richey, D., 206
Rickards, T., 316
Rico, S. A., 355
Rideout, V., 439
Rieckmann, T. R., 101
Rigby, K., 517, 519
Riley, R. W., 559
Rimm, S. B., 215
Risley, D. S., 504
Risley, T.R., 148, 373, 499
Rivera, C., 540
Rivkin, J. W., 312
Roberts, D. F., 82, 439
Roberts, J. E., 194
Roberts, R. D., 136
Roberts, W. B., 518
Robichon, F., 187

Robins, R. W., 97, 135, 174
Robinson, M., 383
Robinson, S., 517
Roblyer, M. D., 213, 437
Rock, D., 160
Rock, M. L., 251
Rockman, S., 11, 442
Rodriguez-Brown, F. V., 374
Rodriquez-Galindo, C. A., 80
Roediger, H., 308
Roff, M., 85
Rogan, P., 194
Roger, B., 208
Rogers, C., 97
Rogoff, B., 27, 337, 338, 340, 357
Rohrbeck, C. A., 343
Rollins, V., 154, 184
Roopnarine, J. L., 145
Rosch, E. H., 305
Roschell, J., 441, 495
Rosen, D., 137
Rosenbaum, K., 292
Rosenblood, L. K., 469
Rosenshine, B., 414, 416, 421
Rosenthal, D. M., 83
Rosenthal, H. E., 128
Rosenthal, R. L., 17
Rosenzweig, M. R., 36
Rosnow, R. L., 17
Ross, L., 312
Rosselli, H. C., 216
Rothbart, M. K., 137, 138, 267
Rothstein, R., 148
Rothstein-Fisch, C., 47, 71, 72, 127, 128, 328, 337
Rowe, M., 418
Rowe, R. J., 373
Rowe, S. M., 51, 52, 338
Rubin, D., 369
Rubin, K. H., 85, 86, 87, 166, 200, 470
Ruble, D., 470
Ruble, D. N., 166, 167, 168, 169, 170, 171, 172, 174, 175
Ruddell, R. B., 369, 375
Rudnitsky, A. N., 7
Rueda, R., 155
Ruff, H. A., 267
Rugg, M. D., 271
Rumberger, R. W., 94
Rummel, N., 338
Runco, M. A., 316
Rupley, W. H., 371
Russell, C., 387
Russell, D. R., 591
Russman, B. S., 195
Rust, C., 337
Rutter, M., 200
Rutter, T., 368
Ryan, E. B., 371
Ryan, R. M., 72, 147, 148, 454, 455, 458, 471

S

Sabers, D. S., 284
Saccuzzo, D. P., 555
Sacker, A., 150

Sackett, P. R., 128
Saddler, B., 342
Sadker, D., 174, 176
Sadker, D. M., 418
Sadker, D. M. P., 418
Sadker, M., 174, 176
Sadler, P. M., 390
Saenz, L. M., 343
Sailor, W., 208
Salinger, J. D., 263
Salomon, G., 327, 328
Salovey, D. R., 121, 122
Salovey, P., 122
Sam, D. L., 145
Sampson, R., 148
Sanchez, G., 3, 4
Sanders, C. E., 330
Sanders, J. R., 20, 83
Sandoval, J., 559
Sanson, A. V., 137
Santayana, G., 27
Santiago-Delefosse, M. J., 50
Santrock, J. W., 510, 511
Saucier, G., 136
Saunders, M., 152, 522
Sawyer, R. K., 10, 227
Sawyers, J. Y., 83
Sax, G., 578, 579, 581, 582
Saxton, J., 569
Scantlebury, K., 169
Scardamalia, M., 10, 316, 321, 322, 324, 356, 377, 434
Scarr, S., 127
Schacter, D. L., 270, 276, 278
Scharrer, E., 61, 82, 166, 438
Schauble, L., 322, 324, 351, 355, 389, 391, 393
Scheer, S. D., 85
Schellens, T., 338
Schiefele, U., 456, 459, 469, 471, 473, 479
Schinke, S., 521
Schlesinger, A. M., 162
Schmidt, R., 157, 373
Schneider, B., 87, 469
Schneider, W., 271, 272, 281, 292, 293, 294, 295, 330
Schneps, M. H., 390
Schoenfeld, A. H., 355, 366, 383, 384
Schofield, J. W., 152, 434
Scholl, R. W., 340
Schoon, I., 150
Schopler, E., 200
Schraw, G., 265, 274, 276, 277, 278, 288, 289, 320
Schrum, L., 161
Schuh, K., 430
Schultz, K., 378
Schumacher, S., 15
Schumer, H., 108
Schumm, J. S., 192, 206, 210
Schunk, D. H., 241, 243, 247, 251, 254, 327, 330, 417, 452, 457, 458, 462, 463, 464, 465
Schunk, D. M., 5
Schuster, M. A., 518
Schutz, R. W., 168
Schwab, Y., 520
Schwab-Stone, M., 521

Schwartz, D. L., 7, 285, 328, 431
Schweiger, P., 392
Schweingruber, H. A., 389, 390
Schweinhart, L. J., 91
Schweitzer, J., 191
Scott, J. A., 369
Scott, M. D., 507
Scott, S., 11
Scott-Little, C., 91
Scruggs, T. E., 206
Search Institute, 107
Sears, D., 285, 328
Sears, H. A., 175
Segal, J. W., 355
Seidman, L. J., 191
Seligson, T., 510
Sellnow, D. D., 507
Sells, S. B., 85
Selton, R., 309
Sensenbaugh, R., 340, 341
Sentar, G. W., 490
Sergerie, K., 36
Shaftel, J., 538
Shaler, L., 267
Shalev, R. S., 187, 188
Shames, G. H., 197, 198
Shanahan, M. J., 31
Shanahan, T., 374
Shapiro, E. K., 88, 159
Shapiro, J., 57, 153
Sharan, S., 345, 346
Sharp, J. M., 384
Shaulov, A., 345
Shavelson, R. J., 584
Sheets, R. H., 145
Sheffield, C. J., 440
Sheldon, S. B., 81, 83
Shelhorse, D., 311
Shepard, L., 538, 539
Sheppard, J. A., 313
Sherin, M. G., 355
Sherk, J., 539
Sherman, C. W., 89
Sherman, D. K., 128
Sherman, L. W., 345
Sherry, S. B., 477
Shields, P. M., 152
Shields, S. A., 172
Shiffrin, R. M., 275, 276, 289
Shin, K. H., 135
Shiner, R. L., 136
Shiraev, E., 30, 72, 128, 145
Shirts, R. G., 160
Shrieber, B., 213
Shriver, T. P., 520
Shulman, J. H., 355
Shulman, L. S., 289, 355
Shweder, R., 71, 72, 103, 337
Siders, J. A., 583
Siegel, L., 155
Siegel, L. S., 185, 187, 371
Siegler, R. S., 47, 52, 227, 265, 295, 321, 345, 383
Sigman, M., 200
Silberman, M., 6, 423
Silverman, L. K., 218
Silvernail, D. L., 11, 441, 442, 457
Sim, T. N., 241

Simmons, R. G., 92
Simon, B. S., 81, 284
Simonds, J., 136
Simons, J., 343
Simonson, M., 434
Simpkins, S. D., 470
Simpson, J., 198
Simpson, M., 369
Singer, D. G., 82
Singer, J. L., 82
Singer, S. R., 389, 390
Singhal, M., 370
Skinner, B. F., 3–4, 232, 236
Slade, E. P., 240
Slaughter-Defoe, D., 328
Slavin, R. E., 129, 130, 341, 345, 346, 372
Slentz, K. L., 88
Slocum, T. A., 414
Smedley, B., 78
Smerdon, B. A., 169
Smith, B., 167, 205
Smith, C.L., 171
Smith, D., 10
Smith, J., 192, 240, 463
Smith, J. B., 159
Smith, L., 47
Smith, L. B., 32
Smith, R., 434
Smith, R. A., 312
Smith, S. D., 36
Smith, S. S., 383
Smith, T. E., 170, 210
Smith-Maddox, R., 129
Smoll, F. L., 168
Smyth, M. M., 310
Snell, J. L., 517
Snidman, N., 137
Snook, P., 241
Snow, C. E., 57, 62, 154, 155, 368, 369
Snow, R. E., 133
Snyder, M., 135
Soderman, A. K., 376
Sokoloff, D. R., 389
Solano-Flores, G., 584
Solley, B. A., 375
Solomon, D., 504
Soloway, E., 433
Soltero, S. W., 155
Songer, N. B., 390
Sousa, D. A., 37
South, M., 200
Sowell, E. R., 35
Sowers, K. M., 250
Spada, H., 338
Spafford, C. S., 187
Spagnola, M., 80
Spandel, V., 376, 558
Spearman, C. E., 117
Spear-Swerling, P., 321
Spector, J. M., 437
Spence, J. T., 171
Spencer, M. B., 9, 100, 152, 472, 473
Spinrad, T. L., 104, 107, 170, 171
Spring, J., 8, 151, 153, 157, 158
Sprinthall, R. C., 18
Spuhl, S. T., 50
Squire, L., 276
Sraiheen, A., 597

Sroufe, L. A., 31, 32, 42
St. Pierre, R., 149
Stahl, G., 433
Stahl, S., 367, 370
Stambaugh, T., 216
Stanley-Hagan, M., 78
Stanovich, K. E., 312, 320, 368, 371
Stansfield, C. W., 540
Stapel, D. A., 128
Starkey, P., 383
Starko, A. J., 8
Staudinger, U., 31
Steele, C. M., 128
Steffen, V. J., 170
Stegelin, D. A., 89
Stein, B. S., 319
Stein, M. T., 190, 191
Steinberg, L., 35, 36, 76, 77, 85, 95
Stern, P., 127, 152
Stern, W., 115
Sternberg, K. J., 32
Sternberg, R. J., 114, 115, 118–119, 125, 126, 132, 215, 227, 288, 289, 308, 316, 321
Stetsenko, A., 47, 50
Stettler, D. D., 34
Stevenson, H. W., 6, 77, 145, 384, 386, 414, 415, 420, 442
Stewart, J., 508
Stiggins, R. J., 567, 568, 570, 583, 587
Stigler, J. W., 415
Stipek, D. J., 89, 99, 453, 454, 458, 462, 463, 470
Stobart, G., 569
Stoel-Gammon, C., 55
Stolarz-Fantino, S., 314
Stone, M. R., 85
Stone, V., 555
Stough, L. M., 490
Stout, D. L., 6, 389, 390
Strahan, D. B., 251, 254
Straus, M. A., 240
Strichart, S. S., 189
Strobel, K. R., 472
Struckman, A., 343
Styco, S., 91
Suarez-Orozco, C., 8
Subramanian, S. K., 79
Sullivan, H. S., 88
Sullivan, T., 433
Sunal, C. S., 394, 397
Supovitz, J. A., 558
Suthers, D., 289, 433
Suzuki, L. K., 47, 71, 72, 127, 128, 328, 337
Swan, K., 161, 213, 441, 442, 457, 495
Swanson, H. L., 274
Swartz, C. W., 463
Swearer, S. M., 518
Sykes, C. J., 99
Symbaluk, D. G., 231
Szkrybalo, J., 166

Tager-Flusberg, H., 55, 56
Tamis-LeMonda, C. S., 57
Tannen, D., 169, 170, 171, 350

Tanner, D. E., 544
Tanner, J. M., 34
Tantillo, M., 192
Tapia, J., 379
Tappan, M. B., 49
Tardif, T., 79
Tassell-Baska, J., 216
Tatar, D., 495
Taylor, C., 574
Taylor, C. S., 471, 533, 567, 593
Taylor, R. D., 81
Taylor, R. L., 194
Teacher's Curriculum Institute, 397
Teel, K. T., 476, 477
Temple, C., 376
Temple, C. A., 369
Tenebaum, H. R., 16
Tennyson, R., 303
Terman, D. L., 187, 193, 194, 200
Terry, W. S., 227, 271
Terwilliger, J., 583
Tesch-Romer, C., 216, 288
Teti, D., 37
Thal, D., 60
Tharp, R. G., 227
Thelen, E., 32
Theobold, M. A., 471
Thomas, A., 136
Thomas, C. C., 212
Thomas, J. R., 168
Thomas, K. M., 34, 35, 36, 264
Thomas, K. T., 168
Thomas, R. M., 20
Thompson, D., 428
Thompson, P. M., 35
Thompson, R. A., 31, 76
Thorndike, E. L., 3, 6, 232, 537
Thornton, C. D., 174
Thornton, R. K., 389
Thornton, S. J., 471
Thorsen, C., 433
Thrash, T. M., 465
Threshold/ISTE Youth Forum, 442
Thurgood, S., 91
Thurlow, M. L., 93, 94
Thurston, L. P., 210
Thurstone, L. L., 118
Tierney, R. J., 369
Tippins, D. J., 389
Tittle, C., 10
Todd, G. S., 314
Toga, A. W., 35
Tolchinsky, L., 383
Tollefson, N., 553
Tolman, M. N., 389
Tomasello, M., 57, 60
Tomblin, B., 198
Tomlinson, C.A., 8
Tompkins, J.R., 205, 207
Tonack, D., 311
Tonyan, H., 85
Topping, K. J., 340, 342
Torgesen, J. D., 188
Torgesen, J. K., 343
Trask, B. S., 79
Trask, S., 30
Trautner, H. M., 167
Triandis, H. C., 145, 146

Trinidad, D. R., 122
Troop, W., 85
Troutman, A. C., 194, 200, 206, 235, 237, 238, 239, 411
Trowbridge, L. W., 393
Truglio, R., 249
Trzesniewski, K. H., 97
Tsal, Y., 188, 267
Tsang, C. L., 328
Tsaqareli, M. G., 36
Tseng, V., 77
Tubbs, S. L., 510
Tubman, J. G., 136
Tucha, O., 191
Tucker, M. B., 79
Tulving, E., 277
Tumarkin, S. R., 590
Tunmer, W. E., 341
Turiel, E., 103
Turk, D., 250
Turkanis, C. G., 27, 357, 358
Turnbull, A., 207
Turnbull, H. R., 207
Turner, J. C., 321, 340, 452, 456, 471
Turner, T. N., 397
Tutty, L., 518
Tversky, A., 309, 313

U

Ullman, J. G., 195, 210, 212
Umana-Taylor, A. J., 101
Umbreit, J., 235
Unger, R., 97, 168
University of Buffalo Counseling Services, 477
University of Illinois Counseling Center, 477
University of Texas at Austin Counseling and Mental Health Center, 479
Upfront, 102
Urbina, S., 118, 128
Urdan, T., 462, 476
U.S. Census Bureau, 147
U.S. Department of Education, 62, 175, 186, 200, 208, 210, 434
U.S. Department of Health and Human Services, 148
U.S. Office of Education, 18, 174
USA Today, 365, 381, 387, 392, 431, 456

V

Vacca, J. A. L., 369
Vahey, P., 441, 442, 495
Valcke, M., 338
Valentine, J. C., 420, 421
Vallone, R. P., 313
Van Buren, E., 101
Van de Walle, J., 6, 383, 384
van der Linden, W. J., 574
van Drie, J., 338
Van Gelder, T., 309
Van Houten, R., 240
van Lehn, K., 429

Van Lier, P. A. C., 522
van't Hooft, M., 442
Vandell, D. L., 85
VanSledright, B., 394
Vaughn, S., 188
Vaughn, S. S., 192, 206, 210
Veenema, S., 122, 123
Veenman, S., 345
Vellutino, F., 187
Verderber, K. S., 509
Verderber, R. F., 509
Verloove-Vanhorick, S. P., 518
Verma, S., 146
Vernberg, E. M., 517
Verschafell, L., 386
Vidal, F., 46
Viegut, D. J., 568
Villejoubert, G., 313
Vinckenbosch, E., 187
Vogt, W. P., 18
Volkmar, F. R., 200
Voros, V., 98
Voss, J. F., 284
Vukovic, R. K., 187
Vygotsky, L., 5, 27, 47–52, 53, 337

W

Wachs, H., 43
Wadsworth, M. E., 101
Wagner, M., 200
Wagner, M. W., 186
Wagner, R., 599
Wagner, R. K., 125
Wahlsten, D., 31, 32
Wake, M., 197
Waldman, I. D., 191
Waldron, N., 207
Walker, L., 104, 105, 106
The Wallace Foundation, 85
Wallen, N. E., 15
Wallis, P., 320
Walsh, M. E., 430

Walther, B., 504
Walther-Thomas, C., 206
Wang, H., 434
Wang, Q., 421
Ward, L. M., 166
Warrington, M., 175
Watson, D. L., 227
Watson, J., 292
Watson, M., 490
Waxman, S. R., 55, 57, 59
Weary, G., 459
Webb, N. M., 349, 350, 373, 379
Webber, J., 200
Weber, E., 122, 123
Wechsler, D., 116
Wehlage, G., 459
Weil, M., 416
Weiler, J., 341
Weinberg, R. A., 127
Weiner, B., 452, 459, 460
Weinstein, C. S., 416, 419, 489, 490, 491, 494, 497, 498, 499, 503
Weinstein, R. S., 467
Weiser, M., 441
Weissberg, R. P., 520, 521
Weldin, D. J., 590
Weller, L. D., 571
Wellman, H. M., 292
Wells, M. G., 99
Welshman, D., 396
Wendler, M., 163, 248
Wenglinsky, H., 157
Wentzel, K. R., 85, 86, 87, 468, 469, 470, 471
Wergin, J. F., 18
Werner, N. E., 170
Wertheimer, M., 308
Werts, M. G., 205
Wertsch, J. V., 51, 52, 338
West, R. E., 320
Westling, D. L., 194
Whalen, S., 456
Wheatley, J., 417
Wheeler, J. J., 206
Wheelock, A., 129

Whirry, M., 302
Whitaker, D. J., 235
Whitcomb, J. A., 355
White, J. W., 175
White, R. W., 453
White, T. L., 16
Whitehead, G. I., 107
Whitford, B. L., 538
Whitford, T. J., 36
Whitmore, K., 379
Wiese, A. M., 151
Wigfield, A., 7, 8, 88, 92, 169, 251, 254, 308, 314, 452, 454, 455, 456, 458, 459, 464, 465, 466, 469, 470, 471, 473, 474, 479
Wiggins, G., 558, 585
Wilke, M., 36
William, D., 568
Williams, E. M., 47
Williams, L. M., 36
Williams, T., 270
Williams, W. M., 126
Williford, W., 471, 499
Willis, A. I., 373
Willis, J. W., 435, 439, 457, 600
Willson, V., 9
Wilson, P. T., 373
Wilson, S., 147
Wilson, V., 535, 572, 576, 580, 581, 590
Windle, M., 136
Wineburg, M. S., 545
Winn, I. J., 309
Winne, P. H., 462
Winner, E., 8, 39, 122, 215, 216, 218, 251, 289
Winsler, A., 50, 51
Winzer, M. A., 160
Wiske, S., 437, 438, 443
Wissow, L. S., 240
Witkow, M., 101
Witt, D., 155
Wittmer, D. S., 107
Wittrock, M. C., 4, 265, 309, 327, 377
Wolfe, M. D., 522
Wolters, C. A., 7, 462, 468

Wong, T. B., 150
Wood, J., 61
Wood, J. T., 508
Wood, J. W., 206
Woolger, C., 116
Work Group of the American Psychological Association Board of Educational Affairs, 423
Workman, S. H., 81
Worsham, M. E., 7, 8, 451, 489, 490, 492, 493, 496, 501, 502, 508, 515, 516, 517, 519
Worthen, B. R., 20, 558

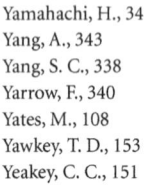

Y

Yaden, D. B., 155
Yamahachi, H., 34
Yang, A., 343
Yang, S. C., 338
Yarrow, F., 340
Yates, M., 108
Yawkey, T. D., 153
Yeakey, C. C., 151
Yinger, R. J., 408
Young, E. L., 170
Younger, M., 175
Youniss, J., 106, 108
Yung, B. H. W., 572

Z

Zeidner, M., 136
Zelazo, P. D., 322
Zentall, S. S., 190, 191
Zigler, E. F., 91, 192
Zimmerman, B. J., 243, 251, 254, 255, 452, 463, 464, 465, 466
Zirpoli, T. J., 235
Zoldak, H., 84
Zucker, A. A., 11, 441, 442, 457
Zusho, A., 77

Índice remissivo

A

A Escola Key, 121
Abordagem avaliação-regra, 321–322
Abordagem centrada no aluno
 para o planejamento de aula, 430–432
 estratégias de ensino, 427–430
 estratégias para a utilização, 431
 princípios, 423–427
Abordagem cognitiva complexa
 compreensão conceitual, 302–305
 pensamento, 306-317
 resolução de problemas, 319–326
 transferência, 327-330
Abordagem comportamental, 3–4, 228
 condicionamento clássico, 229–232
 condicionamento operante, 232–234
Abordagem construtivista, 6–7
Abordagem de ensino de estratégia transacional, 371–372
Abordagem de ensino direto, 6–7, 414
Abordagem de processamento da informação, 262
 atenção, 266–269
 automatismo, 265
 capacidade, 264
 codificação, 270–271
 construção de estratégia, 265
 ensaio, 270
 especialidade, 283–289
 memória, 270
memória e raciocínio, 264
 metacognição, 265, 291–295
 modelo de processamento de boa informação, 293
 processamento profundo, 270–271
 recursos cognitivos, 264–265
 tarefa de tempo de reação, 265
 velocidade de processamento, 264–265
Abordagem recursos de conhecimento, 158
Abordagem sociocognitiva da aprendizagem, 227–228, 255
Abordagem socioconstrutivista, 50, 227–228. *Ver também* Teoria de Piaget; Teoria de Vygotsky
 aprendizado cognitivo, 340
 Computer-Supported Intentional Learning Environments – CSILE (Ambientes de Aprendizagem Intencional com Computador), 356
 andaime, 339–340
 aprendizagem cooperativa, 345–347
 cognição situada, 338
 escola colaborativa, 358–359
 Fostering a Community of Learners (FCL), 354–355
 no contexto geral do construtivismo, 336–338
 para a escrita, 376
 para a leitura, 370–374
 professores e pares como conjunto de colaboradores para o aprendizado dos estudantes, 339–347
 Schools for Thought (SFT), 355–357
 trabalho em pequenos grupos, 349–351
 tutoria, 340–344
Abordagens cognitivo-comportamentais, 249–251
Abordagens da aprendizagem cognitiva, 227–228
Abordagens da aprendizagem, 227–228
 escrita, 375–377
 leitura, 370–372
Acomodação, 37–38
Adequação ao protótipo, 305
Adolescência, 29
 declínio da auto-estima, 97
 linguagem, 62–63
 pensamento crítico em, 309
 tomada de decisão na, 314
Adolescentes
 comparações interculturais sobre como os adolescentes despendem seu tempo, 146–147
 escolaridade, 92–95
 Social Competence Program for Young Adolescents, 520
Adquirir perspectiva, 160
Afetividade negativa, 137
Agressão relacional, 170
Agressividade, 200–201. *Ver também* transtornos comportamentais
 briga, 517
 bullying, 517–519
 desafiar ou hostilizar o professor, 519–520
 e gênero, 170
 solução de conflito, 522
Agrupamento, 273
Agrupamento de capacidades, 128
 entre classes, 128
 estratégias para a utilização do direcionamento, 130

Joplin plan, 130
 na sala de aula, 131
 Nongraded program (entre idades), 130
 Programa Achieving Via Individual Determination (AVID), 130–131
Alça fonológica, 274
Ambiente menos restritivo possível (LRE), 206–208. *Ver também* educação especial
Ambiente positivo para a aprendizagem
 estilo autoritário de gerenciamento de sala de aula, 500
 estilo autoritativo de gerenciamento de sala de aula, 500
 estilo permissivo de gerenciamento de sala de aula, 500
 fazendo os estudantes discutir, 502
 Projeto de Desenvolvimento da Criança (CDP), 504
 regras e procedimentos, 500–503
 withitness, 501
Amizade, 86
Amplitude, 550
Análise da tarefa, 411
Análise de comportamento aplicada, 235
 avaliando, 241
Análise de meio-fim, 320
Analogias, 307–308
Andaimes, 49–50
Androginia, 171–172. *Ver também* gênero; papéis de gênero e educação, 173
Animismo, 40
Ansiedade, 201–203
Aprendizado cognitivo, 340
Aprendizagem, 227. *Ver também* comportamento; abordagem de processamento de informação; memória
 assistencial, 106–108
 auto-reguladora, 250–255
 baseada em problemas, 322–323, 427–428
 baseada em projetos, 323–324
 colaborativa, 435
 condicionamento clássico, 229–232
 condicionamento operante, 232–235, 241
 cooperativa, 345–347
 descoberta, 429–430

excelência, 417
 lições da Vila Sésamo, 249
 observação, 244–245
 pareamento, 227
Aprendizagem programada, 4
 abordagens sociocognitiva, 227–228, 243–244, 255
Aquisição da identidade, 100
Armazenamento
 memória de curta duração, 273–275
 memória de longa duração, 275
 memória declarativa, 276
 memória episódica, 277
 memória processual, 276
 memória semântica, 277
 memória sensorial, 273
 modelo dos três armazéns de memória, 275–276
 teoria do traço difuso, 278
 teorias de esquema, 277–278
 teorias de rede, 277
Assédio sexual, 175. *Ver também* gênero
Assédio sexual em ambiente hostil, 175
Assédio sexual quid pro quo, 175
Assimilação, 37–38
Atenção
 ajudar os estudantes a prestar atenção, 268
 dividida, 267
 mudanças do desenvolvimento, 267–269
 seletiva, 267
 sustentada, 267
Atribuição, 459–461
Atribuição de notas, 593
Aula, 416–417
Aurbach's Grady Profile, 599
Autismo, 199
Autodeterminação, 454–455
Auto-eficácia, 244, 254, 462–464
Auto-estima, 97–98
 melhorar, 99
Automodificação, 265
Auto-monitoramento, 464–465
Auto-realização, 452
Auto-responsabilidade, 456
Avaliação
 aspectos do desempenho, 594
 atribuição de notas baseada em curva normal, 593
 atribuição de notas por critério, 593–594
 atribuindo peso a diferentes tipos de evidências, 595
 avaliação baseada na Web, 601–602

685

boletim, 595
inflação, 597
manutenção de registros, 600
padrões de comparação, 593–594
portfólios eletrônicos, 599–601
propósitos, 590
questões relacionadas, 596–597
relatórios escritos de progresso, 595
reuniões de pais e mestres, 595
Avaliação da sala de aula compatível com visões contemporâneas de aprendizagem e motivação, 569–570
   avaliação formativa, 568
   avaliação pós-instrucional, 569
   avaliação pré-instrucional, 567–568
   avaliação somativa, 569
   como uma parte integral do ensino, 567–569
   durante a instrução, 568–569
   estratégias culturalmente responsivas, 573
   fidedignidade, 572
   justiça, 572
   objetivos de aprendizagem, 571
   tendências, 573–574
   testes objetivos 573–574
   validade, 571
Avaliação de portfólio, 588–591
   artefatos, 589
   portfólios de crescimento, 590
   portfólios de melhor trabalho, 590
   produções, 589
   reproduções, 589
   versus testes tradicionais, 589
Avaliação formativa, 568. *Ver também* avaliação durante a instrução
Avaliação Plato EduTest, 602
Avaliação pluralista, 572–573
Avaliação pós-instrucional, 569. *Ver também* avaliação de sala de aula
Avaliação somativa, 569. *Ver também* avaliação da sala de aula
Avaliação. *Ver* avaliação da sala de aula
Avaliações alternativas, 557–559. *Ver também* testes padronizados; testando
   avaliação autêntica, 583
   avaliação baseada na Web, 601–602
   avaliação de desempenho, 583–588
   avaliação de portfólio, 588–591
   tendências, 583–584
Avaliações autênticas, 583
Avaliações de desempenho, 574, 583
   avaliação, 587–588
   características da, 584–586
   diretrizes, 584
   rubricas de notas, 586
Avaliando, 50–52
   andaimes, 49–50
   linguagem e pensamento, 50
   zona de desenvolvimento proximal, 49
Avaliar, 533–535
   amplitude, 550
   bateria de pesquisa, 537
   candidatos a professor, 544–545
   desvio padrão, 550–552

distribuição em percentil, 552–553
distribuição multimodal, 550
distribuição normal, 552
distribuições de freqüência, 549
estanino, 553
fidedignidade, 534–535
histogramas, 549
interpretando resultados de testes, 552–555
média, 550
mediana, 550
medidas de tendência central, 550
medidas de variabilidade, 550–552
melhorar as habilidades dos estudantes para fazer testes, 548
moda, 550
Nenhuma Criança Deixada Para Trás, 541–544
nota bruta, 552
pontuação padrão, 553–554
pontuação *T*, 554
pontuação *z*, 553
preparar os estudantes para realizar, 547–548
previsão e viés, 535
resultados dos testes, 549–555
tecnologia, 542
teste de "alto valor", 533, 538–540, 557–559
testes baseados em padrões, 533
testes estaduais padronizados, 538–540
testes PRAXIS™, 544–545
utilizar para planejar e aprimorar o ensino, 555–556
validade, 533
validade, 533–534

B

banco de questões, 599
Baterias de pesquisa, 537
Bilingüismo, 153
   aprendendo um segundo idioma, 153
   educação bilíngüe, 153–155
Bloco de linguagem, 188
Boletim, 595
Briga, 517. *Ver também* agressão; comportamentos problemáticos
Bullying, 517–519. *Ver também* comportamentos problemáticos

C

Caráter moral, 105
Causa, 19
Centração, 41
Centro de Pesquisas para Tecnologia Educacional (RCET), 161
Centros de aprendizagem, 420. *Ver também* trabalho em classe
Cérebro, 34
   amígdala, 35–36
   células e regiões, 34–36

lateralidade, 36
lobos, 35
mielinização, 34
plasticidade, 36
sinapses, 34–35
Class-wide Peer Tutoring (CWPT), 343
Clubes do livro, 373
Codificação, 270
   agrupamento, 273
   construindo imagens, 272
   elaboração, 271–272
   ensaio, 270
   organização, 272–273
   processamento profundo, 270–271
   teoria dos níveis de processamento, 271
Cognição situada, 338
Colaboração com a comunidade, 521
Coletivismo, 145–146
Combinação, 369
Competência na matéria, 6
Comportamento pró-social
   e gênero, 170
   melhorando, 107
Comportamento solidário;
   e gênero, 173
Comportamento. *Ver também* aprendizagem; distúrbios de comportamentos
   abordagens cognitivo-comportamentais, 249–251
   análise de comportamento aplicada, 235, 241
   aprendizagem auto-reguladora, 251–255
   aumentar os comportamentos desejáveis, 235–238
   contratar, 237
   custo de resposta, 240
   dicas, 237–238
   diminuindo a ocorrência de comportamentos indesejáveis, 238–241
   intervalos, 237
   modelagem, 238
   modelos e mentores masculinos e de minorias, 247
   observação, 248
   princípio de Premack, 235–236
   punição, 232–235, 240–242
   recompense o comportamento apropriado, 504
   reforçamento contínuo, 236
   reforçamento diferencial, 238–239
   reforçamento negativo, 237
   reforçamento, 235–237
Comportamentos problemáticos. *Ver também* agressão
   briga, 517
   bullying, 517–519
   Classroom Organization Management Program (COMP), 522
   desafiar ou hostilizar o professor, 519–520
   encontre um mentor, 517
   Good Behavior Game, 522

Improving Social Awareness-Social Problem Solving Project, 520
intervenções menores, 515
intervenções moderadas, 515–516
mediação de colegas, 516
peça a ajuda do diretor ou do orientador, 516
programas de aprimoramento da competência social, 520–522
resolução de conflitos, 522
reunião de pais e mestres, 516
Skilss for life, 522
Social Competence Program for Young Adolescents, 520
The three C's of scholl and classroom management, 521–522
Comprometimento, 12
Computação ubíqua, 441–442
Computadores, 61
   avaliação baseada na Web, 601–602
   avaliação, 598–602
   banco de questões, 599
   manter arquivos, 599
   portátil, 542
   portfólios eletrônicos, 599–601
Computer-Supported Intentional Learning Environments – CSILE (Ambientes de Aprendizagem Intencional com Computador), 356
Comunicação mediada por computadores (CMC), 435
Comunicação não-verbal, 511–513
Comunicação verbal. *Ver também* habilidades de comunicação
   barreiras para, 509
Comunidades
   escolas, 11, 162
   relação escola-família-comunidade, 81–84
Conceitos. *Ver também* pensamento
   aprendendo as principais características de, 303
   auxiliar os estudantes a formar conceitos, 305
   definir e oferecer exemplos de, 303–304
   mapas conceitual, 304
   teoria do protótipo, 305
   testagem da hipótese, 304–305
Condicionamento clássico, 229–232
Condicionamento operante, avaliando, 241
Condições da incapacidade, 185
Confiabilidade
   avaliação de sala de aula, 572
   testes padronizados, 534–535
Conhecimento especializado, 365–366
Conhecimento metalingüístico, 61
Conhecimento pedagógico do conteúdo, 289, 366
Conjunto mental, 321
Conjuntos de problemas, 580
Consciência fonológica
   combinação, 369
   segmentação, 370

Conservação, 41–42
Construção de estratégia, 265
Conteúdo do currículo, 175
Contextos sociais de
  desenvolvimento
  escolas, 88–95
  famílias, 76–85
  pares, 85–88
Contextos socioculturais, 472–474
Contratar, 237. *Ver também*
  comportamento
Controle da vontade
  (autocontrole), 138
Controle emocional inadequado, 321
Conversa de aproximação
  quebra-gelo, 169
Conversa de relato, 169
Correspondência
  pessoa-ambiente, 459
Criança de aquecimento lento, 136
Criança de temperamento difícil, 136
Criança de temperamento fácil, 136
Crianças impulsivas, estratégias
  para lidar com, 133
Crianças talentosas, 216
  características, 215
  curso de vida, 215–216
  educando crianças superdotadas,
  216–218
  Modelo de Enriquecimento
  Total da Escola, 217
Criatividade, 315
Critérios de desempenho, 586
Cronossistema, 72
Cuidado fora da escola, 82–85
Cultura, 71, 145
  comparações interculturais
  sobre como os adolescentes
  despendem seu tempo, 146–147
  comparações interculturais em
  educação matemática, 415
  contato pessoal positivo com
  outros de diferentes origens
  culturais, 159–160
  culturas individualistas e
  coletivistas, 145–146
  e gênero, 173–174
  educação multicultural, 157–164
  estratégias culturalmente
  responsivas para avaliar, 573
  memória, 281
  tranferência, 328
Curiosidade, 457
Currículo oculto, 105
Curva de sino, 552
Curva normal, 552
Custo de resposta, 240

D

Dano cerebral, 194–195. *Ver também*
  distúrbios de aprendizagem;
  retardo mental
Deficiência intelectual, 192–193
  classificação e tipos de, 193
  dano cerebral, 194–195

fatores genéticos, 193–194
síndrome alcoólica fetal (SAF), 194
síndrome de Down, 193–194
síndrome do X frágil, 194
trabalhar com crianças com
  deficiência intelectual, 194
Deficiências físicas, 195
  deficiências sensoriais, 196
  limitações ortopédicas, 195
  paralisia cerebral, 195
Deficiências sensoriais
  deficiências auditivas, 197
  deficiências visuais, 196
Definição de objetivos, 464–465
Demonstração, 416
Depressão, 201
Desafiar o professor, 519–520
Desenvolvimento cognitivo
  células e regiões cerebrais, 34
  o cérebro e a educação, 37
  plasticidade, 36
  Teoria de Piaget, 37–47, 53
  Teoria de Vygotsky, 47–52, 53
Desenvolvimento da identidade,
  98–102
Desenvolvimento de gênero
  teoria psicanalítica
  de gênero, 165–166
  teoria sociocognitiva de gênero, 166
  visão cognitiva, 166–167
  visões biológicas, 165
  visões de socialização, 165–166
Desenvolvimento de vocabulário
  estratégias para, 62
  status socioeconômico e, 147
  tecnologia, 61
Desenvolvimento humano, oito
  estágios do, 73
Desenvolvimento moral, 102
  aprendizagem assistencial,
  106–108
  domínios do, 102
  identidade moral, 104–105
  melhorar o comportamento
  pró-social, 107
  moralidade autônoma, 102
  moralidade heterônoma, 102
  Teoria de Kohlberg, 102–104
  Teoria de Piaget, 102
Desenvolvimento por partes, 32
Desenvolvimento social, 521
Desenvolvimento socioemocional
  desenvolvimento moral, 102–108
  o eu, 97
  Teoria do desenvolvimento de
  duração da vida de Erikson,
  72–75
  Teoria ecológica de
  Bronfenbrenner, 70–72
Desenvolvimento. *Ver também*
  desenvolvimento cognitivo
  avaliando as questões sobre
  desenvolvimento, 32
  educação, 32
  inato e aprendido, 30
  por partes, 32
  processos e períodos, 28–29

questão continuidade-
  descontinuidade, 30–31
questão de experiência
  inicial-posterior, 31–32
Dessensibilização sistemática, 231
Desvio padrão, 550–552
Dever de casa, 420–421
Diálogo, 49
Dicas, 237–238, 505–506
dificuldade de item, 580
Dificuldades de aprendizagem,
  184-185. *Ver também*
  educação especial
  características, 185–186
  causas e estratégias de
  intervenção, 187–188
  conscientização fonológica,
  ortográfica e morfológica, 188
  deficiência intelectual, 192–195
  deficiência X incapacidade, 185
  deficiências físicas, 195–196
  deficiências sensoriais, 196–197
  discalculia, 187
  disgrafia, 187
  dislexia, 187
  identificação, 186–187
  plano de educação
  individualizada (IEP), 205
  preconceito/inclinação
  à indicação, 186
  resposta-à-intervenção, 186
  se comunicar com pais de
  crianças com deficiência, 211
  trabalhar com crianças com
  deficiências sendo um professor
  de sala de aula regular, 209–210
  trabalhar com crianças com
  dificuldades de aprendizagem,
  189–190
  transtorno autista, 199–200
  transtorno de déficit de
  atenção/hiperatividade
  (TDAH), 188–192
  transtornos de fala e linguagem,
  197–199
  transtornos emocionais e
  comportamentais, 200–203
Difusão de identidade, 99
Diretor, pedir ajuda para problemas
  de comportamento, 516
Discalculia, 187. *Ver também*
  deficiências de aprendizagem
Discriminação de item, 581
  pontuação, 580
Discriminação, 152. *Ver também*
  etnicidade
  em condicionamento clássico, 231
  em condicionamento operante, 232
Discuso privado, 50
Discussão, 416–417
Disgrafia, 187. *Ver também*
  deficiências de aprendizagem
Dislexia, 187. *Ver também*
  deficiências de aprendizagem
Distribuição bimodal, 550
Distribuição multimodal, 550
Distribuição normal, 552

Distribuição randômica, 19
Distribuições de freqüência, 549
Diversidade, 10
  aumentar a tolerância, 161
  diferenças, 152
  linguagem, 58
  tecnologia e diversidade
  sociocultural, 438–440
  testes padronizados, 559
  trabalhar com crianças com
  diversidade cultural e
  lingüística, 154
Divórcio, 78–79
Dynamic Indicators of Basic Early
  Literacy Skills (DIBELS), 542

E

Educação centrada em análises, 159
Educação de caráter, 105
Educação em Ciências, 389
  conteúdo de ciências, 393
  contextos sociais da ciência, 391
  Estratégias construtivistas
  de ensino, 390–393
  estratégias para o ensino, 392
  Fostering a Community of
  Learners, 391
  Human Biology Middle Grades
  Curriculum (HumBio), 391–392
  Project STAR, 390
Educação especial, 184–186. *Ver
  também* dificuldades de
  aprendizagem
  Ambiente Menos Restritivo
  Possível (LRE), 206–208
  aspectos legais, 205–208
  equipe interativa, 212
  inclusão, 208
  Lei de Educação para Indivíduos
  com Deficiências (IDEA),
  205–206
  Lei Pública, 94–142, 205
  pais como parceiros
  educacionais, 212
  plano de educação
  individualizada (IEP), 205, 209
  representatividade
  desproporciona, 208
  serviços, 210–212
  tecnologia, 212–213
Educação infantil
  controvérsia, 91
  para crianças de famílias
  de baixa renda, 91–92
  práticas de ensino apropriadas ao
  nível de desenvolvimento, 88–91
Educação moral cognitiva, 106
Educação moral, 105–106
  cognitiva, 106
Educação multicultural, 157,
  162–163
Educação parental autoritária, 76
Educação parental autoritativa, 76
Educação parental indulgente, 77
Educação parental negligente, 77

Educação
  bilíngüe, 153–155
  e androginia, 173
  e cérebro, 37
  e desenvolvimento, 32
  e diversidade, 3
  e tecnologia, 11
Efeito de posição serial, 278
Efeito Flynn, 126
Efeito, 19
Egocentrismo, 40
  adolescente, 45
Elaboração, 271–272
Engajamento cognitivo, 456
Ensaio, 270
Ensino com base em padrões, 10. *Ver também* Lei Nenhuma Criança Deixada Para Trás (NCLB)
  testes baseados em padrões, 533
  testes estaduais padronizados, 538–540
Ensino culturalmente relevante, 158
ensino diferenciado, 8
Ensino e planejamento de aula centrados no professor, 410–414
Ensino eficiente
  estratégias para, 14
  professor-pesquisador eficiente, 21
Ensino entre estudantes de idades diferentes, 354
Ensino médio, transição para, 92–93
Ensino recíproco, 354, 372–373
Ensino
  criatividade, 316–317
  entre estudantes de idades diferentes, 354
  experiência, 289
  recíproco, 354
Entrevistas, 17
Envolvimento dos pais, 81–82
  pais como parceiros educacionais, 212
Epilepsia, 196. *Ver também* deficiências de aprendizagem; distúrbios físicos
Equilíbrio, 38
Equipe interativa, 212
Equivalência, 383
Escalas de Wechsler, 116
Esclarecimento de valores, 105–106
Escola cultural, 10
Escolas de ensino fundamental
  Emoção, gênero 170–173
  gerenciamento de sala de aula, 490–491
  transição para, 92
Escolas de ensino médio
  aperfeiçoar, 93–95
  gerenciamento de sala de aula, 490–491
Escolas virtuais, 434
Escolas
  aperfeiçoamento das escolas de ensino médio, 93–95
  colaborativas, 356
  e comunidades, 11, 150
  educação na primeira infância, 88–92
  escolas eficientes para jovens adolescentes, 93
  etnicidades, 150
  Mudanças nos contextos sociais, 37
  práticas de ensino apropriadas, 88
  relação escola-família-comunidade, 81–84
  relações escola-família, 80–82
  transição para o ensino fundamental, 92
  transição para o ensino médio, 92–93
Escrita
  colaboração dos pares, 379
  conexões escola/família/pares, 379
  contexto social da, 378
  incorporação no currículo, 381
  metacognição, 377
  mudanças desenvolvimentais, 375–376
  planejamento, 377
  revisão, 377
  significativa, 378–379
  solucionadores de problemas, 377
Escuta ativa, 514. *Ver também* habilidades de comunicação
Espaço, 512. *Ver também* habilidades de comunicação
Especialidade adaptável, 285–286
Esportes, 175
Esquecimento dependente de pistas, 279
Esquecimento, 279. *Ver também* memória
Esquemas de reforçamento, 236–237
Esquemas, 37, 277
Estatísticas descritivas, 549
Estereótipos, gênero, 167–168
Estilo agressivo de comunicação, 508
Estilo assertivo, 508–509
Estilo autoritário de gerenciamento de sala de aula, 500
Estilo autoritativo de gerenciamento de sala de aula, 500
Estilo manipulativo, 508
Estilo passivo de comunicação, 508
Estilo permissivo de gerenciamento de sala de aula, 500
Estilos de aprendizagem e de pensamento, 132. *Ver também* inteligência
  auxiliar os alunos superficiais a pensar mais profundamente, 134
  estilos impulsivo/reflexivo, 133
  estilos profundo/superficial, 133
  estratégias para lidar com crianças impulsivas, 133
Estilos de criação, 76–78
Estilos impulsivo/reflexivo, 133
Estilos profundo/superficial, 133
Estratégia de demonstração interativa, 389
Estratégias de autolimitação, 476–477
Estratégias de ensino centradas no professor, 416–421
  avaliação, 421–422

Estratégias de ensino, 6–7
  centrado no aluno, 427–430
  centrado no professor, 416–421
Estruturas da mente, 120–121
Estudo com boneco joão-bobo, 244
Estudo de caso, 17–18
Estudos etnográficos, 18
Estudos sociais
  abordagens construtivistas, 397–398
Etnicidade, 150–151. *Ver também* diversidade
  aprimorando as relações entre crianças de diferentes grupos étnicos, 159–162
  diversidade e diferenças, 152–153
  educando as jovens latinas, 80
  escolas, 151–152
  famílias, 79–80
  motivação, 472–474
  preconceito, discriminação e vieses, 152
  testes de inteligência, 127–128
Eu, o, 97
Evidência relacionada a conteúdo, 571
Exclusão de identidade, 99
Executivo central, 275
Exosistemas, 71
Expectativas, 465
  dos estudantes, 466
  dos professores, 466–467
Experiência
  adaptável, 285–286
  detectando características e padrões de organização, 284
  e ensino, 289
  e tecnologia, 289
  estratégias para, 286–287
  fazer boas anotações, 286–287
  o que especialistas fazem, 283
  organização e profundidade de conhecimento, 284, 285
  prática e motivação, 288–289
  resgate fluente, 284–285
  sistema de estudo, 287
  talento, 289
Experiências ótimas, 455
Explicar, 416
Expressões faciais, 512. *Ver também* habilidades de comunicação
Extinção
  em condicionamento clássico, 231
  em condicionamento operante, 234
  reforçamento, 239–240
Extroversão/surgência, 137

F

Famílias, 76
  comunicando-se com os pais sobre televisão, 82
  cuidado fora da escola, 82, 85
  divórcio, 78–79
  envolvimento dos pais, 81–82
  estilos de criação, 76–78
  gerenciamento familiar, 81
  relações entre família-escola, 80–82
  relações escola-família-comunidade, 81–84
  variações étnicas e socioeconômicas, 79–80
Fase adulta, 29
Fazer boas anotações, 286–287
Fenômeno do mais capaz, 92
Ferramentas de colaboração e conversação, 310
Ferramentas de interpretação de informação, 310
Ferramentas de modelagem dinâmica, 310
Ferramentas de organização semântica, 310
Ferramentas mentais, 310
Fidedignidade de duas metades, 535
Fidedignidade de formas equivalentes, 535
Fidedignidade teste-reteste, 534–535
Fixação, 321
Fluência computacional, 383
Fluxo, 455– 456
Fonologia, 55, 368. *Ver também* linguagem; leitura
Fostering a Community of Learners – FCL, 354–355, 391

G

Gagueira, 198. *Ver também* transtornos de aprendizagem
Generalização
  em condicionamento clássico, 231
  em condicionamento operante, 232
Gênero, 165
  agressão, 170
  comportamento pró-social, 170
  controvérsia, 171
  desempenho físico, 168
  em contexto, 173
  emoção, 170–171
  estereótipos, 167–168
  habilidades de relacionamento, 169–170
  habilidades em ciências e matemática, 168–169
  habilidades verbais, 169
  memória, 281
  progresso educacional, 168
  semelhanças, 168–171
  sexismo, 168
  tendência, 174
Gerenciamento da sala de aula, 489–490
  ambiente positivo para a aprendizagem, 500–506
  aumentar o tempo de aprendizagem acadêmica, 494
  Classroom Organization Management Program (COMP), 522
  clima positivo da sala de aula, 492
  começando do jeito certo, 492–493

Conservação, 41–42
Construção de estratégia, 265
Conteúdo do currículo, 175
Contextos sociais de desenvolvimento
  escolas, 88–95
  famílias, 76–85
  pares, 85–88
Contextos socioculturais, 472–474
Contratar, 237. *Ver também* comportamento
Controle da vontade (autocontrole), 138
Controle emocional inadequado, 321
Conversa de aproximação quebra-gelo, 169
Conversa de relato, 169
Correspondência pessoa-ambiente, 459
Criança de aquecimento lento, 136
Criança de temperamento difícil, 136
Criança de temperamento fácil, 136
Crianças impulsivas, estratégias para lidar com, 133
Crianças talentosas, 216
  características, 215
  curso de vida, 215–216
  educando crianças superdotadas, 216–218
  Modelo de Enriquecimento Total da Escola, 217
Criatividade, 315
Critérios de desempenho, 586
Cronosistema, 72
Cuidado fora da escola, 82–85
Cultura, 71, 145
  comparações interculturais sobre como os adolescentes despendem seu tempo, 146–147
  comparações interculturais em educação matemática, 415
  contato pessoal positivo com outros de diferentes origens culturais, 159–160
  culturas individualistas e coletivistas, 145–146
  e gênero, 173–174
  educação multicultural, 157–164
  estratégias culturalmente responsivas para avaliar, 573
  memória, 281
  tranferência, 328
Curiosidade, 457
Currículo oculto, 105
Curva de sino, 552
Curva normal, 552
Custo de resposta, 240

D

Dano cerebral, 194–195. *Ver também* distúrbios de aprendizagem; retardo mental
Deficiência intelectual, 192–193
  classificação e tipos de, 193
  dano cerebral, 194–195
  fatores genéticos, 193–194
  síndrome alcoólica fetal (SAF), 194
  síndrome de Down, 193–194
  síndrome do X frágil, 194
  trabalhar com crianças com deficiência intelectual, 194
Deficiências físicas, 195
  deficiências sensoriais, 196
  limitações ortopédicas, 195
  paralisia cerebral, 195
Deficiências sensoriais
  deficiências auditivas, 197
  deficiências visuais, 196
Definição de objetivos, 464–465
Demonstração, 416
Depressão, 201
Desafiar o professor, 519–520
Desenvolvimento cognitivo
  células e regiões cerebrais, 34
  o cérebro e a educação, 37
  plasticidade, 36
  Teoria de Piaget, 37–47, 53
  Teoria de Vygotsky, 47–52, 53
Desenvolvimento da identidade, 98–102
Desenvolvimento de gênero
  teoria psicanalítica de gênero, 165–166
  teoria sociocognitiva de gênero, 166
  visão cognitiva, 166–167
  visões biológicas, 165
  visões de socialização, 165–166
Desenvolvimento de vocabulário
  estratégias para, 62
  status socioeconômico e, 147
  tecnologia, 61
Desenvolvimento humano, oito estágios do, 73
Desenvolvimento moral, 102
  aprendizagem assistencial, 106–108
  domínios do, 102
  identidade moral, 104–105
  melhorar o comportamento pró-social, 107
  moralidade autônoma, 102
  moralidade heterônoma, 102
  Teoria de Kohlberg, 102–104
  Teoria de Piaget, 102
Desenvolvimento por partes, 32
Desenvolvimento social, 521
Desenvolvimento socioemocional
  desenvolvimento moral, 102–108
  o eu, 97
  Teoria do desenvolvimento de duração da vida de Erikson, 72–75
  Teoria ecológica de Bronfenbrenner, 70–72
Desenvolvimento. *Ver também* desenvolvimento cognitivo
  avaliando as questões sobre desenvolvimento, 32
  educação, 32
  inato e aprendido, 30
  por partes, 32
  processos e períodos, 28–29
questão continuidade-descontinuidade, 30–31
questão de experiência inicial-posterior, 31–32
Dessensibilização sistemática, 231
Desvio padrão, 550–552
Dever de casa, 420–421
Diálogo, 49
Dicas, 237–238, 505–506
dificuldade de item, 580
Dificuldades de aprendizagem, 184-185. *Ver também* educação especial
  características, 185–186
  causas e estratégias de intervenção, 187–188
  conscientização fonológica, ortográfica e morfológica, 188
  deficiência intelectual, 192–195
  deficiência X incapacidade, 185
  deficiências físicas, 195–196
  deficiências sensoriais, 196–197
  discalculia, 187
  disgrafia, 187
  dislexia, 187
  identificação, 186–187
  plano de educação individualizada (IEP), 205
  preconceito/inclinação à indicação, 186
  resposta-à-intervenção, 186
  se comunicar com pais de crianças com deficiência, 211
  trabalhar com crianças com deficiências sendo um professor de sala de aula regular, 209–210
  trabalhar com crianças com dificuldades de aprendizagem, 189–190
  transtorno autista, 199–200
  transtorno de déficit de atenção/hiperatividade (TDAH), 188–192
  transtornos de fala e linguagem, 197–199
  transtornos emocionais e comportamentais, 200–203
Difusão de identidade, 99
Diretor, pedir ajuda para problemas de comportamento, 516
Discalculia, 187. *Ver também* deficiências de aprendizagem
Discriminação de item, 581
  pontuação, 580
Discriminação, 152. *Ver também* etnicidade
  em condicionamento clássico, 231
  em condicionamento operante, 232
Discuso privado, 50
Discussão, 416–417
Disgrafia, 187. *Ver também* deficiências de aprendizagem
Dislexia, 187. *Ver também* deficiências de aprendizagem
Distribuição bimodal, 550
Distribuição multimodal, 550
Distribuição normal, 552
Distribuição randômica, 19
Distribuições de freqüência, 549
Diversidade, 10
  aumentar a tolerância, 161
  diferenças, 152
  linguagem, 58
  tecnologia e diversidade sociocultural, 438–440
  testes padronizados, 559
  trabalhar com crianças com diversidade cultural e lingüística, 154
Divórcio, 78–79
Dynamic Indicators of Basic Early Literacy Skills (DIBELS), 542

E

Educação centrada em análises, 159
Educação de caráter, 105
Educação em Ciências, 389
  conteúdo de ciências, 393
  contextos sociais da ciência, 391
  Estratégias construtivistas de ensino, 390–393
  estratégias para o ensino, 392
  Fostering a Community of Learners, 391
  Human Biology Middle Grades Curriculum (HumBio), 391–392
  Project STAR, 390
Educação especial, 184–186. *Ver também* dificuldades de aprendizagem
  Ambiente Menos Restritivo Possível (LRE), 206–208
  aspectos legais, 205–208
  equipe interativa, 212
  inclusão, 208
  Lei de Educação para Indivíduos com Deficiências (IDEA), 205–206
  Lei Pública, 94–142, 205
  pais como parceiros educacionais, 212
  plano de educação individualizada (IEP), 205, 209
  representatividade desproporciona, 208
  serviços, 210–212
  tecnologia, 212–213
Educação infantil
  controvérsia, 91
  para crianças de famílias de baixa renda, 91–92
  práticas de ensino apropriadas ao nível de desenvolvimento, 88–91
Educação moral cognitiva, 106
Educação moral, 105–106
  cognitiva, 106
Educação multicultural, 157, 162–163
Educação parental autoritária, 76
Educação parental autoritativa, 76
Educação parental indulgente, 77
Educação parental negligente, 77

Educação
  bilíngue, 153–155
  e androginia, 173
  e cérebro, 37
  e desenvolvimento, 32
  e diversidade, 3
  e tecnologia, 11
Efeito de posição serial, 278
Efeito Flynn, 126
Efeito, 19
Egocentrismo, 40
  adolescente, 45
Elaboração, 271–272
Engajamento cognitivo, 456
Ensaio, 270
Ensino com base em padrões, 10. *Ver também* Lei Nenhuma Criança Deixada Para Trás (NCLB)
  testes baseados em padrões, 533
  testes estaduais padronizados, 538–540
Ensino culturalmente relevante, 158
ensino diferenciado, 8
Ensino e planejamento de aula centrados no professor, 410–414
Ensino eficiente
  estratégias para, 14
  professor-pesquisador eficiente, 21
Ensino entre estudantes de idades diferentes, 354
Ensino médio, transição para, 92–93
Ensino recíproco, 354, 372–373
Ensino
  criatividade, 316–317
  entre estudantes de idades diferentes, 354
  experiência, 289
  recíproco, 354
Entrevistas, 17
Envolvimento dos pais, 81–82
  pais como parceiros educacionais, 212
Epilepsia, 196. *Ver também* deficiências de aprendizagem; distúrbios físicos
Equilíbrio, 38
Equipe interativa, 212
Equivalência, 383
Escalas de Wechsler, 116
Esclarecimento de valores, 105–106
Escola cultural, 10
Escolas de ensino fundamental
  Emoção, gênero 170–173
  gerenciamento de sala de aula, 490–491
  transição para, 92
Escolas de ensino médio
  aperfeiçoar, 93–95
  gerenciamento de sala de aula, 490–491
Escolas virtuais, 434
Escolas
  aperfeiçoamento das escolas de ensino médio, 93–95
  colaborativas, 356
  e comunidades, 11, 150
  educação na primeira infância, 88–92
  escolas eficientes para jovens adolescentes, 93
  etnicidade, 150
  Mudanças nos contextos sociais, 37
  práticas de ensino apropriadas, 88
  relação escola-família-comunidade, 81–84
  relações escola-família, 80–82
  transição para o ensino fundamental, 92
  transição para o ensino médio, 92–93
Escrita
  colaboração dos pares, 379
  conexões escola/família/pares, 379
  contexto social da, 378
  incorporação no currículo, 381
  metacognição, 377
  mudanças desenvolvimentais, 375–376
  planejamento, 377
  revisão, 377
  significativa, 378–379
  solucionadores de problemas, 377
Escuta ativa, 514. *Ver também* habilidades de comunicação
Espaço, 512. *Ver também* habilidades de comunicação
Especialidade adaptável, 285–286
Esportes, 175
Esquecimento dependente de pistas, 279
Esquecimento, 279. *Ver também* memória
Esquemas de reforçamento, 236–237
Esquemas, 37, 277
Estatísticas descritivas, 549
Estereótipos, gênero, 167–168
Estilo agressivo de comunicação, 508
Estilo assertivo, 508–509
Estilo autoritário de gerenciamento de sala de aula, 500
Estilo autoritativo de gerenciamento de sala de aula, 500
Estilo manipulativo, 508
Estilo passivo de comunicação, 508
Estilo permissivo de gerenciamento de sala de aula, 500
Estilos de aprendizagem e de pensamento, 132. *Ver também* inteligência
  auxiliar os alunos superficiais a pensar mais profundamente, 134
  estilos impulsivo/reflexivo, 133
  estilos profundo/superficial, 133
  estratégias para lidar com crianças impulsivas, 133
Estilos de criação, 76–78
Estilos impulsivo/reflexivo, 133
Estilos profundo/superficial, 133
Estratégia de demonstração interativa, 389
Estratégias de autolimitação, 476–477
Estratégias de ensino centradas no professor, 416–421
  avaliação, 421–422
Estratégias de ensino, 6–7
  centrado no aluno, 427–430
  centrado no professor, 416–421
Estruturas da mente, 120–121
Estudo com boneco joão-bobo, 244
Estudo de caso, 17–18
Estudos etnográficos, 18
Estudos sociais
  abordagens construtivistas, 397–398
Etnicidade, 150–151. *Ver também* diversidade
  aprimorando as relações entre crianças de diferentes grupos étnicos, 159–162
  diversidade e diferenças, 152–153
  educando as jovens latinas, 80
  escolas, 151–152
  famílias, 79–80
  motivação, 472–474
  preconceito, discriminação e vieses, 152
  testes de inteligência, 127–128
Eu, o, 97
Evidência relacionada a conteúdo, 571
Exclusão de identidade, 99
Executivo central, 275
Exosistemas, 71
Expectativas, 465
  dos estudantes, 466
  dos professores, 466–467
Experiência
  adaptável, 285–286
  detectando características e padrões de organização, 284
  e ensino, 289
  e tecnologia, 289
  estratégias para, 286–287
  fazer boas anotações, 286–287
  o que especialistas fazem, 283
  organização e profundidade de conhecimento, 284, 285
  prática e motivação, 288–289
  resgate fluente, 284–285
  sistema de estudo, 287
  talento, 289
Experiências ótimas, 455
Explicar, 416
Expressões faciais, 512. *Ver também* habilidades de comunicação
Extinção
  em condicionamento clássico, 231
  em condicionamento operante, 234
  reforçamento, 239–240
Extroversão/surgência, 137

F

Famílias, 76
  comunicando-se com os pais sobre televisão, 82
  cuidado fora da escola, 82, 85
  divórcio, 78–79
  envolvimento dos pais, 81–82
  estilos de criação, 76–78
  gerenciamento familiar, 81
  relações entre família-escola, 80–82
  relações escola-família-comunidade, 81–84
  variações étnicas e socioeconômicas, 79–80
Fase adulta, 29
Fazer boas anotações, 286–287
Fenômeno do mais capaz, 92
Ferramentas de colaboração e conversação, 310
Ferramentas de interpretação de informação, 310
Ferramentas de modelagem dinâmica, 310
Ferramentas de organização semântica, 310
Ferramentas mentais, 310
Fidedignidade de duas metades, 535
Fidedignidade de formas equivalentes, 535
Fidedignidade teste-reteste, 534–535
Fixação, 321
Fluência computacional, 383
Fluxo, 455–456
Fonologia, 55, 368. *Ver também* linguagem; leitura
Fostering a Community of Learners – FCL, 354–355, 391

G

Gagueira, 198. *Ver também* transtornos de aprendizagem
Generalização
  em condicionamento clássico, 231
  em condicionamento operante, 232
Gênero, 165
  agressão, 170
  comportamento pró-social, 170
  controvérsia, 171
  desempenho físico, 168
  em contexto, 173
  emoção, 170–171
  estereótipos, 167–168
  habilidades de relacionamento, 169–170
  habilidades em ciências e matemática, 168–169
  habilidades verbais, 169
  memória, 281
  progresso educacional, 168
  semelhanças, 168–171
  sexismo, 168
  tendência, 174
Gerenciamento da sala de aula, 489–490
  ambiente positivo para a aprendizagem, 500–506
  aumentar o tempo de aprendizagem acadêmica, 494
  Classroom Organization Management Program (COMP), 522
  clima positivo da sala de aula, 492
  começando do jeito certo, 492–493

enfatizando o ensino, 492–494
estilo autoritário de gerenciamento de sala de aula, 500
estilo autoritativo de gerenciamento de sala de aula, 500
estilo permissivo de gerenciamento de sala de aula, 500
gerente de sala de aula eficiente, 501
habilidades, 7
objetivos e estratégias, 494–495
obtendo a cooperação dos estudantes, 503-506
Projeto de Desenvolvimento da Criança (CDP), 504
resolução de conflito, 522
Sala de aula lotada, complexa e potencialmente caótica, 491–492
Salas de aula de ensino fundamental e médio, 490–491
sistemas de resposta do estudante, 495
The three C's of scholl and classroom management, 521–522
withitness, 501
Global Laboratory Project, 161
Good Behavior Game, 522
Grupo normativo, 533
Grupo-controle, 19
Grupos experimentais, 19

H

Habilidades de avaliação, 9–10
Habilidades de comunicação, 8
  barreiras para uma comunicação verbal eficaz, 509
  comunicação não-verbal, 511–513
  estilo agressivo, 508
  estilo manipulativo, 508
  estilo passivo, 508
  falando com a classe e com os estudantes, 507
  falando de maneira eficiente, 509–510
  habilidades de falar, 507–510
  habilidades de ouvir, 510–511
  mensagens "você" e "eu", 507–508
  sendo assertivo, 508–509
Habilidades de falar, 507–510
Habilidades de ouvir, 510–511
Habilidades motivacionais, 7–8
Habilidades para a criação de equipes, 350
  estratégias para o desenvolvimento, 353
Habilidades sociais, estratégias para aprimorar, 87
Habilidades tecnológicas, 10–11
Habilitar, 157–158
Head Start, 91
Heurística da representatividade, 313–314
Heurística de disponibilidade, 313
Heurística, 313, 320
Hierarquia das necessidades de Maslow, 452

Hierarquia das necessidades, 452
Histograma, 549
Hostilizar o professor, 519–520
Human Biology Middle Grades Curriculum (HumBio), 391–392
Hyper-Studio, 599

I

I Have a Dream (IHAD), 94
Idade mental (IM), 115
Identidade, étnica, 100–102
Imagem e memória, 272
Improving Social Awareness-Social Problem Solving Project, 520
Incapacidade. *Ver também* dificuldades de aprendizagem X deficiência, 185
Incentivos, 451. *Ver também* motivação
Inclusão, 206–208. *Ver também* educação especial
  trabalhar com crianças com deficiências sendo um professor de sala de aula regular, 209–210
Índices de evasão escolar, 93–94
Individualismo, 145–146
Infância, 28
  linguagem, 59
Infância, intermediária, 29
  e linguagem, 60–62
Infância, primeira, 29
  e linguagem, 59–60
Inferências, 571
Inibição ao desconhecido, 137
Inteligência. *Ver também* estilos de pensamento e aprendizagem
  analítica, 118–119
  criativa, 119
  emocional, 121–122
  etnicidade e cultura, 127–128
  prática, 119
  questão da natureza e meio, 125–127
  teoria triárquica, 118–119
Inteligências múltiplas, 114
  A Escola Key, 121
  comparação entre as visões, 122
  críticas, 123–125
  estratégias para implementar cada uma das inteligências de Gardner, 123
  inteligência emocional, 121–122
  Projeto Spectrum, 120–121
  tecnologia, 122
  teoria triárquica de Sternberg, 118–119
  visões anteriores, 117–118
Interação grupal
  composição do grupo, 349–350
  interação, 350–351
Interação pessoa-situação, 135–136
Interesse, 455–457
Internalização, 103. *Ver também* teoria do desenvolvimento moral de Kohlberg

Internet, 433–434
  avaliação baseada na Web, 601–602
  utilizando na sala de aula, 435
Intervalos, 237

J

Jobs Through Education Act, 600
Joplin plan, 130
Jovens latinas, educação de, 80
Justiça
  de avaliação de sala de aula, 572–573
  dos testes padronizados, 535

K

Knowledge Forum, 356

L

Laboratórios, 16
Lei de Educação para Indivíduos com Deficiências (IDEA), 205–206. *Ver também* educação especial
Lei do efeito, 232
Lei Nenhuma Criança Deixada Para Trás (NCLB), 9-10. *Ver também* progressos anuais adequados (AYP), 541
  testes padronizados, 541–544
Lei Pública 94–142, 205
Punição, 232–235, 240–242
Leitura
  abordagem de ensino de estratégia transacional, 371–372
  abordagem de linguagem integral, 369
  abordagem fônica, 369–370
  clubes do livro, 373
  conexões escola/família/comunidade, 373–374
  construção de sentido, 371
  decodificando e compreendendo as palavras, 370–371
  ensino recíproco, 372–373
  fonologia, 368
  metacognição, 370–371
  modelo desenvolvimental de, 367–368
  morfologia, 368
  processos cognitivos, 367
  semântica, 369
  sintaxe, 369
Linguagem. *Ver também* deficiências de aprendizagem; transtornos de fala e de linguagem
  conhecimento metalingüístico, 61
  conversa de aproximação quebra-gelo, 169
  conversa de relato, 169
  desenvolvimento da, 59–63
  diversidade, 58

expressiva, 198–199
fonologia, 55
influências biológicas e ambientais, 56–58
morfologia, 55
pensamento, 50
pragmática, 56
receptiva, 198–99
semântica, 56
sintaxe, 55–56
sistemas de regras, 57
transtorno específico de linguagem (TEL), 198–199
Livros em áudio, 61

M

Macrossistemas, 71
Manutenção de registros, 600
Matemática
  comparações interculturais em educação matemática, 415
  controvérsia no ensino da matemática, 384–385
  equivalência, 383
  estratégias para o ensino, 387
  fluência computacional, 383
  mudanças desenvolvimentais, 383–384
  princípios construtivistas, 385–386
  processos cognitivos, 385
  raciocínio multiplicativo, 383
  tecnologia e ensino em matemática, 386
Mediação de colegas, 516
Mediana, 550
Medos. *Ver* ansiedade
Meio, 550
Memória
  agrupamento, 273
  ajudar os estudantes a melhorar sua memória, 280
  alça fonológica, 274
  armazenamento, 270, 273–278
  central executiva, 274
  codificação, 270–273
  construção de imagens, 270
  cultura, gênero e, 281
  de trabalho, 273–275
  declarativa, 276
  duração, 273
  efeito de posição serial, 278
  elaboração, 271–272
  episódica, 277
  esquecimento dependente de pistas, 279
  esquecimento, 279
  longo prazo, 273
  memória de trabalho viso-espacial, 274
  modelo Atkinson-Shiffrin, 275–276
  organização, 272–273
  princípio da especificidade da codificação, 279

processual, 276
reconhecimento, 279
recordar, 279
representando informação na, 277–278
resgate, 270, 278–279
semântica, 277
sensórial, 273
teoria da decomposição, 279
teoria da interferência, 279
teoria do traço difuso, 278
teoria dos níveis de processamento, 271
teorias de esquema, 277–278
teorias de rede, 277
Memória de curta duração, 273–275
Memória de longa duração, 275
Memória de trabalho viso-espacial, 274
Mensagens "Eu", 507–508
Mensagens "você", 507–508
Mesossistema, 71
Metacognição, 61, 265, 291
atividade metacognitiva, 291
conhecimento metacognitivo, 291
escrita, 377
estratégias e regulação metacognitiva, 293–295
leitura, 370–371
metamemória, 291–292
modelo de processamento de boa informação, 293
mudanças no desenvolvimento, 291–293
teoria da mente, 292
Metamemória, 291–292
Metas de aprendizagem, 570–571
Métodos auto-instrucionais, 250
Microssistemas, 71
Mielinação, 34, 264
Moda, 550
Modelagem, 238, 505–506
Modelo Atkinson-Shiffrin, 275–276
Modelo de Enriquecimento Total da Escola, 217
Modelo de processamento de boa informação de Pressley, 293
Modelos exemplares
adultos como, 354
masculinos e de minorias, 247
modelos morais, 105
Monitoração. Ver também tutoria
encontre um mentor, 517
mentores masculinos e de minorias, 247
Moralidade autônoma, 102
Moralidade heterônoma, 102
Moratória de identidade, 99
Morfologia, 55, 368. Ver também linguagem; leitura
Motivação extrínseca, 454, 458–459
Motivação para competência, 453
Motivação para excelência, 461–462
Motivação, 12, 288–289
autodeterminação e escolha pessoal, 454–455
auto-realização, 452
contextos socioculturais, 472–474
correspondência pessoa-ambiente, 459
envolvimento cognitivo e auto-responsabilidade, 454
estudantes de minorias étnicas, 473
experiências ótimas, 455
extrínseca, 454, 458–459
falta de, 321
fluxo, 455–456
hierarquia das necessidades, 452
incentivos, 451
interesse, 455–457
intrínseca, 454–459
motivação para competência, 453
motivação para excelência, 461–462
motivos sociais, 468–469
necessidade de afiliação ou vínculo, 453
perspectiva cognitiva, 452–453
perspectiva comportamental, 451–452
perspectiva humanista, 452
perspectiva social, 453
recompensas extrínsecas, 457–458
relacionamentos sociais, 469–472
Motivos sociais, 468–469. Ver também motivação

N

NAEYC, 91
guia de práticas apropriadas, 90
Necessidade de afiliação ou vínculo, 469
Neopiagetianos, 47. Ver também Teoria de Piaget
Nongraded Program (entre idades), 130

O

Objetivos comportamentais, 410–411
Observação, 16–17
Observação participante, 16–17
Organização da sala de aula
estilo auditório, 497–498
estilo cluster, 497–498
estilo frente a frente, 497–498
estilo off-set, 497–498
estilo seminário, 497–498
estratégias para planejar uma organização, 499
personalizar a sala de aula, 498
princípios de, 496–498
zona de ação, 498
Organização, 38
da informação, 272–273
Organizadores avançados comparativos, 416
Organizadores avançados expositivos, 416
Orientação para desempenho, 461–462
Orientação para excelência, 461
Orientação para impotência, 461
Orientação, 416
Limitações ortopédicas, 195. Ver também deficiências de aprendizagem; deficiências físicas
Orientador ou diretor, ajuda relacionada a comportamentos problemáticos, 516
Os "cinco grandes" fatores da personalidade, 135–136

P

Padrões, 533
Papéis de gênero, 166
classificação do papel de gênero, 171–173
transcendência, 173
Paralisia cerebral, 195. Ver também distúrbios de aprendizagem; distúrbios físicos
Pareamento de estímulos, 227
Pares, 85
amizade, 86
colaboração, 379
mediação, 516
mudanças nas relações entre, 87–88
professores e pares como conjunto de colaboradores para o aprendizado dos estudantes, 339–347
status, 85–86
tutoria entre pares, 342–344
Pedagogia da eqüidade, 157
Peer-Assisted Learning Strategies (PALS), 342–343
Pensamento crítico, 160, 308–309. Ver também raciocínio; pensamento
Pensamento divergente, 315
Pensamento e linguagem, 150
Pensamento. Ver também conceitos; resolução de problemas; raciocínio
convergente, 315
criativo, 314–317
divergente, 315
estratégias para aperfeiçoar, 311–312
heurística da representatividade, 313–314
heurística de disponibilidade, 313
perseverança na crença, 312
tendência à confirmação, 312
tendência ao excesso de confiança, 313
tomada de decisões, 309–312
viés retrospectivo, 313
Perfeccionismo, 477, 479
Perguntas, 417–419
perguntas essenciais, 427–428
Perseverança na crença, 312
Persistência, 321
Personalidade, 135–136
Personalidade moral, 104–105
Perspectiva de cuidado, 104
Perspectiva de justiça, 104
Pesquisa
ação, 20
avaliação de programa, 19–20
correlacional, 18
descritiva, 16
entrevistas e questionários, 17
estudos de caso, 17–18
estudos etnográficos, 18
experimental, 18–19
importância da, 15–16
métodos, 16–19
observação, 16–17
professor-como-pesquisador, 19–21
testes padronizados, 17
Planejamento
análise da tarefa, 411
centrado no aluno, 423–432
centrado no professor, 410–414
de ensino, 7, 406–407
e tempo de execução, 407–409
motivação, 464–465
objetivos comportamentais, 410–411
períodos de execução, 407–409
planejamento de aula centrada no aluno, 423–432
retroativo, 407
taxonomias de ensino, 411–414
usar os resultados de testes padronizados para planejar e aprimorar o ensino, 555–556
Plano de Educação Individualizada (IEP), 205, 209
Plasticidade, 36–37
Pobreza, 147–150
Portfólios de crescimento, 590
Portfólios de melhor trabalho, 590
Portfólios eletrônicos, 599–601
Pragmática, 56. Ver também linguagem
Prática, 288–289
Práticas de ensino apropriadas ao nível de desenvolvimento, 7, 88–91
Guia de práticas NAEYC, 90
Preconceito, 152. Ver também etnicidade
redução, 157
Preconceito/inclinação à indicação, 186. Ver também deficiências de ensino
Princípio da especificidade da codificação, 279
Princípio de Premack, 235–236
Problemas de rendimento
estudantes com alto nível de ansiedade, 478–479
estudantes com baixo rendimento, 475–476
estudantes desinteressados ou alienados, 479–480
estudantes perfeccionistas, 477–479
estudantes que procrastinam, 477
estudantes que protegem seu autoconceito evitando o fracasso, 476–477

Processamento não-verbal, 36
Processamento profundo, 270-271
Processamento verbal, 36
Processos biológicos, 28
Processos cognitivos, 28, 37, 385
Processos mentais, 227
Processos socioemocionais, 28
Procrastinação, 476-477
    ajudar estudantes a vencer, 478
Professor-como-pesquisador, 20
Professores e pares como conjunto de colaboradores para o aprendizado dos estudantes, 339-347
Progressos anuais adequados (AYP), 541
Project Spectrum, 120-121
Project STAR, 390
Projeto de Desenvolvimento da Criança (CDP), 504
Psicologia educacional
    antecedentes históricos, 2-4
    como arte e ciência, 4-5
    diversidade, 3
    pesquisa. Ver pesquisa
Punição corporal, 240. Ver também punição

Q

Quantum Opportunities Program, 149
Questão continuidade-descontinuidade, 30
Questão de múltipla escolha, 576-579
Questão inato-aprendido, 30, 125
Questionários, 17
Questões de correspondência, 579
Questões de resposta curta, 581
Questões verdadeiro/falso, 576-577

R

Raça. Ver etnicidade
Raciocínio
    analogias, 307-308
    dedutivo, 308
    indutivo, 307-308
    pensamento crítico, 308-309
    raciocínio multiplicativo, 383
    tomada de decisões, 309-312
Raciocínio convencional, 103
Raciocínio hipotético-dedutivo, 44-45
Raciocínio pós-convencional, 103
Raciocínio pré-convencional, 103
Reciprocal Peer Tutoring (RPT), 343
Recompensas, 504-506
Recompensas extrínsecas, 457-458
Reconhecimento, 279. Ver também memória
Recordar, 279. Ver também memória
Recursos cognitivos, 264

Reforçamento, 232. Ver também reforçamento negativo
    contínuo, 237
    cronogramas de, 236-237
    reforçamento diferencial, 238-239
Reforço positivo, 232-233
Regras e procedimentos, 500-503
Relacionamentos sociais. Ver também motivação
    com colegas, 470
    com pais, 469-470
    com professores, 470-472
Relatando o progresso, 595
Resolução de conflito, 522
Resolução de problemas
    abordagem avaliação-regra, 321-322
    algoritmos, 320
    análise de meio-fim, 320
    aperfeiçoar a maneira como os estudantes solucionam problemas, 324
    escrita, 377
    mudanças desenvolvimentais, 321-322
    obstáculos, 321
    passos, 319-321
    submetas, 319-320
Responsabilidades, faça com que os alunos compartilharem e assumam, 504-505
Resposta-à-intervenção, 186
Reuniões de pais e mestres, 595-596
Revolução cognitiva, 4

S

Sala de aula quebra-cabeça, 159
S-BIP online, 602
Schools for Thought (SFT), 355-357
Scripts, 278
Segmentação, 370
Semântica, 56, 369. Ver também linguagem; leitura
Sensibilidade cultural, 521. Ver também diversidade
Seriação, 43
Servidor Assessa, 602
Sexismo, 168. Ver também gênero
Silêncio, 512. Ver também habilidades de comunicação
Sinapses, 34-35
Síndrome alcoólica fetal (SAF), 195. Ver também deficiências de aprendizagem; retardo mental
Síndrome de Asperger, 199-200
Síndrome de Down, 193-194. Ver também deficiências de aprendizagem; retardo mental
Síndrome de fracasso, 475-476
Síndrome do X frágil, 194. Ver também deficiências de aprendizagem; retardo mental
Sintaxe, 55-56, 369. Ver também linguagem; leitura
Sistema de estudo, 287

Sistema de tecnologia computacional Belvedere, 289
    a escolha e a utilização da tecnologia em sala de aula, 443
    aplicações da tecnologia em área de conteúdo específica, 399
    aprendizagem colaborativa, 435
    avaliação baseada na Web, 601-602
    banco de questões, 599
    computação ubíqua, 441-442
    computadores de mão, 542
    computadores e avaliação, 598-602
    computadores, 61
    Computer-Supported Intentional Learning Environments – CSILE (Ambientes de Aprendizagem Intencional com Computador), 355
    comunicação mediada por computador (CMC), 435
    comunicando-se com os pais sobre televisão, 82
    conexões tecnológicas entre estudantes do mundo inteiro, 161
    consulta online, 354
    decisão baseada em dados, 542
    desenvolvimento de vocabulário, 61
    e diversidade sociocultural, 438-440
    e ensino de matemática, 386
    e inteligências múltiplas, 122
    e teste padronizado, 543
    educação especial, 210-213
    educação, 11, 433
    ensino, aprendizagem e, 437-438
    escolas e comunidades, 11
    escolas virtuais, 434
    ferramentas mentais digitais, 310
    futuro da tecnologia nas escolas, 440-442
    instrutiva, 212, 213
    integração, 457
    Internet, 433-435
    lições educacionais da Vila Sésamo, 249
    manutenção de registros, 600
    padrões para alfabetização tecnológica, 435-436
    portfólios eletrônicos, 599-601
    revolução, 433-434
    televisão educativa, 61
    web, 434
    WebQuests, 435
Sistemas ambientais, 71-72
Sistemas de resposta do estudante, 495
Skills for life, 522
Social Competence Program for Young Adolescents, 520
Software
    portfólio eletrônico, 599-601
Status, 85-86
Status da identidade, 98
Status socioeconômico, 147
    motivação, 472-474
    pobreza nos Estados Unidos, 147
    SSE baixo, 147-150
Submetas, 319-320
Surdez. Ver deficiências de audição

T

Talento, 289
Tarefa de tempo de reação, 265
Tarefas autênticas, 457
Taxonomia de Bloom, 411-413
Taxonomias de ensino, 411-414
Teaching Tolerance Project, 161
Tecnologia
    automatizando o gerenciamento da sala de aula com sistemas de resposta do estudante, 495
    auxiliar, 212, 213
    livros em áudio, 61
Tecnologia e diversidade sociocultura, 438-440
Televisão educativa, 61
Televisão, comunicando-se com os pais sobre, 82
Temperamento, 136-138
    ensinar crianças com diferentes temperamentos, 137
Tempo, ajudar os estudantes a gerenciar, 466
Tendência à confirmação, 312
Tendência ao excesso de confiança, 313
Tendência, 151. Ver também cultura; etnicidade
    gênero, 174-176
    redução, 160-161
    testes padronizados, 535
    viés cultural, 127-128
Teoria da decomposição, 279
Teoria da interferência, 279
Teoria da mente, 292
Teoria de inteligência triárquica, 118-119
Teoria de Piaget, 37
    animismo, 40
    aplicar na educação da criança, 48
    assimilação e acomodação, 37-38
    centração, 41
    como a Teoria de Vygotsky, 53
    conservação, 41-42
    contribuições, 45-46
    críticas, 46-47
    desenvolvimento moral, 102
    egocentrismo, 40, 45
    equilíbrio, 38
    esquemas, 37
    estágio lógico-formal, 44-46
    estágio operacional concreto, 42
    estágio pré-operacional, 39-40, 42
    estágio sensório-motor, 38-39
    neopiagetianos, 47
    operações, 42
    organização, 38
    raciocínio hipotético-dedutivo, 44-45
    seriação, 43
    subestágio de função simbólica, 39-40
    subestágio de pensamento intuitivo, 40-41
    transitividade, 43-44

Teoria de Vygotsky, 47
    aplicar na educação das crianças, 51
    comparada à Teoria de Piaget, 52
    diálogo, 49
Teoria do desenvolvimento
    de duração da vida de
    Erikson, 72–75
Teoria do desenvolvimento moral
    de Kohlberg, 103–104
Teoria do esquema
    de gênero, 166–167
Teoria do traço difuso, 278
Teoria dos níveis de
    processamento, 271
Teoria ecológica de
    Bronfenbrenner, 71–72
Teoria psicoanalítica
    de gênero, 165–166
Teoria social cognitiva
    de Bandura, 243–244
Teoria sociocognitiva, 243–244
Teoria sociocognitva de gênero, 166
Testagem da hipótese, 304–305
Teste de alto valor, 533, 538–540
Teste de Capacidades Triárquicas de
    Sternberg, 119
Teste de Inteligência Emocional
    de Mayer-Salovey-Caruso
    (MSCEIT), 122
Teste de Stanford-Binet, 115–116
Teste. *Ver também* avaliações
    alternativas; avaliação da sala
    de aula; testes padronizados
    avaliações de desempenho, 574
    banco de questões, 599
    conjuntos de problemas, 580
    elaborando, imprimindo, aplicando
        e pontuando testes, 599
    formatos de avaliação
        objetiva, 579–580
    índice de dificuldade de item, 580
    índice de discriminação
        de item, 580
    questões de construção
        de resposta, 581–582
    questões de correspondência, 579
    questões de múltipla
        escolha, 576–579
    questões de resposta curta, 581
    questões de seleção
        de resposta, 576–581
    questões verdadeiro/falso,
        576–577
    testes objetivos, 573–574
    testes tradicionais versus
        avaliações de portfólio, 589
Testes de aptidão, 537

Testes de Binet, 115–116. *Ver também*
    testes de inteligência
Testes de desempenho, 538
    baterias de pesquisa, 537
    testes de diagnóstico, 537–538
    testes de temas específicos, 537
Testes de diagnóstico, 537–538
Testes de inteligência
    agrupamento e identificação
        de capacidades, 128–131
    ameaça ao estereótipo, 128
    de Kuhlman-Anderson, 117
    de Lorge-Thorndike, 117
    distribuição normal, 115–116
    efeito Flynn, 126
    Emocional de Mayer-Salovey-
        Caruso, 122
    escalas de Wechsler, 116
    idade mental (IM), 115
    interpretando das pontuações
        dos testes, 118
    quociente de inteligência (QI),
        115–116
    Teste de Capacidades Triárquicas
        de Sternberg, 119
    testes culturalmente
        imparciais, 128
    Testes de Binet, 115–116
    Testes de Capacidades Mentais
        da Escola Otis-Lennon, 117
    testes individuais versus testes
        em grupos, 116–117
    viés cultural, 127–129
Testes de QI, 115–116. *Ver também*
    testes de inteligência
    aumento nas pontuações, 126
    viés cultural, 127–129
Testes estaduais
    padronizados, 538–540
Testes objetivos, 573–574
Testes padronizados, 17
    avaliações alternativas, 557–559
    comunicar resultados de testes
        para os pais, 555
    distribuição bimodal, 550
    diversidade, 559
    estatísticas descritivas, 549
    estudantes de minorias
        étnicas, 558
    testes de aptidão, 537
    testes de desempenho, 538
    testes de diagnóstico, 537–538
    testes distritais, 540–541
Testes PRAXIS™, 544–545
The three C's of scholl and classroom
    management, 521–522

Tolerância, aumentar, 161
Tomada de decisões, 309-312. *Ver
    também* raciocínio; pensamento
    baseada em dados, 542
    estratégias para, 315
    heurística da
        representatividade, 313–314
    heurística de disponibilidade, 313
    na adolescência, 314
    perseverança da crença, 312
    tendência à confirmação, 312
    tendência ao excesso
        de confiança, 313–314
    viés retrospectivo, 313
Tônico-clônica, 196. *Ver também*
    deficiências
Toque, 512. *Ver também* habilidades
    de comunicação
Trabalho em classe, 417, 419–420
Trabalho em pequenos grupos. *Ver*
    interação de grupo
Transferência
    auxiliar os estudantes na
        transferência de informação,
        329–330
    e práticas culturais, 328
    forward-reaching e
        backward-reaching, 328–330
    low-road e high-road, 327
    próxima ou distante, 327
Transitividade, 43–44
Transitoriedade, 279. *Ver também*
    memória
Transtorno autista (TA), 199–200.
    Ver também distúrbios
    de aprendizagem
Transtorno do déficit de atenção/
    hiperatividade (TDAH), 188
    características, 188–190
    causas e tratamento, 191–192
    diagnóstico e status
        evolutivo, 190–191
    trabalhar com crianças
        com TDAH, 192
Transtorno específico
    de linguagem, 198–199
Transtornos convulsivos, 195.
    Ver também deficiências de
    aprendizagem; distúrbios físicos
Transtornos de articulação, 197–198.
    Ver também deficiências
    de aprendizagem
Transtornos de fala e linguagem, 197
    de articulação, 197–198
    de fluência, 198
    de linguagem, 198
    de voz, 198

Transtornos emocionais e
    comportamentais 200–203
Tutoria. *Ver também* monitoração
    Classwide Peer Tutoring
        (CWPT), 343
    instrutores, voluntários e
        assistentes de classe, 340–342
    Peer-Assisted Learning Strategies
        (PALS), 342–343
    Reciprocal Peer Tutoring
        (RPT), 343
    tutoria de pares da mesma
        idade, 342
    tutoria de pares, 342–344
    tutorias entre pares
        de idades diferentes, 342

V

Validade
    das avaliações de sala de aula, 570
    dos testes padronizados, 533–534
Validade concorrente, 534
Validade de constructo, 534
Validade de conteúdo, 534
Validade de critério, 534
Validade instrucional, 571
Validade preditiva, 534
Valores básicos, 162
Variabilidade, 550–551
Variações étnicas e socioeconômicas
    nas famílias, 79–80
Variações individuais, 8
Variáveis independentes, 19
Variável dependente, 19
Videoconferência, 161
Viés retrospectivo, 313
Vigilância, 267. *Ver também* atenção
Vila Sésamo, 249

W

Web, 434
WebQuests, 435
Withitness, 501

Z

Zona de ação, 498. *Ver também*
    organização da sala de aula
Zona de desenvolvimento
    proximal, 47–49